Dictionnaire du français classique

Jean Dubois

René Lagane

Alain Lerond

Dictionnaire du français classique

le XVIIe siècle

Larousse

17, rue du Montparnasse, 75298 Paris Cedex 06

Collection dirigée par Claude Kannas
assistée de Janine Faure

Distributeur exclusif au Canada : les Éditions Françaises Inc.

ISBN : 2-03-340328-9

Avant-propos

Le Dictionnaire du français classique se définit comme un instrument de travail qui doit permettre aux lecteurs l'exacte compréhension des grands textes classiques du XVIIe siècle ; c'est cet objet qui en détermine le domaine et les méthodes de description. Ce que l'on appelle, en effet, la langue classique, c'est essentiellement non la langue parlée, celle qui transparaît à travers les romans, les procès-verbaux ou les actes, les archives de toute nature, mais la langue écrite, celle qui se fixe à l'intérieur du discours littéraire et que privilégient à la fois les grands écrivains et l'enseignement français. Ce dictionnaire n'est donc pas celui de la langue du XVIIe siècle tout entière, œuvre considérable et qui se heurte à des difficultés théoriques et pratiques immenses, mais celle des grandes œuvres littéraires, cet ensemble achevé et clos qui, depuis le XVIIIe siècle, est devenu le fondement authentique d'une culture où se reconnaissent les membres de la communauté française. Il ne s'agissait pas d'explorer dans toute cette littérature du XVIIe siècle ce qui était l'étrange, la création individuelle, l'exception, à la limite des genres burlesque ou héroï-comique, comme on avait pu le faire dans le « Dictionnaire de la langue française classique » (Belin), mais au contraire, de s'attacher en l'approfondissant au lexique d'écrivains comme Racine, Corneille, La Fontaine, Molière, Mme de Sévigné, Fénelon, Bossuet, etc., c'est-à-dire à ce que l'on pourrait appeler la *langue commune littéraire* du classicisme ; certes, nous n'avons pas écarté ce qui était l'usage rare d'une littérature marginale, mais nous en avons retenu ce qui pouvait mettre le mieux en évidence les aspects les plus stables, ceux qui appartenaient au fonds commun des grands écrivains.

L'objet que nous nous proposions déterminait aussi la méthode de description : il ne s'agissait pas d'offrir une image complète de cette langue littéraire commune ; car, avec une syntaxe dont les règles profondes n'ont subi que peu de modifications, il existe des permanences lexicales, des sens qui se maintiennent dans le style littéraire contemporain ; si nous étudions la langue du XVIIe siècle, nous distinguons des continuités et des discontuinités à l'intérieur des significations des mots et entre les mots eux-mêmes. Aussi ce dictionnaire doit-il permettre de *traduire* dans la langue actuelle ce qui exige d'être traduit pour être compris, et, en revanche, de repérer ce qui doit être interprété en un sens proche de l'usage actuel. Le *Dictionnaire du français classique* se présente comme un relevé d'« écarts » entre la langue contemporaine et la langue du XVIIe siècle : il contient d'une part les *mots* ou *locutions* qui ont cessé de s'employer aujourd'hui et, d'autre part, pour les termes restés usuels, les *sens* dont le français actuel ne se sert plus. Pour que l'aire sémantique ancienne des termes qui demeurent en usage apparaisse avec netteté, on a régulièrement indiqué, en fin d'article, si les acceptions actuelles de ces mots existaient déjà il y a trois siècles. Un vocable donné pouvait posséder, outre des sens maintenant disparus, les significations qu'il a conservées : dans ce cas, on rappelle le sens le plus courant à notre époque en l'illustrant par un exemple du XVIIe siècle. Si les significations encore vivantes sont au nombre de deux ou de trois, on se contente de les définir ; s'il y en a davantage, on a dû – faute de place – utiliser la formule : « les sens actuels étaient également usuels au XVIIe s. », laissant au lecteur le soin de les retrouver de lui-même ou par le recours au *Petit Dictionnaire de la langue française* (Larousse). Lorsqu'un mot a acquis un ou plusieurs sens nouveaux – et courants – aux XVIIIe, XIXe ou XXe siècles, on signale le fait, ainsi que la nature de ces acceptions récentes.

Le second cas (apparition de sens inconnus au XVIIe siècle) est beaucoup moins fréquent que le premier (coexistence des sens encore actuels et de ceux que le français contemporain a perdus). Faut-il en conclure que notre vocabulaire s'est appauvri depuis l'époque classique ? On constate une limitation certaine au niveau de la liberté du groupe nominal ou verbal ; les mots qui subsistent s'emploient de nos jours dans des contextes moins divers qu'au XVIIe siècle, mais la clarté de la langue y a gagné : des substantifs comme *fortune* ou *soin,* dont la signification, autrefois, n'était généralement saisie que grâce à l'*ensemble* de la phrase où ils figuraient, sont maintenant devenus immédiatement compréhensibles. D'autre part, quantité de termes se sont vu attribuer des secteurs sémantiques limités et précis, alors qu'au XVIIe siècle ils s'employaient parfois indifféremment les uns pour les autres, tels, par exemple, *fortune, risque, danger, hasard, chance,* ou *soin, attention, souci, zèle, service.* Enfin, depuis l'âge classique, bien des mots nouveaux ont été créés. La richesse du vocabulaire français d'aujourd'hui ne le cède donc en rien à celle de la langue du XVIIe siècle. Mais le système lexical et sémantique a changé en trois cents ans. Cette modification apparaîtrait en pleine clarté si l'on pouvait comparer un dictionnaire *complet* du français usuel au XVIIe siècle (qui reste à composer) avec un dictionnaire *complet* du français courant de notre époque. Le présent ouvrage constitue néanmoins une étude comparative des deux lexiques.

Le *Dictionnaire du français classique* s'adresse d'abord aux élèves des collèges, des lycées et des universités, ainsi qu'à tous les lecteurs cultivés ; aussi est-ce essentiellement les textes des grands écrivains de la période proprement classique (1650-1700) qui ont fourni les exemples nécessaires. Et, sur ce point, nous n'avons pas hésité à multiplier les exemples d'un sens particulier d'un mot, afin que les rapprochements des contextes permettent une meilleure compréhension des nuances que chaque écrivain pouvait apporter à l'usage d'un terme.

Les mots et les exemples sont notés avec une orthographe modernisée, conformément à l'usage courant des éditions du XIXe et du XXe siècle et aux éditions scolaires. Nous avons pris un soin particulier à deux types d'indications. Les premières intéressent les observations des grammairiens, de Vaugelas à Ménage ou Bouhours : ce sont, en effet, ces remarques qui permettent aux linguistes de saisir les « jugements de grammaticalité », c'est-à-dire de définir ce qui pouvait être considéré comme « agrammatical » ou « grammatical » au XVIIe siècle, afin de le comparer à l'usage actuel. Les secondes intéressent les niveaux de langue, familier, populaire, trivial, sublime, burlesque, etc. : les uns concernent les usages sociaux de la langue et se traduisent en particulier dans les romans, les autres concernent les usages littéraires, différents selon les genres, et se traduisent par des styles différents, le sublime, le tempéré et le bas. Cette double notation permet d'analyser ce que l'on réunit sous les termes conventionnels de « langue et style » et d'approcher les analyses psychologiques et les intentions de l'écrivain sur les bases sûres d'une information linguistique approfondie.

J. D., R. L. et A. L.

Bibliographie

Les références aux pièces de théâtre contiennent soit l'indication du vers, soit celle de la scène (pour les pièces en un acte), soit celles de l'acte et de la scène. Les références aux œuvres poétiques donnent ordinairement l'indication du vers. Les références aux œuvres en prose de dimensions importantes sont suivies de l'indication du livre et du chapitre ou paragraphe. Certaines sont suivies du tome et de la page de l'édition consultée (v. ci-dessous). La date des œuvres citées est celle de leur publication, suivie, le cas échéant, de la date de l'édition moderne, qui a été utilisée par les auteurs du présent dictionnaire.

ACAD. 94
Dictionnaire de l'Académie françoise, 1re édition, 2 vol., Paris, Coignard, 1694
ACAD. 1704 : *Observations de l'Académie françoise sur les « Remarques » de M. de Vaugelas,* Paris, Coignard, 1704.

ARNAULD (Antoine) et NICOLE (Pierre)
Logique de Port-Royal = la Logique ou l'Art de penser..., Paris, C. Savreux, 1662.

AUBIGNAC (François HÉDELIN, abbé D')
la Pratique du Théâtre, œuvre très-nécessaire à tous ceux qui veulent s'appliquer à la composition des poèmes dramatiques..., Paris, A. de Sommaville, 1657.

BALZ. : GUEZ DE BALZAC (Jean-Louis)
Œuvres... [av. 1618-1654], 2 vol., Paris, J. Jolly, 1665 : *le Barbon,* 1648 ; *De la Cour, Discours de/sur la Cour = Aristippe, ou De la Cour...,* posthume, 1658 ; *Lettres* (indication du correspondant et de la date, ou du livre et du numéro de la lettre) ; *le Prince...,* 1631 ; *les Romains,* titre de 3 des 67 chapitres des *Entretiens ou Dissertations...,* recueil posthume, 1657 ; *Socrate chrétien...,* 1652.

BARON (Michel BOYRON, dit)
Théâtre...[1685-1705], Paris, P. J. Ribou, 1736 : *l'Andrienne,* 1703 ; *la Coquette et la fausse Prude,* 1687 ; *l'Homme à bonnes fortunes,* 1686 ; *le Jaloux,* av. 1705.

BASSOMPIERRE (François DE)
Mémoires du maréchal de Bassompierre, contenant l'histoire de sa vie et de ce qui s'est fait de plus remarquable à la cour de France pendant quelques années [1598-1631], 2 vol., Cologne, P. du Marteau, 1665 (rééd. moderne : *Journal de ma vie. Mémoires du maréchal de Bassompierre,* édition conforme à l'original publiée pour la Société de l'Histoire de France par le Marquis de Chanterac, 4 vol., Paris, Vve J. Renouard, 1870-1877).

BAYLE (Pierre)

Dictionnaire historique et critique..., 2 tomes en 4 vol., Rotterdam, J. Leers, 1696-1697 (indication du titre de l'article) ; *Lettres choisies de M. Bayle,* publiées par Des Maizeaux, avec des remarques supplémentaires de P. Marchand, 3 vol., Rotterdam, Fritsch et Böhm, 1714 (indication de la date - antérieure à 1706, année de la mort de BAYLE).

BENSÉRADE (Isaac DE)

les Œuvres...[1635-1691], 2 vol., Paris, C. de Sercy, 1697 (indication du tome et de la page).

BOIL. : BOILEAU (Nicolas), dit DESPRÉAUX

Œuvres complètes [1657-1711], publiées par Charles-Henri Boudhors, 7 vol., Paris, Les Belles Lettres, 1934-1943 : *Arrêt burlesque,* 1671 ; *Art poétique,* 1669-1673 ; *Chapelain décoiffé,* 1664 ; *Dialogues des Héros de roman,* 1665 ; *Discours au Roi,* 1665 ; *Discours sur la Satire,* 1668 ; *Discours sur l'Ode,* 1693 ; *Dissertation sur la Joconde,* 1669 ; *Épigrammes,* v. 1660 – v. 1698 ; *Épitaphe d'Arnauld,* 1694 ; *Épîtres,* I et II : 1669, III : 1673, IV : 1672, V : 1674, VI et VII : 1677, VIII et IX : 1675, X, XI et XII : 1695 ; *Hér. de roman* : v. *Dialogues...* ; *Lettres* (indication du correspondant et de la date) ; *le Lutrin,* 1671-1682 ; *Ode sur la prise de Namur,* 1693 ; *Satires,* I et VI : 1660, II et IV : 1664, III et V : 1665, VII : 1663, VIII et IX : 1667, X : 1694, XI : 1698, XII : 1705 ; *Sublime = Traité du Sublime,* 1673.

BOISROBERT (François LE MÉTEL DE)

Epistres en vers [1644-1659], édition critique... par M. Cauchie, 2 vol., Paris, Didier, 1921-1927 ; *la Belle Plaideuse,* comédie, Paris, G. de Luyne, 1655.

BOSS. : BOSSUET (Jacques Bénigne)

Œuvres... 1643-1704, 43 vol., Versailles, impr. de J.-A. Lebel, 1815-1819.

1. *O. f. = Oraisons funèbres de : Anne de Gonzague de Clèves, princesse palatine,* 1685 ; *Clèves* : v. *Anne de Gonzague* ; *Condé = Louis de Bourbon, prince de Condé,* 1687 ; *François Bourgoing,* 1662 ; *Henri de Gournay,* 1658 ; *Henriette d'Angleterre,* 1670 ; *Henriette de France,* 1669 ; *Marie-Thérèse d'Autriche,* 1683 ; *Michel Le Tellier,* 1686 ; *Nicolas Cornet,* 1663 ; *Yolande de Monterby,* 1655.

2. *Panég. = Panégyriques de : St André, apôtre,* av. 1660 ; *St Benoît,* av. 1660 ; *St Bernard,* 1653 ; *St Charles Borromée,* av. 1660 ; *St François d'Assise,* 1652 ; *St François de Paule,* 1658 ; *St Joseph,* 1660 ; *St Paul,* 1659 ; *Ste Thérèse,* 1657 ; *St Thomas de Cantorbéry,* 1668 ; *St Victor,* 1657.

3. *Serm. = Sermons sur* (ou *pour) le/la/les* : *Ambition,* 1662 ; *Anges gardiens = la fête des saints Anges gardiens,* 1659 ; *Ardeur de la pénitence,* 1662 ; *Autor. ecclés. = Autorités des jugements ecclésiastiques,* v. 1680 ; *Bonté et la rigueur de Dieu à l'égard des pécheurs,* v. 1660 ; *Carême...,* entre 1660 et 1669 ; *Charité fraternelle,* 1660 ; *Conception = la fête de la Conception de la Ste Vierge,* av. 1669 ; *Culte dû à Dieu,* 1666 ; *Démons,* 1660 ; *Devoirs des Rois,* 1662 ; *Éminente dignité des pauvres dans l'Église,* 1659 ; *Honneur,* 1666 ; *Impénitence finale,* 1662 ; *Jésus-Christ, comme objet de scandale,* av. 1659 ; *Loi de Dieu,* 1653 ; *Mort,* 1662 ; *Paix faite et annoncée par Jésus-Christ,* 1660 ; *Paroles de Dieu,* 1661 ; *Passion de Notre Seigneur Jésus-Christ,* plusieurs sermons, prononcés en 1660, 1662, 1665, 1666, 1668, 1669 ; *Pénitence,* 1661 ;

Profession de foi de Mlle *de La Vallière,* 1675 ; *Providence,* 1662 ; *Purif.* = *1*^{er}*, 2*^{e}*, 3*^{e} *sermons pour le jour de la Purification de la* Ste *Vierge,* 1662 ; *Quinquag.* = *1*^{er} *sermon pour le dimanche de la Quinquagésime sur l'utilité des souffrances,* 1667 ; *Rechutes,* 1660 ; *Souffrances* : v. *Quinquag.* ; *Toussaint* = *1*^{er}*, 2*^{e}*, 3*^{e}*, 4*^{e} *sermons pour la fête de tous les saints,* 1669 ; *Trin.* = *le mystère de la Sainte Trinité,* 1655 ; *Vaines excuses des pécheurs,* 1660 ; *Visit.* = *1*^{er} *et 2*^{e} *sermons pour la fête de la Visitation de la* Ste *Vierge,* 1656, 1659.

4. Autres œuvres : *l'Apocalypse avec une explication...,* 1689 ; *Avertissements aux protestants,* I-VI, 1689-1691 ; *Brièveté de la vie* : v. *Méditation...* ; *Catéchisme du diocèse de Meaux,* 1687 ; dernière partie : *Catéchisme des fêtes* ; *Connaiss.* = *Traité de la Connaissance de Dieu et de soi-même,* 1677 ; *Déf. Comm.* = *la Tradition défendue sur la matière de la Communion sous une espèce contre les réponses de deux auteurs protestants,* 1682 ; *Discours de réception à l'Académie françoise,* 1671 ; *Élévations sur les Mystères,* 1694 ; *Est. d'Or., État d'oraison* : v. *Instruction...* ; *Exhortation à* Mgr *le Dauphin* ou : *Instruction adressée au Dauphin sur l'application à ses devoirs,* 1679 ; *Hist. de France* = *Abrégé de l'Histoire de France jusqu'à Charles IX,* 1647 ; *Histoire des variations des Églises protestantes,* 1688 ; *H. univ.* = *Discours sur l'Histoire universelle,* 1679 (indication du livre et du chapitre) ; *Instruction sur les États d'oraison,* 1697 ; *Lettres* (indication du correspondant et de la date, ou de la date seule) ; *Lettre au Père Caffaro,* 1694 ; *Lettre sur le Quiétisme* : v. *Relation...* ; *Méditations sur l'Évangile,* 1694 ; *Méditation sur la Brièveté de la vie,* 1648 ; *Politique tirée... de l'Écriture Sainte,* 1678-1700 ; *Proj. de réunion litt.* = *Pièces concernant un projet de réunion... de protestants de France à l'Église catholique,* 1691-1693 ; *Réfutation du Catéchisme de Paul Ferry,* 1655 ; *Relation sur le quiétisme,* 1698 ; *Sur le Style et la lecture des écrivains* = *Disc. réception Acad. fr.* ; *Vie cachée* = *Discours sur la vie cachée en Dieu,* av. 1704.

BOUHOURS (le Père Dominique)
Doutes sur la langue françoise proposez à MM. de l'Académie, Paris, S. Mabre-Cramoisy, 1674 (2e éd., 1675) ; *les Entretiens d'Ariste et d'Eugène,* Paris, Vve de S. Bénard, 1671 ; *Remarques nouvelles sur la langue françoise,* Paris, S. Mabre-Cramoisy, 1675 (2e éd., 1676 ; 3e éd., 1682) ; *Suite des Remarques...,* Paris, G. et L. Josse, 1692.

BOURD. : BOURDALOUE (Louis)
Œuvres... (1669-1704), 3 vol., Paris, Lefèvre, 1834 (indication du titre de l'œuvre ; toutes les citations sont extraites de LITTRÉ, qui en donne la référence précise).

BOURS. : BOURSAULT (Edme)
les Fables d' Esope, ou Esope à la ville, comédie, Paris, T. Girard, 1690 ; *les Mots à la mode,* comédie, Paris, J. Guignard, 1694.

BRÉBEUF (Georges DE)
Lucain Travesty, ou les Guerres civiles de César et de Pompée, en vers enjoués, Paris, A. de Sommaville, 1656 ; *Poésies diverses,* Paris, A. de Sommaville, 1658.

BRILLON (Pierre Jacques)
Dictionnaire des arrêts, ou jurisprudence universelle des parlemens de France et autres tribunaux, 3 vol., Paris, G. Cavelier, 1711.

BRUNOT (Ferdinand)
Histoire de la langue française des origines à nos jours, Paris, Colin, 1905-1953 (nouvelle éd., revue et augmentée, 15 tomes en 24 vol., 1966-1969).

BUSSY [-RABUTIN] (Roger DE)
la France galante, ou Histoires amoureuses de la cour de Louis XIV..., 2 vol., Cologne, P. Marteau, s. d. [v. 1665] ; *Gaul.* = *Histoire amoureuse des Gaules* [1671], chronologie et préface par Antoine Adam, Paris, Garnier-Flammarion, 1967 ; *Lettres* = *Correspondance de Roger de Rabutin, comte de Bussy, avec sa famille et ses amis* (1666-1693), nouvelle édition par Ludovic Lalanne, 6 vol., Paris, Charpentier, 1858-1859 (indication du correspondant et de la date, ou de la date seule) .

CALLIÈRES (François DE)
Des mots à la mode et des nouvelles façons de parler, Paris, C. Barbin, 1692.

CAYLUS (Marthe Marguerite LE VALOIS DE VILETTE DE MARSAY, COMTESSE DE)
les Souvenirs de Madame de Caylus, sur les intrigues amoureuses de la Cour [v. 1720-1729], avec les notes de M. de Voltaire, 2e édition augmentée, au château de Fernei, 1770.

CHAMPMESLÉ (Charles CHEVILLET, dit)
Œuvres... [1671-1693], 2 vol., Paris, Ribou, 1702 (rééd. en 1742) ; *le Parisien,* comédie, 1682.

CHAP. : CHAPELAIN (Jean)
Guzm. Alfar. = *le Gueux, ou la Vie de Guzman d'Alfarache,* traduction d'un ouvrage espagnol de Mateo Aleman, Lyon, impr. de S. Rigaud, 1630 ; *Lettres* [v. 1620-1674]..., publiées par Ph. Tamisey de Larroque, 2 vol., Paris, Impr. nationale, 1880-1883 (indication du tome et de la page, ou du correspondant et de la date) ; *la Pucelle, ou la France délivrée, poème héroïque...,* Paris, A. Courbé, 1656 (chants I-XII ; pour les chants XIII-XXIV, voir : *les Douze derniers chants du poème de la Pucelle,* publiés pour la première fois sur les manuscrits de la Bibliothèque nationale par H. Herluison, Orléans, H. Herluison, 1882).

CHAPELLE (Claude Emmanuel LHUILIER, dit) et BACHAUMONT (François LE COIGNEUX DE)
Œuvres... [v. 1650-1686], nouvelle édition publiée par J.B. Tenant de Latour, Paris, P. Jannet, 1854, « Bibl. elzévirienne ».

COLBERT (Jean-Baptiste)
Lettres, instructions et mémoires... [v. 1648-1683], publiés par Pierre Clément, 8 tomes en 10 vol., Paris, Impr. impériale puis nationale, 1861-1882.

CORBINELLI (Jean) : v. SÉV.

CORN. : CORNEILLE (Pierre)
Œuvres complètes [av. 1629-1684], publiées par Ch. Marty-Laveaux, 12 vol., Paris, Hachette, 1862-1868 (Coll. des Grands Écrivains de la France).

1. Théâtre : *Agésilas,* 1666 ; *Andromède,* 1650 ; *Attila,* 1667 ; *le Cid,* 1636 ; *Cinna,* 1640 ; *Clitandre,* 1631 ; *D. S.* = *Don Sanche d'Aragon,* 1650 ; *la Galerie du Palais,* 1632 ; *Héraclius,* 1647 ; *Horace,* 1640 ; *l'Illusion comique,* 1636 ; *Médée,* 1635 ; *Mélite,* v. 1629 ; *le Menteur,* 1643 ; *Nicomède,* 1651 ; *Œdipe,* 1659 ; *Othon,* 1664 ; *Pertharite,* 1651 ; *la Place Royale,* 1633 ; *Polyeucte,* 1642 ; *Pompée,* 1642 ; *Psyché,*

1671, en collaboration avec Molière et Quinault ; *Pulchérie,* 1672 ; *Rodogune,* 1644 ; *S. du Ment.* = *la Suite du Menteur,* 1645 ; *Sertorius,* 1662 ; *Sophonisbe,* 1663 ; *la Suivante,* 1633 ; *Suréna,* 1674 ; *Théodore, vierge et martyre,* 1645 ; *Tite et Bérénice,* 1670 ; *la Toison d'or,* 1160 ; *la Veuve,* 1632.

2. Autres œuvres : *Abrégé du martyre de S*[t] *Polyeucte,* 1642 ; *À Mazarin, Remerciement,* av. 1661 ; *A M.D.L.T.,* 1632 ; *Au Roi sur son retour de Flandre,* 1667 ; *Avertissement au lecteur,* 1660 ; *Avis au lecteur,* 1663 ; *Bagatelle,* 1660 ; *Chanson,* Vos beaux yeux..., 1660 ; *Défense des fables dans la poésie, imitation du latin de M. de Santeuil,* av. 1669 ; *Dessein d'Andromède,* 1650 ; *Discours de réception à l' Académie françoise,* 1647 ; *Discours de la tragédie,* v. 1660 ; *Discours des trois unités d'action, de jour et de lieu,* 1660 ; *Discours du poème dramatique,* 3 Discours, 1660 ; *Épigrammes, traduites du latin d'Audoënor,* 1632 ; *Excuse à Ariste,* 1637 ; *la Fleur d'orange, madrigal,* 1632 ; *Hymnes du bréviaire romain,* 1670 ; *l'Imitation de Jésus-Christ,* 1651-1656 ; *Jalousie,* 1660 ; *Lettres* (indication du correspondant et de la date, ou de la date seule) ; *Lettre apologétique à Scudéry,* 1637 ; *Louanges de la sainte Vierge ... mises en vers françois...,* 1665 ; *Mascarade des enfants gâtés,* 1632 ; *Ode à Pellisson* = *Version de l'Ode à M. Pellisson,* entre 1670 et 1676 ; *Ode,* Sur un prompt retour..., v. 1672 ; *Office de la sainte Vierge,* 1670 ; *la Poésie à la peinture en faveur de l'Académie des peintres illustres,* 1653 ; *Poésies diverses,* entre 1650 et 1670 ; *Ps. pén.* = *les Sept Psaumes pénitentiaux,* 1670 ; *Remerciement au Roi,* 1663 ; *Rondeau,* 1637 ; *Sonnet à Iris,* 1660 ; *Sonnet perdu au jeu,* 1660 ; *Sonnet sur la prise de Mastric,* 1673 ; *Stances à Aminte,* 1660 ; *Stances à Caliste,* 1660 ; *Sur la contestation entre le sonnet d'Uranie et de Job,* 1653 ; *Sur la mort de Louis XIII,* v. 1642 ; *Sur le départ de M*[me] *la marquise de B.A.T.,* 1660 ; *Traduction du cantique des trois enfants dans l'Office de la sainte Vierge,* A Laudes, 1670 ; *les Triomphes de Louis le Juste,* 1649 ; *Tuil.* = *la Comédie des Tuileries par les cinq auteurs,* 1635 ; *Vêpres des dimanches et Complies,* 1670 ; *Vers présentés à M*[gr] *le Procureur général Fouquet,* 1659 ; *les Victoires du Roi...,* 1667,1672.

CORN. Th. : CORNEILLE (Thomas)

Poëmes dramatiques..., 5 vol., Paris, G. de Luynes, 1682 : *l'Amour à la mode,* comédie, 1651 ; *le Baron d'Albikrac,* comédie, 1668 ; *le Berger extravagant,* comédie, 1653 ; *Bertr. de Cigar.* = *Don Bertran de Cigaral,* comédie, 1652 ; *le Charme de la voix,* comédie, 1653 ; *la Comtesse d'Orgueil,* comédie, 1670 ; *Don César d'Avalos,* comédie, 1670 ; *Don Juan, ou le Festin de Pierre,* comédie, 1673 ; *le Feint Astrologue,* comédie, 1651 ; *le Galand doublé,* comédie, 1660 ; *le Geôlier de soi-même,* comédie, 1656 ; *les Illustres Ennemis,* tragédie, 1654 ; *l' Inconnu,* comédie, 1675 ; *Remarques sur la langue françoise de Monsieur de Vaugelas...,* nouvelle édition revue et corrigée, avec des notes de M. Thomas Corneille, 2 vol., Paris, T. Girard, 1687 (seule œuvre qui ne soit pas une pièce de théâtre, mais un ouvrage de grammaire).

COSTAR (abbé Pierre)

Lettres... [v. 1630-1659], 2 vol., Paris, A. Courbé, 1658-1659 (indication du tome et de la page).

COTGRAVE (Randle)

A Dictionarie of the French and English Tongues, Londres, Islip, 1611.

Coulanges (E. de), Coulanges (Mme de) : v. Sév.

Courtin (Antoine de)
Nouveau Traité de la civilité qui se pratique en France parmi les honnestes gens, Paris, H. Josset, 1671.

Cramail (Adrien de Montluc, comte de)
la Comédie de proverbes, Paris, F. Targa, 1634.

Cyrano de Bergerac (Savinien de) [1620-1655]
Œuvres comiques, galantes et littéraires... [v. 1640-1655], nouvelle édition, revue et publiée par P. L. Jacob, Paris, A. Delahays, 1858 (indication de la page) : *Lettres amoureuses,* v. 1650, *Lettres satiriques,* Contre Scarron, Contre un gros homme, Contre un médisant, v. 1653, *le Ministre d'État flambé,* poème, 1649, *le Pauvre malade,* poème posthume, 1660, *le Pédant joué,* comédie, 1654, *Pour les sorciers,* lettre, v. 1653 ; *États et empires de la Lune,* posthume, 1657, *États et empires du Soleil,* posthume, 1661 = *l'Autre Monde, les États et empires de la lune, les États et empires du Soleil,* préface et commentaires par Henri Weber, Paris, Éditions sociales, 1959 (indication de la page de l'édition moderne).

Dancourt (Florent Carton-)
Œuvres théâtrales... [1685-1725], 9 vol., Paris, Vve P. de Ribou, 1729 : *les Bourgeoises à la mode,* 1692 ; *le Chevalier à la mode,* 1687 ; *les Enfants de Paris,* 1704 ; *l'Été des coquettes,* 1690 ; *la Femme d'intrigues,* 1692 ; *la Foire de Bezons,* 1695 ; *la Folle enchère,* 1690 ; *l'Impromptu de Surène,* 1713 ; *le Mari retrouvé,* 1698 ; *le Moulin de Javelle,* 1696 ; *le Prix de l'arquebuse,* 1717 ; *le Retour des officiers,* 1697 ; *le Vert-galant,* 1714.

Dangeau (Philippe de Courcillon, marquis de)
Journal du marquis de Dangeau [1684-1720]..., publié en entier pour la première fois par MM. Soulié, Dussieux, de Chennevières, Mantz, de Montaiglon, *avec les additions inédites du duc de Saint-Simon* publiées par M. Feuillet de Conches, 19 vol., Paris, F. Didot, 1854-1860 (indication de la date des extraits cités).

Desc. : Descartes (René)
Œuvres et lettres [1629-1650], textes présentés par André Bridoux, Paris, Gallimard, 1937 (« Bibl. de la Pléiade ») : *la Dioptrique,* 1637 ; *l'Homme...,* posthume, 1664 ; *Lettres* (indication du correspondant et de la date, ou de la date seule) ; *Méditations touchant la première philosophie...,* 1647 ; en latin dès 1641 ; *les Météores...,* 1637 ; *Méth.* = *Discours de la Méthode...,* 1637 ; *le Monde ou le Traité de la lumière,* av. 1636, publié en 1677 ; *Pass.* = *Traité des passions de l'âme,* 1649 ; *Rép.* = *Objections et réponses...* publiées avec le texte latin des *Médit.,* 1641.

Desmarets de Saint-Sorlin (Jean)
Clovis, ou la France chrestienne, poème héroïque, Paris, A. Courbé, 1657 ; *Scipion,* tragi-comédie, Paris, H. Legras, 1639 ; *les Visionnaires,* comédie, Paris, J. Camusat, 1638.

Desportes (Philippe)
Œuvres, av. 1570-1606, publiées avec une introduction et des notes par Alfred Michiels, Paris, Delahays, 1858.

DU BUISSON (le Capitaine)

Turenne = la Vie du vicomte de Turenne, Cologne, J. de Clou, 1685, rééd. : La Haye, H. van Bulderen, 1708 (indication du livre).

DURAND (Étienne)

Méditations..., réimprimées sur l'unique exemplaire connu sans lieu ni date, v. 1611, précédées d'une notice par Frédéric Lachèvre, Paris, H. Leclerc, 1906 (indication du titre du poème).

FÉN. : FÉNELON (François DE SALIGNAC DE LA MOTHE-)

Œuvres complètes... [av. 1678-1714], publiées par M. *** (Jean E. A. Gosselin), 10 vol., Paris, Méquignon junior et J. Leroux, 1848-1852 : *De la Connaissance de Dieu = Nécessité de connaître Dieu : cette connaissance est l'âme et le fondement de la solide piété,* v. 1690 ; *Contes,* v. 1691 ; *Dialogues des morts...,* v. 1692 ; *Dialogues sur l'éloquence...,* av. 1686 ; *Discours de réception à l'Académie française,* 1693 ; *Éduc. des f. = Traité de l'Éducation des filles,* v. 1683 ; *Exist. de Dieu = Démonstration de l'existence de Dieu,* 1713 ; *Fables,* v. 1690 [indication du titre de la fable] ; *Lettres* (indication du correspondant et de la date, ou de la date seule) ; *Lettre Acad. = Lettre sur les occupations de l'Académie française,* 1714 ; *Lettre à Louis XIV,* 1693 ; *Lettres à Mme Guyon,* v. 1690 – v. 1697 ; *Lettres spirituelles,* posthumes, 1718 ; *Mémoire au Père Le Tellier,* 5 févr. 1711 ; *Odyss.* = traduction de *l'Odyssée* d'Homère, v. 1692 ; *Sermon du dimanche de l'Épiphanie,* 1685 ; *Tél. = les Aventures de Télémaque,* v. 1695.

FEUQUIÉRES (Antoine DE PAS, MARQUIS DE) [1648-1711]

Lettres (indication du correspondant et de la date) : v. LETTRES DU XVIIe S.

FLÉCH. : FLÉCHIER (Valentin Esprit)

Œuvres complètes... [v. 1655-1710], publiées avec une notice par A. V. Fabre de Narbonne, 10 vol., Paris, Boiste fils aîné, Berquet, Dufour et Cie, 1826-1828.

1. *O. f. = Oraisons funèbres de : la Dauphine...,* 1683 ; *Lamoignon,* 1677 ; *Le Tellier,* 1686 ; *Turenne,* 1675.

2. Autres œuvres : *Dialogues sur le Quiétisme,* v. 1695 ; *les Grands Jours d'Auvergne...,* 1665-1666 ; *Histoire de Théodose le Grand,* 1679 ; *Panégyriques,* 1671 suiv. ; *Sermons,* 1665-1670 ; *Théodose :* v. *Hist. Théodose.*

FLEURY (abbé Claude)

Opuscules de M. l'abbé Fleury [v. 1662-1723], publiés par L. E. Rondet, 4 tomes en 5 vol., Nîmes, P. Beaume, 1780-1783 : *Discours sur Platon,* v. 1690 (dans le tome III des *Opuscules*).

FONTENELLE (Bernard LE BOVIER DE)

Œuvres diverses [1677-1727] *de M. de Fontenelle, de l'Académie française, nouvelle édition...,* 3 vol., La Haye, Gosse et Néaulme, 1728-1729 ; *Hist. Acad. = Histoire du renouvellement de l'Académie royale des sciences... et les éloges historiques de tous les académiciens morts...,* Paris, 1699-1757.

Dialogues des morts anciens, 1683 ; *Du Fay = Éloge de Du Fay,* 1733, dans *Hist. Acad.* ; *Éloge de Tournefort,* 1708, dans *Hist. Acad.* ; *La Hire = Éloge de la Hire,* 1718, dans *Hist. Acad.* ; *Leibniz = Éloge de Leibniz,* 1716, dans *Hist. Acad.* ; *Madrigal,*

1692 ; *Oracl.* = *Histoire des oracles,* 1687 ; *Plur. des mondes* = *Cinq Entretiens sur la pluralité des mondes,* 1686.

FUR. : FURETIÈRE (Antoine)
FUR. (sans autre indication) = *Dictionnaire universel contenant généralement tous les mots françois, tant vieux que modernes, et les termes de toutes les sciences et des arts...,* 3 vol., La Haye-Rotterdam, Arnout et Reinier Leers, 1690 ; *Rom. bourg.* = *le Roman bourgeois,* ouvrage comique, 1666, publié dans *les Romanciers du* XVIIe *siècle,* présentés par Antoine Adam, Paris, Gallimard, 1958 (« Bibl. de la Pléiade »), p. 900-1104 (indication du chapitre de l'ouvrage et de la page de l'édition Adam).

GARASSE (le Père François)
Doctrine curieuse des beaux esprits de ce temps..., Paris, Sébastien Chappelet, 1624 ; *les Recherches et autres œuvres de M. Estienne Pasquier pour la défense de nos roys...,* Paris, Sébastien Chappelet, 1622.

GOMBAULD (Jean OGIER DE) :
Épigrammes, Paris, A. Courbé, 1657.

GRIGNAN (Mme DE) : v. SÉV.

GUILLERAGUES (Gabriel Joseph DE LAVERGNE, COMTE DE) [mort en 1684]
Lettres (indication du correspondant et de la date) : v. LETTRES DU XVIIe S.

HAMILTON (Antoine)
Gram. = *Mémoires du comte de Grammont,* 1713, publiés avec notices, variantes et index par Henri Motheau, rééd. avec préface et notes par Benjamin Piteau, Paris, J. Bonnassies, 1876.

HARDY (Alexandre)
le Théâtre d'Alexandre Hardy... [v. 1600-1628], 5 vol., 1624-1628 t. I-III, Paris, J. Quesnel, 1624-1626 ; t. IV, Rouen, impr. de D. du Petit-Val, 1626 ; t. V, Paris, F. Targa, 1628 ; œuvre citée : *la Belle Égyptienne,* 1616.

HAUTEROCHE (Noël LEBRETON, SIEUR DE)
les Bourgeoises de qualité, comédie, 1690, Paris, Vve de L. Gontier, 1691.

L. : v. LITTRÉ.

LA BR. : LA BRUYÈRE (Jean DE)
Œuvres complètes [1684-1696], publiées par G. Servois, 3 vol., Paris, Hachette, 1865-1878 (Coll. des Grands Écrivains de la France).
LA BR. (sans autre indication que les numéros du chapitre et du paragraphe) = *les Caractères, ou les Mœurs de ce siècle* (8e éd. : 1694 ; 1re éd. : 1688) ; *Discours de réception à l'Académie françoise,* 1693 ; *Discours sur Théophraste,* 1688 ; *Lettres* (indication du correspondant et de la date, ou de la date seule) ; *Lettres à Condé* (indication de la date) : *Théophr.* = *les Caractères de Théophraste, traduits du grec,* 1688 (indication du numéro du chapitre ou de son titre).

LA FAYETTE (Marie-Madeleine DE)
Œuvres complètes de Mesdames de La Fayette [1661-1693] *et de Tencin,* nouvelle édition revue, 5 vol., Paris, Colnet, 1804 : *Clèves* = *la Princesse de Clèves,* 1678 ; *Lettres* (indication de la date) ; *Mémoires de la Cour de France...,* 1688-1689.

LA FONT. : LA FONTAINE (Jean DE)

Œuvres complètes [av. 1654-1695], publiées par H. Régnier, 11 vol., Paris, Hachette, 1883-1892 (Coll. des Grands Écrivains de la France).

1. Théâtre : *Achille,* v. 1678 ; *Astrée,* 1691 ; *Clymène,* v. 1658 ; *Daphné,* v. 1674 ; *l'Eunuque,* 1654 ; *le Florentin,* 1683 ; *Galatée,* 1682 ; *Je vous prends sans verd,* 1693 ; *Ragotin,* 1684 ; *les Rieurs du Beau-Richard,* 1659.

2. Autres œuvres : *Adonis,* R1658 ; *Ballades,* 1654 suiv. (indication du destinataire ou du titre) ; *Captiv. St Malc = Poème sur la captivité de St Malc,* 1673 ; *Comparaison d'Alexandre, de César et de M. le Prince,* 1684 ; *Contes et nouvelles en vers,* 1665, 1667-1669, 1671, 1675 (indication du livre et du numéro) ; *Contre un pédant de collège,* av. 1695 ; *Élégie à Fouquet...,* 1661 ; *Épitaphe,* v. 1675 ; *Épîtres,* 1655 suiv. (indication du destinataire ; les plus importantes sont l'*Épître à Huet :* 1687, et *l'Épître dédicatoire des Fables à Mgr le Dauphin :* 1668) ; *Fables,* I-VI : 1668, VII-XI : 1678, XII : 1694 (indication du livre et du numéro) ; *les Filles de Minée,* 1685 ; *Janot et Catin,* 1674 ; *Lettres* (indication du correspondant et de la date) ; *Paraphrase du Psaume XVII,* 1694 ; *Philémon et Baucis,* 1685 ; *Psyché = les Amours de Psyché et de Cupidon, roman,* 1669 ; *le Quinquina,* 1682 ; *Remerciement à l'Académie françoise,* 1684 ; *Rondeau redoublé,* 1671 ; *le Songe de Vaux,* 1658 ; *Sonnets,* 1671-1686 ; *Sur les dialogues de Platon,* 1685 ; *Traduction de quelques vers des Géorgiques de Virgile,* 1681 ; *Traduction de quelques vers d'Horace : les Satires,* 1681 ; *la Vie d'Esope,* 1668.

LA MOTHE, ou LA MOTTE (Antoine HOUDAR DE)

Odes ..., avec un discours sur la poésie en général et sur l'ode en particulier, Paris, G. Dupuis, 1707.

LA MOTHE LE VAYER (François DE)

Œuvres... [1636 suiv.], publiées par la Mothe Le Vayer, le fils, 2 vol., Paris, A. Courbé, 1654 (indication du tome et de la page).

LA ROCH. : LA ROCHEFOUCAULD (François DE MARCILLAC, DUC DE)

Œuvres complètes [v. 1649-1678], publiées par D. L. Gilbert et J. Gourdault, 3 tomes en 5 vol., Paris, Hachette, 1868-1883 (Coll. des Grands Écrivains de la France) : *Apologie de M. le Prince de Marcillac,* 1649 ; (indication du tome et de la page de l'édition Gilbert-Gourdault) ; *Lettres* (indication du correspondant et de la date, ou de la date seule) ; *Maximes = Réflexions, ou sentences et maximes morales,* 1re éd. : 1664, 5e éd. : 1678 (indication du numéro ou du titre de la maxime) ; *Mémoires sur la régence d'Anne d'Autriche,* 1662 (indication du tome et de la page de l'édition Gilbert-Gourdault) ; *De l'Origine des maladies* (titre de la XIIe des *Réflexions diverses*); *Portrait du Cardinal de Retz,* 1675 ; *Portrait du duc de La Rochefoucauld fait par lui-même,* 1659 ; *Réflexions diverses* = 19 *Réflexions* écrites sans doute av. 1664, mais publiées seulement de 1731 à 1741, et qui constituent une sorte de pré-rédaction d'une partie des *Maximes.*

LE SAGE (Alain René)

le Bachelier de Salamanque, ou les Mémoires de D. Chérubin de La Ronda, tirés d'un manuscrit espagnol..., 2 vol., Paris, Valleyre fils, 1736 ; *Crispin rival de son maître,* comédie, Paris, 1707 ; *le Diable boiteux...,* Paris, Vve Barbin, 1707 ; *Gil Blas = Histoire de Gil Blas de Santillane...,* 4 vol., Paris, P. Ribou, puis Vve P. Ribou, 1715-

1735 ; *Guzm. Alfar.* = *Histoire de Guzman d'Alfarache* [de Mateo Aleman] *nouvellement traduite et purgée des moralités superflues...,* 2 vol., Paris, E. Ganeau, 1732.

LETTRES DU XVIIe S.

Choix de lettres du XVIIe siècle, publiées par Gustave Lanson, Paris, Hachette, 1891 (2e éd.).

L. : LITTRÉ (Émile)

Dictionnaire de la langue française, 4 vol., Paris, Hachette, 1863-1873 (Suppléments, 1876-1877).

LORET (Jean)

Muse hist. = *la Muse historique, ou Recueil de lettres en vers...* [1638-1665], 4 vol., Paris, P. Jannet, 1857-1878 (indication de la date du numéro de la gazette).

LOUIS XIV

Lettres (indication du correspondant et de la date, ou de la date seule) : v. LETTRES DU XVIIe S.

MAINTENON (Françoise D'AUBIGNÉ, MARQUISE DE) [1635-1719]

Conseils et instructions aux demoiselles pour leur conduite dans le monde, publiés par Th. Lavallée, 2 vol., Paris, Charpentier, 1857 ; *Entretiens sur l'éducation des filles...,* publiés par Th. Lavallée, Paris, Charpentier, 1854 ; *Lettres...,* publiées par L. A. de La Beaumelle, Nancy, Deilleau, 1752, 2 vol., et Amsterdam, aux dépens de l'auteur, 1759, 9 vol. ; *Lettres historiques et édifiantes adressées aux dames de Saint-Louis...,* publiées par Th. Lavallée, 2 vol., Paris, Charpentier, 1856 ; *Lettres inédites de Mme de Maintenon et de Mme la Princesse des Ursins...,* 4 vol., Paris, Boussange frères, 1826 ; *Maximes de Mme de Maintenon, recueillies pour une dame de qualité* par M. Richard, Paris, J. Grou, 1686 (rééd. en 1690).

Avis aux maîtresses des classes (indication de la date) : v. *Entretiens...* ; *Conversations : Sur la bonne conduite, Sur la douceur, Sur les vertus cardinales,* entre 1690 et 1715 : v. *Conseils et instructions...* ; *Entretien avec les maîtresses* (indication de la date) : v. *Entretiens...* ; *Instructions : À la classe bleue, À la classe jaune, À la classe verte* (indication de la date) : v. *Entretiens...* ; *Instructions aux dames de Saint-Louis,* 1694 : v. *Lettres historiques...* ; *Lettres* (indication du correspondant et de la date, de la date seule, ou, pour les lettres à Mme des Ursins, du tome et de la page de l'édition Bossange) ; *Maximes sur l'éducation,* 1690 : v. *Maximes de Mme de Maintenon...* ; *Proverbe,* Les femmes font et défont les maisons, *composé pour les demoiselles de Saint-Cyr,* av. 1715 : v. *Conseils et instructions...*

MAIRET (Jean DE)

les Galanteries du duc d'Ossonne, vice-roy de Naples, comédie, 1627, Paris, R. Rocolet, 1636 ; *Solim.* = *le Grand et dernier Solyman, ou la Mort de Mustapha,* tragédie... [1629], Paris, A. Courbé, 1639 ; *Sylvie ...,* tragi-comédie pastorale, 1621, Paris, Targa, 1628.

MALEBRANCHE (Nicolas DE)

Œuvres complètes... [1674-1715], publiées par MM. de Genoude et de Lourdoueix, 2 vol., Paris, Sapia, 1837 (rééd., 2 vol., Paris, Charpentier, 1842) : *Rech.* = *De la Recherche de la vérité...,* 1674.

MALH. : MALHERBE (François DE)

Œuvres complètes [v. 1576-1628], publiées par L. Lalanne, 5 vol. (+1 atlas), Paris, Hachette, 1862-1869 (Coll. des Grands Ecrivains de la France) : *À la Reine, Mère du Roi, Sur sa bienvenue en France, ode,* 1600 ; *À M. le Grand Écuyer de France, ode,* 1609 ; *Au Roi Henri le Grand sur l'heureux succès du voyage de Sedan,* av. 1610 ; *Aux dames, pour les demi-dieux marins conduits par Neptune, stances,* 1609 ; *Bienf.* = *Traduction du Traité des Bienfaits de Sénèque,* posthume, 1630 (indication du livre et du chapitre) ; *Chansons,* 1607-1615 (indication du numéro de la chanson) ; *Commentaires sur les poésies de Desportes,* 1606 ; *Consolation à Monsieur du Périer sur la mort de sa fille, stances,* 1607 ; *Ép.* = *Traduction des Épîtres de Sénèque,* posthume, 1637 (indication du numéro de l'épître) ; *Instructions à son fils,* 1605 ; *les Larmes de S*[t] *Pierre,* 1587 ; *Lettres* (indication du correspondant et de la date) ; *Ode à la Reine mère...,* 1610 ; *Ode à M. le Grand* : v. *À M. le Grand Écuyer* ; *Ode pour la reine...,* 1600 ; *Plainte sur une absence, stances,* 1615 ; *Pour la Reine, Mère du Roi, pendant sa régence,* posthume, 1630 ; *Prédiction de la Meuse aux Princes révoltés,* posthume, 1630 ; *Prière pour le Roi allant en Limousin,* 1605 ; *Questions nat.* = *Fragment de traduction des Questions naturelles de Sénèque,* posthume, 1862 ; *Sonnets,* 1609 (indication du destinataire) ; *Stances,* 1609 (indication du titre ou du destinataire, et, le cas échéant, du numéro) ; *Sur l'attentat commis en la personne de Henri le Grand...,* 1606 ; *les Sybilles , Sur la fête des alliances de France et d'Espagne,* 1612 ; *Tite-Live* = *Traduction du XXXIII*[e] *livre de l'Histoire Romaine de Tite-Live,* 1616.

MALLEVILLE (Claude DE)

Poésies... [v. 1634-1647], Paris, A. Courbé, 1649 (indication du titre du poème).

MASS. : MASSILLON (Jean-Baptiste)

Œuvres... [av. 1691-1742], 15 vol., Lyon, Leroy, 1810 : *Avent* = *Sermons de l'Avent* (10 sermons, 1699) ; *titres abrégés : Concept.* = *Pour la fête de la Conception de la sainte Vierge* ; *Épiph.* = *Pour le jour de l'Épiphanie* ; les autres titres sont complets ; *Car.* = *Sermons de Carême* (47 sermons, 1699, 1701, 1704) ; titres abrégés [*Sur le/la/les*] : *Confession* ; *Culte* = *Véritable culte* ; *Dégoûts qui accompagnent la piété en cette vie* ; *Élus* = *Petit nombre des Élus* ; *Inconstance dans les voies du salut* ; *Pardon des offenses* ; *Passion de Notre Seigneur Jésus-Christ* ; *Prosp.* = *Danger des prospérités temporelles* ; *Purific.* = *Pour la fête de la Purification, 2*[e] *sermon* ; *Salut :* v. *Inconst.* ; *Tiédeur* ; *Vocation* ; les autres titres sont complets ; *Conférences et discours synodaux,* 1717 suiv. (indication du titre) ; *Franç.* = *Discours de réception à l'Académie françoise,* 1719 ; *Oraison funèbre de Louis XIV,* 1715 ; *Paraphrases du Psaume XIII,* av. 1742 ; *Petit carême* (10 sermons, 1718) ; titres abrégés [*Sur les*] *: Écueils de la piété des Grands* ; *Tentations des Grands* ; *Profession religieuse :* v. *Confér.* ; *Revenus ecclésiastiques* : v. *Confér.* ; *Tièd.* : v. *Carême, sur la Tièdeur* ; *Sur le petit nombre des Élus* : v. *Carême, ... Élus.*

MAUCROIX (abbé François DE)

Œuvres diverses... [v. 1640-1708], publiées par Louis Pâris, 2 parties en 1 vol., Reims, Brissart-Binet, 1854 : *Lettres* (indication de la date).

MAUPAS (Charles)

Grammaire françoise contenant reigles très certaines et adresse très assurée à la naïve connoissance et pur usage de nostre langue..., Blois, 1607 (2e éd., Paris, A. Bacot, 1625 ; 5e éd., Rouen, 1632 ; etc.).

MAYNARD (François DE)

les Œuvres poétiques... [1605-1646], Paris, A. Courbé, 1646 (indication de la page du volume ou du titre de l'œuvre et, généralement, de sa date ; *l'Ode à Alcippe* est de 1643).

MÉNAGE (Gilles)

Observations... sur la langue françoise, Paris, C. Barbin, 1672 (rééd. en 2 vol., *ibid.,* 1675-1676) ; *les Origines de la langue françoise,* Paris, A. Courbé, 1650 (rééd. sous le titre de *Dictionnaire étymologique, ou Origines de la langue françoise,* Paris, Anisson, 1694) ; *Miscellanea...,* 6 parties en 1 vol., Paris, A. Courbé, 1652 ; *la Requête des dictionnaires...,* 1638 ; texte publié dans les *Miscellanea....*

MÉRÉ (Antoine DE GOMBAULT, CHEVALIER DE)

Lettres... [v. 1640-1682], 2 vol., Paris, D. Thierry et C. Barbin, 1682 (indication du correspondant et de la date).

MOL. : MOLIÈRE (Jean-Baptiste POQUELIN, dit)

Œuvres complètes [v. 1645-1673], publiées par E. Despois et P. Mesnard, 13 vol., Paris, Hachette, 1873-1900 (Coll. des Grands Écrivains de la France).

1. Théâtre : *les Amants magnifiques,* 1670 ; *l'Amour médecin,* 1665 ; *Amphitryon,* 1668 ; *l'Avare,* 1668 ; *le Bourgeois gentilhomme,* 1670 ; *la Critique de l'École des femmes,* 1663 ; *le Dépit amoureux,* 1656 ; *Dom Garcie de Navarre,* 1661 ; *Dom Juan, ou le Festin de pierre,* 1665 ; *l'École des femmes,* 1662 ; *l'École des maris,* 1661 ; *Escarb. = la Comtesse d'Escarbagnas,* 1671 ; *l'Étourdi,* 1655 ; *les Fâcheux,* 1661 ; *les Fourberies de Scapin,* 1671 ; *les Femmes savantes,* 1672 ; *George Dandin,* 1668 ; *l'Impromptu de Versailles,* 1663 ; *la Jalousie du Barbouillé,* av. 1650 ; *le Malade imaginaire,* 1673 ; *le Mariage forcé,* 1664 ; *le Médecin malgré lui,* 1666 ; *le Médecin volant,* av. 1650 ; *Mélicerte,* 1666 ; *le Misanthrope,* 1666 ; *la Pastorale comique,* 1667 ; *Pourc. = Monsieur de Pourceaugnac,* 1669 ; *la Princesse d'Élide,* 1664 ; *les Précieuses Ridicules,* 1659 ; *Psyché,* 1671 (en collaboration avec Corneille et Quinault) ; *Sganarelle, ou le Cocu imaginaire,* 1660 ; *le Sicilien, ou l'Amour peintre,* 1667 ; *le Tartuffe,* 1669.

2. Autres œuvres : *Remerciement au Roi,* 1663 ; *Val de Gr. = la Gloire du dôme du Val-de-Grâce, poème sur la peinture de M. Mignard...,* 1669.

MONTCHRESTIEN (Antoine MAUCHRESTIEN, dit DE)

Écon. pol. = Traicté de l'œconomie politique..., Rouen, 1615 (rééd. moderne, Paris, Plon, 1889).

MONTFLEURY (Antoine JACOB, dit)

les Œuvres de M. Montfleury contenant ses pièces de théâtre [1660-1678], 2 vol., Paris, David, 1705 (rééd. en 3 vol., 1739) : *Crispin gentilhomme,* 1677 ; *l'École des filles,* 1666 ; *la Femme juge et partie,* 1669 ; *le Gentilhomme de Beauce,* 1670 ; *l'Impromptu de l'Hôtel de Condé,* 1663 ; *le Mari sans femme,* 1663.

MONTMORENCY (Isabelle, DUCHESSE DE)
Lettres (indication du correspondant et de la date) : v. LETTRES DU XVIIe S.

MONTPENSIER (Anne Marie Louise, DUCHESSE DE) [1627-1693]
Lettres (indication de la date) : v. LETTRES DU XVIIe S. ; *Mém.* = *Mémoires de Mlle de Montpensier* [v. 1648-1688], collationnés sur le manuscrit autographe, par A. Chéruel, 4 vol., Paris, Charpentier, 1858-1859.

MOTIN (Pierre) [1566-1610]
Œuvres inédites, publiées par P. d'Estrée, Paris, Librairie des bibliophiles, 1882.

MOTTEVILLE (Françoise BERTAULT, DAME LANGLOIS DE) [1621-1689]
Mém. = *Mémoires pour servir à l'Histoire d'Anne d'Autriche,* 5 vol., Amsterdam, F. Changuion, 1723 (rééd. en 6 vol., *ibid.,* 1739 et 1750, indication de l'année).

NICOLE (Pierre) [1625-1695]
Ess. de Mor., Morale = *Essais de morale, contenus en divers traittez sur plusieurs devoirs importans,* 14 vol., 1671-1732 [le 1er vol. a été publié par la Vve C. Savreux à Paris ; les 13 autres par divers éditeurs, le plus souvent par Desprez, Paris] ; *Lettre au Père Annat* (av. 1670), citée par COUSIN (Victor), *Des Pensées de Pascal,* Paris, Lagrange, 1843 (p. 361-362).

NICOT (Jean)
Thresor de la langue françoyse, tant ancienne que moderne..., Paris, David Douceur, 1606 (rééd., 1614 ; réimpr. : Paris, Picard, 1960).

OUDIN (Antoine)
Grammaire françoise rapportée au langage du temps..., Paris, A. de Sommaville, 1640.

OUVILLE (Antoine LE MÉTEL, SIEUR D') [mort en 1656 ou 1657]
Contes = *l'Élite des contes du sieur d'Ouville...,* 2 tomes en 1 vol., Paris, 1680 (indication de la date du conte).

PASC. : PASCAL (Blaise)
Œuvres [1639-1662], texte établi et annoté par J. Chevalier, Paris, Gallimard, 1936, « Bibl. de la Pléiade » : *Comparaison des chrétiens des premiers temps avec ceux d'aujourd'hui,* v. 1655 ; *Sur la Conversion du pêcheur,* v. 1662 ; *Discours sur la condition des Grands,* 1660 ; *Discours sur les Passions de l'amour,* v. 1650 ; *Écrits sur la grâce,* 1657 ; *Entretien avec M. de Saci sur Épictète et Montaigne,* 1655 ; *Équil. des liqueurs* = *Récit de la grande expérience sur l'Équilibre des liqueurs,* 1648 ; *De l'Esprit géométrique,* 1655 ; *Essai sur les coniques, ou Traité des sections coniques,* 1640 ; *Expériences nouvelles touchant le vide,* 1647 ; *Lettres* (indication du correspondant et de la date, du correspondant seul, ou de la date seule) ; *Lettre sur la mort de son père,* 1651 ; *Mach. arithm.* = *Avis nécessaire à tous ceux qui auront la curiosité de voir la machine arithmétique et de s'en servir,* 1645 ; *Mémorial,* 1654 ; *le Mystère de Jésus,* entre 1657 et 1662 ; *Pensées...,* 1657-1662 ; *Pesant, masse d'air* = *Traité de la Pesanteur de la masse d'air,* 1648 ; *Prière pour le bon usage des maladies,* 1660 ; *Prov.* = *les Provinciales, ou Lettres écrites par Louis de Montalte à un Provincial de ses amis et aux révérends Pères Jésuites sur le sujet de la morale et de la politique de ces Pères,* 1656-1657 (indication du numéro de la lettre) ; *Traité du vide...* (1651).

PASC. JACQ. : PASCAL (Jacqueline) [1625-1661]
Lettres (indication de la date), dans *Œuvres* de B. PASCAL (v. ci-dessus).

PATIN (Gui)
Lettres [1624-1672], publiées par J. H. Réveillé-Parise, 3 vol., Paris, Baillière, 1846 (indication du correspondant et de la date).

PATRU (Olivier)
Œuvres diverses [v. 1630-1681] *de M. Patru, avocat au parlement, contenant ses plaidoyers, harangues...*, 2 vol., Paris, N. Gosselin, 1732.

PELLISS. : PELLISSON-FONTANIER (Paul)
Hist. de l'Acad. = *Relation contenant l'histoire de l'Académie françoise...*, Paris, P. Le Petit, 1653 ; *Lettres historiques...*, 1645-1693, 3 vol., Paris, F. Barois, 1729 ; *Relation du voyage de la Reine en Flandre :* v. *Lettres...*

PERRAULT (Charles)
Contes = *Histoires ou contes du temps passé, avec des moralitez,* Paris, C. Barbin, 1697 (indication du titre du conte) ; *Parallèles des Anciens et des modernes,* 4 vol., Paris, J. B. Coignard, 1688-1697.

PERR. ABL. : PERROT D'ABLANCOURT (Nicolas)
Apopht. = *les Guerres d'Alexandre par Arrian, de la traduction de Nicolas Perrot sieur d'Ablancourt ; sa vie tirée du grec de Plutarque et ses Apophtegmes de la mesme traduction,* Paris, T. Jolly, 1664 ; *Lucien* = *Lucien, de la traduction de N. Perrot, S^r d'Ablancourt,* av. 1664, avec des remarques sur la traduction, 3 vol., Paris, par la Compagnie des libraires, 1707, titres abrégés : *Dialogues des dieux , Timon ou le Misanthrope* ; *Trad. Lucien :* v. *Lucien* ; *Trad. Tacite, Ann.* = *les Annales de Tacite traduites en françois...,* 2 vol., Paris, Vve J. Camusat, 1640 (indication du livre et du chapitre).

POISSON (Raymond)
les Œuvres de M. Poisson, divisées en deux tomes, 2 vol., Paris, T. Guillain, 1687 (rééd., 2 vol., Paris, les Libraires associés, 1743) : *Fem. coquettes* = *les Pipeurs, ou les Femmes coquettes,* comédie, 1670 ; *le Poète basque,* comédie, 1668.

POUSSIN (Nicolas) [1594-1665]
Lettres (indication de la date) : v. LETTRES DU XVIIe S.

QUINAULT (Philippe)
le Théâtre de M. Quinault, contenant ses tragédies, comédies et opéras..., 5 vol., Paris, P. Ribou, 1715 : *l'Amant indiscret, ou le Maître étourdi,* comédie, 1654 ; *Cadmus et Hermione,* tragédie-opéra, 1673 ; *la Comédie sans comédie,* féerie, 1656 ; *Isis,* tragédie-opéra, 1677 ; *la Mère coquette, ou les Amants brouillés,* comédie, 1665 ; *Phaéton,* tragédie, 1683 ; *les Rivales,* comédie, 1653.

RACAN (Honorat DE BUEIL, MARQUIS DE)
Œuvres complètes [1610-1670], publiées par M. Tenant de Latour, 2 vol., Paris, P. Jannet, 1857, « Bibl. elzévirienne » : *les Bergeries,* pastorale, 1625 (indication de l'acte et de la scène) ; *Contre un vieillard jaloux,* av. 1635 ; *Lettres* (indication du correspondant et de la date) ; *Odes,* profanes, v. 1610-1633 (indication du destinataire quand il y en a un) ; *Ps.* = *Odes sacrées dont le sujet est pris aux Psaumes de David et qui sont accommodées au temps présent,* 1661 (indication du numéro

du Psaume et du vers) ; *Stances à Tircis,* 1618 (indication du numéro du vers) ; les autres œuvres citées sont suivies de l'indication du tome et de la page de l'édition Tenant de Latour.

RAC. : RACINE (Jean)

Œuvres complètes [1655-1699], publiées par A. Régnier et P. Mesnard, 8 vol., Paris, Hachette, 1865-1873, Coll. des Grands Écrivains de la France.

1. Théâtre : *Alexandre le Grand,* 1665 ; *Andromaque,* 1667 ; *Athalie,* 1691 ; *Bajazet,* 1672 ; *Bérénice,* 1670 ; *Britannicus,* 1669 ; *Esther,* 1689 ; *Iphigénie en Aulide,* 1674 ; *Mithridate,* 1673 ; *Phèdre,* 1677 ; *les Plaideurs,* 1668 ; *la Thébaïde, ou les Frères ennemis,* 1664.

2. Autres œuvres : *Ann.* = Livres ayant appartenu à Racine et *annotés* par lui, depuis 1662 env. – il s'agit essentiellement d'œuvres latines et grecques, sur lesquelles RACINE a écrit ses réflexions (indication du livre et/ou de l'auteur annoté) ; *les Campagnes de Louis XIV,* 1678 ; *Cantiques spirituels,* 1694 (indication du numéro du cantique) ; *Diogène le Cynique :* v. *Trad. ... ; Discours de réception à l'Académie françoise,* 1673 ; *Discours pour l'entrée de l'abbé Colbert à l'Académie françoise,* 1678 ; *Épigrammes,* v. 1680 ; *Épitaphe d'Arnauld,* 1694 ; *Épitaphe de Catherine Françoise de Bretagne, demoiselle de vertus,* 1692 ; *Factum* Pour le Maréchal de Luxembourg, v. 1680 ; *Hymnes traduites du bréviaire romain :* A. Laudes, etc., 1694 ; *Lettres* (indication du correspondant et de la date, ou de la date seule, ou – à défaut – du tome et de la page de l'édition Régnier-Mesnard) ; *Lettre à l'auteur des Hérésies Imaginaires,* 1666 ; *Madrigal,* 1679 ; *Médailles,* 1693 (indication du titre de la « médaille ») ; *Mémoire pour les religieuses de Port-Royal des Champs,* 1697 ; *Notes historiques,* 1677-1695 ; *Ode VI :* v. *Promenades... ; Plan du premier acte d'Iphigénie en Tauride,* v. 1673, publié en 1747 ; *Poésies diverses,* 1660 suiv. ; *P.-R.* = *Abrégé de l'Histoire de Port-Royal,* 1693 suiv. ; *la Prise de Marsal :* v. *Médailles ; Promenades de Port-Royal ou le Paysage de Port-Royal,* 7 odes, 1690 ; *Ps. XXI* = traduction du *Psaume XXI,* v. 1694 ; *Remarques... sur l'Odyssée d'Homère,* 1662 ; *Remarques sur les Olympiques de Pindare,* 1662 ; *la Renommée aux Muses, ode,* 1663 ; *le Siège de Namur,* 1692 ; *Sur la Signature du formulaire,* v. 1669 ; *Des Sts Martyrs d'Alexandrie,* av. 1699 ; *Sur la Judith de Boyer,* 1695 ; *Sur l'Iphigénie de Le Clerc,* 1676 ; *Traduction du Banquet de Platon,* av. 1669, publiée en 1732 ; *Traduction* Des Esséniens, av. 1699 ; *Trad. Lucien* = traduction d'extraits du traité de Lucien de Samosate « *Comment il faut écrire l'histoire* », av. 1699, publiée en 1747 ; *Traduction de la Vie de Diogène le Cynique* de Diogène Laërce, entre 1655 et 1658, publiée en 1747.

RAPIN (le Père René)

Réflexions sur la Poétique d'Aristote et sur les ouvrages des poètes anciens et modernes..., Paris, impr. de F. Muguet, 1674.

REGNARD (Jean-François)

Œuvres complettes... [1682-1709], *avec des avertissements et des remarques sur chaque pièce* par M. G. Garnier, 6 vol., Paris, Vve Duchesne et fils, 1790 : *Attendez-moi sous l'orme,* 1694 ; *le Bal, ou le Bourgeois de Falaise,* 1695 ; *les Chinois,* 1691 (en collaboration avec Dufresny) ; *la Coquette, ou l'Académie des Dames,* 1691 ; *la Critique de l'Homme à bonnes fortunes,* 1690 ; *la Critique du Légataire universel,* 1708 ; *Démocrite,* 1700 ; *le Divorce,* 1688 ; *le Distrait,* 1697 ; *les Filles errantes,* 1690 ; *la*

Foire de St Germain, 1695 (en collaboration avec Dufresny) ; *les Folies amoureuses,* 1704 ; *l'Homme à bonnes fortunes,* 1690 ; *le Joueur,* 1696 ; *le Légataire universel,* 1708 ; *le Mariage de la Folie,* 1704 ; *les Ménechmes,* 1705 ; *le Retour imprévu,* 1700 ; *Satire contre les maris,* 1694 – seule œuvre avec le *Voy. en Laponie* qui ne soit pas une comédie, mais un poème ; *Sérénade,* 1694 ; *Voyage en Laponie,* 1687 – seule œuvre avec la *Sat. contre les mar.* qui ne soit pas une comédie, mais un récit.

RÉGN. : RÉGNIER (Mathurin)
Œuvres complètes [1596-1613]. Édition critique publiée par Gabriel Raibaud, Paris, Didier, 1958 (indication du titre de l'œuvre et du numéro du vers).

RÉGNIER-DESMARAIS (abbé François Séraphin)
Gramm. = *Traité de la grammaire françoise...,* Paris, Coignard, 1705 (rééd. en 1706).

RETZ (Paul DE GONDI, CARDINAL DE)
Œuvres complètes [v. 1631-1679], publiées par A. Feillet, etc., 11 vol., Paris, Hachette, 1870-1920 (Coll. des Grands Écrivains de la France) [sauf indication contraire, les références aux œuvres citées ci-dessous sont suivies du tome et de la page de l'édition Feillet] : *Avis aux malheureux,* 1652 ; *Avis désintéressé sur la conduite de Mgr le Coadjuteur,* 21 août 1651 ; *la Conjuration du comte Jean-Louis de Fiesque,* av. 1639, publiée en 1665 ; *Discours au parlement,* 1650 ; *Hypocrisie :* v. *Serm. sur l'hypocrisie ; les Intrigues de la paix et les négociations faites à la cour par les amis de M. le Prince...,* 1652 ; *Lettres* (indication du correspondant et de la date) ; *Lettres épiscopales,* 1654-1660 (indication de la date et référence à l'édition Feillet) ; *Mandements,* 1655-1656 (indication de la date précise du mandement cité) ; *Mém.* = *Mémoires,* 1673-1676 (référence à l'édition Feillet, ou, exceptionnellement avec l'indication : *Pléiade,* à l'édition de la « Bibl. de la Pléiade », 1 vol., Paris, Gallimard, 1939) ; *Mémoire sur la promotion,* 1666 ; *Ordonnance,* 20 mai 1650 ; *Panégyrique de St Charles Borromée,* 4 nov. 1646 ; *Papiers trouvés dans la poche du cardinal de Retz lorsqu'il fut arrêté,* déc. 1652 ; *Réflex. sur D. Robert* = *Examen des réflexions sur le dernier écrit de Dom Robert touchant l'être objectif,* 1677 ; *Réflexions... sur les négations non convertibles,* 1677 ; *Remontrance du clergé,* 30 juillet 1646 ; *Remontrance au Roi* = *Très humble et très importante remontrance au Roi, sur la remise des places maritimes de Flandre entre les mains des Anglois,* 1657 ; *Réplique ... à la dernière réponse de Dom Robert, touchant la dépendance que ce dernier prétend que l'âme a du corps,* 1677 ; *Réponse du curé à la lettre du marguillier sur la conduite de Mgr le Coadjuteur,* 1651 ; *Sentiments... de Retz sur l'Affaire de Rome,* ou *Sentiments... sur les Affaires romaines,* oct. 1662 ; *Sermon,* date indiquée : 25 août 1648 ; *Sermon pour le mercredi des Cendres,* entre 1648 et 1652 ; *Sermon sur l'hypocrisie,* entre 1648 et 1652 ; *le Solitaire aux deux désintéressés,* 1651 ; *Sur la conduite de M. le Prince* = *Discours libre et véritable sur la conduite de Mgr le Prince et de Mgr le Coadjuteur,* 1651 ; *Sur sa conduite* = *le Vraisemblable sur la conduite de Mgr le cardinal de Retz,* 1652 ; *le Vrai et le faux de Monsieur le Prince et de Monsieur le Cardinal de Retz,* 1652.

RICHELET (Pierre)
Dictionnaire françois contenant les mots et les choses, et plusieurs nouvelles remarques sur la langue françoise..., 2 parties en 1 vol., Genève, J. H. Widerhold, 1680.

RICHELIEU (Armand Jean DU PLESSIS, CARDINAL, DUC DE)
Lettres, instructions diplomatiques et papiers d'État... [v. 1606-1642], publiés par

D. L. M. Avenel, 8 vol., Paris, Impr. impériale puis nationale, 1853-1877 : *Lettres* (indication du correspondant et de la date ; les *lettres* non suivies de référence sont de 1642).

RICHER (L.)
l'Ovide bouffon, ou les Métamorphoses burlesques..., 3 parties en 1 vol., Paris, T. Quinet, 1649 (rééd., Paris, E. Loyson, 1662).

ROBINET (Charles)
Panégyrique de l'École des femmes, ou Conversation comique sur les œuvres de M. de Molière, Paris, J. Guignard, 1664.

ROTR. : ROTROU (Jean DE)
Œuvres... [1628-1650], 5 vol., Paris, Th. Desoër, 1820 ; *Antigone,* tragédie, 1638 ; *Bélisaire,* tragi-comédie, 1643 ; *Célimène,* comédie, 1633 ; *Diane,* comédie, 1630 ; *Hercule mourant,* tragédie, 1632 ; *l'Heureuse constance,* tragi-comédie, 1631 ; *Laure persécutée,* tragi-comédie, 1637 ; *la Sœur,* comédie, 1645 ; *Sosies* = *les Deux Sosies,* comédie, 1636 ; *S*^{t} *Genest* = *le Véritable Saint-Genest, comédien païen,* tragédie, 1646 ; *Venceslas,* tragédie, 1647.

SABLÉ (Madeleine DE SOUVRÉ, MARQUISE DE) [1598-1678]
Lettres (indication de la date) : v. LETTRES DU XVIIe S.

SACI (Louis Isaac LEMAISTRE DE)
Bible = *les Proverbes de Salomon... avec une explication tirée des SS. Pères et des auteurs ecclésiastiques,* Paris, Vve Savreux, 1672 [début d'une traduction de la Bible, occupant au total 24 vol. et publiée chez des éditeurs divers de 1672 à 1694] (indication du titre du livre, chapitre et paragraphe, ou renvoi à LITTRÉ, qui donne ces références).

SAINT-AMANT (Marc Antoine DE GÉRARD, SIEUR DE)
Œuvres complètes [v. 1620-1660], publiées par Ch. Livet, 2 vol., Paris, P. Jannet, 1855, « Bibl. elzévirienne » (indication du titre de l'œuvre et du numéro du vers, ou du tome et de la page de l'édition Livet).

SAINT-ÉVREMOND (Charles DE MARGUETEL DE SAINT-DENIS, SEIGNEUR DE)
Œuvres de M. de Saint-Évremond [v. 1640-1703], *avec la vie de l'auteur* par M. Des Maizeaux, 9 vol., sans lieu, 1753 : *Lettres* (indication du correspondant et de la date, ou de la correspondante seule : la duchesse de Mazarin, lettres antérieures à 1699).

SAINT-RÉAL (César VICHARD, abbé DE)
Œuvres... [1671-1691], 5 vol., La Haye, les frères Vaillant et N. Prévost, 1722 : *Conjur. c. Venise* = *la Conjuration des Espagnols contre la République de Venise en 1618,* 1674 ; *la Conjuration des Gracques...,* 1678 ; *Dom Carlos , nouvelle historique...,* 1672 ; *Marius et Sylla* = *les Affaires de Marius et Sylla...,* 1684 ; *Us. de l'hist.* = *De l'usage de l'histoire...,* 1671.

SAINT-SIMON (Louis DE ROUVROY, DUC DE)
Mémoires [v. 1694-1741] portant sur les années 1691-1723, publiés par Gonzague Truc, 7 vol., Paris, Gallimard, 1947-1961, « Bibl. de la Pléiade » (indication de l'année étudiée par l'auteur).

SAINT VINCENT DE PAUL [1576-1660]
Lettres (indication du correspondant et de la date, ou de la date seule) : v. LETTRES DU XVIIe S.

SANZEI (Mme DE) : v. SÉV.

SCARR. : SCARRON (Paul)
Œuvres... [1640-1660], 7 vol., Paris, J. F. Bastien, 1786 : *Chanson à boire,* av. 1660 ; *le Châtiment de l'avarice :* v. *Nouvelle...* ; *Dernières Œuvres* (indication du tome et de la page de l'édition Bastien) ; *Don Japhet d'Arménie,* comédie, 1652 ; *Histoire de Don Juan Urbina,* nouvelle, 1655 ; *Jodelet duelliste,* comédie, 1646 ; *Lettre à Mgr le Maréchal d'Albret,* 1659 ; *Nouvelle, le Châtiment de l'avarice,* 1656 ; *Œuvres burlesques = Recueil de quelques vers burlesques...,* 1643 ; rééd. en 1645 ; *la Suite des œuvres burlesques...,* 1644 ; *Nouveau Recueil de poésies burlesques...,* 1647 ; *les Œuvres burlesques de M. Scarron, 3e partie,* 1651 ; *Poésies diverses,* av. 1660 (indication du tome et de la page de l'édition Bastien) ; *le Roman comique,* 1651-1657 (indication du livre et du chapitre) ; *Sonnet,* le Roi s'en est allé..., av. 1660 ; *Sonnet,* Superbes Monuments..., av. 1660 ; *le Typhon, ou la Gigantomachie,* 1644 (indication du chant et du vers) ; *Virgile travesti en vers burlesques...,* 1648-1659 (indication du chant et du vers).

SCUDÉRY (Georges DE)
Alaric, ou Rome vaincue, poème héroïque..., Leyde, J. Samoix, 1654 ; *Lettre à l'illustre Académie...,* Paris, A. de Sommaville, 1637 ; *Observations sur le Cid...,* Paris, au [*sic*] dépens de l'auteur, 1637.

SCUDÉRY (Madeleine DE)
Clélie, histoire romaine..., 5 parties en 10 vol., Paris, A. Courbé, 1656-1660 ; *Grand Cyrus = Artamène, ou le Grand Cyrus...,* 10 tomes en 20 vol., Paris, A. Courbé, 1650-1653 ; *Mathilde d'Aguilar, histoire espagnole et françoise...,* Paris, E. Martin, 1667.

SEGRAIS (Jean REGNAULT DE)
Nouv. franç. = les Nouvelles françoises, ou les Divertissements de la princesse Aurélie..., 5 parties en 2 vol., Paris, A. de Sommaville, 1656-1657 (indication du numéro de la nouvelle).

SENTIM. ACAD. SUR « CID »
Sentiments de l'Académie françoise sur « le Cid » de M. P. Corneille..., Paris, J. Camusat, 1638.

SÉV. (Ch. DE) : SÉVIGNÉ (Charles DE) : v. SÉV. (ci-dessous).

SÉV. : SÉVIGNÉ (Marie DE RABUTIN-CHANTAL, MARQUISE DE)
Lettres de Mme de Sévigné av. 1652-1696, publiées par M. Gérard-Gailly, 3 vol., Paris, Gallimard, 1953-1957, « Bibl. de la Pléiade » (indication de la date de la lettre, et celle du correspondant lorsque plusieurs lettres ont été écrites le même jour ; l'édition Gérard-Gailly contient également les lettres des correspondants de Mme de Sévigné : Bussy-Rabutin, Corbinelli, M. et Mme de Coulanges, Mme de Grignan, Mme de Sanzei, Ch. de Sévigné, Mme de Simiane, Mme de Villars, etc.).

SIMIANE (Pauline DE MONTEIL DE GRIGNAN, MARQUISE DE) : v. SÉV.

SŒUR CHANTAL : Jeanne Françoise FRÉMYOT, BARONNE DE CHANTAL [1572-1641]
Lettres..., Paris, A. Lecoffre, 1860 (indication de la date de la lettre).

SOMAIZE (Antoine BAUDEAU DE)
le Grand Dictionnaire des Précieuses... ou la Clef de la langue des ruelles..., Paris, 1660, publié par Ch. Livet, 2 vol., Paris, P. Jannet, 1856, « Bibl. elzévirienne ».

SOREL (Charles)
le Berger extravagant, où parmy des fantaisies amoureuses on void les impertinences des romans et de la poésie, 2 parties en 1 vol., Paris, T. Du Bray, 1627 (rééd., Rouen, J. Osmont, 1639) ; *Franc. = Vraie Histoire comique de Francion,* 1622 suiv., publiée par E. Roy, 4 vol., Paris, Didier, 1924-1931 (indication du livre) ; *Histoire des deux sœurs d'humeur différente et Histoire d'une femme voulant se faire arracher une dent,* dans *la Maison des Jeux, où se trouvent les divertissements d'une compagnie par des narrations agréables...,* 2 vol., Paris, N. de Sercy, 1642 ; *Polyandre...,* 2 vol., Paris, Vve N. Sercy, 1648 (indication du tome et de la page).

St FRANÇOIS DE SALES
Œuvres complètes... v. 1590-1622, 16 tomes en 17 vol., Paris, J.J. Blaise, 1833-1835 : *Vie dévote = Introduction à la vie dévote* (1608).

TABARIN (pseudonyme de Antoine GIRARD ou de Jean SALOMON) [début du XVIIe s.]
Œuvres complètes..., 2 vol., Paris, P. Jannet, 1858, « Bibl. elzévirienne » (indication du tome et de la page de l'édition moderne, et, le cas échéant, du titre de l'œuvre).

TALL : TALLEMANT DES RÉAUX (Gédéon)
Historiettes..., 1657-1659, publiées par L. J. N. de Monmerqué et J. A. Taschetreau, 6 vol., Paris, A. Levavasseur, 1834-1835 (indication du tome et de la page, ou du titre de l'historiette).

TH. DE VIAU : VIAU (Théophile DE)
Œuvres... [v. 1610-1626], publiées par M. Alleaume, 2 vol., Paris, P. Jannet, 1855-1856, « Bibl. elzévirienne » (indication du titre de l'œuvre).

TRÉVOUX
Dictionnaire universel françois et latin..., publié par les Jésuites de Trévoux, 3 vol., Trévoux, 1704.

TR. L'HERMITE : TRISTAN L'HERMITE (François)
Am. = les Amours de Tristan..., Paris, P. Billaine et A. Courbé, 1638 ; *les Plaintes d'Acante...,* Paris, P. Billaine, 1634 ; *les Vers héroïques...,* Paris, J.-B. Loyson et N. Portier, 1648. Les titres des poèmes ont été indiqués de façon systématique, mais non leur appartenance à l'un des trois recueils cités ci-dessus.

URFÉ (Honoré D')
l'Astrée... [1610-1627], *reveuë et corrigée..., dernière édition,* 5 vol., Paris, A. Courbé, 1647 (indication du tome et de la page).

URSINS (Marie-Anne DE LA TRÉMOILLE, PRINCESSE DES)
Lettres inédites..., v. 1657-1722, recueillies et publiées... par M. A. Geffroy..., Paris, Didier, 1859 (indication du correspondant et de la date).

VAUBAN (Sébastien LE PRESTRE, MARQUIS DE)
Dîme = Projet d'une dixme royale... [1707] : v. *Économistes financiers du XVIIIe siècle...*, commentaires et notes par M. Eugène Daire, Paris, Guillaumin, 1843, Coll. des principaux économistes, t. I.

VAUG. : VAUGELAS (Claude FAVRE DE)
Remarques sur la langue françoise..., Paris, Vve J. Camusat et P. Le Petit, 1647 (les citations sont généralement extraites du fac-similé de l'édition originale publié par Jeanne Streicher, Paris, Droz, 1934 [indication de la page seule, avec un astérisque lorsque le même numéro de page est utilisé deux fois], parfois de l'édition A. Chassang, 2 vol., Versailles, Cerf et fils, 1880 [indication du tome et de la page]) ; *Nouvelles Remarques de M. de Vaugelas* : v. *Remarques...*, édition A. Chassang, tome II (indication de la page ; il s'agit de *Remarques* que l'auteur avait écartées de son édition de 1647 et qui ont été publiées à Paris, en 1690, par M. Aleman, avocat à Grenoble) ; *Quinte-Curce = De la Vie et des actions d'Alexandre le Grand...* [1615-1650], Paris, 1653, traduction d'un ouvrage latin de Quinte-Curce.

VAUQUELIN DES YVETEAUX (Nicolas)
Sonnets, publiés dans *les Délices de la poésie françoise...*, 2 vol., Paris, T. du Bray, 1615-1620 (le 1er vol. a été rééd. en 1618).

VILLARS (Marie GIGAULT DE BELLEFONS, MARQUISE DE) : v. SÉV.

VOIT. : VOITURE (Vincent)
Œuvres [v. 1620-1648], avec des éclaircissements et des notes par H. A. Ubicini, 2 vol., Paris, P. Charpentier, 1855 (pour les poèmes, indication du titre de l'œuvre et du numéro du vers ; pour les *Lettres*, indication du correspondant et de la date, ou de la date seule).

Abréviations usuelles

abr.	abrégé
absol.	absolument
adj.	adjectif
adv.	adverbe
argum.	argument
art.	article
auj.	aujourd'hui
auxil.	auxiliaire
avert.	avertissement
ball.	ballade
car.	carême
conj.	conjonction, conjonctif
crit.	critique
dédic.	dédicatoire
dém.	démonstratif
dial.	dialogue
disc.	discours
ellipt.	elliptique
ép.	épître
ex.	exemple
exam.	examen
f.	fable
f. ou fém.	féminin
fam.	familier
fig.	figuré
fragm.	fragment
hist.	histoire
imp.	imparfait
impér.	impératif
impers.	impersonnel
in Br.	dans Brunot
in L.	dans Littré
ind.	indicatif
indéf.	indéfini
inf.	infinitif
interj.	interjection
interm.	intermède
interr.	interrogatif
intransitiv.	intransitivement
inv.	invariable
ironiq.	ironiquement
jurid.	juridique
L. XIV	Louis XIV
lat.	latin
lect.	lecteur
littér.	littéraire
loc.	locution
m.	masculin
mém.	mémoires
n.	nom
n. pr.	nom propre
panég.	panégyrique
par anal.	par analogie
par extens.	par extension
par opp.	par opposition
paraphr.	paraphrase
part.	participe, partie
part. pass.	participe passé
part. prés.	participe présent
particul.	particulièrement
péjor.	péjoratif
pers.	personnel
pl., plur.	pluriel
poés.	poésie
pop.	populaire
poss.	possessif
pr.	propre, pronom
préf.	préface
prép.	préposition
prés.	présent
proprem.	proprement

ps.	psaume
qqch	quelque chose
qqe, qqes	quelque, quelques
qqn	quelqu'un
rem.	remarque
réflex.	réflexions
relat.	relatif
sat.	satire
sc.	scène
s. d.	sans date
s.-e.	sous-entendu
serm.	sermon
sing.	singulier
subj.	subjonctif
substantiv.	substantivement
techn.	technique
trad.	traduction
v.	verbe
v. i.	verbe intransitif
v. pr.,	
v. pron.	verbe pronominal
v. t.	verbe transitif
v. t. dir.	verbe transitif direct
v. t. ind.	verbe transitif indirect
var.	variante
voc.	vocabulaire

a

à prép. Était d'un emploi plus étendu qu'aujourd'hui. On le trouve dans de nombreuses constructions où d'autres prépositions ont le plus souvent pris sa place maintenant. En particulier, *à* indiquait **1.** l'appartenance, avec les noms propres compléments du nom (auj. on emploie alors la préposition *de*) : *C'était l'île à Dame Circé* (Scarr., *V. tr.*, VII, 25). *Je suis très humble servante au Seigneur Anselme* (Mol., *Av.*, I, IV). – Cet emploi était blâmé par les grammairiens du XVIIe s., mais il se rencontrait dans la langue familière et dans le style burlesque. **2.** le lieu (là ou nous employons *dans* ou *sur*) : *Je méditais ma fuite aux terres étrangères* (Rac., *Baj.*, 874). *Cette force qu'il avait acquise aux montagnes* (Boss., *Panég. St Paul*). *Petits hommes qui vous enfermez aux foires* (La Br., XII, 119). *Mais que diable allait-il faire à cette galère ?* (Mol., *Fourb.*, II, VII). *Jésus-Christ est mort à la croix* (Boss., *H. univ.*, II, 19). **3.** la direction (là où nous employons *vers*) : *Il le fit marcher* [son régiment] *à Saint-Germain* (Retz, *Mém.*, I, 230). *Tourner son esprit aux grandes affaires* (La Br., XIII, 23). **4.** le temps (là où nous construisons directement le complément) : *Encor à ce matin, cette bouillante rage* [...] *L'a fait jeter dans l'eau* (Racan, *Berg.*, V, I). **5.** le complément d'agent, après les verbes *laisser* et *faire*, et le complément de moyen (là où nous employons la préposition *par*) : [Ils] *se laissent entraîner au torrent* (La Br., VIII, 32). *Vous me dites mille tendresses, et je vous avoue que je me laisse doucement flatter à cette aimable vérité* (Sév., 30 mars 1672). *J'ai fait chanter ma passion aux voix les plus touchantes* (Mol., *Am. magn.*, I, II). **6.** la destination, le but, surtout devant un infinitif (là où nous employons *pour, afin de*) : *J'invente des raisons à combattre sa haine* (Corn., *Pl. R.*, 117). *Les forces me manquent à raconter vos louanges* (Boss., *Serm. Pâques*). *Il y eut des voix à ordonner qu'il n'y aurait plus de favoris en France* (Retz, *Mém.*, III, 253). **7.** le point de vue, comme complément d'adjectif (là où nous employons *pour*) : *Sa mort au vainqueur est un piège funeste* (Rac., *Théb.*, 1374). – Ces deux derniers emplois commençaient à vieillir au XVIIe s. **8.** l'accompagnement (là où nous employons *avec* ; emploi déjà vieilli au XVIIe s.) : *Un arbre que le vent emporte à ses racines* (Th. de Viau, *Désespoirs amoureux*).

abaissement n.m. Humiliation, soumission : *Je dis donc qu'il y a deux choses qui composent la pénitence : la mortification du corps et l'abaissement de l'esprit* (Boss., *Ier Panég. St François de Paule*).

Ce mot avait aussi au XVIIe s. le sens actuel de « diminution, passage à un degré inférieur ».

abaisser v.t. Faire descendre qqch (auj. plutôt « abaisser, rabaisser ») : *Abaisser son chapeau sur ses yeux pour ne voir personne* (La Br., VI, 83). ♦ Diminuer, atténuer, apaiser : *De moment en moment son âme plus humaine Abaisse sa colère* (Corn., *Méd.*, 726). ♦ Faire déchoir qqn de son rang (sens actuel) : *Les grands noms abaissent, au lieu d'élever, ceux qui ne les savent pas soutenir* (La Roch., *Maximes*, 94).

◆ **s'abaisser,** se mettre à un niveau plus bas, parfois sans idée d'humiliation : *Un prédicateur habile sait s'abaisser* [= se mettre] *à la portée de ses auditeurs* (Fur.) ; perdre de sa dignité, de son rang (sens actuel) : *Morbleu ! C'est une chose indigne, lâche, infâme De s'abaisser ainsi jusqu'à trahir son âme* (Mol., *Mis.*, 26).

abandonné, e adj. et n. En parlant de qqn. Débauché : *Quelque libertin et quelque abandonné qu'il puisse être, il y a toujours de secrets reproches de la conscience qui le troublent* (Bourd., *Pensées*, in L.). *C'est une infâme, qui va courir le pays avec eux, et qu'ils ne sauraient regarder que comme une abandonnée* (Boil., *Diss. sur Joconde*). ♦ En parlant de qqch. Total, sans réserve : [L'abbé Charrier] *joua toujours l'ambas-*

sadeur en lui témoignant une confiance abandonnée (Retz, *Mém.*, IV, 134).

abandonnement n.m. Action d'abandonner, de laisser à la discrétion des autres (remplace au XVIIe s. « abandon ») : *L'abandonnement du bien de M. de Bellièvre fait un tel scandale et un tel désordre dans Paris* [...] *que tout tremble* (Sév., 26 août 1675). ♦Délaissement, état d'une personne abandonnée : *Dans l'abandonnement où, faute de vous rencontrer, je me suis trouvée avec elle* (Mol., *Fourb.*, III, VII). ♦Action de se livrer sans réserve, emportement : *Vous vous faites une fausse gloire de courir sans nécessité avec abandonnement à toute sorte de péril* (Louis XIV, *Lettre*, 5 oct. 1670). ♦Laisser-aller moral : *Un abandonnement qui ne connaît plus ni règle, ni pudeur, ni bienséance* (Mass., *Paraphr. Ps.* XIII).

abandonner v.t. Perdre complètement (sans nécessairement l'idée de renoncement conscient ou volontaire comme auj.) : *Le frère de Junie abandonna la vie* (Rac., *Brit.*, 64). *Lorsque j'ai de mes sens abandonné l'empire* (Rac., *Ph.*, 761). ♦**Abandonner à** (et l'infinitif), laisser à qqn le soin de, laisser aller à : *Il m'abandonne lâchement à soutenir moi seule notre père saint Augustin* (Sév., 6 août 1677). *Aussi n'aurais-je pas Abandonné mon cœur à suivre ses appas* (Mol., *Éc. des m.*, 558).

◆ **s'abandonner,** se laisser aller : *Le Prince aux cris s'abandonna* (La Font., *F.*, VIII, 14). [Les] *femmes qui se sont abandonnées à faire l'amour* [...] (La Roch., *Maximes*, 131).

Étaient usuels aussi au XVIIe s. les sens actuels « laisser qqn seul » et « quitter » : *Tout m'abandonne ailleurs ? Tout me trahit ici ?* (Rac., *Mithr.*, 1013). *Mon repos m'abandonne, et ma flamme revit* (Corn., *Cid*, 508) ; ou « laisser au pouvoir de » : *J'abandonne ce traître à toute ta colère* (Rac., *Ph.*, 1074).

abatteur n.m. **Abatteur de quilles, de bois,** celui qui se vante de prouesses dont il n'est pas capable : *Jamais siècle n'a découvert De plus grands abatteurs de quilles* (Cyrano, *le Ministre d'État flambé*, 252).

abattis n.m. Action d'abattre en quantité des arbres, des bâtiments, des bêtes ou du gibier : *Le Scythe* [...] *Prend la serpe à son tour* [...] *prescrit à ses amis Un universel abattis* (La Font., *F.*, XII, 20). *Il y a eu un grand abattis de maisons par le tremblement de terre* (Fur.). *Ce chasseur a fait un grand abattis de gibier* (Fur.). ♦Bâtiments ou arbres abattus : *La rue est toute embarrassée par cet abattis de maisons* (Acad. 94).

Le sens actuel « tête, cou, pattes, etc., d'une volaille » se rencontre aussi au XVIIe s.

abattre (s') v.pr. Se décourager, perdre tout ressort (auj. en ce sens « se laisser abattre ») : *Ainsi donc au besoin ton courage s'abat* (Corn., *Cid*, 1479). *Les grands hommes s'abattent et se démontent à la fin par la longueur de leurs infortunes* (La Roch., *Maximes*, Appendice, 24).

abîme n.m. Précipice, gorge profonde (plus fréquent qu'aujourd'hui, où il désigne surtout un « gouffre insondable ») : *Par un tremblement de terre il s'est fait là un abîme* (Acad. 94). *Le récit de leur descente dans la grotte d'Antiparos, c'est-à-dire dans trois ou quatre abîmes affreux qui se succèdent les uns les autres* (Fonten., *Éloge de Tournefort*). *Nous avons été dans les bourbiers et dans les abîmes d'eau* [= fondrières] (Sév., 31 mai 1660).

abîmer v.t. Jeter dans un abîme, engloutir, plonger (auj. en ce sens il est littéraire et seulement à la forme pronominale ou au participe passé) : *Nous ne pouvons abîmer Télémaque dans les flots* (Fén., *Tél.*, 19). *Sous un déluge d'eau il abîma le monde* (Corn., *Att.*, 1578). *Ils ont fait honneur à la Loire de croire qu'elle m'avait abîmée* (Sév., 29 sept. 1675) ; et au fig. : *Tu n'as frappé mes yeux d'un moment de clarté Que pour les abîmer dans plus d'obscurité* (Corn., *Hor.*, 746). *Tytie en ces douceurs abîmant son ennui* (Tr. L'Hermite, *l'Orphée*). ♦Faire écrouler, ruiner : *Enfin sous mille crocs la maison abîmée Entraîne aussi le feu qui se perd en fumée* (Boil., *Sat.*, VI, 111). – Auj. il a le sens atténué de « endommager ». ♦Causer la perte des biens : *Votre Majesté voudrait-elle, sur des relations inventées, abîmer la fortune d'un homme ?* (Montpensier, *Mém.*, VI). ♦Perdre de réputation (surtout au passif) : *Mme Scarron ne la voit plus, ni tout l'hôtel de Richelieu. Voilà une femme bien abîmée* (Sév., 6 févr. 1671).

◆ v.i. S'engloutir, sombrer : *Ses navires jamais ne puissent abîmer !* (Th. de Viau, *Sat.*, I). *Tirons-nous vite de ce gouffre* [...] *Il y a danger d'abîmer Si nous ne savons bien ramer* (Scarr., *V. tr.*, III, 1846). ♦Disparaître, crouler : *Paris va abîmer* [...] *Mais par où abîmera-t-il ?* (La Roch., *Lettre Mlle de Sillery*, s. d.). ♦Se ruiner, se perdre : *C'est un méchant homme, il abîmera avec tout son bien* (Acad. 94).

◆ **s'abîmer,** se plonger, s'abandonner : *Cette agréable idée où ma raison s'abîme* (Corn., *Sonnet à Iris,* 5). *Dans le temps qu'on allait à Fontainebleau pour s'abîmer dans la joie, voilà M. de Turenne tué* (Sév., 31 juill. 1675). ♦ Perdre ses biens ou sa réputation : *Que celle* [cette destinée] *de M*** est bizarre de s'abîmer à force de prêter à usure* (Sév., 19 févr. 1690).

abject, e adj. Qui n'est pas noble, qui est d'une condition sociale humble : *Je ne suis pas d'un lignage si abject que ce vous soit une honte de m'avoir pour gendre* (Sorel, *Franc.*, IX). *Au contraire cet autre, abject en son langage, Fait parler ses bergers comme on parle au village* (Boil., *A. p.*, II, 17). *Je ne veux pas d'un sang abject comme le tien* (Corn., *Théod.*, 1138).

Le sens actuel de « lâche, vil, méprisable, qui inspire le dégoût » se rencontre aussi au XVIIe s.

abjection n.f. Humiliation (surtout dans la langue religieuse) ; mépris de soi : *Bien loin de fuir l'abjection et l'humiliation, je dois l'accepter* (Bourd., *Retraite spirituelle*). – Ce sens vieillit au XVIIe s. ♦ En parlant de la condition sociale. Médiocrité, humilité (sans péjor.) : *S'il était permis à ce malheureux que vous outragez de vous répondre, si l'abjection de son état n'avait pas mis le frein de la honte et du respect sur sa langue* (Mass., *Car.*, Sur l'aumône).

Le sens actuel de « bassesse, avilissement » se rencontre aussi au XVIIe s.

abjurer v.t. Renoncer par serment à : *Grand Roi, c'est vainement qu'abjurant la satire Pour toi seul désormais j'avais fait vœu d'écrire* (Boil., *Ép.*, I, 1).

Le sens actuel, restreint, « renoncer par serment à une religion, à une erreur » se rencontre aussi au XVIIe s. : *Cet homme a abjuré les erreurs de Calvin* (Fur.).

abois n.m.pl. *Au sens fig.* Dernière extrémité, situation critique : *Sauver des abois toute la république* (Corn., *Sert.*, 290). *Dès que j'y veux rêver* [= songer], *ma veine est aux abois* (Boil., *Sat.*, VII, 27). *Cette idée est capable De me réduire aux abois* (Mol., *Pr. Él.*, 47). ♦ **Mettre, rendre, être aux abois,** mettre à l'agonie, être à l'agonie : *J'en laissai deux sans vie et mis l'autre aux abois* (Corn., *Œd.*, 392). – L'expression *être aux abois* a actuellement le sens de « être à bout de ressources ». ♦ **Rendre les abois,** mourir ; *et au fig.* être contraint de se rendre : *Ma brutale ardeur va rendre les abois* (Corn., *Illus.*, 1552).

abolir v.t. Détruire, anéantir un objet matériel ou, plus souvent, une chose abstraite (emploi actuel moins étendu : *abolir l'esclavage, une loi, une coutume, un privilège,* etc.) : *Pyramides, tombeaux* [...] *Par l'injure des ans vous êtes abolis* (Scarr., *Sonnet* « Superbes monuments »). *Jupiter résolut d'abolir cette engeance* (La Font., *Phil. et Baucis*). *On verra de David l'héritier détestable Abolir tes honneurs, profaner tes autels* (Rac., *Ath.*, 1789). ♦ Amnistier, arrêter les poursuites judiciaires : *Désobéir un peu n'est pas un si grand crime ; Et quelque grand qu'il soit, mes services présents Pour le faire abolir sont plus que suffisants* (Corn., *Cid,* 368).

abolition n.f. Amnistie accordée par un acte royal : *Le retour du comte de Miossens à la cour et son abolition pour s'être battu en duel* (La Roch., *Mém.*, II, 66). *Le prince d'Orange se rendit aux prières du vicomte de Turenne, et on expédia après cela une abolition au duc de Bouillon, à qui l'on rendit la liberté* (Du Buisson, *Turenne,* ,2).

abomination n.f. **Demeurer en abomination,** être un objet d'horreur, de répulsion : *Il est demeuré en abomination pour l'infâme accusation qu'il voulait faire contre M. d'Harouys* (Sév., 8 déc. 1672). ♦ Culte des idoles, paganisme : *Mahomet était déjà prêt de venir placer l'abomination dans le lieu saint* (Mass., *Franc.*, in L.).

Le sens actuel de « chose abominable » se rencontre aussi au XVIIe s. : *Il se commet dans le Sabbat de grandes abominations* (Fur.).

abondance n.f. Richesse (ce sens a tendance actuellement à se limiter à quelques expressions comme « vivre dans l'abondance », ou bien il désigne la richesse économique) : *Monseigneur, la gloire du monde vous doit être devenue en quelque façon méprisable par votre propre abondance* (Boss., *Ier Pan. St Fr.*).

abondant, e adj. Fort pourvu de qqch, accompagnant un nom de personne (actuellement ne peut guère se rapporter qu'à un nom de chose) : *Abondante en richesse, ou puissante en crédit, Je demeure toujours la fille d'un proscrit* (Corn., *Cinna,* 71). ♦ Qui s'exprime abondamment, prolixe (peut encore se dire d'un style, mais ne se dit guère d'une personne) : *Les commentateurs et les scoliastes eux-mêmes demeurent court, si fertiles d'ailleurs* [= en d'autres occasions], *si abondants* (La Br., XIV, 72). ♦ Fertile, riche (actuellement le plus souvent suivi d'un complément en ce sens) : *L'Égypte était, en effet, le plus beau pays de l'univers, le plus abondant par la nature* (Boss., *H. univ.*, III, 3).

◆ **d'abondant,** de plus, en outre (vieilli au XVIIe s. selon Vaug., Acad., etc. ; défendu par La Mothe Le Vayer) : *Et d'abondant, la vache à notre femme Nous a promis qu'elle ferait un veau* (La Font., *Contes*, IV, 10).

abonder v.i. **Abonder dans, en qqch** (sujet nom de personne), l'avoir en abondance : *Tout le peuple est riche autant qu'il convient, c'est-à-dire qu'il abonde dans le nécessaire* (Mme De Grignan, *Lettre*, 5 févr. 1703). – On l'employait aussi, comme auj., avec un sujet nom de chose : *Tout ce qu'il vous débite en grimaces abonde* (Mol., *Mis.*, 589).

abonnir v.t. Améliorer, rétablir : *Rien ne faisait mieux croire que c'est un miracle que de voir que Dieu semble la changer* [Marguerite Périer] *et qu'elle est abonnie depuis ce temps-là* (Pasc. Jacq., *Lettre*, 31 mars 1656).

◆ v.i. et **s'abonnir** v.pr. Devenir meilleur : *Il a beau vieillir, il n'abonnit point* (Acad. 94). *Les ouvrages ne s'abonnissent que par la fréquente correction* (Chap., *Lettres*, II, 520).

Les sens actuels de « rendre bon, devenir bon », en parlant de choses matérielles, comme le vin, etc., se rencontrent aussi au XVIIe s. : *Les cabaretiers trouvent moyen d'abonnir leur vin par les drogues qu'ils y mêlent. Les fruits s'abonnissent en mûrissant* (Fur.).

abord n.m. Arrivée : *Mon abord en ces lieux Me fit voir Polyeucte, et je plus à ses yeux* (Corn., *Pol.*, 207). *Nous allons régaler, mon père, votre abord D'un incident tout frais qui vous surprendra fort* (Mol., *Tart.*, 1055). ♦ Abondance de personnes arrivées, affluence : *Il y a un grand abord de pèlerins à Rome pendant l'année du Jubilé* (Fur.). *Comme elle était visitée par tout ce qu'il y avait d'honnêtes gens étrangers et vénitiens, et que ce grand abord de monde pouvait faire découvrir ceux qui logeaient chez elle* (Saint-Réal, *Conjur. c. Venise*). ♦ Attaque : *De ces vieux ennemis va soutenir l'abord* (Corn., *Cid*, 1087). ♦ Accès : *Cette plage a pourtant un port Qui n'est pas de mauvais abord* (Scarr., *V. tr.*, III, 1911). ♦ Premier contact, accueil : *Le beau ravissement et le plaisant transport Qu'elle me veut marquer par ce muet abord* (Rotr., *les Sosies*, II, III). *Il est un berger du village Dont l'abord, dont la voix, dont le nom fait rougir : On soupire à son souvenir* (La Font., *F.*, VIII, 50). ♦ **Dans l'abord, dedans l'abord, à l'abord,** pour commencer, en premier lieu : *Dans l'abord il se met au large Puis prend son temps* [= choisit son moment], *fond sur le cou Du Lion qu'il rend presque fou* (La Font., *F.*, II, 9). ♦ **D'abord,** aussitôt : *Nous autres grands médecins nous connaissons d'abord les choses* (Mol., *Méd. m. lui*, II, IV). *Dangereuse marâtre, à peine elle vous vit, Que votre exil d'abord signala son crédit* (Rac., *Ph.*, 40) ; en premier lieu (sens usuel auj.) : *Quoi qu'ait pu mériter une telle insolence, Je l'ai voulu d'abord traiter sans violence, Mais, puisqu'il en abuse* [...] (Corn., *Cid*, 570). ♦ **D'abord que,** dès que, aussitôt que : *D'abord qu'ils ont paru tous deux en cette cour* (Corn., *Rodog.*, 289, var.). *J'ai vu un jeune homme avec elle, qui s'est sauvé d'abord qu'il m'a vue* (Mol., *Mal. im.*, II, VII). *Un laquais ôte les assiettes de Sganarelle d'abord qu'il y a dessus à manger* (Mol., *D. J.*, IV, VIII).

aborder v.i. Arriver : *Un flot continuel de peuple qui abordait dans cette église* (Rac., *P.-R.*, I). – Auj. seulement « atteindre la terre, en venant de la mer », au XVIIe s. aussi : *Ils abordent sans peur, ils ancrent, ils descendent* (Corn., *Cid*, 1281).

◆ v.t. Accoster, atteindre (un lieu), avec un nom de personne comme sujet (auj. le plus souvent sujet nom de navire) : *Ils abordèrent un rivage Où la fille du dieu du jour, Circé, tenait alors sa cour* (La Font., *F.*, XII, 1). *Cet homme pieux* [...] *Qui* [...] *Le premier aborda les champs de Lavinie !* (Boil., *A. p.*, III, 280).

L'expression *aborder une personne*, « l'accoster pour lui parler », se rencontrait aussi au XVIIe s. : *Je n'aime pas un homme que je ne puis aborder le premier* [...] *sans m'avilir à ses yeux* (La Br., V, 30).

aboucher (s') v.pr. Entrer en relation (sans la valeur péjor. qu'il a auj.) : *Il ne s'agit que de faire qu'ils s'abouchent, et qu'ils se parlent* (La Br., VIII, 86). ♦ Aussi transitif au XVIIe s. (emploi impossible auj.) : *On ne peut aboucher cet homme-là, tant il a d'affaires* (Fur.).

aboyer v. S'employait comme transitif ou pronominal (auj. seulement intr.) : *Ce chien aboie tous les passants, aboie tous les pauvres* (Acad. 94). *Deux chiens qui s'aboient, qui s'af-*

frontent, qui se mordent (La Br., XII, 119). ♦ Fig. Calomnier, médire de : *Il caressait ceux qui lui donnaient et aboyait ceux qui ne lui donnaient rien* (Perr. d'Abl., *Apophtegmes des Anciens*).) ♦ **Être aboyé,** être poursuivi de près, être attaqué : *M. le prince de Conti* [...] *aboyé de tous, et n'osant mettre pied à terre dans un parage ennemi* [...] (Saint-Simon, 1697).

◆ v.i. **Aboyer après,** adresser des réclamations, crier contre qqn, qqch : *Mais l'argent, d'autre part, nous presse pour notre subsistance, et nous avons de tous côtés des gens qui aboient après nous* (Mol., *Fourb.*, I, v) ; convoiter : *Ce chicaneur aboie toujours après le bien d'autrui* (Fur.).

abreuver v.t. Imprégner, imbiber d'eau, d'humeur : *Ce drap est abreuvé d'eau* (Fur.). *Toutes les parties voisines étaient tellement abreuvées et altérées par la fluxion* (Rac., *P.-R.*, I). ♦ Arroser : [Un] *fleuve Qui les murs de Pergame abreuve* (Scarr., *V. tr.*, III, 1068). ♦ Inonder, baigner : *En son sang abreuvé Des dégâts qu'il a faits il* [le sanglier] *va payer l'usure* (La Font., *Adonis*, 263). ♦ Fig. Instruire, informer amplement : [Elles] *allèrent chacune apprendre cette nouvelle à toutes celles qu'elles connaissaient, si bien qu'en un moment tout le village en fut abreuvé* (Sorel, *Franc.*, X).

Le sens actuel « faire boire les animaux » était usuel aussi au XVIIe s. : *On abreuve les chevaux deux fois par jour* (Fur.).

abrutir v.t. Réduire à l'état de brute, avilir (auj. « hébéter ») : *Moïse était envoyé pour réveiller par des récompenses temporelles les hommes sensuels et abrutis* (Boss., *H. univ.*, III, 19).

absence n.f. Séparation ; éloignement de qqn : *Ne donnons point désormais à l'absence le mérite d'avoir remis entre nous une parfaite intelligence* (Sév., 6 mai 1671). *L'absence aux vrais amants est encor plus funeste* (Corn., *Œd.*, 6). *L'absence diminue les médiocres passions, et augmente les grandes* (La Roch., *Maximes*, 276). ♦ **En absence,** alors que la personne est absente : *Ce que je trouve de bon, c'est que le Roi se soit souvenu d'Adhémar, en absence* (Sév., 1er nov. 1671).

Les sens actuels de « manque, carence de quelque chose », ou « fait que quelqu'un n'est pas présent là où on l'attendait » étaient usuels au XVIIe s.

absent, e adj. Séparé de qqn, éloigné de lui (cet emploi avec un complément de personne était blâmé par Bouhours ; le mot est actuellement suivi d'un nom de lieu comme complément, ou employé absolument) : *Quoi qu'absent de ses yeux il me faille endurer, Sire, ce m'est trop d'heur de pouvoir espérer* (Corn., *Cid*, 1835). *Un rival absent de vos divins appas, Au repos de ce cœur vient livrer des combats* (Mol., *D.G.*, 265). *Un esprit amoureux absent de ce qu'il aime* (Corn., *Veuve*, 346).

absenter (s') v.pr. S'éloigner, se séparer de qqn (emploi vieilli et condamné) : *Tu ne saurais le quitter Sans de toi-même t'absenter* (Saint-Amant, *les Cabarets*, 104).

Le XVIIe s. connaît l'emploi et le sens actuels « s'éloigner momentanément d'un endroit » : complément nom de lieu et non nom de personne : *Ce Prince s'est absenté de la Cour, il est allé voyager, il s'est absenté pour longtemps* (Fur.).

absolu, e adj. Qui commande sans contrôle ni résistance (avec un complément introduit par la préposition *sur*) : *Sur moi, comme sur tous je dois être absolu* (Corn., *Perth.*, 342).

absolument adv. D'un ton tranchant : *Il dit fort absolument qu'il n'y avait point de plaisir à lire les romans* (Scarr., *Rom. com.*, I, 21). ♦ Résolument, malgré tous les obstacles (il n'a plus guère cette valeur aujourd'hui que s'il accompagne un verbe de volonté) : *Sa fille* [...] *s'était absolument fait mener à la maison où logeait son père* (Scarr., *Rom. com.*, I, 22). *Il faut qu'absolument mon désir s'exécute* (Mol., *F. sav.*, 1674). ♦ Avec pleine autorité : [Richelieu] *fut assuré de régner bien plus absolument après sa mort que le Roi son maître n'avait pu le faire* (La Roch., *Mém.*, II, 346). *Il dispose absolument de toutes ces troupes* (La Br., X, 11).

abstenir (s') v.pr. S'interdire de toucher à qqch, d'en user (auj. le nom complément désigne un aliment ou est un nom abstrait) : *Si, content du sien, on eût pu s'abstenir du bien de ses voisins, on avait pour toujours la paix et la liberté* (La Br., X, 9).

abstrait, e adj. Absorbé dans ses pensées, songeur : *Phédon* [...] *est abstrait, rêveur* [= pensif], *et il a, avec de l'esprit, l'air d'un stupide* (La Br., VI, 83). – Le mot commençait à se confondre avec « distrait », qui signifiait comme auj. « dont l'attention est détournée par quelque objet extérieur », selon Bouhours. ♦ Incompréhensible par abus des abstractions : *S'il* [le prédicateur] *s'écarte de ces lieux communs, il n'est plus populaire, il est abstrait ou déclamateur* (La Br., XV, 26).

abus n.m. Mauvais usage (seulement dans la langue du droit) : *L'abus des vérités doit être autant puni que l'introduction du mensonge* (Pasc., *Pensées*). ♦ Erreur, illusion : *Lourd et grossier abus, croyance ridicule* (Rotr., *Bélis.*, I, VIII). *Mais il faut renoncer à des abus si doux* (Corn., *Pulch.*, 531). ♦ Tromperie : *Le monde n'est qu'abus et que vanité* (Acad. 94).

Au XVIIe s., il signifiait aussi, comme auj., « usage excessif », ou, sans complément, « injustice » : *Il y a d'autres maux qui sont tels seulement par leur établissement, et qui, étant dans leur origine un abus ou un mauvais usage, sont moins pernicieux dans leurs suites et dans la pratique qu'une loi plus juste* (La Br., X, 7).

abuser v.t. Tromper, mettre dans l'erreur (auj. emplois moins étendus et souvent littéraires) : *Notre profond silence abusant leurs esprits* [...] (Corn., *Cid*, 1279). *Nous étions bien abusés. Je ne suis détrompé que d'hier* (Pasc., *Prov.*, I). *Mon maître est un fourbe ; il n'a dessein que de vous abuser, et en a bien abusé d'autres* (Mol., *D. J.*, II, IV). ♦ Abuser de qqch, en faire un usage condamnable (auj., plutôt en user avec excès) : *Ces dévots de place De qui la sacrilège et trompeuse grimace Abuse impunément et se joue, à leur gré, De ce qu'ont les mortels de plus saint et sacré* (Mol., *Tart.*, 363).

◆ **s'abuser,** se tromper, commettre une erreur : *Voulant nous affranchir Brute s'est abusé* (Corn., *Cinna*, 667). – Ce dernier sens se conserve dans « si je ne m'abuse » : *Et si je ne m'abuse à lire dans son âme* (Corn., *Cid*, 5).

abuseur n.m. et adj. Qui trompe (vieilli au XVIIe s.) : *Je dois fuir qui m'en donne* [= me loue], *ou ne le regarder Que comme un abuseur qui séduit* [= induit en erreur] *ce qu'il loue* (Corn., *Imit.*, III, 5364).

acabit n.m. Bonne ou mauvaise qualité d'un fruit, des légumes, etc. : *Des poires d'un bon acabit* (Acad. 94).

Auj. dans des locutions péjor. comme : *de cet acabit, du même acabit*, de ce genre, de cette taille.

académie n.f. Lieu où la noblesse apprenait à monter à cheval : [M. de Locmaria] *a soixante mille livres de rente, et sort de l'académie* (Sév., 12 août 1671). *En 1691 j'étais en philosophie et commençais à monter à cheval à l'académie des sieurs de Mesmont et Rochefort* (Saint-Simon, 1691). ♦ Tripot (sens condamné dans Fur.) : *Il vit faire de sa maison une académie de jeux défendus* (Regnard, *Divorce*, III, VI).

Le XVIIe s. connaît aussi le sens actuel « société artistique ou littéraire » : *J'ai lieu d'espérer Que je pourrai bientôt vous montrer, en amie, Huit chapitres du plan de notre académie* (Mol., *F. sav.*, 846).

académique adj. **Maison académique,** maison de jeux, tripot : *Belles maisons académiques, Les ordinaires rendez-vous Des esprits forts, des esprits doux* (Saint-Amant, *le Poète crotté*, 338).

académiste n.m. Académicien : *Vous vous honorez du titre d'académiste* (Chap., *Lettres*, I, 71). – Pendant les premières années de l'Académie française, on a hésité entre *académicien* et *académiste*. En 1680, Saint-Évremond modifie le titre de sa *Comédie des Académistes* (publiée en 1650) en celui de *Comédie des Académiciens*. ♦ Élève d'une académie d'équitation : *Académicien se dit de celui qui est d'une Académie de gens de lettres, et Académiste de celui qui est d'une Académie où l'on apprend à monter à cheval* (Ménage, *Observ.*, 1672). *On le poursuivit si vivement que sans un écuyer nommé Delcampe qui accourut à son secours avec quelques Académistes, c'était fait de sa vie* (Du Buisson, *Turenne*, 4). ♦ Sceptique, libertin, débauché : *Les gens de cette sorte sont académistes, écoliers ; et c'est le plus méchant caractère d'homme que je connaisse* (Pasc., *Pensées*).

acagnarder (s') v.pr. « S'attarder par paresse ou par lâcheté à qqch de honteux et de bas » (Acad. 94), ou à une personne (mot vieilli et de style burlesque) : *Si bien que sans courir ailleurs Auprès de vous il s'acagnarde* (Scarr., *V. tr.*, IV, 269).

accablement n.m. Action d'accabler, de maltraiter : *Pour dernier accablement, son adversaire lui donna un coup de pied* (Scarr., *Rom. com.*, I, 10). ♦ État d'une personne accablée d'une charge physique ou morale : *Monsieur le maréchal, je veux savoir pourquoi vous me voulez* *quitter* [...] *? est-ce l'accablement de vos dettes ?* (Sév., 13 janv. 1672).

Le sens actuel de « état d'une personne écrasée par la douleur, l'émotion, la fatigue, etc. » se rencontre aussi au XVIIe s. : *Ah ! Seigneur Argante, vous me voyez accablé de disgrâce. – Vous me voyez aussi dans un accablement terrible* (Mol., *Fourb.*, III, VI).

accabler v.t. Écraser, étouffer sous une masse matérielle : *Neuf hommes* [...] *ont été accablés de la terre qui s'est éboulée* (Rac., *Not. hist.*, 26). ♦ Soumettre à une violente oppression : *Vivez, ne souffrez pas que le fils d'une Scythe Accablant vos enfants d'un empire odieux* [...] (Rac., *Ph.*, 211). ♦ Combler : *La Reine d'Angleterre* [...] *accablée des bontés héroïques du Roi* (Sév., 2 févr. 1689).

Auj. seulement « Être une charge morale pénible à supporter » (sens déjà usuel au XVIIe s.) : *Et laissant tous ces petits garçons en larmes, et accablés de douleur, elles arrivèrent à Paris à deux heures après midi* (Sév., 22 nov. 1679).

accès n.m. Moyen, possibilité d'approcher d'une personne ; entrevue : *Tes discours trouveront plus d'accès que les miens* (Rac., *Ph.*, 808). [Il] *peut, dans cet accès, dire et persuader Ce que d'autres que lui n'oseraient hasarder* (Mol., *Pr. Él.*, 155). *Votre humeur, Madame, Ouvre au premier venu trop d'accès dans votre âme* (Mol., *Mis.*, 458). – Ce sens se conserve dans la locution *avoir accès auprès de qqn.* ♦ Manière d'aborder qqn : *Leurs yeux, leur démarche* [...] *et leur accès marquent* [...] *l'admiration où ils sont d'eux-mêmes* (La Br., XI, 94).

◆ plur. **Les accès,** les relations : *Des gens en faveur ou en place, dont il espérait tirer parti, et qui, de leur côté, le ménageaient à cause de ses accès* (Saint-Simon, 1696).

accessoire n.m. Situation difficile, danger (sens vieilli au XVIIe s.) : *Mais à peine tous deux dans sa chambre étions-nous, Qu'elle a sur les degrés entendu son jaloux ; Et tout ce qu'elle a pu dans un tel accessoire, C'est de me renfermer dans une grande armoire* (Mol., *Éc. des f.*, 1152). *Cicéron, Virgile, Aristote, s'ils avaient eu l'âme aussi lâche que vous, sentiraient aujourd'hui de grandes afflictions et de terribles accessoires de damnation* (le P. Garasse, *Rech. des rech.*, 933).

accident n.m. Événement fortuit, hasard : *Heureux accident, favorable accident* (Acad. 94). *Je te donnai sa place en ce triste accident* (Corn., *Cinna*, 1463). *Il n'y a point d'accidents si malheureux dont les habiles gens ne tirent quelque avantage* (La Roch., *Maximes*, 59). ♦ Conséquence tragique : *Cessez d'être charmant et faites-vous terrible. – Mais tu n'en prévois pas l'accident infaillible* [...] *Je tuerais ma maîtresse avec mon ennemi* (Corn., *Illus.*, 342).

Employé seul, au XVIIe s., comme auj., signifie souvent « dommage soudain » : *Aurai-je un transport du cerveau ? Mourai-je d'un accident ?* (Sév., 16 mars 1672).

accointance n.f. Fréquentation familière (vieux selon Acad. 94) : *Embrassez-la* [la philosophie] *de tout votre cœur, et franchement renoncez à toute accointance, pour vous attacher à la sienne* (Malh., *Ép.*, 53). *Il s'était autrefois trouvé fort bien de l'accointance de Francion qui vivait splendidement à la française* (Sorel, *Franc.*, XII).

Le mot, presque toujours au pluriel, est actuellement plus ou moins péjoratif avec le sens de « relations habilement ménagées ».

accoiser v.t. Apaiser, calmer (vieilli au XVIIe s., et s'employait surtout dans le vocabulaire médical) : *Adoucissons, lénifions et accoisons l'aigreur de ses esprits* (Mol., *Pourc.*, I, VIII). *Tout est calme, tout est accoisé ; toutes les passions sont vaincues* (Boss., *IIe Panég. St Benoît*).

accoler v.t. Prendre par le cou, embrasser (vieux mot, qui ne se dit qu'en riant, selon Richelet) : *Lors se tournant vers moi, M'accole à tour de bras* (Régn., *Sat.*, VIII, 140). *Assurez-vous de ma parole, Et souffrez que je vous accole* (Richer, *l'Ovide bouff.*, 69).

accommodé, e adj. Riche, aisé : *J'ai découvert* [...] *qu'elles ne sont pas fort accommodées* (Mol., *Av.*, I, II). *Dès qu'un homme est assez accommodé pour avoir un carrosse à lui, je ne veux pas qu'on songe seulement à censurer ses ouvrages* (Fur., *Rom. bourg.*, I). ♦ Habillé : *Il était accommodé en gentilhomme, excepté qu'il n'avait point d'épée* (Sorel, *Franc.*, V).

accommodement n.m. Arrangement qui donne du confort : *Je louerai votre maison si vous y voulez faire quelques accommodements* (Acad. 94). ♦ Aisance, fortune : *Votre fils rencontre en un métier si doux Plus d'accommodement qu'il n'eût trouvé chez vous* (Corn., *Illus.*, 1668).

Le sens actuel « accord, compromis à

l'amiable » au fig. était usuel aussi au XVIIe s. : *Quel accommodement veut-on faire entre nous ?* (Mol., *Mis.*, 760).

accommoder v.t. Apprêter, mettre en état : *Nestor commande à ses enfants d'accommoder un chariot pour Télémachus* (Rac., *R. sur O.*, 3). ♦ Adapter, conformer, plier : *Un paon muait : un geai prit son plumage ; Puis après se l'accommoda* (La Font., *F.*, IV, 9). *Accoutumez-vous à l'humeur des autres, sans espérer de les accommoder à la vôtre* (Maintenon, *Maximes*). ♦ Convenir, plaire à : [Ma femme] *a bien de la peine à en trouver une* [nourrice] *à Paris qui l'accommode* (Rac., *Lettre Mlle Rivière*, 4 nov. 1686). Régler, arranger : *Si je vous suis suspect, je ne me mêle plus de rien, et vous n'avez qu'à chercher, dès cette heure, qui accommodera vos affaires* (Mol., *Fourb.*, III, VI). ♦ Réconcilier des gens : *Elle* [leur querelle] *a fait trop de bruit pour ne pas s'accorder, Puisque déjà le Roi les veut accommoder* (Corn., *Cid*, 464). ♦ Maltraiter, frapper : *Comme ils le virent tout en sang, ils dirent : Ha, Mon Dieu, qui est-ce qui a ainsi accommodé ce pauvre homme-là ? Hélas, il a la tête fendue, à ce que je pense* (Sorel, *Franc.*, I). *Est-ce qu'on n'en voit pas* [des maris] *de toutes les espèces, Qui sont accommodés chez eux de toutes pièces* (Mol., *Éc. des f.*, 24). – Il était du style le plus simple en ce sens. ♦ Enrichir : *Une libéralité qui accommode un homme ne l'oblige pas comme une qui lui sauve la vie* (Malh., *Ép.*, 81). ♦ **Accommoder qqn de qqch,** la lui céder par complaisance : *Je venais pour voir s'il voudrait m'accommoder de quelques-unes* [des bagues] [...] *nous fûmes d'accord du prix* (Scarr., *Rom. com.*, III, 13).

◆ **s'accommoder,** s'installer, se disposer : *Deux seaux alternativement Puisaient le liquide élément : Notre renard* [...] *S'accommode en celui qu'au haut de la machine L'autre seau tenait suspendu* (La Font., *F.*, XI, 6). ♦ Se conformer : *À ses moindres désirs il sait s'accommoder* (Rac., *Brit.*, 433). ♦ Se mettre d'accord, transiger : *Les frères désunis sont tous d'avis contraire : L'un veut s'accommoder, L'autre n'en veut rien faire* (La Font., *F.*, IV, 19). *Le maréchal de Bellefonds, par un pur sentiment de piété, s'est accommodé avec ses créanciers* (Sév., 18 mars 1671). ♦ S'arranger, prendre un meilleur aspect : *Son menton, ses joues, son tour de visage* [sont] *très-parfaits ; je ne dis rien de sa bouche, elle s'accommodera* (Sév., 4 mai 1672).

Le sens actuel de « se satisfaire de qqch » était usuel au XVIIe s. : *Vous avez trop d'amants, qu'on voit vous obséder, Et mon cœur de cela ne peut s'accommoder* (Mol., *Mis.*, 460).

accompagnement n.m. Suite, escorte, en particulier dans une cérémonie : *Nous déplorâmes le plus que pitoyable accompagnement de ce prince* (Saint-Simon, 1708). ♦ Ce qui ajoute à l'ornement, à l'agrément : *Cette maison magnifique avec ses accompagnements et ses jardins* (La Font., *Songe de Vaux*).

Auj. toujours déterminé par un complément qui indique la nature de ce qui accompagne.

accompagner (s') v.pr. **S'accompagner de qqn,** se joindre à lui, le prendre pour compagnon (construction vieillie au XVIIe s.) : *Lorsque d'un jeune cerf s'accompagne le nôtre* (Mol., *Fâch.*, 547).

accompli, e adj. Parfait en son genre (auj. seulement en parlant de personnes) : *Les anciens les ont trouvées* [ces sciences] *seulement ébauchées par ceux qui les ont précédés ; et nous les laisserons à ceux qui viendront après nous dans un état plus accompli que nous les avons reçues* (Pasc., *Fragm. Traité du vide*).

accomplir v.t. Rendre parfait en son genre, compléter : *Cet ouvrage sacré qui doit accomplir le volume de vos épîtres* (Chap., *Lettres*, I, 642).

Le sens actuel de « exécuter, mener à son terme » était le plus usuel au XVIIe s. : *Cet officier a bien accompli son devoir, les commandements de son maître* (Fur.).

accordé, e adj. et n. Qui s'est engagé par un contrat de mariage, fiancé : *Hermione fille d'Hélène, accordée avec Pyrrhus* (Rac., *Andr.*, Liste des acteurs). *Philandre accordé de Cloris* (Corn., *Mél.*, Argum.).

Fiancé se disait plus précisément de celui qui avait fait devant le prêtre une promesse de mariage.

accorder v.t. Terminer par une entente : *Elle* [leur querelle] *fut accordée par le duc d'Orléans* (La Roch., *Mém.*, II, 288). – Ce mot avait aussi au XVIIe s. les sens actuels de « réconcilier » et « concéder ».

◆ **s'accorder à qqch,** s'y conformer : *Madame, enfin Galba s'accorde à vos souhaits* (Corn., *Oth.*, 552).

accort, e adj. Adroit, habile : *Que mon frère, ébloui par cette accorte feinte De nos prétentions n'ait ni soupçon, ni crainte* (Corn., *Veuve*, 125). ♦ Civil, complaisant, qui sait s'accommoder à l'humeur des autres : *Cet homme est fort accort* (Acad. 94). – Auj. seulement au féminin, au sens de « gracieuse, avenante ».

accortement adv. Adroitement, ingénieusement (vieilli au XVIIe s.) : *Afin de m'acquitter plus accortement de cette charge* (Sorel, *Franc.*, II). *Ma bouche accortement saura s'en acquitter* (Corn., *Méd.*, 612). *Son intention était de se défaire accortement de ces fâcheux* (Scarr., *Rom. com.*, III, 13).

accortise n.f. Politesse, complaisance (emprunté à l'italien, d'après H. Estienne, au XVIe s. ; il semblait déjà vieilli à Richelet en 1680) : *Tu vas user de ta franchise, De ton adresse et de ton accortise* (Boisrobert, *Ép.*, in Richelet).

accostable adj. Abordable, courtois : *J'en allai visiter quelques-uns* [des bourgeois], *qui me semblèrent les plus accostables, et avec qui j'avais été le plus familier* (Sorel, *Franc.*, IV). *Ce conseiller est fort accostable, il écoute paisiblement les parties* (Fur.).

accoster (s') [de] v.pr. Prendre pour compagnon ; aborder (mot du style familier selon Richelet) : *Spinosa s'accosta de quelques Français qu'il avait connus à Naples* (Saint-Réal, *Conjur. c. Venise*).

accourcir v.t. Rogner, diminuer de longueur (auj. en ce sens « raccourcir ») : *Ses griffes, vainement par Pussort accourcies, Se rallongent déjà, toujours d'encre noircies* (Boil., *Lutr.*, V, 57). ♦ Abréger : *Si nous croyons que le poète, comme maître du temps, peut allonger ou accourcir celui des actions qui composent son sujet...* (Sentim. Acad. sur « Cid »). *Je souhaitai que ma vie pût s'accourcir pour arriver tout à coup à une si estimable vieillesse* (Fén., *Tél.*, 5). ♦ Faire paraître plus court : *Le chemin étant long, et partant ennuyeux, Pour l'accourcir, ils disputèrent* [= discutèrent] (La Font., *F.*, IX, 14).

accoutumance n.f. Habitude que l'on a prise de supporter ou de faire qqch (selon Vaug. le mot commençait à vieillir, et son emploi est discuté après 1660 ; actuellement, il s'est spécialisé surtout dans le vocabulaire de la médecine) : *La jeunesse change ses goûts par l'ardeur du sang, et la vieillesse conserve les siens par l'accoutumance* (La Roch., *Maximes*, 109).

accoutumer v.t. **Avoir accoutumé une chose,** l'employer, la connaître habituellement : *Ils trouvent dure et rude celle* [l'expression] *qu'ils n'ont pas accoutumée* (Vaug., *Rem.*). *Les Athéniens* [...] *n'ayant pas accoutumé le joug de la monarchie* (Vaug., *Quinte-Curce*, X, 2). ♦ **Avoir accoutumé** ou **être accoutumé de dire, de faire,** etc., dire, faire, etc., habituellement (auj. langue littéraire) : *Allez, Monsieur, on voit bien que vous n'avez point accoutumé de parler à des visages* (Mol., *Mal. im.*, III, IV). *Vous avez redonné le pain à une ville qui a accoutumé de le fournir à toutes les autres* (Boil., *Lettre duc de Vivonne*, 4 juin 1675). *Nos enfants ont accoutumé d'être fort délicats quand les dents leur viennent* (Rac., *Lettre*, 28 juin 1688) ; et avec un sujet nom de chose : *Ce défaut n'a pas accoutumé de passer pour défaut* (Corn. *Clit.*, Exam.). – On a dit, aussi, plus rarement, **avoir accoutumé à :** *Et les esprits fins, au contraire, ont accoutumé à juger d'une seule vue* [...] (Pasc., *Pensées*).

◆ **s'accoutumer de** ou, comme auj., **à** (et l'infinitif) : *Il vous importe de vous accoutumer de bonne heure de haïr l'injustice* (Voit., *Lettres*, IX, 1, 33).

accréditer v.t. Procurer de la considération, du crédit : *La réputation de sa bonne foi et de son industrie* [= activité] *l'ont fort accrédité* (Acad. 94). ♦ **Être accrédité,** être considéré : *Son beau-père, très accrédité auprès de Darius* (Boss., *H. univ.*, I, 8).

Auj. « investir de fonctions officielles », en parlant d'une personne, ou « rendre digne de foi », en parlant d'une nouvelle.

accrocher v.t. Retarder, arrêter : *L'édition de Balzac est accrochée pour un temps* (Chap., *Lettres*, II, 352).

accroissement n.m. Crue : *Il se fait aux plus chauds jours de l'année de certains accroissements d'eaux* (Malh., *Bienf.*, IV, 6). *On juge de la fertilité de l'Égypte par l'accroissement du Nil* (Fur.). ♦ Fig. Avancement, augmentation de crédit, de puissance : [...] *une opposition invincible à mon accroissement* (La Roch., *Apol. prince de Marcillac*, II, 455).

accroître v. Pouvait s'employer comme intransitif au sens de « augmenter, s'accroître », comme le verbe simple *croître : Son bien, son revenu accroît tous les jours* (Acad. 94).

achalander v.t. Pourvoir de clients, de chalands, en parlant d'un commerce (le mot était du style simple) : *Cette hostellerie* [...] *était des plus hantées et des mieux achalandées de la ville* (Chap., *Guzm. Alfar.*, III, 424) ; et en parlant d'une personne : *La Pébrada* [une entremetteuse] *est la plus achalandée ; elle a la pratique de plusieurs veuves riches* (Le Sage, *Diable boit.*, IX).

Auj. le participe passé est couramment employé au sens de « pourvu de marchandises ».

acharner v.t. Ce verbe, qui ne s'emploie plus que pronominalement ou au participe-adjectif, pouvait avoir, comme transitif, le sens de « exciter vivement » : *Le premier sang versé rend sa fureur plus forte ; Il l'amorce, il l'acharne* (Corn., *Nic.*, 1577).

acheminé, e adj. Avancé : *Le Cardinal voyant l'affaire assez acheminée* [...] (La Roch., *Mém.*, II, 163).

acheminer (s') v.pr. Se mettre en route, avancer : [...] *le duc de Zell ayant assiégé Trèves, et le maréchal de Créquy s'étant acheminé pour y aller* [...] (Sév., 13 août 1675). *On est trop heureux quand on n'est trompé que dans les choses médiocres ; les grandes ne laissent pas de s'acheminer et c'est la seule chose dont un grand homme doit être en peine* (Fén., *Tél.*, 17).

Auj. il signifie, avec un complément de but, « se diriger, tendre (vers) ».

achever v.t. Accomplir, réaliser : *Il est certain que la lune n'achève par jour que cinq cent quarante mille lieues* (La Br., XVI, 43). *Comme il me dit qu'au lieu d'achever leur mariage, elle semblait l'éloigner, je commençai à croire qu'il n'avait pas tort d'avoir de l'inquiétude* (La Fayette, *Clèves*, II). *Et, pour achever ces nobles projets, il n'y avait que la durée de sa vie* (Boss., *O. f. H. d'Angl.*). ♦ Compléter, mettre un comble à : *Pour achever le chagrin de cette déesse* (La Font., *Psyché*, II). ♦ Réussir à : *Rien n'achève de remplir son idée* [celle du poète] *et de contenter toute sa délicatesse* (Fén., *Lettre Acad.*, 10).

◆ v.i. Prendre fin : *Si le quatrième* [acte] *peut commencer chez cette princesse* [Rodogune], *il n'y peut achever* (Corn., *3e Disc. Poème dram.*).

Le sens actuel de « finir, terminer » était usuel aussi au XVIIe s.

achoppement n.m. Obstacle sur lequel on bute, qui empêche d'avancer : *Regarde d'où provient L'achoppement qui te retient ; Ote d'autour de chaque roue Ce malheureux mortier, cette maudite boue* (La Font., *F.*, VI, 18).

À la fin du XVIIe s., le mot (comme auj.) ne s'emploie plus que dans l'expression fig. *pierre d'achoppement*, « obstacle » : *Il ne veut pas se résoudre à quitter cette femme, c'est sa pierre d'achoppement* (Fur.).

acoquiner v.t. Habituer (style familier) : *Nous sommes comme ces vieux locataires que la longueur du temps a tellement acoquinés en une maison que, quelques incommodités qu'ils y reçoivent, il leur est impossible d'en vouloir partir* (Malh., *Ép.*, 70). *Nous les verrions* [les femmes] *nous courir* [=nous rechercher] *sans tous ces respects et ces soumissions où les hommes les acoquinent* (Mol., *Pr. Él.*, III, II). ♦ Retenir agréablement l'attention : *La lecture des romans acoquine l'esprit* (Acad. 94). ♦ **S'acoquiner à qqch,** s'y plaire (péjor.) : *Un artisan qui s'acoquine au cabaret est toujours gueux* (Fur.).

Le XVIIe s. connaît aussi le sens péjoratif du pronominal, *s'acoquiner avec qqn*, « se lier avec cette personne peu recommandable » : *Cet homme s'est acoquiné avec cette femme débauchée* (Fur.).

acquêt n.m. Achat, acquisition : *Tous les ans ses acquêts augmentent son domaine* (Racan, *Berg.*, I, 3). ♦ Fig. Avantage, profit : *Le Commissaire souffrait que l'on fit tout ce ménage* [...] *parce qu'il avait avec nous un acquêt qui n'était pas si petit* (Sorel, *Franc.*, II).

À la fin du XVIIe s., il était déjà, comme auj., restreint au vocabulaire juridique.

acquit n.m. **Par manière d'acquit,** par obligation, sans ardeur : [Abélard] *ne faisait plus que par manière d'acquit ses fonctions publiques, et n'inventait plus rien que des vers d'amour* (Bayle, *Dict. hist.*, Abélard).

acravanter v.t. Écraser (sort de l'usage au cours du XVIIe s.) : *Acravanté de lassitude, De trop jeûner, de marritude* (Saint-Amand, *le Poète crotté*, 417).

acrimonie n.f. Pouvait être encore employé au sens propre de « âcreté » : *L'acrimonie du sel. L'acrimonie des humeurs* (Acad. 94).

Le sens de « vivacité témoignant de la mauvaise humeur », déjà le plus usuel au XVIIe s., se rencontre seul auj.

acte n.m. Soutenance de thèse en Sorbonne : *C'est aujourd'hui l'acte du pauvre abbé. Quelle folie ! On s'en va disputer contre lui, le tourmenter, le pointiller : il faut qu'il réponde à tout* (Sév., 30 mars 1672).

action n.f. Plaidoirie, discours, sermon : *M. le Coadjuteur a fait la plus belle harangue et la mieux prononcée qu'il est possible* [...] *Le Roi a fort loué cette action* (Sév., 19 août 1675). *Nous allâmes au sermon l'après dînée* [...] *Nous accourcîmes notre repas pour ne rien perdre de cette action* (La Font., *Lettre Simon de Troyes*, 1693). ♦ Attitude ; contenance : *C'est un homme qui n'est presque jamais dans une action composée* (Boss., *Panég. St Bernard*). ♦ Gestes, débit de celui qui parle, tout ce qui anime le discours (auj. seulement dans le vocabulaire de la rhétorique) : *J'ai l'action fort aisée, et même un peu trop, et jusques à faire beaucoup de gestes en parlant* (La Roch., *Portr. par lui-même*). *Lucrèce, surprise de ce compliment* [...] *ne répondit qu'avec une action qui témoignait un généreux mépris des richesses* (Fur., *Rom. bourg.*, I). ♦ Activité, agitation : *J'admire deux choses, la tranquillité et le flegme de celui qui a tout remué, comme l'embarras et l'action de ceux qui n'ont rien fait* (La Br., I, 48). ♦ Combat, bataille : *Mon fils me mande que le prince d'Orange fait mine de vouloir assiéger le Quesnoy, et que si cela est, ils sont à la veille d'une action* (Sév., 26 août 1675). ♦ **D'action,** avec chaleur, avec ardeur : *Ce qu'il fait, il le fait d'action* (Acad. 94). ♦ **Donner action,** lutter : *Il n'y a jamais eu nation que celle des Mèdes, qui ait donné action contre les ingrats* (Malh., *Bienf.*, III, 7).

Les sens actuels, « ce que fait qqn », « production d'un effet, manière d'agir sur qqn ou qqch », « exercice de la faculté d'agir », étaient déjà usuels au XVIIe s.

actuel, elle adj. Réel, effectif, qui se traduit en acte : *Il* [le parlement] *ne le connaîtra jamais* [le caractère d'autorité] *que par une violence actuelle et positive qu'on lui fera* (Retz, *Mém.*, II, 282).

Auj., « qui appartient au moment présent ».

actuellement adv. Effectivement : *Je lui ai payé actuellement cette somme* (Acad. 94).

Le sens actuel de « maintenant » n'est pas enregistré par les dictionnaires du XVIIe s.

adepte n.m. Celui qui croit avoir trouvé la pierre philosophale, alchimiste (auj., « partisan d'une doctrine ») : *On ne douta point que l'auteur de la lettre ne fût un adepte ou à peu près ; il fut reçu avec honneur dans le laboratoire et prié d'y faire les fonctions de secrétaire* (Fonten., *Leibniz*, in L.).

adhérence n.f. Attachement, soumission, fidélité : *Quiconque aime l'unité doit avoir une adhérence immuable à tout l'ordre épiscopal* (Boss., *O. f. François Bourgoing*). ♦ Complaisance : *Le père a gâté son fils par l'adhérence qu'il a eue à toutes ses volontés* (Acad. 94).

Auj. seulement au propre ; au sens fig., *adhésion* l'a remplacé.

adhérent, e adj. Contigu, attenant : *Il a acheté cette maison parce qu'elle était adhérente à la sienne* (Fur.)

◆ n.m. Partisan (avec un nom de personne comme complément) : [Sylla] *fit une loi par laquelle il rappela Marius et tous ses adhérents et les rétablit dans tous leurs droits* (Saint-Réal, *Marius et Sylla*). – Auj., en cet emploi substantif, « affilié (à un parti, un syndicat, etc.) ».

adhérer v.t.ind. **Adhérer à qqch,** y être attaché, s'y complaire : *Adhérer à la vérité* (Boss., *État d'oraison*, 197).

Auj., le sens fig. le plus usuel est celui de « devenir membre d'un parti, d'une société, etc. ».

adieu interj. Indiquait la séparation, seulement la séparation, sans s'opposer par son caractère définitif à « au revoir » : *Adieu : sors, et surtout garde bien qu'on te voie* (Corn., *Cid*, 997). ♦ **Adieu jusqu'au revoir,** formule de congé du style familier, selon Acad. 94 : *La compagnie se sépara, et chacun se dit adieu jusqu'au revoir* (Fur., *Rom. bourg.*, I, 1015).

◆ n.m. **Dire un adieu à qqn,** prendre congé de lui (au XVIIe s. on avait la possibilité de mettre un adj. qui soulignait le caractère définitif) : *Je vais mourir, Madame, et vous viens en ce lieu, Avant le coup mortel, dire un dernier adieu* (Corn., *Cid*, 1468). *Seigneur, il me disait un éternel adieu* (Rac., *Ph.*, 1416).

admirable adj. Étonnant, surprenant : *Ce renversement admirable des conditions humaines* (Boss., *Émin. Dign. des pauvres*). ♦**Admirable à,** excellent pour : *L'amour propre, si mauvais à tant d'autres choses, est admirable à celle-là* (Sév., 28 févr. 1689).

Auj., comme souvent au XVIIe s., « digne de respect, d'émerveillement ».

admiration n.f. Étonnement, stupeur : *La Rappinière fut si surpris d'être prévenu* [=devancé] *d'un coup, lui qui avait accoutumé d'en user ainsi, qu'il demeura comme immobile, ou d'admiration, ou parce qu'il n'était pas encore assez en colère* (Scarr., *Rom. com.*, I, 3). *Je ne sors pas d'admiration et d'étonnement à la vue de certains personnages que je ne nomme point* (La Br., III, 42). ♦**Donner de l'admiration à qqn,** s'en faire admirer : *Souvenez-vous donc, Messieurs, de l'admiration que la princesse d'Angleterre donnait à toute la cour* (Boss., *O. f. H. d'Angl.*).

Ce mot avait aussi au XVIIe s. le sens actuel de « sentiment d'émerveillement » : *Ceux* [les ouvrages] *de Dieu, plus on les connaît, et plus ils donnent d'admiration* (Fur.).

admirer v.t. Considérer avec stupeur, avec surprise : *J'admire cette antipathie Qui vous l'a fait haïr avant que de le voir* (Corn., *Agés.*, 37). *Mais n'admirez-vous point que cette même reine Le donne pour époux à l'objet de sa haine ?* (Corn., *Rodog.*, 15) ; suivi de *si : J'admirais si Mathan, dépouillant l'artifice, Avait pu de son cœur surmonter l'injustice* (Rac., *Ath.*, 987) ; suivi de *comme : J'admire comme les accidents viennent* (Sév., 19 août 1671).

Ce mot avait aussi au XVIIe s. le sens actuel de « contempler avec émerveillement ou avec respect » : *On ne peut trop admirer la grandeur du ciel* (Fur.).

adolescent n.m. Mot qui appartenait au style plaisant : *Ce terme* [adolescent] *en notre langue ne se met plus et ne se dit qu'en façon de parler comique* (Chap., *Lettres*, I, 108). *Il ne se dit guère qu'en raillerie* (Acad. 94).

adomestiquer v.t. Rendre familier (le plus souvent pronominal) : [Les hôtels de Rambouillet et de Clermont] *auxquels je suis adomestiqué par leur bonté singulière* (Chap., *Lettres*, I, 181). *Cet homme s'est adomestiqué chez un tel* (Acad. 94).

adonc, adonques conj. Vieilli au XVIIe s. et réservé au style burlesque ou archaïsant, dans le sens de « donc » qui le remplaçait : *Adonc, me dit la bachelette* [...] (La Font., *Janot et Catin*, 10).

adonner (s') v.pr. S'introduire, pénétrer (sens vieilli au XVIIe s.) : *Pour délivrer ses bois d'une grande quantité de loups qui s'y étaient adonnés* [...] (Scarr., *Rom. com.*, II, 3).

Il avait aussi au XVIIe s. le sens actuel de « se donner tout entier » : *Celui-là s'est entièrement adonné aux mathématiques* (Fur.).

adoucissement n.m. État de ce qui devient plus doux, plus tendre : *Il* [Iphis] *a un mouvement de tête, et je ne sais quel adoucissement dans les yeux* (La Br., XIII, 14). ♦Atténuation : *Cette vérité veut quelque adoucissement* (Mol., *F. sav.*, 1275).

adressant, e adj. Adressé : *Si vous prenez la peine de m'écrire, je vous prie ou* [...], *ou de me les adresser chez le P. Sconin, vicaire général et official de Monsieur d'Uzès, avec une enveloppe adressante à M. Symil, chirurgien à Uzès* (Rac., *Lettre Le Vasseur*, nov. 1662).)

adresse n.f. Moyen ingénieux : *Il* [...] *le pria de lui prêter cinq cents écus,* [...] *lui donnant l'adresse de renvoyer ladite somme par un de ses plus confidents serviteurs* (le P. Garasse, *Doctrine curieuse*, 937). *Elle a feint d'être telle à mes yeux, la traîtresse, Ou le diable à son âme a soufflé cette adresse* (Mol., *Éc. des f.*, 981). *Enfin, j'ai vu le monde et j'en sais les finesses ; Il faudra que mon homme ait de grandes adresses Si message ou poulet de sa part peut entrer* (Mol., *Éc. des f.*, 1141). ♦Ruse, fourberie : *C'est encore ici, mes Pères, une des plus subtiles adresses de votre politique, de séparer dans vos écrits les maximes que vous assemblez dans vos avis* (Pasc., *Prov.*, XIII). *L'avis de Laonice est sans doute une adresse* (Corn., *Rodog.*, 803). *Sa mort est une adresse, au besoin inventée, Pour fuir l'autorité qui l'a persécutée* (Mol., *D. G.*, 1448). *Le ciel punit ma feinte et confond votre adresse* (Rac., *Baj.*, 666). ♦Direction : *J'ai pris cette adresse et choisi mon chemin par là* (Th. de Viau, I, 79). ♦Indication, renseignement : *Donnez quelque signal pour plus certaine adresse* (Corn., *S. du Ment.*, 1089).

Ce mot avait aussi au XVIIe s. le sens actuel de « qualité de celui qui agit habilement » : *Je vois qu'à l'excuser votre adresse est extrême* (Rac., *Baj.*, 1057).

adresser v.t. Dresser (vieilli au XVIIe s.) : *Si ces personnes étaient en danger d'être assassinées, s'offenseraient-elles de ce qu'on les avertirait des embûches qu'on leur adresse ?* (Pasc., *Prov.*, XI). ♦**Adresser ses pas,** se diriger : *Votre frère Attale adresse ici ses pas* (Corn., *Nic.*, 117). ♦**Adresser un coup,** frapper : *Je saurai lui faire un rempart de cette même vie qu'il a sauvée ; et pour adresser vos coups, il faudra que vous me perciez* (Mol., *D. J.*, III, IV).

◆ **s'adresser,** se diriger, aller : *Il lui dit que son passage s'adressait par Luxembourg* (Malh., *Lettre Peiresc*, 24 mars 1610).

◆ v.i. Atteindre son but : *Bien adresser n'est pas petite affaire* (La Font., *F.*, I, 17).

Le sens de « parler à qqn » était usuel au XVIIe s. : *Ô la ruse excellente ! Donc il s'adresse à vous, n'osant pas m'aborder* (Desmarets, *Visionnaires*, 419).

adultère n.m. Amant d'une femme mariée : *Elle a envoyé quérir cette femme que vous voyez, qui n'est pas meilleure qu'elle, et ensemble* [= en même temps] *son adultère* (Sorel, *Franc.*, VII). *Faut-il que sur le front d'un profane adultère Brille de la vertu le sacré caractère ?* (Rac., *Ph.*, 1037).

Le sens actuel « relations sexuelles en dehors du mariage » était usuel : *Vous me parlez toujours d'inceste et d'adultère ?* (Rac., *Ph.*, 1149).

affable adj. Pouvait se construire avec la préposition *à* : *Affable à tous avec dignité, elle savait estimer les uns sans fâcher les autres* (Boss., *O. f. H. d'Angl.*).

affadir v.t. **Affadir le cœur,** provoquer le dégoût, la nausée : *La tarte à la crème m'a affadi le cœur, et j'ai pensé vomir au potage* (Mol., *Crit. Éc. des f.*, sc. III). [Il en] *a longtemps le teint pâle et le cœur affadi* (Boil., *Lutr.*, V, 164).

affaiblir v. Pouvait s'employer intransitivement au sens de « devenir faible » : *J'affaiblis, ou du moins ils se le persuadent* (Corn., *Au roi*, 20). *Je sens affaiblir ma force et mes esprits* (Rac., *Mithr.*, 1693) ; comme pronominal aussi (comme auj.) : *Ma vue s'affaiblit, dit Irène* (La Br., XI, 35).

affaiblissement n.m. Défaillance, faiblesse : *De toutes les afflictions il n'y en eut point qu'elles* [les Religieuses] *ressentirent plus vivement que celle de l'affaiblissement de six ou sept de leurs sœurs qui s'étaient laissé gagner* (Rac., *P.-R.*, II).

Ce mot avait aussi au XVIIe s. le sens actuel de « état d'une personne ou d'une chose qui est affaiblie » : *L'affaiblissement de la République de Rome est venu de la grandeur de ses citoyens* (Fur.).

affainéantir (s') v.pr. Devenir fainéant : *Les grandes possessions des biens de fortune sont cause que l'on s'affainéantit* (Sorel, *Franc.*, IV).

affaire n.f. Encore masculin parfois au début du siècle : *Que puis-je penser d'un si bizarre affaire ?* (Mairet, *les Galanteries du duc d'Ossonne*, 516). ♦Souci, embarras : *Gardez-vous beautés sévères ; Les amours font trop d'affaires* (Corn., *Psyché*, 2063). – Auj. on dit encore *se tirer d'affaire.* ♦Liaison amoureuse : *Ces femmes qui croient que le péché n'est que dans le scandale, qui veulent conduire doucement les affaires qu'elles ont sur le pied d'attachement honnête, et appellent amis ce que les autres nomment galants* (Mol., *Impr.*, sc. I). ♦Querelle, différend : *J'admire qu'en l'état où je suis, vous me vouliez faire une affaire avec le Roi* (Sév., 17 nov. 1664, *Fouquet au tribunal*) ; en particulier **affaire d'honneur** ou, simplement, **affaire,** duel : *Nous vidons sur le pré l'affaire sans témoins* (Corn., *Ment.*, 1140). ♦**Avoir affaire,** avoir besoin : *Quelqu'un aurait-il jamais cru Qu'un lion d'un rat eût affaire ?* (La Font., *F.*, II, 11). *Il faudra un peu dévaliser notre petite, et vous donner une grande partie du beau linge qu'elle a, dont elle n'aura plus affaire* (Sév., 19 avr. 1671). *Quand il avait affaire d'argent* (Rac., *Trad. Diogène le Cynique*). *J'ai affaire de toi quand j'aurai soupé* (Mol., *D. J.*, IV, VII). ♦**Pour cette affaire,** pour cette raison : *Les Latins les nommaient* [ces mois] *douteux pour cette affaire* (La Font., *F.*, VI, 3). ♦**Point d'affaire,** je ne veux rien entendre ; peine perdue : *J'ai beau lui faire signe et montrer que c'est ruse : Point d'affaire, il poursuit sa pointe jusqu'au bout* (Mol., *Ét.*, 1097). *Voilà mon homme au désespoir. Il presse, il supplie, conjure : point d'affaire. On lui dit que la fille* [...] *est de famille honnête* (Mol., *Fourb.*, I, II).

L'emploi de ce mot pour désigner de façon imprécise toute sorte de choses apparaît comme une mode à la fin du XVIIe s.

affectation n.f. Désir, empressement, ardeur : *Leur goût, si on les en croit, est encore au-delà de toute l'affectation qu'on aurait à les satisfaire* (La Br., XI, 145). *Elle me reçut avec joie,* *et m'entretint deux heures avec affectation et empressement* (Sév., 27 oct. 1675).

Auj., comme aussi au XVIIe s., « manque de naturel dans les manières d'agir ou de parler » : *Il y a de l'affectation en tout ce qu'il dit, en tout ce qu'il fait* (Acad. 94).

affecter v.t. Désirer, rechercher vivement, aimer : *La grâce aime l'habit simple et sans ornement, Elle n'affecte point la mode* (Corn., *Imit.*, III, 5698). *Il affecte un repos dont il ne peut jouir* (Rac., *Baj.*, 33). *Pourtant je n'ai jamais affecté de le dire* (Mol., *Éc. des f.*, 55). ♦ Pratiquer, recourir à : *Non, je ne puis souffrir cette lâche méthode Qu'affectent la plupart de vos gens à la mode* (Mol., *Mis.*, 42). ♦ Manifester un sentiment sincère ou feint (auj. le mot implique une part de simulation) : *Quelle amitié sincère il affectait pour vous* (Rac., *Mithr.*, 1233).

affectif, ive adj. Touchant, émouvant : *Vingt femmes* [...] *qui croyaient chacune être en droit de l'embrasser* [...] *tout cela soutenu par les tons les plus hauts et les paroles les plus répétées et les plus affectives qu'on puisse imaginer* (Sév., 5 juin 1675).

Auj., seulement en parlant des choses, au sens de « relatif aux sentiments ».

affection n.f. Ardeur, zèle : *Mon affection et mon autorité paraissaient à l'envi dans toute l'étendue de ma charge* (La Roch., *Apol. Prince de Marcillac*, II, 461). *Les Inquisiteurs instruisaient avec une affection et une diligence incroyable le procès de l'infortuné Dom Carlos. Leurs anciennes animosités contre lui parurent si ouvertement* [...] (Saint-Réal, *Dom Carlos*). *Il m'enseigne à n'avoir affection pour rien* (Mol., *Tart.*, 276). ♦ Dévouement, empressement au service de qqn : *Je suis édifié de votre affection ; Mais il faut qu'elle éclate en cette occasion ; Et, si vous m'y servez selon ma confiance, Vous serez assurés de votre récompense* (Mol., *Éc. des f.*, 1326). ♦ **D'affection,** avec un mouvement sincère du cœur ; avec ardeur : *Il semblait toutefois parler d'affection* (Corn., *Suiv.*, 827).

Ce mot avait déjà au XVIIe s. le sens actuel de « tendre attachement envers une personne qu'on chérit » : *Affection paternelle* (Acad. 94).

affectionné, e adj. Qui a de l'attachement pour qqn ; fidèle, loyal : *Ils oubliaient leur défaite et devenaient des sujets affectionnés* (Boss., *H. univ.*, I, 7). *L'Anjou était encore dans ses intérêts par le moyen du duc de Rohan gouverneur de la province qui lui était affectionnée* (Du Buisson, *Turenne*, 4).

◆ S'employait couramment dans les formules de politesse à la fin des lettres : « *Votre très humble et très affectionné serviteur. Votre affectionné serviteur. Votre affectionné à vous servir. Votre affectionné à vous rendre service.* Toutes ces différentes manières selon la condition de celui qui écrit, et la personne à qui il écrit » (Acad. 94).

affectionner v.t. Inspirer de l'attachement à qqn : *Comment les affectionner* [les valets] *si on ne fait pas leur fortune ?* (Maintenon, *Prov.*, Les femmes font et défont les maisons). ♦ Être vivement attaché à, tout dévoué à : *Il faut qu'un valet affectionne son maître* (Fur.).

Le sens actuel de « aimer vivement » était le plus usuel au XVIIe s.

◆ **s'affectionner à,** s'attacher à : *Nous nous affectionnons de plus en plus aux personnes à qui nous faisons du bien* (La Br., IV, 68). *On n'a de plaisir que quand on s'affectionne à une lecture, et que l'on en fait son affaire* (Sév., 21 déc. 1689). *Les citoyens s'affectionnaient à leur pays* (Boss., *H. univ.*, III, 5).

affermir v.t. Confirmer : *Ce n'est donc point, Ismène, un bruit mal affermi* (Rac., *Ph.*, 375).

Le sens actuel de « rendre plus solide » est usuel au XVIIe s. : *Mon bras qui tant de fois a sauvé cet empire, Tant de fois affermi le trône de son roi* (Corn., *Cid*, 243).

affété, e adj. et n. Recherché, maniéré, séduisant ; fourbe, astucieux (enregistré en une rubrique différente de celle de « affecté » dans Acad. 94) : *Je laisse aux doucereux ce langage affété, Où s'endort un esprit de mollesse hébété* (Boil., *Sat.*, IX, 265). *Il voyait qu'il y avait quelque affétée d'Italienne qui désirait d'être reine* (Sorel, *Franc.*, XI).

affidé, e adj. En qui on a pleine confiance ; totalement dévoué : [...] *qu'elle était prête d'accoucher ; que, se sentant pressée de son mal et ne voyant point revenir une servante qui lui était allé quérir une sage-femme affidée* [...] (Scarr., *Rom. com.*, I, 13). *Je cherche seulement dans ma tête un homme qui nous soit affidé, pour jouer un personnage dont j'ai besoin* (Mol., *Fourb.*, I, V).

Auj., rare et péjor. : « qui fait partie d'une association ».

affier v.t. Le mot n'appartient plus, au XVIIe s., qu'au style archaïsant avec le sens de « assurer » : *Je vous affie Et certifie* (La Font., *Janot et Catin*, 35).

affiner v.t. Tromper par ruse, par finesse (du style bas, selon Acad. 94) : *Notre maître Mitis Pour la seconde fois les trompe* [les souris] *et les affine* (La Font., *F.*, III, 18). *Vous voulez m'affiner ; mais c'est peine perdue* (Corn., *Mél.*, 1215, var.).

affiquets n.m.pl. Parure, ornements : *Les affiquets, les habits à changer, Joyaux, bijoux, ne manquaient à la dame* (La Font., *Contes*, II, 8).

affliger v.t. Ruiner, accabler : *L'Empire affligé se reposa sous Vespasien* (Boss., *H. univ.*, I, 10). *Je ne suis point pour Albe, et ne suis plus pour Rome ; Je crains pour l'une et l'autre en ce dernier effort, Et serai du parti qu'affligera le sort* (Corn., *Hor.*, 90). ♦ Maltraiter, blesser, mortifier : *Ainsi de cette chute ne craignez ni jambe affligée, ni rhume quelconque* (E. de Coulanges, 1er août 1685). [Le renard blessé] *trouvait fort étrange que le sort à tel point le voulût affliger, Et le fit aux mouches manger* (La Font., *F.*, XII, 13). *Catherine, malgré ses continuelles infirmités, affligeait son corps par des austérités continuelles* (Rac., *Épitaphe de C. F. de Bretagne*).

Ce mot avait aussi au XVIIe s. le sens affaibli actuel de « causer de la peine à ».

affluence n.f. Arrivée, en parlant de liquides : *L'affluence des eaux qui venaient de la fonte des neiges fit déborder la rivière* (Acad. 94). ♦ Fig. Abondance : *Un champ délicieux où règne l'affluence* (Corn., *Imit.*, III, 2692). ♦ Richesse : *Cette affluence, ce crédit* [...], *voilà ce que Dieu abandonne indifféremment au vice et au libertinage* (Bourd., *Pensées*, in L.). ♦ Grande quantité de personnes qui se portent au même endroit (auj. le plus souvent sans complément) : *Il y avait une grande affluence de peuple à l'entrée de la reine* (Fur.).

affluer v.i. Venir couler (sens vieilli au XVIIe s., qui subsiste dans le n. m. *Affluent*) : *Il y a plusieurs ruisseaux et plusieurs rivières qui affluent dans la Seine* (Acad. 94).

On rencontre plus souvent au XVIIe s. le sens actuel de « s'assembler, arriver de partout » : *Les écoliers* [= étudiants] *affluaient de toutes parts autrefois dans l'Université de Paris* (Fur.).

affoler v.t. Blesser, meurtrir (vieilli au XVIIe s.) : *Il m'a perdue, il m'a toute affolée* (La Font., *Contes*, IV, 5). ♦ **Être affolé de qqn,** en être éperdument amoureux (style familier) : *Vous ne sauriez croire comme elle est affolée* [= folle] *de ce Léandre* (Mol., *Méd. m. lui*, III, VII).

Auj., comme aussi au XVIIe s., « provoquer un désarroi, une frayeur qui fait perdre la tête ».

affres n.f.pl. Angoisse, effroi (vieilli au XVIIe s., où l'on rencontrait le plus souvent, comme auj., l'expression *les affres de la mort*) : *Les affres qu'il prit* [...] *des bruits qui se répandirent* (Retz, *Mém.*, IV, 16).

affreux, euse adj. Qui épouvante : *Une petite île déserte et sauvage bordée de rochers affreux* (Fén., *Tél.*, 18).

Auj., et déjà au XVIIe s., se dit le plus souvent de ce qui est d'une laideur repoussante, ou de ce qui est très pénible : *Je leur prononce* [aux femmes qui se fardent] [...] *que le blanc et le rouge les rend affreuses et dégoûtantes* (La Br., III, 6).

affriander v.t. Mettre en appétit, rendre gourmand : *Vous l'avez affriandé par la bonne chère que vous lui avez faite* (Acad. 94). ♦ Fig. Attirer, séduire : *Le gain l'a affriandé* (Acad. 94).

affronter v.t. Tromper avec impudence ; offenser : *Ma fidèle compagne en qui seule aujourd'hui Mon amour affronté rencontre quelque appui* (Corn., *Clit.*, 2 var.).

Auj. « attaquer avec hardiesse, se mesurer bravement à », comme aussi au XVIIe s. : *Vous me verriez plus prompte affronter mille morts* (Rac., *Ph.*, 896).

affronteur, euse adj. et n. Trompeur, imposteur : *Ne tarde plus, volage, à te montrer ici ;* [...] *Viens signaler ton nom par ton manque de foi. Le jour s'en va paraître ; affronteur, hâte-toi* (Corn., *Clit.*, 20). *Croyez que votre serviteur Doit être un maître fourbe, un insigne affronteur* (Rotr., *la Sœur*, III, V). *Appelant cent fois Isidora friponne, affronteuse et larronnesse* (Scarr., *le Châtiment de l'avarice*).

âge n.m. Durée de la vie : [Ils] *passeront leur âge en ces lieux* (Rac., *Cantique IV*). *Dès le commencement de son âge* (Retz, *Lettre*, 14 déc. 1654). ♦ Époque ; temps : *Un fameux témoignage De* *la méchanceté des hommes de notre âge* (Mol., *Mis.*, 1545).

Auj., et aussi au XVIIe s., « degré atteint dans la suite des années, des mois, etc. », ou « période de la vie ».

agente n.f. Péjor. Femme qui s'entremet dans une affaire : *Elle met ton agente au bout de sa finesse* (Corn., *Veuve*, 744). *Il en eut tant de joie qu'il donna sur-le-champ à son agente cinq cents pistoles, avec une bague de pareille valeur* (Le Sage, *Diable boit.*, IV).

aggraver v.t. Alourdir, rendre plus pesant (sens vieilli au XVIIe s.) : *Les yeux encore aggravés* [de sommeil] (La Font., *Contes*, II, 12).

agonie n.f. Angoisse, tourment moral (ce sens est un archaïsme que l'on rencontre dans la langue religieuse) : *L'excès de son repentir l'a jeté dans une agonie de tristesse* (Mass., *Pass.*).

Le sens le plus courant est au XVIIe s., comme auj., « lutte contre la mort » : *Il faut suer, vieillir, fléchir, dépendre pour avoir un peu de fortune, ou la devoir à l'agonie de vos proches* (La Br., VI, 68).

agréable adj. **Avoir agréable, avoir pour agréable,** avoir du plaisir à, aimer : [...] *lui demandant s'il aurait agréable de voir la maîtresse du palais enchanté* (Scarr., *Rom. com.*, I, 9). ♦Trouver bon, admettre : *Je vous supplierai d'avoir pour agréable Que je me fasse un peu grâce sur votre arrêt* (Mol., *Mis.*, 30).

agréer v.t.ind. **Agréer à,** plaire à, en parlant de personnes : *Elle a eu le bonheur d'agréer aux augustes personnes* (Mol., *Impr.*, sc. III). ♦**Agréer que,** trouver bon, permettre que : *Vous, Madame, agréez pour votre grand héros Que ses mânes vengés goûtent un plein repos* (Corn., *Sert.*, 1915). *Mesdames, agréez que je vous présente ce gentilhomme-ci* (Mol., *Préc. rid.*, sc. XI).

Auj., comme aussi au XVIIe s., « recevoir favorablement », surtout dans la formule de politesse : *veuillez agréer* [...].

agrément n.m. Ornement d'un vêtement ou d'un meuble : *Si vous pouvez, ma chère bonne, avec les agréments de Pauline, emprunter de quoi dégager cette pauvre fille* [...] (Sév., 28 févr. 1689).

◆ plur. **Les agréments,** les manières agréables, les politesses : [Mlle de Chartres] *fut reçue des Reines avec tous les agréments qu'on peut imaginer* (La Fayette, *Clèves*, I).

Il avait aussi au XVIIe s. les sens actuels de « plaisir, charme » ou « consentement ».

agreste adj. Fig. Sauvage, grossier : *Humeur agreste* (Acad. 94).

Auj. seulement au sens propre : « champêtre ».

agrouper v.t. Grouper, réunir (vieilli au XVIIe s.) : *Les contrastes savants des membres agroupés* [...] *Tous formés l'un pour l'autre avec exactitude* (Mol., *Val de Gr.*, 116).

aguets n.m.pl. Piège, embûches : [Qu'il] *Se moque des aguets d'un impuissant époux* (Th. de Viau, *Sat.*, I). *Exposée aux aguets des rusées séducteurs* [...] (Mol., *Éc. des f.*, 546).

Auj. seulement dans *être aux aguets*, guetter attentivement : *Il y a longtemps que ce courtisan est aux aguets pour obtenir du roi quelque don avantageux* (Fur.).

ahan n.m. Effort pénible (bas selon Acad. 94) : *Avec autant d'ahan que s'il lui eût coûté la vie* (Chap., *Guzm. Alfar.*, I, 2).

ahaner v.i. Souffrir, peiner (vieilli, familier ou burlesque au XVIIe s.) : *Mais cet autre poète est bien plein de ferveur* [...] *Ahane dans son lit et marmotte tout seul* (Th. de Viau, *Élég.*, 1621, v. 107).

aheurtement n.m. Obstination, entêtement : *C'est un étrange aheurtement que le sien* (Acad. 94). *Je doute fort qu'une simplicité accompagnée d'un tel aheurtement et de tant d'opiniâtreté doive être traitée de bonne foi* (Bourd., *Pensées*).

aheurter (s'), être aheurté v. S'obstiner, se buter : *Ne vous aheurtez point à soutenir cet homme de Marseille dont on a dit du mal* (Sév., 13 avr. 1672). *De tout temps elle* [ma femme] *a été aheurtée à cela* (Mol., *Mal. im.*,I,V).

aider v.t.ind. **Aider à qqn,** lui venir en aide à (auj. on dit *aider*) : *Aucun n'aide aux chevaux à se tirer d'affaire* (La Font., *F.*, VII, 9). *Si on m'envoyait aider à une servante, la première chose que je ferais serait de demander ce qu'elle veut que je fasse* (Maintenon, *Instr. à la classe jaune*, « Sur la mauvaise gloire », 1701). ♦**Aider à qqch,** le faciliter, contribuer à son succès (auj. surtout avec des noms en relation avec des verbes : *aider à la réussite, à la solution de*, etc.) : *Par mon commandement, la garde en fait* *de même, Et se tenant cachée aide à mon stratagème* (Corn., *Cid*, 1270).

◆ **s'aider de,** se servir de (auj., avec le verbe *s'aider*, l'aboutissement de l'action est ordinairement indiqué au moyen de la préposition *pour*) : *M. de Marsillac* [...] *ne s'aide pas de son bras* [blessé] (La Fayette, *Lettre*, 14 juill. 1673). *Une épée qui était si longue qu'on ne s'en pouvait aider adroitement sans fourchette* (Scarr., *Rom. com.*, I, 1).

aides n.f.pl. Taxes portant sur les objets de consommation et en particulier sur les boissons. Les « élus », puis en dernier ressort la « Cour des aides », étaient habilités à juger les causes qui relevaient de ces impôts.

aïeul n.m. On ne faisait pas de différence de sens entre *aïeuls* et *aïeux* ; le pluriel était écrit *aïeuls* (prononcé [ajœ]) : *Cette disposition de cœur et d'esprit qui passe des aïeuls par les pères dans les descendants* (La Br., IX, 41). *Au rang que ses aïeuls ont jadis su tenir* (La Font., *Eunuque*, I, 4).

aigre adj. Violent, emporté : *Tout ce que la passion peut inspirer de plus violent et de plus aigre* (Rac., *Camp. L.* XIV).

Auj. « piquant », en parlant du goût, ou « désagréable », en parlant de paroles, comme déjà au XVIIe s. : *Le vinaigre est aigre. Une aigre repartie* (Fur.).

aigreur n.f. Violence : *Adoucir l'aigreur de ses coups* (La Font., *Contes*, II, 14). *Il lui semblait que ce qui faisait l'aigreur de cette affliction était ce qui s'était passé dans cette journée* (La Fayette, *Clèves*, II). ♦ Douleur violente : *Mon épargne depuis en sa faveur ouverte Doit avoir adouci l'aigreur de cette perte* [la mort de son père] (Corn., *Cid*, 641). ♦ Colère, irritation, hostilité : *Cette belle amitié de Mme de Montespan et de son amie qui voyage est une véritable aversion depuis deux ans : c'est une aigreur, c'est une antipathie* (Sév., 7 août 1675).

Auj., surtout « saveur de ce qui est aigre », ou « amertume, ressentiment exprimés par des paroles », sens usuels aussi au XVIIe s. : *Je ne m'attendais pas à cette repartie, Madame, et je vois bien, par ce qu'elle a d'aigreur, Que mon sincère avis vous a blessée au cœur* (Mol., *Mis.*, 963).

aigrir v.t. Exaspérer, rendre plus violent, irriter : *Ces vertus dont l'éclat aigrit mon désespoir* (Rac., *Alex.*, 1108). *Il n'y a qu'une affliction qui dure, qui est celle de la perte des biens : le temps qui adoucit toutes les autres, aigrit celle-ci* (La Br., VI, 76).

◆ **s'aigrir,** se mettre en colère : *Et d'une raillerie a-t-on lieu de s'aigrir ?* (Mol., *Amph.*, 1271). *Ils savent qu'Attila s'aigrit au dernier point, Et ses emportements ne les émeuvent point* (Corn., *Att.*, 1742).

aiguille n.f. **Sur la pointe d'une aiguille,** sur des points de détail ; pour peu de chose : *Cette lettre du vendredi est sur la pointe d'une aiguille, car il n'y a point de réponse à faire* (Sév., 17 avr. 1671). *Elle me fait ordinairement des querelles sur la pointe d'une aiguille* (Sorel, *Franc.*, VII).

aiguillette n.f. Lacet ou cordon terminé à chaque bout par un ferret, et servant à attacher les vêtements (à la fin du XVIIe s. on ne s'en servait plus guère que comme ornement) ; le mot désigna aussi une touffe de rubans : *Elle sera charmée de votre haut-de-chausses, attaché au pourpoint avec des aiguillettes* (Mol., *Av.*, II, v). *Il ne brilla point d'abord par les dorures de soldat quoique les profits de ses quartiers d'hiver l'eussent rendu fort opulent en chamois brodé, aiguillettes touffues et plumes de toutes les couleurs* (Scarr., *Dern. Œuv.*, I, 164). ♦ **Courir l'aiguillette,** en parlant d'une femme, avoir des aventures galantes : *La garce qui naquit de l'excrément de l'onde Pour courir l'aiguillette en tous les lieux du monde* (Saint-Amant, *le Melon*).

ailleurs adv. Qqn d'autre, dans (en, à, etc.) une autre personne : *Quoi ! s'il aimait ailleurs, serais-je dispensée* [...] *?* (Corn., *Pol.*, 797). *La Reine Mère, qui avait destiné cette charge ailleurs* [...] (Saint-Réal, *Usage de l'hist.*, I).

Au XVIIe s., il signifiait aussi, comme auj., « en un autre lieu » : *Et quoi qu'on die ailleurs d'un cœur si magnanime, Ici tous les objets me parlent de son crime* (Corn., *Cid*, 1133) ; « par un autre moyen » : *Allons, cherchons ailleurs par quelle heureuse adresse Je pourrai de mon père émouvoir la tendresse* (Rac., *Ph.*, 997).

◆ **d'ailleurs,** d'un autre côté, par ailleurs, par un autre moyen (auj., ce mot a une valeur logique, annonçant une remarque) : *Je ne la puis élever* [cette simplicité] *à un si haut point. Il a donc fallu se récompenser* [= se rattraper] *d'ailleurs* (La Font., *F.*, Préf.). *Père injuste, cruel, mais d'ailleurs malheureux* (Rac., *Mithr.*, 718).

aimable adj. Digne d'être aimé : *Aimez vous-même en moi, par là vous serez aimé suivant que vous êtes aimable* (Fén., *De la connaissance de Dieu*). *Il vous aime, Madame, et ce héros aimable* [...] *Est aussi malheureux que je suis misérable* (Rac., *Mithr.*, 403). ♦**Aimable à,** agréable à, digne d'être aimé de : *Jusques à cet hymen Rodrigue m'est aimable* (Corn., *Cid*, 114).

Auj., « qui cherche à faire plaisir, qui est accueillant, affable ».

aimer v.t. Pouvait se construire avec *de* ou *à* et l'infinitif (la deuxième construction est la seule usuelle auj.) : *On aime de s'unir à ces choses* (Boss., *Connaiss. de Dieu*). *Un homme de guerre aime à dire* [...] (La Br., XI, 67).

◆ **s'aimer,** se plaire : *Tu me plais loin de moi. – Je m'aime où tu n'es pas* (Mol., *Mélic.*, 4)

aîné n.m. L'article et la qualification (l'aîné) précédaient parfois le nom, alors qu'auj. *aîné* suit le terme : *L'aîné Fouquet soutenait* (Retz, *Mém.*, III, 391).

ains conj. Marque l'opposition (mais) ; [hors d'usage au XVIIe s. et condamné par Vaug. ; style burlesque seulement] : *ains a péri : la voyelle qui le commence, et si propre à l'élision, n'a pu le sauver* (La Br., XIV, 73). *Point ne radotait, Ains était femme bien sensée* (Scarr., *V. tr.*, V, 2142).

ainsi adv. Introduisait un souhait : *Ainsi tes honneurs florissants De jour en jour aillent croissants* (Malh., *À M. le Grand Écuyer*, 245). ♦Employé au lieu de *si* devant un adjectif ou un adverbe : [Les idées] *ne sont en nous ainsi confuses qu'à cause que nous ne sommes pas tout parfaits* (Desc., *Méth.*). ♦**Par ainsi,** en conséquence (hors d'usage selon Vaug.) : *On arrive à la vertu par la vertu même ; et par ainsi la philosophie et la vertu sont attachées l'une à l'autre* (Malh., *Ep.*, 89). ♦**Comme ainsi soit que,** attendu que (archaïque selon Acad. 94, et appartenant à la langue des notaires) : *Comme ainsi soit qu'on ne puisse guérir une maladie qu'on ne la connaisse parfaitement* [...] (Mol., *Pourc.*, I, VIII). ♦**(Et) qu'ainsi ne soit,** (et) la preuve, c'est que (encore fréquent chez Vaug., vieilli à la fin du XVIIe s.) : *Ce dernier* [« quant à moi »] *ne se dit ni ne s'écrit presque plus, sans doute à cause de cette façon de parler proverbiale : « il se met sur son quant à moi ». Et qu'ainsi ne soit, on dit fort bien « quant à lui, quant à vous, quant à nous », pourquoi donc ne dirait-on pas aussi « quant à moi » ?* (Vaug., *Rem.*, I, 325). *Qu'ainsi ne soit, remontons plus haut, et parcourons toutes les dates où l'on nous pourrait arrêter* (Boss., *H. univ.*, II). ♦**Ainsi que** suivi d'un nom ou d'un adj. a un sens « comparatif » : *Et regardant sa gloire ainsi que mon ouvrage* (Corn., *Sert.*, 1597) ; Alors que (vieux selon Acad. 94) : *L'invincible Troyen que la gloire animait Fut privé comme toi d'un frère qu'il aimait Ainsi qu'ils se mêlaient dans une grecque bande* (Tr. L'Hermite, *Stances à M. le comte de Mons*).

air n.m. Manière d'agir, comportement : *L'école du monde, en l'air dont il faut vivre, Instruit mieux, à mon gré, que ne fait aucun livre* (Mol., *Éc. des m.*, 191). ♦Expression du visage (auj. emplLoi plus restreint, généralem. avec un adjectif ou un complément qui caractérisent ; ex. : *un air joyeux, un air de famille*) : *Ce peintre sait bien peindre l'air du visage* (Acad. 94). *Quel homme te parlait là ? Il a bien de l'air, ce me semble, du bon Guzman de Done Elvire* (Mol., *D. J.*, I, II). ♦Feinte, plaisanterie : *Quand je vous ai demandé si vous n'aviez point jeté mes dernières lettres, c'était un air : car, de bonne foi, je crois que* [...] *vous gardez encore celles-ci* (Sév., 15 nov. 1671). ♦**Bel air,** manières distinguées, à la mode dans une société qui se piquait de donner le ton (nuance ordinairement plus ou moins péjor.) : *Je vous prierai de m'envoyer d'une étoffe jolie pour votre frère, qui vous conjure de le mettre du bel air, sans dépense, savoir comme on porte les manches, choisir une garniture* [...] (Sév., 13 juin 1685). *Votre frère est dans le bel air par-dessus les yeux : point de pâques, point de jubilé, avaler le péché comme de l'eau : tout cela est admirable* (Sév., 15 avr. 1671). *C'était un de ces jeunes bourgeois qui, malgré leur naissance et leur éducation, veulent poser pour des gens du bel air, et qui croient, quand ils sont vêtus à la mode et qu'ils méprisent ou raillent leur parenté, qu'ils ont acquis un grand degré d'élévation au-dessus de leurs semblables* (Fur., *Rom. bourg.*, I). ♦**Donner air,** donner libre cours : *Si parfois rompant le silence Je donne air à la violence Du beau feu qui me fait mourir* [...] (Tr. L'Hermite, *Pour les yeux de**).

airain n.m. En poésie, le canon : *Et, par cent bouches horribles, L'airain sur ces monts terribles Vomit le fer et la mort* (Boil., *Ode sur la prise de Namur*, 29).)

ais n.m. Longue pièce de bois, poutre, planche : *Tous les ais de ce vaisseau se dissipent* [= se disjoignent] (Rac., *R. sur O.*, 5). *La Rancune, qui entendait tout ce débat, car il n'y avait qu'une simple cloison d'ais entre les deux chambres* [...] (Scarr., *Rom. com.*, III, 4). *Sur les ais d'un théâtre exhaussé* [Eschyle] *Fit paraître l'acteur d'un brodequin chaussé* (Boil., *A. p.*, III, 73).

aise n.m. Satisfaction, contentement (encore masculin au début du siècle) : *L'aise de me revoir* (Mol., *Amph.*, 1005). *L'aise que je ressens du repos de votre âme* (Corn., *Cid*, 1598 var.). *Les soucis Qui troublent l'aise de la vie* (Maynard, *Chanson de 1627*). – Auj., emploi plus limité, par exemple dans *tressaillir d'aise*, ou au pluriel au sens de « confort », et dans la locution *à l'aise.* ♦ **Être à son aise,** être dans l'aisance, n'avoir pas de soucis pécuniaires : *Je ne suis point riche, mais je ne crois pas qu'il y ait dans notre province un gentilhomme si à son aise que moi* (Maintenon, *Prov.*, Les femmes font et défont les maisons). – Cette locution avait aussi au XVIIe s. le sens actuel « ne pas être gêné, être dans le confort ».

◆ adj. Content, heureux : *Que vous me ferez aise !* (Mol., *Éc. des f.*, 615). – Cet adjectif était le plus souvent précédé d'un adverbe, comme il l'est actuellement : *bien aise, fort aise : Je suis bien aise que notre cher solitaire en ait sa part* (Sév., 18 nov. 1665).

aisé, e adj. Commode, spacieux : *Ce cabinet est bien aisé. Cette voiture est bien aisée* (Acad. 94). ♦ D'une intelligence rapide et souple : *Certains esprits prompts et aisés* (La Roch., *Portr. par lui-même*). *Le duc d'Orléans qui était bon lui pardonna facilement, mais aussi comme il était d'un naturel aisé, ce fut une blessure facile à rouvrir* (Du Buisson, *Turenne*, 4). ♦ **Aisé à,** facile à : *Je suis fort aisé à vivre* (Regnard, *Coquette*, II, II).

Auj., comme déjà au XVIIe s., « qui ne demande pas d'efforts » : *Pour moi je suis plus fière, et fuis la gloire aisée* (Rac., *Ph.*, 446) ; ou, en parlant des personnes, « qui est dans l'aisance » : *Cet homme est fort aisé, il a du bien* (Fur.).

aisément adv. Sans contrainte : *J'aime à vivre aisément, et dans tout ce qu'on dit Il faut se trop peiner pour avoir de l'esprit* (Mol., *F. sav.*, 1055).

Le sens actuel de « facilement » existait au XVIIe s. : *La philosophie triomphe aisément des maux passés et des maux à venir* (La Roch., *Maximes*, 22).

aisements n.m.pl. Lieux d'aisances (vieux et bas selon Acad. 94) : *Dans ce grand cheval ils bâtirent Toutes sortes de logements, Sans oublier des aisements* (Scarr., *V. tr.*, II, 118) ; et au sing. : *Aller à l'aisement* (Acad. 94). ♦ **À ses bons points et aisements,** à sa commodité : *Vous pouvez fort bien écrire à vos bons points et aisements, comme on dit* (E. De Coulanges, 27 févr. 1696).

ajouter v.t. Pouvait se construire avec *de* suivi de l'infinitif, là où l'on emploierait aujourd'hui une complétive introduite par *que : J'ajouterai à tout le reste d'amener sur ce peuple une merveille étonnante* (Pasc., *Pensées*).

Les constructions actuelles existaient déjà au XVIIe s. : *À l'honneur qu'il m'a fait ajoutez-en un autre* (Corn., *Cid*, 165). *Il semble que la galanterie dans une femme ajoute à la coquetterie* (La Br., III, 20).

ajusté, e adj. **Cartes ajustées,** cartes truquées : [...] *pour avoir trompé au jeu, et avoir gagné cinq cent mille écus avec des cartes ajustées* (Sév., 18 mars 1671).

ajustement n.m. Arrangement, aménagement : *Et me mandez un peu des nouvelles de votre vie, quelles sortes de choses vous peuvent amuser, et si l'ajustement de votre maison n'y contribue pas beaucoup* (Sév., 20 mai 1667). *Je suis encore à Bussy, où je fais des ajustements qui finissent la maison* (Bussy, *Lettres*, 4 sept. 1680). ♦ Accommodement, réconciliation : *Il faut travailler à l'ajustement de ces deux personnes* (Acad. 94). ♦ Toilette, parure : *Théognis est recherché dans son ajustement et il sort paré comme une femme* (La Br., IX, 48). *Je tiens que la braverie* [= les dépenses d'habillement] *et l'ajustement est la chose qui réjouit le plus les filles* (Mol., *Am. méd.*, I, I). *Nous serons* [...] *un temps dans l'ajustement, un autre dans la négligence outrée* (Maintenon, *Convers. : Sur la bonne conduite*). ♦ Déguisement : *Quittons notre ajustement de Flamand* (Mol., *Pourc.*, II, III).

Auj. « adaptation ».

ajuster v.t. Rendre juste, régler : *Ajustez cette montre, ce ressort* (Acad. 94). ♦ Arranger, disposer heureusement : *L'après-dînée, elle* [la Grande Mademoiselle] *s'amusa à faire ajuster elle-même l'appartement de M. de Montpensier* (Sév., 31 déc. 1670). ♦ Parer, apprêter : *Ainsi mes lettres sont-elles fort négligées, mais c'est mon style et peut-être qu'il fera autant d'effet qu'un* *autre plus ajusté* (Sév., 27 sept. 1671). ♦Faire subir à qqn ou à qqch des mauvais traitements, malmener : *Ce carrosse vous a tout couvert de boue, votre habit, votre collet est bien ajusté* (Acad. 94). *Vous l'avez voulu ; cela vous sied fort bien, et vous voilà ajusté comme il faut* (Mol., *G. D.*, I, VII). ♦Mettre d'accord plusieurs personnes : *Il est difficile de les ajuster ensemble* (Acad. 94). ♦Accommoder, régler une affaire : *Vous êtes homme d'accommodement : n'y a-t-il pas moyen d'ajuster cela avec quelques pistoles ?* (Mol., *Pourc.*, III, V). ♦Concilier, rendre compatibles plusieurs choses, les mettre en harmonie : *Je connus* [...] *Que cette passion peut n'être point coupable, Que je peux l'ajuster avecque mon amour* (Mol., *Tart.*, 951). *Oh çà, veux-tu, marquis, pour ajuster nos vœux, Que nous tombions d'accord d'une chose tous deux ?* (Mol., *Mis.*, 839). ♦Adapter : *Il sait bien ajuster ses yeux à ses paroles* (Corn., *Gal. du Pal.*, 1046). ♦**Ajuster son visage, ses regards,** les composer de manière à ne pas laisser voir ses sentiments : *Il n'est pas hors de sa maison, qu'il a déjà ajusté ses yeux et son visage, afin que ce soit une chose faite quand il sera dans le public* (La Br., IX, 48).

Auj. « adapter, mettre à la dimension de », ou « viser, diriger un projectile vers ».

alambiquer v.t. **S'alambiquer (le cerveau, l'esprit),** se fatiguer l'intelligence, se tourmenter : *De qui le cerveau s'alambique à chercher* (Malh., *À la Reine sur sa bienvenue en France*, 18 var.)). *Sans nous alambiquer, servons-nous-en* (Mol., *Et.*, 1340).

Auj. surtout au participe passé, « recherché, compliqué » : *discours alambiqué.*

alarme n.f. Émotion causée par une attaque ; danger soudain : *Les compagnons d'Ulysse, après dix ans d'alarmes, Erraient au gré du vent, de leur sort incertains* (La Font., *F.*, XII, 1). *Les ennemis nous donnèrent des alarmes à toute heure* (Acad. 94). *Commandez que son bras, nourri dans les alarmes, Répare cette injure à la pointe des armes* (Corn., *Cid*, 589). ♦**Prendre l'alarme,** s'alarmer : [Nous] *prenons l'alarme aussitôt que nous pensons qu'elle* [la mort] *est près de nous* (Malh., *Ep.*, 30). *Il a pris l'alarme bien légèrement* (Acad. 94).

Auj., comme aussi au XVIIe s., au pluriel sens plus général de « inquiétude » (langue soutenue) : *Bérénice, Seigneur, ne vaut point tant d'alarmes* (Rac., *Bér.*, 1484).

alarmer v.t. Appeler aux armes, réveiller : [...] *Tandis que la trompette alarmera la terre* (Saint-Amant, *Moïse sauvé*). ♦Exciter, donner l'éveil : *Le dépit alarme mes désirs* (Mol., *D. J.*, I, II).

Auj., comme déjà au XVIIe s., « inquiéter » : *Les matelots furent alarmés jusqu'à perdre l'esprit* (Boss., *O. f. H. de Fr.*).

alcôve n. Pouvait être aussi du masculin au XVIIe s. : *Il y avait un alcôve à l'opposite des fenêtres* (La Font., *Songe de Vaux*, V).

alentir v.t. Rendre moins vif, calmer (souvent remplacé par *ralentir*, il ne figure pas dans Richelet [1680], mais Fur. [1690] le donne, et Acad. 94 ne le signale pas comme vieilli) : *Et soit qu'elle* [la voix d'Orphée] *se hausse ou qu'elle s'adoucisse, Qu'elle croisse en vigueur ou qu'elle s'alentisse* (Tr. L'Hermite, *l'Orphée*). *Je veux de son rival alentir les transports* (Mol., *Et.*, 1094). – On trouve aussi le sens intransitif « devenir lent ».

alentour de ou **à l'entour de** loc.prép. Autour de : *Les voilà tous alentour de lui* (Mol., *Princ. Él.*, I, IV). *Le malheureux Lion* [...] *Fait résonner sa queue à l'entour de ses flancs* (La Font., *F.*, II, 9). *À l'entour de ces murs je vous laisse combattre* (La Font., *Achille*, II, 1).

La locution sort de l'usage à la fin du XVIIe s., d'après Richelet. Auj. seulement *alentour* adv., ou *les alentours.*

alerte ou **à l'erte** adj. Sur ses gardes, attentif, en éveil (auj. « vif, agile physiquement ») : *Nous attendons le Roi, et les beautés sont alertes pour voir de quel côté il tournera* (Sév., 19 mai 1677). *On est fort alerte ici sur le grand événement du siège de Namur* (Mme de Coulanges, 8 juill. 1695). *Son rat qui se tenait à l'erte et sur ses gardes* (La Font., *F.*, VIII, 22).

algarade n.f. Attaque, assaut subit (sens vieilli au XVIIe s.) : *Les laquais en niaisant venaient aussi me faire algarade* [= me donner des coups] (Sorel, *Franc.*, IV).

Auj. « insulte bruyante, querelle » : *Il s'est absenté de cette maison, parce qu'on lui faisait mille algarades* (Fur.).

aliénation n.f. Aversion, éloignement à l'égard de qqn : *L'aliénation produite par la querelle du rang de Mademoiselle* (Saint-Simon, 1710).

Auj., comme déjà au XVIIe s., « folie », ou terme philosophique ou juridique.

allégeance n.f. Soulagement (vieilli au XVIIe s.) : *Une vengeance Qui ne peut me donner qu'une fausse allégeance* (Corn., *Clit.*, 698). *Et quand ses déplaisirs prendront quelque allégeance* [...] (Mol., *Et.*, 5).

Le mot juridique *allégeance* au sens de « serment d'obéissance, dépendance » a une étymologie différente (*lige* et non *léger*).

allégement n.m. Soulagement (plus courant que *allégeance*) : *Ne ressentez-vous point d'allégement à votre mal ?* (Acad. 94). *Mon âme aurait trouvé dans le bien* [= le bonheur] *de te voir L'unique allégement qu'elle eût pu recevoir* (Corn., *Cid*, 920). *Ne me refusez point ce triste allégement* (Corn., *Méd.*, 1412).

Ce mot indique aujourd'hui la « diminution d'un poids, d'une charge physique ou morale plutôt que d'un mal, d'une souffrance ».

alléger v.t. Soulager : *Cette médecine l'a bien allégé. Il était dans un grand accablement, mais ce que vous lui avez dit l'a fort allégé* (Acad. 94).

Le sens actuel « rendre une chose plus légère » était usuel aussi au XVIIe s., surtout en parlant de choses morales : *Et qu'au moins d'un regard j'allège son ennui* (Desmarets, *Visionnaires*, 480).

allègre adj. Vif, leste, en parlant d'une personne (sens considéré comme un peu vieux au XVIIe s.) : *Pour s'échapper de nous Dieu sait s'il est allègre* (Rac., *Plaid.*, 43).

Auj., comme aussi au XVIIe s., « d'une vivacité qui marque la joie, en parlant d'une démarche, d'un ton, etc. ».

aller v.i. Se déplacer, marcher : *L'âne qui goûtait fort l'autre façon d'aller* (La Font., *F.*, III, 1). *Je vais à deux calèches, j'ai sept chevaux de carrosse* (Sév., 13 mai 1671). ♦ Fonctionner : *J'en composai une troisième* [machine] *qui va par ressorts* (Pasc., *Mach. arithm.*). ♦ **Aller à,** tendre à, aboutir à : *Quoique l'étude aille à la connaissance de la vérité* [...] (Scarr., *Rom. com.*, I, 7). *Sans qu'il m'ait encore rien dit, je gagerais presque que l'affaire va là* (Mol., *D. J.*, I, I). ♦ **Aller de,** dépendre de : *Il va beaucoup du vôtre à finir ma tristesse* (Tr. L'Hermite, *À Messire Antoine de Lage*). ♦ **N'aller qu'à,** se contenter de, se borner à : *Leur fureur ne va qu'à briser nos autels* (Corn., *Pol.*, 259).

◆ **Aller** (et un participe présent) marquait la continuité de l'action ou de l'état (tour encore fréquent au XVIIe s. ; Vaug. le juge vieilli) : [Ces deux veuves] *l'allaient parfois testonnant* (La Font., *F.*, I, 17).

◆ **s'en aller** (et un participe passé), être bientôt, devenir (construction vieillie au XVIIe s. et condamnée par Vaug.) : *La conjuration s'en allait dissipée* (Corn., *Cinna*, 953). *Mais la nuit est bien avancée, Elle s'en va bientôt passée* (Scarr., *V. tr.*, I, 94). ♦ **Il s'en va nuit, temps,** il fait nuit, il est temps : *J'amène ici ma sœur parce qu'il s'en va nuit* (Corn., *S. du Ment.*, 976). ♦ **S'en aller** (et un infinitif), être sur le point de : *Le jour s'en va paraître* (Corn., *Clit.*, 20). – Selon Vaug., la Cour disait *je va*, et *je vais* passait pour provincial ou du peuple de Paris. À la fin du siècle, *je vais* était la seule forme autorisée par le bon usage.

allonge n.f. Allongement, prolongation : *Je ferai cette vie pendant sept ou huit jours* [...] *de sorte que c'est une petite allonge à mon voyage* (Sév., 28 mai 1676).

allumer v.t. **Être allumé,** être congestionné par la colère : *Pourquoi êtes-vous allumée ? Pourquoi votre sang est-il en colère ?* (Sév., 30 oct. 1689).

allure n.f. Manière, conduite : *Vous nous offrez des gens d'une agréable allure* (Bours., *Mots à la mode*, sc. IV).

Le sens péjor. s'est accentué depuis le XVIIe s. (« avoir des allures suspectes »). Le mot avait aussi, comme auj., le sens de « façon de marcher ».

allusion n.f. Procédé expressif fondé sur une ressemblance de mots : *L'allusion de ces mots* ayant défait Antoine *et* s'étant défait d'eux *est d'autant plus belle qu'elle consiste au même mot* défait *dans deux significatons différentes, selon leurs différents régimes* (Vaug., *Rem.*, 164).

almanach n.m. Prédiction : *Il y a des gens qui veulent encore faire des almanachs ; mais pour cette campagne ils sont trompés* (Sév., 9 mars 1672).

Le sens actuel de « calendrier contenant des renseignements divers, des anecdotes, etc. » était le plus usuel au XVIIe s.

alors que loc.conj. Pouvait indiquer un simple rapport de temps, là où nous emploierions *lorsque* ou *quand*. Acad. et Ménage rejetaient cet emploi, en réservant au mot le rôle de marquer un rapport d'opposition « tandis que » ; c'est ce sens qu'il a conservé : *On offense un brave homme alors que l'on l'abuse* (Mol., *Dép. am.*, 261).

alphabet n.m. **Par alphabet,** suivant l'ordre alphabétique : [Jaquin] *Qui de ses revenus écrits par alphabet Peut fournir aisément un calepin* [v. ce mot] *complet* (Boil., *Sat.*, I, 40).

altération n.f. Dommage, détérioration, avarie : *Le transport de l'instrument* [la machine à calculer] *durant plus de deux cent cinquante lieues sans aucune altération* (Pasc., *Mach. arithm.*). ♦ Maladie, blessure : [...] *il appréhenda que la gangrène se mît à la jambe* [...] *Verville* [...] *alla aussitôt voir Saldagne pour lui demander la cause de son altération* (Scarr., *Rom. com.*, III, 6). ♦ Soif : *Cette altération, aussi bien que la chaleur qu'il faisait, obligèrent ce peu galant homme à lui offrir un petit doigt de collation* (Fur., *Rom. bourg.*, II).

Ce mot avait aussi au XVIIe s. les sens actuels de « corruption d'une substance, dégradation de la santé, de l'humeur, etc. » : *La débauche est cause de l'altération de la santé. Cette fausse interprétation est causée par l'altération du texte* (Fur.).

altercas, altercat n.m. Querelle, altercation (archaïsme au XVIIe s.) : *Cet altercas Mit en combustion la salle et la cuisine* (La Font., *F.*, XII, 8).

altérer v.t. Troubler, émouvoir : *Il rompit brusquement l'assemblée, qu'il connut altérée par cette fine raillerie* (Saint-Réal, *Conjur. des Gracques). Quel sujet inconnu vous trouble et vous altère ?* (Boil., *Sat.*, III, 1). *Un tel discours n'a rien dont je sois altéré : À tous événements le sage est préparé* (Mol., *F. sav.*, 1543). ♦ Gâter : *Va-t'en et lui fais bonne mine pour ne rien altérer* (Scarr., *Rom. com.*, III, 10).

Il avait aussi au XVIIe s. les sens actuels de « détériorer » : *Sa santé, déjà très mauvaise, est visiblement altérée* (Sév., 16 juin 1672) ; ou « assoiffer » : *À ce tigre altéré de tout le sang romain* (Corn., *Cinna*, 168).

amadouer v.t. Caresser : *Glorieux de me voir si hautement loué Je devins aussi fier qu'un chat amadoué* (Régn., *Sat.*, VIII, 36). *Il l'amadoue* [la chatte], *elle le flatte, Il n'y trouve plus rien de chatte* (La Font., *F.*, II, 18).

Acad. 94 n'enregistre plus ce sens, et on rencontre presque uniquement au XVIIe s. « flatter, adoucir l'humeur de ».

amaigrir v.t. et i. Rendre maigre ou devenir maigre (vieilli au milieu du XVIIe s., remplacé par *maigrir* ; ne s'emploie plus guère auj. qu'au part. passé) : *Ils avaient remontré que j'amaigrirais tellement qu'on ne trouverait plus sur moi que les os à ronger* (Cyrano, *États et empires du Soleil*, p. 229). *Ce malade amaigrit à vue d'œil, de jour en jour sa graisse diminue* (Fur.).

amant n.m. Homme qui a déclaré des sentiments amoureux (sincères ou non) à une femme : *Elle* [Junie] *reçoit les vœux de son nouvel amant* [Néron] (Rac., *Brit.*, 954). *Don Rodrigue, amant de Chimène* (Corn., *Cid*, Liste des pers.). *Après les bons partis, les médiocres gens Vinrent se mettre sur les rangs. Elle* [la belle] *de se moquer* [...] *L'âge la fit déchoir : adieu tous les amants* (La Font., *F.*, VII, 5). *Penses-tu qu'une fille Qui n'a vu cet amant qu'à travers une grille* [...] (Regnard, *Sat. contre les mar.*).

Le sens actuel « homme qui a des relations physiques avec une femme sans être marié avec elle » est rare au XVIIe s. dans les genres nobles.

amante n.f. Femme attachée à un homme (en tout bien tout honneur) par des sentiments passionnés et sincères (style élevé) : *Et ne m'exposez point aux plus vives douleurs Qui jamais d'une amante épuisèrent les pleurs* (Rac., *Baj.*, 700 : Atalide à Bajazet). *Ne désespérez point une amante en furie* (Rac., *Baj.*, 541 : Roxane à Bajazet). [...] *la Victoire, Amante de Louis* [XIV], *suivra partout ses pas* (La Font., *F.*, VII, 18). V. MAÎTRESSE.

amas n.m. Action d'amasser : *Biens dont l'amas ne lui a coûté aucune peine* (Boss., *Ambition*). ♦ Ensemble de personnes, de choses accumulées, rassemblées ; tas, rassemblement (ne se dit plus que pour des choses entassées) : *Ce long amas d'aïeux que vous diffamez* [= déshonorez] *tous* (Boil., *Sat.*, V, 59). *L'amas de ses rubans a-t-il su vous charmer ?* (Mol., *Mis.*, 484). *Ses bœufs et sa jument usaient trop librement d'un amas de foin qui était devant la porte* (Scarr., *Rom. com.*, I, 1). *Il courut voir ce qui se passait voyant un grand amas de peuple* (Acad. 94).

amasser v.t. Relever (en ce sens il se voit substituer *ramasser*) : *L'un se baissait déjà pour amasser sa proie* [l'huître] (La Font., *F.*, IX, 9).

On le rencontrait aussi bien au XVIIe s. au sens actuel de « accumuler, assembler » : *L'un amasse du bien, dont sa femme fait part À ceux qui prennent soin de le faire cornard* (Mol., *Éc. des f.*, 26).

amateur n. et adj. Qui aime qqn ou qqch : *C'est aussi que les justes dieux, amateurs des hommes qu'ils ont formés, veulent être le lien éternel de leur parfaite concorde* (Fén., *Tél.*, 9). *Ils sont* [...] *amateurs de l'union et de la paix* (Rac., *Trad. Des esséniens*). *Un amateur du jardinage* [...] *Possédait en certain village Un jardin assez propre, et le clos attenant* (La Font., *F.*, IV, 4).

Auj. on ne lui donne plus comme complément un nom de personne (emploi d'ailleurs rare au XVIIe s.), et avec un nom de chose son emploi est plus limité.

ambigu n.m. Mélange : *C'est un ambigu de précieuse et de coquette que leur personne* (Mol., *Préc. rid.*, sc. I). – En ce sens il était familier. ♦Repas froid où l'on servait à la fois les différents mets et le dessert « en sorte qu'on ne saurait dire si c'est un souper ou une collation » (Acad. 94).

L'emploi adjectif actuel « susceptible de plusieurs interprétations » était usuel au XVIIe s. : *Vos mines et vos cris aux ombres d'indécence Que d'un mot ambigu peut avoir l'innocence* (Mol., *Mis.*, 930).

âme n.f. Principe de vie : *Qu'à ce monstre à l'instant l'âme soit arrachée* (Rac., *Esth.*, 1172). *L'animal engourdi sent à peine le chaud Que l'âme lui revient avecque la colère* (La Font., *F.*, VI, 13). *Ce clou le blesse ; il pénétra jusqu'aux ressorts de l'âme* (La Font., *F.*, VIII, 16). ♦Cœur, siège des émotions, des sentiments : *Mais que veut ce soldat ? Son âme est toute émue !* (Rac., *Théb.*, 563). ♦Personne aimée : *Célidée est son âme* (Corn., *Gal. du Pal.*, 305). ♦Ce qui est essentiel à une chose, ressort, principe, fondement : *La raison est l'âme de la loi* (Acad. 94). *Ma passion pour vous, généreuse et solide, À la vertu pour âme, et la raison pour guide* (Corn., *Pulch.*, 10). ♦**Dans (en) l'âme, dans (en) mon âme, ton âme,** etc., en conscience, sérieusement : *L'avez-vous dit dans l'âme ?* (La Font., *Clymène*, 168) ; secrètement, en mon (ton, etc.) for intérieur : *Bien qu'il l'abandonne, il l'adore dans l'âme* (Corn., *Sert.*, 1214). *Il l'appelle son frère et l'aime dans son âme Cent fois plus qu'il ne fait mère, fils, fille et femme* (Mol., *Tart.*, 185).

amendement n.m. Amélioration de l'état physique ou mental : *La fièvre le quitta tout à fait, et le soir de son amendement* [...] (Motteville, *Mém.*, 1647). *L'amendement que les années apportent à ma pauvre cervelle* (Ch. de Sév., 8 mai 1680).

Auj. sens restreint : « modification d'un projet de loi », ou « amélioration de la terre ».

amender v.t. **Amender son marché,** améliorer son sort, son cas : *Ce meurtre* [du coq] *n'amenda nullement leur marché* (La Font., *F.*, V, 6). *Si vous continuez dans votre opiniâtreté, vous n'amenderez pas votre marché* (Acad. 94).

◆ v.i. Tirer un profit, un avantage : *Il n'a pas amendé d'un sou de la succesion de son père* (Acad. 94). ♦Avec un sujet nom de chose, Diminuer de valeur, baisser de prix : *Il ne leur importe* [...] *que de dix ans le prix du blé n'amende* (Retz, *Avis aux malheureux*, V, 431). *L'abondance ayant été universelle et le blé étant amendé* [...] (Scarr., *Rom. com.*, I, 13).

L'emploi, assez restreint auj., de ce mot au sens de « corriger pour améliorer » était usuel au XVIIe s. : *Il faut amender sa vie par les instructions et les exemples des gens de bien* (Fur.).

amener v.t. Citer, alléguer : *Lorsqu'il parle de Josué, et qu'il amène là l'Écriture sainte* [...] (Rac., *Lettre abbé Le Vasseur*, 28 mars 1662). ♦Mettre en usage : *Ce sont les tailleurs qui amènent les modes des habits* (Acad. 94).

Le sens actuel de « faire venir » était usuel au XVIIe s. : *Si vous venez nous voir, amenez votre frère* (Acad. 94).

amenuiser v.t. Faire maigrir, rendre émacié : *Cette maladie l'a fort amenuisé* (Acad. 94).

Il s'employait aussi au sens actuel de « rendre une chose plus mince » : *Amenuiser un bâton* (Acad. 94).

amiable adj. Doux, amical : *Il ne sera pas mauvais de vous faire quelque petite saignée amiable* (Mol., *Méd. malgré lui*, II, IV). *Et qu'au lieu d'y trouver un accueil amiable, On lui dira néant ?* (Th. Corn., *Comtesse d'Org.*, V, II). *On appelle un amiable compositeur celui qui accommode un procès en ami et qui use de plus de douceur qu'un arbitre* (Fur.).

Enregistré dans Acad. 94, le mot est au XVIIe s.

d'un emploi limité le plus souvent à l'expression *à l'amiable,* encore actuelle.

amiablement adv. Affectueusement : *Et l'on prend plaisir à lui enfoncer le trait dans l'âme, d'autant plus avant et plus sensiblement qu'on paraît le faire plus charitablement et plus amiablement* (Bourd., *Pensées,* in L.).

amie n.f. **Avoir belle amie,** réussir : *On verra au printemps qui aura belle amie* (Chap., *Lettres,* II, 532). *Un honteux* [= un timide] *n'eut jamais belle amie* (Acad. 94).

amignotter v.t. Caresser, flatter (vieilli au XVIIe s.) : *La mère prit le plus petit des enfants sur ses genoux pour l'amignotter* (Fur., *Rom. bourg.,* II).

amiral n.m. Vaisseau amiral : *L'amiral, où elle était, conduit par la main de celui qui domine sur la profondeur de la mer et qui dompte ses flots soulevés, fut repoussé aux ports de Hollande* (Boss., *O. f. H. de Fr.*).

amitié n.f. Affection : *Et moi, reine sans cœur, fille sans amitié* (Rac., *Ath.,* 717). ♦Amour : *Les maris sont jaloux, ou bien sans amitié* (La Font., *Eunuque,* IV, 4). *J'ai cherché des raisons pour excuser à ma tendresse le relâchement d'amitié qu'elle voyait en vous* (Mol., *D. J.,* I, III, Done Elvire à Dom Juan). ♦Penchant, prédilection : *Je ne veux point dissimuler que cette pièce est une de celles pour qui j'ai le plus d'amitié* (Corn., *Nic.,* Exam.). ♦Objet de prédilection : *La musique est son amitié* (Acad. 94). ♦Affinité entre les choses : *Il y a de l'amitié entre la vigne et l'ormeau, entre l'aimant et le fer* (Acad. 94). ♦Spécialem. en peinture, mélange agréable des couleurs, harmonie : *L'union, les concerts et les tons des couleurs, Contrastes, amitiés, ruptures et valeurs* (Mol., *Val-de-Gr.,* 158).

Le sens actuel était usuel au XVIIe s. : *Quelque rare que soit le véritable amour, il l'est encore moins que la véritable amitié* (La Roch., *Maximes,* 473).

amollir v.t. Adoucir : *Les dieux* [...] *amollissent les hivers* (Malh., *Bienf.,* VII, 31). [...] *Qui si près du mal s'amuse* [= s'attarde] *à menacer Veut amollir le coup qu'il ne peut repousser* (Corn., *Théod.,* 254). ♦Apprivoiser : *Les tigres amollis dépouillaient leur audace* (Boil., *A. p.,* IV, 148). ♦Attendrir, rendre compatissant : *Il sait ce que peut le sang d'un martyr ; et le sien est tout prêt à couler pour amollir le cœur de son prince* (Boss., *Panég. St Thomas de Cantorbéry*). ♦Diminuer, rendre plus faible un sentiment : *Une larme d'un fils peut amollir la haine* (Corn., *Rodog.,* 728).

Il s'employait aussi au sens péjoratif actuel de « faire perdre l'énergie, efféminer » : *On tient que les délices de Capoue amollirent Hannibal* (Fur.).

amorce n.f. Séduction, attrait : *Un de ses regards seulement* [...] *Donne à mes chansons tant d'amorce* (Th. de Viau, *Odes,* IX). *L'éclat d'une Couronne est une douce amorce* (Th. Corn., *Charme de la voix,* IV, I). *Fuyez, fuyez, mon fils, le monde et ses amorces* (La Font., *Captiv. St Malc,* 45). *Craignez d'un vain plaisir les trompeuses amorces* (Boil., *A. p.,* I, 11). ♦Chose qui attire : *Je les tiens* [les coffres-forts] *justement une franche amorce à voleurs* (Mol., *Av.,* I, IV).

Auj. « commencement d'une entreprise », « appât pour attirer le poisson ».

amorcer v.t. Fig. Attirer par qqch de séduisant : *Loin de m'arrêter, cet obstacle m'amorce* (Rotr., *Antig.,* III, V). *Il s'est laissé amorcer au gain* (Acad. 94).

amortir v.t. Diminuer l'ardeur, la flamme de : *De mon génie usé la chaleur amortie* (Corn., *Au Roi,* 23). *Pour amortir le feu de sa rate indocile* [...] (Boil., *Ep.,* VIII, 89). *On peut par politique en prendre le parti* [de la pruderie] *Quand de nos jeunes ans l'éclat est amorti* (Mol., *Mis.,* 980).

Auj., comme aussi au XVIIe s., « diminuer la violence d'un coup, l'importance d'un mouvement, d'une dette, etc. » : *La natte d'un jeu de paume amortit le coup de la balle. Cet homme a amorti plusieurs dettes des deniers dotaux de sa femme* (Fur.).

amour n. Souvent féminin (genre indifférent pour Vaug. et pour Acad. 94, sauf au plur., où il est féminin) : *Il jurait qu'il m'aimait d'une amour sans seconde* (Mol., *Éc. des f.,* 559). *Qui fait le beau succès d'une amour si parfaite* (Corn., *Cid,* 1762). *Pénétrée de la plus vive douleur et de la plus tendre amour* (La Fayette, *Clèves,* II) ; mais aussi masculin : *Et mon amour flatteur déjà me persuade* (Corn., *Cid,* 537). *Mon amour indiscret* (Rac., *Mithr.,* 1138). ♦**Faire l'amour,** faire sa cour : *Et vous ferez l'amour en présence du père* (Rac., *Plaid.,* 324). ♦**Pour l'amour de,** à cause de : [...] *je dois être quitte du bienfait pour l'amour de l'injure* (Malh., *Bienf.,* VI, 5). *Que tous ces jeunes fous me paraissent fâcheux ! Je me* *suis dérobée au bal pour l'amour d'eux* (Mol., *Éc. des m.*, 1041). – Cette dernière locution avait aussi au XVIIe s. le sens actuel de « en considération de, pour être agréable à ». Avec un nom de chose (ex. *pour l'amour de la gloire*), elle était « basse », selon Acad. 94.

amoureusement adv. Affectueusement : *Il ne doit pas accuser de la violence qu'il souffre la mère qui le retient amoureusement, mais ses injustes ravisseurs* (Pasc., *Prov.*, VIII).

Il se disait aussi, comme le plus souvent auj., en parlant de l'attrait d'un sexe pour l'autre : *Cet amant regardait amoureusement sa maîtresse* (Fur.).

amoureux, euse adj. Passionné pour, attaché à : *Des évêques trop amoureux de leur formule de foi* (Rac., *P.-R.*, II). *Mon âge, amoureux des plus sages plaisirs* (Boil., *Ép.*, V, 12). ♦Plein d'admiration pour : *Le poète Lucain, dont la lecture m'a rendu si amoureux de la force de ses pensées* [...]. (Corn., *Pomp.*, Avertissement).

◆ adj. et (rarem.) n. Particulièrement et comme auj., qui aime d'amour une personne de l'autre sexe : *Si jamais il* [Racine] *n'est plus jeune, et qu'il cesse d'être amoureux, ce ne sera plus la même chose* (Sév., 11 mars 1672). *Don Sanche, amoureux de Chimène* (Corn., *Cid*, Liste des pers.).

amour-propre n.m. Recherche exclusive de son intérêt personnel : *La nature de l'amour-propre et de ce moi humain est de n'aimer que soi et de ne considérer que soi* (Pasc., *Pensées*). *L'amour-propre lui faisant oublier celui du prochain, il fit dessein de s'approprier une paire de bottes neuves qu'un garçon de l'hôtellerie venait d'apporter* (Scarr., *Rom. com.*, II, 1). *L'amour-propre est le plus grand de tous les flatteurs* (La Roch., *Maximes*, 2).

Auj. « fierté, sentiment qu'on a de sa dignité ».

amusement n.m. Retard, perte de temps : *Moi je l'attends ici pour moins d'amusement Et je vais lui donner le bonjour seulement* (Mol., *Tart.*, 215). ♦Diversion, mesure dilatoire : *Mais ce remède enfin n'est qu'un amusement* (Corn., *Andr.*, 186). *Sur cent peuples nouveaux Bérénice commande. Faibles amusements d'une douleur si grande !* (Rac., *Bér.*, 528). ♦Passe-temps, occupation (n'impliquant pas nécessairement l'idée de jeu) : [Ces exploits] *ne sont d'Achille oisif que les amusements* (Rac., *Iphig.*, 168). *C'est un de mes tristes amusements de penser à la différence de l'année passée et de celle-ci* (Sév., 13 nov. 1675). *La vie n'est qu'un songe, la gloire n'est qu'une apparence et les plaisirs ne sont qu'un dangereux amusement* (Boss., *O. f. H. d'Angl.*).

Le sens actuel de « distraction agréable, jeu » est rare avant la fin du XVIIe s.

amuser v.t. Retarder, faire perdre son temps à : *Amusez-le du moins à débattre avec vous : Faites-lui perdre temps* (Corn., *Nic.*, 1622). *Si, au lieu de diviser les armées royales et de les amuser contre son avis aux sièges infortunés de Hull et de Glocester, on eût marché droit à Londres* (Boss., *O. f. H. de Fr.*). ♦Tromper en faisant patienter : *Pison peut cependant amuser leur fureur* (Corn., *Oth.*, 1619). *Il amusait M. le Prince à Paris sous l'espérance d'un traité* (La Roch., *Mém.*, II, 393). *Amusez les Rois par des songes* (La Font., *F.*, VIII, 14).

◆ **s'amuser,** s'attarder, s'arrêter : *Mais je m'amuse trop, l'orfèvre est loin d'ici* (Corn., *S. du Ment.*, 741). *Il* [le lièvre] *broute, il se repose, Il s'amuse à toute autre chose Qu'à la gageure* (La Font., *F.*, VI, 10). *Ne vous amusez point à tous les contes qu'on vous fait, et demeurez dans votre village* (Mol., *D. J.*, II, IV).

Auj., comme parfois au XVIIe s., « réjouir, distraire ».

an n.m. Pouvait s'employer là où on utiliserait auj. *année* : *Le temps qui détruit tout, respectant votre appui, Me laissera franchir les ans dans cet ouvrage* (La Font., *F.*, VII, *À Mme de Montespan*). *Et puissent tous vos ans être de quinze mois* (Corn., *Poés. div.*, 5).

◆ plur. Âge : *Mes ans se sont accrus* (Rac., *Mithr.*, 1042). *Pour réparer des ans l'irréparable outrage* (Rac., *Ath.*, 496).

anatomie n.f. Analyse minutieuse, subtile : *L'observateur fait l'anatomie du poème, pour en montrer les particuliers défauts* (Sentim. Acad. sur « le Cid »). *À faire l'anatomie de ces sortes de discours pleins de colère et de chagrin* (Sév., 6 août 1680). *Vous suivez trop votre esprit d'anatomie et d'exactitude en chaque chose* (Fén., *Lettre duc de Chevreuse*, 30 déc. 1699).

Le sens « étude de la structure d'un corps animal ou végétal, conformation » était usuel au XVIIe s. : *Tortebat a fait un Abrégé d'anatomie accommodé aux arts de peinture et de sculpture* (Fur.).

anatomiser v.t. Faire l'anatomie de : *Anatomiser un corps* (Acad. 94). ♦Fig. Analyser subtilement (ce sens figuré était plus fréquent que le sens propre, selon Acad. 94) : *Jamais le cœur humain n'a été mieux anatomisé que par ces Messieurs-là* [de Port-Royal] (Sév., 19 août 1671).

ancien, enne adj. Âgé, vieux : *Une religieuse ancienne lui fit embrasser sa mère* (Rac., *Lettre Mère Agnès,* 9 nov. 1698). ♦Qui est tel depuis longtemps : *J'ai su tout ce détail d'un ancien valet* (Corn., *Ment.*, 924). – Auj., placé avant le nom, « qui a cessé d'être tel ».

◆ n.m.pl. **Les Anciens,** les auteurs de l'Antiquité grecque ou romaine (sing. rare) : *Il s'attache* [...] *aux opinions de nos Anciens* (Mol., *Mal. im.*, II, v).

angoisse n.f. **Poire d'angoisse,** instrument en forme de poire que les voleurs utilisaient comme bâillon en l'introduisant dans la bouche de leurs victimes. ♦Variété de poire très âpre. ♦**Avaler des poires d'angoisse,** subir de cruelles vexations : *Des poires d'angoisse que vos cruautés me font avaler tous les jours* (Mol., *Escarb.*, IV).

animer v.t. Donner vie à qqch : *Il* [Dieu] *commande au soleil d'animer la nature* (Rac., *Ath.*, 328). ♦**Animer la mémoire de qqn,** la faire revivre, évoquer son souvenir : *Si de tes vieux héros J'anime la mémoire* (Corn., *Poés. div.*, 5). ♦Exciter, irriter une personne : *Il jura la perte de l'un et de l'autre* [...], *il continua dans son aveuglement, et tout ce qu'on lui put dire ne servit qu'à l'animer* (Du Buisson, *Turenne*, 4). – Auj., comme le plus souvent au XVIIe s., on le fait suivre de *contre* et d'un nom de personne. ♦Suivi de la préposition *à* et d'un nom ou de l'infinitif, porter, pousser à agir : *Vous voyez là, Seigneur, deux illustres rivales, Que cette perte anime à des haines égales* (Corn., *Sert.*, 1850). [Athalie] *Au carnage animait ses barbares soldats* (Rac., *Ath.*, 245). *Ils les animèrent, non pas à publier contre moi une satire fine et ingénieuse* [...] (La Br., *Disc. Acad.*). *Elle anime les autres à travailler* (Fén., *Tél.*, 17).

annexe n. A été du masculin au début du XVIIe s. : *Cette qualité a été un annexe de la nature humaine* (Chap., *Lettres*, I, 549).

anoblir v.t. Était confondu pour la prononciation avec *ennoblir*, la dénasalisation n'étant pas achevée ; les deux verbes avaient les mêmes sens et la distinction actuelle n'existait pas : *Jules, Annibal, Raphaël, Michel-Ange* [...] *Ont voulu par la fresque anoblir leurs travaux* (Mol., *Val-de-Gr.*, 278).

anodin, e adj. Calmant, qui agit doucement, en parlant d'un remède : *Je lui viens appliquer un cataplasme anodin et résolutif sur une tumeur livide* (Scarr., *Rom. com.*, II, 4).

Le sens actuel « sans gravité, banal » n'est pas enregistré au XVIIe s.

antichambre n.f. Pouvait désigner spécialem. l'antichambre royale du château de Versailles : *S'il entend des courtisans qui parlent, qui rient, et qui sont à la chapelle avec moins de silence que dans l'antichambre, il fait plus de bruit qu'eux pour les faire taire* (La Br., XIII, 24).

anticiper v.t. Devancer, prévenir : *Ils n'ont fait en cela qu'anticiper le soin que M. de Luxembourg aurait pris avec plaisir* (Rac., *Factum*). – Auj., comme aussi au XVIIe s., « effectuer avant la date prévue » : *Le terme n'était pas échu, il a anticipé le paiement* (Acad. 94).

◆ v.i. **Anticiper sur,** empiéter sur (en parlant d'un héritage, d'une charge) : *Vous anticipez sur ma terre, sur ma charge* (Acad. 94). – Auj. « préjuger de, prendre prématurément position sur ».

antipode n.m. Celui qui est directement opposé, contraire à : *Dès ce moment je me mis à respirer et à songer qu'il y avait au monde l'antipode de notre beau-père, qui s'appelait M. de Moulceau* (Sév., 1er mars 1684).

Auj., en dehors de la langue de la géographie, on ne dit plus guère que *être aux antipodes, à l'antipode de.*

antiquaire n.m. Archéologue, historien de l'antiquité (encore dans « la Société des antiquaires ») : *C'est un homme docte, et en réputation de grand antiquaire* (Corn., *Lettre Boulart*, 23 avr. 1652).)

Auj. « marchand d'objets anciens ».

antique adj. Ancien, de vieille date (auj. il s'applique surtout aux civilisations disparues) : *Où sont, Dieu de Jacob, tes antiques bontés ?* (Rac., *Ath.*, 1472).

◆ n.f. **Une antique,** un ouvrage fait du temps des Grecs ou des Romains : *Le dessin* [de la cassolette] *en est admirable et à l'imitation d'une antique de Rome* (Sév., 7 août 1675).

août, oût n.m. Moisson : *Remuez votre champ dès qu'on aura fait l'oût* (La Font., *F.*, V, 9).

apanage n.m. Terres ou portions du domaine royal données aux princes pour leur subsistance, mais qui revenaient à la Couronne après l'extinction de leurs descendants mâles : *Ce prince* [le duc d'Orléans] *avait un fort bel apanage, mais comme il était dans le cœur du royaume, et qu'il ne possédait point de places fortes, il avait eu pensée plusieurs fois de se marier à quelque princesse étrangère* (Du Buisson, *Turenne*, 1).

Auj., comme au XVIIe s., « privilège, bien propre » : *C'est de tout temps, et chez tous les peuples, qui font profession de poésie, que le Parnasse a jugé ceci* [les fables] *de son apanage* (La Font., *F.*, Préface).

apercevoir v.t. Pouvait se construire avec une proposition infinitive, comme auj. encore le verbe *voir : Mais j'aperçois venir sa mortelle ennemie* (Rac., *Ph.*, 1593).

apertement adv. Ouvertement, manifestement : *Ce qui répugne apertement aux lois de la nature* (Desc., *Lettre Mersenne*, 15 sept. 1632, in L.).

apetisser v.t. ou i. Rapetisser, diminuer : *Ce manteau-là est trop long, il le faut apetisser* (Acad. 94). *Après le solstice d'été, les jours apetissent* (Acad. 94). *Pourquoi, toujours apetissant* [un fromage], *De lune devient-il croissant ?* (Saint-Amant, *le Fromage*, 103) ; et pronominalement : *Cette nation* [l'Espagne] *baisse de toutes les manières, et ce grand colosse s'apetisse de jour en jour* (Chap., *Lettres*, II, 236). *Son œil s'était considérablement apetissé* (Rac., *P.-R.*, IV, 465).

apostume n. Abcès (indifféremment du masculin ou du féminin) : *Enfin l'apostume de feu M. de Saumaise a crevé* [...] (Chap., *Lettres*, II, 110). *J'ai, dit la bête chevaline, Une apostume sous le pied* (La Font., *F.*, V, 8).

apothicaire n.m. Pharmacien : *Est-il possible que vous serez toujours embéguiné de vos apothicaires et de vos médecins ?* (Mol., *Mal. im.*, II, I).

apparaître v.i. S'employait comme pronominal avec le sens intransitif : *La bonne déesse* [...] *s'apparaissait fort souvent à elle* (Racan, *Berg.*, Argum.). *Le Seigneur s'apparut à lui dans un buisson ardent* (Mass., *2e Serm. p. la Purific.*, I). ◆ Le verbe se conjuguait avec les auxiliaires *avoir* ou *être* (auj. l'auxiliaire est toujours *être*) : *Le diable avait apparu* [...] *à Mme la princesse de Guémené* (Retz, *Mém.*, I, 129).

appareil n.m. Magnificence, apparat (auj. en ce sens dans les seules expressions *en grand appareil, dans le plus simple appareil*) : *Il veut traiter son évêque avec grand appareil* (Rac., *Lettre Vitart*, 30 mai 1662). [...] *Où pour haut appareil d'une pompeuse gloire Je verrai les lauriers d'un frère ou d'un mari* (Corn., *Hor.*, 648). *Le couvert fut mis quelque temps après pour le dîner, où l'on connut qu'à quelque jour que ce fût, l'on faisait toujours là des festins d'appareil* (Sorel, *Polyandre*, I, 243). ◆ Préparatifs, apprêts, mise en état : *D'un appareil d'hymen couvrant ce sacrifice* (Rac., *Iphig.*, 977). *Oh ! que si quelque bruit, par un heureux réveil, T'annonçait du lutrin le funeste appareil* (Boil., *Lutr.*, III, 164). ◆ Équipage : *L'Océan étonné de se voir traversé tant de fois en des appareils si divers* (Boss., *O. f. H. de Fr.*). ◆ Pansement, soins médicaux : *Alors don Juan, possédé de son désespoir, porte la main sur sa plaie : il arrache l'appareil ; il veut la rendre incurable* (Le Sage, *Diable, boit*, XV).

appareiller (s') v.pr. Se préparer : *L'appartement voisin pour le bal s'appareille* (Chap., *Pucelle*, XIX, 193).

apparemment adv. Manifestement, de façon apparente et conforme à la réalité : *Certain renard* [...], *vit au haut d'une treille Des raisins mûrs apparemment, Et couverts d'une peau vermeille* (La Font., *F.*, III, 11).

Il avait aussi au XVIIe s. le sens actuel de « selon les apparences, selon toute vraisemblance, probablement » : *Apparemment nous aurons une bonne année, la montre* [= l'aspect] *des blés est belle* (Fur.).

apparence n.f. Vraisemblance, possibilité ; motif raisonnable : *N'importe, je ne puis n'anéantir pour toi, Et souffrir un discours si loin de l'apparence* (Mol., *Amph.*, 425). *Quelle apparence, pour suivre je ne sais quelle chorographie, de donner un soufflet à l'Histoire ?* (Corn., *Clit.*, Préf.). *De lui aller présenter sérieusement son nouvel esclave, il n'y avait pas d'ap-*

parence, à moins qu'il ne voulût la mettre en colère et se faire moquer de lui (La Font., *Vie d'Ésope*).

Auj., comme aussi au XVIIe s., « ce qui apparaît au-dehors » : *Il ne faut pas juger par l'apparence, car souvent les apparences sont trompeuses. Le Château de Madrid a belle apparence, et au-dedans ce n'est rien* (Fur.).

apparent, e adj. Injustifié, mensonger, spécieux : *Jamais prévention n'a été fondée sur des raisons plus apparentes que celles du Roi contre tout ce qui s'appelle le jansénisme* (Rac., *P.-R.*, II). *Voilà ce qu'on pourrait dire de plus apparent pour soutenir cet état* (Boss., *Lettre quiétisme*, 12, in L.). ♦ De haut rang, considérable : *Aeneas donna de la soupe Aux plus apparents de la troupe* (Scarr., *V. tr.*, I, 2660). *Les plus apparents des Phéaques* (Rac., *R. sur O.*, VII).

Auj., et aussi au XVIIe s., « qui est bien en évidence », ou « qui apparaît aux sens sous un aspect différent de la réalité ».

apparoir v.i. Apparaître : *Ne faire qu'apparoir dans sa maison* (La Br., VII, 6).

Le mot est déjà restreint au XVIIe s. à la langue juridique.

appartement n.m. Divertissement de musique et de danse qui avait lieu chez le Roi : *Ce qu'on appelait appartement était le concours de toute la cour, depuis sept heures du soir jusqu'à dix* (Saint-Simon, 1692).

appartenance n.f. Ce qui appartient à, fait partie de : *Vendre une maison avec toutes ses appartenances et dépendances* (Acad. 94). *Souhaitant que le feu du ciel ne laissât dans les appartenances du Carmel aucune trace d'une grandeur et d'une magnificence séculière* (Fléch., *Panég.*, in L.).

Auj. seulement au sens abstrait « fait d'appartenir, de se rattacher à ».

appartenir v.t.ind. **Appartenir à qqn,** être uni à lui par des liens de parenté ou par l'amitié ; être à son service : *M. l'Intendant* [...] *est au désespoir de n'avoir pas su que M. Rivière m'appartient le moins du monde* (Rac., *Lettre Mlle Rivière*, 27 févr. 1685). *Il est vrai qu'il révoqua depuis cet Édit, à la sollicitation de sa mère Cornélie, qui le voulut ainsi, et à laquelle il me semble qu'Octavius appartenait un peu* (Saint-Réal, *Conjur. des Gracques*).

Les sens actuels étaient usuels au XVIIe s. : *L'un ne possédait rien qui n'appartînt à l'autre* (La Font., *F.*, VIII, 14).

appas n.m. Pouvait s'employer au singulier ou au pluriel au sens de « ce qui sert à tromper, artifice, ruse » : *Pour cet Arménien, ce marchand déguisé Introduit sous l'appas d'un conte supposé* [= de pure fiction] [...](Mol., *Ét.*, *1562).* ♦ Attrait, charme (langue poétique) : *Quelque appas que lui-même il trouve en Laodice* (Corn., *Nic.*, 1180). *Il est question de te dire qu'une beauté me tient au cœur, et qu'entraîné par ses appas, je l'ai suivie jusques en cette ville* (Mol., *D. J.*, I, II). *Le crime tout seul a pour vous des appas* (Rac., *Théb.*, 114).

appauvrir v. Le verbe pouvait s'employer intransitivement : *Ce pays-là appauvrit tous les jours* (Acad. 94) ; il pouvait être transitif comme auj. : *Rendre les subsides légers, et tels qu'ils se lèvent sur les provinces sans les appauvrir* (La Br., X, 35).

appel n.m. Provocation en duel, défi : *Je m'en pris à lui ; je lui fis un appel à la Comédie. Nous nous battîmes le lendemain au matin, au-delà du faubourg Saint-Marcel* (Retz, *Mém.*, I, 88). *J'ai poussé Clarimond à lui faire un appel* (Corn., *Suiv.*, 1387).

appelant n.m. Celui qui provoque en duel : *Celui qui l'a tué, et non pas encore dans une rencontre inopinée, mais dans un duel dont il était l'appelant* (Scudéry, *Obs. sur « Cid »*).

appeler v.t. Provoquer en duel, défier : *Il la tirait souvent* [l'épée] [...] *Il me pria d'appeler pour lui Melbeville* (Retz, *Mém.*, I, 85). ♦ Recourir à (auj. en ce sens, on dit *en appeler à*) : *Trouvez bon ici, chrétiens, que j'appelle le témoignage de votre conscience* (Boss., *Serm. sur les Anges gardiens*).

appendre v.t. Consacrer, offrir en hommage ; suspendre suivant les rites : *Il* [Phryxus] *le sacrifia à Mars, sitôt qu'il fut abordé à Colchos, et lui en appendit la dépouille dans une forêt qui lui était consacrée* (Corn., *Tois.*, Examen). *Souffrez donc, Mademoiselle, que j'appende aujourd'hui à l'autel de vos charmes l'offrande de ce cœur* (Mol., *Mal. im.*, II, V).

appéter v.t. Désirer avec ardeur, être porté instinctivement vers : *L'estomac appète les viandes* (Acad. 94). [Les] *plaisirs qu'appète la* *nature humaine* (Cyrano, *États et empires du Soleil*, p. 224).

appétibilité n.f. Qualité de ce qui excite le désir, les instincts (restreint au vocabulaire philosophique) : *Si l'essence du bien est mise dans l'appétibilité ou dans la convenance* (Mol., *Mar. forcé, sc.* IV).

appétit n.m. Besoin impérieux né d'une nécessité physique : [Notre vieille] *courait droit au lit Où, de tout leur pouvoir, de tout leur appétit, Dormaient les deux pauvres servantes* (La Font., *F.*, V, 6). ♦**À l'appétit de,** au gré de, selon le désir de (vieilli au XVIIe s.) : [...] *ayant à mourir, au bout de trois ou quatre jours, à l'appétit de son ennemi* (Malh., *Ép.*, 70). *Il jugea qu'à son appétit Dame Baleine était trop grosse* (La Font., *F.*, I, 7).

Le sens de « désir de manger » était usuel au XVIIe s. : *Pleins d'appétit et d'allégresse Ils allaient de leur œuf manger chacun sa part* (La Font., *F.*, IX, 21).

appétition n.f. Tendance à la satisfaction des besoins (vocabulaire de la philosophie et de la médecine) : *Mangez-vous bien, Monsieur ? – Oui, et bois encore mieux. – Tant pis : cette grande appétition du froid et de l'humide est une indication de la chaleur et sécheresse qui est au dedans* (Mol., *Pourc.*, I, VIII).

applaudir v.t.ind. **Applaudir à qqn,** le féliciter, l'approuver (ne serait guère possible auj. qu'avec un nom de chose) : *Le Tellier et Servien se contentèrent de ne pas lui applaudir* (Retz, *Mém.*, III, 162). *Seigneur, n'êtes-vous pas d'une humeur bien facile D'applaudir à Cotys sur son manque de foi ?* (Corn., *Agés.*, 669).

applaudissement n.m. Approbation (ne se manifestant pas nécessairement par un battement de mains) : *Opinions reçues avec applaudissement* (Pasc., *Traité du vide,* Préface). *Je connais mal Junie, ou de tels sentiments Ne mériteront pas ses applaudissements* (Rac., *Brit.*, 1058).

application n.f. Zèle, dévouement : *Ils ont été charmés et effrayés de la description que vous* [...] *faites du grand travail et de l'application continuelle de M. l'Ambassadeur* (Rac., *Lettre J.-B. Racine,* 7 juill. 1698). ♦Attention, intérêt, soin portés à quelque chose : *Les intérêts particuliers de chacun pour ce qui se passe à l'armée empêchent la grande application pour les malheurs d'autrui* (Sév., 3 juill. 1672). *L'on ne peut guère charger l'enfance de la connaissance de trop de langues, et il me semble que l'on devrait mettre toute son application à l'en instruire* (La Br., XIV, 71).

appliquer v.t. Soumettre, astreindre : *Après l'avoir appliqué aux plus cruelles tortures* (Rac., *Sts Martyrs d'Alexandrie*). ♦**Être appliqué à,** être sans cesse occupé à, tenir beaucoup à : *Appliqué sans relâche au soin de me punir* (Rac., *Andr.*, 1615). *Si vous étiez appliquée comme moi au plaisir de notre commerce* [...] (Sév., 30 août 1671). *Vous êtes trop bonne et trop appliquée à votre pauvre maman* (Sév., 22 sept. 1687). – Auj. un enfant appliqué est un enfant « attentif, soigneux dans son travail ».

◆ **s'appliquer à,** s'adonner à, user de : *Socrate lui dit que les dieux l'avaient averti plusieurs fois, pendant son sommeil, qu'il devait s'appliquer à la musique avant qu'il mourût* (La Font., *F.*, Préface). *Les Phéaques ne s'appliquent point à l'arc ni au carquois, mais seulement aux voiles et aux rames* (Rac., *R. sur O.*, VI).

appointement n.m. Réconciliation, accord : *Il la priait d'apaiser l'aigreur du Roi et moyenner* [= préparer] *son appointement* (Malh., *Lettre Peiresc,* 22 déc. 1606). *Sur ce frêne deux tourterelles S'entretiennent de leurs tourments, Et font les doux appointements De leurs amoureuses querelles* (Tr. L'Hermite, *le Promenoir des deux amants,* 38).

◆ plur. Salaire correspondant à un emploi, au service de qqn (auj. le sens est plus étendu) : *Il a mille écus d'appointements. Les appointements d'un gouverneur* (Acad. 94).

appointer v.t. Réconcilier des adversaires, régler par un accord un différend : *M. le Prince et M. de Nevers eurent quelque brouillerie, mais ils furent aussitôt appointés* (Malh., *Lettre Peiresc,* 8 févr. 1607). *J'eusse bien souhaité d'avoir tous les jours une querelle avec elle pour l'appointer avec tant de douceur* (Scarr., *Rom. com.*, III, 13). ♦Donner des appointements (v. ce mot) : *Cet officier est appointé de mille écus par an* (Fur.). ♦**Être appointé contraire,** être en opposition, se contredire : *Commençons par les Éléments : Vous serez étonnés de voir qu'à tous moments Ils seront appointés contraire* (La Font., *F.*, XII, 8).

apprécier v.t. Mettre à prix, évaluer : *L'on dirait que ce soit un taux sur les sacrements, qui semblent par là être appréciés* (La Br., XIV, 23).

Auj. « estimer, reconnaître la valeur, le mérite de ».

appréhensif, ive adj. Craintif : *Les femmes sont plus appréhensives que les hommes* (Acad. 94). *La victoire du duc de Weymar les rendra plus raisonnables et moins appréhensifs des forces impériales* (Chap., *Lettres*, I, 288).

appréhension n.f. Faculté de comprendre, intelligence (usuel au XVIe s., mais ordinairement restreint en ce sens au XVIIe s. au vocabulaire de la logique) : *L'extrême facilité de son appréhension et l'agilité forte de son élocution* [...] (Saint-Simon, 1699).

Le sens actuel de « crainte » était usuel au XVIIe s. : *Il a grande appréhension du tonnerre* (Fur.).

apprendre v.t. **Apprendre qqn,** l'élever, l'instruire : *La Nymphe, apprise à naviguer* (Saint-Amant, *le Passage de Gibraltar*, 253). *Et je suis pour le ciel appris à tout souffrir* (Mol., *Tart.*, 1688). [Il ne reste de cette construction que le mot *malappris*, participe passif]. ♦ L'informer, lui faire savoir qqch : *Belles âmes* [des victimes de la guerre], *soyez apprises Que l'horreur de vos corps détruits N'a point rompu nos entreprises* (Th. de Viau, *Ode au prince d'Orange*). ♦ **Apprendre de,** et l'infinitif (plus rare que *apprendre à* dès le XVIIe s.) : *Je vous apprendrai de me traiter ainsi* (Mol., *Amph.*, 1574).

Les sens et les constructions actuels étaient courants au XVIIe s. : *Ce professeur apprend le latin à ses écoliers. Cet enfant apprend à écrire, il apprend bien la philosophie* (Fur.).

apprentif n.m. *Apprenti* se présente encore au XVIIe s. sous les deux formes *apprentif* (fém. *apprentive*) et *apprentis* (fém. *apprentisse*), toutes deux enregistrées par Acad. 94, qui dans les exemples indique la forme *apprenti : Un apprentif est docile, il écoute son maître* (La Br., XV, 2).

apprêter v.t.ind. **Apprêter à rire,** donner, préparer une occasion de rire : *N'apprêtons point à rire aux hommes En nous disant nos vérités* (Mol., *Amph.*, 146). *Quand Auteurs aux têtes mal faites,* [...] *À grands coups de vers outrageants, Apprêteront à rire aux gens* (Scarr., *V. tr.*, I, 935). ♦ **Apprêter qqch à qqn,** le lui préparer : *Et qu'un long âge apprête aux hommes généreux, Au bout de leur carrière, un destin malheureux* (Corn., *Cid*, 699).

apprêts n.m.pl. Préparatifs : *Vous verrai-je toujours, renonçant à la vie, Faire de votre mort les funestes apprêts ?* (Rac., *Ph.*, 175).

apprivoiser v.t. Rendre qqn familier, traitable (auj. il est beaucoup plus rare en parlant d'une personne) : *Il y a des hommes superbes* [= orgueilleux] *que l'élévation de leurs rivaux humilie et apprivoise* (La Br., IX, 17). ♦ Adoucir qqch : *Pour apprivoiser ce respect ennemi, il faut qu'en dépit d'elle elle s'offre à demi* (Corn., *Oth.*, 823).

◆ **s'apprivoiser,** devenir familier à ou avec : *Ce qui nous paraissait terrible et singulier S'apprivoise avec notre vue* (La Font., *F.*, IV, 10). *Il ne faut pas trop s'apprivoiser avec les princes* (Acad. 94). ♦ S'habituer, se faire : *Ce fut un visage auquel le Roi* [...] *ne put jamais s'apprivoiser* (Saint-Simon, 1710).

approchant, e [de] adj. Qui se rapproche de, semblable à (auj. seulement sans complément) : *Il faut avoir une stupidité fort approchante de celle des bêtes, pour mépriser d'être en leurs bonnes grâces* (Malh., *Tite-Live*, XXXIII, dédicace). *Vous ai-je obligée par mes lettres à me dire la moindre chose approchante de ces rudesses ?* (Bussy, 25 juin 1670).

◆ n.m. **Approchant,** mot de sens voisin : *Voilà un exemple pour les synonymes, donnons-en un autre pour les approchants. « Il n'y a rien qui porte tant les hommes à aimer et révérer la vertu. » Ces mots* aimer et révérer *ne sont pas synonymes, mais ils sont approchants* (Vaug., *Rem.*, 215).

◆ adv. ou **Approchant de** prép. Environ, aux environs de : *Il est approchant de huit heures. Il est huit heures ou approchant* (Acad. 94). ♦ **Ou (ni) approchant,** ou qqch (ni rien) de tel : *Il y a six semaines et au-delà que je n'ai plus aucune plaie, ni approchant* (Sév., 1er juill. 1685).

approche n.f. Proximité, rapprochement : *Et quelle force il faut aux objets mis en place, Que l'approche distingue, et le lointain efface* (Mol., *Val-de-Gr.*, 168).

Le sens actuel « fait qu'une chose approche » est usuel au XVIIe s. : *Les hirondelles sentent l'ap-*

proche de l'hiver. Un vieillard craint les approches de la mort (Fur.).

approcher v.t. Rendre familier : *Ceux que la faveur ou les affaires approchaient de sa personne ne s'y pouvaient maintenir* (La Fayette, *Clèves*, I). ♦Venir près d'un lieu, d'un objet (emploi condamné par Vaug.) : *Cependant gardez-vous d'approcher ce rivage* (La Font., *Gal.*, II, IV).

Auj., comme aussi au XVIIᵉ s., *approcher qqn*, c'est « venir dans son entourage immédiat » : *Indigne de vous plaire et de vous approcher Je ne dois désormais songer qu'à me cacher* (Rac., *Ph.*, 920).

approprier v.t. Mettre en état, et en particulier mettre en état de propreté : *Mettez ordre à tout, dépêchez-vous de les laver* [vos vêtements], *de les approprier* (Fén., *Odyss*, in L.).

Le sens, encore usuel, de « ajuster, agencer » est enregistré par les dictionnaires du XVIIᵉ s.

approuver v.t. Pouvait se construire avec la préposition *de* et l'infinitif là où nous emploierions la proposition complétive avec *que* : *J'approuve bien de supprimer les étrennes, c'est de l'argent jeté* (Sév., 27 déc. 1684).

appui n.m. **Remettre qqn à hauteur d'appui,** le remettre à sa véritable place : *Hélas ! ma chère, si vous saviez qu'ils* [les beaux esprits] *sont petits de près, et combien ils sont quelquefois empêchés de leur personne, vous les remettriez bientôt à hauteur d'appui* (Sév., 13 janv. 1672).

appuyer v.t. Soutenir, favoriser, protéger : *La représentation de cette comédie, Madame, aura besoin d'être appuyée* (Mol., *Impr.*, sc. V).

◆ **s'appuyer de,** se ménager la faveur, le secours de : *Il n'eut pas d'autre recours que de s'appuyer de la noblesse* (Saint-Réal, *Marius et Sylla*). – La prép. *sur* était usuelle (comme auj.) : *Sur qui, dans son malheur, voulez-vous qu'il s'appuie ?* (Rac., *Ph.*, 345).

âpre adj. Pointu, présentant des aspérités : *Sous d'âpres rochers* (La Font., *F.*, XII, 25). ♦Difficile, raboteux : *Il nous mena par un âpre chemin* (Acad. 94).

Les sens figurés actuels sont enregistrés dans Acad. 94.

après prép. Indiquait un rapport de lieu (auj. en ce sens on dit *derrière*) : *Antigone, demeurant un peu après sa mère* (Rac., *Théb.*, mise en scène). *Faites boire là mes chevaux, et qu'on les amène après nous* (Mol., *D. J.*, III, IV) ; un rapport de comparaison (auj. *selon, d'après*) : *Vous en jugerez après la voix publique* (Corn., *Ment.*, 394). *Peintures faites après nature* (Fleury, *Disc. sur Platon*). ♦Indiquait, comme auj., un rapport de temps, mais parfois avec un participe : *Après mon père mort, je n'ai point à choisir* (Corn., *Cid*, 1208). ♦**Être après à, de, pour,** travailler à, être en train de (tours déconseillés par Vaug. « dans le beau style », blâmés par Th. Corn. et Acad. 94) : *Pendant qu'on était après à me saigner* (Rac., *Lettre J.-B. Racine*, 25 avr. 1698), *Je suis après à définir tout, bien ou mal, il n'importe* (Corbinelli, 18 déc. 1678). *Je suis après de les achever* (Malh., *Lettre*, 24 mai 1608). *Il lui dit comme il était après pour faire un mariage d'Ergaste avec Émilie* (Sorel, *Franc.*, XIII).

◆ **en après, par après,** loc. adv. Ensuite (vieilli au milieu du XVIIᵉ s.) : *L'ange en après lui fait un long sermon* (La Font., *Contes*, IV, 6). [J'ai peur] *De m'y trouver si bien dès le premier quart d'heure, Que j'aye peine aussi d'en sortir par après* (Mol., *Ét.*, 1141).

après-dînée n.f., **après-dîner** n.m. Temps qui s'écoule entre le repas de midi et celui du soir (auj. en ce sens on dit « après-midi ») : *L'après-dînée, à dire vrai, m'a semblée fort longue* (Mol., *Crit. Éc. des f.*, sc. Iʳᵉ).

après-soupée n.f., **après-souper** n.m. Temps qui suit le repas du soir, correspondant à ce que nous appelons la « soirée » : *L'après-soupée se passa au jeu, en conversation* (Sév., 6 août 1680).

arabe n.m. Dans le style familier. Dur, âpre au gain ; usurier : *Endurcis-toi le cœur, sois Arabe, corsaire* (Boil., *Sat.*, VIII, 177). *Vous êtes un fripon, un scélérat. – Monsieur, vous me rendez confus. – Un Arabe, un voleur* (Regnard, *le Bal*, sc. XI).

arbitraire adj. Dépendant du libre choix, du jugement personnel, et particulièrement de la volonté des juges : *Vos voix seules, toujours libres et arbitraires, donnent une place dans l'Académie française* (La Br., *Disc. Acad.*).

Auj. péjor., « opposé à la logique, à la légalité ».

arbitre n.m. Maître souverain : *Ils se rendirent arbitres de la doctrine* (Boss., *H. univ.*, II, 5). *Dire qu'un prince est arbitre de la vie des hommes, c'est dire seulement que les hommes par leurs crimes deviennent naturellement soumis aux lois et à la justice* (La Br., X, 18).

Le sens actuel de « personne prise pour juge dans un débat ou une dispute » était usuel au XVIIᵉ s. : *La croirai-je, Narcisse ? et dois-je sur sa foi La prendre pour arbitre entre son fils et moi ?* (Rac., *Brit.*, 306).

arboriste n.m. Variante de « herboriste » (confusion dans la prononciation de « er » et « ar ») : *Tu veux faire ici l'arboriste, Et ne fus jamais que boucher* (La Font., *F.*, V, 8).

archer n.m. Agent de police, homme armé d'une épée, d'une hallebarde, d'une carabine, etc., « soit pour prendre les voleurs, soit pour garder les villes, soit pour exécuter quelque ordre de justice et de police » (Acad. 94) : [...] *Sans craindre archers, prévôts ni suppôts de justice* (Boil., *Sat.*, VIII, 115). *La Rappinière qui entra avec dix archers, lesquels menaient un homme attaché* [...] (Scarr., *Rom. com.*, III, 5).

archet n.m. Châssis recourbé qu'on plaçait sur le lit de certains malades pour supporter des couvertures, de façon à provoquer la sudation : *Si j'avais un torticolis* [...] *vous seriez tout étonnée d'entendre dire que je suis sous l'archet* (Sév., 5 janv. 1676).

arçon n.m. **Mettre hors d'arçon,** désarçonner, déconcerter : [...] *Le luxe, mis hors d'arçon, Ne montre pour tout équipage Qu'un peigne dedans un chausson* (Saint-Amant, *la Chambre du débauché*, 207).

ardent, e, ardant, e adj. Brûlant, en flammes (auj. on dit encore en ce sens *charbons ardents*) : *Dans les ruisseaux de sang Troie ardente plongée* (Rac., *Andr.*, 1337). ♦ Qui brille : *Verra-t-on* [...] *Au point du dernier jour ardent Ressusciter l'humaine race* (Saint-Amant, *le Contemplateur*, 313). ♦ **Ardent pour,** aspirant avec force à : *Je ne suis pas ardent pour les bénéfices* (Rac., *Lettre Vitart*, 6 juin 1662).

Le sens actuel « empressé, vif » était usuel au XVIIᵉ s. : *Mais si nos vœux ardents vous peuvent émouvoir* (Rac., *Ph.*, 923).

◆ n.m. **Les ardents,** les feux follets : *Les ardents que l'on voit la nuit auprès des rivières* (Sorel, *Franc.*, II). *Je fais courir les ardents sur les marais et sur les fleuves, pour noyer les voyageurs* (Cyrano, *Pour les sorciers*).

ardeur n.f. Chaleur intense : *L'ardeur grillait toutes les herbes* (Saint-Amant, *la Pluie*, 11). *Pendant les grandes ardeurs de la canicule* (Acad. 94).

Auj., comme déjà au XVIIᵉ s., « vif empressement, amour » : *L'ardeur de vaincre cède à la peur de mourir* (Corn., *Cid*, 1312). *Seigneur, ma folle ardeur malgré moi se déclare* (Rac., *Ph.*, 630).

ardez v. Abréviation populaire de « agardez » (regardez) vieillie au XVIIᵉ s. : *Ardez le beau museau* (Mol., *Dép. am.*, 1419). *Ardez, vraiment, c'est mon* [v. MON], *on vous l'endurera* (Corn., *Gal. du Pal.*, 1392).

ardre v.t. Brûler (mot vieilli au XVIIᵉ s.) : *Quand je la vois, cette main qui burine D'un trait aigu ce nom qui m'est si cher, Dessus mon cœur, j'ars, ainsi qu'un bûcher* (Saint-Amant, *Sonnet*) ; et au fig. : *Lui Qu'aujourd'hui Ton œil ard, grille et consume* (Saint-Amant, *le Poète crotté*, 594).

arène n.f. Sable (mot de la langue poétique selon Acad. 94) : *Leurs pas imprimés sur l'arène* (La Font., *Captiv. St Malc*, 438). *Cet Achéron traîne après soi Une arène sale et puante* (Scarr., *V. tr.*, VI, 1175). *J'aime mieux un ruisseau qui, sur la molle arène, Dans un pré plein de fleurs lentement se promène* (Boil., *A. p.*, I, 167).

Il s'employait aussi au sens, resté actuel, de « piste sablée » : *Pendant qu'il me tâtait ainsi, je le poussai avec tant de violence que ses reins plièrent : il tomba sur l'arène, et m'entraîna sur lui* (Fén., *Tél.*, V).

argentier n.m. Celui qui gère les finances du royaume, d'un grand (il reste de ce sens l'expression *le Grand Argentier* pour désigner parfois le ministre des Finances) : *À mon retour chez moi, je trouvai l'argentier de la Reine* (Retz, *Mém.*, I, 248).

argoulet n.m. Soldat à cheval armé d'un arc (mot vieilli selon Acad. 94) : *N'avez-vous point de pistolets Pour repousser ces argoulets !* (Loret, *Muse hist.*, 16 août 1659). *Une ville Qu'eût prise un argoulet* (La Font., *Sonnet*).

arme n.f. **Cessation d'armes,** trêve : [...] *proposer la cessation d'armes pour dix jours* (Retz, *Mém.*, III, 127).

arrêté, e adj. Nettement déterminé (sens qui ne subsiste guère que dans « avec l'intention arrêtée de ») : *Tout est vain en nous excepté* [...] *le jugement arrêté qui nous fait mépriser tout ce que nous sommes* (Boss., *O. f. H. d'Angl.*).

arrêter v.t. Retenir : *Depuis trois ans dans Rome elle* [la Reine] *arrête vos pas* (Rac., *Bér.*, 82). *Cette noire magie, ordinaire aux Chrétiens, L'arrête indignement dans vos honteux liens* (Corn., *Théod.*, 602). ♦ Limiter, borner : *Cette médiocre bonté* [...] *où nos anciens étaient contraints d'arrêter le caractère le plus parfait des rois et des princes dont ils faisaient leurs héros* (Corn., *Cid*, Exam.).

◆ v.i. Rester, demeurer : *Je ne puis arrêter qu'un temps très court* (La Font., *F.*, VII, 6). ♦ Il pouvait s'employer intransitivement au sens de « s'arrêter » : *Autant qu'il vous plaira vous pouvez arrêter* (Mol., *Mis.*, 1031). *Mais j'entends un carrosse ; écoutons, il arrête* (Baron, *Jaloux*, V, II).

arroi n.m. Apparat, train, équipement (vieilli au XVIIe s.) : *Puissiez bientôt en grand arroi Prendre terre dans l'Hespérie* (Scarr., *V. tr.*, III, 1586).

arrouser v.t. Autre forme de *arroser*, notant l'hésitation dans la prononciation de *o* fermé (forme blâmée par Vaug. et par Acad.) : *Doucement, notre épouse, Dit le bonhomme. Or sus, Monsieur, sortez ! Çà, que je racle un peu de tous côtés Votre cuvier, et puis que je l'arrouse* (La Font., *Contes*, IV, 13).

arsenac n.m. Autre forme de *arsenal* (selon Vaug., *arsenal* était plus usité) : *Il est trop diffus, mais il est net et son livre est arsenac rempli de très bonnes armes* (Chap., *Lettres*, I, 608).

art n.m. Méthode, manière : *Son faux art de clémence* (Corn., *Pomp.*, 1173). ♦ Habileté : *Ulysse va venir* [...] *Résistez à son art* (La Font., *Achille*, I, 3). ♦ Métier dont l'exercice implique la connaissance de méthodes et de procédés ; technique : *Ces premiers arts que les hommes apprirent d'abord* [...] *sont l'agriculture, l'art pastoral, celui de se vêtir et peut-être celui de se loger* (Boss., *H. univ.*, I, 1). *Savant dans l'art par Neptune inventé* (Rac., Ph., 131).

◆ pl. **Les Arts,** dans le langage des universités, désigne « les lettres humaines et la philosophie. En ce sens on appelle *maître ès arts* celui qui est passé maître en cette littérature avec pouvoir d'enseigner » (Acad. 94) : *Je fus hier à un service de Monsieur le Chancelier à l'Oratoire. Ce sont les peintres, les sculpteurs, les musiciens et les orateurs qui en ont fait la dépense : en un mot les quatre arts libéraux* (Sév., 6 mai 1672).

Auj. ce mot, lorsqu'il n'est accompagné d'aucune autre détermination, suppose une œuvre esthétique.

articulé, e adj. Net, distinct : [...] *afin que vous fassiez entendre aux oreilles et que vous portiez dans les cœurs des vérités plus articulées* (Boss., *Serm. sur la mort*).

artifice n.m. Adresse, art (sans nuance péjor.) : *J'admirai non seulement l'artifice, mais la patience de l'ouvrier* (La Font., *Lettre*, 12 sept. 1663). *D'un pinceau délicat l'artifice agréable* (Boil., *A. p.*, III, 3). ♦ Manière de faire : *Vous n'ignorez pas que l'artifice le plus ordinaire de la Sagesse céleste est de cacher ses ouvrages* (Boss., *O. f. Nicolas Cornet*). ♦ Ruse, fraude, tromperie (en ce sens, emploi plus large qu'auj.) : *Seigneur, vous savez trop avec quel artifice Un faux Astyanax fut offert au supplice* (Rac., *Andr.*, 222). [...] *Par mes artifices, Mes injustes soupçons, mes funestes caprices, Je suis donc arrivée au douloureux moment Où je vois par mon crime expirer mon amant* (Rac., *Baj.*, 1721).

artificieux, euse adj. Fait avec habileté, avec art : *Le second acte est un des plus pathétiques qui soient sur la scène, et le troisième un des plus artificieux* (Corn., *Hor.*, Exam.). *Sacrés autels, vous m'êtes témoins que ce n'est pas aujourd'hui par ces artificieuses fictions de l'éloquence que je lui mets en la bouche ces fortes paroles* (Boss., *O. f. Le Tellier*).

Auj., comme parfois au XVIIe s., valeur péjorative : « qui séduit, qui fait illusion ».

artisan n.m. Celui qui pratique un des arts libéraux ; artiste : *On exposait une peinture Où l'artisan avait tracé Un lion d'immense stature* (La Font., III, 10).

Auj., comme aussi au XVIIe s., « celui qui exerce à son compte un métier manuel ».

artiste n.m. Celui qui pratique un métier, qui connaît une technique (notamment celui qui s'adonne à la chimie) : *Il faut être un grand artiste pour bien préparer le mercure* (Acad. 94).

ascendant n.m. En astrologie, horoscope, influence des astres sur la destinée de qqn : *Il faut prendre votre ascendant* (Acad. 94). *Ne me dites-vous pas que l'ascendant est plus fort que tout ? et s'il est écrit dans les astres que je sois enclin à parler de vous, comment voulez-vous que je résiste à ma destinée ?* (Mol., *Am. magn.*, I, II). ♦ Destin, inclination naturelle : *Que si tous vos efforts ne peuvent réprimer Cet ascendant malin qui vous force à rimer* [...] (Boil., *Sat.*, IX, 30).

Andry du Bois-Regard s'élève contre l'abus qu'on fait de ce mot. Le sens actuel de « prestige, autorité morale sur quelqu'un » était usuel aussi au XVIIe s. : *Il ne faut pas penser à gouverner un homme tout d'un coup* [...] *; il sentirait d'abord l'empire et l'ascendant qu'on veut prendre sur son esprit* (La Br., IV, 71).

aspect n.m. Regard, vue, action de voir : *Ils ont quelque raison de tenir pour suspect Tout ce qui s'est montré tantôt à leur aspect* (Corn., *Œd.*, 1624). *Le prêtre avait à peine obtenu le silence, Et devers l'orient assuré son aspect* (Corn., *Pol.*, 827). ♦ Présence d'une personne : [Mon père] *De l'idolâtre impur fuit l'aspect criminel* (Rac., *Ath.*, 854). ♦ Exposition, orientation : *Cette maison a un bel aspect* (Acad. 94). ♦ **En aspect,** devant le regard : *On a en aspect la côte la plus riante* (La Font., *Lettre*, 5 sept. 1663).

Auj. plutôt « manière dont un être ou un objet apparaît aux regards ».

aspirer v.t. Pouvait être employé transitivement au sens de « être porté vers qqch » : *Donne donc à tes vœux quoi que ton cœur aspire* (Rotr., *Bélis.*, I, VI).

Auj., comme le plus souvent au XVIIe s., on dit *aspirer à : Et monté sur le faîte, il aspire à descendre* (Corn., *Cinna*, 370).

assaisonnement n.m. Manières agréables qui accompagnent ce qu'on dit ou ce qu'on fait : *Il joint aux grâces qu'il fait tous les assaisonnements possibles* (Acad. 94). *Il y a de l'assaisonnement dans son visage et dans ses jolis yeux* (Sév., 17 juill. 1689).

Le sens culinaire actuel était usuel au XVIIe s. : *Le sel, le poivre, les champignons sont les assaisonnements ordinaires* (Fur.).

assaisonner v.t. Mêler agréablement (emploi figuré beaucoup plus courant qu'auj., même dans le style soutenu) : *La Satire, en leçons, en nouveauté fertile, Sait seule assaisonner le plaisant et l'utile* (Boil., *Sat.*, IV, 268). *Pour répondre à son amour de la manière qu'il souhaite, il me faut un don de sa foi, qui soit assaisonné de certaines cérémonies qu'on trouve nécessaires* (Mol., *Fourb.*, III, I). ♦ **Assaisonner en,** accompagner avec : *Il n'y a rien de si impertinent et de si ridicule qu'on ne fasse avaler, lorsqu'on l'assaisonne en louanges* (Mol., *Av.*, I, I).

Le sens actuel « ajouter des condiments à un aliment » était usuel au XVIIe s. : *On y vivait à peu près comme les premiers humains ; plus proprement, à la vérité, mais de viandes que la seule nature assaisonnait* (La Font., *Psyché*, II).

assassin, e adj. Qui tue : [...] *votre fils, Avecque son fusil, d'une audace assassine Au malheureux d'Olive a percé la poitrine* (La Font., *Ragotin*, V, 15). ♦ Fig. Qui perce le cœur, qui inspire une grande passion : *Visage assassin* (Voit., in Fur.).

◆ n. m. Mouche [v. ce mot] taillée en long : *Encore un assassin, vous lui perciez le cœur* (Corn., *Tuil.*, 239).

Le sens actuel de « personne qui commet un meurtre avec préméditation » était usuel au XVIIe s. : *L'auteur de mes malheurs ! l'assassin de mon père* (Corn., *Cid*, 1394).

assassinant, e adj. Qui assassine, qui fait mourir (au propre et au fig.) : *Et dans le procédé des Dieux Dont tu veux que je me contente, Une rigueur assassinante Ne paraît-elle pas aux yeux ?* (Mol., *Psyché*, 671). *Votre œil, Planète assassinante, Brûle comme un miroir ardent* (Scarr., *Dern. Œuv.*, 1, 161).

assassiner v.t. Fig. Accabler de chagrin : *Cet affreux devoir dont l'ordre m'assassine* (Corn., *Cid*, 925). ♦ Blesser d'amour : *On dit aussi en amour que de beaux yeux assassinent, pour dire qu'ils blessent les cœurs* (Fur.). ♦ Importuner grandement, assommer : *Sous quel astre, bon Dieu, faut-il que je sois né Pour être de fâcheux toujours assassiné !* (Mol., *Fâch.*, sc. II).

Le sens actuel de « tuer avec préméditation » était déjà usuel au XVIIe s. : *Mille gens* [...] *vous disent froidement qu'ils ne sauraient se passer de jouer* [...]. *Serait-on reçu à dire qu'on ne peut se passer de voler, et assassiner ?* (La Br., VI, 757).

assemblage n.m. Réunion de plusieurs choses ou personnes assemblées (restreint auj. aux objets concrets) : *C'est* [Rabelais] *un monstrueux assemblage d'une morale fine et ingénieuse, et d'une sale corruption* (La Br., I, 43).

Et de tant de laquais le bruyant assemblage (Mol., *Tart.*, 89). ♦ Mariage : *C'était un grand guerrier mais dont le sang ni l'âge Ne pouvaient avec vous faire un digne assemblage* (Corn., *Sert.*, 1706).

assemblée n.f. Réunion et, particulièrement, bal, divertissement : *Il entre une autre fois dans une assemblée, se place où il se trouve, sans nulle attention aux autres, ni à soi-même* (La Br., II, 38).

assembler v.t. Unir par les liens du mariage : *La loi de l'hymen qui vous tient assemblés* (Corn., *Pl. R.*, 147). ♦ Mettre ensemble des personnes (auj. plutôt en ce sens *rassembler*) : *Une troupe d'amis chez mon père assemblés* (Corn., *Cid*, 1245).

asseoir (s') v.pr. La conjugaison de l'indic. présent *je m'assis, tu t'assis, il s'assit, nous nous assisons, vous vous assisez, ils s'assisent* fut jugée moins bonne par l'Académie que *je m'assieds*, etc. : *Il s'assit, il se repose, il est chez soi* (La Br., XI, 7). *Tous deux sous un ormeau s'assisent à la fois* (Racan, *Berg.*, I, 4).

assez adv. Beaucoup, très : *Je tiens que dans tous les beaux-arts, c'est un supplice assez fâcheux que de se produire à des sots* (Mol., *Bourg.*, I, I). ♦ Pouvait se placer après l'adjectif ou l'adverbe modifié : *César ne peut souffrir la présence d'un traître, D'un Romain lâche assez pour servir sous un roi* (Corn., *Pomp.*, 983). ♦ **Avoir de qqch assez,** avoir assez de quelque chose (usuel, selon Vaug., dans la langue parlée, mais à éviter en écrivant) : *Aurais-tu du courage assez pour l'enlever ?* (Corn., *Veuve*, 761). *J'ai des forces assez pour tenir la campagne* (Rac., *Théb.*, 67). ♦ **Assez que de,** assez pour : *Nous avons été assez ingrats que de faire servir les créatures contre le Seigneur même* (Mass., *Profess. relig.*, *in L.*). ♦ **C'est assez que,** suivi de l'indicatif (auj. du subjonctif) : *Sire, nous n'en sommes pas là ; c'est assez que nous apprenons à bien répondre* (Sév., 19 août 1675).

assidu, e adj. Continuel, répété sans cesse : *Les répétitions assidues, qui se trouvent dans l'original, sont des obstacles assez malaisés à surmonter* (Corn., *Imit.*, Au lecteur). *Ces plaintes assidues* (Rac., *Brit.*, 1227). *Je reconnus Vénus et ses feux redoutables, D'un sang qu'elle poursuit tourments inévitables. Par des vœux assidus, je crus les détourner* (Rac., *Ph.*, 279). ♦ **Être assidu à qqn,** être constamment auprès de lui : *Mon oncle est au lit, et je lui suis fort assidu* (Rac., *Lettre Vitart.*, 6 juin 1662).

Ce mot avait aussi au XVIIe s. le sens actuel de « qui agit ou qui est fait avec une attention soutenue » : *D'écoliers libertins une troupe indocile, Loin des yeux d'un préfet au travail assidu, Va tenir quelquefois un brelan défendu* (Boil., *Lutr.*, III, 87).

assiette n.f. Position, situation : *Ce pays si important par son assiette et par ses ports* (Retz, *Sur la conduite de M. le Prince*, V, 391). ♦ Fig. État, disposition d'esprit, de sentiments (auj. on dit encore en ce sens « ne pas être dans son assiette ») : *Et je veux bien périr comme vous l'ordonnez Et dans la même assiette où vous me retenez* (Corn., *Cinna*, 1304). *Une atteinte secrète Ne laisse point mon âme en une bonne assiette* (Mol., *Dép. am.*, II). ♦ « *Assiette, ustensile de table* [...] *On appelle du même nom les ragoûts* [= mets] *qui sont dessus* » (Fur.). « *On appelle* Assiettes volantes *certaines assiettes creuses que l'on sert entre les plats, et où l'on met des entrées, des ragoûts, etc.* » (Acad. 94) : *Il faudra quatre grands potages et cinq assiettes* (Mol., *Av.*, III, I).

assignation n.f. Affectation d'une somme au paiement d'une dette : *Dieu donne des assignations aux nécessiteux sur le superflu des opulents* (Boss., *Serm. sur l'Ém. Dignité*). ♦ Rendez-vous : [...] *un homme sur le point d'aller à une assignation amoureuse* (La Font., *Lettre Maucroix*, 22 août 1661). *Je ne sais point par où l'on a pu soupçonner Cette assignation qu'on m'avait su donner* (Mol., *Éc. des f.*, 1379).

Auj., et aussi au XVIIe s., « sommation de comparaître en justice » : *Les assignations se doivent donner à la personne ou à domicile* (Fur.).

assigner v.t. Hypothéquer, garantir : *Vous ne m'abuserez pas là-dessus, non plus que sur les dettes que vous avez assignées sur le mariage de mon fils* (Mol., *Pourc.*, II, VI).

◆ **s'assigner,** se donner rendez-vous : *S'étant assignés à la place Royale* [...] (Malh., *Lettre Peiresc*, 16 janv. 1614).)

assiner v.t. Variante graphique de *assigner* : *L'auberge enfin de l'Hyménée Lui fut* [à la Discorde] *pour maison assinée* (La Font., *F.*, VI, 20).

assistances n.f.pl. Secours, soins (auj. ce pluriel est inusité) : *Mon hôte, qui était un apothicaire flamand et de qui je reçus toutes les* *assistances imaginables durant ma maladie* [...] (Scarr., *Rom. com.*, I, 13).

assommer v.t. Jeter dans un grand abattement : *L'adieu de ma fille m'a désolée, et celui du cardinal de Retz m'a achevée. Il y a des circonstances dans ces deux séparations, qui m'ont assommée* (Sév., 28 juin 1675).

Auj., comme parfois aussi au XVIIe s., il a le sens fig. et familier de « importuner ».

assoter v.t. **Être assoté,** être rendu sot par une passion (vieilli au XVIIe s. selon Acad. 94, il appartient au style archaïsant ou burlesque) : *Assoté comme il est de ses folles amours* (La Font., *Ragotin*, IV, IV).

assoupir v.t. Étouffer, arrêter les conséquences fâcheuses de : [...] *Et l'on veut assoupir la chose en sa naissance* (Mol., *Mis.*, 757). ♦ Affaiblir ou suspendre momentanément (emploi plus restreint auj.) : *C'est ainsi qu'on déguise un violent dépit ; C'est ainsi qu'une feinte au dehors l'assoupit* (Corn., *Rodog.*, 1434).

Le sens de « endormir doucement » était usuel : *L'odeur de ces fleurs, ou la lassitude, ou d'autres secrets dont Morphée se sert, l'assoupirent* (La Font., *Psyché*, II).

assouvir v.t. Satisfaire qqn entièrement (auj. seulement *assouvir sa faim, sa vengeance*, etc.) : *Ce goinfre est si grand mangeur qu'il est impossible de l'assouvir* (Fur.). *Il reconnut qui elle était, et essaya de l'assouvir des plaisirs après lesquels elle soupirait tant* (Sorel, *Franc.*, VI, 281).

assurance n.f. Confiance : *Prenez cette étoffe avec assurance, elle est fort bonne* (Acad. 94). *Je pris sur cet oracle une entière assurance* (Corn., *Hor.*, 199). ♦ Hardiesse : *J'eus l'assurance de lui dire que je l'aimais* (Scarr., *Rom. com.*, II, 5). ♦ Sûreté, sécurité : *Pourras-tu en ton lit dormir en assurance ?* (Corn., *Nic.*, 1500). *Il était déjà en lieu d'assurance* (La Font., *Psyché*, II). ♦ S'employait sans article dans plusieurs locutions : **avoir, donner, prendre assurance** : *C'est beaucoup hasarder que de prendre assurance Sur une si légère et douteuse espérance* (Corn., *Sur.*, 425).

Les sens actuels de « promesse, garantie ; confiance en soi » se rencontraient au XVIIe s.

assuré, e adj. Ferme, hardi : *Est-il possible* [...] *qu'un homme si assuré dans la guerre soit si timide en amour ?* (Mol., *Am. magn.*, I, I). – Auj. on dit encore « un air assuré ». ♦ Péjor. Effronté, impudent (en ce sens il se place devant le nom, selon Acad. 94 ; cependant, on le rencontre parfois placé après le nom) : *Un assuré voleur, un assuré menteur* (Acad. 94). *Que me vient donc conter ce coquin assuré ?* (Mol., *Dép. am.*, 1027). ♦ Certain, incontestable : *Voici de retour le fidèle Achorée, Par qui j'en apprendrai la nouvelle assurée* (Corn., *Pomp.*, 446). ♦ Qui offre la sécurité (parfois placé avant le nom) : *L'infâme croit avoir trouvé chez vous un assuré refuge* (Mol., *Sicil.*, sc. XV). ♦ Qui est à l'abri : *Assurés par lui de toute violence, Nous n'avons plus sujet de te rien demander* (Malh., *Prière pour le Roi allant en Limousin*). *Et Philomèle assurée De la fureur de Térée Chante aux forêts jour et nuit* (Racan, *Ode à M. de Termes*, 8).

assurément adv. Avec la certitude que donnent les choses incontestables : *Celle dont je le tiens en parle assurément* (Corn., *Suiv.*, 631). ♦ Avec assurance, hardiesse : *Qui marche assurément n'a point peur de tomber* (Corn., *Pol.*, 676). ♦ Avec fermeté, résolument : *C'est un homme sur qui l'on peut compter ; il est assurément de mes amis* (Sév., 29 janv. 1674).

Auj., comme aussi au XVIIe s., « sans aucun doute » : *Il est assurément vrai qu'il faut mourir un jour* (Fur.).

assurer v.t. Mettre en sécurité : *En les perdant* [les Juifs] *j'ai cru vous assurer vous-même* (Rac., *Esth.*, 1145). *Je tiens sa prison même assez mal assurée* (Corn., *Pol.*, 1073). ♦ Rendre sûr, affermir : *Vous voulez que ma fuite assure vos désirs, Que je laisse un champ libre à vos nouveaux soupirs* (Rac., *Brit.*, 965). ♦ Rassurer, mettre en confiance : *Assurez vos âmes craintives, Remettez vos chapeaux* [= couronnes] *de fleurs* (Malh., *Sur l'attentat contre Henri le Grand*, 113). *Il* [...] *fit fermer toutes les fenêtres de sa chambre et retira tout le monde, afin d'assurer ce petit oiseau* (Tr. L'Hermite, *le Page disgracié*).

◆ **s'assurer,** être sûr, certain (il indiquait un état, auj. une action en vue de devenir sûr) : *Je m'assure aussi que vous n'aurez jamais ouï parler de la cane de Montfort* (Sév., 30 oct. 1656). *Je vois deux lévriers, Qui, je m'assure, sont courriers Que pour ce sujet on envoie* (La Font., *F.*, II, 15). *Madame, assurez-vous de mon obéissance* (Rac., *Mithr.*, 163). ♦ Se mettre en sûreté : *Le reste de la nuit l'on régla les gardes* [...] *L'on s'assura comme il était nécessaire* (Retz, *Mém.*, III, 262). ♦ Se rassurer, écarter toute crainte :

Les uns après les autres je les joins, tâchant de m'assurer (Boss., *Brièveté de la vie*). ♦Avoir confiance, se fier à : *Ne t'assure point sur ta haute science* (Corn., *Imit.*, I, 480). *Faut-il que je m'assure au rapport de mes vœux ?* (Mol., *D. G.*, 1123). *Ne vous assurez point sur ce cœur inconstant* (Rac., *Ph.*, 1423). *S'assure-t-on sur l'alliance Qu'a faite la nécessité ?* (La Font., *F.*, VIII, 22). – En ce sens, il a pu s'employer intransitivement : [...] *La Reine mère* [...] *était dans un étrange embarras ; elle savait toutes les cabales, et n'assurait pas encore si bien sur le vicomte de Turenne qu'elle ne craignît quelque retour* (Du Buisson, *Turenne*, 4). ♦Se rendre maître, s'emparer de qqn (auj. seulement dans la langue du droit) : *Allez dès aujourd'hui, Soit qu'il résiste ou non, vous assurer de lui* (Corn., *Cid*, 572). *Ne pouvant s'empêcher de s'assurer de sa personne, il le fit conduire à Toulouse* (Du Buisson, *Turenne*, 2).

astre n.m. Horoscope : *Et, malgré tous vos soins et votre adresse à feindre, Mon astre me disait ce que j'avais à craindre* (Mol., *Mis.*, 1294).

atelier n.m. Chantier : *Il fait bâtir dans la rue *** une maison de pierre de taille* [...] *Il se promène tous les jours dans ses ateliers* [...] *Il montre à ses amis ce qu'il a fait et il leur dit ce qu'il a dessein de faire* (La Br., XI, 124).

atêter (s') v.pr. S'attaquer à, affronter : *Il s'atêta au président de Mesme* (Retz, *Mém.*, II, 249).

atour n.m. Ornement, parure (mot vieilli, proscrit par les puristes, mais fréquent chez les burlesques) : *Il était témoin de la fête Paré d'un magnifique atour* (La Font., *Psyché*, I).

Auj. rare et seulement au pluriel.

atourner v.t. Orner, parer (n'est plus employé dans le style « sérieux », selon Fur. et Acad. 94) : *Ce chien-ci donc étant de la sorte atourné* [...] (La Font., *F.*, VIII, 7).

atrabilaire adj. et n. Dans le vocabulaire médical, se dit d'un tempérament où la bile noire domine : *La seconde* [espèce de mélancolie] *vient de tout le sang fait et rendu atrabilaire* (Mol., *Pourc.*, I, VIII).

attache n.f. Attachement passionné : *Qu'est-ce que la gourmandise ? – C'est une attache démesurée aux plaisirs de la bouche* (Boss., *Catéch. de Meaux*). *Je fus sincèrement épris de tant de qualités admirables ; et, s'il eut beaucoup de bonne volonté pour moi, j'eus aussi pour lui une très forte attache* (Boil., *Lutr.*, Avis au lecteur). *Pour cet enfant leur attache est visible* (Rac., *Ath.*, 908). ♦Attention, intérêt porté à qqch : *La plupart du temps, ou je rêve sans dire mot, ou je n'ai presque point d'attache à ce que je dis* (La Roch., *Portrait par lui-même*). ♦Permission, autorisation : *Le reste des hommes en est indigne* [de ces biens] ; *ils* [les libertins] *ne comprennent point que sans leur attache on ait l'impudence de les espérer* (La Br., XVI, 26). *On ne le recevait point sans attache* (Richelet). ♦**Lettre d'attache,** *ou simplement* **attache,** « Lettre ou commission qui s'attache sur une autre, ou sur un arrêt pour la faire exécuter : *Les gens de guerre prennent des lettres d'attache, prennent l'attache du général pour loger dans sa province* » (Acad. 94).

Auj., au pluriel : « relations, liens ».

attacher v.t. Appliquer, mettre : *Ainsi nous apprendrons à mépriser ce qu'elle a quitté sans peine, afin d'attacher toute notre estime à ce qu'elle a embrassé avec tant d'ardeur* (Boss., *O. f. H. d'Angl.*).

atteinte n.f. Blessure : *Tous ensemble au sanglier voudraient lancer leurs dards ; Mais peut-être Adonis en recevrait l'atteinte* (La Font., *Adonis*, 503). ♦Coup qui fait souffrir : *Percé jusques au fond du cœur D'une atteinte imprévue aussi bien que mortelle* (Corn., *Cid*, 292). ♦Blessure amoureuse : *Sans employer la langue, il est des interprètes Qui parlent clairement des atteintes secrètes* (Mol., *D. G.*, 68).

Auj. emploi restreint à des expressions telles que *les premières atteintes de la maladie.*

attendre [à] v.t. Différer de (auj. en ce sens on dit *attendre pour*) : *Je n'attendais à vous écrire, Madame, que le gain de votre procès* (Bussy, *Lettres*, 15 août 1688). *Il y a des hommes qui attendent à être dévots et religieux que tout le monde se déclare impie et libertin* (La Br., XVI, 5).

◆ **s'attendre à qqn,** se fier à lui, se reposer sur lui, avoir confiance en lui : *Ne vous attendez point à mon fils ; je ne crois pas qu'il aille à Nantes* [...] *Vous avez plus de connaissance que lui de toutes ces choses* (Sév., 23 avr. 1687). *Ne t'attends qu'à toi seul* (La Font., *F.*, IV, 22).

◆ **s'attendre de** (et l'infinitif), compter, se préparer à (auj., en ce sens, « s'attendre à ») :

Je ne m'attendais pas d'avoir un peintre si illustre (Mol., *Sicil.*, sc. XI). Être sur le point de : *Mes transports aujourd'hui s'attendaient d'éclater* (Rac., *Bér.*, 713). ♦ **S'attendre que** (et l'indicatif), compter que : *Je m'attends que je recevrai bientôt de vos nouvelles* (Rac., *Lettre J.-B. Racine*, 16 juin 1698).

attentat n.m. Acte commis au mépris des lois, de l'autorité établie : *Empêcher l'exécution d'un arrêt, c'est un attentat* (Acad. 94). *S'attaquer à mon choix, c'est se prendre à moi-même Et faire un attentat sur le pouvoir suprême* (Corn., *Cid*, 606). *De grâce, apprenez-moi, Seigneur, mes attentats* (Rac., *Brit.*, 538). *La majesté violée par des attentats jusques alors inconnus* (Boss., *O. f. H. de Fr.*).

Auj. « attaque criminelle contre une personne », en général pour des motifs politiques. L'idée d'infraction subsiste dans *attentat aux mœurs, à la pudeur.*

attenter v.t. Tenter, entreprendre un acte hostile (sens fréquent jusqu'au XVIIIe s.) : *Il n'attentera rien, tant qu'il craindra pour lui* (Corn., *Nic.*, 1634).

◆ v.t.ind. **Attenter à** (et un nom ou un infinitif), porter ses prétentions, ses désirs jusqu'à, tendre à : *Si tu n'ordonnais à tous de s'avancer, Quel homme attenterait à cet excès de gloire ?* (Corn., *Imit.*, IV, 76). *Attenter à comprendre un si profond secret* (Corn., *Imit.*, IV, 580). ♦ **Attenter sur, contre,** commettre un attentat contre (auj., en ce sens, on dit *attenter à* [la vie, l'honneur, etc.]) : *De quel droit sur vous-même osez-vous attenter ?* (Rac., *Ph.*, 196). *Et garde-toi bien d'attenter contre ta vie* (La Font., *Psyché*, II). *Les Romains avaient toujours trouvé mauvais que les soldats osassent attenter sur leur chef* (Saint-Réal, *Conjur. des Gracques*).

atterrer v.t. Jeter à terre, terrasser : *Ils vinrent aux prises, et il l'atterra sous lui* (Acad. 94). ♦ Abattre, ruiner : *Atterre ton orgueil, et montre ta puissance* (Corn., *Méd.*, 1199). *Il veut que de ses gens le déluge effroyable Atterre impunément les peuples qu'il accable* (Corn., *Att.*, 114).

Auj. « consterner, jeter dans l'abattement moral par la considération d'un malheur, d'une circonstance désastreuse ».

attiédir v.t. Atténuer, affaiblir (auj. seulement au sens propre) : *Quels que soient tes ennuis, attends encore un peu, Sans attiédir ton feu* (Corn., *Imit.*, III, 744). *Mais encore une fois souffrez que je vous die Qu'une si juste ardeur devrait être attiédie* (Corn., *Cinna*, 62).

attiédissement n.m. Tiédeur de sentiments : *Il avait fait paraître une grande ferveur d'abord, mais il est tombé depuis dans un grand attiédissement* (Acad. 94).

attitrer v.t. Suborner, soudoyer, gagner à une mauvaise cause : *On avait attitré des gens pour l'assassiner* (Acad. 94). *Quoi ? je passe à tes yeux pour un homme attitré ?* (Corn., *Perth.*, 1053). *Cet homme ayant forgé quantité de fausses pièces les donne à plusieurs personnes attitrées qui les débitent* (Sorel, *Franc.*, XII).

Cet emploi appartient à la langue de la vénerie : *attitrer des chiens,* c'est les poster à des relais (« titres ») d'où ils poursuivront le gibier. Le participe *attitré* est seul usuel auj. : « qui existe ou qui est tel en vertu d'un titre ou de l'habitude » : *emploi, chroniqueur attitré.*

attoucher v.t. Toucher à (au propre et au fig.) [mot vieilli au XVIIe s.] : *Il faut que je vous dise que je suis si délicat, qu'on me blesse pour peu qu'on m'attouche* (Balz., in L.), et avec un complément d'objet indirect : *Ceux qui attouchent de parentage à la personne aimée* (Urfé, *Astrée*, II, 176).

attraire v.t. Attirer, faire venir (vieilli au XVIIe s. ; surtout usité dans le style burlesque) : *Ma belle-mère dont la bonne grâce avait attrait les chalands* (Chap., *Guzm. Alfar.*, III, 424).

attrait n.m. Inclination, mouvement irraisonné de celui qui est attiré : *Qui t'amène ici par ce frivole attrait Aux douceurs de ma mort mêler un vain regret ?* (Corn., *Théod.*, 1557). *Il cultive les jeunes* [femmes] *et entre celles-ci les plus belles et les mieux faites, c'est son attrait* (La Br., XIII, 24).

Le sens actuel de « charme puissant de ce qui attire » était usuel aussi au XVIIe s. : *Quels attraits penses-tu qu'ait pour nous la couronne, S'il faut qu'un crime égal par ta main nous la donne ?* (Corn., *Rodog.*, 683).

aucun adj.ind. Quelque, un seul (le sens négatif avec *ne* est le seul usuel auj.) : *Je serais bien fâchée, ma bonne, qu'aucun courrier fût noyé* (Sév., 19 janv. 1674). ♦ Il pouvait s'employer au pluriel : *Titus ne l'aime pas tant qu'il dit* [selon Bérénice], *puisqu'il ne fait aucuns efforts à l'égard du sénat et du peuple romain* (Bussy,

Lettre Mme Bossuet, 13 août 1671). *Aucuns monstres par moi domptés jusqu'aujourd'hui Ne m'ont acquis le droit de faillir comme lui* (Rac., *Ph.*, 99).

◆ pr.ind. Quelqu'un ou, avec une négation, personne (auj. il ne s'emploie comme pronom que s'il est déterminé par un complément, ou pour représenter un nom déjà exprimé) : *Ne saurait-il souffrir qu'aucun hante céans ?* (Mol., *Tart.*, 80). *La Mouche* [...] *Se plaint* [...] *Qu'aucun n'aide aux chevaux à se tirer d'affaire* (La Font., *F.*, VII, 9). *Quelques voyageurs égarés (aucuns disent que c'étaient des prêtres de Diane)* [...] (La Font., *Vie d'Ésope*). *Phèdre était si succinct qu'aucuns l'en ont blâmé* (La Font., *F.*, VI, 1). – Cet emploi pluriel était rare et du style familier. ♦**D'aucuns** (pronom ou adjectif ; auj. seulement comme pronom, dans le style affecté), certains : *Ce que d'aucuns maris souffrent paisiblement* (Mol., *Éc. des f.*, 54). ♦**Les aucuns,** certains : *Certains mots, caractères, brevets Dont les aucuns ont de très bons effets* (La Font., *Contes*, II, 38).

aucunefois adv. Quelquefois : *En mon sommeil aucunefois les songes Trompent mes sens par de si doux mensonges* (Racan, I, 165). – Selon Vaug., ce mot « commence à sentir le vieux et le rance ».

aucunement adv. En quelque façon, jusqu'à un certain point (sans la négation « ne ») : *Qui s'avoue insolvable aucunement s'acquitte* (Corn., *S. du Ment.*, 796). *On pourrait aucunement Souffrir ce défaut aux hommes* (La Font., *F.*, IX, 1).

À la fin du XVIIe s., il ne s'emploie plus, comme auj., qu'avec *ne* : *Il ne faut aucunement avoir commerce avec les méchants* (Fur.). – Certains le jugent même vieilli dans tous ses emplois.

audace n.f. Ganse qui servait à soutenir ou à relever les bords du chapeau : *Avec son audace au chapeau et cette cravate noire* [...] (Sév., 27 déc. 1688).

Les sens actuels de « hardiesse », « hardiesse impudente » sont les seuls enregistrés par Acad. 94 : *Le Comte eut de l'audace ; il l'en a su punir* (Corn., *Cid*, 1423).

audience n.f. Attention prêtée à celui qui parle (auj. plutôt « assentiment, écho favorable » : *des propos qui recueillent une large audience*) : *Parlez, vous aurez audience* (Acad. 94). *Et je vois sa raison D'une audience avide avaler ce poison* (Mol., *D. G.*, 459). *Voici la plus belle méditation dont David s'entretenait sur le trône, et au milieu de sa cour : Sire, elle est digne de votre audience* (Boss., *Serm. sur la Mort*). ♦Auditoire : *Ce prédicateur a une belle, une nombreuse audience* (Acad. 94). *Frère André, par son éloquence, Satisfit fort son audience* (La Font., *Contes*, II, 2).

Ce mot avait aussi au XVIIe s. les sens actuels de « admission auprès d'un prince ou d'un personnage important », ou « séance d'un tribunal ».

augmentation n.f. Accroissement : *Je le trouvai* [M. d'Andilly] *dans une augmentation de sainteté qui m'étonna* (Sév., 19 avr. 1671). ♦Élément supplémentaire, nouveau détail : *Voilà présentement ce que je vous puis dire, mais entre ci* [= maintenant] *et demain que partira cette lettre, il y aura bien des augmentations* (Sév., 24 déc. 1673).

Auj. l'emploi au propre est plus restreint : *augmentation de poids, de volume, de valeur.*

augmenter v.i. Exagérer (ce sens n'est pas signalé par Acad. 94) : *En cela je n'augmente pas* (La Font., *Contes*, II, 4). ♦Croître (même avec un nom de personne comme sujet, ce qui n'est plus possible auj.) : *Toujours il augmente en savoir* (La Font., *Ép. à la princesse de Bavière*)

◆ **s'augmenter,** devenir plus grand : *Plus j'apprends son mérite, et plus mon feu s'augmente* (Corn., *Cid*, 1166). *Comme à ce mot s'augmente sa douleur !* (Mol., *Ét.*, 551).

L'emploi transitif actuel était usuel au XVIIe s. : *L'éclat de mon nom même augmente mon supplice* (Rac., *Ph.*, 1610).

aumônier, ère adj. Charitable : *Cette dame est fort aumônière* (Acad. 94)

◆ n. m. Ecclésiastique attaché à la personne du roi, d'un prince, d'un grand seigneur, et chargé de fonctions spirituelles (prière, etc.) et temporelles (distribution d'aumônes, etc.).

Auj. ce mot n'est plus employé que comme nom et désigne un prêtre attaché à un établissement, à un groupe, etc.

aune n.f. **Tout du long de l'aune,** abondamment, sans retenue : *Je pense que le ciel m'a mis en terre* [= sur la terre] *pour l'en punir* [de son avarice]. *Je vous jure que je ne m'y épargnerai pas, ou mon esprit sera stérile en inventions* [...] *Je lui en donnerai tout du long de l'aune* (Sorel, *Franc.*, VII). *C'est véritablement la tour de Babylone, Car chacun y babille, et tout du long de l'aune* (Mol., *Tart.*, 162).

auparavant Employé comme préposition (auj. emploi uniquement adverbial) : *Personne auparavant ce crime D'un puîné ne porta le deuil* (Th. de Viau, *Paraphr. d'une ode d'Horace*). *Mais j'avoue qu'auparavant cela, l'honnêteté et la préciosité d'un long veuvage m'avaient laissée dans une profonde ignorance* (Sév., 21 oct. 1671).

◆ **auparavant de, auparavant que de** loc. prép. Avant de : *On est étouffé auparavant de toucher la terre* (Cyrano, *États et empires de la Lune*, 53). *L'on résolut de publier le siège d'Étampes quinze jours auparavant que de l'exécuter* (Retz, *l'Intrigue de la paix*).

◆ **auparavant que** loc.conj. Avant que : *Auparavant que la barbe lui crût* [...] (La Font., *Contes*, IV, 12).

Vaug. n'admettait déjà que l'emploi adverbial de *auparavant*, seul usuel aujourd'hui.

auprès Pouvait s'employer seul comme préposition (auj., on dit *auprès de*) : *Un pasteur frais et en parfaite santé, en linge fin et en point de Venise, a sa place dans l'œuvre, auprès les pourpres et les fourrures* (La Br., II, 173).

aussi adv. Était employé au sens de « ainsi, de même » : *Il déjeune très bien ; aussi fait sa famille* (La Font., *F.*, IV, 4) ; et, en corrélation avec *comme : Car, comme le son de la voix, lorsqu'il est plus fort, se fait mieux entendre à l'oreille du corps, aussi l'expression, quand elle est plus forte, se fait mieux entendre à l'oreille de l'esprit* (Vaug., *Rem.*, 160). ♦ Non plus : *Vas-y toi. – Ma foi, je n'irai pas. – Je n'irai pas aussi* (Mol., *Éc. des f.*, 202). *Elle ne disait mot, ni lui aussi* (Sév., 28 févr. 1689). ♦ Indiquait une explication (« en effet ») : [...] *après qu'entre les morts on ne le put trouver : Le roi de Perse aussi l'avait fait enlever* (Corn., *Pol.*, 288). ♦ Indiquait une cause (« parce que ») : *La Solitaire* [nom d'une tulipe], *où* [=auprès de laquelle] *il se fixe, où il se lasse, où il s'assit, où il oublie de dîner ; aussi est-elle nuancée, bordée, huilée* (La Br., XIII, 2).

autant adv. Modifiait un adjectif ou un adverbe avec le sens de « aussi » : *Une personne autant affligée que l'était Chimène* (Sentim. Acad. sur « le Cid »). *Passons chez Octavie, et donnons-lui le reste D'un jour autant heureux que je l'ai cru funeste* (Rac., *Brit.*, 1608). ♦ Extrêmement, le plus : *M. de Marcillac est un des hommes de France que j'aime et que j'estime autant* (Bussy, *Lettres*, 6 août 1687). ♦ **Boire d'autant,** boire abondamment, à volonté : *Je n'aurais qu'à chanter, rire, boire d'autant* (Boil., *Sat.*, II, 59). ♦ **D'autant que,** loc.conj., parce que, comme (Vaug. voulait qu'on l'écrivît *dautant que*. À la fin du siècle, elle n'était plus guère usitée que dans la langue juridique et dans les actes de chancellerie) : *Le charretier lui assura qu'il n'y avait plus qu'une demi-lieue jusques au bourg, et de fait il disait la vérité. Néanmoins ils n'y purent pas arriver, d'autant qu'une de leurs roues eut quelque chose de rompu* (Sorel, *Franc.*, I). *D'autant que vous avez mis votre espérance en la calomnie et au tumulte, cette iniquité vous sera imputée* (Pasc., *Prov.*, XVI). – Auj. cette loc. indique une considération causale accessoire, et ne peut se placer qu'après la proposition principale. ♦ **Autant que... autant,** autant... autant : *Autant que de David la race est respectée, Autant de Jézabel la fille est détestée* (Rac., *Ath.*, 271-72). ♦ **D'autant plus** (ou **moins**) **que..., d'autant plus** (ou **moins**), plus... plus (ou moins... moins) [cette expression, archaïque pour Acad. 94, était approuvée par Vaug.] : *D'autant plus que les choses sont de conséquence, d'autant plus nous avons besoin* [...] (Boss., *Serm. sur la Loi de Dieu*, Exorde). *D'autant plus qu'elle chemine, Moins elle approche du matin* (Malh., *Chansons*, CXII, 23).

authentique adj. Célèbre, notable, solennel : *Çà, mon père, il faut faire un exemple authentique* (Rac., *Plaid.*, 627). *Serments authentiques* (Mol., *Ét.*, 1500).

Le sens actuel de « digne de foi, qui ne peut être contesté » était usuel au XVIIe s. : *Il faut prouver ce qu'on allègue en justice par des pièces authentiques, ou titres originaux* (Fur.).

authentiquement adv. Solennellement, avec éclat : *Des décrets prononcés authentiquement dans le sénat sur les rescrits des princes* (Boss., *H. univ.*, I, 10).

Auj., comme aussi au XVIIe s., « d'une manière permettant qu'on y ajoute foi » : *Il a prouvé authentiquement les faits par lui allégués* (Fur.).

automne n. Selon Vaug., ce mot est toujours féminin ; selon Acad. 94, « quelques-uns le font féminin » : *Mon Dieu, que vous allez passer une jolie automne* (Sév., 4 août 1677).

autoriser v.t. Donner de l'autorité, du crédit à : *Le consentement des bons auteurs est comme le sceau, ou une vérification, qui autorise le langage de la Cour, et qui marque le bon usage, et* *décide celui qui est douteux* (Vaug., *Rem.*, Préf., II). *Il a autorisé et réformé les lois* (Rac., *Disc. de l'abbé Colbert*). *De votre trépas autorisant le bruit* (Rac., *Mithr.*, 485). ♦ Justifier, légitimer : *Des actions d'autrui teintes de leurs couleurs Ils pensent par le monde autoriser les leurs* (Mol., *Tart.*, 112). – Le sens actuel de « permettre » n'est pas enregistré dans Acad. 94.

◆ **s'autoriser, être autorisé,** prendre, avoir de l'autorité : *Il* [Octave] *s'est servi de vous* [Cicéron] *pour s'autoriser ; ensuite il vous a livré à Antoine* (Fén., *Dial. des morts*, XLIII). *Siècle vraiment subtil, où l'on veut pécher avec raison, où la faiblesse veut s'autoriser par des maximes* (Boss., *O. f. Anne de Gonzague*). *Scipion Nasica, l'un des plus autorisés de cet ordre* [le sénat], *ne ménagea plus rien* (Saint-Réal, *Conjur. des Gracques*).

autre adj.indéf. Pouvait précéder un second déterminant (adj. numéral, indéf.), au lieu de se placer après, comme auj. : *On dit « mon âme, mon envie, mon inclination, etc. » et ainsi des autres deux « ton » et « son »* (Vaug., *Rem.*, 351). [...] *de l'air, du feu, des minéraux et quelques autres telles choses* (Desc., *Méth.*, VI). *Là, entre autres plusieurs choses, nous avons arrêté nos yeux sur une galère turque* (Mol., *Fourb.*, II, VII). ♦ Employé sans article pour *un autre : La plupart des hommes ne se veut presque pas imaginer qu'il soit autre temps que celui qui passe à l'heure même* (Malh., *Bienf.*, III, 4). ♦ **Autre chose, sinon,** rien d'autre que, rien si ce n'est : *Quoi qu'ils vécussent dans une grande union, il n'en paraissait presque autre chose en public, sinon que ce prince trouvait sa conversation beaucoup plus agréable que* [...] (Saint-Réal, *Dom Carlos*).

autrui pron. Pouvait être employé substantivement pour désigner ce qui appartient à autrui : [Il] *aurait perdu tout ce qu'il avait, ou du sien ou de l'autrui* (Malh., *Bienf.*, VII, 16).

Cet emploi est déclaré hors d'usage par Vaug. et par Acad. 94.

avaler v.t. Descendre, abaisser (sens vieilli et bas au XVIIe s.) : *Avaler la lanterne* (Acad. 94). *Ils virent avaler une échelle de corde par une fenêtre qui était à côté de la grande porte* (Sorel, *Franc.*, I). *Quand, autour du Roi, quelqu'un avalait son chaperon, les plus près du Roi lui faisaient place, parce que c'était une marque qu'il voulait parler au Roi* (Saint-Simon, 1699). ♦ Couper, abattre : *Avaler le bras de quelqu'un* (Acad. 94).

Les sens actuels de « faire descendre par le gosier », « absorber » étaient les plus courants au XVIIe s. : *Un jour deux pèlerins sur le sable rencontrent Une huître* [...] *: Ils l'avalent des yeux, du doigt ils se la montrent* (La Font., *F.*, IX, 9). *Pour Pauline, cette dévoreuse de livres, j'aime mieux qu'elle en avale de mauvais que de ne point aimer à lire* (Sév., 15 janv. 1690).

avancé, e adj. Prématuré : *On appréhenda qu'elle n'eût le sort des choses avancées* (Boss., *O. f. Condé*). ♦ Précoce : *On appelle fruits avancés les fruits hâtifs, précoces. En ce même sens on dit : Un esprit avancé, les esprits trop avancés, avancés de trop bonne heure, ne réussissent guère* (Acad. 94). – Auj. des *fruits avancés* sont « des fruits qui commencent à se gâter », un *esprit avancé* est « celui qui se signale par sa hardiesse ».

avancement n.m. Progrès, perfectionnement (auj. encore en ce sens : *l'avancement des sciences*) : *On voit un grand avancement dans cet écolier* (Acad. 94). *Les grandes choses que le Roi a faites pour l'avancement de la religion catholique* (Rac., *P.-R.*, I). *Pour moi, qui toujours penche plus fortement Vers l'imperfection que vers l'avancement* (Corn., *Imit.*, III, 4078). ♦ Ce qui est donné par avance sur un héritage, etc. ; avance : *Par avancement de succession* (Acad. 94).

Auj. « état de ce qui est avancé ; passage à un grade supérieur ».

avancer v.t. Mettre dans une situation plus avantageuse, plus élevée : *Vous serez cent fois plus heureux et plus en état de vous avancer que vous ne l'auriez été* (Rac., *Lettre J.-B. Racine*, 19 sept. 1698). *Et en ménageant leurs intérêts* [des autres] *il avance et établit les siens* (La Roch., *Réflex. diverses*, XVI). ♦ Servir, favoriser : *Il t'en coûterait trop pour avancer ma flamme* (Corn., *Pl. R.*, 694). ♦ Hâter la réalisation de : *Il est temps d'avancer ce qu'il faut que je fasse* (Corn., *Rodog.*, 1572). ♦ Annoncer par avance : *Je pris plaisir à vous avancer cette nouvelle de quelques jours* (Sév., 5 janvier 1680).

◆ v.i. **N'avancer rien,** ne faire aucun progrès : *Jamais sur ce cœur on n'avancera rien* (Corn., *Œd.*, 495).

Les sens actuels étaient usuels aussi au XVIIe s.

avant adv. Loin, profondément (auj. emploi plus restreint en ce sens) : *Un os lui demeura* [au loup] *bien avant au gosier* (La Font., *F.*, III, 9). *Mais je vais trop avant, et deviens indiscrète* (Corn., *Cid*, 77).

◆ **Avant que, avant que de, avant,** suivis d'un infinitif, là où nous employons *avant de* (Vaug. condamne les constructions *avant que mourir* et *avant mourir*. La construction actuelle *avant de* et l'infinitif ne se rencontre qu'exceptionnellement au XVIIe s. Elle n'entre dans le dictionnaire de l'Acad. qu'à partir de l'édition de 1835) : *Avant que nous lier il faut mieux nous connaître* (Mol., *Mis.*, 282). *On prétend que le vieil Wit, avant que mourir, ne cessait* [...] (Rac., *Not. hist.*). *Ne verrez-vous point Phèdre avant que de partir ?* (Rac., *Ph.*, 139). *Monsieur d'Autun me dit hier que ma tante avait payé les dettes de son fils avant mourir* (Sév., 15 janv. 1687).

avantage n.m. Prérogative ; privilège qui s'attache à qqch : *Je sais en lui des ans respecter l'avantage* (Rac., *Mithr.*, 19). ♦ Intérêt : *Que la république elle-même* [...] *se trouvait forcée par ses propres avantages à faire leur fortune ou à l'embellir* (La Br., II, 10). – Il s'employait aussi au sens plus général actuel de « ce qui est utile ; supériorité ».

◆ **Prendre qqn à son avantage,** l'attaquer quand on est le plus fort : *Je l'ai pris à mon avantage, et comme je le tiens à cent cinquante lieues de moi, je lui dis tout ce que je pense* (Sév., 24 janv. 1689). ♦ **À l'avantage,** commodément, avantageusement : *Être monté à l'avantage, pour dire Être monté sur un bon cheval. Être vêtu à l'avantage, pour dire Être vêtu d'une manière qui pare beaucoup* (Acad. 94). ♦ **Prendre avantage, prendre de l'avantage,** monter sur une éminence pour se hisser sur sa monture : *Il fit serment de ne monter jamais sur animal chevauchable sans prendre toutes ses sûretés. Il prit donc avantage pour monter sur sa bête* (Scarr., *Rom. com.*, II, 2).

avare adj. Avide, cupide, vivement désireux d'acquérir : *Ces conquérants brutaux et avares qui ne respirent que le pillage* (Boss., *H. univ.*, III, 6). *Votre avare nourrice, en cette occasion, À l'or de mes louis sensible* [...] (La Font., *Ragotin*, V, XVI). *Ô mort, où est ta victoire ? Ta main avare n'a rien enlevé à cette vertueuse abbesse* (Boss., *O. f. Yolande de Monterby*).

Le sens actuel de « qui est enclin, par soif de possession, à ne jamais rien donner de ses biens » était usuel au XVIIe s.

avarice n.f. Avidité, cupidité : *L'avarice perd tout en voulant tout gagner* (La Font., *F.*, V, 13). *Ces vautours* [les juges prévaricateurs] *engraissés du sang des orphelins N'assouviront-ils pas leur gloutonne avarice ?* (Racan, *Ps. LXXXI*, 8).

Auj. plutôt, comme aussi au XVIIe s., « souci de conserver le plus possible de ce qu'on possède ».

avaricieux, euse adj. et n. Fam. Avare, avide de gain : *Il a un père qui, quoique riche, est un avaricieux fieffé* (Mol., *Fourb.*, III, III). *Je tenais un peu d'une humeur avaricieuse qui me donnait de l'inclination à chérir ceux qui me faisaient des largesses* (Sorel, *Franc.*, II).

avec, avecque, avecques prép. Indiquait : **1.** le temps (là où on emploie auj. *à*) : *Les Ides étaient fêtées avec le premier jour qui les suivait* (Rac., *Ann. Plutarque*) ; **2.** la simultanéité (là où on emploie auj. *au milieu de, parmi*) : *Seize années d'une prospérité accomplie, qui coulèrent sans interruption avec l'admiration de toute la terre* (Boss., *O. f. H. de France*).

Vaug. condamnait *avecques*, mais admettait *avecque* : *Si l'amour vit d'espoir, il meurt avecque lui* (Corn., *Cid*, 108 var.).

avenir v.i. Graphie fréquente (Richelet, Acad. 94) du verbe *advenir* (Fur.), conforme à la prononciation : [...] *si le poète est condamnable pour avoir fait arriver en même temps des choses avenues en des temps différents* (Sentim. Acad. sur « le Cid »).

aventure n.f. Ce qui arrive (en bien ou en mal), destin, sort, chance : *Nous autres, bénissons notre heureuse aventure, Allons à nos martyrs donner la sépulture* (Corn., *Pol.*, 1811). *Dit-on quelle aventure a terminé ses jours* [de Thésée] (Rac., *Ph.*, 379). *L'animal se tient prêt, Remerciant les dieux d'une telle aventure* (La Font., *F.*, IV, 16). ♦ **D'aventure,** par aventure, par hasard : [...] *d'aventure passent trois bons marchands* (La Font., *F.*, III, 1). *Si* [...] *par aventure il arrivait, c'est-à-dire : si le hasard voulait que cela arrivât* (Fur.). – Ces locutions étaient sorties de l'usage, selon Vaug. et Acad. Elles sont parfois reprises auj. dans une langue affectée.

aventureux, euse adj. et n. Hardi, courageux : [Des] *succès heureux De ses combats aventureux* (Malh., *Ode à M. le Grand*, 246). ♦Le mot avait aussi, au XVIIe s. le sens péjor. actuel : « d'une témérité risquée » ; il pouvait, contrairement à notre usage, s'employer comme substantif : *Le raisonneur parti, l'aventureux se lance, Les yeux clos, à travers cette eau* (La Font., *F.*, X, 14).

aventurier adj. et n.m. Qui recherche la gloire par les armes : *Seigneur aventurier, s'il te prend quelque envie De voir ce que n'a vu nul chevalier errant, Tu n'as qu'à passer ce torrent* (La Font., *F.*, X, 14). *Je devinerai que votre aventurier d'Alsace* [Montausier] *s'était trouvé au combat de Mulhausen* (Chap., *Lettres*, I, 312). ♦Soldat mercenaire ou volontaire : *La trêve de Hollande ayant réduit les aventuriers français et allemands à chercher de l'emploi ailleurs* (Saint-Réal, *Conjur. c. Venise*).

Auj., « personnage entreprenant et peu scrupuleux ».

avenue n.f. Voie d'accès : *Gardez les avenues de la Russie* (Rac., *Notes hist.*, 23). *Il mit des hommes fidèles et résolus à toutes les avenues de l'appartement du prince* (Saint-Réal, *Dom Carlos*).

Auj., « large voie, ordinairement plantée d'arbres ».

avérer v.t. Prouver, établir la vérité de, vérifier : *Et j'ai su par mes yeux avérer aujourd'hui Le commerce secret de ma femme et de lui* (Mol., *Sgan.*, 375). *Mais dis-moi, ton indice est-il bien assuré ? – J'en réponds sur ma tête, et l'ai trop avéré* (Corn., *Théod.*, 270).

Auj. emploi limité au pronominal *s'avérer*, « apparaître », et au part. passé, « reconnu comme vrai ».

aversion n.f. Chose que l'on n'aime pas : *On lui avait fait dire à diverses fois toutes ses aversions. Il y avait entre autres choses un grand potage au lait et un gros coq d'Inde* (Tall. des Réaux, *Hist.*, Mme de Rambouillet). – Auj. il ne s'emploie plus qu'au sens abstrait de « répugnance, dégoût ». ♦**Avoir de l'aversion à, avoir aversion à** ou **pour,** répugner à, détester (auj. en ce sens on dit *avoir de l'aversion pour*) : *Cela n'empêche que nos dames n'aient une grande aversion à ces façons de parler* (Vaug., *Rem.*). *Il avait aversion à sa mine trop fine* (Retz, *Mém.*, III, 36). *J'ai trop grande aversion pour lui, il m'a trop offensé* (Fur.).

aversité n.f. Variante graphique de *adversité*, conforme à la prononciation : *Je vous chéris assez dans cette extrémité, Pour ne vous charger point de notre aversité* (Mol., *F. sav.*, 1746).

aveu n.m. Approbation, autorisation : *Monsieur, sans votre aveu l'on me fait prisonnier* (Rac., *Plaid.*, 525). *En fait de langue, on ne vient à bout de rien sans l'aveu des hommes pour lesquels on parle* (Fén., *Lettre Acad.*, 5). *J'aimai. J'obtins l'aveu d'Agrippa, votre frère* (Rac., *Bér.*, 191). ♦Déclaration d'amour : *Quel fruit me reviendra d'un aveu téméraire ?* (Rac., *Bér.*, 31).

Le sens actuel de « confession d'une faute » se rencontre aussi au XVIIe s. : *L'on fait l'aveu de sa paresse en des termes qui signifient toujours son désintéressement* (La Br., XI, 67).

aveugle adj. **À l'aveugle,** aveuglément : *Jetez tout à l'aveugle dans le sein immense de la divine bonté* (Boss., *Lettre sœur André*, 14 oct. 1690). *On veut ordinairement que les enfants obéissent à l'aveugle, sans examiner ce qu'on leur ordonne* (Maintenon, *Instr. à la classe jaune*, juill. 1703).

avis n.m. Moyen proposé pour établir un nouvel impôt ou pour ordonner une enquête sur les concussions des fermiers généraux : [...] *Si dans les droits du Roi sa funeste science Par deux ou trois avis n'eût ravagé la France* (Boil., *Sat.*, I, 70). ♦Nouvelles que l'on reçoit : *On a eu avis de l'armée* (Acad. 94).

Le sens actuel était courant au XVIIe s. : *La Reine, qui t'entend, Ne négligera pas cet avis important* (Rac., *Ph.*, 336).

avisement n.m. Qualité, acte d'une personne prudente, circonspecte ; sagesse (vieilli au XVIIe s.) : *Il ne va rien voir, il n'écoute rien, il décide et hasarde tout ; nulle prévoyance, nul avisement* (Fén., *Lettre*, 17 nov. 1708).

aviser v.t. Penser à, réfléchir à : *Voilà dans ces deux choix de quoi vous satisfaire ; Avisez maintenant celui qui peut vous plaire* (Mol., *D. G.*, 1389). – Auj. en ce sens on dit *aviser à.* ♦Apercevoir (sens considéré comme bas par Vaug. et Acad. 94) : *Le jour arrive et devient bientôt assez clair pour aviser sa maison : il ne voit rien* (Saint-Simon, 1698). – Auj. plutôt : « arrêter soudain son regard sur ».

On rencontrait déjà au XVIIe s. l'emploi pronominal actuel *s'aviser de*, « se rendre compte de, imaginer » : *Personne presque ne s'avise de lui-même du mérite d'un autre* (La Br., III, 5).

avocasserie n.f. Péjor. Chicane, métier d'avocat : *Je me jette toujours dans l'avocasserie, et je ferai perdre autant de procès pour y réussir, qu'un bon médecin fait perdre de vies avant qu'il en sauve une* (Corbinelli, *Lettre,* 1er mars 1684).

avoir v.t. **Avoir de,** tenir de, avoir les caractères de : *Les ordres furent donnés* [...] *avec un secret qui eut du prodige* (Retz, *Mém.*, III, 440). ♦ Comporter : *La pitié qui me blesse Sied bien aux plus grands cœurs et n'a point de faiblesse* (Corn., *Pol.*, 86). ♦ Avec un adjectif attribut du compl. d'objet, considérer comme, trouver : *Je n'aurais jamais eu la pensée de vous l'offrir* [ce petit ouvrage], *si vous ne m'aviez fait l'honneur de me témoigner que vous ne l'auriez pas désagréable* (Vaug., *Rem.*, Dédicace). ♦ Le subjonctif 3e pers., pouvait être *aye* ou, comme auj., *ait* : *Tous présument qu'il aye un grand sujet d'ennui* (Corn., *Cinna,* 1283).

avorter v. Pouvait s'employer pronominalement avec le sens de l'intransitif (vieilli au XVIIe s.) : *Leurs desseins tôt conçus se sont tôt avortés* (La Font., *Paraphr. Ps. XVII,* 118).

avouer v.t. Approuver qqn ou qqch : *Et savez-vous Si l'on vous avouera d'un sentiment si doux ?* (La Font., *Achille,* II, III). *Vous serez bien avoué de ce que vous ferez* (Sév., 9 nov. 1686). *Les dieux n'avoueront point un combat plein de crimes* (Corn., *Hor.*, 828). *Je ne sais si Phorbas avouera votre histoire, Mais qu'il l'avoue ou non, j'aurai peine à vous croire* (Corn., *Œd.*, 1097). ♦ Reconnaître qqn, ne pas le désavouer : *J'irai par mon suffrage affermir cette erreur, L'avouer pour mon frère et pour mon empereur* (Corn., *Hér.*, 247). *Qui sait si, sensible aux vertus de la Reine, Rome ne voudra point l'avouer pour Romaine ?* (Rac., *Bér.*, 1008). ♦ Se construisait avec *de* suivi de l'infinitif (auj. avec l'infinitif sans préposition) : *Il n'y a ici personne qui veuille avouer d'y avoir de l'intérêt* (Malh., *Lettres,* s.d.).

◆ **s'avouer de,** s'autoriser, se recommander de : *Avouez-vous de moi par tous les coins du monde* (Corn., *Illus.*, 969).

Il avait aussi au XVIIe s. le sens actuel de « confesser une erreur, une faute, etc. » : *Les hommes parlent de manière, sur ce qui les regarde, qu'ils n'avouent d'eux-mêmes que de petits défauts* (La Br., XI, 67).

b

babil n.m.Bavardage importun ou indiscret : *Le babil de l'hôte acheva de lui faire perdre patience* (Scarr., *Rom. com.*, II, 2). *Ce que quelques-uns appellent* babil *est proprement une intempérance de langue qui ne permet pas à un homme de se taire* (La Br., *Théophr.*, 7). *Je n'ai trouvé en eux* [ces gens divins] *que beaucoup de babil et beaucoup d'orgueil* (Cyrano, *États et empires de la Lune*, p. 76).

Auj. « gazouillis, bavardage charmant ».

babouin, e n. Garnement, enfant qui mérite des réprimandes : [Il] *s'avise De le tancer : ah ! le petit babouin, Voyez, dit-il, où l'a mis sa sottise* (La Font., *F.*, I, 19). *Taisez-vous petite babouine ; vous ne savez pas ce qui vous est propre* (Fur., *Rom. bourg.*, I).

bâcler v.t. Barricader, fermer avec des chaînes : *Nous la bâclâmes* [la porte] *dessus nous, puis, quand tout le monde eut repris haleine* [...] (Cyrano, *États et empires du Soleil*, p. 186). ♦ Fam. Conclure, arrêter : *C'est une affaire bâclée* (Acad. 94).

Auj. « exécuter sans soin et rapidement ».

badaud, e adj. et n. Sot, stupide : *Vous êtes de vrais badauds, dit-il, de faire les actions que vous faites pour si peu de choses* (Sorel, *Franc.*, I).

Ce mot désignait aussi, comme auj., « celui qui s'arrête pour regarder des choses futiles » : *Un charlatan* [= vendeur ambulant] *a bientôt amassé autour de lui plusieurs badauds* (Fur.).

badin, e adj. Niais, sot, en parlant d'une personne : *Pouvais-je être plus badin et plus sot qu'en recevant toutes sortes de visites indifféremment ?* (Chap., *Guzm. Alfar.*, III, 449) ; en parlant d'une chose : *Ma foi, j'en suis d'avis, que ces penards chagrins Nous viennent étourdir de leurs contes badins* (Mol., *Ét.*, 62).

Il avait aussi le sens actuel de « enjoué, qui aime plaisanter » : *Il n'y a rien plus agréable qu'un amour badin* (Fur.). *Riez, Zélie, soyez badine et folâtre à votre ordinaire* (La Br., XIII, 25).

badinage n.m., **badinerie** n.f. Sottise : *Que de sottes façons, et que de badinage !* (Mol., *Mélic.*, 101). *J'appréhende* [...] *que des personnes un peu sérieuses ne traitent de badineries* [...] *les extravagances du juge* (Rac., *Plaid.*, Avert.).

Il désignait aussi, comme auj., « ce qu'on fait ou dit avec enjouement et légèreté » : *Toute plaisanterie dans* [= sur] *un homme mourant est hors de place* [...] *: ce n'est point alors le badinage qui sied bien, mais la constance* (La Br., XVI, 8). *On gagne plutôt une femme avec des badineries qu'avec des entretiens sérieux* (Fur.).

bagace, bagasse n.f. Femme de mauvaise vie : *On n'entend que ces mots : chienne, louve, bagace* (Mol., *Ét.*, 1943).

bagage n.m. Ensemble du matériel d'une armée autre que son armement ; ensemble des effets, des objets qu'on emporte avec soi en déplacement (auj. il n'a pas ce sens collectif) : *Il n'oublie pas l'artillerie ni le bagage* (La Br., X, 11). *Après avoir pillé le camp et tout le bagage de son armée* [...] (Saint-Réal, *Conjur. des Gracques*). *Ils s'en sont allés* [...], *ils ont emporté leur bagage* (Fur.).

bagasse n.f. V. BAGACE.

bagatelle n.f. Frivolité : *Le commun des hommes est si enclin au dérèglement et à la bagatelle* [...] (La Br., XII, 10). ♦ Petite production littéraire ou musicale : *J'avais résolu de ne consentir à l'impression de ces Contes qu'après que j'y pouvais joindre ceux de Boccace* [...] *mais quelques personnes m'ont conseillé de donner dès à présent ce qui me reste de ces bagatelles* (La Font., *Contes*, Préf.). ♦ Parole insignifiante, propos futile : *Ne l'écoutez pas : Ce qu'elle veut vous dire est une bagatelle* (Corn., *Agés.*, 813).

◆ **bagatelle(s) !** interj. exprimant l'incrédulité ou l'insouciance : *Je vous dis que je n'en démordrai point. – Bagatelles ! – Il ne faut point dire : Bagatelles* (Mol., *Mal. im.*, I, V). *Vous dites* [...] *qu'il me maltraitera, bagatelle* (Acad. 94).

Auj., comme le plus souvent au XVIIe s., « objet de peu de prix ; occupation futile » : *Il ne lui manque aucune de ces curieuses bagatelles que l'on porte sur soi autant pour la vanité que pour l'usage* (La Br., II, 27).

bague n.f. **Courir, courre la bague,** participer à un exercice équestre consistant à enlever avec une lance un anneau suspendu appelé bague : *Là, Rocinante, tout gaillard, S'émancipe à courre la bague* (Saint-Amant, *la Chambre du débauché*, 142). *Elle le vit jouer à la paume avec le roi, elle le vit courre la bague* (La Fayette, *Clèves*, I). ♦ Fig. Courir rapidement : *Nous sommes venus courant la bague depuis la dînée* (Sév., 18 août 1677). ♦ **Bagues d'oreilles,** boucles d'oreilles auxquelles on attachait des pendants : *Cette femme a de belles bagues d'oreilles* (Acad. 94).

baguenauder v.i. S'amuser à des riens (mot considéré comme bas par Acad. 94) : *Encore ils* [les dialecticiens] *ne baguenaudent pas de si bonne grâce* (Malh., *Ép.*, 49).

Auj. « flâner, se promener sans but précis » ; souvent employé à la forme pronominale.

bagues n.f.pl. Meubles précieux, pierreries. ♦ Bagages. ♦ **Bagues sauves,** en conservant tous ses biens, sans dommage : *Morette qui commandait la place,* [...] *se rend bagues sauves* (Retz, *Conjur. Fiesque*, V, 602). *Il sortit de prison bagues sauves, hormis qu'il fallut un peu contenter les sergents* (Sorel, *Franc.*, X).

baie, baye n.f. Tromperie, mystification : *C'est une baie Qui sert sans doute aux feux dont l'ingrate le paie* (Mol., *Dép. am.*, 321). *De l'apaiser de quelque baye, Son cœur* [d'Énée] *n'y saurait consentir* (Scarr., *V. tr.*, IV, 1283). ♦ **Donner la baie à qqn,** le tromper, se jouer de lui : *À des provinciaux j'aime à donner la baie* (Th. Corn., *Gal. doublé*, II, VII).

baigner v.t. **Baigner de larmes, de pleurs,** pleurer abondamment sur (auj. littér. et généralem. au passif : « visage baigné de larmes ») : *Elle prend ses enfants et les baigne de pleurs* (Rac., *Ph.*, 1742). *Baigner son lit de larmes* (Acad. 94).

◆ v.i. Prendre un bain (auj., en ce sens, on emploie le pronominal *se baigner*) : *Mme de Coulanges me mande qu'elle a mis la sienne* [baignoire] *sur le côté, à force de baigner* (Sév., 7 sept. 1689).

Acad. 94 signale que dans l'emploi intransitif ce mot « est plus en usage au figuré qu'au propre » : *On le trouva qui baignait dans son sang* [construction encore actuelle].

baigneur n.m. Celui qui tient un établissement de bains : *Cet effronté, en un mot, entre sans payer dans un bain public, et là, en présence du baigneur qui crie inutilement contre lui* [...] (La Br., *Théophr.*, 9). *Il est allé descendre chez un baigneur* (Acad. 94).

Il avait aussi au XVIIe s. le sens actuel de « personne qui prend un bain » : *On voit dans le Gange des vingt ou trente mille baigneurs en même temps* (Fur.).

bailler v.t. Donner (vieilli dès le début du XVIIe s., familier et burlesque) : *Je démêle aisément toutes ses fictions : Ainsi qu'il me les baille, ainsi je les renvoie* (Corn., *Veuve*, 173). ♦ Donner des coups : *Je te baillerai sur le nez, si tu ris davantage* (Mol., *Bourg.*, III, II). ♦ **La bailler bonne, belle,** en faire accroire : *Vous rêvez bien, Léandre, et me la baillez bonne* (Mol., *Ét.*, 1064).

Le mot est déjà déclaré vieilli par Vaug. ; il est blâmé par tous les grammairiens à la fin du XVIIe s.

bailli, baillif n.m. Officier de justice, chef de la noblesse dans une juridiction.

baillive n.f. Femme du bailli : *Vous irez visiter, pour votre bienvenue, Madame la baillive et madame l'élue* (Mol., *Tart.*, 662).

baisemains, baise-mains n.m.pl. Compliments, civilités (sens désapprouvé par Vaug.) : *Tonquedec m'a fait jurer de vous faire ses baisemains, et encore plus à M. de Grignan : il se vante de l'aimer de tout son cœur* (Sév., 19 août 1671). *Florice, à ce défaut, fais-lui mes baisemains* (Corn., *Gal. du Pal.*, 1036). ♦ **À belles baisemains** (féminin dans cette seule expression), « avec soumission et supplication » (Acad. 94).

baiser v.t. **Baiser les mains,** tirer sa révérence ; remercier (parfois refus ironique) : *Je vous demande par grâce* [...] *de me faire promp-*

tement ouvrir. – *Je vous baise les mains* (Mol., *G. D.*, III, VI). *Le Pavot vient, on se retire, Bonsoir, je vous baise les mains* (Tr. L'Hermite, *Vers héroïq.*, Sujet de la Comédie des fleurs). *Je vous baise les mains, et vous donne parole Que je n'en ferai rien* (Regnard, *Fol. am.*, III, X).

baisser v.i. Descendre une rivière : *On baisse depuis Roanne jusqu'à Orléans* (Acad. 94). *Nous prîmes une cabane* [v. ce mot] *et baissâmes jusqu'à Orléans* (Scarr., *Rom. com.*, I, 18).

◆ v.t. **Être baissé,** s'abaisser : *Quelle indignité pour ce qui s'appelle homme D'être baissé sans cesse aux soins matériels Au lieu de se hausser vers les spirituels* (Mol., *F. sav.*, 537). ♦ Être affaibli, diminué, en parlant des forces intellectuelles : *Je le sais, Théobalde, vous êtes vieilli ; mais voudriez-vous que je crusse que vous êtes baissé ?* (La Br., V, 66).

◆ **se baisser,** diminuer : *Ma vue commence à se baisser* (Malh., *Lettre Peiresc*, 10 août 1607).

baladin n.m. Danseur de ballet sur une scène de théâtre (il ne prend une nuance péjorative que dans la seconde moitié du XVIIe s.) : *Baladin ! Êtes-vous en âge de danser des ballets ?* (Mol., *Bourg.*, V, I).

Auj. « bateleur, saltimbanque ».

balance n.f. **Être en balance,** hésiter : *Il est en balance, il ne sait à quoi se résoudre* (Acad. 94). *Je ne m'offense point de vous voir en balance* (Mol., *Amph.*, 1671). ♦ **Emporter la balance,** provoquer telle ou telle décision qui met fin à une incertitude : *Et ta beauté sans doute emportait la balance* (Corn., *Cid*, 886). *Enfin votre rigueur emporta la balance : Vous sûtes m'imposer l'exil ou le silence* (Rac., *Bér.*, 203).

balancement n.m. Hésitation : *Mlle Chevreuse* [...] *fit tant de honte à sa mère du balancement qu'elle témoignait pour son établissement* [...] (Retz, *Mém.*, III, 190).

balancer v.t. Faire osciller, ébranler (sens plus restreint auj. : « mouvoir lentement un corps tantôt d'un côté, tantôt d'un autre ») : *Sa voix qui balance Les rochers sur leurs fondements* (La Font., *Paraphr. Ps. XVII*). ♦ Considérer mûrement, peser : *Mais tout bien balancé, j'ai pourtant reconnu* [...] (Boil., *Sat.*, X, 71). ♦ Tenir en suspens, rendre incertain, indécis : [Moi] *cet heureux Mithridate Qui de Rome toujours balançant le destin Tenais entre elle et moi l'univers incertain* (Rac., *Mithr.*, 437). *Bérénice a longtemps balancé la victoire* (Rac., *Bér.*, 451). ♦ Rivaliser avec, contrebalancer : *Un démon* [...] *balançant Dieu même en son âme flottante, Fait mourir dans son cœur la vérité naissante* (Boil., *Ép.*, III, 13). *Je jugeai bien que* [...] *le crédit de ma famille ne pouvant balancer le leur, je ne serais en sûreté que dans un pays étranger* (Le Sage, *Diable boit.*, XIII). ♦ **Balancer à, sur,** hésiter à : *Tandis qu'à me répondre ici vous balancez* (Rac., *Ath.*, 1630) ; et avec un nom, hésiter à faire : *Il étonna Monsieur jusques au point de le faire balancer au voyage* (Retz, *Mém.*, III, 157).

◆ v.i. Être incertain, indécis : *La victoire a longtemps balancé* (Acad. 94). ♦ Hésiter : *Quelle peur vous retient ? vous semblez balancer ?* (Rac., *Ph.*, 1372).

balandran, balandras n.m. Gros manteau pour le mauvais temps, encore en usage au début du XVIIe s. : *Le sieur de Provins avait changé son balandran en manteau court* (Boil., *Disc. satire*). *Le soleil* [...] *pénètre enfin le Cavalier, Sous son balandras fait qu'il sue* (La Font., *F.*, VI, 3).

balle n.f. Ballot attaché avec de la corde et enveloppé de grosse toile (parfois encore auj.) : *La Rancune* [...] *dénoua habilement les cordes de deux balles, dans chacune desquelles il prit deux pièces de toile* (Scarr., *Rom. com.*, III, 4). ♦ **Marchandises de balle,** celles que portent les colporteurs dans leur ballot, d'où la locution **de balle,** de pacotille, sans valeur : *Allez rimeur de balle, opprobre du métier* (Mol., *F. sav.*, 1016). *Vous nous dites là des nouvelles de balle* (Acad. 94).

baller v.i. Danser (vieilli au XVIIe s., bas selon Richelet et Acad. 94) : *Votre serviteur Gille* [...] *parle, on l'entend : il sait danser, baller, Faire des tours de toute sorte* (La Font., *F.*, IX, 3).

ballier v.t. Autre forme de *balayer* : *Ne pensez pas que ce soit un autre que lui qui ballie le matin sa chambre* (La Br., *Théophr.*, 22).

ballot n.m. Fig. et fam. Ce qui convient : *Mme de Manneville était fille de Montchevreuil ; et c'était tellement* [cette charge] *leur vrai ballot, qu'on ne comprend pas comment elle n'y avait pas été mise d'abord* (Saint-Simon, 1692).

Il avait aussi le sens, resté usuel, de « paquet » : *Il y avait tant de ballots dans ce vaisseau* (Fur.).

ballotter v.t. Se jouer de : *Ballotter quelqu'un* (Acad. 94). ♦Mettre aux voix, désigner par suffrages, au moyen de petites balles appelées **ballottes :** *Si je vous eusse fait ballotter et que votre nom se fût trouvé au nombre de ceux qu'il m'eût fallu racheter, ne me penseriez-vous rien devoir ?* (Malh., *Bienf.*, VI, 14). *Le cardinal Rospigliosi* [...] *ne veut pas que l'on parle seulement de ses créatures tant que celles de Chigi n'auront pas été ballottées* (Retz, *Lettre*, 14 sept. 1676).

◆ v.i. Au jeu de paume, se renvoyer la balle sans faire de partie réglée : *Qui veut y ballotte à la paume* (Scarr., *V. tr.*, VI, 2407).

balustre n.m. Clôture d'un lit, d'une alcôve, et par extens. alcôve, salon : *Ma veine qui charmait alors tant de balustres N'est plus qu'un vieux torrent qu'ont tari douze lustres* (Corn., *Au Roi retour de Flandre*, 31). ♦Cabinet : *Ce roi, retiré dans son balustre, veille seul sur nous et sur tout l'État* (La Br., *Disc. Acad.*).

bande n.f. Troupe organisée pour combattre sous un même drapeau (auj. « troupe plus ou moins confuse ») : *C'est toi que veut pour chef leur généreuse bande* (Corn., *Cid*, 1086). *L'armée est plus forte, il est vrai ; elle est composée de ces vieilles bandes wallonnes, italiennes et espagnoles qu'on n'avait pu rompre jusqu'alors* (Boss., *O. f. Condé*). ♦Orchestre : *Les violons se sont rendus si communs que, sans avoir beaucoup de domestiques, chacun en ayant quelques-uns auxquels il aurait fait apprendre, il y aurait moyen de faire une forte bande* (Montpensier, *Lettre*, 14 mai 1660). ♦**Grand[e] bande,** les 24 violons de la Chambre du Roi : *Là, dans le carnaval, vous pourrez espérer Le bal et la grand bande, à savoir, deux musettes* (Mol., *Tart.*, 665).

bander v.t. Tendre vers, appliquer à (emploi plus étendu qu'auj.) : *L'esprit continuellement bandé à s'acquitter* (Malh., *Bienf.*, V, 3). *Ne* [pas] *travailler à des choses qui bandent l'esprit après les repas* (Rac., *Ann. Plutarque*).

◆ **se bander,** se soulever, se révolter : *Tous ceux qui s'étaient ouvertement bandés contre lui* (La Roch., *Apol. prince de Marcillac*). *Cette ville est pleine de divisions, ils se sont tous bandés les uns contre les autres* (Acad. 94).

bandoulier, bandolier n.m. Brigand de grand chemin : *On a vu des Césars, et même des plus braves, Qui sortaient d'artisans, de bandoliers, d'esclaves* (Corn., *Att.*, 1246).

bannir v.t. Chasser qqn, l'écarter de soi, d'un endroit (auj. littér. au fig. ; on dit surtout *bannir d'un pays*) : *Ne me bannissez point de votre souvenir* (Corn., *Cid*, 1796). *Pour bannir l'ennemi dont j'étais idolâtre, J'affectai les chagrins d'une injuste marâtre* (Rac., *Ph.*, 293).

banqueroute n.f. Fig. **Faire banqueroute,** manquer à ce qu'on avait promis, à ce qu'on doit : *Il devait être de notre partie, mais il nous a fait banqueroute* (Acad. 94). *Je fais, par cet hymen, banqueroute à tous autres* (Corn., *Ment.*, 1017). *Gardez de faire aux égards banqueroute* (La Font., *Contes*, V, 5).

Auj. seulement au sens propre.

baragouineux n.m. et adj. Celui qui parle un langage qu'on ne comprend pas : *Ah ! peste soit du baragouineux* (Mol., *Fourb.*, III, II).

barbacole n.m. Maître d'école, pédant (nom d'un maître d'école dans l'opéra *le Carnaval*, de Lulli) : *Humains, il vous faudrait encore à soixante ans Renvoyer chez les barbacoles* (La Font., *F.*, XII, 8).

barbier n.m. Chirurgien : *Il est arrivé qu'un qui était allé pour tuer un tyran lui a percé une apostume où les barbiers n'avaient osé mettre la main* (Malh., *Bienf.*, II, 18).

Il désignait essentiellement « celui qui fait la barbe ». C'est au cours du XVIe s. que la chirurgie, qui était auparavant pratiquée couramment par les barbiers, se constitue en art autonome.

barbon n.m. Péjor. Vieillard : *Pour le jeune ou pour le barbon À tout âge l'amour est bon* (Mol., *Mar. forcé*, Intr. nouv.).

barbouiller v.t. Fig. Embrouiller : *Je ne sais comment il a barbouillé cette affaire* (Acad. 94). ♦Compromettre : *Elle se croit offensée, et elle est femme à vous barbouiller terriblement dans le monde* (Dancourt, *Chev. à la mode*, III, II). *Le Roi le voulut voir. Le P. de Chévigny en fut surpris, car le jansénisme l'avait fort barbouillé auprès de lui* (Saint-Simon, 1698).

◆ **se barbouiller,** se rendre ridicule : *Dans le monde à vrai dire, il se barbouille fort* (Mol., *Mis.*, 571).

barguigner v.t. Marchander, hésiter, biaiser (mot « de la lie du peuple » selon Vaug.) : *Les marchands n'aiment pas ceux qui barguignent*

(Acad. 94). *Mais en fait de mari, ne barguignez pas tant* (Th. Corn., *Bar. d'Albik.*, I, V).

Auj. seulement dans l'expression *sans barguigner.*

barre n.f. Barrière, séparation : *Le Bourguignon d'ailleurs sépare leurs provinces, Et servirait pour nous de barre à ces deux princes* (Corn., *Att.*, 1282). ♦ **Être au-dessous de la barre,** être au-dessous du niveau normal, avoir perdu de ses qualités : *Il a soixante et dix-neuf ans ; un esprit n'est-il point au-dessous de la barre à cet âge ?* (Sév., 23 oct. 1689). – L'expression se disait au propre du vin d'un tonneau en perce lorsque son niveau devient inférieur à la pièce de bois qui maintient le fond en le traversant diamétralement.

barrette n.f. Petit bonnet. ♦ **Parler à la barrette de qqn,** le quereller, le réprimander sévèrement : *J'ai bien parlé à sa barrette* [...] *Je lui ai fait une sévère réprimande* (Acad. 94). *Je parle à mon bonnet. – Et moi, je pourrais bien parler à ta barrette* (Mol., *Av.*, I, III).

barrière n.f. Porte d'entrée d'une ville : *Soit que l'honneur à la barrière L'appelle à débattre un cartel* (Malh., *Sur l'attentat contre Henri le Grand*, 173). ♦ Bureaux de perception des droits d'entrée. ♦ Fig. Obstacle en général : *Un torrent tombait des montagnes* [...] *Nul voyageur n'osait passer Une barrière si puissante* (La Font., *F.*, VIII, 23).

bas, basse adj. **Style bas,** celui qui est « plein de manières de parler populaires et triviales » (Acad. 94) ; celui qui, s'opposant au sublime, possède les caractères du style simple et familier. ♦ **En ces bas lieux,** en ce bas monde : *En ces bas lieux nous traînons nos supplices* (Corn., *Imit.*, III, 4870). ♦ **Carême bas,** carême qui vient tôt dans l'année.

bas adv. **Mettre bas, mettre à bas,** abattre : [Le chasseur], *de son arc, avait mis bas un daim* (La Font., *F.*, VIII, 27). *Telle descend la foudre, et d'un soudain fracas Brise, brûle, détruit, met les rochers à bas* (La Font., *Adonis*, 397) ; et au fig. : *C'est maintenant que je triomphe, et j'ai de quoi mettre à bas votre orgueil* (Mol., *G. D.*, III, VI) ; Quitter, déposer : *Croyez-moi, mettez bas l'artifice !* (Corn., *Oth.*, 722). ♦ **Être bas,** être renversé, à terre : *Vous voyez un gladiateur* [...] *quand il sera bas, tendre lui-même sa gorge à son adversaire* (Malh., *Ép.*, 30). *Unissons-nous ensemble, et le tyran est bas* (Corn., *Sert.*, 939).

bas n.m. **Bas d'attache,** bas attachés au haut-de-chausses avec des rubans ou des aiguillettes : *Il portait des chausses troussées à bas d'attache comme celles des comédiens quand ils représentent un héros de l'antiquité* (Scarr., *Rom. com.*, I, 1).

basse-cour n.f. Dans les habitations de princes ou de bourgeois, cour destinée aux écuries, aux équipages, par oppos. à la *cour d'honneur* : *Sire, en la basse-cour une jeune beauté Attend qu'on la présente à Votre Majesté* (Rotr., *Laure perséc.*, II, IV). *Ces auteurs impertinents qui, étant nés dans la basse-cour* [...] (Retz, *Mém.*, III, 353). ♦ **Nouvelles de la basse-cour,** « nouvelles fausses, mal fondées, ridicules » (Acad. 94).

Il signifiait aussi, comme auj., « cour de ferme réservée à la volaille, etc. » : *Un gentilhomme vit honnêtement* [= convenablement] *à la campagne des fruits* [= du produit] *de sa basse-cour* (Fur.).

bassesse n.f. Niveau bas (sens propre rare qui ne se dit pas, selon Acad. 94) : *Il y a un certain degré de hauteur, et un certain degré de bassesse que le mercure n'outrepasse jamais* (Pasc., *Traité du vide*). ♦ Fig. État de ce qui est à un niveau bas : *La bassesse de ma fortune* (Mol., *Am. magn.*, I, I). ♦ État de ce qui appartient au style bas : *Il pourra paraître à bien des gens qu'une question de cette nature ne méritait ni d'être proposée, ni d'être décidée ; soit à cause de la bassesse de l'objet, soit* [...] (il s'agit de l'orthographe du verbe *braire*) (Régnier-Desmarais, *Gramm.*, 437). ♦ Condition basse et obscure : *Votre grand Marius naquit dans la bassesse* (Corn., *Sert.*, 570).

Ce mot désignait aussi, comme auj., le manque de noblesse de sentiments, ou une action basse, qui fait honte : *Un cœur noble ne peut soupçonner en autrui La bassesse et la malice* (Rac., *Esth.*, 1219). *Celles de ma naissance ont horreur des bassesses ; Leur sang tout généreux hait ces molles adresses* (Corn., *Rodog.*, 847).

bassette n.f. Jeu de cartes d'origine vénitienne : *La bassette m'a fait peur : c'est un jeu traître et empêtrant ; cent pistoles y sont bientôt perdues* (Sév., 15 juin 1689).

bastant, e adj. Suffisant : *Ses forces seront plus que bastantes pour le terrasser* (Chap., *Lettres*, I, 146). *Renaud n'en prit qu'une somme bastante*

(La Font., *Contes,* II, 5). ♦ Capable : *Me croyez-vous bastant de nuire à votre feu* [= amour] ? (Corn., *Illus.*, 555 var.).

baster v.i. (l'*s* se prononce selon Acad. 94) Suffire : *Cela ne saurait baster* (Acad. 94). ♦ Fig. et fam. **Cela baste mal,** cela va mal : *La campagne du Portugal n'avait pas bien basté* (Saint-Simon, 1705).

Auj., l'interj. *baste !*, « suffit, cela va bien », s'emploie parfois encore.

bataille n.f. **Donner bataille,** livrer combat : *Les bourgeois sortiront-ils pour donner bataille ?* (Retz, *Mém.*, II, 115).

bâtard, e adj. Indécis, vague, qui n'a pas de caractère nettement déterminé (auj. sens restreint à quelques expressions, comme *solution bâtarde,* etc.) : *Quelque lueur bâtarde et sombre* (Rac., *Ann. Plutarque*). ♦ **Porte bâtarde,** porte moyenne, qui n'est ni une petite porte ni une porte cochère ; entrée de service : *Ici je suis de garde Et je ne puis t'ouvrir que la porte bâtarde* (Regnard, *Joueur,* 22).

bâtiment n.m. Action de construire, d'élever, au propre et au fig. (aujourd'hui encore dans quelques expressions comme *entreprise de bâtiment,* mais seulement au sens propre) : *Les philosophes* [...] *n'ont point ôté les crimes par leurs préceptes ; ils n'ont fait que les employer au bâtiment de l'orgueil* (La Roch., *Maximes,* 589).

Il désignait le plus souvent, comme auj., un « édifice » ou un « navire » : *Bâtiment qui menace ruine* (Acad. 94). *Un bâtiment ras est un vaisseau qui n'est pas ponté* (Fur.).

bâton n.m. **Tirer au bâton, au court bâton avec qqn,** contester avec lui : *Afin qu'il ne s'imaginât pas que je voulusse tirer au bâton avec lui dans un genre où il régnait en souverain* (Chap., *Lettres,* II, 456). *Voulez-vous tirer au bâton avec votre maître ?* (Acad. 94).

battant n.m. Volet d'un comptoir pouvant se lever ou se baisser : *Aussi votre tapis est tout sur mon battant* (Corn., *Gal. du Pal.*, 1395).

batterie n.f. Attaque, bataille : *Vous battez-vous avec Adhémar, de ces batteries qui me font demander « Mais que voulez-vous donc ? »* (Sév., 16 sept. 1671). ♦ Moyen, procédé : *Sans changer de discours, changeons de batterie* (Corn., *Ment.*, 1729). *Déjà nous avons préparé un bon nombre de batteries pour renverser ce dessein ridicule* (Mol., *Pourc.*, I, I).

bavarderie n.f. Synonyme de *bavardage* (qui ne figure pas plus que lui dans Fur., ni dans Acad. 94) : *Dieu sait quelle bavarderie !* (Sév., 18 nov. 1676).

bavolet n.m. Coiffure de Picardie, à la mode au XVIIᵉ s. : *Je ne veux plus que l'on me touche, disait-elle. Vous gâtez tout mon bavolet* (Sorel, *Franc.*, XI).

Auj. « sorte de volant, de garniture ».

bayer v.i. V. BÉER.

béatitude n.f. Bonheur : *César* [...] *n'avait point d'autre béatitude à se faire que le cours d'une belle vie, et un grand nom après sa mort* (La Br., XII, 105).

Il désignait surtout, comme auj., dans la langue religieuse, la « félicité éternelle » : *Dieu a promis à ses saints la béatitude, le Paradis* (Fur.).

beau, bel, belle adj. Renforce le mot *premier* dans la locution *le beau premier : Un jour, un coq détourna Une perle qu'il donna Au beau premier lapidaire* (La Font., *F.*, I, 20). ♦ **Bel esprit,** raffinement, souvent affecté, de la pensée : *J'ai deviné une énigme du* Mercure galant. *Vous savez, Madame, que c'est la pierre de touche du bel esprit* (Regnard, *Divorce,* I, VII) ; personne qui se distingue par cette forme d'esprit : *Vous m'avouerez que ce n'est guères que de ces diseurs et de ces faiseurs de jolies choses dont on a coutume de dire : Il est bel esprit* (Bouhours, *Entretiens d'Ariste et d'Eugène*). ♦ **Tout beau** adv. Doucement, modérez-vous ! (locution qui à l'époque de Corneille appartenait au style noble, mais qui devint bientôt familière) : *Tout beau, Pauline, il* [Dieu] *entend vos paroles* (Corn., *Pol.*, 1215). ♦ **Bien et beau,** v. BIEN. ♦ **Il fait beau** « signifie aussi qu'une chose est belle : [...] *Cette maison est bien située et bien bâtie, il y fait beau* » (Acad. 94).

beaucoup adv. Pouvait modifier un adjectif ou un adverbe avec le sens de « très », « fort » (auj. seulement avec un verbe, avec un nom complément et avec *plus* ou *moins*) : *Leur savoir à la France est beaucoup nécessaire* (Mol., *F. sav.*, 1361). *Tous deux* [« au travers » et « à travers »] *sont bons, mais « au travers » est beaucoup meilleur, et plus usité* (Vaug., *Rem.*, 250).

bec n.m. **Bec à bec,** nez à nez : *Nous rencontrâmes bec à bec Un assez gros escadron grec* (Scarr., *V. tr.*, II, 1536). ♦**Bec cornu,** mari trompé : *Que maudit soit le bec cornu de notaire qui m'a fait signer ma ruine !* (Mol., *Méd. m. lui,* I, I). ♦**Bec jaune,** v. BÉJAUNE.

bedeau n.m. Appariteur, huissier, en particulier dans les universités : *Un recteur avec ses bedeaux* (Fur.).

Auj., ce mot ne désigne plus qu'un « employé d'église », sens déjà usuel au XVIIe s. : *Un bedeau de Saint-Eustache* (Acad. 94).

béer, bayer v.i. Regarder avec étonnement : *Je vis la maison de Guitaut toute en feu* [...] *Je voulus aller dans la rue pour bayer comme les autres* (Sév., 20 févr. 1671). ♦**Béer aux corneilles** (Acad. 94), ouvrir la bouche d'une façon niaise ; perdre son temps. – Auj., en ce sens, s'écrit toujours *bayer.* ♦ Fig. Désirer ardemment : *Béer après les richesses, après les honneurs* (Acad. 94). ♦Il a été confondu parfois avec « bâiller » : *C'est l'image de ceux qui bâillent aux chimères* (La Font., *F.*, II, 13).

On dit encore parfois *béer d'admiration.* Ce verbe ne subsiste que dans la langue littéraire.

beffler v.t. Tromper, bafouer (vieilli au XVIIe s.) : *Ce petit fagoteur de vers Vit sa pauvre muse chifflée Et son espérance befflée* (Saint-Amant, *le Poète crotté,* 50). *Les Espagnols nous ont befflés* (Chap., *Lettres,* I, 612). *Il se fait beffler de tout le monde* (Acad. 94).

béguin n.m. Coiffe de linge qu'on mettait aux enfants : *Il a encore le béguin* (Acad. 94).

béjaune, bec jaune n.m. **Montrer son béjaune à quelqu'un,** lui montrer son erreur, son ignorance : *Monsieur, souffrez que je lui montre son bec jaune, et le tire d'erreur* (Mol., *Mal. im.*, III, XI).

bélître n.m. Gueux, mendiant, indigent : *En bélître, il montrait ses fesses découvertes, Et n'avait plus d'entier que ses jartières vertes* (Robinet, *Panég. Éc. des f.*). ♦Employé comme terme d'injure : *Allez, bélître de pédant* (Mol., *Bourg.*, II, III).

bellement adv. Lentement, doucement : *Il faut marcher tout bellement dans la chambre d'un malade* (Fur.).

bellot, otte adj. D'une beauté enfantine : *Cet enfant est bellot* (Acad. 94). *Toutes les filles de joie la trouvaient si bellotte qu'elles la voulaient avoir chacune à leur tour en leur maison* (Sorel, *Franc.*, II).

bénéfice n.m. Charge spirituelle accompagnée d'un certain revenu, que l'Église donnait à un homme qui était tonsuré ou dans les ordres, afin de servir Dieu et l'Église : *Et l'on ne donne emploi, charge ni bénéfice...* (Mol., *Mis.*, 621).

bénéficier n.m. Titulaire d'un bénéfice ecclésiastique : [Mesures] *qui* [...] *ne suffiront pas pour faire perdre la moindre chapelle au plus petit bénéficier du Royaume* (Retz, *Lettre épiscopale,* 1654). *Commençons, dit le Père, par les bénéficiers. Vous savez quel trafic on fait aujourd'hui des bénéfices* [...] (Pasc., *Prov.*, VI).

bénévole adj. Favorablement disposé envers qqn : *Je me doute bien qu'il n'y aura pas un lecteur (tant soit-il bénévole) qui ne dise ici en lui-même : « Voici un méchant romaniste* [=romancier] ! *Cette histoire n'est pas fort longue* [...] » (Fur., *Rom. bourg.*, I).

Auj., « qui fait qqch sans y être tenu, dans un esprit désintéressé ».

bénignité n.f. Bienveillance, faveur (blâmé par Vaug., mais enregistré par Acad. 94). *Nous saluons Créon, dont la bénignité Nous promet contre Acaste un lieu de sûreté* (Corn., *Méd.*, 107). *La bénignité des Dieux* (Scarr., *V. tr.*, I, 2366).

bénin, igne adj. Qui agit doucement (encore auj. dans la langue médicale, où le mot s'applique aussi à des affections sans gravité) : *Remède bénin* (Acad. 94). ♦Paisible, calme : *Ces fleuves bénins qui coulent tranquillement et toujours* (Boss., *Médit.*). ♦Favorable, bienveillant (il devient familier, puis burlesque) : *Des dieux les moins bénins l'éternelle puissance* (Corn., *Andr.*, 1403). *On trouve d'humeur douce et la brune et la blonde, Et les maris aussi les plus bénins du monde* (Mol., *Éc. des f.*, 296).

Ce mot est blâmé par Vaug.

bénir v.t. Conservait parfois, et notamment dans les formules consacrées, l'ancienne forme du subjonctif *qu'il bénie : Mais, de bonne fortune, les bonnes gens avaient laissé leurs violons à la Barre, et Dieu les bénie !* (Voit., *Lettre card. de La Valette,* fin 1630). – Il se conjuguait parfois sur le modèle des verbes du 1er groupe : *D'eau de puits il s'en bénissa* (Scarr., *V. tr.*, VI, 2303). ♦ La distinction actuelle entre *béni* et *bénit*, recommandée par Acad. 94, n'était pas toujours observée : *Ô bienheureuse Marie, bénite entre toutes les femmes !* (Boss., *Panég. St Bernard*).

benoît, e adj. Bienveillant : *Ces benoîts sentiments de l'Académie sur « le Cid », qui m'ont tant de fois mis en colère* (Chap., *Lettres*, I, 184).

berlan, berlandier n. m. V. BRELAN, BRELANDIER.

berne n.f. Divertissement ou brimade consistant à mettre qqn dans une couverture pour le faire sauter en l'air : *On peut bien danser sans violes Quand la berne sert d'instrument* (Saint-Amant, *la Chambre du débauché*, 110). *Cet homme est digne de la berne* (Acad. 94).

bernement n.m. Action de faire sauter qqn en l'air au moyen d'une couverture : *À la fin, saoul* [...] *De bernements, de sobriquets, De coups d'épingle dans les fesses* (Saint-Amant, *le Poète crotté*, 64). ♦ Raillerie : *Si vous n'avez encor quelques raisonnements Pour vous mettre au-dessus de tous les bernements* (Mol., *Éc. des m.*, 994).

berner v.t. Faire sauter qqn en l'air, par plaisanterie, au moyen d'une couverture : *Mademoiselle, je fus berné vendredi après dîner, pour ce que je ne vous avais pas fait rire dans le temps qu'on m'avait donner pour cela* (Voit., *Lettre Mlle de Bourbon*, entre avr. et oct. 1630). *L'orage est si fort Qu'on voit les navires du port Sauter comme un chat que l'on berne* (Racan, *Odes*, Vous qui riez...). *Le troisième* [fils de dame Mancini], *étant au collège des Jésuites, fort envié des écoliers par toutes les distinctions qu'il y recevait, se laissa aller à se mettre à son tour dans une couverture et à se laisser berner ; ils le bernèrent si bien qu'il se cassa la tête* (Saint-Simon, 1707). ♦ Emporter dans les airs : *Donne-leur d'un vent de galerne Qui jusques au Ciel me les berne* (Scarr., *V. tr.*, II, 236).

Auj., comme déjà au XVIIe s., « tourner en ridicule, bafouer, mystifier » : *Mais s'il nous trouve ensemble, il pourra soupçonner que nous prenons plaisir tous deux à le berner* (Corn., *Suiv.*, 1148).

berniquet n.m. Latrines. ♦ **Envoyer qqn au berniquet,** le ruiner, le faire déchoir de sa condition : *Qu'Antoine au berniquet Envoyant Cléopâtre, abaisse son caquet* (La Font., *Ragotin*, IV, IV).

besogne n.f. Travail, peine (en ce sens langue noble) : *Ils* [les dieux] *savent toute la suite de leur besogne, du commencement jusques à la fin* (Malh., *Bienf.*, IV, 31). ♦ Résultat du travail, ouvrage effectué : *Autrefois mes travaux n'étaient point inutiles, Ma besogne avait cours dans les meilleures villes* (Racan, *Berg.*, IV, 2). ♦ Souci : *Donner bien de la besogne à quelqu'un* (Acad. 94). *Ce petit sot me taille ici de la besogne* (La Font., *Ragotin*, IV, IV).

◆ plur. **Besognes,** vêtements, objets nécessaires : *Un bissac* [...] *où étaient ses chemises et ses besognes de nuit* (Malh., *Ép.*, 87). *Ayant mis au fond* [de la charrette] *toutes les besognes de Francion, il l'avertit qu'il était heure de partir* (Sorel, *Franc.*, I). *Vous chercherez vos besognes demain* (La Font., *Contes*, II, 7).

Auj. « travail, ouvrage que l'on juge sans noblesse ».

besoin n.m. Situation exceptionnelle, critique, dangereuse (on dit encore *être dans le besoin*, être indigent) : *Le père dit : Comment voulez-vous que je croie Qu'un hibou pût jamais emporter cette proie ? Mon fils en un besoin* [= en cas de nécessité] *eût pris le chat-huant* (La Font., *F.*, IX, 1). *Le père, toujours en paix, est toujours prêt dans le besoin à faire la guerre* (Boss., *H. univ.*, I, 10). *O Dieu ! ma force usée en ce besoin me laisse* (Corn., *Cid*, 230). *La Providence n'abandonna point la Mère Angélique dans ce besoin* (Rac., *P.-R.*, I). *Mes vœux t'ont réservé pour de plus grands besoins* (Rac., *Ph.*, 1072). ♦ **Au besoin,** dans une occasion critique, quand la chose est le plus nécessaire (auj. sens affaibli de « le cas échéant ») : *Mais que mon jugement au besoin m'abandonne !* (Corn., *Cinna*, 1149). ♦ **Faire besoin,** être nécessaire : *Aussi bien nous fera-t-il ici besoin pour apprêter le souper* (Mol., *Av.*, III, I).

besson, onne adj. et n. Jumeau (vieilli au XVIIe s.) : [...] *Jusqu'à tant qu'une Reine nonne Mette au jour sa race bessonne* (Scarr., *V. tr.*, I, 885). *Jacob et Ésa étaient deux enfants bessons* (Fur.).

bestion n.m. Petite bête : *Le pauvre bestion* [l'araignée] *tous les jours déménage* (La Font., *F.*, III, 8).

◆ plur. **Bestions,** motif ornemental d'une tapisserie représentant de petits animaux : *Tapisseries de bestions* (Acad. 94).

bête n.f. Personne qui n'a pas de préoccupations intellectuelles ou de vie spirituelle (encore en ce sens : *mourir comme une bête*) : *Vivre en bête, mourir en bête* (Acad. 94). ♦ Sot, stupide (il peut être employé comme adjectif ou nom masculin) : *Par votre propre expérience vous avez trop reconnu quel bête était ce peuple dont vous me parlez* (Chap., *Lettres*, I, 601). ♦ **Être la bête d'aversion** ou **la bête de qqn,** être sa bête noire, lui inspirer de l'antipathie : *Chavigni qui était la bête du Mazarin* (Retz, *Mém.*, II, 505). *Je craindrais l'avarice, qui est ma bête* (Sév., 24 juill. 1689). ♦ **Bête de ressemblance,** personne qui ressemble, sosie : *Ce M. le Grand Prieur que M. de Sévigné appelait toujours « Mon oncle le Pirate » ? Il s'était mis dans la fantaisie que c'était sa bête de ressemblance* (Sév., 1er oct. 1654). ♦ Animal légendaire dont on menace les petits enfants pour leur faire peur : *Si tu as des enfants qui crient et qui soient méchants, ma mine les fera taire : on les menacera de moi comme de la bête* (La Font., *Vie d'Ésope*). ♦ Diable qui revêt la forme d'un animal : *Comment ! avoir monté dans la lune, cela se peut-il, sans l'entremise de la Bête ?* (Cyrano, *États et empires du Soleil*, p. 165). ♦ **Bête de compagnie,** v. COMPAGNIE.

biaiser v.i. **Biaiser à,** contrarier : *Cette pensée cependant, dont la hardiesse biaisait à mon humeur* (Cyrano, *États et empires de la Lune*, p. 2).

Il s'employait aussi au sens resté actuel de « tergiverser, user de détours » : *Les religieuses de Port-Royal, persuadées qu'il ne fallait point biaiser avec Dieu* (Rac., *P.-R.*).

bicêtre n.m. V. BISSÊTRE.

bicoque n.f. Ville ou place peu fortifiée : *Efforts du Cardinal Infant pour nous empêcher de prendre une bicoque, laquelle a été obligée de se rendre, comme vous avez su, au 5e jour du siège* (Chap., *Lettres*, I, 476).

Auj. « petite maison de peu de valeur ».

bidet n.m. Fig. **Pousser son bidet,** aller de l'avant : *Poussez votre bidet, vous dis-je, et laissez faire* (Mol., *Ét.*, 60).

bien adv. **Être bien,** être content, satisfait : *Si vous vous en allez avec cette opinion de moi* [...] *je suis bien* (Malh., *Ép.*, 68). ♦ **Mettre à bien,** améliorer, amender : *Telles gens par leurs bons avis Mettent à bien les bonnes âmes* (La Font., *Contes*, II, 2). ♦ **Venir, aller, se terminer à bien, aller le bien,** avoir de bons résultats, prospérer : *La chose allait à bien par son soin diligent* (La Font., *F.*, VII, 10). *Puisse cette action se terminer à bien !* (Mol., *Dép. am.*, 832). *Il ne faut pas douter que tout n'aille le bien* (Malh., *Lettre Peiresc*, 17 juill. 1610). ♦ **Venir bien,** convenir : *Ce songe de Clytemnestre vient bien au sujet* (Rac., *Ann. Sophocle Électre*). ♦ **Si bien,** quoique, même si (rejeté par Vaug.) : *Si bien vous faites quelque chose pour quelqu'un, vous la faites d'une sorte qu'elle a plutôt apparence de revanche que de bienfait* (Malh., *Bienf.*, V, 1). ♦ **Bien et beau,** renforce une affirmation en insistant sur la vérité du fait (auj. *bel et bien*) : *Il fallait bien et beau Donner cet animal au seigneur du village* (La Font., *F.*, VIII, 18). *Vous sortez bien et beau* (Mol., *Sgan.*, 223). ♦ **Bien est-il vrai que,** il est bien vrai que (construction vieillie, mais jugée élégante par Vaug.) : *Bien est-il vrai qu'auprès d'une beauté Paroles ont des vertus non pareilles* (La Font., *Contes*, II, 5).

bien n.m. Bonheur, joie : *Je n'aurai ni bien ni repos que cela ne soit fait* (Acad. 94). *Si le bien de vous voir m'était moins précieux* [...] (Corn., *Nic.*, 485). *Le bien de vous revoir a pour moi des appas Que je crains de songer et ne posséder pas* (Rotr., *Sœur*, IV, III). ♦ Plaisir, avantage, honneur : *J'ai le bien d'être de vos voisins* (Mol., *Éc. des m.*, 289). *Le bien que je reçois de vous entretenir De mes ennuis passés m'ôte le souvenir* (Quinault, *Am. indiscret*, III, IV). – Cet emploi, très répandu dans la première partie du XVIIe s., est jugé ridicule et bourgeois en 1692 par F. de Callières, qui recommande : « l'honneur de vous voir ». ♦ Bienfait, service rendu : *Il est comblé des biens et des manières obligeantes de M. de Vardes, qui a accompagné d'une si admirable sauce* [...] (Sév., 1er mai 1680). *Je ne viens point ici vous reprocher ce bien* (La Font., *Achille*, I, V). ♦ **Dire bien de, dire des biens de,** dire du bien : *Un homme qui ne juge du jour que par soupçon* [...] *n'a pas grand sujet de dire bien de ses yeux* (Malh., *Ép.*, 79). *On dit ici des biens admirables de son mérite* (Sév., 19 août 1676). ♦ **Sentir son bien,** avoir l'air d'une personne de qualité, de qqn comme il faut (expression de la bonne bourgeoisie, selon F. de

Callières) : *Un jeune Égyptien, qui n'est pas noir pourtant et sent assez son bien* (Mol., *Ét.*, 1645).

bien-disance n.f. Éloquence, aisance du style : *Ce fut certainement un bel esprit, et qui pouvait mettre sa bien-disance entre les exemples* (Malh., *Ép.*, 19).

bien-disant, e adj. et n. Qui s'exprime bien, ou avec bienveillance (vieux et de style plaisant selon Acad. 94) : *Soyez beau, bien-disant, ayez perruque blonde* (La Font., *Contes*, III, 4). *Votre subtile et bien-disante tristesse* (Balz., *in L.*). *Les gens de Cour et d'Académie se piquent d'être bien-disants* (Fur.).

bienfacteur n.m. Celui qui fait le bien, bienfaiteur : *Il ne considéra point la qualité du bienfacteur, mais le mérite du bienfait* (Malh., *Bienf.*, III, 17). *J'ai fait ce petit ouvrage par un pur mouvement de gratitude envers l'un de mes bienfacteurs* (Chap., *Lettres*, II, 88).

Cette forme, donnée par Richelet, Fur., Acad. 94, s'employait pendant tout le XVIIe s. concurremment avec *bienfaiteur* (Vaug., Richelet) et *bienfaicteur* (Acad. 94).

bienfaire v.t.ind. **Bienfaire à quelqu'un,** lui faire du bien : *Celui-là sait très mal comme la libéralité doit être exercée, qui choisit un méchant pour lui bienfaire* (Malh., *Bienf.*, IV, 28). *Leur gloire* [celle des bons rois] *et leur intérêt le plus essentiel est de les conserver* [leurs sujets] *et de leur bienfaire* (Boss., *Lettre Louis XIV*, 10 juill. 1675).

bien que conj. Pouvait être suivi de l'indicatif quand il marquait simplement l'opposition entre deux faits, avec le sens de « toutefois » : *Les autres peuvent faire ce qui est de leur charge, bien que, s'il n'y a rien de pressé, elles feront mieux de se tenir auprès de Dieu* (Sœur Chantal, *Lettres*, 265).

bienséance n.f. Commodité, convenance : *Il voulait contrebalancer sa perte* [de Maëstricht] *par la prise d'une ville non moins forte et beaucoup plus à sa bienséance* (Rac., *Camp. L. XIV*). ♦ Disposition : *Cette maison meublée est en ma bienséance ; Je puis en disposer avec grande licence* (Mol., *Ét.*, 1703).

Auj., comme aussi au XVIIe s., « décence, conformité aux usages d'une bonne société » : *On peut rire des erreurs sans blesser la bienséance* (Pasc., *Prov.*, XI).

bientôt adv. Très vite (auj. « dans un proche futur ») : *Quoi ? vous changez bientôt d'humeur et de langage* (Corn., *Pol.*, 1567).

bienveigner v.t. Faire bon accueil à (vieilli au XVIIe s.) : *Quand ce vieillard déjà cassé D'un compliment du temps passé, À vous bienveigner s'évertue* (Racan, *Odes*, « Vous qui riez... »). [...] *ses compagnes qui toutes vinrent me bienveigner et me faire des caresses* (Sorel, *Franc.*, III).

bienvenir v.t. **Être bienvenu de,** être bien accueilli par : *Je suis bienvenu de tout le monde* (Rac., *R. sur O.*, IX).

Il reste le substantif *le bienvenu.*

bigarré, e adj. Ambigu, à double face : *Il est impossible* [...] *de bien comprendre la conduite qu'ils* [les Espagnols] *tiennent avec le Palais, tant elle est bigarrée et extraordinaire* (Retz, *Lettre M. de Lionne*, 25 mai 1666).

Auj., comme le plus souvent au XVIIe s., « de couleurs diverses et mal assorties, formé d'éléments disparates » : *Le roi* [...] *veut avoir Un manchon de ma peau* [du léopard] : *tant elle est bigarrée !* (La Font., *F.*, IX, 3).

bijoutier n.m. Amateur de bijoux : *Il était extrêmement bijoutier, et* [...] *il avait tous les doigts pleins de petites bagues* (Retz, *Mém.*, III, 173). ♦ Collectionneur de petites choses : *Cet homme n'a ni Rubens, ni Poussins, ni grands tableaux, ce n'est qu'un bijoutier* (Fur.).

Auj. « celui qui façonne ou vend des bijoux ».

bile n.f. Colère : *Le P. Brisacier* [...] *n'en eut pas plutôt avis que sa bile se réchauffa* (Rac., *P.-R.*, II).

Le sens familier actuel est plus atténué (« souci, inquiétude ») dans l'expression *se faire de la bile.*

billebaude n.f. Confusion, désordre : *Quand on ne boit point* [à Vichy], *on s'ennuie ; c'est une billebaude qui n'est point agréable* (Sév., 19 mai 1676).

billet n.m. Reçu : *Retiré chez lui, le paisible marchand Va revoir ses billets et compter son argent* (Boil., *Sat.*, VI, 85). ♦ Faire-part : *Billet d'enterrement* (Acad. 94). ♦ Bulletin de vote : *Il a donné son billet en faveur de tel aspirant à cette charge* (Fur.). ♦ Pamphlet, tract : *L'on en-*

voie des semeurs de billets pour soulever le peuple (Retz, *Mém.*, II, 224). ♦Avis écrit : *Le billet du Roi c'est de le faire pair, dès qu'il en passera quelqu'un* (Sév., 4 mars 1689). ♦**Tirer au billet**, tirer au sort ; s'est dit en particulier de soldats tirant au sort pour voir qui serait puni pour un méfait collectif : *Il fut pris avec d'autres en maraude, et tira au billet* (Saint-Simon, 1703).

Les sens actuels existaient aussi au XVIIe s.

bisque n.f. **Prendre sa bisque,** avoir l'avantage au jeu de paume, et au fig. profiter de l'occasion pour prendre quelque détente : (La Frézelière) [...] *voulut prendre sa bisque d'être de jour à la retraite* (Saint-Simon, 1697).

bissêtre, bicêtre n.m. Malheur, accident causé par qqn (mot populaire) : *Eh bien ! ne voilà pas mon enragé de maître ? Il va nous faire encor quelque nouveau bissêtre* (Mol., *Ét.*, 1808). *Si j'ai fait ici quelque bicêtre* [...] *j'en ai payé les dommages et intérêts* (Fur., *Rom. bourg.*, I). *Car les vents dont il* [Eole] *est le maître, Lui font souvent bien du bissêtre* (Scarr., *V. tr.*, I, 184).

bizarre adj. Fantasque, extravagant, inconstant (la forme *bigearre,* admise par Vaug., était moins usuelle à la Cour) : *Et ce serait péché qu'une beauté si rare Fût laissée au pouvoir de cet homme bizarre* (Mol., *Éc. des f.*, 340). *Les plus sages sont souvent menés par le plus fou et le plus bizarre* (La Br., V, 41).

Auj. sens affaibli : « surprenant, curieux ».

bizarrerie n.f. Extravagance, folie : *L'amour, dont la bizarrerie Se joue assez souvent du fond de notre cœur* (Corn., *Agés.*, 573).

Auj. « caractère de ce qui est curieux, inhabituel ».

blâmer v.t. **Blâmer qqn** (ou **sa conduite**) **de qqch,** l'en accuser : *Ne blâmez donc pas de fausseté ceux qui ont pris un choix, car vous n'en savez rien* (Pasc., *Pensées*). *On ne saurait sans passer pour calomniateur, blâmer sa conduite de violence* (Retz, *Sur sa conduite*, V, 272). ♦**Blâmer qqn à qqn,** le calomnier, l'accuser devant cette personne : *Ne savez-vous pas bien que je brûle pour elle, Et que me la blâmer c'est me faire mourir ?* (Malh., *Plainte sur une absence*, 84).

Auj., comme aussi au XVIIe s., « réprouver, condamner » : *Je ne puis te blâmer d'avoir fui l'infamie* (Corn., *Cid*, 906).

blanc n.m. Monnaie valant cinq deniers (seulement au XVIIe s. dans les expressions *trois blancs, six blancs*) : *Il* [un couteau] *te coûta six blancs lorsque tu m'en fis don* (Mol., *Dép. am.*, 1431). *Un pain de six blancs. Du ruban à six blancs l'aune* (Acad. 94).

blanc, blanche adj. **Blanc-signé** ou **blanc** n. m. Blanc-seing : *Nous attendons vos lettres de marquisat et votre blanc-signé pour toucher votre pension* (Sév., 1er mai 1676). ♦**Se faire blanc de son épée,** se prévaloir de ses mérites : *Homme ayant l'âme en Dieu toute occupée Et se faisant tout blanc de son épée* (La Font., *Contes*, IV, 9).

◆ n.m. **Le blanc,** le point de mire ; le but : *Aux traits de sa rigueur je sers toujours de blanc* (Tr. L'Hermite, *Am.*, Le désespoir). *Tous ces beaux talents* [...] *l'avaient rendu sans contredit le blanc (si je l'ose ainsi dire) de tous les désirs amoureux des servantes* (Scarr., *Rom. com.*, II, 19).

blanchement adv. De manière propre, nette : *La patiente attend sa destinée, Bien blanchement, et ce soir atournée* (La Font., *Contes*, III, 2).

blanchir v.i. Échouer dans ses efforts, être inefficace (ordinairem. dans *ne faire que blanchir*) : *Toutes nos tentatives n'ont fait que blanchir* (Chap., *Lettres*, I, 450). *Une vertu ordinaire ne saurait que blanchir contre un aussi juste sujet de s'affliger qu'est le mien* (Boil., *Lettre Racine*, 19 mai 1687). ♦Vieillir : *Attale, ce grand roi, dans la pourpre blanchi* (Corn., *Cinna*, 995).

Il avait aussi les sens restés actuels de « devenir blanc » ou « rendre blanc » : *La tempête faisait blanchir la mer* (Fur.). *Blanchir du linge à la lessive. Blanchir une muraille avec de la chaux* (Fur.).

blanque n.f. Sorte de loterie dans laquelle les billets ne portant aucune inscription sont perdants : *C'était une blanque à de bons bénéfices* (Corn., *Excuse à Ariste*, 26). ♦**Trouver blanque,** ne rien trouver : *Je pensais prendre de l'argent dans mon coffre, mais j'y ai trouvé blanque* (Acad. 94).

blesser v.t. Troubler : *La pitié qui me blesse Sied bien aux plus grands cœurs* (Corn., *Pol.*, 85). ♦Rendre fou, altérer gravement : *La raison est-elle garant De ce que fait un fou ? Le hasard est la cause De tout ce qui se passe en un cerveau blessé* (La Font., *F.*, IX, 8). *Ma foi, je le tiens fou de toutes les manières. – Il est un peu blessé sur* *certaines matières* (Mol., *Éc. des f.*, 196). ♦ Porter atteinte à : *Sans espérer que je blesse ma gloire* (Rac., *Alex*, 1493). *Sans blesser l'autorité royale* (Retz, *Mém.*, III, 411). ♦ Frapper qqn d'amour : *Sa richesse l'attire, et sa beauté le blesse* (Corn., *Suiv.*, 1460).

blond, e adj. Susceptible, difficile à contenter : *Tout ceci entre nous ; car savez-vous bien qu'il est délicat et blond* (Sév., 16 oct. 1675).

Auj. indique seulement une couleur.

blondin n.m. Jeune galant : *Encor si c'était un blondin* [...] *Mais un gros lourdaud de valet !* (La Font., *Contes*, I, 1). [...] *de ces beaux blondins écouter les sornettes* [...] *Est un péché mortel des plus gros qu'il se fasse* (Mol., *Éc. des f.*, 596).

bluette n.f. Étincelle, petite lumière : *Maniant une mèche allumée, il lui en vola une bluette à l'œil* (Malh., *Lettre Peiresc*, 17 oct. 1614). *Il* [le monde] *s'étrécissait, à mesure que je montais, jusqu'à devenir une étoile, puis une bluette* (Cyrano, *États et empires du Soleil*, p. 209).

Auj. « petit ouvrage sans prétention ».

bocager, ère adj. Relatif aux bocages, champêtre : *On ne va voir ici que fêtes bocagères* (La Font., *Je vous prends sans verd*, sc. I). *De vos flûtes bocagères réveillez les plus beaux sons* (Mol., *Mal. im.*, Prol. I).

boire v.t. **De quoi boire, pour boire,** pourboire : *Je commande à des maçons* [...] *qui* [...] *me demandent de quoi boire quand ils ont fait leur ouvrage* (Rac., *Lettre abbé Le Vasseur*, 26 janv. 1661). ♦ **Boire la santé de qqn,** porter un toast en son honneur : *Votre santé fut bue magnifiquement* (Sév., 5 févr. 1674).

bon, bonne adj. Vaillant, courageux : *Votre sang est trop bon, n'en craignez rien de lâche* (Corn., *Hor.*, 615). ♦ Noble : *Quarante femmes ou filles de qualité ; pas une qui n'eût un bon nom* (Sév., 6 août 1680). ♦ Généreux : *Sachez que j'ai le cœur trop bon pour me parer de quelque chose qui ne soit point à moi* (Mol., *Av.*, V, V). ♦ Franc, sincère, naïf : *Ne soyez pas, ma sœur, d'une si bonne foi* [= si crédule] *Et croyez quand il dit qu'il me quitte et vous aime Qu'il n'y songe pas bien* (Mol., *F. sav.*, 114). ♦ Ridicule, plaisant : *Parbleu ! le voilà bon, avec son habit d'empereur romain !* (Mol., *D. J.*, III, V). ♦ **Bon homme,** v. BONHOMME. ♦ **Bon sujet,** sujet fidèle (auj. « garçon sans malice ») : *Arcade mourut et crut l'Orient si dépourvu de bons sujets qu'il mit son fils Théodose* [...] *sous la tutelle d'Isdegerde, roi de Perse* (Boss., *H. univ.*, I, 11). ♦ **Bon jour,** fête solennelle : *Et ne porte le noir qu'aux bons jours seulement* (Mol., *Éc. des m.*, 118). *Elle ne sortait guère que les bons jours* (Sorel, *Franc.*, III). ♦ **La garder bonne à qqn,** avoir envie de se venger de lui : *Ésope lui dit que son maître, ne pouvant obliger sa femme de revenir, en allait épouser une autre. Aussitôt que la dame sut cette nouvelle, elle retourna chez son mari* [...] *Ce ne fut pas sans la garder bonne à Ésope* (La Font., *Vie d'Ésope*). ♦ **Faire une dette bonne,** s'en porter garant, la cautionner : *Je prends sur moi la dette, et je vous la fais bonne* (Corn., *D. S.*, 238).

Auj., en parlant de qqn, « compatissant, humain », ou « qui présente les qualités convenant à son état ».

◆ n.m. **Le bon,** ce qu'il y a de bon : *Le bon de cette profession* [de médecin] *est qu'il y a, parmi les morts, une honnêteté, une discrétion la plus grande du monde* (Mol., *Méd. m. lui*, III, I). *Le bon est qu'en courant il a perdu sa botte* (Regnard, *Joueur*, I, VI). ♦ **Du bon du cœur,** sincèrement : *L'on fait mille singeries aux personnes quand on les aime du bon du cœur* (Mol., *D. J.*, II, I). *Elle s'abaissa, mais sans feintise et du bon du cœur, jusques à me faire des excuses* (Retz, *Mém.*, III, 474).

bon adv. Beaucoup, cher : *Oh ! que la complaisance que j'ai eue pour ses folies me coûte bon !* (Scarr., *Rom. com.*, I, 15). ♦ **De bon, tout de bon, tout à bon,** sérieusement : *Qu'il ait été promis ou de bon ou par jeu* (La Font., *Eunuque*, II, IV). *On se rirait de vous, Alceste, tout de bon* (Mol., *Mis.*, 203). *Il n'avait que huit vers à dire, ce qu'il faisait assez bien entre nous, mais quand il fallut représenter tout à bon, il le fallut pousser sur la scène par force* (Scarr., *Rom. com.*, III, 13). ♦ **Il fait bon,** il est avantageux, à propos : *En de certains temps il fait bon s'expliquer* (Corn., *Oth.*, 567). *Vous voulez parler à un tel seigneur, il est seul, il y fait bon* (Acad. 94). – Auj. l'expression signifie « il est agréable ».

bonace n.f. Beau temps, calme de la mer : *Je changeai d'un seul mot la tempête en bonace* (Corn., *Ment.*, 673). *Un orage si prompt qui trouble une bonace* (Corn., *Cid*, 449). ♦ Fig. Tranquillité : *Nous n'avons rien qui menace De troubler notre bonace* (Malh., *Au roi Henri, pour l'heureux succès du voyage de Sedan*, 6).

bonheur n.m. Chance, succès (auj. il s'emploie de plus en plus au sens de « état de bien-être ») : *Je suis ravie du bonheur que vous avez eu à tout ce que vous avez entrepris* (Sév., 14 juill. 1655). ♦**De bonheur,** par chance, par bonheur : *De bonheur pour ce loup, qui ne pouvait crier, Près de là passe une cigogne* (La Font., *F.*, III, 9).

bonhomme n.m. Homme de bien (il s'employait moins familièrement qu'auj.) ; homme simple, sans détour : *Le Roi causa une demi-heure avec le bonhomme d'Andilly* (Sév., 23 sept. 1671). *Le Roi son père, qui était un bonhomme, le crut ; mais sa mère n'en fut pas bien persuadée* (Perrault, *la Belle au bois dormant*). ♦Vieillard (sens disparu à la fin du XVIIe s.) : *Gardons-nous de donner des choses inutiles, comme un épieu à un bonhomme de quatre-vingts ans* (Malh., *Bienf.*, I, 11). [...] *le bonhomme Eschyle* (La Font., *F.*, VIII, 16). ♦Paysan : *Ainsi font deux soldats qui sont chez le bonhomme : Quand l'un veut tout tuer, l'autre en rabat les coups* (Corn., *S. du Ment.*, 1030).

bonnement adv. Vraiment, sincèrement : *Mais sous le masque on n'eût su bonnement laquelle élire entre ces créatures* (La Font., *Contes*, V, 8).

Auj. *Tout bonnement,* « sans façons, simplement ».

bonnet n.m. **Bonnet vert,** bonnet porté comme marque d'infamie par un débiteur insolvable : *Sans attendre qu'ici la justice ennemie L'enferme en un cachot le reste de sa vie Ou que d'un bonnet vert le salutaire affront Flétrisse les lauriers qui lui couvrent le front* (Boil., *Sat.*, I, 15). ♦**Bonnet carré,** coiffure des prêtres, des médecins, des avocats, des juges ; les personnes qui portent cette coiffure : *Le Parlement va trop vite* [...] *Ces diables de bonnets carrés sont-ils enragés* (Retz, *Mém.*, II, 84). ♦**Bonnet rouge,** calotte de cardinal : *À Dieu ne plaise que le bonnet rouge me fasse tourner la tête* (Retz, *Mém.*, IV, 183).

bonté n.f. Qualité de ce qui apparaît bon au goût, au jugement, etc. ; bonne qualité, excellence : *Un mets si plein de bonté* (La Font., *Contes*, IV, 11). *Il y a dans l'art un point de perfection, comme de bonté ou de maturité dans la nature* (La Br., I, 10). *Il est arrivé de cette pièce ce qui arrivera toujours des ouvrages qui auront quelque bonté* (Rac., *Brit.*, 2e Préf.). *Nous admirons, l'abbé et moi, la bonté de votre tête sur les affaires* (Sév., 21 juin 1671). *Voilà vingt bateliers autour de nous, chacun faisant valoir* [...] *la bonté de son bateau* (Sév., 11 sept. 1675).

Il signifiait aussi, comme auj., « qualité d'une personne compatissante, charitable », et au plur., « actes de bienveillance » : *Il est vrai que du roi la bonté secourable Jette enfin sur la muse un regard favorable* (Boil., *Sat.*, I, 81). *J'abandonne ce traître à ta colère,* [...] *Thésée à tes fureurs connaîtra* [= reconnaîtra] *tes bontés* (Rac., *Ph.*, 1076).

bord n.m. Rivage (auj. en ce sens avec un complément : *bord de la mer*) : *Voyant nos bords et notre flotte en armes* (Corn., *Pomp.*, 465). ♦Frontière d'un pays ; contrée, pays (au plur.) : *Quel charme t'attirait sur ces bords redoutés ?* (Rac., *Ph.*, 391). *Je toucherai du front les bords du firmament* (La Font., *Quinquina*, 239). ♦**À bord,** sur le rivage (auj. « sur un bateau ») : *Le dauphin l'allait mettre à bord* [le singe] (La Font., *F.*, IV, 7). ♦**Rouge bord,** verre rempli de vin jusqu'au bord : *Un laquais effronté m'apporte un rouge bord D'un Auvernat fumeux* (Boil., *Sat.*, III, 72). On dit *boire à rouges bords* quand on boit le verre plein (Acad. 94).

Il signifiait aussi, comme auj., « contour, limite d'une surface, d'un objet » : *Les prêtres portent des chapeaux à grands bords* (Fur.).

borner v.t. Limiter, arrêter, mettre un terme à (emploi plus étendu qu'auj.) : *La puissance sur moi que je vous ai donnée* [...] *D'aucune exception ne doit être bornée* (Corn., *Suiv.*, 714). *Quelle fureur les borne* [vos jours] *au milieu de leur course ?* (Rac., *Ph.*, 189).

Il signifiait aussi, comme encore auj., « délimiter par des bornes ou d'autres marques » : *La mer et les Pyrénées bornent l'Espagne* (Fur.).

bossu, e adj. Inégal, montueux : *C'est un pays bossu* (Acad. 94). *Les myrtes et les jasmins qui le composaient* [le jardin] *sont devenus des rochers affreux, dont les masses inégalement escarpées et bossues* [...] (Corn., *Andr.*, 352).

Il se disait surtout, comme auj., de quelqu'un qui a une bosse : *On dit qu'un homme n'est ni tortu, ni bossu, quand on le vante d'être médiocrement bien fait* (Fur.).

bouche n.f. Voix : *Voici ce que l'on dit d'une commune bouche* (La Font., *Achille*, II, I). ♦**De bouche,** de vive voix : *L'argentier ajouta de bouche que le Roi venait de monter en carrosse pour y aller* (Retz, *Mém.*, II, 129). ♦Service de la table du roi ; ceux qui sont préposés à ce service : *Une fois à Saint-Germain il voulut voir l'état de sa maison pour la bouche* (Tall. des Réaux, *Hist.*, Louis XIII). *La bouche est partie* (Acad. 94). ♦**Avoir bouche à cour,** avoir le droit de prendre ses repas à la table du roi : *Il fallut établir des tables, comme à Versailles, pour le bas étage de ce qui y avait bouche à cour, et qui vivait de la desserte des trois tables* [...] (Saint-Simon, 1710) ; et par extens. « être nourri chez quelqu'un » (Acad. 94). ♦**N'avoir point de bouche,** en parlant d'un cheval, être insensible au mors : [Bocchoris] *était comme un beau cheval qui n'a point de bouche, son courage le poussait au hasard, et la sagesse ne modérait point sa valeur* (Fén., *Tél.*, 2). ♦Embouchure d'un fleuve : *Vers la bouche du fleuve ils* [les Mores] *ont osé paraître* (Corn., *Cid*, 609).

bouchon, onne n. Terme d'affection : *Ah ! ma petite friponne ! que je t'aime mon petit bouchon !* (Mol., *Méd. m. lui*, I, v). *Faites la révérence et dites grand merci, Bouchonne* (Th. Corn., *Bar. d'Albik.*, V, v). *C'est son petit bouchon, sa princesse, sa reine* (Baron, *Andr.*, III, v).

boucon n.m. Morceau empoisonné, poison (vieilli au XVIIe s. selon Richelet) : *Le boucon, traître en ses apprêts, S'y vend comme herbe en pleine halle* (Saint-Amant, *Œuvres*, II, 419). *Je n'avais pas ouï parler de ces maîtres crimes de poignard ou de boucon* (Chap., *Lettres*, I, 257). « *Donner le boucon,* empoisonner » (Acad. 94).

bouffer v.i. Gonfler ses joues de colère, manifester sa mauvaise humeur par sa mine : *Le grand écuyer se releva le nez de dessus la table, regarda toute la compagnie toujours bouffant* (Saint-Simon, 1707).

Il se disait surtout, comme auj., des choses légères qui se maintiennent gonflées : *On dit des toiles* [...] *ou d'une garniture neuve qu'elles bouffent* (Fur.).

bouffonner v.i. Faire ou dire ce qui prête à rire, plaisanter : *Dans les livres de Platon, il* [Socrate] *bouffonne presque toujours* (Balz., *Lettres, in L.*).

bouffonneur n.m. Celui qui joue des farces : *Je me suis trouvé au spectacle du midi, pensant y voir quelque farce ou quelque bouffonneur* (Malh., *Ép.*, 7).

bouger v. Employé transitivement sans la nuance familière qu'il a maintenant [= déplacer] : *Vingt-deux chariots à quatre roues ne l'auraient jamais pu bouger de là* (Rac., *R. sur O.*, IX). – L'emploi intransitif était déjà, comme auj., le plus fréquent. ♦À la forme négative, s'employait souvent sans *pas* ou *point* : *J'ai peur* [...] *que vous eussiez autant gagné à ne bouger de là* (Mol., *D. J.*, I, I). *Le trépas vient tout guérir, Mais ne bougeons d'où nous sommes* (La Font., *F.*, I, 16).

bouillon n.m. Au fig. et au plur. Agitation, ardeur, transports : *Modérez les bouillons de cette violence* (Corn., *Méd.*, 281).

boulevard n.m. Rempart, place forte : *Cambray et Saint-Omer étaient les deux plus forts boulevards que les Espagnols eussent en Flandre* (Rac., *Camp. L. XIV*). [...] *Que le Français vainqueur fut comme repoussé Et laisse à son vaincu le boulevard forcé* (Chap., *Pucelle*, XIII, 2).

Auj. « rue très large, généralement bordée d'arbres ».

bouquer v.i. Céder sous la contrainte : *Il a longtemps résisté, mais à la fin il a bouqué* (Acad. 94). *Colin dit qu'il fait bouquer Les ennemis de l'Église* (Maynard, *Épigr.*, 1635). *Il fera bouquer les Romains, Eux qui font enrager les autres* (Scarr., *V. tr.*, VI, 2846).

bouquet n.m. **Donner, rendre le bouquet,** donner une fête, rendre une invitation : *Ces rencontres, qui arrivèrent, par bonheur pour Bedout, lorsqu'il rendit le bouquet, furent bientôt connues par la ville* (Fur., *Rom. bourg.*, I).

bouquin n.m. Vieux bouc : *Leur tête était comme celle d'un âne et le reste de leur corps comme celui d'un bouquin* (Sorel, *Franc.*, III).

bourde n.f. Invention en vue de tromper, mensonge : *Je lui forgeai là-dessus des bourdes non pareilles* (Sorel, *Franc.*, I). *Appelez-moi grand fourbe et grand donneur de bourdes* (Corn., *Ment.*, 1014).

Le sens de « sottise, erreur grossière » est postérieur au XVIIe s.

bourder v.i. Mentir, tromper volontairement : *Mais dis-nous-la sans imposture* [...] *Tu te plais souvent à bourder* (Scarr., *V. tr.*, III, 310).

bourdonner v.i. et v.t. Murmurer, faire un bruit confus de voix : *D'une harangue si hardie, Ils s'en mirent à bourdonner* (Scarr., *V. tr.*, I, 2089). *Un grognement que la joie d'être rejoints par un instinct naturel nous faisait bourdonner* (Cyrano, *États et empires de la Lune*, 89).

Il se disait surtout, comme auj., du bruit des insectes qui volent : *Il n'y a rien de plus importun qu'une mouche qui bourdonne aux oreilles* (Fur.).

bourgeois n.m. Habitant d'une ville, citoyen : *Ne savez-vous plus qu'il n'est princes ni rois Qu'elle* [Rome] *daigne égaler à ses moindres bourgeois ?* (Corn., *Nic.*, 166) ; et au sens collectif : *Le bourgeois s'est soulevé. Le bourgeois a pris les armes* (Acad. 94). ♦ Qui n'appartient ni à la noblesse ni au clergé : *Tout bourgeois veut bâtir comme les grands seigneurs* (La Font., *F.*, I, 3). *Se croire un personnage est fort commun en France : On y fait l'homme d'importance, Et l'on n'est souvent qu'un bourgeois* (La Font., *F.*, VIII, 15). ♦ **Bon bourgeois,** celui qui vit dans une honnête aisance (sans nuance péjorative) : *Ainsi que bons bourgeois achevons notre vie, Chacun près de sa femme* (La Font., *Contes*, I, 1). *Les parents de l'athlète étaient gens inconnus ; Son père, un bon bourgeois ; lui sans autre mérite* (La Font., *F.*, I, 14).

◆ n. et adj. Rustre, vulgaire : *Est-il* [...] *Un esprit composé d'atomes plus bourgeois !* (Mol., *F. sav.*, 617).

Auj., « qui appartient à la classe moyenne ».

bourgeoisie n.f. **Droit de bourgeoisie,** droit de cité : *En France le droit de bourgeoisie est un droit purement royal ; il n'y a que le Roi seul à qui il appartienne de droit commun comme il n'y a que lui qui jouisse du droit d'aubaine* (Brillon, *Dict. des arrêts*). *Le droit de bourgeoisie à nos peuples donné Ne perd rien de son prix sur un front couronné* (Corn., *Sert.*, 579) ; et au fig. : *Laquelle maladie* [...] *ayant pris droit de bourgeoisie chez lui, pourrait bien dégénérer en manie* (Mol., *Pourc.*, I, VIII).

Auj., au sens large, « classe moyenne ».

bourle, burle n.f. Tromperie, mystification : *Une certaine mascarade* [...] *que je prétends faire entrer dans une bourle que je veux faire à notre ridicule* (Mol., *Bourg.*, III, XIII). *Le duc d'Orléans se plaisait assez souvent* [...] *à placer quelques bourles, pour m'impatienter et s'éclater de rire de la colère où cela me mettait* (Saint-Simon, 1722). *Je crains, s'il trouve la fenêtre fermée, contre la parole qu'il a reçue d'elle, qu'il ne s'en aille, pensant que ce soit une burle* (Cyrano, *Pédant joué*, III, V).

bourrer v.t. Frapper, maltraiter, attaquer (on dit encore *bourrer de coups*) : *Ils ont mis l'épée à la main et se sont bien bourrés* (Acad. 94). *On me mande que le fils de M. de La Rochefoucauld fut rudement bourré par l'ami de Mme de Montespan* (Sév., 16 oct. 1675). ♦ Malmener, mettre en difficulté : *Monsieur le marquis s'y prend bien, et vous bourre de la belle manière* (Mol., *Crit. Éc. des f.*, sc. VI).

bourru, e adj. En parlant de qqn, fou grossier : *Et, dût-on m'appeler et fantasque et bourru, J'allais sortir enfin* (Boil., *Sat.*, III, 87). *Ils ont une humeur rustique et bourrue qui est à charge à leur famille et odieuse à tous ceux qui les fréquentent* (Fur., *Rom. bourg.*, I). ♦ En parlant de qqch, extravagant : *Ce sonnet est bourru, si jamais il en fut* (Malh., *Comm. sur Desportes*). *De quels bourrus privilèges Nous venez-vous pas étourdir ?* (Saint-Amant, *l'Albion*, 172). *Bariolé de guenilles aussi bourrues que celles d'un arlequin* (Cyrano, *États et empires du Soleil*, p. 183).

Le sens actuel de « d'une humeur brusque, peu accommodante ou chagrine » n'est pas enregistré dans Fur., ni dans Acad. 94.

bout n.m. **Le haut bout,** la place la plus honorable, à table surtout : *On le fit asseoir au haut bout* (La Font., *Vie d'Ésope*) ; et au fig. : *Peu de gens en leur estime lui refusent le haut bout* (La Font., *F.*, VIII, 13). ♦ **Le bas bout,** la place la moins honorable : *Les ambitieux veulent toujours tenir le haut bout partout où ils sont, les humbles prennent toujours le bas bout* (Fur.). ♦ **Mettre à bout, pousser à bout,** réduire à la dernière extrémité, triompher de (auj. « irriter vivement ») : *Les Grecs* [...] *N'avaient pu mettre à bout cette fière cité* (La Font., *F.*, II, 1). ♦ **Mettre qqch à bout, venir à bout de qqch,** le réaliser : *Et l'argent que de vous j'emprunte avec franchise N'est que pour mettre à bout cette juste entreprise* (Mol., *Éc. des f.*, 344). *Le père, pour venir à bout D'une précaution sur qui roulait la vie De celui qu'il aimait, défendit que jamais On lui laissât passer le seuil de son palais* (La Font., *F.*, VIII, 16). – Auj. on dit *venir à bout d'une entreprise, d'un travail*, etc., les mener jusqu'à leur achèvement en dépit des difficultés.

boutade n.f. Attaque, sortie brusque : *Quand on supposerait même que la légèreté de quelques Français eût donné lieu aux premières boutades de la milice corse* (Retz, *Sentiments sur les Affaires romaines,* oct. 1662). ♦ Brusque changement d'humeur : *Quelle boutade vous prend là ?* (Acad. 94). *Hé bien, souperons-nous avant la promenade ? – Non, je jeûne ce soir. – D'où vient cette boutade ?* (Mol., *Éc. des f.,* 1217).

Auj. « saillie, propos original et vigoureux qui ne doit pas être pris à la lettre ».

bouteille n.f. Bulle : *La pluie fait des bouteilles. Les enfants font de grosses bouteilles en soufflant de l'eau de savon avec un chalumeau* (Acad. 94). ♦ **Maison de bouteille,** petite maison de campagne pour recevoir ses amis : *On composa trois lots : En l'un les maisons de bouteille, Les buffets dressés sous la treille* (La Font., *F.,* II, 20).

Le sens actuel de « récipient à goulot étroit » était usuel au XVIIe s. : *Un jour que celui-ci* [= l'ivrogne]*, plein du jus de la treille, Avait laissé ses sens au fond d'une bouteille* (La Font., *F.,* III, 7).

bouter v.t. Mettre (vieilli au XVIIe s.) : *Ils disaient « Boutez-vous là », et le disaient en raillant, sachant bien que c'était mal parler* (Vaug., *Rem.,* Préf.). ♦ **Bouter dessus,** mettre son chapeau (loc. du langage paysan) : *Monsieur, couvrez-vous, s'il vous plaît, le soleil pourrait vous incommoder. – Monsieur, boutez dessus* (Mol., *Méd. m. lui,* I, V).

bouton n.m. **Mettre le bouton haut,** rendre une chose difficile : *La dépense qu'il faisait dans cette province met le bouton bien haut à son successeur* (Sév., 17 déc. 1688). ♦ **Serrer le bouton,** contraindre qqn à qqch : *Je suis homme pour serrer le bouton à qui que ce puisse être* (Mol., *G. D.,* I, IV). [Expressions empruntées au langage des manèges, où *bouton,* désignait la « boucle de cuir qui coule le long des rênes, et qui les resserre ».] ♦ **Ne pas valoir un bouton,** ne rien valoir : [La ballade] *fait rire ou ne vaut un bouton* (La Font., *Ép.,* II, 34).

boutonner v.i. Bourgeonner : *L'orange* [= l'oranger] *en même jour y mûrit et boutonne* (Saint-Amant, *l'Automne des Canaries,* 12). ♦ **Être boutonné,** être couvert de boutons, boutonneux : *Il a le visage vermeil et boutonné* (Rac., *Lettre Boileau,* 17 août 1687).

bragues n.f.pl. V. BRAIES.

braies, bragues n.f.pl. Haut de chausses (vieilli et burlesque au XVIIe s.). ♦ **Les braies nettes,** sans dommage, honorablement : *Si je les laissais bragues nettes, Ils diraient de moi cent sornettes* (Scarr., *V. tr.,* II, 232). *Nous gagnions honnêtement notre vie, et sortions de tout les braies nettes* (Chap., *Guzm. Alfar.,* III, 461). *Nos libertés auront peine à sortir d'ici les braies nettes* (Mol., *Pr. rid.,* sc. XI).

brancher v.t. Pendre à une branche d'arbre, à une potence : *Quand le prévôt attrapait des vagabonds il les branchait au premier arbre* (Acad. 94). *Le trio branché Mourut contrit et fort bien confessé* (La Font., *Contes,* II, 5).

brandebourg n.m. Soldat de l'électeur de Brandebourg : *Des Brandebourgs qui le voulaient tuer* [...] (Rac., *Notes hist.,* 18).

◆ n.f. Gros manteau d'hiver de la livrée de l'électeur de Brandebourg ; vêtement de dessus à l'usage des femmes : *J'ai sur mon dos votre belle brandebourg, qui me pare* (Sév., 25 févr. 1685). ♦ Pavillon de jardin : *J'ai donc fait faire deux petites brandebourgs pour la pluie* (Sév., 31 juill. 1680).

branle n.m. Air de danse, danse : *Je te ferai danser un branle de sortie sans violons* (Regnard, *le Bal,* sc. III). ♦ Mouvement, oscillation (auj. seulement dans *en branle*) : *Zéphire et le beau temps, suivant leur course ailée, D'un branle agile et doux rasent l'onde salée* (Saint-Amant, *Moïse sauvé*). *Ainsi de notre espoir la fortune se joue : Tout s'élève ou s'abaisse au branle de sa roue* (Corn., *Illus.,* 1590). ♦ Fig. Impulsion, commencement d'une affaire (rare auj.) : [Le] *prince de Conti et* [le] *duc de Longueville qui devaient donner le branle à un si grand dessein* (La Roch., *Mém.,* II, 3). *Les grands veulent que leur puissance donne le branle aux affaires* (Boss., *Panég. de St André*). ♦ **Être en branle,** être dans l'incertitude : *La Sicile était en branle de suivre Messine* (Rac., *Camp. L. XIV*).

branler v.t. Remuer (auj. seulement dans *branler la tête,* la remuer d'avant en arrière ou d'un côté à l'autre) : *Planer* [...] *se dit des oiseaux qui volent sans branler les ailes* (Malh., *Comm. Desportes*). ♦ Agiter, brandir : *Elle branla sa javeline* (Scarr., *V. tr.,* II, 766). *On le voyait errer dans le camp, cherchant des yeux son ennemi, et branlant le dard dont il le voulait percer* (Fén., *Tél.,* 13). ♦ **Branler le menton,** manger :

Soit, pourvu que toujours je branle le menton : À table comptez-moi, si vous voulez, pour quatre (Mol., *Dép. am.*, 1496).

◆ v.i. Se mettre en mouvement, bouger : *Ne mets point ton espoir sur un frêle roseau Qui penche au gré du vent, qui branle au gré de l'eau* (Corn., *Imit.*, II, 720). *Depuis que ma faveur pour vous s'est déclarée, Ils sont tous morts de peur, ou n'ont osé branler* (Corn., *Illus.*, 703). ♦ Fig. Hésiter : *Cet homme n'est pas ferme dans ce parti, et branle* (Acad. 94).

Il s'employait aussi au sens actuel de « être instable, mal fixé » : *Il s'est fait arracher une dent qui branlait* (Fur.).

braquemart, braquemard n.m. Épée large qu'on portait autrefois le long de la cuisse : *De longs braquemarts Comme on en donne aux Jaquemarts* (Scarr., *V. tr.*, VII, 2235). [Il] *portait de belles guêtres à la moderne et avait un antique braquemard à son côté* (Sorel, *Franc.*, VII).

bras n.m. Au fig. et dans la langue poétique, force : *Si vous aviez dans les combats D'Amadis l'armure enchantée Comme vous en avez le bras Et la vaillance tant vantée* (Voit., *Ép. à M. le Prince*).

brasser v.t. Au fig., tramer, combiner : *Ayant appris en chemin ce que l'on brassait contre sa tête, il se sauva promptement dans les États du Roi de Castille* (Bayle, *Dict. hist.*, Abrabanel).

brassières n.f.pl. Chemise de femme qui couvre les bras et le haut du corps : *Elle n'avait pour tout habillement qu'une méchante petite jupe avec des brassières de nuit qui étaient de simple futaine* (Mol., *Fourb.*, I, II). *Elle est toujours avec ses brassières de satin blanc* (Fur., *Rom. bourg.*, I). ♦ **Mettre, tenir en brassières,** tenir en étroite sujétion : *M. de Couronges se désolait de la fermeté qu'il rencontrait sur beaucoup de points qui tenaient M. de Lorraine fort en brassières dans son état* (Saint-Simon, *in L.*). *Il n'y a que le théâtre de l'Opéra où je me trouve un peu en brassières, je n'y saurais pirouetter à ma fantaisie* (Regnard, *Coquette*, III, VII).

Auj., au singulier, « pièce de layette ».

bravade n.f. **Faire bravade,** lancer un défi, un affront : *Le bélître insolent me fait encor bravade* (Corn., *Illus.*, 565). *Moi, je serais cocu ? – Vous voilà bien malade ! Mille gens le sont bien, sans vous faire bravade* (Mol., *Éc. des f.*, 1313).

brave adj. et n. Excellent, qui s'acquitte bien de son rôle : *Si vous aviez, en brave père, bien morigéné votre fils* [...] (Mol., *Fourb.*, II, I). – Auj. en cet emploi il signifie « gentil, débonnaire ». ♦ Élégant, bien vêtu : *Voyez-vous la carogne comme elle est brave ! – Si je suis brave, ce n'est pas à vos dépens. Voulez-vous que j'aille toute nue ?* (Regnard, *Filles errantes*, II, II). ♦ Vaillant, courageux (même placé avant le nom – auj. il n'a ce sens que comme attribut ou, s'il est épithète, placé après le nom) : *Abner, le brave Abner, viendra-t-il nous défendre ?* (Rac., *Ath.*, 199). *Si vous aviez bien lu la vie de Cicéron dans Plutarque, vous verriez qu'il mourut en fort brave homme* (Rac., *Lettre à son fils*, 4 oct. 1692).

◆ n.m. Bretteur, assassin à gages (de l'ital. *bravi*) : [Il] *s'assura d'assassins de louage, attendit dom Sanche plusieurs nuits de suite et enfin le trouva et l'attaqua, secondé de deux braves bien armés aussi bien que lui* (Scarr., *Rom. com.*, II, 19). *Il a toujours des braves à sa suite pour exécuter ses violences* (Acad. 94).

bravement adv. Bien, comme il faut, excellemment : *Il joua bravement son personnage* (Acad. 94). *N'ai-je pas bien servi dans cette occasion ? Dit l'âne* [...] *– Oui, reprit le lion, c'est bravement crié* (La Font., *F.*, II, 19).

Il avait aussi le sens actuel de « courageusement » : *Il lui a répondu bravement et sans crainte* (Fur.)

braverie n.f. Fam. Magnificence d'habits, dépenses d'habillement : *Qu'on les dépouille-sur-le-champ. – Adieu notre braverie* (Mol., *Pr. rid.*, sc. XV). *Cet homme a dépensé tout son bien en braveries inutiles* (Fur.).

brelan, berlan n.m. Tripot, maison de jeux : *Autour d'un tapis vert Dans un maudit brelan, ton maître joue et perd* (Regnard, *Joueur*, 32).

Il désignait aussi, comme auj., certaines suites de cartes ou certains coups de dés.

brelandier, berlandier n.m. Joueur qui fréquente habituellement les tripots (Vaug. n'admet que la forme *brelandier*) : *Qu'elle épouse un joueur, un petit brelandier, Un franc dissipateur* (Regnard, *Joueur*, 67). *Elle ne fut pas moins habile À la police qu'à la ville Et chassa tous les berlandiers* (Scarr., *V. tr.*, I, 1807).

brésillé, e adj. Teint en rouge, comme avec du brésil (bois du Brésil employé en teinturerie) ; et, par extens., qui a le teint rouge : *Mandez-moi si vous dormez, si vous n'êtes point brésillée, si vous mangez, si vous avez le teint beau* (Sév., 13 nov. 1675).

brette n.f. Épée longue et étroite : *Ce filou, ce batteur de pavé porte toujours une brette, une longue brette* (Acad. 94). *Charmont* [...] *s'était fait secrétaire du cabinet pour le plaisir de ne rien faire, d'aller à Versailles, et de porter une brette* (Saint-Simon, 1704).

brevet n.m. Lettre contenant un privilège accordé par le roi : *Brevet de duc* (Acad. 94). ♦ Billet contenant une formule magique propre à guérir les maladies ou à accomplir des choses extraordinaires : *Pour venir à ses fins, l'amoureuse Nérie Employa philtres et brevets* (La Font., *Contes*, III, 4). *Et, pour gagner Paris, il vendit par la plaine Des brevets à chasser la fièvre et la migraine* (Corn., *Illus.*, 170).

bribe n.f. Morceau de pain, ou, en général, morceau de nourriture : *Tantôt par charité on me donnait un compatissement d'épaule ; tantôt je me sentais fourrer une bribe au poing* (Cyrano, *États et empires du Soleil*, 183).

Le sens actuel de « petite parcelle » se rencontrait aussi au XVIIe s.

bricole n.f. Rebond d'une balle contre un mur de côté, au jeu de la courte paume : *Jouer de bricole. Coup de bricole* (Acad. 94). ♦ Fig. Détour : *Votre lettre ne m'est venue que le 9 novembre et je ne m'en étonne pas, vu les diverses bricoles qu'elle était obligée de faire en son voyage* (Chap., *Lettres*, II, 796). ♦ Manœuvre, ruse : *Ce fut un nouveau crève-cœur pour Tessé, d'autant plus grand qu'il n'espéra plus de bricoles pour arriver au commandement de l'armée* (Saint-Simon, 1701). ♦ Tromperie : *Tenir à demi sa parole, C'est une méchante bricole* (Corn., *Bagatelle*, 34). ♦ **De bricole, par bricole,** indirectement : *C'est que vous m'aviez paru, dans votre lettre, n'être instruite (comme vous le dites vous-même) que par bricole* (Sév., 26 août 1693). ♦ **Donner une bricole à qqn,** le tromper : *Ce valet est un grand menteur, il me donne toujours quelque bricole* (Fur.).

Le XVIIe s. connaissait le sens actuel de « partie d'un harnais, assemblage de courroies », mais non le sens familier de « chose sans importance ».

bricoler v.i. Jouer en faisant rebondir la balle ou la bille (« coup de bricole ») : *Il est adroit à bricoler* (Acad. 94). ♦ Fig. Manœuvrer par ruse : *La maison de Lorraine, qui fit en sorte que Mme la Duchesse de Chartres demeura à Versailles, avec laquelle il n'eût pas été si aisé de bricoler* (Saint-Simon, 1701).

◆ v.t. Tromper : *Ne sait-il pas encor les plus rusés détours Dont votre esprit adroit bricola vos amours ?* (Corn., *S. du Ment.*, 1634). ♦ Agiter, discuter : *Il n'y a école de dialectique où ce sophisme n'ait été bricolé* (Malh., *Ép.*, 87).

Auj. familier : « accomplir en amateur de petits travaux ».

bride n.f. **Aller (la) bride à la main,** aller avec précaution : *Le Sr Bouchard est homme d'esprit, mais allez bride à la main avec lui* (Chap., *Lettres*, I, 231). ♦ **Tenir la bride à,** tenir en bride, refréner : *Il doit tenir la bride aux grands empressements Qu'on a de faire éclat de tels amusements* (Mol., *Mis.*, 347).

brider v.t. Au fig., tenir en sujétion, oppresser : *J'avais une poitrine bridée et douloureuse* (Sév., 9 avr. 1683). – Auj. on dit encore « brider ses passions ». ♦ Tromper, abuser : *D'un zèle simulé j'ai bridé le bon sire* (Mol., *Ét.*, 1267). *Comme il n'y a point de telle libéralité que celle des avaricieux quand quelque autre passion les domine, il se laissa brider comme on voulut, accordant plus qu'on ne lui avait demandé* (Fur., *Rom. bourg.*, I, 1010). – On disait aussi, avec le même sens, **brider la bécasse.** ♦ **Brider le nez à qqn,** lui donner un coup de poing sur le nez : [Pallas] *De sa palme son nez brida À qui de trop près l'aborda* (Scarr., *V. tr.*, II, 767).

brièveté n.f. Concision du style : *On ne trouvera pas ici l'élégance ni l'extrême brièveté qui rendent Phèdre recommandable* (La Font., *F.*, Préf.).

Le sens actuel de « courte durée » était usuel au XVIIe s. : *La brièveté d'un discours ; la brièveté de la vie* (Fur.).

brigade n.f. Groupe, compagnie, troupe (sens large) : *Cent chevaux* [...] *partout des passants enchaînant les brigades Au milieu de la paix font voir les barricades* (Boil., *Sat.*, VI, 59). *Une troupe d'amis chez mon père assemblée* [...] *Le péril approchait ; leur brigade était prête* (Corn., *Cid*, 1249). [...] *Sa brigade, à peine des-*

cendue, Rétablit à nos yeux la bataille perdue (Corn., *Tois.*, 261).

Le mot désignait le plus souvent, comme auj., une unité militaire de composition bien définie : *Une armée est divisée ordinairement en huit brigades* (Fur.).

brigander v.t. et v.i. Piller : *Qu'importe combien il a brigandé de royaumes* (Malh., *Bienf.*, VII, 3). *C'est un homme qui a mérité cent fois la roue, il n'a jamais fait que brigander* (Acad. 94).

brigue n.f. Menées secrètes, intrigues, cabale : *On dit même qu'au trône une brigue insolente Veut placer Aricie et le sang de Pallante* (Rac., *Ph.*, 329). *Mazarin se soutint, quelques sortes de brigues qu'il y eût contre lui* (Du Buisson, *Turenne*, 4). ♦Manœuvre consistant à se faire des partisans nombreux pour obtenir un avantage, un emploi élevé (auj. vieilli) : *Vous l'avez eu par brigue, étant vieux courtisan* (Corn., *Cid*, 219).

briguer v.t. Solliciter qqn, le circonvenir : *Qu'il sera généreux que, sans briguer personne, Ils* [vos hauts faits] *fassent à vos pieds apporter la couronne* (Corn., *Pulch.*, 345).

Il était plus usuel qu'auj. au sens de « chercher à obtenir quelque chose » : *Entre tous ces amants dont la jeune ferveur Adore votre fille et brigue ma faveur* (Corn., *Cid*, 2 var.).

brillant n.m. Fig. Éclat, lustre (auj. surtout dans *un esprit qui manque de brillant*) : *Ne vous enflez donc point d'une si grande gloire Pour les petits brillants d'une faible victoire* (Mol., *Mis.*, 1018). *Qu'au brillant de mon astre on va porter envie !* (Th. Corn., *Compt. d'Org.*, IV, VI). *Elle a tant de mérite ! Un tel brillant d'esprit !* (Hauteroche, *Bourg. de qualité*, I, IV).

briller v.i. Chercher du gibier, en parlant d'un chien : *Cela* [un chien] *est joli à voir briller et chasser devant soi dans une allée* (Sév., 23 oct. 1675). ♦Courir de-ci, de-là : *Ne croyez pas que nous puissions* [...] *nous accoutumer à ne vous voir plus briller dans cette maison* (Sév., 1er nov. 1688).

brinde n.f. Coup bu à la santé de qqn : *Boire des brindes. Faire des brindes. Je vous ai porté tant de brindes* (Acad. 94). *La société choisie qui, par plus d'une brinde, vous souhaite meilleure santé* (Chap., *Lettres*, II, 617). ♦S'employait parfois au masculin : *D'un brinde qui vive en l'histoire, Que chacun se prépare à boire La santé du grand cardinal* (Saint-Amant, *le Passage de Gibraltar*, 119).

bris n.m. Naufrage : *Si quelqu'un a fait bris, nous lui équipons une autre barque* (Malh., *Bienf.*, IV, 11). ♦Biens sauvés du naufrage, épave (blâmé par Vaug.) : *Le bris des vaisseaux appartient au seigneur du lieu où se fait le bris* (Acad. 94).

Au sens de « action de briser », le mot appartenait, comme auj., à la langue juridique : *Il a été permis d'entrer en cette maison par fracture et bris de portes* (Fur.).

brisement n.m. Action de briser : *Que nous dit cet auteur* [...] *du brisement des images et des autels ?* (Boss., *Hist. var.*). *Le brisement des images et la révolte des paysans* (Bayle, *Dict. hist.*, Agricola George, note B).

Auj. seulement au fig. : *brisement de cœur.*

broche n.f. **Couper broche à,** empêcher de continuer : *Couper broche à une affaire, à un mauvais dessein* (Acad. 94). *Il faut couper broche à cette conduite et la régler pour une bonne fois* (Retz, *Lettre*, 25 févr. 1669).

brodequins n.m.pl. Chaussures couvrant le pied et une partie de la jambe (auj. « gros souliers ») : *Des brodequins en broderie* (Acad. 94). ♦Torture infligée à un criminel et consistant à lui serrer les jambes entre deux planches de bois : *Donner les brodequins à un criminel* (Acad. 94).

bronchade n.f. Faux pas : *Son cheval fit une bronchade* (Acad. 94). *J'avais beau redoubler le pas* [...] *Enfin moi faisant cent bronchades* (Scarr., *V. tr.*, II, 2929).

broncher v.i. Trébucher, faire un faux pas : *Comme on le traînait il broncha Et prêt à trébucher pencha* (Scarr., *V. tr.*, II, 967). *Ils broncheront dans les plus beaux chemins et les plus unis* (Retz, *Serm. sur l'hypocrisie*).

Auj. surtout dans des expressions négatives telles que *sans broncher, ne pas broncher,* « sans hésiter, ne pas remuer ».

brosser v.i. Courir au milieu des bois et des broussailles : *Vous me retarderiez, Monsieur : homme qui vive Ne peut à mon égal brosser dans ces buissons* (Corn., *Clit.*, 604 var.). *Ce brave Valençay* [...] *qu'en servant la France on a vu mille* *fois Brosser dans des forêts de piques De même qu'un sanglier brosse parmi des bois* (Tr. L'Hermite, *Vers héroïques*, La maison d'Astrée, 369 et 370). ♦ Partir, prendre le large : *L'archevêque brossa et ne répondit pas un mot* (Saint-Simon, 1707).

◆ v. t. Parcourir en tous sens : *Qu'il travaille sans cesse à brosser les forêts, Et jamais le butin n'échappe de ses rets* (Th. de Viau, *Sat.*, I). ♦ Quitter rapidement : *Je vis avec surprise sortir M. le duc d'Orléans, qui brossa la chambre et disparut* (Saint-Simon, 1707).

brouée n.f. Brouillard, brume : *Une brouée qui s'élève* [...] *qui se dissipe* (Acad. 94). *J'ai bien peur si mon avis passe Que le Roi du Ciel ne vous casse Et la brouée et le frimas* (Scarr., *V. tr.*, I, 429).

brouhaha n.m. Bruit confus des applaudissements : *Voilà ce qui attire l'approbation, et fait faire le brouhaha* (Mol., *Impr.*, sc. IV).

Auj. « bruit confus d'une foule en général » ; exprime rarement l'approbation.

brouillamini n.m. Drogue où il entre plusieurs sortes de choses. ♦ Fig. Affaire embrouillée, chose difficile à comprendre, complication (auj. on dit plutôt *embrouillamini*) : *Il y a trop de tintamarre là-dedans, trop de brouillamini* (Mol., *Bourg.*, II, IV). *Mais quoi ? Ces rois sont bons et sages, Et s'ils désirent voir finis Leurs étranges brouillaminis, Ils n'ont qu'à s'accorder ensemble* (Loret, *Muse hist.*, 16 mars 1658).

brouillard n.m. Brouillon. ♦ **Papier brouillard,** papier buvard ; papier non encollé : [Mme de Chaulnes] *fut frottée à loisir avec du baume tranquille, bien bouchonnée, du papier brouillard par-dessus ; elle se coucha bien chaudement* (Sév., 24 avr. 1689).

brouillas n.m. Brouillard : *Étant le brouillas si épais qu'il n'était pas possible* [...]. *de voir le chemin* [...], *ils ne faisaient que fourvoyer* (Malh., *Tite Live*, XXXIII, 7). *Un brouillas qui l'air épaissit La rend* [la lune] *blafarde* (Scarr., *V. tr.*, VI, 1016).

brouiller v.t. Embrouiller, mettre de la confusion (encore auj., mais moins souvent que *embrouiller*) : *Je n'ai qu'à dire un mot pour brouiller bien des choses* (Corn., *Oth.*, 1226) ; et absol. : *Ce terme me jeta dans l'obscurité* [...] *et je crois qu'il n'a été inventé que pour brouiller* (Pasc., *Prov.*, I). ♦ Mêler en agitant (auj. emploi plus limité : *brouiller les cartes, œufs brouillés*) : *Mettez toutes ces drogues ensemble, et les brouillez bien* (Fur.). ♦ Occuper à des choses compliquées : *Faisons toujours ce que le ciel prescrit Et d'aucun autre soin ne nous brouillons l'esprit* (Mol., *Tart.*, 1228). ♦ Barbouiller, emplir de sottises : *jamais homme n'a plus brouillé de papier* (Chap., *Lettres*, II, 208). *Je brouille un peu de papier aussi bien que les autres, mais si je faisais des vers aussi bons* [...] (Scarr., *Rom. com.*, I, 11). *Quelle est la confusion de ce tableau ! et ne semble-t-il pas que ces couleurs aient été jetées au hasard, seulement pour brouiller la toile ou le papier, si je puis parler de la sorte ?* (Boss., *Serm. sur la Provid.*). ♦ Écrire, composer précipitamment : *Ma sœur, un mot d'avis sur un méchant sonnet Que je viens de brouiller dedans mon cabinet* (Corn., *Mél.*, 472).

◆ v.i. Agir avec confusion : *Elles filaient si bien que les sœurs filandières* [= les Parques] *Ne faisaient que brouiller au prix de celles-ci* (La Font., *F.*, V, 6).

◆ **se brouiller,** se mêler : *Et n'eus-je pas encore raison de conseiller Nangis de ne s'y pas brouiller ?* (Retz, *Mém.*, I, 232). ♦ S'embrouiller, s'égarer : *Le ciel fait cette grâce* [savoir mentir] *à fort peu de personnes : Il y faut* [...] *Ne se brouiller jamais, et rougir encor moins* (Corn., *Ment.*, 936).

Le sens actuel de « cesser d'être ami » était usuel aussi au XVIIe s. : *Je ne veux pas me brouiller avec une personne qui m'a fait tant de grâce que de me dire des douceurs* (Mol., *Am. magn.*, V, IV).

brouillerie n.f. Désordre politique : *Sur quelque brouillerie, en la ville excitée : Il a voulu lui-même apaiser les débats Qu'avec nos citoyens ont eus quelques soldats* (Corn., *Pompée*, 1186). ♦ Broutilles, objets de peu de valeur : *J'ai mille brouilleries à acheter* (Acad. 94).

Le sens actuel de « querelle, désaccord » était usuel aussi au XVIIe s. : *Il y a de la brouillerie dans ce ménage* (Fur.).

brouissement n.m. V. BRUISSEMENT.

bruire v.t. et i. Répandre le bruit : *L'on bruit que M. de Bullion est destiné chancelier de la petite reine* (Malh., *Lettre Peiresc*, 23 juin 1609). ♦ Retentir : *Puisse tout l'univers bruire de votre estime* (Corn., *Illus.*, 958). ♦ Il se conjuguait comme *offrir* ; auj., il appartient à la 2e conjugaison, modèle *finir* : *Et ces jets élancés retombent en bruyant* (Scudéry, *Alaric*, III).

Auj. seulement v.i. et au sens de « rendre un son léger et confus ».

bruissement, brouissement n.m. Bruit confus (et non pas toujours, comme maintenant, bruit léger) : *Le bruissement d'un carrosse qui s'arrête à sa porte* (La Br., VII, 15). *Il ne remuait presque point les lèvres ; j'entendais néanmoins un brouissement, comme de plusieurs voix entremêlées* (Cyrano, *Pour les sorciers*, 52).

bruit n.m. Fig. Querelle : *Soit : là-dessus nous n'aurons point de bruit* (Mol., *Éc. des f.*, 190). *Et je ne serais pas réduit d'être valet Si je n'avais eu bruit avec le Châtelet* (Regnard, *Fol. am.*, I, v). ♦ Sédition : *Il y a eu du bruit à Constantinople* (Acad. 94). ♦ Renommée, renom : *Faut-il donc s'éloigner de tant de belles choses Pour acquérir un bruit qui n'est rien que de l'air ?* (Tr. L'Hermite, *le Départ forcé*). ♦ **Faire bruit de qqch,** s'en vanter : *Toutes ces belles vertus, dont vous faites tant de bruit* (Sév., 11 déc. 1689). ♦ **Faire du bruit,** faire parler de soi : *Force gens font du bruit en France [...] Un équipage cavalier Fait les trois quarts de leur vaillance* (La Font., *F.*, V, 21). *Mais j'ai vu près de vous ce superbe Hippolyte ; Et même en le voyant, le bruit de sa fierté A redoublé pour lui ma curiosité* (Rac., *Ph.*, 407). ♦ Nouvelle (emploi plus étendu qu'auj.) : *Je fus soudain frappé du bruit de son trépas* (Rac., *Mithr.*, 81).

brûlant, e adj. En feu : *Le grand bruit me mena tout droit Où l'on ne mourait pas de froid, À cause des maisons brûlantes* (Scarr., *V. tr.*, I, 1402).

brûlement n.m. Incendie : *Les brûlements, les violements et les autres désordres de la guerre* (Acad. 94). *Le brûlement de la ville de Lyon* (Malh., *Ép.*, 91).

brûler v.i. Fig. Être enflammé d'amour pour qqn : *Oui, prince, je languis, je brûle pour Thésée* (Rac., *Ph.*, 634). ♦ Désirer impatiemment (auj. seulement *brûler de* et l'infin., comme déjà au XVIIe s. : *Je brûle pour cela que notre troupe vienne* (La Font., *Ragotin*, I, I).

brun, e adj. Sombre, foncé : *Certain soir qu'il faisait Un temps fort brun* (La Font., *Contes*, II, 3).

brune n.f. **À la brune, sur la brune,** vers le soir : *Je le vis deux ou trois fois, sur la brune, chez Lefebvre* (Retz, *Mém.*, IV, 227). *Je le rencontrai sur la brune, le long d'un bois* (Acad. 94).

brutal, e adj. Bestial : *Époux brutaux et trompeurs, qui unissent les corps sans unir les cœurs* (Boss., *Hist. var.*). ♦ Qui tient de la brute, de la bête : *Apprenez en deux mots leur brutale insolence* [de Polyeucte et de Néarque] (Corn., *Pol.*, 825). ♦ Grossier, impoli : *Mais quoi ? partir ainsi d'une façon brutale, Sans me dire un seul mot de douceur pour régale ?* (Mol., *Amph.*, 638).

◆ n. m. Bête sauvage, brute : *Et sous terre, au pied des coteaux Les gens logeaient comme brutaux* (Scarr., *V. tr.*, III, 422). *Sauve-moi des lions, sauve-moi des licornes, Et de tous ces brutaux pleins de rage et d'erreur* (Rac., *Ps. XXI*, in L.).

Auj. sens atténué de « violent, qui traite avec rudesse ».

brutalité n.f. Bestialité, action qui rapproche l'homme de la bête : *Se voyant seul avec une fort belle fille, et ayant plus d'instinct que de raison, ou, pour parler de lui comme il mérite, étant la brutalité même, il avait voulu profiter de l'occasion* (Scarr., *Rom. com.*, I, 15). ♦ Grossièreté d'esprit : *Esprit lâche et grossier, quelle brutalité Te fait juger en moi tant de crédulité ?* (Corn., *Hér.*, 1497). ♦ Parole rude, impolie : *Dire des brutalités* (Acad. 94).

Auj. « rudesse, violence ».

brute n.f. Animal : *Ils me prenaient pour un animal des mieux enracinés dans la catégorie des brutes* (Cyrano, *États et empires de la Lune*, 80). ♦ **Vivre en bête brute,** en se laissant aller à ses plus bas instincts : *Qui n'a point de loi vit en bête brute* (Mol., *D. J.*, V, II).

Auj. « homme violent, sans esprit ».

bube n.f. Bouton : *Il avait deux ou trois petites bubes sur le visage* (Acad. 94). *Il n'est point d'homme si bien composé, ni si sain, à qui quelquefois il ne sorte quelque pustule ou quelque bube* (Malh., *Ép.*, 72).

buffet n.m. Table où l'on met la vaisselle pour servir le repas ; desserte : *Les buffets dressés sous la treille* (La Font., *F.*, II, 20). ♦ Vaisselle : *Un buffet d'argent ciselé, de vermeil doré* (Acad. 94).

Au XVIIe s. il désignait aussi (comme auj.) l'« armoire où l'on range la vaisselle » ou « ce qui est nécessaire pour le repas » ; parfois une « table dressée dans les réceptions ».

buffle n.m. Collet en peau de buffle : *L'un fait un inventaire de ce qu'il a perdu : son étui, sa tasse, son buffle, son caudebec* (Sév., 21 août 1675).

◆ n.m. et adj. Stupide, bête, qui n'a point d'esprit : *Oyant parler d'un seigneur qui a la réputation d'être aussi buffle que pas un de sa qualité* [...] (Sorel, *Franc.*, V).

bureau n.m. Grosse étoffe de bure (vieilli en ce sens au XVIIe s.) : *J'ai vu ceux qui en représentent* [des bergères] *sur les théâtres ne leur faire pas porter des habits de bureau, des sabots, ni des accoutrements mal faits* (Urfé, *Astrée*, I, début non paginé). ♦ Registre, agenda : *Je tiens le bureau de ma dépense* (Malh., *Ép.*, 1). ♦ **Bureau d'adresse,** organisation faisant office de placement, d'agence immobilière et mobilière, et au fig. femme qui sait toutes les nouvelles : *C'est un vrai bureau d'adresse que cette femme* (Acad. 94). ♦ Magasin, agence, et au fig. assemblée, réunion : *Paris est le grand bureau des merveilles* (Mol., *Pr. rid.*, sc. IX). ♦ **Mettre sur le bureau,** alléguer : *Quand il sera question de mépriser la mort, j'aurai l'exemple de Caton tout prêt à mettre sur le bureau* (Malh., *Ép.*, 24). ♦ **Un procès est sur le bureau,** on va y travailler : *L'affaire s'en va bientôt sur le bureau* (Chap., *Lettres*, I, 623). ♦ **Avoir le bureau,** être rapporteur dans un procès. ♦ **Air du bureau,** dispositions des personnes chargées d'instruire un procès : *L'air du bureau est bon, est favorable* (Acad. 94).

Les autres sens actuels étaient également usuels au XVIIe s.

burle n.f. V. BOURLE.

busc n.m. « Petit bâton d'ivoire, de bois, de baleine, etc., plat et étroit, dont les femmes se servent pour tenir leur corps de jupe en état » (Acad. 94) : *Sa compagne, Mademoiselle Angélique, lui déchargea un grand coup de busc sur les doigts* (Scarr., *Rom. com.*, I, 10).

but n.m. **Être à but, but à but,** se dit de personnes qui n'ont aucun avantage l'une sur l'autre, qui sont sur un pied d'égalité : *Aimons-nous but à but, sans soupçon, sans rigueur* (Corn., *S. du Ment.*, 1611). *Il ne faut pas traiter les novices comme des compagnes avec qui l'on est but à but* [...] *Vous devez toujours vous regarder comme leurs mères* (Maintenon, *Entretien avec les maîtresses*, 31 déc. 1694).

buter, butter v.t.ind. **Buter à,** viser à, chercher à atteindre : *Toutes mes volontés ne butent qu'à vous plaire* (Mol., *Ét.*, 1748). *Nous buttons à nous acquitter de nos dettes plutôt qu'à nous faire des débiteurs* (Chap., *Lettres*, 21 janv. 1635).

butin n.m. Pillage : *Une assez bonne terre, Si je la puis sauver du butin de la guerre, Nous fournira des fruits aussi délicieux* (Th. de Viau, *Élégie*, Souverain qui...).

Il désignait aussi, comme auj., « ce qui est pillé, conquis » : *Tu veux que moi-même* [...] *je sois le butin de qui l'ose épargner Et le prix du conseil qui le force à régner* (Corn., *Cinna*, 959).

butiner v.i. et v.t. Piller, faire du butin : *Les soldats ont bien butiné en ce pays-là* (Acad. 94). ♦ **Butiner sur qqn,** tirer profit de lui : *Dans son plus beau travail tout ce qu'elle* [la nature] *examine, C'est combien sur un autre un tel emploi butine* (Corn., *Imit.*, III, 5671).

Auj. « amasser en prenant çà et là », surtout en parlant des abeilles.

butte n.f. Cible (auj. seulement *en butte à,* locution usuelle aussi au XVIIe s.) : *Il n'est pas naturel de craindre et fuir l'honneur* [...] *Et d'être des malheurs la butte et la victime* (Corn., *Imit.*, II, 1575).

butter v.t.ind. V. BUTER.

C

çà adv. Ici (auj. seulement dans *çà et là*) : *Oui, venez çà, avancez là* (Mol., *Mal. im.*, II, VIII). ♦ **Çà bas,** ici-bas, sur la terre (condamné par Malh.) : *Ceux dont les actions çà bas vous imitez* (Mairet, *Sylvie*, 1373). ♦ **En çà,** en comptant depuis telle date jusqu'à maintenant (renforce la préposition *depuis*) : *Depuis quinze ou vingt ans en çà Au travers d'un mien pré certain ânon passa* (Rac., *Plaid.*, 201).

◆ interj. Sert à exhorter : *Çà, mes poings, travaillons* (Rotr., *Sosies*, I, III). *Çà, voyons un peu comme vous ferez* (Mol., *Pourc.*, III, II). ♦ **Or çà** servait à entrer en matière : *Or çà verbalisons* (Rac., *Plaid.*, 373).

cabale n.f. Compagnie (il n'avait pas toujours le sens péjor.) : *La distinction des femmes* [...] *qui sont des rieuses de quartier, d'avec celles qui font la plus aimable partie du beau monde et qui sont de la bonne cabale* (Scarr., *Rom. com.*, II, 8). ♦ Parti politique : *Chaque cabale voulait faire la paix ou empêcher que les autres la fissent* (La Roch., *Mém.*, II, 415). *Chez tous nos Grecs asiatiques Votre pouvoir naissant trouva des républiques Que sous votre cabale il vous plut asservir* (Corn., *Agés.*, 1018).

Le sens actuel « menées secrètes, intrigue » était usuel au XVIIe s. : *On a fait une cabale pour décrier cette tragédie* (Fur.).

cabaler v.i. Former une cabale, former une intrigue politique : [Il] *commença à cabaler parmi les Cosaques* (Rac., *Notes hist.*, 32).

cabane n.f. Chambre ou loge qui tenait le milieu des coches d'eau : *Je montai seul sur la cabane qui couvrait notre bateau* (Voit., *Lettres*, 1642). ♦ Le bateau lui-même : *J'entrai à tout hasard dans cette cabane dans les temps qu'elle quittait le bord, le batelier ayant eu peur d'être battu* (Scarr., *Rom. com.*, I, 18).

Le sens actuel de « petite habitation grossièrement construite » existait au XVIIe s. : *Elle* [l'araignée] [...] *la prend au mot, se glisse en la cabane : Point de coup de balai qui l'oblige à changer* [de place] (La Font., *F.*, III, 8).

cabaret n.m. Petite table à thé, guéridon : *On était auprès de plusieurs cabarets de thé et de café ; en prenait qui voulait* (Saint-Simon, *in L.*).

Le sens actuel de « établissement où l'on sert des boissons » existait au XVIIe s. : *Le vin du cabaret est presque toujours frelaté, et fait mal à la tête* (Fur.).

cabinet n.m. Lieu le plus retiré dans un appartement royal ou dans une grande maison : *La cour, la salle, l'escalier, le vestibule, les chambres, le cabinet, tout est volière* (La Br., XIII, 2). ♦ Lieu retiré en général, cachette : *Les nymphes que la chasse attire À l'ombrage de ces forêts Cherchent des cabinets secrets Loin de l'embûche du satyre* (Th. de Viau, *la Solitude*). ♦ Salle de travail, bureau (parfois encore auj.) : *Souvent ce cabinet superbe et solitaire Des secrets de Titus est le dépositaire* (Rac., *Bér.*, 4). ♦ Conseil où l'on discute les affaires de l'État (auj. encore) : *Il sait les secrets du Cabinet mieux que ceux qui les font* (Mol., *Escarb.*, sc. I). ♦ Secrets de la cour, affaires politiques : *Quel roi mieux que le nôtre entend le cabinet ?* (La Font., *Lettre Fouquet*, mars 1661). [Le prince de Condé] *était un Prince d'une grande sagesse, habile dans le cabinet* (Du Buisson, *Turenne*, 3). ♦ Meuble à tiroirs, commode, secrétaire (auj. vieilli) : *Allez au cabinet me quérir un mouchoir* (Corn., *Suiv.*, 434). ♦ **Tenir cabinet,** tenir conseil : *L'on tenait cabinet mal à propos* (Retz, *Mém.*, I, 226). ♦ Lieu où l'on met les objets précieux (auj. vieilli) : *Vous conservez par reconnaissance le portrait de votre bienfaiteur, qui a passé à la vérité du cabinet à l'antichambre* (La Br., VI, 33).

Le sens actuel de « lieu d'aisances » existait au XVIIe s. : *Franchement il est bon* [votre sonnet] *à mettre au cabinet* (Mol., *Mis.*, 376).

cache n.f. Cachette (auj. vieilli) : *On n'est pas peu embarrassé à trouver dans toute une maison une cache fidèle* (Mol., *Av.*, I, IV).

caché, e adj. En parlant d'une personne, secret, qui vit retiré : *Il craignait ici que vous ne fussiez toujours cachée et chagrine* (Sév., *25 févr.* 1689).

cachet n.m. **Cachet volant,** cachet qui n'adhère qu'au pli supérieur de la lettre, sans la fermer : *J'ai pris la liberté de mettre, à cachet volant, dans ce paquet la lettre que j'écris sur ce sujet* (Retz, *Lettre*, 25 mai 1666, VII, 240). ♦ **Lettre de cachet,** lettre marquée du sceau du roi et portant le plus souvent peine d'emprisonnement ou d'exil.

cadeau n.m. Divertissement offert à des dames et consistant en concert, bal, repas fin, etc. (ce mot est plutôt de la ville que de la cour, selon Ménage) : *Elles y ont reçu des cadeaux merveilleux de musique et de danse* (Mol., *Am. magn.*, I, I).

Auj. il n'a gardé que le sens de « objet offert en vue de plaire », encore très rare à la fin du XVIIe s.

cadenas n.m. Coffret de métal précieux où l'on conservait le couvert du roi, des princes, des ducs et pairs : *Le Roi d'Angleterre ayant la Reine sa femme à sa droite et le Roi à sa gauche, avec chacun leur cadenas* (Saint-Simon, 1692).

Auj. , comme aussi au XVIIe s., « serrure mobile » : *On a de petits cadenas pour fermer les valises* (Fur.).

caduc, caduque adj. Qui menace ruine : *Maison vieille et caduque* (Acad. 94). *Et n'est-il pas vrai que dans les États il y a des pièces si caduques et si ébranlées, que si on les touche on les renverse* (Balz., *Lettre Chapelain*, 30 janv. 1638). ♦ Défaillant : *Ma mémoire se fait caduque* (Malh., *Bienf.*, III, 4). ♦ Voisin de la décrépitude : *Quand on a passé soixante ans, on est dans un âge caduc* (Fur.). *Son père si vieux et si caduc* (La Br., VI, 21). ♦ **Mal caduc,** épilepsie : *Il tombe du mal caduc* (Acad. 94).

Auj. , comme aussi au XVIIe s., « abrogé, tombé en désuétude ».

caducité n.f. Vieillesse, décrépitude : *Une crainte accompagnée de tendresse, jusqu'au dernier moment de sa vie et dans l'extrême caducité de son âge* (Boss., *O. f. Yolande de Monterby*). *Mourant* [...] *avant la caducité* (La Br., X, 19). ♦ État de ce qui menace ruine : *Cette terre a été moins vendue à cause de la caducité de la maison* (Acad. 94).

cagot, e adj. et n. Faux dévot, hypocrite (auj. on dit plutôt *bigot*) : *Un cagot de critique* [= un faux dévot qui a la manie de tout critiquer] (Mol., *Tart.*, 45).

cagoterie n.f. ou **cagotisme** n.m. Fausse dévotion, hypocrisie : *Il y a bien des gens qui font leur fortune par cagoterie* (Fur.). *Son cagotisme en tire à toute heure des sommes* (Mol., *Tart.*, 201).

cajoler v.t. Flatter : *On peut dire, sans vous cajoler, que l'original est moins bon que la copie* (Chap., *Lettres*, II, 559). ♦ Courtiser, chercher à séduire : *Le soir il portait de grands canons et les galants d'or pour aller cajoler les dames* (Fur., *Rom. bourg.*, I).

◆ v.i. Babiller, bavarder agréablement : *Bien que tout le jour il cajole avec toi* [...] (Corn., *Suiv.*, 584). *Tudieu, comme avec lui votre langue cajole !* (Mol., *Éc. des f.*, 1496).

Auj. il est du style familier et signifie « caresser, entourer de soins, souvent dans une intention intéressée ».

cajoleur n.m. Galant : *Il n'avait pas la mine d'un cajoleur dangereux* (Fur., *Rom. bourg.*, I, 98). *D'un cajoleur la nouvelle conquête* (Corn., *Mél.*, 1148).

calamiteux, euse adj. Infortuné, abondant en calamités (mot un peu vieux, ne se dit guère que du temps) : *En ce temps calamiteux* (Acad. 94).

calemar n.m. Écritoire portative : *C'est un critique généreux et qui croirait faire tort à son calemar et à son stylet de les employer contre une vertu ordinaire* (Chap., *Lettres*, I, 610).

calepin n.m. Dictionnaire, gros recueil (de Calepino, auteur d'un gros dictionnaire en plusieurs langues) : *N'êtes-vous pas fort plaisant avec vos cinq langues ? Vous voudriez que mes lettres fussent des Calepins* (Rac., *Lettre Le Vasseur*, 4 juill. 1662).

Auj. « mince agenda ».

calle, cale n.f. Bonnet rond couvrant le haut de la tête : *On nous a dit, entre autres merveilles, que beaucoup de Limousines de la première bourgeoisie portent des chaperons de drap rose-sèche sur des cales de velours noir* (La Font., *Lettre à sa femme*, 25 août 1663).

calomnier v.t. **Calomnier qqn de qqch,** l'en accuser calomnieusement : *Sévère aussitôt, courant à sa vengeance, M'irait calomnier de quelque intelligence* [= complot] (Corn., *Pol.*, 1500).

camarade n.m. Collègue : *Le médecin* [...] *allait voir un malade Que visitait aussi son confrère* [...]. *Ce dernier espérait, quoique son camarade Soutînt que le gisant irait voir ses aïeux* (La Font., *F.*, V, 12). ♦ Contemporain : *Je* [la Mort] *t'ai fait voir tes camarades* [ceux du vieillard], *Ou morts, ou mourants, ou malades* (La Font., *F.*, VIII, 1). ♦ Celui qui a des liens de familiarité avec quelqu'un, surtout enfant ou adolescent (sens actuel, familier à la fin du XVIIe s.) : *On dit* [...] *que des gens sont camarades comme cochons quand ils ont fait souvent la débauche ensemble* (Fur.).

camelot n.m. Étoffe assez grossière faite avec du poil de chèvre et mêlée de laine, parfois de soie : *On met celui qui est vêtu de soie au-dessus de celui qui n'est vêtu que de camelot* (Fur., *Rom. bourg.*, I). *Une houppelande De beau camelot de Hollande* (Scarr., *V. tr.*, VI, 779).

camisade n.f. Attaque nocturne par surprise : *Donner une camisade* (Acad. 94). *Nous irons donner camisade Au rebelle malicieux* (Scarr., *Typh.*, IV, 3).

çamon adv. Insiste sur une affirmation ou marque l'ironie : *Çamon, ma foi ! j'en suis d'avis, après ce que je me suis fait* (Mol., *Mal. im.*, I, II).

camouflet n.m. Fumée soufflée dans le nez de qqn à l'aide d'un cornet de papier : *Souffle-moi par un camouflet Un style qui soit bien grotesque* (Scarr., *Œuvr. burl.*) ; et au fig. : *Pourquoi les vents porte-soufflets Apprêtent-ils leurs camouflets ?* (Scarr., *V. tr.*, V, 46).

Le sens actuel de « affront, vexation » n'est pas enregistré par Acad. 94 ni par Fur.

camp n.m. Armée en campagne : *M. de Brissac qui revenait de camp* [...] (Retz, *Mém.*, II, 425). *J'attaque sur son trône une reine orgueilleuse, Qui voit sous ses drapeaux marcher un camp nombreux* (Rac., *Ath.*, 1339).

Les sens actuels étaient également usuels au XVIIe s.

campagnard n.m. Gentilhomme qui vit sur ses terres : *Il n'y a rien de si ennuyeux que les compliments d'un campagnard* (Acad. 94). *Deux nobles campagnards, grands lecteurs de romans* (Boil., *Sat.*, III, 43).

Auj. « paysan, cultivateur ».

campagne n.f. Région : *Comment percer des airs la campagne profonde ?* (La Font., *F.*, VIII, 16). ♦ Séjour hors de Paris, en province : *Mme de Coulanges a fini sa campagne, et nous revînmes hier toutes à Paris* (Sév., 15 oct. 1677). ♦ **En campagne,** en train, en question : *On croit qu'il y a quelque ambassade en campagne, dont ses enfants sont effrayés par crainte de la dépense* (Sév., 31 mai 1680).

Les sens actuels étaient également usuels au XVIIe s.

campos n.m. Congé (bas selon Acad. 94 ; auj. vieilli et seulement littér.) : *Si vous avez jamais vu le procédé des académistes qui ont campos, vous trouverez* [...] (Sév., 25 nov. 1655). *Vous jouirez d'un grand repos, Les dimanches aurez campos Et n'aurez quasi rien à faire* (Scarr., *V. tr.*, III, 626). ♦ Répit : *Notre imagination nous donna plus d'un quart d'heure de campos* (Sév., 9 déc. 1664).

camus, e adj. Fam. Penaud, déçu : *Je veux que Monsieur vous rende un peu camuse* (Mol., *D. J.*, II, IV). *Combien que je sois assuré qu'Artemidore même demeurerait camus en une chose si difficile* [...] (Sorel, *Franc.*, III).

Auj., comme aussi au XVIIe s., « qui a le nez court et plat » : *Les Tartares aiment les beautés camuses, et les trouvent tant plus belles, tant moins elles ont de nez* (Fur.).

camuset, ette adj. Qui est un peu camus : *Je te promets à ce printemps Une petite camusette Friponne, drue et joliette* (La Font., *Ép. pour Mignon*, 49).

canaille n.f. Petit peuple (en style élevé et sans que la nuance péjorative soit toujours marquée) : *Travailler est le fait de la canaille*

(La Font., *Contes*, IV, 5). *Connaît-on à l'habit aujourd'hui la canaille ?* (Corn., *S. du Ment.*, 92). ♦Péjor. Jeune enfant : *On appelle canaille de petits enfants qui font du bruit, qui incommodent* (Acad. 94). *Un jeune enfant dans l'eau se laissa choir En badinant sur les bords de la Seine* [...] *« Voyez, dit-il* [le maître d'école] *où l'a mis sa sottise !* [...] *Que les parents sont malheureux qu'il faille Toujours veiller à semblable canaille ! »* (La Font., *F.*, I, 19).

Le XVIIe s. connaissait aussi le sens actuel de « individu de moralité louche, scélérat » : *On a cassé le régiment, parce qu'il n'était composé que de canailles, de lâches et de poltrons* (Fur.).

canal n.m. Lit d'une rivière : *Le canal de la Seine* (Acad. 94). ♦Eaux d'une rivière : *Mais un canal formé par une source pure* (La Font., *F.*, I, 11). ♦Détroit : *Le canal de Constantinople* (Acad. 94). ♦Voie ouverte à une humeur, au sang : *Blessures, hâtez-vous d'élargir vos canaux, Par où mon sang emporte et ma vie et mes maux* (Corn., *Clit.*, 263).

Les sens actuels, pr. et fig., étaient également usuels au XVIIe s.

cancre n.m. Homme qui vit misérablement : *Cancres, hères, et pauvres diables Dont la condition est de mourir de faim* (La Font., *F.*, I, 5). ♦Crabe : *Il voyait déjà plusieurs cancres* [...], *qui étaient prêts à le happer* (Fur., *Rom. bourg.*, I). ♦Un des signes du zodiaque, le cancer : *La figure du cancre* (Acad. 94).

Auj. « écolier paresseux ».

candeur n.f. Franchise, sincérité, droiture : *Qu'on prise sa candeur* [de Chapelain] *et sa civilité* [...] (Boil., *Sat.*, IX, 214). *Il y a deux sortes de chrétiens : les uns ont perdu la candeur de l'innocence baptismale* (Boss., *Panég. St Fr. de Paule*). *Il y a dans la véritable vertu une candeur* [...] *que rien ne peut contrefaire* (Fén., *Tél.*, 9).

Auj. « naïveté, crédulité » (sens péjor.).

cangrène n.f. Autre forme de « gangrène » : *La cangrène s'y mit, et elle en est morte* (Sév., 20 juill. 1694).

canin, e adj. **Faim canine,** faim dévorante : *Notre renard pressé par une faim canine* (La Font., *F.*, X, 6).

canon n.m. Demi-bas qui s'étendait de la moitié des cuisses jusqu'à la moitié des jambes : *Le courtisan autrefois avait ses cheveux, était en chausses et en pourpoint, portait de larges canons et il était libertin* (La Br., XIII, 16). ♦Ornement de dentelle qui s'attachait au-dessous du genou : *Sont-ce ses grands canons qui vous le font aimer ?* (Mol., *Mis.*, 483). ♦Partie du haut-de-chausses qui enveloppait la cuisse. ♦Partie du bas qui s'élargissait au-dessus du genou pour permettre à la cuisse d'y pénétrer.

canon n.m. Artillerie (sens collectif) : *Les ennemis* [...] *ayant fait mettre en même temps du canon en batterie sur le bord de l'île* (Du Buisson, *Turenne*, 2). *Quelques troupes du Roi* [...] *marchaient avec du canon* (La Roch., *Mém.*, II, 375).

Les sens actuels de « pièce d'artillerie » et « tube d'une arme à feu » étaient également usuels au XVIIe s.

canoniser v.t. Ériger en règle, considérer comme sacré : *Il ne canonise point les opinions de ses maîtres* (Bayle, *Dict. hist.*, Abrabanel).

Auj. il a le sens, usuel aussi au XVIIe s., de « mettre au nombre des saints ».

canton n.m. Région, partie d'une province, d'une ville : *Quitte pour lui le monde, et laisse aux criminelles Ce triste canton de rebelles* (Corn., *Imit.*, II, 6). *Au bout de quelques jours, le voyageur arrive En un certain canton où Téthys sur la rive Avait laissé mainte huître* (La Font., *F.*, VIII, 9). ♦Division administrative d'un territoire (sens moins spécialisé qu'auj.) : *Il y a treize cantons des Suisses qui forment chacun une république* (Fur.).

cantonné, e adj. Garni dans les coins : *Une soupe à bouillon perlé, soutenue d'un jeune gros dindon cantonné de pigeonneaux* (Mol., *Bourg.*, IV, I).

cantonner (se) v. pr. Se fortifier : *Ce gouverneur s'est cantonné dans la place* (Acad. 94). *Il se voulut jadis cantonner contre un père* (Corn., *Tite et Bér.*, 1096). ♦Rester à l'écart, bouder : *La plupart des gens avaient résolu de se cantonner* (La Font., *Psyché*, II).

Auj. il a gardé le sens de « se renfermer, s'isoler » (avec un complément de lieu).

cantonnier n.m. Pièce d'étoffe couvrant les colonnes d'un lit : *Le bois de lit, d'où pendent cinq rubans qui soutiennent en l'air les trois grands rideaux et les deux cantonniers* (Sév., 11 juill. 1672).

Le fém. *cantonnière*, encore usité, était plus usuel.

capable adj. Qui peut contenir, supporter, produire : *Et ne crois point que tout le monde Soit capable de mon tombeau* (Th. de Viau, *Odes*). *La terre y est capable de tout ce que peut désirer le laboureur* (Urfé, *Astrée*, I, 1). ♦ Fig. Qui peut admettre, convenable à : *Il n'y en a pas une* [histoire] [...] *dont toutes les circonstances soient capables du théâtre* (Aubignac, *Prat. du th.*, II, 2). *Tout genre d'écrire reçoit-il le sublime, ou s'il n'y a que les grands sujets qui en sont capables ?* (La Br., I, 55). ♦ Étendu, vaste : *Je ne sais qui me rend plus coupable, Ou de dire si peu d'un sujet si capable* [...] (Régnier, *Sat.*, I, 132). ♦ Digne : *Je quitte les pensées de ma maladie pour m'occuper de celles* [lettres] *qui me sont venues de Provence ; elles en sont assez capables* (Sév., 26 févr. 1766). ♦ Péjor. Prétentieux, suffisant : *L'ignorance capable de Mme de B**** (Sév., 14 mars 1689).

Le sens actuel de « apte à agir, à faire preuve d'une qualité » existait aussi au XVIIe s. : *De quoi pour vous sauver n'étais-je point capable ?* (Rac., *Ph.*, 774).

capablement adv. Avec capacité, compétence : *Elle mena la parole si bien, si vigoureusement, si capablement, qu'il en fut ravi pour une demi-heure* (Sév., 13 sept. 1688).

cape n.f. **N'avoir que la cape et l'épée,** n'avoir pas un sou vaillant : *N'ayant pour tout bien que la cape et l'épée* (Regnard, *Mén.*, II, I) ; être de peu de valeur, de qualité médiocre : *Vos attraits n'ont plus rien que l'épée et la cape* (Saint-Amant, *Œuvres*, Sonnet). *Ce sont de ces mérites qui n'ont que la cape et l'épée* (Mol., *Mis.*, V, IV, lettre de Célimène).

capilotade n.f. Ragoût fait avec des restes de volaille, et au fig. mélange : *Nous nous aidions* [...] *de quelques livres de même étoffe, dont nous tirions toutes sortes de pièces pour en faire une capilotade à la pédantesque* (Sorel, *Franc.*, IV).

Auj. seulement dans l'expression (déjà usuelle au XVIIe s.) *mettre en capilotade*, « écraser, mettre en pièces » : *On a mis quelqu'un en capilotade, quand on a beaucoup médit de lui, quand on a déchiré et mis en pièces sa réputation* (Fur.).

capitaine n.m. Chef d'armée : *Plus que brave soldat, plus que grand capitaine* (Corn., *Cid*, 281) ; ironiq. : *Capitaine renard allait de compagnie Avec son ami bouc* (La Font., *F.*, III, 5).

Les sens actuels de « officier commandant une compagnie » et « commandant d'un vaisseau » étaient également usuels au XVIIe s.

capitainerie n.f. Gouvernement d'une maison royale et des terres qui en dépendent. ♦ **Capitainerie des chasses** ou simplem. **capitainerie,** étendue de la juridiction d'une maison royale pour la chasse : *Cette terre est dans la capitainerie de Saint-Germain* (Acad. 94). ♦ Logement du capitaine du château ou des chasses dans une résidence royale.

capital, e adj. Principal (pouvait être au comparatif) : *Le plus capital ennemi que j'aie au monde est le coadjuteur* (Retz, *Mém.*, III, 306). ♦ Passible de mort : *Toute sorte d'intelligence avec lui n'est pas seulement odieuse mais capitale* (Retz, *le Solitaire*, V, 188).

◆ n.m. Point essentiel : *Ce jeteur de vers qui manque au capital* (Mol., *Bourg.*, Ballet des Nations). ♦ **Faire son capital de qqch,** en faire sa principale préoccupation, y subordonner tout : *Il ne devait point faire son capital d'être un an plus tôt ou plus tard lieutenant général* (Sév., 8 avr. 1676) ; compter sur : *Il fait un grand capital de l'amitié d'un tel* (Acad. 94). *Ceux qui ne se piquent que d'esprit et qui pour devenir grands poètes font leur capital de leur imagination* (Rapin).

Comme adj. et n.m. le mot avait aussi les mêmes sens qu'auj.

capitalement adv. D'une manière essentielle : *Se tromper capitalement* (Boss., *Lettre*, *in* L.).

capitulation n.f. Négociation : *Mme de Chevreuse, qui vit qu'on parlementait, ne douta point du succès de la capitulation* (Retz, *Mém.*, III, 161).

Le XVIIe s. connaissait aussi le sens actuel de « acte par lequel le vaincu se rend au vainqueur ».

capituler v.i. Négocier, discuter : *Était-il possible que vous voulussiez qu'une Faculté de Théologie capitulât avec le Pape ?* (Retz, *Lettre M. de Lionne*, 23 oct. 1665).

Le XVIIe s. connaissait aussi le sens actuel de « se rendre au vainqueur ».

caprice n.m. Désir, volonté, pensée plus proche de la folie que de la fantaisie : *C'est une chose admirable* [= étonnante] *que tous les grands hommes ont toujours du caprice, quelque petit grain de folie mêlé à leur science* (Mol., *Méd. m. lui*, I, IV). *Allez, dans le caprice où votre humeur s'obstine* (Corn., *Cid*, 1693). ♦Acte insensé : [...] *par* [...] *Mes injustes soupçons, mes funestes caprices, Je suis donc arrivé au douloureux moment Où je vois par mon crime* [= par ma faute] *expirer mon amant* (Rac., *Baj.*, 1722). ♦Mot d'esprit, saillie d'imagination : *Cet homme a d'heureux, de beaux, d'excellents caprices* (Acad. 94).

Au XVIIe s. il avait souvent le sens actuel de « fantaisie, goût soudain et passager pour qqch ou pour qqn » : *Quoi ! la nécessité des vertus et des vices D'un astre impérieux doit suivre les caprices !* (Corn., *Œd.*, 1150).

capricieux, euse adj. Fou : *Il est un peu capricieux* [...] *; et parfois il a des moments où son esprit s'échappe* (Mol., *Méd. m. lui*, II, I) .

Auj. il a gardé le sens de « sujet à des variations soudaines et imprévisibles » : *J'en dispense Rodrigue* [du duel judiciaire] : *il m'est trop précieux Pour l'exposer aux coups d'un sort capricieux* (Corn., *Cid*, 1412).

captif, ive n. et adj. Prisonnier de guerre (auj. littér.) : *Rome voit passer au nombre des vaincus Plus d'un captif chargé des fers d'Antiochus* (Rac., *Bér.*, 690). *Mais deux rois, tes captifs, feront ta récompense* (Corn., *Cid*, 1221). – Auj. « privé de liberté ». ♦Tenu dans une grande sujétion, et en particulier amoureux, entièrement soumis à celle qu'il aime : *Enfants aux cœurs déjà captifs* (La Font., *Captiv. St Malc*, 68).

captiver v.t. Faire ou tenir prisonnier : *Cessez, indignes fers, de captiver un roi* (Corn., *Méd.*, 1220). [Les Juifs] *ne voulurent plus de Messie qui ne fût guerrier et redoutable aux puissances qui les captivaient* (Boss., *H. univ.*, II, 18). ♦Fig. Tenir assujetti, soumis à une loi : *Ces bienheureux liens qui empêchent l'orgueil humain de s'égarer dans ses pensées en le captivant sous l'autorité du Saint-Esprit* (Boss., *O. f. H. d'Angl.*). *Il faut captiver tout l'entendement sous l'obéissance de la foi* (Boss., *O. f. François Bourgoing*). ♦Rendre amoureux : *Cet unique vaillant, la fleur des capitaines, Qui dompte autant de rois qu'il captive de reines* (Corn., *Illus.*, 770).

◆ **se captiver,** se mettre au service de qqn : *Pour faire sa fortune il faut se captiver auprès des grands* (Acad. 94). ♦Se soumettre, se maîtriser : *Tu disais en ton cœur rebelle : Je ne puis me captiver* (Boss., *O. f. Anne de Gonzague*). *Il perd toutes ses affaires parce qu'il ne saurait se captiver* (Acad. 94).

Auj., seulement « fixer toute l'attention de qqn ».

captivité n.f. Sujétion tyrannique : *Les princes d'Orient tiennent leurs sujets en grande captivité* (Fur.). ♦Soumission amoureuse : *Elle se pense belle, et cette vanité L'assure imprudemment de ma captivité* (Corn., *Veuve*, 730).

Auj., seulement « état de prisonnier » (sens déjà usuel au XVIIe s.) : *Il y a bien de pauvres chrétiens qui languissent en captivité chez les Infidèles* (Fur.).

caquets n.m. pl. Cancans, racontars : *L'on y sait médire et du tiers et du quart* [...]. *Mille caquets divers s'y font en moins de rien* (Mol., *Tart.*, 159). ♦Jactance (auj. seulement dans *rabattre, rabaisser le caquet de qqn*, locution déjà usuelle au XVIIe s.) : *On exposait une peinture Où l'artisan avait tracé Un lion d'immense stature Par un seul homme terrassé. Les regardants en tiraient gloire. Un lion en passant rabattit leur caquet* (La Font., *F.*, III, 10).

Auj., au singulier surtout, « bavardage indiscret », comme déjà au XVIIe s. : *Votre caquet m'enlève à tous coups mes chalands* [= clients] (Corn., *Gal. du Pal.*, 1403).

car conj. Ce mot suscita une querelle demeurée célèbre. Gomberville ne voulait pas du mot, qui, disait-il, venait du grec. Voiture, au contraire, le défendit dans une épître spirituelle (*Lettre Mlle de Rambouillet*, 1637), et La Bruyère à la fin du siècle s'en fit aussi le défenseur (XIV, 73).

carabin n.m. Soldat de cavalerie légère : *Arnauld* [...] *avait été maître de camp des carabins* (Retz, *Mém.*, II, 508). ♦Homme qui agit promptement et s'en va très vite ensuite : *J'ai fait cela en carabin* (Acad. 94).

Auj., en argot scolaire, « étudiant en médecine ».

caracol, caracole n.m. ou f. Mouvement circulaire que l'on fait faire à un cheval : *Ont-ils apprêté leurs coursiers Pour montrer par maint caracole Qu'ils sont sortis de bonne école ?* (Scarr., *Virg. trav.*, V, 9134).

caractère n.m. Marque, empreinte (au propre et au fig.) : *Ses pieds amoureux, sur l'émail d'un tendre gazon, traçaient d'aimables caractères* (Mol., *Pr. Él.*, III, II). ♦ Talisman, billet portant une formule magique : *On dit qu'il a un caractère pour se faire aimer de toutes les femmes* (Mol., *Pourc.*, III, VI). ♦ Écriture, signature : *Je m'étonne pourtant* [...] *que, sans m'arrêter à ce que vous me mandez, j'aie été content en voyant seulement votre caractère* (Voit., *Lettre Mlle de Rambouillet*, 1633). *Quelqu'un* [...] *laissa tomber une lettre* [...] *d'un beau caractère de femme* (La Roch., *Mém.*, II, 83). ♦ Manière d'être particulière de qqn ; type humain : *C'est le plus méchant caractère d'homme que je connaisse* (Pasc., *Pensées*). *Dans la juste nature on ne les voit jamais ; La raison a pour eux des bornes trop petites ; En chaque caractère ils passent ses limites* (Mol., *Tart.*, 342). *Les Caractères ou les Mœurs de ce siècle* (La Br.).

Auj. il a conservé les sens de « signe distinctif en général, ou plus spécialement de ce qui constitue la personnalité » : *Il apprendrait à vaincre en me regardant faire Et pour répondre en hâte à son grand caractère, Il verrait* [...] (Corn., *Cid*, 206). Aussi terme d'imprimeur.

carat n.m. Fig. Degré, intensité : *La vérité jette, lorsqu'elle est à un certain carat, une manière d'éclat auquel l'on ne peut résister* (Retz, *Mém.*, III, 48). ♦ **Du plus haut carat,** d'élite : *Il défrayait* [= intéressait] *par son bien-dire l'assemblée du plus haut carat* (Cyrano, *États et empires de la Lune*, p. 114). ♦ **À vingt-quatre carats,** absolument, au plus haut degré (au propre, le carat est une unité de poids qui valait 1/24 de denier) : *Ignorante à vingt et trois carats* [= presque complètement] (La Font., *F.*, VII, 15).

Auj. au fig. et fam., comme déjà au XVIIe s., « très petite quantité », dans certaines expressions : *jusqu'au dernier carat*, etc.

carême n.m. **Carême haut,** qui commence en mars ; **carême bas,** qui commence en février. ♦ **Carême prenant,** mardi gras, carnaval : *Le jour de carême prenant n'est pas un jour indifférent pour Pauline* (Sév., 2 mars 1689) ; personne qui porte un masque de carnaval ou un déguisement : *On dit que vous voulez donner votre fille à un carême prenant* (Mol., *Bourg.*, V, VI).

caresser v.t. Traiter avec affection, amabilité (auj. au fig., seulement au sens de « entretenir complaisamment », dans *caresser un projet, une idée*, etc.) : *Quoiqu'un peuple l'adore et qu'un roi le caresse* (Corn., *Cid*, 1194). *M. le Prince lui dit en riant et en le caressant : « Tout cela sont de beaux compliments »* (La Roch., *Lettre*, 13 oct. 1652). *Il faut caresser les bons naturels, être sévère avec les mauvais, mais jamais rude avec aucuns* (Maintenon, *Instr. aux dames de St-Louis*, 1er août 1686). ♦ Courtiser une femme : *Nous vîmes hier au bal, entre autres nouveautés, Tout plein d'honnêtes gens caresser les beautés* (Corn., *Veuve*, 180).

Auj. comme aussi au XVIIe s., il indique un toucher affectueux : *Mes pleurs du sentiment lui rendirent l'usage ; Et, soit frayeur encore, ou pour me caresser, De ses bras innocents je me sentis presser* (Rac., *Ath.*, 253).

caresses n.f. pl. Démonstrations de sympathie, de bienveillance : *Les caresses dont vous les honorez* [les gens de lettres] *sont les marques les plus indubitables et les plus solides de ce qu'ils valent* (Corn., *Hér.*, Ép.) ; parfois au singulier : *Cela se passera avec un peu de caresse que vous lui ferez* (Mol., *G. D.*, II, VIII).

Il a gardé le sens usuel au XVIIe s. de « attouchement dû à l'affection ou à l'amour » (au sing. et au pl.) : *Suivez-moi, vous aurez un bien meilleur destin* [...] *Votre salaire sera force reliefs de toutes les façons* [...], *Sans parler de mainte caresse* (La Font., *F.*, I, 5).

carillon n.m. Ornement d'un bonnet de femme : *Habillée du bel air, avec des petits bonnets à double carillon* (Sév., 4 juin 1676).

carminatif, ive adj. Bon contre les flatuosités : *Un clystère carminatif* (Mol., *Mal. im.*, I, I).

carnage n.m. Chair que déchirent les bêtes de proie : *Les vautours vivent de carnage* (Acad. 94). *Vautours affamés de carnage* (Mol., *Mis.*, 176).

Auj. « massacre, tuerie », comme déjà au XVIIe s. : *Un poignard à la main, l'implacable Athalie Au carnage animait* [= excitait] *ses barbares soldats* (Rac., *Ath.*, 245).

carne n.f. Angle saillant d'un objet : *Je me suis donné un grand coup de la tête contre la carne d'un volet* (Mol., *Mal. im.*, I, II).

carogne n.f. Femme débauchée (terme d'injure de sens assez vague) : *Oui, j'admire mon malheur et la subtile adresse de ma carogne de femme* (Mol., *G. D.*, II, VIII). *Tu ne m'entends que trop, madame la carogne* (Mol., *Sgan.*, 190).

Acad. 94 le distingue de *charogne*, dont il est un doublet.

carolus n.m. Monnaie valant dix deniers d'argent, frappée sous Charles VIII (vieilli au XVIIe s., vulgaire selon Oudin, hors d'usage selon Fur.) : *Sans qu'il lui fût, dessus les cent écus* [...] *Fait seulement grâce d'un carolus* (La Font., *Contes*, I, 11).

carousse n.f. Autre graphie de carrousse. (V. ce mot.)

carre, quarre n.f. Allure dégagée (vieilli au XVIIe s.) : *Il faisait beau le voir dans les rues, car il marchait avec une carre et une gravité de président gascon* (Fur., *Rom. bourg.*, II). *On dit populairement qu'une personne a une bonne quarre pour dire qu'elle a les épaules bien larges et bien fournies, et que cela lui donne de la prestance* (Acad. 94).

carreau n.m. Pavé, et, par extension, sol : *ils la traînèrent* [...] *sur un pavé de pierres inégales et escarpées ;* [...] *elle était toute écorchée* [...] *par les pointes des carreaux* (Rac., *Sts Martyrs d'Alexandrie*). *Il a couché sur le carreau* (Acad. 94). ♦ Coussin carré de velours : *Une de ses femmes* [...] *lui apporte un siège ; l'autre* [...] *met un carreau dessus* (Rac., *R. sur O.*, IV). ♦ Parterre, carré de jardin : *Adieu planches, carreaux, Adieu chicorée et porreaux* (La Font., *F.*, IV, 7). ♦ Grosse flèche dont le fer avait quatre pans et qui était lancée par un arbalétrier ; et, au fig. (en poésie), foudre de Jupiter : *Pour qui gardes-tu tes carreaux embrasés Si de pareils tyrans n'en sont point écrasés ?* (Corn., *Sert.*, 1723).

Les sens actuels étaient également usuels au XVIIe s.

carrière n.f. Trajet, parcours : *Je partis mercredi de Paris* [...] *L'espérance de vous trouver au bout d'une si longue carrière me console* (Sév., 16 juill. 1672). ♦ En poésie, course, trajectoire d'un astre : *Lorsque le soleil rentre dans sa carrière* (La Font., *F.*, X, 14). ♦ **Passer carrière,** faire qqch contre son gré : *Je ne doute plus qu'il* [Saint-Cyran] *n'ait le plus contribué à faire passer carrière à M. Le Maistre* (Chap., *Lettres*, I, 274).

Les sens actuels étaient également usuels au XVIIe s.

carrosse n.m. Désignait parfois une voiture publique : *Nous irons prendre au Bourg-la-Reine la commodité du carrosse de Poitiers* (La Font., *Lettre*, 25 août 1663). ♦ Fig. **Cheval de carrosse,** grande bête : *Comment ? petit impertinent* [...] – *Comment ? grand cheval de carrosse* (Mol., *Bourg.*, II, 2).

carrossée n.f. Ce qu'un carrosse contient de personnes : *Monseigneur embrassa toute la carrossée* (Sév., *in* L.).

carrousse, faire carrousse, s'enivrer, faire ripaille : *Elle ignorait l'effet d'une liqueur si douce, Insensiblement fit carrousse* (La Font., *Contes*, II, 14). *Ils étaient déjà à demi ivres quand vous les avez fait mettre à table avec nous ; ne savez-vous pas bien que quand vous êtes entré, ils faisaient carrousse ensemble ?* (Sorel, *Franc.*, VII).

carte n.f. Carton : *Un chapeau dans un étui de carte, que le curé avait retiré du messager de Paris pour un gentilhomme de ses amis* (Scarr., *Rom. com.*, I, 14). ♦ **Changer la carte,** changer la face des choses : *Deux malentendus qui faillirent à changer la carte et à la tourner contre moi* (Retz, *Mém.*, III, 467). ♦ **Savoir la carte,** être au courant des intrigues : *Celui qui sait la carte et le pays* [...] (Chap., *Lettres*, II, 480).

cartel n.m. Accord entre les belligérants sur les prisonniers, les rançons, etc. : *Le cartel se fait, se règle d'ordinaire au commencement des campagnes* (Acad. 94). *Ce combat fut ensuite suivi d'un cartel en Italie* (Saint-Simon, 1702). ♦ Provocation (écrite) en duel : *Les cartels ne sont plus en usage depuis que le roi a si sévèrement défendu les duels* (Fur.).

cas n.m. Événement fortuit, hasard : *C'est grand cas s'il peut digérer tout* (La Font., *Contes*, I, 11). *Tous deux, par un cas surprenant, Se rencontrent en un tournant* (La Font., *F.*, VIII, 10). ♦ Chose singulière, étonnante : *C'est grand cas qu'étant homme si sage Vous n'ayez pu l'énigme débrouiller* (La Font., *Contes*, I, 4). *Ma commère, dit-elle, un cas est arrivé* [...] *Mon mari vient de pondre un œuf gros comme quatre* (La Font., *F.*, VIII, 6). ♦ Chose remarquable (sens assez vague) : *Ce que de plus que vous on en pourrait avoir* [d'âge] *N'est pas un si grand cas pour s'en tant prévaloir* (Mol., *Mis.*, 988). ♦ Contretemps, accident : *La peste encore est un dangereux cas* (La Font., *Ball. Mal d'amour*, 5). ♦ Crime, forfait, faute : *Convaincu du cas dont on l'accuse* (Acad. 94). ♦Affaires : *M. de Vendôme qui peut-être n'avait pas encore son cas prêt* (Malh., *Lettre Peiresc,* 20 févr. 1614). ♦**En cas que,** au cas où, en supposant que : *Je me charge de tout en cas que l'on vous gronde* (Mol., *Éc. des m.*, 75). ♦**En cas de,** en matière de : *Mais en cas de vertus* [...] (La Font., *Ép. M. de Niert).*

Les sens actuels étaient également usuels au XVIIe s.

cas, casse adj. Qui a le son d'une chose cassée ; rauque (vieux au masculin selon Acad. 94) : *Une voix casse et enrouée* (Acad. 94). *Il parlait d'un ton cas* (La Font., *Contes,* II, 15).

casaque n.f. Manteau et, en particulier, manteau militaire : *Ils lui prirent en somme Chapeau, casaque, habits, bourse et cheval* (La Font., *Contes,* II, 5). *Maître Jacques ôte sa casaque de cocher, et paraît vêtu en cuisinier* (Mol., *Av.*, III, I).

case n.f. Cabane ; demeure très modeste, et par extens. maison : *Voyez-vous ces cases étrètes ?* (La Font., *F.*, III, 8). – *Un rat* [...] *Va courir le pays, abandonne son trou. Sitôt qu'il fut hors de la case : « Que le monde, dit-il, est grand et spacieux ! »* (La Font., *F.*, VIII, 9). – Selon Acad. 94, il ne s'emploie plus que dans les expressions familières *patron de case, patron de la case,* désignant le maître de la maison. ♦Maisonnée, famille : *Il me semble que j'aurais encore été aujourd'hui à votre dîner chez Gourville ; toute la case de Pomponne ne m'aurait pas chassée* (Sév., 4 févr. 1685).

cassade n.f. Fausse excuse, tromperie, mystification : *L'espoir de cassades nous paye ;* [...] *Et cependant en cette baie L'ennemi ne se montre pas* (Saint-Amant, *le Passage de Gibraltar,* 536). *Ce jeune homme, ne sachant ce qu'elle voulait dire, crut qu'elle avait envie de lui donner quelque cassade* (Sorel, *Franc.*, V).

cassette n.f. Petit coffre (auj. destiné seulement aux objets précieux, aux bijoux) : *Elle tira d'une cassette une des jupes de noces de sa bru et s'en para* (Scarr., *Rom. com.*, II, 10).

castille n.f. Petite querelle (vieilli et populaire) : *Avecques nous* [...] *Les Castillans n'auront plus de castilles* (La Font., *Ball. Paix des Pyrénées,* 15). *Ces gens mariés font mauvais ménage, il y a toujours quelque castille entre eux* (Fur.).

casuel, elle adj. Accidentel, fortuit, hasardeux : *Je ne sais si cet homme vous tiendra ce qu'il vous a promis, cela est fort casuel* (Fur.). *Il n'y avait guère que l'avenir casuel, les pensées du cœur* [...] *qui échappassent à son esprit* (Bayle, *Dict. hist.*, Adam).

◆ n.m. Revenu : *Je ne veux point croire que vous perdiez cette année dans la ferme du Buron : il vous peut arriver des casuels qui vous récompenseront au double* (Sév., 9 nov. 1686).

Auj., comme déjà au XVIIe s., « rétribution donnée à un curé ou un vicaire pour certains actes de son ministère » : *De quelque valeur que soient les cures tant en fonds qu'en casuel* (Boss., *Lettre quiétisme,* 84, in L.).

casuellement adv. Par hasard : [Ils] *estiment que cet univers* [...] *soit porté casuellement* (Malh., *Questions nat.*, Préf.).

catadupe n.f. Chute d'eau, cataracte (ne s'est dit que pour les chutes du Nil) : [...] *un gazouillement à peu près semblable à celui des catadupes du Nil* (La Font., *Psyché,* II).

catastrophe n.f. Dénouement d'une tragédie, d'un récit : *La catastrophe de ma pièce est peut-être un peu trop sanglante* (Rac., *Théb.*, Préf.). *Que si l'autre a changé quelques incidents et même quelques catastrophes, ce qui préparait cette catastrophe et la nécessité de la rendre heureuse l'y ont contraint* (La Font., *Contes,* Préf., 2e partie). ♦Issue malheureuse d'un événement : *La catastrophe de ce fracas fut la perte de deux chevaux* (La Font., *Lettre Maucroix,* 22 août 1661).

Le XVIIe s. connaissait aussi le sens actuel de « grand et soudain malheur » : *La vie de ce grand homme se termina par une étrange catastrophe* (Fur.).

catholicon n.m. Purgatif prétendu propre à guérir toutes les maladies : *Clystère détersif composé avec catholicon double* (Mol., *Mal. im.*, I, I).

caudebec n.m. Chapeau de laine : *L'un fait un inventaire de ce qu'il a perdu : son étui, sa tasse, son buffle, son caudebec* (Sév., 21 août 1675).

cause n.f. Motif, raison d'agir (emploi plus large qu'auj., dans diverses locutions) : [Il] *ne dit point à quelle cause Pindare dit cela* (Rac., *R. sur Pind.*). *J'en parle à juste cause : Il m'en souvient ainsi qu'au premier jour* (La Font., *Con-*

tes, V, 8). *S'il part malgré vos pleurs* [...] *Assurez-vous sur lui* [=ayez assez de confiance en lui pour croire] *qu'il en a juste cause* (Corn., *Pol.*, 141). ♦**À cause que,** pour la raison que, parce que : *Vous ne lui voulez mal et ne le rebutez Qu'à cause qu'il vous dit à tous vos vérités* (Mol., *Tart.*, 76). *Il appelle l'eau le plus excellent de tous les éléments* [...] *à cause que d'elle se forment les autres* (Rac., *R. sur Pind.*, ode I).

causer v.i. Pouvait se construire avec un complément indirect (préposition *à*) : *Lysis m'aborde, et tu me veux causer* (Corn., *Pl. R.*, 496).

Cette construction, qui admet comme complément d'objet indirect la personne de l'interlocuteur, est toujours vivante, mais n'est plus considérée comme du bon langage ; on dira plutôt *causer avec quelqu'un.*

causer v. **Causer sur,** fonder sur : [Cette déclaration] *n'est* [...] *causée que sur les remontrances du parlement* (Retz, *Mém.*, III, 412).

causerie n.f. Bavardage : *Je vous quitte, en vous priant de vous bien reposer, et de faire jaser Pauline, si vous avez envie de répondre à mes causeries* (Sév., 8 avr. 1689).

Auj. « conférence familière ».

causeur n.m. Bavard indiscret qui parle à tort et à travers : *Vous êtes donc un causeur, et vous allez redire ce que l'on dit en secret* (Mol., *G. D.*, II, V). *C'est une causeuse qui ne dit pas ce qu'elle pense* (Mol., *Crit. Éc. des f.*, sc. III).

Auj. il n'a pas de sens péjor. : « celui qui a la parole facile et agréable ».

caut, e adj. Prudent, rusé (vieilli au XVIIe s.) : *Lassez-vous d'abuser les jeunesses peu cautes Et de vous prévaloir de leur crédulité* (Malh., *Stances,* Pour une mascarade, 23). *Combien qu'elle fût très caute et très rusée* [...] (Chap., *Guzm. Alfar.*, III, 474).

caution n.f. **Caution bourgeoise,** honnête garantie : *Parbleu ! Je la garantis détestable. La caution n'est pas bourgeoise* (Mol., *Crit. Éc. des f.*, sc. V).

cavalier n.m. Gentilhomme faisant profession des armes : *C'est un brave cavalier* (Acad. 94). ♦Gentilhomme élégant, galant : *Ce n'est pas là, Dorante, agir en cavalier* (Corn., *S. du Ment.*, 1839). *Voulant pour gendre un cavalier parfait* (Corn., *Cid,* 427).

◆ adj. Noble, libre, galant (aussi, comme auj., « d'une liberté qui va jusqu'à l'impertinence ») : *Je l'ai recueillie d'une lettre Écrite en style cavalier* (Loret, *Muse hist.*, 20 sept. 1664). *Il l'a traité d'une manière cavalière, c'est-à-dire peu civile, de haut en bas* (Fur.). ♦**À la cavalière,** leste, fantaisiste, sans préparation : *Amour et vers, tout est fort à la cavalière* (La Font., *Clymène,* 8).

Les sens actuels (pr. ou fig.) étaient également usuels au XVIIe s.

cavalièrement adv. En galant homme : *Il danse cavalièrement* (Acad. 94).

Le sens actuel de « avec sans-gêne, impertinence » était également usuel au XVIIe s. : *Il a traité cette dame un peu cavalièrement, sans respect* (Fur.).

cave n.f. Caveau dans une église : *Il insinue ensuite qu'il a une santé languissante et il parle de la cave où il doit être enterré* (La Br., *V,* 82). ♦Caverne : *Neptune en ses caves profondes* (Malh., *Ode à la Reine mère,* 53).

Les sens actuels étaient également usuels au XVIIe s.

caver v.t. Creuser (vieilli à la fin du XVIIe s.) : *De grandes pierres cavées exprès* (Rac., *R. sur O.*, VI). *Ses yeux cavés* (La Font., *Contes,* I, 1). ♦Fig. Approfondir : *Je ne vois rien de mieux écrit dans le style didactique, rien de plus judicieux, de plus cavé* (Chap., *Lettres,* II, 51).

cavillation n.f. Subtilité (vieilli au XVIIe s.) : *Il y a beaucoup de cavillation dans ce raisonnement* (Acad. 94).

ce pr. dém. Était quelquefois omis lorsqu'il aurait été antécédent d'un relatif pour former une locution interrogative indirecte : *Apprends-moi cependant qu'est devenu ton maître* (Corn., *S. du Ment.*, 1634). ♦**Ce dit-il, ce dit-on,** etc., en proposition incise, pour *dit-il, dit-on,* etc., sont usuels, selon Vaug., dans la langue parlée, mais ne doivent pas s'écrire ; Acad. condamne ces tours en toutes circonstances : *L'amour n'est, ce dit-on, qu'une union d'esprits* (Corn., *D. S.*, 871). ♦**Ce qu'il peut l'être,** autant qu'il peut l'être : *Pompée est vengé ce qu'il peut l'être ici* (Corn., *Pomp.*, 1668).

céans adv. Ici, dans cette maison : *Je prétends qu'Aristote n'a point d'autorité céans* (Rac., *Plaid.*,

750). *On ne voit presque point céans venir Damis* (Mol., *F. sav.*, 385).

Auj. seulement dans *maître de céans* (avec une nuance plaisante).

cédule n.f. Écrit par lequel on reconnaît une dette : *Ésope écrivit une cédule par laquelle Nectenabo confessait devoir deux mille talents à Lycerus* (La Font., *Vie d'Ésope).*

Auj. terme de finance désignant une catégorie de revenus imposables.

célèbre adj. Solennel, somptueux, éclatant : *Je n'ajouterai rien aux célèbres témoignages qu'elle vous rend* (Corn., *Pomp.*, Dédicace). *Il* [Louis XIV] *assemble dans un temple si célèbre* [N.-D. de Paris] *ce que son royaume a de plus auguste* (Boss., *O. f. Condé*).

Auj. « fameux, dont le souvenir reste très vif », comme déjà au XVIIe s. : *Un prédicateur célèbre, une histoire célèbre, une foire célèbre* (Fur.).

célébrer v. t. Rendre public, développer : *Je ne veux point vous en parler davantage, ni célébrer, comme vous dites, toutes les pensées qui me pressent le cœur* (Sév., 27 mai 1675). ♦ Répandre largement : *La doctrine de Saint Cyrille fut célébrée par toute la terre* (Boss., *H. univ.*, I. II).

Les sens actuels de « accomplir solennellement », « marquer (un événement) par une cérémonie » et « faire publiquement et fortement la louange de » étaient également usuels au XVIIe s.

célébrité n.f. Solennité, magnificence : *Il se moque de la piété de ceux qui envoient leurs offrandes dans les temples aux jours d'une grande célébrité* (La Br., *Théophr.*, 15).

Le XVIIe s. connaissait surtout le sens actuel de « gloire, renommée » : *Ils lui disent* [...] *que sa haute réputation et la célébrité qu'il a donnée au lieu où il est, les ont obligés de le venir voir* (Balz., *in* L.).

celer v. t. Cacher : *Je ne vous puis celer que son ordre m'étonne* (Corn., *Cinna*, 293). *Non, mon père, ce cœur, c'est trop vous le celer, N'a point d'un chaste amour dédaigné de brûler* (Rac., *Ph.*, 1119). ♦ **Se faire celer,** rester enfermé chez soi en faisant dire aux visiteurs qu'on n'y est pas : *C'est une mauvaise politique que de se faire celer aux créanciers* (Mol., *D. J.*, IV, II). *Je puis* [...] *Feindre un peu de migraine, ou me faire celer* (Corn., *Pl. R.*, 19). ♦ **À ne vous rien celer,** pour tout vous dire, pour parler franchement, sans rien cacher : *Je me fais un plaisir, à ne vous rien celer* [...] (Boil., *Sat.*, X, 87).

céleste n.m. Habitant du ciel, ange (sort de l'usage au XVIIe s.) : *Je sens que pour moi les célestes Sont faibles comme les mortels* (Th. de Viau, *Ode*, Je n'ai repos...).

celui, celle pr. dém. Comme antécédent d'un relatif pouvait en être séparé par plusieurs mots (auj. en ce cas on dirait *celui-là* [...] *qui* [...]) : *Celui n'aime pas bien qui peut tôt se venger* (Rotr., *Sosies*, III, II). ♦ Il pouvait, comme non représentant, désigner une chose (auj. dans ce cas on emploie *ce*) : *Ainsi l'usage est celui auquel* [= ce à quoi] *il se faut entièrement soumettre en notre langue* (Vaug., *Rem.*, Préf.). ♦ **Il n'y a, il n'est celui qui,** il n'y a personne qui (passé de mode à la fin du XVIIe s.) : *Il n'y eut celui qui ne s'intéressât de leurs maux* (Vaug., *Q. C.*, V, 5, *in* L.). *Cette influence opérait en eux très efficacement, car il n'était celui qui les abhorrât* (Chap., *Guzm. Alfar.*, III, 39).

censeur n.m. Celui qui reprend, qui critique avec malveillance : *Vraiment, me diront nos critiques, Vous parlez magnifiquement De cinq ou six contes d'enfant. – Censeurs, en voulez-vous qui soient plus authentiques ?* (La Font., *F.*, II, 1). *Laissez en liberté mes inclinations. Qui vous a fait censeur de mes affections ?* (Corn., *Mél.*, 432). ♦ Critique, sans nuance péjor. (encore auj.) : *Il faut être le premier censeur de ses ouvrages* (Fur.).

Auj. « fonctionnaire de l'administration d'un lycée », « membre d'une commission de censure de livres, journaux, films, etc. ».

censure n.f. Critique, blâme : *Cependant voyez ces vers ou ne les voyez pas ; et les chargez, selon votre goût, de louanges ou de censures* (Tr. L'Hermite, *Am.*, Avertissement). *Quelle censure ! combien elle est nouvelle et peu attendue* (La Br., XIV, 24). ♦ Examen critique (sans nuance péjor.) : [...] *bien que ma pensée Recherche à la rigueur ma conduite passée, Mon exacte censure a beau l'examiner, Le crime qui me perd ne se peut deviner* (Corn., *Clit.*, 819).

Auj. « organisme officiel exerçant un droit de contrôle sur les publications, les films, etc. ».

censurer v.t. Critiquer, blâmer : *Socrate un jour faisant bâtir, Chacun censurait son ouvrage* (La Font., *F.*, IV, 17). *Le peuple aura peut-être une* *âme moins soumise : Il aime à censurer ceux qui lui font la loi* (Corn., *Pulch.*, 791).

Auj. « interdire la publication de, supprimer d'un texte ».

cependant adv. Pendant ce temps (auj. valeur logique d'opposition) : *Ainsi raisonnait notre lièvre Et cependant faisait le guet* (La Font., *F.*, III, 2). *Il disait que le temps qu'on employait à s'habiller ainsi proprement était perdu, et que cependant on aurait fait cinq ou six rôles d'écriture* (Fur., *Rom. bourg.*, I). ♦ **Cependant que** (condamné par Vaug.), tandis que : *Cependant que leurs rois, engagés parmi nous,* [...] *Disputent vaillamment et vendent bien leur vie* (Corn., *Cid*, 1319). *Cependant que mon mari n'y est pas, je vais faire un tour* (Mol., *Jal. du barb.*, sc. VIII).

cercle n.m. Cycle, circuit : *Parcourant sans cesser un long cercle de peines* (La Font., *F.*, X, 2).

Les sens actuels étaient également usuels au XVIIe s.

cérémonie, cérimonie n.f. Marque de civilité (il n'indiquait pas forcément comme auj. une idée de solennité, d'apprêt) : *Mais, sans vous fatiguer de ma cérémonie* [...] (Mol., *Mis.*, 1033). ♦ Cérémonial : *La princesse ayant reçu tous les honneurs que la cérémonie veut qu'on rende à des personnes de sa condition* [...] (Segrais, *Nouv. franç.*, V. 30).

cérémonieux, euse adj. Déférent, poli : *Timon, ou le Misanthrope, peut avoir l'âme austère et farouche, mais extérieurement il est civil et cérémonieux* (La Br., XI, 155). *S'il n'est point venu quant et nous* [=avec nous], *c'est qu'il est fort cérémonieux, et qu'il se trouve trop mal vêtu* (Sorel, *Franc.*, X).

Le sens actuel est usuel au XVIIe s.

cerne n.m. Cercle tracé sur le sol (en particulier par un magicien) : *Gardez d'outrepasser Les bornes de ce cerne imprimé sur la terre* (Racan, *Berg.*, II, IV). *Il aborda le couvert d'un vieux chêne, à reculons, à quatre pas duquel il creusa trois cernes l'un dans l'autre* (Cyrano, *Pour les sorciers)*.

À la fin du XVIIe s. aussi, comme auj., « cercle livide sur une partie du corps ».

certain, e adj. Fixe, déterminé, résolu : *Homère étant errant comme il était, et n'ayant point de pays certain* (Rac., *R. sur O.*, I). *Non, non je l'ai juré, ma vengeance est certaine* (Rac., *Andr.*, 693). ♦ Sûr, offrant des garanties : *Je mettais en ses mains que je tenais certaines Quelque bien de mon père et le fruit de mes peines* (Mol., *Ét.*, 1412). *Mais j'en crois des témoins certains, irréprochables* (Rac., *Ph.*, 1441) ; en ce sens il pouvait être placé avant le nom (auj. à cette place il a le sens indéfini) : *Mercredi j'en attends de certaines nouvelles* (Corn., *Gal. du Pal.*, 126).

◆ **Pour certain, au certain,** loc. adv. Certainement : *Pour certain la connaissance de tel effet lui eût fait perdre entièrement ses méfiances* (Urfé, *Astrée*, I, 1). *Il ne t'est pas aisé de juger au certain Quel esprit meut ton âme* (Corn., *Imit.*, III, 1634).

certitude n.f. **De certitude,** d'une manière certaine, assurée : *C'est moi qui suis Sosie, enfin, de certitude* (Mol., *Amph.*, 459).

cervelle n.f. **En cervelle,** dans l'inquiétude, dans l'embarras ; perplexe : *Les Hollandais sont à Nimègue et ne font encore rien, dont on est ici fort en cervelle* (Chap., *Lettres*, I, 158). *Ta curiosité te met trop en cervelle* (Corn., *Mél.*, 1152) ; en éveil : *Un homme sage est toujours en cervelle* (Malh., *Ép.*, 59).

cesser v.t. S'employait au passif (auxiliaire *être*) là où nous employons l'intransitif (auxiliaire *avoir*) : *Après que l'applaudissement* [...] *fut un peu cessé* (La Font., *Songe de Vaux*, II). *Du Dieu d'Israël les fêtes sont cessées* (Rac., *Esth.*, 88). – L'emploi transitif est signalé comme récent par Vaug.

cettui-ci pr.dém. Désignant la personne la plus rapprochée ou celle dont on vient de parler (vieilli au XVIIe s. et de style burlesque) : *Cettui-ci dépêché* [=tué], *C'est de toi maintenant que j'aurai bon marché* (Corn., *Clit.*, 227). *Cettui-ci* [ce sujet], *étant assez intrigué de soi* [...] (Scudéry, *Obs. sur Cid*).

chacun, e adj. Employé pour *chaque* (survivance d'ancien français condamnée par Malh. et Vaug.) : *Un tas de chacune espèce* (La Font., *Psyché*, II).

◆ pr. **Un chacun, tout chacun,** n'importe qui, chacun : *Un chacun à soi-même est son meilleur ami* (Corn., *Mél.*, 753, var.). *Une histoire* [...] *Dont le discours parfait à tout chacun fait croire* (Malh., *Sonnet à M. de la Morelle*, 7).

chagrin n.m. Accès de colère, irritation : *On sait de mes chagrins l'inflexible rigueur* (Rac., *Ph.*, 1111). *Ce qui fait d'ordinaire qu'on est si prévenu pour l'antiquité, c'est qu'on a du chagrin contre son siècle* (Fontenelle, *Dial. Morts anciens*, III). ♦ Humeur maussade, hostilité : [Bons mots] *qui sont dits avec tant de négligence et de chagrin qu'ils en avaient plus de grâce et d'agrément* (Corbinelli, *Lettres*, 17 avr. 1676). *Des esprits superbes* [= orgueilleux], *pleins de chagrin et d'aigreur* (Boss., *Hist. var.*). *J'affectai les chagrins d'une injuste marâtre* (Rac., *Ph.*, 294). *Vous parlez à vos enfants avec une sécheresse, un chagrin, une brusquerie qui vous fermera tous les cœurs* (Maintenon, *Lettre Mme de Gruel*, 5 mars 1701). ♦ Incommodité, malaise : *Parlez-moi toujours de votre santé ; la mienne est toute parfaite, malgré quelques chagrins qu'on ne saurait éviter* (Sév., 22 avr. 1689). ♦ Inquiétude : *J'étais dans un véritable chagrin de sa santé* (Sév., 20 oct. 1677).

Le sens actuel de « état moralement douloureux » existait au XVIIe s. : *La mort de cet enfant est capable de faire mourir sa mère de chagrin* (Fur.).

◆ adj. Irritable, morose (auj. vieilli et littér.) : *Un homme de talent, s'il est chagrin et austère, il effarouche les jeunes gens et les fait penser mal de la vertu* (La Br., XII, 30).

chagriner v.t. Irriter : *Phèdre ici vous chagrine, et blesse votre vue* (Rac., *Ph.*, 38).

Auj. « peiner, contrarier ».

chair n.f. **En chair et en âme,** en personne, en chair et en os : *Je crois rêver quand je pense que je vous embrasserai dans un moment en chair et en âme* (Sév., 16 août 1690).

chaire n.f. Chaise : *Ce fut un assez plaisant spectacle de voir les femmes, à ce fameux siège, porter leurs chaires dans le jardin de l'Arsenal où était la batterie comme au sermon* (Retz, *Mém.*, II, 190). – Vaug. donne déjà la distinction actuelle entre *chaire* et *chaise*.

chaise n.f. Fauteuil (Fur. précise cependant que, lorsqu'une *chaise* comporte des accoudoirs en plus du dossier, on l'appelle plutôt *fauteuil*) : *Donnez-moi son manteau fourré, et des oreillers, que je l'accommode dans sa chaise* (Mol., *Mal. im.*, I, IV). ♦ Chaire : *M. de Bourzeis ne prêche plus* [...] *des orateurs du bas étage* [...] *l'ont fait exclure de la chaise* (Chap., *Lettres*, I, 275). *Les savants ne sont bons que pour prêcher en chaise* (Mol., *F. sav.*, 1662). ♦ Siège fermé porté par deux hommes au moyen de brancards : *Voit-on que j'aie besoin de carrosse ou de chaise pour cheminer ?* (Mol., *Mar. forcé*, sc. I). ♦ **Chaise roulante,** petit carrosse, coupé : *Et vous avez, la belle, une chaise roulante Où, par deux bons chevaux, en dame nonchalante, Vous vous faites traîner partout où vous voulez* (Mol., *Amph.*, 20). *On se visitait à cheval, en calèche, ou avec des chaises roulantes* (Montpensier, *Lettres*, 14 mars 1660).

chaland n.m. Client, acheteur : *Ma boutique Pour être trop étroite empêche ma pratique* [= clientèle] ; *À peine y puis-je avoir deux chalands à la fois* (Corn., *Gal. du Pal.*, 87).

chalandise n.f. Clientèle : *L'enseigne fait la chalandise* (La Font., *F.*, VII, 15). *Même pour avoir plus de chalandise, elle avait certains jours de la semaine destinés à recevoir le monde dans son alcôve* (Fur., *Rom. bourg.*, I). *Ainsi, faute d'avoir de belle marchandise Des hommes comme vous perdent leur chalandise* (Corn., *Gal. du Pal.*, 1454).

chaleur n.f. Fig. Zèle, empressement : *Rien n'est égal* [...] *à la chaleur qu'il inspire à ses amis pour les faire entrer dans nos intérêts* (Sév., 16 mars 1689). ♦ Passion, colère : *O ciel ! je me serai trahi moi-même : la chaleur m'aura emporté* (Mol., *Av.*, I, IV). *J'excuse ta chaleur à venger ton offense* (Corn., *Cid*, 1253). ♦ **Donner chaleur,** aviver, encourager : *Compiègne où le Roi était allé dans le temps du siège de Guise, pour donner chaleur à son armée* (Retz, *Mém.*, III, 62). ♦ **Chaleur de foie, de sang,** mouvement de colère prompt et passager ; ardeur soudaine : *Il a eu querelle avec son ami, mais ce n'était qu'une petite chaleur de foie* (Fur.). *Ce sont chaleurs de sang dont parfois on n'est pas le maître* (Mol., *Am. méd.*, III, I).

chaloir v.t. ind. Importer (vieilli selon Fur. et Acad. 94, mais fréquent encore au XVIIe s.) : *Nous ne regardons jamais derrière nous : il ne nous chaut du passé* (Malh., *Ép.*, 83). *Non pourtant qu'il ne m'en chaille* (La Font., *Contes*, II, 7).

chamade n.f. Batterie de tambour ou sonnerie de trompette pour demander à discuter d'une capitulation ou d'une trêve (auj. seulement au fig. dans *battre la chamade* : être affolé) : *Ils battirent tout à coup la chamade et demandèrent à capituler* (Rac., *Camp. L. XIV*, Namur).

chamailler v. i. Se battre ; se quereller (ce second sens, atténué, subsiste auj. à la forme pronominale, signalée comme plus rare par Acad. 94) : *Mais lui* [...] *Chamailla comme un forcené Et pensant fendre une Gorgone, Son coup ne rencontra personne* (Scarr., *V. tr.*, VI, 1134). *Ils chamaillèrent longtemps* (Acad. 94).

chamaillis n.m. Combat, querelle, dispute (vieilli à la fin du XVIIe s. d'après Fur.) : *À la fin pourtant, effrayés eux-mêmes du chamaillis,* [...], *ils m'abandonnèrent si universellement, que je demeurai tout seul au milieu de la rue, cependant que les agresseurs faisaient boucherie de tout ce qu'ils rencontraient* (Cyrano, *États et empires du Soleil,* p. 185). *Voilà un grand chamaillis* (Acad. 94).

chamarrer v.t. Orner de galons, de parements, de décorations, etc. (auj. péjor. « surcharger d'ornements ») : *Ce seigneur fait chamarrer son habit de passements d'or, de broderie* (Fur.). ♦Fig. Orner : *Ses discours, dont le fond est du poison chamarré d'un faux agrément* (Sév., 2 nov. 1673). ♦Ridiculiser : *Revenons aux épigrammes ; le Maréchal de Villeroi en est chamarré ; il a pourtant la consolation de savoir que le Roi est persuadé qu'il n'a aucun tort* (Mme de Coulanges, *Lettre,* 9 sept. 1695).

chamarrure n.f. Passementerie (lacets, ganses, soutaches, etc.) : *La chamarrure avec la broderie* (La Font., *Contes,* III, 6).

chambre n.f. Pièce contenant généralement un lit, mais où l'on recevait les visiteurs, les invités (auj. en ce sens on dit « pièce ») : *Je le suis en tremblant dans une chambre haute* [...] *Le couvert était mis dans ce lieu de plaisance* (Boil., *Sat.*, III, 10). ♦Étage : *Ils* [les savants] *sont toujours logés à la troisième chambre* (La Font., *F.*, VIII, 19).

Auj. sens restreint : « pièce où l'on couche ».

chambrière n.f. Servante de personnes de petite condition : *Il était une vieille ayant deux chambrières. Elles filaient si bien* [...] (La Font., *F.*, V, 6).

champ n.m. Lieu de combat singulier : *Faites ouvrir le champ : vous voyez l'assaillant* (Corn., *Cid,* 1439). ♦Carrière, lieu d'une compétition : *Je vous fermais le champ où vous voulez courir* (Rac., *Iph.*, 1367). ♦**Avoir beau champ,** avoir de belles raisons, un beau sujet : *Sur cela, Monsieur, j'ai un beau champ pour vous rassurer, en vous disant de bonne foi que vous êtes l'homme du monde que j'oublie le moins* (Sév., 24 oct. 1687). ♦**Donner champ,** fournir le sujet, l'occasion : *Les correspondances de l'hôtel de Chevreuse avec la cour* [...] *donnaient à la vérité un beau champ de me calomnier* (Retz, *Mém.*, IV, 227).

◆ plur. **Les champs,** la campagne, par opposition à la ville (vieilli après 1650 selon Bouhours) : *Votre maître de musique est allé aux champs* (Mol., *Mal. im.*, II, III). *Tantôt Alidan l'envoyait aux champs, tantôt il la faisait venir à la ville* (Sorel, *Franc.*, II). ♦**À travers champs,** à tort et à travers : *Disant le bien, le mal à travers champs* (La Font., *F.*, XII, 11). *D'un certain magister le rat tenait ces choses, Et les disait à travers champs* (La Font., *F.*, VIII, 9). ♦**Mettre aux champs,** mettre en colère : *Deux mots de vérité le mettent bien aux champs !* (Corn., *Pl. R.*, 363). ♦**Donner les champs à qqn,** lui donner congé : *Je chasse un fugitif avec trop de raison, Et lui donne les champs quand il rompt sa prison* (Corn., *Pl. R.*, 408).

chance n.f. *Premier coup de dés qu'on jette pour en faire jouer un autre* (Fur.). ♦Jeu de dés : *Ils jouent à la chance* (Acad. 94). ♦**Jeter la chance,** jeter les dés. ♦Sort heureux ou malheureux (auj. uniquement « sort heureux »). ♦**Conter sa chance,** conter son histoire : *Il continue encore à te conter sa chance* (Corn., *Ment.*, 945, var.).

change n.m. Changement, inconstance : *Le change a des attraits capables de vous plaire* (Th. Corn., *Am. à la mode,* III, VI). ♦Échange (on dit encore *gagner, perdre au change*) : *On remettra le change de nos princesses jusques à l'an qui vient* (Malh., *Lettre Peiresc,* 3 mai 1613). *Ma perte n'est pour vous qu'un change avantageux* (Corn., *Pol.*, 1561). ♦Ruse du gibier pour échapper aux chiens : *Le retour sur ses pas, les malices, les tours, Et le change, et cent stratagèmes* (La Font., *F.*, IX, Disc. Sablière) ; et au fig. : *Je crois voir Annibal, qui, pressé des Romains, Met leurs chefs en défaut, ou leur donne le change* (La Font., *F.*, XII, 23). – Auj. seulement dans la locution *donner le change à qqn,* lui faire prendre une chose pour une autre (déjà en ce sens à la fin du XVIIe s.). ♦**Rendre, bailler le change,** riposter, rendre la pareille : *Quand il a de l'esprit, il sait rendre le change* (Corn., *S. du Ment.*, 1205). *Si vous vous entretenez de moi tous trois,* *nous vous rendons bien le change, Mme de Coligny et moi* (Bussy, *Lettres*, 27 sept. 1678). [...] *la du Lac qui faisait toujours de nouvelles impostures. L'autre, en se défendant, lui baillait le change* (Scarr., *Rom. com.*, III, 15). ♦ **Prendre le change,** se tromper : *Il a surtout un palais sûr, qui ne prend point le change, et il ne s'est jamais vu exposé à l'horrible inconvénient de manger un mauvais ragoût ou de boire un vin médiocre* (La Br., XI, 122).

changer v.t. **Changer à,** échanger contre, abandonner pour : *Je ne changerais pas mon bonheur à toutes les choses du monde* (Mol., *D. J.*, II, III). ♦ **Être changé,** avoir changé de sentiments : *Remarquez que, quand Sancerre crut qu'elle était changée pour lui, elle l'était véritablement et qu'elle commençait à aimer Estouteville* (La Fayette, *Clèves*, II). *Cet évêque était fort changé sur le sujet de son formulaire* (Rac., *P.-R.*).

chanson n.f. Poésie, poème (auj. forcément chanté sur un air de musique) : *Troie, que les dieux ont voulu ruiner, afin qu'elle serve de chanson aux siècles futurs* (Rac., *R. sur O.*, VIII).

◆ plur. **Chansons,** balivernes : *Non, vous nous dites là d'inutiles chansons* (Mol., *Fâch.*, 389) ; souvent employé, même au sing., comme interj. pour exprimer l'incrédulité, le refus, etc. : *Ce n'est pas un exploit. – Chanson ! – C'est une lettre* (Rac., *Plaid.*, 340).

chantre n.m. Chanteur : *Il se défit de tous ses esclaves, à la réserve d'un grammairien, d'un chantre et d'Ésope* (La Font., *Vie d'Ésope*). ♦ Poète : *Le chantre de ce bois* [du quinquina] *sut choisir ses sujets* (La Font., *Quinquina*, 322).

Auj. seulement « celui dont la fonction est de chanter dans un service religieux », sens usuel au XVIIe s. aussi : *Le chantre aux yeux du chœur étale son audace, Chante les « oremus », fait des processions* (Boil., *Lutr.*, I, 74).

chanvre n. Ce mot conservait parfois au XVIIe s. son ancien genre féminin (surtout dans certaines provinces) : *Au temps que la chanvre se sème* [...] (La Font., *F.*, I, 8).

chape n.f. Manteau (vieilli en ce sens à la fin du XVIIe s., d'après Fur.). ♦ **Sous chape,** secrètement (auj. *sous cape*) : *Vous menez sous chape un train que je hais fort* (Mol., *Tart.*, 24). ♦ **Disputer, se battre de la chape à l'évêque,** se disputer une chose qui n'appartient à aucun de ceux qui se la disputent : *De la chape à l'évêque, hélas ! ils se battaient* (La Font., *Contes*, I, 1).

chapeau n.m. **Chapeau de fleurs,** couronne de fleurs : *De mon chapeau de fleurs couronnez votre front* (Quinault, *la Comédie sans comédie*, II, II).

chape-chute n.f. Bonne aubaine : *Messer Loup attendait chape-chute à la porte* (La Font., *F.*, IV, 16). *Je m'imagine pour moi que c'est quelque chercheur de chapechute. Il est venu sans doute ici pour nous voler* (Sorel, *Franc.*, IX).

chaperon n.m. Coiffure composée d'un bourrelet d'étoffe posé sur la tête : *Les mères, il y a dix ans, portaient le chaperon qui était la vraie marque et le caractère de la bourgeoisie* (Fur., *Rom. bourg.*, I). *On nous a dit, entre autres merveilles, que beaucoup de Limousines de la première bourgeoisie portent des chaperons de drap rose-sèche sur des cales de velours noir* (La Font., *Lettre à sa femme*, 25 août 1663). ♦ **Grand chaperon,** personne âgée qui accompagne une jeune fille ou une jeune femme par souci des convenances (auj. en ce sens seulement *chaperon*) : *Il n'est pas honnête à des filles de s'aller promener, si elles n'ont quelqu'un qui leur serve de grand chaperon* (Fur.).

char n.m. Charrette : *Ce char porte tout d'un coup 400* [bottes] *de foin* (Fur.). ♦ Voiture d'apparat où se tenaient parfois les grands personnages, carrosse : *Son char demeurait aux portes* [du Louvre], *il entre dans les cours* (La Br., *VII*, 14). ♦ Fig. Mot fréquent en poésie, par allusion aux chars antiques en usage à la guerre, dans les triomphes, ou dans les courses.

charge n.f. **Donner charge,** donner mission : *Son maître lui avait donné charge de faire part à la Compagnie d'une négociation* (Retz, *Mém.*, II, 253). ♦ **À la charge que,** à condition que : *Mais je te pardonne à la charge que tu mourras* (Mol., *Fourb.*, III, XIII).

chargeant, e adj. Ennuyeux, importun : *Afin de me défaire D'un entretien chargeant et qui m'allait déplaire* (Corn., *Gal. du Pal.*, 590). ♦ Indigeste : *Il n'y a rien de si chargeant que la croûte du pâté* (Acad. 94).

charger v. t. Remplir, combler (au propre et au fig.) : *Les Grecs étaient chargés de vin* (Rac., *R. sur O.*, III). *Il vit chargé de gloire, accablé de* *douleur* (Rac., *Mithr.*, 1558). ♦ Surcharger, augmenter : *De protestations, d'offres et de serments Vous chargez la fureur de vos embrassements* (Mol., *Mis.*, 20). ♦ Accuser : *Osez l'accuser la première Du crime dont il peut vous charger aujourd'hui* (Rac., *Ph.*, 887). *Siri charge Fra Polo de n'avoir pas été bon catholique* (Rac., *Notes hist.*, 40). ♦ Frapper, battre : *S'il me tient de ces discours-là, je le chargerai* (Acad. 94). ♦ **Charger qqn d'appointement,** le battre copieusement (loc. basse selon Acad. 94) : *S'ils ne suivaient pas mes préceptes, je les chargeais aussi d'appointement* (Sorel, *Franc.*, III).

Les sens actuels étaient également usuels au XVIIe s.

charité n.f. **Prêter une charité, des charités à qqn,** lui prêter mensongèrement des propos qu'il n'a pas tenus : *Enfin, lorsqu'il* [le P. La Chaise] *a été las de parler, je lui ai dit que j'avais été fort surpris qu'on m'eût prêté des charités auprès de lui* (Boil., *Lettre Racine*, 1697). *Je suis sûr qu'il n'a point dit cela, c'est une charité qu'on lui prête* (Acad. 94).

◆ plur. Soins charitables : *L'abbé Bigorre, Corbinelli ont eu des bontés et des charités pour lui au delà de ce que vous pouvez imaginer* (Sév., 2 juill. 1690).

Le XVIIe s. connaissait surtout les sens actuels de « amour du prochain » ou « aumône ».

charivari n.m. Vacarme d'ustensiles ménagers, de cris, etc., fait la nuit devant la maison d'une femme âgée qui se mariait : *Le bruit que vous entendez, répondit le démon, est un charivari. Une veuve de soixante ans s'est mariée ce matin avec un de ses domestiques qui n'en a, pas vingt, et tous les rieurs du quartier se sont ameutés pour célébrer ce mariage par un concert de bassins, de poêles et de chaudrons* (Le Sage, *Diable boit.*, VI).

Le sens actuel de « tapage, tumulte » était usuel au XVIIe s. : *Le mari et la femme se battent souvent en cette maison, c'est un étrange charivari* (Fur.).

charme n.m. Sortilège, puissance magique : *Des charmes de la Thessalie On vante de tout temps les merveilleux effets* (Mol., *Amph.*, 1476). *Je crains des chrétiens les complots et les charmes* (Corn., *Pol.*, 254). *Je prie Morphée de répandre ses plus doux charmes sur vos paupières appesanties* (Fén., *Tél.*, 4). *Un je ne sais quel charme encor vers vous m'emporte* (Corn., *Pol.*, 505). *Ils s'aiment ! par quel charme ont-ils trompé mes yeux ?* (Rac., *Ph.*, 1231).

Auj., comme aussi au XVIIe s., sens affaibli de « attrait, agrément » : *Tu me haïssais plus, je ne t'aimais pas moins. Tes malheurs te prêtaient encor de nouveaux charmes* (Rac., *Ph.*, 688).

charmer v. t. Ensorceler, doter d'un pouvoir magique (on dit encore *charmer les serpents*) : *Hélas ! vous recevez, par ce présent charmé Le déplorable prix de m'avoir trop aimé* (Corn., *Méd.*, 1475). ♦ Soumettre à sa volonté, maîtriser en jetant un sort : *Pouvait-il* [Richelieu] *charmer la balle qui a tué celui-là au milieu de sa victoire ?* (Voit., *Apol. de Richelieu*, 24 nov. 1636). ♦ Apaiser comme par enchantement : *Le vin charme les chagrins* (Richelet).

Le sens actuel « plaire extrêmement » était usuel au XVIIe s. : *Phèdre seule charmait tes impudiques yeux* (Rac., *Ph.*, 1116). *Ô vous, Iris* [Mme de la Sablière], *qui savez tout charmer, Qui savez plaire en un degré suprême* (La Font., *F.*, XII, 15).

charmeur, euse n. Sorcier, ensorceleur : *Eloignez quelque temps ce dangereux charmeur* (Corn., *Veuve*, 496).

Auj., comme au XVIIe s., « personne qui plaît, qui séduit les gens » : *Juge un peu quel désordre aux yeux de ma charmeuse ; Ces feux étoufferaient son ardeur amoureuse* (Corn., *Illus.*, 757).

charton n.m. Cocher, charretier : *Le charton n'avait pas dessein De les mener voir Tabarin* (La Font., *F.*, VIII, 12).

chartre n.f. Prison (mot vieilli au XVIIe s. selon Fur. et Acad. 94) : [...] *Arrêta sept faux monnayeurs Qu'il conduisit en chartre obscure* (Loret, *Muse hist.*, 10 janv. 1660). *Cette chartre est faite de façon Qu'on n'y voit goutte, et maint geôlier s'y trompe* (La Font., *Contes*, IV, 9). ♦ Fig. **En chartre,** en consomption, maigre jusqu'aux os : *Elle croit mourir bientôt* [...] *Elle est par le visage comme les enfants en chartre* (Sév., 6 avr. 1672).

chat n.m. **Jeter le chat aux jambes,** chercher à mettre dans l'embarras : *Vous m'allez jeter le chat aux jambes* (Rac., *Lettre Le Vasseur*, 30 avr. 1662). ♦ **Chat en poche,** sans examen, de confiance : *Vous ne voulez chat en poche donner* (La Font., *Contes*, IV, 3).

chatouillant, e adj. Qui plaît : *De deux précieux mots les douceurs chatouillantes* (Mol., *Val de Gr.*, 300).

chatouillement n.m. Fig. Plaisir, flatterie ; excitation : *Un certain chatouillement de gloire* (Retz, *Conjur. Fiesque*, V, 521). *Un chatouillement de curiosité* (Corn., *Imit.*, IV, 184).

Le sens propre « léger attouchement causant un tressaillement » était usuel au XVIIe s.

chatouiller v. t. Fig. Faire plaisir à, exciter agréablement (auj. fam. en ce sens) : *Que te dirai-je encor Qui te chatouille et qui te plaise ?* (La Font., *Psyché*, II). *Il n'y a rien assurément qui chatouille davantage que les applaudissements* (Mol., *Bourg.*, I, I). *Ces noms de roi des rois et de chef de la Grèce Chatouillaient de mon cœur l'orgueilleuse faiblesse* (Rac., *Iphig.*, 82).

chatouilleux, euse adj. Fig. Délicat : *Prenez bien garde au moins : car entre gentilshommes, ce sont des choses chatouilleuses* (Mol., *G. D.*, I, IV). ♦ Qui excite : *De peur que l'image de cette nudité ne fit une impression trop chatouilleuse dans l'esprit de l'auditeur* (Corn., *Pol.*, Examen).

Auj., comme aussi au XVIIe s., « susceptible », en parlant seulement des personnes.

chattemite n.f. Fam. Flatteur, hypocrite, faussement modeste : *Que maudit soit l'amour, et les filles maudites Qui veulent en tâter, puis font les chattemites* (Mol., *Dép. am.*, 1578). *Un chat faisant la chattemite* (La Font., *F.*, VII, 16).

chaud, e adj. Fig. Ardent, emporté : *Près d'un esprit si chaud et si fort emporté Suréna dans ma cour est-il en sûreté ?* (Corn., *Sur.*, 1475). ♦ Délicat, qu'on ne peut toucher : *Le saint évêque de Pamiers est mort [...], voilà encore un nom bien chaud à prendre* (Sév., 21 août 1680). ♦ **Chaud mal,** fièvre accompagnée de délire. ♦ **Tomber de fièvre en chaud mal,** tomber de mal en pis : *Mais me voici tombé de fièvre en chaud mal* (La Font., *Ragotin*, V, XII). ♦ **La donner bien chaude,** donner une grande alarme (Acad. 94). ♦ **L'avoir eu chaude,** l'avoir échappé belle : *Prendrons-nous tout ceci pour de l'argent comptant ? Mon front l'a, sur mon âme, eu bien chaude pourtant* (Mol., *Sgan.*, 604). ♦ **À la chaude,** promptement, dans le premier mouvement : *Je reçois le lundi une de vos lettres ; j'y fais un commencement de réponse à la chaude* (Sév., 11 mars 1672).

◆ n.m. **Le chaud,** la chaleur (en ce sens, il s'employait plus largement qu'auj.) : *Le chaud et la lassitude le contraignirent de s'endormir* (La Font., *Vie d'Ésope*). *Il fait un chaud qui fait croire que nous sommes au cœur de l'été* (Sév., 9 oct. 1687). ♦ **Le chaud du jour,** le moment de la journée où la chaleur du soleil est intense : *Un bœuf piqué du taon, qui [...]. Hier sur le chaud du jour s'enfuit des pâturages* (Corn., *Clit.*, 3, var.).

chaudeau n.m. Bouillon chaud (vieilli au XVIIe s.) : *Sa femme* [...] *Lui présente un chaudeau propre pour Lucifer* (La Font., *F.*, III, 7).

chaudement adv. Fig. Promptement : *Le Roi* [...] *que le Romain poussera vivement, De peur d'offenser Rome, agira chaudement* (Corn., *Nic.*, 354). ♦ Alors que la chose est récente, dans le premier mouvement : *Voilà ses mêmes paroles que je vous écris tout chaudement* (Sév., 19 août 1675).

Auj. il a gardé le sens, usuel aussi au XVIIe s., de « avec ardeur ».

chaumine n.f. Petite chaumière : *Un pauvre bûcheron* [...] *tâchait de gagner sa chaumine enfumée* (La Font., *F.*, I, 16).

chausses n.f. pl. Culotte : *Sa chemise* [celle de Ménalque] *est par-dessus ses chausses* (La Br., XIII, 14). ♦ **Tirer ses chausses,** s'enfuir : *Oui, Seigneur, ce n'est point raillerie : j'en suis ce qu'on appelle disgracié ; il m'a fallu tirer mes chausses au plus vite, et jamais vous n'avez vu un emportement plus brusque que le sien* (Mol., *Pr. Él.*, V, I).

chausse-pied n.m. Fig. Chose qui en facilite une autre : *Une charge qu'achète un jeune homme est un chausse-pied de mariage* (Fur.).

chausser v. t. Fig. Loger, mettre : *Se chausser une opinion dans la tête* (Acad. 94). ♦ **Se chausser de, être chaussé de,** être attaché à : *Un chacun est chaussé de son opinion* (Mol., *Éc. des f.*, 198).

chaussette n.f. Bas de toile sans pied, porté sous le bas-de-chausses.

chef n.m. Tête de l'homme (vieilli, selon Scudéry [*Obs. sur Cid*] ; ne se dit plus qu'en poésie selon Acad. 94) : *Comme le chef a soin des membres qui le servent* (Corn., *Cid*, 598). *Par* *mon chef, c'est un siècle étrange que le nôtre* (Mol., *Ét.*, 204). ♦ Capitale : *Comme si Jérusalem eût été dès lors destinée à être une ville sainte et le chef de la religion* (Boss., *H. univ.*, II, 3). ♦ Fig. **Le chef d'octobre,** *le 1er octobre* (La Font., *Ép.*). ♦ Point particulier : *Ces gentilshommes* [...] *lui demandèrent toutes les particularités de la troupe* [...] *Le Destin répondit sur tous ces chefs* (Scarr., *Rom. com.*, III, 5). *Ils vivaient sur la foi des anciennes prophéties qu'ils avaient vu s'accomplir si précisément à leurs yeux en tant de chefs* (Boss., *H. univ.*, II, 15). – Auj. on dit seulement *chef d'accusation.* ♦ **En chef,** en tête : *Si l'on faisait un rôle de toutes les chansons que l'on a faites en France depuis que l'on y a fait des chansons, ma chanson serait en chef* (Scarr., *Rom. com.*, III, 6). ♦ **Venir à chef,** venir à bout : *Aucun d'eux ne put venir à chef De son dessein* (La Font., *Contes*, III, 3). ♦ **Mettre à chef,** achever (Acad. 94). ♦ **De son chef,** par soi-même (auj. seulement *de son propre chef* : de sa propre initiative) : *Notre prince a des dépendants* [des vassaux] *Qui, de leur chef, sont si puissants Que chacun d'eux pourrait soudoyer une armée* (La Font., *F.*, I, 12).

Les sens actuels étaient également usuels au XVIIe s.

cheffecier, chevecier n.m. Dignitaire d'une église qui s'occupait du chevet et gardait le trésor : *Moi, dit le cheffecier, je suis maître du chœur* (La Br., XIV, 26).

chènevotte n.f. Tige de chanvre dépouillée de son écorce. ♦ Fig. Chose sans valeur, sans efficacité : *J'en fais moins de cas que de chènevottes* (Acad. 94).

cher, chère adj. Précieux : *Il faut se hâter, chaque heure nous est chère* (Rac., *Théb.*, 295).

Auj., comme aussi au XVIIe s., « qui est l'objet d'affection », ou « qui est coûteux » : *Une main qui nous fut bien chère Venge ainsi le refus d'un coup trop inhumain* (Corn., *Rodog.*, 1643). *Les tableaux sont chers, quand ils sont des grands maîtres* (Fur.).

chercher v. t. Se construisait aussi avec la préposition *de* devant un infinitif complément (auj. seulement *à*) : *J'ose espérer que vous* [...] *ne trouverez pas étrange que nous cherchions d'en prendre vengeance* (Mol., *D. J.*, III, III). *Chacune cherchait avec ardeur de s'établir près de lui* (La Roch., *Mém.*, II, 350).

chère n.f. Visage, mine : *Sans se mettre en colère Et sans en faire pire chère* (La Font., *Contes*, I, 1). ♦ **Faire bonne chère,** faire bon accueil : *« Alerte » est un fort bon mot au jugement du bel esprit à qui vous fîtes hier si bonne chère* (Chap., *Lettres*, I, 93) ou (comme auj.) manger un repas succulent : [...] *c'est quelque victuaille ; Et, si je ne me trompe à la couleur du mets, Je dois faire aujourd'hui bonne chère, ou jamais* (La Font., *F.*, VIII, 9). ♦ Festin : *Faisant chère et vivant sur la bourse publique* (La Font., *F.*, IV, 12). ♦ **Faire chère lie,** faire un bon repas, mener une vie joyeuse : *Et lui-même ayant fait grand fracas, chère lie, Mis beaucoup en plaisirs, en bâtiments beaucoup, Il devint pauvre tout d'un coup* (La Font., *F.*, VII, 14).

chèrement adv. Précieusement : *Que si l'histoire de l'Église garde chèrement la mémoire de cette reine* [...] (Boss., *O. f. H. de Fr.*). ♦ Amoureusement, passionnément : *Cela pourrait bien être : il m'aimait chèrement* (Corn., *Pol.*, 323). ♦ À un prix élevé : *Vendre chèrement sa marchandise* (Acad. 94).

Il signifiait aussi, comme auj., « au prix de lourds sacrifices » et s'employait déjà dans l'expression *vendre chèrement sa vie.*

chétif, ive adj. Vil, méprisable : *Et je l'éprouve en moi, chétive pécheresse* (Mol., *Sgan.*, 78). *Il vint des partis d'importance. La belle les trouva trop chétifs de moitié* (La Font., *F.*, VII, 5). ♦ Sans valeur, petit, modeste : *Une métairie Chétive encore, et pauvrement bâtie* (La Font., *Contes*, III, 5). *Il ne voulut pas lui bailler une chétive somme d'argent dont elle avait nécessairement affaire* (Sorel, *Franc.*, II).

Le XVIIe s. connaissait aussi le sens actuel de « faible, débile » : *Cet homme est bien chétif, maigre, mal fait, misérable* (Fur.).

cheval adj. et n.m. Fig. Ignorant, grossier, sot : *Il n'y a point de doute que la plupart des Seigneurs sont plus chevaux que leurs chevaux mêmes* (Sorel, *Franc.*, V). *Hé ! le cheval ! – Et le cheval... – Encor ! – Encor... – Le chien ! – Le chien... – Le butor ! – Le butor...* (Rac., *Plaid.*, 701).

chevance n.f. Bien, richesse (vieilli au XVIIe s. : *Son cœur* [d'avare] *n'ayant d'autre déduit* [= plaisir] *que d'y ruminer jour et nuit Et rendre sa chevance à soi-même sacrée* (La Font., *F.*, IV, 20). *Et l'abondance, à pleines mains, Verse* *en leurs coffres la finance... Tout en crève. Comment ranger cette chevance ?* (La Font., *F.*, VII, 6).

chevauchons (à) adv. À cheval, à califourchon (vieilli au XVIIe s.) : *À chevauchons sur marsouins* (Scarr., *V. tr.*, V, 2922).

chevecier n.m. V. CHEFFECIER.

chevet n.m. Traversin (auj. seulement « tête du lit », sens déjà usuel au XVIIe s.) : *Elle était assise sur un lit où il n'y avait ni ciel, ni rideaux : on n'y avait laissé que la paillasse et le chevet* (Sorel, *Franc.*, VII). *Il s'endort aussitôt qu'il a la tête sur le chevet* (Acad. 94). ♦ **Épée de chevet,** poignard qu'on gardait la nuit à portée de la main ; et au fig. : ami fidèle, ou chose familière : *Toujours parler d'argent ! Voilà leur épée de chevet* (Mol., *Av.*, III, I).

chevir v.t. ind. **Chevir de qqn, de qqch,** en venir à bout (familier) : *Et votre petit chien Brusquet ? gronde-t-il toujours aussi fort, et mord-il toujours bien aux jambes les gens qui vont chez vous ? – Plus que jamais, monsieur, et nous ne saurions en chevir* (Mol., *D. J.*, IV, III).

chèvre n.f. **Prendre la chèvre,** se mettre en colère, s'alarmer : *D'un mari sur ce point j'approuve le souci ; Mais c'est prendre la chèvre un peu bien vite aussi* (Mol., *Sgan.*, 312).

chez prép. Aux yeux de, au jugement de : *Chez plusieurs,* savant *et* pédant *sont synonymes* (La Br., XII, 17).

chicaner v.t. **Chicaner qqn,** lui intenter un procès : *Nous ne savons gré* [...] *à cet ennemi qui nous a garantis, pour ce qu'il nous a chicanés* (Malh., *Bienf.*, VI, 11) ; le tourmenter : *Le maître et le ministre sont tous deux chicanés par des retours de fièvre mal guéris* (Sév., 15 juin 1688).

Auj. il a conservé le sens de « entrer en contestation sur des vétilles » : *On nous chicane sur des mots* (Boss., *Serm. sur le Culte*, in L.).

chicheté n.f. Lésine, économie sordide : *La faute vient premièrement du père qui, par sa chicheté, a comme forcé son fils à lui ravir ce qu'il ne lui a pas voulu bailler de bon gré* (Sorel, *Franc.*, VII). *Manquer à faire quelque chose par chicheté* (Acad. 94).

chicoter v.t. Déchiqueter : *Sentinelli lui passa son épée au travers de la gorge, et la lui coupa à force de la chicoter* (Mme de Motteville, *Mém.*). ◆ v. intr. Entrer en contestation sur de petites choses (familier) : *Ils perdirent deux heures à chicoter* (Acad. 94).

chignon n.m. Nuque : *L'épine du dos qui règne depuis le chignon du cou jusqu'au croupion* (Boss., *Connaiss.*, I, 7).

Auj. seulement « torsade de cheveux enroulée ».

chimère n.f. Idée extravagante, ambition démesurée : *Ils ont le premier rang partout, et un rang, parmi les autres grands, qui ne peut embarrasser leur chimère* (Saint-Simon, 1697). ♦ Forme dépourvue de réalité : [...] *il* [l'homme qui se voit dans l'eau] *se fâche, et ses yeux irrités Pensent apercevoir une chimère vaine* (La Font., *F.*, I, 11). ♦ Création de l'imagination, de l'art : *Laissons le monde et sa croyance. La bagatelle, la science, Les chimères* [...], *tout est bon* (La Font., *F.*, IX, Disc. Sablière). *Ils* [les païens] *embrassaient violemment Les intérêts de leur chimère : Pygmalion devint amant De la Vénus dont il fut père* (La Font., *F.*, IX, 6).

Le XVIIe s. connaissait aussi le sens actuel de « vaine illusion » : *Les vanités mondaines ne sont que des chimères* (Fur.).

chinfrenau n.m. Blessure, cicatrice (bas selon Acad. 94) : *Ce fanfaron de Ferrandine Qui pare son affreuse mine D'un grand et vilain chinfrenau* (Saint-Amant, *le Passage de Gibraltar*, 310).

choir v.i. Tomber (en poésie et dans la langue fam.) : *Quand même sur ma tête il ferait choir l'empire* (Corn., *Théod.*, 512). *Vous laissez choir ainsi ce glorieux courage* (Corn., *Cid*, 521). *Comme une pierre qui chet* (Retz, *Serm. sur l'hypocrisie*, IX, 191).

Auj. seulement dans la locution familière *laisser choir qqn*, ne plus s'occuper de lui.

choix n.m. Discernement : *Jetant l'argent avec choix* (Sév., 3 nov. 1688).

Les sens actuels étaient également usuels au XVIIe s.

chômer v. t. ind. **Chômer de,** manquer de : *En France où la police est si exacte, et où on chôme si peu d'officiers* (Fur., *Rom. bourg.*, I).

chopper v. i. Trébucher (vieilli au XVIIe s.) : *La pierre qui les fera chopper et choir* (Malh., *Lettre*, 24 sept. 1628). ♦ Se tromper soudain, commettre une bévue : *Toi dont la trahison A fait si lourdement chopper notre raison* (Corn., *Clit.*, 1496, var.). *Si le plus habile d'entre eux évitait une chose, il choppait en une autre* (Sorel, *Franc.*, V).

choquer v. t. Heurter, frapper (s'employait plus largement qu'auj. en ce sens) : *L'oiseau de Jupiter, sans répondre un seul mot, Choque de l'aile l'escarbot, L'étourdit* (La Font., *F.*, II, 8). ♦ Affronter ouvertement, offenser : *En faveur des chrétiens s'il* [Sévère] *choquait son courroux* [celui de Décie] [...] (Corn., *Pol.*, 1485). *Vous prétendez choquer ce que j'ai résolu ?* (Mol., *Sgan.*, sc. I). ♦ Aller à l'encontre de : *Ce dessein, Dom Juan, ne choque point ce que je dis* (Mol., *D. J.*, V, III).

Auj. surtout au sens figuré de « offenser le goût, les sentiments », ou, en un sens propre récent, « faire subir un violent traumatisme ».

chose n.f. **Pour chose au monde,** pour rien au monde : *Je n'en voudrais pour chose au monde, si cela était* (Rac., *Lettre*, 28 juin 1688). ♦ **Sur toute(s) chose(s),** avant tout, par-dessus tout : *Prends un siège, Cinna, prends, et sur toute chose, Observe exactement la loi que je t'impose* (Corn., *Cinna*, 1425). *Faites cela sur toutes choses* (Acad. 94). ♦ **Quelque chose** était parfois fém. (Vaug. demande qu'on fasse l'accord au masc.) : *Je vous voulais tantôt présenter quelque chose ; Mais il n'est plus besoin que je vous la propose Car elle est impossible* (Corn., *Ment.*, 961).

chrétien n.m. Fam. Homme : *Et jamais je ne vis un plus hideux chrétien* (Mol., *Éc. des f.*, 417).

◆ adj. et adv. **Parler chrétien** ou **chrétiennement,** parler intelligiblement (expression familière) : *Il faut parler chrétien, si vous voulez que je vous entende* (Mol., *Pr. rid.*, sc. VI).

ci adv. Maintenant (spécialement après la préposition *entre*) : *Cela durera encore toute la semaine qui vient, c'est-à-dire qu'entre ci et là ce n'est pas vivre que la vie que nous menons* (Sév., 5 déc. 1664). ♦ **Ci-devant,** précédemment : *Richelieu* [...] *était obligé de suivre, comme nous l'avons dit ci-devant, les sentiments de la Reine mère* (Du Buisson, *Turenne*, 1).

cicatricé, e adj. Marqué de cicatrices : *Son front cicatricé rend son air furieux* (Boil., *Ép.*, IV, 71).

On disait plus couramment en ce sens « cicatrisé », malgré les recommandations des grammairiens.

cicatriser v. t. Marquer d'une cicatrice : *Les Ménades suivent leur chef* [...] *Et de leurs grands coups scandalisent Maints géants qu'elles cicatrisent* (Scarr., *Typh.*, V, 5). *On lui a tout cicatrisé le visage* (Acad. 94).

cingler v. S'employait parfois transitivement au sens de « parcourir en bateau » : *Nos prédécesseurs qui avaient mille fois cinglé l'Océan* (Cyrano, *États et empires de la Lune*, p. 49).

Auj., intrans., « naviguer vers ».

circonstance n.f. Détail, élément particulier : *J'en ai donc vu un fort habile que je priai de me vouloir marquer les circonstances de cette différence* (Pasc., *Prov.*, III). *La noblesse, de soi, est bonne* [...] *; mais elle est accompagnée de tant de mauvaises circonstances qu'il est très bon de ne s'y point frotter* (Mol., *G. D.*, I, I). ♦ Occasion, fait accidentel : *Le bruit de cette porte qui s'ouvre et qui se ferme, et la circonstance de ne vous y point trouver* (Sév., 1er mai 1680).

Le sens actuel de « détail secondaire accompagnant un fait, condition dans laquelle il se produit », était usuel au XVIIe s. : *Ce sont les circonstances qui rendent un crime punissable, ou rémissible* (Fur.).

◆ plur. **Circonstances,** avantages : *Cette grande héritière tant souhaitée, et prise enfin avec tant de circonstances, est morte à dix-huit ans* (Sév., 18 mars 1678). ♦ **Circonstances et dépendances,** tout ce qui dépend d'une terre, d'un procès, etc. : *Je sens que je ne passerai point ma vie sans revoir votre château, avec toutes ses circonstances et dépendances* (Sév., 15 mai 1676).

circonstancier v. t. Marquer les circonstances, détailler : *Les Français, avec qui il avait eu commerce, déposèrent si judicieusement et circonstancièrent si bien les choses qu'il fut pris et étranglé en secret le même jour* (Saint-Réal, *Conjur. c. Venise*). *Circonstancier une affaire. Circonstancier un fait* (Acad. 94).

Auj. encore dans les expressions « récit, rapport circonstancié ».

circonvoisins, ines adj. pl. Se disait des lieux environnants, situés tout autour dans le voisinage : *Cependant ma réputation, contraire à mon repos, courait les villages circonvoisins* (Cyrano, *États et empires du Soleil*, p. 167). *Les provinces circonvoisines* (Acad. 94).

circuit n.m. **Circuit de paroles,** ou simplem. **circuit,** détour, circonlocution : *Nous avions jugé à propos* [...] *de lui proposer d'abord et sans circuit cette lettre* (Retz, *Lettre M. de Lionne*, 22 déc. 1665).

Il ne désigne plus auj. qu'un déplacement physique.

circulateur n.m. Partisan de la théorie de la circulation du sang : *J'ai contre les circulateurs soutenu une thèse* (Mol., *Mal. im.*, II, v).

citoyen, enne n. Citadin, habitant d'une ville, d'un pays : *Hé bien ! Comment trouvez-vous cette ville ? – Nombreuse en citoyens, superbe en bâtiments* (Mol., *Éc. des f.*, 289). *Aussitôt on ouït* [...] *Se plaindre de leur destinée Les citoyennes des étangs* (La Font., *F.*, VI, 12). ♦ Concitoyen : *Savez-vous qui peut être un de vos citoyens Qui retourne en ces lieux avec beaucoup de biens* (Mol., *Éc. des f.*, 269). [Moïse] *laissa ses enfants au milieu de leurs citoyens sans aucune distinction* [...] (Boss., *H. univ.*, II, 3). *Sylla étant méchant rendit ses citoyens bons, et Lysandre rendit ses citoyens pires que lui* (Rac., *Ann. Plutarque*).

Auj. « membre d'un État ».

civilité n.f. **Faire civilité à qqn,** le saluer poliment : *Comme je le connaissais extrêmement, je lui fis civilité* (Retz, *Mém.*, II, 222).

clabaud adj. **Chapeau clabaud,** chapeau à bords retombants (par comparaison avec les oreilles des chiens de chasse appelés *clabauds*) : *Un grand chapeau clabaud toujours sur ses yeux* (Saint-Simon, 1703).

clabauder v. i. Aboyer fréquemment, sans raison (encore auj.) : *Chien qui clabaude* (Acad. 94). ♦ Fig. et transitiv., crier sans raison : *Ils virent que je ne clabaudais autre chose, sinon qu'ils n'étaient pas plus savants qu'Aristote* (Cyrano, *États et empires de la Lune*, p. 103).

Auj. au fig. toujours v. i. : « protester sans sujet ».

clair adj. **Voir clair [que, à],** comprendre clairement : *Je lui fis voir clair que je n'avais envoyé chez personne* (Sév., 7 juin 1671). *Elle voit bien clair à l'intérêt que j'y prends* (Sév., 20 oct. 1679).

clarté n.f. Flambeau, torche, etc. : *Suivez-moi, s'il vous plaît, avec votre clarté* (Mol., *Éc. des m.*, 921). *D'abord la dame éteignit en sortant Cette clarté : c'était le plus souvent Une lanterne, ou de simples bougies* (La Font., *Contes*, II, 4). ♦ Fig. Éclat, caractère illustre : *Un rang* [...] *Dont je n'ai pu de loin soutenir la clarté* (Rac., *Brit.*, 617). ♦ Lumière du jour, vie : *Enfin, ne voulant plus jouir de la clarté Que son époux avait perdue, Elle entre dans sa tombe* (La Font., *Contes*, V, 6).

◆ plur. **Clartés,** explications, renseignements : *Dom Louis du secret a toutes les clartés* (Mol., *D. G.*, 1750). ♦ Ensemble de connaissances, science : *Aspirez aux clartés qui sont dans la famille* (Mol., *F. sav.*, 40).

Les sens pr. et fig. actuels étaient également usuels au XVIIe s.

clerc n.m. Celui qui est entré dans l'état ecclésiastique et a reçu la tonsure : *Le clerc non plus ne fit du sien* [droit] *remise. Rien ne se perd entre les gens d'Église* (La Font., *Contes*, IV, 3). ♦ Habile, savant : *Un loup, quelque peu clerc, prouva par sa harangue Qu'il fallait dévouer* [= immoler] *ce maudit animal* (La Font., *F.*, VII, I).

Le sens actuel de « employé des études d'officiers publics et ministériels » était usuel au XVIIe s. : *Dedans Saint-Innocent il se fit secrétaire : Après, montant d'état, il fut clerc d'un notaire* (Corn., *Illus.*, 174).

cligne-musette n.f. **Jouer à cligne-musette,** jouer à cache-cache : *Car de feindre qu'il* [Dieu] *ait voulu jouer entre les hommes à cligne-musette* [...] (Cyrano, *États et empires du Soleil*, p. 158).

climat n.m. Pays, contrée : [...] *je puis* [...], *Moi-même le cherchant aux climats étrangers, Lui disputer les cœurs du peuple et de l'armée* (Rac., *Baj.*, 952). *L'or de tous les climats qu'entoure l'Océan* (Mol., *Am. méd.*, II, VII). *Dans quels heureux climats Croyez-vous découvrir la trace de ses pas ?* (Rac., *Ph.*, 15).

Le XVIIe s. connaissait aussi le sens actuel de « ensemble des circonstances météorologiques propres à une région du globe », mais non celui de « atmosphère morale, conditions de la vie ».

cloche n.f. Cloque, ampoule qui se produit sur la peau : *Des sérosités se sont répandues en six ou sept petites cloches, qui se sont percées et séchées en même temps* (Sév., 7 mars 1685). *Il a des cloches aux pieds, sous les pieds* (Acad. 94).

clos, e part. **Se tenir clos et couvert,** rester caché, immobile et muet : *N'osant pas seulement ouvrir la bouche, mais se tenant clos et couverts* (Rac., *R. sur Pind.*, Olympiques, VIII). *On vous cherche pour vous emprisonner, tenez-vous clos et couvert durant quelques jours* (Acad. 94). ♦ **Lettres closes,** chose secrète, cachée, inconnue : *Il faut encor pratiquer d'autres choses, D'autres vertus, qui me sont lettres closes* (La Font., *Contes*, IV, 9). *Je ne sais pas la résolution du conseil, ce sont lettres closes pour moi* (Acad. 94).

coche n.f. Voiture assurant un service de transport en commun (auj. seulement au fig., dans *manquer le coche*, perdre l'occasion de faire une chose profitable) : *Elle y voit par le coche et d'Evreux et du Mans Accourir à grands flots ses fidèles Normands* (Boil., *Lutr.*, I, 31). ♦ **Coche d'eau** ou simplement **coche,** bateau de transport affecté à la navigation fluviale : *Il a pris à ferme tous les coches d'eau* (Acad. 94). ♦ Fig. **Débarquer par le coche,** arriver sans ressources : *M. de Clermont, débarqué par le coche, car il n'avait rien, se targuait de son nom et de sa figure* (Saint-Simon, *in* L.).

cochet n.m. Jeune coq : *Le cochet, le chat et le souriceau* (La Font., *F.*, VI, 5).

cocluchon n.m. Autre graphie de coqueluchon. [V. ce mot.]

coction n.f. Cuisson : *Après* [...] *que par une longue et puissante coction, il* [le soleil] *a eu séparé dans cette boule les corps les plus contraires* (Cyrano, *États et empires du Soleil*, p. 204). ♦ Digestion : *La coction, comment se ferait-elle dans l'estomac ?* (Desc., *Méth.*, V, 8). *Quand l'estomac est faible, la coction ne se fait pas bien* (Acad. 94).

cœur n.m. Courage, vaillance : *Je serais bien sans cœur, sans honneur et sans âme, Si, me voyant traitée et d'esclave et d'infâme* [...] *je n'en tirais raison* (Rotr., *Sœur*, V, I). *Les Turcs reprennent cœur* (La Font., *Sonnet*, 4). *Au lieu d'éprouver leur grand cœur L'oisiveté d'un camp consume leur vigueur* (Rac., *Brit.*, 942). *À la mort de Thomas, le clergé d'Angleterre commence à reprendre cœur* (Boss., *Panég. St Th. de Cantorbéry*). ♦ Fierté, noblesse de sentiments, magnanimité : *Seigneur, vous devez tout au grand cœur d'Exupère* (Corn., *Hér.*, 1736). ♦ Pensée intime, esprit : *Vous connaissant comme je fais, il me tomba au cœur que vous ne voudriez point quitter M. de Grignan* (Sév., 13 nov. 1676). ♦ **Avoir mal au cœur de,** détester, éprouver de l'aversion pour, de la contrariété de : *Qui est-ce qui n'aura mal au cœur d'un ingrat ?* (Malh., *Bienf.*, IV, 6). *Tout le corps moliniste, Qui sans doute a plus mal au cœur De ma qualité de prieur Que de celle de janséniste* (Rac., *Poés. div.*, 85-86).

◆ **Être le cœur de qqn,** être l'objet de sa tendresse : *J'avais encor tes vœux, j'étais encor ton cœur* (Corn., *Méd.*, 808). ♦ **Parler du cœur,** avec sincérité : *Un ami qui me parle du cœur* (Rac., *Bér.*, 138).

Il désignait aussi au XVIIe s., comme auj., le siège des sentiments : *Quel feu mal étouffé dans mon cœur se réveille ?* (Rac., *Ph.*, 1194).

coffre n.m. **Mourir sur le coffre,** faire sa cour, passer sa vie dans les antichambres (il s'agit du coffre du maître, sur lequel on s'asseyait dans les antichambres) : *Je vous donne ma parole que, si j'en reviens, je ne mourrai pas sur le coffre, et je mettrai, à votre exemple, quelque temps entre la vie et la mort* (Sév., 2 août 1675 [rapportant les paroles de Turenne à Retz]).

cohéremment adv. De façon cohérente, avec logique : *Ceux qui l'ont* [ce défaut] *ne raisonnent jamais cohéremment des effets à leurs causes* (Retz, *Mém.*, III, 433).

cohorte n.f. Troupe, bande (surtout en poésie et aussi, d'après Richelet, dans le style burlesque) : *L'on festine, l'on mange* [...] *la cohorte N'en perd pas un seul coup de dent* (La Font., *F.*, I, 14).

cohue n.f. Bruit confus, exclamation bruyante : *La cohue du Parlement s'éleva à ce mot* (Retz, *Mém.*, II, 249).

Auj., comme aussi au XVIIe s., « bousculade bruyante » : [...] *il* [...] *est venu tant d'impertinents que cela est dégénéré en cohue* (Fur.).

coi, coite adj. Calme, tranquille : *Ces fertiles vallons, ces ombrages si cois* (La Font., *Contes*, I, 1). ♦ **De pied coi,** sans bouger : *Attends là de pied coi que je t'en avertisse* (Corn., *Pl. R.*, 899, var.).

◆ adv. **Arrêter coi, faire demeurer coi,**

réduire au silence, à l'immobilité : *Lors le manant les arrêtant tout coi* [...]. (La Font., *Contes*, II, 11). *Pallas* [...] *bouche le chemin des autres vents et les fait demeurer coi* (Rac., *R. sur O.*, V).

Auj. seulement dans *rester, se tenir coi*, expressions usuelles aussi au XVIIe s. : *Le bon sire* [...] *se tient toujours coi* (La Font., *F.*, III, 4).

coiffe n.f. Morceau de taffetas rond, plissé par-derrière, et ourlé tout autour, dont les dames et les bourgeoises se couvrent la tête, qu'elles tournent autour de leur visage et nouent un peu au-dessous du menton (Richelet) : *Sous sa coiffe, en sortant, comme l'honneur l'ordonne Il faut que de ses yeux elle étouffe les coups* (Mol., *Éc. des f.*, 767).

Les sens actuels étaient également usuels au XVIIe s.

coiffer v. t. Fig. Enivrer : *Dis-nous un peu : quel est le cabaret honnête Où tu t'es coiffé le cerveau ?* (Mol., *Amph.*, 1540). *Gardez-vous de ces vins d'Orléans ; ils sont fumeux, et sont sujets à coiffer* (Fur.).

◆ **se coiffer de,** s'enticher de, se mettre en tête : *Elle se coiffe volontiers d'Amoureux à longue crinière* (La Font., *F.*, IV, 1). *Un bourru fieffé Qui s'est de son Tartuffe entièrement coiffé* (Mol., *Tart.*, 628). *Le soupçon et l'inquiétude Dont Damon s'est coiffé si malheureusement* (La Font., *Contes*, III, 4).

coin n.m. Partie retirée, région (sans la nuance fam. actuelle) : *Ah ! ne languissons plus dans un coin du Bosphore* (Rac., *Mithr.*, 307). ◆Marque, empreinte, trace (comme le poinçon des monnaies imprimées au moyen d'un *coin* de métal) : *Ce petit Feuquières a un coin d'Arnaud dans sa tête qui le fait mieux écrire que les autres courtisans* (Sév., 12 août 1675). ◆**Tenir son coin,** tenir sa place, jouer convenablement son rôle : *Il peut tenir son coin parmi de beaux esprits* (Mol., *F. sav.*, 939).

colère adj. Coléreux (auj. fam.) : *J'ose vous dire plus, Attila l'en soupçonne : Il est fier et colère* (Corn., *Att.*, 1143).

colérer (se) v. pr. Se mettre en colère (vieilli au XVIIe s.) : *Ne te colère point contre mon insolence* (Corn., *Mél.*, 1319, var.). *Modère ces bouillons d'une âme colérée !* (Corn., *Clit.*, 117).

collet n.m. Col : *Collet de chemise* (Acad. 94). ◆Rabat : *De ces grands collets jusqu'au nombril pendants* (Mol., *Éc. des m.*, 30). [Les gens du monde portaient de grands collets et les gens d'Église ou les dévots de petits collets.] ◆**Collet monté,** collerette empesée garnie de carton et de fil de métal, à la mode du temps de Catherine de Médicis : *Il se garda bien de lui dire qu'elle était habillée comme ma mère grand, et qu'elle avait un collet monté* (Perrault, *Contes*, la Belle au bois dormant) ; adjectiv., suranné, archaïque (auj. « prétentieux ») : *« Sollicitude » à mon oreille est rude : Il put* [sic] *étrangement son ancienneté. – Il est vrai que le mot est bien collet monté* (Mol., *F. sav.*, 554). ◆**Prêter le collet à qqn,** lui tenir tête, le défier : *Pour des compliments il n'y a personne dans notre province qui ose me prêter le collet* (Regnard, *Coquette*, II, IV). *Je suis aussi fort que lui, je lui prêterai le collet quand il voudra* (Acad. 94).

colloquer v. t. Placer, mettre (au XVIIe s. vieilli ou restreint à la langue juridique) : *Aeneas s'étant colloqué À la proue, assis à son aise* (Scarr., *V. tr.*, V, 2757). *Faites seulement apporter un siège, et vous y colloquez* (Cyrano, *Pédant joué*, V, X). ◆Marier, établir : *Son père l'a mariée à un homme qui a fait banqueroute dès le lendemain de ses noces. Voilà une fille bien colloquée* (Acad. 94).

colonelle n.f. Première compagnie d'un régiment d'infanterie : *Ils seraient soutenus par un nombre considérable d'officiers des colonelles de Paris* (Retz, *Mém.*, I, 163).

Auj. « femme d'un colonel ».

coloré, e adj. Fig. Déguisé, hypocrite : *Cette offre peut-elle être un refus coloré ?* (Corn., *Tois.*, 519). *Vous vous payez ici d'excuses colorées* (Mol., *Tart.*, 1217).

colorer v. t. Fig. Farder, couvrir de quelque prétexte : *D'ailleurs il fallait colorer et excuser en quelque sorte la guerre que Pompée et les autres chefs romains continuaient contre Sertorius* (Corn., *Sert.*, Au lect.). *Il affecte pour vous une fausse douceur, Et par là de son fiel colorant la noirceur* [...] (Rac., *Ath.*, 46).

combien que loc. conj. indiquait la concession (vieilli dès 1660 et remplacé par *bien que*) : *Et combien que pour lui tout un peuple s'anime* [...] (Corn., *Cid*, 1133, var.).

combination n.f. Combinaison (terme technique) : *La diverse combination de ces deux manières d'agir quatre sortes de tragédies* (Corn., *Disc. de la trag.*).

comble n.m. **Pour comble,** par surcroît, comme faveur supplémentaire (sans complément ; auj. ordinairem. suivi d'un complément, et en parlant de malheurs, de malchance) : *Dieu, qui rend le centuple aux bonnes actions, Pour comble donne encor les persécutions* (Corn., *Pol.*, 1538).

combler v. t. Surcharger, remplir à l'excès : *Lorsqu'un carrosse, fait de superbe manière, Et comblé de laquais et devant et derrière* [...] (Mol., *Fâch.*, 96). *Les gens de qualité qui comblaient le théâtre m'en ont caché deux actes* (Regnard, *Crit. de l'H. à b. fort.*, sc. VI). ♦ Accabler de biens ou de maux : *Il est comblé de douleur d'avoir dit adieu à tous ses enfants* (Sév., 27 avr. 1672).

Auj. seulement en parlant de choses heureuses.

combustion n.f. Discorde amenant le trouble, l'anarchie : *Dites-moi un peu quelle est la cause, le sujet de votre combustion ?* (Mol., *Jal. du barb.*, sc. VI). *En ce temps l'ambitieuse Frédégonde* [...] *mettait toute la France en combustion, et ne cessait d'exciter des guerres cruelles entre les rois français* (Boss., *H. univ.*, I, 11).

Auj. « action de brûler » ou « état de ce qui brûle ».

comédie n.f. Toute sorte de pièce de théâtre ; art du théâtre (auj. le mot désigne seulement une pièce gaie) : *Racine a fait une comédie qui s'appelle Bajazet* (Sév., 13 janv. 1672). ♦ Théâtre, lieu de la représentation : *Se divertir à la comédie* (Rac., *Bér.*, Préf.). ♦ **Portier de comédie,** celui qui faisait payer à l'entrée du théâtre, et, par extens., celui qui ne laisse entrer qu'en payant : *J'étais un franc portier de comédie. On avait beau heurter et m'ôter son chapeau, On n'entrait pas chez nous sans graisser le marteau* (Rac., *Plaid.*, 12). ♦ Fig. **Donner la comédie,** prêter à rire : *Je vous dirai tout franc que cette maladie Partout où vous allez donne la comédie* (Mol., *Mis.*, 106). ♦ **Se donner la comédie,** s'amuser : [...] *des tours* [traits d'adresse, pour tromper] *que je voi Je me donne souvent la comédie à moi* (Mol., *Éc. des f.*, 298).

Les sens actuels étaient également usuels au XVIIe s.

comique adj. Qui concerne le théâtre ou les acteurs : *La vie comique n'est pas si heureuse qu'elle le paraît* (Scarr., *Rom. com.*, II, 3). *Ainsi tous les acteurs d'une troupe comique, Leur poème récité, partagent leur pratique* (Corn., *Illus.*, 1617). ♦ **Personne comique,** comédien : *C'est en un de ces tripots-là, si je m'en souviens, que j'ai laissé trois personnes comiques récitant la Marianne* (Scarr., *Rom. com.*, I, II).

Le XVIIe s. connaissait le sens actuel de l'adjectif : « plaisant, qui fait rire » : *Cette aventure, cette querelle est comique* (Fur.).

commandement n.m. Art de commander : *Il a le commandement beau, il commande de bonne grâce* (Acad. 94). ♦ Pouvoir, autorité : *La fortune a le même commandement sur nous qu'elle a sur eux* (Malh., *Ép.*, 47). *Avoir commandement sur quelqu'un* (Acad. 94). ♦ **Avoir à commandement, à son commandement,** avoir à sa disposition : *Les plaisirs* [...] *que nous avons le plus à commandement* (La Font., *Psyché*, I). *J'ai dix langues, Cliton, à mon commandement* (Corn., *Ment.*, 1200).

Les sens actuels étaient également usuels au XVIIe s.

commander v. t. Recommander (vieilli au XVIIe s.) : *Sur ce, je vous commande à Dieu* (La Font., *Ép. M. de Vendôme*). ♦ Se construisait parfois avec l'infinitif seul (construction vieillie au XVIIe s.) : *Et* [elle] *leur commande choisir eux-mêmes* (Corn., *D. S.*, Argum.). ♦ **Commander qqn,** avoir autorité sur lui, lui donner des ordres (auj., en ce sens, le complém. construit directement désigne une unité militaire, un navire, etc.) : *Ne saurais-tu juger que si je nomme un roi, C'est pour le commander, et combattre pour moi ?* (Corn., *Rodog.*, 494). ♦ **Être commandé de,** recevoir (ou avoir reçu) l'ordre de : *Mandez-moi si monsieur votre fils était commandé de passer* (Bussy, *Lettre Sévigné*, 26 juin 1672).

commanderie n.f. Bénéfice (v. ce mot) appartenant aux ordres militaires, notamment à celui de la chevalerie de Malte, et conféré aux anciens chevaliers ayant rendu service à l'ordre.

commandeur n.m. Chevalier ou religieux pourvu d'une commanderie : [...] *je gagerais bien que, chez le commandeur, Villandri priserait sa sève et sa verdeur* (Boil., *Sat.*, III, 23). *Bois,* *et chante ta chanson, pour régaler le commandeur* (Mol., *D. J.*, IV, 8).

Auj. « grade élevé dans un ordre » : *Commandeur de la Légion d'honneur.*

comme conj. **1.** Sens temporel (« lorsque » ; auj. en ce sens il est suivi de l'imparf.) : *Comme il fut sorti de Delphes* [...] *les Delphiens accoururent* (La Font., *Vie d'Ésope*). **2.** Sens causal (« parce que ») : *On se met sous leur conduite, comme ils ont une apparence de sagesse* (Rac., *Ann. Aristote*, Éthique). – Auj. en ce sens il introduit une proposition précédant ordinairement la principale ; « en tant que, en qualité de », avec un nom ou un adj. (auj. parfois avec un nom, mais sans déterminant) : *Nous voudrions bien, comme vos amis, lui rendre nos devoirs* (Mol., *Bourg.*, V, III). *Ce gentilhomme français qui, comme curieux* [= soucieux] *d'obliger les honnêtes gens* [...] (Mol., *Sicil.*, sc. X). **3.** Introduit le 2e terme d'une comparaison après *si, aussi, tant, autant* (auj. *que*, déjà recommandé par Vaug.) : *Qu'il voie aussi bien ce qui se passe dans le parti des ennemis comme dans l'autre parti* (Rac., *Trad. Lucien*). *Ce beau feu vous aveugle autant comme il vous brûle* (Corn., *Rodog.*, 979). **4.** Selon que : *Viens quérir mon portrait avec des confitures : Comme pourra Dorante en user bien ou mal, Nous résoudrons après touchant l'original* (Corn., *S. du Ment.*, 589). **5.** Introduit une proposition complétive (« en vertu de quoi, selon quoi ») : *Obtenez un arrêt comme il faut que je dorme* (Rac., *Plaid.*, 116). **6.** Suivi du subjonctif (constr. rare au XVIIe s., mais jugée élégante par Vaug.) : *Comme quelques-uns* [...] *le priassent de se retirer,* [...] *il leur répondit en riant qu'ils ne s'en missent point en peine* (Malh., *Lettre Princesse de Conti*, 29 juill. 1614). *Comme Antishène levât un bâton pour le frapper s'il ne se retirait : « Frappe », lui dit Diogène en lui présentant sa tête* (Rac., *Trad. Vie de Diogène le Cynique*). **7.** S'employait explétivement dans les loc. *comme je crois, comme je pense* (auj. simplem. *je crois, je pense*) : Je vois, comme je crois, savoir ce qu'il projette (Mol., *Ét.*, 715).

comme adv. S'employait là où on se servirait auj. de *comment*, même dans l'interrogation directe (Vaug. blâme cet emploi, sauf après *savoir*) : *Je sais comme traiter les gens de votre sorte* (Corn., *Illus.*, 554). *J'aime à voir comme vous l'instruisez* (Rac., *Ath.*, 690). *Qu'est-ce qu'on fait céans ? Comme est-ce qu'on s'y porte ?* (Mol., *Tart.*, 230). ♦ **Comme quoi,** comment (locution nouvelle selon Vaug., qui lui reconnaît de la « bonne grâce ») : *Comme quoi peut-il excuser le vers où cette dénaturée s'écrie* [...] *?* (Scudéry, *Obs. sur Cid*) ; comme (dans une interrogation indirecte), *ou* que (avec une subordonnée complétive) : *Là, je soupire auprès de toi, Et considérant comme quoi Ton œil si doucement repose* [...] (Th. de Viau, *Stances*, Quand tu me vois...).

commencer v. t. Créer, instituer : *Du temps de Cyrus et de Cambyse, Pythagore commença la secte Italique dans la Grande Grèce* [...] (Boss., *H. univ.*, I, 8). ♦ Se construisait avec *de* suivi de l'infinitif : *Et déjà mon rival commence de paraître* (Mol., *D. G.*, 1637). *Puisque j'ai commencé de rompre le silence* (Rac., *Ph.*, 526). – Cette construction, condamnée par Vaug., mais approuvée par Bouhours et par Acad., se rencontre encore à la fin du XVIIe s. à côté de *commencer à.*

◆ **se commencer,** être commencé, débuter : *Même début, même jeu se commence* (La Font., *Contes*, I, 6). *Quand le mot qui suit se commence par une consonne* (Corn., *Avert. au lecteur*). *C'est ce qu'on peut espérer de cette grande et fameuse Académie qui se commence à Paris* (Pellisson, *Hist. Acad.*, I, 8).

commerce n.m. Système de relations réciproques : *Les sacrifices sont un commerce entre Dieu et les hommes* (Rac., *Ann. Platon*, Banquet). ♦ Relation, fréquentation (auj. vieilli et littér.) : *Nous avons si peu de commerce avec les princes qui vivent dans le sérail* (Rac., *Baj.*, 2e préf.). *Je devais me contraindre Jusques à* [...] *savoir pleinement leur commerce secret* (Mol., *Éc. des f.*, 365). ♦ Relations mondaines (au pluriel) : *Voilà tous mes commerces dérangés* (Sév., 9 sept. 1675). ♦ Correspondance, échange de lettres : *Lire vos lettres et vous écrire font la première affaire de ma vie ; tout fait place à ce commerce* (Sév., 18 mars 1671). ♦ Circulation : *Ce peu de matière qu'elle* [la nature] *nous prête, qui ne doit pas demeurer dans les mêmes mains, et qui doit être éternellement dans le commerce* (Boss., *Serm. sur la Mort*).

Le sens actuel de « achat et vente de marchandises, trafic » était usuel au XVIIe s. : *Ce marchand fait le commerce en gros, celui-ci ne le fait qu'en détail* (Fur.).

commettre v.t. Confier, donner comme charge, comme mission : *Un voleur se hasarde D'enlever le dépôt commis aux soins du garde*

(La Font., *Contes,* V, 6). *Il* [...] *lui dit qu'il se ressouvenait très bien qu'on lui avait commis l'expédition contre le roi Mithridate* (Saint-Réal, *Marius et Sylla*). ♦ Préposer, charger de : *Les souverains qu'il a commis pour régir ses peuples* (Boss., *Purif.*). *Allons commettre un autre au soin que l'on me donne* (Mol., *F. sav.*, 327). ♦ Exposer, mettre au danger, en difficulté : *Mais à d'autres périls je crains de le commettre* (Rac., *Baj.*, 1161). *La reine, à peine sortie d'une tourmente si épouvantable, pressée du désir de revoir le roi et de le secourir, ose encore se commettre à la furie de l'Océan* (Boss., *O. f. H. de Fr.*). *Pour celles* [des bonnes œuvres] *de Paris, je crois que vous y trouveriez diverses continuelles qui vous commettraient trop* (Fén., *Lettre Mme de Maintenon,* 1690). ♦ Mettre aux prises, en conflit : *En cette extrémité Qui commettait ma vie avec ma loyauté* (Corn., *Méd.*, 132).

◆ **se commettre,** se compromettre : *Tout autre, en votre place, ménagerait mieux sa réputation, et se serait bien gardé de se commettre comme vous faites* (Mol., *Impr.*, sc. I).

Le sens actuel de « faire une action répréhensible » était également usuel au XVIIe s. : *Il faut s'accuser à confesse de ce qu'on a commis contre Dieu et le prochain* (Fur.).

commis n.m. Homme chargé d'une fonction dont il doit rendre compte à qqn d'autre. ♦ Employé des fermiers généraux chargé de la collecte des impôts : *Un commis engraissé des malheurs de la France* (Boil., *Ép.*, V, 98). ♦ **Premier commis,** haut fonctionnaire qui vient aussitôt après le ministre secrétaire d'État : *Il vous quitte brusquement pour joindre un seigneur ou un premier commis* (La Br., IX, 50).

Auj., comme aussi au XVIIe s., agent subalterne (employé d'un magasin, d'une boutique) : *Les marchands appellent quelquefois commis leurs facteurs, pour leur donner un nom honorable* (Fur.).

commise n.f. Action de mettre aux prises : *Je l'obligeai à changer de résolution,* [...] *en lui insinuant* [...] *le péril de la commise et du choc* (Retz, *Mém.*, III, 480). ♦ Action de compromettre : *L'inconvénient de la commise du nom du Roi étant levé par les devants que je venais de prendre* [...] (Retz, *Lettre M. de Lionne,* 22 déc. 1665).

commission n.f. Charge ou mission temporaire : *C'est un homme né pour les allées et venues* [...] *pour aller plus loin que sa commission et être désavoué* (La Br., II, 39). *Deux amiraux qui ne l'étaient que par commission* (Rac., *Notes hist.*). ♦ Titre correspondant à cette mission : *La commission de M. d'Avaux est : ambassadeur extraordinaire auprès du roi d'Angleterre* (Sév., 2 mars 1689). *Quelques-uns d'entre eux n'osèrent accepter la commission de plénipotentiaire* (Rac., *Notes hist.*, Hollande). ♦ Charge de commis : *De peur que cela ne détournât les gens d'acheter des commissions* (Rac., *Lettre Mlle Rivière,* 21 mars 1696). ♦ **Péché de commission,** faute caractérisée, action coupable (par opposition à péché d'omission) : *Ainsi je ne doute point qu'outre mes péchés d'omission qui sont infinis, il m'en soit échappé un très grand nombre de commission* (Bayle, *Dict. hist.*, Préf.).

Les sens actuels étaient également usuels dès le milieu du XVIIe s.

commode adj. Agréable, convenable : *Puisqu'en ces lieux, jadis aux Muses si commodes* [...] (Boil., *Sat.*, I, 21). ♦ Aimable, doux, accueillant (auj. seulement pour des personnes et dans la tournure négative fam. *il n'est pas commode*) : *Se rendre terrible à ses ennemis, facile et commode aux autres* (La Font., *Vie d'Ésope*). *M. de Luxembourg* [...] *envoya dans notre écurie un des plus commodes chevaux de la sienne* (Rac., *Lettre Boileau,* 21 mai 1692). *Jamais peuple n'a été* [...] *plus commode à tous les étrangers* (Fén., *Tél.*, 13). ♦ **Commode à** (et l'infinitif), propre à, de nature à : *C'est un malheur commode à faire cent jaloux* (Corn., *Poés. div.*, 6).

Auj., comme aussi au XVIIe s., en parlant des choses, « aisé, d'un usage facile » : *La litière est la plus commode de toutes les voitures* (Fur.).

commodité n.f. Avantage : *Mais, mon frère,* [...] *faites-vous médecin vous-même. La commodité sera encore plus grande d'avoir en vous tout ce qu'il vous faut* (Mol., *Mal. im.*, III, XIV). ♦ **À sa commodité,** à sa disposition, à sa convenance : *Leurs jambes coupées Firent qu'il les mangeait à sa commodité* (La Font., *F.*, XI, 9). ♦ Occasion favorable : *Tout ce jour se passa* [...] *sans que le jeune berger perdît une seule commodité de me faire paraître son affection* (Urfé, *Astrée,* I, 88). ♦ Aise, agrément (encore auj. dans quelques locutions : *la commodité d'un lieu, pour plus de commodité*) : *Je sais une dame près de qui nous aurons toute commodité* (La Font., *Contes,* I, 1). ♦ Tolérance : *Je suis d'une grande commodité pour la liberté publique* (Sév., 26 juin 1655). ♦ Moyen avantageux, en particulier moyen de transport ; carrosse, coche : *Nous irons prendre au Bourg-la-Reine la commodité* *du carrosse de Poitiers* (La Font., *Lettre à sa femme,* 25 août 1663). *Vous faites bien, madame, de prendre la commodité de la duchesse de Chaulnes pour aller en Bretagne* (Bussy, *Lettre,* 23 mars 1689) ; bateau : *Ils s'embarquèrent bientôt tous deux* [...] *ne doutant pas qu'ils n'y trouvassent une commodité pour aller à l'île de Sardaigne* (Le Sage, *Diable boit.*, XIV). ♦ **Chaise de commodité,** « grande chaise à bras dont le dos est un peu renversé et qui est garnie de matelas, afin qu'on y puisse être plus à son aise » (Acad. 94). ♦ **Les commodités de la conversation,** les fauteuils, en langage précieux.

◆ plur. **Commodités,** biens, richesses : *Je suis un mortel qui ne possède que ces filets et quelques petites commodités dont j'ai meublé deux ou trois rochers* (La Font., *Psyché,* II). ♦ Lieux d'aisances (auj. vieilli et provincial) : *On appelle aussi* commodités, *dans une maison,* [...] *les lieux où on va se décharger le ventre* (Fur.).

Le sens actuel de « ce qui rend la vie plus agréable » s'utilisait déjà habituellement au XVIIe s. : *Il faut prendre ses commodités quand on les trouve* (Fur.).

commun, e adj. Placé après un nom désignant une personne ou une partie du corps, Ordinaire (auj. à cette place il signifie « vulgaire ») : *Un visage commun, et fait comme le mien* (Corn., *Mél.*, 1578).

commun n.m. Le bien commun : *Que ne vis-tu sur le commun ?* (La Font., *F.*, XII, 13). ♦ Dans le langage des grands, les bas officiers : *Il est couché sur l'état en qualité de chirurgien du commun* (Fur.). ♦ Le peuple, la populace : *Le bel esprit en vers distingue du commun* (La Font., *Je vous prends sans verd,* sc. VI). ♦ **Du commun,** vulgaire, ordinaire : *Ne traitez pas Alcandre en homme du commun* (Corn., *Illus.*, 47). *Cet ouvrage n'est pas du commun* (Acad. 94). ♦ **Le commun de,** la généralité de, le cas ordinaire de : *Le commun de mon sexe et trop mal avec vous* (Mol., *Pr. Él.*, 296). *Le rang de l'offensé, la grandeur de l'offense Demandent des devoirs et des submissions Qui passent le commun des satisfactions* (Corn., *Cid,* 360).

communauté n.f. Corps professionnel réuni par des intérêts communs : *La communauté des procureurs, des notaires, des marchands* (Acad. 94). ♦ Corps des habitants d'une ville ou d'un village : *Cinquante Bas-Bretons dorés jusqu'aux yeux, cent communautés* [aux États de Bretagne] [...] (Sév., 5 août 1671). *On a taxé à tant ces communautés* (Acad. 94).

Les sens actuels étaient également usuels au XVIIe s.

commune n.f. Populace, menu peuple : *La commune s'allait séparer du Sénat* (La Font., *F.*, III, 2).

◆ plur. **Les communes,** le peuple des campagnes : *L'on envoirait deux conseillers* [...] *sur les rivières avec ordre d'armer les communes* (Retz, *Mém.*, IV, 71). ♦ Biens communaux, terrain appartenant en commun à plusieurs villages : *Mener paître les troupeaux dans les communes* (Acad. 94).

communiquer (se) v. pr. Se découvrir, dévoiler ses pensées : *Je ferai vos reproches à la Mousse : il est chez lui, il ne se communique guère ; il est difficile à trouver* (Sév., 22 avr. 1676).

compagnie n.f. Ensemble des compagnons : [Télémachus] *n'ose pas faire attendre sa compagnie qui l'attend à Pylos* (Rac., *R. sur O.*, IV). ♦ Réunion mondaine : *J'ai souffert qu'elle ait vu les belles compagnies* (Mol., *Éc. des m.*, 187). ♦ **De compagnie,** de cérémonie : *Il faut ôter l'air et le ton de compagnie le plus tôt que l'on peut* (Sév., 1er juill. 1671). ♦ Corps constitué de magistrats ; association religieuse, littéraire : *Il fallait à un ministre étranger un homme* [...] *qui, nourri dans les compagnies, connût les ordres du royaume et l'esprit de la nation* (Boss., *O. f. Michel Le Tellier*). *Cet esprit de douceur si nécessaire pour entretenir l'union dans les compagnies* (Rac., *Disc. Acad.*). ♦ Charge de capitaine : *Il a vendu sa compagnie* (Acad. 94). ♦ **Bête de compagnie,** personne qui aime la société et qui se laisse facilement mener où l'on veut : *Le café est tout à fait mal à notre cour* [...] *Pour moi, qui suis bête de compagnie* [...] *je n'y songe plus* (Sév., 8 nov. 1688). ♦ **Faire compagnie à qqn,** lui tenir compagnie : *Il aborde dans un voyage le premier qu'il trouve sur son chemin, lui fait compagnie* (La Br., *Théophr.*, 23).

Les sens actuels étaient également usuels au XVIIe s., sauf celui de « troupe théâtrale permanente », qui apparaît au début du XVIIIe s.

compagnon n.m. Ouvrier qui n'est pas encore maître, mais qui a terminé son apprentissage (auj. « ouvrier spécialisé ») : *Il a* [...] *un atelier* [...] *et des compagnons qui travaillent sous lui* (La Br., V, 74). ♦ Confrère, collègue ; les actes notariés commençaient par la formule : *« Par-devant maître un tel et son compagnon, notaires [...] ».* [Le notaire] *Moi ? si j'allais, Madame, accorder vos demandes, Je me ferais siffler de tous mes compagnons* (Mol., *F. sav.*, 1611). ♦ **De pair à compagnon,** d'égal à égal : *Comment ? [...] Ce chien, parce qu'il est mignon, Vivra de pair à compagnon Avec Monsieur, avec Madame !* (La Font., *F.*, IV, 5). ♦ Sans complément, drôle, gaillard : *En son temps, aux souris, le compagnon chassa : Les premières qu'il prit du logis échappées, Pour y remédier, le drôle estropia Tout ce qu'il prit ensuite* (La Font., *F.*, XI, 9).

Le sens le plus courant auj. : « celui qui vit avec, qui accompagne », était également usuel au XVIIe s. : *Les aventures d'Ulysse et de ses compagnons sont décrites dans l'Odyssée* (Fur.).

comparaison n.f. **À comparaison de,** en comparant à : *L'empire des Césars n'était-il pas une vraie pompe à comparaison de celui-ci ?* (Boss., *H. univ.*, II, 23). ♦ **Faire comparaison d'une chose avec** (ou **à**) **une autre,** les comparer : *Voyez ces animaux, faites comparaison De leurs beautés avec les vôtres* (La Font., *F.*, I, 7). *Ai-je peu de raison Quand de mes yeux aux siens je fais comparaison ?* (Corn., *Tite et Bér.*, 698).

compartiment n.m. Mosaïque, dessin compliqué et ordonnancé symétriquement sur un parquet, un parterre, un plafond, une tapisserie, etc. (rare auj.) : *Grands et merveilleux bâtiments, Agréables compartiments* (Tr. L'Hermite, *Ode*, La maison d'Astrée). *Ce qu'on prise aux tapis de Perse et de Turquie, Fleurons, compartiments, animaux, broderie* (La Font., *Lettre à sa femme*, 12 sept. 1663).

Auj. « division pratiquée dans un espace pour loger des personnes ou des choses en les séparant ».

compas n.m. **Par compas,** très régulièrement, avec précaution : *Contemple un peu dans cette allée Thibaut [...] Marcher froidement par compas* (Saint-Amant, *la Pluie*, 67).

compasser v. t. Mesurer avec le compas, calculer : *Il a exactement compassé les distances dans cette carte* (Acad. 94). *Quoi ? parce que le soleil compasse nos jours et nos années [...]* (Cyrano, *États et empires de la Lune*, p. 47) ; et au fig. : *Tous les arrangements ont été justes et si bien compassés, qu'il n'y a pas eu de moment de perdu* (Sév., 18 déc. 1689). ♦ Considérer, peser : *Quant à moi, je trouve, ayant tout compassé, Qu'il vaut mieux être encor cocu que trépassé* (Mol., *Sgan.*, 435).

Auj. au participe, *compassé*, « d'une gravité affectée » (au XVIIe s., *« fort réglé, fort exact tant en ses mœurs qu'en ses paroles »*, Furt.).

compatir v. i. Sympathiser, s'entendre, en parlant de personnes : *Ils* [Nemours et Beaufort] *ne pouvaient compatir ensemble* (La Roch., *Mém.*, II, 344). *L'évêque de Langres presque toujours en différend avec l'archevêque de Sens, qui ne pouvait compatir avec lui* (Rac., *P.-R.*, I). ♦ S'accorder, être compatibles, en parlant de choses : *Des plaisirs si chastes peuvent compatir avec le carême* (Balz., *Lettres*, 7 mars 1634). *Mais enfin nos désirs ne compatissent point* (Corn., *Att.*, 328).

Auj., comme déjà au XVIIe s., il indique que l'on marque de la compassion pour les maux d'autrui : *Mon Dieu, de quelle humeur, Dorine, tu te rends ! Tu ne compatis point aux déplaisirs des gens* (Mol., *Tart.*, 620).

compensation n.f. État d'équilibre : *Les extrémités* [= les excès] *sont vicieuses et partent de l'homme ; toute compensation est juste et vient de Dieu* (La Br., XVI, 49).

compétence n.f. Égalité de condition permettant d'entrer en contestation : *Il n'y a point de compétence entre un bourgeois et un seigneur, entre le prince et son sujet* (Acad. 94).

Le XVIIe s. connaissait aussi le sens actuel de « capacité légale à faire tel ou tel acte ; connaissance reconnue, conférant le droit de juger ou de décider en telle ou telle matière » : *Il ne faut pas que le cordonnier juge de la peinture, cela n'est pas de sa compétence* (Fur.).

compiler v.t. Rédiger en recueillant des documents (auj. péjor.) : *Quoi ! vous ne savez pas qui est Escobar de notre Société, qui a compilé cette Théologie morale de vingt-quatre de nos Pères [...] ?* (Pasc., *Prov.*, V).

complainte n.f. Lamentation, plainte, gémissement (condamné par Vaug.) : *En ces propos mourants ses complaintes se meurent* (Malh., *Larmes de St Pierre*, 155). *Gardez, s'il vous plaît, vos complaintes et vos regrets pour des accidents plus fâcheux* (Costar, *Lettres*, II, 482).

Auj. « chanson populaire sur un événement triste ».

complaire v.t. ind. **Complaire à qqn,** se conformer à son goût : *Flatter ceux du logis, à son maître complaire* (La Font., *F.*, I, 5). *De me complaire on ne prend nul souci* (Mol., *Tart.*, 8). [...] *il lui faut complaire à tout le monde* (Corn., *Mél.*, 1095).

Auj. surtout pronominal, « trouver du plaisir ».

complaisance n.f. Manifestation active du désir de faire plaisir ; dévouement : *Ciel ! avec quel respect et quelle complaisance Tous les cœurs en secret l'assuraient de leur foi !* (Rac., *Bér.*, 312). *Mes soldats, dont je veux tenter la complaisance, Dans ce même moment demandent ma présence* (Rac., *Mithr.*, 623).

Auj., comme aussi au XVIIe s., « douceur de caractère qui porte à accéder aux désirs d'autrui » : *Un esprit né sans fard, sans basse complaisance, Fuit ce ton radouci que prend la médisance* (Boil., *Sat.*, IX, 167).

complaisant, e adj. Qui cherche à plaire (suivi d'un complément) : *Je n'ai point un esprit complaisant à sa rage* (Corn., *Méd.*, 601). *Les dieux à vos désirs toujours si complaisants* (Rac., *Iphig.*, 15).

Auj., comme aussi au XVIIe s., « qui aime à rendre service » : *Un homme complaisant est bienvenu en toute sorte de compagnies* (Fur.).

complexion n.f. Tempérament, humeur : *La galanterie est donc un faible du cœur, ou peut-être un vice de la complexion* (La Br., I, 176). ♦ Fantaisie, caprice : *Cette femme s'est faite à toutes les complexions de son mari* (Acad. 94).

Auj. surtout « constitution physique » (littér.), comme aussi au XVIIe s. : *Les traits découvrent la complexion et les mœurs ; mais la mine désigne les biens de fortune* (La Br., VI, 53).

compliment n.m. Politesse, paroles de civilité, de condoléances : *Je pense, Madame, qu'on m'a demandée par compliment, et on ne s'inquiète pas tant qu'on vous a dit* (Mol., *Am. magn.*, II, V). *Il faut attendre, pour faire le compliment d'entrée, que les petits chiens aient aboyé* (La Br., XIII, 2). *M. de Nemours* [...] *lui fit des compliments sur son affliction* (La Fayette, *Clèves*, II). *Mme de Guénégaud m'a extrêmement priée de vous faire des compliments sur la mort du Chevalier* (Sév., 17 févr. 1672). ♦ Façons, manières, cérémonies : *J'en use librement, Songez que l'amitié défend le compliment* (Th. Corn., *Gal. doublé*, II, III). ♦ **Sans compliment,** sans façon : *Non, m'a-t-il répondu, je suis sans compliment* (Mol., *Fâch.*, 85). *Je lui dis sans compliment qu'il fallait qu'il en passât par là* (Acad. 94). ♦ Prétexte : *Cela s'appelle, Madame, un fort honnête compliment pour nous refuser tous deux* (Mol., *Am. magn.*, III, I). *M. le Prince lui dit en riant et en le caressant : Tout cela sont de beaux compliments, mais je serai bien aise que vous demeuriez ici* (La Roch., *Lettre Lenet*, 13 oct. 1652). ♦ Paroles louangeuses de félicitation (sens actuel) : *Les courtisans ne sont point chiches de compliments* (Fur.). ♦ Petit discours adressé à qqn qu'on veut louer (encore auj.) : *Le prince n'a point voulu de harangue, il s'est contenté d'un simple compliment* (Fur.).

componction n.f. Douleur d'avoir offensé Dieu : *Elle demande d'elle-même les sacrements de l'Église, la pénitence avec componction, l'Eucharistie avec crainte* (Boss., *O. f. H. d'Angl.*).

Auj. « gravité recueillie et affectée », « air sérieux, solennel ».

composé, e adj. Constitué physiologiquement : *Une grande marque* [...] *que vous avez un corps parfaitement bien composé,* [...] *c'est que* [...] *vous n'êtes point crevé de toutes les médecines qu'on vous a fait prendre* (Mol., *Mal. im.*, II, VI).

◆ n.m. Constitution, nature : *Si dans son composé quelqu'un trouve à redire, Il peut le déclarer sans peur* (La Font., *F.*, I, 7). *Le reste du composé Est l'être le plus volage Dont Dieu se soit avisé* (La Font., *Lettre Prince de Conti*, oct. 1689).

Les sens actuels de l'adj. et du n. étaient également usuels au XVIIe s.

composer v.t. Régler selon les convenances, les principes moraux, les circonstances : *Nicolas Cornet ne se pardonnait rien à lui-même, et pour composer ses mœurs, il entrait dans les sentiments de la justice, de la jalousie, de l'exactitude d'un Dieu qui veut rendre la vérité redoutable* (Boss., *O. f. Nicolas Cornet*) ; et pronominalement : *Il faut pourtant paraître ferme au premier choc* [...] *Là, tâchez de vous composer par étude. Un peu de hardiesse, et songez à répondre résolument sur tout ce qu'il pourra vous dire* (Mol., *Fourb.*, I, III). ♦ **Composer un différend,** le régler, le faire cesser.

◆ v.i. Capituler, traiter : *Hector veut composer avec Achille pour le corps de celui qui sera tué* (Rac., *Ann. Homère*, Iliade, XXII). *Parlons plutôt d'accord, et composons ensemble* (Corn., *Pl. R.*,

594). *Le gouverneur de cette ville a fait battre la chamade pour composer* (Acad. 94).

Les sens actuels étaient également usuels au XVIIe s.

compromis n.m. **Mettre en compromis,** contester ; compromettre : *C'est un brave homme : il sait que les cœurs généreux Ne mettent point les gens en compromis pour eux* (Mol., *Dép. am.*, 1664). *Mettre la dignité, l'autorité de quelqu'un en compromis* (Acad. 94).

compte, conte n.m. **Par compte,** en rendant responsable du nombre de pièces : *Présentement il l'envoyait à Chantilly pour distribuer tout le linge par compte pendant que le Roi y sera* (Sév., 17 avr. 1671). ♦**De compte fait,** tout bien considéré : *Télèphe a de l'esprit, mais dix fois moins, de compte fait, qu'il ne présume d'en avoir* (La Br., XI, 65). ♦**Sans compte,** sans compter : *Les dépenses de Grignan, et des compagnies* [= réunions mondaines] *sans compte et sans nombre* (Sév., 1er avr. 1689). ♦**De bon compte,** au moins : [Il] *en peut donner au Roi quatre cents* [millions] *de bon compte* (Mol., *Fâch.*, 712). ♦**Tourner à compte à,** tourner à l'avantage de : *Toutes les fautes du ministère nous tourneront à compte* (Retz, *Mém.*, II, 436). ♦**Faire compte de,** faire cas de, estimer (auj. *tenir compte de*) : *Que votre Majesté, Sire, épargne ma honte, D'un si faible service elle fait trop de conte* (Corn., *Cid*, 1230). ♦**Faire son compte de,** avoir la ferme intention de : *Faites donc votre compte d'aller au Louvre accomplir mes souhaits* (Mol., *Remerc. au Roi*, 10). ♦**Faire son compte que,** tenir pour certain que : *Si vous faites jeter Ajax, faites votre compte qu'il faudra que vous nous jetiez tous trois avec lui* (Rac., *Ann. Sophocle*, Œdipe roi).

compte n.m. V. CONTE.

compter, conter v.t. Faire cas de : *On compte au lansquenet* [jeu de cartes] *le riche financier* (La Font., *Je vous prends sans verd.*, sc. VII). ♦**Compter de** et l'infinitif (auj. sans préposition), espérer : *Je compte d'être cet hiver à Paris* (Sév., 11 juin 1690). ♦**Compter qqch à malheur, à infortune,** etc., y voir un malheur, une infortune, etc. : *J'en suis fâché, monsieur, et surtout d'une* [vérité] *Que je ne compte pas à petite infortune* (Corn., *S. du Mnet.*, 148). ♦**Ne compter à rien, ne compter rien,** ne faire aucun cas de : *Depuis quand le retour d'un cœur comme le mien Fait-il si peu d'honneur qu'on ne le compte à rien ?* (Corn., *Sur.*, 596). *Ne comptez-vous rien, mon gendre, l'avantage d'être allié à la maison de Sotenville ?* (Mol., *G. D.*, I, IV). ♦Raconter (confondu avec *conter*) : *Il me semble que Caumartin vous en comptait un soir chez vous le détail* (Retz, *Mém.*, III, 170).

◆ v.i. Faire des comptes avec qqn, établir le montant d'une dette : *Nous comptions quelquefois. On me laissait le soin De fournir la maison de chandelle et de foin* (Rac., *Plaid.*, 17). *Ils comptèrent avec l'hôtesse. Ragotin paya* (Scarr., *Rom. com.*, III, 2).

Richelet en 1680 écrit indifféremment *compte* et *conte, compter* et *conter*, mais Fur. en 1690 et Acad. 94 font la distinction désormais consacrée.

comté n.Ce mot garde parfois au XVIIe s. son ancien genre fém., malgré Vaug. et Ménage (encore dans *Franche-Comté*) : *Belles comtés, beaux marquisats de Dieu* (La Font., *Contes*, III, 5). *Est-ce que le Roi en était moins comte pour avoir donné cette comté* [de Boulogne] *à la Vierge ?* (Saint-Réal, *Us. de l'hist.*, VII).

concert n.m. Action de se concerter, accord préalable (auj. seulement dans *de concert*, « en accord ») : *On ne peut assez louer Dieu* [...] *de voir, que, sans concert, nous sommes tombés lui et moi dans les mêmes sentiments* (Boss., *Hist. var.*, 1er disc.). *Ce qu'a fait Valère, en voyant cet écrit, marque bien leur concert* (Mol., *Dép. am.*, 321). ♦Accord entre des choses, harmonie (auj. « ensemble harmonieux » dans *un concert de louanges*, etc.) : *Ce concert éclatant et merveilleux de rares qualités* (Corn., *Œd.*, Au lecteur). ♦Assemblée de chanteurs, d'instrumentistes (auj. « séance musicale ») : *Il y a des concerts de voix, de luths, de violes ou de plusieurs instruments mêlés ensemble* (Fur.). ♦**Être en concert de,** s'accorder sur, être de connivence : *M. d'Elbeuf* [...] *ne s'aperçut que je fusse en concert de sa visite avec M. de Bouillon* (Retz, *Mém.*, II, 307).

concerté, e adj. Prudent, avisé : *Il était* [...] *d'un esprit souple et adroit, fort concerté et qui ne faisait presque jamais rien sans dessein* (Pellisson, *Hist. Acad.)*. ♦Guindé, affecté : *Les expressions affectées, Les louanges trop concertées Sont rarement celles du cœur* (Lamothe, *Odes, in* L.).

Auj. seulement pour des choses, au sens de « combiné, prémédité ».

concerter v. S'employait comme intransitif au sens de « se mettre d'accord, s'accorder » : *On voudrait bien avoir à concerter avec vous* (Boss., *Lettre quiét.*, *in* L.). *Mais j'aurais souhaité qu'en cette occasion L'amour concertât mieux avec l'ambition* (Corn., *Pulch.*, 288). ♦ Répéter un morceau de musique : *Jusqu'à ce qu'un orchestre, le dirai-je ? et des voix qui concertent depuis longtemps, se fassent entendre* (La Br., XIV, 19). ♦ Exécuter le morceau ainsi préparé, jouer un air : *Il* [le rossignol] *concerte si sagement Qu'il semble que le jugement Lui forme des airs de la sorte* (Th. de Viau, *Ode* VIII). *On concerte souvent chez lui* (Acad. 94).

Auj. seulement transitif ou pronominal.

concevoir v.t. Comprendre, se rendre compte (plus courant en ce sens qu'auj.) : *Qui doute que les enfants ne conçoivent, qu'ils ne jugent ?* (La Br., XI, 58). *Et j'ai conçu l'adieu qu'elle vient de vous dire* (Rac., *Mithr.*, 340). *L'archevêque conçut bien qu'il ne lui était pas permis de demeurer plus longtemps dans le silence* (Rac., *P.-R.*, II).

conclure v.t. Réaliser, achever : *Voici le jour heureux Qui doit conclure enfin nos desseins généreux* (Corn., *Cinna*, 164). ♦ Régler, décider : *Vous qui* [...] *Avez conclu vous-même et hâté leur voyage* (Rac., *Iphig.*, 738). ♦ **Conclure à** (et l'infinitif), décider, après délibération. de : *Je conclus à lui donner de l'émétique* (Mol., *Am. méd.*, II, IV).

Les constructions et les sens actuels étaient également usuels au XVIIe s.

concourir v.t.ind ou v.i. Agir conjointement en faveur de ; se rencontrer sur une opinion : *On les allait unir ; tout concourait pour eux* (La Font., *les Filles de Minée*, 464). *Je vois les sages concourir à ce sentiment* (Boss., *O. f. d'H. d'Angl.*). ♦ Se prêter une assistance mutuelle : *Ces puissances doivent concourir et se prêter la main mutuellement, et non se regarder avec jalousie* (Boss., *Panég. St Th. de Cantorbéry*).

Auj. on dit *concourir à* (et l'infinitif), « tendre ensemble à » ; intransitivement, le verbe signifie « être en concurrence, en compétition ».

concours n.m. Affluence, rassemblement de personnes : *Il fréquente les temples où se fait un grand concours* (La Br., XIII, 24). *L'audace d'une femme, arrêtant ce concours, En des jours ténébreux a changé ces beaux jours* (Rac., *Ath.*, 13). ♦ Rencontre (on dit encore *un concours de circonstances, un grand concours de peuple*) : *Fuyez des mauvais sons le concours odieux* (Boil., *A. p.*, I, 110). ♦ Coopération, union (on dit encore *prêter, refuser son concours*) : Le concours de Dieu avec les créatures (Acad. 94).

Auj. surtout « épreuve dans laquelle plusieurs candidats entrent en compétition pour un nombre limité de places ou de récompenses ».

condamner v.t. Ce verbe était suivi de *de* et l'infinitif (auj. *à*) : *Quelqu'un vient d'être condamné en justice de payer pour un autre* (La Br., *Théophr.*, 12). *Suis-je condamné de pleurer encore bien longtemps ?* (Cyrano, *Lettres amoureuses*, V, p. 212). ♦ Accuser, taxer de : *Les pyrrhoniens* [...] *condamnent cette opinion de témérité* (Retz, *Serm. Cendres*, IX, 154). *Il n'oserait condamner d'aucun péché un homme qui* [...] (Pasc., *Prov.*, VII). *Peu s'en faut que mon cœur, penchant de son côté, Ne me condamne encor de trop de cruauté* (Rac., *Mithr.*, 1382).

Les sens actuels étaient également usuels au XVIIe s.

condition n.f. Qualité, rang social dans lequel on est né : *Avec ses défauts, quand il* [Ésope] *n'aurait pas été de condition à être esclave, il ne pouvait manquer de le devenir* (La Font., *Vie d'Ésope*). ♦ Noblesse : *Le sang et la condition ne permettent pas une lâche action* (Rotr., *Antig.*, III, V). ♦ **Homme de condition,** de naissance noble (moins honorifique, selon Bouhours, que *homme de qualité*) : C'est un extravagant qui s'est mis dans la tête de vouloir faire l'homme de condition (Mol., *Pr. rid.*, sc. I). ♦ **À toutes conditions,** à tout prix : *Elle* [la reine] *voulait à toutes conditions le retour de Monsieur le Prince* (Retz, *Mém.*, III, 391).

Les emplois actuels, sauf *mettre en condition*, « préparer les esprits par la propagande », étaient également usuels au XVIIe s.

conditionné, e adj. Pourvu des qualités requises (auj. encore pour des personnes : *« des gens bien conditionnés de corps et d'esprit »*) : *Une amitié si bien conditionnée ne craint point les injures du temps* (Sév., *26 avr.* 1695). ♦ Repu : *Nous nous levâmes de table, tous assez bien conditionnés* (Le Sage, *Gil Blas*, VII, 13, *in* L.). ♦ Qui est assorti de conditions, sujet à des réserves : *Je vous donnerai toujours mes conseils conditionnés et, en vous les donnant, j'entendrai toujours que vous en serez le juge* (Chap., *Lettres*, I, 370).

Auj. surtout « soumis à des conditions » (*expé-*

rience conditionnée, etc.), et « qui a subi un conditionnement ».

condouloir (se) v.pr. Participer à la douleur de quelqu'un (d'usage seulement à l'infinif, toléré par Vaug., regretté par La Br.) : *Leurs majestés avaient envoyé des personnes de qualité à la reine d'Angleterre se condouloir de la mort funeste du roi son mari* (La Roch., *Mém.*, *in* L.).

conduire v.t. Diriger, surveiller l'exécution ou l'évolution de : *D'autres ouvrages conduits par la fille de Jupiter* (La Font., *Psyché*, I). *Voilà déjà trois de mes enfants dont il m'a fait l'honneur de conduire la maladie* (Mol., *Pourc.*, I, V). ♦ Guider la pensée, les actes, l'éducation de : *Si vous n'avez appris à vous laisser conduire, Vous êtes jeune encore, et l'on peut vous instruire* (Rac., *Brit.*, 1043). *Mais comme il ne sera pas possible qu'une seule personne puisse conduire un certain nombre d'enfants, il sera nécessaire d'avoir plusieurs maîtresses pour la même classe* (Maintenon, *Instr. aux dames de St-Louis*, 1er août 1686). ♦ Narrer : *Vous conduisez toute la dévotion de la petite Madeleine si plaisamment, que ce conte ne doit rien à celui de cette Ermitesse dont j'étais charmée* (Sév., 14 juill. 1677).

Les sens actuels étaient également usuels au XVIIe s.

conduite n.f. Action de guider la marche de : *Mais il s'est jusqu'ici chargé de ma conduite, Toujours la fourche aux reins* [il s'agit d'un charretier poursuivi] (La Font., *Ragotin*, I, X). ♦ Art de construire une œuvre littéraire : *Votre Altesse royale avait daigné prendre soin de la conduite de ma tragédie* (Rac., *Andr.*, Ép. dédic.). *Je n'ai pas encore rendu raison de la conduite de mon ouvrage. L'apologue est composé de deux parties* (La Font., *F.*, Préf.). ♦ Autorité : *Il le conduira* [Fouquet] *jusqu'à Pignerol, où il le laissera en prison sous la conduite d'un nommé Saint-Mars* (Sév., 21 déc. 1664). ♦ Direction morale : *Notre ami, leur père, Nous commit* [= confia] *leur conduite à son heure dernière* (Mol., *Éc. des m.*, 100). *Il* [le précepteur] *fait en sorte que vous appreniez avec plaisir tout ce qu'il est nécessaire qu'un prince sache. Nous espérons beaucoup de cette conduite* (La Font., *F.*, Ép. dédic. À Mgr le Dauphin). ♦ Sagesse, habileté politique : *Le nouveau royaume d'Espagne* [...] *s'augmentait par les victoires et par la conduite d'Alphonse, gendre de Pélage* (Boss., *H. univ.*, I, 11). *Il avait encore donné plusieurs marques de sa conduite et de sa prudence* (Du Buisson, *Turenne*, 2). ♦ Manière d'agir raisonnée, sage : *Il ne faut pas permettre à l'homme de se mépriser tout entier, de peur que, croyant avec les impies que notre vie n'est qu'un jeu où règne le hasard, il ne marche sans règle et sans conduite au gré de nos aveugles désirs* (Boss., *O. f. H. d'Angl.*). ♦ Traitement d'une maladie, soins médicaux : *Quand on meurt sous sa conduite, vos héritiers n'ont rien à vous reprocher* (Mol., *Pourc.*, I, V).

◆ plur. **Conduites,** manières d'agir : *Notre victoire du grand conseil, qui nous a donné une bonne opinion de nos conduites* (Sév., 6 avr. 1689).

Les sens actuels étaient également usuels au XVIIe s.

conférence n.f. Entretien, conversation privée : *Mais en cette occurrence, J'ai besoin avec vous d'un peu de conférence* (Corn., *Pulch.*, 254). *Vous pouvez, dans cette conférence, Juger de sa personne et de son innocence* (Mol., *Éc. des f.*, 155). *Il est donc vrai que le Roi croit partir ; il a été longtemps enfermé avec M. de Louvois. M. le Prince attendait les nouvelles de cette conférence* (Sév., 10 juill. 1676). ♦ Recueil, compilation : *Il n'avait fait son ouvrage que par la conférence de certaines traductions anciennes* (Sorel, *Franc.*, X).

Auj. « causerie, exposé fait devant un auditoire sur un sujet déterminé », ou « échange de vues entre les membres d'une assemblée » : *Il se fait tous les jours des conférences en Sorbonne* [...]. *On a recommencé les conférences de la paix à Nimègue* (Fur.).

conférer v. t. et v. i. Apporter une contribution : *À cet heureux progrès l'un et l'autre confère* (Corn., *Imit.*, I, 1396).

Auj., comme déjà au XVIIe s., « attribuer » ou « s'entretenir » : *Dieu nous confère ses grâces par le moyen des sacrements* (Fur.). *Dans deux heures Pompée en ce lieu se doit rendre : Il veut sur nos débats conférer avec moi* (Corn., *Sert.*, 123).

confesser v.t. ou **se confesser [de]** v.pr. Reconnaître publiquement, hautement : *Dieu même a mis quelque chose en nous qui peut confesser la vérité de son être* (Boss., *O. f. H. d'Angl.*). [Il] *l'obligea à se confesser, pour ainsi dire, de son balancement* (Retz, *Mém.*, III, 403). *Je ne veux plus, seigneur, me confesser coupable* (Corn., *Méd.*, 654).

Auj. il a le sens de « avouer », comme aussi au XVIIe s. : [...] *mais, après tout, il faut le confesser, Tant de précaution commence à me lasser* (Corn., *Sert.*, 1391).

confiance n.f. Confiance excessive en soi, présomption, impudence : *Comme la crainte les tenait unis, la victoire et la confiance rompit l'union* (Boss., *H. univ.*, III, 5). – Au XVIIe s. le mot pouvait aussi n'avoir, comme auj., qu'un sens neutre : *Le trop de confiance attire le danger* (Corn., *Cid*, 624). ♦ Confidence : *Les confiances que je vous ai faites, jusqu'à ce jour, de toutes les dames que je vous ai nommées* (Retz, *Mém.*, I, 186). [...] *pourvu que nous n'ayons que Mme de Guitaut pour témoin de nos confiances* (Sév., 2 déc. 1671). ♦ **Avoir, prendre confiance à,** se fier à (auj. *en, dans*) : *L'on doit avoir plus de confiance à M. le Coadjuteur* (Retz, *Réponse du curé*, V, 372). *Prenant une grande confiance à cet homme dont je vous ai parlé* (Sév., 16 oct. 1680). *Ayons plus de confiance l'un à l'autre* (Rac., *R. sur O.*).

confidemment adv. Avec confiance : *Attila me traite assez confidemment* (Corn., *Att.*, 1091). ♦ Confidentiellement : *Répondez-moi précisément* [...] *et m'apprenez confidemment celle de nos dames qui aurait le pouvoir de vous arrêter dans Séville* (Scarr., *Rom. com.*, II, 19).

confidence n.f. Confiance : *Puisqu'un même sort te donne dans la France Du plus grand des héros l'illustre confidence* (Corn., *Ode à Pellisson*, 71). *Elle m'a vu toujours, ardent à vous louer, Répondre par mes soins à votre confidence* (Rac., *Bér.*, 1439). ♦ **Fausse confidence,** prétendue révélation faite pour donner le change : *La personne dont on vous a dit que j'étais occupé n'est qu'une dame imaginaire : c'est une fausse confidence que j'ai faite à Mendoce* (Le Sage, *Diable boit.*, XIII). ♦ **De confidence,** avec confiance : *Toi qu'à présent Daphnis traite de confidence* (Corn., *Suiv.*, 1082).

Auj., comme au XVIIe s., « communication d'un secret qui concerne soi-même » : *Je veux bien, Sganarelle, t'en faire confidence, et je suis bien aise d'avoir un témoin du fond de mon âme* (Mol., *D. J.*, V, II).

confident, e adj. En qui l'on peut avoir confiance (vieilli au XVIIe s.) : *Surprendre les témoins les plus confidents de sa vie* (Mass., *Tiéd.*, *in* L.). ♦ Confidentiel : *Pour accompagner d'un billet confident les sentiments* (de l'Acad. fr.) [...] (Chap., *Lettres*, I, 460).

◆ n. Personnage secondaire de la tragédie classique, qui, recevant les confidences des principaux personnages, permet à l'auteur de renseigner les spectateurs sans recourir au monologue : *Paulin, confident de Titus* (Rac., *Bér.*, Acteurs).

Auj. seulement comme nom : « personne à qui l'on confie ses pensées intimes » : *C'est à vous de choisir des confidents discrets, Seigneur, et de ne pas prodiguer vos secrets* (Rac., *Brit.*, 337).

confidentiaire n.m. Celui qui a reçu un dépôt avec l'engagement secret de le rendre à une personne déterminée : *En rendant le bien à la veuve, on est confidentiaire* (La Br., XIV, 60).

confirmé, e adj. Fortifié, affermi : *Elle* [votre lettre] *m'a donné une sensible consolation, en voyant la santé du petit très-confirmée* (Sév., 22 nov. 1679). *Ma santé est confirmée autant que mon âge et ma complexion le permettent* (Chap., *Lettres*, II, 110).

Auj. « rendu plus certain », comme aussi au XVIIe s. : *Ce billet confirmé par votre témoignage* (Corn., *Hér.*, 763).

confirmer v.t. Affermir : *Relever les faibles, confirmer les forts, instruire les simples* (Boss., *O. f. Nicolas Cornet*). ♦ **Confirmer qqn à** (et l'infinitif), l'affermir dans la résolution de : *L'air dont je vous ai vu lui jeter cette pierre* [...] *Me confirme encor mieux à ne point différer Les noces où je dis qu'il vous faut préparer* (Mol., *Éc. des f.*, 661).

◆ **se confirmer dans,** se maintenir avec assurance dans : *Je me confirme dans ce que j'ai dit ci-devant* (Retz, *Mém.*, III, 353).

Auj. « rendre plus sûr, plus certain », comme aussi au XVIIe s.

confisqué, e adj. Dont la santé ou la fortune est en mauvais état (mot familier) : *La guérison d'un corps confisqué n'est pas l'effet d'un seul breuvage ni d'une seule saignée* (Balz., *Les Romains*). *Mondory est confisqué sans remède* (Chap., *Lettres*, I, 367).

Auj. se dit seulement des choses « saisies, retenues par acte d'autorité », emploi déjà usuel au XVIIe s.

confitures n.f. pl. **Homme à confitures,** homme à réconforter : *Nous avons le cœur bon, et dans nos aventures Nous ne fûmes jamais hommes à confitures* (Corn., *S. du Ment.*, 708).

confondre v.t. Mêler intimement, traiter de la même façon, identifier : [Le duel] *l'a mené* [le poltron] *se faire tuer par un plus brave homme de cœur* (La Br., XIII, 3). – Auj. il insiste davantage sur le désordre, la méprise qui résulte du mélange. ♦ Abattre, déconcerter, troubler : *Quel malheur imprévu vient encor me confondre ?* (Rac., *Baj.*, 1109). *Jupiter confonde les chats !* (La Font., *F.*, II, 5). *Confonds dans ses conseils une reine cruelle* (Rac., *Ath.*, 291).

◆ **se confondre,** tomber dans le désordre : *Turenne meurt, tout se confond* (Fléch., *O. f. Turenne*). *Ils paraissent armés, les Mores se confondent* (Corn., *Cid*, 1286). ♦ Se troubler, s'embrouiller : *À ces hauts sentiments s'il me fallait répondre, J'aurais peine, madame, à ne me point confondre* (Corn., *Pulch.*, 354). *Déplorable vieillesse, Plus je veux pénétrer tes abîmes profonds, Plus je te considère, et plus je me confonds* (Rotr., *Sœur*, III, IV). *Je me confonds au choix de ces chemins divers* (Racan, *Berg.*, III, III). ♦ S'humilier : [...] *C'est de vous confondre de vos faiblesses devant le saint Époux* (Boss., *Lettre Corneille, in* L.).

conforme adj. Uniforme : *Sous prétexte de rendre conformes les mœurs de ses sujets* [...] *il ordonna aux Juifs d'honorer les mêmes dieux que les Grecs* (Boss., *H. univ.*, II, 14). ♦ Conséquent : *Les caractères de ces personnes* [chez Théophraste] *ne sont pas toujours suivis et parfaitement conformes* (La Br., I, 31).

Auj. avec un complément, « semblable à », comme aussi au XVIIe s., mais seulement pour des choses : *Conforme à son aïeul, à son père semblable* (Rac., *Ath.*, 1787) ; ou « qui s'accorde avec qqch » : *Chaque peuple a le sien* [le régime politique] *conforme à sa nature* (Corn., *Cinna*, 537).

confort n.m. Assistance, réconfort (vieilli au XVIIe s.) : *Vain et triste confort, soulagement léger !* (Corn., *Méd.*, 1428).

Auj. « ce qui constitue le bien-être matériel ».

conforter v.t. Fortifier, restaurer : *Cela conforte l'estomac, conforte le cerveau* (Acad. 94). ♦ Fig. Consoler, réconforter, encourager (vieilli au début du XVIIe s. ; blâmé par Malh.) : *Ainsi Dieu conforta cette âme désolée* (Corn., *Imit.*, I, 2496).

confus, e adj. En désordre : *Quelle Babylone est plus confuse que cette église ?* (Boss., *Hist. var.*, IV, 7). ♦ Hésitant, incertain : *Son cœur, entre l'amour et le dépit confus* (Rac., *Andr.*, 743).

Auj., comme déjà au XVIIe s., « embarrassé, vague ; qui manque de clarté » : *Le corbeau, honteux et confus, Jura, mais un peu tard, qu'on ne l'y prendrait plus* (La Font., *F.*, I, 2). *Il m'a fait un discours confus, où je n'ai rien compris* (Fur.).

confusément adv. En déroute, honteusement : *Devant ce foudroyant tonnerre, L'ennemi fuit confusément* (Tr. L'Hermite, *Ode à M. le Maréchal de Schomberg.*). *M. du Fresne* [...] *jura qu'il lui ferait sauter l'escalier, ce qui obligea ce malheureux à sortir confusément* (Scarr., *Rom. com.*, III, 13).

Auj., « d'une manière vague », comme déjà au XVIIe s. : *J'ai appris cela confusément* (Fur.).

confusion n.f. Profusion, multitude, foule : *Il y a une grande confusion de fruits au marché* (Acad. 94). *J'ai craint quelqu'un de ces accidents qui arrivent d'ordinaire dans ces confusions* (Mol., *Am. magn.*, I, II). ♦ **En confusion,** abondamment et sans ordre : *Le plancher est fait de branches de bouleau ou de pin, qu'ils leur jettent en confusion pour leur service de lit* (Regnard, *Voy. en Laponie*) ; *sans netteté : Les objets paraissent sombres et en confusion le matin aux premières lueurs de l'aurore* (Fén., *Tél.*, 24). ♦ **Être en confusion,** avoir honte : *J'en suis en confusion pour lui* (Mol., *Pr. rid.*, sc. V).

Les sens actuels étaient également usuels au XVIIe s., sauf le sens technique qui existe dans la locution *confusion mentale.*

congé n.m. Permission, autorisation : *Nous n'oserons plus trouver rien de bon sans le congé de Messieurs les experts* (Mol., *Crit. Éc. des f.*, sc. VI). *De répondre à l'amour que l'on vous fait paraître Sans le congé de ceux qui vous ont donné l'être ?* (Mol., *F. sav.*, 164). *Il alla après Monsieur à Versailles, et en présence du Roi lui demanda congé de quitter son service* (Sév., 9 août 1675).

Auj. en ce sens seulement dans la langue administrative. Les autres sens actuels étaient également usuels au XVIIe s.

conglutiner v.t. En langage médical, faire joindre entre elles des parties organiques : [Il faut manger] *du gruau et du riz, et des marrons et des oublies, pour coller et conglutiner* (Mol., *Mal. im.*, III, X).

conglutineux, euse adj. En langage médical, rendu visqueux : *Humeurs putrides, tenaces, conglutineuses* (Mol., *Am. méd.*, II, V).

congru, e adj. Qui s'exprime correctement : *Il n'était pas congru dans sa langue, mais il parlait avec une force qui suppléait à tout cela*

(Retz, *Mém.*, II, 188). ♦ Qui est conforme à la grammaire : *Cette phrase est un peu rude ; elle est congrue pourtant* (Malh., *Comm. Desportes*). ♦ En théologie, **grâce congrue,** grâce proportionnée à l'effet qu'elle doit produire ou à l'état de celui qui la reçoit : *Je suppose que la direction du verbe n'est efficace que comme la grâce congrue* (Fén., *in* L.). ♦ **Portion congrue,** pension payée par un « gros décimateur » à un curé dont les revenus étaient insuffisants. – Auj. cette expression ne s'emploie plus qu'au sens fig. de « maigre part ».

congruent, e adj. Assorti, adapté (mot rare) : *Que vous semble de ma petite oie* [ornement vestimentaire] *? La trouvez-vous congruente à l'habit ?* (Mol., *Pr. rid.*, sc. IX).

congruité n.f. Convenance : *Je voudrais bien l'aimer dans la congruité Que requiert en tel cas ma haute qualité* (Th. Corn., *Geôlier de soi-même*, III, VII). ♦ En théologie, efficacité de la grâce, qui agit en respectant le libre arbitre : *Le mérite de congruité ou de convenance, que les théologiens y reconnaissent* [...] (Boss., *Hist. var.*, *in* L.).

congrûment adv. Correctement : *Faut-il qu'avec les soins qu'on prend incessamment On ne te puisse apprendre à parler congrûment* (Mol., *F. sav.*, 482).

conjouir (se) v.pr. Se réjouir (vieux selon Vaug., Richelet, Fur.) : *S'aller conjouir avec un père du mariage de son fils* (Acad. 94).

conjouissance n.f. Satisfaction, plaisir (emploi rare) : *Quand cette reconnaissance arrive, elle ne produit qu'un sentiment de conjouissance* (Corn., *Disc. de la trag.*). ♦ Félicitations : *Je vous avais mandé de prendre la peine d'écrire un mot de conjouissance à M. Descartes sur le succès de la publication de ses ouvrages* (Chap., *Lettres*, I, 152). *Lettre de conjouissance* (Acad. 94).

conjurer v.t. et v.i. Poursuivre le même dessein hostile : *Les Juifs virent mille fois* [...] *tout l'univers conjurer leur ruine* (Mass., *Car. Vérité de la religion*). *Conjurer la mort de quelqu'un* (Acad. 94). [...] *venez tous, contre moi conjurés, Tourmenter à la fois une amante éperdue* (Rac., *Baj.*, 1744). ♦ **Conjurer à,** poursuivre, tendre ses efforts vers : *Assassiner sa patrie et conjurer à sa ruine sont les marques de grandeur et d'autorité* (Malh., *Bienf.*, V, 15). ♦ Conspirer : *Il y a assez souvent de la folie à conjurer ; mais il n'y a rien de pareil pour faire les gens sages dans la suite* (Retz, *Mém.*, I, 18). ♦ **Conjurer que,** supplier que (auj. en ce sens ne s'emploie qu'avec *de* et l'infinitif) : *Je vous conjure que je sache si la mère de notre ami se laisse fléchir ou non* (La Roch., *Lettre Guitaut*, 19 nov. 1667).

Le sens actuel de « détourner, écarter des choses ou des êtres malfaisants » était usuel au XVIIe s. : *Conjurer* [...] *les démons, la tempête, etc.* (Fur.).

connaissable adj. Que l'on peut reconnaître : *Mme de Rochefort est changée à n'être pas connaissable* (Sév., 1er juill. 1676).

connaître v.t. Comprendre, se rendre compte de : *Le meunier, à ces mots, connaît son ignorance* (La Font., *F.*, III, 1). *Je connus bientôt qu'elle avait entrepris De l'arrêter au piège où son cœur était pris* (Rac., *Alex.*, 295). ♦ Discerner : [Les enfants] *connaissent si c'est à tort ou avec raison qu'on les châtie* (La Br., XI, 59). ♦ Reconnaître : *Qui chérit son erreur ne la veut pas connaître* (Corn., *Pol.*, 914). *Il connut bientôt les erreurs* [...] *où les derniers de ses pères, déserteurs de l'ancienne foi, l'avaient engagé* (Boss., *O. f. Anne de Gonzague*). ♦ Identifier : *Qui t'aurait connu déguisé de la sorte ?* (Rac., *Plaid.*, 347). *À l'œuvre on connaît l'artisan* (La Font., *F.*, I, 21). *Tout babillard, tout censeur, tout pédant Se peut connaître au discours que j'avance* (La Font., *F.*, I, 19). *Minerve, qui accompagnait Télémaque sous la figure de Mentor, ne voulait pas être connue de Calypso* (Fén., *Tél.*, 1). ♦ Savoir : *Vous méritez sans doute une meilleure fortune, et le ciel, qui le connaît bien, m'a conduit ici tout exprès* (Mol., *D. J.*, II, II).

◆ **se connaître,** avoir conscience de son état, des conditions où l'on est : *Psyché demeura longtemps les yeux attachés à terre sans se connaître* (La Font., *Psyché*, II). *Martian se connaîtrait si peu Que d'oser* [...] (Corn., *Oth.*, 1223). ♦ **Se connaître à qqch,** savoir le faire, y être habile : *Je ne me connais point à combattre d'injures* (Corn., *Gal. du Pal.*, 1517).

Les sens actuels étaient également usuels au XVIIe s.

conniver v.i. **Conniver à,** fermer les yeux sur, se faire complice de : *Puisqu'ils connivaient à de tels crimes* (Boss., *Hist. var.*, 15, in L.). *Conniver en lâche à ce nom qu'on me vole* (Corn., *Hér.*, 1171).

conquêt n.m. Bien acquis par la communauté d'un ménage (langue juridique) : *Sais-je pas qu'étant joints, on est par la coutume Communs en meubles, biens, immeubles et conquêts ?* (Mol., *Éc. des f.*, 1074).

conquêter v.t. Conquérir (vieilli au milieu du XVIIe s.) : *Choisissez en quels lieux il vous plaît de régner : Ce bras tout aussitôt vous conquête un empire* (Corn., *Illus.*, 417).

consacrer v.t. Sanctifier : *Si la piété n'avait comme consacré ses autres vertus* (Boss., *O. f. Condé*). ♦Respecter, honorer : *Je l'ai vue* [la cour] *à genoux consacrer ses fureurs* [celles de Néron] (Rac., *Bér.*, 354).

Les sens actuels du v. (tr. et pr.) étaient également usuels au XVIIe s.

conscience n.f. Faute qui charge la conscience : *Mais au moins, Monsieur, ne m'allez pas tromper, je vous prie : il y aurait de la conscience à vous* (Mol., *D. J.*, II, II). *C'est une conscience de voir une pauvre jeune femme traitée de la façon* (Mol., *G. D.*, III, VII). ♦ Fam. Estomac : *Mettez ce verre de vin sur votre conscience, c'est-à-dire dans votre estomac* (Fur.). ♦**Faire conscience de,** se faire un scrupule de : *Nous ferions conscience D'abuser plus longtemps de votre patience* (Corn., *Suiv.*, 277). *En vérité je ferais conscience de vous en écrire autrement qu'en style héroïque* (Boil., *Lettre duc de Vivonne*, 4 juin 1675). ♦**Avoir conscience de,** avoir scrupule à, se retenir de (auj. « se rendre compte clairement de ») : [...] *de m'ôter mon bien que l'on ait conscience* (Régn., *Sat.*, III, 186). ♦**Mettre la main sur la conscience, à la conscience,** s'examiner de bonne foi : *Mais, Monsieur, mettez la main à la conscience, est-ce que vous êtes malade ?* (Mol., *Mal. im.*, I, V).

Les sens actuels étaient également usuels au XVIIe s.

conseil n.m. Résolution, dessein : *En ces extrémités, quel conseil dois-je prendre ?* (Corn., *Cinna*, 873). *Seigneur, par ce conseil prudent et rigoureux, C'est acheter la paix du sang d'un malheureux* (Rac., *Andr.*, 616). *En raisonnant de cette sorte, Et contre la fortune ayant pris ce conseil* [la décision de ne plus courir après elle], *Il la trouve assise à sa porte* (La Font., *F.*, VII, 12). ♦Sagesse : *Il y a bien plus de sottise que de conseil dans sa tête* (Sorel, *Franc.*, IV). ♦Conseiller : *Un tel est son conseil* (Acad. 94). ♦**Prendre conseil,** se décider d'après : *Il prend conseil du temps, du lieu, des occasions* (La Br., X, 12). – Le sens actuel de « demander un avis » se rencontre aussi au XVIIe s. ♦**Croire conseil,** demander un avis : *Je crus Monseigneur sauvé, et voulus demeurer chez moi ; néanmoins je crus conseil, comme j'ai fait toute ma vie* (Saint-Simon, 1711).

◆ plur. **Conseils,** desseins de la Providence divine : *Dieu, qui rapporte tous ses conseils à la conservation de sa sainte Église* (Boss., *O. f. H. de Fr.*).

Le sens actuel de « avis, recommandation » était usuel aussi au XVIIe s. : *J'ai suivi tes conseils, je meurs déshonorée* (Rac., *Ph.*, 838).

conseiller v.t. **Conseiller qqn de,** lui conseiller de : *Je conseillerai le beau Sire, De s'en aller sans en rien dire* (Scarr., *V. tr.*, IV, 1294).

◆ **se conseiller,** se proposer : *Je loue bien ce qui est bon, et me conseille de le faire* (Malh., *Ép.*, 71). ♦Consulter, prendre conseil de qqn ou au sujet de qqch : *Si je me conseillais à vous pour ce choix ? – Si vous vous conseilliez à moi, je serais fort embarrassée* (Mol., *Am. magn.*, II, III). *Amarille se regardant Pour se conseiller de sa grâce Met aujourd'hui des feux dans cette glace* (Tr. L'Hermite, *le Miroir enchanté*). ♦Absolum., s'interroger, délibérer en soi-même : *Il est vrai que chacun volontiers se conseille, Qu'il aime que son sens règle ses actions* (Corn., *Imit.*, I, 9).

consentement n.m. Accord, concordance, opinion unanime (encore auj. dans *consentement universel*) : *Voilà, du consentement de tous les auteurs catholiques et protestants, le fondement des premières guerres* (Boss., *Hist. var.*, X).

Auj., comme déjà au XVIIe s., « acquiescement qui pourrait être refusé, approbation de qqch » : *Il demande mon consentement pour épouser ma nièce* (Sév., in L.).

consentir v. Employé comme transitif direct, autoriser, permettre : *Trop heureux accident si la terre entr'ouverte Avant ce jour fatal eût consenti ma perte* (Corn., *Mél.*, 1476). – Auj. cet emploi se limite à quelques expressions : *Consentir un rabais, un prêt.* ♦**Consentir à,** s'accorder avec, concourir à : *Qu'aujourd'hui tout lui plaise, et semble consentir À l'unique dessein de le bien divertir* (Mol., *Fâch.*, Prologue). ♦Pouvait se construire avec la préposition *de* et l'infinitif, là où nous mettrions *à* : *Si je ne pouvais prouver ce que je dis, je consens d'être* *traité aussi mal qu'on le peut imaginer* (Sév., 4 déc. 1664). *Mais enfin je consens d'oublier le passé* (Rac., *Andr.*, 1344). *Vous jugerez bien vous-même Que je ne consens pas de quitter ce que j'aime* (Rac., *Bér.*, 1496) ; mais la construction actuelle existe aussi : *Vous consentez sans peine à ne plus me revoir* (Rac., *Ph.*, 1332).

conséquemment adv. Avec suite, avec logique (auj. archaïque) : *Aussi ne parle-t-il guère conséquemment* (La Br., XI, 7). ♦ En conséquence (rare auj.) : *On a découvert qu'il avait intelligence avec les ennemis, on l'a arrêté, on lui a fait son procès, et conséquemment il a été condamné* (Acad. 94).

conséquence n.f. Conclusion : *Tirant une conséquence de ce qu'ils voyaient à ce qu'ils ne voyaient pas* (Pasc., *Pesant. Masse d'air*). ♦ **De conséquence,** d'importance : *C'est un ami de conséquence, et qui ne craint pas de parler pour vous* (Sév., 30 nov. 1689). *Quelques-uns méprisent votre secret, de quelque conséquence qu'il puisse être* (La Br., V, 81) ; de mérite, de valeur : *Prépare-toi désormais à vivre dans un grand respect avec un homme de ma conséquence* (Mol., *Méd. m. lui*, III, I). ♦ **Homme sans conséquence,** auquel on ne doit pas faire attention : *Rire des gens d'esprit, c'est le privilège des sots ; ils sont dans le monde ce que les fous sont à la cour, je veux dire sans conséquence* (La Br., V, 56). ♦ **Ne pas faire de conséquence,** ne pas avoir de suite, d'importance : *Le prince n'eut point d'imitateurs, et son action ne fit point de conséquence* (Balz., in L.).

Le sens actuel de « suite qu'une action ou un fait entraîne » était usuel au XVIIe s. : *Cette affaire a de grandes conséquences, a de grandes suites* (Fur.).

conservation n.f. Maintien de la santé, de la vie : *M. de Vauban a augmenté toutes les précautions et toutes les sûretés qu'il a accoutumé de prendre pour la conservation des assiégeants* (Sév., 11 oct. 1688).

Le sens actuel de « maintien dans le même état » était déjà fréquent au XVIIe s. : *Il faut avoir plus de soin de la conservation de son honneur que de son bien* (Fur.).

conserver v.t. Sauver : *Par où l'un périt, un autre est conservé* (Corn., *Cinna*, 392). *Ce conseil va tout perdre. – Il va tout conserver* (Rac., *Théb.*, 189). *De Joas conservé l'étonnante merveille* (Rac., *Ath.*, 1688). ♦ Réserver : *S'il fait un voyage avec plusieurs, il les prévient dans les hôtelleries, et il sait toujours se conserver dans la meilleure chambre le meilleur lit* (La Br., XI, 121). ♦ Ménager : *Ils usent leurs souliers et conservent leur âne* (La Font., *F.*, III, 1).

◆ **se conserver,** ménager sa santé : *Conservez-vous, ma chère bonne, c'est ma ritournelle, ne tombez point ; gardez quelquefois le lit* (Sév., 19 avr. 1671). ♦ Sauvegarder sa réputation : *Il savait se conserver dans la créance de tous les partis* (Boss., *O. f. Michel Le Tellier*).

Auj., comme déjà aussi au XVIIe s., « maintenir en bon état » : *Pour conserver ma gloire et finir mon ennui* (Corn., *Cid*, 847).

considérable adj. Digne de considération, en parlant de qqn : *Le Roi* [...] *a fait son panégyrique, en disant qu'elle était considérable plus par sa vertu que par la grandeur de sa fortune* (Sév., 5 févr. 1672). *Les Mèdes, avant Cyrus, quoique puissants et considérables, étaient effacés par la grandeur des rois de Babylone* (Boss., *H. univ.*, I, 7) ; en parlant de qqch : *Ah ! mon père, le bien n'est pas considérable, lorsqu'il est question d'épouser une honnête personne* (Mol., *Av.*, I, IV). [La République] *était formidable à ses ennemis et considérable à ses voisins* (Du Buisson, *Turenne*, 1). ♦ Qui tient au cœur : *Mais si jamais mon bien te fut considérable, Répare ce malheur et me sois secourable* (Mol., *Ét.*, 687).

Le sens actuel de « très important (en grandeur ou en quantité) » n'apparaît qu'à la fin du XVIIe s.

considération n.f. Examen attentif, observation : *Tout ce qui tombe sous la considération des géomètres* (Pasc., *Esprit géométrique*). ♦ Circonspection, sagesse : *Avoir si peu de conduite et de considération !* (Mol., *Fourb.*, II, V). *Dans un peuple si sagement dirigé* [les Romains] *les récompenses et les châtiments étaient ordonnés avec grande considération* (Boss., *H. univ.*, III, 6). ♦ Importance, ce dont on tient compte : *L'exemple du chevalier de Bellièvre, qu'un prince de Conti honora de sa présence au convoi, n'a été de nulle considération* (Sév., 23 mars 1672). ♦ **À la considération de,** par égard pour : *À votre considération, je m'en vais le traiter du mieux qu'il me sera possible* (Mol., *Sicil.*, sc. XVIII).

Les sens actuels étaient également usuels au XVIIe s.

considérément adv. Avec réflexion : *La raison doit aller considérément d'une chose à l'autre* (Boss., *Serm. sur la Quinquag.*).

considérer v.t. Estimer, faire cas de : *De quelque côté que je t'envisage* [ô mort] *je ne vois rien en toi que je considère* (Boss., *Serm. sur la Mort*). *Elle* [cette femme] *devrait vous considérer et profiter des bons exemples que vous donnez aux intelligentes et aux habiles* (Balz., *Lettre Mme des Loges*, 20 sept. 1628). *Mais elle seule enfin s'aime et se considère* (Corn., *Rodog.*, 736). – Auj. on l'emploie encore avec cette valeur au participe passé : *Une personne très considérée.* ♦ **Considérer** (suivi de la proposition infinitive), regarder : *Tous les étrangers considéreront avec nous M. le Prince dans Paris marcher dans les rues* (Retz, *Avis désintéressé*, V, 351).

Le sens actuel de « regarder attentivement (au pr. et au fig.) » était usuel au XVIIe s. : *Quiconque, en pareil cas, se croit haï des cieux, Qu'il considère Hécube, il rendra grâce aux dieux* (La Font., *F.*, X, 12).

consistance n.f. Stabilité : *Toute leur vie* [des mondains] *est une agitation perpétuelle que rien ne peut fixer, et qui ne leur laisse pas plus de consistance ici-bas qu'à la poussière qui devient le jouet des vents* (Mass., *Profess. relig.*). *Cette ancre lui fait trouver la consistance parmi les flots, de peur que le vaisseau ne soit emporté* (Boss., *Panég. Ste Thérèse*). [Notre langue] *semble avoir atteint la perfection qui donne la consistance* (Boss., *Disc. réception Acad. fr.*). ♦ Les parties dont une chose est composée : *Je vous prie de me donner la consistance de cette seigneurie, la déclaration de ses droits, redevances, bois, prés, etc.* (Fur.).

Auj., comme aussi au XVIIe s., « état de ce qui prend de la solidité, résistance » : *Les simples taffetas sont des étoffes qui n'ont point de consistance* (Fur.).

consolatif, ive adj. Qui console, consolant : *Je suis un homme consolatif, homme à m'intéresser aux affaires des jeunes gens* (Mol., *Fourb.*, I, II). *Les extrêmes sont toujours fâcheux* [...] *ce qu'ils ont de consolatif est qu'ils ne sont jamais médiocres* (Retz, *Mém.*, II, 69).

consoler v.t. Guérir, soulager : *Ils m'ont envoyé d'une essence* [...] *qui guérit et console et perfectionne tout* (Sév., 20 juin 1685).

Il y avait aussi au XVIIe s. le sens actuel de « apporter [à qqn] un soulagement à une douleur morale » : *Je ne l'écoute plus que pour la consoler* (Corn., *Cid*, 1256).

consommateur n.m. Celui qui achève : *Jésus-Christ* [...] *l'auteur et le consommateur de la vertu aussi bien que de la foi* (Balz., 2e *Disc. sur la Cour, in* L.).

Auj. « celui qui utilise personnellement un produit ».

consommé, e adj. Parfait (auj. restreint à quelques expressions : *art consommé*, etc.) : *L'autre* [Condé], *comme un homme inspiré, dès sa première bataille s'égale aux maîtres les plus consommés* (Boss., *O. f. Condé*).

consommer v.t. Achever, mener à son terme, à sa perfection : *On va achever et consommer la démonstration* (Pasc., *Esprit géométrique*). ♦ Détruire par le feu, consumer (au propre et au fig. il se confondait avec ce dernier verbe) : *Le Pape, voyant que la guerre s'allumait en Italie, et craignant qu'un si beau pays n'en fût consommé* (Du Buisson, *Turenne*, 1). *Quelque forte que soit l'ardeur qui nous consomme, On s'ennuie aisément de voir toujours un homme* (Corn., *Gal. du Pal.*, 585, var.). ♦ Dépenser, employer : *Et le temps et l'argent que j'ai pu consommer Pour un voyage exprès d'Ergaste et de Lélie* (Rotr., *Sœur*, III, II). *Ils consomment toute leur application pour les petites* [choses] (La Roch., *Maximes*, 569, var.). – Vaug. après Malh. avait recommandé la distinction de *consommer* et *consumer*, mais la confusion persiste chez presque tous les écrivains.

◆ **se consommer,** s'affiner, se perfectionner : *La vertu fait ses soins, et son cœur s'y consomme Jusques à s'offenser des seuls regards d'un homme* (Mol., *Éc. des m.*, 447).

consort n.m. Qui fait partie de la même cabale : [La Raison] *se serait mise en état d'en expulser Aristote, ancien et paisible possesseur desdites écoles, contre lequel elle* [la Raison] *et ses consorts auraient publié plusieurs livres* (Boil., *Arrêt burlesque*).

Auj., au pluriel, mot de la langue juridique ou fam., « ceux qui sont associés à quelqu'un dans une affaire douteuse, blâmable » : *Untel et consorts.*

conspiration n.f. Tendance vers un même effet de forces diverses (sans nuance péjor.) : *L'âme ayant déposé le fardeau du corps sent une merveilleuse conspiration de tous ses mouvements* *à la même fin* (Boss., *in* L.). *Conspiration universelle au bien de l'État* (Acad. 94).

Il avait déjà au XVIIe s. le sens de « action secrète et concertée contre un gouvernement ».

conspirer v.t. Projeter, tramer : *Voilà contre un ingrat tout ce que je conspire* (Corn., *Sur.*, 1022). *Qu'un peuple tout entier, tant de fois triomphant, N'eût daigné conspirer que la mort d'un enfant* (Rac., *Andr.*, 180).

◆ v.t. ind. et v.i. **Conspirer à,** concourir, contribuer à : *Tout m'afflige et me nuit et conspire à me nuire* (Rac., *Ph.*, 161). *Un bon citoyen* [...] *qui se laisse conduire par des lois et conspire avec elles au bien public* (Boss., *H. univ.*, III, 5). ♦ Être d'accord avec : *Avec tous nos désirs sa volonté conspire* (Corn., *Suiv.*, 926). ♦ **Conspirer pour qqn,** agir de concert en sa faveur : *Tu t'en souviens encor, tout conspirait pour lui* (Rac., *Andr.*, 464).

Il avait déjà au XVIIe s. le sens de « s'accorder pour de mauvais desseins » : *Les empereurs romains ont été sujets à voir souvent conspirer contre eux* (Fur.).

constamment adv. Avec fermeté, avec constance : *Préparons-nous à montrer constamment Ce que doit une amante à la mort d'un amant* (Corn., *Hor.*, 1249). ♦ Avec persévérance, régularité : *La plupart des hommes, pour arriver à leurs fins, sont plus capables d'un grand effort que d'une grande persévérance ;* [...] *ils se laissent souvent devancer par d'autres qui sont partis après eux, et qui marchent lentement mais constamment* (La Br., XI, 137). ♦ D'une manière invariable : *Une lettre en forme de Dissertation sur la comédie, que tout le monde nous attribue constamment* (Boss., *Lettre*, 9 mai 1694). ♦ Indubitablement : *Marcion et Manès, constamment les plus téméraires et les plus ignorants de tous les hérétiques* (Boss., *H. univ.*, II, 27). ♦ Avec assurance : *On peut dire constamment des jésuites que ce défaut est plus commun parmi eux* (Rac., *P.-R.*).

Auj. « d'une manière continuelle » : *Tant qu'a duré la guerre, on m'a vu constamment Aussi bon citoyen que véritable amant* (Corn., *Hor.*, 265).

constance n.f. Fermeté, force d'âme : *Ses douleurs* [de La Rochefoucauld] *étaient au point que toute sa constance était vaincue* [...] *l'excès de ses douleurs l'agitait de telle sorte qu'il était en l'air dans sa chaise avec une fièvre violente* (Sév., 23 mars 1671). ♦ Dureté, insensibilité : *Ses yeux indifférents ont déjà la constance D'un tyran dans le crime endurci dès l'enfance* (Rac., *Brit.*, 1711).

Auj. il a conservé le sens, usuel aussi au XVIIe s., de « persévérance, continuité » : *La plus belle qualité qu'on demande à un amant, c'est la constance* (Fur.).

constant, e adj. Ferme, résolu : *J'attendrai d'un œil constant ce qu'il plaira au ciel de résoudre de moi* (Mol., *Fourb.*, I, III). ♦ Indubitable, avéré : *Moïse dans sa Genèse parle des choses arrivées dans les premiers siècles comme de choses constantes* (Boss., *H. univ.*, II, 3). *C'est une tradition assez constante que la montagne sur laquelle le temple fut bâti était la même montagne où Abraham avait autrefois offert en sacrifice son fils Isaac* (Rac., *Ath.*, Préf.).

Le sens actuel de « continuel » existait déjà au XVIIe s.

constellation n.f. Fig. Pouvoir magique : *J'ai vu* exactitude *aussi reculé que* sériosité, *et depuis il est parvenu au point où nous le voyons, par la constellation et le grand ascendant qu'ont tous les mots qui expriment ce que nous ne saurions exprimer autrement* (Vaug., *Rem.*, 255).

constellé, e adj. Fig. Qui a été fait ou fabriqué sous l'influence de certains astres, ou qui en porte la marque (d'où certaines vertus supposées) : *Moi, je guéris par des paroles, par des sons, par des lettres, par des talismans et par des anneaux constellés* (Mol., *Am. méd.*, III, V). *C'est un anneau constellé qui guérit les égarements d'esprit* (Mol., *Am. méd.*, III, VI).

conster v.i. **Il conste,** il est certain, évident : *Il conste que ce que nous venons de justifier par tant de raisons* [...] (Retz, *Mémoire sur la promotion*, VII, 342). *Des témoignages par lesquels il conste que cet usage était établi* [...] (Boss., *Serm. sur le Culte*).

constituer v.t. Préposer : *Je vous constitue pendant le soupé au gouvernement des bouteilles* (Mol., *Av.*, III, I). ♦ Placer, mettre en certain lieu, en un certain point : *Copernic a constitué le soleil au centre du monde* (Fur.). ♦ **Constituer en,** faire consister dans : *Ce n'est pas en la chair qu'il faut constituer notre principale félicité* (Malh., *Ép.*, 74, 5).

Auj. « concourir (avec d'autres choses) à former un tout », et « organiser, créer (une chose complexe) ».

constitution n.f. Situation : *La constitution où étaient les affaires n'aidait pas à lui donner de la hardiesse* (Retz, *Mém.*, IV, 78). ♦ Placement : *Il a mis la plupart de son bien en constitution* (Acad. 94). ♦ Rente : *Commencez par lui livrer quelques sacs de mille francs, passez-lui un contrat de constitution* (La Br., II, 199). ♦ Plan d'un ouvrage littéraire : *Les récits eux-mêmes y sont des actions, suivant la constitution du sujet* (Mol., *Crit. Éc. des f.*, sc. VI). *La constitution* [de la tragédie] *est plus difficile que l'exécution* (Rac., *Ann. Aristode*, Poétique).

Auj. il a conservé une partie des autres sens du XVIIe s. : « action de constituer, d'établir », ou « complexion, état d'un organisme », ou « structure politique d'un État.

consul n.m. Conseiller municipal dans les petites villes des provinces méridionales de France. ♦ Juge élu entre les marchands pour régler les affaires commerciales.

consulter v.t. Examiner, mettre en délibération : *Comme nous consultions ce qu'il y avait à faire* (Retz, *Mém.*, II, 382). *Il me semble Que l'on doit commencer par consulter ensemble Les choses qu'on peut faire en cet événement* (Mol., *Tart.*, 1574). ♦ Décider : *Andrès, pour son partage, a la reconnaissance, Qui ne souffrira point que mes pensers secrets Consultent jamais rien contre ses intérêts* (Mol., *Ét.*, 1878). ♦ Considérer, tenir compte de : *Ne consultons dans une comédie que l'effet qu'elle fait sur nous* (Mol., *Crit. Éc. des f.*, sc. VI). – Le sens actuel de « se référer à qqn ou qqch » était également usuel au XVIIe s. : *Consulter les casuistes de Sorbonne* [...], [ses] *livres* [...], *son miroir* (Fur.). ♦ **Consulter une chose à qqn,** la soumettre à son jugement : *Il me consulta son plan dès qu'il l'eut conçu* (Chap., *Lettres*, II, 731). *Cela m'a mis en peine pour l'avenir, et m'a obligé de consulter votre mal à un habile médecin de ce pays-ci* (Bussy, *Lettres*, 16 août 1674).

◆ v.i. Discuter, délibérer, réfléchir (auj. seulement littér.) : *Je n'ai point consulté pour vous donner mon âme* (Corn., *Gal. du Pal.*, 369). *Il consulte dans sa tête, agite, raisonne, balance, prend sa résolution* (Mol., *Fourb.*, I, II). ♦ Hésiter : *Ah ! faut-il consulter dans un affront si rude ?* (Mol., *Amph.*, 1567).

Le sens actuel du v. i. : « examiner un cas médical en délibérant avec d'autres » était également usuel au XVIIe s. : *Il a appelé des médecins pour consulter sur son mal* (Fur.).

consumer v.t. Était confondu avec *consommer* (v. ce mot). ♦ Utiliser en anéantissant : *On ne savait pourquoi La Vallette s'obstinait tant à demeurer dans un lieu où il consumait les vivres d'une ville qu'il était venu secourir* (Du Buisson, *Turenne*, 2). ♦ Détruire, anéantir : *Elle n'a plus de douleurs, parce qu'il n'y a plus rien à consumer* (Sév., 24 juin 1672). ♦ Dépenser (auj. vieilli) : *Il consume son bien en des aumônes et son corps par la pénitence* (La Br., XII, 25). ♦ User (auj. vieilli) : *L'oisiveté d'un camp consume leur vigueur* (Rac., *Alex.*, 132).

Auj. « brûler », comme aussi au XVIIe s. : *Le feu qui semble éteint souvent dort sous la cendre :* [...] *Et je mériterais qu'il me pût consumer, Si je lui fournissais de quoi se rallumer* (Corn., *Rodog.*, 953).

conte, compte n.m. Narration, récit d'événements vrais ou faux (auj. seulement « récit d'événements imaginaires ») : *J'en avais tant de honte Que je mourais de peur qu'on vous en fît le conte* (Corn., *Illus.*, 1070). *Une morale nue apporte de l'ennui : Le conte fait passer le précepte avec lui ;* [...] *certain Grec* [...] *renferme toujours son conte en quatre vers* (La Font., *F.*, VI, 1).

conte n.m. V. COMPTE.

contemptible adj. Digne de mépris (vieilli à la fin du XVIIe s.) : *Si dans les moindres dons tu passes À considérer leur auteur, Verras-tu rien de vil, rien de faible en ses grâces, Rien de contemptible* [...] ? (Corn., *Imit.*, II, 1232).

content, e adj. Qui se contente, se satisfait de : *La proie était honnête, un daim avec un faon ; Tout modeste chasseur en eût été content* (La Font., *F.*, VIII, 27). ♦ Satisfait dans ses désirs ; contenté, comblé ; *Pour nous introduire au partage* [le ciel] *Qui nous rend à jamais contents* (Corn., *Pol.*, 1154). *Je suis content si j'ai cette dernière* [la 3e cognée qu'on présente au bûcheron] (La Font., *F.*, V, 1). *Seigneur, rassurez-vous, vos vœux seront contents* (Rac., *Iphig.*, 727). ♦ **Être content de,** agréer, consentir à : *Nous verrons qui tiendra mieux parole des deux. – Adieux, J'en suis content* (Mol., *Dép. am.*, 539).

Auj. il insiste sur le sentiment de joie qui accompagne la satisfaction des désirs.

contentement n.m. Satisfaction, action de faire droit à une prétention : *M. de Lavardin* [...] *prétendait que ces honneurs lui étaient dus ;*

mais il n'a pas eu contentement (Sév., 16 août 1675). ♦ Paiement d'une somme due : *Il a donné contentement à ses créanciers* (Acad. 94).

Auj. (surtout au sing.) « plaisir d'être satisfait », comme aussi au XVIIᵉ s. déjà : *Les plaisirs, les contentements de ce monde passent comme une ombre* (Fur.).

contenter v.t. Payer : *Nous entendons que vous nous contentiez* [...] *pour ce que nous avons joué ici. – Oui, oui, je vous vais contenter, et voici la monnaie dont je vous veux payer* (Mol., *Pr. rid.*, sc. XVII).

Le sens actuel de « satisfaire » était déjà courant au XVIIᵉ s. : *C'est un homme* [...] *qu'on ne peut jamais contenter* (Fur.). *De celui-ci* [de ce roi] *contentez-vous, De peur d'en rencontrer un pire* (La Font., *F.*, III, 4).

contentieux, euse adj. Qui a l'esprit de discussion, de polémique : *Il faut encore montrer à ces esprits contentieux quelle raison on avait d'accuser les Manichéens d'arianisme* (Boss., *Hist. var.*, XI). ♦ Qui offre matière à discussion : *Encore que je ne veuille point entrer dans les matières contentieuses* [...] (Boss., *Serm. sur l'Autor. ecclés.*).

Auj. seulement comme nom : « ensemble des affaires litigieuses ».

contention n.f. Débat, discussion : *Ils font de la vérité un sujet de contention et de vaine philosophie* (Mass., *Av. Épiph.*). *Leurs contentions étaient s'il fallait dire* il eût été mieux *ou* il eût mieux été (Sorel, *Franc.*, V). ♦ Application, effort intellectuel : *Ne croyez pas qu'il faille se donner beaucoup de contention afin de prier Dieu* (Fén., *in* L.).

conter v.t. Compter, calculer (v. COMPTER). ♦ Raconter, exposer (des faits vrais ou faux [auj. surtout des légendes ou des faits imaginaires]) : *Chacun conte l'innocence de ses mœurs* [de Turenne], *la pureté de ses intentions* (Sév., 16 août 1675). *J'ignore tout le reste, Et venais vous conter ce désordre funeste* (Rac., *Ath.*, 420). *On conte qu'un serpent, voisin d'un horloger* [...] *Entra dans sa boutique* [...] (La Font., *F.*, V, 16).

contestant, e adj. et n. Qui discute, qui plaide : *Aussitôt qu'à portée il vit les contestants Grippeminaud le bon apôtre* [...] *Mit les plaideurs d'accord en croquant l'un et l'autre* (La Font., *F.*, VII, 16).

contester v.t. Discuter avec, contredire : *Je crois qu'il est difficile de contester un homme sur son pailler* (Sév., 27 sept. 1687). *Ah ! sur ce que j'ai vu, ne me conteste point !* (Mol., *D. G.*, IV, VII). ♦ **Contester de, sur, contre** ou absolum. **contester,** discuter, plaider : *La mouche et la fourmi contestaient de leur prix* (La Font., *F.*, IV, 3). *Les parties contestèrent devant le Roi, et s'engagèrent à justifier leurs prétentions par les termes de la loi de Moïse* (Boss., *H. univ.*, I, 9). ♦ Rivaliser : *Je n'ai point eu l'oraison funèbre de M. Fléchier : est-il possible qu'il puisse contester contre M. de Tulle ?* (Sév., 18 mars 1676). *La Reine avec ses fils conteste de bonté ; et Madame, d'éclat avecque la lumière* (La Font., *Lettre Maucroix*, 22 août 1661). ♦ Soutenir dans une discussion, prétendre : *Ils ne contestent point que l'on die encore* cueiller *à l'infinitif* (Vaug., *Rem.*, 483).

Le sens actuel de « mettre en discussion, ne pas admettre » était également usuel au XVIIᵉ s. : *On lui conteste sa qualité d'héritier, d'enfant légitime* (Fur.).

continue n.f. Persévérance : *Travaillez-y sans cesse ; la continue l'emporte* (Acad. 94). ♦ **À la continue,** à la longue : *Ce qui nous paraissait terrible et singulier S'apprivoise avec notre vue Quand ce vient à la continue* (La Font., *F.*, IV, 10).

continuer v.t. Faire continuellement, renouveler sans cesse : *Attendons-nous que Dieu fasse toujours de nouveaux miracles, qu'il les rende inutiles en les continuant* (Boss., *H. univ.*, II, 30). ♦ Faire durer, maintenir : *Continuez l'amitié sincère qui est entre vous* (Sév., 7 juin 1671). ♦ Maintenir dans un emploi : *Sa conduite plaisant à tout le monde, il fut continué consul* (Saint-Réal, *Marius et Sylla*). ♦ **Continuer en,** persister dans : *Si ce procureur continue* [...] *en ses chicanes, il faudra tout abandonner* (Fur.).

Le sens actuel de « poursuivre ce qui a été commencé » et les emplois intrans. étaient également usuels au XVIIᵉ s.

contradictoire n.f. Ce qui est opposé ; opinion, sentiment contraire, hostile : *M. du Maine, trouvant dans le Parlement cet esprit que vous lui voyez, qui va toujours à unir les contradictoires* (Retz, *Mém.*, II, 279).

contraire adj. Opposé, hostile (pouvait se placer avant le nom ; auj. il se place après) : *Et l'inclination n'a jamais démenti Le sang qui* *t'avait fait du contraire parti* (Corn., *Cinna*, 1444). *J'ai songé, comme vous, qu'à la Grèce, à mon père, À moi-même en un mot je devenais contraire* (Rac., *Andr.*, 610). ♦ **Au contraire,** réciproquement, « vice versa » : *Ils ont l'hiver quand nous avons l'été, et au contraire* (Vaug., *Q. C.*, *in* L.). Cette locution pouvait s'employer de façon elliptique : *Le sage est content de sa condition, et le fol au contraire* [ne l'est pas] (Malh., *Ép.*, 9).

contrarier v.t. **Contrarier qqn,** agir dans un sens contraire à ses désirs, s'opposer à lui : *Dans toutes mes leçons j'y suis contrariée* (Mol., *Tart.*, 10). – Auj., lui causer du dépit, du mécontentement.

◆ v.i. **Contrarier à qqn, à qqch,** s'y opposer (auj. en ce sens on dit *contrarier qqch*) : *Jamais la raison ne contrarie au devoir* (Urfé, *Astrée*, I, 299).

contrariété n.f. Contradiction, opposition, opinion contraire : *Plus on voit aux avis de contrariétés, Plus à faire un bon choix on reçoit de clartés* (Corn., *Oth.*, 1643). *Les casuistes accordent les contrariétés qui se rencontrent entre leurs opinions et les décisions des papes* (Pasc., *Prov.*, VI). *Et pour vous prévaloir de mes perplexités, Choisissez-vous exprès ces contrariétés ?* (Corn., *Att.*, 268).

Auj. « dépit, chagrin causé par ce qui s'oppose aux désirs ».

contraste n.m. Discussion, débat : *Un contraste assez ferme qu'il eut* [...] *avec les ducs de Charost et de Berwick* (Saint-Simon, 1711). *Cette Chambre est partagée, il y a un grand contraste entre les juges* (Fur.).

Auj. il a conservé le sens de « opposition de couleurs » qu'il avait aussi au XVIIe s. ; par extens., il signifie « opposition ».

contre prép. Auprès de : *Léonide et Licidas, se retirant contre une fenêtre, continuèrent leur discours* (Urfé, *Astrée*, II, 713). *Ce damoiseau poli s'est venu loger contre moi* (Mol., *G. D.*, I, II). *Ce champ est contre le bois* (Acad. 94).

◆ adv. **Tout contre de,** tout près de : [Il] *était tout contre d'entrer dans le Conseil* (Saint-Simon, 1702).

Les sens actuels étaient également usuels au XVIIe s.

contrebande n.f. **De contrebande,** déplacé dans une société, qui n'a pas les qualités requises pour y être reçu : *Il* [Retz] *sera retiré de bonne heure* [...] *ne verra que ses amis et des gens qui lui conviennent, et qui ne seront point de contrebande à la régularité de sa vie* (Sév., 28 avr. 1678).

contredire v.t. Être en opposition avec : *T'a-t-on surprise en ce fatal devoir Qui si visiblement contredit mon pouvoir ?* (Rotr., *Antig.*, IV,). ♦ **Contredire à,** s'opposer à : *Je ne puis contredire au choix de mes parents* (Corn., *Pl. R.*, 1401). *Les Dieux ont prononcé. Loin de leur contredire, C'est à vous de passer du côté de l'Empire* (Rac., *Brit.*, 587).

Auj., comme aussi au XVIIe s., « dire le contraire de » : [...] *la revêche bizarre* [...] *Gronde, choque, dément, contredit un mari* (Boil., *Sat.*, X).

contredisant, e adj. Qui aime à contredire, rebelle : *Aux pères comme moi bons et comblés d'ennui, Aux fils contredisants et mutins comme lui* (Rotr., *Laure perséc.*, I, X). *Jurieu le plus contredisant de tous les ministres* (Boss., *Hist. var.*, XV).

contredit n.m. Pièce par laquelle un plaideur réfute une allégation de son adversaire : *Sans tant de contredits et d'interlocutoires, Et de fatras et de grimoires, Travaillons* (La Font., *F.*, I, 21). ♦ Objection, contestation (auj. seulement dans la locution *sans contredit*) : *L'histoire en cet endroit est, selon ma pensée, Un peu sujette à contredit* (La Font., *Contes*, III, 4). ♦ Grief : *Ce fut un visage auquel le Roi* [...] *ne put jamais s'apprivoiser* [= s'habituer] ; *c'était son unique contredit, qui n'en eût pas été un pour tout autre que le Roi* (Saint-Simon, 1710).

contre-échange n.m. Échange ; contrepartie : *En contre-échange il les menaça que, s'il pouvait découvrir qu'ils eussent par après quelques castilles* [= querelles] *ensemble, il reviendrait les châtier vigoureusement* (Sorel, *Franc.*, VII). *Je lui donnai telle chose en contre-échange* (Acad. 94).

contrepeser v.t. Faire contrepoids, équilibrer (vieilli au milieu du XVIIe s.) : *Un corps dans l'eau est contrepesé par un volume d'eau pareil* (Pasc., *Équil. des liqueurs*, V). *L'orgueil contrepèse et emporte toutes les misères* (Pasc., *Pensées*). ♦ Mettre en balance, comparer : *C'est avec lui que je contrepèse tous les maux qui m'environnent* (Chap., *Lettres*, I, 461).

contre-temps n.m. Propos déplacé, gaffe (terme assez nouveau d'après Bouhours [1671] ; il figure cependant dans Cotgrave [1611]) : *Quittez ces contre-temps de froide raillerie* (Corn., *D. S.*, 313). *Vous êtes si fertile en pareils contre-temps Que vos écarts d'esprit n'étonnent plus les gens* (Mol., *Ét.*, 193). ♦ **Prendre un contre-temps,** agir mal à propos, mal choisir son moment : *Voyez quel contre-temps prend ici leur visite !* (Mol., *Fâch.*, 740).

Auj. « incident qui contrecarre des projets », sens qu'il avait aussi au XVIIe s. : *Il se trouve dans les affaires des contre-temps, des obstacles qu'on ne peut prévoir* (Fur.).

contribuer v.t. Apporter comme part : *Le roi d'Angleterre contribuera à cette armée douze mille hommes de pied et mille chevaux* (Malh., *Lettre Peiresc*, 24 mai 1610) ; et au fig. : [...] *mon reste d'amour, en cet enlèvement, Ne peut contribuer que mon consentement* (Corn., *Pl. R.*, 964). *Ce n'est pas être inutile à la France que de contribuer quelque chose au divertissement de son Roi* (Mol., *Fâch.*, Ép. dédic.). ♦ Payer des contributions (sans complément) : *Elle faisait contribuer toute la Picardie* (Rac., *Camp. L. XIV*). *Je reviens à notre Bretagne : tous les villages contribuent pour nourrir les troupes* (Sév., 30 oct. 1675).

Contribuer à, dans le sens actuel de « Aider à l'exécution d'une œuvre commune, avoir part à un résultat », était usuel au XVIIe s. : *Il y a dans quelques hommes une certaine médiocrité d'esprit qui contribue à les rendre sages* (La Br., XI, 153).

contrôler v.t. Fig., péjor. Critiquer : *On ne peut faire rien qu'on ne fasse des crimes : Car il* [Tartuffe] *contrôle tout, ce critique zélé* (Mol., *Tart.*, 51). *Taisez-vous, ignorant, ce n'est pas à vous à contrôler les ordonnances de la médecine* (Mol., *Mal. im.*, I, II).

controuver v.t. Inventer, imaginer (vieilli au milieu du XVIIe s.) : *Minutolo* [...] *Comme en passant mit dessus le tapis Certains propos de certaines coquettes, Certain mari, certaines amourettes, Qu'il controuva sans personne nommer* (La Font., *Contes*, I, 2).

Auj. seulement au participe *controuvé,* « mensonger, purement imaginaire ».

contumace n.f. Opiniâtreté, révolte : *Une contumace bandée à malfaire* (Malh., *Bienf.*, VII, 26). *L'esprit de contumace est dans cette famille* (Rac., *Plaid.*, 456).

Auj. seulement terme de droit : « non-comparution d'un prévenu devant un tribunal » (sens usuel au XVIIe s. aussi).

convaincre v.t. Faire apparaître manifestement comme coupable : *Quand vous la convaincrez, je saurai la punir* (Corn., *Théod.*, 330). *Leur incrédulité, non seulement convaincue par l'événement, mais encore si souvent punie* [...] (Boss., *H. univ.*, II, 12). [...] *observez ses regards, ses discours, Tout ce qui convaincra leurs perfides amours* (Rac., *Baj.*, 1208).

Auj. seulement avec un nom de personne complément d'objet, aux sens de « amener qqn à reconnaître une vérité » et « donner à qqn les preuves de sa faute » (emplois déjà usuels au XVIIe s.).

convenable adj. **Convenable à,** qui convient à, conforme : *Dieu donne par ses ministres des enseignements convenables aux saintes dispositions de ceux qui les écoutent* (Boss., *Serm. sur la Profess. Mlle de La Vallière)*.

Auj. le plus souvent sans complément.

convenance n.f. Accord, conformité : *Je vous défie, mes pères, d'y trouver ni la moindre apparence d'ambiguïté, ni la moindre convenance avec les sentiments de Genève* (Pasc., *Prov.*, XVI). *Il y a une convenance nécessaire entre les mœurs des chrétiens et la doctrine du christianisme* (Boss., *Panég. St Franç. d'Assise)*.

Auj. surtout au pluriel au sens de « bienséances », emploi également usuel au XVIIe s.

convenant n.m. Convention, accord : *Caliste eut liberté suivant le convenant* (La Font., *Contes*, III, 4).

convenir v.i. Tomber d'accord : *M. de Marca et le P. Annat convenaient dans le dessein de faire déclarer hérétiques les défenseurs de Jansénius ; mais ils ne convenaient pas dans la manière de tourner la chose* (Rac., *P.-R.*, II). *Les anciens ne convenaient pas du pays où était la scène d'Adonis ; les uns la mettaient dans la Syrie, les autres dans l'île de Chypre* (Bayle, *Dict. hist.*, Adonis). Auj. *Convenir de quelque chose,* c'est « l'admettre pour vrai », ou « le fixer d'un choix commun », emplois déjà usuels au XVIIe s. : *Il fallait qu'on le vît des yeux dont je le voi, Que de tout son mérite on convînt avec moi* (Corn., *Pulch.*, 768). *Convenons de nos faits* [objets d'une convention] *avant que de rien rendre* (Regnard, *Lég.*, 1841). ♦Être concordant, conforme : *On est obligé de les mettre* [des pièces] *les unes sur les autres pour voir d'une manière plus sûre que par la vue si elles conviennent en grandeur* (Malebranche, *Rech.*, I, 6, *in* L.). ♦Venir, comparaître ensemble : [Les tribunaux avaient droit] *de faire convenir en jugement devant le peuple tous les autres magistrats* (Saint-Réal, *Conjur. des Gracques*).

Les sens actuels de *convenir à* (et aussi de *convenir de*, voir ci-dessus) étaient également usuels au XVIIe s.

convent n.m. Graphie ancienne de *couvent*, recommandée par Vaug., qui indique que l'on prononce *couvent : Choisis d'épouser dans quatre jours, ou Monsieur, ou un convent* (Mol., *Mal. im.*, I, V).

convention n.f. Accord de fait, conformité : *Quelle convention peut-il y avoir entre Jésus-Christ et Bélial, et comment peut-on accorder le temple de Dieu avec les idoles ?* (Boss., *H. univ.*, II, 26).

Auj. sens restreints de « traité conclu » et « ce qui résulte d'une règle acceptée, et non de la nature » : *les conventions sociales*, etc.

conversable adj. Avec qui on peut agréablement converser, sociable : *Sa raison* [de Colbert] *qui le rend aussi conversable que s'il n'avait aucun de ses maux* (Chap., *Lettres*, II, 286). *C'est un bourru, un chagrin, il n'est pas conversable* (Acad. 94).

conversation n.f. Assemblée, compagnie : *Il est reçu dans toutes les conversations* (Acad. 94).

Le sens actuel de « entretien » existait déjà au XVIIe s. : *Ton entretien commun me charme davantage* [...] *Ta conversation est tellement civile, Que pour un tel esprit ta naissance est trop vile* (Corn., *Clit.*, 873).

converser v.i. Vivre habituellement : *Nous fuyons aux montagnes ;* [...] *Nous ne conversons plus qu'avec des ours affreux* (La Font., *F.*, XI, 7). *Il ne converse qu'avec les bêtes* (Acad. 94).

◆ v.t. Fréquenter : *Il s'abuse tout à fait, n'y ayant personne qui l'aime moins que ceux qui l'ont le plus conversé* (Chap., *Lettres*, II, 37).

Le sens actuel de « s'entretenir », pour le v.i. (seul emploi qui subsiste), était également usuel au XVIIe s. : *Les Chartreux ne doivent converser avec personne* (Fur.).

conviction n.f. Preuve évidente de culpabilité (encore auj. dans *pièce à conviction*) : [...] *avoir fourni vous-mêmes la conviction de votre mensonge* (Pasc., *Prov.*, XVI).

Le XVIIe s. connaissait aussi le sens actuel de « sentiment absolu de détenir la vérité » : *Nous avons nos preuves, notre évidence, nos convictions sur tout ce que nous devons penser de Dieu et de nous-mêmes* (La Br., XVI, 45).

convié n.m. Convive : *Il manie les viandes* [...] *et en use de manière qu'il faut que les conviés, s'ils veulent manger, mangent ses restes* (La Br., XI, 121).

convier v.t. Pousser : *Qu'appelez-vous le dessein ? ce qui a convié l'ouvrier et l'a mis en besogne* (Malh., *Ép.*, 65). *Quel sujet si pressant à sortir vous convie ?* (Corn., *Pol.*, 109). ♦Pouvait se construire avec *de* et l'infinitif (auj. *à*) : *Soyons amis, Cinna, c'est moi qui t'en convie* (Corn., *Cinna*, 1701).

Auj. seulement « inviter, engager », sens usuels au XVIIe s. aussi.

convoiteux, euse adj. Qui convoite, qui désire vivement : *L'amour* [...] *est un enfant gourmand ; Et, pour rassasier sa faim trop convoiteuse, Je trouve des soupirs une viande creuse* (Th. Corn., *Am. à la mode*, IV, VII). *Ceux qui donnaient deux pièces d'argent étaient si convoiteux de gloire, qu'afin qu'on les vît, ils les faisaient tomber l'une après l'autre* (Sorel, *Franc.*, VI).

coque n.f. Coquille : *Aurait-on été assez cruel à Paris pour ne vous avoir pas envoyé ce petit couplet sur M. de Dreux ? Il est extrêmement joli ; il sortait de sa coque le jour que je partis de Paris* (Sév., 12 mai 1680).

coqueluchon, cocluchon n.m. Capuchon (ne s'employait que par plaisanterie, selon Acad. 94) : *Rien n'échappa de leur colère, Ni moinillon, ni béat père, Robes, manteaux et cocluchons, Tout fut brûlé comme cochons* (La Font., *Contes*, II, 2).

coqueluchonné, e adj. Muni d'un capuchon : *Mlle de Méri déguisait votre fils avec trois vieilles jupes noires si bien rangées, si plaisamment coqueluchonnées, que tout le monde l'attaquait* (Sév., 11 févr. 1689).

coqueter v.i. Faire la coquette : *Ils* [les galants] *ont en ce pays de quoi se contenter, Car les femmes y sont faites à coqueter* (Mol., *Éc. des f.*, 294).

coquin n.m. Homme de basse naissance ou de caractère bas (terme injurieux, auj. vieilli) : *Il m'appela coquin, ingrat, et me dit toutes les injures qui lui vinrent à la bouche* [c'est le baron d'Arques refusant l'épée de Destin] (Scarr., *Rom. com.*, I, 15).

Auj. surtout « espiègle, malin ».

coral n.m. Forme ancienne de *corail* : *Et cet élément si barbare, Pour se faire voir libéral Arrache de son sein avare L'ambre, la perle et le coral* (Th. de Viau, *Ode à M. le marquis de Boquiguant*). *Sur cet amas brillant de nacre et de coral, Qui sillonne les flots de ce mouvant cristal* (Corn., *Tois.*, 886).

corbillard n.m. Carrosse utilisé pour le transport des gens de la suite des princes dans les fêtes, les enterrements, etc., et par extens. grand carrosse en général : *Il ne veut pas les faire souvenir* [...] *de cet aimable corbillard qui s'en allait tous les jours faire si bonne chère* (Sév., 22 nov. 1688). – Le corbillard était primitivement un bateau qui assurait le service de Paris à Corbeil.

Auj. « voiture destinée au transport des morts ».

corbillon n.m. Panier à mettre des oublies, étroit par le milieu (Fur.). Jeu de société où l'on doit répondre par un mot rimant en *on* à la demande *corbillon, qu'y met-on ?* : *Et s'il faut qu'avec elle on joue au corbillon, Et qu'on vienne à lui dire à son tour « Qu'y met-on ? », Je veux qu'elle réponde : « Une tarte à la crème »* (Mol., *Éc. des f.*, 97).

corde n.f. **Grosse corde,** principal personnage : *M. de Turenne était dans le moment la grosse corde du parti* (Retz, *Mém.*, II, 353). ♦ **Il ne faut pas toucher cette corde,** il ne faut pas aborder cette question : *Ne savez-vous pas bien que l'astrologie est une affaire d'État, et qu'il ne faut point toucher à cette corde-là ?* (Mol., *Am. magn.*, I, II). ♦ **Si la corde ne rompt,** si tout se passe bien comme prévu : *Laissez-moi faire, et le drôle et sa belle Verront beau jeu si la corde ne rompt* (La Font., *Contes*, I, 2).

cordon n.m. Large ruban qui retenait un insigne d'un ordre de chevalerie. ♦ **Cordon bleu,** chevalier de l'ordre du Saint-Esprit : *Dans le doigt d'une dame un marquis cordon bleu Vit un gros diamant* (Bours., *in* Richelet). ♦ **Cordon coulant,** nœud coulant : *Ne savez-vous pas qu'on ne manque à Athènes ni de cordons coulants ni de précipices ?* (Fén., *Dial. des morts*, XVIII).

cornette n.f. Bonnet de nuit pour les femmes (auj. « coiffure de certaines religieuses ») : *Sa coiffure était une cornette jaune, retroussée au haut de sa tête* (Mol., *Fourb.*, I, II). ♦ **Laver la cornette à une femme,** la réprimander : *Ce qu'il avait à faire n'était autre chose que d'avoir le plaisir de lui laver sa cornette* [...] *Elle est* [...] *bien mortifiée* (Sév., 27 févr. 1671). ♦ Étendard d'une compagnie de chevau-légers, et par extens. la compagnie elle-même : *Le Roi marchait à la tête de sa cornette* (Vaug., *Q.C.*, IV, 16, *in* L.).

◆ n.m. Officier qui portait l'étendard ou qui appartenait à la maison du Roi.

cornu, e adj. Anguleux, pointu : *Les uns pavent les avenues De grandes pierres non cornues* (Scarr., *V. tr.*, I, 1417). ♦ Fig. Extravagant, fantastique : *Comme on voit au soir les enfants Se figurer dedans les nues Hommes, châteaux, bois, éléphants, Et mille chimères cornues* (Saint-Amant, *la Chambre du débauché*, 54). *Peut-être sans raison Me suis-je en tête mis ces visions cornues* (Mol., *Sgan.*, 325).

Le sens actuel de « qui a des cornes » était également usuel au XVIIe s. : *Un animal cornu blessa de quelques coups Le lion* [...](La Font., *F.*, V, 4).

corps n.m. État de santé : *Ce roi vit un troupeau* [...] *Bine broutant, en bon corps* (La Font., *F.*, X, 10). ♦ **Corps de jupe,** ou simplement **corps,** partie du vêtement féminin couvrant le buste ; corsage : *Je la pris par une manche de son corps de jupe* (Scarr., *Rom. com.*, III, 13). *Elle ne peut durer lacée dans son corps de jupe* (Fur., *Rom. bourg.*, I). *Elle paraît ordinairement* [...] *en simple déshabillé, sans corps et avec des mules* (La Br., III, 73). ♦ Corset : *Il faut lui mettre un petit corps un peu dur qui lui tienne la taille* (Sév., 6 mai 1676). ♦ Matière (par opposition à esprit) : *Ce qui constitue le corps physique, ce sont les trois dimensions : longueur, largeur et profondeur* (Fur.). ♦ **Les petits corps,** les atomes : *Est-il de petits corps un plus lourd* *assemblage ?* (Mol., *F. sav.*, 616). ♦ Consistance : *Ce sont viandes creuses qui n'ont pas assez de corps pour la sustenter* (Boss., *Serm. sur la Bonté*). ♦ Fig. Fond, substance : *Il ne croit pas qu'il ait été possible de reparler d'un rien comme celui-là, où il n'y a point de corps* (Sév., 12 août 1685). ♦ **Répondre de qqn corps pour corps,** se porter garant sur sa vie de sa loyauté : *À présent il dit vrai ; j'en réponds corps pour corps* (Corn., *Ment.*, 1396). *Je prétends corps pour corps pouvoir répondre d'elle* (Mol., *Éc. des m.*, 128). ♦ **Le corps de qqch,** l'essentiel, le cœur : [Ils] *les poursuivent jusqu'au corps de la place* (Rac., *Camp. L. XIV*).

Les sens actuels étaient également usuels au XVIIe s.

corratier n.m. V. COURRATIER.

correct adv. Correctement : *Peut-être même que ces régiments de noblesse, car il faut parler correct, n'iront pas plus loin que Rennes* (Sév., 22 juin 1689).

correction n.f. Réprimande (auj. seulement « châtiment corporel », sens connu aussi du XVIIe s.) : *Il faut mettre le poids d'une vie exemplaire Dans les corrections qu'aux autres on veut faire* (Mol., *Mis.*, 954). *Il y en a qui se corrigent aussi facilement par une correction de parole que par celle de la main* (Maintenon, *Maximes sur l'éduc.*, 1690). ♦ **Sauf correction, sous correction,** sauf votre respect (formule destinée à atténuer un mot jugé trop hardi) : *Je pense, sauf correction, qu'il a le diable au corps* (Mol., *Av.*, I, III).

Le sens actuel de « retouche apportée à un ouvrage » existait également au XVIIe s.

correspondance n.f. Accord : *Monsieur vint au Palais, et il assura la compagnie d'une correspondance parfaite pour travailler ensemble au bien de l'État* (Retz, *Mém.*, III, 233). ♦ Réciprocité de sentiments, sympathie mutuelle : *Quoi ! écouter impudemment l'amour d'un damoiseau et y promettre en même temps de la correspondance !* (Mol., *G. D.*, I, III). *C'était à qui gagnerait son amitié ; c'était à qui vivrait avec lui dans une parfaite correspondance, et cela parce qu'il avait trois filles à marier* (La Font., *Psyché*). ♦ Au sing. ou au plur., relations privées ou commerciales : *Nous avons entretenu des correspondances avec les ennemis* (Boss., *Serm. sur la Paix*). *Ce marchand a correspondance dans toutes les villes d'Europe* (Acad. 94).

Les sens actuels étaient également tous usuels dès le milieu du XVIIe s.

correspondre [à] v.t. ind. Répondre par ses sentiments, son comportement à : *Le pauvre, pour peu qu'il corresponde à la grâce de son état, conserve aisément l'innocence de son cœur* (Bourd., *Richesses*, *in* L.). *Et la fille correspond-elle fort à votre amour ?* (Mol., *Av.*, IV, III).

Les sens actuels étaient également tous usuels dès 1670.

corriger (se) v. pr. **Se corriger sur,** se défaire de (auj., en ce sens, « se corriger de ») : *Les personnes les plus polies ont de la peine à se corriger sur certaines façons de parler qu'elles ont prises pendant leur enfance* (Fén., *Lettre Acad.*, 2).

corroboratif, ive adj. En langue médicale, qui donne de la force : *Une bonne médecine purgative et corroborative* (Mol., *Mal. im.*, I, I).

corrompre v.t. Ruiner, détruire : *Arsanes mit le feu partout et corrompit tout ce qui pouvait servir à l'usage des hommes* (Vaug., *Q. C.*, *in* L.) ; et pronominalement : *Le nouvelliste se couche le soir* [...] *sur une nouvelle qui se corrompt la nuit, et qu'il est obligé d'abandonner le matin à son réveil* (La Br., I, 33). ♦ Abîmer, endommager : *Tous les efforts qu'elle* [la machine à calculer] *pourrait recevoir, en la transportant si loin que tu voudras, ne sauraient la corrompre* (Pasc., *Mach. arithm.*). ♦ Fig. Gaspiller, mal employer : *Vous corrompez tout par d'injustes usages* (Mass., *Car. Voc.*). ♦ Altérer, déformer : *Ce grand sot de page, encore que son rôle fût aisé à retenir, ne laissa pas de le corrompre* (Scarr., *Rom. com.*, II, 3).

Le sens actuel de « altérer en décomposant » était déjà usuel au XVIIe s. : *La grande chaleur corrompt la viande* [...] *La débauche corrompt les mœurs* [...] *Les présents corrompent les juges* (Fur.).

corruption n.f. S'employait au plur. pour indiquer les résultats d'une altération (auj. seulement au sing.) : *Le monde est un chaos* [...] *Aussi bien, s'offenser de ses corruptions, À des gens comme nous ce n'est qu'une folie* (Corn., *Veuve*, 898).

corvée n.f. Journées de travail que les vassaux devaient fournir gratuitement à leur seigneur : *Sa femme, ses enfants, les soldats, les impôts, Le créancier et la corvée Lui font d'un* *malheureux la peinture achevée* (La Font., *F.*, I, 16).

Auj., comme déjà au XVIIᵉ s., « travail fastidieux » : *J'ai du déplaisir de la corvée qu'il vous a fait faire* (Balz., *Lettres, in* L.).

côté n.m. **Être sur le côté,** être abattu (bas, selon Acad. 94 ; auj. on dit familièrement, en ce sens, « être sur le flanc ») : *La pauvre duchesse de Chaulnes, qui est un peu sur le côté, de son mal d'estomac* (Sév., 13 déc. 1684). ♦**Mettre à côté,** mettre de côté : *Eh ! de grâce, mettez, pour un moment, votre gentilhomme à côté* (Mol., *G. D.*, I, IV). *Il a mis bien de l'argent à côté* (Acad. 94).

coteau n.m. Fig. Fin gourmet, connaisseur en vins : *Le dîner de M. de Valavoire effaça entièrement le nôtre, non pas par la quantité des viandes, mais par l'extrême délicatesse, qui a surpassé celle de tous les « Coteaux »* (Sév., 4 mars 1672). [L'ordre des Coteaux était le nom plaisant d'une société de fins gourmets qui prétendaient n'apprécier que le vin de certains coteaux de Champagne (Boil., *Sat.*, III, 107).]

cothurne n.m. Fig. Tragique : *Votre rôle est héroïque, et d'un cothurne qui passe toutes mes forces* (Sév., nov. 1680).

cotillon n.m. Petite jupe de dessous des paysannes, des enfants ou des femmes de condition modeste : *Le cotillon, un peu retroussé par mégarde, ne cachait pas entièrement la beauté de la jambe* (Urfé, *Astrée*, II, 546). *Perrette* [...] *Ayant mis ce jour-là, pour être plus agile, Cotillon simple et souliers plats* (La Font., *F.*, VII, 10). ♦Danse à quatre ou huit personnes : *Je veux que nous dansions ensemble le rigaudon, la chasse, le cotillon* (Regnard, *Crit. du Lég.*, sc. VIII).

cotret n.m. Petit fagot : *Son petit ladre de valet* [...] *Revient chargé comme un mulet De cotrets qu'il escroque en ville. Mais à grand peine ce magot A-t-il allumé le fagot Que nous étranglons de fumée* (Saint-Amant, *la Chambre du débauché*, 24). ♦Bâton : [...] *nous verrons ce soir, si je le tiens, Danser sous le cotret sa noblesse et ses biens* (Corn., *Illus.*, 620).

cotte n.f. Jupe de paysanne ou de femme du peuple : *Non, ma foi, j'ai encore un demi-ceint, deux cottes, Une robe de serge, un chaperon, deux bas* (Régn., *Sat.*, XI, 254).

couché n.m. V. COUCHER n.m.

couchée n.f. Endroit où l'on couche en voyage, étape : *La nuit, de plus, était fort approchante Et la couchée encore assez distante* (La Font., *Contes*, II, 5). *Je vous suis à toutes vos couchées ; vous serez demain à Chalon, où vous trouverez une de mes lettres* (Sév., *in* L.).

coucher v.t. Rédiger, inscrire : *Voici comment Luther coucha l'article VI du sacrement de l'autel* (Boss., *Hist. var.*, 4). – On dit parfois encore : *Coucher quelqu'un sur un testament, sur un registre.* ♦Miser, risquer : *Il couche cent pistoles sur une carte. Il couche gros* (Acad. 94). ♦**Coucher de,** user de, recourir à : *J'aurai mille beaux mots tous les jours à te dire ; Je coucherai de feux, de sanglots, de martyre* (Corn., *S. du Ment.*, 224). *Tu couches d'imposture, et tu m'en as donné* (Mol., *Ét.*, 366).

Les sens actuels étaient également usuels au XVIIᵉ s.

coucher, couché n.m. Réception qui précédait le coucher du Roi : *Il se trouve au lever et au coucher du Roi* (Acad. 94). ♦**Petit coucher,** intervalle de temps entre le moment où le Roi disait bonsoir à tout le monde et celui où il se couchait effectivement, et pendant lequel il conversait avec quelques officiers de la cour et quelques privilégiés : *Venez me reprendre tantôt pour aller au Louvre, au petit coucher* (Mol., *Pr. rid.*, sc. VII).

Tous les sens actuels étaient également usuels à la fin du XVIIᵉ s.

couchette n.f. **Mignon de couchette,** jeune homme beau et élégant : *Le voilà ce beau fils, ce mignon de couchette* (Mol., *Sgan.*, 185).

couci-couci adv. V. COUSSI-COUSSI.

coudre v.t. Le passé simple est *je cousus* selon Régnier-Desmarais (*Gramm.*, p. 457), pourtant, dit-il, un assez grand nombre de personnes tiennent pour *je cousis*. Le futur est *je coudrai*, mais *je couserai* est tellement dans la bouche des femmes, ajoute Desmarais, qu'elles se servent rarement de l'autre.

coudrette n.f. Coudraie, lieu planté de noisetiers ; et par extens. bocage en général : [Tiennette] *par hasard, dormait sous la coudrette* (La Font., *Contes*, IV, 3).

couler v.i. Glisser : *Voyez-les* [les étoiles] *couler doucement, et sous une contenance de ne bouger d'une place, faire une diligence incroyable* (Malh., *Bienf.*, IV, 23). ♦S'écouler, passer : *Les six ou sept semaines qui coulèrent depuis la publication de la déclaration* (Retz, *Mém.*, II, 95). ♦Découler, résulter : *C'est de lui que coulent ses autres vices* (Mass., *Petit Car.*, Tent. des grands). ♦Se faufiler : *Le lièvre a coulé le long de la haie* (Acad. 94).

◆ v.t. Introduire : *Tu sais adroitement couler ta flatterie* (Corn., *S. du Ment.*, 723). ♦**Couler le temps,** le passer : *Il n'y a rien de si aisé qu'à couler des matinées sur des procédures* (Retz, *Mém.*, II, 602).

◆ **se couler,** s'insinuer : *En son quartier souvent je me coulais sans bruit* (Corn., *Ment.*, 651). ♦Se propager : *Un faux bruit s'y coula touchant la mort du Roi* (Corn., *Rodog.*, 46). ♦S'écouler, en parlant du temps : *Dans le petit espace de temps qui se coule à réciter cent quarante vers* [...] (Scudéry, *Obs. sur Cid*).

Les tournures et les sens actuels étaient également usuels au XVIIe s.

couleur n.f. Fig. Apparence (rare auj. : encore dans des locutions comme *le récit prend une couleur tragique*, etc.) : *Ils n'adorent en toi Que de fausses couleurs qui te peignent en roi* (Corn., *Perth.*, 1358). ♦Prétexte, mauvaise justification (auj. seulement dans *sous couleur de,* « sous le prétexte de ») : *Prêtant à leurs fureurs des couleurs favorables* (Rac., *Ath.*, 943).

◆ plur. **Couleurs,** livrée des gens de maison : *Il ne se pouvait résoudre à se défaire d'un si bon page. Il lui fit donc porter les couleurs jusqu'à trente ans* (Scarr., *Nouvelle,* le Châtiment de l'avarice).

◆ Parfois employé au masculin dans certaines expressions où il était complété par un nom : *Ce couleur d'aurore* (La Font., *Psyché,* II). *Les lèvres d'un couleur de feu surprenant* (Mol., *Impr.*, sc. IV).

couleuvrine, coulevrine n.f. Longue pièce d'artillerie : *Une couleuvrine qui porte, qui chasse loin* (Acad. 94). ♦Fig. **Être sous la couleuvrine de,** être sous la dépendance de, exposé aux atteintes de : [L'électeur palatin] *devait se reconnaître trop petit prince et trop sous la couleuvrine de la France pour ne pas s'accommoder au temps* (La Fayette, *Mém. Cour de Fr.*, *in* L.).

coup n.m. Combat, bataille (au plur.) : *Elle-même leur dresse une embûche au passage, Se mêle dans les coups, porte partout sa rage* (Corn., *Rodog.*, 260). ♦Acte frappant, extraordinaire, accompli par qqn, en bien ou en mal (auj. en ce sens fam. ou péjor.) : *Votre bras dans Pharsale a fait de plus grands coups* (Corn., *Pomp.*, 1311). *Britannicus est mort empoisonné ; Narcisse a fait le coup, vous l'avez ordonné* (Rac., *Brit.*, 1658). ♦Fois, occasion : [...] *le pauvret, ce coup, y laissa ses houseaux* (La Font., *F.*, XII, 23). ♦**Coup de politique,** acte politique : *L'évasion du Mazarin était un grand coup de politique ménagé par Mme de Chevreuse* (Retz, *Mém.*, III, 256). ♦**Coup fourré,** coup d'épée porté à l'adversaire en même temps qu'on en reçoit un ; et au fig., échange de mauvais procédés : *Contre cet assaut je sais un coup fourré Par qui je veux qu'il soit de lui-même enferré* (Mol., *Ét.*, 1165). ♦**Coup d'État,** acte grave d'un gouvernement dicté par la raison d'État (auj. il signifie « acte de violence en vue de renverser le gouvernement et de s'emparer du pouvoir ») : *Il ne faut plus que vous parliez d'agir puisamment, ni de faire des coups d'État qu'avec la Reine* (Balz., *Lettre, in* L.). *Sur ces grands coups d'État tout parle, et je me tais* (Corn., *Remerciement au Roi,* 52). ♦**Coup de tête,** acte d'un grand jugement (auj. il signifie « décision brusque ; peu réfléchie ») : *La paix de Cassel fut un coup de tête* (Fur.). ♦**Porter coup,** produire un effet important : *Ce discours porta coup et fit songer notre homme* (La Font., *Contes,* III, 4). ♦**Tenir coup,** tenir tête : *Prête chacune à tenir coup aux gens* (La Font., *Contes,* II, 16). ♦**À coup près,** peu s'en faut : *Harcourt manque à coup près d'entrer au conseil* (Saint-Simon, *in* L.). ♦**À coup,** en un instant, d'un seul coup, brusquement (blâmé par Malh.) : *Au lieu de descendre doucement dans leur matière, ils y tombent soudainement et à coup* (Balz., *Lettre, in* L.). *Ce changement* [des langues] *n'arrive pas si à coup et n'est pas si notable que les auteurs qui excellent aujourd'hui en la langue ne soient encore infiniment estimés d'ici à vingt ou trente ans* (Vaug., *Rem.*, Préf.). ♦**Tout d'un coup,** d'emblée (auj. seulement « soudain », sens usuel au XVIIe s. aussi) : *Il demande qu'on ouvre en disant : « Foin du loup ! » Et croyant entrer tout d'un coup* (La Font., *F.*, IV, 15). ♦**À ce coup,** cette fois : *À ce coup ma prière a pénétré les cieux* (Corn., *Ment.*, 1232). *À ce coup le Saint-Esprit irrité se retire, les ténèbres s'épaississent, la foi s'éteint* (Boss., *O. f. Anne de Gonzague*). ♦**À tous**

coups, sans cesse, à tous propos : *Elle veut à tous coups s'échapper* (Mol., *Éc. des f.*, 1708). ♦ **Tous coups vaillent, tout coup vaille,** arrive ce qu'il pourra : *Allons, tout coup vaille, il faut voir* (Mol., *Amph.*, 1081).

coupeau n.m. Sommet d'un coteau, d'une montagne, d'un arbre : *Voyez-vous au-dessous de ce petit coupeau Le berger Alcidor qui mène son troupeau ?* (Racan, *Berg.*, II, IV). *Tel qu'un passereau Qui d'un arbre écarté s'est choisi le coupeau* (Corn., *Imit.*, IV, 1593).

couper v.t. Tailler les cheveux : *La voilà qui entre sans coiffe : elle venait d'être coupée, mais coupée en vrai fanfan* (Sév., 22 avr. 1671). ♦ **Couper qqn,** passer devant lui en le séparant de la personne ou de la chose vers laquelle il va : *S'il les trouve en conversation avec vous, il vous coupe et vous les enlève* (La Br., IX, 50). ♦ **Couper chemin à,** se mettre sur le chemin pour empêcher de passer ; et au fig., mettre fin : *À tous nos démêlés coupons chemin, de grâce* (Mol., *Mis.*, 530).

Les sens actuels du v. t. étaient tous usuels dès le milieu du XVIIe s.

cour n.m. **Savoir la cour,** adopter l'air et la manière de vivre à la cour : *Son père sait la cour* (Corn., *Ment.*, 1249). ♦ **Faire la cour, sa cour,** témoigner du respect, flatter par ses assiduités (auj. il signifie « courtiser une femme ») : *Souffre que* [...] *Par leurs ouvrages seuls ils te fassent leur cour* (Mol., *Val de Gr.*, 358). ♦ **Faire sa cour d'une chose à qqn,** se faire un mérite de la lui annoncer : *Moi, j'en tiens cent louis* [de Condé], *chacun m'en fait la cour* (La Font., *Lettre*, *in* L.). ♦ **Eau bénite de cour,** vaines promesses (Acad. 94).

courage n.m. Cœur, siège des sentiments : *Dans Rome, où je naquis, ce malheureux visage D'un chevalier romain captiva le courage* (Corn., *Pol.*, 170). ♦ Fierté, orgueil : *Noble animal fait pour être conduit par Dieu et le porter, pour ainsi dire, c'est là ton courage, c'est là ta noblesse* (Boss., *Méditations*). ♦ **De bon courage,** de bon cœur, volontiers : *Cela les fit rire de bon courage* (Scarr., *Rom. com.*, I, 7). *Il me cède à mon gré Doris de bon courage* (Corn., *Veuve*, 1367).

Le XVIIe s. connaissait le sens actuel de « fermeté qui fait supporter ou affronter les souffrances, les dangers » : *La vraie épreuve du courage N'est que dans le danger que l'on touche du doigt* (La Font., *F.*, VI, 2).

courant adv. **Tout courant,** en grande hâte : *Il ne veut pas guérir, il se plaît en sa peine, Il s'en va tout courant la mettre en liberté Dans les antres affreux d'un désert écarté* (Racan, *Berg.*, II, III) ; sans hésiter, sans peine : *Il lit tout courant. Il joue mieux que lui, il le gagne tout courant* (Acad. 94).

courante n.f. Danse grave et noble sur un air à trois temps : *Le bal se donnait tous les soirs, où de très méchants danseurs dansèrent de très mauvaises courantes* (Scarr., *Rom. com.*, II, 17). *Ma franchise va danser la courante aussi bien que mes pieds* (Mol., *Pr. rid.*, sc. XII).

coureur n.m. Cavalier qui va en éclaireur : *Aussitôt que les premiers coureurs de l'armée française parurent, les ennemis levèrent le siège* (Rac., *Camp. L. XIV*).

Les sens actuels étaient également usuels au XVIIe s.

courir v.i. Couler : *Et nous faisons courir des ruisseaux de leur sang* (Corn., *Cid*, 1291). ♦ S'employait avec l'auxiliaire *être* (auj. toujours *avoir*) : *Dès que mon fils* [...] *a été à Rennes, elle est courue ici d'une bonne amitié* (Sév., 14 févr. 1685). ♦ **Courir à,** recourir à : *Il fallut courir vitement à une paix plâtrée pour éviter une mortification* (Sév., 19 oct. 1689) ; (avec un infinitif) se hâter pour : *Si je ne puis fléchir, je cours à me venger* (Corn., *Andr.*, 1446). *Il* [Antiochus] *en était sorti lorsque j'y suis couru* (Rac., *Bér.*, 330).

◆ v.t. Poursuivre : *On me cherche, on me court ; je suis bon : comment faire ?* (Th. Corn., *Comt. d'Org.*, IV, VI). ♦ Courtiser, rechercher : *L'oisiveté des femmes et l'habitude qu'ont les hommes de les courir partout où elles s'assemblent* (La Br., XV, 19). ♦ Parcourir : *Pour moi, sur cette mer qu'ici-bas nous courons, Je songe à me pourvoir d'esquif et d'avirons* (Boil., *Ép.*, V, 35). ♦ **Courir la côte,** pirater : *Trente vaisseaux de Barbarie qui courent cette côte donnent davantage de peur à tous ceux qui partent d'ici* (Voit., *Lettre Mlle Paulet*, oct. 1633). ♦ **S'en courir,** courir vivement à la suite d'une brusque décision : *À la fin le pauvre homme S'en courut chez celui qu'il ne réveillait plus* (La Font., *F.*, VIII, 2).

Les constructions et les sens actuels étaient également usuels au XVIIe s.

courratier, ière, corratier, courretier n. Entremetteur, entremetteuse : [...] *si jamais je trouve ici ce courratier, Je lui saurai, Madame, apprendre son métier* (Corn., *Veuve*, 1049). *Après avoir bien récompensé sa corratière, il me fit monter en une charrette* (Sorel, *Franc.*, II). ♦ Courtier : *On gagne des deux côtés à être le courretier de votre commerce* (Chap., *Lettres*, I, 325).

courre v. t. et i. Infinitif ancien du verbe *courir*, d'emploi moins étendu que celui-ci : *On trouve tout chez soi sans courre le monde* (Desc., *Méth.*). *Il s'enfuit ; le cardinal fit courre après* (Sév., 2 août 1675).

Auj. seulement dans « chasse à courre ».

courretier n.m. V. COURRATIER.

courrier n.m. Celui qui précède les voitures de poste pour préparer les relais, d'où messager : *Un courrier vous demande. – D'où vient-il ? – De la part de la reine d'Islande* (Corn., *Illus.*, 461).

Auj. « transport de lettres, etc. » et « ensemble des lettres, etc., envoyées ou à envoyer ».

cours n.m. Marche rapide, course : *C'est pour vous qu'on l'a vu, vainqueur de tant de princes, D'un cours impétueux traverser nos provinces* (Rac., *Alex.*, 378). ♦ Vie : *Ainsi, soit que bientôt par une dure loi, La mort, d'un vol affreux vienne fondre sur moi, Soit que le ciel me garde un cours long et tranquille* [...] (Boil., *Sat.*, VII, 65). ♦ **Rompre (le) cours à qqch,** y mettre rapidement un terme : *Pour rompre le cours à toutes les dépenses* (Mol., *Bourg.*, V, II). *Il faut, dis-je, pour rompre à toutes choses cours* [...] (Mol., *Ét.*, 342).

Auj. seulement en parlant des choses, indique le déroulement normal, sans idée de rapidité.

course n.f. Déroulement, cours : [...] *si quelque chagrin en interrompt la course* [des plaisirs] (Rac., *Brit.*, 652). ♦ Expédition faite sur terre ou sur mer en vue de capturer du butin : *Ils recommencèrent à faire des courses : ils prirent un grand vaisseau qui venait de Corfou à Venise, et ils en vendirent publiquement le butin* (Saint-Réal, *Conjur. c. Venise*). ♦ **Aller en course,** en expédition sur mer : *Ils ne manqueront pas de prétextes pour les remplir* [les galères] *de soldats, sous ombre d'aller en course* (Retz, *Conjur. Fiesque*, V, 622).

Les sens actuels étaient également usuels au XVIIe s.

coursier n.m. Terme du style noble syn. de *cheval* : *Et mes coursiers oisifs ont oublié ma voix* (Rac., *Ph.*, 552).

court adv. Brièvement, rapidement : *Adieu ma chère fille ; il faut finir tout court en cet endroit* (Sév., 24 févr. 1672). ♦ **Pour faire court, pour le faire court,** pour abréger ; bref : *La lice lui demande encore une quinzaine* [...] *Pour faire court, elle l'obtient* (La Font., *F.*, II, 7). *Pour vous le faire court, il y manda ma mère* (Rotr., *Sœur*, I, III).

◆ n.m. **Le plus court,** ce qu'il y a de plus simple, de plus facile : *Il faut qu'avec notre famille, Nous prenions dès demain chacun une faucille ; C'est là notre plus court* (La Font., *F.*, IV, 22).

courtaud n.m. **Courtaud de boutique** ou simplement **courtaud,** commis d'un marchand : *Et chacun rit de voir les courtauds de boutique* [...] *crier après moi, le valet du menteur* (Corn., *S. du Ment.*, 303). [Encore en usage au XIXe s.]

cousin n.m. **Être (grands) cousins,** être très familiers, être amis : [Des] *lettres d'amour* [...] *lesquelles cet homme lui porta fort librement : car nous étions déjà grands cousins* (Sorel, *Franc.*, XII). *Si vous faites telle chose, nous ne serons pas cousins* (Acad. 94).

coussi-coussi, couci-couci adv. Comme ci, comme ça (auj. on dit plutôt, familièrement, *couci-couça*) : *Celui* [le feu] *qui brûla notre Troie À comparer à celui-ci, N'était qu'un feu coussi-coussi* (Scarr., *V. tr.*, V, 2409). *De quoi peux-tu te plaindre ? Ai-je pas réussi En tout ce que j'ai dit depuis... ? – Coussi-coussi* (Mol., *Ét.*, 1498).

coussinet n.m. **Jeter, mettre son coussinet sur,** chercher à s'approprier, à se concilier (allusion à l'usage de retenir sa place en y mettant son coussin) : *Ce n'est pas que je trouve la damoiselle de trente-huit ans trop malhabile d'avoir jeté son coussinet sur un principal héritier, qui est jeune* (Chap., *Lettres*, II, 111). *Celui-ci, qui voulait circonvenir le Prince, ne trouva pas Canillac suffisant* [...], *il jeta son coussinet sur moi* (Saint-Simon, 1714).

coût n.m. Dépense : *Monsieur le mort, j'aurai de vous Tant en argent, et tant en cire, Et tant en autres menus coûts* (La Font., *F.*, VII, 11).

Le sens actuel de « prix de revient » (au sing.) existait aussi au XVIIe s. : *Les bâtiments sont de grand coût* (Fur.).

couteau, n.m. **Être aux épées et aux couteaux,** être à couteaux tirés : *Il était avec lui ouvertement aux épées et aux couteaux* (Ch. de Sév., 17 janv. 1676).

coutume n.f. Habitude, manière ordinaire d'agir (auj. indique seulement une habitude collective) : *Vous savez sa coutume, et sous quelles tendresses Sa haine sait cacher ses trompeuses adresses* (Rac., *Mithr.*, 372). ♦ Droit coutumier, législation introduite par l'usage seul : *Jean Lapin allégua la coutume et l'usage* (La Font., *F.*, VII, 16). ♦ Recueil de droit coutumier : *Sans cesse feuilletant les lois et la coutume* [...] (Boil., *Lutr.*, V, 45). ♦ Région où l'on observe certaines dispositions du droit coutumier : *Un duc et pair dont le duché serait situé dans la même coutume où Chaulnes est situé* (Saint-Simon, 1711). ♦ **Avoir de coutume,** avoir l'habitude : *J'ai toujours de coutume de parler quand je peins* (Mol., *Sicil.*, sc. XI).

couvert n.m. Abri (auj. on dit encore *le vivre et le couvert, le clos et le couvert*) : *Contre les aquilons elle m'est nécessaire* [l'architecture]. *Il n'est point de couvert qui n'en pût autant faire* (La Font., *le Songe de Vaux*). *Seigneur, vous êtes mon support, Contre la tourmente mon port, Et mon couvert contre la pluie* (Motin, *Paraphr. Ps. XC*, 18). ♦ Massif d'arbres donnant de l'ombrage : *Il plante un jeune bois, et il espère qu'en moins de vingt années, il lui donnera un beau couvert* (La Br., XI, 124).

Le sens actuel de « tout ce dont on couvre la table, et spécialement les ustensiles de table à l'usage de chaque convive », était usuel au XVIIe s. : [...] *le rat de ville Invita le rat des champs* [...] *Sur un tapis de Turquie Le couvert se trouva mis* (La Font., *F.*, I, 9).

couvert, e adj. Fig. Dissimulé, hypocrite : *Il avait l'esprit naturellement couvert et dissimulé* (Retz, *Conjur. Fiesque*, V, 522). *Écouta-t-il Jason, quand sa haine couverte L'envoya sur nos bords se livrer à sa perte ?* (Corn., *Méd.*, 405).

couvrir v.t. Cacher, dissimuler : *Couvrons à l'infidèle un vif ressentiment* (Mol., *D. G.*, 511). *Hélas ! si cette paix dont vous vous repaissez Couvrait contre vos jours quelques pièges dressés !* (Rac., *Brit.*, 1542). [...] *ceux qui, pour couvrir quelque puissant effort, Envisagent un point directement contraire, Et font vers ce lieu-là courir leur adversaire* (La Font., *F.*, XII, 10). ♦ Ensemencer : *Il arriva qu'au temps que la chanvre se sème, Elle vit un manant en couvrir maints sillons* (La Font., *F.*, I, 8).

Les sens actuels étaient également usuels au XVIIe s.

crapule n.f. Débauche, ivrognerie : *Pour du vin, vous n'en buvez pas ? – La crapule me fait horreur* (Regnard, *Coquette*, II, II). *L'ivrognerie et la crapule gâtent l'esprit* (Rac., *Rem. sur O.*).

Auj. « vaurien, individu sans aveu ».

crapuler v.i. Boire ou manger d'une manière excessive : *Chacun de son vin en tâta C'est-à-dire qu'ils crapulèrent* (Scarr., *V. tr.*, VII, 538). *C'est un homme qui ne fait que crapuler* (Acad. 94).

crasse adj. Épais : *Une humeur crasse et féculente* (Mol., *Pourc.*, I, VIII). *Selon ses principes* [d'Antoinette Bourignon], *la matière crasse qui a été jointe depuis le péché au corps de l'homme, et qui pourrit dans le tombeau ne ressuscitera point* (Bayle, *Dict. hist.*, Adam, note F).

Auj. seulement en ce sens dans quelques expressions : *ignorance, bêtise crasse.*

crasse n.f. Condition sociale très basse : *Je sais de grands seigneurs qui seraient dans la crasse Sans la révision que je fis de leur race* (Boursault, *Fab. Ésope*, III, IV). ♦ Avarice sordide : [...] *pour bien mettre ici leur crasse en tout son lustre* [...] *Il faut voir le mari* [...] *Couvert d'un vieux chapeau de cordon dépouillé* (Boil., *Sat.*, X, 309).

Auj. « couche de saleté », comme aussi au XVIIe s. : [...] *des verres* [...], *Où les doigts des laquais, dans la crasse tracés, Témoignaient par écrit qu'on les avait rincés* (Boil., *Sat.*, III, 139).

crasseux, euse adj. et n. Personne désagréable, méprisable (terme injurieux) : *M. Serrefort ne m'est plus rien ; cependant il semble à ce crasseux qu'il me soit quelque chose* (Dancourt, *Chev. à la mode*, I, III). *Un crasseux qui n'a que sa chicane* (Rac., *Plaid.*, 279).

cravate n.m. Cheval de Croatie : *Les cravates sont des chevaux de grand travail* (Acad. 94). ♦ Soldat de cavalerie légère (primitivement soldat croate enrôlé au service de la France) : *La crainte des embûches des cravates leur donne* *l'alarme* (Voit., *Lettre, in* L.). *Compagnie, régiment de cravates* (Acad. 94).

crayon n.m. Portrait, image : *Un crayon du feu Roi, fait par le sieur du Monstier* (Malh., *Lettre Peiresc*, 26 juin 1610). *Voyant son premier rayon* [du soleil] [je] *Bénis l'auteur de la nature Dont il est comme le crayon* (Saint-Amant, *le Contemplateur*). ♦ Esquisse, ébauche : *Sans pouvoir exprimer par tant d'horribles traits Qu'un crayon imparfait de leur sanglante paix* (Corn., *Cinna*, 204). *Les connaissances humaines ne sont qu'un crayon imparfait de la science de ces esprits* (Boss., *Serm. sur les Démons*, I).

Les sens actuels étaient également usuels au XVIIe s.

crayonner v.t. Esquisser, tracer : *Ce roi* [...] *Voulut bien que ma main crayonnât ses exploits* (Boil., *Ép.*, X, 108).

Les sens actuels étaient également usuels au XVIIe s.

créance n.f. Opinion, conviction : *Cette créance universelle du monde, que la nature abhorre le vide* (Pasc., *Traité du vide*). *Plus sur ce que je vois je pense et je repense, Et moins peut mon discours établir ma créance* (Rotr., *Sosies*, V, III). ♦ **Prendre créance,** croire, ajouter foi : *Prenez créance à tout ce qu'il vous dira de ma part sur ce sujet* (Retz, *Lettre Archidiacre de Rouen*, 7 déc. 1662). ♦ Foi religieuse : *Elles* [les lettres] *apprenaient que leur créance était tout à fait semblable à la Romaine ; qu'ils avaient les mêmes sacrements* (Bayle, *Dict. hist.*, Abdissi). ♦ Crédit : *Comment pourriez-vous déclarer ouvertement sans perdre toute créance dans les esprits* [...] (Pasc., *Prov.*, IV). ♦ **Porter créance,** s'accréditer, avoir de l'influence : *Tant de différents écrits* [...] *pourraient porter créance dans les esprits s'ils n'étaient réfutés* (Retz, *Sur la conduite de M. le Prince*, V, 403). ♦ Caractère de ce qui est croyable, crédibilité (auj. seulement dans quelques locutions : *donner créance à, trouver créance*, etc.) : [Ils] *travaillaient* [...] *à établir la créance du fait* (Rac., *P.-R.*, II). ♦ Confiance : *Et tâchez, comme en vous il prend grande créance, De le dissuader de cette autre alliance* (Mol., *Éc. des f.*, 1644). – Selon Vaug., *créance* et *croyance*, qui se prononcent de la même façon à la cour, doivent être distingués par l'orthographe, le sens de « opinion » ne convenant qu'à *croyance*.

Auj. *créance* est surtout du vocabulaire financier, dans lequel il s'employait déjà couramment au XVIIe s.

créature n.f. Protégé, obligé (le sens péjor. actuel existait, mais n'était pas le plus usuel) : *Puisque vous le voulez, soyez ma créature* (Corn., *Sert.*, 562). *Faites que je sois votre créature, et me donnez quelque charge où je puisse vivre honorablement* (Sorel, *Franc.*, XI).

crédit n.m. Autorisation, possibilité : *Un mortel eut le crédit De voir de si belles choses, À tous mortels lettres closes* (La Font., *Contes*, IV, 8). ♦ Réputation, influence (auj. seulement littér.) : *Certes vous m'allez mettre en crédit par la ville* (Corn., *Ment.*, 982). *Ils ne laissent pas pour cela d'être en crédit par les gens* (Mol., *D. J.*, V, II). ♦ **À crédit,** en pure perte, sans compensation : *Qui peut trouver moyen d'être fait de la sorte Ne soupire guère à crédit* (Mol., *Psyché*, 956). *Ce serait le perdre* [le temps] *à crédit que m'amuser à faire le détail de tous leurs jeux* (Rac., *Lettre Le Vasseur*, 3 juin 1661) : gratuitement, sans preuves : *Vous avancez cela à crédit* (Acad. 94).

Les sens financiers actuels de *crédit* et de *à crédit* étaient également usuels au XVIIe s.

creux, euse adj. Profond : *Vos cavernes creuses Ne vous sauveront pas, je vous en avertis* (La Font., *F.*, III, 18). ♦ **Viande creuse,** nourriture peu substantielle (au pr. et au fig.) : *Ma foi, si vous songez à nourrir votre esprit, C'est de viande bien creuse, à ce qu'un chacun dit* (Mol., *F. sav.*, 550).

◆ n.m. **Le creux,** le fond : *Quand Maurice peut tout du creux de son cercueil* (Corn., *Hér.*, 292). ♦ **De (notre) creux,** auj. de (notre) cru : *Sortons de cette matière, qui elle-même est trop solide, et mêlons-y un peu de notre creux* (Rac., *Lettre abbé Le Vasseur*, 3 juin 1661).

◆ adv. Sans objet : *Amusez-vous, ne rêvez point creux* (Sév., 12 juill. 1671).

Les sens actuels de l'adj., du n.m. et de l'adv. étaient également usuels au XVIIe s.

crevé, e adj. Gros, bouffi : *Elle n'est plus rouge, ni crevée, comme elle était* (Sév., 1er avr. 1672).

crever v.i. et t. Manger, faire manger à l'excès ; être excessivement gros : *Il soupe, il crève, on y court. On lui donne maints clystères* (La Font., *Contes*, I, 8). ♦ Mourir (familier sans trivialité) : *Dans sa chambre, où il y avait une foule et une chaleur qui faisait crever* (Louis XIV, *Lettre*, 4 nov. 1696).

◆ **se crever,** s'épuiser : *Il est vieux et usé, dit*

un grand, il s'est crevé à me suivre, qu'en faire ? (La Br., IX, 7).

Auj. trivial en parlant des personnes. Les autres sens actuels étaient également usuels au XVIIe s.

crier v.t. Réclamer : *Nous nous trouvions entre un peuple qui criait la guerre, un Parlement qui voulait la paix* (Retz, *Mém.*, II, 298). ♦ Réprimander : *Petit serpent que j'ai réchauffé dans mon sein* [...] *! – Pourquoi me criez-vous ?* [...] *Je n'entends point de mal dans tout ce que j'ai fait* (Mol., *Éc. des f.*, 1506) ; ou avec la préposition *à* : *Aussi bien sa maman lui crierait si elle la voyait causer avec des garçons* (Fur., *Rom. bourg.*, I, 912).

◆ v.i. Se plaindre : *Il est allé crier à ses juges* (Acad. 94).

◆ **se crier,** être dit : *Cette nouvelle se crie et se répand par toute la ville* (La Br., *Théophr.*, 8).

Les sens actuels étaient également usuels au XVIIe s.

crierie n.f. Criaillerie, cris désagréables : *Les longueurs, les crieries et les mensonges des avocats* (La Br., *Théophr.*, 26).

crime n.m. Tâche, faute grave : *Mon amour est sans crime* [= irréprochable] (Corn., *Pol.*, 965). [...] [le] *douloureux moment Où je vois par mon crime* [= par ma faute] *expirer mon amant* (Rac., *Baj.*, 1723).

criminaliser v.t. Attaquer, blâmer : *Je ne croyais que celle* [la conduite] *que l'on a tenue* [...] *pût être criminalisée ni dans le public, ni dans l'esprit de leurs Majestés* (Retz, *Disc. au parlement*, IX, 53).

crin n.m. Crinière : *Au crin* [du cheval] *tout aussitôt je me suis cramponné* (La Font., *Ragotin*, I, x). *Des coursiers attentifs le crin s'est hérissé* (Rac., *Ph.*, 1512). ♦ Péjor. Chevelure humaine : *Ils se sont pris au crin* (Acad. 94). ♦ Dans le style noble ou burlesque, au sing. et au plur., chevelure, cheveux des personnages mythologiques : *Dès que Téthys chassait Phébus aux crins dorés* (La Font., *F.*, V, 6).

Les sens actuels étaient également usuels au XVIIe s.

critique adj. Qui trouve à redire à tout, malveillant : *Ce sont des gens trop critiques, on ne saurait vivre avec eux* (Acad. 94). *Gardez-vous, dira l'un, de cet esprit critique ; On ne sait bien souvent quelle mouche le pique* (Boil., *Sat.*, IX, 119). – Auj. *esprit critique* désigne, le plus souvent en bonne part, la « faculté de discernement ».

◆ n.m. **Un critique,** celui qui dénigre : *Quoi ! je souffrirai, moi, qu'un cagot de critique Vienne usurper céans un pouvoir tyrannique ?* (Mol., *Tart.*, 45).

Il pouvait aussi désigner au XVIIe s., comme auj., celui qui juge des mérites et des défauts d'une œuvre : *Soyez-vous à vous-même un sévère critique* (Boil., *A. p.*, I, 184).

croasser v.i. Souvent employé pour *coasser*, malgré les observations des lexicographes : *Quelqu'un du peuple croassant* [= une grenouille] (La Font., *F.*, II, 4). *Ambassades croassantes Allaient dans tous les états* [...] *; et pourtant Grenouilles devraient se taire* (La Font., *F.*, XI, 10).

croc n.m. **Avoir à son croc,** avoir en réserve, à sa disposition (comme un jambon pendu à un crochet) : [Le rustre] *convertit en monnaie Ses chapons, sa poulaille ; il en a même au croc* (La Font., *Contes*, XI, 3). *Bonne chasse, dit-il, qui l'aurait à son croc !* (La Font., *F.*, V, 8). ♦ **Pendre au croc** (son épée, un vêtement, etc.), déposer, laisser de côté : *Je pendis au croc une seconde fois mon habit, pour en prendre un de mon maître et me donner l'air d'un médecin* (Le Sage, *Gil Blas*, II, 3). ♦ **Demeurer au croc,** rester de côté : *Plus de vingt autres procès ont germé de celui-là qui demeureront au croc, grâce au cheval dont le pied s'est trouvé plus dur que la cervelle de messire Jean* (Cyrano, *États et empires du Soleil*, 191).

crochet n.m. Dent, défense d'animal : *Le sanglier y paraît, dont le crochet fatal A terrassé de Mars le glorieux rival* (Tr. L'Hermite, *l'Orphée*). *Les crochets commencent à pousser à ce cheval, à ce chien* (Acad. 94). ♦ **Donner le crochet,** faire un croc-en-jambe : *Il m'a donné le crochet pour me faire tomber* (Sorel, *Franc.*, IV).

Le sens propre actuel de « pièce de métal recourbée » était également usuel au XVIIe s. : [...] *un clou à crochet, qui sert à soutenir des tapisseries* (Fur.).

crocheteur n.m. Portefaix qui se servait de crochets : souvent pris dès le XVIIe s. comme type d'homme de basse condition, grossier, malhonnête : *Il n'a écrit que pour la lie de Romulus et pour les crocheteurs du marché de*

Rome (Balz., *le Barbon, in* L.). *Comment ! il nous faut donc pour faire une œuvre grande* [...] *Parler comme à saint Jean parlent les crocheteurs !* (Régn., *Sat.*, IX, 32).

croire v.t. Avoir foi en l'existence de : *Ne croyez-vous pas l'autre vie ?* (Mol., *D. J.*, III, I). [Il] *ne croyait pas l'immortalité de l'âme* (Rac., *Notes hist.*, 40). *Vivre mal en croyant Dieu* (Nicole, *Lettre au Père Annat*). *Vois-tu ce libertin en public intrépide, Qui prêche contre un Dieu que dans son âme il croit ?* (Boil., *Ép.*, III, 23). – Auj. en ce sens on dit *croire à qqch, croire en* [*Dieu*]. ♦ Obéir à, suivre l'impulsion de, l'avis de (auj. « avoir foi en la vérité de ses paroles ») : *Mon cœur imprudent A trop cru les transports d'un désir trop ardent* (Corn., *Nic.*, 482). *Oui, Monsieur, je vous crois comme mon propre père* [= je suis vos avis] (Rac., *Plaid.*, 260). ♦ **Trop croire de,** trop présumer de : *J'y pouvais un jour, sans trop croire de moi, Prétendre en les servant un honorable emploi* (Mol., *Ét.*, 1713). ♦ **Se croire,** avoir confiance en soi (auj. fam. « avoir trop bonne opinion de soi ») : *Tout est illustre en eux quand ils daignent se croire* (Corn., *Pomp.*, 374). ♦ **Croire à qqn,** ajouter foi à ses paroles (auj. en ce sens *croire qqn*, ou *croire en ses paroles*) : *À qui croire des deux, et quelle résolution prendre sur des avis opposés ?* (Mol., *Am. méd.*, II, V). – Vaug. condamne cette construction. ♦ **Se faire croire,** s'imaginer : *Il n'y en aura pas un qui ne se fasse croire que nous l'avons gratifié d'autre façon que le commun* (Malh., *Bienf.*, I, 14). ♦ **Croire que,** même à la forme affirmative, était parfois suivi d'une subordonnée au subjonctif (auj. le subj. ne s'emploie dans la subordonnée que si *croire* est à la forme négative ou interrogative) : *La plus belle des deux, je crois que ce soit l'autre* (Corn., *Ment.*, 206). *Vous croyez qu'un amant vienne vous insulter* (Rac., *Andr.*, 403). *Le jardin est parfaitement beau et propre ; et je croyais que ce fût un manège, tant M. et Mme de Lillebonne sont sales ; mais j'ai été trompée* (Sév., 12 oct. 1677). ♦ **Croire de** et l'infinitif (condamné par Maupas), imaginer, penser (auj. en ce sens on dit *croire* suivi de l'infinitif seul) : *Mais ce qui fait la plupart du temps qu'on croit facilement d'être aimé* [...] (Mlle de Scudéry, *Mathilde*, Préf.). *Avec quelques façons qu'elle donne de temps en temps au public, elle croit de préoccuper tout le monde* (Bussy, *Gaul.*, Mme de Sévigné). ♦ **Croire** était parfois suivi d'une proposition infinitive : *Hélas ! qu'il était grand quand je l'ai cru s'éteindre, Votre amour* (Corn., *Andr.*, 654). *Tandis qu'il la croira nourrir ses premiers feux* (Rotr., *Laure persée.*, III, I).

croître v. Employé transitivement, augmenter, accroître (dans la poésie ou la prose soutenue) : *Ce malheur toutefois sert à croître sa gloire* (Corn., *Pol.*, 309). *Je ne prends point plaisir à croître ma misère* (Rac., *Baj.*, 925). – Cet emploi est blâmé par Vaug. et par l'Acad. (en 1704). Toutefois il était enregistré comme normal par Acad. 94. ♦ **Être crû,** être grandi : *M. le Prince dit au Roi qu'il le trouvait extrêmement crû* (Malh., *Lettre Peiresc*, 5 oct. 1614). *Je suis tout autre que vous ne sauriez vous imaginer. Je suis crû de six grands doigts dans ce voyage* (Voit., *Lettre Mlle Paulet*, oct. 1633).

◆ v.i. Grandir en taille, en force, en intelligence : *Son esprit s'ouvre et se forme de jour à l'autre, comme sa taille* [...] *: il croît beaucoup* (La Br., *Lettre Condé*, 14 avr. 1685). *Vous croyez* [...] *que la principale cause de sa maigreur vient de ce que Son Altesse croît beaucoup, et cela arrive d'ordinaire* (Princesse des Ursins, *Lettre prince de Chalais*, 6 févr. 1718).

Le sens actuel du v.i. : « se développer, grandir » (pour des choses) était également usuel au XVIIe s. : *Le trouble semble croître en son âme incertaine* (Rac., *Ph.*, 1470).

croix n.f. Calamité, souffrance (langue poétique ou religieuse) : *Bravant les croix les plus infâmes Je livrerais mon corps aux flammes* (Rac., *Cantique*, I, 28). ♦ Monnaie marquée d'une croix : *Tu n'as seulement qu'à nous donner la main, avec la croix dedans, et nous te dirons quelque chose pour ton profit* (Mol., *Mar. forcé*, sc. VI). ♦ **Croix de par Dieu,** croix imprimée sur la première page d'un abécédaire pour indiquer aux enfants qu'il faut commencer la leçon par le signe de croix, et par extens. l'abécédaire lui-même, l'alphabet : *C'est un homme qui sait la médecine à fond, comme je sais ma croix de par Dieu* (Mol., *Pourc.*, I, V). ♦ **Croix ou pile, croix et pile, croix-pile,** pile ou face (la plupart des anciennes monnaies portant d'un côté une croix) : *Il se joue un jeu à l'extrémité de cette distance infinie, où il arrivera croix ou pile* (Pasc., *Pensées*). *Aeneas, en tout fort habile, Voulut qu'on jouât à croix-pile* (Scarr., *V. tr.*, V, 600). ♦ **N'avoir ni croix ni pile,** être démuni d'argent : *Sans croix ni pile et n'ayant rien en somme Qu'un vieil habit* (La Font., *Contes*, II, 16). ♦ **Mariage sur la croix de l'épée,** promesse militaire de mariage : mariage précipité : [M. de Béthune] *trouve Mlle de Vaubrun qui l'attendait, la prend, l'emporte, la met dans un carrosse, la mène chez M. de Gêvres, fait un mariage sur la croix de l'épée, couche avec elle* (Sév., 25 mars 1689).

Les sens actuels étaient également usuels au XVIIe s.

croquant n.m. Gueux, rustre (mot bas [Acad. 94] et vieilli [Richelet], mais donné comme courant par Fur.) : *Un certain croquant qui marchait les pieds nus* (La Font., *F.*, II, 12).

crotesque adj. Autre forme de *grotesque : Je ne suis pas d'humeur à rire tant de fois Du crotesque récit de vos rares exploits* (Corn., *Illus.*, 720). *Sous ce crotesque habit qui l'aurait reconnu ?* (Mol., *Ét.*, 1809).

crotte n.f. Boue (au sing. et au pl.) : *Précipice élevé qui te jette en la crotte* (Boil., *Chap. décoiffé*, 100). *Ce sont des incommodités de Paris que j'appréhende beaucoup plus que les crottes, ni que la rencontre de charrettes* (Balz., *Lettre, in* L.). *Aller par les crottes. Courir, trotter par les crottes* (Acad. 94).

Auj., comme aussi au XVIIe s., « excrément » : *Les crottes de fouine sentent bon* (Fur.).

crotter v.t. Salir de boue : *Lui ruer* [= lancer] *quelque pierre, ou crotter son manteau* (Mol., *Sgan.*, 356).

crouler v.t. Secouer, agiter : *Jupin, croulant la terre, Les abîma* [= engloutit] *sous des rochers affreux* (La Font., *Ball. au roi*, 26).

Auj. seulement intrans. : « s'effondrer ».

croupières n.f. pl. **Tailler des croupières à qqn,** le serrer de près, lui susciter des embarras (auj. seulement littér.) : *Les ennemis pensant nous tailler des croupières, Firent trois pelotons de leurs gens à cheval* (Mol., *Amph.*, 252).

croyable adj. **En faire croyable,** s'en rapporter à, en croire : *Clitandre prisonnier ! je n'en fais pas croyable Ni l'air sale et puant d'un cachot effroyable, Ni de ce faible jour l'incertaine clarté* (Corn., *Clit.*, 801).

croyance n.f. Conviction : *La croyance de n'être entendu de personne me faisait parler aussi haut que si j'eusse parlé à quelque confident* (Scarr., *Rom. com.*, II, 14). ♦ Confiance : *Je sais ce qu'est un songe et le peu de croyance Qu'un homme doit donner à son extravagance* (Corn., *Pol.*, 5). *J'avais croyance en lui* (Acad. 94). ♦ Influence, autorité : *Si j'avais eu sur vous un peu plus de croyance, L'amour m'aurait livré ce précieux dépôt* (Corn., *Tois.*, 578). ♦ Crédibilité : *L'effet à tes discours ôte toute croyance* (Corn., *Hér.*, 1503). – V. CRÉANCE.

Le sens actuel de « convictions religieuses ou philosophiques » était également usuel au XVIIe s. : [...] *les décrets des conciles, la doctrine des Pères* [...] *n'ont plus été comme autrefois des lois sacrées et inviolables. Chacun s'est fait à soi-même un tribunal où il s'est rendu l'arbitre de sa croyance* (Boss., *O. f. H. de Fr.*, 2e partie).

cru, e adj. Fig. Grossier, peu raffiné : *Je te vois accablé d'un chagrin si profond, Que j'excuse aisément ta réponse un peu crue* (Corn., *Veuve*, 883). [Ronsard] *avait forcé notre langue par des inversions trop hardies et obscures ; c'était un langage cru et informe* (Fén., *Lettre Acad.*, 8). – Auj. un *langage cru* est un « langage inconvenant, qui choque la pudeur ». ♦ **À cru,** à même la peau : *Il prit ses bottes* [...] *et les ayant chaussées à cru* [...] (Scarr., *Rom. com.*, II, 2).

crudité n.f. Lourdeur, aigreur d'estomac ; indigestion : *Ces viandes engendrent des crudités* (Acad. 94). ♦ État de ce qui n'est pas mûr, indigeste : *La crudité du melon* [...] *est plus dangereuse que celle des autres fruits* (Fur.).

◆ n. f. pl. **Des crudités,** des obscénités (encore auj.) : *Cet homme est incivil, il dit beaucoup de crudités à ceux avec qui il converge* (Fur.).

Auj. aussi « brutalité » au fig. (des couleurs, des lumières, etc.).

cruellement adv. Extrêmement : *Ils étaient cruellement débauchés* (Retz, *Mém.*, II, 491).

Le sens actuel de « férocement » était usuel au XVIIe s. : *Ces auteurs se sont déchirés cruellement dans leurs écrits* (Fur.).

cueillère n.f. Graphie de *cuillère : On a inventé* [...] *une grande cueillère pour la commodité du service* (La Br., XI, 7).

cueillir v.t. S'employait là où nous dirions *recueillir : Si vous en cueillez quelque faveur, elle est toujours certaine* (Malh., *Comm. Desportes*). *Il cueille sur sa terre tant de muids de blé, tant de muids de vin* (Acad. 94, qui ajoute que *recueillir* est meilleur en cet emploi). ♦ Selon Vaug., la cour disait au futur *cueillira,* la ville *cueil-*

lera ; l'Acad., en 1704, n'admet plus que *cueillera : cependant qu'un ami, par tes tâches menées, Cueillira les faveurs qu'elle t'a destinées* (Corn., *Pl. R.*, 2 var.).

cuider v.t. Penser, croire (devant un infinitif ; vieilli dès le début du XVIIe s.) : *M. de Bressieu en a cuidé mourir, et est encore au lit* (Malh., *Lettre Peiresc*, 12 nov. 1607). « *Tel, comme dit Merlin, cuide engeigner* [= tromper] *autrui Qui souvent s'engeigne soi-même* » (La Font., *F.*, IV, 11).

cuir n.m. Peau d'une personne : *Si tu savais ce que vaut cette fille ! J'en ai bien vu, mais de telle, entre nous, Il n'en est point. C'est bien le cuir plus doux, Le corps mieux fait, la taille plus gentille* (La Font., *Contes*, II, 3). *Ils ont la tête rasée jusqu'au cuir* (La Br., *Théophr.*, 10).

Ce sens ne subsiste que dans l'expression *cuir chevelu.*

cuire v.t. Digérer : *Il y a des viandes que l'estomac a peine à cuire* (Acad. 94). ♦ Faire digérer : *Je ne vous défends pas les melons, puisque vous avez de si bon vin pour les cuire* (Sév., 24 août 1689). ♦ Fig. **Mettre cuire,** mettre de côté, réserver pour approfondir : *J'ai été ravie de ce discours ; mettons-le cuire, nous y penserons quelque jour* (Sév., 6 oct. 1679).

Les emplois trans. et intrans. actuels étaient également usuels au XVIIe s.

cuisine n.f. Chère, aliments cuisinés (au sing. ou au plur. ; auj. seulem. au sing. en ce sens) : *C'est un homme qui cherche les bonnes cuisines* (Acad. 94). ♦ **Fonder, bâtir la cuisine,** pouvoir à ce qui regarde la subsistance, la nourriture : *Dans les nouveaux établissements il faut commencer par fonder, par bâtir la cuisine* (Acad. 94). *Quant au chat, c'est sur nous qu'il fonde sa cuisine* (La Font., *F.*, VI, 5).

Les sens actuels de « art d'apprêter les aliments » et de « pièce destinée à préparer les repas » étaient usuels aussi au XVIIe s.

cuistre n.m. Valet de collège : *Un méchant cuistre, qui pour ne nous point donner notre pitance, s'en allait promener par le commandement de notre maître* (Sorel, *Franc.*, III).

Le sens actuel de « pédant, personne qui étale plus de connaissances qu'elle ne montre de jugement » apparaît après le milieu du XVIIe s.

cul n.m. S'employait familièrement mais sans grossièreté : *Ainsi nous nous entretenons Sur le cul, comme des guenons* (Racan, *Odes*). *Je ne suis jamais revenu au logis, que je ne me sois vu prêt à la colère de mes maîtres, aux réprimandes, aux injures, aux coups de pied au cul* (Mol., *Fourb.*, II, V). ♦ **De cul et de tête,** avec ardeur : *Il m'assura par deux fois qu'il serait toujours dans les intérêts de Grignan de cul et de tête* (Sév., 16 mai 1672). ♦ **Tenir au cul et aux chausses,** malmener, traiter sans ménagements : *On n'est point plus ravi que de vous tenir au cul et aux chausses* (Mol., *Av.*, III, VI).

culbute n.f. **À la culbute,** en désordre, à la diable : *Tout a été à la culbute à cause de ces huit jours que j'ai été sans lettres* (Sév., 17 avr. 1680).

culbuté, e adj. Sens dessus dessous, en grand désordre : *Nous revînmes toutes hier à Paris ; Mlle de Méri, tout droit chez Mme de Moreuil, car sa maison est culbutée* (Sév., 15 oct. 1677).

Le sens actuel de « renversé » était également usuel au XVIIe s.

culbutis, culebutis n.m. Culbute : *Hélas si contre quelque butte Il eût fait une culebute Par cet heureux culebutis Nous eussions été garantis* (Scarr., *V. tr.*, II, 934).

cultiver v.t. Fig. Entretenir de bonnes relations avec qqn (auj. il implique en ce sens l'idée de « calculs intéressés ») : *Quand on se sent capable de les suivre* [ses amis] *dans leur disgrâce, il faut les cultiver hardiment et avec confiance jusque dans leur plus grande prospérité* (La Br., II, 10).

curation n.f. Guérison (vocabulaire médical) : [Les] *remèdes qu'il nous conviendra faire pour la parfaite curation d'icelle* [maladie] (Mol., *Pourc.*, I, VIII).

cure n.f. Soin : *Il en fit prendre soin* [de Sévère saisi], *la cure en fut secrète* (Corn., *Pol.*, 297). ♦ **N'avoir cure,** ne pas se soucier (seul emploi de *cure* auj., comme déjà à la fin du XVIIe s.) : *L'âne* [...] *Se plaint en son patois. Le meunier n'en a cure* (La Font., *F.*, III, 1).

curée n.f. Bas morceaux du gibier qu'on distribue aux chiens de chasse, et par extens. repas : [La Grenouille] *Prétend qu'elle en fera du rat gorge chaude et curée* (La Font., *F.*, IV, 2).

♦ **En curée,** excité par l'appât de quelque avantage : *M. le Duc, en curée de l'usurpation du service seul de la communion du Roi, crut le moment favorable pour emporter celle-ci* (Saint-Simon, 1707). *Le profit qu'il a trouvé d'abord en cette affaire l'a mis en curée* (Acad. 94).

curieusement adv. Avec soin : *Ce serait peut-être une entreprise trop téméraire que de rechercher curieusement celle de ses vertus qui serait la plus éminente* (Boss., *Panég. St Franç. d'Assise*).

Auj., comme aussi au XVIIe s., « avec un vif désir de savoir », ou « étonnamment ».

curieux, euse adj. Soigneux : *Platon, curieux observateur des antiquités* (Boss., *H. univ.*, III, 4). ♦ Minutieux, scrupuleux : [Philippe] *Examine d'un œil et d'un soin curieux Où les vagues rendront ce dépôt précieux* (Corn., *Pomp.*, 559). ♦ Préoccupé, désireux : *Le cheval qu'à l'herbe on avait mis, Assez peu curieux de semblables amis* (La Font., *F.*, XII, 17). ♦ Précieux, digne d'intérêt : *Il a au doigt un gros diamant qu'il fait briller aux yeux* [...] *il ne lui manque aucune de ces curieuses bagatelles que l'on porte sur soi autant pour la vanité que pour l'usage* (La Br., II, 27). ♦ **Sciences curieuses,** qui ne sont connues que par quelques initiés : chimie, astrologie, magie, etc. : *J'avais parcouru tous les livres traitant de celles* [les sciences] *qu'on estime les plus curieuses* (Desc., *Méth.*, I).

Auj. « fort désireux de savoir » (déjà au XVIIe s.) : *C'est un indiscret, qui est curieux de savoir les secrets d'autrui* (Fur.) ; ou « surprenant » (sens apparu à la fin du XVIIe s.) : *Il faut sur des sujets plus grands, plus curieux, Attacher de ce pas ton esprit et tes yeux* (Boil., *Sat.*, X).

◆ n.m. **Un curieux,** un collectionneur : *Certains tableaux, que l'on montre assez ordinairement dans les bibliothèques des curieux, comme un jeu de la perspective* (Boss., *Serm. sur la Provid.*).

curiosité n.f. Préoccupation, souci : *De rendre un cœur content, de combler une âme de joie, de prévenir d'extrêmes besoins ou d'y remédier, leur curiosité* [des Grands] *ne s'étend point jusque là* (La Br., IX, 4). ♦ Passion de posséder des choses rares et uniques : *La curiosité n'est pas un goût pour ce qui est bon ou ce qui est beau, mais pour ce qui est rare, unique, pour ce qu'on a et que les autres n'ont point* (La Br., XIII, 2). ♦ Goût, désir : *Ayez peu de curiosité pour les viandes* [= mets] *rares, et beaucoup de choix pour celles qu'on peut avoir commodément* (Saint-Évremond, *Lettre comte d'Olonne*, 1674).

Auj. « désir de connaître un secret », ou « caractère, chose qui attire l'attention », sens usuels aussi au XVIIe s. : *Imprudence, babil, et sotte vanité, Et vaine curiosité, Ont ensemble étroit parentage* (La Font., *F.*, X, 2). *Ce chimiste nous a fait voir force curiosités, quantité de belles expériences de son art* (Fur.).

d

daigner v.t. Se construisait parfois avec l'infinitif précédé de la préposition *de* : *Je daigne de te voir* (Rotr., *Herc. mour.*, II, III).

dam n.m. Dommage, détriment (seulement dans l'expression *à mon dam, à ton dam, à son dam,* etc., vieillie au XVIIe s. ; auj. seulement dans *au grand dam de*) : *S'il lui arrive du mal, à son dam ;* [...] *ce sera lui qui en souffrira le dommage* (Fur.). *Voilà le nœud secret de toute l'aventure ; À votre dam* (Mol., *Ét.*, 624). *C'est marché sûr ; il est fol ; à son dam !* (La Font., *Contes*, IV, 15).

dame n.f. Femme d'un seigneur, maîtresse d'un domaine : *Elle est Dame d'un tel lieu* (Acad. 94). ♦ Femme d'un gentilhomme d'assez haut parage : *On eût dit une reine. Rien ne manquait aux vêtements, Perles, joyaux et diamants, Son épousé la faisait dame* (La Font., *Contes*, III, 7). *Une chaise roulante Où par deux bons chevaux, en dame nonchalante, Vous vous faites traîner partout où vous voulez* (Mol., *Amph.*, 21). ♦ Devant un nom propre, servait à appeler ou à désigner une femme de la bourgeoisie ou du peuple : *Dame Gigogne, Dame Anne* (Fur.). *Il jugea qu'à son appétit Dame Baleine était trop grosse* (La Font., *F.*, I, 7).

Les sens actuels étaient également usuels au XVIIe s.

dameret n.m. et adj. Efféminé, d'une galanterie affectée : *Quelle belle famille ! un vieillard insensé Qui fait le dameret dans un corps tout cassé* (Mol., *Éc. des m.*, 254). *Ils sont jolis, ma foi ; je n'ai jamais rien vu de si dameret ni de si galant* (Boil., *Hér. de roman*).

damoiseau n.m. Jeune homme coquet et efféminé, qui fait le beau auprès des dames (mot péjor.) : *L'autre* [mari] [...] *voyant arriver chez lui le damoiseau, Prend fort honnêtement ses gants et son manteau* (Mol., *Éc. des f.*, 33). *Mais je ne suis pas homme à gober le morceau Et laisser le champ libre aux yeux d'un damoiseau* (Mol., *Éc. des f.*, 378). *De tous ces damoiseaux, on sait trop les coutumes : Ils ont de beaux canons, force rubans et plumes* (Mol., *Éc. des f.*, 651).

dangereux, euse adj. **Dangereux à,** qui offre un danger pour (auj. nom complément introduit par *pour*) : *Ce qui n'est présentement qu'une plaie dangereuse à l'État lui deviendra peut-être mortelle* [sic] (Retz, *Mém.*, II, 107).

dans prép. S'employait souvent là où nous mettrions d'autres prépositions.
1. Rapport de lieu (auj. *en*) : *On ne craint point de tremblement de terre dans la France* (Rac., *Ann. Plutarque*). *Un pied dans l'air* (La Font., *Lettre*, 12 sept. 1663) ; (auj. *à*) : *Il devait demeurer dans Rome Six mois, et plus* (La Font., *Contes*, III, 13). [Il] *fut tué par les gardes de M. de Beaufort dans la porte de Vitri* (Retz, *Mém.*, II, 217) ; (auj. *contre*) : *Un garçon apothicaire m'appuya le mousqueton dans la tête* (Retz, *Mém.*, II, 28) ; (auj. *sur*) : *Un prince est dans son trône à jamais affermi* (Corn., *Nic.*, 881). *Ils n'eurent pas le temps de* [...] *fermer les portes qui étaient dans leur chemin* (Rac., *Camp. L. XIV*) ; et au fig. pour auj. *au fond de, du fond de :* [...] *déjà dans leur cœur les Scythes mutinés* (Rac., *Alex.*, 495). *L'avez-vous dit dans l'âme ?* (La Font., *Clymène*, 168) ; pour auj. *chez* (dans l'œuvre ou la personne de) : *À la manière Que les dieux marchent dans Homère* (La Font., *Songe de Vaux*, 27).
2. Rapport de temps (auj. *lors de, pendant, durant*) : *Vaumorin et Ganseville,* auxquels j'en ai parlé cent fois dans la Fronde (Retz, *Mém.*, I, 226). ♦ **Dans demain,** dans la journée de demain : *Oui, je veux terminer la chose dans demain* (Mol., *Éc. des f.*, 2).
3. Rapport de manière (auj. *selon, conformément à*) : *Ne l'examinons point dans la grande rigueur* (Mol., *Mis.*, 147) ; pour auj. *en matière*

de : Ignorance dans la géographie (Rac., *Ann. Lucien*).
4. Point d'aboutissement (auj. *jusqu'à*) : *N'allez pas pousser les choses dans les dernières violences du pouvoir paternel* (Mol., *Av.*, V, IV).
5. Partie d'un tout (auj. *au nombre de, parmi*) : *Dans ses ennemis, Peut-être songez-vous que vous avez un fils* (Rac., *Théb.*, 249).

darder v.t. et v.i. Lancer un trait, un javelot : *Cela dit, à la hâte il darde Contre le roc une hallebarde* (Scarr., *V. tr.*, I, 279). *Une grande statue de bois qui était dans le lieu des exercices pour apprendre à darder* (La Br., *Théophr.*, 27).

Auj. seulement transitif et restreint à la langue littéraire et au fig. : *darder ses rayons, son regard,* expressions déjà usuelles au XVIIe s.

◆ **se darder,** s'élancer d'un air menaçant : *Un des serpents sur lui se darde, De cent plis l'ayant garrotté* (Scarr., *V. tr.*, II, 862).

davantage adv. À un plus haut degré (que), plus (que) : *Il n'y a rien assurément qui chatouille davantage que les applaudissements* (Mol., *Bourg.*, I, I). *Je ne pourrais en dire beaucoup davantage, si je voulais épargner la modestie de ces Pères* (Boss., *O. f. François Bourgoing*). ♦ Une plus grande quantité (de) : *Je ne vous ferai pas davantage de reproches* (Rac., *Lettre Le Vasseur*, 4 juill. 1662) ; avec *que* comparatif : *Je n'en sais pas davantage que quand je suis sorti du lit* (Malh., *Lettre Peiresc*, 12 janv. 1613). [Ces constructions, encore vivantes, sont condamnées par certains puristes qui veulent que *davantage* soit employé sans complément.] ♦ De plus : *Voyant qu'elle n'avait rien davantage à lui dire* [...] (Scarr., *Rom. com.*, I, 22). *Je lui trouvai autant de fraîcheur et dix-huit ans davantage* (Bussy, *Lettre Sévigné*, 14 juin 1678). ♦ Le plus : *Ceux qui auraient davantage souhaité ce poste étouffaient sagement leurs désirs* (Saint-Réal, *Conjur. des Gracques*). *C'était une des personnes du monde qui me plaisait davantage* (La Fayette, *Clèves*, Ire partie).

de prép. Pouvait s'employer là où nous employons :
1. *À* (surtout devant un infinitif) : *Je pense qu'il ne prend pas plaisir de nous voir* (Mol., *D. J.*, III, V). *Je vous invite aujourd'hui d'accompagner le Sauveur jusques au tombeau du Lazare* (Boss., *Serm. sur la Mort*). *Il excita Kmielnieschi de faire révolter les Cosaques* (Rac., *Notes hist.*, 32).
2. *Avec* (indiquant le moyen, la manière) : *Il marie néanmoins l'aînée de ses deux filles de ce qu'il a pu sauver des mains d'un Ambreville* (La Br., XIV, 30). *Il dansa* [...] *d'une perfection, d'un agrément qui ne se peut représenter* (Sév., 24 juill. 1689). *Et traitant de mépris les sens et la matière* (Mol., *F. sav.*, 35).
3. *Pour* (indiquant le but) : *Comment peut faire M. de Carcassonne de résister à la vivacité de M. d'Arles ?* (Sév., 9 nov. 1689).
4. *En* (indiquant le moyen, la manière) : *Qui de prose ou de vers ferait de doux écrits* (Mol., *Éc. des f.*, 89).
5. *Par* (indiquant le moyen) [auj. surtout avec les verbes de valeur affective (*aimer*) ou pour insister sur la conséquence de l'action, l'état où elle a mis le sujet, plutôt que sur l'action physiquement subie] : *Je viens de le tuer, de parole, j'entends* (Mol., *Ét.*, 472). *Je combattrais de paroles contre les Dieux* (Rac., *Ann. Iliade*, XX) ; indiquant la cause : *Celui qui de nature et de l'amour des cieux Entrant en la lumière, est né moins vicieux* (Th. de Viau, *Sat.*, I) ; indiquant l'agent : *Des vaisseaux brisés du naufrage* (Saint-Amant, *la Solitude*, 157). *Il y a huit jours que Mme de Ludres, Coëtlogon et la petite de Rouvray furent mordues d'une petite chienne* (Sév., 13 mars 1671).
6. *Depuis* (indiquant le point de départ temporel) : *Mon fils et sa femme sont à Rennes de lundi* (Sév., *1er mars 1684).*
7. *Dès : Du matin, Menlaüs se lève* (Rac., *R. sur O.*, IV).
8. *À cause de : Je l'aimerai toute ma vie du courage qu'il a eu de vous aller trouver* (Sév., 21 oct. 1671). *Je vous vois tout pensif, Seigneur, de ses dédains* (Mol., *Pr. Él.*, 311).
9. *Au sujet de, sur : Mme de Cauvisson n'a point été voir Mme de Noailles ; je n'oserais dire ce que j'ai trouvé de cet orgueil* (Sév., 28 juill. 1682). *Je me dédis de Mme de Langeron : elle est plus affligée que jamais* (Sév., 7 août 1675).
10. *Quant à, pour ce qui est de : De moi, que les respects obligent au silence, J'ai beau me contrefaire et beau dissimuler* [...] (Malh., *Stances*, Pour Alcandre au retour d'Oranthe). *De moi, nulle raison ne saurait m'empêcher De servir un objet si cher* (Tr. L'Hermite, *les Vains Efforts*, 29). – Cet emploi, selon Vaug., « semble consacré à la poésie ».
11. Il pouvait s'employer de façon explétive devant un nom, un pronom : [...] *ne sait ce que c'est de perfection* (Boss., *Serm. sur la Vie cachée*).

12. Il s'employait parfois de façon explétive devant un infinitif même sujet (auj. cet emploi ne se trouve guère que dans une construction impersonnelle : *il est honteux de mentir*) : *D'attester qu'on croit ce qu'on ne croit pas est un crime horrible* (Rac., *P.-R.*, II).
13. Il pouvait introduire un complément de nom de sens objectif (*envers, à l'égard de*) : *La foi de la Providence* (Boss., *Serm. sur la Provid.*).

◆ **De ce que,** introduisant une proposition complétive sujet : *Ce ne fut pas un petit miracle de ce que nous pûmes nous tirer de tous ces désordres sans une plus grande perte* (Du Buisson, *Turenne*, 3).

dé n.m. **Tenir le dé,** être maître d'une situation : *Ma bru, l'on est chez vous contrainte de se taire Car Madame à jaser tient le dé tout le jour* (Mol., *Tart.*, 143). ♦ **Quitter le dé,** renoncer à une entreprise : *Un fils du grand Condé Aux Espagnols a fait quitter le dé* (Scarr., *Œuvr. burl.*, 238). ♦ **Rompre le dé à qqn,** l'interrompre : *Tout le monde ensemble ne retiendra pas un grand parleur, auprès d'un autre qui lui aura rompu le dé et le voudra faire auditeur par force* (Scarr., *Rom. com.*, II, 10). ♦ **À vous le dé,** c'est à vous de parler, d'agir ; voici votre tour : *Oh çà ! à vous le dé, pays !* (La Font., *Contes*, III, 4).

dea adv. Forme vieillie de *da* servant à appuyer une affirmation dans le style familier ou burlesque : *Diriez-vous qu'un homme ait, la nuit et sans aucune lumière, le pouvoir prochain de voir ? – Oui-dea, il l'aurait, selon nous* (Pasc., *Prov.*, I).

débâclement n.m. Débâcle des glaces : *Le pont Rouge* [...] *n'a point soutenu la fureur des débâclements qui ont tout ravagé* (Sév., 1er mars 1684).

débander v.t. Lancer, lâcher (auj. seulement au sens pr., usuel aussi au XVIIe s., « ôter la bande de » : *débander une plaie, les yeux*) : *Le maréchal de Joyeuse débanda sur lui* [Schwartz] *Gobert, excellent brigadier de dragons, avec son régiment* (Saint-Simon, 1695).

◆ **se débander,** se détendre, relâcher son effort, se radoucir (au pr. et au fig. – encore auj. au sens pr. : *l'arc s'est débandé*) : *Quand le bon Enoch veut se débander de la méditation* [...] (Cyrano, *États et empires de la Lune*, p. 69). *Le temps s'est débandé depuis le matin* (Fur.).

débattre v.t. Contester vivement : *Cet heur injustement lui serait débattu* (Rotr., *Bélis.*, II, VII).

◆ v.i. Discuter : *Je l'empêche, on débat, et je fais tellement Qu'enfin il se réduit à son bannissement* (Corn., *Méd.*, 127).

Auj. transitivement, au sens ordinairement affaibli de « discuter sur ».

débauche n.f. En bonne part, petite réjouissance, repas, promenade, etc., sans idée d'excès : *Comme elle était fort gaie dans le particulier, et que de plus le succès de la journée lui avait encore donné de la joie, elle nous dit qu'elle voulait faire débauche* (Retz, *Mém.*, II, 265). *Le petit Coulanges m'a mandé je ne sais quoi d'un très-bon dîner qu'il a fait chez vous* [...] *: il faut toujours me dire ces sortes de débauches* (Sév., 22 juill. 1685).

Le XVIIe s. connaissait le sens actuel de « dérèglement dans la conduite » : *Quand la débauche et le dévergondement sont poussés à un certain point de scandale, je suis persuadée que cet excès fait plus de tort aux hommes qu'aux femmes* (Sév., 15 oct. 1677).

débaucher v.t. Corrompre, dépraver (auj. sens affaibli de « entraîner qqn à un divertissement honnête ») : *On doit punir sévèrement ceux qui font métier de débaucher des filles et femmes* (Fur.). ♦ Détourner, détacher : *J'ai pris l'alarme de ces prétendues tentatives qui allaient à vous débaucher de mon amitié* (Chap., *Lettres*, II, 347). *Si Mélite a failli* [a commis une faute en] *me l'ayant débauché* [détourné de moi], *Dieux, par là seulement punissez son péché !* (Corn., *Mél.*, 1005). *Je me connais en monde, et sais mille ressorts Pour débaucher une âme et brouiller des accords* (Corn., *Gal. du Pal.*, 320). ♦ Déranger (vieilli au XVIIe s.) : *Il prit tant d'eau et se débaucha tellement l'estomac qu'il lui en vint une forte fièvre* (Chap., *Guzm. Alfar.*, III, 268).

◆ **se débaucher,** se jeter dans la débauche : *Les esprits se débauchent aussi bien que les corps, ils se jettent dans le libertinage* (Fur.). ♦ Abandonner la partie, déserter : *Ne te débauche point, je veux faire ta paix* (Corn., *Gal. du Pal.*, 1443). *Quelques soldats qui se débauchaient des gardes pour aller trouver M. le Prince furent découverts* (Malh., *Lettre Peiresc*, 20 mai 1614).

Auj. « détourner un ouvrier de son travail » ou « le congédier ».

débeller v.t. Vaincre complètement (vieilli au XVIIe s.) : *La face blême De se voir ainsi débellés* (Scarr., *Typh.*, IV, 2). *Il me semble qu'il y a bien des créanciers à débeller avant que vous puissiez profiter de la succession* (Sév., 9 déc. 1688).

débiliter v.t. Affaiblir : *Crois-tu qu'aimant Daphnis, le titre de son père Débilite ma force, ou rompe ma colère ?* (Corn., *Suiv.*, 1318).

Auj. terme médical : *régime débilitant.*

débit n.m. Vente : *Afin qu'il* [l'âne] *fût plus frais et de meilleur débit, On lui lia les pieds, on vous le suspendit* (La Font., *F.*, III, 1). ♦ Exposé, récit, étalage : *On leur fait admirer les baies qu'on leur donne, Et tel, à la faveur d'un semblable débit, Passe pour homme illustre et se met en crédit* (Corn., *Ment.*, 343). *Le récit des fausses nouvelles, les vagues réflexions sur le gouvernement présent, le débit des beaux sentiments* (La Br., V, 5).

Les sens actuels de « vente continue au détail » et « manière d'énoncer, de réciter » étaient également usuels au XVIIe s. : *C'est le grand débit qui enrichit les marchands* [...] *C'est un homme qui parle bien, il a un beau débit* (Fur.).

débiter v.t. Vendre (pouvait, comme auj., insister sur la continuité de la vente) : *Quand il* [ce livre] *se débitera, priez Mme de La Fayette* [...] *d'en demander un pour vous* (Sév., 9 août 1671). *On débite plus en un jour de foire qu'on ne fait en la boutique en un mois* (Fur.). ♦ Exposer, raconter, énoncer en détaillant (auj., péjorativement, « réciter par cœur, mécaniquement ») : *La manière dont Ésope a débité sa morale* (La Font., *F., Épître dédic.*). *On vient de débiter, madame, une nouvelle Que je ne savais pas* (Mol., *Tart.*, 685). *On dit qu'un homme débite bien pour dire qu'il dit bien ce qu'il dit, récite agréablement* (Fur.).

déboire n.m. Arrière-goût : *Déboire* [...] *n'étant jamais employé que comme un nom substantif pour signifier au propre cette sensation désagréable qui reste au palais après avoir bu de mauvais vin, et au figuré, certains dégoûts, certaines mortifications* [...] (Régnier-Desmarais, *Gramm.*, p. 443). [...] *un Auvernat fumeux* [vin de l'Orléanais], *qui* [...] *N'avait rien qu'un goût plat et qu'un déboire affreux* (Boil., *Sat.*, III, 76).

Au XVIIe s., comme auj., le mot avait, surtout au plur., le sens fig. de « déconvenues » : *Les courtisans sont souvent sujets d'avoir de fâcheux déboires à essuyer* (Fur.).

débonnaire adj. Noble, généreux : *Hâtez-vous de montrer en prince débonnaire Cet effet de pitié si longtemps attendu* (Corn., *Off.*, 25). ♦ Clément, pacifique : [...] *l'un* [Sylla], *cruel, barbare, est mort aimé, tranquille* [...] *; L'autre* [César], *tout débonnaire,* [...] *A vu trancher ses jours par un assassinat* (Corn., *Cinna*, 383).

Il avait déjà souvent au XVIIe s. le sens actuel de « d'une bonté qui va jusqu'à la faiblesse » : *Ils ont nommé le débonnaire, celui* [Louis Ier] *qu'ils n'ont osé nommer le sot* (Fur.).

déborder (se) v.pr. Se répandre par-dessus ses bords (auj. en ce sens « déborder ») : *Nous allons voguer sur la belle Loire : elle est un peu sujette à se déborder, mais elle en est plus douce* (Sév., 11 sept. 1675). *Le Rhin s'était débordé tout à coup* (Rac., *Lettre Boileau*, 28 sept. 1694) ; et au fig. : *Son silence rompu se déborde en louange* (Corn., *Mél.*, 382). *Cette prodigieuse inondation de toute sorte de vices* [...] *qui se débordent sur toutes les conditions des hommes* (Retz, *Mandement de 1656*, VI, 155). *À peine il eut les yeux fermés, que les jésuites se débordèrent en une infinité de nouvelles invectives contre sa mémoire* (Rac., *P.-R.*, I, 53). ♦ Faire des excès : *Néron, sur la fin de son empire, se déborda en toutes sortes de vices* (Fur.).

débris n.m. Destruction, ruine, écroulement : *Ajax* [...] *De moutons et de boucs fit un vaste débris* (La Font., *F.*, XI, 3). [...] *la moindre chose De son débris* [du pot de terre] *serait la cause* (La Font., *F.*, V, 2), et au fig. : [...] *une fille* [Junie], *Seul reste du débris d'une illustre famille* (Rac., *Brit.*, 556). *Chargeant* [sur le vaisseau] *de mon débris les reliques plus chères* (Rac., *Baj.*, 873). *On verra* [...] *Du débris des traitants ton épargne* [= le trésor royal] *grossie* (Boil., *Ép.*, I, 137). *Les royaumes formés du débris de l'Empire d'Alexandre* (Boss., *H. univ.*, III, 5). ♦ Amas de choses brisées : *Aussitôt sous leurs pieds les tables renversées Font voir un long débris de bouteilles cassées* (Boil., *Sat.*, III, 222). ♦ Ce qui a échappé à la destruction (auj. au pluriel en ce sens) : *Le grand débris de cette nombreuse armée n'eût pas échappé à sa valeur si la nuit ne fût survenue* (Mlle de Scudéry, *Mathilde*). *Quel débris parle ici de votre résistance ? Quel champ couvert de morts me condamne au silence* (Rac., *Iphig.*, 1261) ; et au fig. : *Il lui est avantageux de dis-*

paraître plutôt que de traîner dans le monde le débris d'une faveur qu'il a perdue (La Br., X, 19).

Le sens le plus courant auj. de « fragment d'une chose brisée » était également usuel au XVIIe s. : *Elle aperçut les débris d'un navire qui venait de faire naufrage* (Fén., *Tél.*, 1).

débrutaliser v.t. Enlever le caractère animal : *Ne pouvant pas me débrutaliser si promptement, je serais bien aise de sentir un morceau palpable sous les dents* (Cyrano, *États et empires de la Lune*, p. 85).

Mot nouveau selon Vaug. (1647) [créé par Mme de Rambouillet]. N'est pas en usage selon ce que dit l'Acad. en 1704.

deçà prép. De ce côté-ci de : *Nous sommes deçà le Rhin* (Bussy, *Lettre*, 11 août 1675). ♦**Au deçà de,** de ce côté-ci de : *Il a trouvé des hauteurs au deçà et au delà de la Meuse* (Rac., *Lettre Boileau*, 3 juin 1692).

◆ adv. De ce côté-ci, par ici : *Voyez deçà, Messieurs, vous plaît-il rien du nôtre ?* (Corn., *Gal. du Pal.*, 193). ♦**De deçà,** d'ici : *Toute l'Allemagne ne vaut pas un faubourg de deçà* (Voit., *Lettre, in* L.). ♦**Par deçà,** par ici : *Je vous prie, quand vous désirerez quelque chose de par deçà, vous remettre à moi de le fournir* (Malh., *Lettre Peiresc*, 28 juin 1607).

Il était opposé à *delà, au-delà* ; auj. on ne dit plus guère que *en deçà de.*

décadence n.f. Dégradation matérielle progressive : *Vigenère a écrit l'histoire de la décadence de l'Empire d'Orient* (Fur.). *Les plus fermes bâtiments tombent enfin en décadence* (Desc., *Monde*).

Le sens fig., seul employé auj., était également usuel au XVIIe s.

décampement n.m. Action de lever le camp : *C'est dans le décampement que les généraux montrent leur capacité* (Fur.).

décamper v.i. Lever le camp (technique et non familier) : *Le Parthe a décampé, pressé par d'autres guerres* (Corn., *Rodog.*, 283) ; et avec l'auxiliaire *être : Les troupes sont décampées pour aller prier humblement M. de Luxembourg de se retirer du Brisgau* (Sév., 16 sept. 1676).

Auj., familièrement, « partir prestement, s'enfuir », comme au XVIIe s. déjà : *Dès qu'il a su qu'on avait décrété contre lui, il a décampé* (Fur.).

déceler v.t. Dénoncer : *Heureux si je pouvais, avant que m'immoler, Percer le traître cœur qui m'a pu déceler* (Rac., *Mithr.*, 1226).

Auj. seulement « découvrir, faire apparaître à certains indices ».

déceptif, ive adj. Trompeur (vieilli au XVIIe s.) : *Ce présent déceptif* [la robe empoisonnée] *a bu toute leur force* [des poisons] (Corn., *Méd.*, 997).

décerner v.t. Prononcer une peine : *Pourquoi leur* [aux prêtres fainéants] *décernerait-il* [le concile de Trente] *des censures et des privations et retranchements de leurs revenus ?* (Fléch., *Serm.*, *in* L.). *On a décerné de grandes peines contre eux, etc.* (Acad. 94).

Auj. seulement « attribuer une récompense », sens usuel au XVIIe s. également : *Le sénat de Rome décernait le triomphe à ceux qui avaient étendu les bornes de l'Empire* (Fur.).

décevant, e adj. Trompeur, illusoire (auj. seulement « qui ne répond pas à ce qu'on espérait ») : *Ai-je pu résister au charme décevant ?* (Rac., *Ph.*, 523).

décevoir v.t. Tromper, induire en erreur : *Mais pour moi, que l'éclat ne saurait décevoir* [...] (Boil., *Ép.*, V, 95). *O mon père ! dit don Pèdre tout troublé, est-ce que je vous vois ? Mes yeux ne sont-ils point déçus par une trompeuse ressemblance ?* (Le Sage, *Diable boit.*, V).

Auj. seulement « frustrer dans ses espérances, dans son attente ».

décharge n.f. Coups, bastonnade (auj. ne se dit que des armes à feu ou du courant électrique) : [Il] *joignit Ragotin et, à grands coups de fouet, se vengea* [...] *Ragotin n'attendit pas une seconde décharge* (Scarr., *Rom. com.*, II, 16). ♦Remise, diminution : *Qu'on accorde quelque décharge des tailles dans la Guyenne* (La Roch., *Mém.*, II, 383). ♦Débarras : *Rien ne convenait mieux à M. le Duc que d'avoir la maison de Touraine pour en faire une décharge à son château de Saint-Maur* (Saint-Simon, *in* L.). ♦Soulagement : *Sachez qu'en le déchargeant* [le pauvre], *vous travaillez à votre décharge* (Boss., *Serm. sur l'Ém. Dignité*).

Les sens actuels étaient également tous usuels à la fin du XVIIe s.

décharger v.t. Assener : *Mercure, au lieu de donner celle-là* [cette cognée], *Leur en décharge un grand coup sur la tête* (La Font., *F.*, V, 1). *Charles* [...] *Décharge à l'adversaire un revers foudroyant* (Chap., *Pucelle*, XVII, 151). ♦ Laisser libre cours à (auj. seulement dans « décharger sa bile, sa colère ») : *Quitte pour décharger mon cœur dans mes écrits* (Corn., *Mél.*, 232). *J'aime à te voir ainsi décharger ton courroux* (Corn., *Gal. du Pal.*, 255).

◆ **se décharger,** se déverser : *Une rivière* [...] *qui se décharge dans la Sègre* (Rac., *Ann. Quintilien*). [...] *ma tête, Sur qui se déchargeait une telle tempête* (Corn., *Mél.*, 1444).

Les sens actuels étaient également usuels au XVIIe s.

décharpir v.t. Séparer (vieilli au XVIIe s.) : *Andrès et Trufaldin* [...] *Ont à les décharpir eu de la peine assez* (Mol., *Ét.*, 1949).

déchet n.m. Amoindrissement : *On veut avoir un compte exact des moindres dépenses que font les domestiques et on ne prend nullement garde au déchet de leur piété* (Bourd., *Serm.*, *in* L.). ♦ Discrédit : [...] *remédier, au déchet où étaient tombés ses appas* (La Font., *Psyché*, II).

Auj. seulement « résidu, reste ».

déchiffrer v.t. Démêler, éclaircir : *Cette affaire était difficile, il nous l'a bien déchiffrée* (Acad. 94). ♦ Dévoiler : *Comment pourra-t-il* [un nouvel anobli] *soutenir ces odieuses pancartes qui déchiffrent les conditions et qui souvent font rougir la veuve et les héritiers ?* (La Br., VI, 21). ♦ Calomnier, médire de : *Il se mit à parler contre la bande entière des praticiens qu'il déchiffra d'une terrible façon* (Sorel, *Franc.*, III).

Les sens actuels de « traduire en clair, lire ou comprendre au prix d'un effort » étaient également usuels au XVIIe s. : *Les Anciens n'ont guère connu l'art de chiffrer, ni de déchiffrer* [...] *Les sergents de village écrivent si mal qu'on a bien de la peine à déchiffrer leurs exploits* (Fur.).

déchoir v.i. Tomber dans un état inférieur, baisser en quantité ou en qualité (auj. seulement en parlant du rang social, de la réputation) : *Tout se mit à brouter les bois du voisinage. La pitance du cerf en déchut de beaucoup. Il ne trouva plus rien à frire* (La Font., *F.*, XII, 6). *L'âge la fit déchoir, adieu tous les amants* (La Font., *F.*, VII, 6). *Les écoliers ne tardèrent pas à sentir que ses leçons étaient fort déchues* (Bayle, *Dict. hist.*, Abélard). ♦ S'éloigner d'un idéal, être privé de : *Je vous parlerai peut-être quelque jour, mes pères, de ce mélange confus d'opinions ; et on sera surpris de voir combien vous êtes déchus du premier esprit de votre institut* (Pasc., *Prov.*, XIII).

décider v.t. **Décider une querelle, un combat,** etc., y apporter une solution décisive, trancher la difficulté : *Cela décida leur querelle* (La Font., *F.*, VIII, 19). *Et consentons qu'après Myrtil entre nous deux Décide, par son choix, ce combat de nos vœux* (Mol., *Mélic.*, 96). *Je suis tellement combattue des raisons qu'on a alléguées de part et d'autre, qu'au lieu de les décider, je suis entrée dans un nouvel avis* (Segrais, *Nouv. franç.*, 482).

Les sens actuels étaient également usuels au XVIIe s.

décisif, ive adj. Qui décide promptement : *M. de Turenne* [...] *n'était pas* [...] *si décisif dans les affaires que dans la guerre* (Retz, *Mém.*, III, 361).

Le sens actuel de « péremptoire, qui amène une décision (en parlant de choses) » était également usuel au XVIIe s. : *Une pièce, une raison décisive* (Fur.).

décisivement adv. Avec décision, d'une manière décisive (auj. rare) : *Les Calixtins l'excusaient en répondant que ce qu'il avait dit contre ce dogme, il ne l'avait pas dit décisivement* (Boss., *Hist. var.*, XI).

déclaré, e adj. Exposé au grand jour : *Les voies tout à fait déclarées seraient inutiles ;* [...] *les moyens sourds* [...] *sont bien plus propres et plus assurés* (Retz, *Lettre M. de Lionne*, 5 janv. 1666).

Le sens restreint d'auj., « manifeste », était également usuel au XVIIe s. : *C'est son ennemi déclaré* [...] *C'est un fripon déclaré* (Fur.).

déclarer v.t. Révéler, faire connaître : *Une confidente déclare ses desseins* (Sév., 5 août 1684). *Aussitôt assemblant nos lévites, nos prêtres, Je leur déclarerai l'héritier de leurs maîtres* (Rac., *Ath.*, 180). ♦ Dénoncer quelqu'un : *On lui fit déclarer ses complices* (Acad. 94).

◆ **se déclarer,** s'expliquer clairement : *Le Roi ne veut point de moi à Montélimar, il s'en est déclaré* (É. de Coulanges, *Lettre*, 8 avr. 1676). ♦ Apparaître clairement tel qu'on est : *Touchée d'un si digne objet, sa grande âme se déclara tout entière* (Boss., *O. f. Condé*).

Les sens actuels étaient également usuels au XVIIe s.

déconcerter v.t. Rompre l'accord, dissiper : *Il dit cela si plaisamment que l'affliction en fut déconcertée* (Sév., 4 mars 1672). ♦Déranger : *Sans discourir, faites ce qu'il faut faire ; Un moment de séjour peut tout déconcerter* (Corn., *Oth.*, 1279).

◆ **se déconcerter,** perdre son harmonie, se détraquer : *Des ressorts qui se démontent et se déconcertent* [...] (Boss., *O. f. H. d'Angl.*).

Le sens actuel de « décontenancer » était également usuel au XVIIe s. : *Cet avocat fut tout déconcerté, quand on lui fit voir clairement qu'il alléguait faux* (Fur.).

déconfire v.t. Vaincre, tailler en pièces : *Qu'ils dépeignent, comme Alberstat Déconfit la brave Cordoue* (Saint-Amant, *Cassation de soudrilles*, 52). *Ils savent déconfire, Brûler, raser, exterminer, détruire* (La Font., *Lettre Turenne*, 10). *La bête noire vêtue d'écarlate que le Seigneur déconfira* (Boss., *Hist. var.*, 13). ♦Fig. Accabler, mettre dans un grand embarras : *Ô falote beauté Dont les regards me déconfisent* (Saint-Amant, *l'Énamouré*, 29). Au reste, *déconfire, dans le sens qu'on vient de marquer celui d'« accabler », n'est plus guère maintenant en usage. On s'en sert parfois dans le discours familier, et l'on dit qu'on a déconfit son adversaire, pour dire qu'on l'a réduit à ne savoir que répondre* (Régnier-Desmarais, *Gramm.*).

Auj. seul le participe *déconfit* est employé, au sens de « déçu, penaud ».

déconfiture n.f. Déroute, massacre (vieilli et de style burlesque) : *Un chat, nommé Rodilardus, Faisait des rats telle déconfiture Que l'on n'en voyait presque plus* (La Font., *F.*, II, 2). *La déconfiture des troupes* (Acad. 94).

Le sens restreint actuel de « faillite, effondrement financier » était également usuel au XVIIe s. : *La perte de deux vaisseaux a causé la déconfiture, la banqueroute de ce marchand* (Fur.).

déconforter v.t. Désoler, décourager (vieilli au XVIIe s.) : *J'ai vu Mme de Saint-Géran : elle n'est nullement déconfortée* (Sév., 25 sept. 1676). *La veuve dit, toute déconfortée* (La Font., *Contes*, II, 15).

décoration n.f. Décor de théâtre : *La décoration représente un lieu champêtre fort agréable* (Mol., *Mal. im.*, Prol.).

Les sens actuels étaient également usuels au XVIIe s., sauf celui de « insigne d'un ordre honorifique ».

décorisme n.m. Goût du décor, du luxe : *Il faut se rendre léger, quitter le décorisme de la province* [...] *Six chevaux vous suffiraient, et quelques-uns de selle* (Sév., 26 janv. 1674).

découcher (se) v.pr. Sortir de son lit, se lever : *Et dès le point du jour je m'étais découché* (Mol., *Pr. Él.*, 196).

◆ **découcher** v. i. Signifiait, comme auj., « passer la nuit hors de son domicile » : *Lui-même se marie le matin, l'oublie le soir, et découche la nuit de ses noces* (La Br., XI, 7).

découler v.i. Couler, s'écouler : *L'injure, l'insulte leur découlent des lèvres comme leur salive* (La Br., V, 27). ♦Descendre, être issu de : *Un sang digne des rois dont il est découlé* (Rac., *Théb.*, 621).

Le sens actuel de « être la conséquence naturelle de » était également usuel au XVIIe s. : *C'est d'une sérieuse méditation et application d'esprit que découlent toutes les connaissances que nous acquérons* (Fur.).

découvrir v.t. Faire apparaître avec éclat : *Il* [Dieu] *voulait découvrir par un grand exemple tout ce que peut l'hérésie* (Boss., *O. f. H. de Fr.*).

Les sens actuels étaient également usuels au XVIIe s.

décrasser v.t. Fig. Revêtir d'un titre une personne de basse condition, rendre plus raffiné (v. CRASSE) : *Jamais la cour ne le décrassera* (La Font., *Contre un pédant de collège*, 12).

décréditement n.m. Perte de considération, de prestige, d'autorité : *La façon dont on se récrie sur quelques-uns* [...] *n'est pas tant leur éloge que le décréditement du genre humain* (La Br., XII, 79).

décréditer v.t. Déconsidérer, discréditer : *Ils disparaissent, tout à la fois riches et décrédités* (La Br., VIII, 16). *C'est une erreur qui les bons décrédite* (La Font., *Ball.*, 2).

décret n.m. Décision judiciaire : *Vendre une terre par décret* (Acad. 94). ♦**En décret,** se dit des biens sous le coup d'un arrêt de saisie : *Une triste famille* [...] *Voit ses biens en décret sur tous les murs écrits* (Boil., *Sat.*, X, 247).

Auj. « acte émanant du pouvoir exécutif ».

décréter v.t. et v.i. Lancer un décret (v. ce mot) contre qqn : *Ils ont décrété d'ajournement personnel M. Roblin* (Boss., *Lettre quiétisme*). *On pourrait bien punir ces paroles infâmes, Ma mie ; et l'on décrète aussi contre les femmes* (Mol., *Tart.*, 1806).

décri n.m. Démonétisation : *Il y a des âmes sales* [...] *toujours inquiètes sur le rabais ou sur le décri des monnaies* (La Br., VI, 58). ♦Proclamation interdisant l'usage de certaines choses : *Oh ! trois et quatre fois béni soit cet édit Par qui des vêtements le luxe est interdit* [...] *Oh ! que je sais au Roi bon gré de ces décris !* (Mol., *Éc. des m.*, 537). ♦Discrédit : *Le décri de la dévotion vient des faux dévots* (Rac., *Ann. Platon,* République).

décrier v.t. Interdire l'usage de certaines monnaies, de certaines choses : *On a décrié telle sorte de monnaie* (Acad. 94). ♦Discréditer, attaquer dans sa réputation (auj. seulement littér.) : *Il fit piller Tirlemont pour décrier les armes du Roi* (La Roch., *Mém.*, II, 23). *La nation française qui se décrie et déshonore par lesdits abus* (Mol., *Fâch.*, III, II).

décrire v.t. Transcrire, copier : *Il laissa à un clerc le soin de les décrire* (Fur., *Rom. bourg.*, I).

Les sens actuels étaient également usuels au XVIIe s.

décroître v.i. Diminuer de quantité, d'intensité, de longueur, etc. (auj. seulement en parlant d'une rivière ou de choses abstraites) : *Le pain bis, renfermé, d'une moitié décrut* (Boil., *Sat.*, X, 284). *Il faut que quelqu'un ait la clé de mon cabinet : mon argent décroît, diminue tous les jours* (Fur.).

dedans adv. employé comme prép. (auj. en ce sens on dit « dans ») : *Ils répandent dedans les airs Mille beautés nouvelles* (Rac., *Promenades Port-Royal*, 56). *Ceux qui ont la foi vive dedans le cœur voient* [...] (Pasc., *Pensées*). *Dedans mon ennemi je trouve mon amant* (Corn., *Cid,* 812). – Vaug. n'admet cet emploi en prose que lorsque *dedans* est précédé d'une autre préposition (de même pour *dehors, dessous, dessus*) : *par dedans la ville,* ou dans les locutions comme *dedans et dehors, ni dessous ni dedans : À parler dignement de Dieu, il n'est ni dedans ni dehors le monde* (Fén., *Exist. de Dieu*). ♦**Par dedans,** à travers : *Il passa par dedans la ville* (Acad. 94).

◆ n.m. au sing. et au plur. Intérieur d'une demeure : *Ils retournèrent au château, virent les dedans* (La Font., *Psyché*, I). ♦Au sing. Affaires intérieures d'un État : *Il s'applique* [...] *à régler le dedans de son royaume* (Rac., *Disc. Acad.*).

dédier v.t. Consacrer, réserver : *Il s'est dédié aux lettres* (Acad. 94). *Dans ces jours solennels à l'orgueil dédiés* (Rac., *Esth.*, 279).

Les sens actuels de « consacrer au culte divin », et, au fig., « faire hommage de » étaient également usuels au XVIIe s. : *L'église de Paris est dédiée à Dieu sous l'invocation de Notre-Dame* [...] *Dédier,* [...] *offrir, donner un livre à quelqu'un pour lui faire honneur* (Fur.).

dédire v.t. Désavouer, contredire : *Les rois impunément dédisent leurs sujets* (Corn., *Perth.*, 582). [Vous me reprochez] *que je suis d'assez bonne compagnie pour ne pas dédire ceux qui blâment les absents* (Sév., 26 juill. 1668). ♦Être infidèle aux exigences de : *Le religieux qui hait la discipline, Qu'importune la règle, à qui pèse l'habit, Qui par ses actions chaque jour les dédit* (Corn., *Imit.*, *in* L.).

◆ **se dédire,** rétracter ses erreurs : *Mettons tout l'honneur à nous dédire dès que nous nous apercevrons que nous nous serons trompés* (Fén., *Dial. sur l'éloq.*, I).

Auj., comme au XVIIe s. déjà, *se dédire* signifie « se rétracter, ne pas tenir sa parole » : *Quand un témoin se dédit après la confrontation, il lui faut faire son procès* (Fur.).

déduction n.f. Récit détaillé, exposé : *Je vous ai envoyé, par le dernier ordinaire, une très longue déduction de ma maladie* (Boil., *Lettre Racine,* 13 août 1687).

Des deux sens actuels, « soustraction d'une somme d'une autre » et « conséquence logiquement tirée d'un fait observé », le premier était usuel au XVIIe s. : *Quand on aura fait la déduction des faits* [sic = *frais*], *il ne restera rien pour le principal* (Fur.).

déduire v.t. Exposer en détail, développer : *Il faudrait un volume pour déduire toutes les façons dont cette histoire fut ornée* (Retz, *Mém.*, I, 129).

Les deux sens actuels, « retrancher » et « tirer comme conséquence », étaient connus au XVIIe s. ; mais seul le premier s'employait couramment : *Il ne faut pas compter son bien, qu'on n'en ait déduit les dettes* (Fur.).

déduit n.m. Distraction, divertissement (vieilli au XVIIᵉ s.) : *Il avait dans la terre une somme enfouie, Son cœur avec, n'ayant d'autre déduit Que d'y ruminer jour et nuit* (La Font., *F.*, IV, 20). *Cette femme n'est bonne que pour l'amoureux déduit* (Fur.).

défaillance n.f. État de ce qui fait défaut : *Si la défaillance de la race masculine d'Aaron eût dû arriver, Dieu l'aurait prévue* (Fén., *in*, L.). ♦ **Défaillance de la nature,** état d'affaiblissement causé par l'âge ou les maladies : *Cette suite de changements, en nos corps par les défaillances de la nature, en nos âmes par l'instabilité de nos désirs* (Fléch., *O. f. Dauphine*).

Les sens actuels étaient également usuels au XVIIᵉ s.

défaillir v.t. ind. Manquer, faire défaut : *Ni l'adresse, ni les connaissances ne lui défaudront pour cela* (Chap., *Lettres*, II, 158). *Aidez mes faibles pas ; les forces me défaillent* (Corn., *Mél.*, 1239). *Toutes choses commençaient à leur défaillir* (Acad. 94). ♦ **Être défailli,** être abandonné, privé : *Aujourd'hui mille matelots* [...] *Défaillis d'art et de courage En l'aventure de tes eaux Ne rencontrent que des tombeaux* (Th. de Viau, *Ode contre l'hiver*).

L'emploi intrans. actuel, au sens de « s'affaiblir, s'évanouir », était également usuel au XVIIᵉ s. : *J'ai senti défaillir ma force et mes esprits* (Rac., *Baj.*, 1439). *Ce vieillard est venu tout d'un coup à défaillir* (Fur.).

défaire v.t. Faire mourir : *On a défait aujourd'hui trois hommes à la Grève* (Acad. 94). ♦ Détruire : *Il attendit avec patience que ces conquérants brutaux* [...] *se défissent eux-mêmes par le désordre de leur gouvernement* (Boss., *H. univ.*, III, 3). ♦ Démettre de sa charge : *Mon fils est fort alarmé de ce que le chevalier de Lauzun a permission de se défaire* (Sév., 30 oct. 1675). ♦ Surpasser en éclat, éclipser : *Une fille à seize ans défait bien une mère* (Quinault, *Mère coquette*, II, I). ♦ Décontenancer : [Cette réponse] *acheva de le défaire. Il ne put jamais dire celle à qui il en voulait* (Scarr., *Rom. com.*, I, 11) ; et pronominalem. : *La voilà qui se trouble* [...] – *Ne vous défaites pas* (Mol., *Pr. Él.*, IV, I).

Les sens actuels étaient également usuels au XVIIᵉ s.

défaite n.f. Échappatoire : *Ésope lui dit* [à Xantus] *qu'il était perdu* [...] *Voilà le philosophe bien alarmé : il pria Ésope de lui enseigner une défaite* (La Font., *Vie d'Ésope*). ♦ **De bonne défaite, de défaite,** se dit de marchandises qui se vendent facilement : *La bonne marchandise est de défaite en ce pays-ci* (Dancourt, *Foire de Bezons*, sc. VI).

Les sens actuels étaient également usuels au XVIIᵉ s.

défaut n.m. Absence, manque (encore auj. dans l'expression *par défaut*) : *Rome vous permet cette haute alliance Dont vous aurait exclu le défaut de naissance* [noble] (Corn., *Nic.*, 176). ♦ Point faible : *Fuyez un ennemi qui sait votre défaut* (Corn., *Pol.*, 104). – On dit encore, au fig., « au défaut de la cuirasse ». ♦ **Au défaut de,** à la place de (auj. *à défaut de*) : *Mais peut-être, au défaut de la fortune, les qualités d'esprit* [...] *pourront nous distinguer du reste des hommes* (Boss., *O. f. H. d'Angl.*). *Sévère, à mon défaut, fera ta récompense* (Corn., *Pol.*, 1102).

Les locutions et les sens actuels étaient également usuels au XVIIᵉ s.

défendre v.t. Pouvait être suivi de la préposition *de* et d'un nom, là où nous emploierions *contre* : *Mais rien ne put le défendre des inquiétudes de M. le cardinal de Richelieu* (Retz, *Mém.*, III, 414). *Les Impériaux ont repassé le Rhin, pour aller défendre l'Empereur du Turc* (Sév., 29 sept. 1675).

déférer v.t. Accuser, dénoncer (auj. seulement *déférer qqn, qqch à* : traduire devant l'autorité judiciaire compétente) : *Il ne fallait point demander que deviendraient ceux qui étaient déférés ; on les traitait tous d'une même sorte* (Malh., *Bienf.*, III, 26). ♦ Conférer, accorder : *Quelques titres nouveaux que Rome lui défère* [...] (Rac., *Brit.*, 79). ♦ **Déférer le serment à qqn,** s'en rapporter au témoignage qu'il donne sous serment : *Le serment lui fut déféré* (Patru, *in* Richelet).

◆ v.t. ind. [**à**]. Obéir, s'en remettre ; prendre en considération (encore *déférer à l'avis de qqn*) : *Ce n'est pas à mon cœur qu'il faut que je défère Pour entrer sous de tels liens* (Mol., *Psyché*, I, III). *C'est trop déférer aux personnages, et considérer trop peu l'action* (Corn., *D. S.*, Épître dédic.).

déferrer v.t. Fam. Déconcerter : *Bien loin d'être déferré* [...] *il satisfit autrement toute la compagnie* (Sorel, *Polyandre*, III, 443). *Cette ré-*

ponse bourgeoise déferra fort ce galand (Fur., *Rom. bourg.*, I).

défier (se) v.pr. Se douter, soupçonner : *Une chose vous manque, Acis, à vous et à vos semblables* [...] *vous ne vous en défiez point* [...] *c'est l'esprit* (La Br., V, 7). *Je commençai à me défier que vous agissiez avec passion* (Pasc., *Prov.*, XVII). *Le vicomte de Turenne, ayant avis de sa marche, se défia qu'il* [Condé] *voulait gagner Charenton* (Du Buisson, *Turenne*, 3).

Le sens actuel de « ne pas avoir confiance en » était également usuel au XVIIe s. : *Il faut toujours se défier des flatteurs ; il faut qu'un homme prudent se défie toujours de ses forces* (Fur.).

défiler v.i. Marcher en file, l'un derrière l'autre (auj. « marcher en rang, en colonne », ou « se succéder sans cesse sur un même trajet ») : *Il jeta cinquante chevaux dans un bois,* [...] *par lequel l'on ne pouvait passer sans défiler* (Retz, *Mém.*, IV, 175). ♦Rompre ses files : *On l'unit et on la sépare* [l'armée romaine] *comme on veut ; elle défile aisément, et se rassemble sans peine* (Boss., *H. univ.*, III, 6).

défluxion n.f. Catarrhe : *Ces bagatelles de rhumatismes et défluxions* (Mol., *Mal. im.*, III, x).

déformité n.f. Laideur (vieilli au XVIIe s. mais préféré par Vaug. à *difformité*) : *La bienséance exige que nous voilions la déformité des choses de l'honnêteté des paroles* (Bouhours, *Entretiens d'Ariste et d'Eugène*).

défrayer v.t. Assurer l'entretien de qqn en payant pour lui : *Le roi et la reine de Danemark vont voir ce comte d'Oldenbourg dans sa comté : il défraye toute cette cour, et sa magnificence surpasse toute principauté* (Sév., 21 juill. 1680). ♦Servir de nourriture, être une ressource pour : *Je veux qu'à mon retour celle-ci* [la tortue] *me défraie* (La Font., *F.*, XII, 15). ♦Fig. Distraire : *Les diverses pensées que nous donna cette boule de safran* [la lune] *nous défrayèrent sur le chemin* (Cyrano, *États et empires de la Lune*, p. 37).

Auj. « dédommager », ou « alimenter, déclencher » (des commentaires, etc.).

dégagement n.m. Escalier dérobé, issue secrète (auj. « partie d'un appartement qui sert de communication d'une pièce à l'autre ») : *Chaque chambre a son dégagement* (Acad. 94). ♦Fig. Ce qui permet de sortir d'une difficulté : *Voilà le mot de l'énigme, voilà le dégagement de tout l'embarras* (Boss., *Serm. sur la Mort*). ♦Détachement : *Il faut avoir l'esprit libre et reposé* [...] *dans un entier dégagement de toutes les expéditions d'affaires épineuses* (Fén., *Tél.*, *in* L.).

Les sens usuels auj. l'étaient également à la fin du XVIIe s.

dégager v.t. Détacher, libérer d'une contrainte ou d'une séduction : *Un cœur tout dégagé de ses trompeurs attraits* (Mol., *Mis.*, 1276). ♦**Dégager sa parole, sa promesse, sa foi,** tenir ses engagements : *Demandons-lui* [à Dieu] *qu'il nous console* [...] *Saint Paul nous l'a promis pour lui ; Il dégagera sa parole* (Corn., *Imit.*, I, 951). – Auj. l'expression a conservé un autre sens, usuel aussi au XVIIe s. : « ne plus se considérer comme lié » : [...] *je ne prétends pas qu'un impuissant courroux Dégage ma parole et m'acquitte envers vous* (Rac., *Brit.*, 302).

Les autres sens actuels étaient également usuels au XVIIe s.

dégénérer v.i. Ne pas suivre la vertu de ses ancêtres : *Il n'y fit pas un pas qui ne fût digne d'un fils de France ; il n'y dit pas une parole qui en dégénérât* (Retz, *Mém.*, III, 159).

Le sens actuel de « s'abâtardir, changer en mal » était également usuel au XVIIe s. : *Le style pompeux dégénère souvent en galimatias* (Fur.).

dégingandé adj. Fig. Décousu, irrégulier : *Vous me donnez un trait en me disant* [...] *qu'on vous a mandé que ma conduite était dégingandée* (Sév., 6 juill. 1670). *J'ai bien peur que notre commerce ne soit bien dégingandé pendant ce voyage* (Sév., 1er mai 1676).

dégorger (se) v.pr. Fig. Se vider : *La foule innombrable de clients ou de courtisans dont la maison d'un ministre se dégorge plusieurs fois le jour* (La Br., IX, 51).

dégoût n.m. Aversion pour toute nourriture (auj. en ce sens seulem. avec un complément) : *Le soir elle eut un grand dégoût Et ne put au souper toucher à rien du tout* (Mol., *Tart.*, 235). *Il n'a plus de fièvre, mais il lui est resté un dégoût étrange* (Acad. 94). ♦Aversion, éloignement à l'égard des personnes (auj. surtout « répugnance à l'égard des choses », sens usuel au XVIIe s. aussi) : *Je m'étonne* [...] *que les modernes aient témoigné* [...] *tant de dégoût pour ce grand poète* [Euripide] (Rac., *Iphig.*, Préf.). ♦Affront, mortification, déboire : *M. de Cou-*

langes a essuyé un violent dégoût : M. Le Tellier [...] *lui donne* [à Bagnols] *une commission qu'il a refusée à M. de Coulanges* [...] *Voilà une mortification sensible* (Sév., 4 déc. 1675). *Mille dégoûts viendront* [...] *Mainte peste de cour fit tant* [...] *Que la candeur du juge, ainsi que son mérite, Furent suspects au prince* (La Font., *F.*, X, 9).

dégoûtant, e adj. Déplaisant : *L'agitation des parties et des plaisirs rend la retraite plus dégoûtante* (Mass., *Car. sur les dégoûts*). *Il y a des gens dégoûtants avec du mérite, et d'autres qui plaisent avec des défauts* (La Roch., *Max.*, 155).

Le sens le plus courant auj. de « répugnant physiquement » était également usuel au XVIIe s. : *Le blanc et le rouge les* [= les femmes] *rend affreuses et dégoûtantes* (La Br., III, 6).

dégoûter v.t. Inspirer de l'aversion, détourner : *Les artifices me dégoûtèrent de Philoclès* (Fén., *Tél.*, *in* L.). *La maladie, la douleur, le cadavre le dégoûtent* [l'homme] *de la connaissance d'un autre monde* (La Br., XVI, 32).

Les sens actuels du v.t. et du v.pr. étaient également usuels au XVIIe s.

dégradation n.f. Destitution : *Cette sacrilège dégradation d'un archevêque par un tribunal laïque* (Retz, *Mém.*, V, 120).

Auj. restreint au vocabulaire militaire en ce sens. Les autres sens actuels étaient également usuels au XVIIe s.

dégrader v.t. Destituer, priver d'un titre, d'un emploi (auj. ne se dit plus que des militaires à qui l'on retire leur grade) : [Rome] *vous dégraderait peut-être dès demain Du titre glorieux de citoyen romain* (Corn., *Nic.*, 162). *Le temps de ce changement est désigné par un caractère certain, et trois pasteurs, c'est-à-dire, selon le style ancien, trois princes dégradés en un même mois, en marquent le commencement* (Boss., *H. univ.*, II, 10). ♦ Ruiner, dilapider : *Dégrader un héritage* (Acad. 94).

Le sens actuel de « détériorer (qqch) » était également usuel au XVIIe s. : *Il a laissé dégrader ces bâtiments faute d'entretenir les couvertures* (Fur.).

degré n.m. Marche d'escalier : *À quatre ou cinq degrés de leur chambre, ils trouvèrent un valet de l'hôte* (Scarr., *Rom. com.*, I, 17). ♦ Escalier : *Ils trouvent un petit degré pratiqué dans l'épaisseur d'un mur : ce degré conduisait au rempart* (Rac., *Camp. L. XIV*). ♦ Grade militaire, échelon dans une carrière : [Gassion] *était passé par tous les degrés de la milice* [armée] (Du Buisson, *Turenne*, 3). ♦ Grade universitaire : *Les degrés qu'on donne dans l'Université sont celui de maître ès arts, celui de bachelier, celui de licencié, celui de docteur* (Acad. 94). ♦ Situation, dignité : *Vous voyez donc, mon père, que le degré éminent où sont les papes ne les exempte pas de la surprise* (Pasc., *Prov.*, XVIII).

Les sens courants auj. l'étaient également tous à la fin du XVIIe s.

déguiser v.t. Défigurer (auj. il a conservé le sens de « donner l'apparence d'une personne ou d'une chose différente ») : *Cette blessure qu'il a reçue au visage l'a tout déguisé* (Fur.). ♦ **Habit déguisé,** déguisement : *Il était sorti de Paris, en habit déguisé* (Retz, *Mém.*, III, 248).

Les sens actuels du v.t. et du v.pr. étaient également usuels au XVIIe s.

dehors adv. employé comme prép. (v. DEDANS) : *J'en voyais et dehors et dedans nos murailles* (Rac., *Théb.*, 352). ♦ **Être dehors de,** être sorti de : *Ma grande santé* [...] *fut attaquée d'un cruel rhumatisme dont je ne suis pas encore dehors* (Sév., 1er mars 1676).

◆ n.m. Façade, communs, jardin d'une maison : *C'est une fort belle maison, un peu trop grande pour le train que j'y destine ; elle a de fort beaux dehors* (Maintenon, *Lettre*, 5 févr. 1675). ♦ Fortifications d'une place : *Valenciennes* [...] *était défendue par un grand nombre de dehors* (Rac., *Camp. L. XIV*). ♦ Extérieur : *Elles* [les troupes] *passèrent* [...] *par le dehors de Paris* (La Roch., *Mém.*, II, 402).

déjà adv. Dans une proposition négative, jusqu'à maintenant, encore : *Je ne veux pas vous faire pitié, puisque vous n'en avez déjà pas eu pour moi* (Rac., *Lettre Le Vasseur*, 26 janv. 1661).

delà Employé comme prép. au sens de de l'autre côté, par-delà : *Les troupes du Roi donnèrent à M. le Prince le temps de se retirer, delà l'eau* (La Roch., *Mém.*, II, 316). – Cet emploi est autorisé par Vaug. et l'Acad. (v. DEDANS). ♦ Employé comme adverbe, mais rarement : *Les Provinces de delà* (Retz, *Mém.*, IV, 169). ♦ **En delà,** plus loin : *La pensée que vous aviez de vous éloigner toujours, et de voir que ce carrosse allait toujours en delà* (Sév., 11 févr. 1671).

délai n.m. Retard : *Le délai* [...] *dans le commencement des grandes affaires, est toujours dangereux* (Retz, *Mém.*, II, 147). *Ce délai de nos maux rendra leurs coups plus rudes* (Corn., *Hor.*, 835).

Les sens actuels étaient également usuels au XVIIe s.

délayer v.t. Remettre à plus tard : *Ces pensées qui m'ont occupée m'ont éloigné et délayé celles que j'avais apportées de Provence* (Sév., 27 oct. 1673).

délecter v.t. Charmer : *Ils* [les prédicateurs] *doivent rechercher* [...] *non des brillants qui égaient, ni une harmonie qui délecte* (Boss., *S. sur la Parole de Dieu*).

Auj. seulement à la forme pronominale *se délecter*, prendre plaisir, emploi usuel au XVIIe s. également.

délibéré adj. Hardi, résolu : *Je trouve plaisant que Mme de Bagnols, qui a laissé ce petit garçon enfant, le retrouve un homme de guerre, tout accoutumé, tout délibéré, tout hardi* (Sév., 5 juin 1689) ; et comme nom : *Je sais des officiers de justice altérés Qui sont pour de tels coups de vrais délibérés* (Mol., *Ét.*, 1670).

Auj. en parlant des choses : « intentionnel, fait en connaissance de cause ».

délibérer v.t. Décider après examen (auj. v. t. ind. *délibérer de*) : *Le hasard fait ce que la prudence des pères avait délibéré* (Mol., *Fourb.*, III, VIII).

◆ **se délibérer,** se proposer de (vieilli au XVIIe s.) : *Un certain livre fort nouveau* [...] *que je me délibérais d'acheter* (Sorel, *Franc.*, V).

Les emplois intrans. actuels aux sens de « tenir conseil » et « peser le pour et le contre » étaient également usuels au XVIIe s.

délicat, e adj. D'une sensibilité excessive en matière de goût, de plaisir : *Point de chardons pourtant ; il s'en passa pour l'heure. Il ne faut pas toujours être si délicat* (La Font., *F.*, VIII, 17) ; et comme n.m. : *Les délicats sont malheureux : Rien ne saurait les satisfaire* (La Font., *F.*, II, 1). *Va chez ces délicats qui n'ont soin que d'unir Le choix des voluptés aux moyens d'y fournir* (Corn., *Imit.*, III, 1358). *Les délicats de la terre, qui ont, disent-ils, les oreilles fines, sont offensés de la dureté de son style irrégulier* [de saint Paul] (Boss., *Panég. St Paul*). ♦Susceptible, ombrageux : *Tout ce qui blessait ou semblait blesser l'égalité que demande un État libre devenait suspect à ce peuple délicat* (Boss., *H. univ.*, III, 6). ♦Ténu, imperceptible : *Qu'il s'étonne de ce que ce vaste tour* [décrit par le soleil] *lui-même n'est qu'une pointe très délicate à l'égard de celui que les astres qui roulent dans le firmament embrassent* (Pasc., *Pensées*).

Les sens actuels étaient également usuels au XVIIe s.

délicatesse n.f. Raffinement, confort, mollesse : *Chacun, idolâtre de sa santé, ne veut avoir égard qu'à sa délicatesse ou, pour mieux dire, qu'à sa mollesse* (Bourd., *Purif. de la Vierge*). ♦Affectation d'une personne difficile à contenter : *J'ai une délicatesse furieuse pour tout ce que je porte, et jusqu'à mes chaussettes, je ne puis rien souffrir qui ne soit de la bonne ouvrière* (Mol., *Pr. rid.*, sc. IX). ♦Susceptibilité ombrageuse : *L'amour de la liberté poussé jusqu'à un excès et une délicatesse insupportable* [...] (Boss., *H. univ.*, III, 7). ♦Finesse exquise (en parlant des choses) : *Le dîner de M. de Valavoire effaça entièrement le nôtre, non pas par la quantité des viandes, mais par l'extrême délicatesse* (Sév., 4 mars 1672).

Les sens actuels étaient également usuels au XVIIe s.

délices n.f. pl. Volupté, luxe raffiné, débauche : *Il était sous Néron de toutes ses délices* (Corn., *Oth.*, 606). ♦Personne ou animal tendrement aimé : *Une petite chienne qui était les délices de son maître* (La Font., *Vie d'Ésope*).

L'emploi de ce mot au masc. sing. est jugé bas par Vaug., mais approuvé par l'Acad. Auj. au plur. seulement dans la langue littéraire, au sens, courant au XVIIe s., de « plaisir qui ravit » ; au sing. masc., signifie, comme au XVIIe s., « grand plaisir » : *Les uns font leurs délices du jeu, les autres de l'étude* [...] *C'est un délice de boire frais* (Fur.).

délicieux, euse adj. Voluptueux, livré aux plaisirs : *Notre siècle délicieux ne peut souffrir votre dureté* (Boss., *Panég. St Paul*). *Passa M. de Duras à qui Rose cria à l'aide de dessous son cheval au milieu du bourbier. M. de Duras* [...] *mit la tête à la portière, et, pour tout secours, se mit à rire et à crier que c'était là un cheval bien délicieux, de se rouler ainsi sur les « roses »* (Saint-Simon, 1701).

Le sens actuel de « extrêmement agréable au goût, aux sens, etc. » était également usuel au

XVIIe s. : *Des vins, des mets délicieux* [...] *La vie éternelle sera une vie délicieuse* (Fur.).

délié, e adj. Mince : *Cette coiffe est un peu trop déliée ; j'en vais quérir une plus épaisse* (Mol., *Pourc.*, III, II). ♦ Fin : [Onuphre] *porte des chemises très déliées, qu'il a un très grand soin de bien cacher* (La Br., XIII, 24). ♦ Fig. Léger, presque imperceptible : *Cette erreur est si déliée que, pour peu qu'on s'en éloigne, on se trouve dans la vérité* (Pasc., *Prov.*, III). ♦ Subtil, habile (encore auj. dans *un esprit délié,* etc.) : *La politique la plus profonde, la plus déliée et la plus artificieuse* [...] (Retz, *Remontrances au Roi*, V, 301).

délogement n.m. Déménagement : *Ces jours de loisir nous ôtent tout l'embarras et tout le désordre du délogement* (Sév., 20 oct. 1677).

déluge n.m. Fig. Foule, grande affluence : *Ce déluge d'Allemands se répandit de tous côtés* (Rac., *Camp. L. XIV*).

Auj. seulement en parlant de choses : *déluge de feu, de paroles,* etc.

démanchement n.m. Fig. Désorganisation, dislocation : *Le gros du peuple, qui est ferme, fait que l'on ne s'aperçoit pas encore de ce démanchement* (Retz, *Mém.*, II, 269).

demander v.t. Pouvait se construire avec la préposition *de* suivie de l'infinitif comme de la préposition *à,* seule usuelle auj. quand l'infinitif a le même sujet que *demander : Il est à croire qu'elle demanda de le voir* (La Font., *Psyché*, I).

démangeaison n.f. Envie, désir violent (dans un style relevé ; auj. familier au figuré) : *Vaine démangeaison de la guerre civile Qui partagiez naguère et la cour et la ville* (Corn., *Sur le sonnet d'Uranie et de Job*, 9).

démarche n.f. Marche, parcours, pas : [Le Roi] *pénètre dès sa première démarche jusque dans le cœur d'une province* (La Font., *Épître dédic.*). *À peine la lumière Avait franchi du seuil la démarche première* (La Font., *Captiv. St Malo*). ♦ Manière d'agir, comportement : *Jamais un mouvement de colère ne lui a fait faire une fausse démarche* (Rac., *Camp. L. XIV*).

Les sens actuels de « manière de marcher », « tentative faite auprès de qqn pour obtenir qqch » étaient également usuels au XVIIe s. : *Je l'ai vu, son même air, son même habit de lin, Sa démarche, ses yeux, et tous ses traits enfin ; C'est lui-même* (Rac., *Ath.*, 538). *Le prince de Condé fit quelques démarches qui n'eurent aucun effet* (Boss., *in* L.).

démarier (se) v.pr. Divorcer : *Le Roi* [...] *parut quasi résolu de se démarier pour épouser la Reine ma mère* (La Fayette, *Clèves*, I).

démêlé, e adj. Clair : *Ce fut un songe admirable, de ceux que Dieu même fait venir du Ciel par le ministère des anges, dont les images sont si nettes et si démêlées, où l'on voit je ne sais quoi de céleste* (Boss., *O. f. Anne de Gonzague*).

Les sens actuels étaient également usuels au XVIIe s.

démêlement n.m. Action de débrouiller ce qui est confus : *Enfin nous verrons la suite, et le beau démêlement de toute cette intrigue* (Sév., 14 sept. 1689). ♦ Dénouement d'une intrigue : *Tant y a qu'il se fait avec surprise et qu'ainsi l'intrigue ni le démêlement ne manquent point à cette pièce* (Sentim. Acad. sur « le Cid »).

démêler v.t. Séparer, discerner (auj. « débrouiller », en général sans autre complément que d'objet direct) : [...] *c'est mal démêler le cœur d'avec le front Que prendre pour sincère un changement si prompt* (Corn., *Rodog.*, 1401). ♦ Reconnaître, distinguer : *Je démêlai mon fils dans le tourbillon, nous nous embrassâmes de bon cœur* (Sév., 11 mai 1689). ♦ Délivrer : *Tant plus grande notre affliction aura été, tant plus serons-nous redevables à celui qui nous en aura démêlés* (Malh., *Bienf.*, I, 11). ♦ Terminer, régler : *Pour démêler entre eux tout ce différend-là* (La Font., *Contes*, II, 13).

◆ **se démêler,** se débrouiller, se tirer ; réussir adroitement : *Et qui fait les rois parmi vous ? – Voilà un acteur qui s'en démêle parfois* (Mol., *Impr.*, sc. I). *Près du sexe, je sais me démêler d'intrigue* (Regnard, *Joueur*, 514). ♦ Se dégager : *L'inexorable envie D'affronter les périls au mépris de sa vie, Lorsque de sa grandeur il peut se démêler* (Corn., *Poés. div.*, 191). ♦ **Se démêler d'avec qqn,** se détacher, s'éloigner de lui : *Florame en est de même, il meurt de lui parler ; Et s'il peut d'avec moi jamais se démêler, C'en est fait, je la perds* (Corn., *Suiv.*, 332).

démenti n.m. **Avoir, en avoir le démenti,** éprouver le désagrément d'échouer dans une entreprise : *Il y allait de son honneur de n'avoir* *pas le démenti* (Rac., *P.-R.*, II). *J'y suis trop engagé pour en avoir le démenti* (Mol., *Sicil.*, sc. IV).

démentir v.t. Désavouer qqn, renier : *Il courut démentir une mère infidèle* (Rac., *Mithr.*, 471). ♦Agir contrairement à qqch : *Avant que je m'abaisse à démentir mon rang* (Corn., *Cid*, 92). *Un homme qui sait la cour* [...] *dément son cœur, parle, agit contre ses sentiments* (La Br., VIII, 2).

◆ **se démentir,** cesser de montrer les qualités dont on a fait preuve, s'abaisser (auj. il ne se dit plus que des choses) : *Tu te démens bien tôt de tes bons sentiments* (Mol., *Sgan.*, 633). *Qu'à des pensers si bas je puisse consentir, Que jusque là ma gloire ose se démentir* (Corn., *Pol.*, 1060). ♦S'abîmer, se dégrader : *Ce qui en reste, qui est une tour fort haute, ne se dément point, bien qu'on en ait ruiné un côté* (La Font., *Lettre*, 30 août 1663).

Les sens actuels étaient également usuels au XVIIe s.

démérite n.m. Perte de dignité : *Quand on le verra* [le duc de Rohan] *sans saint-esprit, ce sera un rabaissement ; car du moins il ne faut pas ne l'avoir point, c'est un démérite à un duc et pair* (Sév., 23 oct. 1689).

démériter v.t. Mériter la perte de : *Il* [Paulin, évêque de Nole] [...] *mérita et démérita l'amitié et l'estime de saint Augustin* (Sév., 25 juin 1690).

Auj., toujours intrans., signifie « agir de façon à encourir la désapprobation », emploi usuel au XVIIe s. aussi : *Quand il a fait cette action, il n'a pas cru démériter envers vous* (Fur.).

démettre v.t. **Être démis,** être révoqué, destitué (sans complément qui indique l'emploi ou la fonction) : *Il fut démis, et l'on tomba d'accord Qu'à peu de gens convient le diadème* (La Font., *F.*, VI, 6)

demeurant n.m. Ce qui reste, subsiste (vieux selon Acad. 94. L'expression *au demeurant,* auj. littér., était déclarée vieillie par Vaug., et hors d'usage par l'Acad. en 1704). *La divinité* [...] *écarte tantôt un mortel, et tantôt un autre, et se moque du demeurant* (La Font., *Contes*, V, 6). *Le demeurant des rats tint chapitre en un coin* (La Font., *F.*, II, 2).

demeure n.f. Retard, délai : *Oui, sans plus de demeure, Pour l'intérêt des dieux, je consens qu'elle meure* (Corn., *Théod.*, 631). ♦**Faire demeure,** rester, séjourner : *Il n'a jamais aux champs fait si longue demeure* (La Font., *Eunuque*, III, VI). ♦**Être, se trouver en demeure,** être en retard (auj. *en demeure* signifie encore « légalement responsable de son retard », d'où *mettre en demeure de,* sommer d'exécuter sans retard) : *Nous ne pouvons dire encore qu'elle* [la Bulle] *soit en demeure* (Retz, *Lettre M. de Lionne*, 19 janv. 1666) ; ne pas s'être acquitté en temps voulu de toutes ses obligations ; rester endetté : *Je me trompe en doutant de tout, et je suis en demeure à l'égard de la vérité qui se présente à moi* (Fén., *Exist. de Dieu*). ♦Place : *N'eussiez-vous pas mieux fait De le* [le trésor] *laisser chez vous en votre cabinet, Que de le changer de demeure* (La Font., *F.*, IV, 20). ♦Séjour : *C'est à Lyon qu'il* [le marquis de Villeroi] *est exilé ; cette demeure n'est pas odieuse pour lui, pourvu qu'elle ne soit pas longue* (Sév., 10 févr. 1672).

Le sens, courant auj., de « habitation permanente » était également le plus usuel au XVIIe s. : *Croirai-je qu'un mortel, avant sa dernière heure, Peut pénétrer des morts la profonde demeure ?* (Rac., *Ph.*, 390). *Le Scythe, retourné dans sa triste demeure* [...] *prescrit à ses amis Un universel abatis* (La Font., *F.*, XII, 20).

demeurer v.i. Pouvait se conjuguer avec l'auxiliaire *avoir* (auj. *être*) : *Pour moi j'ai demeuré dans le silence* (Boil., *Lettre Racine*, oct. 1697). ♦S'arrêter, ne pas pouvoir continuer, être pris, rester pour compte : *Un de mes beaux chevaux demeura dès Palaiseau* (Sév., 23 mai 1671). *Où la guêpe a passé, le moucheron demeure* (La Font., *F.*, II, 16). [...] *faute de servir ce plat, Rarement un festin demeure* [est laissé pour compte par les ânes] (La Font., *F.*, VIII, 17). ♦Ne pas se faire : *Les soins publics seraient abandonnés ; les affaires demeureraient* (Mass., *Petit Car. sur les Écueils*, *in* L.). ♦Tarder : *Il demeura longtemps à venir* (Acad. 94). ♦S'attarder, passer du temps : *Quoiqu'il demeurât longtemps à chercher l'explication* [d'une inscription] (La Font., *Vie d'Ésope*). *Vous saurez Que je n'ai demeuré qu'un quart d'heure à le faire* [le sonnet] (Mol., *Mis.*, 313). ♦Subsister, rester ferme : *Les critiques se sont évanouies ; la pièce est demeurée* (Rac., *Brit.*, 2e préf.). ♦**Demeurer à qqch,** y rester fidèle, s'y tenir : *Au choix de ses États elle* [la Reine] *veut demeurer* (Corn., *D.S.*, 280). ♦**Demeurer à** suivi de l'infinitif, attendre de : *Ceux-là demeureront à être pourvus une autre fois* (Sév., 27 janv. 1692). ♦**Demeurer à faire,** être différé : *Un ami qui fit au lieu de son époux une besogne qui ne pouvait pas demeurer à faire* (Sorel,

Franc., II). ♦ **Demeurer d'accord de,** admettre, accepter : *Elle est fort heureuse du parti qu'on lui offre, et dont elle est demeurée d'accord : c'est de se taire très religieusement* (Sév., 6 févr. 1671).

Les locutions et les sens actuels étaient également usuels au XVIIe s.

demi adj. S'accordait parfois, quelle que fût la construction (Vaug. voulait déjà qu'on fît la distinction auj. observée : *une demi-heure* et *une heure et demie*) : *Ceux-là ne sauraient t'entretenir demie-heure sans te dire cent fois que le Roi arme puissamment* (Balz., *Lettre Hydaspe*, 1er janv. 1624). ♦ **Sans... ni demi,** sans aucune espèce de, sans le moindre (expression familière) : *Cette infâme Dont le coupable feu* [...] *Sans respect ni demi nous a cocufié* (Mol., *Sgan.*, 352). [...] *Que j'aille m'affliger sans sujet ni demi* (Mol., *Dép. am.*, 60).

demi-ceint n.m. Ceinture d'argent portée par les femmes de condition inférieure : *La belle mit son corset des bons jours, Son demi-ceint, ses pendants de velours* (La Font., *Contes*, II, 15).

demoiselle n.f. Fille ou femme de gentilhomme de moyenne naissance (ce mot s'est appliqué aussi à des femmes de la bourgeoisie qui affectaient une certaine distinction) : *Les femmes de mes deux grands-pères étaient demoiselles et il y avait du « de » à leur surnom* (Scarr., *Rom. com.*, III, 10). *Quoique leurs âmes soient également précieuses à Dieu, il faut pourtant que l'instruction soit plus étendue pour une demoiselle que pour une fille de vigneron* (Maintenon, *Lettre Mme de la Viefville*, janv. 1715). ♦ **Demoiselle (suivante),** suivante (cf. auj. *demoiselle d'honneur*) : *Les demoiselles suivantes sont les confidentes de leurs maîtresses* (Fur.).

Le sens actuel de « femme célibataire » était déjà usuel au XVIIe s. : *Ces deux belles demoiselles sont filles d'un marchand* (Fur.).

démon n.m. Génie bon ou mauvais : *Un* [follet] [...] *Cultivait le jardin d'un assez bon bourgeois* [...] *Dieu sait si les zéphirs, Peuple ami du démon, l'assistaient dans sa tâche !* (La Font., *F.*, VII, 6). *O Ciel ! quel bon démon devers moi vous envoie, Madame ?* (Corn., *Hér.*, 1555). *De quel démon est donc leur âme travaillée ?* (Mol., *Dép. am.*, 338). ♦ Puissance, force spirituelle (auj. seulement littéraire) : *Deux démons à leur gré partagent notre vie* [...] *J'appelle l'un amour, et l'autre ambition* (La Font., *F.*, X, 9).

Les sens actuels de « esprit du mal, mauvais génie » et « personne méchante » sont déjà usuels au XVIIe s. : *Jésus-Christ chassait les démons des corps des possédés* [...] *Quand cet homme est en furie, c'est un démon* (Fur.).

démonter v.t. Désorganiser, mettre hors de combat : *Les nouvelles batteries démontèrent* [...] *le canon* [= l'artillerie] *des assiégés* (Rac., *Siège de Namur*). ♦ Fig. Déranger, troubler : *Marque d'un cerveau démonté, et d'une raison dépravée, que de ne vouloir pas guérir* (Mol., *Pourc.*, II, I). ♦ Contrefaire, contraindre à une attitude : *Il est vrai que j'étais de méchante humeur* [...] *Je n'eus pas la docilité de démonter mon esprit pour vous écrire. Je trempai ma plume dans mon fiel* (Sév., 6 juill. 1670).

Les sens actuels étaient également usuels au XVIIe s.

déniaisé, e adj. Fin, subtil : *Trois gentilshommes déniaisés étaient avec moi qui le testonnaient* [= frappaient] *bravement* (Sorel, *Franc.*, II).

Auj., fam., « qui a perdu son innocence un peu sotte ».

dénicher v.i. Partir, décamper (vieilli auj.) : *Je suivrai mon dessein, bête trop indocile, Et vous dénicherez à l'instant de la ville* (Mol., *Éc. des f.*, 1609). *La nuit commence à dénicher ; Enfants, voici l'aube* (Saint-Amant, *le Passage de Gibraltar*, 64).

Les sens actuels du v. t., « enlever d'un nid » et « faire sortir de sa cachette », étaient usuels au XVIIe s. Auj., il signifie aussi, fam., « découvrir à force de recherches ».

denier n.m. Monnaie de cuivre valant 1/12 du sol (v. MONNAIE). ♦ Argent en général (au sing. ou au plur.) : *Quatre ou cinq mille écus est un denier considérable* (Mol., *Pourc.*, III, VII). *Je crois voir en ceci l'image d'une ville Où l'on met les deniers à la merci des gens* (La Font., *F.*, VIII, 7). ♦ **À deniers comptants, à beaux deniers comptants,** contre argent comptant : *Le pouvoir de protéger l'innocence, de punir le crime* [...] *acheté à deniers comptants, comme une métairie* (La Br., I, 22). *Votre procureur s'entendra avec votre partie et vous vendra à beaux deniers comptants* (Mol., *Fourb.*, II, VIII). ♦ Taux de l'intérêt : *L'argent à tout denier se prêta sans usure* (Boil., *Sat.*, XII, 290) ; le denier vingt, c'est un denier pour vingt, soit 5 p. 100 ; le denier dix, c'est 10 p. 100, etc. : *Il y a des âmes sales,* [...] *curieuses et avides du denier dix* (La Br., VI, 58).

♦Taux de l'impôt, et par extens. administration de l'impôt : *Son mari est entré dans le huitième denier* (La Br., VI, 16). ♦Poids valant le 1/24 de l'once, soit 1,273 g (v. POIDS). ♦**Denier de fin** ou simplement **denier,** titre d'un métal précieux (c'est le nombre de douzièmes de métal pur contenu dans un alliage).

dénier v.t. Nier absolument, refuser de reconnaître (auj. restreint à quelques expressions : *dénier le droit de, dénier toute responsabilité*) : *Philotas dénia le crime* (Vaug., *Q. C., in* Richelet). *Il mène avec lui des témoins,* [...] *afin qu'il ne prenne pas un jour envie à ses débiteurs de lui dénier sa dette* (La Br., *Théophr.*, 18). *Je ne puis dénier que la règle des vingt et quatre heures presse trop les incidents de cette pièce* (Corn., *Cid*, Exam.). ♦Ne pas accorder : *Pour obtenir des vents que le ciel vous dénie* (Rac., *Iphig.*, 61).

dénoncer v.t. Déclarer officiellement, publier : *Les dieux à mes forfaits ont dénoncé la guerre* (Corn., *Mél.*, 1307). *Crésus, roi des Lydiens, fit dénoncer à ceux de Samos qu'ils eussent à se rendre ses tributaires* (La Font., *Vie d'Ésope*). ♦Annoncer, notifier : *Il leur dénonce de rigoureux châtiments* (Boss., *H. univ.*, II, 4).

Le sens courant d'auj., « faire connaître comme coupable (qqn ou qqch) », était également usuel au XVIIe s. : *On a dénoncé au procureur général cette conspiration. C'est une grande trahison de dénoncer son ami* (Fur.).

dent n.f. **Avoir les dents longues,** rester affamé après un long jeûne (auj. l'expression signifie « être très ambitieux ») : *On a le temps d'avoir les dents longues lorsqu'on attend, pour vivre, le trépas de quelqu'un* (Mol., *Méd. m. lui*, II, II). ♦**Malgré ses dents, en dépit de ses dents,** quelque dépit qu'il en ait, malgré lui : *Toi qui viens d'entrer là-dedans, Qui bats les gens malgré leurs dents* (Scarr., *Jod. duel.*). *Ils m'ont fait médecin malgré mes dents* (Mol., *Méd. m. lui*, III, I). ♦**N'en casser, n'en tâter que d'une dent,** n'en pas avoir : *Faites moins la sucrée, et changez de langage, Ou vous n'en casserez, ma foi, que d'une dent* (Corn., *Ment.*, 1415).

déparler v.i. Cesser de parler (familier selon Fur., il ne s'employait que dans les phrases négatives) : *Elle* [...] *ne déparle point tant qu'on a de l'attention pour elle* (Scarr., *Rom. com.*, II, 10).

département n.m. Partage : *Des riches qui* [...] *crièrent hautement qu'on innovait un département d'héritages qui allait mettre la république en combustion* (Saint-Réal, *Conjur. des Gracques*). ♦Logement attribué à des militaires, des courtisans ; appartement, partie d'une habitation : *Ce régiment a obtenu cette année un bon département pour passer son quartier d'hiver* (Fur.). *Quant à toi, gros Louvre effroyable, Pour adieu je te donne au diable* [...] *Pour les niches, pour les tourments Que dans tous tes départements On m'a faits depuis tant d'années* (Saint-Amant, *le Poète crotté*, 220).

Des deux sens actuels, « ce qui est du ressort d'un ministre, etc. » et « partie du territoire placée sous l'autorité d'un préfet », le premier était usuel au XVIIe s. : *Un tel secrétaire d'État* [...] *a dans son département la Marine* [...], *la Maison du Roi* [...] (Fur.).

départir v.t. Partager, distribuer (auj. seulement littér., au sens restreint de « attribuer ») : *Ce que chacun d'eux devait porter pour la commodité du voyage fut départi* [aux esclaves] *selon leur emploi et selon leurs forces* (La Font., *Vie d'Ésope*).

◆ **se départir de,** partir, se retirer de (sens blâmé par Malh.) : [...] *s'il ne se départ D'une place chez nous par surprise occupée* (Corn., *Veuve*, 1082). ♦Renoncer à, suivi de l'infinitif ou d'un nom (auj. seulement avec un nom complément exprimant une attitude : *sans se départir de son calme, de son flegme*, etc.) : *Tu ne t'es pas départi d'y prétendre ?* (Mol., *Av.*, IV, V). *La partie adverse s'est départie d'une requête qu'elle avait présentée* (Fur.).

dépayser v.t. Faire passer qqch d'un lieu dans un autre (auj. « faire changer une personne de milieu, de pays, la désorienter ») : *J'ai entièrement dépaysé les sujets pour les habiller à la française* (Corn., *Ment.*, Av. au lecteur).

dépêche n.f. Lettre, missive : *Les dernières dépêches que j'ai eu l'honneur de vous envoyer et que j'ai écrites du style le plus sérieux* [...] (La Br., *Lettre Pontchartrain*, 16 juill. 1695). *Il* [César] [...] *faisait à la fois quatre dépêches sur quatre matières différentes* (La Font., *Lettre Bouillon*, nov. 1687).

Le XVIIe s. connaissait aussi le sens actuel : « [communication] qu'on envoie en diligence, par un courrier exprès, pour quelque affaire d'État ou quelque autre chose importante » (Fur.).

dépêcher v.t. Exécuter rapidement : *Après la matière principale, dépêchons ce qui en approche* (Malh., *Bienf.*, V, 1). *Il faut dépêcher cet ouvrage* (Acad. 94). ♦ Se débarrasser de, tuer : *Oui j'ai juré sa mort ; rien ne peut m'empêcher ; Où je le trouverai, je le veux dépêcher* (Mol., *Sgan.*, 21).

◆ v.i. Envoyer des lettres, des messagers : *M. le Prince de Conti nous assura même que M. de Longueville, à qui l'on dépêcha à l'instant, l'agréerait au dernier point* (Retz, *Mém.*, II, 447). ♦ Se hâter (auj., en ce sens, on emploie *se dépêcher,* comme on pouvait déjà le faire au XVIIe s.) : *Dépêchons seulement d'aller vers ces amants* (Corn., *Veuve,* 1781).

Le sens actuel du v. t., « envoyer [qqn] en hâte pour porter un message », était également usuel au XVIIe s. : *On a dépêché un courrier à l'Ambassadeur* (Fur.).

dépendamment (de) adv. D'une manière subordonnée (à) : *Penser dépendamment du corps* (Retz, *Réplique Dom Robert,* IX, 249).

dépendant, e adj. Soumis : *Cette âme si superbe est enfin dépendante* (Rac., *Ph.*, 538).

◆ n. m. **Un dépendant,** un sujet, un vassal : *Notre Prince a des dépendants Qui de leur chef sont si puissants Que chacun d'eux pourrait soudoyer une armée* (La Font., *F.*, I, 12).

Le sens actuel de *dépendant de* : « subordonné à », était également usuel au XVIIe s. : *Tous les gens de couleurs* [les laquais] *sont dépendants de l'écuyer* (Fur.).

dépens n.m.pl. **Aux dépens de,** aux frais de : *Quelques faibles décrets, tel que celui qui retrancha au tribun une tente aux dépens du public* [...] (Saint-Réal, *Conjur. des Gracques*) ; et l'infinitif, en supportant le dommage de : *Vous savez la part qu'il prend à tous vos intérêts, aux dépens d'être haï* (Sév., 27 oct. 1673).

Le sens fig. actuel de « au préjudice de » était également usuel au XVIIe s. : *Hippolyte est heureux qu'aux dépens de vos jours Vous-même en expirant appuyiez ses discours* (Rac., *Ph.*, 875). *Aux dépens de mon sang satisfaites Chimène* (Corn., *Cid,* 729).

dépérir v.i. Se détériorer, se gâter : *Ma machine n'est point encore entamée ni dépérie* (Sév., 22 juill. 1685). *Considérant que les choses dépérissaient tous les jours, et qu'à la fin il ne serait plus temps d'y remédier* [...] (Du Buisson, *Turenne,* 4).

Le sens actuel de « s'affaiblir, s'acheminer vers sa destruction », surtout en parlant d'êtres vivants, était également usuel au XVIIe s. : *Les chevaux entre les mains d'un mauvais cocher dépérissent* (Fur.).

dépit n.m. Irritation violente, ressentiment profond : *Lorsque le Roi, contre elle enflammé de dépit, La chassa de son trône ainsi que de son lit* (Rac., *Esth.*, 33). ♦ **Faire dépit,** irriter : *Je tiens mon affaire bonne, à moins que pour me faire dépit, elle* [la présidente Baillet] *eût la malice de mourir demain* (Sév., 9 août 1678). ♦ **En dépit qu'on en ait,** malgré soi : *Tu me forces à rire en dépit que j'en aie* (Corn., *Pl. R.*, 138).

Le sens actuel de « mécontentement causé par une déception, une blessure d'amour-propre » était également usuel au XVIIe s. : *Molière a fait une belle comédie du* Dépit amoureux (Fur.).

dépiter v.t. Irriter, contrarier, décevoir vivement (auj. sens plus faible : « chagriner, désappointer ») : *Mais à l'offre des vœux d'un amant dépité Trouvez-vous, je vous prie, entière sûreté ?* (Mol., *F. sav.*, 109). *Il s'est dépité de ce que vous lui avez dit là* (Acad. 94). ♦ Défier, braver (vieilli au XVIIe s.) : *Je dépite l'Envie, et les traits qu'elle tire, Ma constance et ma foi bravent sa cruauté* (Tr. L'Hermite, *les Secrètes Consolations*).

déplaisir n.m. Profonde douleur, désespoir : *Ah ! cruels déplaisirs à l'esprit d'une amante !* (Corn., *Cid,* 1165). *Jugez à quelle rage ira son déplaisir* (Corn., *Théod.*, 1530). *Mais, dis-moi, me veux-tu faire mourir de déplaisir ?* (Mol., *Am. méd.*, I, II). ♦ Mal, malheur : *Vous en avez reçu de grands déplaisirs* (Acad. 94).

Auj. sens affaibli : « contrariété, mécontentement », surtout employé dans des locutions adverbiales : *avec déplaisir, à mon grand déplaisir,* etc.

déplier v.t. Fig. Ouvrir ce qui était fermé, déployer : [Nous avons] *Si doucement à lui déplié ces mystères* (Mol., *Dép. am.*, 1613). *C'est ainsi que Dieu* [...] *dépliera les cieux devant ces millions de réprouvés* (Mass., *Car. sur le Mauvais Riche, in* L.).

déplorable adj. Digne de compassion, de pitié : *Prenez quelque pitié d'un amant déplorable* (Corn., *Tite et Bér.*, 815). *Déplorable héritier de ces rois triomphants, Okosias restait seul avec ses enfants* (Rac., *Ath.*, 149).

Auj. « fâcheux, très médiocre ».

déploré, e adj. Perdu, désespéré : *Je vous aurais peut-être alors considéré Plus que ne m'a permis un sort si déploré* (Corn., *D. S.*, 812). *La santé du roi était déplorée* (La Roch., *Mém.*, II, 472).

déplorer v.t. Plaindre, se lamenter sur (usuel surtout en poésie) : *Alors qu'on les déplore, ils s'estiment heureux* (Corn., *Hor.*, 801). *Infortunés tous deux, dignes qu'on vous déplore* (Rac., *Théb.*, 1257).

Auj. « regretter vivement », avec un nom de chose comme complément.

déport n.m. **Sans déport,** sans délai, sans retard (vieilli au XVIIe s.) : *Une bonne amende que je vous ferais payer sans déport* [...] (Fur., *Rom. bourg.*, II). *Il fut condamné à payer sans déport* (Acad. 94).

déportements n. m. pl. Conduite bonne ou mauvaise, genre de vie (auj. toujours péjoratif, « mœurs dissolues ») : *Les mauvais déportements des jeunes gens viennent le plus souvent de la mauvaise éducation que leurs pères leur donnent* (Mol., *Fourb.*, II, I). *Ce valet est estimé par son maître à cause de ses bons déportements* (Fur.).

déporter (se) v.pr. S'abstenir, se désister, renoncer à : *Mais si cela choque vos intérêts* [...] *je me déporte de vous en solliciter* (Chap., *Lettres*, I, 435). *Se déporter de ses prétentions. Se déporter d'une accusation qu'on a intentée* (Acad. 94).

déposer v.t. **Déposer son cœur,** confier tous ses sentiments : *Enfin j'ai déposé mon cœur à M. d'Uzès et ne me suis démentie en rien* (Sév., 6 avr. 1672).

dépouille n.f. Habits, vêtements : *Il est assez de geais à deux pieds comme lui Qui se parent souvent des dépouilles d'autrui* (La Font., *F.*, IV, 9). ♦Succession, héritage : *Tout l'empire n'est plus la dépouille d'un maître* (Rac., *Brit.*, 204). ♦Récolte : *La dépouille de cette année est bonne* (Acad. 94).

Le sens actuel de « butin pris à l'ennemi sur le champ de bataille » (au pr. et au fig.) était également usuel au XVIIe s. pour le nom au pl. : *Les Romains ne se sont enrichis que des dépouilles des rois et des peuples par eux subjugués* (Fur.).

dépouiller v.t. Quitter, se défaire de : *Mais je veux bien cesser d'être son ennemi. J'en dépouille, Madame, et la haine et le titre* (Rac., *Alex.*, 1385). ♦Moissonner, récolter : *Ce fermier a dépouillé l'an passé pour mille écus de blé* (Acad. 94). *L'or tombe sous le fer ; déjà les moissonneurs, Dépouillant les sillons de leurs jaunes honneurs* [...] (Saint-Amant, *Sonnet* Sur la moisson...).

Le sens le plus courant auj., « déposséder qqn de ce qui lui appartient », l'était également au XVIIe s. : *Participe à ma gloire au lieu de la souiller. Tâche à t'en revêtir, non à m'en dépouiller* (Corn., *Hor.*, 1358).

déprier v.t. Retirer une invitation, décommander : *M. de Pomponne ne vint point la semaine dernière ; il m'envoya déprier de dîner : ce sera pour samedi* (Sév., 29 janv. 1674). *Il est survenu une affaire qui a rompu la partie, et il a fallu déprier tous ceux qu'on avait priés* (Acad. 94).

déprimer v.t. Rabaisser, humilier : *Si l'homme s'estime trop, tu sais déprimer son orgueil* (Boss., *Serm. sur la Mort*). *On aimait à la louer pour déprimer son frère* (Maintenon, *Lettre*, 16 avr. 1718).

Auj. « affaiblir physiquement ou moralement ».

dépriser v.t. Déprécier, mépriser (ne se dit plus guère, à la fin du XVIIe s., que de marchandises) : *Je vous le dis en ami, ce n'est pas pour vous dépriser, je sais bien que vous avez assez d'autres rares vertus* (Sorel, *Franc.*, V). *Si vous ne voulez point acheter, du moins ne déprisez pas notre marchandise* (Acad. 94).

dépromettre v.t. Retirer une promesse (vieilli au XVIIe s.) : *Si je te l'ai promis, je te le dépromets* (Mol., *Pourc.*, II, VI).

depuis prép. Indique un moment passé : « il y a » (auj. il indique une durée en cours) : *J'ai passé par ici depuis cinq ou six jours* (La Font., *F.*, III, 17). ♦**Depuis** suivi de l'infinitif passé, depuis que j'ai (tu as, etc.) : *Depuis vous avoir adressé la lettre que j'écrivais* (Rac., *Lettre Vitart*, 25 juill. 1662). ♦**Depuis que,** après que : *La bienheureuse Mère de Chantail vécut encore vingt ans depuis qu'elle eut connu la Mère Angélique* (Rac., *P.-R.*, I) ; dès lors que, dès l'instant que (avec une nuance causale) : *Ah ! depuis qu'une femme a le don de se taire, Elle a des qualités au-dessus du vulgaire* (Corn., *Ment.*,

209) ; depuis le temps que : *Et depuis qu'on les traite en criminels d'État, On ne peut les charger d'aucun assassinat* (Corn., *Pol.*, 263). ♦ **Du depuis,** à partir de ce moment (sorti de l'usage selon Vaug.) : *L'injustice qu'il lui avait faite et qu'il avait reconnue clairement du depuis* (Retz, *Mém.*, II, 91).

député n.m. Envoyé : *Septime se présente* [...] *comme député de ce jeune monarque* (Corn., *Pomp.*, 481).

Auj. surtout « membre d'une chambre législative ».

députer v.i. Envoyer une députation : *L'erreur alla si loin qu'Abdère députa Vers Hippocrate* (La Font., *F.*, VIII, 26).

dequoi adv. Comment : *Dequoi donc connaissez-vous Monsieur ?* (Mol., *Am. méd.*, II, II). V. QUOI.

dérangement n.m. Gêne pécuniaire, charge : *Je me tais, et voudrais au moins que pour prix de tout le dérangement qu'il me fait, il fût content* (Sév., 3 juill. 1680). ♦ Désordre moral : *Son dérangement lui attire tôt ou tard des remontrances de la part de celles qui sont établies pour veiller sur sa conduite* (Mass., *Petit Car. sur la Profess. relig.*, *in* L.).

Les sens actuels étaient également usuels au XVIIe s., sauf « dérèglement (d'un mécanisme, d'une machine) ».

derechef adv. De nouveau (selon Richelet un peu archaïque ; parfois repris auj. avec une affectation d'élégance) : *Me voilà saisi derechef D'étonnement et d'épouvante* (La Font., *F.*, I, 12). *La mort de Jean Lapin derechef est vengée* (La Font., *F.*, II, 8) ; avec ellipse du verbe, je vous le dis (demande) de nouveau : *Derechef, veuillez être discret* (Mol., *Éc. des f.*, 353).

dérèglement n.m. Infraction aux règles : *Cet horrible dérèglement qui mettait Paris, Rome et Constantinople sur le même théâtre* (Corn., *Mél.*, Exam.).

Les sens actuels de « dérangement du fonctionnement » et « désordre de la vie morale » étaient également usuels au XVIIe s. : *Cette horloge ne marque pas bien, il y a quelque dérèglement en son mouvement* (Fur.). *Laisse notre conduite à son dérèglement !* (Corn., *Clit.*, 1552).

dernier, ère adj. Le plus reculé : *J'en ai vu quelques-unes* [beautés] *sur les derniers bords de l'Océan, et en des lieux où la Nature ne saurait produire un brin d'herbe* (Voit., *Lettre*, 3 févr. 1634). ♦ Extrême, suprême : *Les jésuites font les derniers efforts* [...] *pour soutenir la supputation de Clavius* (Retz, *Lettre M. de Lionne*, 9 févr. 1666). Ce sens s'est développé dans les salons précieux : *Nous vous serons obligés de la dernière obligation* (Mol., *Pr. rid.*, sc. X). Il reste employé dans certaines expressions : *du dernier ridicule, être du dernier bien avec qqn*, etc.

Les sens actuels étaient également usuels au XVIIe s.

dérober v.t. **Dérober qqn,** le voler (auj. suivi d'un complément d'objet direct nom de chose) : *Pour aller ainsi vêtu, il faut bien que vous me dérobiez* (Mol., *Av.*, I, IV). – Le XVIIe s. connaissait aussi la construction actuelle de « dérober qqch (ou qqn) à qqn » : *Hélène à ses parents dans Sparte dérobée* (Rac., *Ph.*, 85).

◆ v.i. Être corsaire : *Je suis effrayée de l'apoplexie du chevalier de B... N'est-ce pas celui qui dérobe sur la mer ?* (Sév., 5 juill. 1671).

◆ **se dérober** (sujet nom de personne), s'évader, s'échapper : *Il vous dira que* [...] *durant qu'il dormait, je me suis dérobée d'auprès de lui pour m'en aller courir* (Mol., *G. D.*, III, VII). *Cette Clélie qui passa le Tibre à la nage, pour se dérober du camp de Porsenna* (Boil., *Hér. de roman*). ♦ Quitter furtivement : *Je me dérobai de mes camarades qui ne s'y attendaient pas* (Scarr., *Rom. com.*, II, 14).

déroger v.t. ou t. ind. **Déroger à qqch** ou **déroger qqch,** lui porter atteinte : *Les Princes* [...] *dérogent à toutes les lois...* (Fur.). *Le fils de Dieu lui donnait toujours* [à l'Église des Juifs] *la même autorité qu'elle avait, pour soutenir et instruire les enfants de Dieu, ne lui dérogeant la créance que dans le point que Dieu avait révélé par tant de miracles* (Boss., *Méditations*).

Les sens actuels étaient également usuels au XVIIe s.

déroute n.f. Ruine : *Une illustre famille à l'hôpital traînée Voit ses biens en décret sur tous les murs écrits De sa déroute illustre effrayer tout Paris* (Boil., *Sat.*, X, 248). ♦ **En déroute,** confus, embarrassé : *Le cavalier* [le jeune Sévigné] *en désordre sortit en déroute, croyant être ensorcelé* (Sév., 8 avr. 1671).

Les sens actuels étaient également usuels au XVIIe s.

dès prép. Depuis : *J'irai à Pomponne demain ; le grand d'Hacqueville y est dès hier ; je le ramènerai ici* (Sév., 16 juill. 1677). *Dès longtemps je connais sa rigueur infinie* [d'Uranie] (Voit., *Sonnet Uranie*, 5). *Dès longtemps elle hait cette fermeté rare Qui réhausse en Joad l'éclat de la tiare* (Rac., *Ath.*, 27). ♦ **Dès l'heure, dès à cette heure,** sur-le-champ, immédiatement : *Je me ressouviens de quelque langage que je vous ai ouï tenir* [...] *Je m'en réjouis dès l'heure* (Malh., *Ép.*, 10). *Je le chasse dès à cette heure* (La Br., *Disc. Théophr.*). ♦ **Dès là,** à partir de ce moment, en conséquence : *Cette vie n'est pas une vie chrétienne, et dès là c'est une vie de réprobation et d'infidélité* (Mass., *Car. sur le Salut*). *Raincy* [...] *en parle avec tant de colère et d'autorité que dès là du Mas commença de le respecter et de le craindre* (Scarr., *Lettre Maréchal d'Albret*). ♦ **Dès là que, dès que,** du moment que, puisque (auj. *dès que* a seulement une valeur temporelle) : *Dès que l'homme est l'ouvrage de Dieu, l'homme ne peut plus vivre que conformément à la volonté de son auteur* (Mass., *Car. sur l'Évid. de la Loi*, in L.).

désabuser v.t. Tirer de son erreur, détromper : *Je me tiens obligé en conscience de vous désabuser* (Pasc., *Prov.*, IV). *Je vois, je sais, je crois, je suis désabusée* (Corn., *Pol.*, 1727). *Cher ami, si mon père, un jour désabusé, Plaint le malheur d'un fils faussement accusé* (Rac., *Ph.*, 1563).

Auj. seul le participe passé s'emploie, au sens de « désillusionné, déçu ».

désaccoutumance n.f. État de ce qui est déshabitué, dont on a perdu l'habitude (vieilli au XVIIe s.) : *Lorsque les nerfs optiques, par une longue désaccoutumance de souffrir la lumière* [...], *sont exposés tout à coup à une grande lumière* (Boss., *Connaiss.*, III, 3).

désaccoutumé, e adj. **Être désaccoutumé de,** avoir perdu l'habitude de : *Le bruit de la rue, dont vous êtes désaccoutumée, et qui vous empêche de dormir* (Sév., 11 oct. 1673).

désagréable adj. **Avoir désagréable,** ne pas approuver : *Sa Majesté n'a pas désagréable que je pense aux soulagements qui peuvent* [...] (Retz, *Lettre M. de Lionne*, 25 mai 1666).

désagréer v.t. Désapprouver (vieilli au XVIIe s.) : *Monsieur l'Ambassadeur ne désagréait pas que lui et moi accommodassions cette affaire* (Retz, *Lettre M. de Lionne*, 22 sept. 1665). ♦ **Désagréer à qqn,** lui déplaire : *Retenez la plus petite parole qui puisse désagréer à Jésus-Christ* (Boss., in L.).

désagrément n.m. Laideur, défaut qui ôte l'agrément : *Que le désagrément de la physionomie* [de M. de Saint-Ruth] *donne de grandes idées des qualités que l'on ne connaît pas !* (Sév., 1er mai 1671).

Le sens actuel de « chose désagréable, sujet de contrariété » était déjà le plus usuel au XVIIe s. : *Il n'y a point de condition en ce monde qui n'ait ses désagréments* (Fur.).

désanimer v.t. Priver de la vie (vieilli au XVIIe s.) : [...] *deux corps désanimés Termineront l'exploit de tant de gens armés* (Corn., *Clit.*, 419).

désapprouver v.t. Détester, avoir en horreur : *Un visage ou un son de voix qu'il désapprouve* (La Br., V, 13).

Le sens actuel de « ne pas approuver » était également usuel au XVIIe s. : *Cette proposition qu'on a faite en plein conseil a été généralement désapprouvée* (Fur.).

désassorti, e adj. Déplacé : *Il me semble que c'est une chose toute désassortie que de porter dans cette diligence* [...] *une langueur amoureuse* (Sév., 26 juill. 1677).

désassortiment n.m. Mélange disparate, déplacé : *La barbe faite, avec de grosses bottes crottées* [...], *est un désassortiment tout à fait ridicule* (Sév., 18 déc. 1689).

désastreux, euse adj. Qui est l'auteur ou la victime d'un désastre : *Tout le monde fut satisfait, à la réserve du désastreux Ragotin* (Scarr., *Rom. com.*, II, 17).

Le sens actuel de « catastrophique, funeste (en parlant de choses) » était également usuel au XVIIe s. : *« Ô nuit désastreuse ! ô nuit effroyable !* [...] *Madame se meurt, Madame est morte !* (Boss., *O. f. H. d'Angl.*).

désattrister v.t. Faire cesser la tristesse de : *Donnez-lui le loisir de se désattrister* (Mol., *Ét.*, 564)

désavouer v.t. **Désavouer que, de,** cesser de reconnaître que : *Nous ne pouvons désavouer que votre Majesté n'ait eu raison de* [...] (Retz, *Remontrances au Roi*, V, 303). *Pourquoi aussi viens-tu me désavouer que tu me dois la gloire de ton plus beau poème ?* (Fén., *Dial. des morts*, IV). *Monsieur le Prince désavoue de lui avoir jamais donné cette parole* (La Roch., *Mém.*, II, 483). ♦**Se désavouer de qqch** désavouer sa conduite, la condamner : *Et se désavouant d'un aveugle secours, Sitôt qu'il se connaît, il en veut à mes jours* (Corn., *Hér.*, 961).

désavoyer (se) v. pr. Sortir du chemin, et, au fig., se libérer de : *Les esprits se désavoyent de ces préjugés malheureux qui ont embarrassé les consciences* (Retz, *Papiers*, IX, 201).

descendre v.t. ind. **[à]** et v.i. S'abaisser à (auj. en ce sens « condescendre ») : *A-t-elle pu descendre à la moindre prière ?* (Corn., *Méd.*, 510). *Mes sœurs, en l'épousant, n'auront point à descendre* (Corn., *Œd.*, 410).

Les sens actuels étaient également usuels au XVIIe s.

descente n.f. Hernie : *Mon remède guérit, par sa rare excellence, Plus de maux qu'on n'en peut nombrer dans tout un an : La gale, La rogne, La tigne, La fièvre, La peste* [...] *Vérole, descente* (Mol., *Am. méd.*, II, VII). ♦Fig. Descendance : *Il y a beaucoup de lieux en Italie où l'on ne prouve les descentes que par les registres publics* (Retz, *Lettre Remiremont*, 26 nov. 1670).

Les sens actuels étaient également usuels au XVIIe s.

desçu (au) de loc. prép. À l'insu de (locution vieillie au milieu du XVIIe s.) : *Celui-là se trompe qui croit faire quelque chose au desçu des dieux* (Rac., *R. sur Pind.*, Ode I). *Géron, qui depuis peu fait ici tant de tours, Au desçu d'un chacun a traité ces amours* (Corn., *Veuve*, 236). – Corn. a remplacé *au desçu de* par *à l'insu de* au v. 641 de *Mél.* et au v. 1309 de *la Veuve* dans la dernière édition de son *Théâtre*.

désembarrasser v.t. Enlever ce qui est une gêne, débarrasser (vieilli au XVIIe s.) : *En revanche De vous avoir* [...] *Désembarrassé des liens Dont vous ont garrotté les miens* [...] (Scarr., *V. tr.*, II, 657).

désemparer v.t. Quitter, abandonner le lieu où l'on est : *Depuis un an il n'a pas désemparé la ville* (Fur.). *Depuis les charmantes conversations de Poitiers, vous n'avez point désemparé mon cœur* (Regnard, *Att.-moi sous l'orme*, sc. XIII).

◆ v.i. Partir, s'éloigner (vieilli au milieu du XVIIe s.) : *Je vous conseille de demeurer ferme jusqu'au bout dans la résolution de point désemparer de votre porte* (Chap., *Lettres*, II, 810).

Auj. seulement dans la locution *sans désemparer :* « sans s'interrompre », et au part. passé, au sens de « décontenancé (pour des personnes) ».

désert, e adj. Abandonné (auj. seulement en parlant des lieux, et sans complément) : *Sur le simple bruit qui courut que l'affaire était conclue, il se voit déjà désert* (Rac., *Lettre Vitart*, 13 juin 1662). ♦Vide, dépeuplé : *Cette île... est déserte d'hommes* (Rac., *R. sur O.*, IX).

◆ n.m. Retraite solitaire, lieu peu habité : *Je lui voue* [au sommeil] *au désert de nouveaux sacrifices* (La Font., *F.*, XI, 4). *Voici le plus beau désert qu'on puisse voir : n'admirez-vous pas ces ruisseaux qui tombent des montagnes, ces rochers escarpés, et en partie couverts de mousse ?* (Fén., *Dial. des morts*). *Riches déserts* (Rac., *Promenades Port-Royal*).

Le sens actuel de « région très sèche, aride et inhabitée » était déjà usuel au XVIIe s. : *Les déserts de Libye* (Fur.).

déserter v.t. Dépeupler, dévaster : *Aux campagnes de Mars, on a vu sa valeur Peupler les monuments* [= tombeaux] *et déserter la terre* (Racan, I, 206).

Le sens actuel de « abandonner (un lieu) » était déjà le plus usuel au XVIIe s. : [...] *sitôt qu'il parut, je vis en moins de rien Tout mon camp déserté pour repeupler le sien* (Corn., *Sert.*, 68).

désertion n.f. Dépopulation : *À cause des mortalités et des grandes désertions arrivées dans le royaume* (Vauban, *Dîme*).

Le sens actuel de « action de quitter, d'abandonner (en particulier son poste) » était déjà le plus usuel au XVIIe s. : *La famine qui était dans le camp a causé une grande désertion* [= de nombreuses désertions] (Fur.).

désheurer (se) v.pr. Changer ses heures habituelles : *J'ai observé qu'à Paris, dans les émotions populaires, les plus échauffés ne veulent pas ce qu'ils appellent se désheurer* (Retz, *Mém.*, II, 31).

déshonnêteté n.f. Action ou parole contre la pudeur, caractère de ce qui manque à la pudeur : *Il ne faut rien dire devant les dames qui sente la déshonnêteté* (Fur.).

déshonneur n.m. **Faire déshonneur,** être indigne de : *Un noble qui se mésallie* [...] *fait déshonneur à sa race* (Fur.).

désintéressé, e adj. Qui ne porte aucun intérêt à qqch ou à qqn : *Si vous pouviez* [...] *le considérer avec indifférence* [...] *Pratiquez-en quelque autre* [humeur] ; *et désintéressée,* [...] *vous trouverez qu'un autre le vaut bien* (Corn., *Veuve,* 449). *Ce détail* [=récit] *fut un peu long, et aurait pu ennuyer des auditeurs désintéressés ; mais un fils qui s'épanche ne saurait lasser l'attention d'un père et d'une mère* (Le Sage, *Diable boit.,* IX).

Le sens actuel de « qui agit sans considération de son intérêt personnel » était également usuel au XVIIe s. : *Un bon juge doit être entièrement désintéressé* (Fur.).

désintéresser v. **Se désintéresser sur,** ne porter aucune attention à (auj., *se désintéresser de*) : *Un honnête homme* [...] *se désintéresse sur les éloges, l'estime et la reconnaissance qui lui manquent parfois* (La Br., II, 15).

désirer v.t. Souhaiter qqch à qqn : *C'est le bien qu'à tous deux Polyeucte désire* (Corn., *Pol.,* 1311). ♦Avec un infinitif complément, l'usage hésite entre l'emploi ou l'absence de la préposition *de : Elle avait désiré avec une extrême ardeur d'entrer à Port-Royal* (Rac., *P.-R.,* II). *Elle désire toujours avec la même ardeur d'entrer en négociation avec lui* (La Roch., *Mém.,* IV, p. 141).

Les sens actuels étaient déjà les plus usuels au XVIIe s.

désister v.t. ind. **Désister de,** renoncer à : *Va-t'en donc, et désiste De* [...] *m'offrir une aide* (Corn., *Clit.,* 89). *Je ne désistais point de mes visites ordinaires* (Scarr., *Rom. com.,* III, 13).

À la fin du XVIIe s., seule subsiste la construction *se désister,* avec les sens actuels.

désobéir v. Était parfois employé comme transitif direct : *Le Roi n'aime pas qu'on le désobéisse* (Sév., 6 juin 1672).

désoccupation n.f. Désœuvrement, oisiveté ; et au fig., absence d'attachement : *Je ne sais si c'est le bon air, la vie réglée, la désoccupation ; enfin* [...] *je jouis d'une santé si parfaite* [...] (Sév., 25 juin 1690). *Je me hâtai de me servir de sa désoccupation* [du duc d'Orléans] [...]. *pour l'attacher à Mme la duchesse d'Orléans* (Saint-Simon, *in* L.).

désoccupé, e adj. Sans travail ; oisif : *Des gens fades, oisifs, désoccupés* (La Br., VII, 13).

désolation n.f. Ravage, ruine qui amène la solitude : *Avec quelle fermeté elle soutint la désolation de sa maison* (Rac., *P.-R.,* II).

Les sens actuels de « grande affliction », « état d'un lieu aride, ravagé » étaient également usuels au XVIIe s.

désoler v.t. Ravager, détruire : *Cependant les Huns* [...] *désolèrent tout l'univers avec une armée immense* [...] (Boss., *H. univ.,* I, 11). *Ils profanèrent et désolèrent La Mecque* (Bayle, *Dict. hist.,* Abudhaher). ♦Laisser dans la solitude, délaisser : *Une Église désolée, sans chef, sans Père et sans Pasteur* (Retz, *Lettre épisc.,* 4 janv. 1656). *Sans parents, sans amis, désolée et craintive* (Rac., *Mithr.,* 135). ♦Importuner, harceler : *La maréchale* [...] *la désolait de plaintes et de reproches* (Saint-Simon, 1710).

Le sens courant d'auj. : « navrer, contrarier vivement », existait également au XVIIe s. : *Veuve désolée par la mort de son mari* (Fur.).

désopiler v.t. En médecine, faire cesser l'engorgement : *Le purger, désopiler, et évacuer par purgatifs* (Mol., *Pourc.,* I, VIII).

Auj. seulement au fig. : *se désopiler,* « rire abondamment ».

désordre n.m. Déroute, désarroi : *Je le pressai et, l'ayant mis en désordre, je passai si heureusement sur lui que je pus saisir la garde de son épée* (Scarr., *Rom. com.,* I, 15). *Bérénice renonce à Rome, à l'empereur, Et même veut partir avant que Rome instruite Puisse voir son désordre et jouir de sa fuite* (Rac., *Bér.,* 1268). ♦Confusion, embarras : *Je ne suis pas en état de lui parler : mon désordre paraîtrait à sa vue* (La Font., *Contes,* III, 4). ♦Démêlé, querelle : *Adieu, je suis ravie de voir vos désordres finis* (Mol., *G. D.,* II, VIII).

dessalé, e adj. et n. Fam. Fin, rusé : *Elle ne l'avouerait jamais, elle est trop dessalée* (La Font., *Contes,* III, 4). *Vous faites la sournoise ; mais je vous connais il y a longtemps et vous êtes une dessalée* (Mol., *G. D.,* I, VI).

Auj. fam. « hardi, impudent ».

dessein n.m. Entreprise : [L'infâme] *Tente le noir dessein de suborner ma femme* (Mol., *Tart.*, 1850). ♦ Décision : *Je ne doutai point qu'elle n'eût pris le dessein de surprendre Paris* (Retz, *Mém.*, II, 67). *Le dessein en est pris, je le veux achever* (Rac., *Andr.*, 715). ♦ Plan d'un ouvrage : *Après avoir expliqué le dessein de cet ouvrage* [...] (Boss., *H. univ.*, Préf.). ♦ Prévoyance, sagesse : *Vous avez* [...] *de l'habileté, de l'insinuation, du dessein, quand vous voulez de la prudence* (Sév., 9 juin 1680). ♦ Conjecture : *Puisqu'elle* [la majesté divine] *habite une lumière inaccessible, ne faisons point de dessein sur le lieu de sa demeure* (Balz., *Socr. chrétien*, 5e disc.). ♦ **Avoir dessein, avoir des desseins pour, sur,** avoir des vues sur : *Il avait dessein sur cette place* (Rac., *Camp. L. XIV*). ♦ **Faire dessein,** avoir l'intention : *Je te promets, marquis, qu'il fait dessein d'aller sur le théâtre rire avec tous les autres* (Mol., *Impr.*, sc. V). ♦ **À bon dessein,** avec une bonne intention : *Pour lui avoir coupé le bord de sa robe, quoique ce fût à bon dessein* (Boss., *Polit.*, *in* L.). ♦ **De dessein formé,** avec une intention bien arrêtée, de propos délibéré : *Il laisse de dessein formé quelque désordre apparent pour montrer qu'il n'y a pas mis encore la dernière main* (Boss., *Serm. sur la Provid.*, I). ♦ **À dessein de, en dessein de,** avec l'intention de. On dit encore, adverbialement : *à dessein,* « intentionnellement » : *À dessein d'aller faire un bouquet* (La Font., *Contes*, II, 6). *Angerville* [...] *vint de Bordeaux en dessein d'entreprendre sur moi* (Retz, *Mém.*, IV, 231).

Le sens actuel de « intention, projet » était également usuel au XVIIe s. : [...] *je puis, dès ce jour, Accomplir le dessein qu'a formé mon amour* (Rac., *Baj.*, 424).

desserre n.f. **Être dur à la desserre,** donner, payer de mauvaise grâce : *Je sais qu'à la desserre Vous êtes dur* (La Font., *Contes*, I, 11).

desserrer v.t. Lancer, décocher : *Aujourd'hui l'ire* [= la colère] *de mes vers Des foudres contre toi desserre* (Th. de Viau, *Ode* Contre l'hiver). *Le cheval lui desserre Un coup, et haut le pied* (La Font., *F.*, XII, 17).

dessous adv. Employé comme préposition (auj. on dit en cet emploi *sous*) : *Me trouvant enfin dessous un toit rustique* (Corn., *Veuve*, 461). *Fouiller dessous la muraille* (Fur.). V. DEDANS. ♦ **Au-dessous,** en aval : *Aiguillon, petite ville de Guyenne sur le confluent du Lot et de la Garonne, à quatre lieues au-dessous d'Agen* (Bayle, *Dict. hist.*, Aiguillon).

◆ n.m. **Avoir du dessous,** être vaincu, être en état d'infériorité (auj. on dit *avoir le dessous*) : *Toujours j'aurai du dessous avec elle ?* (Mol., *G. D.*, II, VIII). *Turenne eut bien du dessous* (Rac., *Notes hist.*, IV).

dessus adv. Employé comme préposition (auj. on dit en cet emploi *sur*) : *L'âne qui portait une idole dessus son dos* (Bussy, *Fr. gal.*, II, 273). *Vous avez donc été bien étonnée de cette pièce d'argent* [...] *: je la place dessus ou dessous la table de votre beau cabinet* (Sév., 23 oct. 1675). *Feu qu'on découvre de dessus la mer* (Rac., *Ann. Iliade*, XIV). V. DEDANS. ♦ **Au-dessus de,** avant : *Les temps au-dessus de la guerre de Troie sont appelés par les historiens les temps fabuleux* (Régnier-Desmarais, *Gramm.*, p. 646). ♦ **Par-dessus,** au-dessus de, sur (marquant la supériorité) : *Vous n'avez rien par-dessus nous que le soulagement de soupirer tout haut* (Sév., 16 août 1675). ♦ **Par-dessus les maisons,** excessif, exorbitant : *Et qu'a-t-il demandé ? – Oh ! d'abord des choses par-dessus les maisons* (Mol., *Fourb.*, II, VIII).

◆ n.m. **Le dessus d'une lettre, d'un paquet,** l'adresse : *En fermant le paquet j'écrirai le dessus* (Corn., *Ment.*, 1244). *Il y a un homme en ce pays qui écrit beaucoup de lettres, et qui, de peur de prendre l'une pour l'autre, a soin de mettre le dessus avant que de mettre le dedans* (Sév., 23 oct. 1675). ♦ Partie la plus haute dans un concert : *Il vous faudra trois voix, un dessus, une haute-contre et une basse* (Mol., *Bourg.*, II, I).

destin n.m. Pouvait avoir, mais rarement, le sens de « projet » : *Et malgré la fureur de ton lâche destin, Je te la donne encor comme à mon assassin* (Corn., *Cinna*, 1703).

destiner v.t. Désigner qqn : *Les cinq cents Espagnols destinés pour exécuter ce complot* (Saint-Réal, *Conjur. c. Venise*). ♦ Fixer, réserver qqch : *Pourquoi l'Église destine-t-elle un jour particulier à la commémoration de tous les fidèles défunts ?* (Boss., *Catéch. des fêtes*). *Mais, a dit M. le Chancelier, quand vous avez eu vos décharges, vous n'aviez pas encore fait la dépense ? – Il est vrai, a-t-il dit* [Fouquet], *mais les sommes étaient destinées* (Sév., 28 nov. 1664). – Auj. on l'emploie seulement avec un complément introduit par *à*. ♦ Projeter : *Mais dans un entre-*

tien qu'avec vous je destine, N'allez point déployer toute votre doctrine (Mol., *Dép. am.*, 683). *J'ai destiné de faire cela* (Acad. 94).

destituer v.t. Priver : *L'Empereur destitué du secours des Hollandais* (Rac., *Camp. L. XIV*) ; et au fig. : *Tant de Chrétiens mourants destitués de toute consolation* (Retz, *Lettre au Roi*, 22 oct. 1652). *Ces aveugles le rejetèrent* [Jésus-Christ] *parce qu'il n'avait en lui que la solide grandeur destituée de tout l'appareil qui frappe les sens* (Boss., *H. univ.*, II, 23).

Le sens actuel de « priver d'une charge, d'un emploi, d'un grade » était déjà le plus courant au XVIIe s. : *Un seigneur ne peut pas destituer un officier pourvu à titre onéreux* (Fur.).

destruction n.f. Disgrâce : *D'avoir affecté, depuis ma destruction, de me rendre les espérances qu'il m'avait ôtées* [...], *c'est* [...] (La Roch., *Apol. prince de Marcillac*, II, 456).

Les sens actuels étaient déjà les plus courants au XVIIe s.

désunir v.t. **Désunir de,** séparer, détacher de (auj. avec un seul complément d'objet direct, construction déjà usuelle au XVIIe s.) : *Tous deux s'accordaient, en ce temps-là, pour le désunir de la Fronde* (Retz, *Mém.*, III, 294).

détacher (se) v.pr. Fig. Se déchaîner, s'emporter : *Que Bellone et Mars se détachent Et de leurs cavernes arrachent Tous les vents des séditions* (Malh., *les Sibylles*, I). *Et son jaloux dépit, qu'avec peine elle cache En tous endroits, sous main, contre moi se détache* (Mol., *Mis.*, 870).

Le sens propre actuel de « se délier, se séparer » était déjà le plus usuel au XVIIe s.

détail n.m. Exposé, récit circonstancié d'un événement, d'une affaire : *Toutes ces règles sont d'un long détail* [= longues à exposer] (Rac., *Bér.*, Préf.). *Voilà un grand détail, ma chère petite ; mais vous m'avez dit quelquefois que vous les aimiez* (Sév., 8 déc. 1673). – On dit encore : *donner le détail d'un compte.* ♦ Minutie : [Le duc de Noailles] *avait la prévoyance de Turenne* [...] *et le détail de Jacquier* (Maintenon, *Lettre*, *in* L.). ♦ **Esprit de détail,** esprit d'analyse : *Il* [Louis XIII] *avait un esprit de détail appliqué uniquement à de petites choses* (La Roch., *Mém.*, II, 2).

Les sens actuels étaient également usuels au XVIIe s.

déterger v.t. Nettoyer, purifier par des remèdes : *Prenez, Monsieur : c'est pour déterger* (Mol., *Pourc.*, I, XI).

déterminé, e adj. et n. Pour des personnes, hardi : *Hé ! Horatius Coclès, vous qui étiez autrefois si déterminé soldat* (Boil., *Hér. de roman*). ♦ Enragé, capable de tout : *Il ne faut pas le fâcher, c'est un déterminé* (Acad. 94). ♦ Débauché : *Ce jeune homme vit en déterminé, on ne saurait le corriger* (Fur.).

Auj. « résolu à faire qqch », toujours après le nom.

déterminément adv. Expressément, exactement : *Un empêchement qu'on ne peut encore déterminément prévoir* (Corn., *Cid*, Exam.). ♦ Avec résolution : *Il y a de certaines gens qui veulent si ardemment et si déterminément une certaine chose, que* [...] (La Br., IV, 61). [Le Dauphin] *qui voulait déterminément le bien pour le bien, qui pesait tout au poids de sa conscience* [...] (Saint-Simon, 1711).

déterminer v.t. Décider, arrêter, fixer : *Il a déterminé de rebâtir sa maison* (Acad. 94). *Afin* [...] *que, parmi cette noble jeunesse, tu puisses enfin rencontrer où arrêter tes yeux et déterminer tes pensées* (Mol., *Pr. Él.*, II, IV). *Je veux même avancer l'heure déterminée* (Rac., *Ath.*, 1096) ; et absolument : *Dans cette petite suspension où l'on songeait à déterminer, M. de Louvigny arriva* (Saint-Évremond, *Lettre duchesse de Mazarin*). ♦ Appliquer, faire consister en : *L'Église a déterminé le commandement général de se mortifier à un commandement particulier qui est le jeûne du carême* (Bourd., *Car.*, *in* L.). ♦ Contraindre, soumettre : *Les roues d'une pendule sont déterminées l'une par l'autre à un mouvement circulaire d'une telle ou telle vitesse* (La Br., II, 266). ♦ **Déterminer qqn à qqch,** l'y obliger, le lui ordonner : *Et cet homme est Monsieur, que je vous détermine À voir comme l'époux que mon choix vous destine* (Mol., *F. sav.*, 1073).

Auj. « indiquer avec précision » et, pour les choses, « être la cause de ».

détestable adj. Qui provoque l'horreur et la condamnation (auj. sens moins fort) : [Athalie] *Se baigne impunément dans le sang de nos rois, Des enfants de son fils détestable homicide* (Rac., *Ath.*, 75).

détestation n.f. Réprobation, condamnation d'une chose abominable : *Cette invention* [...] *fut rejetée avec détestation par tout le concile* (Rac., *P.-R.*, II).

détester v.t. Maudire, réprouver avec un violent sentiment d'horreur : *Tous accusent leurs chefs, tous détestent leur choix* (Corn., *Hor.*, 790). *Objet infortuné des vengeances célestes, Je m'abhorre encor plus que tu ne me détestes* (Rac., *Ph.*, 678). *Cette opinion, loin de prévaloir parmi les Juifs, y a été détestée* (Boss., *H. univ.*, II, 23).
◆ v.i. Jurer, pester : *Le voilà qui déteste et jure de son mieux* (La Font., *F.*, VI, 18). *Je criais aussi contre lui, lui disant force injures... Je détestai là dedans, et je dépendis du croc un grand coutelas* (Sorel, *Franc.*, XII).

Auj. toujours transitif : « avoir de l'aversion, de l'antipathie pour ».

détour n.m. Angle d'une rue : *Un de mes gens la garde au coin de ce détour* (Mol., *Éc. des f.*, 1446). ♦ Fig. Ruse, subtilité destinée à prévenir un danger ou à tromper (conservé dans *personne sans détour*, « sans malice ») : *Le Roi toujours fertile en dangereux détours* (Rac., *Mithr.*, 369). *Ayez recours, pour voir, à tous les détours des amants* (Mol., *G. D.*, I, VI).

Auj., au fig., « biais, faux-fuyant destinés à esquiver une réponse ou à la retarder ».

détourner v.t. Contrarier la réalisation de qqch : *Non, ma mère* [...] *ni mes sœurs* [...] *Ne détourneraient pas le dessein que j'ai pris* (Rotr., *Antig.*, I, VI). *Hé bien ! aimez Porus sans détourner sa perte* (Rac., *Alex.*, 1401).

Les sens pr. et fig. d'auj. étaient également usuels au XVIIe s.

détraction n.f. Dénigrement, médisance : *Votre esprit pour vous-même a force complaisance De me faire l'objet de votre médisance ; Et, pour donner couleur à vos détractions, Vous lisez fort avant dans mes intentions* (Corn., *Suiv.*, 971).

détrappe n.f. Débarras : *Il me semble que c'est une belle détrappe de se défaire de cet homme* (Retz, *Lettre M. de la Fons*, 8 juill. 1669).

détrapper v.t. Débarrasser : *La fortune me détrappera de bien des gens que je n'aime point* (Bussy, *Lettre*, 23 mai 1672).

détraquer v.t. Fig. Détourner : *Les dévots se mettent en retraite pour n'être point détraqués de la contemplation. La maladie de ce jeune homme l'a fort détraqué de ses études* (Fur.). ♦ **Se détraquer avec qqn,** se brouiller avec lui : *On dit que la Rosée* [Mme de Louvigny] *a commencé à se détraquer avec le Torrent* [la princesse de Monaco] (Sév., 12 janv. 1674).

Les sens pr. et fig. d'auj. étaient également usuels au XVIIe s.

détremper v.t. Fig. Dissoudre, délayer, faire disparaître : *Et ces remèdes si plaisants Qui des soucis les plus cuisants Détrempent toute l'amertume* (Th. de Viau, *Ode VII*).

détroit n.m. Défilé en montagne : *L'armée de Darius fut défaite dans les détroits de Cilicie* (Vaug., *Q. C.*, III, in L.). *Dans les Pyrénées, il y a des cols de montagnes, des détroits aisés à garder* (Fur.). ♦ Circonscription judiciaire : *Un juge ne peut instrumenter hors de son détroit* (Fur.). – C'est le doublet de *district*, qui paraissait vieux à la fin du XVIIe s.

Le sens géographique actuel était également usuel au XVIIe s. : *Le détroit de Magellan est fort dangereux* (Fur.).

détruire v.t. Vaincre, perdre, en parlant de qqn : *J'attendrai du hasard qu'il ose le détruire* [Auguste] (Corn., *Cinna*, 98). ♦ Discréditer qqn : [Richelieu] *n'oublia rien pour la fléchir* [la Reine] *ne se voyant pas encore en état de la détruire* [...] (La Roch., *Mém.*, II, 15) ; ou qqch : *Il s'éleva quantité de critiques qui semblaient la devoir détruire* [la tragédie de *Britannicus*] (Rac., *Brit.*, 2e préf.).

Les sens actuels étaient également usuels au XVIIe s.

dette n.f. **Avouer, confesser la dette,** reconnaître un fait, en faire l'aveu : *Ma foi, madame, avouons la dette : vous voudriez qu'il fût à vous* (Mol., *Pr. Él.*, IV, V).

detteur n.m. Débiteur (vieilli selon Vaug.) : *Je connais maint detteur* [...] *qui tous les jours se sauve Par un escalier dérobé* (La Font., *F.*, XII, 7).

deuil n.m. Chagrin : *Mais à terre, mon cher, je n'eus pas jeté l'œil Que je connus le change et sentis un grand deuil* (Mol., *Fâch.*, 562).

dévaler v.i. Fig. Descendre (vieilli au XVIIe s. ; auj. seulement au sens pr. : « descendre rapidement », aussi très usuel au XVIIe s.) : *On ne montera point au rang dont je dévale* (Corn., *Rodog.*, 499).

◆ v.t. Précipiter, plonger : *Madame, je suis mort, et votre amour fatale Par un indigne coup aux Enfers me dévale* (Corn., *Illus.*, 527, vers supprimé en 1660). ♦Mettre plus bas : *Dévalez ce tableau pour le mieux voir !* (Fur.).

Comme v.t., le verbe signifiait aussi, comme auj. « dégringoler » : *Dévaler l'escalier* (Fur.).

devancer v.t. Précéder (sujet nom de chose) : *Voici une partie des principaux événements qui devancèrent cette grande action* (Rac., *Ath.*, Préf.).

Les emplois actuels étaient également usuels au XVIIe s.

devant prép. Au sens temporel (auj. il a seulement un sens local ; on emploie *avant* pour le temps) : *Encor que vous partiez beaucoup devant le jour, Vous ne serez jamais assez tôt de retour* (Corn., *Pl. R.*, 1119). *Au temps d'Aristote et même devant lui* (Scudéry, *Obs. sur « Cid »*). *Un peu devant les victoires de Cyrus* (Boss., *H. univ.*, II, 9). *Devant ce terme* [vingt ans] *l'on est enfant* (Pasc., *Disc. passions de l'amour*). ♦**Devant** suivi d'un infinitif (auj. en ce sens *avant de*) : *Il n'avait pas voulu s'expliquer si ouvertement* [...] *devant s'être mis en état de les pouvoir assurer de succès* (Retz, *Mém.*, IV, 47). ♦**Devant que** suivi du subj. (auj. en ce sens *avant que*) : *Devant que M. le comte d'Alais partît pour Provence* [...] (Chap., *Lettres*, I, 412). *Deux ans devant qu'il eût obligé Dioclétien à quitter l'empire* (Boss., *H. univ.*, I, 10). – Vaug. déclare cette locution bonne, mais moins de la cour que *avant que*. ♦**Devant que, devant que de** suivis d'un infinitif (auj. en ce sens *avant de*) : *Soldat devant qu'être capitaine* (Rac., *Ann. Plutarque*). *Mais devant que de descendre à ce particulier, je crois qu'il est à propos de faire deux ou trois remarques qui méritent de la réflexion* (Retz, *Mém.*, II, 161). – Vaug. n'admet pas *devant que* sans la prép. *de*.

◆ adv. de temps (auj. en ce sens *auparavant, avant*) : *Ce qu'il avait dit une heure devant* (Retz, *Mém.*, II, 390). *Léonore me parut ce jour-là habillée avec plus de soin que le jour de devant* (Scarr., *Rom. com.*, I, 18). ♦**Peu devant que,** peu de temps avant que : *Peu devant que le ciel eût ses portes décloses* [...] (Chap., *Pucelle*, XXI, 243).

Les emplois locaux actuels étaient également usuels au XVIIe s.

développer v.t. Ôter l'enveloppe, débarrasser : *Celui que ta parole une fois a frappé, De tant d'opinions vaines, ambitieuses* [...] *Est bien développé* (Corn., *Imit.*, I, 163). ♦Dégager : *Ne lui serions-nous pas injurieux, si nous pensions qu'il y eût* [...] *labyrinthe d'où sa prudence ne fût capable de nous développer ?* (Malh., *Tite-Live*, XXXIII, Préf.). ♦Exécuter dans leur totalité, accomplir : *Il faut la durée du monde pour développer les ordres d'une sagesse si profonde* (Boss., *Serm. sur la Provid.*). ♦Débrouiller, révéler : *Développer une affaire bien embrouillée* (Acad. 94). *Mais ce sujet zélé qui, d'un œil si subtil, Sut de leur noir complot développer le fil* (Rac., *Esth.*, 536). *Quelque aventure un jour me viendra développer une naissance illustre* (Mol., *Pr. rid.*, sc. V).

◆ **se développer,** se tirer, se dégager : *Ce marchand s'est bien développé de l'embarras où il était* (Fur.).

Les sens actuels ne sont devenus usuels qu'à la fin du XVIIe s. et surtout au XVIIIe s.

devenir v.i. **Devenir à rien,** se réduire à rien : *Ce grand voyage de M. le Prince et de M. de Turenne pour aller dégager Luxembourg est devenu à rien ; on dit que l'on ne part plus* (Sév., 8 janv. 1674).

dévergondement n.m. Conduite dévergondée (auj. *dévergondage*) : *Quand la débauche et le dévergondement est à un certain point de scandale, cet excès fait plus de tort aux hommes qu'aux femmes* (Sév., 15 oct. 1677).

devers Employé **1.** Comme préposition de lieu au sens de « du côté de, vers » : *O ciel ! quel bon démon devers moi vous envoie ?* (Corn., *Hér.*, 1555). *« Sot est celui qui donne. » C'est ainsi devers Caen que tout Normand raisonne* (Boil., *Ép.*, I, 30). *Il n'avait point plu du tout devers Lyon* (Rac., *Lettre Le Vasseur*, 2 juin 1661) ; **2.** Comme préposition de temps au sens de « aux environs de » (date approximative) : *Il a poussé sa chance Et s'est devers la fin levé longtemps d'avance* (Mol., *Fâch.*, 60).

Selon Vaug. cette préposition est abandonnée dans le beau langage pour *vers*. En réalité, elle continue d'être employée durant tout le XVIIe s.

dévêtir v.t. Ôter, quitter (un vêtement) : *Il est allé dévêtir sa robe pour se mettre en habit court* (Fur.).

Auj., comme aussi au XVIIe s., surtout v. pr., au sens de « se dépouiller de ses vêtements » : *Il ne faut se dévêtir tout à fait que quand on veut se coucher* (Fur.).

dévider v.t. Fig. Expliquer, débrouiller : *Votre Monsieur* [...] *l'a très bien dévidé* [mon esprit] (Sév., 6 mai 1671).

devis n.m. Bavardage, conversation familière (vieilli au XVIIe s.) : *Les femmes S'entredisaient en leurs menus devis* (La Font., *Contes*, IV, 3). *Ce qu'il en avait dit n'était que par manie de devis* (Sorel, *Franc.*, I). ♦ Dessein (archaïsme au XVIIe s.) : *Nous ne sommes pas seulement capables de faire le devis et le projet d'une vie heureuse* (Retz, *Serm. sur l'hypocrisie*, IX, 193).

Le sens actuel de « description détaillée d'un projet de construction » était également usuel au XVIIe s.

dévisager v.t. Défigurer, déchirer le visage : [...] *ces prudes sauvages Dont l'honneur est armé de griffes et de dents Et veut au moindre mot dévisager les gens* (Mol., *Tart.*, 1332).

Auj. « regarder au visage, avec insistance ou effronterie ».

dévoiement n.m. Colique, diarrhée, trouble digestif : *La Beroé gît dans sa chambre, Souffrant du mal en chaque membre, Outre un fort grand dévoiement* (Scarr., *V. tr.*, V, 2256). *Le dégorgement de bile cause des dévoiements par haut et par bas* (Fur.).

devoir v.t. **Devoir à qqn,** lui avoir des obligations morales : *Vous voulez que je vous doive ? laissez en ma liberté le prendre et le refuser* (Malh., *Bienf.*, II, 20). *Je dois à ma maîtresse aussi bien qu'à mon père* (Corn., *Cid*, 322). ♦ **En devoir à,** être inférieur à : *Aux plus charmants il n'en doit guère* (La Font., *Contes*, I, 1). *Sans répandre leur sang comme Pyrame et Thisbé, ils ne leur en durent guère en tendresse impétueuse* (Scarr., *Rom. com.*, III, 6). ♦ **Je devais, j'ai dû** suivis d'un infinitif avaient le sens d'un conditionnel (*j'aurais dû*) : *Son déplaisir, qui ne devait être que très léger, s'il eût été raisonnable* (Scarr., *Rom. com.*, II, 3). *On a dû faire du style ce qu'on a fait de l'architecture* (La Br., I, 15). ♦ **Je dusse (il dût,** etc.), subjonctif imparfait, pouvait avoir dans les subordonnées le sens d'un conditionnel : *Ceux qui dussent rougir d'entrer en triomphe en la ville* (Malh., *Bienf.*, V, 15).

devoir n.m. Hommage, marque de déférence : *Il peut aller, s'il veut, dessus son monument Recevoir ses devoirs et son remerciement* (Corn., *Pomp.*, 252). – Auj. ce sens subsiste dans les locutions *présenter, rendre ses devoirs.* ♦ **Faire son devoir,** présenter ses hommages : *J'ai fait votre devoir à l'abbé Arnauld* (Sév., 29 déc. 1679). ♦ Poste de combat, lieu où l'on est affecté : *Il* [Ch. de Sévigné] *s'en va dans quinze jours à son devoir* (Sév., 21 juin 1671).

Les sens actuels étaient également usuels au XVIIe s.

dévolu n.m. Acte par lequel la Cour de Rome pourvoit un bénéfice vacant par incapacité de la personne et nullité du titre. ♦ **Jeter son dévolu sur un bénéfice,** y former une prétention juridique en alléguant quelque faute commise par celui qui le détient : *Pourvu qu'on ne jette point de dévolu sur Balzac, je suis très satisfait de ma condition présente* (Balz., *Lettre, in* L.). – Auj., au fig., « jeter son dévolu sur (qqn ou qqch) » : manifester la prétention de l'obtenir, comme déjà à la fin du XVIIe s.

dévot adj. et n. Bigot, hypocrite (c'est à partir de la seconde moitié du XVIIe s. que ce mot prend parfois une valeur péjor.) : *À force de voir* [...] *les bêtises des politiques, la fausseté des dévots, je suis parvenue à ne les pas plus estimer que les femmes* (Maintenon, *Lettre*, 3 sept. 1710). *Un dévot est celui qui, sous un roi athée, serait athée* (La Br., XIII, 21).

dévotieux, euse adj. Plein de dévotion, pieux (vieilli au XVIIe s.) : *Quand j'aurai, dans les cieux, Poussé le zèle saint d'un cœur dévotieux* (Rotr., *Herc. mour.*, III, I). *C'était des gens qui feignaient d'être fort dévotieux et* [...] *ils faisaient la procession alentour de la Croix* (Sorel, *Franc.*, XII).

dévotion n.f. Attachement à l'égard d'une personne, fidélité : *Eh ! je vous en conjure de toute la dévotion de mon cœur* (Mol., *Pr. rid.*, sc. IX). ♦ Péjor. Bigoterie. V. DÉVOT. ♦ En parlant des choses, caractère sacré : *Voyez ces bois épais, voyez cette verdure* [...] *Et ce temple* [...] *Et vous même avouerez, exempt de passion, Qu'ils n'ont pas moins d'attraits que de dévotion* (Racan, *Berg.*, III, II).

Les sens et les emplois actuels étaient également usuels au XVIIe s.

dévouer v.t. Vouer aux dieux infernaux comme victime ; sacrifier : *Une espèce de cérémonie qu'on pourrait appeler en quelque manière « Auto da fé » [...] On dévouait une personne et puis on l'assommait à coups de pierre* (Bayle, *Dict. hist.*, Abdère). *Un loup quelque peu clerc prouva par sa harangue Qu'il fallait dévouer ce maudit animal* (La Font., *F.*, VIII, 1). *Ma mère éperdue Me vit [...] À mille coups mortels contre eux me dévouer* (Rac., *Mithr.*, 73). ♦Vouer, consacrer : [L'amour-propre] *a de différentes inclinations [...] qui le tournent et le dévouent tantôt à la gloire, tantôt aux richesses, et tantôt aux plaisirs* (La Roch., *Maximes*, 563). *Je vis de tous côtés des femmes et des jeunes filles [...] qui allaient [...] se dévouer à son temple* [celui de Vénus] (Fén., *Tél.*, 4).

Auj., comme au XVIIe s. déjà, *se dévouer*, c'est « se charger par abnégation d'un rôle périlleux ou désagréable » ; *être dévoué à qqn*, c'est « lui être fidèlement attaché ».

dévoyer (se) v.pr. S'égarer, quitter le droit chemin : *Monseigneur, employez toutes vos forces à rappeler dans cette unité* [de l'Église] *tout ce qui s'en est dévoyé* (Boss., *H. univ.*, *in* L.). ♦**Être dévoyé,** avoir un dérangement intestinal, avoir la colique : *Mademoiselle de la Rappinière* [soupa] *en femme qui veut profiter de l'occasion, c'est-à-dire tant qu'elle en fut dévoyée* (Scarr., *Rom. com.*, I, 4).

Auj., comme subst., « être qui a rejeté les principes moraux de son éducation ».

dextérité n.f. Adresse intellectuelle : *Autant je les charmais par ma dextérité [...]* (Rac., *Ath.*, 941). ♦Ruse : *Oui, vos dextérités veulent me détourner D'un éclaircissement qui vous doit condamner* (Mol., *D. G.*, 1406).

Le sens actuel de « habileté » (toujours au sing.) était également usuel au XVIIe s. : *Il faut une merveilleuse dextérité à [...]. faire les chaînes de montres [...] Il faut traiter les questions politiques [...] avec grande dextérité* (Fur.).

dextre n.f. Main droite (ne s'emploie plus au XVIIe s. que dans la poésie ou par ironie) : *Je vous conjure tous D'armer contre Alcidon vos dextres vengeresses* (Corn., *Veuve*, 835). *Il tire du manteau sa dextre vengeresse* (Boil., *Lutr.*, V, 222).

dextrement adv. Adroitement (vieilli au XVIIe s.) : *Cette entreprise est si dextrement conduite* (Racan, *Berg.*, Argum.). *Conte-lui dextrement le naturel des femmes* (Corn., *Ment.*, 1377).

diablerie n.f. Magie, sorcellerie : *L'enchanteresse Nérie Fleurissait lors ; et Circé, Au prix d'elle, en diablerie N'eût été qu'à l'A.B.C.* (La Font., *Contes*, III, 4). *Quoi ! te mêlerais-tu d'un peu de diablerie ? – Non, tout ce que je sais n'est que blanche magie* (Mol., *Ét.*, 139). ♦Inconduite : *Il a une comédienne, il paye les soupers ; enfin c'est une vraie diablerie* (Sév., *in* L.). ♦Méchanceté, mauvais caractère : *Et cependant, avec toute sa diablerie Il faut que je l'appelle et « mon cœur » et « ma vie »* (Mol., *F. sav.*, 675).

Auj. ce mot s'emploie principalement avec le sens de « parole, action pleine de turbulence, de malice ».

diamant n.m. S'employait souvent dans les comparaisons comme symbole de la dureté (auj. plutôt comme symbole de la pureté, de l'éclat, de la grande valeur) : *Ô cœur de diamant, hélas ! est-il possible Qu'à la fin la pitié vous ait rendu sensible ?* (Racan, *Berg.*, III, IV). *Esprits du dernier ordre [...] Croyez-vous que vos dents impriment leurs outrages Sur tant de beaux ouvrages ? Ils sont pour vous d'airain, d'acier, de diamant* (La Font., *F.*, V, 16).

diatribe n.f. Étude, dissertation critique : *On verra de ce dernier des diatribes sur les principales matières controversées de la primitive Église* (Chap., *Lettres*, I, 341).

Auj. seulement « écrit, discours violent contre qqn ».

dictame n.m. Plante à laquelle on attribuait la vertu de guérir les blessures ; et au fig. en poésie, adoucissement : *Et vos honteux* [= pudiques] *regards sont des traits innocents Contre qui ma raison ne sait point de dictame* (Tr. L'Hermite, *la Fausse Persuasion*). *Ma raison par ta bouche a reçu son dictame* (Corn., *Mél.*, 1540, var.).

diction n.f. Mot, expression : *Les synonymes sont plusieurs dictions, ou plusieurs phrases différentes qui signifient une même chose* (La Br., I, 55). *Je ne puis comprendre quelles raisons ils pourront alléguer contre une diction* [le mot *car*] *qui marche toujours à la tête de la raison* (Voit., *Lettre Mlle de Rambouillet*, 1637). ♦Style : [Voiture] *fit ces vers espagnols que tout le monde croyait être de Lope de Vega, tant la diction en était* *pure* (Pelliss., *Hist. Acad.*). *Le reste du discours n'était ni moins poli, ni moins brillant ; la diction était pure, les pensées nouvelles, les périodes nombreuses* (Fén., *Dial. sur l'éloq.*, I).

Auj. « élocution orale, manière d'articuler les mots ».

Dieu n.m. **Bon Dieu,** exclamation qui n'avait rien de malséant : *Je ne suis pas surprise que vous ayez envie d'aller à Livry ; bon Dieu, quel temps ! il est parfait* (Sév., 25 févr. 1685). *Qui frappe l'air, bon Dieu ! de ces lugubres cris ?* (Boil., *Sat.*, VI, 1). *O bon Dieu, s'écria le Père, vous me faites souvenir de ces Jansénistes* (Pasc., *Prov.*, V).

diffamé, e adj. Qui a mauvaise réputation, mal famé (en parlant des personnes ou des choses ; auj. seulement pour les personnes) : *L'endroit était plus connu et plus diffamé que le voisinage de Scylle et de Charybde* (La Font., *Psyché*, II). *Un homme diffamé, c'est un homme perdu de réputation* (Fur.).

diffamer v.t. Discréditer, déshonorer : *Ce long amas d'aïeux que vous diffamez tous* (Boil., *Sat.*, V, 59). [...] *Qu'écouter ton amour, obéir à ta voix, C'était m'en rendre indigne et diffamer ton choix* (Corn., *Cid*, 892). ♦ Critiquer : *L'ignorance et l'erreur à ses naissantes pièces* [...], *Venaient pour diffamer son chef-d'œuvre nouveau* (Boil., *Ép.*, VII, 25). ♦ Salir : *Il a renversé cette sauce sur mon habit, il l'a tout diffamé* (Fur.). ♦ Défigurer : *La bête Dont à me diffamer j'ai vu la gueule prête* (Mol., *Pr. Él.*, 170).

Le sens actuel de « porter atteinte par ses propos à la réputation de » était également usuel au XVIIe s. : *Plusieurs écrivains ont tâché de se diffamer les uns les autres dans leurs livres* (Fur.).

différence n.f. **Mettre différence,** faire une différence : *Et, mettant différence entre ces deux coupables, J'ai trahi la justice à l'amour paternel* (Corn., *Pol.*, 899).

différer v.i. **Différer à, de,** tarder (auj. on ne le construit pas avec un infinitif) : *J'ai différé jusqu'à ces saints jours à vous proposer cette maxime* (Boss., *Serm. sur les souffrances*). *Le cœur de ce prince* [...] *ne put différer plus longtemps à se soulager* (Saint-Réal, *Dom Carlos*). *Si j'avais différé de punir un tel crime* (Corn., *Pol.*, 1033).

◆ v.t. Retarder : *Je suis fâchée, ma très chère, que la poste vous diffère mes lettres de quelques jours* (Sév., 9 oct. 1676). ♦ Renvoyer qqn à plus tard (auj. seulement avec un nom de chose, construction usuelle au XVIIe s. également) : *Depuis leur arrivée en vain je les diffère : Il faut enfin résoudre* (Corn., *Att.*, 86).

difficultueux, euse adj. Se disait d'une personne qui fait des difficultés sur tout : *Celles qui sont douces, toujours prêtes à faire ce que l'on veut, qui ne sont ni difficultueuses, ni contrariantes, ni bizarres* (Maintenon, *Instr. à la cl. bleue*, 1707).

difformité n.f. Désordre qui choque, anomalie : *C'est une grande difformité dans la nature qu'un vieillard amoureux* (La Br., XI, 111).

Le sens actuel de « défaut physique, mauvaise conformation » était également usuel au XVIIe s. : *On prise les nains et les bossus en Turquie pour leur difformité... La difformité de ce bâtiment vient de ce qu'on n'y a point observé de symétrie* (Fur.).

diffus, e adj. Étendu, vaste : *Plus l'esprit se fait simple* [...] *Plus lors sa connaissance est diffuse et certaine* (Corn., *Imit.*, I, 191). *Celui qui voit un corps d'une diffuse grandeur, s'attachant à en remarquer les parties, ne peut pas regarder à la fois ce grand tout qu'elles composent* (Scudéry, *Obs. sur « Cid »*).

Le sens fig. actuel de « qui délaye, étend la pensée outre mesure » était également usuel au XVIIe s. : *Quelque soin qu'on apporte à être serré et concis,* [...] *ils* [certains critiques] *vous trouvent diffus* (La Br., I, 29).

digérer v.t. Mettre en ordre, organiser, combiner : *Le Sénat devait digérer et proposer toutes les affaires* (Boss., *H. univ.*, III, 7). *Le dessein de ce livre a été bien conçu, mais il a été mal digéré* (Fur.). ♦ Distribuer, répartir : *Tout était soigneusement écrit* [par les prophètes] ; *tout était digéré par l'ordre des temps* (Boss., *H. univ.*, II, 11).

Les sens actuels de « faire la digestion de » et « supporter patiemment (qqch de fâcheux) » étaient également usuels au XVIIe s. : *L'estomac digère par le moyen d'un suc acide...* (Fur.). *Le père lui laissa digérer sa disgrâce* (La Font., *F.*, VI, 21).

digne adj. Capable : *Je vous crois digne, ingrat, de m'arracher la vie* (Rac., *Bér.*, 1176). ♦ Sans complément, qui mérite d'être honoré (auj. « plein de retenue, de gravité ») : *Et demandons aux dieux, nos dignes souverains* [...] (Corn., *Nic.*, 1453). ♦ En parlant des choses, mérité, convenable : *On regarde sa mort comme un digne supplice* (Corn., *Tois.*, 1433).

Digne de signifiait aussi, comme auj., « qui mérite » : *Un auteur grave est digne de foi* (Fur.).

dignité n.f. Importance, droit à la considération : *Il avait une autre chapelle* [...] *de moindre dignité que la première* [...] (Boss., *H. univ.*, II, 26).

Les sens actuels étaient également usuels au XVIIe s.

dilater (se) v.pr. S'étendre, se répandre : *Ces divisions qui ne devaient point sortir de l'Italie où elles avaient leur origine ne laissèrent pas de se dilater par tout le monde* (Scarr., *Rom. com.*, III, 11).

Le sens actuel de « augmenter de volume » était déjà le plus courant au XVIIe s. : *Quand l'air se dilate dans un thermomètre, il fait descendre la liqueur* (Fur.).

dilayer v.t. Retarder, remettre à plus tard : *Aussi de quoi servent-ils* [casque et bouclier] [...] *sinon de dilayer la mort de quelque moment ?* (Malh., *Ép.*, 7). *Dilayer son départ* (Acad. 94).

dilection n.f. Dans le langage religieux, amour, charité : *C'est d'elle* [la sagesse] *que nous tenons la révérence envers les Dieux, et la dilection envers les hommes* (Malh., *Ép.*, 90). *La crainte de Dieu est le commencement de la dilection* (Acad. 94).

diligence n.f. Rapidité (auj. plutôt « empressement, zèle d'une personne ») : *La diligence du temps est infinie ; le moyen de s'en apercevoir, c'est de regarder derrière nous* (Malh., *Ép.*, 49). *Ce courrier a fait grande diligence : il est arrivé à Rome en sept jours* (Fur.). ♦ Soin, minutie : *La plupart du monde ne se soucie point de l'intention ni de la diligence des auteurs* (Rac., *Plaid.*, Au lecteur). ♦ Voiture à chevaux servant à transporter des voyageurs (auj. vieilli) : *On va de Paris à Lyon par la diligence, et on y arrive en cinq jours* (Fur.). ♦ **Faire ses diligences,** se montrer zélé : *La justice cependant fit ses diligences, chercha dom Sanche et ne le trouva point* (Scarr., *Rom. com.*, II, 19). ♦ **En diligence,** en hâte : *Prince, que tardez-vous ? Partez en diligence* (Rac., *Brit.*, 1563).

diligenter v.t. Exhorter au zèle, presser : *Le maréchal de Joyeuse se tint au pont pour maintenir l'ordre et diligenter tout* (Saint-Simon, *in* L.).

◆ **se diligenter,** se montrer soigneux, prendre ses précautions : *Notre galant, s'étant diligenté, Se retira sans bruit et sans clarté* (La Font., *Contes*, II, 4). *On appréhende pour ces Messieurs là* [Briolle et ses troupes], *à moins qu'ils ne se diligentent bien fort* (La Roch., *Mém.*, III, 63).

dîme n.f. Redevance en nature perçue au profit de l'Église ou de seigneurs qui se l'étaient appropriée. Théoriquement, la *dîme* représentait le dixième de la récolte, mais en fait elle variait entre 1/7 et 1/15 suivant les coutumes.

dîmer v.i. Lever la dîme : *Cet abbé dîme dans tous les villages* (Acad. 94) ; et au fig., faire un prélèvement : *Nous laissant dîmer sur un bien Qui ne vous coûte presque rien* (La Font., *Contes*, II, 2).

diminuer (se) v.pr. Se réduire, devenir moindre (on dit auj. *diminuer*, sans pronom, comme le plus souvent au XVIIe s. déjà) : *Pendant que Télémaque était avec Mentor, ces défauts ne paraissaient point, et ils se diminuaient tous les jours* (Fén., *Tél.*, 13).

dîné, dîner n.m. Repas de midi (auj. « repas du soir », sauf dans certaines provinces) : *Votre dîné pourtant serait prêt tout à l'heure* (Mol., *Sgan.*, sc. VII). *Ceux qui rendent visite à l'heure du dîner sont la plupart écornifleurs* (Fur.).

dînée n.f. Dépense occasionnée par la nourriture des personnes et des chevaux en voyage : *Il nous en a coûté tant pour la dînée* (Acad. 94). ♦ Auberge où l'on s'arrête pour le repas : *M. de Chaulnes était venu à la dînée, il me fit bien de sincères amitiés* (Sév., 11 mai 1689). *La dînée est en un tel village* (Acad. 94).

dîner v.t. Prendre le repas de midi (auj. on dit *déjeuner*, mot qui, au XVIIe s. comme encore auj. dans certaines provinces, désignait le repas pris le matin) : *Elle aimerait bien à vivre réglément, et à dîner à midi comme les autres* (Sév., 6 juill. 1676). ♦ **Il me semble que j'ai dîné,** j'en suis écœuré, j'en ai par-dessus la tête (auj. on dit *j'en ai soupé*) : *Il vient peut-être encore vous faire quelque emprunt, et il me semble que j'ai dîné quand je le vois* (Mol., *Bourg.*, III, III).

dîner n.m. V. DÎNÉ.

dire v.t. S'employait là où nous mettrions *parler* (*dire* ne s'emploie plus auj. sans complément, sauf en de rares expressions) : *Vous êtes l'homme de France qui dites et faites le mieux* (Retz, *Lettre Ogier*, 25 mars 1662). ♦**Dire d'or,** promettre tout ce qui peut être désiré ; parler avec éloquence : *Je viens d'entendre tout ; sur mon âme, il dit d'or* (Th. Corn., *Comt. d'Org.*, I, VII). ♦**À dire,** manquant : *Il n'y eut pas un cheval de perdu ni un homme à dire* (Saint-Simon, *in* L.). ♦**Il y a à dire,** il s'en faut : *Il y a bien à dire que mes sentiments ne soient les vôtres* (Rac., *Lettre Le Vasseur*, 1661). ♦**Trouver à dire,** regretter le manque de, l'absence de : *Ceux de Paris vous trouvent fort à dire* (Chap., *Lettres*, II, 242) ; trouver matière à critiquer (auj. en ce sens on dit : *trouver à redire*) : *Vous dites trop de bien de mes lettres ; voilà tout ce que j'y trouve à dire* (Sév., 22 janv. 1674). ♦**Vous diriez de, on dirait de,** on dirait qu'il s'agit de : *Et l'on dirait d'un tas de mouches reluisantes* (Mol., *Mélic.*, 142). ♦**C'est-à-dire,** c'est afin de dire, cela signifie ; cette formule, auj. simplement explicative, garde au XVIIe s. une certaine autonomie et peut former une proposition : *Quand je mets sur vos paquets Montélimar, c'est-à-dire « je vous adore »* (É. de Coulanges, *Lettre*, 9 août 1675). ♦La construction **il m'a dit** [= ordonné] **de faire cela** est blâmée par Vaug., qui n'admet que *il m'a dit que je fisse cela,* mais elle est approuvée par l'Acad. en 1704. ♦Au début du XVIIe s. on hésite pour le subjonctif présent entre *que je dise* et l'ancienne forme *que je die*. Vaug. conseille même *qu'ils dient* : *Je ne saurais souffrir qu'en ma présence on die Qu'il doive m'acquérir par une perfidie* (Corn., *Veuve*, 1633). *Ah ! que vous auriez su, sans que je vous le die, De combien votre amour m'est plus cher que la vie !* (Rac., *Iphig.*, 1041). À la fin du siècle, *die* n'est plus en usage selon Régnier-Desmarais (*Gramm.*, p. 438).

discipline n.f. Fouet qui servait d'instrument de pénitence : *Il fait en sorte que l'on croit, sans qu'il le dise, qu'il porte une haire et qu'il se donne la discipline* (La Br., XIII, 24). ♦Éducation, direction : *Quelle peine il faut prendre pour instruire ces animaux-là ! – Je les trouve bien heureux, Madame, d'être toujours sous votre discipline* (Mol., *Escarb.*, sc. II). [...] *ce peuple barbare, Qui formé par nos soins, instruit de notre main, Sous notre discipline est devenu Romain* (Corn., *Sert.*, 96). ♦Domaine où s'étend l'autorité de qqn ; juridiction : [Philippe] *eut la joie de voir Alexandre, à l'âge de dix-huit ans, enfoncer les troupes thébaines de la discipline d'Épaminondas* (Boss., *H. univ.*, I, 8). ♦Science, savoir (auj. sens plus restreint : « matière d'enseignement ») : *Vous êtes un ignorant, un indocte, un homme ignare de toutes les disciplines* (Mol., *Jal. du barb.*, sc. VI).

Le sens courant auj. de « soumission à une autorité » était également usuel au XVIIe s. : *La discipline militaire des Romains* (Fur.).

discontinuer v.t. Interrompre ce qui est commencé : *Le procureur général commença des poursuites ; mais il les discontinua à la prière de nos proches* (Retz, *Mém.*, éd. « Pléiade », I, 2). *La même raison a fait que je discontinuai la recherche des hommes illustres qui ont fleuri dans les Provinces Unies* (Bayle, *Dict. hist.*, Préf.). ♦Suivi d'un infinitif, cesser de : *Il avait discontinué de le voir* [Francion] *pour certaines occasions* (Sorel, *Franc.*, XII). *On perd les habitudes acquises, quand on discontinue* [...] *de s'exercer* (Fur.).

Auj. seulement intransitif, dans la locution *sans discontinuer*, « sans interruption ».

disconvenance n.f. Manque d'adaptation, de rapport : *Je ne me serais jamais avisé de proposer à l'éloquence un dieu comme Hercule, et encore moins un Gaulois : ce sont des disconvenances* (La Font., *Comparaison d'Alexandre, de César et de M. le Prince*).

disconvenir v.i. Être en désaccord : *Je vous mandai que j'étais bien assuré que nous ne pouvions disconvenir en rien d'important* (Fén., *Lettre Bossuet*, 9 févr. 1697).

Auj. seulement dans l'expression *ne pas disconvenir de quelque chose*, « ne pas le nier ».

discord n.m. Discorde (dès le milieu du XVIIe s. ce mot paraît vieilli en prose et *désaccord* le remplace ; il se maintient en poésie, surtout au pluriel) : *Pourrez-vous quelque chose, après qu'un père mort N'a pu dans leurs esprits allumer de discord ?* (Corn., *Cid*, 1612). *Pour finir vos discords* (Rac., *Théb.*, 1655).

discours n.m. Raisonnement, examen attentif : *C'est sur ces connaissances du cœur et de l'instinct qu'il faut que la raison s'appuie et qu'elle y fonde tout son discours* (Pasc., *Pensées*). *L'âme exercée dans la méditation* [...] *en vient à n'avoir plus besoin* [...] *de discours, de ré-*

flexion, de raisonnement (Boss., *Lettre,* 10 oct. 1694). ♦ Dissertation, traité, essai : *Discours sur l'histoire universelle* (Boss.). *Un aveu dont je vous parlerai dans la seconde partie de ce discours* [les Mémoires] (Retz, *Mém.*, I, 176). ♦ Récit, exposé : *Je vais de ses amours, Et de tous ses hasards vous faire le discours* (Corn., *Illus.*, 148). [...] *tout pédant Se peut connaître* [reconnaître] *au discours que j'avance* (La Font., *F.*, I, 19). ♦ Conversation : *Un de mes amis me mena un jour chez une demoiselle appelée Luce, me disant que c'était la femme du meilleur discours qui se pût voir* (Sorel, *Franc.*, VI). ♦ Propos, parole (sans rien de spécialement solennel) : *Oui, vos moindres discours ont des grâces secrètes* (Rac., *Esth.*, 1016). *Tant que dura son mal, il n'eut autre discours* (La Font., *F.*, IV, 18). *On vit tant d'assurance En ses discours et dans tout son maintien, Qu'on ne crut point qu'il se doutât de rien* (La Font., *F.*, VIII, 18). ♦ Opinion, thèse : *Cent exemples pourraient appuyer mon discours* (La Font., *F.*, X, 14). *Jadis l'erreur du souriceau Me servit à prouver le discours que j'avance* (La Font., *F.*, XI, 7). ♦ **Mauvais discours,** médisances : *Des humeurs, des colères, des partialités, des rapports et ce qu'on appelle de mauvais discours* (La Br., IX, 53). ♦ Langage, style (on dit encore en grammaire *discours direct, indirect*) : *Vous savez que c'est le goût de notre siècle d'aimer le naturel dans le discours* (Bayle, *Lettre* 18 mai 1691, *in* L.). ♦ **Discours chrétien,** sermon : *Le discours chrétien est devenu un spectacle* (La Br., XV, 1). ♦ **Entrer en discours,** engager une conversation, une correspondance : *Je trouvai* [...] *M. le cardinal Albizzi si gai et si disposé à entrer en discours sur toutes matières* [...] (Retz, *Lettre M. de Lionne,* 16 févr. 1666).

discourtoisie n.f. Acte discourtois, impoli (vieilli au XVIIe s.) : *Cestui-ci, aux faveurs reçues de Laonice, rend des discourtoisies* (Urfé, *Astrée,* I, 215A). *C'est une discourtoisie de refuser à quelqu'un un service qui ne coûte rien* (Fur.). ♦ Qualité de celui qui est impoli : *La discourtoisie et la sauvage humeur des habitants du bourg* (Sorel, *Berg. extr.*, II, 1, 100).

discret, ète adj. Qui a du discernement, de l'intelligence : *Ma Muse, en l'attaquant* [Chapelain], *charitable et discrète, Sait de l'homme d'honneur distinguer le poète* (Boil., *Sat.*, IX, 211). *Un historien sobre et discret laisse tomber les menus faits qui ne mènent le lecteur à aucun but important* (Fén., *Lettre Acad.*, 8). ♦ « C'était autrefois un titre d'honneur pour les prêtres et pour les docteurs : *Vénérable et discrète personne* » (Acad. 94). *Père Giflot, directeur discret de l'abbaye* (Scarr., *Rom. com.*, II, 16).

Les sens actuels de « qui a de la retenue » et « qui sait garder un secret » étaient également usuels au XVIIe s. : *Adieu : je me retire en confident discret* (Corn., *Cinna,* 864). *Derechef, veuillez être discret, Et n'allez pas, de grâce, éventer mon secret* (Mol., *Éc. des f.*, 353).

discrétion n.f. Jugement, discernement (on dit encore parfois *âge de discrétion,* âge de raison). ♦ Faculté d'user à volonté d'une chose (encore *à discrétion,* à volonté) : [...] *Guillaume* [le cabaretier] *qui, de son côté, par reconnaissance, lui donnait la discrétion. Ce qui plaisait si fort au soldat qu'il menait non seulement à ce cabaret tous ses amis, il y faisait même ses enrôlements* (Le Sage, *Diable boit.*, VII). ♦ Gage que doit donner celui qui a perdu au jeu, et qui est laissé à son appréciation : *Le bal, les collations, Les présents, les discrétions N'ont point avancé mon affaire* (Corn., *Mascarade des enfants gâtés*).

Le sens actuel de « retenue, réserve » est devenu usuel au cours du XVIIe s.

discussion n.f. Vente judiciaire : *Faire la discussion d'un débiteur, c'est faire la perquisition et ensuite la vente en justice de tous ses biens* (Fur.).

Les sens actuels ne sont devenus courants qu'au XVIIIe s.

discuter v.t. « Rechercher les effets d'un débiteur, les faire vendre par autorité de justice, faire voir qu'il est insolvable » : *Il faut plusieurs années pour discuter une personne, pour peu qu'elle ait d'adresse et de crédit* (Fur.). ♦ Examiner par un débat (encore auj.) : *Ce procès a été bien discuté par les juges* (Fur.).

L'emploi intrans. actuel, au sens de « échanger des idées, des arguments sur un sujet », n'apparaît qu'au XIXe s.

diseur n.m. Phraseur, hâbleur : *M. de Turenne avait dit à M. le cardinal de Retz en lui disant adieu* [...] *: Monsieur, je ne suis pas un diseur ; mais je vous prie de croire sérieusement que sans ces affaires-ci, où peut-être on a besoin de moi, je me retirerais comme vous* (Sév., 2 août 1675).

Auj., sans nuance péjorative, « narrateur, celui qui parle bien », et ordinairement suivi d'un complément.

disgrâce n.f. Malheur, infortune : *Ah ! malheur ! ah ! disgrâce, ah ! pauvre seigneur Sganarelle, où pourrais-je te rencontrer ?* (Mol., *Am. méd.*, I, VI). *Des tyrans d'Israël les célèbres disgrâces* (Rac., *Ath.*, 111). *Cette réflexion vous vient en peu de temps ! Elle suit de bien près, monsieur, notre disgrâce* (Mol., *F. sav.*, 1715). *La mort n'est point pour moi le comble des disgrâces* (Rac., *Baj.*, 609). ♦Échec d'une pièce de théâtre : *J'ajoute ici, malgré sa disgrâce* [celle de *Pertharite*], *que les sentiments en sont assez vifs et nobles* (Corn., *Perth.*, Exam.).

Le sens actuel de « perte de la faveur ou de l'amitié de qqn » était également usuel au XVIIe s. : *L'enfer des courtisans est l'éloignement de la Cour, la disgrâce du Prince* (Fur.).

disgracié, e adj. Tombé en disgrâce, qui a perdu toute faveur : *Le café est tout à fait disgracié ; le Chevalier croit qu'il l'échauffe et qu'il met son sang en mouvement* (Sév., 1er nov. 1688). *Un favori qui est disgracié perd tous ses flatteurs et la plupart de ses amis* (Fur.).

Auj. ne se dit guère des choses que dans l'expression *visage disgracié* ; pour les personnes signifie le plus souvent « laid, difforme », sens courant au XVIIe s. également : *Cet homme est fort disgracié, boiteux, borgne, bossu* (Fur.).

disparade n.f. V. DISPARATE.

disparaître v.i. S'est employé avec l'auxiliaire *être* (auj. *avoir*) : *Il est disparu la veille de l'arrivée du gouverneur* (Sév., 8 déc. 1673). *À mes yeux étonnés leur troupe est disparue* (Rac., *Baj.*, 1441).

disparate, disparade n.f. Incartade, extravagance : *Dans l'opinion que son auteur aurait fait quelque grande disparate dans ce recueil* (Chap., *Lettres*, I, 448). *Ce qu'il fallut essuyer de disparades de sa part* [du duc de Rohan] *ne se peut imaginer* (Saint-Simon, 1699).

Il a pris auj. le sens de « absence d'harmonie ».

dispensation n.f. Administration, direction, plan : *Je sais qu'une sage dispensation a obligé l'Église de se relâcher des épreuves publiques de la pénitence* (Mass., *Car. sur les élus*, *in* L). *C'est une secrète dispensation de la Providence* (Boss., *Serm. sur la Pass. de J.-C.*).

dispense n.f. Permission, autorisation de faire qqch : *À Rome, on ne lit pas Boccace sans dispense* (La Font., *Ball. sur les romans*).

Le sens plus restreint actuel de « exemption, autorisation de ne pas se soumettre à une loi » était également usuel au XVIIe s. : *Le roi donne des dispenses d'âge à quelques officiers, pour être reçus avant le temps porté par les ordonnances* (Fur.).

dispenser v.t. Organiser, répartir : *Quant à son temps bien sut le dispenser : Deux parts en fit* [...] (La Font., *Épitaphe*). *Tout y est dispensé par ordre* (Boss., *Serm. sur les vaines excuses des pécheurs*). ♦Autoriser : *S'il m'est permis et si la vérité Dispense les enfants à quelque liberté* (Rotr., *St Genest*, I, I). *Serais-je dispensée À suivre, à son exemple, une ardeur insensée ?* (Corn., *Pol.*, 797).

Les sens actuels étaient également usuels au XVIIe s.

◆ **se dispenser à,** se permettre de, se laisser aller, se disposer à (auj. *se dispenser de*, c'est « se décharger d'une obligation », sens courant au XVIIe s. également) : *Ma bouche se dispense À vous ouvrir mon cœur avec plus d'assurance* (Mol., *Dép. am.*, 363). [...] *Qu'à mille impiétés osant me dispenser À votre foudre oisif je donne où se lancer ?* (Corn., *Suiv.*, 1444).

disposer v.t. Préparer, régler : *Nous ne pensons presque point au présent ; et, si nous y pensons, ce n'est que pour en prendre des lumières pour disposer l'avenir* (Pasc., *Pensées*) ; en parlant d'une personne, mettre en état : *Je dispose M. le duc de Bourbon à pouvoir vous rendre compte* [...] *de toute la vie de Louis XIII* (La Bruyère, *Lettre à Condé*, du 8 nov. 1685).

◆ **se disposer, être disposé** sont souvent construits avec *de*, mais plus généralement avec *à* comme auj. : *Pour en revenir au généreux Alphonse, il se disposa de combattre sur la Capitane* (Mlle de Scudéry, *Mathilde*). *Mlle Vitart était disposée d'aller à la Ferté* (Rac., *Lettre*, VI, 464). *Il se dispose à partir* (Fur.).

Les sens actuels étaient également usuels au XVIIe s.

disposition n.f. Agilité, adresse : *Il a toujours servi le Roi à genoux, avec cette disposition que les gens de quatre-vingts ans n'ont jamais* (Sév., 17 juin 1687). *Elle a fait éclater ensuite une disposition toute divine, et ses pieds* [...] *traçaient d'aimables caractères* (Mol., *Pr. Él.*, III, II).

Les sens actuels étaient également usuels au XVIIe s.

disputable adj. Qui peut être discuté : [...] *tout ce qui n'est point de la foi ni des principes est disputable* (Corn., *Suiv.*, Épître dédic.).

dispute n.f. Discussion, débat : *Va-t'en et ne rends plus la victoire douteuse ; La dispute* [le fait d'en discuter] *déjà m'en est assez honteuse* (Corn., *Hor.*, 676). *En quoi êtes-vous en dispute sur ce sujet avec les jansénistes ?* (Pasc., *Prov.*, IV). *Il voulut même m'engager dans une dispute ; mais comme c'est mon fort que le raisonnement, je lui dis, après une longue contestation* [...] (Le Sage, *Diable boit.*, XVI).

Le sens actuel de « querelle » était également usuel au XVIIe s. : *Qu'est-ce ceci ? Toujours de la dispute, de la querelle et de la dissension !* (Mol., *Jal. du barb.*, sc. XII).

disputer v.t. et v.t. ind. [**de**]. Discuter, débattre : *Ne disputez pas une vérité si constante* [= évidente] (Boss., *Serm. sur la char. fr., I). Il y a dans l'art un point de perfection, comme de bonté ou de maturité dans la nature. Celui qui le sent et qui l'aime a le goût parfait ; celui qui ne le sent pas, et qui aime en deçà ou au-delà, a le goût défectueux. Il y a donc un bon et un mauvais goût, et l'on dispute des goûts avec fondement* (La Br., I, 10). *On a disputé chez les anciens si la fortune n'avait point eu plus de part que la vertu dans les conquêtes d'Alexandre* (Rac., *Alex.*, Épître dédic.). ♦ Soutenir : *Ceux qui disputent qu'il n'y en a pas* [d'ingratitude dans le monde], *voudraient être juges et parties* (Sév., 10 avr. 1671). ♦ Contester : *On ne dispute pas du moins que l'Ancien Testament ne soit écrit devant* [= avant] *le nouveau* (Boss., *H. univ.*, II, 29). ♦ Rivaliser (avec d'autres) pour obtenir qqch (encore auj. dans *disputer un prix, un titre*) : [...] *je puis contre un frère inhumain, Non plus* [...] *Disputer en ces lieux le cœur de sa maîtresse, Mais* [...] *Lui disputer les cœurs du peuple et de l'armée* (Rac., *Baj.*, 950, 953).

◆ v.i. Rivaliser : *Le peuple disputait avec la noblesse à qui agirait le plus par ces maximes* (Boss., *H. univ.*, III, 6). ♦ Lutter : *Nous étions contraints de disputer contre les flots pour rattraper le dessus de ce mât* (Fén., *Tél.*, 5). *Vos bontés pour une infortunée Ont assez disputé contre la destinée* (Rac., *Baj.*, 678). *Hé bien ! régnez, cruel ; contentez votre gloire : Je ne dispute plus* (Rac., *Bér.*, 1104).

Auj. *se disputer*, c'est « se quereller » ; familièrement et provincialement, *disputer qqn*, c'est « le quereller ».

disquisition n.f. Recherche de la vérité philosophique ou scientifique : *Il faut encore que vous soyez bien revenu de cette terrible maladie, pour avoir fait un si long travail et d'une disquisition si fine et si pénible* (Chap., *Lettres*, II, 591). *Cet auteur a fait des disquisitions philosophiques, mathématiques* (Acad. 94)

dissimuler v.t. Feindre de ne pas remarquer : *Ceux qui voient le mieux nos défauts sont ceux qui les dissimulent le plus volontiers* (Rac., *Brit.*, 1re préf.). *Un vindicatif dissimule une offense jusqu'à ce qu'il soit en état de s'en ressentir* [= de s'en venger] (Fur.).

Le sens actuel de « cacher » était également usuel au XVIIe s. : *Lui-même il y prend part* [aux actions contraires à l'honneur] *lorsqu'il les dissimule* (Corn., *Hor.*, 1432).

dissipation n.f. Dispersion (auj. en ce sens il se dit de choses plus ou moins immatérielles : brume, illusions, etc.) : *La dissipation des biens de Port-Royal par une garnison* (Maintenon, *Lettre*, 17 nov. 1707). ♦ Perte, ruine, déperdition : *La dissipation d'une armée* (Acad. 94). *Vous représenterez l'esprit de la république après la dissipation de son corps* (Balz., *Lettre*, *in* L.). ♦ Amusement : *La compagnie de Grignan est si bonne et si grande, qu'elle doit vous donner plus de dissipation que le milieu de Paris* (Sév., 26 juin 1680).

Auj. « débauche », ou « indiscipline d'un écolier ».

dissiper v.t. Disperser, disjoindre (auj. et aussi au XVIIe s. il signifie « faire disparaître » [un malentendu, etc.] ou « dilapider ») : *Il ne faut pas s'étonner qu'ils soient tombés dans de tels égarements, ni que la tempête les ait dissipés après qu'ils ont eu quitté leur route* (Boss., *H. univ.*, II, 23). *Tous les ais de ce vaisseau se dissipent* (Rac., *R. sur O.*, V). *Ils songèrent seulement aux moyens de dissiper l'assemblée* (La Roch., *Mém.*, IV, p. 144). ♦ Distraire, récréer (auj. il a pris le sens de « porter à l'indiscipline scolaire ») : *Je me jette à corps perdu dans les bagatelles pour me dissiper* (Sév., 6 mai 1671).

dissolution n.f. Débauche, orgie : *Les femmes de débauche vivent dans la dissolution. Les* *paroles et les chansons de dissolution ne se disent point par les honnêtes gens* (Fur.).

Les sens actuels, sauf celui de « colle au caoutchouc », étaient également usuels au XVIIe s.

dissoudre v.t. Désagréger, ruiner : *Rien n'en eût pu jamais dissoudre, ni altérer l'harmonie* [de la Création] (Mass., *Car. sur la Mort, in* L.). *Une machine qui se dissout et qui se met en pièces* [...] (Boss., *O. f. H. d'Angl.*). ♦Détacher, dénouer : *Ce réseau me retient ; ma vie est en tes mains ; Viens dissoudre ces nœuds* (La Font., *F.*, VIII, 22).

Les sens pr. et fig. actuels étaient également usuels au XVIIe s.

◆ On conjuguait anciennement *ils dissoudent, que je dissoude*, etc. [...] Ces formes vieillissent au XVIIe s., mais sont encore préférées par Patru : *Il n'est point de ciment que le temps ne dissoude* (Scarr., *Sonnet, in* L.).

distillation n.f. Fig. Analyse subtile, quintessence : *Il* [le cardinal de Retz] *passe le reste* [du temps] *dans des distillations et des distinctions de métaphysique* (Sév., 15 oct. 1677).

distiller v.i. Tomber goutte à goutte : [...] *d'où l'ambre découle ainsi qu'on vit le miel Distiller des sapins sous l'heur du jeune ciel* (Saint-Amant, *Moïse sauvé*, V, 232). *L'eau qui distille des gouttières ruine les fondements d'une maison* (Fur.).

◆ v.t. Fig. Examiner avec soin : *Rapaccioli* [...] *me dit* [...] *qu'il* [...] *distillerait le discours du pape pour voir ce qu'il pourrait tirer de bon sens d'une conversation de trois heures* (Retz, *Mém.*, V, 96).

Le sens actuel du v.t. : « soumettre à la distillation », était également usuel au XVIIe s. : *L'eau-de-vie se fait en distillant le vin* (Fur.).

distinction n.f. Souci de bien choisir : *On ne devait pas supposer que des commissaires, choisis avec distinction par le peuple, fussent assez lâches pour se laisser séduire ou corrompre à leur préjudice* (Saint-Réal, *Conjur. des Gracques*). ♦Égard : *Vous m'en dites beaucoup de bien en me parlant de la distinction et de l'épanouissement qu'il a eus pour vous* (Sév., 8 janv. 1683).

Les locutions et les sens actuels étaient également usuels au XVIIe s., sauf celui de « élégance, délicatesse dans la tenue et les manières ».

distinguer v.t. Diviser, séparer : *L'armée romaine, distinguée en petits corps* (Boss., *H. univ.*, III, 6).

Les sens actuels de « percevoir » et, au fig., « différencier » étaient également usuels au XVIIe s. : *Notre vue est trop faible pour distinguer les plus petites parties des corps naturels* [...] *Il est aisé de distinguer un cheval d'un âne* (Fur.).

distraction n.f. Retranchement (auj. encore en droit) : *Le Roi ordonna qu'on fît la distraction des revenus qu'elles* [les deux maisons] *avaient possédé* [sic] *en commun* (Rac., *Mém. pour les relig. de P.-R.*). ♦Ce qui détourne et accapare l'esprit, l'activité : *Un peu de colique composée de bile, de néphrétique, de misères humaines ; enfin des attaques, quoique légères, qui font penser qu'on est mortelle : c'est ce qui m'a occupée assez sérieusement pour me faire une violente distraction et m'empêcher de vous écrire* (Sév., 3 avr. 1686).

Les sens actuels de « inattention passagère » et « divertissement récréatif » étaient également usuels au XVIIe s. : *Il faut se retirer dans la solitude pour vaquer à la contemplation, à la prière, à l'étude, sans distraction. Les casuistes font un péché des distractions volontaires* (Fur.).

distraire v.t. Démembrer, séparer une partie d'un tout (auj. il ne se dit plus guère que d'argent, avec la nuance de « détourner à son profit ») : *La nature divine ne peut être séparée ni distraite* (Boss., *Trin., in* L.). ♦Dissuader, détourner d'une occupation, d'une résolution, d'une réflexion (encore auj. dans *distraire qqn de son travail*, etc.) : *Non, Dom Alvar, ma mort est nécessaire : Il n'est soins ni raisons qui m'en puissent distraire* (Mol., *D. G.*, 1497). *Les dieux de ce dessein puissent-ils le distraire !* (Rac., *Brit.*, 1407). *On ne peut distraire ce jeune homme de l'attache qu'il a* [...] *pour le jeu* (Fur.).

Auj. aussi « faire passer le temps agréablement ».

dit n.m. Mot, propos remarquable : *J'étais accoutumé à ces dits* (Retz, *Mém.*, II, 517). *On ne conte que ses dits, pleins d'esprit et de raison* (Sév., 20 mars 1680).

divaguer v.i. Errer çà et là (auj. seulement sens fig. de « déraisonner », signalé pour la 1re fois par Acad. 94) : [...] *voir* [des religieux] *S'égarer chaque jour du cloître et du devoir, Divaguer en désordre et s'empresser d'affaires !* (Corn., *Imit.*, I, 2562).

divers, e adj. Opposé, contraire : *Dans ces divers transports, je ne sais que répondre* (Mol., *Dép. am.*, 893).

Le sens affaibli actuel de « varié, différent » était déjà usuel au XVIIe s. : *Amants, heureux amants, [...] Soyez-vous l'un à l'autre un monde toujours beau, Toujours divers, toujours nouveau* (La Font., *F.*, IX, 2).

diversité n.f. Opposition, contradiction : *Leur retardement* [des ordres] *et leur diversité causèrent des irrésolutions continuelles* (La Roch., *Mém.*, II, 309).

Le sens actuel de « variété » était également usuel au XVIIe s.

divertir v.t. Détourner : *D'un autre côté* [...] *Divertir de vos pas leur plus chaude poursuite* (Corn., *Clit.*, 397). *La puissance du royaume n'était point divertie ailleurs : toutes nos forces furent jointes ensemble pour cet effet* [= ce résultat] (Voit., *Lettre à M***, 24 nov. 1636*). *Nous eûmes encore* [à Royat] *le plaisir de divertir toutes les eaux, et de faire cesser pour un moment toutes les fontaines* (Fléch., *Grands Jours d'Auv.*). ♦ Fig. Écarter : *Votre feinte douceur forge un amusement Pour divertir l'effet de mon ressentiment* (Mol., *D. G.*, 1403). ♦ Amener à d'autres idées (sans nuance particulière de gaieté) : *Voilà un bien long récit : vous aurez une indigestion de Grignans. Pour vous divertir, parlons un moment de ce pauvre Sévigné* (Sév., 25 oct. 1686).

Le sens actuel de « récréer, réjouir » était également usuel au XVIIe s. : *Il n'y a rien qui divertisse plus que la comédie* (Fur.).

divertissement n.m. Ce qui empêche la concentration de l'esprit, qui détourne de la méditation : *Les continuels divertissements que les offices de la vie civile et les soins domestiques me donnent* (Chap., *Lettres*, I, 138). *Ils ont un instinct secret qui les porte à chercher le divertissement et l'occupation au dehors, qui vient du ressentiment de leurs misères continuelles* (Pasc., *Pensées*). ♦ Distraction, détente : *Aux heures de divertissement il s'entretenait avec les bons livres* (Balz., *Socr. chrétien*, Disc. 10, *in* L.). *Un lecteur sage fuit un vain amusement Et veut mettre à profit son divertissement* (Boil., *A. p.*, IV, 90). ♦ Détournement d'argent : *On se plaignait du divertissement des fonds destinés pour les rentes* (Retz, *Mém.*, III, 130).

Le sens restreint actuel de « ce qui amuse » était déjà usuel au XVIIe s. : *On gagne les femmes en leur donnant toute sorte de divertissement* (Fur.).

diviser v.t. Séparer, mettre à part de : *L'inquiétude n'a-t-elle pas toujours divisé deux contentements ?* (Boss., *Médit. brièveté de la vie*). *Du reste des humains ils semblent divisés* (Rac., *Esth.*, 500).

Les sens actuels étaient également usuels au XVIIe s.

divorce n.m. Division, dissension entre des personnes (auj. au fig. « opposition entre deux choses ») : *Ils ont assez longtemps joui de nos divorces, Contre eux dorénavant joignons toutes nos forces* (Corn., *Hor.*, 299). *Et n'ayant pu semer entre eux aucuns divorces, Je me vis en déroute avec toutes mes forces* (Corn., *Att.*, 53). ♦ **Faire un divorce, faire divorce,** divorcer : *La femme* [...], *pour la moindre parole, menaçait de faire un divorce* (La Font., *Vie d'Ésope*) ; et au fig. se séparer, rompre : *Et qu'il est malaisé de faire un plein divorce Avec la douce amorce Que chacun porte au cœur* (Corn., *Imit.*, I, 221).

Le sens actuel de « rupture du mariage » était également usuel au XVIIe s. : *Le divorce, aujourd'hui si commun aux Romains, Peut rendre en ma faveur tous ces obstacles vains* (Corn., *Pomp.*, 419).

docile adj. Qui se laisse facilement instruire ou persuader (avec un complément introduit par *à*) : *Plus que je n'espérais je l'y* [à ce projet] *trouvai docile* (Corn., *Suiv.*, 54). *Toute personne simple aux leçons est docile* (Mol., *Éc. des f.*, 817).

Le sens actuel de « qui obéit facilement » (sans complément) était également usuel au XVIIe s. : *Cet enfant est fort docile* (Fur.). *Ô l'excellent ami ! qu'il a l'esprit docile* (Corn., *Veuve*, 1664).

docte adj. Érudit, savant : *Le docte traité que Sénèque a composé de la colère* (Mol., *Bourg.*, II, III). *Grand démon du savoir, de qui les doctes veilles Produisent chaque jour de nouvelles merveilles* (Corn., *Illus.*, 89). *Ce prédicateur est fort docte* (Fur.). ♦ Conforme aux règles : *Dire en beaux vers, ou bien en docte prose* (Mol., *Ét.*, 883). *Seuls, dans leurs doctes vers, ils* [Théocrite et Virgile] *pourront vous apprendre Par quel art sans bassesse un auteur peut descendre* (Boil., *A. p.*, II, 29).

◆ n.m. Critique de métier, personne spécialisée dans la connaissance de certaines questions : *C'est une grande et subtile question entre les doctes de savoir si* [...] (Mol., *Méd. m. lui*, III, VI). *Nous ne dirons pas, sur la foi du peuple, qu'un ouvrage de poésie soit bon parce qu'il l'aura contenté, si les doctes aussi n'en sont contents* (Sentim. Acad. sur « Cid »).

Auj. il est péjoratif et indique une idée de suffisance déplaisante. Dès le XVIIe s. on le trouvait parfois employé péjorativement à cause de l'intransigeance de certains pédants sur des détails secondaires.

docteur n.m. Homme qui a passé par tous les grades d'une faculté et qui est habilité à enseigner une science. ♦ Savant accompli : *Il est fort savant en telle science, il y est docteur* (Acad. 94). ♦ **Docteur de drap,** docteur diplômé (qui pour passer docteur avait donné une pièce de drap au professeur membre du jury) : *S'il est contre les principes des docteurs de drap, vous êtes un idiot* (Cyrano, *États et empires de la Lune*, p. 90).

doctrine n.f. Connaissance, science : [...] *quantité de personnes célèbres par leur piété et leur doctrine* (Rac., *Ph.*, Préf.). *Calepin* [gros dictionnaire multilingue] *contient bien de la doctrine* (Fur.).

Le sens actuel de « ensemble organisé d'opinions philosophiques, religieuses, etc. » était également usuel au XVIIe s. : *La doctrine de l'Église est orthodoxe* (Fur.).

document n.m. Enseignement, leçon : *L'autorité paternelle et de bons documents peuvent beaucoup* (Boss., *Exhortation à Mgr le Dauphin*).

Le sens actuel de « tout ce qui sert de preuve ou d'information » était également usuel au XVIIe s. : *On prouve l'ancienneté de la fondation de cette Église par plusieurs bons titres et documents* (Fur.).

dogmatique adj. Qui est objet de spéculation, de raisonnement ; qui appartient en propre à une science : *Le mot de catégorie est un terme dogmatique* (Fur.). ♦ Qui affirme des principes : [Le] *philosophe dogmatique est celui qui assure positivement une chose, et qui est opposé au sceptique, qui doute de tout* (Fur.). ♦ **Le dogmatique,** le style scientifique : *Ce terme n'a d'usage que dans le dogmatique* (Acad. 94).

Il a pris auj. le sens de « tranchant, plein d'assurance ».

dogmatiser v.i. Contester les vérités de la religion ; discuter sans compétence : *Le plaisir de dogmatiser sans être repris ni contraint par aucune autorité ecclésiastique ni séculaire était le charme qui possédait les esprits* (Boss., *O. f. H. de Fr.*).

Auj. « exprimer son opinion de façon sentencieuse et tranchante ».

dogme n.m. Opinion, thèse : *Épicure me plaît et ses dogmes sont forts* (Mol., *F. sav.*, 879).

Les sens actuels de « point de doctrine religieuse qu'il n'est pas permis aux fidèles de mettre en doute » et, par extens., « opinion fondamentale » étaient également usuels au XVIIe s.

doléance n.f. Douleur, chagrin, plainte (vieilli au début du XVIIe s.) : *Car il mourut cinq jours après, Comblant de pleurs et de regrets, De tristesse et de doléance, Tout Paris* (Loret, *Muse hist.*, 17 mars 1657). *Le bon Sanche y semble accourir Aux doléances de son maître* (Saint-Amant, *Chambre du débauché*, 92).

Auj. au pluriel, comme aussi au XVIIe s., « réclamations, plaintes » : *Les cahiers des États assemblés contenaient les plaintes et doléances des peuples* (Fur.).

domaine n.m. Autorité, puissance, souveraineté : *Dieu qui a un domaine supérieur et absolu sur nous* (Bourd., *Dimanche de Septuag.*, in L.). [...] *elle jura par Pluton Que toute l'engeance humaine Serait bientôt du domaine Des déités de là-bas* [des Enfers] (La Font., *F.*, VIII, 20).

Les sens actuels étaient également usuels au XVIIe s.

domestique adj. Qui a lieu dans la maison, dans la famille de qqn : *Et lorsqu'on dissimule un crime domestique* [...] (Corn., *Pol.*, 1026). ♦ Qui concerne la vie privée : *Le retranchement de cette faveur, à laquelle vous m'aviez accoutumé, ne peut qu'il ne me soit sensible au dernier point, non pour mon intérêt domestique* [...] *bien que ce soit le seul avantage que j'ai reçu de cinquante années de travail* [...] (Corn., *Lettre Colbert*, 1678). ♦ Familier, qui reste attaché à : *L'Église ne demande pas moins de zèle à ceux qui ont été élevés domestiques de la foi que dans ceux qui aspirent à le devenir* (Pasc., *Comparaison des chrétiens*). – Auj. il signifie ordinairement « relatif aux activités de la maison » et, comme au XVIIe s. aussi, « apprivoisé » par opposition à « sauvage ».

◆ n.m. Homme (même bourgeois ou gentilhomme) attaché à la maison de qqn dans des fonctions importantes : *La Rochepot, mon cousin germain et mon ami intime, était domestique de feu M. le duc d'Orléans* (Retz, *Mém.*, I, 137). – Auj. il désigne seulement les serviteurs, les gens de maison. ♦ Maisonnée, personnel : *Les parents d'Aminte, bons bourgeois, Et qui n'avaient que cette fille unique, La nourrissaient, et tout son domestique* (La Font., *Contes,* V, 5). *Enfin, ma bonne, ce sont de telles folies, et si bien répandues dans mon domestique, que nous sommes contraints d'en rire très souvent* (Sév., 5 janv. 1676). ♦Appartements privés ; intérieur : *Qu'il ouvre son palais à ses courtisans, qu'il les admette dans son domestique* (La Br., XI, 145).

dominant, e adj. Qui exerce l'autorité, dominateur : *Il est le seigneur dominant de tout le quartier* (La Br., VI, 21). *M. le Prince n'était plus dominant, du moins uniquement dans Paris* (Retz, *Mém.*, III, 356).

Le sens actuel de « qui prévaut, qui est le plus important » (en parlant de choses) était également usuel au XVIIe s. : *Une passion dominante* (Fur.).

dominer v.t. Exercer l'autorité souveraine : *Ses Francs n'admettent point de femme à dominer* (Corn., *Attila,* 259). ♦Avoir la prépondérance : *Deux sortes de gens dominent dans les cours, et y dominent dans divers temps, les libertins et les hypocrites* (La Br., XVI, 26).

Auj., sans complément seulement en parlant des choses, « être le plus important », construction et sens déjà usuels au XVIIe s. : *Il y a toujours quelque humeur qui domine dans un tempérament* (Fur.).

doncque, doncques conj. Formes de *donc,* usuelles surtout en poésie : *Commencez doncques à songer Qu'il importe d'être et de vivre* (Voit., *Ép. à M. le Prince,* 1647). *« Donc » et « doncque » sont également usités. « Doncques » n'est plus en usage* (Ménage, *Obs.*, I, 74, 1672).

donner v.t. Accorder : *Je donne, si vous voulez, à vos sentiments, que vous avez heureusement exécuté toutes vos pensées* (Retz, *Mém.*, V, 531). ♦Procurer, assurer : *Nous devons bien chérir cette vertu parfaite Qui de nos ravisseurs nous donne la défaite* (Corn., *Méd.*, 1058). ♦Inspirer, causer : *Et ses trois frères morts par la main d'un époux Lui donneront des pleurs bien plus justes qu'à vous* (Corn., *Hor.*, 1186). ♦Abandonner, sacrifier : *Puisque vous m'avez bien voulu donner votre ressentiment* (Mol., *Sicil.*, sc. XVII). *Il craignait toujours de trop donner à la nature* (Boss., *O. f. Condé*). ♦Attribuer, prêter : *Et l'on pourrait donner à la nécessité Ce qui n'est qu'un effet de la légèreté* (Corn., *Perth.*, 365). ♦**Donner une bataille,** la livrer : *M. le comte donna la bataille et la gagna* (Retz, *Mém.*, I, 174). ♦**En donner, en donner à garder,** tromper, duper : *Tu couches d'imposture, et tu m'en as donné* (Mol., *Ét.*, 366). V. GARDER.

◆ v.i. Frapper, heurter : *Il prit un pistolet qu'il chargea et y mit deux balles pour s'en donner dans la tête* (Scarr., *Rom. com.*, III, 17). *Nous voilà dans une petite route avec des branches mouillées qui nous donnent par le nez* (É. de Coulanges, *Lettre,* 23 août 1675). ♦**Donner des deux,** piquer son cheval des deux éperons : *J'ai trouvé l'action tellement hors d'usage Que j'ai donné des deux à mon cheval, de rage* (Mol., *Fâch.*, 583). ♦Fig. **Donner dans les yeux, dans la vue à qqn,** l'éblouir, le charmer par ses qualités : *Ils n'auront pas l'avantage de se servir de nos habits pour vous donner dans la vue* (Mol., *Pr. rid.*, sc. XV). ♦Émettre des critiques : *Vous auriez bien pu vous passer de donner sur les dévotes en faisant le portrait de Mme d'Aubigné* (Maintenon, *Lettre,* 19 déc. 1681). ♦Atteindre, toucher : *Il était si preste à donner où il tirait qu'il tuait les oiseaux en volant* (Vaug., *Q. C.*, in L.). ♦S'élancer, charger : *Ils donnèrent dans les ennemis et les ouvrirent* (Acad. 94). ♦Avoir un penchant pour, se laisser aller à : *Monsieur* [...] *vit que je ne donnais pas à sa proposition* (Retz, *Mém.*, III, 505). *Puisque vous y donnez, dans ces vices du temps* [...] (Mol., *Mis.*, 59). ♦Ajouter foi : *Enfin, il est constant que l'on n'a point donné Au bruit que contre vous sa malice a tourné* (Mol., *Mis.*, 1536). ♦Partager la même idée, abonder : *Il évite uniquement de donner dans le sens des autres et d'être de l'avis de quelqu'un* (La Br., V, 75). ♦**Se donner patience,** V. PATIENCE.

Les sens usuels auj. l'étaient également au XVIIe s.

dont pr. rel. Était à peu près confondu dans la prononciation et dans l'usage avec *d'où* : [...] *du mont Aventin Dont il l'aurait vu faire une horrible descente* (Corn., *Nic.*, 1551). – Vaug., cependant, après Malh., ne voulait que de *d'où* pour indiquer le lieu. ♦*Dont* s'employait comme complément de moyen, de manière, de cause (auj. on dit *à l'aide duquel, avec lequel, à cause duquel*) : *Savez-vous les raisons dont il peut se défendre ?* (Corn., *Tois.*, 737). [...] *l'ardeur dont tu sais que je l'ai recherchée* (Rac., *Mithr.*, 975). [...] *des coups de cette foudre Dont je me figurais tout mon bonheur en poudre* (Mol., *D. G.*, 645). ♦*Dont* pouvait avoir comme antécédent une proposition entière (auj. dans ce cas on lui donne souvent pour antécédent le pronom *ce* apposé à cette proposition) : *Mais qu'il m'y donne part ; c'est dont j'ose douter* (Corn., *Pulch.*, 172). *Elle se meut un peu plus vite dont la raison est évidente* (Desc., *Météores*, I). *Et vous irez un jour, vrai partage du diable, Bouillir dans les enfers à toute éternité : Dont vous veuille garder la céleste bonté !* (Mol., *Éc. des f.*, 736). ♦ *Dont* se rencontrait comme complément d'un nom introduit par une préposition : *Il est des nœuds secrets, il est des sympathies, Dont par le doux rapport* [= par le doux rapport desquels] *les âmes assorties S'attachent l'une à l'autre* [...] (Corn., *Rodog.*, 360). ♦ La proposition relative pouvait exprimer la conséquence en soulignant la valeur causale de la proposition antécédente (auj. on emploie *à cause de quoi, à la suite de quoi*) : *Il oublia de serrer le toupet : Dont le galant s'avisa d'un secret* (La Font., *Contes*, II, 4). ♦ Repris par *en* dans la proposition relative : *Je la lui dis comme un secret que l'on venait de me confier et dont je lui défendais d'en parler* (La Fayette, *Clèves*, II). *Il faut un grand choix pour lire ses lettres* [de Voiture] *dont il y en a plusieurs qui ne vous feraient pas grand plaisir* (Rac., *Lettre*, 9 oct. 1692).

dorénavant adv. **Dorénavant que,** tant que : *Dorénavant que ses sentiments* [du roi] *ne seront point traversés, j'aurai l'honneur de me rencontrer toujours dans ses pensées* (Richelieu, *Lettre*, 1642, *in* L.).

dot n. Selon Vaug. il conserve parfois au début du XVIIe s. le genre masculin ; Ménage recommande le féminin : *C'est une raillerie que de vouloir me constituer son dot de toutes les dépenses qu'elle ne fera point* (Mol., *Av.*, II, V). *C'est un prodige que cette petite ; son esprit est son dot* (Sév., 15 juin 1680).

douaire n.m. Somme d'argent ou biens-fonds donnés par un mari à sa femme lors du mariage pour assurer sa subsistance en cas de veuvage, et dont celle-ci pouvait disposer à son gré : *Il y en a d'autres, madame, qui font du mariage un commerce de pur intérêt, qui ne se marient que pour gagner des douaires, que pour s'enrichir par la mort de ceux qu'elles épousent* (Mol., *Mal. im.*, II, VI).

double adj. Qui a de la duplicité : *Dieu qui maudit ceux qui sont doubles de cœur* (Pasc., *Prov.*, XIII). *Oses-tu me parler, âme double et traîtresse ?* (Mol., *Dép. am.*, 325).

Les sens actuels étaient également usuels au XVIIe s.

double n.m. Monnaie de cuivre valant deux deniers, et symbolisant la plus petite somme ou la plus petite quantité : *Il cajole des mieux, mais il n'a pas le double* (Corn., *S. du Ment.*, 164) [auj. on dit *il n'a pas le sou*]. *Je vous aurai pour lui nourrie à mes dépens ? – Non, il vous rendra tout jusques au dernier double* (Mol., *Éc. des f.*, 1548). *Il n'y a point de Monsieur Maître Jacques pour un double* (Mol., *Av.*, III, VI).

doublon n.m. Monnaie espagnole ayant une valeur non absolue, mais relative : le double d'une autre monnaie, soit 20 francs, soit 40, soit 80 (« ne se dit plus guère », selon Richelet) : *Un gros singe* [...] *Jetait quelque doublon toujours par la fenêtre* (La Font., *F.*, XII, 3).

douer v.t. Donner un douaire : *L'ordre est que le futur doit douer la future* (Mol., *Éc. des f.*, 1057).

douleur n.f. Ressentiment : *Mais ma juste douleur va plus loin m'engager. C'est peu de vous défendre, et je vais vous venger* (Rac., *Iphig.*, 959).

Le sens actuel de « souffrance physique ou morale » était le plus usuel au XVIIe s. : *Un stoïque dit qu'il n'y a point de douleur* (Fur.).

douloir v.i. Causer de la douleur : *Comme la plaie se refroidissait, elle commença à lui douloir* (Malh., *Ép.*, 59).

◆ **se douloir,** se plaindre : *Celle qui se deult de cette vie* [...] (Urfé, *Astrée*, II, 605).

Mot courant au XVIe s., encore conjugué par Oudin ; pour Maupas, il existe seulement à l'infinitif ; hors d'usage au milieu du siècle, il est regretté par La Bruyère.

doute n.m. Question qui fait difficulté, qui inquiète : *Tous vos doutes, mon fils, bientôt s'éclairciront* (Rac., *Ath.*, 1251). ♦ Appréhension, soupçon : *Si n'était pas l'époux homme si sot Qu'il n'en eût doute* (La Font., *Contes*, IV, 6) ; en ce sens il s'est employé au féminin : *Ma doute n'est point vaine* (Rotr., *Sœur*, IV, I). – Vaug., en 1647, le déclare masculin. ♦ **Sans doute,** assurément, sans aucun doute (auj. « probablement ») : *Il ne faut pas qu'il sache rien de tout ceci. – Sans doute* (Mol., *G. D.*, I, II). *Le secret sans doute en est beau Pour la nature défaillante* (La Font., *F.*, VIII, 3). ♦ **En doute,** dans l'incertitude : *Laissez la chose en doute, et du moins hésitez, Tant qu'on ait* [=jusqu'à ce qu'on ait] *par leur bouche appris la vérité* (Corn., *Œd.*, 847). ♦**Ne pas faire de doute,** être convaincu (auj. seulement en parlant des choses, « être indubitable ») : *De sa trahison je ne fais plus de doute* (Mol., *Sgan.*, 125).

Le sens actuel de « incertitude où on est sur la réalité d'un fait, etc. » était également usuel au XVIIe s. : *Les Scepticiens* [Sceptiques] *étaient dans un doute perpétuel* (Fur.).

douter v.t. Se demander (suivi d'une interrogation indirecte) : *Je doute fort Si vous pourrez sur vous faire ce grand effort* (Mol., *D. G.*, 313). *Que les Romains* [...] *Doutent où vous serez, et vous trouvent partout* (Rac., *Mithr.*, 934). *Je doute quel rival s'en fait mieux écouter* (Corn., *Sur.*, II, 3). ♦**Douter de,** hésiter à (auj. « ne pas avoir confiance ») : *Pourriez-vous un moment douter de l'accepter ?* (Rac., *Ath.*, 985) ; être indécis au sujet de : *Que ferez-vous ? – J'en doute* (Corn., *Sur.*, 445).

◆ Il s'est employé comme transitif direct au sens de « suspecter » (vieilli au XVIIe s.) : *Sous couleur de changer de l'or que l'on doutait* (Mol., *Ét.*, 670).

Les autres constructions et sens actuels étaient déjà usuels au XVIIe s.

douteusement adv. D'une manière peu sûre, peu assurée : *J'en ai appris la nouvelle si douteusement que je me flatte encore de quelque espérance* (La Roch., *Lettre Feuquières*, 21 janv. 1676). *Je ne puis, madame, vous parler sur vos défauts que douteusement et presque au hasard* (Fén., *Lettre Mme de Maintenon*, 1690).

douteux, euse adj. Indécis, hésitant : *Mon cœur, douteux en apparence* [...] (Rac., *Alex.*, 1177). *Dieu ne veut point d'un cœur* [...] *douteux en son choix* (Corn., *Pol.*, 67). *Ainsi toujours douteux, chancelant et volage* [...] (Boil., *Ép.*, III, 89). ♦Méfiant, craintif : [Le lièvre] *était douteux, inquiet : Un souffle, une ombre, un rien, tout lui donnait la fièvre* (La Font., *F.*, II, 14). ♦Dangereux : *La tendresse n'est point de l'amour d'un héros ; Il est douteux pour lui d'écouter les sanglots* (Corn., *Sur.*, 1675).

Le sens actuel de « qui suscite des doutes, des réserves (en parlant de choses) » était également usuel au XVIIe s. : *Cette pistole est fort douteuse* (Fur.). *Sa mort était douteuse, elle devient certaine* (Rac., *Alex.*, 1354).

douzain n.f. Autre nom du sou. ♦Argent (monnaie) : *Ce n'était qu'un maraud, mais il a fait fortune ; Puisqu'il a du douzain, il est démaraudé* (Th. Corn., *Comt. d'Org.*, I, III).

drachme n.f. Huitième partie de l'once, soit 3,824 g (on l'appelait aussi *gros*) : *Vous mêlerez comme il faut avec deux drachmes de matrimonium en pilules* [...] (Mol., *Méd. m. lui*, III, VI).

dragon n.m. Fig. Personne d'une vertu farouche (auj. seulement dans *dragon de vertu*) : *J'ai fait le diable à quatre. – Et j'ai fait le dragon* (Regnard, *Bal*, sc. III). ♦Souci, tracas, remords : *Ce m'eût été un dragon perpétuel de n'avoir pas rendu les derniers devoirs à ma pauvre tante* (Sév., 24 juin 1672).

dragonner (se) v.pr. Se tourmenter : *Vous même qui êtes si habile à vous dragonner, vous aurez peine à trouver des sujets de désespoir* (Sév., 16 nov. 1689).

drapeau n.m. Lange : *Sécher les drapeaux d'un enfant* (Acad. 94). ♦Haillon, chiffon : *Les gueux ont des habits faits de vieux haillons et drapeaux* (Fur.).

Les sens militaires du terme étaient également usuels au XVIIe s.

draper v.t. Critiquer, dénigrer : *Plus ne louera, ce n'est pas sa méthode ; Il va draper le sexe féminin* (Fonten., *Madrigal*, *in* L.) ; et intransitivement **draper sur,** émettre des critiques, des railleries sur : *J'avais oublié* [...] *le cher M. de Vaugelas et il m'était échappé dans la foule. Il se fit ouïr parmi les acclamations autant que la douceur de son esprit et la faiblesse de sa voix le peut permettre, sans draper sur les participes ni sur les gérondifs* (Chap., *Lettre La Valette*, 26 juill. 1639, I, 462). ♦Tendre de noir ses appartements en signe de deuil, et par extension prendre le deuil : *Le Roi déclara à la mort du roi d'Espagne qu'il draperait* (Saint-Simon, *in* L.).

Les sens actuels étaient également usuels à la fin du XVIIe s.

dresser v.t. Diriger : *Elle dressa donc ses pas vers le lieu où elle avait vu cette fumée* (La Font., *Psyché*, II). ♦Préparer, disposer : *J'ai fait dresser une allée aussi longue que large* (Sév., 8 sept. 1680). *Pour lequel des deux princes au moins dressez-vous cet artifice ?* (Mol., *Am. magn.*, IV, IV).

Les sens actuels étaient également usuels au XVIIe s.

drille n.m. Péjor. Soldat : *Ses cheveux de drille, plus longs que ceux des autres paysans du village* [...] (Scarr., *Rom. com.*, II, 6). *Enfin fertile fut l'année De drilles aimant le butin* (Scarr., *V. tr.*, VII, 289).

Auj. le mot s'emploie seulement dans la locution *un joyeux drille* : « un homme jovial ».

driller v.i. Se diriger vivement (bas et pop. d'après Fur.) : *Toute la cour vers la Guyenne drille* (Scarr., *Sonnet,* Le roi s'en est allé...).

drogue n.f. « Terme général de marchandise, d'épiceries de toute sorte de nature, et surtout des pays éloignés, lesquelles servent à la médecine, aux teintures et aux artisans » (Fur.). ♦ Objet, chose sans valeur : *J'ai donné de bon argent et il ne m'a donné que de méchantes drogues* (Acad. 94). ♦ Personne peu estimable : *Voilà de belles drogues que des jeunes gens pour les aimer* (Mol., *Av.*, II, V).

Auj. « médicament dont on conteste l'utilité », « stupéfiant ».

droguet n.m. Étoffe de laine de bas prix, qui était une espèce de drap, mais fort mince et fort étroit : *Un habit de droguet, enrichi de broderie par le caprice d'un seigneur* (Fur., *Rom. bourg.*, I).

droit n.m. **Donner le droit,** donner raison : *Elle* [la Justice] *sait condamner son ami, et donnerait le droit à son ennemi* (Maintenon, *Convers. sur les vertus cardinales*). ♦ **Avoir droit,** avoir raison : *C'est dom Robert qui a tort, et M. Descartes qui a droit* (Retz, *Réflex. sur D. Robert,* IX, 281). *Hé bien ! vous le voyez, ma mère, si j'ai droit* (Mol., *Tart.*, 1811). ♦ **Avoir droit de,** être capable, susceptible de : *Ces nouveautés ont droit de me confondre* (Mol., *D. G.*, 1777). ♦ **Prendre droit de,** se permettre de, avoir la hardiesse de : *Vain effort de mon âme, impuissante lumière De qui le faux brillant prend droit de m'éblouir* (Corn., *Hor.*, 741) ; s'autoriser de : [...] *Enfin qui, prenant droit des fureurs de leur zèle, Ne vous parlent jamais que pour faire querelle* (Mol., *Fâch.*, 427). ♦ **Prendre droit sur,** s'appuyer sur, s'autoriser de : *Je prends droit là-dessus contre le bramin même* (La Font., *F.*, IX, 7). ♦ **Plus que de droit,** plus qu'il ne convient, plus que de raison : *Si la belle Plus que de droit ne se montrait cruelle* (La Font., *Contes,* II, 5). ♦ **À droit,** du côté droit, vers la droite : *Si ceux qui sont à la Nouvelle Amitié prenaient un peu plus à droit ou un peu plus à gauche ils s'égareraient aussi* (Mlle de Scudéry, *Clélie*). *Vous ne sauriez faire un pas ni à droit, ni à gauche, que vous ne tombiez dans leurs mains* (Mol., *Fourb.*, III, II). ♦ **Au droit,** en face, sur le trajet direct : [...] *D'où Vénus a vu choir sur ses riches habits, S'étant trouvée au droit, un ruisseau de rubis* (Rotr., *Sosies,* III, VI).

droitement adv. Directement : *Ce chemin va droitement à la ville* (Fur.). ♦ Raisonnablement, sainement : *L'homme juge droitement lorsque, sentant ses jugements variables de leur nature, il leur donne pour règle les vérités éternelles* (Boss., *Connaiss.*, IV, 5). ♦ Avec la négation, marquait l'approximation « pas tout à fait » : *Il n'est pas droitement de son âge* (Fur.).

Auj. plutôt « honnêtement, loyalement ».

droiture n.f. Loyauté, honnêteté (encore auj. dans *droiture de caractère, de cœur,* etc.) : *Quand, par exemple, vous n'aurez que deux pistoles, et qu'il faudra que vous en donniez une par droiture* (Maintenon, *Instr. à la classe bleue,* 1714). ♦ **À droiture, à la droiture, en droiture,** directement : *Faire venir à droiture les livres que vous aviez résolu de nous envoyer* (Chap., *Lettres,* II, 463). *Il me semble que nous devrions nous adresser nos lettres à la droiture* (Corbinelli, *Lettre,* 18 sept. 1672).

◆ plur. **Les droitures,** les actes loyaux et francs : *Toutes les farces qui se sont faites ici entre les Grignans et les Fourbins : les ruses de ceux-ci, les droitures des autres* (Sév., avr. ou mai 1674).

drôle n.m. Galant, entreprenant (vieilli auj.) : *Cette friponne-là n'est pas prévenue de mon mérite. Je suis pourtant un drôle avec les filles* (Regnard, *Filles err.*, I, X). ♦ **Faire de son drôle,** mener joyeuse vie : *J'ai ouï dire* [...] *que vous faisiez de votre drôle avec les plus galantes de ce temps-là* (Mol., *Fourb.*, I, IV).

dru, e adj. Fig. Plein de santé, d'entrain ; décidé : [...] *ces enfants drus et forts d'un bon lait qu'ils ont sucé* (La Br., I, 15). *Jamais vous n'avez vu une mariée si drue : elle va droit à son ménage, et dit déjà « mon mari »* (Sév., 31 mai 1675).

◆ adv. Vivement : *De telles gens il est beaucoup Qui* [...] *caquetant au plus dru, Parlent de tout et n'ont rien vu* (La Font., *F.*, IV, 7). *Caquet-bon-bec alors de jaser au plus dru, Sur ceci, sur cela, sur tout* (La Font., *F.*, XII, 11). *Leurs membres, accoutumés à gesticuler leurs conceptions, se remuent si dru* [...] (Cyrano, *États et empires de la Lune*, p. 81). ♦ D'une manière serrée, étroitement : *La femme fut lacée un peu trop dru* (La Font., *Contes*, IV, 12).

dû n.m. Devoir : *Excusez la rigueur qu'a voulu mon devoir. Adieu. – Vous avez fait le dû de votre office* (Corn., *S. du Ment.*, 343).

Le sens actuel de « ce qui est dû, dont on est créditeur : était également usuel au XVIIe s.

ducat n.m. Monnaie d'or valant cent dix sous : *Point de raison : fallut deviner et prédire, Mettre à part force bons ducats* (La Font., *F.*, VII, 15). *Un homme accumulait* [...] *Celui-ci ne songeait que ducats et pistoles* (La Font., *F.*, XII, 3).

ducaton n.m. Demi-ducat ou ducat d'argent (il y avait des ducatons de Venise et des ducatons de Hollande) : [...] *l'animal, qui ne songeait qu'à nuire, Détachait du monceau, tantôt quelque doublon, Un jacobus, un ducaton* (La Font., *F.*, XII, 3).

duché n.m. Était souvent féminin (Vaug. recommande le masculin, Richelet hésite) : *M. de Chevreuse* [...] *a donné la duché de Chevreuse à son fils* (Sév., 31 déc. 1688).

duire v.t. Dresser, accoutumer : *Un sujet* [...] *qui* [...] *ne pouvait être trop abaissé par l'éducation, et duit à toute patience et dépendance* (Saint-Simon, 1703). ♦ Plaire, convenir : *Tout duit Aux gens heureux* (La Font., *Clymène*, 30).

dulcifier v.t. Apaiser, adoucir : *Voilà tout mon courroux Déjà dulcifié* (Mol., *Dép. am.*, 1448).

duplicité n.f. État de ce qui est double : *Il s'y rencontre* [dans « Cinna »] *une duplicité de lieu particulier* (Corn., *Cinna*, Exam.). *C'étaient des corps hermaphrodites, à quatre bras et à quatre jambes* [...] *Cette duplicité des membres leur donnait beaucoup de forces* (Bayle, *Dict. hist.*, Adam, note F).

Le sens actuel de « hypocrisie, mauvaise foi, double jeu » était également usuel au XVIIe s. : *La duplicité de sentiments, de paroles est partout odieuse* (Fur.).

durant que loc.conj. Indiquait la concomitance (auj. en ce sens, on dit *tandis que*) : *Qu'on l'honore partout, durant qu'on t'humilie* (Corn., *Imit.*, III, 4178). *Durant qu'on traitait la paix* [...] (Rac., *Notes hist.*).

durée n.f. **De durée,** long : *La guerre ne serait pas de durée* (Retz, *Lettre M. de Lionne*, 2 mars 1666).

durer v.i. Résister : *Entre les animaux l'homme est celui qui dure plus au mal* (Retz, *Serm. Cendres*, IX, 149). ♦ Tenir, rester (vieilli au XVIIe s.) : *Menelaüs dit qu'ils n'eussent pu durer, à cause de la puanteur de ces peaux* (Rac., *R. sur O.*). *Cette personne ne saurait durer en place* (Sév., 14 janv. 1689). *Il ne pouvait durer, ni couché ni debout* (Chap., *Guzm. Alfar.*, II, 106). *Nous aimerons toujours les plaisirs, nous ne pouvons durer un moment avec Jésus-Christ sur la croix* (Boss., *Panég. St Victor*). ♦ Vivre : *Il s'est fait admirer tant qu'ont duré ses frères* (Corn., *Hor.*, 1003). *Son fils ne dura guère* (Boss., *H. univ.*, I, 7).

Les sens actuels étaient également usuels au XVIIe s..

dureté n.f. Fermeté : *Outre que les chrétiens ont plus de dureté, Vous attendez de lui trop de légèreté* (Corn., *Pol.*, 839). ♦ Défaut d'harmonie : *On dit* [...] *qu'un style a beaucoup de dureté* [...] *quand* [il n'a] *pas* [...] *cette politesse ou délicatesse, qui donne du prix aux ouvrages* (Fur.). ♦ Cal, durillon : *On sent des duretés dans les mains des hommes de travail* (Perr. Abl., *Apopht.*, *in* Richelet).

Les sens actuels, pr. et fig., étaient également usuels au XVIIe s.

e

eau n.f. **Battre l'eau,** perdre sa peine, travailler inutilement : *C'est battre l'eau de prétendre arrêter Ce torrent effréné* (Mol., *Ét.*, 922). *Après que je les eus laissées longtemps battre l'eau pour leur donner lieu de refroidir leur imagination* [...] (Retz, *Mém.*, II, 575). ♦ **Faire de l'eau claire,** ne pas réussir : *Notre Hector qui gît au tombeau, Dans une si fâcheuse affaire, N'eût fait que de l'eau toute claire* (Scarr., *V. tr.*, II, 2199). ♦ **Eau de poulet,** bouillon léger : *On me fait prendre tous les jours de l'eau de poulet* (Sév., 28 mai 1676).

ébahir v.t. Rendre stupéfait (n'est pas fam. comme auj.) : *Et si de tant d'amour tu peux être ébahie, Apprends que mon devoir ne dépend point du sien* (Corn., *Pol.*, 794).

ébat n.m. Passe-temps, divertissement : *Je m'y rends avec vous, l'ébat m'en sera cher* (Rotr., *Bélis.*, IV, II).

Auj. seulement au plur., « jeux folâtres », emploi et sens déjà usuels au XVIIe s. : *On dit Prendre ses ébats, pour dire Se réjouir, et particulièrement en fait d'amourettes* (Fur.).

ébattement n.m. Divertissement (vieilli et de style burlesque après 1630) : *L'ébattement pourrait nous en être agréable, Vous plaît-il de l'avoir ? – Eh bien, gageons nous deux* (La Font., *F.*, VI, 3).

ébaudir (s'), esbaudir (s') v.pr. Se réjouir, s'amuser (vieilli et de style burlesque au XVIIe s.) : *Les soldats* [...] *Esbaudis comme rats en paille* (Scarr., *V. tr.*, II, 2087).

éblouir v.t. Tromper, séduire par des moyens fallacieux : *Mais n'espère non plus m'éblouir de parjures* (Corn., *Cinna*, 1386). *La Reine,* [...] *ne fut point éblouie par tout ce remuement. Elle en devina d'abord le sujet* (Saint-Réal, *Dom Carlos*). – Auj., au fig., il signifie, comme aussi au XVIIe s., « provoquer une grande admiration par ses qualités réelles ou apparentes ».

◆ **s'éblouir,** se laisser séduire : *Je n'ose m'éblouir d'un peu de non fameux* (Corn., *Sert.*, 547).

ébouffer (s') v.pr. Pouffer (vieilli au XVIIe s. et de style burlesque) : [...] *ce que la jeune mariée trouva si plaisant que, s'ébouffant de rire en commençant de boire* [...] (Scarr., *Rom. com.*, II, 8).

ébouler v.i. Tomber, s'affaisser (auj., comme le plus souvent au XVIIe s. déjà, en ce sens *s'ébouler*, en parlant de la terre, du sable, etc.) : *Le jour que vous éboulâtes corporellement jusqu'à moi, j'eus le temps de parcourir votre hémisphère* (Cyrano, *Lettre satirique*, Contre un gros homme, 164).

ébranlement n.m. Cahot, trépidation : *L'ébranlement du carrosse m'a beaucoup incommodé* (Rac., *Lettre*, 1698). ♦ Émotion, trouble violent, bouleversement : *L'ébranlement sied bien aux plus fermes courages* (Corn., *Hor.*, 4). *Craignons ces grands ébranlements de l'âme qui préparent l'ennui et le dégoût* (Fén., *Éduc. des f.*).

Les sens pr. et fig. d'auj. étaient également usuels au XVIIe s.

ébranler v.t. Secouer rudement : *Disant qu'elles seraient plus à leur aise* [en croupe] *que dans le carrosse qui ébranle beaucoup les personnes* (Scarr., *Rom. com.*, III, 12). ♦ Mettre en route : *Pour commencer la danse elle ébranlait ses pas* (Chap., *Pucelle*, XIX, 194). ♦ Fig. Décider (qqn) : *Monsieur arriva enfin, tard,* [...] *M. de Nemours ayant eu toutes les peines du monde à l'ébranler* (Retz, *Mém.*, III, 265).

◆ **s'ébranler,** se troubler, faiblir : *Ne t'ébranle donc point dans les tentations* (Corn.,

Imit., II, 1087). ♦Être troublé profondément (auj. seulement transitivement) : *Monsieur ne s'ébranla point quoi que je puisse dire* (Retz, *Mém.*, IV, 51).

Les emplois et les sens actuels étaient également usuels au XVIIe s.

ébullition n.f. Échauffement : *Les ébullitions de sang et les inflammations de poitrine* (La Roch., *Origine des maladies*).

Le sens propre d'auj., « bouillonnement d'un liquide provoqué par la chaleur », était également usuel au XVIIe s. : *Il faut laisser ces drogues sur le feu jusqu'à une légère ébullition* (Fur.).

écacher v.t. Écraser, aplatir par un coup ou une pression, émousser : *Son nez, de coups écaché, Se vidait sans être mouché* (Scarr., *V. tr.*, V, 1692). *Le visage mouillé d'une pomme qui s'était écachée contre* (Cyrano, *États et empires de la Lune*, p. 53). *La justice et la vérité sont deux pointes si subtiles, que nos instruments sont trop émoussés pour y toucher exactement ; s'ils y arrivent, ils en écachent la pointe* (Pasc., *Pensées*).

écarquillé, e part. Se dit de celui qui écarte ridiculement les jambes (auj. seulement *yeux écarquillés*, yeux ouverts tout grands) : [Ces canons] *par qui nous voyons ces Messieurs les galants Marcher écarquillés ainsi que des volants* (Mol., *Éc. des m.*, 38).

écarquiller v.t. Écarter exagérément : *Ses deux jambes écarquillant* (Scarr., *V. tr.*, II, 537). *Il est indécent d'écarquiller les jambes en une honnête compagnie* (Fur.).

Il n'est resté de ce mot que l'expression *écarquiller les yeux*, les ouvrir tout grands.

écart n.m. Digression (ce mot entrait dans des locutions) : *Faire un écart dans un discours* (Acad. 94). *Il a* [...] *une grande incertitude, de sorte qu'il se jette à l'écart à tout moment* (Sév., 3 nov. 1688).

Les sens actuels du mot et ceux de la locution *à l'écart* (*de*) étaient également usuels au XVIIe s.

écarter v.t. Séparer des personnes : *Malgré ce même exil qui va les écarter, Ils font mille serments de ne se point quitter* (Rac., *Ph.*, 1255). – Auj. « séparer des choses », ou « éliminer, rejeter » ; on dit encore *écarter qqn d'un autre*, l'éloigner. ♦**Être écarté,** être dispersé : *Elle aperçut* [...] *des bancs de rameurs mis en pièces, des rames écartées çà et là sur le sable* (Fén., *Tél.*, 1). ♦**Histoire écartée,** histoire d'un temps ou d'un pays très éloigné : *Quand nous traitons quelque histoire écartée dont ils ne trouvent rien dans leur souvenir, ils l'attribuent tout entière à l'effort de notre imagination* (Corn., *Abrégé mart. St Pol.*).

◆ **s'écarter,** s'égarer, et au fig. s'éloigner de son sujet : *Je m'écarte un peu trop, rentrons dans nos limites* (La Font., *Lettre Simon de Troyes*, s. d.). *Cette fin s'écarte un peu dans le roman ; mais dans la vérité il n'y en eut jamais un si joli* (Sév., 27 déc. 1679). ♦Divaguer : *Je m'écarte, je vais détrôner le Sophi* (La Font., *F.*, VII, 10).

Les sens actuels du v. t. et du v. pr. étaient également usuels au XVIIe s.

échafaud n.m. Estrade, gradins : *Les échafauds étaient déjà dressés tout autour, et déjà les personnes les plus curieuses commençaient à s'y placer* (Le Sage, *Diable boit.*, VIII). ♦Scène d'un théâtre : *Sur cent cinquante échafauds Tous les huit jours ont fait des farces* (Scarr., *V. tr.*, I, 1359).

Le sens actuel de « plate-forme destinée à l'exécution des condamnés » était également usuel au XVIIe s. : *Les méchantes actions conduisent un homme sur l'échafaud* (Fur.).

échange n. Parfois féminin au XVIIe s. : *Le Roi a fait une échange de la Bresse contre le marquisat de Saluces* (Fur.). [...] *je la trouverais d'une humeur bien étrange Si je ne lui faisais accepter cette échange* (Corn., *S. du Ment.*, 1026).

échappée n.f. Action inconsidérée (vieilli au XVIIe s. en ce sens) : *Quel transport déréglé ! quelle étrange échappée !* (Corn., *Mél.*, 449, var.). ♦**À l'échappée, par échappées,** à la dérobée, furtivement : *Il lui sourit pourtant, mais c'est à l'échappée* (Saint-Amant, *Moïse sauvé*). *Les pauvres gens n'avaient de leurs amours Encor joui, sinon par échappées* (La Font., *Contes*, II, 7).

Les sens actuels, courants ou techniques, étaient également usuels au XVIIe s.

échapper v. Pouvait être transitif direct avec l'auxiliaire *avoir* : *Ceux qui ont échappé le glaive* (Retz, *Sur la conduite de M. le Prince*, V, 400). *Nulle puissance ne peut échapper les mains de Dieu* (Boss., *Polit.*, VII, 6). *Où avez-vous pris qu'un enfant qui n'a point de dents, et qui ne se soutient pas à dix-huit mois, ait échappé tous les périls ?* (Sév., 14 juill. 1677). *Et quant à ceux qui pensent échapper la difficulté avec la préposition*

[...] (Vaug., *Rem.*, 465). – Vaug. préfère *échapper un grand danger* à *échapper d'un grand danger*, mais il n'est pas approuvé par l'Acad. en 1704. ♦Au sens de « se sauver, éviter », on trouve l'auxiliaire *être* : *Quel bonheur qu'il soit échappé au péril qu'il a couru !* (Sév., 18 juill. 1690). *Depuis qu'à Pharaon ce peuple est échappé, Une égale terreur ne l'avait point frappé* (Rac., *Ath.*, 1105) ; le complément était parfois introduit par la préposition *de* (auj. *à*) : *Vous n'êtes pas encore échappé de sa rage* (Rac., *Ath.*, 1298). *Ceux qui sont échappés du naufrage* [...] (Boss., *O. f. H. de Fr.*).

◆ **s'échapper,** s'emporter : *Vous vous échapperez sans doute en sa présence* (Corn., *Pol.*, 437).

échauffer v.t. Chauffer (auj. « rendre chaud par degrés ce qui devrait rester froid », et au fig., comme au XVIIe s., dans *échauffer les oreilles, la bile*) : *J'échauffe mes chambres autant que je puis ; mais en sortant de Rome, tout vous paraîtra à la glace* (Mme de Grignan, 17 déc. 1690). [Racan] *s'approche du feu et met ses bas à bottes bien proprement sur la tête de Mme de Bellegarde et de Mme des Loges, qu'il prenait pour deux chenets ; après, il se mit à s'échauffer* (Tall. des Réaux, *Hist.*, Racan). ♦Fig. Animer, stimuler : *Figure-toi Pyrrhus, les yeux étincelants, Et de sang tout couvert échauffant le carnage* (Rac., *Andr.*, 1002). ♦**Être échauffé pour, contre,** être plein d'ardeur en faveur de, ou contre : *J'ai ici Corbinelli ; il est échauffé pour vos affaires, comme à Grignan* (Sév., 15 déc. 1673). *Partout où il pense que la haine soit la plus échauffée contre le nom de Jésus* (Boss., *Panég. St Franç. d'Assise*).

Les sens actuels du v. pr. étaient également usuels au XVIIe s.

échelle n.f. **Sentir l'échelle,** comporter le risque de la pendaison (il s'agit de l'échelle du gibet) : *Je sais tirer adroitement mon épingle du jeu et me démêler prudemment de toutes les galanteries qui sentent tant soit peu l'échelle* (Mol., *Av.*, II, I).

échevin n.m. Magistrat élu chargé de l'administration des affaires municipales (toujours usuel dans le français de Belgique) : *S'il* [le roi] *ne le veut* [avancer de l'argent], *afin d'y satisfaire, Aux échevins on dira franchement : L'argent surtout est chose nécessaire* (La Font., *Ball. à Fouquet*, 29).

échiner v.t. Battre, rouer de coups : *On vous happe notre homme, On vous l'échine, on vous l'assomme* (La Font., *F.*, XII, 22).

◆ **s'échiner,** se rompre le dos, se démettre des vertèbres (dans la langue familière, auj., « se donner beaucoup de peine ») : [...] *Lequel de respect inclina Si très bas qu'il s'en échina* (Scarr., *V. tr.*, I, 2182). *Il s'est échiné pour avoir voulu porter un fardeau trop pesant* (Acad. 94).

écho n.m. **Se rendre l'écho,** faire écho : *Mais je ne puis du tout approuver sa chimère* [de votre mère] *Et me rendre l'écho des choses qu'elle dit* (Mol., *F. sav.*, 229).

échoir v.t. ind. Le verbe était moins défectif que maintenant, où il ne s'emploie plus qu'à l'infinitif, au participe et à la 3e personne du singulier de l'indicatif présent : *De ces présents, les uns sont mis en pièces* [...] *les autres échéent à ceux qui pensent ailleurs* (Malh., *Ép.*, 74). *Ce qui écherrait à délibérer* (Retz, *Mém.*, IV, 116).

échouer v.i. S'employait parfois avec l'auxiliaire *être* : *Il en est échoué beaucoup* [de mariages] *depuis* (Sév., 25 mai 1680).

éclaircir v.t. Nettoyer, rendre clair (on dit encore, pronominalement, *le temps s'éclaircit*) : *L'orage en est cessé, l'air en est éclairci* (Malh., *Stances*, Pour Alcandre, XLIV, 21). *Éclaircir des armes. Éclaircir de la vaisselle* (Acad. 94). ♦Expliquer : *Nous crûmes avoir pleinement éclairci que notre conjecture n'était pas fondée* (Retz, *Mém.*, III, 526). ♦Rendre plus intelligible (vieilli auj.) : *Ce que saint Augustin éclaircit par la comparaison de la vie* (Boss., *Serm. sur la Parole de Dieu*). ♦Informer, mettre au courant : *Je suis bien aise que vous m'ayez éclairci de la conduite du cardinal de Retz* (Bussy, *Lettre*, 29 juin 1678). *Tiresie le laisse sans l'éclaircir* (Rac., *Ann. Œdipe roi*).

◆ **s'éclaircir,** s'instruire, s'assurer : *Victoria lui dit qu'il pouvait bien être innocent mais que sa maîtresse ne pouvait moins faire que de s'en éclaircir* (Scarr., *Rom. com.*, I, 22). ♦**S'éclaircir avec qqn,** avoir une explication avec lui : *La grande femme* [Mme d'Heudicourt] *s'est fort éclaircie avec Mme de Montespan* (Sév., 16 oct. 1676). *Daignez avec César vous éclaircir, du moins* (Rac., *Brit.*, 117).

Les sens actuels du v. t., « rendre moins sombre, moins dense », étaient également usuels au XVIIe s. : *Il faut laisser reposer ce vin pour l'éclaircir*

[...] *La tempête a bien éclairci cette forêt, elle en a abattu bien des arbres* (Fur.).

éclaircissement n. m. Explication en vue de tirer au clair une attitude ou des paroles jugées offensantes (spécialisation du sens, toujours actuel, de « explication, mise au point ») : *Dans un éclaircissement fort aigre qu'il* [M. de Chavigny] *eut avec M. le Prince* (La Roch., *Mém.*, II, 425). ♦ **Homme d'éclaircissement,** duelliste toujours prêt à chercher querelle : *Je ne suis point homme d'éclaircissement ; vous êtes en sûreté de ce côté-là* (Corn., *Lettre apolog.*).

éclairer v.t. Espionner, épier qqn : *Je ferai observer Saldagne et on l'éclairera de si près qu'il ne fera rien sans que nous le sachions* (Scarr., *Rom. com.*, II, 12). ♦ Surveiller, guetter qqch : *Ainsi la fraude, s'il y en eût pu avoir, eût été éclairée de trop près pour réussir* (Boss., *H. univ.*, II, 27). ♦ **Être éclairé dans,** être savant en, averti de : *Des esprits peu éclairés dans les affaires du Royaume* (Retz, *Lettre épisc.*, VI, 67).

◆ v.i. Lancer des éclairs (style élevé) : *Dieu a les orages en sa main* [...] *il lui appartient beaucoup plus d'éclairer et de tonner dans les consciences* (Boss., *Serm. sur la Parole de Dieu*). ♦ **Éclairer à qqn,** lui permettre de voir, à l'aide d'une lumière (construction vieillie au XVIIe s.) : *Comme le flambeau du Roi éclaire par accident au crocheteur qui passe par la rue* (Cyrano, *États et empires de la Lune*). *Lorsqu'il* [le soleil] *nous quitte au soir, il remporte dans l'onde Les rayons éternels dont il éclaire au monde* (Racan, *Berg.*, Églogue).

Les sens actuels étaient également usuels au XVIIe s.

éclat n.m. Manifestation retentissante d'un sentiment (auj. en ce sens ne se dit que de la colère, du rire) : *C'étaient de vains éclats de générosité, Pour rehausser ta gloire* (Corn., *Perth.*, 1689). *Faites de votre flamme un éclat glorieux* (Mol., *Pr. Él.*, 128). ♦ Action de révéler, de divulguer : *L'éclat de son secret devenu nécessaire, Nous en avons* [...] *votre père informé* (Mol., *Dép. am.*, 1606). ♦ **Faire éclat de,** divulguer : *Le secret est à vous, et je serais ingrat Si sans votre congé* [= autorisation] *j'osais en faire éclat* (Corn., *Hér.*, 516). ♦ **Faire éclat, faire de l'éclat,** attirer l'attention par quelque mérite ou par quelque scandale : *Cette vertueuse fille avait fait beaucoup d'éclat dans le monde par la beauté de son esprit* (Rac., *P.-R.*, II). *L'hôte s'étant levé commence à faire éclat* (La Font., *Contes*, II, 3). ♦ Scandale (encore auj. dans *faire un éclat*) : [Le] *courage qu'il faut avoir pour soutenir tout l'éclat d'une telle affaire* (Sév., 23 janv. 1682). ♦ Gloire, situation brillante : *La guerre en tel éclat a mis votre valeur* [...] (Corn., *Hor.*, 365).

Les sens actuels étaient également usuels au XVIIe s.

éclater v.i. Se manifester, apparaître ouvertement (auj. en ce sens ne se dit que d'un sentiment très fort : joie, colère, etc.) : *Ces soins pleins de tendresse que vous me fîtes éclater* (Mol., *Av.*, I, I). . *En ces temps, la religion et la nation judaïque commence à éclater parmi les Grecs* (Boss., *H. univ.*, I, 8). ♦ Déclarer clairement et publiquement ses sentiments : *Mais enfin, à mon tour, je prétends éclater* (Rac., *Mithr.*, 98). ♦ Se couvrir de gloire : *Hippocrate, le père de la médecine, qui éclata au milieu des autres dans ces heureux temps de la Grèce* (Boss., *H. univ.*, I, 8). *Dis-lui par quels exploits leurs noms ont éclaté* (Rac., *Andr.*, 1115). *Pour l'honneur de cette ville, et pour la faire éclater par mes chansons illustres* (Rac., *R. sur Pind.*). ♦ Briller, attirer l'attention par son luxe, par de vives beautés : *Le plus superbe ameublement Dont le séjour des rois éclate* [...] (Th. de Viau, *Odes*, VII). *Quoi ? pour voir sur sa tête éclater ma couronne ?* (Corn., *Pompée*, 677) ; et au fig. : *La prédication ne doit rien avoir qui éclate* (Boss., *Panég. St Paul*). ♦ S'employait parfois pronominalement aux sens actuels de *éclater* (ce pronominal est blâmé par Malh. dans les poésies de Desportes) : *Ne sort-il pas toujours quelque bruit de tout ce qui s'éclate tant soi peu ?* (Sorel, *Franc.*, VII). *De ces dards joints ensemble un seul ne s'éclata* (La Font., *F.*, IV, 18). *Madame s'éclata de rire* (Sév., 13 avr. 1672).

Les sens actuels étaient également usuels au XVIIe s.

éclipser v.t. **Éclipser une chose,** la cacher aux yeux des autres (auj., *éclipser qqn*, le surpasser de beaucoup) : *N'éclipse point de nous tes grâces éternelles* (Racan, *Œuvres*, II, 239).

Auj., comme au XVIIe s., au fig. *s'éclipser*, « disparaître, partir » : *Ce banqueroutier s'est éclipsé, il ne paraît plus* (Fur.).

éclore v.t. Faire naître : *Souvent la jalousie* [...] *De notre propre faute éclôt de grands malheurs* (Racan, *Berg.*, II, III). ♦ Épanouir, exprimer : *Il faut aussi qu'il puisse éclore les pensées de son âme* (Retz, *Serm. sur l'hypocrisie*, IX, 173).

◆ **s'éclore,** naître, se développer : *Pour ce qui est de la conception et de ces entrailles d'où le Verbe se doit éclore* (Boss., *Avert.*, VI, *in* L.).

L'emploi intransitif actuel était déjà le plus usuel au XVIIᵉ s. : *Le soleil au printemps fait éclore mille fleurs* (Fur.).

écolâtre n.m. Prêtre d'une cathédrale chargé de préparer les jeunes gens à l'état ecclésiastique : [Abélard] *se transporta à Laon, où l'écolâtre Anselme faisait des leçons en cette science* [théologie] *avec beaucoup de réputation* (Bayle, *Dict. hist.*, Abélard). ♦ Chanoine jouissant d'une prébende et enseignant gratuitement dans les écoles la philosophie et la littérature : *Ce n'est point, dit l'écolâtre, mon intérêt qui me mène, mais celui de la prébende* (La Br., XIV, 26).

écolier n.m. Étudiant : *Votre valet fut tué à la porte de la Comédie par des écoliers bretons qui firent cette année-là beaucoup de désordre à La Flèche* (Scarr., *Rom. com.*, II, 5). ♦ Élève qui se perfectionne dans un art auprès d'un maître célèbre : *Il ne faut pas que ce nom d'écolier vous abuse. Ces sortes d'écoliers en savent autant que les plus grands maîtres* (Mol., *Bourg.*, I, II).

Les sens actuels de « enfant qui va à l'école », « apprenti, débutant » étaient également usuels au XVIIᵉ s. : *Un jour dans son jardin il vit notre écolier* [...] *grimpant, sans égard, sur un arbre fruitier* (La Font., *F.*, IX, 5). *Un poème excellent, où tout marche et se suit,* [...] *Jamais d'un écolier ne fut l'apprentissage* (Boil., *A. p.*, III, 312).

éconduire v.t. **Éconduire qqch,** le rejeter : *Ou faites ma demande, ou j'éconduis la vôtre* (Corn., *Clit.*, 604, var.).

Auj. seulement avec un complément nom de personne, « congédier qqn », emploi et sens déjà usuels au XVIIᵉ s. : *Éconduire un lion rarement se pratique* (La Font., *F.*, IV, 12).

économie n.f. Sage administration, art de bien gérer une entreprise : [Les grands] *ignorent l'économie et la science d'un père de famille* (La Br., IX, 24). *Elle* [la duchesse de Lesdiguières] *ne s'amuse que de la règle et de l'économie de sa maison* (Sév., 3 mai 1683). ♦ Fig. Bon usage : *Ce n'est pas assez d'avoir de bonnes qualités ; il en faut avoir l'économie* (La Roch., *Maximes*, 159). ♦ Disposition harmonieuse des parties d'un tout ; bon fonctionnement d'un organisme : *Le moindre vaisseau qui se rompt ou qui se bouche, interrompant le cours du sang et des humeurs, ruine l'économie de tout le corps* (Nicole, *Ess. de mor.*, I, 4). *La maladie a troublé l'économie de ce tempérament* (Cyrano, *Lettre satirique* Contre Scarron, 171). ♦ Répartition de la matière dans les diverses parties du plan d'une œuvre littéraire (vieilli auj.) : *Quelle économie dans les sujets !* (Rac., *Disc. Acad.*).

Le sens actuel de « gestion où on évite la dépense inutile » était également usuel au XVIIᵉ s. : *Quelquefois on couvre l'avarice du nom d'honnête économie* (Fur.). Auj. le mot signifie aussi « activité, vie économique, etc., d'une collectivité humaine ».

écorce n.f. Fig. Apparence, aspect extérieur (en ce sens plus courant qu'aujourd'hui) : *Le peuple qui voit tout seulement par l'écorce* (Corn., *Hor.*, 1559). *Cette nouvelle bonté n'eut que de l'écorce et de l'apparence* (La Roch., *Mém.*, II, 453).

écorche cul (à [l']) loc. adv. En se traînant, en glissant sur le derrière : *Achille après l'avoir vaincu Le traînait à l'écorche cul* (Scarr., *V. tr.*, II, 1097). *Ces enfants jouent à écorche cul* (Acad. 94).

écot n.m. Compagnie de convives, repas où chacun paie ou apporte sa part : *Allons parcourir un peu tous les écots de la nouvelle guinguette* (Dancourt, *Impr. de Surène*, sc. XV). *Je cueillerai ces abricots, Les fraises à couleur de flammes Dont nos bergers font des écots* (Th. de Viau, *Lettre à son frère*). *Les moindres écots des tavernes Te plaisent plus cent mille fois Que ne font les échos des bois* (Saint-Amant, *les Cabarets*, 118). ♦ Réunion d'invités : [Boileau] *est heureux* [...] *dans son hôtellerie d'Auteuil. Je l'appelle ainsi, parce qu'il n'y a point de jour où il n'y ait quelque nouvel écot, et souvent deux ou trois qui ne se connaissent pas* (Rac., *Lettre J.-B. Racine*, 24 juill. 1698). ♦ **Parlez à votre écot,** on ne vous demande rien, mêlez-vous de vos affaires : *Taisez-vous, vous, parlez à votre écot* (Mol., *Tart.*, 1307).

Le sens actuel de « quote-part d'un convive pour un repas à frais communs » était déjà le plus usuel au XVIIᵉ s. : *C'est un grand plaisir de manger et de ne point payer son écot* (Fur.).

écoulement n.m. Fig. Émanation ; ce qui procède de : *Quelque ressemblance, quelque écoulement, quelque portion de cet Esprit ouvrier qui a fait le monde* (Boss., *Serm. sur la Mort*). *Ce que N. S. J.-C. a été naturellement et par excellence, il veut bien que ses serviteurs le soient par écoulement de lui-même, et par effusion de sa grâce* (Boss., *O. f. Nicolas Cornet*). *Ce choix de* *serviteurs fidèles* [...] *dont tout le pouvoir, qui fait tant de jaloux, N'est qu'un écoulement de tes ordres sur nous* (Corn., *Remerciement au Roi*, 88).

Auj., au fig, « possibilité d'écouler une marchandise ».

écouler v.t. Passer le temps : *Que m'est-il demeuré pour conseil et pour armes, Que d'écouler ma vie en un fleuve de larmes ?* (Malh., *les larmes de St Pierre, 263). Chaque heure* [...] *est unique : elle est écoulée une fois, elle a péri entièrement* (La Br., XIII, 31).

Auj. en ce sens il est pronominal, comme le plus souvent au XVIIe s. déjà ; transitif, il signifie « se défaire d'une marchandise, etc. ».

écoutant n.m. Auditeur : *J'ai souvent conté la vôtre* [votre procession] *d'Aix au grand étonnement des écoutants* (Sév., 25 juin 1690). *Personne ne s'est encore attaché à lui ; et parmi tant d'écoutants, il n'a pas gagné un seul disciple* (Boss., *Panég. St André*).

écouter v.t. et i. Se laisser persuader, acquiescer aux désirs de (emploi plus étendu qu'auj. en ce sens) : *Trois* [...] *Turcs* [...] *Lui vont offrir* [au Grec] *leur support en commun. Eux trois voulaient moins de reconnaissance Qu'à ce marchand il n'en coûtait pour un. Le Grec écoute, avec eux il s'engage* (La Font., *F.*, VIII, 18). *Moi-même, j'ai voulu vous entendre en ce lieu. Je n'écoute plus rien, et pour jamais adieu* (Rac., *Bér.*, 1110). *Elle écoute un amant, elle en fait un mari* (La Font., *Contes*, V, 6).

Le sens actuel de « s'appliquer à entendre » était également usuel au XVIIe s. : *Il parla fortement sur le commun salut. On ne l'écoutait pas* [...] *Personne* [...] *ne daignait l'écouter ; Tous regardaient ailleurs* (La Font., *F.*, VIII, 4).

écrier (s') v.pr. Pousser un cri : *Il s'écrie, et sa suite, De peur d'un pareil sort, prend aussitôt la fuite* (Corn., *Nic.*, 1751). ♦ Se récrier d'admiration : *Nous ferons notre devoir de nous écrier comme il faut sur tout ce qu'on dira* (Mol., *Pr. rid.*, sc. IX). *Je trouve bien plaisant la petite course dont les deux jambons de M. de Luxembourg font le prix : le « bien Bon » s'est écrié sur cet endroit, et regrette de n'être pas un des paladins* (Sév., 13 juin 1685).

Le sens actuel de « dire soudain, dire en criant » (avec une proposition rapportant les paroles) était également usuel au XVIIe s. : *Le plus vieux au garçon s'écria tant qu'il put : « Oh là ! oh, descendez* [...] (La Font., *F.*, III, 1).

écrire v.t. Pouvait se construire avec la préposition *de : Je vous écrivis* [...] *du dessein que je crois que l'on a ici* (Retz, *Lettre M. de Lionne*, 22 déc. 1665).

écrit n.m. **Mot d'écrit,** lettre très courte : *C'est Monsieur le Conseiller* [...] *qui* [...] *vous envoie* [...] *ce petit mot d'écrit* (Mol., *Escarb.*, sc. III).

écriture n.f. Écrit, lettre : *Vous en croirez du moins votre propre écriture. Tenez, voyez, lisez* (Corn., *Mél.*, 1207). *Vous voyez que votre tête ne veut plus que vous l'épuisiez par des écritures infinies* (Sév., 17 avr. 1689). – Auj. seulement en ce sens au plur., dans le langage administratif ou commercial. ♦ Style, manière d'écrire (repris auj. par les critiques littéraires : *écriture artiste*, etc.) : *Je serais d'avis de bannir ce mot de l'écriture ; il l'est du langage* (Malh., *Comm. Desportes*).

Le sens le plus courant d'auj., « manière dont on trace les caractères en écrivant, ensemble des caractères ainsi tracés », était déjà usuel au XVIIe s. : *On assigne les parties pour reconnaître leur écriture et signature* (Fur.).

écrivain n.m. Secrétaire, copiste (on a encore dit pendant longtemps *écrivain public*) : *Je vous ai cherché un écrivain qui fera mieux que l'autre* (La Roch., *Lettre Mme Sablé*, 1663).

Le sens actuel de « personne qui compose des ouvrages littéraires » était également usuel au XVIIe s. : *Tite-Live, Hérodote sont de fameux écrivains pour l'histoire* (Fur.).

écrouelles n. f. pl. Scrofule (maladie caractérisée notamment par la tuméfaction des glandes du cou) : *Le Roi de France a le don de guérir des écrouelles, en touchant les malades* (Fur.).

écrouler v.i. Parfois employé sans pronom réfléchi au sens de « s'abattre » : *Elle a pensé périr et écrouler sous le poids de sa propre gloire* (Mass., *O. f. de Louis XIV, in* L.).

écu n.m. Pièce de monnaie d'argent valant 60 sous ou 3 livres : *Sait-il bien ce que c'est que cinq cents écus ? – Oui, Monsieur, il sait que c'est mille cinq cents livres* (Mol., *Fourb.*, II, VII).

◆ **Voici le reste de notre écu,** il ne nous manquait plus que cela (se disait ironiquement à l'arrivée d'un importun dans une compagnie) : *Ah ! Ah ! voici justement le reste de notre écu* (Mol., *Bourg.*, V, I). *Voici le reste de notre écu, dit l'hôtesse ; si nous n'avions pas d'autre pratique que celle-là, notre louage serait mal payé* (Scarr., *Rom. com.*, I, 6).

écumer v.t. Fig. Surprendre qqch et en faire son profit, prendre çà et là : *Mme de Lillebonne et ses deux filles* [...] *s'aperçurent les premières de la confiance que la Choin avait acquise et devinrent ses meilleures amies. M. de Luxembourg, qui avait le nez bon, l'écuma* (Saint-Simon, 1694). *Il va partout écumer des nouvelles* (Acad. 94).

Le sens fig. actuel du v. t., « exercer la piraterie dans, piller », était également usuel au XVIIe s. : *Les corsaires d'Alger vont écumer les mers du* [...] *Levant* (Fur.).

écurer v.t. Nettoyer (auj. en ce sens on dirait *curer*) : *Il écure ses dents, et il continue à manger* (La Br., XI, 121).

écuyer n.m. Simple gentilhomme ou anobli : *On a fait la recherche des nobles, et on a fait des taxes sur ceux qui avaient usurpé la qualité d'écuyer* (Fur.). ♦ Officier chargé d'entretenir les chevaux du roi ou d'un grand : *L'écuyer de Clitandre est homme de courage* (Corn., *Clit.*, 85). *L'un était capitaine des gardes, et l'autre écuyer de M. de Beaufort* (Retz, *Mém.*, I, 226). ♦ **Écuyer tranchant,** *« officier qui découpe les viandes d'un prince »* (Acad. 94). ♦ Cavalier, en termes de galanterie : *Dom Pèdre, écuyer d'Ignès* (Mol., *D. G.*, Personnages).

Le sens actuel de « personne sachant bien monter à cheval » était également usuel au XVIIe s. : *C'est un bon écuyer* [...] *C'est une bonne écuyère* (Fur.).

édifier v.t. Fig. Satisfaire la curiosité de, renseigner sur (auj. *être édifié*, ironiquement « savoir à quoi s'en tenir, ne plus avoir d'illusions sur ») : *Vous allez être bien édifié : ils vous diront en latin que votre fille est malade* (Mol., *Am. méd.*, II, I). *Je suis édifié de votre affection* (Mol., *Éc. des f.*, 1326). *Je souhaite que vous ne demeuriez pas mal édifié de nous* (Pasc., *Prov.*, V).

Le sens fig. actuel de « inciter, par l'exemple ou le discours, à la vertu » était également usuel au XVIIe s. : [Les chiens et les chats] *vivaient entre eux comme cousins. Cette union si douce, et presque fraternelle, Édifiait tous les voisins* (La Font., *F.*, XII, 8).

effaroucher v.t. Rendre sauvage, irriter (auj. plutôt « apeurer ») : [...] *Bajazet ne sait point se cacher : Je connais sa vertu prompte à s'effaroucher* (Rac., *Baj.*, 392).

effectuer v.t. Mener à bonne fin, achever, réaliser : [...] *en vain je m'y dispose* [à me tuer] ; *Mon reste de vigueur ne peut l'effectuer* (Corn., *Clit.*, 287). *Lui, quand il a promis, il meurt qu'il n'effectue* (Corn., *Veuve*, 871). *Écouter des propositions qu'on ne voulait pas effectuer* (La Roch., *Mém.*, II, 305).

Le mot est devenu un simple équivalent de *faire* au sens plein.

effet n.m. Acte, réalisation, exécution : *Ce n'est pas que je souhaite le moins du monde qu'on en vienne à de si tristes effets* (Rac., *Lettre*, avr. 1662). *Il faut faire, et non pas dire, et les effets décident mieux que les paroles* (Mol., *D. J.*, II, IV). *Et du péril qui le menace Lui seul entre les Grecs il néglige l'effet* (La Font., *F.*, VIII, 4). ♦ Succès, efficacité : *Pour vous servir avec plus d'effet, je veux changer de batterie* (Mol., *Mal. im.*, I, VIII). – Auj. il a gardé seulement le sens de « fait rapporté à une cause ». ♦ Dans le vocabulaire du théâtre, événement (auj. « réplique, coup de théâtre qui visent à provoquer la surprise ») : *Ceux qui ont blâmé l'autre* [comédie, *Mélite*] *de peu d'effets, auront ici de quoi se satisfaire* (Corn., *Clit.*, Préf.). ♦ **Homme d'effet,** homme d'action : [...] *Au jeu d'amour était homme d'effet* (La Font., *Contes*, II, 8). ♦ **Mettre en effet,** mettre à exécution : *J'ai mis, grâces aux dieux, ma promesse en effet* (Corn., *Veuve*, 1046). ♦ **En effet,** en réalité (auj. sert à coordonner en introduisant une explication) : *Reine longtemps de nom, mais en effet captive* (Rac., *Mithr.*, 136). *Il s'éloigna encore davantage de la Cour, sous prétexte qu'il avait besoin des bains de Tarascon, mais en effet pour s'approcher de la Provence et du Dauphiné* (Du Buisson, *Turenne*, 2). ♦ **Par effet,** effectivement : *Je reconnus par effet qu'il ne faut point faire état de la braverie* [= élégance] *et de la qualité, lorsqu'on veut jouir des plaisirs de l'amour* (Sorel, *Franc.*, II).

efficace n.f. Force qui produit tout son effet ; efficacité (tendait à être remplacé par *efficacité*, rejeté par Bouhours) : *Il* [Dieu] *est toujours tout juste et tout bon ; mais sa grâce Ne descend pas toujours avec même efficace* (Corn., *Pol.*, 30). *Son caractère* [du Messie] *est de joindre ensemble la douceur avec l'efficace* (Boss., *H. univ.*, II, 4).

Une louange en grec est d'une merveilleuse efficace à la tête d'un livre (Mol., *Pr. rid.*, Préf., note).

effigie n.f. **Mettre en effigie,** attacher au poteau et brûler la représentation grossière d'une personne condamnée par contumace : *Mme de Fargis persécutée et mise en effigie par ce ministre* [Richelieu] (Retz, *Mém.*, I, 137).

effigier v.t. Exécuter en effigie un condamné par contumace (vieilli) : *Le vidame et Montgoméry furent effigiés en même temps* (Boss., *Hist. France*).

efforcer (s') v.pr. Absolument, faire des efforts, se faire violence : *Moins vous l'aimez, et plus tâchez de lui complaire ; Feignez, efforcez-vous : songez qu'il est mon père* (Rac., *Mithr.*, 1212). ♦ Se construisait avec *de* ou *à* selon Maupas, avec *de* selon Oudin, seulement avec *à* selon Fur. (auj. avec *de* et un infinitif, et parfois, dans la langue littéraire, avec *à* et un substantif : *s'efforcer à la patience*) : *Ainsi tous à l'envi s'efforcent à me plaire* (Corn., *Pl. R.*, 69). [...] *un autre à l'instant s'efforçant de passer* (Boil., *Sat.*, VI, 49).

effort n.m. Effet, résultat important, haut fait : *Le fer ne produit pas de si puissants efforts* (Rac., *Brit.*, 1630). *Oui, pour bien établir cet effort relevé, Ce bel exploit de guerre à nos yeux achevé, Ma langue est impuissante* (Mol., *Ét.*, 877). ♦ Violence : [On l'a vu] *briser en passant sous l'effort de ses coups Tout ce qui l'empêchait de s'approcher de vous* (Rac., *Alex*, 379). ♦ Atteinte, coup : *Je crois que du trépas j'ai ressenti l'effort* (Tr. L'Hermite, *les Délires*). ♦ Qualité d'exécution d'une œuvre d'art : *Le renard en louant l'effort de la sculpture* [...] (La Font., *F.*, IV, 14). ♦ **Se faire un effort, des efforts,** se faire violence : *Malgré tous les efforts que je pourrais me faire, Je verrais ses douleurs, je ne pourrais me taire* (Rac., *Mithr.*, 415). *Quels efforts à moi-même il a fallu me faire !* (Corn., *Pol.*, 1596). ♦ **Coup d'effort,** coup d'audace : *Mes vaisseaux* [...] *N'ont que trop de soldats pour faire un coup d'effort* (Corn., *Méd.*, 688). ♦ **Faire son effort à,** s'efforcer de : *Comme vous l'accusez, elle fait son effort À rejeter sur vous l'horreur de cette mort* (Corn., *Rodog.*, 1797).

Le sens actuel de « mobilisation consciente de ses forces pour vaincre une résistance » était également usuel au XVIIe s. : *Cette armée va faire ses derniers efforts pour emporter cette place* (Fur.).

effusion n.f. Action de répandre, de verser ; quantité versée (auj. seulement dans *effusion de sang*) : *Je vais tâter du vin dont nous boirons ce soir Une ample effusion* (Regnard, *le Distr.*, I, VII). *Quel bruit, quels feux de joie, quelle effusion de vin !* (Sév., 7 août 1682). ♦ Libation (sens vieilli) : *Nous sacrifierons à la reine du ciel et nous lui ferons des effusions* (Boss., *Polit.*, VI, 5). ♦ **Effusion de cœur,** manifestation sincère d'un sentiment (auj. *effusion* tout court) : *La vraie contrition doit se faire avec une grande effusion de cœur* (Fur.).

égal adj. À la hauteur de, digne de : [...] *il est si grand, qu'il n'aurait point d'offrande, S'il n'en recevait point que d'égales à lui* (Malh., *les Larmes de St Pierre*, 18). – Auj. il signifie « de même importance » et suppose une mesure commune. ♦ Uni, non raboteux : *Un chemin bien égal* (Acad. 94). ♦ Constant dans son humeur, ses sentiments (on dit encore *une humeur égale*) : [...] *Je serais moins roi qu'un objet de pitié Si le bandeau royal m'ôtait votre amitié ; Mais je m'alarme trop, et Rome est plus égale* (Corn., *Nic.*, 1427). ♦ Impartial, sans préférence : [...] *toute mon estime, égale entre les deux, Laissa vers Dom Garcie entraîner tous mes vœux* (Mol., *D. G.*, 13). ♦ **D'un œil égal,** avec sérénité, indifférence : [...] *je n'ose penser que d'un œil bien égal Polyeucte en ces lieux puisse voir son rival* (Corn., *Pol.*, 735). ♦ **Aller, marcher d'égal, traiter d'égal** (dans ces locutions, *égal* est le plus souvent invariable), aller de pair, traiter sur un pied d'égalité : *Mlle de Bouillon* [...] *voulait* [...] *marcher d'égale avec les maisons souveraines* (Rac., *Notes hist.*, 5). *Si vous n'en pouvez mieux consoler une mère Qu'en la traitant d'égal avec une étrangère* (Corn., *Rodog.*, 1708). ♦ **À l'égal,** également (auj. seulement, *à l'égal de*, loc. prépos. en langue littér.) : *Je suis craint à l'égal sur la terre et sur l'onde* (Corn., *Illus.*, 970).

égaler v.t. Égaliser, niveler : *Cette allée est raboteuse, il faut l'égaler* (Acad. 94) ; et au fig. : *Voyez comme le ciel égale nos fortunes* (Corn., *Clit.*, 913). ♦ Mettre sur un pied d'égalité : *La haine égale les hommes de même que l'amitié* (Retz, *Sur la conduite de M. le Prince*, V, 402). *Pépin égala son fils bâtard, Charles Martel, avec ses autres enfants* (Rac., *Notes hist.*, 5). ♦ Proportionner, mettre au niveau de : *Jérémie lui-même, qui seul semble être capable d'égaler les lamentations aux calamités* [...] (Boss., *O. f. H. de Fr.*).

Le sens actuel de « être égal à » était également usuel au XVIIe s. : [La grenouille] *s'enfle, et se travaille, Pour égaler l'animal* [le bœuf] *en grosseur* (La Font., *F.*, I, 3).

égalité n.f. S'employait absolument au sens de égalité d'humeur, sérénité : *Or, cette égalité dont se forme le sage, Qui jamais moins que l'homme en a connu l'usage ?* (Boil., *Sat.*, VIII, 23). ♦**Avoir de l'égalité,** se ressembler : *Mon exemple et sa faute ont peu d'égalité* (Corn., *Œd.*, 304).

Les sens actuels étaient également usuels au XVIIe s.

égard n.m. Point de vue, manière de considérer les choses (auj. figé dans des loc. : *à cet égard, à certains égards*) : *Il entra bonnement dans tous mes égards, dans tous mes intérêts* (Retz, *Mém.*, IV, 223). ♦**À l'égard de,** aux yeux de, selon l'opinion de (auj. « envers, dans ses rapports avec ») : *Gnathon ne vit que pour soi, et tous les hommes ensemble sont à son égard comme s'ils n'étaient point* (La Br., XI, 121) ; quant à : *À mon égard* [=quant à moi] *je juge nécessaire* [...] (La Font., *Ép.*, II, 63). ♦**Avoir égard à** (suivi d'un infinitif), avoir l'intention de (auj. « prendre en considération ») : *Un plaisir m'est agréable* [...] *quand celui qui me le fait* [...] *n'a pas seulement égard à me secourir en ma nécessité, mais* [...] (Malh., *Bienf.*, II, 13). ♦Considération (auj. en ce sens ne s'emploie guère qu'au pluriel ou dans des locutions telles que *avoir égard ; par égard ; sans égard pour*) : *Il écoutait les conseils* [...] *avec un certain égard obligeant* (La Roch., *Mém.*, II, 428).

égarement n.m. Action de s'égarer, de perdre son chemin : *Une personne qui, désirant arriver en quelque lieu, ayant perdu le chemin et connaissant son égarement, aurait recours à ceux qui sauraient parfaitement ce chemin* [...] (Pasc., *Convers. du pécheur*).

Le sens fig. actuel de « action de s'écarter des voies de la morale ou de la raison » était également usuel au XVIIe s. : *Dans quels égarements l'amour jeta ma mère !* (Rac., *Ph.*, 250).

égarer v.t. Écarter de son but : *Le nôtre* [cœur] *s'endurcit, la repousse* [la grâce], *l'égare* (Corn., *Pol.*, 33). ♦**S'égarer de qqn, de qqch,** se fourvoyer loin de lui, loin de cela : *Je m'étais par hasard égaré d'un frère et de tous ceux de notre suite* (Mol., *D. J.*, III, III).

Les sens actuels du v. t. et du v. pr. étaient également usuels au XVIIe s.

égayer v.t. Agrémenter d'ornements, de détails plaisants (son style, un ouvrage) ; rendre attrayant, sans porter nécessairement au rire : *Les prédicateurs doivent rechercher non des brillants qui égaient* [...] (Boss., *Serm. sur la Parole de Dieu*). *J'ai cru qu'il fallait en récompense égayer l'ouvrage* [les Fables] *plus qu'il* [Phèdre] *n'a fait* (La Font., *F.*, Préface). *Amarante, vraiment vous êtes fort jolie ; Vous n'égayez pas mal votre mélancolie* (Corn., *Suiv.*, 966). ♦Faire l'essai de : *Mais la princesse a voulu égayer sa dextérité, et de son dard qu'elle lui a lancé un peu mal à propos* [...] (Mol., *Am. magn.*, V, I).

◆ **s'égayer,** se donner de l'exercice, s'occuper longuement de : *Ce monsieur Fleurant et ce monsieur Purgon s'égayent bien sur notre corps* (Mol., *Mal. im.*, I, II). ♦**S'égayer avec, sur,** se moquer de : [...] *je vais m'égayer avec lui comme il faut En lui volant son nom, avec sa ressemblance* (Mol., *Amph.*, 280). *Il s'égaya sur la non-résidence des évêques* (Retz, *Mém.*, IV, 100).

Les sens actuels du v. t., « amuser », et du v. pr., « s'amuser », étaient également usuels au XVIIe s. : *Il ne faut qu'un homme de bonne humeur pour égayer toute une compagnie. Un satirique s'égaye aux dépens de son prochain* (Fur.).

égyptien n.m. Bohémien, diseur de bonne aventure, vagabond : *Ce sont des Égyptiens, vêtus en Mores, qui font des danses mêlées de chansons* (Mol., *Mal. im.*, II, IX).

éjouir (s') v.pr. Se réjouir (mot courant au XVIe s. dont La Br. regrette la désuétude [XIV, 73]) : *Elle s'éjouit de ce qu'elle a, sans désirer ce qu'elle n'a point* (Malh., *Ép.*, 74).

élan n.m. Élévation soudaine de la voix, éclat : *Aux élans redoublés de sa voix douloureuse, Tous ses valets tremblants quittent la plume oiseuse* (Boil., *Lutr.*, IV, 5).

Les sens actuels étaient également usuels au XVIIe s.

élancement n.m. Ardente aspiration de l'âme, mouvement d'amour : [L'amour] *est juste, humble et sage* [...] *Et des biens passagers les vains amusements N'interrompent jamais ses doux élancements* (Corn., *Imit.*, in L.). *Il* [Tartuffe] *faisait des soupirs, de grands élancements, Et baisait humblement la terre à tous moments* (Mol., *Tart.*, 287). ♦Le fait de s'élancer : *Les* *sauteurs font de grands élancements pour faire paraître leur agilité* (Fur.). *Son élancement* [celui du sang] *perce ou rompt toutes les veines* (Corn., *Att.*, 1757).

Le sens actuel était également usuel au XVIIe s. : « douleur violente de quelque partie du corps [...] » (Fur.).

élancer v.t. Jeter, lancer : *La Mort sait ses traits élancer* (Voit., *Ép. à M. le Prince*, 42). [...] *jusques au ciel mille cris élancés* (Rac., *Ph.*, 831).

Auj. toujours pronominal, *s'élancer*, comme le plus souvent au XVIIe s. déjà.

élargir v.t. Donner, distribuer (vieilli au XVIIe s.) : *Que tous artisans, drapiers* [...], *etc., leur élargissent* [aux pauvres] *quelque libéralité* (Montchrestien, *Écon. pol.*). ♦ Mettre en liberté (auj. en ce sens seulement dans la langue du droit) : *Çà, pour nous élargir, sautons par la fenêtre* (Rac., *Plaid.*, 64). ♦ **S'élargir,** s'étendre : *C'est par lui que la foi plus fortement agit, Que l'espérance a de quoi croître, Et que la charité s'enflamme et s'élargit* (Corn., *Imit.*, IV, 620).

Les sens actuels du v.t. et du v. pr. étaient également usuels au XVIIe s.

élection n.f. Choix fait par une personne (encore auj. dans *patrie d'élection*) : *Je viens vous faire voir que votre affection N'a pas été fort juste en son élection* (Corn., *Mél.*, 1162). *Le libre consentement, né de la propre élection, et non d'un mouvement involontaire et forcé* (Retz, *Lettre épisc.*, 1654, VI, 49). ♦ Attachement à l'objet d'un choix : *Sexe ingrat et léger* [...] *Sans foi, sans jugement et sans élection, Qui changes en un jour cent fois d'affection* (Tr. L'Hermite, *les Vaines Imprécations*).

Le sens actuel de « désignation par un vote » était également usuel au XVIIe s. : *L'élection la plus solennelle est celle du Pape* (Fur.).

élémentaire adj. **Feux élémentaires,** feux plus purs que le feu terrestre, que les Anciens croyaient exister dans les régions célestes : *Je vais* [...] *te jeter si haut au-dessus des éclairs, Que tu sois dévoré des feux élémentaires* (Corn., *Illus.*, 929).

élévation n.f. Latitude : *Trois degrés d'élévation du pôle renversent toute la jurisprudence, un méridien décide de la vérité* (Pasc., *Pensées*). *Paris a 48 degrés 50 minutes d'élévation, de latitude boréale* (Fur.). ♦ Grandeur, rang social élevé : *Peu après sa préture, ne se trouvant pas dans une grande élévation, et se sentant beaucoup d'envie de se pousser de quelque manière que ce fût* [...] (Bayle, *Dict. hist.*, Afer). *Le malheur de ceux qui naissent dans l'élévation* [...] (Fén., *Tél.*, 16). ♦ Humeur hautaine, orgueil : *Demandons instamment à Dieu qu'il change le fond de nos cœurs, qu'il ôte de votre maison cet esprit d'élévation, de raillerie, de sublimité, de curiosité, de liberté de juger et de dire son avis sur tout* [...] (Maintenon, *Lettre Mme de Fontaines*, 20 sept. 1691). ♦ Hautes considérations morales : *Ils suivent l'orateur* [...] *dans toutes les élévations où il se jette* (La Br., XV, 10). *Si le vôtre* [esprit] *est impropre aux élévations Où montent des savants les spéculations* (Mol., *F. sav.*, 57).

Les sens pr. actuels étaient également usuels au XVIIe s., de même que le sens fig. de « caractère de ce qui est élevé moralement » : *Les ouvrages de cet auteur marquent une grande élévation d'esprit* (Fur.).

élèvement n.m. Accession aux dignités (condamné par Bouhours) : *L'ambition consiste à désirer l'élèvement pour l'élèvement et l'honneur pour l'honneur* (Pasc., *Prov.*, Rép. à la lettre XII).

élever v.t. Lever, porter en haut les yeux, les mains (emploi blâmé par Vaug., qui veut qu'on dise *lever*) : *Tenir les mains élevées vers le ciel* (Sév., 28 janv. 1685). *Moïse éleva ses yeux et ses mains au ciel* (Fur.). ♦ Exalter, emplir de fierté : *J'appréhendai que le bon succès de cette matinée ne lui élevât le cœur* (Retz, *Mém.*, II, 155). ♦ **Élever qqn à un sentiment, une qualité,** etc., l'y habituer par l'éducation : *C'est une jeune fille élevée à la vertu* (Mol., *G. D.*, II, VIII). *On ne se contentait pas de les élever à la piété* (Rac., *P.-R.*).

◆ **s'élever,** se soulever, s'insurger : *Verrons-nous contre toi les méchants s'élever ?* (Rac., *Ath.*, 811).

Les sens actuels du v.t. et du v.pr. étaient également usuels au XVIIe s.

élire v.t. Choisir (vieilli vers 1660 ; encore auj. dans quelques locutions : *élire un arbitre, élire domicile*, etc.) : *Il ne faut pas* [...] *quand j'ai besoin d'un plaisir, m'adresser au premier venu. Je le dois élire* (Malh., *Bienf.*, II, 18). *Venez donc puisqu'enfin vous ne sauriez élire Un plus charmant séjour* (Rac., *la Renommée aux Muses*, 105).

Le sens actuel de « nommer à une fonction, etc., par voie de suffrages » était également usuel au XVIIe s. : *Un chétif centenier des troupes de Mysie,*

Qu'un gros de mutinés élut par fantaisie (Corn., *Hér.*, 174).

élite n.f. Choix : *C'est donc la vérité que la belle Mélite Fait du brave Philandre une louable élite* (Corn., *Mél.*, 604).

Les sens actuels de « ensemble de personnes choisies parmi d'autres pour leurs hautes qualités » et « la partie la plus distinguée » étaient également usuels au XVIIe s. : *L'élite de la jeunesse, l'élite de l'armée. Il n'y avait que des gens d'élite en cette assemblée* (Fur.).

éloignement n.m. Aversion, répugnance (auj. indique au fig un état, non un sentiment ; restreint à la langue littéraire) : *Après cet éloignement si extraordinaire qu'elle a témoigné pour le mariage depuis qu'elle est devenue veuve* [...] (La Fayette, *Clèves*, I). *La trop sincère Léonor baissa les yeux en rougissant, et avoua qu'elle n'avait nul éloignement pour lui* (Le Sage, *Diable boit.*, IV). ♦ **Dans l'éloignement, en éloignement,** au loin : *Témoin ces deux mâtins qui, dans l'éloignement, Virent un âne mort* [...] (La Font., *F.*, VIII, 25). *La scène fait voir en éloignement une grotte effroyable* (Mol., *Psyché*, Prol.).

éloigner v. S'est employé transitivement au sens de « s'éloigner de » : *Vous, ondes, qui, roulant du sommet des rochers, D'une marche superbe éloignez votre source* (Racan, II, 379). *Ses vaisseaux en bon ordre ont éloigné la ville* (Corn., *Pomp.*, 741). ♦ **Éloigner de (faire),** empêcher de (faire) : [...] *ceux que ma naissance éloignait de régner* (Corn., *Œd.*, 1176).

◆ **s'éloigner,** avoir de l'hostilité pour : *On m'a témoigné qu'il ne s'éloignerait pas de quelque gratification pour me servir* (Retz, *Lettre Charrier*, 25 nov. 1651).

Les sens actuels du v.t. et du v.pr.étaient également usuels au XVIIe s.

élu n.m. Juge choisi pour imposer les tailles et les aides dans une certaine partie du territoire et pour trancher les différends à ce sujet : *Vous étiez donc là quand mon cousin l'élu fit tenir son enfant à Monsieur notre gouverneur ?* (Mol., *Pourc.*, I, IV). *Un boucher de Lyon qui avait acheté un office d'élu* [...] (Fur., *Rom. bourg.*, II).

Le féminin *élue* désignant la femme de l'élu n'est enregistré que dans Richelet, qui cite Molière : *Vous irez visiter, pour votre bienvenue, Madame la baillive et Madame l'élue* (Mol., *Tart.*, 662).

éluder v.t. Tromper, mystifier : *J'éludais un chacun d'un deuil si vraisemblable, Que les plus clairvoyants l'auraient cru véritable* (Mol., *Ét.*, 683). *Le sénat, pour éluder cette multitude, persuade au consul de faire crier à son de trompe* [...] (Saint-Réal, *Conjur. des Gracques*). ♦ Déjouer, décevoir : *Cette espérance-là fut encore éludée* (Retz, *Mém.*, II, 458). ♦ Pouvait être construit avec un infinitif au sens actuel de « éviter » : *M. Talon* [...] *éluda finement de s'expliquer sur les deux arrêts* (Retz, *Mém.*, IV, 100).

Le sens actuel de « éviter, se dérober à » (avec un n. de chose comme complément) était également usuel au XVIIe s. : *Ce docteur n'a pas résolu cette difficulté, mais il l'a éludée* (Fur.).

élysiens adj. **Champs Élysiens,** autre forme de *Champs Élysées* (séjour des bienheureux) : [...] *c'est là-bas que leurs âmes Aux Champs Élysiens éternisent leurs flammes* (Corn., *Mél.*, 1312).

émail n.m. Couleurs variées, bigarrure (auj. vieilli) : *L'émail des prairies, des parterres* (Fur.)

Les sens actuels étaient également usuels au XVIIe s.

émanciper (s') v.pr. **S'émanciper à, de,** se laisser aller à, prendre la liberté de (auj. seulement sans complément) : *Il faut qu'il ait le salaire Des mots où tout à l'heure il s'est émancipé* (Mol., *Amph.*, 1590). *Cet évêque s'émancipa de renverser un temple où on adorait le feu* (Bayle, *Dict. hist.*, Abdas). *Ma pie s'étant émancipée de représenter que c'était un procédé barbare de faire ainsi mourir sans connaissance de cause un animal* [...] (Cyrano, *États et empires du Soleil*, p. 229).

embabouiner v.t. Enjôler, amener par des ruses (familier selon Fur. et Acad. 94) : *Les prêtres, malgré tous les plus précieux scrupules dont ils avaient embabouiné la conscience du peuple* [...] (Cyrano, *États et empires de la Lune*, p. 112).

embarquement n.m. Fig. Engagement dans un état, une intrigue, etc. : *J'opinerais assez qu'il n'y eût pas de gens mariés* [...] *car on dit que c'est un embarquement fâcheux* (Montpensier, *Lettre*, 14 mai 1660).

Le sens pr. de « action d'embarquer, de s'embarquer », seul courant auj., était également usuel au XVIIe s. : *L'embarquement de Saint Louis pour* [...] *la Terre Sainte se fit à Aigues-Mortes* (Fur.).

embarquer v.t. Engager dans un état, une affaire (n'était pas du langage familier comme auj. en ce sens) : *Ne vous embarquez nullement Dans ces douceurs congratulantes* (Mol., *Amph.*, 1930). – Bouhours dit de ce mot qu'il « a beaucoup de grâce et est de la cour ».

◆ **s'embarquer à,** se mettre à : [...] *en de certains temps il fait bon s'expliquer, En d'autres il vaut mieux ne s'y point embarquer* (Corn., *Oth.*, 568).

Les sens actuels du v. t. et du v. pr. étaient également usuels au XVIIe s.

embarras n.m. Situation confuse, embrouillée : *Pour en développer l'embarras incertain* [du Labyrinthe] *Ma sœur du fil fatal eût armé votre main* (Rac., *Ph.*, 651). ♦Tumulte : *L'embarras des chasseurs succède au déjeuné* (La Font., *F.*, IV, 4). ♦Tracas, souci, contretemps : [...] *Des embarras du trône effet inévitable* (Rac., *Esth.*, 542). *Je plains mon pauvre neveu, votre fils, d'avoir été malade. C'est un étrange embarras pour un jeune homme orgueilleux de sa force et de sa vigueur* (Sév., 5 oct. 1685).

Les sens actuels de « encombrement de la circulation » et « perplexité, gêne » étaient également usuels au XVIIe s. : *Il y a de grands embarras dans les chemins, à cause que l'armée défile* (Fur.). *Un autre hymen vous met dans le même embarras* (Corn., *Sert.*, 712).

embarrasser v.t. Retenir dans une occupation : *Oui, il* [le médecin] *est là, embarrassé à expédier quelques malades* (Mol., *Pourc.*, I, V). *Je suis ici fort embarrassée de la maladie de Mme la comtesse de Montrevel* (Sév., 19 août 1652). ♦Compromettre : *Leur liaison se rompit, et elle le perdit ensuite à la conjuration d'Amboise où il se trouva embarrassé* (La Fayette, *Clèves*, III). ♦Empêcher le fonctionnement de : *Le roi avait commandé à l'ouvrier de cette serrure extraordinaire de trouver le moyen d'embarrasser le ressort en sorte que la porte ne se fermât plus si bien qu'on ne pût l'ouvrir par dehors* (Saint-Réal, *Dom Carlos*). ♦Compliquer, embrouiller une question : *Puisque M. Jurieu, pour embarrasser la matière, veut nous parler du divorce, ayons la patience de l'entendre* (Boss., *Hist. var.*, *in* L.). *La paix se brouille et s'embarrasse* (Sév., 27 juill. 1678). ♦**Pièces embarrassées,** pièces dont l'intrigue est complexe (sans idée péjorative) : [Les] *pièces embarrassées, qu'en termes de l'art on nomme implexes* [...] (Corn., *Cinna*, Exam.).

Les sens actuels étaient également usuels au XVIIe s.

embâtonné, e adj. Armé d'un bâton, et par extens., muni d'une arme (seulement en style burlesque) : *Et, fussiez-vous embâtonnés, Jamais vous n'en serez les maîtres* [du naturel] (La Font., *F.*, II, 18). *Paysans embâtonnés* (Acad. 94).

embéguiner v.t. Couvrir la tête d'un voile, coiffer : *D'un crêpe noir Hécube embéguinée* (Rac., *Madrigal*). *Étant tous bien embéguinés, Suivant la mode phrygienne* (Scarr., *V. tr.*, III, 1798). ♦Enticher, séduire l'esprit, duper : *Toutes ces sortes de gens déclamèrent avec beaucoup d'emportements contre les religieuses de Port-Royal, les traitant de folles, d'embéguinées, de novatrices* (Rac., *P.-R.*, p. 39). *Est-il possible que vous serez toujours embéguiné de vos apothicaires et de vos médecins* ? (Mol., *Mal. im.*, III, III).

embesogné, e adj. et n. Occupé à quelque besogne (vieux et bas selon Acad. 94) : *Pallas même y prit la cognée Pour faire de l'embesognée* (Scarr., *V. tr.*, II, 112). *Cet homme est bien embesogné. Il fait l'embesogné* (Acad. 94).

embonpoint n.m. État de bonne santé, bonne mine : *Je ne connus jamais un si gentil objet :* [...] *L'embonpoint ravissant, la taille avantageuse, Les yeux doux, le teint vif, et les traits délicats* (Corn., *Illus.*, 778). *Ce médicament* [...] *leur a rendu* [aux humeurs] *leur force et leur embonpoint* (Retz, *Hypocrisie*, IX, 188). *Je crains qu'il* [ce vent] *n'emporte ma chère enfant, qu'il ne l'épuise, qu'il ne la dessèche, qu'il ne lui ôte le sommeil, son embonpoint, sa beauté* (Sév., 19 avr. 1689).

Le sens actuel existe déjà au XVIIe s. : « pleine santé qui est accompagnée d'un peu trop de graisse » (Fur.).

emboucher v.t. ou **s'emboucher** [**dans**] v. pr. Entrer, se jeter dans (vieilli au XVIIe s.) : *Il embouche le port et, content de son bien, Ne souhaite rien plus* (Chap., *Pucelle*, XIX, 188). *Ce torrent divin* [...] *va s'emboucher dans le cœur des bienheureux et étanche leur soif* (Retz, *Hypocrisie*, IX, 192).

Les sens actuels du v. t., « mettre à sa bouche (un instrument à vent) », « mettre le mors à (un cheval) », étaient également usuels au XVIIe s.

embourser v.t. Gagner de l'argent, mettre de l'argent dans sa bourse : *Tous les jours nous étions ensemble à la débauche, où je faisais tant que j'emboursais plutôt que de dépendre* [= dépenser] (Sorel, *Franc.*, V). ♦ Recevoir : *S'il se donnait en tout vingt coups de nerf de bœuf, Mon père, pour sa part, en emboursait dix-neuf* (Rac., *Plaid.*, 158).

embrasser v.t. Serrer dans ses bras ; étreindre : *L'ânier l'embrassait* [son âne tombé à l'eau] (La Font., *F.*, II, 10). *Le Destin* [...] *fit embrasser en bonne amitié ceux qui un moment auparavant ne s'embrassaient que pour s'étrangler* (Scarr., *Rom. com.*, II, 6). *Je vous baise et vous embrasse très chèrement et très tendrement, ma très aimable bonne* (Sév., 12 août 1685). ♦ Saisir, accueillir : *J'ai embrassé cette occasion-ci de me mettre à mon aise* (Mol., *Mar. forcé*, 12). *Les Hollandais* [...] *embrassèrent avec joie la trêve* (Rac., *Médailles*, La trêve). ♦ Se charger de, adhérer à (encore auj. dans *embrasser une cause, une opinion*) : *Vous saurez embrasser bien mieux son intérêt* (Corn., *Hor.*, 1702). *Ils embrassaient violemment Les intérêts de leur chimère* (La Font., *F.*, IX, 6). *Urbain II prêche la croisade* [...] *et elle est embrassée* (Rac., *Notes hist.*, fragm., 1095).

Le sens le plus fréquent auj. est « donner un baiser ».

embrouiller v.t. Brouiller, troubler : *Des marauds, dont le vin embrouillait la cervelle* (Corn., *S. du Ment.*, 1449). *Voici mon vieux rêveur ; fuyons de sa présence, Qu'il ne m'embrouille encor de quelque confidence* (Corn., *Suiv.*, 1498).

◆ **s'embrouiller de,** s'embarrasser de, se mêler mal à propos de (s'employait même dans le style relevé) : [...] *si c'est pour toi seul que tu dois rendre compte, Quels que soient ses défauts* [du prochain], *de quoi t'embrouilles-tu ?* (Corn., *Imit.*, III, 2735).

Les sens actuels du v. t. et du v. pr. étaient également usuels au XVIIe s.

embûche n.f. Embuscade : *Va-t'en faire venir ceux que je viens de dire Pour les mettre en embûche aux lieux que je désire* (Mol., *Fâch.*, 784). ♦ Fig. Piège, ruse (auj. en ce sens toujours au pluriel) : *Nous verrons, dès ce soir, sur cette criminelle Si ce présent nous cache une embûche mortelle* (Corn., *Méd.*, 1154).

émerillonné, e adj. et n. Éveillé, vif : *Vous nous feriez grand plaisir de nous donner cette petite émerillonnée, cette petite infante qui est à la portière auprès de sa mère* (Sév., 14 juill. 1677).

éminence n.f. Fig. Supériorité, haute qualité (auj. vieilli) : *La parole qui nous donne tant d'éminence au-dessus des bêtes* (Retz, *Hypocrisie*, IX, 176). ♦ **Par éminence, en éminence,** à un très haut degré : *La piété du Roi se montre par éminence en ce généreux mépris qu'il fait de la plus terrible des choses terribles* (Balz., *le Prince*, X, *in* L.).

éminent, e adj. Élevé, haut : *Un lieu éminent* (Acad. 94). *Son élévation ne servira qu'à faire voir à tout l'univers, comme du lieu le plus éminent qu'on découvre dans son enceinte, cette importante vérité* (Boss., *O.f. Marie-Thérèse*).

Le sens fig. de « hors du commun, très distingué, remarquable », seul employé auj., était également usuel au XVIIe s. : *Vertu éminente* (Fur.).

emmaigrir v.t. Faire maigrir : *Le café engraisse l'un, il emmaigrit l'autre* (Sév., 16 févr. 1680). *Moi, jaloux ? Dieu m'en garde, et d'être assez badin Pour m'aller emmaigrir avec un tel chagrin* (Mol., *Dép. am.*, 112).

◆ **Être emmaigri,** être amaigri : *Je crains que vous ne soyez emmaigrie et dévorée* (Sév., 24 avr. 1689).

emmi prép. Au milieu de (rare au XVIIe s., populaire et blâmé par Vaug.) : *Se promener* [...] *emmi les rues* [...] (Malh., *Bienf.*, I, 8). *J'ai trouvé cela emmi la place, emmi les rues* (Acad. 94).

émotion n.f. Agitation populaire, émeute : *Muse qui* [...] *M'as tenu compagnie en de semblables jeux Loin des émotions de ce siècle orageux* (Saint-Amant, *Moïse sauvé*). *L'on me vint dire, comme je sortais de l'église, que l'émotion commençait sur le quai des orfèvres* (Retz, *Mém.*, II, 478). *Les émotions populaires, qui étaient inconnues depuis si longtemps, deviennent fréquentes* (Fén., *Lettre à L. XIV*). ♦ Malaise physique : *Son mal était une émotion continuelle sans aucun accident* (Sév., 30 mars 1672). ♦ Amour : *Sais-tu bien que j'ai encore senti quelque peu d'émotion pour elle ?* (Mol., *D. J.*, IV, VII).

◆ **Être en émotion,** en agitation : *On ne parle que de la guerre* [...] *Toute l'Europe est en émotion* (Sév., 23 mars 1672).

Le sens actuel de « état affectif intense » était également usuel au XVIIe s. : *Qu'à nulle émotion cet aveu ne vous porte* (Mol., *F. sav.*, 135). *Un amant sent de l'émotion à la vue de sa maîtresse, un brave à la vue de son ennemi* (Fur.).

émouvoir v.t. Mettre en mouvement, ébranler : *Six chevaux attelés à ce fardeau pesant* [une poutre] *Ont peine à l'émouvoir sur le pavé glissant* (Boil., *Sat.*, VI, 46). ♦Soulever : *La poudre* [= poussière] *de leurs pieds émue Faisant sur leur tête une nue* [...] (Scarr., *V. tr.*, V, 1211). ♦Agiter : *Je suis arrivé à Savone, où j'ai trouvé la mer un peu plus émue qu'il ne fallait pour le petit vaisseau que j'avais pris* (Voit., *Lettre Mlle de Rambouillet*, 7 oct. 1638). ♦Troubler l'organisme ; provoquer un malaise : *Pour ma belle fille, elle a fait tous les remèdes chauds et violents des capucins, sans en être seulement émue* (Sév., 26 nov. 1684). ♦Soulever une émeute parmi : *Il n'en fallut pas davantage pour émouvoir ces ouvriers. Ils sortirent tous ensemble, criant comme des furieux* (Boss., *H. univ.*, II, 26). *Je vois le peuple ému pour prendre son parti* (Corn., *Pol.*, 1493). ♦Exciter, dresser : *Tout l'Empire* [romain] *s'émeut contre l'Église naissante* (Boss., *H. univ.*, II, 20). *Le jeune homme s'émut, voyant peint un lion : « Ah ! monstre », cria-t-il* [...] (La Font., *F.*, VIII, 16). ♦Porter à agir : [Je vous parle] *comme votre père ému pour votre bien* (Mol., *Ét.*, 1453). *Si vous en riez, vous m'émouverez* [sic] *par aventure à faire de même* (Sorel, *Franc.*, III). ♦Déchaîner, provoquer : *Puisqu'un pareil discours émeut votre colère* [...] (Mol., *Sgan.*, 534). [...] *un différend assez léger, qui s'émut dans une des plus célèbres églises de Paris entre le trésorier et le chantre* (Boil., *Lutr.*, Avis au lect.). ♦**Émouvoir une question,** la poser : *Il pria celui qui était couché à son côté d'attendre au lendemain s'il voulait émouvoir quelques questions* (Sorel, *Franc.*, II).

Le sens actuel de « agiter l'âme de qqn » était également usuel au XVIIe s. : *Il s'est laissé émouvoir par les cris et les larmes de cette veuve* (Fur.).

empan n.m. Mesure de longueur équivalant à 3/4 de pied (0,243 m) et correspondant à la distance entre l'extrémité du pouce et celle du petit doigt de la main écartée : *Je ne me souviens pas combien ils avaient d'empans de long* (Sorel, *Franc.*, III).

empaumer v.t. Subjuguer, induire en erreur (auj. très fam. au sens de « posséder qqn en le trompant ») : *Je vois qu'il a, le traître, empaumé son esprit* (Mol., *Éc. des f.*, 983). *Il se laissa empaumer par un capitaine suisse* [...] *qui lui persuada si bien de se rendre au bout de trois jours de tranchée ouverte qu'il capitula* (Saint-Simon, 1709). ♦**Empaumer la voie,** se disait des chiens trouvant la piste et la suivant avec ardeur : [Je vois] *Finaut balancer : Il se rabat soudain* [...] *Il empaume la voie* (Mol., *Fâch.*, 552).

empêcher v.t. Gêner, embarrasser, causer de la difficulté : *Jeunes cœurs sont bien empêchés À tenir leurs désirs cachés* (La Font., *Contes*, II, 14). *Je serais bien empêchée à vous dire ce qu'il y avait dedans* [cette lettre] (Sév., 13 avr. 1672). *J'avoue que je serais bien empêché par où commencer* (Voit., *Lettre M*[lle] *de Rambouillet*, 8 oct. 1631). *Le pauvre loup* [...], *Empêché par son hoqueton, Ne put ni fuir ni se défendre* (La Font., *F.*, III, 3). *Comment ranger cette chevance ?* [...] *Tous deux sont empêchés si jamais on le fut* (La Font., *F.*, VII, 6). ♦Interdire, ôter le moyen de : *Ceux qui prétendaient lui en empêcher le passage* [du Rhin] (Rac., *Camp. L. XIV*). ♦On disait parfois **empêcher à qqn de,** suivi de l'infinitif (auj. on dit *empêcher qqn de*) : *Cela n'empêcha pas à ces opiniâtrés D'adorer Belphégor* (Racan, II, 278). ♦**Être empêché à,** être occupé à : *Nous sommes si empêchés à prendre Philisbourg, que je ne voudrais pas m'éloigner un moment des nouvelles* (Sév., 1er nov. 1688) ; être embarrassé pour : [Des automates] *qui marchaient, qui mangeaient et qui respiraient, bref qui imitaient, autant qu'il était possible, toutes les actions des animaux, dont ils avaient la ressemblance* [...] *en sorte que souvent il se serait trouvé empêché à discerner, entre des vrais hommes ceux qui n'en avaient que la figure* (Desc., *Lettre*, mars 1638).

◆ **s'empêcher de,** s'abstenir, se dispenser de (auj. plutôt « se retenir de ») : *Les religieuses avaient plus d'un moyen pour s'empêcher en justice de lui rien rendre* (Rac., *P.-R.*, I).

Les sens actuels de « rendre impossible en s'opposant » et « faire en sorte que (qqn) ne puisse pas » étaient également usuels au XVIIe s. : *Les digues empêchent les inondations* [...] *Il a une fluxion sur le bras, qui l'empêche de s'en servir* (Fur.).

empêtrant, e adj. Qui engage dans des difficultés dont on ne peut sortir : *La bassette m'a fait peur : c'est un jeu traître et empêtrant* (Sév., 15 juin 1689).

Le verbe *s'empêtrer* et le participe *empêtré* subsistent aujourd'hui.

empiéter v.t. Franchir, dépasser : *Les ondes demi-courroucées Peu à peu vont empiétant Les bornes qu'elles ont laissées* (Tr. L'Hermite, *Vers héroïques*, la Mer, 93). ♦ Fig. Usurper : *Dès l'âge de quinze ans, elle empiéta le gouvernement sur son frère* (Corn., *Pulch.*, Au lect.). *Le peuple leur laissa empiéter le pouvoir suprême* (Boss., *H. univ.*, I, 8). ♦ Gagner, s'emparer de qqn : *La débauche du vin et des femmes faillit à m'empiéter au sortir des écoles* (Th. de Viau, *Fragm. hist. com.)*.

Dès le milieu du XVIIe s. on disait usuellement *empiéter sur*, au sens actuel de « gagner du terrain sur » (au pr. et au fig.) : *Quand on a rebâti ce mur, on a empiété sur mon héritage* [...] *Dès qu'un maître souffre que des valets empiètent sur son autorité, ils en abusent* (Fur.).

empire n.m. Autorité absolue, souveraineté, puissance (encore auj. dans quelques locutions : *prendre de l'empire, sous l'empire de*) : [Jésus-Christ] *les fait* [ces miracles] *avec empire : les démons et les maladies lui obéissent* (Boss., *H. univ.*, II, 19). *Songez-vous* [...] *Que j'ai sur votre vie un empire suprême* [...] *?* (Baj., *Baj.*, 509). *Mais, hélas ! de l'amour ignorons-nous l'empire ?* (Rac., *Baj.*, 1085). *L'autorité de l'histoire qui persuade avec empire* [...] (Corn., *Disc. poème dram.*, I). ♦ Commandement : *Moi, régner !* [...] *Lorsque j'ai de mes sens abandonné l'empire !* (Rac., *Ph.*, 761). *Une naissance auguste, un air d'empire et d'autorité* [...] (La Br., X, 34). ♦ Péjor. Hauteur, morgue : [Le mal] *dont le choc l'ébranla davantage* [notre patience], *C'est l'empire insolent, c'est l'indigne langage Dont nos gardes cruels nous pressaient de chanter* (Malleville, *Paraphr. du Ps.* CXXXVI). *Quoique vous soyez chargées d'un certain petit commandement sur vos compagnes, cela ne vous met pas en droit de leur parler avec empire ni hauteur, ni par la grossièreté* (Maintenon, *Instr. à la classe verte*, juill. 1716). – Auj. au sens de « ascendant, influence », il ne s'emploie guère que dans la langue littéraire. ♦ État, royaume (auj. il désigne une « forme particulière d'État consistant en un despotisme héréditaire », ou, comme au XVIIe s. aussi, un « ensemble d'États relevant d'un gouvernement central ») : *Mais enfin on perd tout quand on perd un empire* (Corn., *Rodog.*, 1272). [Le chêne] *de qui la tête au ciel était voisine, Et dont les pieds touchaient à l'empire des morts* (La Font., *F.*, I, 22).

empirer v.t. Rendre pire, aggraver : *Pour vouloir fuir le mal, quelquefois on l'empire* (Th. Corn., *Comt. d'Org.*, I, II). ♦ Rendre plus malade : [...] *si de mes jours l'importune durée Ne m'eût en vieillissant la cervelle empirée* (Malh., *Larmes de St Pierre*, 170).

◆ v.i. Devenir plus malade : *J'en vois marcher tête levée Qui n'iraient pas ainsi, j'ose vous l'assurer, Si sur le bout du nez tache pouvait montrer Que telle chose est arrivée : Cela nous fait-il empirer D'un ongle ou d'un cheveu ?* (La Font., *Contes*, III, 13). ♦ Pouvait s'employer pronominalement au sens actuel d'*empirer : Leur état allait s'empirant* (Boss., *H. univ.*, II, 1).

Auj. seulement intransitif, « devenir pire » (sujet désignant un mal, une situation, etc.).

empirique n.m. Homme qui traitait les maladies par des remèdes secrets, sans connaissances scientifiques : [Caretti] *était un Italien* [...] *qui gagnait de l'argent en faisant l'empirique. Ses remèdes eurent quelque succès* (Saint-Simon, 1698). *C'est un empirique qui le traite* (Acad. 94).

emploi n.m. Fonction, charge (auj. sens plus restreint : « place, activité rémunérée ») : *Ceux qui sont nés en un rang élevé peuvent se proposer l'honneur de servir Votre Majesté dans les grands emplois* (Mol., *Fâch.*, Ép.). *Mais ses rivaux ont-ils plus de mérite ? – Non ; Mais ils sont plus d'emploi* [= de plus hautes charges], *plus de rang, plus de nom* (Corn., *Pulch.*, 784). ♦ Mission, rôle : [Je suis venu] *m'acquitter, Seigneur, du malheureux emploi Dont son cœur en mourant s'est reposé sur moi* (Rac., *Ph.*, 1591). *Souvent on l'a détournée* [la philosophie] *de son emploi, et* [...] *on l'a occupée publiquement à soutenir l'impiété* (Mol., *Tart.*, Préf.). ♦ Occupation : *Raisonner est l'emploi de toute la maison* (Mol., *F. sav.*, 597). *Heureux qui vit chez soi, De régler ses désirs faisant tout son emploi* (La Font., *F.*, VII, 12).

Le sens actuel de « usage qu'on fait de qqch » était également usuel au XVIIe s. : *Il n'a pu justifier l'emploi des deniers de la marchandise qu'on lui a confiée* (Fur.).

employé part. **C'est bien employé,** c'est bien fait, il n'a (je n'ai, etc.) que ce qu'il (je, etc.) mérite : *Il faut bien se soumettre quand Dieu le veut. C'est bien employé, j'étais insolente : je reconnais de bonne foi que je ne suis pas la plus forte* (Sév., 18 mars 1676).

empoisonneur, euse Pouvait être adj. (auj. seulement nom) : *Je serai* [...] *Son maître* [...] *À dompter les transports* [les passions], *monstres* *empoisonneurs* (La Font., *F.*, XI, 2). *L'empoisonneuse coupe À son remède encore ; et je viens vous l'offrir* (La Font., *F.*, XII, 1).

emportement n.m. Ardeur, mouvement de l'âme causés par une passion (selon Bouhours, ce mot, né pendant la Fronde, ne s'appliquait d'abord qu'à la colère ; auj. restreint à ce premier emploi) : [...] *ces honteux emportements d'un amour terrestre et grossier* (Mol., *D. J.*, IV, VI). *De votre ambition vaincre l'emportement* (Rac., *Théb.*, 718). *Tous mes emportements pour la grandeur suprême* [...] (Corn., *Tite et Bér.*, 1239). ♦ Particulièrement, enthousiasme : *Ils* [mes moyens] *lui plurent jusques à l'emportement* (Retz, *Mém.*, III, 316).

emporter v.t. Effacer, ôter, faire oublier : *Les faveurs du tyran emportent tes promesses ; Tes feux et tes serments cèdent à ses caresses* (Corn., *Cinna*, 933). ♦ Comporter, entraîner comme conséquence : *La ruine de Rennes emporte celle de la province* (Sév., 20 oct. 1675). *Si le nom de dépositaire emporte une marque d'estime et rend témoignage à la probité* [...] (Boss., *Panég. St Joseph*). ♦ Obtenir, remporter : *Quelque approbation qu'ait emportée notre nouvelle Jocaste* [...] (Corn., *Lettre abbé de Pure*, 12 mars 1659). ♦ Exciter, pousser à bout : [...] *je sais trop à quels excès de rage La vengeance d'Hélène emporta mon courage* (Rac., *Andr.*, 1342). *Il s'y était fait valoir* [à la cour] *comme ayant emporté Monsieur contre les Frondeurs* (Retz, *Mém.*, III, 123). ♦ Sans complément de cause, causer de la colère : *Voilà le comble des abominations. Monsieur, cette dernière-ci m'emporte et je ne puis m'empêcher de parler* (Mol., *D. J.*, V, II).

Les sens actuels du v.t. étaient également usuels au XVIIe s.

◆ **s'emporter,** s'élancer : *Autrefois Progné l'hirondelle De sa demeure s'éloigna Et loin des villes s'emporta* (La Font., *F.*, III, 15). *Dans les forêts il* [le cerf] *s'emporte* (La Font., *F.*, VI, 9). ♦ Se laisser aller à une passion, un sentiment fort (amour, désespoir, etc., auj. seulement colère), passer les bornes de la bienséance, de la justice : *Mais, seigneur, je m'emporte et l'excès d'un tel heur Me fait vous en parler avec trop de chaleur* (Corn., *Sert.*, 307). *Charlatans, faiseurs d'horoscopes, Quittez les cours des princes de l'Europe !* [...] *Je m'emporte un peu trop : revenons à l'histoire* [...] (La Font., *F.*, II, 13). *Les gens de guerre connaissent qu'ils sont maîtres de donner l'empire ; ils s'emportent jusqu'à le vendre publiquement au plus offrant* (Boss., *H. univ.*, III, 7).

empressé, e adj. Qui a un grand désir de : [Jésus-Christ] *empressé de votre salut* (Mass., *Car. sur la Prière*, 2, *in* L.). *Le Roi* [Philippe II d'Espagne] *qui était empressé de son Escurial, au point qu'on peut s'imaginer par l'effroyable dépense qu'il y fit* [...] (Saint-Réal, *Dom Carlos*). ♦ Affairé, important : *Ainsi certaines gens, faisant les empressés, S'introduisent dans les affaires : Ils font partout les nécessaires* (La Font., *F.*, VII, 9).

Auj. « plein de zèle et de prévenances » (sans complément), emploi déjà usuel au XVIIe s. : *Ses femmes, à toute heure, autour d'elle empressées* [...] (Rac., *Alex.*, IV, VI).

empressement n.m. Hâte, précipitation causée par le désir de qqch (encore en ce sens dans *avec, sans empressement*) : *C'est donc pour cette belle affaire-ci, Monsieur mon mari, que vous avez eu tant d'empressement à m'envoyer dîner chez ma sœur ?* (Mol., *Bourg.*, IV, II). *Voilà le fruit de ces empressements Qu'on vous voit nuit et jour à lire vos romans* (Mol., *Sgan.*, 27). ♦ Péjor. Action de se démener, manœuvre : *Les soins, les intrigues, les empressements pour s'élever* (Mass., *Car. sur la Confess.*, *in* L.). ♦ Nécessité, obligation urgente : *Seigneur, où courez-vous ? et quels empressements Vous dérobent sitôt à nos embrassements ?* (Rac., *Iphig.*, 531).

Le sens actuel de « action de s'empresser auprès de qqn » était également usuel au XVIIe s. : *J'aimai votre tendresse et vos empressements* (Corn., *Sert.*, 1059).

empresser (s') v.pr. S'assembler par zèle en foule serrée : *Le reste* [...] *s'empressant aux autels de Baal* [...] (Rac., *Ath.*, 18). ♦ **S'empresser à** signifiait aussi « venir en hâte » : *En vain à mon secours votre amitié s'empresse* (Rac., *Théb.*, 1342) ; ou « se hâter, par zèle, de » (auj. *s'empresser de*, seul emploi vraiment usuel) : *Tout l'univers* [...] *S'empresse à l'effacer de votre souvenir* (Rac., *Brit.*, 654). ♦ **S'empresser auprès de qqn,** lui témoigner du dévouement, de l'affection (auj. un peu vieilli) : *Un autre s'empressait auprès de la Midleton* (Hamilton, *Gram.*, 6). ♦ Témoigner de l'ardeur, un vif désir : *Pour votre amitié seule Alexandre s'empresse* (Rac., *Alex.*, 26). *Narcisse, plus hardi, s'empresse pour lui plaire* (Rac., *Brit.*, 1748). ♦ S'occuper activement de (suivi d'un nom) : *Voir* [des religieux] [...] *Divaguer en désordre et s'empresser d'affaires !* (Corn., *Imit.*, I, 2562).

emprunt n.m. **Par emprunt,** accidentellement, indirectement : *Ils n'ont tenu la puissance que par emprunt* (Boss., *H. univ.*, III, 7).

emprunter v.t. Pouvait se construire avec la préposition *de* (auj. seulement *à*) : *Il* [Retz] *a plus emprunté de ses amis qu'un particulier ne pouvait espérer de leur pouvoir rendre* (La Roch., *Portrait de Retz*). *Il emprunte de l'argent de ses collègues* (La Br., *Théophr.*, Impudent).

émute n.f. Graphie de *émeute* conforme à la prononciation ; émotion, désordre : *Grande est l'émute ; On court, on s'assemble, on députe À l'oiseau* (La Font., *F.*, X, 3).

en pr. pers. Pouvait représenter une personne (auj. dans ce cas la langue surveillée lui préfère en général *de lui, d'elle,* etc., ou un possessif) : [...] *le dernier adieu qu'elle dit à Titus, et l'effort qu'elle se fait pour s'en séparer* [...] (Rac., *Bér.*, Préf.). *Je connais le tyran, j'en vois le stratagème* (Corn., *Sert.*, 965). ♦ **En** pouvait avoir une valeur partitive (« parmi eux ») : *Je combats vos amants, sans dessein d'acquérir Que l'heur d'en faire voir le plus digne, et mourir* (Corn., *D. S.*, 540). ♦ **En** pouvait encore représenter : **1.** des pronoms de la 1re ou de la 2e pers. : *Je suis ravi que votre fille ait besoin de moi, et je souhaiterais que vous en eussiez besoin aussi* (Mol., *Méd. m. lui*, II, II). *Il vous aime et s'en est fait aimer* (Corn., *Sur.*, 1068) ; **2.** un nom grammaticalement indéterminé : *Celui qui est en colère en croit toujours les causes justes* (Boss., *Connaiss.*, I, 26) ; **3.** une idée contenue dans une proposition, au sens de *de cela, à ce sujet : D. Pedre. On est venu chanter sous nos fenêtres. – Isid. Il est vrai, la musique en était admirable* (Mol., *Sicil.*, sc. VI). *Je parlerais d'ici à demain là-dessus : j'en écris à Monsieur l'Archevêque* (Sév., 15 janv. 1674). *Consultez-en, Seigneur, la Reine votre mère* (Corn., *Nic.*, 240) ; au sens de « à cause de cela, par là » : *Il mourut. Mille bruits en courent à ma honte* (Rac., *Brit.*, 1183) ; **4.** un infinitif : *L'homme du monde qui sait le moins, sait bien qu'il lui faudra mourir quelque jour ; mais quand il en est sur le point, il recule* (Malh., *Ép.*, 77).

◆ **En** s'employait parfois par pléonasme : *J'en aurais bien juré qu'elle aurait fait le tour* (Mol., *Pr. Él.*, 187). [...] *avec quelques autres traités, et peut-être que celui-ci en était du nombre* (Desc., *Lettre Huygens*, mars 1638). *Je la lui dis comme un secret que l'on venait de me confier et dont je lui défendais d'en parler* (La Fayette, *Clèves*, II). *Il faut un grand choix pour lire ses lettres* [celles de Voiture], *dont il y en a plusieurs qui ne vous feraient pas grand plaisir* (Rac., *Lettre*, 9 oct. 1692). ♦ **En** était parfois omis dans des expressions où nous l'employons : *Je veux bien aussi me rapporter à toi* [...] *de notre différend* (Mol., *Av.*, IV, IV). *Puisqu'il est ainsi* [= il en est ainsi] *je vous conjure* [...] (Mol., *Av.*, V, III). ♦ **En** était parfois employé dans des constructions où nous ne l'employons pas : *Quels inconvénients auraient pu s'en ensuivre ?* (Mol., *Amph.*, 1164).

en prép. Introduisait un complément de lieu, là où nous emploierions auj. : **1.** *dans : Et lui plein de transport et d'allégresse en l'âme* [...] (Mol., *Éc. des f.*, 1756). *Nous le regardons en un miroir* (Rac., *Ann. Plutarque*). **2.** *à : Si nous étions en leur place* (Malh., *Bienf.*, I, 9). *Elle souffrait seulement sa recherche pour le seul plaisir qu'elle prenait en sa conversation* (Racan, *Berg.*, Argum.) ; devant les noms de villes à initiale vocalique, *en* est parfois encore usité dans la seconde moitié du XVIIe s. : *Il va vous emmener votre fils en Alger* (Mol., *Fourb.*, II, VII). *Irène se transporte à grands frais en Épidaure* (La Br., XI, 35) ; devant des noms de pays masculins, à initiale consonantique (auj. *au*) : *Celle-ci, qui était si affamée de mari, qu'elle en aurait été chercher en Canada, le crut* (Fur., *Rom. bourg.*, II). **3.** *sur : Ce que Jésus-Christ est venu chercher du ciel en la terre* [...] (Boss., *O. f. H. d'Angl.*). *Il les assure qu'il a su du destin qu'Andromède n'aurait jamais de mari en terre* (Corn., *Andr.*, Dessin).

◆ **En** peut introduire un complément désignant l'objet du sentiment, de la pensée (auj. *pour, de, à*) : [...] *l'intérêt qu'en vous on s'avise de prendre* [...] (Mol., *Tart.*, 1434). *J'ai toujours pensé en vous* (Mme De Sablé, *Lettre*, oct. 1667). [Selon Fur. cette expression indique plus « d'amitié » et de « tendresse » que *penser à vous.*] *Le plus sûr est, ma foi, de se fier en nous* (Mol., *Éc. des m.*, 154). *Il ne faut pas s'affliger démesurément en la mort d'un ami* (Malh., *Ép.*, 63). ♦ **En** pouvait introduire un complément de manière, de moyen (auj. *de, par*) : *Il n'y a rien de si impertinent qu'on ne fasse avaler lorsqu'on l'assaisonne en louange* (Mol., *Av.*, I, I).

en-bas, enbas adv. Du côté du bas. ♦ **En enbas,** à l'envers, tourné vers le bas : *Vous avez mis les fleurs en enbas. – Vous ne m'aviez pas dit que vous les vouliez en enhaut* (Mol., *Bourg.*, II, v).

encan n.m. Vente aux enchères : *Un crieur public vendait des meubles à un encan* (La Roch., *Réflex. diverses*, 17).

Auj. seulement dans *à l'encan* : « en vente aux enchères publiques » et, au fig., « comme objet de trafic livré au plus offrant », locution déjà usuelle au XVIIe s. : *Les meubles vendus à l'encan ne se peuvent revendiquer* (Fur.). *L'empire mis à l'encan par l'armée* (Boss., *H. univ.*, I, 10).

encanailler v.t. Mêler à la canaille : *Mon rival ! On m'encanaille de la sorte* (Dancourt, *Retour des officiers*, sc. IX).

◆ **s'encanailler,** se ravaler à un rang indigne : *Le siècle s'encanaille furieusement* (Mol., *Crit. Éc. des f.*, sc. VI). – Ce mot devient à la mode à partir de 1680 dans la langue des précieuses.

encens n.m. Fig. Flatterie, louange (il pouvait s'employer au plur. ; auj. seulement au sing.) : *Pour moi, je ne vois rien de plus sot à mon sens Qu'un auteur qui partout va gueuser des encens* (Mol., *F. sav.*, 960).

enchaînure n.f. Suite logique, enchaînement (rare selon Acad. 94) : *Je pris toute cette enchaînure d'incidents pour une inspiration de Dieu* (Cyrano, *États et empires de la Lune*, p. 39).

enchanté, e adj. Doué d'un pouvoir magique : *Si vous aviez dans les combats D'Amadis l'armure enchantée* [...] (Voit., *Ép. au prince de Condé*, 31). *Ces paroles enchantées qui tout à coup, dans le profond silence de la nuit, arrêtent au milieu de l'Olympe la lune et les étoiles, calment la mer irritée* (Fén., *Tél.*, 9). ♦ Merveilleux : *Il y eut hier au soir une fête extrêmement enchantée à l'hôtel de Condé* (Sév., 9 févr. 1680). *Ce poète a fait un ouvrage enchanté* (Fur.).

Auj. il a gardé le sens de « charmé, très heureux », qui apparaît déjà à la fin du XVIIe s.

enchantement n.m. Ensorcellement (encore auj. dans *comme par enchantement :* « comme par magie ») : *Les amants ne voient les défauts de leurs maîtresses que lorsque leur enchantement est fini* (La Roch., *Maximes*, 545). *Pour les obscurcir* [les miracles de Jésus-Christ] *ils ont dit qu'il les avait faits par les enchantements qu'il avait appris en Égypte* (Boss., *H. univ.*, II, 26).

Le sens actuel de « immense plaisir, sujet de grande joie » devient usuel à la fin du XVIIe s. : [...] *tracez-y de vastes et de délicieux jardins dont l'enchantement soit tel que* [...] (La Br., VI, 78).

enchanter v.t. Ensorceler, tenir sous un charme : *Il enchante les loups, les serpents* (Acad. 94). *On vit entrer une vieille fée, qu'on n'avait point priée parce qu'il y avait plus de cinquante ans qu'elle n'était sortie d'une tour, et qu'on la croyait morte ou enchantée* (Perrault, *Contes*, Belle au b. dormant). ♦ Séduire par des attraits trompeurs : *S'il faut des coups de surprise à nos cœurs enchantés de l'amour du monde, celui-ci est assez grand et assez terrible* (Boss., *O. f. H. d'Angl.*). *Le monde avait vieilli dans l'idolâtrie et, enchanté par ses idoles, il était devenu sourd à la voix de la nature* (Boss., *H. univ.*, II, 26).

Le sens actuel de « emplir d'un vif plaisir » devient usuel à la fin du XVIIe s. : *Ah ! si vous connaissiez, comme moi, certain mal* [l'amour] *Qui nous plaît et qui nous enchante !* (La Font., *F.*, VIII, 13). *Cette musique est si belle qu'elle enchante* (Fur.).

enchanteur n.m. Magicien : *Jaunès et Mambré, ces célèbres enchanteurs d'Égypte dont parle saint Paul, et que Moïse avait confondus par ces miracles* [...] (Boss., *H. univ.*, II, 26). *Il fit tant que l'enchanteresse* [Circé] *Prit un autre poison* [l'amour] *peu différent du sien* (La Font., *F.*, XII, 1).

Auj. le mot s'emploie surtout comme adj., au sens de « qui est extrêmement séduisant », emploi déjà connu au XVIIe s. : *À ces mots enchanteurs* [une déclaration d'amour inespérée] *tout mon cœur se déploie* (Corn., *Veuve*, 1967).

encharger v.t. Recommander, donner la charge de (vieilli au milieu du XVIIe s.) : *On m'a enchargé de prendre garde que personne ne me vît* (Mol., *G. D.*, I, II).

enchère n.f. **Porter la folle enchère,** supporter le dommage : *Fut-il jamais une misère pareille ? Je porte bien la folle enchère de tout* (Sorel, *Franc.*, VII). *Taisez-vous, vous dis-je, vous pourriez bien porter la folle enchère de tous les autres* (Mol., *G. D.*, I, VI).

enchérir v.t. Pousser les enchères sur qqch (auj. en ce sens *enchérir sur*) : *Un crieur public* [...] *mit en vente un atlas, et voyant que personne ne l'enchérissait* [...] (La Roch., *Réflex. diverses*).

♦ Aller au-delà de : *Monsieur, il n'y a pas moyen d'enchérir ce que vous m'avez écrit* (Balz., *Lettres*, IV, 23, *in* L.).

◆ v.i. Devenir plus cher (auj. vieilli) : *Les marchandises sont bien enchéries à comparaison du temps passé* (Fur.). ♦ **Enchérir sur,** surpasser : *La perfection des dictionnaires est même un point où il faut avouer que les Modernes ont enchéri sur les Anciens* (Fén., *Lettre Acad.*, 1). ♦ **L'enchérir par-dessus qqn,** renchérir sur lui, l'emporter sur : *Le Provençal a de quoi l'enchérir par-dessus le Grec* (Malh., *Lettre*, 1627).

Auj. *enchérir sur*, au fig., c'est « aller au-delà de ce que qqn a dit ou fait », comme au XVIIe s. déjà : *On enchérit pourtant sur ma faute passée* (Corn., *Mél.*, 995).

enclouure n.f. Difficulté, point sensible : *Une des enclouures de notre grande affaire est la défiance où l'on est du dessein que l'on prétend que mes amis ont* [...] (Retz, *Lettre M. de Paris*, 20 déc. 1662). *De l'argent, dites-vous ? Ah ! c'est donc l'enclouure ?* (Mol., *Ét.*, 623).

encolure n.f. Fig. Façon d'être, mine, apparence : *D'un censeur de plaisirs ai-je fort l'encolure ?* (Mol., *Ét.*, 55). *Vous êtes d'encolure à vouloir un peu mieux* (Corn., *Ment.*, 44).

encombre n.m. Obstacle, empêchement, accident (vieilli au XVIIe s.) : *Cependant, devant qu'il fût nuit, Il arriva nouvel encombre* (La Font., *F.*, IX, 18). *Et cet empressement pour s'en aller dans l'ombre Pêcher vite à tâtons quelque sinistre encombre ?* (Mol., *Dép. am.*, 1510).

Auj. seulement dans *sans encombre* : « sans incident fâcheux », locution qui apparaît après le milieu du XVIIe s. : *Perrette* [...] *Prétendait arriver sans encombre à la ville* (La Font., *F.*, VII, 10).

encommencer v.t. Entamer, entreprendre (vieilli au XVIIe s., blâmé par Malh.) : *On poursuivit la chose encommencée* (La Font., *Contes*, II, I).

encontre prép. Remplacée par « contre », elle n'est plus qu'un archaïsme au XVIIe s. : *L'impression Qu'avait l'abbesse encontre ce remède* [...] (La Font., *Contes*, IV, 2).

encore, encor adv. Jusqu'à présent (même dans les phrases affirmatives ; auj. seulement dans des phrases négatives) : *Mes malheurs font encor toute ma renommée* (Rac., *Baj.*, 482). ♦ Déjà, dès maintenant : *Penses-tu qu'après tout j'en quitte* [= abandonne] *encor ma part ?* (Corn., *Ment.*, 1072). ♦ **D'encor en encor,** de plus en plus : *Il suit sa pointe, et d'encor en encor Toujours l'esprit s'insinue et s'avance* (La Font., *Contes*, IV, 1). ♦ **Pour encore,** pour l'instant : *Le Coadjuteur en serrait les mesures* [de cette alliance] *plus brusquement* [...] *qu'il ne convient pour encore à votre Majesté* (Retz, *Mém.*, III, 352). ♦ **Encore que, encore même que** s'employaient plus couramment qu'auj. au sens concessif de *quoique* ou de *sans* suivi de l'infinitif : *Encore que les principaux* [...] *fussent fort réservés à parler* [...] (Rac., *P.-R.*, II). *Encor que déguisée, on pourrait me connaître* (Corn., *S. du Ment.*, 1077). *Les femmes croient souvent aimer, encore qu'elles n'aiment pas* (La Roch., *Maximes*, 277). *C'était une grande princesse, encore même qu'elle fût prisonnière* (Malh., *Comm. Desportes*). – On trouve aussi la forme *encores* que Vaug. condamne formellement.

Les sens actuels étaient également usuels au XVIIe s.

encourager v.t. Se construisait parfois avec la préposition *de* (auj. seulement *à*) : *Il encourageait nos soldats de combattre* (Retz, *Réponse du curé*, V, 358).

endenté, e adj. Qui a de bonnes dents ; et au fig., qui a bon appétit : [...] *Chiens, chevaux et valets, tous gens bien endentés* (La Font., *F.*, IV, 4).

endêver v.i. Enrager : *Pour maître Aeneas, il rêvait Ou, pour mieux parler, endêvait* (Scarr., *V. tr.*, VIII, 128). *Il endêvait de cela* (Acad. 94).

Auj. seulement dans *faire endêver* : « faire enrager », locution fam. déjà usuelle au XVIIe s. : *Cet enfant est si mutin qu'il fait endêver tous ses parents* (Fur.).

endiablé, e adj. Possédé du diable, fou (auj. vieilli au sens de « qui a le diable au corps » : *Un enfant endiablé*) : *Il faut qu'un homme soit bien endiablé pour faire un parricide* (Fur.). ♦ Détestable, très mauvais : *Une pluie continuelle, des chemins endiablés, toujours à pied, de peur de verser dans des ornières effroyables* (Sév., 22 sept. 1687). ♦ Qui manifeste un empressement excessif : *Entre mes propres mains on la devait livrer Et vos soins endiablés nous en viennent sevrer ; Et puis sur votre amour je m'emploierais encore ?* (Mol., *Ét.*, 446). ♦ **Endiablé sur, après,** qui recherche vivement, qui s'attache à : *Cette femme est sur moi rudement endiablée* (Regnard, *Mén.*, V, III). *C'est être bien* *endiablé après mon argent* (Mol., *Av.*, V, III). ♦**Être endiablé à,** s'entêter sottement à : *Chacun est endiablé à me croire habile homme* (Mol., *Méd. m. lui*, III, I).

Auj. « d'une vivacité extrême » (pour une danse, etc.).

endormir v.t. **Endormir de,** ennuyer en parlant de : *Je vous endormirai quelque jour des affaires de cette province* (Sév., 24 sept. 1675).

endormissement n.m. Assoupissement (tend à sortir de l'usage au début du XVIIe s. ; repris auj. aux sens de « fait de s'endormir » et de « moment où l'on s'endort ») : *Vous êtes enfin réveillé pour moi après six semaines d'endormissement et de silence* (Chap., *Lettres*, I, 231).

endosse n.f. Charge, responsabilité : *Corbinelli en avait l'endosse* [de parler] ; *car j'aime ses vérités* (Sév., 1er mai 1680).

endroit n.m. Aspect sous lequel se présente qqn ou qqch, sous lequel on le considère ; côté, point : *Et voyons l'homme enfin par l'endroit le plus beau* (Boil., *Sat.*, VIII, 108). *Il flatta pour cela le peuple par tous les endroits imaginables. Chaque jour il faisait un nouvel édit en sa faveur* (Saint-Réal, *Conjur. des Gracques*). *Il* [M. de Grignan] *a des endroits d'une noblesse, d'une politesse, et même d'une tendresse extrême* (Sév., 1er mai 1680). ♦Circonstance, moment : *Il y a des endroits dans la vie qui sont bien amers, et bien rudes à passer* (Sév., 14 mai 1675). ♦**À l'endroit de, en mon (ton, etc.) endroit,** à l'égard de, envers moi (toi, etc.) : *Et le peuple, inégal* [= inconstant] *à l'endroit des tyrans, S'il les déteste morts, les adore vivants* (Corn., *Cinna*, 255). *Toujours le même à l'endroit de sa femme* (La Font., *Contes*, II, 8). *Il a toujours bien agi en mon endroit* (Fur.). – Ces locutions sont blâmées par Vaug. ♦Endroit, prononcé [ɑ̃drɛ], rimait avec *trait* : *S'agissant dans cet endroit D'écrire seulement un trait* (Rac., *Signature du formulaire*, 254).

Les sens actuels étaient également usuels au XVIIe s.

endurant, e adj. Patient : *Votre humeur endurante à ces rigueurs l'invite* (Corn., *Gal. du Pal.*, 701). *Cet homme est altier et peu endurant* (Fur.). *Vous savez que je n'ai pas l'âme endurante* (Mol., *Méd. m. lui*, I, I).

Auj. « apte à résister à la fatigue, à la souffrance ».

endurer v.i. Souffrir, subir des peines : *N'exerce plus tes soins à me faire endurer* (Corn., *Gal. du Pal.*, 1159). [...] *Qui a enduré sous Ponce-Pilate* (Corn., *Off.*, V). *Au moins, s'il faut souffrir, endurez doucement* (La Font., *Eunuque*, I, I). – Il s'employait le plus souvent transitivement, comme auj.

énerver v.t. Affaiblir, ôter l'énergie à : *On énerve la religion quand on la change* (Boss., *O. f. H. d'Angl.*).

Auj. « irriter les nerfs de ».

enfance n.f. Enfantillage, manière d'être d'un enfant (sens vieilli au milieu du XVIIe s. : *Ce n'était qu'enfance et que friponnerie de nulle conséquence* (Chap., *Guzm. Alfar.*, III, 182). *Je vous prie que sa timidité ne vous donne aucun chagrin. Songez que le charmant marquis a tremblé jusqu'à dix ou douze ans* [...] *Ce sont des enfances* (Sév., 6 mai 1676). ♦**D'enfance,** depuis l'enfance : *Comme une fille honnête et qui m'aime d'enfance, Elle vient de m'en faire entière confidence* (Mol., *Éc. des m.*, 411).

Les sens actuels étaient également usuels au XVIIe s.

enfant n. Désignant une fille, pouvait s'employer aussi bien au masculin qu'au féminin (auj. toujours fém. en ce sens) : *Adieu. Mais s'il vous plaît, quel est cet enfant-là ? – C'est ma fille, Monsieur* (Rac., *Plaid.*, 835).

enfermer v.t. Entourer, clore, envelopper : *La vue présente aux yeux divers coteaux dont cette campagne est enfermée* (Corn., *Tois.*, III, Argum.). *Dans un nuage épais le Seigneur enfermé Fit luire aux yeux mortels un rayon de sa gloire* (Rac., *Ath.*, 335). ♦Cerner : *Près d'être enfermé d'eux* [des Curiaces], *sa fuite l'a sauvé* (Corn., *Hor.*, 1005). ♦Fig. Contenir, renfermer, impliquer : *Ces lettres enfermaient un triple sens* (La Font., *Vie d'Ésope*). *La qualité de menteur enferme l'intention de mentir* (Pasc., *Prov.*, XV).

Les sens pr. et fig. actuels étaient également usuels au XVIIe s.

enfilade n.f. Longue suite de chambres sur une même ligne (auj. on dit *pièces, chambres en enfilade*) : *Le maître* [...] *se retire au galetas où il achève sa vie, pendant que l'enfilade et les planchers de rapport* [= de marqueterie] *sont en proie aux Anglais et aux Allemands qui voyagent* (La Br., XIII, 2).

Le sens actuel de « alignements de choses » (avec un complément précisant leur nature) était également usuel au XVIIe s. : [...] *enfilade* [...] *de portes, de bâtiments, et figurément, une longue enfilade d'histoires, d'exemples, de discours* (Fur.).

enfiler v.t. Engager dans la société de : « *Encore si je m'étais promenée avec quelqu'un qui m'eût fait plaisir, mais non, je me suis trouvée enfilée avec un tel qui m'a fait mourir d'ennui* » (Maintenon, *Instr. à la classe bleue*, 1710). ♦ Raconter : *Quand un plaideur s'en vient enfiler son procès, Quelque cause aussitôt m'épargne un mal de tête* (La Font., *Eunuque*, V, III).

Les sens actuels étaient également usuels au XVIIe s.

enfilure n.f. Suite, conséquence (vieilli au XVIIe s.) : *Le Destin n'est qu'une enfilure de causes accrochées l'une à l'autre* (Malh., *Bienf.*, IV, 7). *Sans prouver ceci par une enfilure de raisons, comment,* [...]*, une pique, une épée, un poignard nous blessent-ils ?* (Cyrano, *États et empires de la Lune*, p. 92).

enfin adv. À la fin : *Le lion* [...]*, Chargé d'ans et pleurant son antique prouesse, Fut enfin attaqué par ses propres sujets* (La Font., *F.*, III, 14). *Par tout ce qu'ils appelaient délicatesse, sentiments, tours et finesse d'expression, ils étaient enfin parvenus à ne plus être entendus* [= compris] (La Br., V, 65). – Auj. en ce sens il exprime généralement une certaine impatience d'un résultat longtemps attendu. ♦ Après tout, somme toute (emploi plus large qu'auj.) : *Chapelain qui enfin avait de l'esprit, ne pouvait se lasser d'admirer ce grand événement* (Retz, *Mém.*, I, 234). *Notre baudet s'en sut enfin Passer* [de chardons] *pour cette fois* (La Font., *F.*, VIII, 17).

enfler v.t. Fig. Grossir, augmenter : *La pluralité des titres que vous possédez et qui enflent si fort votre revenu* [...] (Mass., *Confér. sur les Reven. ecclés.*, *in* L.). – Auj. en ce sens on emploie *gonfler*. ♦ Accroître, renforcer : *Qu'importe de mon cœur si je sais mon devoir, Et si mon hyménée enfle votre pouvoir ?* (Corn., *Sert.*, 280). *Le sang de Jupiter doit enfler leur courage* (Rac., *Ph.*, 862). ♦ Enorgueillir : *Enflé de sa victoire, le superbe roi d'Assyrie entreprit de conquérir toute la terre* (Boss., *H. univ.*, I, 7).

Auj. surtout intrans. au sens propre.

enflure n.f. Orgueil, présomption : [...] *ceux qui doivent tout leur relief et toute leur enflure à l'autorité où ils sont établis de faire valoir ces mêmes lois* (La Br., XII, 11). ♦ Emphase (auj. vieilli) : *L'enflure du style est très vicieuse à un orateur* (Fur.).

Auj. seulement au sens pr. de « gonflement pathologique », moins large que le sens pr. du XVIIe s. : *Ses yeux* [de la jeune fille], *à son avis, sont autant de soleils ; L'enflure de son sein un double petit monde* (Corn., *Veuve*, 253). *Le mal de dents lui a causé une enflure de joue. On dit qu'une grossesse est une enflure de neuf mois* (Fur.).

enfoncé, e adj. Fig. Qui fréquente assidûment une société : *Il est fort enfoncé dans la cour, c'est tout dit* (Mol., *F. sav.*, 1327). ♦ Foncé : *On sent à la longue qu'un noir trop enfoncé fait beaucoup de mal* [à la vue] (Boss., *in* L.).

enfoncer v.t. Approfondir, examiner à fond (vieilli au XVIIe s.) : *Nous trouvons dans leurs esprits des incertitudes quand nous enfonçons avec eux la matière de la communion* (Boss., *Serm. sur la Déf. comm.*). ♦ Employé intransitivement, « s'enfoncer » : *L'Amour banda son arc plus fort, ou le tira de plus près, de sorte que la flèche enfonça plus avant dans son cœur qu'elle n'avait accoutumé* (Fur., *Rom. bourg.*, I).

Les sens actuels étaient également usuels au XVIIe s.

enfondrer v.t. Rompre, briser ; enfoncer (vieilli au XVIIe s.) : *M'enfondrer l'estomac, n'est-ce pas le troubler ?* (La Font., *Ragotin*, II, XI).

enfuir (s') v.pr. S'est conjugué avec le préfixe mobile, comme « *s'en aller* » : *Mais fuyez-vous en, le voici !* (Mol., *Méd. vol.*, sc. XIII). *Les ennemis, voyant qu'on allait à eux avec cette vigueur, s'en sont fuis à vau-de-route* (Rac., *Lettre Boileau*, 3 oct. 1692).

enfumer v.t. Fig. Troubler l'esprit (en parlant des fumées de l'orgueil, du vin) : *Mais pour un vain bonheur qui vous a fait rimer, Gardez qu'un sot orgueil ne vous vienne enfumer* (Boil., *A. p.*, II, 194).

engageant, e adj. Séduisant, attirant (appliqué à des personnes ; auj. il se dit des choses ou du comportement des personnes) : *Je vous trouve la plus engageante personne du monde* (Mol., *Crit. Éc. des f.*, sc. III). *Aminte est engageante et prévient par ses charmes* (La Font., *Astrée*, I, II).

engagement n.m. Obligation : *Il est froid et taciturne, pour jeter les autres dans l'engagement de parler* (La Br., X, 12). ♦ Ce qui engage, pousse à quelque chose ; stimulant : *Et ces noms, ces respects, ces applaudissements Deviennent pour Titus autant d'engagements* (Rac., *Bér.*, 1274). ♦ Action de mettre en gage : *Il a fallu pour subsister qu'il ait eu recours à l'engagement de ses meubles* (Fur.). ♦ Liaison sentimentale, gage d'amour : [...] *Bérénice n'ayant pas ici avec Titus les derniers engagements que Didon avait avec Énée* [...] (Rac., *Bér.*, Préf.). ♦ Situation, état qui comporte certaines obligations : *M. Le Tellier, renfermé dans les modestes emplois de la robe, ne jetait pas seulement les yeux sur les engagements éclatants, mais périlleux, de la cour* (Boss., *O. f. Michel Le Tellier*).

Le sens le plus courant auj. : « promesse formelle, contrat qui fixe les obligations des contractants », était déjà usuel : *Les engagements par écrit obligent à l'entretien des conventions* (Fur.).

engager v.t. Entraîner irrésistiblement : [...] *de peur qu'ils* [les rebelles] *ne fussent malheureusement engagés à faillir toujours parce qu'ils avaient failli autrefois* [...] (Boss., *O. f. H. de Fr.*). *Vous ne connaissez pas l'attrait qui vous engage* (La Font., *F.*, X, 9). ♦ Toucher d'un amour vif, séduire : *J'ai toutes les envies du monde de l'engager pour rabattre un peu son orgueil* (Mol., *Pr. Él.*, III, III).

◆ **s'engager,** s'endetter : *Il faut que* [...] *je m'engage de tous côtés* (Mol., *Av.*, I, II). ♦ Être atteint par la maladie, par une douleur : *Il a senti que sa tête s'engageait et n'a pu dire autre chose, sinon : ah ! ma tête ! ah ! ma tête !* (Dangeau, *Journal*, *in* L.). ♦ **S'engager à qqn, à qqch,** s'attacher à lui, à cela : *Qui s'engage aux rois Se fait de leurs desseins d'inviolables lois* (Rotr., *Bélis.*, III, II). ♦ **S'engager à qqch** signifiait aussi « entreprendre cette chose » : *Je m'engagerais à un trop long discours, si je rapportais ici* [...] (La Roch., *Réflex. diverses*, 19). ♦ On trouve **[s']engager de,** suivi d'un infinitif (auj. seulement *s'engager à*, construction qui est d'ailleurs la plus ancienne) : *Je m'étais engagé l'autre jour de vous écrire* (Rac., *Lettre Mme Vitart*, 24 janv. 1662). *Il le dit à M. de Chavigny, après l'avoir engagé, par toutes sortes de serments, de ne le point révéler* (La Roch., *Mém.*, IV, p. 151). *La Reine s'était engagée à moi* [...] *de donner à ma maison les mêmes avantages* (La Roch., *Mém.*, II, 104).

Les sens actuels du v. t. et du v. pr. étaient également usuels au XVIIᵉ s.

engeance n.f. Race, en parlant d'animaux, et, par extension, en parlant d'hommes (parfois péjor. ; auj. il l'est toujours : « catégorie de personnes méprisables ») : *Voilà une belle engeance de pigeons, de poules* (Fur.). *Chacun des trois* [babillard, censeur, pédant] *fait un peuple fort grand : Le Créateur en a béni l'engeance* (La Font., *F.*, I, 19). *Ils* [les poissons] *y perdirent peu, puisque l'humaine engeance En aurait aussi bien croqué sa bonne part* (La Font., *F.*, X, 3). *C'est une maudite engeance que* [...] *des punaises dans une chambre* (Fur.). *Cruels humains !* [...] *engeance sans pitié* (La Font., *F.*, II, 6).

engeigner v.t. Tromper, duper (mot d'ancien français, cité comme proverbial par La Font.) : *Tel, comme dit Merlin, cuide* [= croit] *enseigner autrui Qui souvent s'engeigne soi-même* (La Font., *F.*, IV, 11).

engendrer v.t. Pourvoir d'un gendre (mot de création plaisante) : *Et, recherchant ma fille, il m'a dû mieux connaître. – Vous vous engendriez mal : c'est un fou. – C'est un traître* (Rotr., *Sœur*, II, III). *Ma foi je m'engendrais d'une belle manière* (Mol., *Ét.*, 656).

enger v.t. Fournir abondamment de personnes ou de choses qui embarrassent (vieux mot, « bas et populaire » selon Acad. 94) : *Votre père se moque-t-il de vouloir vous enger de son avocat de Limoges ?* (Mol., *Pourc.*, I, I). *Ces vieux meubles nous engeront de vermine* (Fur.).

engin n.m. Piège ; ce qui sert à attraper : *De là naîtront engins à vous envelopper Et lacets pour vous attraper* (La Font., *F.*, I, 8).

Le sens large d'auj., « outil, instrument, appareil, machine », était également usuel au XVIIᵉ s. : *Engins de guerre* (Fur.).

engouer v.t. Étouffer par gloutonnerie ou par un trop grand effort vocal (auj. vieilli ; bas, selon Fur.) : *Un morceau qu'il a avalé de travers l'a engoué* (Acad. 94) ; et pronominal. : *On s'engoue à force de manger trop avidement* (Acad. 94). *Il ne mange pas, il dévore Et le fait tant avidement Qu'il s'engoue ordinairement* (Scarr., *V. tr.*, III, 147). *Il pousse sa voix, s'engoue* (Scarr., *V. tr.*, VI, 2264).

Le sens actuel de « se prendre d'une passion

aussi excessive que passagère pour qqn ou qqch » devient usuel à la fin du XVIIe s. : *Mme de La Fayette* [...] *est engouée de vous, c'est son mot* (Sév., 4 févr. 1685).

engraissant, e adj. Qui enduit ou tache de graisse : *La pommade est trop engraissante* (Sév., 11 déc. 1675).

engraisser v.t. Tacher de graisse : *Je vous envoie des tabliers* [...] *: c'est un joli air de propreté, qui empêche qu'en deux jours un habit ne soit engraissé* (Sév., 4 avr. 1689).

Les sens actuels de « rendre ou devenir gras, gros, prospère » étaient également usuels au XVIIe s. : *On engraisse les bœufs pour les vendre* [...] *Le dormir engraisse* [...] *Ce traitant s'est bien engraissé dans cette ferme des aides* (Fur.).

engraver v.t. Graver (au pr. et au fig.) [vieilli au début du XVIIe s.] : *Il est impossible que l'Amour n'en engrave en même temps le visage bien avant dans le cœur* (Urfé, *Astrée*, II, 180). *Il ne se dit guères qu'en cette phrase figurée : Il faut avoir les commandements de Dieu engravés dans sa mémoire* (Fur.).

engraver v.t. Engager un bateau [avec ses passagers] sur un banc de gravier ou de sable ; l'échouer (auj. vieilli) : *Les eaux sont si basses, et je suis si souvent engravée, que je regrette mon équipage, qui ne s'arrête point et qui va son train* (Sév., 17 sept. 1675).

◆ **s'engraver,** s'échouer : *Nous nous engravâmes, et nous demeurâmes à deux cents pas de notre hôtellerie sans pouvoir aborder* (Sév., 17 sept. 1675).

en-haut, enhaut adv. **En enhaut,** orienté vers le haut, la tête en haut : *Qu'est ceci ? Vous avez mis les fleurs en enbas ? – Vous ne m'aviez pas dit que vous les vouliez en enhaut* (Mol., *Bourg.*, II, V).

énigme n. S'est d'abord employé au masculin (Cotgrave) : [...] *l'énigme du sphinx fut moins obscur pour moi* [...] (Corn., *Œd.*, 1059). *Il n'y a plus que la foi qui puisse expliquer un si grand énigme* (Boss., *Serm. sur la Mort*). Pourtant le féminin s'emploie déjà au début du XVIIe s. : *Vous aurez de la peine, mademoiselle, à entendre cette énigme* (Voit., *Lettre*, *in* L.).

Le féminin est seul donné par Fur. et Acad. 94.

enjoué, e adj. Gai, joyeux : *Bacchus, le plus enjoué de tous les dieux, avait des autels, parce qu'on s'abandonnait et qu'on sacrifiait, pour ainsi dire, à la joie des sens* (Boss., *H. univ.*, II, 25).

Auj. plus précisément « qui montre de la bonne humeur, souriant ».

enjouement n.m. Vive gaieté : *Ma sœur, je vous admire, et ne saurais comprendre Cet inépuisable enjouement* (Corn., *Agés.*, 835). *Veux-tu de ces enjouements épanouis, de ces joies toujours ouvertes ?* (Mol., *Bourg.*, III, IX).

Auj. plus précisément « disposition à la bonne humeur, à une gaieté aimable et souriante ».

enjouer v.t. Égayer, donner de l'enjouement à : *Il enjoue sa narration et occupe agréablement le lecteur* (Boil., *Diss. sur Joconde*).

enlever v.t. Ravir, transporter d'admiration : *Il y a pourtant* [dans Bajazet] *des choses agréables, et rien de parfaitement beau, rien qui enlève, point de ces tirades de Corneille qui font frissonner* (Sév., 16 mars 1672).

Les sens actuels étaient également usuels au XVIIe s.

ennemi, e adj. S'est construit parfois avec la préposition *à* (auj. seulement avec *de*) : [...] *une autre belette, aux oiseaux ennemie* (La Font., *F.*, II, 5).

ennoblir v.t. S'est confondu longtemps, pour le sens et la prononciation, avec *anoblir* (Cotgrave, Oudin) [=conférer un titre de noblesse] : *La cérémonie turque pour ennoblir le Bourgeois se fait en danse et en musique* (Mol., *Bourg.*, IV, V). – Fur. et Acad. 94 font la distinction.

ennui n.m. Chagrin, tourment, désespoir (auj. sens atténué « contrariété ») : [...] *quoi que vous conseille un inutile ennui, Vos cris et vos sanglots ne vont point jusqu'à lui* (Corn., *Clit.*, 987). *Mon cœur outré d'ennuis n'ose rien espérer* (Corn., *Cid.*, 448). *De quelque grand ennui qu'on puisse être agité* [...] (Mol., *D. G.*, 1130). *Possédé d'un ennui qu'il ne saurait dompter* (Boil., *Ép.*, V, 47). *Dans un profond ennui ce lièvre se plongeait : Cet animal est triste et la crainte le ronge* (La Font., *F.*, II, 14).

Le deuxième sens actuel : « lassitude, dégoût que cause la monotonie, le désœuvrement », était également usuel au XVIIe s. : *L'ennui est entré dans le monde par la paresse* (La Br., XI, 101).

ennuyer v.t. Causer du tourment, de la douleur : *Nous sommes extrêmement ennuyés de la perte que nous avons faite* [la mort d'un ami] (Malh., *Ép.*, 63). ♦Causer un profond dégoût : [...] *ennuyé de supplices, Ayant puni les chefs, il pardonne aux complices* (Corn., *Cinna*, 765). ♦Impatienter, agacer : *Il fit répondre* [...]. [cent] *fois cet écho, sans témoigner d'en être ennuyé* (Mol., *Pr. Él.*, II, Argum.). ♦Il pouvait aussi avoir le sens atténué actuel (« lasser ») ; il se construisait parfois avec un complément d'objet indirect (*à*) : *Cependant je me flatte que ce sera une lecture qui n'ennuiera pas à tout le monde* (Du Buisson, *Turenne*, Préf.) ; et impersonnellement : *Il m'ennuie plus que je ne puis vous le dire d'être trois semaines sans avoir de vos nouvelles* (Sév., 27 oct. 1673). *Il t'ennuie avec moi* (Corn., *Mél.*, 1029).

◆ **s'ennuyer** v. pr. S'impatienter (auj. « éprouver une lassitude morale par désœuvrement, etc. », sens usuel au XVIIe s. également) : *Seigneur, le roi s'ennuie, et vous tardez longtemps* (Corn., *Nic.*, 1058). ♦**S'ennuyer de,** éprouver de la contrariété de : *Je m'ennuie de voir que vous ne recevez encore que mes lettres des chemins* (Sév., 10 nov. 1673). *Ne vous ennuyez donc point d'en voir arriver de nouveaux* [tableaux] *à Grignan* (É. de Coulanges, *Lettre*, 9 août 1675).)

ennuyeux, euse adj. Douloureux, insupportable (auj. sens atténué « contrariant ») : *Le souvenir de ces merveilles Fait qu'ici tout m'est ennuyeux* (Corn., *Imit.*, IV, 1409).

Le deuxième sens actuel : « lassant », était également usuel au XVIIe s. : *Les longs discours sont fort ennuyeux* (Fur.)

énoncer (s') v.pr. S'exprimer : *Apprenez, sotte, à vous énoncer moins vulgairement* (Mol., *Pr. rid.*, sc. VI).

Les sens actuels du v. t. : « dire, formuler », et du v. pr. : « être formulé », étaient également usuels au XVIIe s. : *Toutes ces clauses sont énoncées expressément dans ce contrat* (Fur.). *Ce que l'on conçoit bien s'énonce clairement* (Boil., *A. p.*, I, 153).

énorme adj. Démesuré, exagéré, monstrueux : [...] *Et, dans l'amas confus de chicanes énormes, Ce qui fut blanc au fond rendu noir par les formes* (Boil., *Sat.*, I, 121). *Rendez grâces au ciel dont le soin provident De cet énorme hymen divertit l'accident* (Rotr., *Sœur*, V, III).

Le sens actuel de « extrêmement grand » (sans nuance péjor.) était également usuel au XVIIe s. : *Le Colosse de Rhodes était d'une grandeur énorme* (Fur.).

enquérir v.t. Interroger, questionner : *M. Bigot est de retour d'Italie depuis quinze jours, et m'a fort enquis de vous* (Chap., *Lettres*, II, 159). *L'ayant enquis à qui il était et ce qu'il faisait là* [...] (Scarr., *Rom. com.*, III, 6). *S'il m'eût enquis du chemin de Turquie, J'eusse été bien mêlé dans ma géographie* (Rotr., *Sœur*, IV, I).

L'emploi pron. actuel au sens de « se renseigner sur » était également usuel au XVIIe s. : *Je me suis enquis de mon rapporteur, on m'a dit que c'était un bon juge* (Fur.).

enquêter (s') v.pr. S'informer, s'enquérir (très fam. au XVIIe s.). **Ne point s'enquêter,** ne pas se soucier : *Mais quand on est innocent ? – N'importe, ils ne s'enquêtent point de cela* (Mol., *Pourc.*, III, II).

enragé, e adj. Fig. Affreux, terrible : *Il a fait ici un temps enragé depuis trois jours* (Sév., 8 janv. 1676). *C'est un coup enragé, qui depuis hier m'accable* (Mol., *Fâch.*, 307). ♦**Être enragé de, que,** être violemment irrité de, que (auj. en ce sens on dirait plutôt *en rage*, ou on emploierait l'expression sans complément) : *Le chevalier* [de Grignan] *est bien enragé de n'être pas brigadier* (Sév., 4 mars 1676).

enrager v.i. **Enrager de,** désirer vivement (vieilli au milieu du XVIIe s.) : *Tantale enrage de manger* (Scarr., *V. tr.*, VI, 2978). – Auj., le sens est plutôt « être violemment irrité de », sens usuel au XVIIe s. également. ♦**Enrager après,** être pris d'une vive passion pour : *L'un enrage après les femmes, l'autre veut toujours avoir le ventre à table* (Malh., *Bienf.*, VII, 26).

enrouiller v.i. ou **enrouiller (s')** v. pr. Devenir rouillé (au pr. et au fig. ; auj. on dit [*se*] *rouiller*) : *Cependant ne laissez pas enrouiller vos belles armes* (Chap., *Lettres*, II, 560). [Le] *courage* [...], *l'esprit* [...] *s'enrouillent dans la fainéantise* (Fur.).

enseigne n.f. Signe distinctif, renseignement, marques auxquels on ajoute foi pour ne pas être trompé (sens qui vieillit au XVIIe s.) : *Elle lui donnait des enseignes si re-*

marquables pour trouver sa maison qu'il était impossible de la manquer (Scarr., *Rom. com.*, I, 12). *Gardez-vous* [...] *D'ouvrir que l'on ne vous die, Pour enseigne et mot du guet : Foin du loup et de sa race !* (La Font., *F.*, IV, 15). ♦Drapeau : *Marcher tambour battant et enseignes déployées* (Acad. 94). ♦**Enseigne de pierrerie,** parure de bijoux : *Sa robe était de toile d'argent, et n'en paraissait que le devant, qui était couvert de grandes enseignes de pierrerie* (Malh., *Lettre Peiresc*, 19 juill. 1609). *Il porte une enseigne de diamants au chapeau* (Acad. 94). ♦ Fam. **À bonnes enseignes,** avec des garanties, avec de bonnes indications : *Il n'y a pas trop de sûreté de se mettre sur le Rhône qu'à bonnes enseignes* (Rac., *Lettre La Fontaine*, 11 nov. 1661).

Le sens actuel de « panneau emblématique signalant une boutique, etc. » était également usuel au XVIIe s. : *L'enseigne fait la chalandise* [= clientèle] (La Font., *F.*, VII, 15).

enseigner v.t. Indiquer : *Il est bien vrai qu'enseignant un logis à Paris, il est assez naturel d'ouïr dire « près la porte St Germain, près la porte St Jacques »* (Vaug., *Rem.*, 369). *L'étoile enseigna aux Mages le chemin de Bethléem* (Fur.). ♦Instruire qqn (auj. avec un nom de chose comme complément d'objet, au sens de « transmettre comme connaissance », emploi usuel au XVIIe s. également) : *J'ai déjà dit que ce grand Dieu les enseigne, en leur donnant et en leur ôtant leur puissance* (Boss., *O. f. H. de Fr.*). *Les pères enseignaient eux-mêmes leurs enfants* (Rac., *Ann. Plutarque*) ; avec un infinitif complément introduit par la préposition *à* : *Il faut enseigner les uns à ne rien mettre en ligne de compte, les autres à penser devoir plus qu'ils ne doivent* (Malh., *Bienf.*, I, 4).

ensemble adv. En même temps, simultanément, du même coup (auj., comme aussi au XVIIe s. déjà, il indique l'accompagnement, l'association entre des êtres ou des choses) : *Je déplore sa perte et, le voulant sauver, J'ai la gloire des dieux ensemble à conserver* (Corn., *Pol.*, 1016). *Je satisfais ensemble et peuple et courtisans* (Corn., *Excuse à Ariste*, 47). ♦Aussi, à la fois (indiquant deux aspects indissociables d'une même chose) : *Des calomnies si atroces et ensemble si manifestes* (Boss., *Avert.*). *En la personne de ce roi impie, et ensemble victorieux* (Boss., *H. univ.*, II, 6). ♦**Ensemble et,** ou simplement **ensemble,** en même temps que, aussi bien que : *Ta demande m'étonne ensemble et m'embarrasse* (Corn., *Veuve*, 1883). *Nous ferions nos affaires ensemble et celles du public* (Retz, *Mém.*, II, 84).

enserrer v.t. Enfermer (*Il est vieux et n'a d'usage qu'en poésie*, selon Acad. 94) : *Le dédale des cœurs en ses détours n'enserre Rien qui ne soit d'abord éclairé* [= mis en pleine lumière] *par les dieux* (La Font., *F.*, IV, 19). [...] *dans sa cave il enserre L'argent et sa joie à la fois* (La Font., *F.*, VIII, 2).

Le sens actuel de « entourer en serrant de près » était également usuel au XVIIe s. : *La mer enserre tout le globe terrestre* (Fur.).

ensoufré, e adj. Plein de soufre : [...] *Des taureaux de Vulcain les gorges ensoufrées* (Corn., *Méd.*, 994).

ensuite adv. Après : *C'est pour vous dire ici, Monsieur, qu'une heure ensuite, Un homme* [...] *Est venu vous chercher avec empressement* (Mol., *Mis.*, 1457).

◆ **Ensuite de** (ou **en suite de**), à la suite de, après (Vaug, déconseille cette loc. dans « le beau style ») : *Ensuite d'une promesse si vaine, l'assemblée se sépara* (La Roch., *Mém.*, II, 247). *Et ce jour, ensuite de cinq délicieux, éclairés du soleil* [...] (Sév., 22 sept. 1687). *Je m'estimerai trop heureux si, ensuite de tant de veilles, il* [mon travail] *peut donner à Votre Majesté une satisfaction de quelques moments* (Pasc., *Lettre reine de Suède*, juin 1652). *M. de Chavigny, en suite du mauvais succès de sa négociation, aima mieux* [...] (La Roch., *Mém.*, II, 388). *Ensuite de cela* (Acad. 94).

Le sens actuel de « après cela, en second lieu » était également usuel au XVIIe s. : *Allez, parlez le premier, et puis je parlerai ensuite* (Fur.).

ensuivant, e part. adj. Qui suit dans le temps : *Au mois de juillet ensuivant* [...] (Malh., *Instructions à son fils*). *Le dimanche ensuivant. Le jour ensuivant* (Acad. 94). ♦Pouvait s'employer adverbialement, au sens de « plus tard » : *Mazet pourtant se ménagea de sorte Qu'à sœur Agnès quelques jours ensuivant, Il fit apprendre une semblable note* (La Font., *Contes*, II, 16).

ensuivre (s') v.pr. Suivre, venir après : *Le premier chapitre et tout ce qui s'ensuit* (Régnier-Desmarais, *Gramm.*, p. 449, et Acad. 94).

◆ **s'en ensuivre,** venir comme conséquence : *L'on ne voulut pas quitter les armes que l'effet ne s'en fût ensuivi* (Retz, *Mém.*, II, 54).

Le sens actuel de « *s'ensuivre* : « survenir en tant qu'effet naturel ou en tant que conséquence logique », était également usuel au XVIIe s. : *De ce principe il s'ensuivrait une contradiction* (Fur.).

entamer v.t. Fig. Atteindre, blesser, attaquer : *Ôter Le Havre des mains du duc de Richelieu* [...] *c'était entamer aussi les parents du cardinal de Richelieu* (La Roch., *Mém.*, II, 75). *Dès le lendemain que la déclaration fut publiée* [...] *elle fut entamée et altérée* (Retz, *Mém.*, II, 97).

Le sens fig. actuel de « mettre la main à (une chose à faire) » était également usuel au XVIIe s. : *Entamer un discours, entamer une question* (Fur.).

entenant de loc. prép. Tout auprès de : *Entenant de cette grotte était bâtie une espèce de grande salle* (Rac., *R. sur O.*, IX).

entendement n.m. Faculté de comprendre, jugement (auj. seulement littér. ou philosophique) : *L'entendement est la lumière que Dieu nous a donnée pour nous conduire* (Boss.,, *Connaiss.*, I, 7). *L'oiseau chasseur lui dit* [au chapon] : *ton peu d'entendement Me rend tout étonné* (La Font., *F.*, VIII, 21). *Qu'il est peu de lumière en nos entendements !* (Corn., *Clit.*, 1463).

entendre v.t. Apprendre par ouï-dire, entendre raconter : *Vous avez entendu sa fortune* (Rac., *Ath.*, 659). ♦ Comprendre, s'expliquer qqch : *On punit de trépas Des mystères secrets que nous n'entendons pas* (Corn., *Pol.*, 1418). *On le lit* [le testament], *on tâche d'entendre La volonté du testateur* (La Font., *F.*, II, 20). *Les sots lisent un livre, et ne l'entendent point* (La Br., I, 35). *Je vous jure que j'ai cru, en lisant votre lettre, que je ne lisais ou que je n'entendais pas bien* (Sév., 12 juin 1669). *Il parle de protase comme s'il entendait ce mot* (Rac., *Bér.*, Préf.). *Vous résistez en vain, et j'entends votre fuite* (Rac., *Mithr.*, 1095). – Auj. ce sens se trouve encore, notamment dans des expressions comme *laisser entendre*. ♦ S'y connaître en, s'entendre à : *M. le Prince entend bien mieux les sièges que M. de Turenne* (Rac., *Notes hist.*, 4). ♦ **L'entendre,** savoir ce qu'on fait, être habile : *C'est être trop adroit, Prince, et trop bien l'entendre* (Corn., *Nic.*, 1239). ♦ Vouloir dire, signifier : *C'était le mont qu'entendait l'oracle* (La Font., *Psyché*, I). ♦ **Entendre de** (suivi de l'infinitif), entreprendre de : *Je me donnerais bien de garde d'entendre ici de rapporter la vie du vicomte de Turenne* [...] (Du Buisson, *Turenne*, 1). ♦ **Entendre à,** prêter l'oreille, consentir à : « Bella cosa farniente », dit un de mes arbres ; l'autre lui répond : « amor odit inertes » ; on ne sait auquel entendre (Sév., 9 oct. 1675). *Il avait détourné les princes de Lunebourg d'entendre aux pressantes sollicitations des rois et républiques ligués* (Chap., *Lettres*, II, 680) ; s'occuper de, aviser à : *Minutius* [...] *les avait contraints de s'en retourner chez eux, pour entendre à la défense de leurs maisons* (Malh., *Tite Live*, XXXIII, 22). *Le pilote désespéré Du temps qui l'est venu surprendre* [...] *n'entend plus à son travail, Ne reconnaît plus les étoiles Et ne tient plus le gouvernail* (Tr. L'Hermite, *Vers héroïques*, La mer, 148).

Le sens actuel du v.t. : « percevoir par le sens de l'ouïe », était également usuel au XVIIe s. : *Es-tu sourd ? – Je n'entends que trop bien* [...] *; mais que me veut-il dire ?* (La Font., *F.*, VIII, 21). Les sens du v. pr. étaient les mêmes au XVIIe s. qu'auj.

entendu part. **Bien entendu,** bien conçu, bien disposé : *La décoration en est bien entendue* (Th. Corn., *l'Inconnu*, V, IV). ♦ **Faire l'entendu,** faire le connaisseur, jouer l'homme informé (auj. seulement comme adj. : *un sourire, un air entendu*) : *Ne seriez-vous pas au désespoir qu'il fût seul de son âge qui n'eût point été à cette occasion, et que tous les autres fissent les entendus ?* (Sév., 1er nov. 1688).

entêtement n.m. Engouement, attachement profond à une chose : *Notre comtesse d'Escarbagnas, avec son perpétuel entêtement de qualité* [= noblesse] (Mol., *Escarb.*, sc. I). *J'aime la poésie avec entêtement, Et surtout quand les vers sont tournés galamment* (Mol., *F. sav.*, 757). [...] *c'est l'opinion qui fait toujours la vogue :* [...] *tout est prévention, Cabale, entêtement* (La Font., *F.*, VII, 15). ♦ Amour passionné pour une personne : *L'entêtement qu'il avait pour Mlle de Guise* (Retz, *Mém.*, V, 140). ♦ Objet de l'attachement, de l'amour : *Vous étiez la coqueluche ou l'entêtement de certaines femmes* (La Br., V., 66).

Auj. « obstination excessive ».

entêter v.t. Enticher, tourner la tête à (auj. seulement au sens pr. : *vin, parfum qui entête*, emploi courant au XVIIe s. également) : [...] *Depuis que de Tartuffe on le voit entêté* (Mol., *Tart.*, 184). [Mme de Polignac] *était brillante, vive, tout entêtée de la grandeur de la maison de Polignac* (Sév., 29 avr. 1686). *Elle ne pouvait quitter le roman dont elle était entêtée* (Fur., *Rom. bourg.*, I). ♦ Persuader, mettre dans la tête : *Mme la duchesse de Bourgogne, qu'on entêta que Lou-*

ville avait rendu de mauvais services à la reine sa sœur (Saint-Simon, 1702).

◆ **s'entêter de,** s'engouer de : *Aussi n'est-il point à propos de les engager* [les femmes] *dans les études dont elles pourraient s'entêter* (Fén., *Éduc. des f.*, I).

Le sens actuel de *s'entêter* : « s'obstiner excessivement », apparaît au XVIIᵉ s. : *Ce vice si commun de croire toujours une chose, parce qu'on l'a crue d'abord* [...], *de s'entêter* [...] (Bourd., *Car. sur la paix chrétienne, in* L.).

enthousiasme n.m. Mouvement passionné, délire, transport inspiré par la divinité : *Dieu les inspirait lui-même, et il n'y a proprement que le peuple de Dieu où la poésie soit venue par enthousiasme* (Boss., *H. univ.*, II, 3). *Tantôt la poussant* [sa voix] *d'un enthousiasme à faire trembler* [...] (Mol., *Bourg.*, Cérémonie turque).

Le sens affaibli actuel de « émotion se traduisant par une excitation joyeuse, par une tendance à admirer » apparaît au XVIIᵉ s. : *L'enthousiasme d'une bonne réception m'aurait enivrée* (Sév., in L.).

entiché, e adj. Qui commence à se gâter, à pourrir : *Les fruits entichés ne sont pas de garde* (Acad. 94). ♦Atteint d'un mal rongeur (lèpre, tuberculose, etc) : *Cet homme est un peu entiché de lèpre* (Fur.). ♦Fig. Atteint d'un vice, corrompu : *Vous voyez deux pauvres orphelines qui ne sont nullement entichées du vice d'ingratitude* (La Font., *Contes*, III, 4). *Mon frère, ce discours sent le libertinage. Vous en êtes un peu dans votre âme entiché* (Mol., *Tart.*, 315).

Auj. familier : « exagérément attaché à, toqué de ».

entour n.m. Fig. et en général au plur. Entourage : *Avec de tels entours, il fallait toute l'amitié du roi pour soutenir Chamillart* (Saint-Simon, *in* L.). ♦**À l'entour,** v. ALENTOUR.

entrailles n. f. pl. Fig. Cœur, sensibilité, affection : *Et vous qui lui devez des entrailles de père* [...] (Rac., *Ath.*, 575). *C'est une chose ridicule que les petites entrailles que je sens déjà pour cette petite personne* (Sév., 15 juill. 1671).

entrant, e adj. et n. Qui parle avec hardiesse, entreprenant (vieilli au XVIIᵉ s.) : *Je pense qu'elles lui ont donné cette commission de venir à moi à cause qu'il est bien plus entrant et plus accort que son ami* (Sorel, *Franc.*, XII). *C'est un intrigant, c'est un entrant* (Acad. 94).

entre prép. S'employait là où l'on se sert auj. de *parmi, chez* : *Il* [...] *a rétabli son autorité entre des peuples qui depuis cinquante ans* [...] *ne l'avaient du tout point connue* (Malh., *Tite-Live*, Dédicace). ♦Au milieu de, au nombre de : *Cet homme n'est point écrit sur mes tablettes entre les grands médecins* (Mol., *Mal. im.*, III, X). [...] *ceux qui* [...] *pourraient avoir rang entre nos amis* (La Br., IV, 56). *Vous que l'Orient compte entre ses plus grands rois* (Rac., *Bér.*, 14). ♦**Par entre** au sens de « entre, dans l'intervalle de » était hors d'usage dès 1630 : *Par entre deux ais de qui la jointure s'était lâchée* [il] *laissa tomber son argent dans sa boutique* (Malh., *Bienf.*, VII, 21). ♦**D'entre,** au sens de « entre », marquant une relation de distance, était hors d'usage dès 1630 : *Différence d'entre celui qui est sage et celui qui est en voie de l'être* (Malh., *Ép.*, 72).

Les sens actuels étaient également usuels au XVIIᵉ s.

entre- Le préfixe *entre-*, au sens de réciprocité, est encore très fréquemment employé, comme au XVIᵉ s., alors qu'il est moins fréquent aujourd'hui : *Si nous ne savons pas la force ni la signification des mots, quand nous nous entreparlons* (Retz, *Lettre M. de Paris*, 26 nov. 1664).

Autres exemples (tirés de Corn.) : *entr'aimer* (*Att.*, 985), *entr'appeler* (*Veuve*, 153), *entr'éclaircir* (*Œd.*, 1759), *entreconnaître* (*Gal. du Pal.*, 1459), *entredemander* (*Att.*, 715), *entredétruire* (*Veuve*, 399 ; *Pulch.*, 290), *entredevoir* (*Clit.*, 760), *entredire* (*S. du Ment.*, 1228), *entredonner* (*Veuve*, 749), *entremesurer* (*Pulch.*, 30), *entr'entendre* (*S. du Ment.*, 1034), *entrepayer* (*Veuve*, 174), *entresoutenir* (*Oth.*, 1615), *entr'immoler* (*Tois.*, 1938 ; *Att.*, 1508).

entre-deux n.m. Séparation : *Nous n'apaiserons point cette humeur qui vous pique Que par un entre-deux mis à votre boutique* (Corn., *Gal. du Pal.*, 1410).

entrée n.f. Commencement : *Dès l'entrée de la Régence* (Retz, *Mém.*, III, 518). *Voyez Diana qui a tant écrit ; il a mis à l'entrée de ses livres la liste des auteurs qu'il rapporte* (Pasc., *Prov.*, V).

Les sens actuels étaient également usuels au XVIIᵉ s.

entremettre (s') v.pr. **[de]** Se mêler de (auj. *dans*) : *Elle n'avait personne qui fût capable de s'entremettre de son affaire* (Sorel, *Franc.*, IX). *Que fais-tu ici ? – Ce que je fais partout ailleurs :*

m'entremettre d'affaires, me rendre serviable aux gens (Mol., *Av.*, II, IV).

entreprendre v.t. Se charger de, se consacrer à (le complément désignait l'objet des soins, et non comme auj. l'œuvre dont on commence la réalisation) : [...] *Louis, qui* [...] *entreprend lui seul la cause commune* [...] (Boss., *O. f. H. de Fr.*). ♦ Attaquer, atteindre : *Ils se regardaient d'un œil jaloux, et semblaient nés pour se disputer l'empire du monde. Mais Alexandre voulut s'affermir avant que d'entreprendre son rival* (Boss., *H. univ.*, I, 8). *Il est constant que le cerveau est attaqué dans les maladies où le corps est entrepris* (Boss., *Connaiss.*, II, 6). ♦ **Entreprendre sur,** empiéter sur : *Un insolent qui a eu l'effronterie d'entreprendre sur votre métier, et qui, sans votre ordonnance, vient de tuer un homme* (Mol., *Am. méd.*, III, II) ; commettre un attentat contre : *Votre haine tremblante est un mauvais appui À quiconque pour vous entreprendrait sur lui* (Corn., *Perth.*, 426). *Ses quatre enfants* [de Clovis] *partagèrent le royaume et ne cessèrent d'entreprendre les uns sur les autres* (Boss., *H. univ.*, I, 11).

entreprise n.f. Résolution, dessein bien arrêté : *Le lion dans sa tête avait une entreprise* (La Font., *F.*, V, 19). *Nous avons eu dessein de prendre la fuite tous deux, et de nous aller marier ensemble, mais cette entreprise a fait place à un procédé plus honnête* (Mol., *Méd. m. lui*, III, XI). ♦ Empiétement : *Ce sera en vain que les parlements s'opposeront aux entreprises de Rome sur la puissance temporelle de nos rois* (Pasc., *Prov.*, XIX). ♦ Attaque, attentat, menées (auj. seulement au plur., au sens restreint de « tentatives de séduction ») : *Mais leur armée* [celle des Gaulois] *périt dans l'entreprise sacrilège du temple de Delphes* (Boss., *H. univ.*, I, 8). [...] *voir faire sur moi d'infâmes entreprises* (Mol., *Éc. des m.*, 652). *Leurs entreprises contre le livre de la Fréquente communion* (Rac., *P.-R.*, II).

Le sens le plus courant auj. de « action importante dans laquelle on s'engage » était également usuel au XVIIe s. : *La traduction de la Bible est une entreprise bien difficile* (Fur.).

entrer v.i. Se construisait parfois avec la préposition *à* (auj. le plus souvent *dans*) : *Il entre à l'appartement* (La Br., XI, 7). ♦ Se conjuguait parfois avec l'auxiliaire *avoir : Il semble que Cicéron ait entré dans les sentiments de ce philosophe* (La Br., *Disc. Théophr.*). *Jamais les grands biens ni l'extrême pauvreté d'une fille n'ont entré dans les motifs qui la faisaient ou admettre ou refuser* (Rac., *P.-R.*, I, p. 57). ♦ **Entrer dans, en,** donner son assentiment, son adhésion à : *Il entre avec douceur et approbation dans tout ce qu'on lui dit* (Sév., 5 juill. 1671). ♦ Sympathiser avec : *J'entre si tendrement dans toutes vos pensées, que j'en ai le cœur serré et les larmes aux yeux* (Sév., *20 sept.* 1695). – Auj. on dit encore *entrer dans les vues de qqn.* ♦ Pénétrer, saisir : *Il est bien plus aisé de se guinder sur de grands sentiments* [...] *que d'entrer comme il faut dans le ridicule des hommes* (Mol., *Crit. Éc. des f.*, sc. VI). ♦ Participer à, s'occuper de : *Louis le Grand est entré lui-même dans ces sentiments* (Boss., *O. f. Condé*, exorde). *Nous entrons dans ses travaux, mais c'est à lui que la vigne appartient* (Mass., *Car. sur le Culte, in* L.). – Auj. on dit encore *entrer dans les intérêts de qqn.* ♦ Se laisser aller à un sentiment : *Je suis entrée dans la tristesse* [...] *de voir mourir* [...] *mon cher oncle* (Sév., 24 oct. 1687). *Entrant en méfiance d'Aétius* [...] (Urfé, *Astrée*, II, 786). – On dit encore *entrer en fureur, en transes.*

entresuite n.f. Ordre, succession (vieilli au début du XVIIe s.) : *Je refusais de lui raconter quel en a été le cours et l'entresuite* (Urfé, *Astrée*, II, 680).

entresuivre (s') v.pr. Se suivre par voie de conséquence : *La mort du Comte et l'arrivée des Maures s'y pouvaient entresuivre d'aussi près qu'elles font* (Corn., *Cid*, Exam.). *Voilà un discours mal arrangé, des paroles qui ne s'entresuivent pas bien* (Fur.). ♦ Se succéder : *Tous les jours s'entresuivent mais il* [sic] *ne se ressemblent pas* (Fur.). *Qui change une fois, change à toute occasion ; Et nous verrons toujours, si Dieu le laisse vivre, Un change, un repentir, un pardon s'entresuivre* (Corn., *Pl. R.*, 474).

entre-temps, entretemps n.m. Remise de temps fâcheuse, événement imprévu et malheureux : *Mais peut-être qu'un jour ce malheur sera* [...] *le premier degré de sa fortune, si malgré un tel entre-temps il ne laisse pas de réussir* (Ch. de Sév., *Lettre*, 19 févr. 1690). ♦ Intervalle de temps entre deux actions, deux faits (auj. vieilli) : *Je n'ai fait qu'aller et venir, dans cet entretemps vous êtes venu. Ce filou a pris l'entretemps qu'on desservait la table, pour faire son coup* (Fur.).

entretènement n.m. Action d'entretenir, ce qui entretient (commence à vieillir au milieu du XVIIe s.) : *L'amitié de cet oncle ne va pas* *toute seule, il y faut de l'entretènement* (Sév., 12 janv. 1689). – Rac. a souligné ce mot dans cette phrase de Vaug. (*Q. C.*) *: Ces sommes immenses* [...], *destinées pour l'entretènement de cette effroyable multitude.*

entretenir (s') v.pr. Être lié par un rapport mutuel : *Toutes les choses, étant causées et causantes* [...] *s'entretiennent par un lien naturel et insensible* (Pasc., *Pensées*). ♦ Se maintenir dans le même état : *Cette femme ne vieillit point, elle s'entretient toujours belle et fraîche* (Fur.).

Le sens actuel du v.pr. : « causer, converser », était également usuel au XVIIe s. : *Les plaideurs ne s'entretiennent que de leur procès, les braves que de leurs combats, les femmes que de jupes et de bagatelles* (Fur.). Les sens du v.t. étaient les mêmes au XVIIe s. qu'auj.

entretien n.m. Paroles prononcées ; confidence (auj. au sing., « conversation privée ») : *Et si j'en crois, Seigneur, l'entretien de la Cour, Peut-être avant la nuit l'heureuse Bérénice Change le nom de reine au nom d'impératrice* (Rac., *Bér.*, 58). *Clarice sous son nom parlait à sa fenêtre ; Sabine m'en a fait le secret entretien* (Corn., *Ment.*, 1723). ♦ Moyen d'entretenir, ce qui entretient (un sentiment) : *O vous* [cendres de Pompée], *à ma douleur objet terrible et tendre, Éternel entretien de haine et de pitié* (Corn., *Pompée*, 1459).

Les sens actuels étaient également usuels au XVIIe s.

entrevoir (s') v.pr. Se rendre mutuellement visite : [Sans le besoin] *Rien ne les invite* [les hommes] *à se connaître et à s'entrevoir* (Fén., *Exist. de Dieu*, XI, in L.).

Les sens actuels du v.t. étaient les mêmes au XVIIe s. qu'auj.

envahir v.t. Fig. Occuper de force (auj. « occuper peu à peu » avec un sujet abstrait et un n. de personne comme objet) : *Ceux* [les évêques] *qui sont entrés sans vocation, et qui ont envahi leur dignité* (Retz, *Lettre épisc.*, 1656).

enveloppe n.f. Fig. Voile, symbole : *Ces puérilités servent d'enveloppe à des vérités importantes* (La Font., *Vie d'Ésope*).

enveloppé, e adj. Mal connu, mystérieux : *Depuis la perte de ce pauvre M. de Sanzei, dont la destinée est très enveloppée depuis le combat* (É. de Coulanges, *Lettre*, 23 août 1675). ♦ Embrouillé, compliqué : *Le temps est court pour démêler une affaire si enveloppée que celle de vos comptes et de votre vie* (Boss., *Serm. sur l'Impén. fin.*).

envenimer v.t. Fig. Présenter sous un jour odieux : *Ne vous est-il jamais arrivé qu'on ait envenimé vos discours les plus innocents ?* (Mass., *Car. sur le Pardon*, in L.). ♦ Porter à l'hostilité, à la haine : *Point de colère qui l'emporte* [le Chrétien], *point de ressentiment qui l'envenime* (Bourd., *Pensées*, in L.). *M. le Prince* [...] *parut fort envenimé contre nous le lendemain* (Retz, *Mém.*, II, 569).

Le sens fig. actuel de « rendre plus virulent, plus pénible une querelle, un débat, etc. » était également usuel dès le milieu du XVIIe s. : *Des deux princes d'ailleurs la haine est trop puissante* [...] *Moi-même je saurai si bien l'envenimer* [...] (Rac., *Théb.*, 877).

envers prép. Auprès de, aux yeux de : *Je perdrai mon crédit envers sa majesté* (Corn., *Pol.*, 1805). *L'autorité des papes envers les conseils généraux* (Rac., *Notes hist.*, 49).

Le sens actuel de « à l'égard de (qqn) », après un mot désignant un sentiment ou une action, était également usuel au XVIIe s. : *Un riche doit exercer l'hospitalité envers les pauvres* (Fur.).

envi (à l') de loc. prép. En rivalisant avec : [...] *mon cœur À l'envi de Chimène adore son vainqueur* (Corn., *Cid*, 1628). ♦ Contrairement à : [L'imagination] *ne peut rendre sages les fous, mais elle les rend heureux, à l'envi de la raison qui ne peut rendre ses amis que misérables, l'une les couvrant de gloire, l'autre de honte* (Pasc., *Pensées*).

La langue littéraire ne connaît plus guère auj. que la locution adverbiale *à l'envi.*

envieillir v.t. Faire paraître vieux : *Cette maladie a envieilli cet homme de vingt ans* [...] *La misère, les chagrins envieillissent toute sorte de personnes* (Fur.).

◆ **s'envieillir** v.pr. et **être envieilli,** vieillir, devenir vieux : *Je l'avais toujours vu frais et gaillard, mais il s'est envieilli tout à coup* (Fur.). *Mon triste cœur qui se lamente Conte que le monde et le temps Sont presque envieillis de sept ans Depuis que l'amour me tourmente* (Saint-Amant, *Métam. de Lyrian et de Sylvie*, 135). ♦ S'endurcir : *Parce que j'ai voulu taire mon péché, mes os se sont envieillis* (Corn., *Ps. pén.*) ; et au fig. : *Des pécheurs envieillis dans le crime* (Rac., *P.-R.*, I). ♦ Devenir invétéré : *Laquelle maladie,* *par laps de temps, naturalisée, envieillie, habituée* [...] (Mol., *Pourc.*, I, VIII).

envier v.t. Prétendre à : *Je remarquai qu'en marchant il enviait le haut bout* [=le haut du pavé] (Sorel, *Franc.*, V). ♦Ne pas accorder, refuser : *Il me fut insupportable que le Cardinal* [...] *m'enviât ce que M. de Roquelaure lui était venu déclarer qu'il me cédait* (La Roch., *Mém.*, II, 449).

Les sens actuels étaient également usuels au XVIIe s.

envieux, euse adj. Qui refuse, malveillant : [...] *cette enfance Dont un astre envieux condamnait la naissance* [...] (Corn., *Œd.*, 1306).

Le sens actuel de « qui éprouve du dépit, de la convoitise à la vue des avantages d'autrui » était également usuel au XVIIe s. : *Envieux l'un de l'autre, ils mènent tout par brigues Que leur ambition tourne en sanglantes ligues* (Corn., *Cinna*, 581).

environ. S'employait comme préposition au sens de « vers » indiquant le lieu ou le temps : *Une petite glande située environ le milieu de la substance* (Desc., *l'Homme*, in L.). *Environ ce temps-là, fis-tu quelque voyage ?* (Corn., *Œd.*, 1429). *Environ ce temps, Servius Tullius, après avoir agrandi la ville de Rome, conçut le dessein de la mettre en république* (Boss., *H. univ.*, I, 8). ♦**À l'environ,** aux alentours (auj. encore *aux environs*) : *L'aimable bergère, errant à l'environ* (Saint-Amant, *Moïse sauvé*, I). *Il* [le lion] *rugit ; on se cache, on tremble à l'environ* (La Font., *F.*, II, 9).

Le sens actuel de l'adv. : « à peu près » (portant sur un numéral), était le même au XVIIe s. : *Il est environ 6 heures* (Fur.).

envisager v.t. Regarder au visage, dévisager : [...] *plus je vous envisage Et moins je me remets, Monsieur, votre visage* (Rac., *Plaid.*, 379). *L'un et l'autre rival* [...] *Se mesure des yeux, s'observe, s'envisage* (Boil., *Lutr.*, V, 114). ♦Apercevoir, regarder superficiellement : *Je lis* [...] *les* Règles chrétiennes *de M. Le Tourneux ; je n'avais fait que les envisager sur la table de Mme de Coulanges* (Sév., 2 févr. 1689).

Les constructions et les sens actuels étaient également usuels à la fin du XVIIe s.

envoler (s') v.pr. Avec *en* explétif : *Où sont ces petits oiseaux* [des enfants] *qui s'en étaient envolés au Puy ?* (Sév., 1er oct. 1684).

envoyer v. Sans complément d'objet direct, envoyer des domestiques, des messagers : *Je m'en vais voir la bonne Tarente ; elle a déjà envoyé deux fois ici, et me demande toujours de vos nouvelles* (Sév., 29 sept. 1675). *La Reine envoie en vain pour se justifier* (Corn., *Rodog.*, 237). ♦Le futur avait fréquemment la forme *envoyerai* ou *envoierai* ou *envoirai* : *Amour t'envoyera compagnie* (La Font., *Psyché*, II). *Jusqu'à toi, mon sauveur, j'envoierai ma prière* (Corn., *Imit.*, II, 1032). *Je n'envoirai ma lettre que le samedi au soir ou le dimanche* (Sév., 26 nov. 1664).

épais, aisse adj. Fig. Dense, nombreux : *Vos lectures même sont trop épaisses* (Sév., 17 mai 1680).

Les sens pr. et fig. actuels étaient également usuels au XVIIe s.

épanchement n.m. Action de verser, de se répandre (auj. seulement comme terme médical) : *Féconds épanchements de pluie et de rosée, Bénissez le Seigneur* (Corn., *Trad. du cant. des trois enfants*) ; et au fig. : *Tel est l'épanchement de tes nouveaux bienfaits* (Corn., *Remerciement au Roi*, 11).

Auj., au fig., « confidence ».

épancher v.t. Verser, répandre : *Je n'ai goutte de sang que pour toi je n'épanche* (Corn., *Veuve*, 860). [...] *un sang pur par mes mains épanché* [...] (Rac., *Ath.*, 749). *Leur souffle pousse un jet qui va loin s'épancher* (La Font., *Psyché*, I) ; et au fig. : *Il semble à trois gredins, dans leur petit cerveau,* [...] *Que partout de leur nom la gloire est épanchée* [...] (Mol., *F. sav.*, 1370).

Les sens actuels du v.t. et du v.pr. étaient également usuels au XVIIe s.

épandre v.t. Répandre : *Elle a soif de mon sang, elle a voulu l'épandre* (Corn., *Rodog.*, 1715). *Des portes du matin l'amante de Céphale* [= l'Aurore] *Ses roses épandait dans le milieu des airs* (Voit., *Belle matineuse*, 2). [...] *Un bruit s'épand qu'Enghien et Condé sont passés* (Boil., *Ép.*, IV, 132).

épargne n.f. Trésor d'un souverain, d'un État : [J'ai fait] *en son épargne* [de Sparte] *entrer tous les trésors Des peuples subjugués par mes heureux efforts* (Corn., *Agés.*, 1054). *Que votre épargne, Sire, est un fort arsenal, Et que l'or est un charme à la vertu fatal* (Rotr., *Laure perséc.*, II, VII).

Les sens actuels étaient également usuels au XVIIe s..

épargner (s') v.pr. **Ne pas s'épargner à,** s'employer de toutes ses forces à : *Pendant que l'artificieuse Marcelle parlait ainsi, sa maîtresse ne s'épargnait point à pleurer ; elle y faisait paraître une si vive douleur que le bon vieillard n'y put résister* (Le Sage, *Diable boit.*, IV).

épaule n.f. **Prêter [l'] épaule à,** venir en aide à, favoriser : *Perfides, vous prêtez épaule à leur retraite* (Corn., *Veuve*, 1259). *Il croit que ce climat* [l'Égypte] [...] *Pourra prêter l'épaule au monde chancelant* (Corn., *Pompée*, 28). *Ce traitant aurait succombé, si quelqu'un ne lui eût prêté l'épaule* (Fur.).

épée n.f. **Mettre du côté de l'épée,** s'approprier frauduleusement (auj. on dit familièrement *mettre à gauche*) : Il a du côté de l'épée Mis, ce dit-on, quelques deniers (La Font., *Lettre prince de Conti*, 18 août 1689). ♦ **Épée de chevet,** au fig., personne ou chose à laquelle on est toujours prêt à recourir : *Toujours parler d'argent ! Voilà leur épée de chevet* (Mol., *Av.*, III, I).

éperdu, e adj. Fou d'amour, de douleur, d'admiration, etc. (auj. « vivement ému », avec, d'habitude, un complément indiquant la nature de l'émotion) : *Mme Paul, qui est devenue éperdue, et s'est amourachée d'un grand benêt de vingt-cinq ou vingt-six ans* (Sév., 30 mai 1672). [...] *venez tous, contre moi conjurés, Tourmenter à la fois une amante éperdue* (Rac., *Baj.*, 1745). *Cette femme a couru toute éperdue dans la rue, sachant qu'on assassinait son mari. Un provincial qui voit les magnificences de la Cour a l'esprit tout surpris et éperdu* (Fur.).

Auj., comme aussi au XVIIe s., le mot, appliqué à un sentiment, signifie « très violent » : [...] *un honteux effet d'un amour éperdu* (Corn., *Tite et Bér.*, 133).

épicerie n.f. Épices de toutes sortes : *Les différends qui s'étaient émus entre les Vénitiens et les Portugais au sujet des épiceries* (Bayle, *Dict. hist.*, Abrabanel). ♦ Commerce des épices ; corps des marchands d'épices : *L'épicerie a quatre états différents, qui sont les épiciers, ciergiers, apothicaires et confiseurs* (Fur.).

Auj. « commerce, boutique de l'épicier ».

épices n.f. pl. Fig. Primitivement, présent fait spontanément à un juge par le plaideur à qui il avait fait gagner le procès (dragées, confitures, ou argent). Plus tard, taxe obligatoirement payée au juge comme rétribution : *Il* [Dandin] *me redemandait sans cesse ses épices Et j'ai tout bonnement couru dans les offices Chercher la boîte au poivre* (Rac., *Plaid.*, 511).

épiderme n. Était parfois du féminin jusqu'à la fin du XVIIe s. : *La beauté du visage est un frêle ornement* [...] *Et qui n'est attaché qu'à la simple épiderme* (Mol., *F. sav.*, 1065).

épigramme n. Était d'un genre incertain ; le féminin est recommandé par Vaug., Ménage ; Richelet est indécis ; Fur. ne donne que le féminin : *Deux épigrammes, l'un français et l'autre latin* (Corn., *Ment.*, Avis au lect.).

épiloguer v.i. Émettre des critiques, trouver à redire : *Et pourquoi, s'il vous plaît, Lui bailler un savant qui sans cesse épilogue ?* (Mol., *F. sav.*, 1657).

◆ v.t. Chercher à savoir : *Palinurus le galant homme, Se leva pour épiloguer S'il faisait beau temps pour voguer* (Scarr., *V. tr.*, III, 1701). ♦ Critiquer : *J'ai été un peu fâchée de ne vous point voir prendre possession de cette chambre dès le matin, me questionner, m'épiloguer, m'examiner* (Sév., 5 nov. 1688).

Auj. seulement *épiloguer sur* : « faire de longs commentaires (pas nécessairement malveillants) sur », emploi déjà connu au XVIIe s. : *Adieu, ma chère enfant ; venez et partez, et tenez-vous donc une fois pour décidée, et défaites-vous d'épiloguer sur les bienséances de votre voyage* (Sév., 21 oct. 1676).

épilogueur, euse adj. et n. (Personne) qui critique : *Elle était jalouse,* [...] *épilogueuse, faisant des plaintes amoureuses* (Sév., 11 mai 1683). *Il se soucie fort peu des épilogueurs* (Le Sage, *Gil Blas*, VIII, 2).

épines n.f.pl. Difficultés, désagréments (il était d'un emploi plus courant en ce sens qu'auj.) : *Ah ! que je me trouvais sur d'étranges épines* (Corn., *Illus.*, 1222). *Vous allez vous enfoncer dans d'étranges épines* [en plaidant] (Mol., *Fourb.*, II, V).

épineux, euse adj. Fig. Plein de difficultés, aride, douloureux : *O vous qui* [...] *Courez du bel esprit la carrière épineuse* [...] (Boil., *A. p.*, I,

8). ♦ Pointilleux, difficile, hargneux : *Ces gens, épineux dans les payements qu'on leur fait, rebutent un grand nombre de pièces qu'ils croient légères* (La Br., *Théophr.*, De la rusticité).

Auj. seulement dans *affaire, question épineuse :* « [...] délicate, risquant de blesser des susceptibilités », emploi déjà connu au XVIIe s. : *Les affaires d'État sont délicates et épineuses* (Fur.).

épitaphe n. A parfois au XVIIe s. le genre masculin (Vaug., Ménage) : *Un infâme et impertinent épitaphe* (Chap., *Lettres,* I, 25).

épithète n. Était au XVIIe s. masculin (Chap.) ou féminin (Vaug., Fur.) ; Acad. 94, Richelet et Ménage donnent les deux genres (auj. féminin) : *Cet épithète n'est donné à Achille qu'en cet endroit* (Rac., *Ann. Iliade,* XV).

épleuré, e adj. Forme de *éploré : Elle trouva ses femmes toutes épleurées* (Sév., 22 nov. 1692).

éponge n.f. **Passer l'éponge,** oublier, ne plus parler de (l'emploi de la locution n'était pas fam. comme auj.) : *Sur les noires couleurs d'un si triste tableau Il faut passer l'éponge ou tirer le rideau* (Corn., *Rodog.*, 594).

épouffer (s') v. pr. Syn. de *s'ébouffer,* être congestionné par une violente envie de rire, éclater de rire : [...] *s'épouffant de rire en commençant de boire, elle couvrit le visage de sa belle-mère* (Scarr., *Rom. com.*, II, 8). *Voilà cet homme si sage, si grave, si sérieux, si courtisan, qui s'épouffe de rire, et qui, à force de vouloir se retenir, éclate* (Saint-Simon, 1709). ♦ S'esquiver (pop. selon Fur.) : *Les sergents avaient happé ce coupeur de bourses, mais il s'est épouffé dans un embarras* (Fur.).

épousée n.f. Femme qui vient de se marier : *Il a mené danser l'épousée* (Fur.). – Le masculin *épousé,* « nouveau marié », est plus rare : *Son épousé la faisait dame* (La Font., *Contes,* III, 7).

épouser v.t. Unir par le mariage, marier : *Le jour des épousailles des comédiennes étant venu, le prieur de Saint Louis leur dit qu'il avait fait choix de son église pour les épouser* (Scarr., *Rom. com.*, III, 14). *On ne les épousera qu'après Pâques* (Fur.). ♦ Pouvait avoir le sens pronominal réciproque : *Ce n'est pas tout. – Quoi donc ? – Ils épousent ce soir* (Rotr., *Sœur,* I, II).

Le seul sens propre d'auj., « prendre pour mari ou pour femme », était également usuel au XVIIe s., de même que le sens fig. : « s'attacher par choix à, prendre parti pour » : [...] *c'en est fait, ils* [Bajazet et Roxane] *se vont épouser* (Rac., *Baj.*, 904). *Il faut* [...] *n'épouser aucune opinion douteuse. Un juge ne doit épouser les intérêts de personne* (Fur.).

épouseur n.m. Celui qui courtise une jeune fille ou une femme pour l'épouser : *Voilà toutes les femmes en campagne pour l'avoir pour galant, et toutes les filles pour épouseur* (La Br., VII, 14). *C'est* [Dom Juan] *l'épouseur du genre humain* (Mol., *D. J.*, II, IV).

épousseter, épouster v.t. Fig. Battre : *On a bien épousseté cet insolent, on lui a donné vingt coups de canne* (Fur.). *Je viens de la part de César Qui vous époustera comme il faut tôt ou tard* (La Font., *Ragotin,* IV, IV). *Pour se venger un peu du poète, qui avait médit de lui, il lui fit épouster le dos à coups de bâton* (Sorel, *Franc.*, V).

époussette n.f. Sorte de plumeau, de petit balai (auj. provincial) : *Ses cheveux étaient de coton Et gros comme poils d'époussette* (Scarr., *V. tr.*, VII, 54).

épouster v.t. V. ÉPOUSSETER.

épouvantement n.m. Syn. de *épouvante,* vieilli au XVIIe s. : *Un grand chien maigre et noir, se traînant lentement, Accompagné d'horreur et d'épouvantement* (Saint-Amant, *Visions,* 8).

épreindre v.t. Presser dans ses doigts : *Une des Grâces lui épreignait les cheveux encore tout mouillés* (La Font., *Psyché,* II). *Épreindre des herbes. Épreindre du raisin* (Acad. 94). ♦ Exprimer un liquide : *Ils épreignaient le jus de sésame et s'en frottaient le corps comme d'huile* (Vaug., *Q. C.*, VII, 4). *Certaines eaux épreintes des glandes qui y aboutissent* [à la bouche] (Boss., *Connaiss.*, II, 10). *Faites bouillir ces racines* [...] *épreignez-en le suc* (Acad. 94).

éprendre v.t. Attacher par un lien sentimental : [...] *l'amour qui pour lui m'éprit si follement* (Corn., *Mél.*, 993).

◆ **s'éprendre,** se dit du feu qui s'attaque à un corps : *Si quelquefois le feu s'éprend en ces corps* (Desc., *Météores,* 2).

Auj., *s'éprendre de qqn,* « tomber amoureux de cette personne ».

épreuve n.f. Preuve, témoignage : *Que vos danseurs vous donnent* [...] *quelque épreuve de votre adresse* (Mol., *Am. magn.*, IV, v). *Les épreuves* [...] *que tout le monde a vues de l'infaillibilité de mes prédictions* (Mol. *Am. magn.*, III, I). ♦ **Faire l'épreuve de,** faire l'expérience de : *Un si vaillant disciple aura bien le courage D'en mettre jusqu'au bout les leçons en usage ; l'Asie en fait l'épreuve* (Corn., *Nic.*, 917). ♦ **À l'épreuve,** inébranlable (auj. *à toute épreuve*) : [...] *Qu'alors que la prudence à la valeur s'allie, Il n'est rien à l'épreuve* (Corn., *Att.*, 235) ; après essai : *S'étant choisis l'un et l'autre à l'épreuve* (La Font., *Contes*, II, le Calendrier des vieillards).

Les sens actuels étaient également usuels au XVIIe s.

épris, e part. Saisi, pris d'une passion violente (avec un complément indiquant la nature de la passion) : *Les deux troupes éprises D'ardent courroux* [...] (La Font., *F.*, VII, 8). *Épris d'une rage insensée* [...] (La Font., *le Florentin*, sc. VIII). *Ce jeune homme est furieusement épris de l'amour de cette fille* (Fur.). ♦ Pris de passion pour qqch (encore parfois auj.) : *Les spirituels sont épris des beautés célestes* (Fur.).

Auj. s'emploie surtout absolument, au sens de « amoureux », avec un complément indiquant la personne aimée.

éprouver v.t. Apprendre par expérience : *J'éprouve que pour gagner les hommes, il n'est point de meilleure voie que de se parer à leurs yeux de leur inclination* (Mol., *Av.*, I, I). ♦ Avec un attribut du complément d'objet, trouver par expérience : [...] *depuis que je vous vois chez elle, Toujours de plus en plus je l'éprouve cruelle* (Corn., *Illus.*, 542).

◆ **s'éprouver,** faire ses preuves : *Achille s'éprouve dans ses armes* (Rac., *Ann. Iliade*, XIX).

Les sens actuels étaient également usuels au XVIIe s.

épuiser (s') v.pr. **[de]** Se fatiguer en : *Ces nouvelles étant venues à Rome, le sénat ne pouvait s'épuiser de flatteries envers le Prince* (Perr. Abl., trad. Tacite, *Ann.*, XIII, 8).

épurement n.m. Pureté morale : *Ce digne épurement de tes intentions Doit garder sur toi-même une puissance égale* (Corn., *Imit.*, III, 3940).

équipage n.m. Ensemble des êtres et des objets nécessaires à un voyage, une entreprise (valets, chevaux, carrosses, vêtements, etc. ; encore auj. dans *le train des équipages*) : *J'augmenterai ton équipage De deux estafiers et d'un page* (Scarr., *V. tr.*, I, 2588). *Force gens font du bruit en France* [...] *Un équipage cavalier Fait les trois quarts de leur vaillance* (La Font., *F.*, V, 21). [...] *un éléphant* [...] *Qui marchait à* [avec] *gros équipage* (La Font., *F.*, VIII, 15). *Il avait* [...] *pour tout équipage une méchante rosse* (Bours., *Fab. Ésope*, II, v). ♦ Objets personnels, mobilier domestique : *Il est au Mogol des follets Qui font office de valets, Tiennent la maison propre, ont soin de l'équipage* (La Font., *F.*, VII, 6). *Le meuble et l'équipage* [...] *: Quatre sièges boiteux, un manche de balai, Tout sentait son sabbat et sa métamorphose* (La Font., *F.*, VII, 15). ♦ Costume, façon de se vêtir : *Vous ne dites rien de tout mon équipage ? Ai-je bien d'un sergent le port et le visage ?* (Rac., *Plaid.*, 515). ♦ Situation, état : *Il devint pauvre tout d'un coup. Son ami, le voyant en mauvais équipage, Lui dit* [...] (La Font., *F.*, VII, 14). *Un navire en cet équipage* [chargé de bêtes et de gens] *Non loin d'Athènes fit naufrage* (La Font., F., IV, 7). *Le pis fut que l'on mit en piteux équipage Le pauvre potager* (La Font., *F.*, IV, 4). ♦ « Toute la provision nécessaire pour mettre un vaisseau en état de voyager, soit voiles, cordages, armes et provisions » (Fur.).

Le sens actuel de « personnel assurant la manœuvre et le service d'un navire, etc. », était également usuel au XVIIe s. : *Il n'a plus que pour quinze jours de vivres pour son équipage* (Fur.).

équipollent, e adj. et n. m. Équivalent (auj. seulement dans la langue des mathématiques). ♦ **À l'équipollent,** à proportion (vieilli et burlesque au XVIIe s.) : *De grasses brebis non galeuses Il avait des troupes nombreuses, Des taureaux à l'équipollent* (Scarr., *V. tr.*, VII, 1903). *Il a chiens, chevaux, pages, et tout le reste à l'équipollent* (Acad. 94).

équipoller v. t. ind. ou v. t. Équivaloir (vieilli au XVIIe s.) : *Une proposition qui équipolle à celle-là en dignité* (Chap., *Lettres*, II, 634). « Il a été blessé d'une flèche qui était empoisonnée *se dit tout de même que* Il a été blessé de la flèche qui, etc., *le pronom* une *équipollant l'article* la » (Vaug., *Rem.*, II, 102). *Le gain équipolle la perte, équipolle à la perte* (Acad. 94).

équivoque n. Calembour, phrase à laquelle on donne un double sens par intention spirituelle (auj. plutôt « expression dans laquelle le sens incertain résulte d'une maladresse » ;

ou « situation douteuse », sens déjà connu au XVIIe s.) : [...] *sans qu'il m'en ait coûté une seule de ces sales équivoques* (Rac., *Plaid.*, Au lect.). ♦ Le genre de ce mot était incertain au XVIIe s. : *Si vous oyez un équivoque, Vous jetez d'aise votre toque* (Saint-Amant, *le Poète crotté*, 269). *De quel genre te faire, équivoque maudite, Ou maudit ?* (Boil., *Sat.*, XII, 2). Racine, dans l'exemple cité, avait écrit *un seul équivoque* dans les éditions de 1669-1687. ♦ **Prendre l'équivoque,** adopter une attitude peu claire : *Il me paraissait* [...] *beaucoup plus juste de croire que Rome avait pris l'équivoque* (Retz, *Lettre Lionne*, 1er sept. 1665).

équivoquer v.i. Faire un calembour : *S'il fût mort on eût dit que Dieu l'a voulu récompenser de ses peines ; on le fera peut-être malicieusement équivoquer en disant que, selon la prière du malade, il l'a guéri de tous ses maux* (Cyrano, *États et empires de la Lune*, p. 153). *Il équivoque continuellement* (Acad. 94).

◆ **s'équivoquer,** se tromper : *Je dois être bien moqué De m'être tant équivoqué* (Scarr., *V. tr.*, III, 682). *Il s'est équivoqué* [...] *en parlant à une personne pour une autre* (Fur.).

éreiner v.t. Syn. de *éreinter : Si vous lui mettez un fardeau si pesant sur le dos vous l'éreinerez* (Acad. 94).

erre n.f. **(À) grand(e) erre, (à) belle erre,** à toute allure, vite (vieilli et de style burlesque au XVIIe s.) : *Aeneas vint à grand erre Se mettre entre les combattants* (Scarr., *V. tr.*, V, 1639). *Reviens au fait, Muse, va plus grand erre* (La Font., *Lettre Turenne*). *En débridant matines à grand erre* (La Font., *Ballade de 1658*). *Aller belle erre* [...], *aller bon train* (Fur.) ; faire des dépenses excessives : *Ce jeune homme va grand erre, il aura bientôt mangé son bien* (Acad. 94).

errer v.i. Se tromper, avoir une opinion fausse : *Les plus habiles peuvent errer dans leur calcul* (Fur.). *Convaincu que le Pape ne peut jamais errer sur quelque matière que ce soit* (Rac., *P.-R.*, II).

Le sens de « aller de côté et d'autre, à l'aventure » (au pr. et au fig.), était déjà usuel au XVIIe s. [...] *nos vaisseaux erraient au gré des vents* (Fur.).

erreur n. f. Randonnée, vaste voyage comportant des aventures (surtout au plur. ; ce sens vieillit au milieu du XVIIe s.) : *Quand ce vertueux homme-là sera en repos dans sa patrie, après de si longues erreurs* [...] (Chap., *Lettres*, II, 422). *Les erreurs d'Ulysse* (Acad. 94). ♦ Illusion : *Il faut que l'erreur de l'avenir nous soutienne* (Mass., *Car. sur les Prosp.*, *in* L.). ♦ Action vaine ; sottise : *Un homme accumulait : on sait que cette erreur Va souvent jusqu'à la fureur* (La Font., *F.*, XII, 3). ♦ **Mettre hors d'erreur,** détromper : *Et je veux bien tous deux vous mettre hors d'erreur* (Mol., *F. sav.*, 369). ♦ Au XVIIe s. on hésite encore sur le genre de ce mot : masculin selon Maupas, féminin pour Vaug.

Le sens actuel de « méprise, jugement non conforme à la vérité » était également usuel au XVIIe s. : *Erreur de fait, erreur de droit,* [...] *erreur de calcul* (Fur.).

erte (à l'). Graphie ancienne de *alerte.* V. ce mot.

ès prép. Contraction de *en les*. Cette préposition, déjà vieillie à l'époque de Vaug., ne devait subsister que dans des expressions telles que *maître ès arts, docteur ès lettres* et dans la langue des juristes. Malh. la condamne dans son *Commentaire sur Desportes*, mais l'emploie : *J'ai retiré mon ami de la main des corsaires ; si après cela il tombe ès mains d'un autre ennemi* [...] (Malh., *Bienf.*, I, 5).

esbouffer (s') v.pr. V. ÉBOUFFER (S').

escabelle n.f. Chaise sans bras ni dossier : *Hausser notre chevet avec une escabelle* (Saint-Amant, *les Goinfres*, 5). [...] *nous entassons pour défenses nouvelles, Bancs, tables, coffres, lit et jusqu'aux escabelles* (Corn., *Ment.*, 658). ♦ Fig. **Déranger les escabelles,** créer du désordre, bouleverser des projets : [Le maréchal de Créquy] *était en colère contre cette mort barbare, qui sans considérer ses projets et ses affaires, venait ainsi déranger ses escabelles* (Sév., 14 févr. 1687). ♦ **Piqueur d'escabelle,** pique-assiette : *On appelle les écornifleurs, piqueurs d'escabelle* (Fur.).

escadronner v.i. Faire des évolutions propres à la cavalerie : *Dans huit jours, il* [Ch. de Sévigné] *s'en ira s'y établir* [à Rennes] *avec toute cette noblesse, pour leur apprendre à escadronner et à prendre un air de guerre* (Sév., 19 juin 1689). *Notre cavalerie escadronne bien* (Acad. 94).

escampativos n. m. pl. **Faire des escampativos,** s'absenter furtivement : *Je vous y prends donc, Madame ma femme, et vous faites* *des escampativos pendant que je dors* (Mol., *G. D.*, III, VI).

escarmouche n.f. **Attacher une escarmouche,** engager une bataille : *Il eût bien voulu* [...] *n'avoir point attaché cette escarmouche* (Retz, *Mém.*, II, 358).

escarmoucher v.i. Livrer des escarmouches : *Elle* [Mademoiselle] *disposa... tous les bourgeois* [...] *à sortir et à escarmoucher* (La Roch., *Mém.*, II, 413). *On ne combattit point, on ne fit qu'escarmoucher* (Acad. 94) ; et transitivement : *Aucun des partis ne se pouvant attaquer* [...], *l'on se regarda et l'on s'escarmoucha tout le jour* (Retz, *Mém.*, II, 216).

escarmoucheur n.m. Celui qui livre une escarmouche : *Noirmoutier sortit avec cinq cents chevaux* [...] *pour pousser des escarmoucheurs* (Retz, *Mém.*, II, 170).

escarre n.m. ou f. Fragment, éclat de métal ou de pierre : *Tout ainsi que l'escarre enfoncé par le fer d'une pique qui me traverse, n'est pas semblable à ce que me fait souffrir en sursaut la balle d'un pistolet* (Cyrano, *États et empires de la Lune*, p. 140). ♦ Ouverture faite avec violence et fracas : *Un coup de canon tiré dans un bataillon fait une grande escarre, éclaircit bien les rangs* (Fur.).

escient n.m. **À bon escient,** réellement, sérieusement : *Nous ne croyons pas à bon escient aux préceptes que nous ont donnés les hommes sages* (Malh., *Ép.*, 59). *On a fait fouetter cet écolier à bon escient, c'est-à-dire vigoureusement* (Fur.).

Le sens actuel de « avec discernement » existait également au XVIIe s. : *Il n'a pas fait cela par mégarde, mais à bon escient* (Fur.).

esclandre n.m. Incident fâcheux, attaque, rixe : *Le pauvre loup, dans cet esclandre, Empêché par son hoqueton, Ne put ni fuir ni se défendre* (La Font., *F.*, III, 3). *Quand on n'a qu'un endroit à défendre, On le munit* [= protège], *de peur d'esclandre* (La Font., *F.*, X, 8). ♦ Le genre de ce mot était incertain : *La Fortune qui trame en secret cette esclandre* (La Font., *Contes*, II, 14).

Auj., toujours masc., « scandale, tumulte ».

escourgée n.f. Fouet fait de lanières de cuir : *En les faisant déchirer avec des fouets et des escourgées de cuir de taureau* (Saci, *Bible*, *in* L.). ♦ Coups de fouet : *Chœur de héros s'en allant chargés d'escourgées* (Boil., *Hér. de roman*). *Donnez-leur du fouet et les écartez de votre route à bonnes escourgées qui portent coup et se fassent sentir* (Chap., *Lettres*, II, 481).

escousse n.f. Élan : *Ne me prenez pas de si loin votre escousse pour être en peine* (Sév., 25 févr. 1689).

escrime n.f. **Être hors d'escrime,** être à bout de raisons, hors de combat : *Voici le coup fatal qui nous met hors d'escrime, Et nous voilà tombés d'un gouffre en un abîme* (Rotr., *Sœur*, IV, II).

espace n.m. Durée, laps de temps (auj. seulement dans la locution *en l'espace de* [*deux jours*, etc.]). *Mais derechef, de grâce, Cesse de me gêner durant ce peu d'espace* (Corn., *Mél.*, 1496). *Quand le galant, un assez bon espace, Avec la dame eut été* (La Font., *Contes*, I, 3). *Dans cet espace, une partie de l'infanterie* [...] *eut le loisir d'arriver* (La Roch., *Mém.*, II, 126).

Les sens locatifs, seuls usuels auj., existaient également au XVIIe s.

espadon n.m. Sabre, épée large et plate que l'on prenait à deux mains : *Il était contraint de jouer de l'espadon avec son épée flamboyante* (Cyrano, *États et empires de la Lune*, p. 154).

espèce n.f. Race, type, sorte : *Eh bien ! manger moutons, canaille, sotte espèce, Est-ce un péché ?* (La Font., *F.*, VII, 1). *M. du Maine voulut se marier ; le Roi l'en détournait et lui disait que ce n'était point à des espèces comme lui à faire lignée* (Saint-Simon, *in* L.). *La pire espèce, c'est l'auteur* (La Font., *F.*, XII, 19). ♦ Argent, monnaie métallique (auj. seulement dans *en espèces*) : *Cela fait beaucoup de millions, et redonnera de l'espèce, qui manquait* (Sév., 11 déc. 1689).

◆ plur. **Les espèces,** images, représentation qu'on se fait des choses, apparences : *En guise de petits démons, et représentant les simulacres et les espèces qui s'offrent aux yeux* (La Font., *Psyché*, I). *Avec le temps les espèces se confondent, se perdent dans notre âme* (Fur.). ♦ **Brouiller, confondre les espèces,** empêcher d'y voir clair, créer la confusion : *Elle s'en servit très finement, cinq ou six jours durant, pour brouiller les espèces* (Retz, *Mém.*, III, 188). *Les états nous vont tellement confondre les espèces, que je ne* *pourrai profiter du temps qu'elle* [ma mère] *sera encore en Bretagne* (Ch. de Sévigné, 8 juill. 1685).

Les sens actuels étaient également usuels au XVIIe s.

espérer v.t. et i. **Espérer à,** mettre son espérance dans : *J'espère fort au premier président, et à la présence des Grignans, et à la vôtre* [...] (Sév., 29 sept. 1671). *J'ai espéré au temps, je n'en dois plus rien attendre* (La Fayette, *Clèves*, IV). *Ils n'ont pas même de quoi établir le néant auquel ils espèrent après cette vie* (Boss., *O. f. Anne de Gonzague*). ♦ **Espérer de qqn, de qqch,** avoir de l'espoir à son sujet : *Qu'une femme fût dans le désordre, qu'un homme fût dans la débauche,* [...] *vous espériez toujours de leur salut* (Rac., *Lettre à l'auteur des imag.*). – On ne dit plus que *désespérer de.* ♦ **Bien espérer de,** avoir bon espoir au sujet de, bien augurer de : [...] *quelques moralités du succès desquelles je n'ai pas bien espéré* (La Font., *F.*, Préf.). ♦ **Espérer de** (suivi de l'infinitif) : au sens actuel de *espérer* (suivi de l'infinitif) : *J'espérai de verser mon sang après mes larmes* [...] (Rac., *Bér.*, 212). *J'espérais de pouvoir faire connaître et la grandeur du mal et la nécessité du remède* (Retz, *Mém.*, II, 64). *C'est ignorance grossière de son propre intérêt, que d'espérer de pouvoir cacher ses fautes en affectant de les soutenir avec fierté et avec hauteur* (Fén., *Tél.*, 9).

Les constructions et les sens actuels étaient également usuels au XVIIe s.

espie n.m. Espion (vieilli au XVIIe s.) : *Le Seigneur qui la possède est si jaloux qu'il a des espies qui veillent sur ses actions* (Sorel, *Franc.*, II). *Il n'y a point de camp où il n'y ait quelque espie* (Fur.).

esplanade n.f. Espace uni qui s'étend depuis le glacis d'une citadelle jusqu'à la ville : *Le marquis de Saint-Luc mit toutes ses troupes en bataille dans l'esplanade qui est devant la porte de la ville* (La Roch., *Mém.*, II, 333).

Auj. « place qui s'étend devant un grand édifice ».

espoir n.m. **Faire l'espoir de qqch,** le faire espérer, susciter l'espoir de quelque chose : *Galba ne l'a produit qu'avec sévérité, Sans faire aucun espoir de libéralité* (Corn., *Oth.*, 1260).

esprit n.m. Âme, souffle vital : *Un esprit vit en nous et meut tous les ressorts* (La Font., *F.*, IX, Disc. Sablière). ♦ **Rendre l'esprit,** mourir : *Et fais que sur ma tombe Arcas rende l'esprit* (Rotr., *Herc. mour*, V, I). Intelligence, faculté de comprendre : *Mon Dieu ! voyons l'affaire ; on a assez d'esprit pour comprendre les choses* (Mol., *Escarb.*, sc. VII). *Il fait profession* [...] *de haïr surtout l'esprit et la science* (Mol., *F. sav.*, 1274). *Je crois ne lui avoir rien fait dire qui soit au-dessus de la portée d'un enfant de cet âge qui a de l'esprit et de la mémoire* (Rac., *Ath.*, Préf.). – Auj. en ce sens il est ordinairement déterminé par un adjectif : *esprit clair* ; employé seul, il désigne plutôt « le siège de la pensée, du souvenir, ou un certain brillant de l'intelligence propre aux reparties vives, aux saillies plaisantes ». ♦ **Bon esprit,** jugement sain, bon sens : *Le bon esprit nous découvre notre devoir* (La Br., II, 23). *J'ai l'honneur d'avoir trouvé des expédients, que le bon esprit de l'abbé ne trouvait pas* (Sév., 21 oct. 1673). – Auj. cette expression signifie « sentiments bienveillants, bonne volonté » ; pourtant on dit encore *avoir le bon esprit de,* « avoir assez le sens de l'à-propos pour ». ♦ **D'esprit,** en parlant des personnes, intelligent, avisé, de talent : *Il s'en faut prendre aux Dieux, qui font les faveurs qu'il leur plaît aux hommes d'esprit, en les inspirant* (Rac., *R. sur O.*, I) ; en parlant des choses, ingénieux, adroit : *Ah ! certes, le détour est d'esprit, je l'avoue* (Mol., *F. sav.*, 291). – Auj. un *homme d'esprit* est surtout celui qui fait preuve d'humour, de vivacité pour approprier avec élégance sa conduite aux circonstances. ♦ **Bel esprit,** celui qui se distingue du commun par la politesse de ses discours et, le cas échéant, de ses ouvrages (souvent ironique) : *Mes contes, à son avis, Sont obscurs : les beaux esprits N'entendent* [=comprennent] *pas toute chose* (La Font., *F.*, VIII, 13). ♦ Dispositions où l'on se trouve sous tel ou tel rapport, sentiments (encore fréquent en de nombreuses locutions : *esprit de conciliation, dans cet esprit*, etc.) : [...] *l'esprit de politesse est une certaine attention à faire que par nos paroles et par nos manières les autres soient contents de nous et d'eux-mêmes* (La Br., V, 32). *Vous êtes là comme la Reine : elle ne se repose jamais* [...] *Il faut donc prendre son esprit, et avoir patience au milieu de toutes vos cérémonies* (Sév., 6 mars 1671). ♦ Intention, envie : *Est-ce donc qu'à l'âge où je me vois Je n'aurais pas l'esprit d'être maître chez moi ?* (Mol., *F. sav.*, 1580). ♦ Cœur, âme considérée comme siège des sentiments : *Ah ! cruels déplaisirs à l'esprit d'une amante !* (Corn., *Cid*,

1165). *J'étouffe, je suis triste ; il faut que le vert naissant et les rossignols me redonnent quelque douceur dans l'esprit* (Sév., 22 avr. 1672). ♦**Mon esprit, votre esprit,** etc., est souvent une périphrase de sens très affaibli, équivalent à peu près à *je, vous,* etc. : *Mon esprit ne court pas après si peu de chose* (Mol., *Ét.*, 996).

◆ pl. **Les esprits,** selon une théorie physiologique célèbre à l'époque, corpuscules invisibles dans lesquels réside la vie animale d'un être : *« Esprit, en termes de médecine, se dit des atomes légers et volatils qui sont les parties les plus subtiles des corps, qui leur donnent le mouvement, et qui sont moyens entre le corps et les facultés de l'âme, qui lui servent à faire toutes ses opérations. Ce sont les esprits vitaux et animaux qui enflent les muscles pour soutenir les corps et les faire mouvoir »* (Fur.). [...] *les esprits, le sentiment,* [...] *Tout faillit en toi* [=le mourant] (La Font., *F.*, VIII, 1). *M. de Turenne reçut le coup au travers du corps : vous pouvez penser s'il tomba et s'il mourut. Cependant le reste des esprits fit qu'il se traîna la longueur d'un pas, et que même il serra la main par convulsion* (Sév., 2 août 1675). ♦Vie, sens, connaissance : *Un rat* [...] *Sur le bord d'un marais égayait ses esprits* (La Font., *F.*, IV, 11). *Moi qui n'ai pu tantôt, de ta mort menacée, Retenir mes esprits, prompts à m'abandonner !* (Rac., *Baj.*, 1735). – On dit encore *reprendre ses esprits,* « revenir à soi, à une vision lucide de la situation ». ♦En poésie, il peut désigner, comme au sing., l'intelligence ou le cœur : *D'ailleurs, mille desseins partagent mes esprits* (Rac., *Mithr.*, 1045). *Hélas, de quelle horreur ses timides esprits À ce nouveau spectacle auront été surpris !* (Rac., *Brit.*, 293). ♦Essence très volatile, parfum, vapeur (au sing. ou au plur. en ce sens) : [...] *il se trahit lui-même* [le cerf recherché par les chiens] *Par les esprits sortants de son corps échauffé* (La Font., *F.*, V, 17). *Un arbre en est couvert* [de cette écorce], *plein d'esprits odorants* (La Font., *Quinquina*, 85). *Là, parmi des jasmins plantés confusément, Et dont le doux esprit à toute heure s'exhale* [...] (Tr. L'Hermite, *Am.*). *Les uns dirent que le haut de la sarbacane était plein des esprits du mercure* (Pasc., *Expér. nouv. touchant le vide*, Préf.).

La plupart des sens actuels étaient également usuels au XVIIe s.

esquels, elles Pronom relatif formé avec la préposition *ès* (*dans les, aux*) : *C'est ainsi qu'il se plaît à nous commander des choses esquelles toute la nature répugne* (Boss., *Panég. St Bernard*, 1er point). [La forme actuelle *auxquels* était beaucoup plus usuelle.]

esquiver v.i. Se tirer d'affaire, éviter un mal : *Les petits, en toute affaire, Esquivent fort aisément* (La Font., *F.*, IV, 6). *Force lui fut d'esquiver par la fuite* (La Font., *Contes*, V, 7).

Les sens actuels de « éviter adroitement » (v. t.) et « se retirer en évitant d'être vu » (v. pr.) étaient également usuels au XVIIe s. : *Il a esquivé et paré le coup.* [...] *Ils ont l'adresse de s'esquiver dès qu'ils ont fait leur coup* (Fur.).

essai n.m. Vérification, contrôle : *Faire l'essai de la monnaie* [=du titre des pièces de monnaie] (Acad. 94). ♦Petite quantité prélevée sur la nourriture ou la boisson d'un prince, etc., pour s'assurer qu'il n'y a aucun poison ; récipient servant à contenir une petite quantité de boisson : *Une fois un gentilhomme servant* [d'Henri IV] *au lieu de boire l'essai qu'on met dans le couvercle du verre, but en rêvant ce qui était dans le verre* (Tall. des Réaux, *Hist.*, Henri IV). *Il a toujours dans sa poche un essai, une petite tasse* (Fur.). ♦Fig. Épreuve : *Mais à quelques essais qu'elle* [notre amitié] *se soit trouvée* (Mol., *Psyché*, 411). ♦Échantillon : [Ésope] *seul avait plus de sagesse Que tout l'Aréopage. En voici pour essai Une histoire des plus gentilles* [...] (La Font., *F.*, II, 20). ♦Avant-goût, aperçu : [...] *d'un cruel refus l'insupportable injure N'était qu'un faible essai des tourments que j'endure* (Rac., *Ph.*, 1230). ♦**Faire essai (l'essai) de,** faire l'expérience de, éprouver : *Vous aidez aux Romains à faire essai d'un maître* (Corn., *Sert.*, 881). *Lorsqu'on a fait l'essai du plaisir d'être aimé* (Quinault, *Isis*, I, III). – Auj., comme aussi au XVIIe s. déjà, *faire l'essai d'un objet,* c'est « en expérimenter le fonctionnement, en vérifier la bonne qualité ».

Les sens courants auj. l'étaient également au XVIIe s.

essayer v.t. Mettre à l'épreuve : *Je voulais seulement essayer leur respect* (Corn., *D. S.*, 396). *Essayez dès ce jour l'effet de mes promesses* (Rac., *Ath.*, 696). ♦**Essayer à,** auj. *essayer de,* construction qui était usuelle aussi au XVIIe s. : *Pour essayer à accorder avec la foi l'opinion du positif dans le péché* (Retz, *Réflexions sur les négations non convertibles*, IX, 341). *Et c'est enfin le plus grand sujet de félicité de la condition des rois, de ce qu'on essaie sans cesse à les divertir et à leur procurer toute sorte de plaisirs* (Pasc., *Pensées*). ♦**Essayer de qqch,** faire l'essai, l'expérience de (auj. il est transitif direct en ce sens, comme le plus souvent au XVIIe s. déjà) : [...] *n'essayer des richesses, de la grandeur et de la santé, que pour les voir changer* [...] *en leurs contraires* (La Br., XVI, 33).

Les sens actuels étaient également usuels au XVIIe s.

essentiel, elle adj. Qui appartient par nature, par droit naturel : *Le privilège de s'annuler étant essentiel au Parlement* (Retz, *Mém.*, II, 365). ♦ Important, sérieux : *Ces grandes sectes de philosophes contraires aux oracles durent leur faire un tort plus essentiel que celui de les réduire à la prose* (Fonten., *Oracl.*, II, 6).

Le sens actuel de « indispensable, capital, qui prime tout le reste » était également usuel au XVIIe s. : *Ce contrat est la pièce essentielle du procès.* [...] *Pour conclure* [...] *ce marché, il faut avoir de l'argent comptant, c'est l'essentiel* (Fur.).

essor n.m. **Prendre l'essor de,** évoluer vers : *Ton Roi* [...] *use d'une bonté de maître, au lieu qu'ils ont pris l'essor des tyrans* (Retz, *Avis aux malheureux*, V, 431).

Auj. *prendre de l'essor*, « prendre de l'expansion ».

essuyer v.t. Fig. Subir, supporter (auj. seulement « avoir à supporter qqch de fâcheux ») : *La quantité des sottes visites qu'il vous faut essuyer parmi les autres est cause que je prends plaisir d'être seule* (Mol., *Crit. Éc. des f.*, sc. I). *L'exemple du Roi qui* [...] *essuyait toutes les fatigues* (Rac., *Camp. L.* XIV).

estafette n. Pouvait être du masculin : *L'estafette que j'avais dépêché le même jour à Florence* (Retz, *Lettre M. de Lionne*, 9 oct. 1666).

estafier n.m. Domestique armé, portant les armes et le manteau de son maître ; valet de pied : *Ragotin* [...] *monté sur un petit mulet et ayant à ses étriers, comme deux estafiers, La Rancune d'un côté et L'Olive de l'autre* (Scarr., *Rom. com.*, II, 7). *Un de mes estafiers* [...] *eut, hier au soir, un démêlé avec un portier de la comédie* (Retz, *Lettre M. de Lionne*, 2 févr. 1666).

estimateur n.m. Celui qui apprécie, qui juge à sa vraie valeur (auj. vieilli) : *Il est assez bon pour me dispenser de compliments, et ne m'en croira pas moins son estimateur* (Chap., *Lettres*, I, 143).

estimative n.f. Jugement, coup d'œil : *Un homme aussi plein de beau savoir que vous et d'une estimative aussi juste que la vôtre* (Chap., *Lettres*, II, 461). *Il faut qu'un ingénieur ait l'estimative bonne, pour connaître de loin la longueur d'une courtine* (Fur.).

estime n.f. Opinion bonne ou mauvaise qu'on a de qqn ou de qqch ; jugement : *C'est de mon jugement avoir mauvaise estime Que douter si j'approuve un choix si légitime* (Mol., *Éc. des f.*, 1668). ♦ **Faire estime de qqch, faire estime de qqn,** l'apprécier, en faire cas : *Et quelle estime, mon père, voulez-vous que nous fassions du procédé irrégulier de ces gens-là ?* (Mol., *Pr. rid.*, sc. IV). [...] *vous devriez faire Plus d'estime d'un roi qui vous tient lieu de père* (Corn., *Nic.*, III, I). ♦ Gloire, réputation : *Il faut le délivrer du péril et du crime Assurer sa puissance, et sauver son estime* (Corn., *Pompée*, 182). ♦ **Être en estime de,** avoir la réputation de : *Un médisant ne peut réussir s'il n'est en estime d'abhorrer la médisance* (Pasc., *Prov.*, XVI). ♦ **Mettre en estime,** donner de la célébrité, de la réputation : *Septime vous l'amène, orgueilleux de son crime, Et pense auprès de vous se mettre en haute estime* (Corn., *Pompée*, 974). ♦ Évaluation approximative : *La plus grande science du pilote* [d'un vaisseau] *est de savoir faire une bonne estime* (Fur.). ♦ **À l'estime,** au juger : *Il s'aperçoit qu'il a passé le bout, et revient à tâtons chercher les arbres ; il les suit à l'estime* (Saint-Simon, 1698).

Les sens actuels étaient également usuels au XVIIe s.

estoc n.m. Origine, extraction : *Je voudrais bien le marier* [Ch. de Sévigné] *à une petite fille qui est un peu juive de son estoc, mais les millions nous paraissent de bonne maison* (Sév., 13 oct. 1675). ♦ **De son estoc,** de son propre chef : *Dites-vous cela de votre estoc* [...], *ou si vous le dites par instigation d'autrui ?* (Fur.).

estocade n.f. Grande épée ; coup de pointe de l'épée (repris auj. dans la langue de la tauromachie) : [...] *le perçant à jour de deux coups d'estocade* (Corn., *Ment.*, 1141). *Vénus a le casque en tête et une longue estocade* (La Font., *Lettre à sa femme*, 12 sept. 1663). ♦ Fig. Demande d'argent : *Mme d'Aulnoy, qui est à Paris avec peu d'argent, a dessein de lui tirer quelque estocade* [...] (Retz, *Lettre M. de La Fons*, 26 févr. 1671).

estocader v.t. Frapper de coups d'épée, porter une botte : *Je mets flamberge au vent, et, plus prompt qu'un éclair, J'en fais le moulinet, j'en estocade l'air* (Saint-Amant, *Visions*, 103). *Ils se sont estocadés longtemps avant que de se toucher* (Acad. 94).

estomac n.m. Poitrine : [...] *leurs hauts-de-chausses tout tombants, et leurs estomacs débraillés* (Mol., *Av.*, II, V). *Pourquoi est-ce que je ne puis pas chanter ? N'ai-je pas un estomac, un gosier et une langue comme un autre ?* (Mol., *Pr. Él.*, 4e interm.). *Quand on se confesse, on se frappe trois fois l'estomac, en disant* mea culpa (Fur.). ♦ Cœur : *Je saute hors du lit, l'estomac pantelant* [= palpitant], *Vais prendre mon fusil* [...] (Saint-Amant, *Visions*, 40).

Le sens actuel était également usuel au XVIIe s. : *Le vomissement est une convulsion de l'estomac* (Fur.).

estriver v.i. V. ÉTRIVER.

et conj. Ainsi que, aussi bien que : *Il m'a priée par pitié de retourner ce soir, à six heures, le prendre pour le mener à Vincennes, et Mme d'Elbeuf* (Sév., 30 août 1675). *Elle rappelait ensuite toutes les calomnies dont on l'avait déchirée et ses religieuses* (Rac., *P.-R.*, II). ♦ Car, en effet, aussi bien : *J'ai amené des gens pour vous habiller en cadence, et ces sortes d'habits se mettent avec cérémonie* (Mol., *Bourg.*, II, V). ♦ Même, quand bien même (suivi d'un conditionnel passé) : *Vous le devez haïr, et fût-il votre père* (Corn., *Hér.*, 1628). *Vous-même en deviendriez, je le gage, amoureux ; On ne s'en peut sauver, et fût-on tout de glace* (La Font., *Eunuque*, V, IV). ♦ **Et** était l'orthographe constante de *eh : Et quoi ? me dit-il, vous ne savez pas* (Retz, *Mém.*, III, 308). ♦ **Et,** selon un usage ancien, pouvait avoir une valeur adverbiale (« de même ») plutôt que conjonctive : *Quand ils payeront tous, et mois aussi* [s.-e. je payerai] (Malh., *Bienf.*, VI, 18). ♦ Dans les adj. cardinaux ou ordinaux composés, on trouve *et : vingt et sept* (ou *vingt-sept*), *septante et deux* (ou *soixante-douze*). *Soixante et trois livres quatre sols six deniers* (Mol., *Mal. im.*, I, I).

Les emplois actuels de *et* étaient également usuels au XVIIe s.

établi, e adj. Stable : *Les monarchies les plus établies et les monarques les plus autorisés ne se soutiennent que par l'assemblage des armes et des lois* (Retz, *Mém.*, I, 279).

Le sens actuel de « en place » était également usuel au XVIIe s. : *Il est dangereux d'innover, de toucher aux choses établies* (Fur.).

établir v.t. Fixer, consolider, rendre stable, durable : *En ménageant leurs intérêts, il avance et établit les siens* (La Roch., *Réflex. diverses*, Diff. des esprits). *Ma gloire est établie, en vain tu la déchires* (Mol., *F. sav.*, 1025). ♦ Installer à demeure : *Le vice qu'il veut établir dans le monde* (Boss., *Serm. sur l'Honneur*). ♦ Installer dans un emploi, affecter à un poste : [...] *je vous établis dans la charge de rincer les verres* (Mol., *Av.*, III, I). ♦ Marier, pourvoir d'une position sociale : *Votre sœur, qu'il faut maintenant songer à établir* (Rac., *Lettre*, 1698).

Les sens actuels du v.t. et du v.pr. étaient également usuels au XVIIe s.

établissement n.m. Installation définitive dans un lieu (au pr. et au fig.) ; lieu de résidence : *C'est dommage que son établissement soit au fond de la basse Bretagne* (Sév., 19 avr. 1689). *C'est là que je veux chercher mon établissement* (Boss., *Serm. sur l'Impén. fin.*). ♦ Situation sociale, charge, emploi : [...] *d'excellents maîtres, pour élever mes enfants dans les sciences ou dans les arts qui feront un jour leur établissement* (La Br., X, 24). *Étant plus riche qu'il n'a jamais été, et se trouvant d'ailleurs, et par sa naissance, et par ses établissements, et par ses bonnes qualités, tel que nous le pouvons souhaiter* (Sév., 4 déc. 1668). ♦ Mariage : *Je cherche à me venger, vous à vous établir* [= épouser Sertorius], *Mais vous pourrez me perdre, et moi vous affaiblir, Si le cœur mieux ouvert ne met d'intelligence Votre établissement avecque ma vengeance* (Corn., *Sert.*, 1550). *Ma fille désormais ne peut plus espérer d'établissement* (Le Sage, *Crisp. riv. de son maître*, sc. XVII).

Les sens actuels étaient également usuels au XVIIe s.

étage n.m. Fig. Niveau, rang, degré (auj. seulement dans quelques expressions comme *individu, plaisanterie de bas étage*) : [...] *c'est un haut étage de vertu que cette pleine insensibilité où ils veulent faire monter notre âme* (Mol., *Tart.*, Préf.). *Mon Dieu, que votre esprit est d'un étage bas !* (Mol., *F. sav.*, 26). *Vous savez combien je suis loin de la radoterie qui fait passer violemment l'amour maternelle aux petits-enfants : la mienne est demeurée tout court au premier étage* (Sév., 26 août 1675). [...] *les gens du bas étage* (La Font., *F.*, IX, 1).

étaler v.t. Absolument, dresser un étal, disposer des marchandises en vue de la vente (auj. en ce sens on le rencontre avec un complément : *étaler des marchandises*) : [...] *l'endroit du Pirée où les marchands étalent, et où se trouve un plus grand nombre d'étrangers* (La Br., *Théophr.*, De l'ostentation). ♦Exposer, montrer avec solennité : *Il* [Dieu] *étale à son tour des revers équitables* (Corn., *Pol.*, 1119). ♦Particul., raconter avec éclat, glorifier : *Oui, pour bien étaler cet effort relevé* [...] *Ma langue est impuissante* (Mol., *Ét.*, 877). *J'ai trouvé votre siège d'Orange fort étalé à la cour* (Sév., 11 déc. 1673).

Auj. au fig., péjoratif : « présenter avec ostentation, avec impudence ».

état n.m. Situation sociale, rang, condition, métier : [...] *c'est l'opinion qui fait toujours la vogue. Je pourrais fonder ce prologue Sur gens de tous états* (La Font., *F.*, VII, 15). *Je suis roi* [...] *Tu me rendras peut-être encor simple soldat : Je ne veux point changer d'état* (La Font., *F.*, XII, 1). *On n'y a rien oublié de tout ce qui pouvait contribuer à les rendre capables de servir Dieu dans les différents états où il lui plaira de les appeler* (Rac., *Esth.*, Préf.). *Il se piqua pour certaine femelle De haut état* (La Font., *Contes*, IV, 15). ♦Manière de s'habiller, vêtements, toilette : *Où pouvez-vous donc prendre de quoi entretenir l'état que vous portez ?* (Mol., *Av.*, I, IV). *Elle portait cependant un état de fille de condition, quoique* [...] *elle eût peu de bien* (Fur., *Rom. bourg.*, I). ♦Circonstance de la vie d'une personne, situation : *Que vous semble, mes sœurs, de l'état où nous sommes ?* [...] *Est-ce Dieu, sont-ce les hommes Dont les œuvres vont éclater ?* (Rac., *Esth.*, 713). ♦**En état de,** en humeur de, disposé à (auj. « être à même de, en mesure de ») : *Mon père est en état de vous accorder tout, Il vous craint* (Corn., *Pol.*, 1350) ; de manière à : *Je marchai en état de n'être pas surpris* (Retz, *Mém.*, IV, 31). ♦**Faire état de,** qui auj. signifie « faire mention de, alléguer », avait aussi le sens de « estimer, faire cas de » : [...] *je ferais plus d'état du fils d'un crocheteur qui serait honnête homme, que du fils d'un monarque qui vivrait comme vous* (Mol., *D. J.*, IV, IV) ; compter sur : *Adieu, fais, je te prie, état de mon service* (Corn., *Clit.*, III, VI, var [scène supprimée]). *Faites état de moi, monsieur, comme du plus chaud de vos amis* (Mol., *Impr.*, sc. III). *Je prétends commencer cette manière de vie le premier jour d'octobre, et vous pouvez faire état sur cela* (Retz, *Lettre M. de La Fons*, 21 juill. 1670) ; avec un infinitif, se proposer de : *Un hôte* [...] *faisait état de partir à la pointe du jour. L'arrivée des comédiens ne servit pas au dessein qu'il avait d'être à cheval de bonne heure* (Scarr., *Rom. com.*, II, 1). ♦**Faire état que,** tenir pour certain : *Faites état que jamais les Pères, les Papes, les Conciles, ni l'Écriture* [...] *n'ont jamais parlé de la sorte* (Pasc., *Prov.*, IV). ♦**D'État** loc. adj., politique (encore, en ce sens, dans *raison d'Etat*) : *Les scrupules d'État, qu'il fallait mieux combattre, Assez et trop longtemps nous ont gênés tous quatre* (Corn., *Tite et Bér.*, 799). *Vos chimères d'État, vos indignes scrupules Ne pourront-ils jamais passer pour ridicules ?* (Corn., *Tite et Bér.*, 927). *Maximes d'État* (Acad. 94).

Les sens les plus courants auj. l'étaient également au XVIIe s.

éteindre v.t. Fig. Détruire, anéantir (auj. seulement en droit : *éteindre une dette*, etc., et dans *s'éteindre* : « mourir », emplois usuels au XVIIe s. aussi) : *Un grand croit s'évanouir, et il meurt ; un autre grand périt insensiblement, et perd chaque jour quelque chose de soi-même avant qu'il soit éteint : formidables leçons, mais inutiles !* (La Br., XVI, 18). *Il y a eu plusieurs nations entièrement éteintes et exterminées, dont le nom même est éteint* (Fur.).

Le sens fig. actuel de « calmer » était également usuel au XVIIe s. : *L'âge éteint toutes les passions tumultueuses* (Fur.).

étendre (s') v.pr. S'étirer : *Je m'étends, et ne fais que bâiller* (Rac., *Plaid.*, 45). [La grenouille] *Envieuse s'étend, et s'enfle, et se travaille* (La Font., *F.*, I, 3).

Les sens actuels du v. pr. étaient également usuels au XVIIe s.

étendue n.f. Fig. Domaine, limites : *Son cœur n'en sait pas davantage, mais dans cette étendue elle fait parfaitement bien* (Sév., 8 mai 1671). ♦**Libre étendue,** libre cours : [...] *je veux la braver à sa vue Et donner à ma haine une libre étendue* (Rac., *Andr.*, 678).

Le sens fig. actuel de « extension, importance » était également usuel au XVIIe s. : *Tous* [les fabulistes] *ont fui l'ornement et le trop d'étendue* (La Font., *F.*, VI, 1). *On a un pouvoir de grande étendue, quand il n'est point limité* (Fur.).

éterniser v.t. Immortaliser, rendre éternel : *Il n'y avait rien qu'ils* [les philosophes] *ne fissent pour éterniser leur réputation* (La Roch., *Maximes*, 504). *C'est là-bas que leurs âmes Aux* *champs Élysiens éternisent leurs flammes* (Corn., *Mél.*, 1312). *Les Pyramides ont éternisé la grandeur des rois d'Égypte* (Fur.).

Auj. surtout « faire traîner en longueur ».

éteuf n.m. Balle avec laquelle on jouait à la longue paume. ♦ Fig. **Courir après son éteuf,** ne pas lâcher les sûretés qu'on a entre les mains : *M. le Premier Président* [...]. *ne douta, non plus que moi, que le cardinal Mazarin, selon sa bonne coutume, ne courût après son éteuf* (Retz, *Mém.*, III, 80).

étique adj. **Fièvre étique,** fièvre continue caractérisée par une consomption progressive : *Les dettes ont fait les fièvres étiques* (La Roch., *Réflex. diverses*, Origine des maladies).

étiquet n.m. Bulletin (autre forme de *étiquette,* signalée par Fur.) : *J'espère bien que notre ami* [...] *vous fera voir la conséquence de ces sortes d'arrêts sur l'étiquet du sac* (Sév., 23 déc. 1682).

étoffe n.f. Matière (auj. seulement « tissu », sens courant au XVIIe s. aussi) : *Une petite image de pâte musquée, avec un chapelet de pareille étoffe* (Chap., *Guzm. Alfar.*, III, 273). *Ces souliers sont de bonne étoffe, d'un cuir bien conditionné* (Fur.). ♦ Fig. Valeur, qualité bonne ou mauvaise d'une personne ou d'une chose, niveau : *Il y a des gens d'une certaine étoffe ou d'un certain caractère avec qui il ne faut jamais se commettre* (La Br., V, 28). *Tantôt, faisant agir mes sens Sur des sujets de moindre étoffe, De marche en marche je descends Dans les termes du philosophe* (Saint-Amant, *le Contemplateur*, 82). ♦ Condition sociale : *Les paysans, et autres personnes de basse étoffe* (Sorel, *Franc.*, IV). *On dit proverbialement d'un roturier, d'un homme du peuple : « c'est un homme de basse étoffe, de petite étoffe »* (Fur.).

Auj. il ne se dit au fig. que des aptitudes, des bonnes dispositions, de l'énergie du caractère.

étoile n.f. Fig. Qualités innées, nature, destinée : *Je sens de l'inclination pour elle* [...] *Ce serait la violence de mon étoile qui m'y porterait* (Sév., 9 mars 1689). *Il ne saurait se défendre d'aimer, c'est son étoile* (Fur.).

Auj. l'emploi fig., très étendu au XVIIe s., se limite au sens de « destinée ».

étonnant, e adj. Stupéfiant, épouvantable : *O nuit effroyable où retentit tout à coup, comme un éclat de tonnerre, cette étonnante nouvelle : Madame se meurt ! Madame est morte !* (Boss., *O. f. H. d'Angl.*, I). *Oui, d'un coup étonnant ce discours m'assassine* (Mol., *Ét.*, 988). *Des Lutins se mêlent avec les Furies ; ils essayent, par des figures étonnantes, d'épouvanter Psyché* (Mol., *Psyché*, Livret, 1671).

Auj. « très surprenant » ou « remarquable, accompli ».

étonnement n.m. Ébranlement, secousse : *Les charrois ont causé un si grand étonnement à ces maisons qu'elles en dureront moins* (Acad. 94). ♦ Épouvante, effroi : [Le pirate] *brave ce fier élément Qui le comblait d'étonnement En lui découvrant ses abîmes* (Tr. L'Hermite, *Vers héroïques*, la Mer, 186). *Une âme ferme a beau être menacée, cela ne lui donne point d'étonnement* (Fur.). *Un air d'étonnement et de tristesse* [= de gravité sombre] *qui marquait une âme saisie d'horreur* (Saint-Réal, *Conjur. c. Venise*). ♦ Stupéfaction, émerveillement sincère ou ironique : [...] *voyant de près ce spectacle charmant, Je sens croître ma joie et mon étonnement* (Rac., *Iphig.*, 544). *Je ne sors pas d'admiration et d'étonnement à la vue de certains personnages que je ne nomme point* (La Br., III, 42).

Auj. « surprise causée par qqch d'inattendu ».

étonner v.t. Ébranler : *Le branle des cloches a étonné cette tour* (Acad. 94) ; et au fig. : *Seigneur, votre présence étonne mon devoir* (Corn., *Sur.*, 240). *Ma faiblesse n'a pas étonné mon ambition* (Pasc., *Lettre reine de Suède*, juin 1652). ♦ Indisposer, abasourdir : *Il y a deux jours que je prends les eaux* [de Bourbon], *j'en fus étonnée et gonflée le premier jour ; mais aujourd'hui je suis gaillarde* (Sév., 25 sept. 1687). *Les trompes et les cors font un tel tintamarre Que le bon homme est étonné* (La Font., *F.*, IV, 4). ♦ Frapper d'une émotion violente (effroi, stupéfaction, admiration) : *Pour moi, qu'en santé même un autre monde étonne* (Boil., *Sat.*, I, 161). *Il ne se peut sentir de plus cruelle séparation ; elle m'étonne comme le premier jour, et me paraît, s'il se peut, plus dure, plus amère* (Mme de Grignan, 15 juill. 1696). ♦ **Étonner de qqch**, frapper d'étonnement au spectacle ou au récit de qqch : *Vous m'étonnez de la réception que M. d'Autun a faite à Mme Fouquet* (Sév., 27 juin 1678). ♦ **Être étonné que** pouvait être suivi de l'indicatif (auj. du subjonctif) : *Je fus tout éton-*

née que Gourville l'envoya quérir hier (Sév., 17 avr. 1671).

◆ **s'étonner,** s'effrayer, être ébranlé : *Les ennemis plièrent, leur infanterie même s'étonna* (Retz, *Mém.*, II, 217). *Quoi ! déjà votre foi s'affaiblit et s'étonne ?* (Rac., *Ath.*, 187). [Louis XIV] *regarde sans s'étonner l'agitation de l'Europe et les machines qu'elle remue pour le détourner de son entreprise* (La Font., *F.*, À Mgr le Dauphin).

Auj., *étonner* c'est « surprendre », *s'étonner* c'est « être surpris ».

étourdir v.t. Causer de la stupeur : *Cette banqueroute a bien étourdi des marchands, ils ne savent où ils en sont. Une bataille perdue étourdit bien un parti, lui fait perdre courage, lui rompt ses mesures* (Fur.).

Les sens actuels étaient également usuels au XVIIe s.

étourdissement n.m. Folie, perte de la raison : *Qu'est-ce donc, après tout, Messieurs, qu'est-ce que leur malheureuse incrédulité, sinon une erreur sans fin, une témérité qui hasarde tout, un étourdissement volontaire ?* (Boss., *O. f. Anne de Gonzague*).

Les sens actuels étaient également usuels au XVIIe s.

étrange adj. Étranger, lointain : *Messire Jean, est-ce quelqu'un d'étrange ?* (La Font., *Contes*, IV, 10). [...] *que vous prissiez résolution de passer en pays étrange* (Chap., *Lettres*, I, 29). *Peu de nos chants, peu de nos vers* [...] *amusent l'univers Et se font écouter des nations étranges* (La Font., *F.*, XII, 23). – Vaug. faisait déjà la distinction moderne entre *étrange* et *étranger.* ◆ Dépaysé : *Ne soyez non plus étrange que si vous étiez chez vous* (Sorel, *Polyandre*, II). – Il est vieilli en ces sens au XVIIe s. ◆ Extraordinaire, anormal, scandaleux : *Il ne passe plus un bateau sous les ponts ; les arches du Pont-Neuf sont quasi comblées. Enfin c'est une chose étrange* (Sév., 16 janv. 1671). *Souhaiter, ce n'est pas une peine Étrange et nouvelle aux humains* (La Font., *F.*, VII, 6). *Ce fut un spectacle bien étrange de voir tirer un tribun ignominieusement par des licteurs et des affranchis hors de son tribunal* (Saint-Réal, *Conjur. des Gracques*).

Le sens actuel de « curieux, qui surprend, qui intrigue » existait déjà au XVIIe s. : *Ne trouvez pas étrange si je vous fais ce reproche* (Fur.).

étrangement adv. Extrêmement, excessivement : *Le Prince Charles étrangement alarmé* (Rac., *Camp. L. XIV*). *Je vous plains étrangement sur la séparation de vous et de Mme de Grignan* (Bussy, *Lettre*, 4 août 1685). *Cet homme est étrangement vif, étrangement colère* (Fur.).

Auj. « curieusement ».

étranger, ère adj. Anormal, qui n'est pas naturel à qqn ou à qqch : *Cette voie est basse, indigne et étrangère* (Pasc., *Pensées*). *Tout est étranger dans l'humeur, les mœurs et les manières de la plupart des hommes* (La Br., XI, 18).

Les sens actuels étaient également usuels au XVIIe s.

étranger v.t. Écarter, éloigner : [Courtebonne] *fut un homme d'esprit et adroit qui, au lieu de se laisser étranger et* [= ainsi que] *sa femme, sut plaire et en tira les meilleurs partis* (Saint-Simon, 1705). *Les rats sont des animaux bien difficiles à étranger* [...] *d'un grenier* [...]. *Les habiles gens s'étrangent d'une assemblée, quand ils voient que les sots s'y mêlent* (Fur.).

être v.i. Demeurer, rester : *Il fut trois jours sans manger* (Mol., *Am. méd.*, II, I). *Soyez avec Madame : elle aura la bonté D'excuser aisément mon incivilité* (Mol., *Mis.*, 1039). ◆ S'employait là où nous emploierions *avoir lieu : Ma conférence avec M. de Chavigni fut le 30 décembre* (Retz, *Mém.*, II, 604) ; là où nous emploierions *il y a : Ce qui est d'admirable, c'est que* [...] (Retz, *Mém.*, I, 240). *Il est certain que la différence qui est entre la plupart des actions des bêtes et les nôtres* [...] (Desc., *Lettre*, mars 1638). ◆ Avec un adverbe de manière, se trouver (il s'employait beaucoup plus largement qu'auj.) : *Nous serions au logis beaucoup moins sûrement* (Mol., *Dép. am.*, 345). [...] *que les pauvres dont on prétextait l'avantage n'en seraient guère plus commodément* (Saint-Réal, *Conjur. des Gracques*). ◆ Aller (surtout au passé simple et au passé composé) : *La Reine manda le Parlement ; il fut par députés au Palais Royal* (Retz, *Mém.*, I, 297). *Je ne reviens pas, car je n'ai pas été* (Mol., *Dép. am.*, 235). – Auj. *j'ai été* pour *je suis allé* est de la langue familière. ◆ **Être à,** être au service de, faire partie du personnel de : *Ayez soin tous deux de marcher immédiatement sur mes pas, afin qu'on voye bien que vous êtes à moi* (Mol., *Bourg.*, III, I). [Constantin] *répudia sa femme Marie, pour épouser Théodote, qui était à elle* (Boss., *H. univ.*, I, 11) ; en langue juridique, être d'avis de, se prononcer pour : [...] *jugeant que ceux qui restent sont quasi tous à la vie* [= partisans de voter contre la mort de Fouquet], *il n'a pas voulu parler* (Sév., 19 déc. 1664) ; avec un infinitif, être en train de : *Éliante là-bas est à l'entretenir* (Mol., *Mis.*, 851) ; mettre longtemps à, tarder à : *Et je serais encore à nommer le vainqueur Si le mérite seul prenait droit sur un cœur* (Mol., *D. G.*, I, I). ♦ **N'être plus à soi-même,** ne plus se posséder : *Quand je considère, Messieurs, ces paroles du divin Apôtre, j'avoue que je ne suis plus à moi-même* (Boss., *Panég. St Paul*). ♦ **Être pour,** être destiné à, de nature à, risquer de (style bas selon Vaug., hors d'usage selon l'Acad. en 1704) : [Les capucins] *ne m'avaient point dit que leurs lavages étaient pour faire transpirer* (Sév., 8 juill. 1685). – Auj. on le trouve encore dans diverses locutions : *ce n'est pas pour me déplaire*, etc. ♦ **Être sur,** discuter, se montrer pointilleux : *Quand je vois de certaines gens* [...] *en être avec moi sur le plus ou sur le moins* [...] (La Br., VI, 55).

◆ impers. **Il est de,** il en est de : *Il est du sujet du poème dramatique comme de tous les corps physiques* (Scudéry, *Obs. sur « Cid »*). – Vaug. recommandait *il est de*, le P. Bouhours et l'Acad. préféraient *il en est de*. ♦ **Si est-ce que,** sert de liaison, en soulignant une opposition (« toutefois, néanmoins ») : *Vous ne le comprenez pas, dites-vous, si est-ce néanmoins qu'il faut bien le croire* (Boss., *Serm. sur la Char. fr.*). – Cette locution, usuelle au XVIe s., était condamnée par Bouhours et Th. Corn. ♦ **C'est que** s'employait explétivement pour attirer l'attention sur l'idée principale : *Il mande qu'on le vient d'assurer que M. de Sanzei a été tué ; je le croirais bien, car outre qu'on n'a point de ses nouvelles, c'est que c'était un vrai homme à payer de sa personne* (Sév., 19 août 1675). *Et pour montrer clairement que* plaire *en cette phrase et en d'autres semblables signifie « vouloir », et non pas « permettre », c'est qu'on dit « Vous plaît-il me permettre » ?* (Vaug., *Rem.*, II, 453). ♦ **Il n'est pas que,** il n'est pas possible, pas vrai que : *On lui a pris aujourd'hui son argent, et il n'est pas que vous ne sachiez quelques nouvelles de cette affaire* (Mol., *Av.*, V, II). *Il n'est pas que M. le Maistre n'ait fait des préfaces* (Rac., *Lettre à l'auteur des imag.*). ♦ **Avant qu'il soit..,** avant : *Et je veux qu'avant qu'il soit quatre jours vous deveniez dans un état incurable* (Mol., *Mal. im.*, III, V). *Avant qu'il soit demain* [...] (Mol., *Fourb.*, III, III).

être n.m. Existence : [...] *ceux qui vous ont donné l'être* (Mol., *F. sav.*, 164). *Jupiter, rends-la-moi* [ma cognée] ; *Je tiendrai l'être encore un coup de toi* (La Font., *F.*, V, 1). *Mais n'as-tu point appris de qui j'ai reçu l'être ?* (Corn., *Œd.*, 1721). ♦ Nature, essence, état : *L'homme n'agit point par la raison, qui fait son être* (Pasc., *Pensées*). *Un chrétien doit toujours considérer son être, sa bassesse, ses infirmités* (Fur.).

Les sens actuels étaient également usuels au XVIIe s.

étrécir v.t. Rendre plus étroit (auj. *rétrécir*) : *On gagna son valet de chambre qui donna tous les pourpoints des habits que son maître avait portés. On les étrécit promptement* (Tall. des Réaux, *Hist.*, Mme de Rambouillet). *Le passage se ferme, ou du moins s'étrécit* (Corn., *Att.*, 1740). *La sphère de notre monde ne me paraissait plus qu'un astre à peu près de la grandeur que nous paraît la lune ; encore il s'étrécissait* (Cyrano, *États et empires du Soleil*, p. 209).

étreindre v.t. Fig. Fortifier : *Cette double alliance a étreint l'amitié de ces deux familles* (Fur.). ♦ **Étreindre les nœuds,** lier d'amour, unir par les liens du mariage : *Moi, qui pour en étreindre à jamais les grands nœuds, Ai d'un amour si juste éteint les plus beaux feux !* (Corn., *Soph.*, 305) ; resserrer les liens : *L'intérêt commun étreint les nœuds de la société* (Fur.). ♦ **Étreindre une alliance,** la conclure, la resserrer : *Le Prince Eugène Doit étreindre cette alliance Qui plaît fort à la Cour de France* (Loret, *Muse hist.*, 29 mai 1655).

Auj. au fig. « oppresser », avec comme sujet un nom exprimant un sentiment.

étreinte n.f. **L'étreinte d'un nœud,** le mariage : [...] *d'un sacré nœud l'inviolable étreinte Tirera notre appui d'où partait notre crainte* (Corn., *Tois.*, 441).

étrif n.m. Lutte, querelle (vieilli au XVIIe s.) : [...] *Tant et si bien qu'ils en vinrent aux prises. En cet étrif, la servante tomba* (La Font., *Contes*, II, 6).

étriver, estriver v.i. Contester, résister (vieilli au XVIIe s.) : *Allez donc, sans plus étriver* (Scarr., *V. tr.*, VI, 242).

étrivières n.f.pl. **Donner les (des) étrivières à qqn,** le fouetter, le battre : *Il me fera* *donner des étrivières si je ne le salue* (Pasc., *Pensées*).

étroit, e adj. Strict, rigoureux : *Vous souvient-il, mon fils, quelles étroites lois Doit s'imposer un roi digne du diadème ?* (Rac., *Ath.*, 1276). *Je me fais un devoir étroit et un sensible plaisir de les avancer tous deux* (La Br., *Lettre Condé*, 7 janv. 1686).

Les sens actuels étaient également usuels au XVIIe s.

étude n.f. Soin particulier apporté à qqch ; zèle : *Je mettrais toute mon étude à rendre ce quelqu'un jaloux* (Mol., *Sicil.*, sc. VI). *Les laquais mettent toute leur étude à faire du mal* (Fur.). ♦ Préméditation : *Mais l'indignation qu'on prend avec étude Augmente avec le temps et porte un coup plus rude* (Corn., *Pompée*, 1081). ♦ Connaissances acquises, expérience : *Quelques personnes* [...] *ont jugé qu'un aussi gros livre que ce dictionnaire, farci de passages grecs et latins en divers endroits* [...] *effrayerait les lecteurs qui n'ont point d'étude* (Bayle, *Dict. hist.*, Préf.). *Ce prince si habile dans l'usage de tous les instruments de la politique, et qui avait une étude si profonde de celui de la religion en particulier* (Saint-Réal, *Us. de l'hist.*, VII). ♦ Cabinet de travail : *La chaleur qui l'anime* [l'orateur] *lui fait trouver des expressions et des figures qu'il n'aurait pu préparer dans son étude* (Fén., *Dial. sur l'éloq.*, II). – Auj., en ce sens, il désigne seulement un « bureau de notaire, d'avoué, etc. » [sens déjà usuel au XVIIe s.], ou une « salle d'établissement scolaire ». ♦ Malh. dans son *Comm. Desportes* dit : *Étude, pour un lieu où l'on étudie, est féminin ; étude, pour le travail d'étudier, est masculin. Qui fait le contraire n'y entend rien.* – Ainsi : *Un étude continuel* (Retz, *Conjur. Fiesque*, V, 554). Mais dès le début du XVIIe s. le féminin se répand.

Les sens courants d'auj. l'étaient également au XVIIe s.

étudier v.t.ind. **Étudier à,** porter intérêt à : *Après avoir longtemps étudié aux belles lettres, il s'est adonné à une étude plus sérieuse* (Vaug., *Rem.*, 181) ; faire effort pour : *Plus un homme à lui-même étudie à mourir, Plus il commence à vivre à l'auteur de son être* (Corn., *Imit.*, II, 1662).

◆ **s'étudier de,** s'efforcer de : *Nous nous sommes étudiés de graver dans notre conduite* [...] *cette sainte ardeur* (Retz, *Lettre épisc.*, 1656).

-eur. Le suffixe *-eur* se prononçait [œ] ; le *r* ne se faisait pas entendre, sa restitution ne commence à se faire qu'à partir de 1660 sous l'influence des préceptes des grammairiens, du latin et du genre féminin de la plupart de ces noms. Toutefois les noms et les adjectifs qui avaient un féminin en *-euse* sont restés plus longtemps sous la forme *-eux* [œ]. Au XVIIe s. on trouve encore couramment : *menteux, enjôleux, flatteux*, etc., prononciations aujourd'hui dialectales.

évader v. Employé comme intransitif, partir, se sauver : *Nous nous amusons trop, il est temps d'évader* (Corn., *Illus.*, 1316).

◆ **s'évader.** Fig. Se dissiper : *Mais enfin, dans l'obscurité, Je vois notre maison et ma frayeur s'évade* (Mol., *Amph.*, 189).

Auj. il est seulement pronominal et signifie, comme au XVIIe s. également, « s'échapper furtivement », et, au fig., « échapper volontairement à (une réalité) ».

évangile n. Était masculin ou féminin (Acad. 94 donne les deux genres) : *L'Évangile au chrétien ne dit en aucun lieu : Sois dévot ; elle dit : Sois doux, simple, équitable* (Boil., *Sat.*, XI, 113). ♦ **L'évangile du jour,** la grande nouvelle : *Voilà, ma chère bonne, l'évangile du jour* [...], *on ne parlait d'autre chose* (Sév., 25 mars 1689).

évanouir v. Intransitif au sens actuel de *s'évanouir* (emploi rare et vieilli au XVIIe s. ; Fur. ne donne que la forme pronominale) : *Il avait pensé évanouir* (La Roch., *Lettre Liancourt*, sept. 1638).

évaporer v.t. Laisser échapper, exhaler : *Je n'étais point fâché d'évaporer ma bile* (Mol., *Ét.*, 1620).

Le v. pr., seul usuel auj., s'employait de la même façon que maintenant.

évasion n.f. Fuite : *L'on raisonna beaucoup sur l'évasion du Cardinal. Je suis persuadé que la frayeur en fut l'unique cause* (Retz, *Mém.*, III, 252). ♦ Fig. Échappatoire : *Pour lui ôter* [au ministre Jurieu] *ce dernier refuge et ne lui laisser aucune évasion, je lui réponds en deux mots* (Boss., *Hist. var.*, II, 529).

Le sens pr. d'auj. : « fuite furtive d'un lieu où on est enfermé », était le plus courant au XVIIe s. : *L'évasion d'un prisonnier donne une grande présomption qu'il est coupable* (Fur.). Auj. au fig., « distraction, divertissement ».

évêché n. S'employait parfois au féminin au début du XVIIe s. Ménage, en 1638, assure que seuls les puristes disent *une évêché : Ils veulent malgré la raison Qu'on dise aujourd'hui la poison, Une épitaphe, une épigramme, Une navire, une anagramme, Une reproche, une duché, Une mensonge, une évêché* (Ménage, *Requête des dict.*).

événement n.m. Issue, résultat : *Étrange événement d'un bonheur si parfait !* (Rotr., *Sœur*, IV, IV). *Ils ne voulurent point attendre l'événement du siège* (La Roch., *Mém.*, II, 204). *Jamais, certes, jamais plus beau commencement N'eut en si peu de temps plus triste événement* (Mol., *Ét.*, 834). *L'image auparavant tracée* [dans le cerveau de l'animal] [...] *sur les mêmes pas revient pareillement, Sans le secours de la pensée, Causer un même événement* (La Font., *F.*, IX, Disc. Sablière, 151). *Les plus sages conseils sont souvent suivis de mauvais événements* (Fur.). ♦ Dénouement d'une pièce de théâtre : *Chaque vers, chaque mot court à l'événement* (Boil., *A. p.*, III, 306). *J'ai suivi leur projet* [les traditions des fabulistes] *quant à l'événement, Y cousant en chemin quelque trait seulement* (La Font., *F.*, VI, 1).

Le sens actuel de « ce qui se produit, fait non rapporté à une cause, à une origine » était également usuel au XVIIe s. : [...] *pour m'inspirer sur chaque événement, Apollon doit venir au premier mandement* (Boil., *Ép.*, VI, 83).

éventé, e adj. et n. Fig. Écervelé, inconsidéré (auj. vieilli) : *Et je serai la dupe* [...] *D'une jeune innocente et d'un jeune éventé !* (Mol., *Éc. des f.*, 1188). *Une tête éventée, un petit freluquet* (Regnard, *Mén.*, V, I).

éventer v.t. Fig. **Éventer la mine,** découvrir la ruse, la machination : *Cicéron qui de Catilina éventa prudemment la mine* (Scarr., *Œuvres burl.*, 351). *Cette conspiration ne réussira pas, on a éventé la mine* (Fur.).

évertuer (s') v.pr. **S'évertuer de,** s'efforcer de (auj. on dit *s'évertuer à*) : *Et leur vie en vain s'évertue D'échapper des mains de la Mort* (Saint-Amant, *le Contemplateur*, 199). ♦ **S'évertuer contre,** s'exercer, s'aguerrir contre : *Ma constance contre elle* [la vue de sa fiancée en larmes] *à regret s'évertue* (Corn., *Hor.*, 580). *Il n'est pas digne d'un chrétien de ne s'évertuer contre la mort qu'au moment qu'elle se présente pour l'enlever* (Boss., *O. f. Marie-Thérèse*).

éviter v. S'est employé comme transitif indirect [**à**] : *Or pour* [...] *éviter à pareil esclandre* [...] (Chap., *Guzm. Alfar.*, III, 12).

Cette construction, usuelle au XVIIe s., est blâmée par Vaug.

exact, e adj. Parfait, minutieusement fait : *Mon exacte censure a beau l'examiner* [ma conduite passée], *Le crime qui me perd ne se peut deviner* (Corn., *Clit.*, 819). *Dans une exacte et sainte austérité* (Rac., *Épitaphe d'Arnauld*). *Le duc de Bouillon* [...] *fit une perquisition si exacte qu'il ne lui put échapper* (Du Buisson, *Turenne*, 2). ♦ Consciencieux, fidèle, en parlant des personnes : *Un auteur exact et scrupuleux* (La Br., Préf.). *Ces nouveaux amis ne sont pas* [...] *si exacts à tenir leur parole* (La Roch., *Lettre Lenet*, 8 sept. 1652). ♦ Rigoureux, sévère : [...] *le Ciel, qui vous a souffert jusques ici, ne pourra souffrir du tout cette dernière horreur. – Va, va, le Ciel n'est pas si exact que tu penses* (Mol., *D. J.*, V, IV). *En matière d'État ne fût-ce qu'un atome, Sa perte quelquefois importe d'un royaume ; Il n'est scrupule exact qu'il n'y faille garder* (Corn., *Att.*, 135).

Le sens actuel de « sans erreur » était usuel au XVIIe s. : *On rendra à Dieu un compte exact de toutes ses actions* [...] *Un instrument* [...] *d'astronomie est fort exact, quand il est fort juste* (Fur.). Auj., le mot signifie aussi « ponctuel, sans retard ».

exactement adv. Soigneusement, attentivement : *Le secret que le Pape a gardé fort exactement* (Retz, *Lettre M. de Lionne*, 15 déc. 1665). *Prends un siège, Cinna, prends, et sur toute chose Observe exactement la loi que je t'impose* (Corn., *Cinna*, 1426). *J'exécuterai vos ordres fort exactement* (Fur.).

Auj. « avec une grande précision ».

exactitude n.f. Caractère de ce qui est soigneusement fait, correction : *Cette exactitude de prononciation qui appuie sur toutes les syllabes et ne laisse passer aucune lettre de la plus sévère orthographe* (Mol., *Impr.*, sc. I). ♦ Souci de la perfection, conscience scrupuleuse : *L'exactitude qu'on y avait* [en Égypte] *à garder les petites choses maintenait les grandes* (Boss., *H. univ.*, III, 3).

Ce mot entre dans la langue au cours de la première moitié du XVIIe s. Maintenant il signifie « absence d'erreur », « ponctualité ».

exagérer v.t. Développer, exprimer (auj. ce mot comporte l'idée d'excès, comme le plus souvent au XVIIe s. déjà) : *Si vous voyez ces choses* [...] *plus clairement que moi, je n'ai que faire de les exagérer davantage* (Retz, *Conjur. Fiesque*, V, 542).

exaltation n.f. Au pr., élévation, hauteur (vieilli d'après Fur.) : *Je n'y pouvais plus* [en Europe] *remarquer séparément les États, à cause de mon exaltation* [en un appareil de sa fabrication] *qui devint trop haute* (Cyrano, *États et empires du Soleil*, p. 199). *Ce bâtiment, ce plancher ont trop ou trop peu d'exaltation* (Fur.).

examen n.m. Censure : [...] *il* [un livre] *passe à l'examen, il est imprimé* (La Br., XV, 23).

Les sens actuels étaient déjà les plus courants au XVIIe s.

excellence n.f. Degré éminent de qualité (vieilli auj., mais encore dans *prix d'excellence*) : *Il m'en vient* [des marchandises] [...], *qui sont dans la même excellence* (Corn., *Gal. du Pal.*, 122). *L'excellence de ce remède est qu'il purge doucement* [...]. *Ce n'est pas tout que de vouloir choisir une profession, l'excellence est d'y réussir* (Fur.). ♦ **Par excellence,** par privilège spécial (auj., comme aussi au XVIIe s., « d'une manière hautement représentative ») : *Si le ciel t'eût* [...] *donné par excellence Autant de jugement que de barbe au menton, Tu n'aurais pas, à la légère, Descendu dans ce puits* (La Font., *F.*, III, 5).

Avec une majuscule, le mot est auj., comme au XVIIe s., un titre honorifique donné à un ambassadeur, etc.

excellent, e adj. Éminent, qui se distingue (auj. ce mot, considéré lui-même comme un superlatif, ne peut guère être modifié par un adverbe de quantité) : *Comme grand capitaine, Épaminondas n'était pas plus excellent que Virgile comme grand poète* (La Roch., *Réflex. diverses*, I). *Qui peut, avec les plus rares talents et le plus excellent mérite, n'être pas convaincu de son inutilité* [...] *?* (La Br., II, 1).

excepté que loc. conj. Suivi du subjonctif, à moins que : *Je compte, ma belle, que vous viendrez dans l'appartement de ma maison que je vous ai destiné, excepté que vous ayez pour vous seule une autre maison toute trouvée* (Sév., 13 sept. 1677).

excès n.m. Importance, haut degré ; qualité de ce qui dépasse la moyenne : *Va rougir aux enfers de l'excès de ma gloire* (Rac., *Théb.*, 1362). *Ma douleur, à cette triste vue, À son dernier excès est enfin parvenue* (Rac., *Bér.*, 1388). ♦ **Dans l'excès,** au plus haut point (auj. on dit *à l'excès* en ce sens) : *J'ai vu Mme de Mornay ; elle n'est point du tout affligée. Mme de Nesle l'est dans l'excès* (Sév., 29 nov. 1688). *Je me suis même raccommodée avec le café* [...] *J'en prends dans l'excès* (Mme de Coulanges, *Lettre*, 30 sept. 1695).

Les sens actuels de « ce qui dépasse une quantité » et « dépassement regrettable de la mesure » étaient également usuels au XVIIe s. : *Cette ligne est plus grande que celle-là, mais l'excès n'en est pas considérable.* [...] *Tous les excès de vin, de femmes, de travail, sont nuisibles à la santé* (Fur.).

exciter v.t. Éveiller : *Je ne sais si ce que j'appelle veiller n'est peut-être pas une partie un peu plus excitée d'un sommeil profond* (Boss., *Serm. sur la Mort*). ♦ Susciter, causer : *Elle a craint comme moi ces premiers mouvements* [...] *dont la violence excite assez le trouble* (Corn., *Pol.*, 457). *Et dans cette douleur que l'amitié m'excite, Je m'accuse pour vous de mon peu de mérite* (Mol., *D. G.*, 1672). ♦ **Exciter de,** porter, pousser à (auj. *exciter à :* « pousser violemment à », emploi déjà usuel au XVIIe s.) : *Quand je considère toutes ces choses, je suis excité de prendre la lyre pour les chanter* (La Font., *Remerc. à l'Acad.*, 2 mai 1684).

◆ **s'exciter,** s'élever, naître : *Il s'excite un tourbillon afin qu'Élie soit emporté dans le ciel* (Retz, *Lettre épisc.*, 1660, VI, 399).

Le sens actuel de « rendre plus vif » était également usuel au XVIIe s. : *Les salins excitent la soif* [...]. *Cet homme est lent et paresseux, il n'agit point si on ne l'excite* (Fur.).

exclamer v. Était parfois encore non pronominal : *Les savants anglais* [...] *exclament de n'y avoir trouvé que des chicanes* (Chap., *Lettres*, II, 372).

exclure v.t. **Exclure de** (suivi de l'infinitif), empêcher de : *Je ne prétends pas vous exclure d'écrire pour vos affaires* (Boss., *Lettre quiétisme*, 12).

exclus, e part. Formes usuelles au XVIIe s. (auj. on écrit : *exclu, exclue*) : *Pourquoi de ce conseil moi seule suis-je excluse ?* (Rac., *Baj.*, 934).

exclusion n.f. Action d'écarter, de tenir à l'écart (sens qui subsiste dans *à l'exclusion de*, locution déjà usuelle au XVIIe s.) : [Mazarin] *étant créature du cardinal de Richelieu, cette raison-là seule lui devait donner l'exclusion* (La Roch., *Mém.*, II, 476).

Auj. « action de chasser d'une place, d'un lieu ».

excrément n.m. S'employait comme terme de mépris : *Va-t'en, chétif insecte, excrément de la terre !* (La Font., *F.*, II, 9). *Le duc d'Estrées et Mazarin étaient des excréments de la nature humaine* (Saint-Simon, *in* L.). ♦ Dans le voc. médical, humeurs rejetées (salive, bile, lymphe, urine, etc.) : *Cette matière est faite des excréments des Dieux qui ne s'accordent pas bien ensemble* (Sorel, *Franc.*, III).

Le sens actuel de « matières fécales » (au plur.) existait déjà au XVIIe s. : *Les matières fécales* [...] *sont les gros excréments qui sortent* [...] *du ventre* (Fur.).

excuse n.f. **Demander excuse,** demander pardon : *Je leur demandais excuse si je ne faisais pas aussi bien que je l'aurais souhaité* (Regnard, *Divorce*, I, II). – Cette locution est condamnée notamment par Ménage et Bouhours, et évitée par les « honnêtes gens » : *Je vous demande excuse* ne vaut rien. Il faut dire : *je vous demande pardon et je vous fais excuse* (Ménage, *Obs.*). ♦ **Prendre excuse,** prendre prétexte : *L'excuse qu'elle prit, c'est qu'elle craignait d'être volée par les troupes qui sont par les chemins* (Sév., 22 déc. 1675). ♦ **Faire excuse à qqn de qqch,** s'en excuser auprès de lui : *Quoi ? tu faisais excuse à qui m'osait braver !* (Corn., *Nic.*, 278).

excuser v.t. **Excuser qqn ou qqch à qqn,** l'excuser envers lui, auprès de lui : *Vous m'excuserez à lui si je ne lui écris, car le messager part* (Malh., *Lettre Peiresc*, 13 févr. 1611). *Je lui excusai même la conduite de Monsieur* (Retz, *Mém.*, III, 432).

◆ **s'excuser** v. pr. Refuser poliment : *Le trafiquant* [...] *à souper convie Le père* [de l'enfant disparu], *qui s'excuse* (La Font., *F.*, IX, 1). ♦ **S'excuser sur** (avec un nom de chose), s'excuser en invoquant : *Le renard s'excusa sur son peu de savoir* (La Font., *F.*, XII, 17) ; [avec un nom de personne] rejeter la faute sur : *Le capitaine s'est excusé sur son lieutenant, qui a mal gardé le poste avancé où il l'avait mis* (Fur.).

Les sens actuels du v. t. et du v. pr. étaient tous usuels à la fin du XVIIe s.

exécrable adj. Qui doit être détesté (suivi de *à*) : *Une peste exécrable à tous les gens de bien* (Corn., *Pol.*, 783).

Auj. « très mauvais ».

exécuter v.t. Procéder à la saisie judiciaire de qqch, des biens de qqn : *On ira, l'épée à la main, exécuter ton meuble pour la solde de l'armée* (Retz, *Avis aux malheureux*, V, 432). *La Rappinière, à qui l'hôte devait de l'argent, le menaça de le faire exécuter* (Scarr., *Rom. com.*, I, 12).

Les sens actuels étaient également usuels au XVIIe s.

exécution n.f. Saisie et vente des biens d'un débiteur : *Le maréchal de Bellefonds* [...] *s'est accommodé avec ses créanciers, il leur a cédé le fonds de son bien* [...] *Cette exécution est belle* (Sév., 18 mars 1671).

Les sens actuels étaient également usuels au XVIIe s.

exemplaire n.m. Modèle à imiter, exemple : *Nous sommes obligés de considérer leurs actions* [...] *comme les exemplaires de notre conduite* (Retz, *Panég. St Charles Borromée*, IX, 105). *S'il s'y rencontre un haut exemplaire d'équité ou de dureté* (Corn., *Disc. poème dram.*). *Cette femme est un exemplaire de vertu* (Fur.).

Le sens actuel de « chacun des objets reproduisant un type commun » était également usuel au XVIIe s. : *Les privilèges des livres contiennent la clause de mettre deux exemplaires des livres qu'on imprime en la Bibliothèque du Roi* (Fur.).

exempt n.m. Officier de police : *Par les soins vigilants de l'exempt Balafré Ton affaire allait bien, le drôle était coffré* (Mol., *Ét.*, 1677).

exercer v.t. Soumettre à une épreuve la fidélité, la force, etc. ; tourmenter : *Toutes les choses outrageantes dont il exerce ma patience* (Scarr., *Rom. com.*, I, 15). *Dieu a permis qu'elle* [la maison de Port-Royal] *fût exercée par les plus grandes tribulations qui aient jamais exercé une maison religieuse* (Rac., *P.-R.*, I). *Déjà plus d'une fois Rome a de mes pareils exercé la constance* (Rac., *Bér.*, 1159). *Les afflictions qui nous ont exercé depuis quelques années* (Retz, *Mandement*, 25 août 1655). ♦ Mettre en pratique, appliquer : *Je suis médecin passager, qui vais de ville en ville* [...] *pour trouver des malades* [...] *capables* *d'exercer les grands et beaux secrets que j'ai trouvés dans la médecine* (Mol., *Mal. im.*, III, x). ♦ Occuper, faire travailler : [...] *on ne manque jamais de mettre sur le tapis une question galante qui exerce les esprits de l'assemblée* (Mol., *Pr. rid.*, sc. IV).

◆ v.i. Répéter une pièce : *Après que mes camarades et moi eûmes appris nos rôles et exercé plusieurs fois* (Scarr., *Rom. com.*, III, 12). ♦ **S'exercer sur, dans,** prendre pour objet de son action : [...] *que vos yeux sur moi se sont bien exercés !* (Rac., *Andr.*, 315). *La guerre aussi s'exerce en son empire* (La Font., *Contes*, V, 3).

Les sens actuels du v. transitif et du v. pronominal étaient également usuels au XVIIe s.

exercice n.m. Peine, souci, tracas, fatigue : *Le démon des combats vint troubler l'univers ; Un pays contesté par des peuples divers Engagea Télamon dans un dur exercice* (La Font., *les Filles de Minée*, 315). ♦ Occupation (sans idée d'entraînement en vue d'un perfectionnement), métier : [Le P. Falconi] *reprend ceux qui croient que les exercices de la vie humaine interrompent l'acte d'amour continu* (Boss., *État d'oraison*, I, 15). *Et là, comme il pensait au choix d'un exercice, Un brave du pays l'a pris à son service* (Corn., *Illus.*, 193).

Les sens actuels étaient également usuels au XVIIe s.

exhorter v.t. Se construisait parfois avec *de* (mais plus souvent, comme auj., avec *à*) : *M. le maréchal d'Estrées* [...] *venait pour m'exhorter de ne point rompre* [avec la cour] (Retz, *Mém.*, I, 254).

exilé, e adj. Qui se passe en exil : *Je conclus* [...] *qu'il* [le Cardinal] *s'ennuiera de cette vie exilée* (La Roch., *Lettre*, 25 août 1652).

Auj., comme aussi le plus souvent au XVIIe s., « qui est en exil » : [...] *les maréchaux d'Humières et de Bellefonds sont exilés pour ne pas vouloir obéir à M. de Turenne* (Sév., 24 avr. 1672).

exorable adj. Qui se laisse fléchir par des prières, clément (mot qui sort de l'usage au XVIIe s.) : *Rendez-la comme vous à mes yeux exorable* (Corn., *Cinna*, 902). *Je lui dis que ma passion ne souffrait point de médiocrité et qu'elle me porterait à quelque désespoir* [...] *ce qui ne la rendit pas plus exorable* (Scarr., *Rom. com.*, III, 13).

expectation n.f. Attente (vieilli au XVIIe s.) : *Les peuples sont dans une grande expectation de cet événement* (Fur.).

expédient, e adj. Utile, avantageux : *Psyché ne se put rien imaginer de plus à propos ni de plus expédient* (La Font., *Psyché*, I). *Il est expédient pour la république de bannir ce séditieux* (Fur.).

expédient n.m. Moyen de se tirer d'affaire, solution ingénieuse : *J'ai l'honneur d'avoir trouvé des expédients, que le bon esprit de l'abbé ne trouvait pas* (Sév., 21 oct. 1673).

Auj. généralement péjoratif : « solution peu honnête ou provisoire ; pis-aller ».

expédier v.t. En finir avec, achever de s'occuper de : *S'il y a plusieurs personnes qui n'aient pas plus de droit d'être expédiées l'un* [sic] *que l'autre, le juge qui prendra quelque chose de l'un à condition* [...] *de l'expédier le premier péchera-t-il ?* (Pasc., *Prov.*, VIII). *Les parties étant venues pour savoir s'il les expédierait bientôt : – Cela est fait, leur dit-il, ne pouvant lire votre procès, je l'ai brûlé* (Tall. des Réaux, *Hist.*, Des barreaux). *J'entends à demi-mot ; achève, et m'expédie Promptement le motif de cette maladie* (Corn., *Mél.*, 1115). ♦ Faire en peu de temps (pas uniquement péjor. comme auj.) : *Ce conseiller expédie bien des procès. Cet ouvrier expédie bien de la besogne* [...]. *On eut beau servir à ces goinfres un grand repas, ils l'eurent bientôt expédié* (Fur.). ♦ Faire partir (qqn) pour une destination (auj. peut avoir aussi un nom de chose comme complément) : *Expédier un courrier, c'est* [...] *l'envoyer à quelqu'un avec les lettres et instructions suffisantes* (Fur.). ♦ Faire périr promptement ; et, en particulier, exécuter un condamné : *Ce portier du logis était un chien énorme, Expédiant les loups en forme* (La Font., *F.*, IX, 10). *On la mène à la Grève* [...] *Elle fut expédiée à l'instant* (Sév., 23 févr. 1680).

expédition n.f. Exécution rapide : *De l'unité d'une même volonté dépendent l'expédition, le secret, l'obéissance, l'ordre et l'union* (Fén., *in* L.). *Ce ministre est un homme d'expédition* [...]. *Les domestiques* [...] *ont fait bien tôt expédition de ce qu'on leur a servi. Chargez ce courrier de votre lettre, si vous en voulez avoir expédition* [= remise rapide] (Fur.). ♦ **Chose de prompte expédition,** chose qui s'exécute vite : *Il faut attendre que la première édition* [du dictionnaire], *dont on a tiré plus de deux mille exemplaires, soit vendue ; et ce n'est pas une chose* *de prompte expédition* (Bayle, *Lettre La Monnoye,* 19 août 1697, *in* L.).

Les sens actuels étaient également usuels au XVIIe s., sauf celui de « action de faire partir (qqch) pour une destination ».

expiration n.f. **Expiration dernière, dernière expiration,** moment de la mort, dernier soupir : *Il* [...] *me disait qu'il se persuadait* [...] *qu'en cette expiration dernière on ne sentait point de mal* (Malh., *Ép.*, 30). *Ce saint homme a eu toujours le nom de Jésus en la bouche jusqu'à sa dernière expiration* (Fur.).

expirer v.i. Pouvait se conjuguer avec l'auxiliaire *être* (auj. *avoir*) : *Elle est expirée en trois jours d'une vapeur de fille* (Sév., 1er oct. 1684). ♦ **Expirer son âme, sa vie,** mourir : *Si ma fille est coupable, il faut que dans la flamme Elle purge son corps en expirant son âme* (Racan., *Berg.*, IV, IV).

expliquer v.t. Débrouiller, déployer, développer (au pr. et au fig.) : *On voit les branches, les feuilles, les fleurs et les fruits s'expliquer et se développer* (Boss., *Connaiss.*, IV, 2). *Ainsi la tragédie agit, marche et s'explique* (Boil., *A. p.*, III, 159). ♦ Déclarer nettement, manifester, découvrir : [Je vous laisse à juger] *Si par de plus cruels et plus sensibles coups Tous les dieux nous pouvaient expliquer leur colère* (Mol., *Psyché*, 536). *Pour me tirer d'un doute où me jette ma sœur, Entre elle et moi, Clitandre, expliquez votre cœur, Découvrez-en le fond* [...] (Mol., *F. sav.*, 122).

◆ **s'expliquer de,** déclarer : *M. le Prince de Conti s'étant expliqué d'être mal content de M. le chevalier de Lorraine* [...] (Sév., 28 juill. 1682).

Le sens actuel de « rendre intelligible, exposer clairement » était également usuel au XVIIe s. : *Cet écolier explique le latin à livre ouvert* [...]. *On explique diversement les songes, les énigmes, les prophéties* (Fur.).

exploiter v.i. Faire quelque exploit (mot employé par ironie) : *Votre caprice est rare à choisir des montures. – C'est pour aller plus vite aux grandes aventures. – Vous en exploitez bien* (Corn., *Illus.*, 1167). *Vous avez vraiment bien exploité, vous avez fait une belle besogne* (Fur.).

Le sens actuel de « faire valoir, tirer profit de » (toujours transitif) était également usuel au XVIIe s., mais ne s'employait jamais péjorativement : *Ce marchand de bois n'a que cinq ans pour exploiter toute cette forêt* (Fur.).

exposer v.t. Offrir, mettre à la disposition de : *Il y a des dons qu'on expose à qui les veut prendre* (Malh., *Bienf.*, IV, 28). ♦ Abandonner (un enfant, un être sans défense) : *Les autres* [diront] *que la Nature l'expose* [l'homme] *comme une marâtre et qu'elle en fait son rebut* (Boss., *Serm. sur la Mort*). ♦ Livrer à l'hostilité, aux coups de qqn : *Ton destin te trahit, et ta beauté fatale Sous l'appas d'un hymen t'expose à ta rivale* (Corn., *Méd.*, 698). ♦ **Être exposé,** être en vue, aller en société : *Je vous obéis mal, quand vous voulez que je sois toujours exposée ; j'ai besoin d'être de certaines heures avec vous* (Sév., 8 oct. 1684). ♦ **Être exposé à,** être accessible : *Il faut qu'il* [l'évêque] *soit exposé à quiconque le veut consulter* (Retz, *Lettre épisc.*, 1660, VI, 385).

◆ **s'exposer à,** prendre le risque de : *Son élection étant contestée par quelques religieux, il* [Ange de Joyeuse] *s'exposa* [...] *à aller à Rome, dans un âge avancé, à pied* (La Roch., *Réflex. diverses,* Événement de ce siècle).

Les constructions et les sens actuels étaient également usuels au XVIIe s.

exprès adj. et n. Se disait d'un messager chargé d'une mission particulière : *Si nous avons de bonnes nouvelles, je vous les manderai par un homme exprès à toute bride* (Sév., 11 déc. 1664).

exprimer v.t. Décrire, représenter : *Ce n'est point un personnage qu'il soit facile de rendre ni d'exprimer par de belles paroles ou par de riches figures* (La Br., *Disc. Acad.*). *C'est elle* [Agrippine] *que je me suis surtout efforcé de bien exprimer* (Rac., *Brit.*, 2e préf.).

Auj. il ne peut recevoir un nom de personne comme complément d'objet. Les sens actuels étaient également usuels au XVIIe s.

exquis, e adj. D'excellente qualité, raffiné, rare : *Faute d'un plus exquis, et comme par bravade, Ceci servira donc de mouchoir de parade* (Corn., *Suiv.*, 465). *Et, quoi qu'ait fait ce bras, il ne m'a point acquis Ni ces titres fameux, ni ce renom exquis Qui des extractions effacent la mémoire* (Rotr., *St Genest*, I, III). *On trouve dans saint Chrysostome un jugement exquis, des images nobles, une morale sensible et aimable* (Fén., *Lettre Acad.*, 4). ♦ En parlant des personnes, d'élite : *Il apparaît de temps en temps, sur la surface de la terre, des hommes rares, exquis, qui brillent par leurs vertus* (La Br., II, 22). ♦ En parlant de supplices, recherché, raffiné : *Les Rois*

[...] *sont avec raison menacés, pour une infidélité particulière, d'une justice plus rigoureuse et de supplices plus exquis* (Boss., *Polit.*, X, VI, 3).

Le sens actuel de « RHlicat, fin (surtout au goût) » était également usuel au XVIIe s. : *Sa table est servie de mets exquis* (Fur.).

exténuer v.t. Amincir : *On voyait cette malheureuse* [Arachné] *dont tous les membres exténués se défiguraient et se changeaient en araignée* (Fén., *Tél.*, 13). ♦ Atténuer, diminuer : *Mais cette même grâce en moi diminuée Et par mille péchés sans cesse exténuée* (Corn., *Pol.*, 698). *Dites que votre ardeur, à force d'éclater, S'exhale, se dissipe ou du moins s'exténue* (Corn., *Agés.*, 1401). *Pour plaire, il* [le poète] *a besoin quelquefois de rehausser l'éclat des belles actions et d'exténuer l'horreur des funestes* (Corn., *2e Disc. poème dram.*).

Le sens actuel de « épuiser les forces de (en parlant de maladie, de travail, etc.) » existait également au XVIIe s. : *La fièvre quarte a fort exténué ce malade, l'a fort affaibli, amaigri* (Fur.).

extérieur n.m. Visage, mine, allure : *J'en croyais ses regards* [...] *tout remplis d'amour* [...]. *O ciel ! vit-on jamais tant de supercherie, Que tout l'extérieur ne fût que tromperie ?* (Corn., *Mél.*, 896).

Le sens actuel de « ce qui s'oppose à l'intérieur » était également usuel au XVIIe s. : *S'il y a un abcès dans ce corps, il n'en paraît rien à l'extérieur* (Fur.).

exterminer v.t. Chasser, expulser : *Jusqu'à ce qu'il vous enlève et vous extermine de cette terre excellente qu'il vous a donnée* (Saci, *Bible, Josué* XXIII, 13, *in* L.). ♦ Faire disparaître, faire cesser : *Venez et voyez les œuvres du Seigneur, quels prodiges il a faits sur la terre, en exterminant la guerre jusqu'à ses extrémités* (Corn., *Off.*, Ps. VL). *Du milieu de mon peuple exterminez les crimes, Et vous viendrez alors m'immoler des victimes* (Rac., *Ath.*, 91).

Le sens actuel de « faire périr jusqu'au dernier » était également usuel au XVIIe s. : [...] *j'ai quitté cette effroyable mine, Qui massacre, détruit, brise, brûle, extermine* (Corn., *Illus.*, 250).

extinction n.f. Perte de connaissance, coma : *Après vingt-quatre heures d'extinction* [...] *il est mort* (Sév., 13 déc. 1686).

Les sens actuels étaient également usuels au XVIIe s.

extraction n.f. Origine d'où qqn tire sa naissance (vieilli auj.) : [Il] *cherche, ambitieux* [...] *À relever l'éclat de son extraction* (Corn., *Suiv.*, 76).

Les sens actuels étaient également usuels au XVIIe s.

extraire v.t. Faire un extrait, un abrégé de, compiler : *Je voulais vous renvoyer le* Lexicon Germanico-Thomaeum *du P. Heserus ; j'ai voulu attendre que j'eusse eu le loisir de l'extraire* (Corn., *Lettre*, 22 avr. 1652).

Les sens actuels étaient également usuels au XVIIe s.

extraordinaire n.m. Courrier spécial, par opposition à l'*ordinaire : Je vous aurais écrit mardi passé par l'ordinaire, n'était que j'étais allé faire un tour à Nîmes : ainsi je me sers aujourd'hui de l'extraordinaire, qui part les vendredis* (Rac., *Lettre Le Vasseur*, 24 nov. 1661). *Je ne me suis pas trompé en ce que je vous ai écrit par l'extraordinaire du 24e de ce mois* (Retz, *Lettre M. de Lionne*, 27 oct. 1665). ♦ Supplément de la gazette donnant des nouvelles de l'étranger. ♦ **Extraordinaire des guerres** (ou simplement **extraordinaire**), fonds spécial destiné aux dépenses de guerre : *La Touanne et Sauvion, trésoriers de l'extraordinaire des guerres, culbutèrent et firent banqueroute* (Saint-Simon, 1701). ♦ **D'extraordinaire,** en surplus : *Vingt personnes d'extraordinaire à table font mal à l'imagination* (Sév., 31 mai 1680).

extraordinairement adv. Par extraordinaire, contrairement à l'usage, aux habitudes : *Le Roi* [...]. *fit au contraire ce qu'il put pour les raccommoder, jusqu'à vouloir entrer pour beaucoup, extraordinairement, dans cette dépense* (Saint-Simon, 1708).

Le sens courant d'auj. : « extrêmement » (adv. de quantité), était également usuel au XVIIe s. : *Il est extraordinairement savant* (Fur.).

extravagamment adv. Avec extravagance : *Le scandale produit par celle qu'a voulu faire si inhumainement et si extravagamment l'homme que vous savez* (Chap., *Lettres*, 43). *Il se conduit extravagamment* (Acad. 94).

extravagué, e adj. Désorienté : *Sa fille partit hier* [...] *pour le Languedoc ; sa femme pour Bourbon. Il est seul et tellement extravagué que nous ne cessons d'en rire* (Sév., 6 mars 1671).

extravaguer v.i. Penser, parler, agir sans raison ni sens (auj. vieilli, sauf dans le participe-adj. *extravagant*) : *Il y a des fous qui discourent bien quelque temps, à la fin on connaît* [= s'aperçoit] *qu'ils extravaguent* (Fur.).

◆ **s'extravaguer** v. pr. S'égarer (au pr. et au fig.) : *Vous me donneriez le plaisir de savoir que* [...] *vos muletiers suivent le grand chemin, sans s'aller extravaguer dans des précipices* (Sév., 6 oct. 1680).

extrême adj. Violent, sans mesure : *Mon cœur se portera aux plus extrêmes résolutions, et de ce couteau que voici je me tuerai sur la place* (Mol., *G. D.*, III, VI). ♦ Immodeste, indécent : [Mme de Montespan] *dansa aux derniers bals* [...] *dans un ajustement extrême* (Sév., 11 nov. 1676). ♦ En parlant de personnes, qui ne garde pas la mesure : *Les femmes sont extrêmes, elles sont meilleures ou pires que les hommes* (La Br., III, 54). ♦ Il pouvait être, contrairement à l'usage actuel, modifié par un adverbe de quantité : *Il s'est jeté dans les plus extrêmes périls* (Fur.). *Le retour plus extrême qu'auparavant dans le vice* (Mass., *Car. sur l'Inconst.*, *in* L.).

◆ n.m. **un extrême,** une résolution violente : *Les extrêmes sont toujours fâcheux, mais ce sont des moyens sages quand ils sont nécessaires* (Retz, *Mém.*, II, 209).

Les sens actuels étaient également usuels au XVIIe s.

extrêmement adv. Pouvait être modifié par un adverbe de quantité, contrairement à l'usage actuel : *Ce procédé est si extrêmement ridicule* [...] (Sév., 12 juin 1675). ♦ Il pouvait modifier un verbe, et non seulement un adjectif ou un adverbe comme d'ordinaire aujourd'hui : *Nous parlâmes extrêmement de vous* (Sév., 17 nov. 1673).

extrémité n.f. Dernière limite, point extrême : *L'extrémité de la douleur en est la fin* (Malh., *Ép.*, 78). ♦ Excès : *Les extrémités sont vicieuses et partent de l'homme ; toute compensation* [= équilibre] *est juste et vient de Dieu* (La Br., XVI, 49). *Il ne faut jamais pousser les choses dans l'extrémité* (Fur.). ♦ Agonie (encore dans *être à la toute dernière extrémité*) : *Les quatre jours de l'extrémité du Pape, qui n'est mort qu'aujourd'hui à six heures du soir* (Retz, *Lettre M. de Lionne*, 22 mai 1667). ♦ **À l'extrémité,** à un très haut degré : *Je le vois sur la croix* [...] *accablé à l'extrémité de tout ce qui nous afflige* (Boss., *Panég. St Bernard*, 1er point).

Les sens actuels étaient également usuels au XVIIe s.

f

fable n.f. Récit mythologique, mythologie : *Il* [le vrai] *doit régner partout, et même dans la fable* (Boil., *Ép.*, IX, 44). *Et ton bras en dix jours a plus fait à nos yeux Que la fable en dix ans n'a fait faire à ses dieux* (Corn., *Victoire du roi en 1667*, V, 171). ♦ Nouvelle ou allégation mensongère (auj. vieilli) : *Tout ce que les païens ont dit de leurs dieux sont des fables* (Fur.). ♦ Intrigue d'une œuvre épique ou dramatique, d'un roman : *Il ne faut point s'amuser à chicaner les poètes pour quelques changements qu'ils ont pu faire dans la fable* (Rac., *Bér.*, Préf.).

Le sens actuel de « petit récit illustrant une moralité » était usuel au XVIIe s., de même que la locution *être la fable de,* « être un sujet de plaisanterie pour » : *Les fables ne sont pas ce qu'elles semblent être ; Le plus simple animal nous y tient lieu de maître* (La Font., *F.*, VI, 1). *On dit* [...] *qu'un homme est la fable du peuple, pour dire qu'il est tourné en ridicule* [...] *dans toutes les compagnies où on parle de lui* (Fur.).

fabricateur n.m. Ouvrier, artisan [d'une œuvre considérable] (mot du langage burlesque) : *Stratagème inouï* [le cheval de Troie], *qui des fabricateurs Paya la constance et la peine* (La Font., *F.*, II, 1). *Le fabricateur souverain* [Dieu] *Nous créa besaciers tous de même manière* (La Font., *F.*, I, 7).

Le sens péjor. actuel de « celui qui fait des choses interdites » était également usuel au XVIIe s. : *On le dit* [ce mot] [...] *de ceux qui fabriquent de la fausse monnaie, ou qui font de faux actes en justice, des calomnies, et généralement toutes sortes de faussetés* (Fur.).

fabrique n.f. Fabrication, exécution, facture : *La fabrique des étoffes de soie* (Acad. 94). *L'ouvrage leur en semble beau* [...] *Et merveilleuse la fabrique* (Scarr., *V. tr.*, I, 70). *J'ai sans doute reçu du Ciel un génie assez beau pour toutes les fabriques de ces gentillesses d'esprit, de ces galanteries, à qui le vulgaire ignorant donne le nom de fourberies* (Mol., *Fourb.*, I, II). ♦ Conformation, constitution, structure : *J'y avais montré quelle doit être la fabrique des nerfs et des muscles du corps humain* (Desc., *Méth.*, 5e partie). *Dans le premier ouvrage que Dieu nous avait proposé, qui est cette belle fabrique du monde* [...] (Boss., *Panég. St Franç. d'Assise*).

Le sens actuel de « manufacture » apparaît à la fin du XVIIe s.

fabuleux, euse adj. Légendaire, imaginaire, controuvé : *Forcer moi seul un camp, mettre en fuite une armée, Des héros fabuleux passer la renommée ?* (Corn., *Cid*, 1786). [...] *la parabole est-elle autre chose que l'apologue, c'est-à-dire un exemple fabuleux ?* (La Font., *F.*, Préf.). *Votre fils s'est laissé prévenir en ma faveur par les rapports fabuleux qu'on lui a faits* (La Font., *Psyché*, II). *Il n'appartient qu'à ces gens fainéants et fabuleux d'avoir une fidélité à l'épreuve des rigueurs, des absences et des années* (Fur., *Rom. bourg.*, I). ♦ Qui raconte des légendes : *Ctésias, auteur fabuleux* (Boss., *H. univ.*, I, 7).

Auj. « extraordinaire, incroyable », avec une nuance d'admiration.

face n.f. Visage : *Il* [le Ciel] *a sur votre face épanché des beautés Dont les yeux sont surpris et les cœurs transportés* (Mol., *Tart.*, 939). – Selon Vaug., Richelet, Fur., ce mot, dans la seconde moitié du XVIIe s., tend à s'employer en ce sens soit avec une nuance ironique, soit dans le style élevé, en parlant de Dieu : *Ne détourne donc point les rayons de ta face* (Corn., *Imit.*, III, 285). ♦ **À la face de,** en présence de, devant les yeux de (cette locution n'indiquait pas forcément, comme auj., une attitude impudente ou ostentatoire) : *Ayant donné à des filles le saint habit à la face de l'Église* (Rac., *P.-R.*, II). ♦ Façade : *La face du théâtre, ainsi que les deux retours, est un grand ordre corinthien* (Mol., *Psyché*, Livret, 1671). ♦ Surface : *Répandus sur la terre, ils en couvraient la face* (Rac., *Esth.*, 478). ♦ Aspect, genre : [...] *Que l'air dont vous viviez* *vous faisait un peu tort ; Qu'il prenait, dans le monde, une méchante face* (Mol., *Mis.*, 901). *Voilà quel est Paris présentement, mais il changera de face dans quelques mois* (Sév., 6 juin 1672).

La plupart des locutions et des sens actuels étaient également usuels au XVIIe s.

facette n.f. Fig. Côté, aspect : *Vous vous dites que tous les biens apparents des autres sont mauvais ; vous les regardez par la facette la plus désagréable* (Sév., 30 juin 1680). ♦ **Être à facettes,** présenter des aspects divers : *Telle est la misère des hommes ; tout est à facettes, tout est vrai, c'est le monde* (Sév., 25 sept. 1689).

fâcher v.t. Peiner, attrister qqn : *En effet, ton trépas fâcherait tes amis* (Mol., *Pr. Él.*, 231). *Te dirai-je un penser indigne, bas et lâche ? Je l'étouffe, il renaît ; il me flatte, et me fâche* (Corn., *Pol.*, 1050). *Et je n'en suis fâchée Que d'avoir vu par là votre vertu tachée* (Corn., *Nic.*, 1047). ♦ Pouvait s'employer impersonnellement : *Il leur fâche* [= il leur est pénible] *d'avoir admiré sérieusement des ouvrages que mes Satires exposent à la risée de tout le monde* (Boil., *Disc. satire*). *Il me fâche bien de payer cette taxe* (Fur.).

◆ **se fâcher,** être peiné, s'affliger : *Ne vous fâchez pas tant, ma très chère Madame, Mon mal vous touche trop* (Mol., *Sgan.*, 402).

Les sens actuels de « *fâcher,* « irriter », et de *se fâcher,* « s'irriter », étaient également usuels au XVIIe s. : *Il est dangereux de fâcher ceux de qui on dépend* [...] *On est souvent malade pour s'être fâché* (Fur.).

fâcherie n.f. Tristesse, chagrin causé par une contrariété : *Et je m'en sens le cœur tout gros de fâcherie* (Mol., *Éc. des m.*, 471). *Il fit bien mine que son départ lui donnait du regret et de la fâcherie* (Chap., *Guzm. Alfar.*, III, 109). *Donner de la fâcherie* (Richelet). *La douleur l'a tellement saisi qu'il est mort de fâcherie* (Fur.).

Auj. « bouderie, brouille ».

fâcheux, euse adj. Pénible, qui offre des difficultés : *L'abord de cette ville* [Bellac] *est fâcheux* (La Font., *Lettre à sa femme,* 19 sept. 1663) ; et au fig. : *Mais ces secrets pour vous sont fâcheux à comprendre : Ce n'est qu'à ses élus que Dieu les fait entendre* (Corn., *Pol.*, 1539). ♦ Rigoureux, dur à supporter : *Une autre loi, plus dure et plus fâcheuse, par laquelle tous ceux qui se trouvaient dans les termes des défenses, seraient contraints à vider* [= partir] *en très peu de jours* (Saint-Réal, *Conjur. des Gracques*). *L'on a transféré Messieurs les Princes d'une prison très rude dans une autre encore plus fâcheuse* (Retz, *Disc. au parlement,* 1650). ♦ En parlant de personnes, dur, peu traitable : *L'esclave qui craint l'arrivée d'un maître fâcheux* (Boss., *O. f. Anne de Gonzague*). ♦ Importun, assommant, désagréable : *Ce rencontre m'était très fâcheux* (Retz, *Mém.*, II, 410). *Ces nobles de province y* [= sur ce point] *sont un peu fâcheux* (Corn., *Ment.*, 1248) ; et substantivement : [...] *il a affaire à un fâcheux, à un homme oisif, qui se retirera à la fin, il l'espère, et il prend patience* (La Br., XI, 7). – Ce dernier emploi est qualifié de « nouveau » par Bouhours en 1671.

Auj. ne se dit plus guère que des choses, au sens affaibli de « contrariant, regrettable ».

faciende n.f. Cabale, intrigue (péjor.) : *Ligurio, qui de la faciende Et du complot avait toujours été* (La Font., *Contes,* III, 2). *Marly, où Cavoye allait souvent dîner avec sa compagnie, et la plupart des gens de faciende et de manège, où il se brassait mille choses avec sûreté* (Saint-Simon, 1703). *Ils sont tous deux de même faciende* (Acad. 94).

facile adj. En parlant des personnes, conciliant, complaisant, compréhensif (encore auj. dans *facile à vivre,* mais aussi péjor. dans *femme facile* : « celle dont la vertu cède facilement ») : [...] *lorsqu'Othon s'est offert à Camille, A-t-il paru contraint ? A-t-elle été facile ?* (Corn., *Oth.*, 374). ♦ Favorable, propice : *Jamais le Ciel aux humains si facile* (La Font., *Phil. et Baucis*). ♦ Qui se laisse faire, faible, mou : *Plusieurs, dans la crainte d'être trop faciles, se rendent inflexibles à raison, et s'affermissent contre elle* (Boss., *O. f. H. de Fr.*). ♦ **Facile à,** disposé à : *Jamais homme n'a paru si désintéressé, ni plus facile à sauver même ses ennemis* (Retz, *Réponse du curé,* V, 371). ♦ **Facile à faire,** etc., qui fait facilement : [...] *de véritables gens de bien, qui* [...] *sont faciles à recevoir les impressions qu'on veut leur donner* (Mol., *Tart.*, Préf.).

Les sens actuels étaient également usuels au XVIIe s., sauf celui qu'on a dans *femme facile* (voir plus haut).

facilité n.f. Complaisance, bienveillance, disposition à accepter : *Et sa facilité* [celle de Chimène] *vous doit bien faire voir Qu'elle cherche un combat qui force son devoir* (Corn., *Cid,* 1623). ♦ Mollesse, manque d'énergie : *Encore qu'il* [Constantin] *eût quelquefois un peu trop* *de facilité, il avait beaucoup de zèle pour la religion* (Fléch., *Hist. Théodose,* II, 8).

◆ pl. **Des facilités,** des concessions : *il s'est engagé dans des complaisances, des douceurs, des bontés, des facilités dont il me paraît que vous lui devez tenir compte* (Sév., 18 août 1677).

Les sens actuels du mot au sing. étaient déjà usuels au XVIIe s. Auj. au plur. le terme signifie « commodités » ou « délais accordés pour payer ».

façon n.f. Air, contenance, mine d'une personne (*fam.*) : *Le jeune Amour, bien qu'il ait la façon D'un dieu qui n'est encor qu'à sa leçon* (La Font., *Contes,* III, 6). *Je me tournai vers mon janséniste, et je connus bien, à sa façon, qu'il n'en croyait rien* (Pasc., *Prov.,* IV). *On ne peut avoir meilleure façon qu'il a* (Acad. 94). ♦ Élégance : *Et le fameux Euripide N'a ni grâce ni façon* (Saint-Amant, *l'Albion,* 773). ♦ **[Une] façon de,** une sorte de, une apparence de : *Il menait une façon de vie plus éclatante que celle d'un citoyen qui ne veut pas s'attirer de l'envie* (Retz, *Conjur. Fiesque,* V, 512). *Ce n'est point façon d'amour que le zèle qu'il* [Corbinelli] *a pour sa cousine* (Sév., 27 juin 1679). *Je ne suis qu'une façon de secrétaire* (Regnard, *Sérénade,* sc. XXVI). [...] *ce ne sont plus rien que des idées, ou des fantômes, des façons de chevaux* (Mol., *Av.,* III, I). ♦ **Faire des façons à qqn,** le presser instamment : *J'y serai* [aux Rochers] *pour le moins huit jours, quelque façon qu'on me fasse pour me faire retourner* (Sév., 19 août 1671). ♦ **Faire des façons de qqch,** en prendre la peine : *Si vous ne le voulez point, trouvez bon que je n'en fasse pas les façons* (Sév., 8 avr. 1671). ♦ **En façon,** d'une manière : *Ne se pouvoir contenter en façon quelconque* (Malh., *Bienf.,* II, 25). ♦ **En façon du monde** (avec une négation), en aucune façon, nullement : [...] *du public, dont Monsieur ne voulait en façon du monde, perdre l'amour* (Retz, *Mém.,* III, 166). ♦ **De la façon,** de la sorte, de cette façon : *On se rirait de vous, Alceste, tout de bon, Si l'on vous entendait parler de la façon* (Mol., *Mis.,* 204).

Les locutions et les sens actuels étaient également usuels au XVIIe s.

façonné, e adj. Maniéré : *Les ouvrages les plus hardis et les plus façonnés du gothique* (Fén., *Disc. Acad.,* 1693). ♦ Formé aux usages du monde : *Il* [le marquis de Grignan] *est fort façonné ; je suis affligée que vous ne le voyiez point* (Sév., 17 déc. 1688).

Le sens actuel de « travaillé, ouvré » était également usuel au XVIIe s. : *Cet habit, ce bassin sont bien façonnés, il y a bien de la façon, du travail* (Fur.).

façonner v.i. Faire des façons, avoir des manières affectées (mot à la mode, selon Bouhours) : *Il me parla sans façonner de la part de la Reine* (Retz, *Mém.,* III, 285). *J'ai de l'esprit, et je ne fais point difficulté de le dire ; car à quoi bon façonner là-dessus ?* (La Roch., *Portr. par lui-m.*).

Les sens actuels du v.t., seul employé auj., étaient également usuels au XVIIe s.

façonnier, ère adj. et n. Affecté, sans naturel (mot à la mode, selon Bouhours ; auj. vieilli) : *Vous n'avez jamais rien vu de si contraint et de si façonnier* (Chap., *Lettres,* I, 199). *Il a épousé une jeune nymphe de quinze ans,* [...] *façonnière et coquette en perfection* (Sév., 28 oct. 1671). ♦ Hypocrite : *De tous vos façonniers on n'est point les esclaves : Il est de faux dévots ainsi que de faux braves* (Mol., *Tart.,* 325).

facteur n.m. Celui qui exerce un commerce ou une industrie pour le compte d'un autre ; agent, commis : *Ils avaient des comptoirs, des facteurs, des agents Non moins soigneux qu'intelligents* [...] (La Font., *F.,* XII, 7).

Auj. « fabricant (d'orgues, etc.) » [déjà au XVIIe s.] et « celui qui distribue les lettres, etc. ».

faction n.f. Conspiration, révolte : *Les temps où il y a de la faction et du trouble* (Retz, *Mém.,* IV, 206). ♦ Esprit de conspiration, de révolte : *Ceux qui mêlent la passion et la faction dans les intérêts publics* (Retz, *Mém.,* II, 60).

Les sens actuels de « groupement, parti séditieux » et « garde que fait un soldat » étaient également usuels au XVIIe s. : *Rome en deux factions trop longtemps partagée N'y sera point pour moi de nouveau replongée* (Corn., *Sert.,* 1857). *Être en faction* [...], *être en sentinelle* (Fur.).

factionnaire n.m. Celui qui fait partie d'une faction (ce sens disparaît vers le milieu du XVIIe s.) : *Il est visible en cette cour que les factionnaires d'Espagne y aigrissent les choses* (Retz, *Lettre M. de Lionne,* 8 sept. 1665).

Le XVIIe s. connaissait aussi le sens actuel de « soldat qui monte la garde ».

fagot n.m. Fig. Ensemble de nouvelles de peu d'importance ; menus propos, bagatelles : *S'ils ne sont pas aussi grands conteurs de fagots et de splendides balivernes* [...] (Chap., *Lettres*, I, 340). *N'est-ce point abuser du loisir d'une dame de votre qualité, que de vous conter de tels fagots ?* (Sév., 25 déc. 1675).

fagotage n.m. Travail fait à la hâte, sans soin : *Mais n'admirez-vous point le fagotage* [...] *de mes lettres ?* (Sév., 12 janv. 1674). *Il eût fallu faire un fagotage de réconciliation* (Sév., 19 oct. 1689).

fagoter v.t. Composer rapidement, bâcler : *Et pour m'amuser, elle* [la princesse de Tarente] *me fagote un reversis* (Sév., 8 sept. 1680).

Le sens *fam.* actuel de « mal habiller, accoutrer » était également usuel au XVIIe s. : *Eût-elle en vrai magot tout le corps fagoté* [...] (Corn., *Ment.*, 219). *Cet homme est fagoté d'une étrange sorte* [...], *il est mal fait ou mal mis* (Fur.).

faible n.m. Faiblesse : *Sans considérer le faible de ses troupes, ils eussent voulu qu'il eût livré combat* (Du Buisson, *Turenne*, 4). *Laissez donc en repos votre science auguste, Et que votre langage à mon faible s'ajuste* (Mol., *Dép. am.*, 692). ♦ Principal défaut, point faible (encore auj. dans *prendre qqn par son faible*, locution usuelle au XVIIe s. déjà, et *avoir un faible pour*) : *Pour découvrir le faible de cet artifice* (La Roch., *Mém.*, II, 465). *Comme la république avait son faible inévitable, c'est-à-dire la jalousie entre le peuple et le sénat* [...] (Boss., *H. univ.*, III, 7).

faillir v.i. (Conjugaison : *je faux, tu faux, nous faillons, vous faillez, ils faillent ; je faudrai ; faillant ; faillir ; failli*). Faire défaut, manquer (ce sens vieillit au XVIIe s.) : *Je ne vous faudrai jamais tant que je pourrai* (Chap., *Guzm. Alfar.*, III, 332). *Le cœur me faut !* (Mol., *Éc. des f.*, 402). *Sa mémoire lui a failli, lui a manqué au besoin* (Fur.). ♦ Se tromper, avoir tort, commettre une faute : *Il n'a pas failli d'un mot* [...] *Cet auteur a failli en beaucoup d'endroits* (Fur.). ♦ Ne pas atteindre un but, manquer (parfois transitif en ce sens, mais vieilli au milieu du XVIIe s.) : *En faillant un destin si beau Pouvait-il cacher son audace Dans un plus superbe tombeau ?* (Tr. L'Hermite, *Vers héroïques*, la Mer, 18). *Cet homme a failli son coup* (Fur.). ♦ **Faillir à, de** (suivi de l'infinitif), être sur le point de (auj. *faillir* suivi de l'infinitif) : *Combien de fois je faillis de perdre tout respect* (Urfé, *Astrée*, II, 889). *Je faillis à tomber de mon haut* (Retz, *Mém.*, I, 163). *J'ai appris que vous avez failli à mourir* (Bussy, *Lettre*, 9 mars 1671). *Mme de Guéméné faillit d'être la victime de cette paix fourrée* (Retz, *Mém.*, I, 109). ♦ **Ne pas faillir de** (suivi de l'infinitif), ne pas manquer de : *Ne faillez pas de venir* (La Roch., *Lettre Malbastit*, s. d.).

faire v.t. Causer, occasionner : *La mort de M. l'Archevêque vous fait encore un accablement* (Sév., 12 avr. 1689). ♦ Rendre, faire devenir : *Me voici arrivée, ma fille, dans un lieu qui me ferait triste quand je ne le serais pas* (Sév., 11 oct. 1673). [...] *j'aurai soin qu'on soupe de bonne heure pour ne vous point faire malades* (Mol., *Av.*, II, v). ♦ Accomplir, exercer un emploi, rendre un devoir : *Il fallait* [...] *commander à M. le Président d'aller faire sa charge de garde des sceaux à la cour* (Retz, *Mém.*, IV, 66). *Si j'ai jeté de la terre sur un mort que je ne connaissais point, c'est un office que j'ai fait à l'humanité* (Malh., *Bienf.*, V, 20). ♦ **Faire** s'employait avec divers autres compléments là où on emploie ordinairement auj. un autre verbe : *faire* [= pousser] *des cris, une plainte ; faire* [= poser] *des questions ; faire* [= jouer, représenter] *la comédie ; faire* [= livrer] *un combat ; faire* [= commettre] *un larcin, une folie ; faire* [= causer] *de la joie ; faire* [= offrir] *un festin ; faire* [= régler] *le destin* ; etc. ♦ **Faire** s'employait encore plus largement qu'auj., surtout en proposition comparative, pour remplacer un verbe quelconque déjà utilisé : *Il faut que j'éveille les autres, et que je les tourmente comme on m'a fait* (Mol., *Pr. Él.*, 1er interm., sc. II). *On examina* [...] *mon amusement comme on aurait fait une tragédie* (Rac., *Plaid.*, Au lect.). *Puis-je autrement marcher que ne fait ma famille ?* (La Font., *F.*, XII, 10). *L'Amour dit les mêmes choses : Il les dit mieux que je ne fais* (La Font., *F.*, XII, 24). *Un certain air doucereux qui les attire, ainsi que le miel fait les mouches* (Mol., *G. D.*, II, IV). – Auj. on ne pourrait plus, en cet emploi, lui donner de complément d'objet autre qu'un pronom neutre.

◆ v.i. Agir, jouer un rôle : *Et je trouve qu'il fait en digne potentat* (Mol., *Fâch.*, 282). *M. le Maréchal de Lorge, qui voulait faire,* [...] *ne cessait, tous les hivers, de proposer le siège de Mayence* (Saint-Simon, 1696). ♦ Finir, achever : *Je vais lui dire que vous êtes ici. – Non, ne bougez, j'attendrai qu'il ait fait* (Mol., *Pourc.*, I, V). *Je n'aurais jamais fait si je m'arrêtais aux subtilités de quelques critiques* (Rac., *Alex.*, 1re Préf.). ♦ Plaider, militer : *Une chose fait pour*

Alexandre : c'est qu'il a formé je ne sais combien de capitaines (La Font., *Comparaison d'Alexandre, de César et de M. le Prince*). *La parole donnée, il faut que l'on la tienne. – Cela fait contre vous : il m'a donné la sienne* (Corn., *Mél.*, 1188). *Et quant à ce qu'ils allèguent l'ancien infinitif* cueiller, *ils ne prennent pas garde que cela fait contre eux* (Vaug., *Rem.*, I, 260).

◆ impersonnellement, avec un adj. ou un nom, *faire* indiquait un état (*il fait* = « c'est, il y a, etc. ») : *Parce que la mer y avait couru nouvellement* [sur la grève], *il y faisait plus ferme que de coutume* (Malh., *Ép.*, 55). [...] *il ne fait pas bien sûr, à vous le trancher net, D'épouser une fille en dépit qu'elle en ait* (Mol., *F. sav.*, 1539). *Je suis tout le jour dans ces bois où il fait l'été* (Sév., 11 mars 1676). – Cet emploi subsiste encore dans certaines locutions : *il fait bon, froid, jour, nuit, un beau temps*, etc. ♦ **C'est fait (de),** c'est fini, il n'y a plus rien à espérer au sujet de (on disait aussi, comme auj. : *c'en est fait de*) : *C'était fait, mon bonheur surpassait mon attente* (Rac., *Baj.*, 1153). *J'y consens. Oui, sans vous c'était fait de mes jours* (Mol., *Pr. Él.*, 303). ♦ **Faire à,** contribuer, servir à : *Le prophète a exprimé ce qui faisait à la ruine des Juifs* (Boss., *H. univ.*, II, 18) ; se rapporter à, convenir à : *J'insérerai ici la préface de l'auteur ; elle fait au dessein* (Chap., *Guzm. Alfar.*, III, Au lect.). ♦ **Faire de,** se donner les manières, l'air de : *J'ai bravé ses armes* [celles de l'amour] *assez longtemps, et fait de mon drôle comme un autre* (Mol., *Pr. Él.*, II, II). *Jacques de Ravanne, l'un des plus doctes jurisconsultes de son temps, se fourra parmi les auditeurs « incognito » en faisant de l'écolier* (Bayle, *Dict. hist.*, Accurse). ♦ **Bien faire, faire bien,** réussir, avoir un heureux effet : *Pendant huit jours que j'ai pris les eaux de Vichy, elles m'ont très bien fait* (Sév., 7 oct. 1687) ; faire bon accueil, bien traiter : *Le Roi fit fort bien à M. de Pomponne, et lui parla comme à l'ordinaire* (Sév., 28 févr. 1680). ♦ **Bon à faire à,** c'est bon pour, c'est l'affaire de : *Bon à faire à Gassion d'être friand de batailles* (Scarr., *Sonnet* Le Roi s'en est allé). ♦ **C'est à faire à,** il n'appartient qu'à : *Devant une telle beauté C'est à faire à des insensibles De conserver leur liberté* (Corn., *Ode* Sur un prompt retour) ; il n'y a plus qu'à : *C'est à faire à périr pour le meilleur parti* (Corn., *Pulch.*, 604). ♦ **Ne faire que,** venir de (marquant un passé récent) : *Je ne fais qu'arriver* (Rac., *Lettre Vitart*, 1662). – Auj. cette dernière expression signifie « ne pas cesser de » (marquant une continuité). Le passé récent se rend auj. par *ne faire que de.* Au XVIIe s. chacune de ces deux tournures pouvait exprimer l'une ou l'autre de ces nuances. Toutefois, Vaug. faisait déjà la distinction actuelle.

faire le faut n.m. Chose inévitable, dont on ne peut se dispenser : *Puisque je voyais la chose devenir un faire le faut, je voulus éloigner la crainte de la même chose après avoir montré tant de répugnance* (Saint-Simon, 1710). *Nous mourrons, c'est un faire le faut* (Acad. 94).

fait n.m. Action, et, spécialement, exploit : *Ce grand Mars n'est-il point détruit ? Ses faits ne sont qu'un peu de bruit* (Th. de Viau, *Ode à M. de L. sur la mort de son père*). *Un récit de ses faits* [d'Amphitryon] *contre nos ennemis* (Mol., *Amph.*, 437). – Ce sens subsiste encore dans les locutions *les hauts faits, les faits d'armes.* ♦ Conduite, allure : *Et son fait est mêlé de beaucoup d'innocence* (Mol., *Mélic.*, 202). *Son fait consistait en adresse : Quelques termes de l'art, beaucoup de hardiesse* (La Font., *F.*, VII, 15). [...] *leur fait* [des Grands] *n'est que bonne mine* (La Font., *F.*, IV, 14). ♦ Biens possédés, fortune : *Ce serait un bon homme de mari, qui ne mangerait pas son fait ni la dot de sa femme* (Fur., *Rom. bourg.*, I). *Bien heureux qui a tout son fait bien placé !* (Mol., *Av.*, I, IV). *Son fait* [...] *consiste en des pierres de prix* (La Font., *F.*, X, 9). ♦ Ce qui concerne qqn ou qqch, ce qui lui convient ; question, affaire : *L'innocence des champs est-elle votre fait ?* (La Font., *F.*, VII, 2). *En train de discourir Sur le fait des romans* (La Font., *Ballade des livres d'amour*). *Je viens de me ressouvenir d'une de mes amies, qui sera notre fait* (Mol., *Av.*, IV, I). – Auj. on dit encore *dire son fait à qqn.* ♦ **Au fait de,** en ce qui concerne, au sujet de : *M. le duc de Beaufort, dont l'incapacité au fait de la guerre est connue de toute l'Europe* (Retz, *le Vrai et le faux*, V, 234). ♦ **Au fait et au prendre,** au moment d'agir : *Quand ce vint au fait et au prendre* (Rac., *Lettre J.-B. Racine*, 12 sept. 1698). ♦ **Fait à fait que,** au fur et à mesure que (vieilli au XVIIe s.) : *Fait à fait que le char chemine* (La Font., *F.*, VII, 9, var. [remplacé par *aussitôt que*]).

Les locutions et les sens actuels étaient également usuels au XVIIe s.

falloir v.i. S'est parfois conjugué sans *il : Point de raison : fallut deviner et prédire* (La Font., *F.*, VII, 15). ♦ **Il faut que,** il est inévitable que : *Un style trop égal et toujours uniforme En vain brille à nos yeux, il faut qu'il nous endorme* (Boil., *A. p.*, I, 72). – Auj. cette locution introduit parfois une explication et non une conséquence. ♦**Il ne faut que,** il suffit de : *Il ne faut qu'avoir une légère teinture des bonnes lettres pour n'ignorer pas combien ces locutions sont familières à tous ces grands hommes que l'on révère depuis tant de siècles* (Vaug., *Rem.*, 158). ♦**S'il faut que,** pouvait indiquer, non pas comme auj. la nécessité envisagée, mais une simple éventualité, une hypothèse : *S'il fallait* [...] *qu'elle manquât par mégarde à saluer quelqu'un du quartier, on ne manquerait pas aussitôt de dire cent sottises* (Mol., *Bourg.*, III, XII). *Je ne sais pas, de vrai, quel homme il peut être, s'il faut qu'il nous ait fait cette perfidie* (Mol., *D. J.*, I, I). ♦**Il s'en faut,** « il manque », s'employait sans être suivi de la préposition *de : Pour moi, j'ai vu des moments où il ne s'en fallait rien que la fortune ne me mît dans la plus agréable situation du monde* (Sév., 31 mai 1680).

falot, e adj. et n. Plaisant, drôle, grotesque (populaire au XVIIe s. ; auj. « terne, effacé ») : *Par quelque chanson falote Nous célébrerions la vertu Qu'on tire de ce bois tortu* (Saint-Amant, *la Vigne*, 62). *Mais ô les falotes gens Pour des hommes pleins de sens* (Brébeuf, *Luc. trav.*, p. 154). *L'autre aventure fut encore plus rare que celle-là et à proprement parler beaucoup plus falote* (Retz, *Mém.*, III, 169). *On dit par injure : « Vous êtes un plaisant falot » à celui qui est fort méprisable* (Fur.).

falsification n.f. Altération de la vérité, mais sans intention frauduleuse : *Je l'ai placé* [le lieu de la pièce] *dans Séville, bien que don Fernand n'en ait jamais été le maître ; et j'ai été obligé à cette falsification, pour former quelque vraisemblance à la descente des Maures* (Corn., *Cid*, Exam.).

Le sens péjor. actuel existait aussi au XVIIe s. : *Il y a de la falsification en cette date, en ces épiceries* (Fur.).

falsifier v.t. Transformer des faits en en altérant l'exactitude, mais sans intention de tromper : *J'ai falsifié la naissance de ce dernier* [Héraclius] (Corn., *Hér.*, Au lect.).

Le sens actuel de « altérer volontairement dans l'intention de tromper » était également usuel au XVIIe s. : *Dis que j'ai corrompu, dis que j'ai suborné, Falsifié, trahi, séduit, assassiné* (Corn., *Mél.*, 1282).

fameux, euse adj. Important, notoire, solennel : *Ma haine trop longtemps vous a fait injustice ; Et pour la condamner par un éclat fameux, Je vous joins dès ce soir à l'objet de vos vœux* (Mol., *Fâch.*, 809). [...] *une marque insigne, un fameux témoignage De la méchanceté des hommes de notre âge* (Mol., *Mis.*, 1545). *Je viens, selon l'usage antique et solennel, Célébrer avec vous la fameuse journée Où sur le mont Sina la loi nous fut donnée* (Rac., *Ath.*, 3).

Auj. placé après le nom : « de très bonne qualité » ; avant le nom, familier, souvent plus ou moins ironique ou péjoratif : « dont on n'a que trop parlé ».

familiariser v.t. Rendre qqch familier à qqn : *Pour en revenir à Pindare, il ne serait pas difficile d'en faire sentir les beautés à des gens qui se seraient un peu familiarisé le grec* (Boil., *Disc. sur l'ode*). *Il faudrait* [...] *que vous eussiez pu vous familiariser ces lettres* (Rac., *Lettre*, 1698).

L'emploi actuel, le plus souvent pronominal, aux sens de « devenir familier » et de « s'accoutumer » était déjà le plus usuel au XVIIe s. : *Les princes ne veulent pas qu'on se familiarise avec eux* [...] *Se familiariser avec un auteur,* [...] *le posséder parfaitement. Se familiariser avec la goutte,* [...] *s'accoutumer à la souffrir* (Fur.).

familiarité n.f. Intimité, amitié : *Il se délassait le soir* [...] *à converser avec les plus honnêtes gens, qu'il savait bien choisir pour les admettre dans sa familiarité* (Fén., *Tél.*, 2). *Tu as donc familiarité, Moron, avec le prince d'Ithaque ?* (Mol., *Pr. Él.*, III, III). *Votre homme de confiance, qui est dans votre familiarité* (La Br., IX, 20).

Auj. « caractère de ce qui est familier ; manières familières, simples ».

familier adj. Intime : *Mes plus familiers amis* (La Br., *Disc. Acad.*, Préf.). ♦**Esprit familier,** sorte de démon, de génie attaché à une personne pour la renseigner, la diriger : *Non, je sais tout cela d'un esprit familier* (Corn., *S. du Ment.*, 1488).

Les sens actuels étaient également usuels au XVIIe s.

familièrement adv. Intimement : [...] *je l'ai appris de Sethon, ambassadeur de France dans cette cour,* [...] *que je connais familièrement* (La Br., V, 9).

Le sens actuel de « sans contrainte, avec simplicité » était également usuel au XVIIe s. : *Parler, agir, s'entretenir familièrement, en liberté, sans cérémonies* (Fur.).

famille n.f. Ensemble de ceux qui habitent sous le même toit, y compris les domestiques (vieilli au XVIIe s.) : *Il déjeune très bien, aussi* [= de même] *fait sa famille, Chiens, chevaux et valets* [...] (La Font., *F.*, IV, 4). *Il faut qu'avec notre famille Nous prenions dès demain chacun une faucille* (La Font., *F.*, IV, 22). ♦ **Père de famille,** chef de la maisonnée : [...] *ô père de famille,* [...] *Couche-toi le dernier, et vois fermer ta porte. Que si quelque affaire t'importe, Ne la fais point par procureur* (La Font., *F.*, XI, 3).

Les sens actuels étaient également usuels au XVIIe s.

fanatique adj. Visionnaire, qui croit avoir des inspirations divines : *On voit les trembleurs, gens fanatiques, qui croient que toutes leurs rêveries leur sont inspirées* (Boss., *O. f. H. de France*).

Le XVIIe s. connaissait aussi le sens actuel de « animé d'un zèle intransigeant pour une doctrine, une personne ».

fanfan n.m. Enfant (terme d'affection) : *Oui, ma pauvre fanfan, pouponne de mon âme* (Mol., *Éc. des m.*, 763).

fanfare n.f. Fig. Fanfaronnade, rodomontade ; démonstration tapageuse : *Voilà ton demi-cent d'épingles de Paris, Que tu me donnas hier avec tant de fanfare* (Mol., *Dép. am.*, 1429). *Des fanfares et des rodomontades d'un homme qui se croyait innocent* (Sorel, *Polyandre*, I). *Un Espagnol fait de grandes fanfares pour peu de chose* (Fur.).

fanfaron n.m. Suivi d'un complément, qui fait ostentation de : *Ce ne sont point du tout fanfarons de vertu* (Mol., *Tart.*, 388). *Ce sont fanfarons d'amitié* (Scarr., *Poés. div.* I, 226).

Le mot s'employait aussi, comme auj., sans complément, au sens de « personne qui se vante de son courage, de ses exploits (réels ou non) » : *Un fanfaron plus fou que son discours n'est vain* (Corn., *Illus.*, 540). *Les menaces d'un fanfaron ne sont pas fort dangereuses* (Fur.).

fange n.f. Boue : [...] *être auprès d'une dame, et causer du beau temps, Lui jurer que Paris est toujours plein de fange* (Corn., *Veuve*, 49). ♦ Fig. Bassesse, abjection (auj. seulement littér.) : *On rampe dans la fange avec l'abbé de Pure* (Boil., *Sat.*, IX, 28).

fantaisie n.f. Imagination, esprit : *Quand on raconte ce qui s'est passé, l'âme jette sa vue sur les images qui lui en sont restées en la fantaisie* (Urfé, *Astrée*, II, 199). *Tu vois dans cette poésie* [...] *Les beaux rayons de la splendeur Qui m'éclaire la fantaisie* (Saint-Amant, *Solitude*, 181). *Il se mit dans la fantaisie d'aller* [...] *à Bruxelles* (Retz, *Mém.*, II, 363). ♦ Esprit, raison : *Sévère incessamment brouille ma fantaisie* (Corn., *Pol.*, 733). ♦ **Se mettre quelque chose en fantaisie, dans la fantaisie,** se le mettre en tête, en concevoir le projet : *Et cet Athénien, qui fut chez moi vingt mois, Qui, le trouvant joli, se mit en fantaisie De lui remplir l'esprit de sa philosophie* (Mol., *Mélic.*, 197). *Il faut absolument empêcher ce mariage extravagant qu'il s'est mis dans la fantaisie* (Mol., *Mal. im.*, III, II).

◆ pl. **Des fantaisies,** des idées extravagantes, des visions : [...] *quelles fantaisies sont les vôtres de vous aller mettre en tête que votre mari dépense son bien ?* (Mol., *Bourg.*, IV, II).

Le sens actuel de « caprice, humeur qui répugne à la régularité, à la contrainte » existait également au XVIIe s. : *On le laisse vivre à sa fantaisie* [...] *Il lui faut laisser passer cette fantaisie* (Fur.).

fantasier (se) v.pr. S'imaginer (disparaît au cours du XVIIe s.) : *Comme il leur plut de se fantasier toutes choses sur mon sujet, j'étais exposé à la défiance des uns, à la frayeur des autres* (Retz, *Sur sa conduite*, V, 263).

fantastique adj. Extravagant (vieilli au XVIIe s.) : *J'aurais eu peine à croire ce qu'il m'assurait,* [...] *vu la faiblesse et le ridicule de cette fantastique faction* (Retz, *Mém.*, III, 544).

Le sens actuel de « imaginaire, surnaturel » était également usuel au XVIIe s. : *Les esprits faibles sont sujets à avoir plusieurs visions fantastiques ; il leur apparaît des esprits qui n'ont que des corps fantastiques* (Fur.).

fantôme n.m. Apparence trompeuse, illusoire : *Au lieu du fantôme de la pénitence, je les aurais réduits à en avoir la pratique solide* (Boss., *Serm. sur la Rechute*, in L.). *Un manant au miroir prenait des oisillons. Le fantôme brillant attire une alouette* (La Font., *F.*, VI, 15). ♦ Chimère, fiction : *Non content de ce songe, il y joint les atomes, Enfants d'un cerveau creux, invisibles fantômes* (La Font., *F.*, VIII, 26). [...] *ceux qui cherchent vainement* [la fortune] [...], *Fidèles courtisans d'un volage fantôme* (La Font., *F.*, VII, 12). *Vous qui avez tant de raison et de cou-*

rage, faut-il que vous soyez la dupe de ces vains fantômes ? (Sév., 14 juin 1677). *Ces fantômes d'infamie que l'opinion publique a formés pour épouvanter les âmes du vulgaire* (Retz, *Conjur. Fiesque*, V, 543). ♦Effigie, mannequin représentant une personne (sens absent de Fur. et Acad. 94) : *On décapita son fantôme* (Boss., *Hist. de France*).

Le sens le plus courant auj. : « spectre d'un mort », était également usuel au XVIIe s. : *Il apparut un fantôme qui fit peur à Cassius au temps de la bataille* (Fur.).

faon n.m. Petit d'un animal quelconque (sens qui devient rare au XVIIe s.) : *Mère lionne avait perdu son faon* (La Font., *F.*, X, 12). *Un faon de biche passe* (La Font., *F.*, VIII, 27).

Auj. seulement « petit de la biche », comme déjà à la fin du XVIIe s. (Fur. dit cependant qu'*« on appelle aussi* faon *le petit d'un éléphant ».*)

faquin n.m. Porteur, portefaix (sens vieilli au XVIIe s.) : *Un tas de faquins, qui attendent sur le port ceux qui viennent par eau pour porter leurs hardes* [...] (Scarr., *Rom. com.*, I, 18). ♦Canaille, individu sot et prétentieux : *Je ne sais point en lâche essuyer les outrages D'un faquin orgueilleux qui vous tient à ses gages* (Boil., *Sat.*, I, 46). *Que le jésuite est pédant et faquin de vous proposer des sottises qui sont semées dans la lettre que vous m'avez envoyée* (Chap., *Lettres*, I, 219). ♦Mannequin de bois ou de paille contre lequel on court dans les exercices de manège : *Courre le faquin, rompre contre le faquin* (Acad. 94). *Il y a des courses de faquins où le coup dans l'œil en vaut trois, de l'œil au bout du nez deux, du nez au menton un* (Fur.).

farceur n.m. Comédien qui ne jouait que dans les *farces*, sortes de comédies bouffonnes (péjor. au XVIIe s.) : *La facilité de prendre les manteaux y attire* [à la comédie] *encore plus que ne faisaient autrefois les mauvaises plaisanteries des farceurs* (Scarr., *Rom. com.*, II, 8). *Un Curé de Paris qu'on voulait forcer de rompre les ordres du Diocèse en l'obligeant de recevoir à la Communion les farceurs les plus infâmes et les plus débauchés* (Retz, *Lettre épisc.*, 1660).

Auj., *fam.* : « celui qui aime à plaisanter, à mystifier les autres ».

fard n.m. Fig. Feinte, dissimulation dans les paroles ou l'attitude (auj. seulement dans [*parler*] *sans fard*) : *De ses pleurs tant vantés je découvre le fard* (Corn., *Rodog.*, 733). *Et son frère, pipé du fard de mon langage* (Corn., *Veuve*, 133). *L'éloquence est un certain fard qui embellit et qui agrandit les choses* (Fur.).

fardé, e adj. Fig. Séduisant par une apparence trompeuse ; affecté : *Lui qui connaît sa dupe* [...] *Par cent dehors fardés a l'art de l'éblouir* (Mol., *Tart.*, 200). ♦En parlant de personnes, dissimulé, perfide : *Vous perdez Amarante, et cet ami fardé Se saisit finement d'un bien si mal gardé* (Corn., *Suiv.*, 235).

farine n.f. **Farine et plâtre,** ornements trompeurs (par allusion au fard des comédiens) : *Ses bons mots ont besoin de farine et de plâtre* (Boil., *Ép.*, IX, 107). ♦**De même farine,** de même sorte (péjor.) : [...] *jamais il n'a voulu comprendre ni écouter les raisons et les expériences des prétendues découvertes de notre siècle touchant la circulation du sang et autres opinions de même farine* (Mol., *Mal. im.*, II, v). *Il y en a d'autres encore de même farine, qui aiment mieux aller toutes nues que de se priver du contentement dont les frénésies de nos romans les comblent* (Chap., *Guzm. Alfar.*, III, 361).

farouche adj. et n. Peu sociable, sauvage, grossier : *C'est elle* [la raison] *qui, farouche au milieu des plaisirs, D'un remords importun vient brider nos désirs* (Boil., *Sat.*, IV, 112). *Si Monsieur votre père était homme farouche, Passe ; mais il permet que la raison le touche* (Mol., *Dép. am.*, 1065). [...] *ces mœurs austères dont vous parlez sont proprement le caractère d'un sauvage et d'un farouche* (Pasc., *Prov.*, IX). *Ne m'accusez pas pour cela d'être un farouche et un insensible* (Rac., *Lettre*, 1662). *Jéhu n'a point un cœur farouche, inexorable* (Rac., *Ath.*, 1071). ♦**Mot farouche pour les vers,** mot qui par sa rudesse n'entre pas dans le vers : *Il s'y rencontre même* [dans l'Imitation] *des mots si farouches pour nos vers, que j'ai été contraint d'avoir souvent recours à d'autres* (Corn., *Imit.*, Au lect.).

Auj. ce mot indique généralement une idée d'agressivité, de violence. Pourtant on dit encore : *un cheval farouche, une vertu peu farouche,* etc.

faste, fast n.m. Ostentation, vanité : *On ne voit point en eux ce faste insupportable, Et leur dévotion est humaine et traitable* (Mol., *Tart.*, 389). *Toujours un peu de faste entre parmi les pleurs* (La Font., *Contes*, V, 6). *N'y ajoutez* [à l'Évangile] *rien de vous-mêmes ou par faste, ou par caprice, ou par ignorance* (Boss., *O. f. Nicolas*

Cornet). ♦La forme *fast* est une survivance du XVIe s. : *Lorsqu'avec tant de fast il a vu ses faisceaux Marcher arrogamment* (Corn., *Pompée*, 1156).

Parfois le mot n'était pas péjor., avec le sens actuel de « magnificence, splendeur » : *Le faste de la Cour de France montre la puissance de son Roi* (Fur.).

fastueux, euse adj. Prétentieux, ostentatoire : [...] *les commentateurs et les scoliastes* [...] *si chargés d'une vaine et fastueuse érudition dans les endroits clairs* (La Br., XIV, 72). *Des pieds en tête revêtu Du fastueux dehors d'une austère vertu* (La Font., *le Florentin*, sc. III). ♦En parlant de personnes, orgueilleux : *On y voit* [...] *L'ignorant s'ériger en savant fastueux* (Boil., *Sat.*, XI, 23).

Auj. « magnifique, somptueux ».

fat adj. et n.m. Sot, imbécile : *Mais suis-je pas bien fat de vouloir raisonner Où de droit absolu j'ai pouvoir d'ordonner ?* (Mol., *Sgan.*, 55). *Bon ! a-t-on de l'esprit à Paris ? Sitôt qu'il y a un fat dans un pays, on l'y envoie ; c'est le rendez-vous de tous les sots de France* (Regnard, *Coquette*, II, III). ♦Sot qui fait l'important (vieilli auj.) : [...] *voyant un fat s'applaudir d'un ouvrage Où la droite raison trébuche à chaque page* (Boil., *Sat.*, IX, 151). ♦S'employait souvent comme injure de sens assez vague : *Ce diable de rival l'accompagne sans cesse* [...] *Ce fat n'est pas vaillant, Mais il a quelque humeur qui le rend insolent* (Corn., *Illus.*, 335). *Ouf ! tu m'étrangles, fat ; laisse-le* [mon rabat] *comme il est* (Mol., *Fâch.*, 134).

fatal, e adj. Fixé, voulu par le destin (souvent en parlant de maux inévitables, comme auj., mais parfois aussi pour des événements heureux) : *Prince, l'heure fatale est enfin arrivée Qu'à votre liberté le ciel a réservée* (Rac., *Baj.*, 421). *Enfin, par un fatal retour, Son rival autour de la poule S'en revint faire le coquet* (La Font., *F.*, VII, 13). *Il* [Hippolyte] *a pour tout le sexe une haine fatale* (Rac., *Ph.*, 789). ♦Qui apporte la mort, la douleur : *Cependant Athalie, un poignard à la main, Rit des faibles remparts de nos portes d'airain. Pour les rompre, elle attend les fatales machines* (Rac., *Ath.*, 1539). [...] *loin du fatal objet* [ton fils aveugle] *Qui doit t'être un juste sujet De haine et de fureur* (La Font., *F.*, X, 11). ♦**Fatal à** signifiait « funeste, nuisible à » : [...] *cet étourdi, qui veut m'être fatal* (Mol., *Éc. des f.*, 1214). – Auj. il signifie, en ce dernier emploi, « qui cause la perte, la ruine de » en parlant de choses, comme aussi au XVIIe s. : *La bataille d'Arbèles fut fatale aux Persans* (Fur.).

Auj. également « qui doit arriver inévitablement ».

fatalement adv. Par une circonstance heureuse ou malheureuse indépendante de la volonté : [...] *il doit voir au temple, ou à la promenade* [...], *la personne dont il devient amoureux ; ou bien être conduit fatalement chez elle par un parent ou un ami* (Mol., *Pr. rid.*, sc. IV).

Auj. : « inéluctablement » (le plus souvent en parlant de choses fâcheuses).

fatalité n.f. Déroulement des événements selon l'ordre du destin, de la Providence : *Mais il* [le songe] *passe dans Rome avec autorité Pour fidèle miroir de la fatalité* (Corn., *Pol.*, 156). *Il semble par une espèce de fatalité glorieuse à ce conquérant qu'aucun prince ne puisse recevoir de louanges qu'il ne les partage* (Boss., *O. f. Condé*).

Le sens actuel de « malchance » était également usuel au XVIIe s. : *Quoique cet homme ait de bons desseins, je ne sais par quelle fatalité ils tournent toujours en mal* (Fur.).

fatidique adj. Qui révèle les arrêts du destin (seulement en poésie) : *Comme eux je suis prophète, et mon bois fatidique Va faire plus de bruit que le trépied delphique* (Th. Corn., *Berg. extrav.*, IV, VII). *Le vol fatidique des oiseaux* (Acad. 94).

Auj. on ne dit guère que *date, heure, moment fatidique*, « moment décisif où doit se produire l'inévitable ».

fatigue n.f. Importunité, tracas, souci : *Ô la grande fatigue que d'avoir une femme* (Mol., *Méd. m. lui*, I, I). *Qu'ils se reposent sur nous de la fatigue d'éclaircir les difficultés de la poétique d'Aristote* (Rac., *Bér.*, Préf.). ♦Travail pénible : *Voudrais-tu* [...] *Qu'un cœur qu'ont endurci la fatigue et les ans Suivît d'un vain plaisir les conseils imprudents ?* (Rac., *Baj.*, 179). *Les chevaux de manège ne sont pas propres pour la fatigue* (Fur.).

Le sens actuel de « lassitude du corps ou de l'esprit » était également usuel au XVIIe s. : *Il n'en peut plus de fatigue* (Acad. 94).

fatiguer v.t. Harceler, persécuter : *Il commanda au maréchal de Créqui de les fatiguer* [les Impériaux] *le plus qu'il pourrait* (Rac., *Camp. L. XIV*). ♦ Avec un nom de chose comme complément, chercher à faire céder : *J'ai beau me défendre des choses, vous fatiguez ma résistance* (Mol., *Bourg.*, III, xv). *Ne fatiguez point mon devoir par les propositions d'une fâcheuse extrémité* (Mol., *Pourc.*, I, ii).

◆ v.i. Se démener, prendre de la peine : *Certain fou poursuivait à coups de pierre un sage. Le sage* [...] *lui dit :* [...] *reçois cet écu-ci. Tu fatigues assez pour gagner davantage* (La Font., *F.*, XII, 22). – Auj. en cet emploi il peut se dire d'une personne qui éprouve de la fatigue dans ce qu'elle fait (sens qui se rencontrait au XVIIe s.), ou d'un objet soumis à des efforts excessifs qui compromettent sa résistance.

Les sens actuels du v. t. et du v. pr. étaient également usuels au XVIIe s.

fatras n.m. Bagatelles, choses de peu d'importance, balivernes : *Ses dîners et les goûters avec ses amies, l'exorbitance de ses parures, la somptuosité de ses habits, et tout plein d'autres menus fatras qui en dépendent* [...] *m'épuisèrent de sorte que je commençai à m'affaisser* (Chap., *Guzm. Alfar.*, III, 334). *Un libertin* [...] *dira qu'il ne croit pas néanmoins tous ces menus fatras dont on abreuve le simple peuple* (le P. Garasse, *Rech. des rech.*, 1622, p. 267). [...] *se charger l'esprit d'un ténébreux butin De tous les vieux fatras qui traînent dans les livres* (Mol., *F. sav.*, 1377). *Il n'a rempli son cabinet que de fatras, de tableaux, d'antiquités qui ne valent rien* (Fur.).

Auj. « vaste amas confus de choses fastidieuses ».

fatuité n.f. Sottise, stupidité, propos ou acte déplacé : *Il a dit une grande fatuité* (Acad. 94). [...] *les rieurs sont pour lui : il n'y a sorte de fatuités qu'on ne lui passe* (La Br., V, 12).

Le sens actuel de « vaine suffisance » existait également au XVIIe s. : *On ne peut trop blâmer la fatuité de ceux qui parlent toujours et qui ne savent rien* (Fur.).

fauconneau n.m. Petit canon d'un calibre d'environ 55 mm, lançant des boulets d'environ 400 g : *Au même temps il vint un coup de fauconneau qui toucha le Maréchal* [de Guébriant], *lequel se sentant blessé* [...] (Du Buisson, *Turenne*, 2). *Tirer un coup de fauconneau* (Acad. 94).

faufiler v.i. Fig. Être en relation : *Et si vous l'ignorez, sachez que je faufile Avec ducs, archiducs, princes, seigneurs, marquis* (Regnard, *Joueur*, 1074).

◆ **se faufiler avec,** entrer en relation avec (généralem. ironique et péjor.) : *Je me repentais de ne m'être pas plus tôt faufilé avec une famille si charmante* (Le Sage, *Guzm. Alfar.*, VI, 4). *Il s'est faufilé depuis peu avec un tel* (Acad. 94).

◆ **Être faufilé avec,** être lié, réuni avec : *Avec des voleurs mon neveu faufilé !* (Dancourt, *Enf. de Paris*, V, vii). *Vous avez donc été à Sceaux : vous ne pouvez jamais en être contente avec la compagnie qui y a été faufilée avec vous* (E. de Coulanges, *Lettre*, 1er août 1685).

Auj. au fig. et surtout comme pronominal : « s'insinuer, se glisser habilement ».

faussaire adj. et n. Menteur, trompeur (sens vieilli, mais enregistré dans Acad. 94) : *Si vous ne m'abusez, si vous n'êtes faussaires, Vous êtes de mon heur les cruels adversaires* (Corn., *Clit.*, 33). *Mais pour quelques vertus si pures, si sincères, Combien y trouve-t-on d'impudentes faussaires ?* (Boil., *Sat.*, X, 521).

Le sens actuel de « celui qui fait un faux » était déjà le plus usuel au XVIIe s. : *Un notaire qui est faussaire est pendu sans rémission* (Fur.).

fausser v.t. **Fausser parole, fausser sa foi, sa promesse,** être infidèle à ses engagements : *Non, non, n'ayez pas peur Que je fausse parole* (Mol., *Dép. am.*, 1324). *Si vous faussez déjà la parole donnée, Que ne feriez-vous point après notre hyménée ?* (Corn., *Pl. R.*, 1430). *Il avait bien quelque soupçon que cet Électeur tiendrait mal sa parole* [...] *et* [...] *on manquait une belle occasion s'il venait à fausser sa foi* (Du Buisson, *Turenne*, 3). [Damon] *Ne pouvait se résoudre à fausser sa promesse D'être fidèle à sa moitié* (La Font., *Contes*, III, 4).

fausseté n.f. Chose fausse, mensonge : *Par une fausseté tu tombes en danger ; Par une fausseté sache t'en dégager* (Corn., *Clit.*, 543-544). *C'est à des faussetés sans besoin recourir* (Corn., *Théod.*, 609). *Je hais tant de dire des faussetés, que j'aime mieux ne vous rien dire* (Sév., 27 mai 1672).

Le sens actuel de « caractère de celui ou de ce qui est faux » était également usuel au XVIIe s. : *La fausseté de ces titres a été suffisamment vérifiée* (Fur.).

faute n.f. Manque, absence, défaut : *Cette place a été prise parce qu'elle a eu faute de vivres, de secours* (Fur.). ♦ **Il vient, il arrive faute de qqn, de qqch,** cette personne, cette chose vient à manquer : *On craignait que le duc d'Orléans ne se rendît maître de la personne de Monsieur, s'il venait faute du Roi* (Rac., *Ann. La Barde*). *Je lui dis encore que nous étions mortels et qu'il pouvait arriver faute de moi* (Chap., *Guzm. Alfar.*, III, 260). ♦ **À faute de,** par manque de (*faute de* lui était déjà préféré par Vaug., Th. Corn. et Acad. 94) : *Elle est jeune, il est vrai, mais, à faute de l'être, On peut s'en consoler* (Quinault, *Mère coquette*, II, II) ; à défaut de : *À faute d'être aimée, on peut se faire craindre* (Corn., *Tois.*, 1289).

Les locutions et les sens actuels étaient également usuels au XVIIe s.

fauteur n.m. Protecteur ; partisan : *C'est ce que j'ai appris de M. Bigot, grand fauteur de gens de lettres* (Chap., *Lettres*, II, 520). *On l'a condamné, lui, ses fauteurs et adhérents* (Acad. 94).

Auj. restreint à quelques expressions : *fauteur* [= auteur, instigateur] *de troubles, de guerre*, etc.

fautif, ive adj. Qui est sujet à se tromper, à commettre une faute : *Il n'y a rien de si fautif que l'homme* (Acad. 94).

Les sens actuels : « qui contient des fautes » ou, en parlant de personnes, « coupable », étaient également usuels au XVIIe s. : *La première édition de ce livre est bien fautive* (Fur.).

faux, fausse adj. Mal fondé, injustifié (on dit encore auj. *fausse joie, fausse honte*) : *Vous avez pris peut-être de fausses alarmes. Est-il certain qu'on vous arrache au plus fidèle amant qui fut jamais ?* (Le Sage, *Diable boit.*, V). ♦ Trompeur, perfide : *S'il a cru m'éblouir par de fausses caresses* (Corn., *Œd.*, 525). *Ni les promesses, ni les fausses démonstrations des grands ne sauraient me séduire* (Saint-Réal, *Conjur. des Gracques*). ♦ **Faux zélé,** fanatique : *Le vœu sacrilège de leurs faux zélés, qui jurèrent de ne boire ni ne manger jusqu'à ce qu'ils eussent tué ce saint apôtre* (Boss., *H. univ.*, II, 23). ♦ **Faux sel,** sel de contrebande : *Un de ses frères, qui se mêlait de faire des convois de faux sel* (Scarr., *Rom. com.*, II, 12). ♦ **Parler à faux,** tenir de vains propos : *Lui qu'Apollon jamais n'a fait parler à faux* (Corn., *Hor.*, 193).

Les locutions et les sens actuels étaient également usuels au XVIIe s.

faveur n.f. Ressource : *Afin que pour nier, en cas de quelque enquête, J'eusse d'un faux-fuyant la faveur toute prête* (Mol., *Tart.*, 1590). ♦ **En faveur de,** en profitant de, à la faveur de : *Jusques en Bellecour je vous ai reconduit Pour voir une maîtresse en faveur de la nuit* (Corn., *S. du Ment.*, 1387). – Auj., comme déjà au XVIIe s., cette locution signifie « dans l'intérêt de ». ♦ **Sous la faveur de,** en profitant de : *Marchons sous la faveur des ombres de la nuit* (Corn., *Illus.*, 864).

Les sens actuels de « bienveillance », « marque de bienveillance », « crédit » étaient également usuels au XVIIe s. : *Faites-moi la faveur de croire que je suis tout à vous* [...] *Les princes font des faveurs à qui il leur plaît* [...] *La faveur l'emporte toujours, c'est un homme en faveur* (Fur.).

favorable adj. Agréable, sympathique, estimé : *Les peuples prévenus de ce nom favorable, Savent que sa vertu le rend seule coupable* (Rac., *Baj.*, 241). *De David à ses yeux le nom est favorable* (Rac., *Ath.*, 1072).

Les sens actuels de « bien disposé (à l'égard de) », « qui est à l'avantage (de qqn ou de qqch) » étaient également usuels au XVIIe s. : *Dieu est favorable à ceux qui le réclament. Il y a du plaisir à naviger* [= naviguer] *par un vent favorable* (Fur.).

favoriser v.t. Apprécier, accorder sa préférence à : *Encore qu'il m'importe peu s'ils* [mes vers] *sont condamnés mal à propos par des juges qui ne seraient pas capables de les favoriser de bonne grâce* (Tr. L'Hermite, *Am.*). *Celui qui écoute* [...] *n'est pas plus converti par le discours qu'il favorise que par celui auquel il est contraire* (La Br., XV, 2). ♦ Embellir : *Un art* [...] *qui permet de favoriser en imitant* (Balz., *Lettre*, 17 janv. 1643).

Le sens actuel de « accorder son appui, avantager » était également usuel au XVIIe s. : *Favoriser un parti* [...] *Un bon juge ne doit favoriser personne* (Fur.).

féculence n.f. Fermentation qui produit des impuretés : [...] *je vous abandonne* [...] *à la féculence de vos humeurs* (Mol., *Mal. im.*, III, V).

féculent, e adj. Impur, altéré : *La véritable source de tout le mal est une humeur crasse et féculente* (Mol., *Pourc.*, I, VIII).

feindre v.t. Imaginer, supposer, représenter : *Feignez un homme de la taille du mont Athos* [...] (La Br., XII, 119). *D'autres ont feint que*

Diane [...] *l'avait enlevée* (Rac., *Iphig.*, Préf.). *Il est nécessaire de feindre qu'il* [Dieu] *soit trompeur, si nous voulons révoquer en doute les choses que nous concevons clairement* (Desc., *in* L.). *Abusé d'une vaine erreur, Je me feins mille objets funèbres* (Saint-Amant, *le Contemplateur*, 234) ; absolument, inventer, forger de toutes pièces une apparence fausse : [...] *l'ouvrier* [le peintre qui avait représenté un lion énorme terrassé par un seul homme] *vous a déçus* [trompés] : *Il avait liberté de feindre* (La Font., *F.*, III, 10). ♦ Dire faussement : *Il lui feint qu'en un lieu que vous seul connaissez, Vous cachez des trésors par David amassés* (Rac., *Ath.*, 49). ♦ **Feindre à, feindre de** (le plus souvent en proposition négative), hésiter à : *Je ne feindrais pas à les mettre immédiatement après ceux du poète de Venouse* (Chap., *Lettres*, II, 78). *Nous feignions à vous aborder de peur de vous interrompre* (Mol., *Av.*, I, IV). *Ne feignons point pour moi d'entrer chez Hippolyte* (Corn., *Gal. du Pal.*, 1499, var.). [Lucrèce] *ne feignit point de donner son cœur au marquis* (Fur., *Rom. bourg.*, I). ♦ Boiter : *Il n'est pas bien guéri de sa blessure, il feint encore du pied droit* (Fur.). – Auj. « faire semblant, simuler ». En ce sens, au début du XVIIe s., l'infinitif pouvait se construire directement après *feindre* (auj. *feindre de*) : *Il a couru bruit* [...] *qu'un catholique, feignant se convertir à la religion prétendue, avait voulu tuer M. de Bouillon* (Malh., *Lettre Peiresc*, 17 juill. 1615).

◆ **se feindre,** déguiser sa pensée, ses sentiments : *Mais leur divin génie est forcé de se feindre, Et les rend malheureux s'il ne se peut contraindre* (Th. de Viau, *Élégie à une dame*, Si votre doux accueil).

feinte n.f. Le fait de feindre, simulation, hypocrisie (auj. vieilli) : [...] *agissez avec feinte, Seigneur, et ne montrez que faiblesse et que crainte* (Corn., *Pomp.*, 1178). *Sa probité apparente n'est qu'artifice et que feinte* (Fur.). ♦ Fiction poétique : *En ces sortes de feinte* [les fables] *il faut instruire et plaire* (La Font., *F.*, VI, 1). *La feinte est un pays plein de terres désertes. Tous les jours nos auteurs y font des découvertes* (La Font., *F.*, III, 1).

Le sens actuel « coup, mouvement simulé par lequel on trompe l'adversaire » était également usuel au XVIIe s. : *La feinte simple se fait par un seul mouvement du poignet, sans bouger le pied* (Fur.).

feintise n.f. Simulation, dissimulation (vieilli au XVIIe s.) : *Elle s'abaissa, mais sans feintise et du bon du cœur, jusques à me faire des excuses* (Retz, *Mém.*, III, 474). [...] *ne se dit guères qu'en cette phrase : Parlons sans feintise* (Fur.).

femelle n.f. Fille, femme (burlesque selon Richelet et Fur. ; auj. *pop.* et *péjor.*) : *L'une de son galant, en adroite femelle, Fait fausse confidence à son époux fidèle* [...] (Mol., *Éc. des f.*, 35). *Le père mort, les trois femelles Courent au testament, sans attendre plus tard* (La Font., *F.*, II, 20).

Les sens actuels étaient également usuels au XVIIe s.

fendant n.m. **Faire le** (ou **du**) **fendant,** faire le fanfaron : *Faire ici du fendant tandis qu'on nous sépare, C'est montrer un esprit lâche autant que barbare* (Corn., *Veuve*, 1299). *Les faux braves font bien les fendants, quand ils ne voient personne qui soit capable de leur résister* (Fur.).

fer n.m. S'employait très souvent en poésie pour désigner une arme : *J'ai vu, le fer en main, Étéocle lui-même* (Rac., *Théb.*, 11). ♦ **Battre le fer,** faire de l'escrime : *Et j'ai battu le fer en mainte et mainte salle* (Mol., *Ét.*, 1420).

◆ pl. **Les fers,** la servitude, l'esclavage : *Son fils seul avec moi, réservé pour les fers* (Rac., *Andr.*, 931). ♦ Particulièrement, état de l'amoureux soumis à sa maîtresse : [Une image si belle] *Des célestes beautés de la gloire éternelle, Beautés qui dans leurs fers tiennent vos libertés, Et vous font mépriser toutes autres beautés* (Mol., *Val de Gr.*, 225). ♦ Angoisse, torture morale : *Il n'a goutte de sang qui lors ne soit glacée ; Son âme est dans les fers* (Th. de Viau, *Stances*, La frayeur de la mort, 18). ♦ **Entre deux fers,** incertain, en équilibre : *Cela s'est trouvé désagréablement pour elle* [Mme de Vibraye], *car on trouvait la qualité entre deux fers pour entrer dans les carrosses de la Reine* (Sév., 26 janv. 1680). ♦ **Mettre les fers au feu,** s'occuper activement d'une chose : *Nous avions mis les fers au feu pour cela* (Chap., *Lettres*, II, 397).

Les locutions et les sens actuels étaient également usuels au XVIIe s.

férir v.t. Frapper, atteindre (auj. seulement dans *sans coup férir* : « sans difficulté » [au XVIIe s. : « sans combattre »]), et en particulier, au fig., blesser d'amour (mot vieilli, du style burlesque ou comique) : *Car, quant à moi, j'ai* *belle paour* [peur] *Qu'à vous férir n'ait le bras gourd* (La Font., *Janot et Catin*, 45). *Peut-être en avez-vous déjà féru quelqu'une ?* (Mol., *Éc. des f.*, 299). ♦ **Être féru,** être épris (de qqn), être passionné (pour qqch) [vieilli auj.] : *Avecque tant de joie il est vers moi couru Qu'à bon escient pour vous je l'ai jugé féru* (Th. Corn., *Am. à la mode*, V, I). *Notre précepteur, qui n'avait jamais lu de romans,* [...] *en devint si féru qu'il avoua que la lecture des bons romans instruisait et divertissait* (Scarr., *Rom. com.*, I, 13).

ferme adj. Nettement résolu : *Mais quand j'ai bien mangé, mon âme est ferme à tout* (Mol., *Sgan.*, 235). ♦ Sans hésitation ; solide : *Qualités de l'esprit : prompt à s'imaginer, fécond à expliquer, ferme à se ressouvenir* (Rac., *Ann. Cicéron*). ♦ **Ferme de courage,** fier : *Elle* [Naïs] *est ferme de courage, et supporte impatiemment un affront* (Sorel, *Franc.*, XII). ♦ **Faire ferme,** s'arrêter au cours d'une retraite et tenir tête à l'ennemi : *Les bourgeois... se contentèrent de faire ferme dans le carrefour* (Retz, *Mém.*, II, 27). *Demeurez, mettez-vous en défense, faites ferme* (Boss., *Panég. St Benoît*). *Il fit ferme à un défilé, et ce fut quelque chose d'extraordinaire que de voir combien de fois il s'exposa pour donner aux siens le temps de se retirer* (Du Buisson, *Turenne*, 3). ♦ **Demeurer ferme à,** rester décidé à : *Je demeurai ferme à soutenir Monsieur, qu'il devait dissiper l'assemblée de la noblesse* (Retz, *Mém.*, III, 277).

◆ Il s'employait comme interj. pour exciter : *Allons, ferme ! poussez, mes bons amis de cour* (Mol., *Mis.*, 651).

◆ adv. D'une manière décidée, solide : *Elle pense ferme, comme vous disiez ; ce qu'elle a résolu est immanquable* (Sév., 11 sept. 1680).

Les sens actuels de *ferme* étaient également usuels au XVIIe s.

fermé, e part. **Nuit fermée,** moment où l'obscurité est devenue complète (auj. *nuit close, nuit noire*) : *Nous marchâmes depuis la pointe du jour jusques à la nuit fermée* (Sév., 22 sept. 1687).

fermenter v. S'est employé transitivement : *On peut penser que le cœur mêle dans le sang une matière, quelle qu'elle soit, capable de le fermenter* (Boss., *Connaiss.*, II, 9). *Le levain fermente la pâte* (Acad. 94).

fermer v.t. Clore, terminer : *Un si grand conquérant n'eût jamais pu fermer Par un plus digne exploit ces grands événements* (Corn., *Triomphes de Louis*, 117).

◆ **se fermer à qqch,** s'y résoudre (vieilli au XVIIe s.) : *L'autre issue* [...] *était plus grande, plus noble ;* [...] *et ce fut celle aussi à laquelle je me fermai sans balancer* (Retz, *Mém.*, IV, 46).

Les emplois et les sens actuels étaient également usuels au XVIIe s.

féroce adj. Sauvage, brutal, peu sociable : *La solitude rend un esprit féroce* (Fur.).

Le XVIIe s. connaissait surtout les sens actuels : « cruel, sanguinaire », le plus souvent en parlant des bêtes ; « méchant, impitoyable », en parlant des personnes.

férocité n.f. Humeur sauvage, brutale : *Il garde au milieu de son amour la férocité de la nation* (Rac., *Baj.*, 2e Préf., var.). *Enfin* [...] *Néron découvre son génie* [= son naturel]. *Cette férocité que tu croyais fléchir, De tes faibles liens est prête à s'affranchir* (Rac., *Brit.*, 801).

Le sens actuel de « cruauté » était déjà le plus usuel au XVIIe s. : [...] *ce m'est une chose toujours nouvelle de contempler avec quelle férocité les hommes traitent d'autres hommes* (La Br., XI, 127).

ferrement n.m. Outil de fer servant à forcer ou crocheter des portes : *Les voleurs de nuit qu'on saisit avec des ferrements méritent la corde* (Fur.). ♦ Instrument de chirurgie : *Ces dangereux chirurgiens qui, lorsqu'ils pansent une petite plaie avec leurs ferrements et poudres caustiques, la rendent grande et dangereuse* (Fur., *Rom. bourg.*, I).

ferrer v.t. **Ferrer la mule,** prendre qqch sur ce que l'on achète pour son maître, faire sauter l'anse du panier : *Croyez-vous que je voulusse ferrer la mule en cette occasion ? Ce serait un gros péché d'y penser* (Fur., *Rom. bourg.*, I).

féru part. V. FÉRIR.

fesse-mathieu n.m. Usurier (mot familier) : [...] *jamais on ne parle de vous que sous les noms d'avare, de ladre, de vilain et de fesse-mathieu* (Mol., *Av.*, III, I). *Le père, à ce qu'on dit, est un vilain, un ladre, un fesse-mathieu* (Regnard, *Retour imprévu*, sc. XII).

festiner v.t. Régaler en offrant un repas (vieilli au XVIIe s.) : *Voilà comme vous dépensez votre bien, et c'est ainsi que vous festinez les dames en mon absence* (Mol., *Bourg.*, IV, II). *Les amis de Dieu, ses élus, les bénis de son père, ce sont ceux-là qu'il traite et festine des mets de pauvreté* (Chap., *Guzm. Alfar.*, III, 509). *Alibech fut festinée en grand'pompe* (La Font., *Contes*, IV, 9).

◆ v.i. Festoyer : *Cette noce dura huit jours, pendant lesquels on ne fit que danser, festiner et se réjouir* (Fur.).

feston n.m. Guirlande : *Il fit joncher les chemins de fleurs et de festons* (Vaug., *Q. C.*, IX, 2). *Ces festons dans vos mains, et ces fleurs sur vos têtes, Autrefois convenaient à nos pompeuses fêtes* (Rac., *Ath.*, 303).

Le sens actuel de « ornement architectural figurant une guirlande » était également usuel au XVIIe s. : *Les festons se mettent ordinairement dans les frises le long des bordures* (Fur.). – Auj. le mot signifie aussi : « bordure dentelée et brodée (en couture) ».

festoyer v.t. Bien accueillir, faire fête à : *Il semblait que la terre et le ciel* [...] *voulaient festoyer la plus belle princesse du monde* (Voit., *Lettre*, 1630). *Festoyer cet étranger* (Rac., *R. sur O.*, VIII).

◆ **se festoyer,** se régaler : *Déjà tous les bergers se reposent à l'ombre, Et, pour se festoyer des mets en petit nombre* [...] (Racan, *Berg.*, II, IV).

Auj. seulement v.intr., au sens de « banqueter ».

fête n.f. **Faire fête de,** se réjouir beaucoup : *Et de vous marier vous osez faire fête ?* (Mol., *F. sav.*, 3). ♦ Fam. **Se faire de fête,** s'inviter, se mêler de qqch sans en être prié : *Eh ! que de gens se font de fête, et viennent dire : « Commencez donc », à qui le Roi ne l'a pas commandé !* (Mol., *Impr.*, sc. VIII). *Il donna un grand estramaçon sur les oreilles de son valet qui me pressait plus que les autres pour se faire de fête* (Scarr., *Rom. com.*, I, 15).

feu n.m. Passion, amour (fréquent au sing. et au plur. dans la langue poétique) : *Si l'ardeur de mes feux a pu vous émouvoir* (Mol., *Mis.*, 1591). *Vous ne m'écoutez point ; vous dédaignez mon feu : De vos beaux yeux pourtant, cruelle, il est l'ouvrage* (Regnard, *Joueur*, 652). ♦ Inspiration poétique, surnaturelle, ardeur enthousiaste : *Toute pleine du feu de tant de saints prophètes* (Rac., *Esth.*, 189). ♦ Colère, scandale, sédition : *J'étais averti qu'il y aurait bien du feu à l'apparition de ce député* (Retz, *Mém.*, III, 74). ♦ Éruption, rougeur (encore *feu de dents*) : *Il prit une fantaisie à ma jambe de s'enfler et de jeter des feux et des sérosités* (Sév., 15 avr. 1685). ♦ **Feux volants,** feux follets : *La physique* [...] *nous enseigne* [...] *les feux volants* (Mol., *Bourg.*, II, IV).

Les sens pr. et fig. d'auj. étaient également tous usuels à la fin du XVIIe s.

fiammette adj. Rouge feu : *Il avait le pourpoint de satin blanc, et le bas de soie fiammette* (Sorel, *Franc.*, V).

ficher v.t. **Ficher les yeux,** les fixer : *Les yeux fichés sur le pavé, Le visage de pleurs lavé* (Scarr., *V. tr.*, IV, 1647). *Ce mélancolique a toujours les yeux fichés en terre* (Fur.). ♦ Fig. Quitter soudain (on dit auj. *planter là*) : *Mon fils, comme je vous ai dit, m'a fichée dans le milieu de « Cléopâtre », et je l'achève* (Sév., 8 juill. 1671).

fichu, e adj. Mal fait (mot bas ; auj. on dit *mal fichu*) : *C'est beaucoup que de n'avoir pas l'esprit « fichu », ni de travers, et de voir les choses comme elles sont* (Sév., 8 oct. 1684).

fiction n.f. Déguisement, feinte, mensonge (vieilli au XVIIe s.) : *Oui ; toujours incrédule, Croyez que je vous mens et que je dissimule. Mais le ciel voit mon cœur exempt de fiction* (Rotr., *Sosies*, III, II). *Il m'a parlé du cœur et sans fiction ; tout ce qu'il dit est pure hâblerie et fiction* (Fur.).

Le sens actuel de « intervention de choses fictives » était usuel au XVIIe s. : [...] *la poésie épique, Dans le vaste récit d'une longue action, Se soutient par la fable et vit de fiction* (Boil., *A. p.*, III, 162).

fidèle adj. Probe, honnête : *Quoi ! l'avez-vous surprise* [Martine, une servante] *à n'être pas fidèle ?* (Mol., *F. sav.*, 457). ♦ Véritable, authentique : *Savez-vous les nouvelles Que l'on dit à la Cour, et qu'on tient pour fidèles ?* (Mol., *Éc. des m.*, 292). ♦ D'une efficacité assurée : *D'abord il a tenté les atteintes mortelles Des poisons que lui-même a crus les plus fidèles* (Rac., *Mithr.*, 1572).

Le XVIIe s. connaissait les sens actuels de « qui fait preuve de constance dans son attachement », et, en parlant des choses, « régulier » ou « conforme à un modèle ».

fidélité n.f. Probité, honnêteté : *Vous savez que j'ai voulu que les coffres fussent ouverts et qu'il régnât une fidélité dans la maison qui n'eût besoin d'aucune précaution* (Maintenon, *Avis aux maîtresses des classes,* déc. 1691).

Les sens actuels étaient déjà les plus usuels au XVIIe s.

fier v.t. Confier (emploi transitif vieilli au XVIIe s.) : *Ciel, à qui voulez-vous désormais que je fie Les secrets de mon âme et le soin de ma vie ?* (Corn., *Cinna,* 1121). *Mais il faut* [...] *Vous fiant mon secret, vous apprendre en deux mots* [...] (Rotr., *Sœur,* I, III). *Il vous fie son salut en toute assurance* (Scarr., *Rom. com.*, II, 19). *On doit fier sa vie et son honneur à ses amis, quand on les a bien éprouvés* (Fur.).

◆ **se fier sur, en, de,** mettre sa confiance en : [...] *sur mon innocence à peine je me fie* (Rac., *Brit.*, 607). *M. de Trévaly me répond tous les jours de votre capacité et fidélité : c'est pourquoi je me veux fier en vous entièrement* (Sév., 23 avr. 1687).

L'emploi actuel de *se fier à,* « accorder sa confiance à », existait déjà au XVIIe s. : *Celui qui se fie à tout le monde veut bien être trompé* (Fur.).

fier, fière adj. Farouche, sauvage, cruel : *Son visage où la mort a répandu ses traits, Demeure plus terrible et plus fier que jamais* (Rac., *Théb.*, 1384). *Athalie* [...] *De ses fiers étrangers assemblant les cohortes* (Rac., *Ath.*, 219). *On l'appelait Alcimadure : Fier et farouche objet, toujours courant aux bois* (La Font., *F.*, XII, 24). ♦ En parlant des choses, violent, terrible : *Ces crimes entassés élèvent sur ma tête Des eaux de ta colère un fier débordement* (Corn., *Off.*, V, 14).

Les sens actuels de « hautain, noble », « qui s'enorgueillit » étaient également usuels au XVIIe s. : *Un gueux enrichi est toujours fier* [...] *Une mine haute et fière* [...] *Il est fier de ses richesses* (Fur.)

◆ n.m. **Se tenir sur le fier,** prendre un air hautain : *Mais puisque sur le fier vous vous tenez si bien, Je garde ma nouvelle, et ne veux dire rien* (Mol., *Mélic.*, I, III).

fierté n.f. Sauvagerie, cruauté : *Ne nous emportons point contre les hommes en voyant leur dureté, leur ingratitude, leur fierté, l'amour d'eux-mêmes et l'oubli des autres* (La Br., XI, 1). ♦ Dureté, ton hautain : *Et laissant la fierté des paroles aux autres, C'est par leurs actions qu'ils reprennent les nôtres* (Mol., *Tart.*, 393). *La Reine était, depuis midi, dans une fierté qui lui faisait craindre qu'elle n'eût quelque négociation cachée* (Retz, *Mém.*, III, 376). ♦ Rigueur, insensibilité d'une femme courtisée (au sing. et au plur.) : *Le bruit de ses fiertés en mon âme fit naître Un transport inconnu dont je ne fus point maître* (Mol., *Pr. Él.*, 77). ♦ Fougue, ardeur, en parlant d'un cheval : *Le cheval d'Antiope, malgré sa fierté, frémit et recule* (Fén., *Tél.*, 17). ♦ Effet vigoureux, heurté ; contraste : *La fierté de l'obscur* [tranchant] *sur la douceur du clair* (Mol., *Val de Gr.*, 182).

Auj. sans nuance péjorative, il désigne la noblesse de caractère ou la légitime satisfaction de ses actes. Ce sens se rencontrait au XVIIe s., mais plus rarement.

figue n.f. **Faire la figue à,** se moquer de, défier (vieilli au XVIIe s.) : *Plusieurs se sont trouvés qui, d'écharpe changeants, Aux dangers, ainsi qu'elle, ont souvent fait la figue* (La Font., *F.*, II, 5).

figure n.f. Forme, aspect, allure : [...] *il* [le chat] *a des oreilles En figure aux nôtres* [celles des souris] *pareilles* (La Font., *F.*, VI, 5). [...] *un nombre presque innombrable de petits animaux, dont le microscope nous fait apercevoir la figure* (La Br., XVI, 44). *Cette raison leur fit changer* [aux Juifs] *l'ancienne figure des lettres hébraïques* (Boss., *H. univ.*, p. 59). *Ils prirent tous la figure du cochon, la tête, la voix, le poil et le corps* (Rac., *R. sur O.*, X). *Le char de la déesse était une conque d'une merveilleuse figure* (Fén., *Tél.*, 4). ♦ **Faire figure,** figurer, être présent : *Le corps avec l'esprit fait figure, mon frère ; Mais, si vous en croyez tout le monde savant, L'esprit doit sur le corps prendre le pas devant* (Mol., *F. sav.*, 544) ; particulièrement, occuper une situation importante : *Pourvu qu'on trouve le moyen de faire figure dans le monde* (Boss., *Hist. var.*, II, 653). – Auj. dans cette expression le mot *figure* est déterminé : *faire bonne, triste figure ; faire figure de,* « jouer le rôle de, apparaître comme ».

◆ Statue, effigie en relief : *Tu n'as qu'à,* [...] *prenant dans tes bras un éléphant de pierre,* [...] *Le porter* [...] *au sommet de ce mont* [...] – *Il* [=cela] *n'est pas au pouvoir d'un mortel ; à moins que la figure Ne soit d'un éléphant nain* (La Font., *F.*, X, 13). *Un homme d'esprit n'est point jaloux* [...] *d'un statuaire qui vient d'achever une belle figure* (La Br., XI, 85). ♦ En termes d'astrologie, description et représentation, selon un tracé géométrique, de la position des astres :

J'ai commencé [...] *à jeter pour cela des figures mystérieuses que notre art* [=l'astrologie] *nous enseigne* (Mol., *Am. magn.*, III, I).

Le sens le plus courant d'auj. : « visage humain », et la plupart des sens techniques actuels étaient également usuels au XVIIe s. : *Jusques à* [deviner] *sa figure* [de Trissotin] *encor la chose alla, Et je vis, par les vers qu'à la tête il nous jette, De quel air il fallait que fût fait le poète ; Et j'en avais* [...] *bien deviné tous les traits* (Mol., *F. sav.*, 262).

figurer v.t. Représenter, décrire : *L'impétueuse ardeur d'un courage sensible À vos ressentiments figure tout possible* (Corn., *Méd.*, 326). *Ta bouche trop longtemps m'a trop bien figuré Un tourment que ton cœur a toujours ignoré* (Quinault, *les Rivales*, I, III). *Ces petits enfants accusent les mêmes personnes et les figurent, quelques-uns sans les avoir jamais vues, à ce qu'on dit* (Feuquières, *Lettre L. XIV*, 26 avr. 1676). ♦Accoutrer : *Voici Monsieur Du Bois, plaisamment figuré. – Que veut cet équipage, et cet air effaré ?* (Mol., *Mis.*, 1435). – Cet emploi paraît exceptionnel.

◆ v.i. Avoir de la convenance, de la symétrie avec, former des figures : *Ces planètes se regardent diversement et figurent diversement ensemble* (Fonten., *Plur. des mondes*, 1er soir). ♦Jouer un certain rôle : *Hercule susdit duc de Montbazon, homme de tête et d'esprit qui figura fort* (Saint-Simon, *in* L.).

Le sens actuel du v.t. : « représenter symboliquement », et celui du v.pr. : « s'imaginer », étaient également usuels au XVIIe s. Auj. le v.i. signifie : « apparaître, se trouver ».

fil n.m. **De droit fil,** en droite ligne : *Faites-nous aller de droit fil Dans ce pays gras et fertil* (Scarr., *V. tr.*, III, 1737).

filandière n.f. Fileuse (vieilli au XVIIe s. et du style burlesque). ♦**Les sœurs filandières,** les Parques : *Elles filaient si bien que les sœurs filandières Ne faisaient que brouiller au prix de celles-ci* (La Font., *F.*, V, 6).

filet n.m. Fil ténu : *La Parque à filet d'or n'ourdira point ma vie* (La Font., *F.*, XI, 4). *Il voyait une épée sur la tête, qui ne tenait qu'à un filet* (Fur.) ; et au fig. : *Son âme ne tenait plus qu'à un filet* (Rac., *Lettre Vitart*, 16 mai 1662).

Les sens actuels étaient également usuels au XVIIe s.

fille n.f. Jeune fille, celle qui n'est pas mariée : *Ascagne, fille sous l'habit d'homme* (Mol., *Dép. am.*, Personnages). *Certaine fille, un peu trop fière, Prétendait trouver un mari* (La Font., *F.*, VII, 5). *Le sorcier en fit* [de la souris] *une fille De l'âge de quinze ans* (La Font., *F.*, IX, 7). ♦Particulièrement, religieuse : *Monastère de filles* (Rac., *Ann. Plutarque*). *Les filles de la Visitation* (Fur.). ♦Bonne, servante : *Quand il y a une servante dans une hôtellerie, on ne doit se servir que d'elle, et d'ailleurs Claudine est très habile* [...] *– Je conviens, Monsieur, qu'elle sait parfaitement son métier de fille* (Regnard, *Filles err.*, II, II). *Il faut donner quelque chose aux filles pour leurs épingles* [=comme pourboire] (Fur.). ♦**Fille d'honneur,** jeune fille de la noblesse attachée au service d'une princesse : *Le Roi* [...] *n'oublia rien de ce qui pouvait mettre les filles d'honneur de Mme la Dauphine sur un bon pied* (Mme de Caylus, *Souvenirs*).

Auj., sauf quand il s'agit d'indiquer une filiation, *une fille*, sans autre détermination et appliqué à une adulte, est péjoratif [=*fille publique*] ; il reste en usage sans nuance défavorable comme terme de camaraderie étudiante.

fils n. m. Terme d'amitié du maître au valet, de la femme à l'homme aimé, d'un ami à un ami : *Tu ne sais ce que tu dis, Guzman, mon fils, me répondit mon maître* (Chap., *Guzm. Alfar.*, III, 73). *N'avouerez-vous pas, mon fils, que je vous aime plus que vous ne m'aimez ?* (Urfé, *Astrée*, II, 462, Lettre d'Astrée à Céladon). ♦**Beau fils,** jeune homme élégant, coquet (souvent avec une nuance ironique) : *À des partis plus hauts ce beau fils doit prétendre* (Corn., *Cid*, 170). *Propre, toujours rasé, bien disant, et beau fils* (La Font., *Contes*, IV, 16).

Les emplois actuels étaient également usuels au XVIIe s.

fin, e adj. Rusé, qui fait preuve de duplicité : *S'il y avait moins de dupes, il y aurait moins de ce qu'on appelle des hommes fins ou entendus, et de ceux qui tirent autant de vanité que de distinction d'avoir su* [...] *tromper les autres* (La Br., XI, 26). ♦Il pouvait s'employer familièrement, ordinairement précédé de *tout,* avec une valeur superlative pour renforcer un adjectif, un adverbe : *Étienne vit toute fine seulette Près d'un ruisseau sa défunte Tiennette* (La Font., *Contes*, IV, 3). *Il parle tout fin droit comme s'il lisait dans un livre* (Mol., *Méd. m. lui*, II, I). – On dit encore *fin prêt*, etc.

◆ n. **Faire le fin de qqch,** le dissimuler :

Mais je ne t'en fais pas le fin, Nous avions bu de je ne sais quel vin, Qui m'a fait oublier tout ce que j'ai pu faire (Mol., *Amph.*, 1104). *Je vous embarrassai, n'en faites point la fine* (Corn., *Ment.*, 1745). *Je leur fis le fin des intentions de Monsieur* (Retz, *Mém.*, III, 186).

Les sens actuels de *fin* étaient également usuels au XVIIe s.

fin n.f. **Mettre à fin,** mener à son terme, venir à bout de : *Pourras-tu mettre à fin ce que je me propose ?* (Mol., *Ét.*, 420). *Quatre Mathusalems bout à bout ne pourraient Mettre à fin ce qu'un seul* [homme] *désire* (La Font., *F.*, VIII, 25). ♦**Conduire à sa fin,** mener à bonne fin : *Il* [Louis XIV] *conduit à leur fin les plus nobles projets Qu'ait jamais formés un monarque* (La Font., *F.*, XI, Épilogue). ♦**Tirer à la fin,** mourir, agoniser : *Je m'étais jeté sur un lit, où je tirais à la fin* (Sorel, *Franc.*, VII). – Auj. en parlant des choses, *Tirer à sa fin,* c'est « s'épuiser, approcher de son terme ». ♦**À la fin,** enfin : *À la fin je respire, et le ciel me délivre Des secours importuns qui me forçaient de vivre* (Rac., *Mithr.*, 1519). ♦**À toutes fins,** quelle que soit l'issue (auj. *à toutes fins utiles*) : *Elle ne laissait pas de se ménager soigneusement, à toutes fins, avec la Cour* (Retz, *Mém.*, III, 167).

finance n.f. Argent comptant (style familier ou plaisant) : *Vous m'aviez toujours parlé de l'arrivée de M. de Guise avec la finance* (La Roch., *Lettre Lenet*, 11 sept. 1652). *Et l'abondance à pleines mains Verse en leurs coffres la finance* (La Font., *F.*, VII, 6). *Un pincemaille* [= un avare] *avait tant amassé Qu'il ne savait où loger sa finance* (La Font., *F.*, X, 4). ♦**Homme, gens de finance,** financier[s] : *Son voisin* [...] *chantait peu, dormait moins encor. C'était un homme de finance* (La Font., *F.*, VIII, 2). [...] *vous, qui dédiez À Messieurs les gens de finance De méchants livres bien payés* (La Font., *F.*, VIII, 19).

Le sens actuel du mot au plur. : « ressources pécuniaires, surtout d'un État », était également usuel au XVIIe s. : *La guerre épuise bien les finances d'un État* [...] *Le surintendant des Finances* (Fur.). Auj. au sing. le mot signifie « grandes affaires d'argent, activité bancaire ».

finement adv. Insensiblement, délicatement : [Le Temps] *nous dérobe si subtilement que nous ne sentons pas son larcin ; il nous mène si finement aux extrémités opposées que nous y arrivons sans y penser* (Boss., *Serm. sur la Pénit.*, 3, *in* L.). ♦En employant la ruse : *Deux sortes de gens fleurissent dans les cours* [...], *les libertins et les hypocrites : ceux-là gaiement, ouvertement, sans art et sans dissimulation ; ceux-ci finement, par des artifices, par la cabale* (La Br., XVI, 26).

Auj. il se dit, comme au XVIIe s. déjà, de la « manière subtile, délicate, de raisonner, d'observer ou d'exécuter un travail ».

finesse n.f. Duplicité, ruse : *Je vous ai soupçonnée de finesse ; je suis bien aise de m'être trompée* (Maintenon, *Lettre Mme de la Viefville*, 23 févr. 1705, *in* L.). *La finesse est l'occasion prochaine de la fourberie ; de l'un à l'autre le pas est glissant ; le mensonge seul en fait la différence : si on ajoute à la finesse, c'est fourberie* (La Br., VIII, 85). [Racan est] *bon homme, du reste, et sans finesse* (Tall. des Réaux, *Hist.*, Racan). ♦Acte destiné à tromper : *Je ne vous ferai point une méchante finesse* [...] *: tout ce que vous voyez est préparé contre les Doria* (Retz, *Conjur. Fiesque*, V, 643). *Ce qui nous donne tant d'aigreur contre ceux qui nous font des finesses, c'est qu'ils croient être plus habiles que nous* (La Roch., *Maximes*, 350).

Les sens actuels de « chose difficile à comprendre » et « délicatesse d'un objet, des sens, de l'esprit » étaient également usuels au XVIIe s. : *Cet homme sait toutes les finesses de son art* [...] *La finesse de cette toile* (Fur.).

finir v.t. Mettre fin à, faire cesser : *Il y a de ces sortes d'amitié que l'absence et le temps ne finissent jamais* (Sév., 12 janv. 1652). *Ô Mort,* [...] *Viens vite, viens finir ma fortune cruelle !* (La Font., *F.*, I, 15). *Il faut finir des Juifs le honteux esclavage* (Rac., *Ath.*, 1334).

Les sens actuels du v. t. : « mener à son terme, achever », et du v. i. : « se terminer », étaient également usuels au XVIIe s. : *Il faut finir cette affaire* [...], *cette rue finit à la rivière* (Fur.).

fixe adj. Fig. Ferme, inébranlable : *Je vis que cette manière de galimatias pourrait bien empêcher que l'on ne prît la résolution fixe de faire l'émotion* [= l'émeute] (Retz, *Mém.*, II, 301).

fixement adv. Fermement : *J'étais le seul fixement résolu à ne me point accommoder avec la Cour* (Retz, *Mém.*, II, 468). – Selon Fur. et Acad. 94, il s'employait déjà surtout dans l'expression encore actuelle *regarder fixement.*

fixer v.t. Fig. Établir fermement : [...] *ces respects, ces applaudissements* [...] *Fixent dans son devoir ses vœux irrésolus* (Rac., *Bér.*, 1277). ♦Apaiser, calmer : *En nous assujettissant à sa loi, il n'a pas voulu tyranniser notre cœur, mais en fixer les inquiétudes* (Mass., *Car. sur la Samaritaine, in* L.).

◆ **se fixer,** se résoudre définitivement à : *Je me suis fixé* [...] *à ne m'arrêter proprement que sur ce que j'ai connu par moi-même* (Retz, *Mém.*, IV, 11).

Les sens pr. et fig. actuels étaient également usuels au XVIIe s.

flamme n.f. Fig. Amour (fréquent en ce sens dans le style élevé) : *Tu vis naître ma flamme et mes premiers soupirs* (Rac., *Andr.*, 40) ; et au pluriel : [...] *souvent sans raison les objets de nos flammes Frappent nos yeux ensemble et saisissent nos âmes* (Corn., *Méd.*, 637).

flanc n.m. **En flanc,** sur le côté (auj. on dirait *de flanc*) : *Prendre les ennemis en flanc* (Acad. 94). *Argenteuil* [...] *chargea les Suisses en flanc, en tua vingt ou trente* (Retz, *Mém.*, II, 43).

flatter v.t. Caresser (auj. en ce sens ne se dit guère qu'avec un nom d'animal comme complément d'objet) : *Ne perdons point le temps à ces caresses : Nous aurons tout loisir de flatter nos maîtresses* (Corn., *Illus.*, 1306). *Le Roi de temps en temps la presse* [Josabeth] *entre ses bras, La flatte* (Rac., *Ath.*, 1554). ♦ Apaiser, adoucir : *Mais que je tâche en vain de flatter nos tourments !* (Corn., *Rodog.*, 1069). ♦ Ménager à l'excès, traiter avec trop de douceur : *On ne guérit point les grands maux en les flattant* (Acad. 94). ♦ Favoriser : *Le vent qui nous flattait nous laissa dans le port* (Rac., *Iphig.*, 48). [...] *ce frère qui menace un tyran plein de crimes Flatte de mon amour les transports légitimes* (Mol., *D. G.*, 204). ♦ Faire plaisir à, toucher, séduire : *Non, non ; je le connais, mon désespoir le flatte* (Rac., *Andr.*, 737). *Ah ! qu'on est peu flatté de louange, d'honneur* [...] *Lorsque dans l'âme on souffre une vive douleur !* (Mol., *Amph.*, 1457). ♦ Bercer d'illusions : *Maurice à quelque espoir se laissant lors flatter* [...] (Corn., *Hér.*, 641). *Assez et trop longtemps l'impunité les flatte* (Boil., *Lutr.*, VI, 78). ♦ **Flatter qqn de qqch,** l'entretenir dans l'espérance trompeuse de cette chose : *La distribution dont il flattait le peuple* (Boss., *H. univ.*, I, 9). *De quoi viens-tu flatter mon esprit désolé ?* (Rac., *Ph.*, 739).

Les sens actuels du v. t. : « louer excessivement (qqn) », « faire paraître (qqn) plus beau qu'en réalité », « satisfaire l'orgueil de (qqn) », et du v. pr. : « se faire fort de », « se reconnaître le mérite de », étaient également usuels au XVIIe s.

flatteur, euse adj. Qui berce d'un espoir, d'une illusion : [...] *par l'appas flatteur de quelque récompense* (Mol., *Éc. des m.*, 344). *Une flatteuse erreur emporte alors nos âmes* (La Font., *F.*, VII, 10).

Les sens actuels de « qui loue avec exagération » et « qui séduit l'amour-propre », « qui embellit » étaient également usuels au XVIIe s.

fléchir v.i. **Fléchir à,** céder à : *Il faut fléchir au temps sans obstination* (Mol., *Mis.*, 156). *Ne fléchir aux prières injustes* (Rac., *Ann. Plutarque*).

◆ **se fléchir,** se laisser toucher, apaiser : [...] *Qui l'eût cru que pour moi le ciel dût se fléchir ?* (Boil., *Ép.*, V, 124).

Les sens actuels du v. i. et du v. t. étaient également usuels au XVIIe s.

flegme n.m. Selon l'ancienne médecine, l'une des quatre « humeurs » contenues dans les corps animaux, appelée aussi *pituite*. Elle est « froide et humide » (Acad. 94) : *Je ne nie pas qu'il se voie des dévots qui sont pâles et mélancoliques de leur complexion* [...] *qui n'ont que du flegme dans les veines* [...] *mais il s'en voit assez d'autres qui sont d'une complexion plus heureuse, et qui ont abondance de cette humeur douce et chaude, et de ce sang bénin et rectifié qui fait la joie* (le P. Le Moine, *la Dévotion aisée*, in Pasc., *Prov.*, IX). ♦ Sérosité, mucosité : *Je vomis des flegmes tout verts* (Cyrano, *le Pauvre Malade*, p. 244).

Le sens *fig.* actuel de « caractère posé, non émotif » était également usuel au XVIIe s. : *Cet homme a entendu les injures de sa partie avec le plus grand flegme du monde ; on admire son flegme* (Fur.). ♦ Il a été du féminin : *M. Bigot aussi dont le silence et la flegme me surprennent* (Chap., *Lettres*, II, 566).

fleur n.f. **À fleur de,** au niveau de : *Je lançai ma balle de tous côtés à fleur du chariot* (Cyrano, *États et empires de la Lune*, p. 64).

Auj. emploi limité à quelques expressions : *à fleur d'eau, de terre, de peau.*

fleurette n.f. Fig. Propos galant (auj. seulement dans *conter fleurette* [à une femme] : « la courtiser », locution déjà usuelle au milieu du XVIIe s.) : *Où peuvent tous venants débiter leurs fleurettes* (Corn., *Ment.*, 42). *Et votre femme entendra les fleurettes ?* (Mol., *Éc. des m.*, 227). *Sa* *fleurette pour toi prend encor même style* (Rotr., *Célim.*, IV, II). *C'est un diseur de fleurettes* (Fur.).

fleurir v.i. La distinction observée le plus souvent auj. entre *fleurissant* et *florissant, il fleurissait* et *il florissait*, déjà recommandée par Vaug., n'est pas nettement établie dans l'usage au XVIIe s. : *L'enchanteresse Nérie Fleurissait lors* (La Font., *Contes*, III, 4). *En ce temps, Homère fleurit, et Hésiode fleurissait trente ans avant lui* (Boss., *H. univ.*, I, 6). *Notre siècle me semblait aussi fleurissant et aussi fertile en beaux esprits qu'ait été aucun des précédents* (Desc., *Méth.*, I). *La réputation toujours fleurissante de vos esprits* (Boss., *Disc. réception Acad. fr.*, 1671).

fleuriste n.m. Celui qui cultive les fleurs par plaisir : *Le fleuriste a un jardin dans un faubourg, il y court au lever du soleil et il en revient à son coucher* (La Br., XIII, 2).

Le sens actuel de « celui qui fait commerce de fleurs » est déjà signalé par Fur.

flexibilité n.f. Qualité de celui qui se laisse toucher ; souplesse, docilité (ne s'emploie plus auj. qu'en parlant d'objets concrets) : *L'opiniâtreté, directement opposée à la flexibilité, qui de toutes les qualités est la plus nécessaire* (Retz, *Mém.*, II, 59).

flexible adj. Fig. Qui se laisse fléchir, attendrir ; docile : *C'est un homme qui n'a pas le cœur flexible* (Acad. 94). *La pitié l'ayant rendu flexible, Lui-même il a voulu descendre à mon secours* (Corn., *Imit.*, II, 9). *L'amour de la volonté de Dieu* [...] *nous rend flexibles à les changer* [ces exercices] *quand Dieu le veut* (Nicole, *Ess. de mor.*, II, 8, *in* L.).

Il ne s'emploie plus guère qu'au propre, mais *au fig.* on dit *inflexible*, « ferme, inébranlable ».

flouet, ette adj. Délicat, mince : *Voilà de mes damoiseaux flouets, qui n'ont non plus de vigueur que des poules* (Mol., *Av.*, I, IV). *C'est un homme trop flouet pour résister aux fatigues de la guerre* (Fur.).

La forme actuelle *fluet* se rencontrait au XVIIe s., mais elle était plus rare : *Quelques-uns disent fluet* (Fur.).

flux n.m. Fig. Flot, grande abondance (auj. seulement dans *flux de paroles*) : *Ce grand flux de raisons dont tu viens m'attaquer* (Corn., *Pl. R.*, 83). ♦ **Flux de bouche,** grande facilité d'élocution, bavardage : *D'Harcourt, malgré ce flux de bouche, ne laissait pas d'être de bonne compagnie* (Saint-Simon, *in* L.).

fluxion n.f. Congestion : *Les fluxions sur le poumon sont dangereuses. Il lui est tombé sur les yeux une fluxion qui le rend presque aveugle* (Fur.). *Mme de Marbeuf a eu le courage de se tirer d'une fluxion sur la poitrine et de la fièvre continue* (Sév., 30 janv. 1685). – Auj. on dit encore *fluxion de poitrine, fluxion dentaire.* ♦ Rhume : *Il n'y a que ma fluxion qui me prend de temps en temps. – Cela n'est rien. Votre fluxion ne vous sied point mal, et vous avez grâce à tousser* (Mol., *Av.*, II, V).

foi n.f. Fidélité à un engagement, loyauté : *Avec beaucoup de foi le traité s'exécute* (La Font., *Contes*, II, 14). ♦ Amour fidèle : *Faire par un grand coup qui signale ma foi Qu'en expirant pour elle, elle ait regret à moi* (Mol., *D. G.*, 1503). ♦ Promesse, serment, parole donnée : *C'est ainsi que vous satisfaites aux engagements de la foi que vous m'avez donnée publiquement ?* (Mol., *G. D.*, II, IV). *On la laisse aller sur sa foi, La jeune et belle et vagabonde* (Gombauld, *Épigr.*, 1657, p. 82). ♦ Sincérité : *Il m'a renouvelé la foi de ses promesses* (Rac., *Brit.*, 1588). ♦ Confiance : *Quoiqu'à leur nation bien peu de foi soit due* (Mol., *Ét.*, 815). *Ne soyez pas, ma sœur, d'une si bonne foi* [=si crédule] (Mol., *F. sav.*, 114). *Hippocrate n'eut pas trop de foi pour* [=en] *ces gens ; Cependant il partit* (La Font., *F.*, VIII, 26). ♦ Véracité, conformité au vrai : *Ce songe avec autant de foi Lui fit voir l'épée et la porte* (Th. de Viau, *Ode*, V). ♦ **Jurer sa foi,** donner sa parole : *Il* [Ch. de Sévigné] *vous aime très chèrement, il en jure sa foi* (Sév., 18 oct. 1679). ♦ **Foi de,** parole [d'honneur de] : *L'un jura foi de roi, l'autre foi de hibou* (La Font., *F.*, V, 18). *Foi de peuple d'honneur, ils lui promirent tous De ne bouger non plus qu'un terme* (La Font., *F.*, IX, 18). ♦ **En bonne foi, à la bonne foi, de bonne foi,** sincèrement, franchement : *Je crois même qu'en bonne foi Les hommes ont peur comme moi* (La Font., *F.*, II, 14). [...] *tout compté, mieux vaut, en bonne foi, S'abandonner à quelque puissant roi, Que s'appuyer de plusieurs petits princes* (La Font., *F.*, VIII, 18). *La servante qui y allait tout à la bonne foi considérait qu'il n'était point entré d'enfant chez nous* (Sorel, *Franc.*, III). ♦ **En foi,** en confiance : *Si l'on vous presse d'aller à Paris, marchez en foi* (Boss., *Lettre Corneille*, 65, *in* L.). ♦ **Sur, dessus la foi de,** à la garde de, en se fiant à (auj. *sur la foi de* signifie « en se fiant au témoignage de ») : *Je laisse mon troupeau sur la foi de mes chiens* (Racan, *Berg.*, IV, II). *Le plus sage s'endort sur la foi des zéphirs* (La Font., *Élégie Fouquet*, 28). *Camarade épongier prit exemple sur lui* [sur l'âne qui avait sauté à l'eau], *Comme un mouton qui va dessus la foi d'autrui* (La Font., *F.*, II, 10). ♦ **Laisser qqn sur sa foi,** lui faire confiance en le laissant agir seul : *Et l'osez-vous laisser un moment sur sa foi ?* (Rac., *Brit.*, 146). ♦ **Par ta (votre) foi,** réponds (répondez) franchement : [...] *prétends-tu par ta foi Me leurrer par l'appât d'un profane langage ?* (La Font., *F.*, X, 11). *Si j'étais homme, par ta foi, Aimerais-je moins le carnage ?* (La Font., *F.*, XII, 1). ♦ **Faire foi de qqch,** le prouver, l'établir : [...] *laissons là le mérite : J'en ai fort peu, sans doute, et vous en faites foi* (Mol., *Tart.*, 723). *Enfin, si les soupçons de cet illustre amant, Puisque vous le voulez n'ont point de fondement, Pour le moins font-ils foi d'une âme bien atteinte* (Mol., *D. G.*, 91) ; avec une subordonnée complétive : *Dans les champs Phrygiens les effets feront foi Qui la chérit le plus, ou d'Ulysse, ou de moi* (Rac., *Iphig.*, 195). – Auj. cette expression s'emploie seulement avec un nom de chose comme sujet.

Les sens actuels étaient également usuels au XVIIe s.

foible, foiblement, foiblesse graphies pour *faible, faiblement, faiblesse.*

foin n.m. **De foin,** de pacotille (vieilli au XVIIe s.) : *Ce beau présent de foin* (La Font., *Eunuque*, IV, III). *C'est un bel avocat de foin* (Fur).

foin Interjection qui marquait le dépit, l'agacement, la répulsion : *Foin ! Je ne me souviens jamais comment diantre ils baragouinent ce nom-là* (Mol., *G. D.*, I, II). *Foin de notre sottise, et peste soit des hommes !* (Mol., *Dép. am.*, 616). *Foin de moi, foin de votre conseil !* (Fur.).

fois n.f. **À cette fois,** dans cette circonstance, en cette occasion : *Mais, à cette fois, Dieu merci, les choses vont être éclaircies* (Mol., *G. D.*, III, VI). *La frayeur les emporte, et sourds à cette fois, Ils ne connaissent plus ni le frein, ni la voix* (Rac., *Ph.*, 1535). ♦ **De fois à autre,** de temps à autre : *Figurez-vous un barbier qui* [...] *fit ouïr de fois à autre je ne sais quelle voix grêle et bruyante* (Malh., *Ép.*, 56). *Il n'y va que de fois à autre* (Acad. 94). ♦ **Pour une bonne fois,** définitivement (auj. on dit *une bonne fois, une fois pour toutes*) : *Je le suppliais de me permettre de m'expliquer pour une bonne fois avec lui* (Retz, *Mém.*, III, 46). ♦ **Quand (depuis qu') une fois,** dès l'instant que : *Quand un homme une fois a droit de nous haïr* (Corn., *Pol.*, 1473). *Et depuis qu'une fois l'effet a de quoi plaire, N'importe comme il est produit* (Corn., *Imit.*, III, 3429).

fol adj. Forme de l'adjectif *fou,* même devant une consonne (vieillie dès le début du XVIIe s. ; on prononçait *fou,* selon Vaug. et Acad. 94) : *Fol, je présume ainsi rappeler l'inhumaine* (Corn., *Gal. du Pal.*, 665).

Auj. *fol* ne peut s'employer que devant un nom à initiale vocalique, dans quelques expressions : *fol espoir, fol amour.*

fomentation n.f. Application d'un médicament sur une partie malade ; compresse : *On fait des fomentations avec des racines, feuilles, fleurs et semences qu'on fait bouillir dans de l'eau* [...] (Fur.) ; et *au fig.*, adoucissement (vieilli au XVIIe s.) : *Que d'huiles ramollissantes, que de douces fomentations nous avons mises sur ce cœur !* (Boss., *Serm. sur l'Impén. fin.*, 3e point).

foncé, e adj. Riche : *Ce banquier est bien foncé, il ne fera pas banqueroute* (Fur.). ♦ Savant, expérimenté (en une matière) : *C'est le garçon de France qui a le plus de passion pour les lettres, et un de ceux qui sans fanfare est le plus foncé dans le grec et dans le latin* (Chap., *Lettres*, II, 16). *Il est difficile à desserrer sur la controverse, car il est bien foncé* (Fur.).

fond n.m. **Dans le fond de courre,** au terme de la lutte : *J'étais assuré que je l'emporterais toujours sur elle dans le fond de courre* (Retz, *Mém.*, II, 353).

fondement n.m. Pouvait s'employer au pluriel au sens *fig.* de « ce qui motive, qui accrédite ; principes » : *Je vous le vas expliquer* [un avis] *en peu de paroles, et je commencerai par ses fondements* (Retz, *Mém.*, II, 435). ♦ **Faire fondement sur qqch,** y ajouter foi, s'y fier : *Sancerre crut voir quelque refroidissement dans la passion qu'elle avait pour lui. Il m'en parla plusieurs fois sans que je fisse aucun fondement sur ses plaintes* (La Fayette, *Clèves*, II). *Il n'y a point de fondement à faire sur son amitié, sur sa parole* (Acad. 94).

Le XVIIe s. connaissait surtout la locution actuelle *sans fondement : Cette nouvelle, ce bruit est sans fondement, sans apparence* (Fur.).

fonder v. Pouvait s'employer sans complément d'objet direct au sens de « se fonder, mettre sa confiance » : *L'espoir où je fonde, Est qu'on donne le mien* [placet] *quand le Prince est sans monde* (Mol., *Fâch.*, 655). ♦ **Fonder dans,** appuyer sur (auj. *fonder sur*) : *Si leurs prétentions eussent été fondées dans quelque ombre de justice* (Retz, *Lettre épisc.*, 1660, VI, 369).

fondre v.i. S'engloutir, couler, s'écrouler : *Ton bateau de leur poids fondrait dans les abîmes* (Corn., *Mél.*, 1339). [...] *lorsque ce grand édifice, qu'elle* [une colonne] *soutenait, fond sur elle sans l'abattre* (Boss., *O. f. H. de Fr.*). *L'empire d'Alexandre fondit en peu de temps* (Fur.).

Les sens actuels étaient également usuels au XVIIe s.

fonds n.m. Capital, ressource : *Jean s'en alla comme il était venu, Mangea le fonds avec le revenu* (La Font., *Épitaphe*). *Le protestant de madame Clitie N'eut du crédit qu'autant qu'il eut du fonds* (La Font., *Contes*, III, 5). – Auj. il signifie, surtout au pluriel, « argent destiné à tel ou tel usage ». On dit familièrement *être* (*n'être pas*) *en fonds*, « avoir (ne pas avoir) de l'argent disponible », locution déjà usuelle dans la langue du jeu, au XVIIe s. ♦ Fig. Ressources intellectuelles, richesse d'âme : *Un fonds d'esprit et de lumière* (Mol., *Pr. Él.*, 37). *Voilà donc le fonds de paix et de bonne volonté qu'il y a dans ce bon évêque* (Sév., 1er janv. 1674). *L'envie de vous plaire me tiendra lieu d'une imagination que les ans ont affaiblie : quand vous souhaiterez quelque fable, je la trouverai dans ce fonds-là* (La Font., *F.*, XII, Dédicace à Mgr le duc de Bourgogne). ♦ Matière d'une conversation : *Le beau temps et la pluie, et le froid et le chaud Sont des fonds qu'avec elle on épuise bientôt* (Mol., *Mis.*, 612).

Les sens actuels : « bien immeuble », « entreprise commerciale ou industrielle », étaient déjà usuels au XVIIe s. : *Le fonds et la propriété* [du douaire] *sont aux enfants* [...] *Un tel s'est retiré du négoce, il a vendu son fonds* (Fur.).

fontange n.f. Coiffure féminine faite de rubans, de tissus et de cheveux postiches montés sur une armature métallique : *Combien n'a-t-on pas vu de belles aux yeux doux* [...] *Sous leur fontange altière asservir leurs maris* (Boil., *Sat.*, X, 372).

force n.f. **À force,** par la violence, en violentant (auj. *de force*) : *Il a été puni pour avoir pris à force une telle femme* (Acad. 94). *Entrer à force dans une maison* (Fur.). ♦ **À la force !,** cri par lequel on appelait à l'aide en cas d'attentat : *Au secours ! À la force !* (Mol., *Pourc.*, III, III). *On enlève Madame ; amis, secourez-nous ; À la force ! aux brigands ! au meurtre !* (Corn., *Veuve*, 1154). ♦ **Par force,** malgré soi, de force : *Mon cœur en prend par force une maligne joie* (Corn., *Pol.*, 1057). ♦ **Avoir force,** avoir du pouvoir, de l'influence : *Son exemple aurait force* (Corn., *Tois.*, 363). ♦ **Faire force à,** faire violence à, dompter (vieilli au XVIIe s.) : *Je veux bien néanmoins, pour te plaire une fois, Faire force à l'Amour qui m'impose ses lois* (Mol., *Ét.*, 1542). ♦ **Il est force,** il est nécessaire : *Il m'a été force de manquer aux principales obligations de la vie civile* (Balz., *Lettres*, VII, n 31, *in* L.).

◆ pl. **Les forces,** la puissance, la violence : *Je sais quelle est ta flamme et quelles sont ses forces* (Corn., *Pompée*, 1745). ♦ **Les forces d'un discours,** les arguments les plus forts : *Vos discours par les leurs ne sont pas effacés ; J'en garde en mon esprit les forces plus pressantes* (Corn., *Hor.*, 1731). – Auj. on ne rencontre que la construction figée *force me fut de* [...], déjà usuelle au XVIIe s.

forcené, e adj. Hors de soi, en proie à un sentiment violent : [...] *l'autre parti s'en vint tout forcené Représenter un tel outrage* (La Font., *F.*, XII, 8).

Les emplois actuels : « très violent » (comme adj. en parlant de choses) et « personne en proie à une folie furieuse » (comme n.), étaient également usuels au XVIIe s. : *Il prit une envie forcenée à Bessus de tuer le roi* (Vaug., *Q. C.*, V, 12). *C'est ainsi que souvent par une forcenée, Une triste famille à l'hôpital traînée Voit ses biens en décret* (Boil., *Sat.*, X, 245).

forcènement n.m., **forcenerie** n.f. Folie furieuse (mots qui deviennent rares au XVIIe s.) : *Ni le ciel, ni la mort elle-même Refusant son secours à sa fureur extrême Ne pourraient s'opposer à ce forcènement* (Rotr., *Laure perséc.*, I, V). *J'aurais de la forcenerie Assez pour me faire enchaîner Si je m'allais embéguiner D'un gendre de cette contrée* (Scarr., *V. tr.*, VII, 906). [...] *fuyez un tyran dont le forcènement Joindrait votre supplice à mon bannissement* (Corn., *Méd.*, 1223). *Je l'aurais préféré de bon cœur à la « forcenerie » des États* [de Bretagne] (Ch. de Sév., *Lettre*, 11 déc. 1689).

forcener v.i. Perdre la raison (vieilli au milieu du XVIIe s.) : *De douleur et de honte il forcène, il blasphème* (Saint-Amant, *Moïse sauvé*). *Je forcène de voir que sur votre retour Un traître assure ainsi ma perte et son amour* (Corn., *Veuve*, 1913).

◆ v.t. Égarer, rendre fou : *Celles qu'Amour a forcenées* (Scarr., *V. tr.*, II, 148).

forcenerie n.f. V. FORCÈNEMENT.

forcer v.t. Surmonter, triompher de : *Il m'est impossible de forcer cette aversion naturelle* (Mol., *Pr. Él.*, II, IV). *C'est en vain que forçant ses soupçons ordinaires Il se rend accessible à tous les janissaires* (Rac., *Baj.*, 37). ♦**Forcer à qqn,** lui faire une obligation (construction blâmée par Malh.) : *Elle n'eût jamais entrepris de vous écrire, si son frère ne lui eût forcé* (Chap., *Lettres*, I, 453). ♦**Forcer de** (et l'infinitif), contraindre à (auj. on emploierait la préposition *à*, comme on le faisait déjà souvent au XVIIe s.) : *L'Arche qui fit tomber tant de superbes tours, Et força le Jourdain de rebrousser son cours* (Rac., *Ath.*, 1546).

Les sens actuels étaient également usuels au XVIIe s.

forfanterie n.f. Fanfaronnade brutale (auj. seulement « fanfaronnade en paroles ») : *On vint ici faire une brouillerie ; Vous rentrâtes, voyant cette forfanterie ; Et, pour vous protéger, je vous suivis soudain* (Corn., *Illus.*, 1154). ♦Charlatanerie, imposture : *Sans découvrir au peuple, par nos débats et nos querelles, la forfanterie de notre art* (Mol., *Am. méd.*, III, I).

forligner v.i. Sortir de la ligne tracée par ses ancêtres, dégénérer ; se mésallier (mot vieilli au XVIIe s.) : *Jour de Dieu ! je l'étranglerais de mes propres mains s'il fallait qu'elle forlignât de l'honnêteté de sa mère* (Mol., *G. D.*, I, IV). *La noblesse de cette maison est fort pure, il n'y en a pas un qui ait forligné* (Fur.).

formateur, trice n. Celui, celle qui forme ; créateur (mot religieux qui vieillit au XVIIe s.) : *Dieu, parfait architecte et absolu formateur de tout ce qui est* (Boss., *Élév.*, III, 2, *in* L.).

L'emploi actuel, comme adj., au sens de « qui forme, dresse, habitue », était également usuel au XVIIe s.

forme n.f. Terme de philosophie, qualité essentielle et distinctive d'un être : *Dieu qui est la forme des formes et l'acte des actes* (Boss., *Élév.*, III, 2, *in* L.). ♦Manière, façon, règle : *Eh ! Messieurs, laissez-moi mourir : Permettez qu'en forme commune La Parque m'expédie* (La Font., *F.*, XII, 6). *Nous priâmes tous M. d'Elbeuf de faire trouver bon au Bernardin de conférer avec nous sur la forme seulement dont il aurait à se conduire* (Retz, *Mém.*, II, 245). ♦**Par les formes,** selon les règles, en respectant les principes : [Gassion] *s'était élevé par les formes, et avait passé par tous les degrés de la milice* (Du Buisson, *Turenne*, 3). *Je ferais voir par les formes ma flamme* (La Font., *Contes*, IV, 15) ; pour sauver les apparences (on disait aussi, comme auj., en ce sens, *pour la forme*) : *Cavoie est affligé par les formes* (Sév., 12 août 1675). ♦Banc rembourré : *Une forme tient moins de place que des chaises* (Acad. 94). *Néanmoins, après quelques mouvements, les évêques demeurèrent sur leurs formes* (Saint-Simon, 1709).

La plupart des sens actuels étaient également usuels au XVIIe s.

former v.t. Réaliser, organiser, préparer : *J'ai découvert au Roi les sanglantes pratiques Que formaient contre lui deux ingrats domestiques* (Rac., *Esth.*, 100). *Ta haine a pris plaisir à former ma misère* (Rac., *Andr.*, 1617). ♦Émettre, faire entendre : *Les sons merveilleux qu'elle formait passaient jusqu'au fond de mon âme* (Mol., *Pr. Él.*, III, II). ♦Concevoir une idée, éprouver un sentiment (auj. ce sens se trouve encore dans des locutions comme : *former des projets, des vœux*, etc.) : [...] *votre âme empressée Forme d'un doux hymen l'agréable pensée* (Rac., *Mithr.*, 300). *Vous n'avez pu former une si noble envie* (Corn., *Pompée*, 825). *Vous formez des craintes que j'admire* (Corn., *Sert.*, 489). ♦Formuler, présenter en forme : [...] *un notable dommage, Dont je formai ma plainte au juge du village* (Rac., *Plaid.*, 204).

Les sens actuels étaient également usuels au XVIIe s.

formidable adj. Capable d'inspirer une grande crainte : *Mon père... Ah ! quel courroux animait ses regards ! Moïse à Pharaon parut moins formidable* (Rac., *Ath.*, 403). *Les jugements de Dieu sont formidables* (Fur.). *Rois amis d'Attila,* [...] *Et de qui les conseils, le grand cœur et la main, Me rendent formidable à tout le genre humain* (Corn., *Att.*, 76). *Cette âme sérieuse et austère, formidable aux ennemis de l'État, inexorable aux factieux* (La Br., *Disc. Acad.*).

Auj. toujours sans complément et ordinairement en parlant de choses, souvent au sens de « très important » ; on le dit aussi familièrement en parlant d'une personne, au sens de « qui a des qualités remarquables ».

fors prép. Excepté, sauf : *Toute la troupe était lors endormie Fors le galant* (La Font., *Contes*, II, 4). *Il faut faire toutes choses pour ses amis, fors celles qui sont contre l'honneur et la conscience. J'aime tous les divertissements, fors le jeu* (Fur.). ♦ **Fors excepté,** même sens : *Le mal d'autrui ne me tourmente en rien, Fors excepté ce qui touche au compère* (La Font., *Contes*, II, 1). ♦ **Fors que,** employé comme loc. prépos. ou loc. conj. Excepté, sauf (que) : *Les poissons* [...] *Francs de tous les dangers du monde, Fors que de toi* [hiver] *tant seulement* (Th. de Viau, *Ode*, Contre l'hiver). *Nul cas n'était à craindre en l'aventure Fors que le roi ne vînt pareillement* (La Font., *Contes*, II, 4). – Courant au XVIe s., il vieillit ; admis par Vaug. en poésie seulement, il sera déclaré hors d'usage par Bouhours, Richelet, Acad. 94, mais non par Fur.

fort n.m. Point fort : *Je m'arrête à l'unique fort des dogmatistes, qui est qu'en parlant de bonne foi et sincèrement on ne peut douter des principes naturels* (Pasc., *Pensées*). ♦ Partie la plus touffue d'une forêt : *Je fis une lieue de chemin par dedans les broussailles d'églantiers, de bouleaux et de peupliers* [...]. *Dans un fort je fis halte* (Chap., *Guzm. Alfar.*, I, 224). *On court dans les sentiers, on traverse les forts* (La Font., *Adonis*, 325). ♦ Repaire, retraite (*au pr.* et *au fig.*) *: Et pour pouvoir mener vers son fort les brebis, Il* [le loup] *voulut ajouter la parole aux habits* (La Font., *F.*, III, 3). *Il* [le lièvre] *s'enfuit dans son fort, met les chiens en défaut* (La Font., *F.*, V, 17). *Mon génie au théâtre a voulu m'attacher ; Il en a fait mon fort, il sait m'y retrancher* (Corn., *Stances à Aminte*, 32). ♦ **Faire fort sur,** compter sur, se prévaloir de : *Je n'ai jamais trouvé, parmi nos prétendus réformés, aucun homme de bon sens qui fît fort sur cet article* (Boss., *Hist. var.*, XIII, 10). ♦ **Battre le fort,** lutter : *Il ne vous déplaira pas* [...] *de voir un rondeau que je viens d'envoyer à ma sœur de Toulongeon, avec qui vous savez que je bats toujours le fort sur la galanterie* (Bussy, *Lettre*, 4 août 1687).

Les sens actuels étaient également usuels au XVIIe s.

fort, e adj. Épais, touffu : *Les blés sont forts cette année. Un bois extrêmement fort* (Acad.). ♦ Difficile, pénible, lourd : *Il n'est tigre d'Asie, il n'est lion d'Afrique Ni monstre si funeste et si fort à dompter* (Rotr., *Bélis.*, IV, VI, *in* L.). *Il sembla que le ciel voulût l'exposer à de plus fortes épreuves* (La Br., III, 81). *Il ne se fit prier que de la bonne sorte, Encor que le fardeau* [la royauté] *fût, dit-il, un peu fort* (La Font., *F.*, X, 13). ♦ Qui marque l'énergie : *Des yeux forts, reluisants et perçants* (Rac., *R. sur O.*, II). ♦ Considérable, important, violent : *Il se fait longtemps prier, presser, importuner sur une chose médiocre, pour éteindre les espérances et ôter la pensée d'exiger de lui rien de plus fort* (La Br., X, 11). *J'y ai répondu* [à une lettre] ; *ç'a été ma plus forte occupation depuis mon arrivée* (La Font., *Lettre Racine*, 6 juin 1686). *Ce discours, un peu fort, Doit commencer à vous déplaire* (La Font., *F.*, XI, 7). ♦ **Esprit fort,** adepte du scepticisme athée : *Les esprits forts savent-ils qu'on les appelle ainsi par ironie ? Quelle plus grande faiblesse que d'être incertains quel est le principe de son être, de sa vie, de ses sens, de ses connaissances, et quelle en doit être la fin ?* (La Br., XVI, 1). – L'expression désigne auj. plus généralement « celui qui affecte de s'affranchir des préjugés courants, qui affiche son scepticisme ».

Les sens actuels de l'adj. étaient également usuels au XVIIe s.

fort adv. Beaucoup : *Vous l'avez fort connu ?* (Mol., *Bourg.*, IV, III). *Je vous excusai fort sur votre intention* (Mol., *Mis.*, 895). *Il faut que ceux qui parlent de la sorte n'aient pas fort lu les anciens* (Boil., *Disc. satire*). ♦ Vite : *Ah ! de peur de tomber, ne courons pas si fort* (Mol., *Ét.*, 1306). ♦ **Fort et ferme,** énergiquement : *Ma belle-mère la prétendait aussi fort et ferme de son côté* (Chap., *Guzm. Alfar.*, III, 424). ♦ **Faire fort,** insister : *J'éviterais le rebattement des pensées, et ne ferais pas fort sur les mêmes figures et les mêmes couleurs* (Chap., *Lettres*, II, 111).

Auj., *fort*, comme aussi au XVIIe s., remplit les mêmes fonctions que *très* (modifiant un adj. ou un adv.) mais dans le style un peu plus recherché. On l'emploie plus rarement avec un verbe : *avoir fort à faire, je le soupçonne fort*, etc.

fortune n.f. Hasard : *Le libertin* [...] *dit en son cœur : Il n'y a point de Dieu, ou ce Dieu abandonne la vie humaine aux caprices de la fortune* (Boss., *Serm. sur la Provid.*, 1er point). ♦ **De fortune, par fortune,** par hasard : *Je l'avais sous mes pieds rencontré* [un portrait] *par fortune* (Mol., *Sgan.*, 594). *Il prit une des allées du jardin ; de fortune ce fut celle où était la princesse* (Segrais, *Nouv. franç.*, 1656, p. 88). *Comme elle di-*

sait ces mots, Un loup de fortune passe (La Font., *F.*, IV, 15). ♦**De bonne fortune,** par un heureux hasard, par chance : *De bonne fortune pour moi, elle ne s'avisa de ce bel expédient que dans le temps que le Roi était à Paris* (Retz, *Mém.*, III, 171). *De bonne fortune pour nous, le curé était ignorant, et ne prêcha point* (La Font., *Lettre à sa femme*, 30 août 1663). ♦Chance : *Quelque peu de fortune à notre adresse jointe* (Mol., *Dép. am.*, 1610). *Il faut tirer à nous ce que d'heureux Pourrait avoir en soi ce projet amoureux,* [Et...] *Sans courir le danger en tenter la fortune* (Mol., *Ét.*, 1172). ♦Danger, mésaventure : *Lors de mon coin vous me verrez sortir Incontinent, de crainte de fortune* (La Font., *Contes*, I, 5). ♦Risque : *Vous vous réglerez là-dessus à votre fantaisie, et ce sera à vous à prendre la fortune de l'un ou de l'autre choix* (Mol., *Am. magn.*, III, I). ♦**Courir fortune,** risquer, courir le danger : *Il court fortune de ne pas plaire à tout le monde* (La Roch., *Maximes*, Préf.). *Il court fortune d'être pendu* (Fur.). ♦Destinée, sort, en parlant de personnes ou de choses : *À m'épouser sa fortune l'appelle* (Mol., *Éc. des m.*, 127). [...] *le capitaine de ce vaisseau, touché de ma fortune, prit amitié pour moi* (Mol., *Av.*, V, V). *Viens vite, viens finir ma fortune cruelle !* (La Font., *F.*, I, 15). *Elle est de vous* [cette seconde lettre] ; *suffit : même fortune* [il la déchire] (Mol., *Dép. am.*, 1357). *Arsace, laisse-la jouir de sa fortune* (Rac., *Bér.*, 87). ♦**Bonne fortune,** bonne aventure : *Une bande de ces personnes qu'on appelle Égyptiens, et qui* [...] *se mêlent de dire la bonne fortune* (Mol., *Fourb.*, III, III). – L'expression signifiait aussi « heureux hasard » ou, comme aujourd'hui, « aventure galante ». ♦Succès de galanterie : *Vous est-il point encore arrivé de fortune ?* [...] *vous êtes de taille à faire des cocus* (Mol., *Éc. des f.*, 300). ♦Situation sociale : [...] *cet ardent amour* [...] *tient en ma faveur votre fortune déguisée, et vous a réduit, pour me voir, à vous revêtir de l'emploi de domestique de mon père* (Mol., *Av.*, I, I). *Il* [l'âne employé chez un corroyeur] *obtint changement de fortune, Et sur l'état d'un charbonnier Il fut couché tout le dernier* (La Font., *F.*, VI, 11). ♦Réussite sociale, situation élevée (encore auj., *au fig.*, dans *la fortune d'un bon mot, d'une théorie*, etc., « sa carrière brillante, sa célébrité ») : [...] *il ne pense du matin au soir, il ne rêve la nuit qu'à une seule chose, qui est de s'avancer. Il a commencé de bonne heure, et dès son adolescence, à se mettre dans les voies de la fortune* (La Br., VI, 38). ♦**Faire fortune,** réussir, accéder à une haute situation, et non seulement, comme auj., « s'enrichir » : *Faire fortune est une si belle phrase, et qui dit une si bonne chose, qu'elle est d'un usage universel* (La Br., VI, 36). ♦**Être en fortune,** être en verve : *M. le Prince, Mme la Princesse me vinrent dire un mot* [...] *Je répondis à tout, car j'étais en fortune* (Sév., 21 févr. 1689). ♦**Perdre fortune,** perdre sa situation, son rang : [...] *il faut perdre fortune et renoncer au jour Plutôt que de brûler des feux d'un autre amour* (Mol., *F. sav.*, 1171).

Au sens de « richesse », on disait au XVIIe s. **les biens de fortune :** *Il n'y a pas longtemps qu'un jeune garçon, aussi ambitieux que pauvre* [...], *vint, avec son père, chercher dans Madrid ce qui ne se rencontrait pas dans son pays ; je veux dire les biens de fortune* (Scarr., *Nouvelle*, le Châtiment de l'avarice). Pourtant ce sens, le seul usuel auj., existait aussi au XVIIe s. pour *fortune* employé seul : *Le lait tombe ; adieu veau, vache, cochon, couvée. La dame de ces biens, quittant d'un œil marri Sa fortune ainsi répandue, Va s'excuser à son mari* (La Font., *F.*, VII, 10). *Il n'y a pas grande fortune à faire à ce marché-là,* [...] *il n'y a pas beaucoup à gagner* (Fur.).

fortuné, e adj. Heureux, favorisé (auj. « riche ») : *Je ne vous raconterai pas la suite trop fortunée de ses entreprises* (Boss., *O. f. H. de Fr.*). *Ô fortuné séjour ! ô champs aimés des cieux !* [...] *Ne puis-je ici fixer ma course vagabonde* [...] *?* (Boil., *Ép.*, VI, 39).

foudre n. Était au XVIIe s. d'un genre incertain : *Être frappé du foudre. Être frappé de la foudre* (Acad. 94). *Anastase mourut frappé du foudre* (Boss., *H. univ.*, I, II). *Ce courrier que la foudre ou la grêle accompagne* (Mol., *Ét.*, 832). *Je redoute leur foudre* [des dieux] *et celui de Décie* (Corn., *Pol.*, 1017). – Cependant le féminin semble déjà plus courant au sens propre (selon Ménage) et le masculin dans les comparaisons poétiques, notamment au sens de « guerrier redoutable » : *La valeur d'Alexandre à peine était connue ; Ce foudre était encore enfermé dans la nue* (Rac., *Alex.*, 170). ♦**Coup de foudre,** événement subit et désastreux (auj. « amour subit ») : *Soutiens-moi, Fabian ; ce coup de foudre est grand Et frappe d'autant plus que plus il me surprend* (Corn., *Pol.*, 407).

foudroyer v.t. Fig. Abattre, renverser, anéantir : *Quand mon bras de Milan foudroyait les murailles* (Corn., *Perth.*, 284). *Si les Hollandais étaient de la ligue, je crois qu'il* [le Roi] *se divertirait encore à les foudroyer* (Sév., 28 juill.

1680). *Cet orateur a foudroyé* [...] *toutes les raisons de son adversaire* (Fur.). – Auj. on ne pourrait guère l'employer qu'en parlant d'armes à feu ou dans l'expression *foudroyer du regard.*

◆ v. i. Pouvait se dire de la foudre qui éclate, ou de ce qui est comparé à la foudre : *Ô toi* [Jupiter] *qui grêles, qui tonnes et qui foudroies sur les impies* (Perr. Abl., *Lucien*, Timon). *Au milieu de leur plus grande violence* [Pindare et Sophocle], *durant qu'ils tonnent et qu'ils foudroient, pour ainsi dire* (Boil., *Sublime*, XXVII).

fougue n.f. Mouvement emporté, élan : *Il avait certaines fougues d'esprit qui n'étaient pas mal plaisantes* (Balz., *Lettre*, *in* L.). *Quand un poète est en sa fougue, il fait merveilles* (Fur.). *Leur fougue impétueuse* [des chevaux] *enfin se ralentit* (Rac., *Ph.*, 1552). ♦Fureur : *Elle sortit de la maison tellement en fougue, que ses yeux eussent épouvanté ceux qui l'eussent fixement regardée* (Sorel, *Franc.*, II). ♦Délire, transes : *Ceux qui rendaient des oracles entraient en fougue pour prophétiser* (Fur.).

Le sens actuel de « impétuosité » (le mot étant toujours au sing.) était également usuel XVIIe s. : *Il est dangereux de combattre les Français dans leur première fougue* (Fur.).

foule n.f. Oppression, accablement (vieilli au XVIIe s., sauf dans l'expression *à la foule de*) : *Plusieurs charges que la nécessité a fait créer dans ces derniers temps à la grande foule des peuples* (Vauban, *Dîme*, *in* L.). *Le Roi ne donne point de privilèges qui aillent à la foule de ses sujets* (Fur.). ♦**À la foule,** en grand nombre (auj. en ce sens on dit *en foule*, comme déjà le plus souvent au XVIIe s.) : *Les Parthes à la foule aux Syriens mêlés* (Corn., *Rodog.*, 1553). *Un tas de faquins* [...] *se jetèrent à la foule dans notre cabane* (Scarr., *Rom. com.*, I, 18).

Les sens actuels de « multitude de personnes rassemblées », « le commun des hommes (opposé à l'élite) » et « grand nombre (de personnes ou de choses) » étaient également usuels au XVIIe s.

fouler v.t. Fig. Opprimer, accabler : [...] *sans fouler le peuple en aucune façon* (Mol., *Fâch.*, 714). *Les princes d'Orient foulent extrêmement leurs sujets ; les petits tyrans de province foulent bien les paysans* (Fur.).

Auj. on ne rencontre plus au fig. que la locution, déjà usuelle au XVIIe s., *fouler aux pieds qqch*, « le mépriser » : *Fouler aux pieds l'autorité des lois* (Fur.).

fourbe n.f. Fourberie, caractère ou action d'un fourbe ; malhonnêteté : *Et la fourbe passa pour exquise prudence* (Boil., *Sat.*, XII, 118). *C'est bien aimer la fourbe et l'avoir bien en main Que de prendre plaisir à fourber sans dessein* (Corn., *Ment.*, 908). *Albin, as-tu bien vu la fourbe de Sévère ?* (Corn., *Pol.*, 1447). *Il* [l'âne déguisé en lion] *faisait trembler tout le monde. Un petit bout d'oreille échappé par malheur Découvrit la fourbe et l'erreur* (La Font., *F.*, V, 21). [George] *Qu'un million comptant, par ses fourbes acquis, De clerc, jadis laquais, a fait comte et marquis* (Boil., *Sat.*, I, 35).

fourber v.t. et v.i. Tromper par ruse ; faire des dupes : *Dorante n'est qu'un fourbe ; et cet ingrat que j'aime, Après m'avoir fourbé, me fait fourber moi-même* (Corn., *Ment.*, 1494). *Edüige à fourber n'est pas assez savante* (Corn., *Perth.*, 1048). *Elle opère si bien qu'avec quelque bonheur Ayant fourbé le fourbe, elle prend le preneur* (Saint-Amant, *Moïse sauvé*). *Je sais l'art de fourber assez bien, Dieu merci* (Quinault, *Mère coquette*, II, VI).

fourche-fière n.f. Fourche ou croc à long manche et à dents de fer : [...] *épieux et fourches-fières L'ajustent* [le loup] *de toutes manières* (La Font., *F.*, IV, 16).

fourmis n.f. Forme vieillie au XVIIe s. de *fourmi* : *Le long d'un clair ruisseau buvait une colombe, Quand, sur l'eau se penchant, une fourmis y tombe* (La Font., *F.*, II, 12).

fournir v.t. Achever, remplir : *Si ce peu que j'ajoute quelquefois, par la nécessité de fournir une strophe, n'est point une liberté qu'il soit à propos de retrancher* (Corn., *Imit.*, Préf. de 1651). *Il a bien fourni sa carrière* (Fur.). ♦**Fournir à,** suffire, pourvoir à : *Pour fournir aux projets que forme un seul esprit Il faudrait quatre corps* (La Font., *F.*, VIII, 25). *Je ne sais comme cet homme peut fournir à la dépense qu'il fait* (Fur.). *On voit une petite imagination qui va, qui brille, qui fournit à tout, et* [...] *ne frappe jamais à faux* (Sév., 12 févr. 1690). ♦**Fournir de qqch à qqn ou à qqch,** auj. *fournir qqn ou qqch de qqch* (construction déjà usuelle au XVIIe s.) : *Ne cherchons-nous ici que les occasions De fournir de matière à leurs divisions ?* (Corn., *Agés.*, 1433). *Il faut fournir à quelqu'un de fil et d'aiguille* [...] *il lui faut fournir absolument toutes choses* (Fur.).

Les sens actuels étaient également usuels au XVIIe s.

fourrier, ère n. Personne qui précède qqn ou une troupe pour assurer vivres et logement : [Le Soleil] *Pour marcher devant lui ne trouvait point d'Aurore* [...] *Et faute de trouver cette belle fourrière, Le jour jusqu'à midi se passa sans lumière* (Corn., *Illus.*, 301). ♦ Celui, celle, ce qui annonce ou prépare qqch : [...] *cet heureux hymen, qui les charmait si fort, Devient* [...] *pour eux un fourrier de la mort* (Corn., *Suiv.*, 348).

Auj. « sous-officier chargé du cantonnement, etc., des troupes ».

fracas n.m. Rixe, querelle : *Il y eut deux gardes de Monsieur de tués en ce petit fracas* (Retz, *Mém.*, III, 87). ♦ Bruit que quelqu'un fait dans le monde pour se faire valoir : [...] *le goût d'une fille est quelquefois bizarre. Souvent le vrai mérite avec tous ses appas Lui plaît moins que l'éclat, le faste et le fracas* (Quinault, *Mère coquette*, III, III). [...] *lui-même ayant fait grand fracas, chère lie, Mis beaucoup en plaisirs* [...], *Il devint pauvre tout d'un coup* (La Font., *F.*, VII, 14). ♦ **Faire un fracas,** avoir du retentissement : *Quand le Cid parut sur le Théâtre, il fit un épouvantable fracas dans le monde* (Fur.).

Le sens actuel de « grand bruit (ordinairement causé par qqch qui se brise) » était également usuel au XVIIe s. : *Les lois se taisent pendant le fracas des armes* (Fur.).

fragile adj. Pour une personne, faible moralement, enclin au péché : *Prions aussi l'auguste Père* [...] *Qu'il soutienne d'en haut ses fragiles enfants* (Rac., *Hymnes du bréviaire*, À laudes, 12).

Auj., dans cet emploi, « d'une santé délicate ».

fraîchement adv. Récemment (encore auj. dans quelques locutions : *fraîchement débarqué en une ville*, etc.) : *Cette importante victoire remportée si fraîchement et si glorieusement* (Retz, *Sermon*, 25 août 1648, IX, 122). *L'Angleterre* [...] *dont elle avait tout fraîchement brûlé les vaisseaux* (Rac., *Camp. L. XIV*). ♦ Dans des conditions de fraîcheur (auj. *fam.* dans : *Ça va fraîchement*) : *Il s'est mis en chemise pour marcher plus fraîchement ; allons dans la salle, nous y serons plus fraîchement* (Fur.).

Le sens le plus courant auj. : « avec une froideur marquée », existait également au XVIIe s. : *Le compliment* [de la duchesse de Lauzun] *fut d'abord fraîchement reçu* (Saint-Simon, *in* L.).

frairie n.f. Divertissement, partie de plaisir (bas selon Fur. et Acad. 94) : *Un loup donc, étant de frairie, Se pressa, dit-on, tellement, Qu'il en pensa perdre la vie* (La Font., *F.*, III, 9). *Il y avait furieusement de galants, soit garçons, soit gens mariés, autour d'elle : c'était une continuelle frairie là-dedans* (Tall. des Réaux, *Hist.*, Mlle Thomas). *Il y a une grande frairie ce soir, dont je suis prié* [...] ; *C'est un goinfre qui n'aime que la frairie et le cabaret* (Fur.).

frais, fraîche adj. Récent : *La Reine, dont l'animosité la plus fraîche était contre M. le Prince* [...] (Retz, *Mém.*, III, 285). ♦ Dont les effets sont encore vivement ressentis : *Le coup encore frais de ma chute passée* (Malh., *les Larmes de St Pierre*, 140). ♦ **Frais de,** marqué par (qqch de récent) : *J'ai encore la mémoire toute fraîche de cette histoire ; je suis encore tout frais de cette lecture* (Fur.).

◆ n.m. **Le frais,** la fraîcheur (encore auj. dans quelques locutions comme *prendre le frais, mettre au frais*) : *J'attends un peu de frais, ma bonne, pour me purger* (Sév., 24 juill. 1675).

Les sens actuels étaient également usuels au XVIIe s.

frais n.m.pl. **Sur nouveaux frais,** en considérant comme nul tout ce qu'on avait fait : *Cette nouvelle économie* [de l'ouvrage] *a renversé toutes les mesures que j'avais prises : la plupart des matériaux que j'avais prêts ne m'ont plus servi de rien ; il a fallu travailler sur nouveaux frais* (Bayle, *Dict. hist.*, Préf.) ; de nouveau : *Sur nouveaux frais mon homme à moi s'est attaché* (Mol., *Fâch.*, 66). *Mes voyages sont finis ; je reparais sur nouveaux frais* (Regnard, *Sérénade*, sc. XIII).

fraise n.f. Collet double et à godrons qu'on portait encore au début du XVIIe s. : *C'est un homme qui* [...] *porte une fraise, avec un habit jaune et vert* (Mol., *Méd. m. lui*, I, IV). *Il y a longtemps qu'on ne porte plus de fraises* (Acad. 94). ♦ Terme de fortifications, palissades plantées horizontalement dans le talus extérieur d'un parapet : *Fortifier un ouvrage de terre avec des fraises et des palissades* (Acad. 94).

franc, franche adj. Libre, sans contrainte (vieilli au XVIIe s. ; mais encore auj. dans *franc-parler*) : *Je ne me résoudrai jamais à l'hyménée Que d'une volonté franche et déterminée* (Corn., *Pl. R.*, 946). ♦ **Franc arbitre,** volonté libre : *Il* *n'y a que la volonté seule ou la seule liberté du franc arbitre que j'expérimente en moi être si grande* [...] (Desc., *Médit.*, IV, 7). ♦ Exempt, affranchi (encore auj. dans quelques locutions comme *franc d'impôts*) : *Le sage est franc d'ambition, d'amour, et de toutes les passions qui travaillent les autres* (Fur.). ♦ Parfait, pur, achevé (dans une expression péjorative) : *Un véritable et franc hypocrite* (Mol., *Tart.*, 1er placet, 1664). *Je les tiens justement* [les coffres-forts] *une franche amorce à voleurs* (Mol., *Av.*, I, IV). *Une franche coquette, un franc maraud* (Fur.). ♦ Entier, intact, sans dommage : [Un renard] *en étant échappé* [du piège], *Non pas franc, car pour gage il y laissa sa queue* (La Font., *F.*, V, 5). *S'il en peut sortir franc, c'est à lui beaucoup faire* (La Font., *Contes*, IV, 8).

Le sens le plus courant auj. : « loyal, sincère », était également usuel au XVIIe s. : *On dit que les Picards sont francs et les Normands dissimulés* (Fur.).

◆ adv. **Tout franc,** franchement : *Monsieur Perrin Dandin, Tout franc, vous vous levez tous les jours trop matin* (Rac., *Plaid.*, 26).

franchise n.f. Liberté (ce sens vieillit au XVIIe s., sauf dans le sens politique ; encore auj. dans *franchises municipales, franchise* [gratuité] *de port*, etc.) : *Il faut* [...] *Mépriser à mon tour celle qui me méprise Et rompre sa prison pour ravoir ma franchise* (Racan, *Berg.*, IV, II). *Il m'offrait un appointement* [= accommodement] *honnête que j'acceptai, pourvu que j'eusse toujours ma franchise* (Sorel, *Franc.*, V). *Cesse de soupirer, Rome, pour ta franchise ; Si je t'ai mise aux fers, moi-même je les brise* (Corn., *Cinna*, 1221). ♦ Indépendance, sécurité : *Soulagez votre peuple, conservez sa franchise* (Retz, *Sermon*, 25 août 1648, IX, 130). *Romulus* [...] *bâtit Rome, qu'il peupla de gens ramassés, bergers, esclaves, voleurs, qui étaient venus chercher la franchise et l'impunité dans l'asile qu'il avait ouvert à tous venants* (Boss., *H. univ.*, III, 7). ♦ Particulièrement, en poésie, état de celui qui n'est pas asservi par l'amour : *C'est consentir bientôt à perdre ta franchise. – C'est rendre un prompt hommage aux yeux qui me l'ont prise* (Corn., *Gal. du Pal.*, 417). *J'ignorais encor qui tenait ta franchise* (Corn., *Mél.*, 503). ♦ Exemption, immunité : *Les provisions des offices portent qu'un officier* [procureur, juge, etc.] *jouira des privilèges, franchises et immunités attribuées à sa charge* (Fur.). ♦ **Lieu de franchise** ou simplement **franchise,** lieu d'asile : *Pour lui* [Rodrigue] *tout votre empire est un lieu de franchise. Là, sous votre pouvoir, tout lui devient permis* (Corn., *Cid*, 1378). *Les églises et les monastères d'Espagne sont des franchises pour les criminels* (Fur.).

Le sens le plus courant auj. : « sincérité », était également usuel au XVIIe s. : *Je vous avouerai donc avec pleine franchise Qu'ici d'une beauté mon âme s'est éprise* (Mol., *Éc. des f.*, 311).

frapper v.i. Fig. **Frapper à,** s'approcher de, atteindre : *Maintenant* [...] *Que mon âge, amoureux de plus sages plaisirs, Bientôt s'en va frapper à son neuvième lustre* (Boil., *Ép.*, V, 13).

frasque n.f. Vexation, mauvais tour, acte hostile : *Malheureux que je suis d'avoir dessous ce masque Été, sans y penser, te faire cette frasque* (Mol., *Ét.*, 124). *Je ne me fierai jamais à cet homme-là après la frasque qu'il m'a faite* (Fur.).

Auj. (fam. et le plus souvent au plur.) « infidélité en amour, inconduite ».

fratricide n.m. Ce néologisme est blâmé par Vaug. et encore par l'Acad. en 1704 ; cependant Chap. et Th. Corn. approuvent la phrase : *L'empire de Rome commença par un fratricide.*

fraude n.f. Tromperie, acte de mauvaise foi : [...] *en fait d'amour* [= en amour] *la fraude est légitime* (Corn., *Mél.*, 1743). *Nous vivons sous un prince ennemi de la fraude* (Mol., *Tart.*, 1906). *Des rois de Syrie et ceux d'Égypte, acharnés les uns contre les autres, ne songeaient qu'à se ruiner mutuellement ou par la force ou par la fraude* (Boss., *H. univ.*, I, 8). ♦ **En fraude de,** en enfreignant : [Les avocats] *s'imaginent que c'est un grand crime que de disposer* [de son bien] *en fraude de la loi* (Mol., *Mal. im.*, I, VII).

Auj. il a pris un sens précis : « action de celui qui soustrait tout ou partie des impôts ou taxes qu'il devrait payer ».

frauder v.t. Tromper : « *Frauder quelqu'un.* En ce sens il vieillit » (Acad. 94).

Le sens actuel de « commettre une fraude envers » était également usuel au XVIIe s. : *Frauder la gabelle* (Fur.).

frayant, e adj. Qui occasionne des frais : *L'un alléguait que l'héritage Était frayant et rude* (La Font., *F.*, VI, 4).

frayer v.t. Payer, engager en frais : *Il est juste de payer* [= rembourser] *ce qu'on a frayé et déboursé pour nous* (Fur.).

frayeur n.f. **Faire frayeur,** effrayer : *La longueur de nos réponses fait frayeur* (Sév., 29 déc. 1675).

fredon n.m. Vocalise, roulade agrémentée de fantaisies vocales : *Le rossignol fait naturellement des fredons* (Fur.). *Aimez-vous les fredons dans la musique ? N'aimez-vous pas mieux ces tons animés qui peignent les choses ?* (Fén., *Dial. sur l'éloq.*, II).

fredonner v.i. Chanter en roulades : *Et la troupe à l'instant cessant de fredonner D'un ton gravement fou s'est mise à raisonner* (Boil., *Sat.*, III, 159) ; et transitivement : *Allons, courage, enfants, fredonnons ce beau mois* (La Font., *Je vous prends sans verd*, sc. III).

Auj. « chantonner sans articuler les paroles ».

frémissement n.m. Agitation bruyante : *D'un ciment éternel ton Église est bâtie, Et jamais de l'enfer les noirs frémissements N'en sauraient ébranler les fermes fondements* (Boil., *Lutr.*, VI, 91).

Les sens actuels de « faible mouvement d'oscillation ou de vibration qui rend un léger bruit », « tremblement léger causé par une émotion, etc. » étaient déjà les plus usuels au XVIIe s. : *Une cloche ne sonnerait point, s'il ne se faisait un petit frémissement dans toutes ses parties* (Fur.). *Je n'ai pour tout accueil que des frémissements : Tout fuit, tout se refuse à mes embrassements* (Rac., *Ph.*, 975).

frénésie n.f. Affection cérébrale aiguë ; folie furieuse : *Laquelle maladie* [...] *pourrait bien dégénérer ou en manie* [...] *ou même en fine frénésie et fureur* (Mol., *Pourc.*, I, VIII). [Justin] *se troubla de tant de pertes jusqu'à tomber en frénésie. Sa femme Sophie soutint l'empire. Le malheureux prince revint trop tard à son bon sens* [...] (Boss., *H. univ.*, I, 11). *Le rhume à son aspect* [du médecin] *se change en pleurésie Et par lui la migraine est bientôt frénésie* (Boil., *A. p.*, IV, 8). *La vraie frénésie est engendrée au cerveau par son propre vice et inflammation de ses membranes* (Fur.). ♦ État d'exaltation violente qui met hors de soi : *Mais depuis le moment que cette frénésie* [le désir d'être poète] *De ses noires vapeurs troubla ma fantaisie* [...] (Boil., *Sat.*, II, 69).

Le sens actuel de « ardeur ou violence extrême » était également usuel au XVIIe s. : *Dût se rompre la trêve, et dût la jalousie Jusqu'au dernier éclat pousser sa frénésie* (Corn., *Sert.*, 1226).

frénétique adj. et n. Fou furieux : *Raisonnez avec un frénétique et contre un homme qu'une fièvre ardente fait extravaguer ; vous ne faites que l'irriter et rendre le mal irrémédiable* (Boss., *H. univ.*, II, 25).

Le sens actuel de « d'une ardeur excessive » (auj. toujours adj.) était également usuel au XVIIe s. : *Frénétiques transports, avec quelle insolence Portez-vous mon esprit à tant de violence ?* (Corn., *Gal. du Pal.*, 1201).

fréquenter v.i. **Fréquenter chez qqn,** y aller habituellement (auj. emploi seulement provincial) : *Depuis assez longtemps vous connaissez Clitandre ? – Sans doute, et je le vois qui fréquente chez nous* (Mol., *F. sav.*, 337).

friand, e adj. Gourmand (auj. toujours avec un complément : « qui apprécie beaucoup », emploi déjà usuel au XVIIe s. : *Le friand* [Cupidon] *en avalerait Un pain, qui le lui donnerait* (Scarr., *V. tr.*, I, 2446). ♦ Appétissant, délicat (encore parfois auj. dans *un morceau friand*) : *Il se réjouissait à l'odeur de la viande Mise en menus morceaux, et qu'il croyait friande* (La Font., *F.*, I, 18).

friandise n.f. Gourmandise, goût raffiné (au pr. et au fig.) : *Ce serait une chose plaisante à mettre sur le théâtre que* [...] *leur friandise de louanges* [des auteurs] (Mol., *Crit. Éc. des f.*, sc. VI).

Le sens actuel de « gâterie, bonbon ou gâteau » (le plus souvent au plur.) était également usuel au XVIIe s. : *Cet homme a toujours quelques friandises dans sa poche* (Fur.).

fricassée n.f. Petit repas donné à la campagne ou hors de chez soi : *M. de la Trousse nous donna hier une fricassée à Vincennes ; Mme de Coulanges, Corbinelli et moi, voilà ce qui composait la compagnie* (Sév., 4 mai 1676). ♦ Fig. Mélange confus : *Il sait quatre ou cinq sortes de langues, de sciences, il en fait un mélange, une fricassée où on ne connaît rien* (Fur.). ♦ **Ce n'est pas là une grande fricassée,** *« on dit* [cela] *d'une chose qu'on veut mépriser »* (Fur.).

Le sens actuel de « ragoût fait de morceaux de viandes cuits à la casserole » était également usuel au XVIIe s. : *Ajoutez à cela la fricassée de six poulets de Ragotin* [...] (Scarr., *Rom. com.*, II, 16).

fricasser v.t. Fig. Dépenser à tort et à travers, gaspiller (mot bas selon Acad. 94) : *Sans fruit aucun vendit et fricassa Tout son avoir* (La Font., *Contes*, III, 5).

frime n.f. **Faire de [la] frime, faire la frime,** faire semblant, faire des manières (bas, selon Fur. et Acad. 94) : *Tout franc, et sans faire de frime, Contre les siens, il a procès* (Loret, *Muse hist.*, 26 janv. 1658). *Il a fait la frime de s'en aller* [...] *il en a fait semblant* (Fur.).

friper v.t. Manger goulûment : *Il y avait à ce festin assez de quoi friper* (Fur.) ; et au fig. : *Le Temps qui fripe tout, ce gourmand immortel* (Saint-Amant, *le Melon*). ♦ Dissiper (de l'argent) : *Un prodigue a bientôt fripé son bien* (Fur.). ♦ Dérober : *Ce poète nous donne cette épigramme comme sienne, mais elle est fripée de Martial* (Fur.). ♦ User, gâter (auj. sens restreint : « défraîchir [un habit] en froissant ») : [...] *des livres, des habits, des meubles fripés, qui ont déjà servi* (Fur.).

friperie n.f. Lieu où l'on fait le commerce de vêtements usagés : *Nous nous mîmes à le découdre* [le manteau] *la nuit, de peur qu'il fût reconnu en le portant le lendemain à la friperie* (Sorel, *Franc.*, II). ♦ **Se jeter sur la friperie de qqn,** se jeter sur lui pour le battre (vieilli au XVIIe s.) : *Et le peuple, entendant cela, Avec tant soit peu de furie, Se jeta sur sa friperie, Et comme il était fort têtu, Il fut, ce dit-on, fort battu* (Loret, *Muse hist.*, 9 juin 1657). *Gare une irruption sur notre friperie !* (Mol., *Dép. am.*, 785) ; et au fig. : *Les Précieuses ont accoutumé de se jeter sur la friperie des pauvres auteurs, pour montrer leur bel esprit* (Fur.).

fripon n.m. Individu sans scrupule, escroc : *Quoi ! parce qu'un fripon vous dupe avec audace* [...] (Mol., *Tart.*, 1617).

Les sens actuels de « personnage [surtout enfant] espiègle » (comme nom) et de « qui a qqch de malin, de coquin » (comme adj.) étaient également usuels au XVIIe s. : *Les poètes appellent l'amour un petit fripon, ils disent qu'une dame a l'œil fripon, qu'elle est friponne, pour dire qu'elle leur ravit leur cœur, leur liberté* (Fur.).

friponner v.t. Escroquer, voler : *Ne craignez-vous pas que je vous friponne votre billet ?* (Dancourt, *Bourg. à la mode*, IV, IX).

◆ v.i. Manger en cachette : *Les femmes ont toujours dans leurs poches quelque chose de quoi friponner* (Fur.). ♦ Ne pas faire son travail, s'amuser : *Cet écolier* [...] *ne s'amuse* [= s'occupe] *qu'à friponner, au lieu d'étudier* (Fur.).

frisque adj. Pimpant, alerte (hors d'usage au XVIIe s.) : *Dix jeunes femmes* [...] *Frisques, gaillardes, attrayantes* (La Font., *Contes*, II, 2).

froid, e adj. Calme, qui garde son sang-froid : *Être froid dans le péril, ne ménager sa vie que pour le bien de son État* (La Br., X, 34). ♦ Indifférent, sans zèle : *Il n'y a que pour le salut que nous sommes froids et languissants* (Boss., *Panég. St Bernard*, I). *C'est un froid ami, qui agit lentement dans les occasions où il peut rendre service* (Fur.). – En ce sens on ne dit plus guère auj. que *laisser quelqu'un froid.* ♦ En parlant des choses, banal, sans intérêt, ennuyeux : *Ce mot me semble froid ; Je le retrancherais. – C'est le plus bel endroit !* (Boil., *A. p.*, I, 213). *La scène d'Alain et de Georgette dans le logis, que quelques-uns ont trouvée longue et froide* (Mol., *Crit. Éc. des f.*, sc. VI). ♦ **Faire froid à,** manifester de la froideur à (auj. on dit *battre froid à*, locution déjà usuelle au XVIIe s.) : *J'ai seulement peine à comprendre que quand on aime une personne et qu'on la regrette, il faille, à cause de cela, lui faire froid au dernier point, les dernières fois que l'on la voit* (Sév., *Lettre Ménage*, s.d.).

◆ n.m. Air sévère, distant : *Je le regardai avec un froid qui montrait bien la rage où j'étais de voir un si grand quolibetier impuni* (Rac., *Lettre Le Vasseur*, 24 nov. 1661). ♦ Indifférence : *Comment en parlons-nous ? avec le même froid que si nous n'y prenions nul intérêt* (Bourd., *Pensées*, *in* L.).

Les sens actuels étaient également usuels au XVIIe s.

froideur n.f. Basse température : *Je ne sais si vous soutiendrez, vous, ma fille, la froideur de cet air glacé et pointu, qui perce les plus robustes* (Sév., 26 mars 1680). ♦ **En froideur,** dans un sentiment d'aversion, d'antipathie (on dit auj. *en froid*) : *Mandez-moi, je vous prie, ma bonne, ce qu'il y a entre la princesse d'Harcourt et vous* [...] *je serai bien aise de savoir ce qui vous a mises en froideur* (Sév., 4 mai 1672).

Le sens courant actuel de « attitude distante manifestant intentionnellement hostilité ou aversion » était déjà le plus usuel au XVIIe s. : *J'enrage quand je vois sa piquante* [=offensante] *froideur* [d'Agnès] (Mol., *Éc. des f.*, 1566).

froidure n.f. Saison du froid, température froide : *Au temps que la triste froidure Quitte la place à la verdure* (Scarr., *V. tr.*, III, 47). *La froidure de la saison, la froidure d'un climat* (Acad. 94).

froidureux, euse adj. Froid (vieilli et poétique au XVIIe s.) : *Pologne* [...] *Qu'à tort je voulus voir cet objet de mes vœux Sous les mornes climats de ton sein froidureux* (Rotr., *Sœur*, IV, III). *Que sous les climats froidureux Les peuples sont bien malheureux* (Saint-Amant, *la Vigne*, 137). ♦ Frileux : *Vous voilà bien vêtu pour la saison, vous êtes bien froidureux* (Acad. 94).

froisser v.t. Meurtrir par un coup : *Un chien* [...] *fit peur à son mulet, qui lui froissa une jambe contre une muraille et le jeta par terre* (Scarr., *Rom. com.*, I, 21). – Auj. on dit encore : *un muscle froissé.* ♦ Briser : *Un coup de fauconneau lui froissa les os de la jambe* (Acad. 94).

Les sens actuels étaient également usuels au XVIIe s.

fronder v.t. Lancer avec une fronde : *Chacun d'eux avait une fronde Non pas pour fronder des arrêts, Mais des pierres, cailloux et grès* (Scarr., *V. tr.*, V, 2520). ♦ Frapper avec un projectile : *Rincy* [...] *entame un pain, le trouve dur et rassis, en fronde un abricotier voisin* [...] *lui brisant les plus grosses branches* (Scarr., *Lettre Maréchal d'Albret*, s.d.). ♦ Critiquer (encore auj. dans *fronder le gouvernement, le pouvoir*, ou absolument, au sens de « être frondeur ») : *Il ne se soucie pas qu'on fronde ses pièces, pourvu qu'il y vienne du monde* (Mol., *Crit. Éc. des f.*, sc. VI). *J'allai hier au soir souper chez un marquis dans le dessein de fronder cet ouvrage* [un livre] (Le Sage, *Diable boit.*, XVI).

◆ v.i. **Fronder contre qqn,** l'attaquer en paroles ou par des écrits : *On a frondé si rudement contre M. de Saint Malo, que son neveu s'est trouvé obligé de se battre contre un gentilhomme de basse Bretagne* (Sév., 22 déc. 1675).

fronderie n.f. Manifestation de mécontentement : *Il y a ici* [en Bretagne] *de grandes fronderies ; mais cela s'apaise dans vingt-quatre heures* (Sév., 2 sept. 1671).

front n.m. Fig. Air, expression du visage : *Votre front à mes yeux montre peu d'allégresse* (Mol., *Fâch.*, 223). *Sa facile bonté, sur son front répandue* (Rac., *Brit.*, 1591). ♦ Aspect, apparence, attitude, par opposition aux sentiments réels : *C'est mal démêler le cœur d'avec le front, Que prendre pour sincère un changement si prompt* (Corn., *Rodog.*, 1401). ♦ Intrépidité, énergie : *Ceux qui ont vu de quel front il a paru dans la salle de Westminster* [...] *peuvent juger aisément combien il était intrépide à la tête de ses armées* (Boss., *O. f. H. de Fr.*).

Le sens péjor. actuel de « impudence, effronterie » était également usuel au XVIIe s. : *Il a eu le front de lui soutenir qu'il avait menti* (Fur.).

fronteau n.m. Bandeau frontal ; spécialement, remède appliqué sur le front avec un bandage : *Tout ce que je voudrais, c'est* [...] *de lui composer un fronteau où il entre du sel* (Mol., *Pourc.*, I, VIII).

frotter v.t. Donner des coups à (qqn), battre : *Que le galant alors soit frotté d'importance !* (Corn., *Illus.*, 606). *Les ennemis furent bien frottés au passage d'une telle rivière* (Fur.).

Les sens actuels étaient également usuels au XVIIe s.

fruit n.m. Au sing., dessert consistant soit en fruits (au sens actuel), soit en pâtisserie, confiture, fromage, etc. : *Pour les pyramides du fruit, il faut hausser les portes* (Sév., 5 août 1671). *Il y avait en ce repas un beau fruit,* [...] *un beau dessert* (Fur.). ♦ Fig. Butin, profit : *En une plage où pour tout fruit J'ai ramassé mainte coquille* (Saint-Amant, *le Contemplateur*). ♦ **Faire du fruit,** réaliser des progrès, obtenir un résultat : *Cet écolier a fait un grand fruit en peu de temps* (Acad. 94). *Mais pourquoi m'arrêter, Messieurs, à vous raconter le fruit qu'il a fait dans la ville de Thessalonique ?* (Boss., *Panég. St Paul*).

Les locutions et les sens actuels étaient également usuels au XVIIe s., sauf *fruits de mer*, « coquillages et crustacés comestibles ».

fuir v.i. **Fuir à, fuir de** (et l'infinitif), éviter, se garder de : *Il en parle avec joie et fuit à lui parler* (Corn., *Att.*, 431). *Si votre âme les suit, et fuit d'être coquette, Elle sera toujours, comme un lis, blanche et nette* (Mol., *Éc. des f.*, 731). ♦ **Fuir de qqn, des yeux de qqn,** s'éloigner, se cacher de lui : *Où fuirais-je de vous après tant de furie ?* (Corn., *Rodog.*, 1763). *Monstres, dispa-*

raissez ; fuyez de ces beaux yeux (Corn., *Tois.*, 1378).

fuite n.f. Faux-fuyant, échappatoire : *C'est l'ordinaire de ceux qui ont tort et qui connaissent leur faible, de chercher des fuites* (La Font., *Psyché*, I). ♦ Il pouvait être suivi d'un complément objectif indiquant ce que l'on fuit, ce dont on se détourne (auj. le complément de ce mot introduit par *de* indique forcément ce qui fuit) : *Il semblait que la fuite d'une entière solitude* [...] *eût dû les assujettir à une liaison réciproque* (La Br., V, 47). *La fuite du vice, des occasions de pécher* (Fur.). ♦ **Se sauver, se jeter à la fuite,** s'enfuir : *N'as-tu point vu ici deux cavaliers aux coups ? – Non monsieur. – Ou l'un d'eux se sauver à la fuite ?* (Corn., *Clit.*, 397). *Et d'un autre côté me jetant à la fuite Divertir* [= détourner] *de vos pas leur plus chaude poursuite* (Corn., *Pl. R.*, 1074).

Les locutions et les sens actuels concernant des personnes étaient également usuels au XVIIe s.

fumée n.f. Gloire, réputation : *À quelque prix qu'on mette une telle fumée, L'obscurité vaut mieux que tant de renommée* (Corn., *Hor.*, 459). *J'ai près de trente ans commandé nos armées Sans avoir amassé que ces nobles fumées Qui gardent les noms de finir* (Corn., *Agés.*, 1050).

funeste adj. Mortel, fatal : *Contez-moi l'accident funeste* (La Font., *Astrée*, II, III). *Ma main, à moi seule funeste, D'une infidèle vie abrégera le reste* (Rac., *Andr.*, 1093). *La fumée épaisse qui rendait l'entrée de la caverne funeste à tous les animaux* (Fén., *Tél.*, 14). ♦ Tragique, violent, en parlant de la mort : *L'endurcissement au péché traîne une mort funeste* (Mol., *D. J.*, V, VI). ♦ Funèbre, triste, endeuillé : *Elle s'y mit pour n'avoir pas devant les yeux l'objet* [= le spectacle] *funeste d'un mari mort* (Scarr., *Rom. com.*, II, 7). *L'état funeste de la ville* (Rac., *Ann.*, Œdipe roi).

Auj. sens atténué de « nuisible, dommageable ».

fureur n.f. Folie furieuse, égarement d'esprit : *Étourdi montra-t-il jamais tant de fureur ?* (Mol., *Éc. des f.*, 362). *Sers ma fureur, Œnone, et non pas ma raison !* (Rac., *Ph.*, 792). *Quelle fureur, dit-il, quel aveugle caprice, Quand le dîner est prêt, vous appelle à l'office ?* (Boil., *Lutr.*, I, 97). *La morsure des animaux enragés rend les hommes malades de fureur* [...]. *Il prend à cet homme des accès de fureur si violents qu'il le faut lier* (Fur.). ♦ Passion, ardeur : *Contre une ombre chérie avec tant de fureur* (Corn., *Œd.*, 56). *Tout ce que j'ai souffert, mes craintes, mes transports, La fureur de mes feux* (Rac., *Ph.*, 1228). *Enfin, dans sa fureur implorant mon adresse, Ses pleurs ne m'ont-ils pas découvert sa tendresse ?* (Rac., *Baj.*, 781). ♦ Au plur., manifestations, preuves de déraison, actes de folie : *Voudras-tu jusqu'au bout seconder mes fureurs ?* (Rac., *Baj.*, 1419). *Je connais mes fureurs, je les rappelle toutes* (Rac., *Ph.*, 853). ♦ Inspiration poétique (au XVIIe s., ce sens vieillit ; le mot est le plus souvent accompagné d'un déterminatif, *fureur poétique*) : *Je veux qu'un grand dessein échauffe ma fureur, Qu'une œuvre de dix ans me tienne à la contrainte De quelque beau poème* [...] (Th. de Viau, *Élégie à une dame*). *Les poètes sont transportés de la fureur d'Apollon, d'une fureur divine* (Fur.).

Les sens actuels de « grande colère » et « déchaînement » étaient également usuels au XVIIe s. : *Un mal qui répand la terreur, Mal que le ciel en sa fureur Inventa pour punir les crimes de la terre* [...] (La Font., *F.*, VII, 1). *La fureur des vents, des tempêtes, des torrents, de la mer étonne les plus hardis* (Fur.). – Vaug. remarque qu'« il semble que le mot de *fureur* dénote davantage l'agitation violente du dedans, et le mot de *furie* les actions violentes du dehors ». Cependant, l'Acad. admet aussi bien, en 1704, *dans la fureur du combat* que *dans la furie du combat.*

furibonder v.i. Se mettre en colère : *L'évêque pesta, jura, tempêta, furibonda* (Sév., 19 janv. 1674).

furie n.f. Agitation violente ; inflammation : *Les remèdes chauds mettent le sang en furie, et c'est cette furie qui fait les douleurs* (Sév., 29 nov. 1688). ♦ Impétuosité, violence (auj., pour les choses, seulement littér.) : *Si le corps mort ne reparaît point, ou que la furie du Rhône l'ait jeté au-delà d'Arles* [...] (Sév., 26 févr. 1690). *Cet affamé mange avec furie* [...] *On l'a sauvé de la furie des flammes d'un incendie* (Fur.). ♦ **De furie,** avec impétuosité : *En disant cela, il vint à moi de furie* (Scarr., *Rom. com.*, I, 15).

Le sens actuel de « fureur particulièrement vive qui se manifeste avec éclat » était également usuel au XVIIe s. : *À peine devant elle oserait-on paraître : De furie elle écume* (Corn., *Veuve*, 1177).

furieusement adv. Extrêmement, beaucoup (mot mis à la mode par les Précieux, et passé dans l'usage) : *Le siècle s'encanaille furieusement* (Mol., *Crit. Éc. des f.*, sc. VI). *Je crains furieu-*

sement le chagrin où vous met votre maladie (Rac., *Lettre Le Vasseur,* 7 sept. 1660).

Le sens actuel de « avec fureur » était également usuel au XVIIe s. : *Il s'est battu furieusement* (Fur.).

furieux, euse adj. Fou, insensé, passionné (auj. cet emploi subsiste dans l'expression *fou furieux*) : *Gardez-vous d'imiter ce rimeur furieux Qui, de ses vains écrits lecteur harmonieux, Aborde en récitant quiconque le salue* (Boil., *A. p.*, IV, 53). *Hâtez-vous de le faire enfermer, il devient furieux, je vous en avertis* (Regnard, *Retour imprévu,* sc. XVIII). *Je vois ces jeunes furieux Qui semblent menacer les cieux* (Rac., *Ode VI,* 25). ♦ Prodigieux, extraordinaire (sens à la mode dans la langue des Précieux) : *Je vais vous montrer une furieuse plaie* (Mol., *Pr. rid.*, sc. XI). *J'ai une délicatesse furieuse pour tout ce que je porte* (Mol., *Pr. rid.*, sc. IX).

Les sens actuels de « violemment irrité » et « déchaîné » étaient également usuels au XVIIe s. : *Sors, traître. N'attends pas qu'un père furieux Te fasse avec opprobre arracher de ces lieux* (Rac., *Ph.*, 1155). *Il y eut un furieux combat sur mer* [...] *Un furieux torrent* (Fur.).

furtif, ive adj. Que l'on cache, que l'on garde secret : *Toi, qu'un amour furtif souilla de tant de crimes, M'oses-tu reprocher des ardeurs légitimes ?* (Corn., *Méd.*, 853).

Auj. « qui se fait à la dérobée, qui passe presque inaperçu » : *regard, sourire furtif.*

fuseau n.m. **Faire bruire ses fuseaux,** faire parler de soi, faire du bruit : *Vous voyez, depuis un temps, que le vin émétique fait bruire ses fuseaux* (Mol., *D. J.*, III, I).

fusée n.f. Fil enroulé autour d'un fuseau : *La fusée est bien embrouillée* (Acad. 94). *Sache aussi que mon âme est presque toute usée, Que Cloton tient mes jours au bout de sa fusée* (Th. de Viau, *la Plainte de Théophile à son ami Tircis*). ♦ Fig. **Brouiller, démêler la fusée,** embrouiller, débrouiller une affaire : *Mon frère, qui croira sa poursuite abusée, Sans doute en sa faveur brouillera la fusée* (Corn., *Veuve,* 240, var.). *La princesse prend intérêt à Saint-Rémi ; mon fils à Châtelet, à cause de Mme de Tisé : il n'y a rien à faire qu'à leur laisser démêler leur fusée* (Sév., 27 déc. 1684).

fusil n.m. Morceau d'acier avec lequel on battait un caillou pour faire une étincelle et allumer l'amadou : *Boirude* [...] *Les arrête ; et, tirant un fusil de sa poche, Des veines d'un caillou qu'il frappe au même instant, Il fait jaillir un feu qui pétille en sortant* (Boil., *Lutr.*, III, 50). ♦ Dans une arme à feu, pièce d'acier recouvrant le bassinet, d'où le silex du chien fait jaillir une étincelle quand on presse la détente : *Des pistolets à fusil sont distingués des pistolets à rouet, dont on se servait autrefois* (Fur.).

Le sens actuel de « longue arme à feu portative » apparaît après 1650 : *Il y a un règlement du six de février 1670 qui ordonne que la longueur du fusil soit de trois pieds huit pouces depuis la lumière du bassinet jusqu'au bout du canon* (Fur.). Auj. seulement « arme à feu », ou « pièce d'acier pour aiguiser les couteaux ».

futur, e adj. Selon Vaug., ce mot « est plus de la poésie que de la bonne prose », mais l'Acad. déclare, en 1704, que « c'est fort bien parler que de dire *les biens de la vie future, ce fut un présage de sa grandeur future* ».

g

gabelle n.f. Au sing. ou au plur. Impôt sur le sel, administration qui percevait cet impôt : *Deux mulets cheminaient : l'un d'avoine chargé, L'autre portant l'argent de la gabelle* (La Font., *F.*, I, 4). *Franchises, immunités, exemptions, que manque-t-il à ceux qui ont un titre ?* [...] *Cela ne leur sied-il pas mieux que d'entrer dans les gabelles ?* (La Br., XIV, 13).

gage n.m. En poésie, **gage (d'amour),** enfant : *D'aucun gage, Narcisse, ils* [les dieux] *n'honorent sa couche, L'empire vainement attend un héritier* (Rac., *Brit.*, 472). ♦ **Demeurer pour les gages,** être pris quand d'autres s'échappent : *C'en sera une bien dure* [nécessité] *que de demeurer en Provence pour les gages, quand vous verrez partir d'auprès de vous Mme de Senneterre pour Paris* (Sév., 23 août 1671). ♦ **Casser qqn aux gages,** lui retirer son emploi, ou sa confiance : *Je croyais que* [...] *vous nous aviez cassés aux gages* (Rac., *Lettre Le Vasseur*, 26 déc. 1661).

gager v.t. Promettre, s'engager à : *Comme il a gagé d'être parfait* (Sév., 7 juin 1671). ♦ Parier (encore auj., mais vieilli) : *Gageons dit celle-ci* [la tortue], *que vous n'atteindrez point Sitôt que moi ce but* (La Font., *F.*, VI, 10). ♦ **Gage que,** je gage, je parie que : *Gage qu'il se dédit. – Et moi gage que non* (Mol., *Ét.*, 1029). ♦ Engager, payer : *Je suis auprès de lui gagé pour serviteur* (Mol., *Ét.*, 313). [La grandeur royale] *Enrichit le marchand, gage le magistrat* (La Font., *F.*, III, 2).

gageure n.f. Pari (auj., dans la langue soutenue, « pari qu'il semble impossible de gagner ») : *Je gageai que c'était Trissotin en personne Et je vis qu'en effet la gageure était bonne* (Mol., *F. sav.*, 268).

gagne n.f. Bénéfice, profit (vieilli au XVIIe s.) : *Si vous pouvez trouver de l'argent à Rome et tirer gagne, on fera partir mercredi prochain un autre courrier avec pareille somme* (Retz, *Lettre Charrier*, 1651).

gagner v.t. L'emporter sur, triompher de : *Vous ne vous rebutez point, et pied à pied vous gagnez mes résolutions* (Mol., *Bourg.*, III, XV). ♦ **Le gagner de,** l'emporter par : *Ne pouvant le gagner avec toi de paroles, J'opposerai l'effet à tes raisons frivoles* (Corn., *Clit.*, 102, var.). ♦ **Gagner qqch sur qqn,** l'obtenir de lui : *Mais j'ai gagné sur lui qu'il ne me verra plus* (Corn., *Pol.*, 608). ♦ **Gagner qqn de la main,** se montrer plus habile, plus rapide que lui : *Si la Reine l'avait gagné de la main une fois, il le lui saurait bien rendre* (Retz, *Mém.*, III, 398). ♦ **Gagner temps,** v. TEMPS. ♦ **Gagner au pied, gagner au haut, gagner pays, gagner le taillis, gagner le devant,** s'enfuir : *Monsieur, gagnons au pied ; je ne vois rien pour vous, Si ce n'est des gros mots et, possible, des coups* (Quinault, *les Rivales*, I, IV). *Le galant aussitôt Tire ses grègues, gagne au haut* (La Font., *F.*, II, 15). *Cependant son cheval gagnait toujours pays sans se laisser prendre* (Scarr., *Rom. com.*, III, 12). *Mais tu seras armé de pied en cap. – Tant pis, J'en serai moins léger à gagner le taillis* (Mol., *Dép. am.*, 1492). *Le valet y alla à la bonne foi de son maître, qui, cependant, avait gagné le devant, et ainsi le pauvre fut réduit à demander l'aumône jusqu'à Madrid* (Scarr., *Nouvelle*, le Châtiment de l'avarice).

Les sens actuels étaient également usuels au XVIIe s.

gaieté n.f. Enjouement, tour agréable donné à une œuvre littéraire : *Je n'appelle pas gaieté ce qui excite le rire, mais un certain charme, un air agréable qu'on peut donner à toutes sortes de sujets, même les plus sérieux* (La Font., *F.*, Préf.).

Il signifiait aussi, comme auj., « humeur riante ; marques de cette humeur » : *La manière la plus agréable de faire les choses, c'est de les faire avec gaieté* (Fur.). *Mais je vous avouerai que cette gaieté*

[3 syllabes] *Surprend au dépourvu toute ma fermeté* (Mol., *D. G.*, 1810).

gaillard adj. Gai, vif, plein d'entrain : *Cette fille est jolie, elle a l'esprit gaillard* (Corn., *S. du Ment.*, 250). ♦ D'une gaieté un peu libre (encore auj.) : *Bon, voici de nouveau quelque conte gaillard, Et ce sera de quoi mettre sur mes tablettes* (Mol., *Éc. des f.*, 306). ♦ Plein de vie, de santé (sens actuel) : *Cet homme est encore frais et gaillard pour son âge* (Fur.).

gaillardise n.f. Bonne humeur, gaieté un peu libre (auj. vieilli) : *Il n'a pas dit cela pour vous offenser, mais par simple gaillardise* (Fur.). ♦ Propos vif, libre (souvent au plur., auj. ordinairement péjor.) : *Pour réparer des offenses si visibles, vous croyez faire assez* [...] *de me mander impérieusement que malgré nos gaillardises passées, je sois encore votre ami* (Corn., *Lettre apolog.*, 1637).

galamment adv. Poliment, courtoisement : *Le président Viole* [...], *venait déclarer la rupture du mariage. M*[me] *de Chevreuse lui répondit galamment* (Retz, *Mém.*, III, 296). ♦ Avec goût, élégance, habileté : *J'aime la poésie avec entêtement, Et surtout quand les vers sont tournés galamment* (Mol., *F. sav.*, 758).

Auj. « avec une politesse qui vise à plaire aux femmes ».

galant, e, galand, e adj. et n. Distingué, élégant, raffiné : *La belle chose qu'un Roi d'une taille galante !* (Mol., *Impr.*, sc. I). *Quelque ruse galante, quelque honnête petit stratagème pour ajuster nos affaires* (Mol., *Fourb.*, I, II). *Cela fut galant. – Très galant. – C'était un repas bien troussé* (Mol., *Pourc.*, I, IV). ♦ Poli, courtois (auj. seulement pour les hommes, au sens restreint de « courtois, empressé envers les femmes ») : *D. Francisco, second envoyé de l'Archiduc, arriva à Paris* [...] *avec un billet pour moi, très galant, mais très substantiel, du comte de Fuensaldagne* (Retz, *Mém.*, II, 324). ♦ **Galant homme,** homme d'honneur, aux sentiments nobles, aux procédés délicats (auj. vieilli) : *On peut du cocuage Se faire en galant homme une plus douce image* (Mol., *Éc. des f.*, 1245). ♦ Qui recherche les aventures amoureuses, amant (au sens actuel de ce mot) : *L'une de son galant, en adroite femelle, Fait fausse confidence à son époux fidèle, Qui* [...] *le plaint, ce galant, des soins qu'il ne perd pas* (Mol., *Éc. des f.*, 35-38). *Tous ces galants de cour dont les femmes sont folles Sont bruyants dans leurs faits et vains dans leurs paroles ; De leurs progrès sans cesse on les voit se targuer* (Mol., *Tart.*, 989). *Tudieu, quelle galante ! Comme elle prend feu d'abord !* (Mol., *Pourc.*, II, VI). *Quatre galands, cajolant la femme de Sganarelle* (Mol., *Mar. forcé*, livret de 1664, VIIIe entrée). ♦ **Vert galant,** jeune homme entreprenant auprès des femmes : *Belle servante et mari vert galant* (La Font., *Contes*, II, 7). ♦ Rusé compère, personne décidée et sans scrupule : *L'athlète avait promis d'en payer un talent ; Mais quand il le vit, le galand N'en donna que le tiers* (La Font., *F.*, I, 14). *Déjà dans son esprit la galande* [la grenouille] *le croque* [le rat] (La Font., *F.*, IV, 11).

◆ n.m. Nœud de rubans (objet de toilette qui passa vite de mode) : *Viens, je te veux donner tout à l'heure un galand. – Voyez, Monsieur, j'en ai des plus beaux de la terre : En voilà de Paris, d'Avignon, d'Angleterre* (Corn., *Gal. du Pal.*, 1448).

galanterie n.f. Grâce, élégance, raffinement dans les manières : *La galanterie est dans le badinage. C'est ce qu'on nomme adresse, esprit, vivacité, Et le véritable air des gens de qualité* (Quinault, *Mère coquette*, I, III). *La galanterie de l'esprit est de dire des choses flatteuses d'une manière agréable* (La Roch., *Maximes*, 100). ♦ En parlant des choses, agrément, distinction, bon goût : *Mais surtout je vous recommande Le manteau, d'un ruban sur le dos retroussé : La galanterie en est grande* (Mol., *Remerc. au Roi*, 26). ♦ Œuvre littéraire spirituelle, élégante ; bagatelle : *Nous avons vu les Rondeaux, les Métamorphoses, les Bouts-rimés régner, tour à tour ; maintenant ces galanteries sont hors de mode* (La Font., *Contes*, Préf.). ♦ Cadeau, divertissement raffiné offert à qqn : *Tout ce spectacle est une magnifique galanterie, dont l'un des princes régale sur la mer la promenade des princesses* (Mol., *Am. magn.*, 1er interm.). ♦ Goût des intrigues amoureuses (en parlant des femmes aussi bien que des hommes) ; coquetterie : *Votre galanterie, et les bruits qu'elle excite, Trouvèrent des censeurs plus qu'il n'aurait fallu* (Mol., *Mis.*, 890, Arsinoé parle à Célimène). ♦ Liaison amoureuse : *Elle voyait par cette lettre que M. de Nemours avait une galanterie depuis longtemps* (La Fayette, *Clèves*, II). ♦ Ruse, adroite tromperie : *Ces galanteries ingénieuses à qui le vulgaire ignorant donne le nom de fourberies* (Mol., *Fourb.*, I, II). ♦ **Faire galanterie de,** trouver élégant, convenable de : *Ceux qui* [...], *le* *dos tourné, font galanterie de se déchirer l'un l'autre* (Mol., *Impr.*, sc. IV).

Auj., il s'emploie seulement au sens de « attitude prévenante, empressée auprès des femmes ».

galantiser v.t. Courtiser (bas et vieilli selon Th. Corneille) : *Il galantise une beauté nouvelle Et doit enfin passer cette nuit avec elle* (Quinault, *les Rivales*, I, II).

◆ v.i. Flirter : *En la place du poète, qui fut bien aise d'être à cheval pour galantiser à la portière où était Inezilla* (Scarr., *Rom. com.*, I, 20).

galimatias n.m. Pouvait s'employer au XVIIe s. comme adjectif avec le sens de « obscur, inintelligible » : *Si cette fin vous paraît un peu galimatias, vous ne l'en aimerez que mieux* (Sév., 24 avr. 1671).

galoper v.t. Poursuivre au galop : *Puisse l'ennemi galopé Fléchir sous tes lois* (Saint-Amant, *Œuvres*, I, 404). *Les sergents l'ont galopé* (Acad. 94). ♦ Fig. et fam. Courtiser assidûment : *Un marquis de même caractère, Grand épouseur aussi, la galope et la flaire* (Regnard, *Joueur*, 222).

L'emploi intransitif subsiste seul aujourd'hui.

gamme n.f. **Chanter sa gamme à qqn,** le réprimander, lui dire ses vérités : *Ne t'afflige pas tant ; va, ma petite femme, Je m'en vais le trouver et lui chanter sa gamme* (Mol., *Éc. des m.*, 660). ♦ **Hors de gamme,** dans l'embarras, hors d'état de répondre ou d'agir : *Croyant par là Cocuage hors de gamme* [...] (La Font., *Contes*, II, 10).

gant n.m. Fig. **Avoir les gants de qqch,** en avoir la première idée, s'attribuer le mérite d'en avoir eu l'initiative : *M. de Bouillon eut le temps de me dire que je ne devais pas avoir* [...] *tout seul les gants de ma proposition* (Retz, *Mém.*, II, 440). ♦ **Perdre ses gants,** perdre sa virginité : *Mainte fille a perdu ses gants, Et femme au partir s'est trouvée* (La Font., *Contes*, II, 14).

garant adj. Responsable : *Des coups du hasard aucun n'étant garant* (Mol., *Éc. des f.*, 1246). *Qui fait ce qu'il peut n'est plus garant de rien* (Corn., *Agés.*, 1526). *La raison est-elle garant De ce que fait un fou ? Le hasard est la cause De tout ce qui se passe en un cerveau blessé* (La Font., *F.*, IX, 8). ♦ **Prendre, appeler à garant,** recourir à l'aide de : *À mon pouvoir mes forces mesurant Sans prendre ni Phébus, ni la Muse à garant* (Régn., *Sat.*, VI, 32) ; rendre responsable : *Elle* [la Fortune] *est prise à garant de toutes aventures* (La Font., *F.*, V, 11). – Dans cette locution, *garant* est toujours masculin mais peut se mettre au pluriel : *Il a appelé tous les Pères à garants* (Boss., *Avert.*, VI, I).

Le sens actuel se trouve aussi au XVIIe s. : *être, se porter garant de*, « cautionner qqn ou qqch de son crédit ».

garçon n.m. Domestique : *Allons, petit garçon, vite de quoi s'asseoir* (Mol., *F. sav.*, 737). *Il le laissait donc avec son garçon* [avec Ésope, son esclave] (La Font., *Vie d'Ésope*).

Auj. « employé », « commis ».

garde n.f. Surveillance (emploi plus étendu qu'auj.) : *On vous a dit l'étroite garde où elle est retenue* (Mol., *Mal. im.*, II, I). ♦ **Être de garde,** se conserver sans s'abîmer : *Les fruits entichés* [= gâtés] *ne sont pas de garde* (Acad. 94). ♦ **Être de grande garde,** être difficile à garder : *Disant qu'il faisait fort bien de la marier ainsi jeune ; qu'une fille est de grande garde* (Fur., *Rom. bourg.*, I). ♦ **Faire garde,** être de faction (auj. on dit *monter la garde*) : *Je trouve qu'il fait bien froid pour faire garde* (Bussy, *Lettre*, 5 févr. 1649). ♦ **Monter en garde,** se rendre au poste de garde où l'on est affecté : *Cette assemblée* [...] *donna une grande terreur au Palais-Royal, où l'on fit monter six compagnies en garde* (Retz, *Mém.*, III, 247). ♦ **Être hors de garde,** être hors d'état de résister, d'agir : *Léandre, pour nous nuire, est hors de garde enfin* (Mol., *Ét.*, 1150). ♦ **Se donner de garde de, que, n'avoir garde que,** se garder de, éviter soigneusement que : *Il exhortait les fidèles à bien se donner de garde d'aller invoquer Dieu dans l'église de Port-Royal* (Rac., *P.-R.*, I). *Donnez-vous de garde des faux Christs et des faux prophètes* (Boss., *H. univ.*, II, 9). *Donnez-vous de garde que cela n'arrive* (Acad. 94). *Il n'avait garde qu'il ne vous attaquât* (Chap., *Lettres*, II, 207). ♦ **N'avoir garde de,** n'avoir aucune chance de, être bien loin de : *Cette pièce fut mon coup d'essai, et elle n'a garde d'être dans les règles, puisque je ne savais pas alors qu'il y en eût* (Corn., *Mél.*, Examen). *Votre visage* [...] *n'a garde d'être de ces visages disgraciés* (Mol., *Am. magn.*, I, I). – Auj. on n'emploie cette expression qu'en parlant des personnes au sens de « se garder soigneusement de ». ♦ **Jusques aux gardes,** à satiété (auj. on dit *jusqu'à la garde*, « à outrance ») : *La Rap-*

pinière but tant qu'il s'enivra et La Rancune s'en donna aussi jusques aux gardes (Scarr., *Rom. com.*, I, 4).

garde-meuble n.m. Grande pièce ou galerie d'une maison, le plus souvent sous les combles, où l'on remisait pendant l'été le mobilier et le matériel domestique de l'hiver, et *vice versa* ; débarras (auj. « lieu où on garde les meubles de l'État ou des particuliers ») : *Je m'en ressouviendrai, Madame, aussi bien que de votre grenier, qu'il faut appeler garde-meuble* (Mol., *Escarb.*, sc. II). *C'est un garde-meuble chargé et embarrassé de bustes rares* (La Br., XIII, 2). *Le garde-meuble du Roi est la chose la plus magnifique qui soit au monde* (Fur.). ♦ Fonctionnaire préposé à la garde des meubles du Roi : *Castelmoron* [...] *était devenu, pour son argent, garde-meuble de la Couronne, qui est l'inspection en détail de tous les meubles faits ou à faire pour le Roi, et de l'ameublement et du démeublement de toutes les maisons royales* (Saint-Simon, 1715).

garder v.t. Préserver, empêcher : *Voulez-vous savoir le vrai sujet qui garda Socrate d'aller trouver Archelaüs ?* (Malh., *Bienf.*, V, 6). *Dieu gard* [optatif] *de mal fille et femme qui jeûne* (La Font., *Contes*, IV, 9). ♦ Observer, respecter : *Il les faut oublier* [les demoiselles de St-Cyr] *dans leurs classes, leur faire garder le règlement de la journée* (Maintenon, *Lettre*, 20 sept. 1691). *La poésie garde toujours le vraisemblable* (Rac., *Ann. Plutarque*). ♦ Réserver : *J'ignore quel succès le sort garde à mes armes* (Rac., *Andr.*, 1022). ♦ Se méfier de : *Gardez le froc !* (La Font., *Contes*, II, 15). ♦ **Garder de, que** (le plus souvent à l'impératif), prendre garde, éviter de, que : *Par la corbleu ! gardez d'échauffer trop ma bile* (Mol., *Sgan.*, 10). *Gardez qu'avant le coup votre dessein n'éclate* (Rac., *Andr.*, 801). Sans négation *ne* dans la subordonnée : *Et surtout garde bien qu'on te voie* (Corn., *Cid*, 997). ♦ **En donner à garder à qqn,** le tromper : *Il a le tour du vers hardi et l'expression capable d'en donner à garder aux dupes* (Chap., *Lettres*, I, 429). ♦ **Dieu vous (te,** etc.) **gard,** formule de salutation : *Ah ! Dieu vous gard, mon frère !* (Mol., *F. sav.*, 333).

garde-robe n.f. Pièce où l'on rangeait les vêtements (auj. « armoire de rangement ») : *Il appela fort haut le petit Méril, car, pour le servir, il était couché à une garde-robe fort proche* (Urfé, *Astrée*, I, 47 *b*). ♦ Cabinet d'aisances : *Ces pilules font aller deux ou trois fois à la garde-robe* (Fur.). – S'employait aussi au sens actuel de « ensemble des vêtements d'une personne » : *À la mort de ce prince, sa garde-robe fut estimée dix mille écus* (Fur.).

◆ n.m. Tablier, vêtement de dessus : *Avec un garde-robe de toile encore et un corset tout de pièces sur le dos* (Chap., *Guzm. Alfar.*, II, 358).

gâter v.t. Anéantir, ravager, endommager (auj. sens fig. affaibli dans *gâter le plaisir*, etc.) : *Notre écolier,* [...] *Gâtait jusqu'aux boutons, douce et frêle espérance* (La Font., *F.*, IX, 5). *Tout au travers* [du champ de blé] *ils* [les moutons] *se jetèrent, Gâtèrent tout et tout broutèrent* (La Font., *F.*, IX, 11). *Le mauvais temps* [...] *nous a transis, et a gâté nos rues, au point que j'ai été huit jours sans sortir* (Sév., 19 janv. 1689). ♦ Mettre mal en point, ruiner la santé de : *Ici l'on peut gâter un homme sans qu'il en coûte rien* (Mol., *Méd. m. lui*, III, I). *Notre concitoyen, disaient-ils en pleurant, Perd l'esprit : la lecture a gâté Démocrite* (La Font., *F.*, VIII, 26). ♦ Déshonorer, perdre de réputation : *Quel est ce Philippin ? – Le valet de Cléandre. – Je suis gâté sans doute ; on lui va tout apprendre* (Quinault, *Am. indiscret*, II, IV). ♦ Salir : *L'Olive, et la Rancune, et le même chartier, qui étaient déjà tous gâtés de la boue* (Scarr., *Rom. com.*, III, 5). ♦ Traiter avec trop d'indulgence (encore auj., mais plus souvent au sens restreint de « combler de prévenances, de cadeaux ») : *Gâter un enfant, gâter un valet* (Fur.).

Il s'employait déjà pronominalement au sens actuel de « s'abîmer, se corrompre » : *La viande se gâte dans la chaleur. Ce vin se gâte, il s'évente.*

gauche adj. et n.f. **À gauche,** de travers : *Vous serez toujours* [...] *Un envers du bon sens, un jugement à gauche* (Mol., *Ét.*, 888). ♦ **Prendre une chose à gauche,** la prendre autrement qu'il ne faut : *Pour me connaître mal, tu prends mon sens à gauche* [= tu me comprends mal] (Corn., *Ment.*, 37). ♦ **Recevoir la main gauche,** épouser une personne d'origine roturière : *Sa retraite à Sedan le défendait des bassesses auxquelles la cour avait prétendu l'obliger, par exemple à recevoir la main gauche dans la maison même du Cardinal* (Retz, *Mém.*, I, 155). ♦ **Mariage de la main gauche,** mariage d'un noble avec une femme non noble (auj. « concubinage ») : *Sa naissance était un peu équivoque ; sa mère était de la main gauche* (Sév., 3 mai 1680).

gauchir v.t. Éviter en s'esquivant, parer : *Présageant ma perte et voulant me conseiller pour la gauchir* (Chap., *Guzm. Alfar.*, I, 153). *Ce grand péril se peut gauchir* (Corn., *Imit.*, I, 2137).

◆ v.i. Se détourner, dévier de la voie droite : *Je crois que nos discours iront d'un pas égal Sans donner sur le rhume ou gauchir sur le bal* (Corn., *Suiv.*, 952). [Eux] *qui, pour n'être pas assez attachés à la route immuable de la vérité, gauchissent et se détournent au gré des vanités* (Boss., *O. f. Nicolas Cornet*). ♦ Biaiser, se dérober : *J'en ai déjà parlé, mais il a su gauchir ; Et, tournant le discours sur une autre matière* [...] (Corn., *Pompée*, 1232). *Il faut ouvrir son cœur et ne point tant gauchir* (La Font., *Eunuque*, I, III).

Auj. seulement au sens propre de « déformer, fausser » (v. t.), ou de « perdre sa forme, se contourner » (v. i.), en parlant de choses.

gaulois adj. Suranné, à l'ancienne mode : *Pleurs et soupirs, gémissements gaulois* (La Font., *Contes*, III, 3). [Harlay avait] *une prononciation ancienne et gauloise, et souvent les mots de même* (Saint-Simon, 1707).

Auj. en parlant d'histoires, de chansons, etc., « leste, grivois ».

gaupe n.f. et adj. Femme malpropre, souillon (ce mot familier du style burlesque ou comique a subsisté jusqu'au XIXe s.) : *Marchons, gaupe, marchons !* (Mol., *Tart.*, 171). *Levez-vous, gaupes de servantes, Vous faites bien les indolentes* (Scarr., *V. tr.*, VIII, 1670). *Cette Peau d'Âne est une noire taupe, Plus vilaine encore et plus gaupe* (Perrault, *Contes*, Peau d'Âne).

gausser v.t. Tourner en dérision (vieilli au XVIIe s., et passé au style burlesque) : *Vénus* [...] *gaussa Jupiter sur ce qu'elle l'avait contraint de changer de forme* (Sorel, *Berg. extr.*, 168). *C'est un plaisant qui gausse, qui raille tout le monde* (Fur.).

◆ v.i. Plaisanter : *Hé quoi ! ne sais-tu pas que je voulais gausser ?* (Rotr., *Sosies*, III, IV).

◆ v.pr. Se moquer ouvertement de (seul emploi auj., et seulement littér.) : *Et nous voyons que d'un homme on se gausse Quand sa femme chez lui porte le haut-de-chausse* (Mol., *F. sav.*, 1645).

gémeaux n.m.pl. Jumeaux : *Ce grand jour est venu, mon frère, où notre Reine* [...] *Doit rompre aux yeux de tous un silence obstiné, De deux princes gémeaux nous déclarer l'aîné* (Corn., *Rodog.*, 10). *Je suis son frère, Monsieur : nous sommes gémeaux ; et, comme nous nous ressemblons fort, on nous prend quelquefois l'un pour l'autre* (Mol., *Méd. vol.*, sc. XI).

Vaug. voulait déjà qu'on réservât ce nom à la constellation de Castor et Pollux.

gendarme n.m. Homme de guerre à cheval, et par extens. soldat quelconque : *Seule j'ai par mes charmes Mis au joug les taureaux et défait les gendarmes* (Corn., *Méd.*, 430).

Auj. « militaire d'un corps spécialement chargé de maintenir l'ordre public ».

gêne n.f. Instrument de torture, torture, supplice que l'on inflige : *Allons, vite, des commissaires, des archers, des prévôts, des juges, des gênes, des potences et des bourreaux !* (Mol., *Av.*, IV, VII). *On me lia les deux bras* [...] *et me leva-t'on en l'air suspendu* [...] *en forme d'estrapade, qui fut une terrible gêne pour moi* (Chap., *Guzm. Alfar.*, III, 523). ♦ Douleur violente, souffrance : *Pour moi, j'en ai souffert la gêne sur mon corps* [...] *Je pensais retenir toutes vos actions En faisant de mon corps mille contorsions* (Mol., *Ét.*, 1533). ♦ Torture morale, tourment : *Faut-il livrer son cœur à d'éternelles gênes ?* (La Font., *Daphné*, II, III). [L'absence] *À des gênes et des tourments Pires que le fer et les flammes* (Tr. L'Hermite, *Am.*, Contre l'absence).

Auj. sens très affaibli de « difficulté, embarras ».

gêner v.t. Torturer, soumettre à la question : *Celle que dans les fers elle aimait à gêner* (Corn., *Rodog.*, 18). *On a eu beau gêner ce criminel, il n'a jamais voulu nommer ses complices* (Fur.). ♦ Soumettre à une contrainte pénible : *Notre langue manque d'un grand nombre de mots et de phrases : il me semble même qu'on l'a gênée et appauvrie, depuis environ cent ans, en voulant la purifier* (Fén., *Lettre Acad.*, 2). ♦ Causer une souffrance morale : *Je sais la peine Qui te tourmente et qui te gêne* (La Font., *Contes*, II, 12). *Amour, tu veux que j'aime une belle prison, Et tu m'y viens gêner d'un éternel supplice* (Tr. L'Hermite, *Am.*, Plainte à l'amour).

Auj. sens très affaibli de « embarrasser ».

généralement adv. Sans distinction, en bloc : *Ce n'est pas* [la curiosité] *une passion qu'on a généralement pour les choses rares et qui ont cours, mais qu'on a seulement pour une certaine chose, qui est rare, et pourtant à la mode*

(La Br., XIII, 2). [...] *l'on doit approuver la comédie du* Tartuffe, *ou condamner généralement toutes les comédies* (Mol., *Tart.*, Préf.). ♦ Sans réserve, totalement : *Il est vrai qu'on peut avoir mille bonnes qualités qui font aimer, sans être douce ; mais je crois qu'il est difficile d'être aimée généralement sans avoir de la douceur de quelque espèce* (Maintenon, *Convers.*, Sur la douceur).

Il avait aussi le sens actuel « d'un point de vue général, dans la plupart des cas » : *Il est vrai, généralement parlant, que les plus riches ne sont pas les plus contents* (Fur.).

généralité n.f. Dignité de général : *Il n'y a point de si mauvaise place auprès du roi qui ne vaille mieux que la généralité de son armée* (Balz., *le Prince*, III, *in* L.). ♦ Réunion de tous les officiers généraux : *Devisant de la sorte, nous rencontrâmes toute la généralité qui revenait* (Saint-Simon, 1693). ♦ Division administrative de la France établie pour la levée des impôts : *Il y a* [...] *un Receveur Général des Finances établi en chaque généralité* (Fur.). ♦ L'ensemble des individus (auj. vieilli) : *Si quelques particuliers sont méchants* [...] *il ne faut pas que la généralité en souffre* (Fur.).

Il avait aussi les sens actuels de « caractère de ce qui est général » : *On voit dans quelle généralité il faut prendre l'Écriture* (Boss., *Avert.*, VI) ; et, au plur., « idées, notions générales » : *Je ne puis entrer avec elle dans des généralités* (Boss., *Lettre*, *in* L.).

généreusement adv. Avec grandeur d'âme, vaillamment : *Secourons l'innocence, et généreusement* (Rotr., *Antig.*, V, III). *Un conquérant doit traiter généreusement les vaincus et leur pardonner* (Fur.).

Auj. surtout « avec libéralité ».

généreux, euse adj. De race noble, brave : *Fuir devant un sanglier, ayant de quoi l'abattre ! Ce trait, Moron, n'est pas généreux* (Mol., *Pr. Él.*, 219). *Notre généreuse malade s'est regardée comme une victime destinée au sacrifice ; elle a vu venir le coup sans demander grâce* (Fléch., *in* L.). ♦ Magnanime, sans mesquinerie (auj. rare) : *Auguste fit une action généreuse en pardonnant à ses ennemis* (Fur.).

Le sens actuel de « qui donne plus qu'il n'est tenu de le faire » est rare avant la fin du XVIIe s. : *Mécénas était un seigneur généreux, qui faisait de grands biens aux gens de lettres* (Fur.).

générosité n.f. Noblesse de sentiments, magnanimité, bravoure : *C'est générosité quand pour venger un père Notre devoir attaque une tête si chère* (Corn., *Cid*, 1197). *Cette générosité surprenante qui vous fit risquer votre vie, pour dérober la mienne à la fureur des ondes* (Mol., *Av.*, I, I). ♦ Oubli de soi-même (emploi plus étendu qu'auj.) : *Il s'arme, en ce besoin, de générosité, Et du bonheur public fait sa félicité* (Corn., *Hor.*, 981).

Le sens actuel de « libéralité » est rare avant la fin du XVIIe s. : *Ce grand nombre de domestiques pouvait être à charge à sa dépense, mais non à sa générosité* (Fléch., *in* L.).

génie n.m. Dispositions innées du caractère, humeur : *Enfin, Burrhus, Néron découvre son génie. Cette férocité que tu croyais fléchir, De tes faibles liens est prête à s'affranchir* (Rac., *Brit.*, 800). *Ce procédé n'était guère du génie de ce ministre, qui était accoutumé de faire toutes choses avec hauteur* (Du Buisson, *Turenne*, 2). ♦ Aptitude naturelle, talent particulier : *Cette matière très grave est fort rapportante à mon génie* (Chap., *Lettres*, II, 81). *Le génie de la princesse se trouva également propre aux divertissements et aux affaires* (Boss., *O. f. Clèves*). ♦ Inspiration poétique ou musicale : *Mes doigts, suivant l'humeur de mon triste génie, Font languir les accents* [du luth] (Saint-Amant, *les Visions*, 176). ♦ Caractère distinctif des choses (encore auj. *le génie d'une langue* : « ses tendances dominantes, son caractère particulier ») : *C'est le génie de la volupté* (Boss., *Serm. sur l'Impén. fin.*). ♦ **De génie,** d'inspiration, d'abondance : *Ses vers* [de La Fontaine] *forts et harmonieux, faits de génie, quoique travaillés avec art, pleins de traits et de poésie* (La Br., *Disc. Acad.*).

Auj. « dispositions exceptionnelles de l'esprit, intelligence très supérieure ».

géniture n.f. Progéniture, enfant (vieilli au XVIIe s.) : [...] *la mère, apaisant sa chère géniture* [...] (La Font., *F.*, IV, 16). *Il advint qu'au hibou Dieu donna géniture* (La Font., *F.*, V, 18). *Il rendit le fer au marchand, Qui lui rendit sa géniture* (La Font., *F.*, IX, 1).

gens n.m. (ou f.) pl. Domestiques : *Au moins Messieurs vos gens me l'assurent ainsi* (Mol., *Fâch.*, 621). *Un de mes gens la garde au coin de ce détour* (Mol., *Éc. des f.*, 1446). ♦ Soldats, partisans : *La moitié de tes gens doit occuper la porte* (Corn., *Cinna*, 1485). *Ils perdirent* [...] *plusieurs* *officiers et plusieurs gens de distinction* (Rac., *Siège de Namur*).

Il avait aussi le sens actuel de « personnes en nombre indéterminé » : *C'est se moquer des gens* (Fur.).

gent n.f. Nation, race, espèce (vieilli et plaisant au XVIIe s.) : *Vive la gent qui fend les airs* (La Font., *F.*, II, 5). *Vous n'avez point la mine De recevoir échec de la gent féminine* (Regnard, *Coquette*, II, XV).

gent, e adj. Gracieux, gentil (vieilli et plaisant au XVIIe s.) : *Près de la dame était une personne* [...] *Gente de corps ; il ne lui manquait rien* [...] (La Font., *Contes*, V, 8). *Que dit-elle de moi, cette gente assassine ?* (Mol., *Ét.*, 220).

gentilhomme n.m. Homme noble de vieille souche : [La maison] *de la Prudoterie, dont j'ai l'honneur d'être issue ; maison où le ventre anoblit, et qui, par ce beau privilège, rendra vos enfants gentilshommes* (Mol., *G. D.*, I, IV).

Un anobli ne pouvait donc prétendre au titre de *gentilhomme*, ce qui rend ridicule l'ambition de M. Jourdain. Par l'expression *« Bourgeois gentilhomme »*, Mol. dénonce en la raillant une usurpation de titre fréquente au XVIIe s.

gentilhommerie n.f. Qualité de gentilhomme, noblesse de vieille date : *Voilà ce que c'est d'avoir voulu épouser une Demoiselle ! L'on vous accommode de toutes pièces, sans que vous puissiez vous venger ; et la gentilhommerie vous tient les bras liés* (Mol., *G. D.*, I, III).

gentillâtre adj. Péjor. Petit gentilhomme : *Si vous en croyez des personnes aigries l'une contre l'autre et que la passion domine* [...] *le gentilhomme* [est] *un « gentillâtre »* (La Br., XII, 95).

gentillesse n.f. Bagatelle, chose jolie, agréable : *On y voit* [dans des tableaux] *des feux d'artifice, des courses de bague, des carrousels, des divertissements de traîneaux, et autres gentillesses nouvelles* (La Font., *Lettre à sa femme*, 12 sept. 1663). ♦ Finesse spirituelle, agrément : *Vous avez fait un trait qui, dans sa hardiesse, Fait briller tant d'esprit et tant de gentillesse* [...] (Mol., *Dép. am.*, 1626). *La gentillesse des fables réveille l'esprit* (Desc., *Méth.*, I). ♦ Trait d'esprit, tour adroit : *Peste ! où prend mon esprit toutes ces gentillesses ?* (Mol., *Amph.*, 226). *Ces gentillesses d'esprit* [...] *à qui le vulgaire ignorant donne le nom de fourberies* (Mol., *Fourb.*, I, II).

Auj. « amabilité, délicatesse prévenante ».

germain n.m. Frère, et par extens. proche parent : *Moïse à la tête S'avançant à grands pas avecque son germain* (Saint-Amant, *Moïse sauvé*). *Les gens de Cornélie, entre qui vos Romains Ont déjà reconnu des frères, des germains* (Corn., *Pompée*, 1168). *Là sifflent les lézards, germains des crocodiles* (La Font., *Psyché*, I).

L'emploi comme nom vieillit au XVIIe s. Auj. on dit seulement *un cousin germain*.

germer v. Parfois transitif au sens de « produire, engendrer » : *C'est une semence illustre, vive et forte Qui de nouveaux martyrs germe une ample moisson* (Corn., *Hymnes*, 12).

gésine n.f. **En gésine,** en train d'accoucher, en couches : *À l'endroit Où la laie était en gésine* (La Font., *F.*, III, 6).

gésir v.i. Fig. Résider, consister, se réduire : *Mais en quoi gît ce mieux ? – En esprit, en richesse* (Corn., *Mél.*, 631). *Tout le secret ne gît qu'en un peu de grimace* (Corn., *Ment.*, 333). *Tout consiste en la croix, et tout gît à mourir* (Corn., *Imit.*, II, 418).

gestes n.f.pl. Exploits guerriers (vieilli au XVIIe s. ; auj. encore dans *chansons de geste*) : *Ce grand chroniqueur des gestes d'Alexandre* (Boil., *Ép.*, XI, 30).

giboyer v.t. Chasser (du style burlesque au XVIIe s.) : *Le roi des animaux se mit un jour en tête De giboyer : il célébrait sa fête* (La Font., *F.*, II, 19).

gille n.m. **Faire gille,** s'enfuir (mot du style familier) : *Parmi ces apprêts, la nuit d'auparavant, Vous sûtes faire gille, et fendîtes le vent* (Corn., *S. du Ment.*, 18).

ginguet adj. **Vin ginguet,** et absolument **ginguet,** petit vin : *Par lui* [le fromage] *le vert ginguet fait la figue au muscat* (Saint-Amant, *le Cantal*, *in* L.).

glace n.f. S'employait fréquemment au figuré pour désigner une « diminution d'ardeur, de vivacité », principalement sous l'effet de l'âge : *Quand l'âge dans mes nerfs a fait couler sa glace* (Corn., *Cid*, 209). *Il ne sent plus le poids ni les glaces de l'âge* (Boil., *Lutr.*, V, 10).

gloire n.f. Honneur, considération, qualité flatteuse : *Il vous est doux de voir un aveu plein de gloire Sur les feux d'un rival marquer votre victoire* (Mol., *D. G.*, 1052). ♦ Réputation intacte aux yeux d'autrui et aux yeux de soi-même : *Laissez-moi seule ; ici ma gloire se hasarde ; D'un et d'autre côté je vois qu'on nous regarde* (Th. Corn., *Am. à la mode*, II, I). *Et je veux que la voix de la plus noire envie Élève au ciel ma gloire et plaigne mes ennuis* (Corn., *Cid*, 971). *Il y va de ma gloire, il faut que je me venge ; Et de quoi que nous flatte un désir amoureux, Toute excuse est honteuse aux esprits généreux* (Corn., *Cid*, 842). ♦ Amour-propre : *Et de bien d'autres traits il s'est senti piquer Sans que jamais sa gloire ait fait que s'en moquer* (Mol., *F. sav.*, 1324). *Il n'y avait aucune dame dans la cour dont la gloire n'eût été flattée de le voir attaché à elle* (La Fayette, *Clèves*, I). *La fausse gloire et la fausse modestie sont les deux écueils que la plupart de ceux qui ont écrit leur propre vie n'ont pu éviter* (Retz, *Mém.*, I, 81). ♦ Orgueil, vanité : *Ne vous enflez donc point d'une si grande gloire* (Mol., *Mis.*, 1017). *Il crève de gloire* (Acad. 94). ♦ Succès : *Mais si de votre bouche il n'a point su sa gloire, Est-ce un crime pour lui que de n'oser la croire ?* (Mol., *D. G.*, 59).

Le sens actuel de « célébrité méritée par quelque action éclatante » était également usuel au XVIIe s. : *Ce triomphateur est revenu comblé, tout couvert de gloire* (Fur.).

glorieux, euse adj. Orgueilleux, fier : *Je sais ce que le ciel m'a faite au-dessus d'elle, Et suis plus glorieuse encor qu'elle n'est belle. – J'adore cet orgueil, il est égal au mien* (Corn., *Att.*, 982). *Vous êtes glorieux : je vois bien que vous voulez que je vous aille voir la première* (Sév., 9 août 1671). *Madame de Chartres, qui était extrêmement glorieuse, ne trouvait presque rien digne de sa fille* (La Fayette, *Clèves*, I). ♦ Vaniteux : *M. l'Archevêque de Paris, qui était le plus faible de tous les hommes, était, par une pente assez commune, le plus glorieux* (Retz, *Mém.*, I, 218). *Celui, au contraire, qui a bonne opinion de soi, et que le vulgaire appelle un glorieux* (La Br., II, 14).

Il avait aussi les sens actuels de « qui s'est acquis de la célébrité » : *Il* [Charles II] *règne paisible et glorieux sur le trône de ses ancêtres* (Boss., *O. f. H. de Fr.*), ou de « qui procure la gloire » : *Il est mort au lit d'honneur, d'une mort glorieuse, d'une blessure glorieuse* (Fur.).

gloser v.t. Critiquer, railler : *Quoi, pour un maigre auteur que je glose en passant* [...] (Boil., *Sat.*, IX, 149). *Bien que chacun en murmure et nous glose* (La Font., *Rond. redoublé*, 3).

On disait aussi, comme auj., en ce sens, *gloser sur* : *L'ours* [...] *Glosa sur l'éléphant, dit qu'on pourrait encor Ajouter à sa queue, ôter à ses oreilles* (La Font., *F.*, I, 7).

gobelet n.m. Office consistant à assurer la fourniture du linge, du pain, du vin et du dessert du roi : *Milord Taff lui servait* [au roi d'Angleterre] *d'écuyer de cuisine et de chef du gobelet* (Retz, *Mém.*, III, 106).

godenot n.m. Marionnette de bois utilisée par les escamoteurs pour amuser les spectateurs ; et, par comparaison, petit homme ridicule, bouffon : *Quel est ce godenot fagoté de la sorte ?* (La Font., *Ragotin*, I, VIII). *Vous voyez que le Mazarin n'est qu'une manière de godenot qui se cache aujourd'hui et qui se montrera demain* (Retz, *Mém.*, IV, 199).

godiveau n.m. Espèce de vol-au-vent garni de veau haché et d'andouillettes (le mot est toujours enregistré dans les dictionnaires spécialisés) : *Un godiveau tout brûlé par dehors Dont un beurre gluant inondait tous les bords* (Boil., *Sat.*, III, 51).

gogaille n.f. **Faire gogaille(s),** faire bombance, se réjouir, faire un repas joyeux : *Avec vous je faisais gogaille* (Scarr., *V. tr.*, VI, 1729). *Quand les maîtres sont absents, les valets font gogaille dans la maison* (Fur.).

goguenard adj. et n. Celui qui fait de sottes plaisanteries (style familier) : *Toutefois n'allez pas, goguenard dangereux, Faire Dieu le sujet d'un badinage affreux* (Boil., *A. p.*, II, 187).

Auj. sens atténué : « railleur, ironique ».

goguenarder v.i. Dire des plaisanteries, des railleries sottes ou cruelles : *Ils sont dans leur cabinet à goguenarder sur les circonstances du massacre des badauds* (Cyrano, *États et empires de la Lune*, p. 15). *Ils riaient et goguenardaient ensemble* (Acad. 94).

goguette n.f. **Chanter goguette(s) à qqn,** lui dire des injures : *Cela ne plut pas au valet Qui, les ayant pris sur le fait* [...], *À sa moitié chante goguette* (La Font., *Contes*, IV, 11). ♦ **Être en ses goguettes,** être en belle humeur sous l'effet de la boisson (auj. en ce sens on dit *être en goguette*) : *Il lui amène un jour Collinet l'ayant fait mettre en ses goguettes par le moyen* *de deux ou trois verres d'un vin de singe* [= vin gai] (Sorel, *Franc.*, V).

gorge n.f. **Gorge chaude,** animaux vivants donnés en pâture aux oiseaux de proie ; et, par extens., régal : [La grenouille] *Prétend qu'elle en fera* [du rat] *gorge chaude et curée* (La Font., *F.*, IV, 11). – Auj. l'expression s'emploie seulement au fig. (comme déjà au XVIIe s.) au sens de « plaisanteries, railleries ». ♦**Rendre sa gorge, rendre gorge,** vomir : *Il rendait sa gorge quand le cœur lui faisait mal* (Malh., *Ép.*, 53). – L'expression *rendre gorge* s'employait aussi au sens actuel de « restituer par force ce qu'on avait dérobé ». ♦**Se couper la gorge,** se battre en duel : *Je viens vous dire civilement qu'il faut, si vous le trouvez bon, que nous nous coupions la gorge ensemble... – Je suis votre valet ; je n'ai point de gorge à me couper* (Mol., *Mar. forcé*, sc. IX).

gothique adj. Suranné, démodé : *On dirait que Ronsard sur ses pipeaux rustiques Vient encor fredonner ses idylles gothiques* (Boil., *A. p.*, II, 22). ♦Barbare, sauvage : *L'élève de Barbin* [...] *Veut en vain S'opposer à leur fureur gothique* (Boil., *Lutr.*, V, 146).

goulée n.f. Grosse bouchée : *Afin que le pauvre animal en attrapât quelque goulée* (Sorel, *Polyandre*, I, 333). *Ce maudit animal vient prendre sa goulée Soir et matin* (La Font., *F.*, IV, 4). *Il n'en a fait qu'une goulée* (Acad. 94).

gourmade n.f. Coup de poing, principalement sur la figure : *Je ne sais qui me tient* [= ce qui me retient] *qu'avec une gourmade Ma main de ce discours ne venge la bravade* [...] *Et quelques coups de poing satisferaient mon cœur* (Mol., *Éc. des f.*, 1564). *Il lui donna* [...] *une gourmade dans les dents, dans le nez* (Acad. 94).

gourmander v.t. Dominer, maîtriser : *Je prétends gourmander mes propres sentiments Et me soumettre en tout à vos commandements* (Mol., *Sgan.*, 479). ♦Maltraiter, brutaliser (notamment en parlant de chevaux) : *Un cavalier qui gourmande la bouche de son cheval en fait bientôt une rosse* (Fén., *Lettres spirit.*, *in* L.) ; et, au fig., s'attaquer à, fustiger : *Et lorsque ce dernier* [= l'amour] *dans un esprit commande, Il ne peut endurer que l'autre* [= la raison] *le gourmande* (Corn., *Veuve*, 548). *La plume à la main je gourmande les vices* (Boil., *Disc. au Roi*, 70). ♦Molière met dans le langage d'un gastronome le mot *gourmandé* employé dans un sens douteux, non attesté à l'époque dans les ouvrages d'art culinaire : *Un carré de mouton gourmandé* [= assaisonné, relevé] *de persil* (Mol., *Bourg.*, IV, I).

Auj. encore dans la langue soignée, « réprimander, gronder » (sens usuel au XVIIe s.) : *Quand on lui est venu rendre compte de cette affaire, il a gourmandé son commis* (Fur.).

gourmer v.t. Battre à coups de poings : *On l'a bien gourmé* (Acad. 94). *Toutes les fois qu'il avait eu à se gourmer contre quelqu'un,* [...] *il avait toujours décousu ou déchiré les habits de son ennemi* (Scarr., *Rom. com.*, II, 9). *Qu'ils s'accordent entre eux, ou se gourment, qu'importe ?* (Mol., *F. sav.*, 503).

goût n.m. Plaisir causé par qqch : *Il répétait en latin avec un goût merveilleux ces grands mots* (Boss., *O. f. Condé*). ♦**Prendre un goût de qqch,** s'y intéresser, y trouver de l'agrément (auj. on dit *prendre goût à quelque chose*) : *Songez à prendre un goût des plus nobles plaisirs* (Mol., *F. sav.*, 34). ♦Sympathie pour qqn : *Nous avons vingt fois parlé de vous avec amitié et avec un goût extrême* (Sév., 25 oct. 1686). ♦**Donner du goût à qqn,** l'inciter : *La petite finesse qui infectait toujours la politique* [...] *de M. le cardinal de Mazarin, lui donnait du goût à laisser devant nos yeux* [...] *des gens avec lesquels il se pût raccommoder contre nous-mêmes* (Retz, *Mém.*, III, 133).

goûter v.t. Apprécier, estimer qqn : *Les hommes ne se goûtent qu'à peine* [= avec peine] *les uns les autres* (La Br., XII, 9). *C'est un avantage rare à un prince de goûter un savant* (Fonten., *La Hire*, *in* L.). ♦Approuver, connaître la valeur de qqch : *Les hommes, séduits par de belles apparences et de spécieux prétextes, goûtent aisément un projet d'ambition que quelques grands ont médité* (La Br., XII, 114). *Tout cela vous fait voir combien on vous estime heureuses ; goûtez donc votre avantage, mes enfants* (Maintenon, *Instr. à la classe bleue*, 1707).

Auj., seulement avec un nom de chose comme complément, « apprécier (affectivement) », plutôt que « juger ».

gouvernance n.f. Charge de gouvernante : *Nous fûmes hier, Monsieur le Comte, chez vos amies de Leuville et d'Effiat ; elles reçoivent les compliments de la réconciliation et de la gouvernance* (Sév., 8 déc. 1679).

gouvernement n.m. Art de gouverner : *Génie fort et supérieur, il* [Richelieu] *a su tout le fond et tout le mystère du gouvernement* (La Br., *Disc. Acad.*).

Auj., au sens de « action de gouverner », il est déterminé par un complément ou un adjectif. Les autres sens actuels étaient déjà usuels au XVIIe s.

gouverner v.t. Exercer une direction morale ou spirituelle sur ; être précepteur de : *Le jésuite qui la gouverne la fait communier deux fois la semaine* (Sév., 25 mai 1680). *Rentrez, Lucile, et me faites venir Le précepteur : je veux un peu l'entretenir Et m'informer de lui, qui me gouverne Ascagne, S'il sait point quel ennui depuis peu l'accompagne* (Mol., *Dép. am.*, 649). ♦ Soigner, traiter : *Ah ! mon frère, il sait tout mon tempérament et la manière dont il faut me gouverner* (Mol., *Mal. im.*, III, VI). ♦ Se conduire avec : *Dis-moi comme en ce lieu l'on gouverne les dames* (Corn., *Ment.*, 21).

◆ **se gouverner,** se conduire, se comporter : *Chacun était berger et vivait sans souci ; C'est comme je prétends qu'on se gouverne ici* (Th. Corn., *Berg. extrav.*, I, III).

Les sens actuels étaient également usuels au XVIIe s.

gouverneur n.m. Gentilhomme chargé de l'éducation d'un prince : *Le Roi doit à son fils élire un gouverneur* [...] (Corn., *Cid*, 43).

Des sens actuels, seul celui de « haut fonctionnaire chargé d'un gouvernement militaire ou civil » était déjà usuel au XVIIe s.

grabuge n.m. Querelle (style burlesque) : *Un grabuge arrivé entre M. Ménage et moi* [...] *me fait vous supplier de le décharger de la peine de me faire tenir vos lettres* (Chap., *Lettres*, II, 30). *Ces deux amis sont en froideur, il est arrivé quelque grabuge qui les a brouillés* (Fur.).

Auj. très familier : « agitation, désordre ».

grâce n.f. Faveur : *Tout ce qu'on fait ne va qu'à se mettre en leur grâce* [des grands] (Mol., *D. G.*, 416). – Il s'emploie encore en ce sens dans diverses expressions comme *être dans les bonnes grâces de qqn.* ♦ Attrait : *Le changement de condition avait pour lui la grâce de la nouveauté* (La Roch., *Mém.*, IV, p. 145). ♦ **Faire grâce,** faire plaisir, être agréable : *Les grands se font honneur dès lors qu'ils nous font grâce* (La Font., *F.*, I, 14). *Tant s'en faut que cette variété soit vicieuse, qu'elle fait grâce sans pouvoir blesser l'oreille* (Vaug., *Rem.*, 395). – Auj. cette locution signifie, comme au XVIIe s. déjà, « pardonner, dispenser d'une punition ». ♦ **De sa grâce,** spontanément, de son plein gré (fam.) : *Votre cœur magnifique Me promit, de sa grâce, une bague* (Mol., *Dép. am.*, 167). ♦ **Donner grâce,** pardonner, excuser : *Et l'on donne grâce aisément À ce dont on n'est pas le maître* (Mol., *Amph.*, 1288). ♦ **Dieu grâce,** grâce à Dieu, heureusement : *Ils sont, Dieu grâce, Madame, en parfaite santé* (Mol., *Escarb.*, sc. IV). ♦ **Bonnes grâces,** étoffes garnissant la tête et le pied d'un lit ; sorte de rideau : *Si vous trouvez dans Avignon ou dans Lyon de quoi faire des rideaux, un fond, un dossier, des soubassements, des pentes, des bonnes grâces* (Sév., 21 août 1675).

Les locutions et les sens usuels auj. l'étaient également au XVIIe s.

gracieuser v.t. Entourer d'attentions, chercher à séduire : *Mademoiselle, ne seriez-vous point par hasard de ces chauves-souris apprivoisées, qui gracieusent le bourgeois et lui proposent la collation ?* (Regnard, *la Foire de St-Germain*, I, VIII). *Cette femme l'a fort gracieusé* (Acad. 94).

gracieux, euse adj. En parlant de personnes, aimable, bien disposé : *Rediseurs, espions, gens à l'air gracieux, Au cœur tout différent* [...] (La Font., *F.*, XII, 11). – Auj. il signifie « qui a du charme, de l'agrément » ; pourtant on dit encore, à la forme négative : *Il n'est guère gracieux* [= aimable], etc. ♦ En parlant des choses, agréable, qui cause du contentement : *Un sommeil gracieux Avait sous ses pavots appesanti mes yeux* (Boil., *Lutr.*, IV, 19). – Auj. il signifie « qui charme la vue ou l'ouïe ».

Ce mot est blâmé par Vaug. et Bouhours, mais défendu par Ménage.

grade n.m. Rang, dignité : *Il me sert en esclave, et non pas en amant, Tant mon grade s'oppose à mon contentement !* (Corn., *Veuve*, 388, var. [remplacé en 1660 par *respect*]). *Rome n'attache point le grade à la noblesse* (Corn., *Sert.*, 569).

Auj. sens plus restreint comme terme militaire ou universitaire.

grain n.m. Mesure de poids valant 1/24 de denier, soit 0,053 g : *Une potion cordiale et préservatrice, composée avec douze grains de bézoard, sirop de limon et grenade* [...] (Mol., *Mal. im.*, I, I) ; d'où « parcelle » : [...] *la nature A mis dans chaque créature Quelque grain d'une masse* *où puisent les esprits* (La Font., *F.*, X, 15) ; dans une phrase négative : « rien » : *Ce cierge ne savait grain de philosophie* (La Font., *F.*, IX, 12). *Nous ne nous prisons pas, tout petits que nous sommes, D'un grain moins que les éléphants* (La Font., *F.*, VIII, 15).

La plupart des sens actuels étaient déjà usuels au XVIIe s.

grand, e n. et adj. **À la grande,** avec faste, à la manière des grands seigneurs : *C'est une aimable femme ; un grand train, deux carrosses à six chevaux, un fourgon, huit cavaliers, enfin à la grande* (Sév., 11 avr. 1689). *Toutes les marques d'une riche maison où l'on sait vivre à la grande* (E. de Coulanges, *Lettre*, 21 janv. 1695). ♦ La forme féminine *grand*, encore conservée dans quelques expressions (*grand-mère, à grand-peine*, etc.), était usitée dans des locutions assez nombreuses, tantôt avec, tantôt sans l'apostrophe : *En grand pompe* (La Font., *Contes*, III, 5). *La grand sœur* (La Font., *Contes*, V, 7). *Il couchera dans votre grand chambre avec sa mie* (Rac., *Lettre J.-B. Racine*, 31 mars 1698).

◆ n.m. **Un grand,** un noble, un seigneur d'un rang élevé : *Ce serait paroles exquises Si c'était un grand qui parlât* (Mol., *Amph.*, 842). ♦ **Monsieur le Grand,** titre du grand Écuyer : *Le Roi a dit à Monsieur le Grand : Accommodez-vous pour le rang avec le comte de Soissons* (Sév., 3 déc. 1688).

grandeur n.f. Longueur : *La Mousse est un peu effrayé de la grandeur du voyage* (Sév., 11 juill. 1672). ♦ Rang élevé : *Ni l'or ni la grandeur ne nous rendent heureux* (La Font., *Phil. et Baucis*, V, 1).

Les sens actuels étaient tous usuels dès le milieu du XVIIe s.

gras adv. **Parler gras,** grasseyer, atténuer la prononciation des *r* : *Il affectait de parler un peu gras, pour avoir le langage plus mignard* (Fur., *Rom. bourg.*, I). *Il s'est acquis une voix claire et délicate, et heureusement il parle gras* (La Br., XIII, 14). ♦ **Manger, dîner gras,** manger de la viande à un repas un jour d'abstinence (auj. *faire gras*) : [Corbinelli] *a dîné gras avec M. le Chevalier* (Sév., 31 mars 1694).

gratification n.f. Faveur, reconnaissance : *Si vous ne faites rien pour elle, si vous ne lui accordez rien, ni par obéissance, ni par gratification* (Malh., *Ép.*, 78). ♦ Don, présent, libéralité (auj. sens restreint de « somme versée en plus du salaire fixé ») : *Ce seigneur est riche des bienfaits, des gratifications de la Cour* (Fur.).

gratifier v.t. Être agréable à : *Ce que l'on croyait qu'il fît pour gratifier le Roi, c'était pour attendre les troupes* (Malh., *Lettre Peiresc*, 11 déc. 1609).

On disait aussi, comme auj., *gratifier qqn de qqch*, « lui en faire don » : *On le félicite* [le roi] *sur des titres d'honneur dont il vient de gratifier quelques grands de son État* (La Br., *Disc. Acad.*).

gratter v.t. ou v.i. *« À la porte des chambres ou des cabinets, c'est ne savoir pas le monde que de heurter ; il faut gratter »* (Courtin, *Traité de la civilité*, p. 17). *Grattez du peigne à la porte De la chambre du Roi* (Mol., *Remerc. au Roi*, 1663, 40). ♦ Fig. **Gratter qqn,** le flatter habilement, le prendre par son faible : *Ses contrôles perpétuels sur le pain et le vin, le bois, le sel et la chandelle, ne sont rien que pour vous gratter et vous faire sa cour* (Mol., *Av.*, III, I). ♦ **Gratter du pied,** montrer de l'ardeur : *M. de Grignan a bien du caquet ; il commence à gratter du pied, cela me fait grand'peur* (Sév., 6 janv. 1672).

grave adj. Qui a du poids, qui fait autorité : *Ne puis-je pas dire, messieurs, pour me servir des paroles fortes du plus grave des historiens* [Tacite], *« qu'elle allait être précipitée dans la gloire » ?* (Boss., *O. f. H. d'Angl.*, II). ♦ En parlant des choses, austère, sévère : *Ce long habit de pourpre et ce grave ornement Qui vous égale* [vous les juges] *aux dieux* (Racan, *Ps. LXXXI*, 18).

Il signifiait aussi, comme auj., en parlant de personnes, « qui a une attitude sérieuse, recueillie » : *Les princes, les prélats, les magistrats doivent être graves* (Fur.). Les autres sens actuels, abstraits ou concrets, étaient également usuels au XVIIe s.

gré n.m. Gratitude : *Peut-être qu'il eut peur De perdre, outre son dû, le gré de sa louange* (La Font., *F.*, I, 14). [Le bœuf] *Pour récompense avait* [...] *Force coups, peu de gré* (La Font., *F.*, X, 1). ♦ **Avoir, recevoir, prendre en gré qqch,** en être satisfait : [Mme de Pracomtal] *est assez raisonnable pour prendre en gré tous les lieux où son mari et son devoir la réduisent* (Mme de Grignan, 4 janv. 1697). *Prenez en gré mes vœux ardents, Et le récit en vers qu'ici je vous dédie* (La Font., *F.*, VIII, 4).

Les locutions et les sens actuels étaient également usuels au XVIIe s.

grec n.m. **Être grec en qqch,** y être très habile : *On dit aussi qu'un homme n'est pas grand grec, quand il est ignorant ou peu industrieux* (Fur.).

gredin, e n. Gueux, misérable : *Qu'on n'y vienne point* [au sacrifice] *en gredin, Ni les dames en martingales, En collets et chemises sales, Mais ayant leurs plus beaux atours* (Scarr., *V. tr.*, V, 210). *Limousins et Périgourdins, Tant les riches que les gredins* (Loret, *Muse hist.*, 6 mars 1660).

Auj. « scélérat, individu sans moralité » ou, fam., « personne friponne ».

grégeois adj.m. **Feu grégeois,** composition incendiaire utilisée en brûlots dans les combats navals, les sièges, etc., et au fig. saillie, mot brillant : *Montrez-leur un feu grégeois qui les surprenne, ou un éclair qui les éblouisse, ils vous quittent* [= vous dispensent] *du bon et du beau* (La Br., I, 29).

grègues n.f.pl. Haut-de-chausses, culotte sans braguette que portaient encore les pages au XVIIe s. : *La voilà donc de grègues affublée* (La Font., *Contes*, IV, 7). ♦**Tirer ses grègues,** s'enfuir : *Le galant aussitôt Tire ses grègues, gagne au haut* (La Font., *F.*, II, 15).

grès n.m. Pavé, caillou : *Cette pierre, ou ce grès, dont vous vous étonniez, Avec un mot de lettre est tombée à mes pieds* (Mol., *Éc. des f.*, 914). *Monsieur le Prince* [...] *dit qu'il n'était pas assez brave pour s'exposer à une guerre qui se ferait à coups de grès et de tisons* (La Roch., *Mém.*, II, 251).

Les sens actuels étaient également usuels au XVIIe s.

grever v.t. Accabler, affliger (vieilli au XVIIe s.) : *Il a été grevé par cette sentence* (Fur.).

Le sens actuel de « frapper de charges financières » était également usuel au XVIIe s. : *Les peuples désertent une contrée trop grevée d'impôts* (Fur.).

grief, ève adj. Pénible (vieilli au XVIIe s.) : *Non qu'il me soit grief que la terre possède Ce qui me fut si cher* (Malh., *Consolation*, 69). ♦Grave : *La plus griève des offenses* (La Font., *Contes*, II, 2). *Une griève maladie* (Fur.).

grièvement adv. Gravement (vieilli au XVIIe s.) : *Je punirais aussi grièvement de tels falsifieurs de livres* (Sorel, *Franc.*, XI, p. 431).

Auj. seulement dans *grièvement blessé*, locution déjà usuelle au XVIIe s.

grimaud n.m. Jeune écolier : *Mon esprit, beaucoup plus dispos Qu'un grimaud lorsqu'il a campos Quittera la robe charnelle* (Saint-Amant, *Œuvres complètes*, I, 161). ♦Jeune ignorant, écrivain ou artiste sans talent : *Allez, petit grimaud, barbouilleur de papier* (Mol., *F. sav.*, 1015). ♦Pédant, cuistre : *Maître Pasquier grammairien et grimaud par excellence* (le P. Garasse, *Rech. des rech.*, 1622, p. 50).

grimauderie n.f. ou **grimaudage** n.m. Radotage, baliverne : *Nous commandant d'apprendre mille grimauderies les plus pédantesques du monde* (Sorel, *Franc.*, IV). *Ôtez-vous donc de l'esprit tout ce « grimaudage » d'une femme blessée d'une grande plaie : elle est très petite* (Sév., 4 févr. 1685).

grimoire n.m. Livre de magie, de sorcellerie : *Ne soupçonnes-tu point qu'agité du démon* [...] *Je rumine en marchant quelque endroit du grimoire ?* (Boil., *Ép.*, XI, 22).

Il avait aussi le sens actuel de « écrit difficile à déchiffrer ou à interpréter » : *Sans tant* [...] *de fatras et de grimoires, Travaillons, les frelons et nous* (La Font., *F.*, I, 21). *Il faudrait être bien habile homme pour entendre le grimoire de ce chimiste* (Fur.).

gringotter v.t. et v.i. Chantonner, fredonner (mot du style burlesque) : *Il y arriva en chaise, fort gai, retroussant sa moustache et gringottant un air nouveau* (Fur., *Rom. bourg.*, I). *Il y a du plaisir à entendre gringotter ce petit oiseau* (Acad. 94).

grippe n.f. Fantaisie, caprice : *Mais encor suis-je plus heureux Que tant de fous et d'amoureux Qui se sont perdus par leurs grippes* (Corn., *Mascarade des enfants gâtés*, 89).

Le sens actuel de « maladie infectieuse » et la locution *prendre en grippe* ne sont apparus qu'au milieu du XVIIe s.

gripper v.t. Ravir, saisir vivement : *La bête fut grippée. Le réveille-matin eut la gorge coupée* (La Font., *F.*, V, 6). *Une maraude Ne se doit point prier, mais il faut, à la chaude, La gripper aux cheveux, la saisir au collet* (Scarr., *Jod. duel.*, IV, VI). ♦ Fig. **Être grippé de,** être entiché, toqué de : *Une folie de son enfance, dont il était grippé au point qu'on lui en donna le fouet étant petit, parce qu'on craignait qu'il n'en devînt fou* (Sév., 15 nov. 1684).

Auj. seulement technique : (*se*) *gripper,* « (se) coincer ».

grisette n.f. Étoffe grise de peu de valeur : *Son pourpoint était une casaque de grisette ceinte avec une courroie* (Scarr., *Rom. com.*, I, I). ♦Petit habit de cette étoffe, fort à la mode : *Je m'en vais consulter M*^me^ *de Bagnols pour une grisette ; je crois que vous n'y voulez point d'argent ; y voudrez-vous quelque chose en bas ?* (Sév., 23 mars 1689). ♦Jeune fille coquette de petite condition (encore bien vivant au XVIIe s.) : *Les grisettes* [...] *sont de jeunes bourgeoises de la ville* [de Clermont] *qui ont une galanterie un peu hardie et se piquent de beaucoup de liberté* (Fléch., *Grands Jours d'Auv.*, 1665).

grison, onne adj. et n. Gris, en parlant des cheveux, de la barbe : *Jadis votre nourrice avait ainsi les traits, Le front ainsi ridé,* [...] *Le poil ainsi grison* (Corn., *Mél.*, 1516). *Un homme de moyen âge, Et tirant sur le grison* (La Font., *F.*, I, 17). ♦Homme que l'on habillait de gris pour lui faire accomplir quelque mission secrète : *Son grison va venir pour prendre la réponse* (Baron, *l'Homme à bonnes fortunes,* I, VI). ♦Âne : *L'ânier et le grison Firent à l'éponge raison* (La Font., *F.*, II, 10). [...] *le grison se rue Au travers de l'herbe menue,* [...] *Gambadant, chantant et broutant* (La Font., *F.*, VI, 8).

grivois n.m. Soldat : *Quand ils ont à leur tête un joli général, Il n'est pour les grivois point de plaisir égal* (Bours., *Mots à la mode,* sc. XI).

Auj. seulement adj. : « licencieux, leste ».

gronder v.t. Chantonner, murmurer : *Grondant une petite chanson entre vos dents* (Mol., *Impr.*, sc. III). *Voilà mon petit doigt pourtant qui gronde quelque chose* (Mol., *Mal. im.*, II, VIII).

Il signifiait aussi, comme auj., « réprimander » : *Une mère qui l'observe, qui la gronde, qui croit la bien élever en ne lui pardonnant rien* (Fén., *Éduc. des f.*, II) ; ou, intransitiv., « produire un bruit sourd et menaçant » : *Le tonnerre gronde sur nos têtes* (Fur.).

gros, grosse adj. **Être gros de,** être impatient de, avide de : *Je vois bien que vous êtes gros d'apprendre qui je suis* (Cyrano, *États et empires du Soleil*, p. 227). *Je suis gros de savoir le succès de cette affaire* (Acad. 94).

◆ n.m. Troupe nombreuse : *Et l'on dit que, suivi d'un gros d'amis fidèles, On l'a vu se mêler au milieu des rebelles* (Rac., *Mithr.*, 1439). *Un gros de courtisans en foule l'accompagne, Et montre assez quel est son rang et son crédit* (Corn., *Pol.*, 278). ♦**Le gros de,** l'ensemble de : *Il s'applique trop au détail, et ne médite pas assez le gros de ses affaires pour former des plans* (Fén., *Tél.*, 17). – Auj. cette locution s'emploie au sens de « la plus grande partie de » : *le gros de l'armée.* ♦ Syn. de *drachme : Il tira de son escarcelle Un gros d'encens* (Scarr., *V. tr.*, V, 2639).

grossier, ère adj. Peu civilisé : *Villon sut le premier, dans ces siècles grossiers* [...] (Boil., *A. p.*, I, 117). ♦Sans élégance, sans art : *Quelquefois du bon or je sépare le faux, Et des auteurs grossiers j'attaque les défauts* (Boil., *A. p.*, IV, 234). ♦**Marchand grossier,** marchand en gros : *Je trouve qu'il n'y a pas de plus mauvais trafic que d'en être* [de la poésie] *marchand grossier, c'est-à-dire de faire imprimer tout à la fois ses ouvrages* (Fur., *Rom. bourg.*, I).

Auj. « impoli, malséant » ou, en parlant de choses, « sans délicatesse, rude ».

grossièreté n.f. Manque de délicatesse, rudesse : *Je gâte même cette pièce par la grossièreté dont je la croque* [= esquisse] (Sév., 25 avr. 1687). [L'âme] *a des grossièretés qui, si elle n'est pas éclairée d'ailleurs, la forcent presque elle-même de douter de ce qu'elle est* (Boss., *Serm. sur la Mort*).

Auj., appliqué à des personnes, « impolitesse, malhonnêteté du langage et des manières ».

grouiller v.i. Bouger, remuer (mot familier) : *Et l'on demande l'heure, et l'on bâille vingt fois, Qu'elle grouille aussi peu qu'une pièce de bois* (Mol., *Mis.*, 616). *Est-ce que madame Jourdain est décrépite, et la tête lui grouille-t-elle déjà ?* (Mol., *Bourg.*, III, V) ; et pronominalement : *L'église était si pleine Qu'on ne s'y grouillait qu'avec peine* (Loret, *Muse hist.*, 1er févr. 1659).

Le sens pop. de « se hâter » était rare au XVIIe s., mais le sens actuel de « fourmiller, être plein de » était usuel : *Un malpropre, qui ne change point de linge, grouille de vermine* (Fur.).

grue n.f. et adj. Niais, facile à tromper : *Mais si c'est une grue* [...] *Dans ma famille, au moins, on ne voit point de sots* (Regnard, *le Bal*, sc. VIII). *Vous nous prenez pour des grues* (Acad. 94).

Les sens actuels du n.f. étaient également usuels au XVIIe s.

gruger v.t. Briser en menus morceaux (vieilli auj.) : *On fait sécher le sel, et puis on le gruge dans un mortier* (Fur.). ♦ Manger, avaler : *Perrin, fort gravement, ouvre l'huître et la gruge* [...] (La Font., *F.*, IX, 9).

Le sens actuel de « duper (qqn en affaires) » était également usuel au XVIIe s. : *Plût à Dieu qu'on réglât ainsi tous les procès* [...] *Au lieu qu'on nous mange, on nous gruge, On nous mine par des longueurs* (La Font., *F.*, I, 21).

guenuche n.f. Guenon : *Elle se regarde au miroir et se trouve plus laide qu'une guenuche* (Fén., *Contes*, Hist. d'une vieille reine et d'une jeune paysanne).

guerdon n.m. Récompense, salaire (vieilli au XVIIe s.) : *Aucun labeur n'y manque de guerdon* (La Font., *le Songe de Vaux*, IV). *Cuirasse de clous d'or cloutée Fut le guerdon du sieur Mnesthée* (Scarr., *V. tr.*, V, 1004).

guerdonner v.t. Récompenser (vieilli au XVIIe s., critiqué par Malh.) : *La troupe maudite Songe comment il sera guerdonné* (La Font., *Contes*, IV, 12). *Vous serez aussi guerdonné. D'un beau casque damasquiné* (Scarr., *V. tr.*, V, 1305).

guère adv. S'employait parfois au sens ancien de « beaucoup, très », même avec la négation complète *ne pas* : *La nécessité nous contraignit de représenter pour gagner notre vie, bien que notre troupe ne fût pas guère bonne* (Scarr., *Rom. com.*, III, 8). ♦ La forme *guères*, plus ancienne, est admise par Vaug. et Acad. 94. ♦ **Ne servir de guère(s),** ne pas servir à grand-chose : *L'un fait beaucoup de bruit, qui ne lui sert de guères* (Mol., *Éc. des f.*, 31). ♦ **Ne tenir à guère(s),** ne pas tenir à grand-chose, être dans une situation instable : *Je crois que vous savez que Mademoiselle a chassé Guilloire ; le pauvre Segrais ne tient à guère : c'est qu'ils ont témoigné trop librement leurs sentiments sur M. de Lauzun* (Sév., 20 mars 1671).

guerre n.f. **Faire la guerre de qqn** ou **de qqch à qqn,** le quereller, lui faire des remontrances à ce sujet : *Je lui faisais la guerre d'une petite grisette qu'il aimait de tout son cœur* (Retz, *Mém.*, III, 108). ♦ **Avoir guerre avec, contre,** être en guerre avec, contre, ne pas pouvoir s'accorder avec : *Une ville importune, Où l'honneur a toujours guerre avec la fortune* (Boil., *Sat.*, I, 130).

guerrier adj. **Champ guerrier,** champ de bataille : *Revois ce champ guerrier dont les sacrés sillons Élevaient contre toi de soudains bataillons* (Corn., *Méd.*, 787).

guet n.m. Troupe chargée de la police d'une ville, la nuit : *Te voilà pris comme un sot ; le guet à cheval est à la grande porte, et le guet à pied à celle de derrière* (Dancourt, *la Femme d'intrigues*, V, sc. dern., *in* L.). ♦ **Mot du guet,** mot de passe : *Gardez-vous, sur votre vie, D'ouvrir que l'on ne vous die Pour enseigne et mot du guet : « Foin du loup et de sa race ! »* (La Font., *F.*, IV, 15). ♦ **Être au guet,** guetter, épier : [L'alouette] *avertit ses enfants D'être toujours au guet et faire sentinelle* (La Font., *F.*, IV, 22). ♦ **Mettre qqn au guet,** le mettre en sentinelle : *On avait mis des gens au guet, Qui voyant sur les eaux de loin certain objet, Ne purent s'empêcher de dire Que c'était un puissant navire* (La Font., *F.*, IV, 10). – On dit encore, comme au XVIIe s., *« faire le guet », « avoir l'œil, l'oreille au guet »*.

gueule n.f. Se disait familièrement mais avec une nuance moins grossière qu'auj. en parlant des personnes : *Est-ce qu'il faut toujours* [...] *l'entendre crier ? Quelle gueule ! Pour moi, je crois qu'il est sorcier* (Rac., *Plaid.*, 54). *Il a la gueule puante, une vilaine gueule. Il a la gueule fendue jusqu'aux oreilles* (Acad. 94).

gueusaille n.f. Troupe de gueux : *Et cette gueusaille À ma barbe fera gogaille* (Scarr., *V. tr.*, I, 151). *Chassez cette gueusaille* (Acad. 94).

gueuser v.t. et v.i. Mendier : *Il va gueuser son pain de porte en porte* (Fur.). *Pour moi, je ne vois rien de plus sot, à mon sens, Qu'un auteur qui partout va gueuser des encens* (Mol., *F. sav.*, 960). *Il n'y fut pas longtemps sans être réduit à gueuser. Une dame à qui il demande l'aumône, le trouvant de bonne façon* [...] (Saint-Réal, *Us. de l'hist.*).

gueuserie n.f. Condition misérable, pauvreté : *S'il* [M. d'Elbeuf] *fût parvenu jusques à la richesse, l'on l'eût envié comme un partisan, tant la gueuserie lui paraissait propre et faite pour lui* (Retz, *Mém.*, II, 179). ♦ Mendicité : *La gueuserie en ce pays-là est d'une grande ressource pour les gens d'esprit mal aisés* [= démunis d'argent] *qui veulent sacrifier à la paresse* (Le Sage, *Guzm. Alfar.*, III, 2). ♦Chose médiocre : *Et la fête de Pan, parmi nous si chérie, Auprès de ce spectacle est une gueuserie* (Mol., *Mélic.*, 146).

guide n. Était souvent du féminin, avec le sens de « ce qui guide, conduit » ou « action de diriger » (le masculin désignait comme auj. la personne qui guide) : *La Guide des pécheurs est encore un bon livre* (Mol., *Sgan.*, 37). *Il assurait aussi qu'il voulait dresser l'itinéraire de Paris, c'est-à-dire la guide des chemins de cette grande ville* (Sorel, *Polyandre*, I, 342). *Exhortations à l'obéissance. C'est la guide des mœurs* (Boss., *Panég. St Benoît*).

C'est en 1835 seulement que l'Académie admet le masculin pour cet emploi.

guidon n.m. Étendard d'une compagnie de cavalerie ; et par extens. officier qui portait cet étendard : *Votre frère voudrait bien donner son guidon pour être colonel du régiment de Champagne* (Sév., 24 juill. 1675). *C'est à la Providence à démêler la fortune de ce pauvre guidon ; je le console tant que je puis* (Sév., 21 août 1675). ♦Livre qui donne des renseignements (auj. on dit *guide*) : *Prends, au lieu d'un Platon, le* Guidon des finances (Boil., *Sat.*, VIII, 174).

Auj., « saillie à l'extrémité du canon d'une arme à feu, pour donner la ligne de mire » et « instrument qui commande la roue directrice d'un vélo ou d'une moto ».

guilledin n.m. Cheval anglais qui va l'amble : *Ces nigauds de citadins* [...] *se montrant aussi bêtes Que leurs brusques guilledins* (Saint-Amant, *l'Albion*, 882). *Il était monté sur un guilledin* (Acad. 94).

guimbarde n.f. Femme disgracieuse : *Ce n'étaient pas les deux jeunes femmes, c'était la mère et une guimbarde de Rennes, et les fils* (Sév., 28 juin 1671). ♦Danse ancienne ; chanson accompagnant cette danse : *Là, chargés d'un pesant mousquet Qu'ils fassent bien soigneuse garde, Chantant auprès d'un tourniquet La robinette et la guimbarde* (Saint-Amant, *Cassation de soudrilles*, 32).

Auj. fam. « vieille voiture ».

guinder v.t. Hisser, élever avec effort : [...] *Sinon, il consentait d'être en place publique Guindé la hart au col, étranglé court et net* [...] (La Font., *F.*, VI, 19). *Jusques à mes secrets mystérieux, Tâche à guinder l'essor de leur intelligence* (Corn., *Imit.*, III, 379).

Le sens actuel de *guindé*, « affecté, hautain », était déjà usuel au XVIIe s. : [...] *les vers* [...] *d'*Horace *ont quelque chose de plus net et de moins guindé pour les pensées que ceux du* Cid (Corn., *Cinna*, Examen).

guinderie n.f. Attitude affectée, hautaine : *Sa naïveté et sa jolie petite figure nous délassent de la guinderie et de l'esprit « fichu » de Mlle du Plessis* (Sév., 1er janv. 1676).

guise n.f. Manière, façon : *Simple, jeunette, et d'assez bonne guise* (La Font., *Contes*, II, 1). *Le sage l'aura fait* [l'éléphant de pierre] *par tel art et de guise Qu'on le pourra porter peut-être quatre pas* (La Font., *F.*, X, 13). *Ils furent tous du dessein* [= de l'entreprise], *chacun selon sa guise* (La Font., *F.*, V, 19). *La tortue enlevée* [en l'air par deux canards], *on s'étonne partout De voir aller en cette guise L'animal lent* (La Font., *F.*, X, 3). *La vieille* [...] *emportait* [= arrachait] *Un peu du poil noir qui restait, Afin que son amant en fût plus à sa guise* [= lui ressemblât davantage] (La Font., *F.*, I, 17). ♦**À guise de** ou (comme auj.) **en guise de,** en manière de, à la place de : *Il la lui arrache* [son épée], *passe tout d'un temps le tronçon de la sienne en la main gauche, à guise d'un poignard* (Corn., *Clit.*, Argum.). *On vous a donné ce mets en guise de poisson, et c'est de la viande* (Fur.).

h

habile adj. et n. Rapide, prompt à agir : *Mais demain, du matin, il vous faut être habile À vider de céans jusqu'au moindre ustensile* (Mol., *Tart.*, 1789). ♦ Apte, connaisseur, compétent (en ce sens souvent employé comme nom) : *Nous lisons le Tasse avec plaisir : je m'y trouve habile, par l'habileté des maîtres que j'ai eus* (Sév., 28 juin 1671). *Gardez-vous bien de faire raser le petit marquis ; j'ai consulté les habiles : c'est le moyen d'ébranler son petit cerveau* (Sév., 26 juin 1675). *Quelques habiles prononcent en faveur des anciens contre les modernes* (La Br., I, 15). ♦ Intelligent, sensé, cultivé : *La passion fait souvent un fou du plus habile homme, et rend souvent les plus sots habiles* (La Roch., *Maximes*, 6). *L'un était pauvre, mais habile ; L'autre riche, mais ignorant* (La Font., *F.*, VIII, 19).

Ces sens vieillissent au XVIIᵉ s. au profit des sens actuels de « adroit », « avisé ».

habilement adv. Rapidement (sens qui vieillit au XVIIᵉ s.) : *Il a fallu ôter le corps habilement de la chapelle* (Sév., 27 mai 1672). *Il court habilement* (Acad. 94).

Le sens actuel de « avec art, adresse, intelligence » était déjà le plus usuel au XVIIᵉ s. : *Cet écolier a répondu fort habilement,* [...] *cet ouvrier travaille fort habilement* (Fur.).

habit n.m. Habillement, costume entier (y compris les souliers, les bas, le chapeau, etc.) : *En recevant la robe et le bonnet de médecin,* [...] *vous serez après plus habile que vous ne voudrez. – Quoi ! L'on sait discourir sur les maladies quand on a cet habit-là ?* (Mol., *Mal. im.*, III, XIV). ♦ **Habit long,** la soutane, ou la robe des magistrats ; par opposition, **habit court,** tenue de ville, tenue civile : *Princes, grands dames, demoiselles, Gens d'habit court, gens d'habit long, De ce qu'il dit profitez donc* (Loret, *Muse hist.*, 8 mars 1659).

habitude n.f. Constitution, état général ; tempérament : *La mauvaise habitude du corps* (Richelet). *Cette physionomie* [...] *cette habitude du corps, menue, grêle, noire et velue* (Mol., *Pourc.*, I, VIII). ♦ Relations, liaison (vieilli au XVIIᵉ s.) : *Il a perdu toutes les habitudes qu'il avait hors de son quartier* (Fur., *Rom. bourg.*, I). *Si je fais par hasard quelque douce habitude* [...] *j'aurai soin de t'en avertir* (Regnard, *Mar. de la Fol.*, sc. IV). ♦ **Avoir habitude avec,** être en relation avec : *Vous avez habitude avec ce cavalier* (Corn., *S. du Ment.*, 1487).

Il avait aussi les sens actuels de « manière d'agir fréquemment répétée » et « pratique constante » : [...] *de peur de contracter quelque mauvaise habitude* (Fur.). *Le poison ne faisait point de mal à Mithridate, parce qu'il s'était tourné en habitude* (Fur.).

habituer (s') v.pr. S'établir dans un pays : [...] *je me suis habitué ici* (Mol., *Av.*, V, V). *Ergotélès* [...] *s'était venu habituer à Himère* (Rac., *R. sur Pind.*, Ode 12).

Le sens et l'emploi actuels de *s'habituer à qqch*, « en prendre l'habitude, se familiariser avec » étaient déjà usuels au XVIIᵉ s. : *Lorsqu'à la bien chercher* [la rime] *d'abord on s'évertue, L'esprit à la trouver aisément s'habitue* (Boil., *A. p.*, I, 32).

hâbler v.i. Parler beaucoup et avec vantardise : *Au talent de hâbler il joint l'effronterie* (Th. Corn., *D. César d'Avalos*, III, VI, *in* L.).

hache n.f. Fig. **Avoir un coup de hache à la tête,** avoir l'esprit dérangé : *L'on dirait parfois* [...] *qu'il a quelque petit coup de hache à la tête* (Mol., *Méd. m. lui*, II, I).

haine n.f. Ressentiment causé par quelque mauvaise action : [Celse] *est un homme né* [...] *pour se donner toute la gloire de la réussite, et pour détourner sur les autres la haine d'un mauvais succès* (La Br., II, 39). ♦ **En haine de,** par ressentiment, par vengeance contre : *Il a fait* *telle chose en haine d'un tel, en haine de ce qu'on lui avait refusé telle chose* (Acad. 94).

Il avait aussi le sens actuel de « sentiment violent qui pousse à vouloir du mal à qqn » : *La haine entre les grands se calme rarement* (Corn., *Rodog.*, 313).

haïr v.t. Détester qqch : *J'ai bien envie que votre rhume soit guéri ; je hais tout ce qui peut tomber sur votre poitrine, et qui empêche de dormir* (Sév., 28 févr. 1680). ♦ **Haïr à,** répugner à, détester de : *Tel qui hait à se voir peint en de faux portraits Sans chagrin voit tracer ses véritables traits* (Boil., *Ép.*, IX, 161). *Ne haïssant pas à se faire de fête surtout avec les grands seigneurs* (Rac., *P.-R.*, II). ♦ **Je m'en hais,** je m'en veux : *Elle est parfaite, elle est toute divine ; je ne l'ai point encore vue, je m'en hais* (Sév., 1er janv. 1674).

Il signifiait aussi, comme auj., « détester qqn » : *Pour mieux te résister, j'ai recherché ta haine. De quoi m'ont profité mes inutiles soins ? Tu me haïssais plus, je ne t'aimais pas moins* (Rac., *Ph.*, 688).

halebreda n.m. ou f. Personne grande et malbâtie : *Cassandre n'était en effet qu'une grande halebreda, qui tenait le cabaret du Sabot* (Fur., *R. B.*, I).

haleine n.f. **D'haleine,** sans perdre haleine, sans perdre son souffle : *C'est lors qu'il court d'haleine* (Corn., *Excuse à Ariste*, 17).

halle n.f. Marché : *Un pédant dont on voit la plume libérale D'officieux papiers fournir toute la halle* (Mol., *F. sav.*, 236).

hanter v.t. Fréquenter des personnes ou des lieux : *Lorsque je hante la noblesse, je fais paraître mon jugement et cela est plus beau que de hanter votre bourgeoisie* (Mol., *Bourg.*, III, III). *Laridon et César* [...] *Hantaient, l'un les forêts, et l'autre la cuisine* (La Font., *F.*, VIII, 24).

◆ v.i. Se rendre en visite, aller habituellement (vieilli au XVIIe s.) : *Il ne hante qu'en bon lieu* [= dans la bonne société] (Fur.).

Auj. seulement transitif, surtout en parlant d'idées qui obsèdent.

hantise n.f. Fréquentation (vieilli au XVIIe s.) : *Il a l'esprit fort bon, il aime les bons mots Et ne saurait souffrir la hantise des sots* (Th. de Viau, *Sat.*, II). *Réglons tous nos desseins sur ses intentions* [...] *Tant que* [= si bien que], *par la douceur d'une longue hantise, Comme insensiblement elle se trouve prise* (Corn., *Veuve*, 37).

Auj. « obsession, vive crainte perpétuelle ».

happe-chair n.m. Agent qui arrête les voleurs, et par extens. personne très avide (mot vieilli au XVIIe s.) : *Il est vrai, cher ami, sans toi ces happe-chair M'allaient faire danser un entrechat en l'air* (La Font., *Ragotin*, V, XVI).

happelourde n.f. Pierre fausse dont l'éclat imite celui des pierres précieuses, et au fig. extérieur trompeur, faux brillant : *Toute cette panglossie est une happelourde pour faire beaucoup de bruit à peu de frais* (Chap., *Lettres*, I, 482). *« Pleurez, pleurez mes yeux, et fondez tout* [sic] *en eau : La moitié de ma vie a mis l'autre au tombeau... » Ces quatre vers* [du Cid], *que l'on a trouvés si beaux, ne sont pourtant qu'une happelourde* (Scudéry, *Obs. sur « Cid »*).

happer v.t. Saisir vivement, surprendre à l'improviste : *Si je n'avais tranché du grand seigneur, et n'avais fait le brave, ils n'auraient pas manqué de me happer* (Mol., *Mal. im.*, 1er interm., Entrée du ballet). *Puis je sens la faim qui me happe* (Loret, *Muse hist.*, 19 janv. 1658).

Auj. seulement en parlant d'un animal tel que le chien, quand il « attrape vivement un morceau dans sa gueule ».

haquenée n.f. Cheval ou jument docile marchant à l'amble : *S'il y avait quelque belle haquenée, il m'obligeait de l'acheter* (La Roch., *Lettre Lenet*, 21 juin 1652).

hardes n.f.pl. Vêtements, parures : *Dom Marcos qui, pour la première fois, s'était mis en frais et, par un prodige d'amour, avait fait faire de fort belles hardes pour Isidora et pour lui* [...] (Scarr., *Nouvelle*, le Châtiment de l'avarice). ♦ Bagages : *Le reste de nos hardes suivait, qui était composé d'une petite valise et d'un paquet couvert de toile* (Scarr., *Rom. com.*, I, 18). *Les troupes* [...] *qui, dans ce moment-là, portaient leurs tentes et leurs autres hardes sur leurs épaules* (Rac., *Siège de Namur*).

Le mot est devenu péjoratif : « vieux vêtements ».

harnois n.m. Armure, équipement d'un homme de guerre (ce sens vieillit au XVIIe s. et appartient à la langue poétique) : *Savez-vous pour la gloire oublier le repos Et dormir en plein champ le harnois sur le dos ?* (Boil., *Sat.*,

V, 48). ♦ **Se chauffer, s'échauffer dans son harnois,** parler avec véhémence, s'emporter : *Mon fils s'est embarrassé là-dedans de période en période, et s'échauffant lui-même dans son harnois contre ceux qui lui faisaient croire* [...] (Sév., 26 janv. 1683). ♦ Équipement d'un cheval (encore auj., mais plus rare que *harnais*) : *Le sellier m'a vendu une paire de harnois neufs* (Fur.).

haro n.m. **Clameur de haro** ou **haro,** cri par lequel on ameutait la foule contre un coupable, ou action en justice par laquelle on mettait opposition sur qqch : *À ces mots on cria haro sur le baudet* (La Font., *F.*, VII, 1).

harper v.t. Empoigner, attraper vigoureusement (mot burlesque et peu usité, dit Richelet ; bas selon Acad. 94) : *Son habit qui s'était décousu en plusieurs endroits quand il s'était harpé avec le colère Ragotin* (Scarr., *Rom. com.*, II, 9). *Ils se sont harpés aux cheveux* (Acad. 94).

hart n.f. Corde par laquelle on étranglait les condamnés : *Il consentait d'être en place publique, Guindé* [= hissé] *la hart au col, étranglé court et net* (La Font., *F.*, VI, 19).

hasard n.m. Danger, notamment celui qui est couru pendant le combat (sens usuel surtout en poésie) : *Vous le verrez voler, plus vite que la foudre, Au milieu des hasards* (Rac., *la Renommée aux Muses*, 62). *Et quels tristes hasards ne court point mon époux* (Corn., *Pol.*, 892). ♦ **Mettre au (en) hasard,** exposer à un péril : *Pourquoi mettre au hasard ce que la mort assure ?* (Corn., *Pol.*, 665). *Je me mets au hasard de me faire rouer* (Boil., *Sat.*, VI, 66). ♦ **Courir hasard, courir le hasard,** courir un risque, être en péril : *Mon honneur, qui m'est cher, y court trop de hasard* (Mol., *Éc. des m.*, 889). *Ma vie et mon amour tous deux courent hasard* (Rac., *Mithr.*, 337). ♦ **Prendre le hasard de,** profiter de l'occasion pour : *Je prendrais pourtant le hasard de les voir, si j'étais en votre place* (Chap., *Lettres*, II, 131). ♦ **De hasard,** par hasard : *L'on coiffa d'un potage le pauvre Vineuil, qui n'en pouvait mais, et qui se trouva de hasard en table avec eux* (Retz, *Mém.*, II, 516). ♦ **Objet de hasard,** ou simplement **hasard,** occasion, objet usagé revendu à bon marché : *Meuble, habit, bibliothèque, etc., de hasard* (Acad. 94). *Nous avons mis une maîtresse revendeuse en campagne, pour trouver de certains hasards qui seraient justement notre fait* (Sév., 24 juill. 1675).

Les sens et les locutions d'auj. étaient également usuels au XVIIe s.

hasarder v.t. Risquer (emplois plus larges qu'auj.) : *Prenez garde au péril qui suit un tel service ; Vous hasardez beaucoup, seigneur, pensez-y bien* (Corn., *Pol.*, 1397). *Je hasarde de vous plaire ou de vous ennuyer* (Sév., 12 juill. 1690). ♦ **Hasarder qqn,** lui faire courir un danger : [Elle] *ne veut pas que je mène la petite enfant* [en Bretagne]. *Elle dit que c'est la hasarder* (Sév., 20 mai 1672).

◆ **se hasarder,** ou **hasarder** intransitiv., s'exposer à un danger : *On ne cesse de parler des chemins, des pluies, des histoires tragiques de ceux qui se sont hasardés* (Sév., 16 janv. 1671). *Quand on voit tout perdu, craint-on de hasarder ?* (Corn., *Tite et Bér.*, 334).

hasardeusement adv. Par hasard : *Il se trouva hasardeusement qu'une dame qu'il ne connaît point du tout, à qui il n'a jamais parlé, n'était point à l'assemblée* (Sév., 18 févr. 1671).

hasardeux, euse adj. Qui s'expose au danger, téméraire : *Avez-vous trouvé ce péril d'un bon goût ? une autre fois ne serez-vous point un peu moins hasardeuse ?* (Sév., 4 mars 1671).

Il signifiait aussi, comme auj., « qui comporte des risques », en parlant des choses : *Il sait bien se tirer d'un pas* [= situation] *si hasardeux* (Corn., *Hor.*, 1106, var.).

hâter v.t. **Hâter qqn de faire,** le presser, le pousser à faire : *Il semble que ses impiétés hâtent ce monstre de paraître* (Corn., *Andr.*, Dessein). ♦ **Être hâté,** être pressé, avoir hâte de : *Vous êtes bien hâtés de me laisser ainsi !* (Corn., *Mél.*, 1818) ; être pressant, urgent (en parlant d'une chose) : *Il s'agit d'un fait assez hâté. – Quoi ? – D'aller là-dedans et d'y surprendre ensemble Deux personnes qu'il faut qu'un bon hymen assemble* (Mol., *Éc. des m.*, 922).

Il signifiait aussi, comme auj., « faire arriver qqch plus tôt : *Quand je devrais du ciel hâter l'arrêt fatal* [...] (Rac., *Brit.*, 893).

hausse-col n.m. Pièce métallique qui protégeait la poitrine et les épaules des officiers d'infanterie : *M. de Brissac me fit remarquer un hausse-col de vermeil doré* (Retz, *Mém.*, II, 45).

hausse pied n.m. Marchepied ; et au fig. ce qui prépare, qui conduit à quelque chose : *J'eusse été bien aise de pouvoir pénétrer si cette proposition n'était point le hausse pied de quelque négociation souterraine* (Retz, *Mém.*, III, 386).

hausser v. S'employait parfois intransitiv. au sens de « s'élever » : *À mesure que le navire haussait, ils approchaient de cet astre* [la Lune] (Cyrano, *États et empires de la Lune*, p. 60). *La rivière hausse* (Richelet).

haut, e adj. Profond : *La rivière est bien haute en cet endroit-là* (Fur.) ; et au fig. : *Les secrets les plus hauts s'y laissent concevoir* [céans] (Mol., *F. sav.*, 589). ♦Éminent, grand, énorme : *Une ardeur si haute et si constante* (Rac., *Alex.*, 249). *Elle a dit toutefois une haute imposture* (Mol., *D. G.*, 549). – On dit encore : *Une haute idée, avoir en haute estime.* ♦**Haute heure,** tard : *Chacun attendait avec impatience qu'il fût un peu plus haute heure pour l'aller voir à la place où il se devait trouver* (Sorel, *Franc.*, X). ♦**Carême haut,** carême tardif : *Vous avez beau vous dépêcher de vous divertir, vous n'en trouverez pas sitôt la fin ; nous avons le carême bien haut* (Sév., 23 févr. 1680). ♦**Haut bout,** la place la plus considérée (d'une table, d'une compagnie, etc.). ♦**(Faire) haut le pied,** s'enfuir : *Le cheval lui desserre Un coup, et haut le pied. Voilà mon loup par terre* (La Font., *F.*, XII, 17). ♦**Haut goût,** goût relevé : *Qu'il ne mange rien de haut goût, qui l'excite à manger au-delà de son besoin* (Fén., *Éduc. des f.*, III).

Les sens actuels de l'adj. étaient également usuels au XVIIe s.

haut adv. **Le porter haut,** aller fièrement, et au fig. avoir des prétentions exagérées : *Détrompez-vous, de grâce, et portez-le moins haut* (Mol., *Mis.*, 1729).

haut n.m. Hauteur, élévation de terrain : *Sur un haut, vers cet endroit, Était leur infanterie* (Mol., *Amph.*, 246). ♦**Le haut du jour,** environ midi : [Le Roi] [...] *entra dans Larrisse hier sur le haut du jour* (Mol., *Mélic.*, 123).

Le sens actuel de « partie la plus élevée de qqch » était également usuel au XVIIe s. : *Le haut du bâtiment, c'est le faîte* (Fur.).

hautain, e adj. Noble, haut intellectuellement ou moralement : *Nous verrons la vertu de cette âme hautaine* (Corn., *Hér.*, 991). [Dieu] *permet à l'esprit de séduction de tromper les âmes hautaines* (Boss., *O. f. H. d'Angl.*).

Il avait aussi le sens péjor. actuel de « orgueilleux, dédaigneux » : *On ne gagne point les cœurs avec une mine fière et hautaine* (Fur.).

haut-de-chausse(s) n.m. Culotte descendant jusqu'aux genoux, composée d'un fond et de deux canons (jambes) : [...] *une femme en sait toujours assez Quand la capacité de son esprit se hausse À connaître* [=*distinguer*] *un pourpoint d'avec un haut-de-chausse* (Mol., *F. sav.*, 580).

haute-contre n.f. En musique, la plus haute voix d'homme : *Il a bonne voix pour la haute-contre* (Acad. 94). *Il vous faudra trois voix : un dessus, une haute-contre et une basse* (Mol., *Bourg.*, II, I).

hautement adv. Orgueilleusement, avantageusement : *L'homme, de sa nature, pense hautement et superbement de lui-même* (La Br., XI, 69). ♦Résolument, fermement : *Tous les autres vices des hommes sont exposés à la censure, et chacun a la liberté de les attaquer hautement* (Mol., *D. J.*, V, II). ♦À voix haute : *J'ai voulu l'attaquer, l'édit, expressément, Afin que d'Isabelle il soit lu hautement* (Mol., *Éc. des m.*, 542).

Auj. « à un haut degré » : *un être hautement civilisé.*

hautesse n.f. Élévation, hauteur (vieilli au XVIIe s.) : *Ce mystère surpasse par sa hautesse la mesure de notre sens* (Boss., *in* L.). ♦Titre donné au sultan des Turcs.

hauteur n.f. Profondeur (au pr. et au fig.) : *Les absurdités où ils tombent en niant la religion deviennent plus insoutenables que les vérités dont la hauteur les étonne* (Boss., *O. f. Anne de Gonzague*). ♦Orgueil, présomption : *Je ne puis souffrir cette hauteur étrange de ne rien estimer* (Mol., *Pr. Él.*, III, III). ♦Manifestation d'orgueil, d'insolence : *Le comte de Soissons ayant reçu cette proposition avec des hauteurs nonpareilles, jusques à menacer de faire donner les étrivières au cardinal par ses palefreniers* [...] (Du Buisson, *Turenne*, 2). *Une plaisanterie venait au secours, un conte, une hauteur : en un mot il payait d'effronterie et ne se détournait pas de son chemin* (Saint-Simon, 1702). ♦**De hauteur,** de haut, avec morgue : *Bien des courtisans se résolurent dès lors de le prendre de hauteur avec le Cardinal* [Mazarin], *et commencèrent à le menacer pour* *obtenir de lui ce qu'ils voulaient* (Rac., *Notes hist.*, Cardinal Mazarin) ; de haute lutte, de vive force : *Me condamnerez-vous à voir que Bérénice M'enlève de hauteur le rang d'impératrice ?* (Corn., *Tite et Bér.*, 1244).

Les sens courants auj. étaient également usuels au XVIIe s.

hébéter v.t. Rendre stupide (auj. seulement au part. passé) : *Le grand âge hébète les gens* (Fur.).

herbes n.f.pl. Légumes : *J'aime bien mieux, pour moi, qu'en épluchant ses herbes Elle accommode mal les noms avec les verbes* [...] (Mol., *F. sav.*, 527).

hère n.m. Homme peu considéré, pauvre bougre (auj. seulement *pauvre hère :* « pauvre diable ») : *Vos pareils y sont misérables, Cancres, hères et pauvres diables Dont la condition est de mourir de faim* (La Font., *F.*, I, 5). ♦Jeu de cartes où l'on ne donne qu'une carte par joueur : *J'ai donc passé ma quarantaine dans une retraite dont je suis toute abrutie. J'étais réduite à jouer le soir au hère avec mes femmes et mes laquais* (Mme de Montmorency, *Lettre Bussy*, 1er déc. 1671).

héros n.m. Celui qui se distingue par sa grandeur d'âme, sa vertu, sa grande capacité, qui excelle en qqch : *On peut être héros sans ravager la terre* (Boil., *Ép.*, I, 94). [Un garçon] *qui pour assembler un pourpoint est le héros de notre temps* (Mol., *Bourg.*, II, V). *C'est un héros en piété* (Acad. 94).

Le XVIIe s. connaissait aussi les sens actuels de « celui qui se distingue par une bravoure exceptionnelle », et « personnage principal d'une œuvre ».

hésiter v.i. Se construisait avec la préposition *de* suivie de l'infinitif, ou avec *à* (comme auj.) : *Il n'hésite pas de s'en faire payer d'avance* (La Br., XIV, 68). ♦Le *h* initial était parfois « aspiré » : *Ne hésiter jamais et rougir encor moins* (Corn., *Ment.*, 936, var.).

hétéroclite adj. Étrange, ridicule, anormal : *Il tomba dans une conduite hétéroclite* (Retz, *Mém.*, IV, 79). *Que personne ne me blâme donc plus d'être botté, s'il ne veut paraître un esprit hétéroclite* (Sorel, *Franc.*, X). [À un fou] *Vous n'êtes point en verre ; en vain vous nous le dites ; Il n'en est rien. – Vos yeux sont donc hétéroclites* (Quinault, *la Comédie sans comédie*, III, VI).

Il se disait aussi, comme auj., des choses disparates.

heur n.m. Chance, hasard favorable : *Je pense avoir eu beaucoup d'heur de m'être rencontré dès ma jeunesse en certains chemins* (Desc., *Méth.*, I, 3). *Courage, mon garçon : tout heur nous accompagne* (Mol., *Ét.*, 1083). *Je la voudrais pour eux perdre dans un combat ; Je sais quel en est l'heur, et quelle en est la gloire* (Corn., *Pol.*, 1208). *Le ciel, belle Eroxène, Vous comble d'autant d'heur et de prospérité Que sur votre visage il a mis de beauté !* (Rotr., *Sœur*, IV, V). *L'heur d'obéir à sa divinité Ouvre aux plus grands efforts trop de facilité* (Mol., *D. G.*, 317). *Vous prendrez part, je pense, à l'heur de mes affaires* (Mol., *Éc. des f.*, 1180).

Ce mot vieillit au milieu du XVIIe s. Il ne subsiste plus auj. que dans l'expression un peu affectée : *ne pas avoir l'heur de plaire.*

heure n.f. **À l'heure, tout à l'heure, (tout) à cette heure,** sur-le-champ, maintenant : *La compagnie qui pensa qu'elle saurait bientôt des choses plus véritables, d'autant que les valets de Valentin ouvrirent à l'heure le château* (Sorel, *Franc.*, I). *Parbleu ! si grande joie à l'heure me transporte* [...] (Mol., *Sgan.*, 482). *Hors d'ici tout à l'heure, et qu'on ne réplique pas* [...] *sors vite, que je ne t'assomme* (Mol., *Av.*, I, III). *Cela m'a mise en peine tout à cette heure en y regardant de là haut* (Sorel, *Franc.*, I). *Je comprends cela à cette heure* (Mol., *Bourg.*, I, II). – Auj. *tout à l'heure* indique le futur proche ou le passé récent. ♦**À bonne heure,** heureusement : *Qu'à bonne heure défait d'un masque et d'une épée, J'ai leur crédulité sous ces habits trompée !* (Corn., *Clit.*, 417). ♦**À la bonne heure, à la male heure,** au bon, au mauvais moment ; bien, mal à propos : *Mais puisqu'il plaît au ciel que par vos yeux je meure, Vous direz que mourant je meurs à la bonne heure Et que d'aucun regret mon trépas n'est suivi* (Régn., *Élégies*, I, 70). *Et bien à la male heure est-il venu d'Espagne, Ce courrier que la foudre ou la grêle accompagne* (Mol., *Ét.*, 831). – Auj. *à la bonne heure* exprime sous une forme exclamative la satisfaction, l'approbation.

◆ pl. **Les heures,** les prières : [Mon père] *Ne m'a jamais rien fait apprendre que mes heures* (Mol., *Dép. am.*, 688) ; livre de prières : [Ménalque] *tire un livre pour faire sa prière, et c'est* *sa pantoufle qu'il a prise pour ses heures, et qu'il a mise dans sa poche avant que de sortir* (La Br., XI, 7).

heureux, euse adj. **Être heureux à** (suivi d'un infinitif), avoir de la facilité à : *Féliciane, qui était heureuse à trouver des expédients* [...] (Scarr., *Rom. com.*, II, 19).

heurter v.t. Fig. Attaquer, critiquer : *Si dès mes premiers ans heurtant tous les mortels* [...] (Boil., *Lutr.*, V, 67).

Le sens actuel de « choquer, offenser » était également usuel au XVIIe s. : *Il y a des paradoxes si extravagants qu'ils heurtent* [...] *la raison et le sens commun* (Fur.).

hoc n.m. Sorte de jeu de cartes : *Je ne sais ni le hoc, ni la prime, ni le trictrac* (Balz., *Lettre*, 1er août 1645). ♦ **Être hoc,** être assuré, comme une levée au jeu avec certaines cartes : *Bonne chasse, dit-il* [le loup], *qui l'aurait à son croc ! Eh ! que n'es-tu mouton, car tu me serais hoc* (La Font., *F.*, V, 8). *Mon congé cent fois me fût-il hoc, La poule ne doit point chanter devant le coq* (Mol., *F. sav.*, 1643).

hoca n.m. Sorte de jeu de hasard : *Mais à propos d'écus, quelle folie d'en perdre deux cents à ce chien d'hoca* (Sév., 9 mars 1672).

hoche n.f. Entaille, encoche, brèche (vieilli au XVIIe s.) : *Comme il faisait des hoches sur une table pour marquer les livres de viande qu'il livrait à ses chalands* (Fur., *Rom. bourg.*, II).

hocher v.t. Secouer : *Elle s'est mise à les lire* [ses heures] *dans son carrosse, et comme la tête lui branle maintenant, outre ce qu'elle a été un peu hochée, à cause que j'ai été contraint d'aller vite* [...] (Sorel, *Polyandre*, I, 135). *Il a fort hoché ce prunier pour en faire choir les prunes* (Fur.). – Ce sens ne subsiste plus que dans l'expression *hocher la tête.* ♦ **Hocher la bride,** stimuler un cheval par de petites secousses, et au fig. guider doucement : *Le mariage* [...] *oh ! oh ! vous riez déjà ! Tudieu ! Il ne faut que vous hocher la bride* (Regnard, *l'H. à b. fort.*, II, I).

homicide adj. et n. Meurtrier : [Athalie] *Se baigne impunément dans le sang de nos rois, Des enfants de son fils détestable homicide* (Rac., *Ath.*, 75).

Auj. seulement sans complément.

honnête adj. Honorable, estimable, en parlant de personnes (auj. restreint au sens de « probe ») : *Allons, Monsieur le Comte* [...] *La révérence à toute l'honnête assemblée* (Mol., *Escarb.*, sc. VII). *Faut-il se moquer ainsi des honnêtes étrangers qui arrivent ici ?* (Mol., *Pourc.*, I, III). ♦ Qui fait honneur, convenable, en parlant de choses (encore auj. dans *un gain honnête*, etc.) : *C'est beaucoup, Madame, d'avoir acquis les plus honnêtes connaissances qui se peuvent acquérir* (Balz., *Lettre*, 24 sept. 1628). *J'ai cinq frères, qui sont bien aises quand ils vont au bal d'avoir des habits honnêtes* (Rac., *R. sur O.*, VI). ♦ Bienséant, décent, réservé : *Peut-être n'est-il pas honnête à une fille de s'expliquer si librement* (Mol., *Am. méd.*, I, IV). *Eschyle* [...] *D'un masque plus honnête habilla les visages* (Boil., *A. p.*, III, 72). ♦ **Honnête homme, honnête femme,** personne cultivée joignant la noblesse des sentiments à celle de la naissance, de société agréable par sa probité, sa discrétion, son goût : *Sa poésie* [celle de Pindare] *est pour les honnêtes gens, mais elle a besoin d'interprète pour le vulgaire* (Rac., *Ann. Pindare*, Olymp., II). [Il] *est ici en réputation d'être un des plus aimables et des plus honnêtes hommes du monde. Tous ceux qui l'ont vu en Danemarc, ou à La Haye, sont revenus charmés de sa politesse et de son esprit* (Rac., *Lettre J.-B. Racine*, 24 févr. 1698).

honnêtement adv. Élégamment : *Comme c'est un in-4°* *et qu'il est relié fort honnêtement* [...] (Chap., *Lettres*, II, 640).

Auj. « d'une manière probe ».

honnêteté n.f. Politesse, marque d'obligeance : *Il me fit offre de toutes choses, d'argent, de commodités, de chevaux. Je lui répondis avec les mêmes honnêtetés* (Boil., *Lettre Racine*, 19 août 1687). *Son sexe et l'hospitalité, De la part de ces coqs, peuple à l'amour porté, Lui faisaient espérer beaucoup d'honnêteté* (La Font., *F.*, X, 7).

Auj. « probité ».

honneur n.m. Respect : *Couvrez-vous, vous dis-je. – Oh ! monsieur, je sais bien à quoi l'honneur m'oblige* (Rac., *Plaid.*, 672). *Le faux honneur de la société l'a emporté encore en cette occasion* (Rac., *P.-R.*, I). ♦ **Par honneur,** par complaisance, par raffinement de civilité : *Ce n'est pas que je veuille ici faire l'auteur modeste et mépriser par honneur une comédie* (Mol., *Pr. rid.*, Préf.). ♦ **Sans honneur,** indignement : *Dois-je oublier Hector privé de funérailles Et* *traîné sans honneur autour de nos murailles ?* (Rac., *Andr.*, 994).

Les sens actuels étaient également usuels au XVIIe s.

honte n.f. Pudeur, timidité : *On lui voit peinte sur le visage la honte et la retenue d'une fille honnête et pudique* (Boss., *Panég. St Bernard*). ♦ Au plur., affronts, vexations : *Les plus beaux feux dont son cœur soit épris N'oseraient l'exposer aux hontes d'un mépris* (Corn., *Pompée*, 388).

Les sens actuels de « sentiment de gêne causé par la conscience d'une indignité » et « déshonneur humiliant » étaient également usuels au XVIIe s. : *Laissez-moi le plaisir de confondre l'ingrat, Je veux voir son désordre et jouir de sa honte* (Rac., *Baj.*, 1361). *Viens, mon fils, viens, mon sang, viens réparer ma honte* (Corn., *Cid*, 266).

honteux, euse adj. Timide, réservé : *Un peu de hardiesse réussit toujours aux amants ; il n'y a en amour que les honteux qui perdent* (Mol., *Am. magn.*, I, I). *Pallas dit à Telemachus qu'il ne doit point être honteux, mais demander librement à Nestor des nouvelles de son père* (Rac., *R. sur O.*, III).

Il avait aussi le sens actuel de « qui cause ou qui éprouve de la honte » : *Une mort honteuse* (Fur.). *Honteux comme un renard qu'une poule aurait pris* (La Font., *F.*, I, 18).

hoquet n.m. Choc, heurt : [Le pot de terre et le pot de fer] *L'un contre l'autre jetés Au moindre hoquet qu'ils treuvent* (La Font., *F.*, V, 2). ♦ Fig. Obstacle soudain, désagrément : [M. de Metz] *se dispose à se faire recevoir au Parlement. Il y trouva un hoquet auquel il n'avait pas lieu de s'attendre : son habit fut contesté par les magistrats, et même par des ducs* (Saint-Simon, 1710).

Le sens physiologique actuel était également usuel au XVIIe s.

hoqueton n.m. Casaque d'archer, de cavalier de la garde du roi ; et par extens. archer : *L'on méditait quelque chose contre le public, on voyait aller et venir des hoquetons* (Retz, *Mém.*, II, 42). ♦ Casaque de paysan : [Le loup] *s'habille en berger, endosse un hoqueton* (La Font., *F.*, III, 3).

horlogier, horlogeur n.m. *Horlogier* est la forme la plus ancienne de *horloger* (*horlogeur* selon Acad. 94) : *Depuis quand cette montre ? et qui vous l'a donnée ? – Acaste, mon cousin, me la vient d'envoyer,* [...] *et veut ici la faire nettoyer, N'ayant point d'horlogiers au lieu de sa demeure* (Corn., *Ment.*, 637). *La diligence qu'il avait apportée à vous conserver la gloire de l'invention du pendule à la confusion de cet horlogeur* (Chap., *Lettres*, II, 47).

hormis adv. **Hormis que,** sinon que, si ce n'est que (auj. emploi restreint) : *Il ressemblait à M. de Beaufort, hormis qu'il parlait mieux français* (Sév., 1er mai 1671).

horoscope n. Était d'un genre incertain d'après Richelet, féminin selon Acad. 94 ; Vaug. préférait le masculin : *Deux premiers gentilshommes* [...] *qui sûrement n'auraient pas cru à son horoscope si elle leur eût dit la fortune dans laquelle il est aujourd'hui* (Saint-Simon, 1711). *Une horoscope bien faite, bien tirée, bien exacte* (Acad. 94).

horreur n.f. Hérissement des cheveux, des poils (vieilli au XVIIe s.) : *La peau, se retirant sur elle-même, fera dresser les cheveux, dont elle enferme la racine, et causera ce mouvement qu'on appelle horreur* (Boss., *Connaiss.*, II, 12, *in* L.). ♦ Saisissement de crainte ou de respect : *Le ciel brille d'éclairs, s'entr'ouvre, et parmi nous Jette une sainte horreur qui nous rassure tous* (Rac., *Iphig.*, 1784). *Cette espèce de sainte horreur qu'il eut toute sa vie pour les sublimes fonctions de l'épiscopat* [...] (Rac., *P.-R.*, I). ♦ **Avoir horreur,** réprouver : *On offrit même à la Reine de le tuer ou de l'arrêter prisonnier ; mais elle eut horreur de cette première proposition, et consentit volontiers à la seconde* (La Roch., *Mém.*, IV, p. 150). ♦ Caractère effrayant de certaines choses, profondeur sombre : *Dans l'horreur d'un cachot par son ordre enfermé* (Rac., *Ath.*, 1569).

Le XVIIe s. connaissait les sens actuels de « violent sentiment de répulsion » et « caractère atroce d'une chose » : *Le Ciel avec horreur voit ce monstre sauvage* (Rac., *Ph.*, 1522). *Mais à mes tristes yeux votre mort préparée Dans toute son horreur se s'était pas montrée* (Rac., *Baj.*, 690).

horrible adj. **Horrible à,** qui peut être un objet d'horreur à : *Ce serait un monstre horrible à vos États Que le fils de Maurice adopté par Phocas* (Corn., *Hér.*, 1685).

hors adv. Dehors : *Un ordre de vider d'ici, vous et les vôtres, Mettre vos meubles hors, et faire place à d'autres* (Mol., *Tart.*, 1750).

◆ prép. À l'extérieur de : [Elle] *allait puiser*

de l'eau à une fontaine hors la ville (Rac., *R. sur O.*, X ; *hors de la ville* dans une autre version). ♦ Excepté, sauf : [...] *hors les fils d'Horace il n'est point de Romains* (Corn., *Hor.*, 354). ♦ **Hors de,** en dehors de, mis à part : *Hors de l'empêchement qui nous sépare ici, Tu sauras que tes vœux sont mes désirs aussi* (Th. de Viau, *Pyrame et Thisbé*, IV, I) ; sans : *Voyez des maux sans nombre et hors de guérison* (Corn., *Agés.*, 179). *L'amour hors d'intérêt s'attache à ce qu'il aime* (Corn., *Pulch.*, 425). ♦ **Hors de là,** à part cela : *Car enfin, hors de là, que peut-il m'imputer ?* (Corn., *Nic.*, 1190). ♦ **Hors de soi,** dans un état de trouble, d'agitation (auj. « transporté de colère ») : *Est-il possible qu'en parlant au Roi vous ayez été une personne tout hors de vous, ne voyant plus, comme vous dites, que la majesté, et abandonnée de toutes vos pensées ?* (Sév., 26 nov. 1684). *Je suis si aise que je suis hors de moi* (Sév., 20 déc. 1664). ♦ **Hors que** (suivi de l'indicatif), sauf que : *Elle* [Mme de Sévigné] *vous a conté son voyage de Dol, qui a été très heureux, hors qu'elle a versé deux fois dans un étang* (E. de Coulanges, *Lettre*, 1er août 1685) ; (suivi du subjonctif), à moins que : *Hors qu'un commandement exprès du Roi me vienne De trouver bons ces vers dont on se met en peine* [...] (Mol., *Mis.*, 769).

hors-d'œuvre n.m. V. ŒUVRE.

hostie n.f. Victime immolée en sacrifice : *Des rameaux Que je choisissais des plus beaux Afin d'en parer votre hostie* (Scarr., *V. tr.*, III, 143) ; et au fig. : *Père barbare, achève, achève ton ouvrage ; Cette seconde hostie est digne de ta rage* (Corn., *Pol.*, 1720).

Le sens religieux actuel était le plus courant au XVIIe s.

houret n.m. Sorte de chien de chasse : *De ces gens qui, suivis de dix hourets galeux, Disent : « Ma meute », et font les chasseurs merveilleux* (Mol., *Fâch.*, 509). *Un houret galeux* (Richelet).

hourvari n.m. Obstacle : *On fut bien aise de le visiter* [Versailles] *avant que la cour y vienne. Ce sera dans peu de jours, pourvu qu'il n'y ait point de hourvaris* (Sév., 10 juill. 1676).

houseaux n.m.pl. Bottes de fatigue. – Ne s'emploie plus, selon Acad. 94, que dans l'expression familière **laisser ses houseaux,** mourir : *Mais le pauvret, ce coup, y laissa ses houseaux* (La Font., *F.*, XII, 23).

housse n.f. Garniture de tissu qui entourait un lit (mode désuète à la fin du XVIIe s. : *Onuphre n'a pour tout lit qu'une housse de serge grise, mais il couche sur le coton et sur le duvet* (La Br., XIII, 24). ♦ Couverture qui garnissait la selle et protégeait le cavalier ; d'où l'expression **en housse,** à cheval (expression vieillie au milieu du siècle) : *Le vice qui* [...] *va comme un banquier en carrosse et en housse* (Régn., *Sat.*, II, 12).

Il signifiait aussi, comme auj., « enveloppe souple protégeant temporairement certains objets » : *On met des housses de serge pour conserver les ameublements de soie ou de tapisserie* (Fur.).

huchet n.m. Petit cor de chasse (vieux, selon Richelet) : *Dieu préserve, en chassant, toute sage personne D'un porteur de huchet qui mal à propos sonne* (Mol., *Fâch.*, 507).

huis n.m. Porte (vieilli au XVIIe s.) : *Mes badauds* [...] *Emportent la chandelle et barrent* [= ferment] *l'huis sur eux* (Saint-Amant, *Visions*, 91).

huissier n.m. Bedeau : *Valet souple au logis, fier huissier à l'église* (Boil., *Lutr.*, IV, 10).

Les sens actuels étaient également courants au XVIIe s.

humanité n.f. Condition d'homme ; corps de l'homme : *Doncques, si de parler le pouvoir m'est ôté, Pour moi, j'aime autant perdre aussi l'humanité Et changer mon essence en celle d'une bête* (Mol., *Dép. am.*, 762). *L'humanité n'a permis en aucun temps d'atteindre à une perfection absolue* (Fén., *Lettre Acad.*, 10).

Le sens actuel de « bienveillance, compassion » était usuel au XVIIe s. : *Les Français reçoivent les étrangers avec grande humanité* (Fur.). Le sens de « genre humain » était encore peu courant : [...] *un prince qui a honoré la maison de France, tout le nom français, son siècle, et pour ainsi dire l'humanité tout entière* (Boss., *O. f. Condé*).

humeur n.f. Substance liquide qui entre dans la composition des corps animaux : *Il y a beaucoup d'impureté dans son corps, quantité d'humeurs corrompues* (Mol., *Am. méd.*, II, V). – Les quatre humeurs fondamentales, selon les médecins, étaient le flegme ou la pituite, le sang, la bile et la mélancolie ou bile noire.

♦ Caractère, tempérament, disposition habituelle d'esprit (auj. plutôt « disposition passagère ») : *Je vous parle un peu franc, mais c'est là mon humeur* (Mol., *Tart.*, 39). ♦ Penchant à la plaisanterie, humour : *Cet homme a de l'humeur. – C'est un vieux domestique Qui, comme vous voyez, n'est pas mélancolique* (Corn., *S. du Ment.*, 815). ♦ pl. **Les humeurs,** la complexion, la disposition du caractère résultant du dosage de ces *humeurs* dans l'organisme (le plus souvent au sing. dans ce sens à la fin du XVIIe s.) : *Le temps, qui change tout, change aussi nos humeurs : Chaque âge a ses plaisirs, son esprit et ses mœurs* (Boil., *A. p.*, III, 373).

Les sens actuels étaient également usuels au XVIIe s.

huppé, e adj. Habile : *Bien huppé qui pourra m'attraper sur ce point* (Mol., *Éc. des f.*, 74).

Il avait aussi le sens actuel de « haut placé, riche » : *Qu'est-ce qu'un gentilhomme ? Un pilier d'antichambre. Combien en as-tu vu, je dis des plus huppés, À souffler dans leurs doigts dans ma cour occupés* (Rac., *Plaid.*, 97).

hurlubrelu adj. et adv. Autre forme de *hurluberlu* : *Je lui ai fait couper les cheveux ; elle est coiffée hurlubrelu* (Sév., 20 mai 1672). – La coiffure dite *hurlubrelu* était fort à la mode à cette époque.

hurlupé, e adj. Hérissé, ébouriffé : *Tout cela fait une petite tête de chou ronde, sans nulle chose par les côtés : toute la tête nue et hurlupée* (Sév., 18 mars 1671).

hymen, hyménée n.m. S'employait très fréquemment en poésie pour désigner le mariage : *L'hymen chez les Romains n'admet qu'une Romaine* (Rac., *Bér.*, 295). *Avant qu'on eût conclu ce fatal hyménée* (Rac., *Andr.*, 1426).

hypocondre, hypocondriaque adj. et n. Fou, extravagant : *Est-ce* [...] *par un goût hypocondre que cette femme aime un valet ?* (La Br., III, 32).

i

icelui, icelle pr. ou adj. dém. S'employait là où nous mettrions *celui-ci, ce ;* il équivalait quelquefois à un simple pronom personnel (*lui, elle, en, y*) [ce mot était déjà condamné par Vaug. ; il s'est conservé plus longtemps dans la langue juridique] : *L'idée universelle De ma cause, et des faits renfermés en icelle* (Rac., *Plaid.*, 795).

ici adv. Pouvait accompagner un démonstratif (auj. on emploierait *ci*) : *Avant que tu aies reçu cette lettre ici, j'espère que nous aurons reçu des lettres de toi ou de M. Périer* (Pasc., *Lettre*, janv. 1643). *Je suis contraint de partir de ce pays ici* (La Roch., *Lettre Chavigny*, 7 déc. 1648). – Selon Vaug. tout Paris tenait pour *cet homme-ci*, mais la Cour disait *cet homme ici* ; Bouhours et Acad. condamnent *cet homme ici*. ♦ Il pouvait être suivi d'un autre adverbe : *Il a dit à un homme qu'il a vu en passant ici près* (Sév., 26 août 1675). *Depuis quelque temps il y a des voleurs ici autour* (Mol., *D. J.*, III, II). *Vite, venez nous tendre ici dedans le conseiller des grâces* (Mol., *Pr. rid.*, VI). *J'ai crainte ici dessous de quelque manigance* (Mol., *Ét.*, 183). – Auj. on dit seulement *ici-bas*, « sur terre, par opposition à l'au-delà ». ♦ Au sens temporel, maintenant : *Dom Juan n'a plus qu'un moment à pouvoir profiter de la miséricorde du Ciel ; et s'il ne se repent ici, sa perte est résolue* (Mol., *D. J.*, V, V). – On dit encore : *jusqu'ici, d'ici là.*

idée n.f. Image, peinture : *Des aventuriers, des épées, des chapeaux du bel air, des gens faits à peindre une idée de guerre de roman* (Sév., 25 janv. 1673). ♦ Représentation symbolique : *Encore que le règne de ce grand Messie soit souvent prédit dans les Écritures sous des idées magnifiques* (Boss., *H. univ.*, II, 4). ♦ Type, modèle idéal : *D'un nouveau personnage inventez-vous l'idée ?* (Boil., *A. p.*, III, 124). ♦ Image qui occupe l'esprit : [Il] *se forme de vous un tableau si parfait,* [...] *Il sera votre idée, et vous serez la sienne* (Corn., *S. du Ment.*, 436). ♦ Vaine apparence, fantôme : *Le Roi n'est qu'une idée, et n'a de son pouvoir Que ce que par pitié vous lui laissez avoir* (Corn., *Nic.*, 869). *Mais de ce souvenir mon âme possédée A deux fois en dormant revu la même idée* (Rac., *Ath.*, 520). ♦ Faculté d'imaginer, imagination : *Sans te gêner l'idée après leur caractère, Pour les bien exprimer tu n'auras qu'à portraire* (Corn., *Poésie à la peinture*, 21).

Les sens actuels étaient également usuels au XVIIe s.

idiot, e adj. et n. Simple, sot, ignorant : *Je la fis élever selon ma politique, C'est-à-dire ordonnant quels soins on emploierait Pour la rendre idiote autant qu'il se pourrait* (Mol., *Éc. des f.*, 138).

Auj. ce mot a un sens plus fort : « stupide, arriéré mental » ; pourtant il s'emploie souvent comme injure, dans la langue familière, avec une valeur atténuée.

idole n. Spectre, fantôme (sens vieilli au XVIIe s.) : *Elle s'endort, et Pallas lui envoie l'idole d'Iphtime, son amie, pour la consoler* (Rac., *R. sur O.*, IV). ♦ Être qui n'éprouve ou n'inspire aucun sentiment, qui n'exerce aucune action : *Angélique n'a point de charmes Pour me défendre de vos coups ; Ce n'est qu'une idole mouvante* (Corn., *Pl. R.*, 347). *Ses deux fils n'ont rempli les trônes des deux Romes Que d'idoles pompeux, que d'ombres au lieu d'hommes* (Corn., *Att.*, 194). *Un idole d'époux et des marmots d'enfants !* (Mol., *F. sav.*, 30). – Ce mot était d'un genre incertain ; toutefois le féminin se généralise dans la seconde partie du XVIIe s.

Les sens actuels de « image ou statue à laquelle on rend les honneurs divins » et « personne ou chose qui est l'objet d'une sorte d'adoration » étaient usuels au XVIIe s. : *Tous les païens ont adoré des idoles* (Fur.). *Le prince est l'idole du roi ;*

plus sa tendresse pour le fils augmente, plus il semble que son amour pour la mère diminue (Maintenon, *Lettre Mme de Saint-Géran,* 28 oct. 1679).

ignoble adj. Qui témoigne d'une basse origine ; roturier : *Air ignoble* (Acad. 94).

Auj., « vil, moralement bas ».

ignoramment adv. Avec ignorance, sottement (vieilli au XVIIe s.) : *Oh ! que l'esprit humain discourt ignoramment Lorsque son seul instinct conduit son jugement !* (Rotr., *Sœur,* IV, IV).

il pr.pers. Pouvait servir d'antécédent à un pronom relatif placé soit après lui, soit avant lui : *Chacun fait ici-bas la figure qu'il peut, Ma tante ; et bel esprit, il ne l'est pas qui veut* (Mol., *F. sav.,* 822). *Il sait mal ce qu'il dit, quiconque vous fait croire Qu'aux feux de Grimoald je trouve quelque gloire* (Corn., *Perth.,* 163). – Auj. en ce cas on emploie un démonstratif, ou, si le relatif est en tête de phrase, on n'exprime pas l'antécédent. ♦ Il pouvait s'employer avec la valeur d'un démonstratif neutre (auj. *ce, cela*) : *Je suis entièrement incapable de voir beaucoup de monde ensemble ; cela viendra peut-être, mais il n'est pas venu* (Sév., 9 févr. 1671). *Je voudrais qu'il fût vendredi pour avoir une de vos lettres, et il n'est que me(r)credi* (Sév., 16 sept. 1671). ♦ Il pouvait s'employer explétivement : *Un noble, s'il vit chez lui dans sa province, il vit libre, mais sans appui* (La Br., VIII, 67). *J'avoue qu'il est vrai ce que vous dites* (Voit., *Lettre,* 1637).

illec adv. En cet endroit (hors d'usage ; mot du style burlesque) : *Notez qu'illec avec deux autres femmes, Du gros bourgeois l'épouse était aussi* (La Font., *Contes,* I, 5).

illuminer v.t. Fig. Éclairer l'esprit, inspirer : *Laurent, serrez ma haire avec ma discipline, Et priez que toujours le ciel vous illumine* (Mol., *Tart.,* 854). *Une céleste flamme D'un rayon prophétique illumine mon âme* (Corn., *Cinna,* 1754).

illusion n.f. Hallucination : *Une illusion lui présente son frère Et lui rend tout d'un coup la vie et la colère* (Corn., *Att.,* 1745). ♦ Mensonge, action d'induire en erreur : *De dissimuler ce que je suis quand tout le monde le sait, et que j'en fais gloire, ce serait faire au lecteur une illusion trop grossière* (Boss., *Hist. var.,* Préf. XX). *Il prit le parti* [...] *de justifier la marche de ces troupes étrangères* [...] *par des illusions qui ne trompent personne* (Retz, *Mém.,* IV, 84).

Le XVIIe s. connaissait les sens actuels de « apparence trompeuse » et « état de celui qui est trompé ». On dit encore *faire illusion,* mais sans autre détermination.

illustration n.f. Lustre, éclat : *Le prévôt s'est fait riche, il achètera de la noblesse, et nous lui fournirons de l'illustration, nous en avons à vendre dans la famille* (Dancourt, *Prix de l'arquebuse,* sc. XIV, *in* L.). ♦ Lumière que Dieu répand dans l'âme : *Ce n'est pas que Dieu ne nous prévienne selon nos besoins, tantôt par des illustrations, tantôt par certains goûts et par certains plaisirs* (Fén., *in* L.).

Auj. « figure illustrant un texte ».

illustre adj. Manifeste, bien connu, notoire : [Ces nobles fiertés] *Qui par un digne essai d'illustres cruautés, Voulaient voir d'un amant la constance éprouvée* (Mol., *Psyché,* 282). [...] *De sa déroute illustre effrayer tout Paris* (Boil., *Sat.,* X, 33). ♦ Magnifique : *Et lorsque cette reine, assurant sa conquête, Vous attend pour témoin de cette illustre fête* (Rac., *Bér.,* 84).

◆ n.m. **Un illustre,** qqn qui excelle en qqch, un célèbre personnage : *Madame, voilà un illustre ; votre affaire ne pouvait être mise en de meilleures mains* (Mol., *Pourc.,* I, II). *L'on n'est pas malheureux, Monsieur, quand on peut réunir deux illustres* (Regnard, *Divorce,* I, VIII).

Le sens actuel de « célèbre par quelque mérite, glorieux » était également usuel au XVIIe s. : [...] *une fille* [Junie], *Seul reste du débris d'une illustre famille* (Rac., *Brit.,* 556).

imagination n.f. Idée, invention : *J'ai résolu de jouer un tour de ma tête. – Comment ? – C'est une imagination burlesque* (Mol., *Mal. im.,* III, II). *Si vous voyez Mme de La Fayette, dites-lui qu'elle cause avec vous sur toute cette imagination* (Sév., 8 juill. 1685). ♦ Chimère : *Imaginations ! – Célestes vérités !* (Corn., *Pol.,* 1285).

Le sens actuel de « faculté d'imaginer » était déjà le plus usuel au XVIIe s. : *La nouveauté des objets frappe l'imagination* (Fur.).

imaginative n.f. Imagination : *Mon imaginative est toujours éveillée* (Chap., *Lettres,* I, 350). *Quand je veux, j'ai l'imaginative Aussi bonne en effet que personne qui vive* (Mol., *Ét.,* 843).

imbécile adj. et n. Faible physiquement ou moralement : *Les Perses étaient imbéciles, les Gaulois courageux et forts* (La Font., *Comparaison d'Alexandre, de César et de M. le Prince*). *Leur esprit est méchant, et leur âme fragile ; Il n'est rien de plus faible et de plus imbécile* (Mol., *Éc. des f.*, 1577). ♦ Qui a des facultés intellectuelles très faibles (encore auj., souvent sens atténué : « sot ») : *L'imbécile Ibrahim, sans craindre sa naissance, Traîne, exempt de péril, une éternelle enfance* (Rac., *Baj.*, 109). *On donne des tuteurs aux imbéciles, aussi bien qu'aux furieux* [= fous] (Fur.). ♦ **Le sexe imbécile,** les femmes : *Le sang a peu de droits dans le sexe imbécile* (Corn., *Œd.*, 225).

imbécillité n.f. Faiblesse physique ou morale (auj. seulement « stupidité, sottise ») : *Notre imbécillité, maîtresse de nos sens, Conserve en tous les cœurs un tel penchant aux vices, Que l'homme tout entier dès ses plus jeunes ans Glisse et court aisément vers leurs molles délices* (Corn., *Imit.*, IV, 481).

imbu, e adj. Imprégné : *Il se fait un foyer qui pousse ses vapeurs Jusqu'au cœur qui les distribue Dans le sang dont la masse en est bientôt imbue* (La Font., *Quinquina*, 66). ♦ Pénétré (auj. en ce sens seulement dans quelques expressions : *imbu de sa supériorité*, etc.) : *Principalement s'il était imbu de la connaissance de Dieu* (Desc., *Lettre*, mars 1638).

immédiatement adv. Directement, sans intermédiaire : *L'abbaye de Port-Royal* [...] *avait longtemps dépendu immédiatement de lui* (Rac., *P.-R.*, I). *Des misères plus secrètes* [...] *qu'il peut entreprendre de soulager ou immédiatement et par ses secours, ou du moins par sa médiation* (La Br., XVI, 30).

Auj. le seul sens courant est temporel : « aussitôt, sans délai ».

immodestie n.f. Impudeur, action ou parole malséante : *Vous ne me persuaderez point de souffrir les immodesties de cette pièce* (Mol., *Crit. Éc. des f.*, sc. VI).

imparfait, e adj. Incomplet : *Mais mon crime est entier, et le sien imparfait ; Le sien n'est qu'en désirs, et le mien en effet* (Corn., *Œd.*, 1547).

Le XVIIe s. connaissait aussi le sens actuel de « qui a des défauts » : *C'est un homme vicieux qui est fort imparfait* (Fur.).

impatiemment adv. Avec un esprit de révolte, avec difficulté : *Néron, dit Tacite, porta* [= supporta] *impatiemment la mort de Narcisse* (Rac., *Brit.*, 1re préf.).

Le sens actuel de « d'une manière qui indique la hâte de voir qqch se réaliser » se rencontrait au XVIIe s. : [...] *dédaigner ceux qui viennent faire leur cour ou attendre impatiemment qu'ils se retirent* (La Br., IV, 69).

impatience n.f. Manque de résignation, révolte (encore auj. dans *donner des signes d'impatience* : « manifester de l'agacement ») : *Le peuple souffrait cet état avec impatience* (Boss., *H. univ.*, II, 5).

Le sens actuel « hâte de voir la réalisation de qqch » était usuel au XVIIe s. : *Que ton retour tardait à mon impatience !* (Rac., *Baj.*, 9).

impatient, e adj. Qui ne supporte pas qqch : [Le coursier] *Impatient du frein, inquiet, sans arrêt* (La Font., *Trad. Géorg.*, III, 75).

Il avait aussi le sens actuel de « pressé, qui supporte mal l'attente » : *La reine, impatiente, attend votre réponse* (Rac., *Ath.*, 983).

impatroniser (s') v.pr. S'établir comme chez soi : *Certes, c'est une chose aussi qui scandalise, De voir qu'un inconnu céans s'impatronise* (Mol., *Tart.*, 62). *C'est la destinée de tous les pays où pareilles gens s'impatronisent, de quelque religion qu'ils soient* (Bayle, *Dict. hist.*, Agrippa).

impayable adj. D'un prix extraordinaire : *Ah ! que ce « quoi qu'on die » est d'un goût admirable ! C'est, à mon sentiment, un endroit impayable* (Mol., *F. sav.*, 783).

Auj. « d'une bizarrerie extraordinaire », ou « très comique » (familier).

impeccable adj. Qui ne peut pécher : [Jésus-Christ] *quoique exempt de péché et quoique impeccable même* (Bourd., *Myst. de la Circ. de J.-C.*, *in* L.). *Je trouve leur intention fort bonne de vouloir qu'on ne mette sur la scène que des hommes impeccables* (Rac., *Andr.*, 1re préf.).

Auj. surtout en parlant des choses, au sens de « sans défaut ».

impénétrable adj. Qu'on ne peut émouvoir (auj. au fig., « qu'on ne peut connaître ») : *Vois-tu, comme le sien, des cœurs impénétrables ?* (Corn., *Pol.*, 1691).

Les sens actuels, pr. et fig., étaient également usuels au XVIIe s.

impertinemment adv. Mal à propos, contrairement aux bienséances ou au bon sens : *Il vaut mieux se taire que de parler impertinemment* (Fur.).

Auj. « avec insolence ».

impertinence n.f. Sottise, maladresse, inconvenance : *C'est une grande misère que de n'avoir pas assez d'esprit pour bien parler, ni assez de jugement pour se taire. Voilà le principe de toute impertinence* (La Br., V, 18). *Pouvait-on garder le respect qui est dû aux choses divines, au milieu des impertinences que contaient les fables ?* (Boss., *H. univ.*, II, 16).

Auj. « insolence, effronterie ».

impertinent, e adj. Qui agit mal à propos, sot : *Ils veulent absolument que leurs médecins les guérissent. – Cela est plaisant, et ils sont bien impertinents de vouloir que vous autres Messieurs vous les guérissiez !* (Mol., *Mal. im.*, II, v). *Nous appelons donc impertinent celui qui, par faute d'esprit, dit tout autre chose que ce qu'il devrait dire, qui s'égare en des choses extravagantes* (Garasse, *Rech. des rech.*, 1622, p. 176). ♦ Ridicule, extravagant : *Là, parmi une infinité de fables impertinentes* [...] *on trouve de beaux restes des anciennes traditions du peuple juif* (Boss., *H. univ.*, II, 21). *Cette raison aussi impertinente que vous la voyez,* [...] *satisfit la plupart des vieillards* (Retz, *Mém.*, IV, 100).

Le sens actuel de « insolent, effronté » apparaît (seulement en parlant de personnes) à la fin du XVIIe s.

impétrer v.t. Obtenir en suppliant : *Impétrer une charge* (Acad. 94). *Cassius en est obligé* [de sa mort] *à l'esclave, dont il l'impétra* (Cyrano, *États et empires de la Lune*, p. 117).

Auj. on n'emploie plus que le participe substantivé *impétrant*, en style administratif, au sens de « celui qui obtient une pièce administrative, un diplôme, etc. ».

impollu, e adj. Sans souillure : *Je saurai conserver d'une âme résolue À l'époux sans macule une épouse impollue* (Corn., *Théod.*, 780).

importer v.t. ind. **Importer à,** avoir de graves conséquences pour (auj. « être important, nécessaire à ») : *C'est un secret qui m'importerait fort, S'il était découvert* (Mol., *Ét.*, 330). ♦ **Importer de,** décider du sort de : *En matière d'État ne fût-ce qu'un atome, Sa perte quelquefois importe d'un royaume* (Corn., *Att.*, 134). ♦ **Qu'importe de, il n'importe de,** exprimant l'indifférence au sujet de (auj. on emploierait *peu importe,* sans préposition) : *Et que m'importe, hélas ! de ces vains ornements ?* (Rac., *Bér.*, 973). *Quand l'effet est certain, il n'importe des causes* (Corn., *Soph.*, 1656). ♦ **N'importe que,** il importe peu que : *N'importe que les gens qui ont l'autorité leur refusent ce qu'il ne sera pas à propos de leur accorder* (Fén., *Lettre Seignelay*, 26 févr. 1686).

imposer v.t. Mettre sur : *Je sentis le fardeau qui m'était imposé* (Rac., *Bér.*, 462). ♦ Attribuer, décerner : *J'aime les sobriquets qu'un corps de garde impose* (La Font., *Ball. sur le nom de Louis le Hardi*, 9). ♦ Imputer : *Je m'étonne donc, non pas de ce que vous leur imposez avec si peu de scrupules des crimes si grands et si faux, mais de ce que vous leur imposez avec si peu de prudence des crimes si peu vraisemblables* (Pasc., *Prov.*, XVI). ♦ Faire croire une chose fausse : *Ne démens pas leur voix* [celle de tes soupçons] ; *mais aussi garde bien Que, pour les croire trop, ils ne t'imposent rien* (Mol., *D. G.*, 487). *Sans doute ce triste spectacle des vanités humaines nous imposait* (Boss., *O. f. H. d'Angl.*) ; et sans complément, faire illusion, inspirer le respect (auj. en ce sens on dit *en imposer*) : *Quand vous les voyez de fort près, c'est moins que rien ; de loin ils imposent* (La Br., II, 2). *Les anciens rhéteurs de la Grèce, qui abusaient de la parole pour imposer au peuple* (Fén., *Lettre Acad.*, 4).

Les sens actuels étaient tous usuels à la fin du XVIIe s., sauf celui de « se faire admettre, reconnaître » (en parlant de personnes) pour *s'imposer.*

impourvu, e adj. Imprévu : *L'apparence déçoit, et l'on a souvent vu Sortir la vérité d'un moyen impourvu* (Corn., *Clit.*, 760, var. – en 1644 Corneille lui substitue *imprévu*).

◆ n.m. **À l'impourvu,** à l'improviste : *Son cheval le secoua si vivement à l'impourvu qu'il le jeta dans une fosse pleine de boue* (Sorel, *Franc.*, VI). – Vaug. accepte cette locution, mais lui préfère *à l'improviste.*

impraticable adj. Insociable, difficile à vivre : *Ce roi toujours caché, toujours impraticable comme les rois de l'Orient* (Fén., *Dial. des morts*, 12, *in* L.).

Auj. ne se dit plus guère que d'un chemin « où l'on ne peut passer », sens déjà usuel à la fin du XVIIe s.

impression n.f. Pression : *Si l'on a bien compris, dans le « Traité de l'équilibre des liqueurs », de quelle manière elles font impression par leur poids contre tous les corps qui y sont* (Pasc., *Pesant. masse d'air*). ♦ Empreinte, trace, marque (au pr. et au fig.) : *Dans la grandeur de vos ouvrages, Je vois l'impression de toutes vos bontés* (Corn., *Off.*, 6). ♦ Impulsion, entraînement, influence : *Et comme notre sexe ose assez promptement Suivre l'impression d'un premier mouvement* (Corn., *Hér.*, 1622). *Que par l'impression du vice qui nous flatte Tes feux sacrés n'y soient affaiblis* (Rac., *Hymnes du bréviaire*). ♦ Édition d'une œuvre littéraire : *Je sais qu'on attend de moi, dans cette impression, quelque préface qui réponde aux censeurs* (Mol., *Éc. des f.*, Préf.).

Les sens actuels étaient également usuels au XVIIe s.

imprimer v.t. Inspirer, graver dans l'esprit ou le cœur : *Aristote, qui connaissait l'utilité de la poésie, et principalement de la dramatique, d'autant qu'elle nous imprime beaucoup mieux les bons sentiments que les deux autres espèces* (Scudéry, *Obs. sur « Cid »*). *Son bon sens, joint à une piété et à une charité extraordinaires, imprimait un tel respect* (Rac., *P.-R.*, I). ♦ **Imprimer qqn,** l'impressionner vivement, le persuader : *Je suis très avantageusement imprimé de votre sens et de votre érudition* (Chap., *Lettres*, II, 748).

Les sens actuels étaient également usuels au XVIIe s.

improbation n.f. Désapprobation, reproche, blâme : [Mme de Polignac] *ayant soutenu fort généreusement et avec courage la première improbation du Roi* (Sév., 29 avr. 1686).

improuver v.t. Désapprouver, blâmer : *Elle était décontenancée, sentant bien qu'elle allait être improuvée. Mme de La Fayette lui dit : « Vraiment, il faut que vous soyez folle ; mais savez-vous bien, Madame, que vous êtes complètement ridicule ? »* (Sév., 22 avr. 1671).

imprudence n.f. Manque de savoir : *Et ces harangues populaires* [...] *où le but n'est que d'émouvoir un peuple et d'abuser de son imprudence* (Malh., *Ép.*, 40).

Il signifiait aussi, comme auj., « manque de précaution » : *C'est une grande imprudence d'attaquer plus fort que soi* (Fur.).

impudence n.f. Impudeur : *Mais l'impudence et la dissolution déshonorent un temple si magnifique* [celui de Vénus] (Fén., *Tél.*, 4).

Le sens actuel de « audace insolente » était déjà le plus usuel au XVIIe s. : *Il ne faut rien de moins dans les cours qu'une vraie et naïve impudence pour réussir* (La Br., VIII, 41).

impunément adv. Sans punir, sans se venger : *Néron impunément ne sera point jaloux* (Rac., *Brit.*, 445).

Au XVIIe s., on rencontrait aussi le sens actuel de « sans encourir de punition » : *Pensez-vous être saint et juste impunément ?* (Rac., *Ath.*, 26).

imputer v.t. **Imputer qqch à crime (gloire,** etc.) **à qqn,** lui en faire un crime (un titre de gloire, etc.) : *Comme si on avait dû leur imputer à crime leur désobéissance* (La Roch., *Apol. prince de Marcillac*). *Ils imputaient à cabale les actions les plus saintes* (Rac., *P.-R.*, I).

La seule construction actuelle, *imputer qqch à qqn ou à qqch*, « le lui attribuer », était usuelle au XVIIe s. : [...] *chacun impute* [...] *son bonheur* [= réussite] *à son industrie* [= activité] (La Font., *F.*, VII, 14).

inanimé, e adj. Sans vivacité, sans énergie : *Un peuple sans vigueur et presque inanimé* (Rac., *Alex.*, 563).

Les sens actuels de « sans vie » ou « évanoui » étaient usuels au XVIIe s. : *Les métaux sont des corps inanimés* (Fur.). *Et froide, gémissante, et presque inanimée, Aux pieds de son amant elle tombe pâmée* (Rac., *Ph.*, 1585).

inapplication n.f. Manque de zèle, de goût : [Retz] *est incapable d'envie et d'avarice, soit par vertu, soit par inapplication* (La Roch., *Portrait de Retz*, I, 21).

Auj., défaut d'un élève qui ne s'attache pas à son travail.

incaguer v.t. Se moquer de ; traiter avec mépris : *Bardin, dont la saine doctrine Incaguant Aristote et Pline, Prouve que le vin seulement Mérite le nom d'élément* (Saint-Amant, *la Vigne*, 105). *C'est un homme qui me menace beaucoup, mais je l'incague* (Fur.).

incapable adj. Qui n'est pas susceptible de ; qui ne peut recevoir : *Mais quand je crois mon mal de secours incapable Sans vous le partager,* *il suffit qu'il m'accable* (Rotr., *Venceslas*, III, II). *Un homme noté d'infamie est incapable de posséder offices ni bénéfices* (Fur.).

Le XVIIe s. connaissait aussi le sens actuel de « qui ne peut accomplir telle ou telle action, faire preuve de » : *D'un si lâche dessein mon âme est incapable* (Corn., *Cinna*, 761).

incessamment adv. Sans cesse, continuellement : *Voyez-vous à nos pieds fouir incessamment Cette maudite laie, et creuser une mine ?* (La Font., *F.*, III, 6). *L'homme* [...] *Voltige incessamment de pensée en pensée* (Boil., *Sat.*, VIII, 36).

Le XVIIe s. avait aussi le sens actuel de « sans tarder, d'un moment à l'autre » : *On a ordonné* [...] *que le juge se transporterait incessamment sur les lieux* (Fur.).

inceste adj. Incestueux : *Le ciel, vous destinant à des flammes incestes, A su de votre esprit déraciner l'horreur Que doit faire à l'amour le sacré nom de sœur* (Corn., *Œd.*, 1246).

◆ adj. et n. Qui commet un inceste : *Aucun ne s'est jamais avisé d'appeler Jupiter ni Vénus incestes ou adultères* (Rac., *Lettre Le Vasseur*, 13 sept. 1660).

Il avait aussi le sens actuel de « relations sexuelles entre proches parents » : *Mes crimes désormais ont comblé la mesure : Je respire à la fois l'inceste et l'imposture* (Rac., *Ph.*, 1720).

inclination n.f. Personne ou chose aimée : *N'auriez-vous point quelque secrète inclination, avec qui vous souhaiteriez que votre père vous mariât ?* (Mol., *Am. méd.*, I, III). *La chasse, le jeu est son inclination* (Acad. 94).

Le XVIIe s. connaissait surtout le sens actuel de « penchant » : *Cet amant voit que sa maîtresse a beaucoup d'inclination pour lui* (Fur.).

incommode adj. Insupportable, importun, gênant : *Avocat incommode, Que ne lui laissez-vous finir sa période ?* (Rac., *Plaid.*, 687). *Un homme de mérite, et qui est en place, n'est jamais incommode par sa vanité* (La Br., II, 13). ◆En parlant des choses, fâcheux, désagréable (auj. restreint au sens de « malaisé, peu pratique ») : *Le chagrin me paraît une incommode chose* (Mol., *Dép. am.*, 65). *Pénible coutume, asservissement incommode !* (La Br., VII, 20).

incommoder v.t. Gêner, causer un dommage, une fatigue à qqn : *Les ennemis jetèrent de l'infanterie dans les haies, qui incommoda tellement les travailleurs que la nuit survint devant qu'ils* [les ponts] *fussent achevés* (Du Buisson, *Turenne*, 4). *Ma petite, ne vous incommodez point pour m'écrire ; car votre santé va toujours devant toutes choses* [= passe avant tout] (Sév., 21 juin 1671). ◆Endommager qqch : [Cette flotte] *fut fort incommodée par l'artillerie des barbares* (Saint-Réal, *Conjur. c. Venise*). ◆Mettre dans la gêne, appauvrir, ruiner : *Les dépenses que je vous vois faire pour moi m'inquiètent pour deux raisons :* [...] *et l'autre, que je suis sûre, sans vous déplaire, que vous ne les faites point que vous ne vous incommodiez* (Mol., *Bourg.*, III, XV). ◆**Être incommodé,** être dans la gêne, être pauvre : *Vous êtes la grande protectrice du mérite incommodé ; et tout ce qu'il y a de vertueux indigents au monde va débarquer chez vous* (Mol., *Am. magn.*, I, V). *Le bon vieux gentilhomme et sa femme moururent fort incommodés et les deux domestiques vécurent fort riches et mariés* (Scarr., *Rom. com.*, III, 16).

Auj. seulement « causer un malaise, une gêne physique ».

incommodité n.f. Désagrément, chose qui fait du tort : *Malgré les rigueurs et les incommodités de la saison* (Rac., *Camp. L. XIV*). *Les peuples qui, ayant été autrefois demi-sauvages, et ne s'étant civilisés que peu à peu, n'ont fait leurs lois qu'à mesure que l'incommodité des crimes et des querelles les y a contraints* (Desc., *Méth.*, II, 1). ◆Gêne pécuniaire : *La perte de cet argent ne lui fera pas une grande incommodité* (Sév., 29 janv. 1690).

Auj. « caractère de ce qui n'est pas pratique ».

incongru adj. Qui pèche contre les règles de la grammaire et, d'une façon plus générale, contre toute espèce de règles : *Le moyen de bien recevoir des gens qui sont tout à fait incongrus en galanterie ?* (Mol., *Pr. rid.*, sc. IV).

Auj. il se dit sans complément et avec une nuance plaisante d'une faute contre les bienséances.

incongruité n.f. Manquement aux règles de la grammaire, et plus généralement à des règles quelconques (auj. seulement au sens général) : *Je fais cette lettre en poste, et vous demande pardon de mes négligences et de mes incongruités* (Balz., *Lettre Conrart*, 7 août 1651). *Vous y trouverez des incongruités de bonne chère, et des barbarismes de bon goût* (Mol., *Bourg.*, IV, I).

inconstamment adv. Avec inconstance, par manque de fermeté : *Ces esprits faibles et chancelants qui se laissent aller inconstamment à pratiquer comme bonnes les choses qu'ils jugent après être mauvaises* (Desc., *Méth.*, III, 3).

incontinent adv. Aussitôt (auj. vieilli ou littéraire) : *Si on fait une fente par où l'air puisse s'insinuer, toute l'eau tombe incontinent* (Pasc., *Pesant. masse d'air*). *Incontinent qu'il croira que mes gens seront couchés* (La Font., *Contes*, V, 3).

inconvénient n.m. Événement fâcheux ; malheur qui survient : *La mort pour eux est un inconvénient dans le métier, et jamais un obstacle* (La Br., II, 16). *J'en ai sauvé du naufrage ou du feu, qui depuis sont morts ou de maladie ou de quelque autre inconvénient* (Malh., *Bienf.*, I, 5). ♦ S'est employé comme adj., qui ne convient pas, déplacé, anormal (vieilli au XVIIe s.) : *Et si ses traits* [ceux de l'Amour] *ont eu la force d'entamer Les cœurs de Pluton et d'Hercule, Il n'est pas inconvénient Qu'étant aveugle, étourdi, téméraire Il se blesse en les maniant* (La Font., *Psyché*, I).

Il avait aussi le sens actuel de « effet fâcheux, désavantage attaché à qqch » : *Il n'y a point d'affaire qui n'ait ses avantages et ses inconvénients* (Fur.).

indépendamment adv. En toute indépendance, sans dépendre de personne : *La postérité de Jacob* [...] *jouit indépendamment et paisiblement de la terre qui lui avait été assignée* (Boss., *H. univ.*, II, 14).

Auj. seulement *indépendamment de*, « sans tenir compte de ».

indévot, e adj. et n. Qui manque de dévotion : *Laissez-le, croyez-moi, gronder les indévots* (Boil., *Sat.*, X, 607). *Le plus grand déplaisir qui puisse m'arriver au monde, c'est s'il me revenait que vous êtes un indévot* (Rac., *Lettre J.-B. Racine*, 3 juin 1695).

indicatif, ive adj. Suivi d'un complément, qui a la propriété d'indiquer : *Les symptômes qu'elle a sont indicatifs d'une vapeur fuligineuse* (Mol., *Am. méd.*, II, V).

indice n.m. Dénonciation, révélation : *Si pourtant quelque grâce est due à mon indice, Faites périr Euphorbe au milieu des tourments* (Corn., *Cinna*, 1686).

Il avait aussi le sens actuel de « signe révélateur » : *Quelque violents que soient les indices, ils ne font que demi-preuve en matière criminelle* (Fur.).

indienne n.f. Robe de chambre en tissu imprimé à fleurs : *Je me suis fait faire cette indienne-ci* (Mol., *Bourg.*, I, II).

indifféremment adv. Avec indifférence, négligemment : [Un chien] *regarde le monde indifféremment, sans embarras, sans pudeur* (La Br., II, 38). *Il y a quelques livres répandus dans sa chambre indifféremment* (La Br., XIII, 24).

Le sens actuel de « sans distinction » était également usuel au XVIIe s. : *Les barbares ont fait un massacre de tous les habitants de cette ville indifféremment, sans distinction de sexe ni d'âge* (Fur.).

indigne adj. Qui ne mérite pas un traitement rigoureux, une punition : *Embrasse un cavalier indigne des liens Où l'a mis aujourd'hui la trahison des siens* (Corn., *Clit.*, 1599). ♦ Immérité, injustifié : [La philosophie] *nous console du bonheur d'autrui, des indignes préférences* [dont les autres sont l'objet], *des mauvais succès* (La Br., XI, 132). ♦ Pouvait s'employer comme nom : *Je ne sais si un bienfait qui tombe sur un ingrat, et ainsi sur un indigne, ne change pas de nom, et s'il méritait plus de reconnaissance* (La Br., IV, 46).

Au XVIIe s. comme auj., « qui ne mérite pas un bien », ou, sans complément, « détestable, méprisable » : *Mais enfin ce Rodrigue est indigne de vous* (Corn., *Cid*, 527). *Quoi ! la peur a glacé mes indignes soldats* (Rac., *Ath.*, 1737).

indignité n.f. Mauvais traitement, outrage : *Quoi ? vous pouvez ouïr ces discours effrontés, Et vous ne dites mot à ces indignités ?* (Mol., *Dép. am.*, 1080).

Il signifiait aussi, comme auj., « état d'une personne ou d'une chose indigne » : *On l'a privé de son bénéfice par l'indignité de sa personne. La noirceur, l'indignité de son crime ôte toute apparence de le pouvoir sauver* (Fur.).

indiscret, e adj. Qui manque de discernement, de jugement : *Ce Scythe exprime bien Un indiscret stoïcien : Celui-ci retranche de l'âme Désirs et passions, le bon et le mauvais* (La Font., *F.*, XII, 20). ♦ Hors de saison, déplacé : [...] *Et, follement pompeux, dans sa verve indiscrète, Au milieu d'une églogue entonne la trompette* (Boil., *A. p.*, II, 13). ♦ Sans retenue : *L'exemple touche plus que ne fait la menace Cette* *indiscrète ardeur tourne bientôt en glace* (Corn., *Pol.*, 886). *Et pourquoi ? Pour venger je ne sais quels prophètes Dont elle avait puni les fureurs indiscrètes* (Rac., *Ath.*, 716).

Il signifiait aussi, comme auj., « qui ne garde pas un secret », ou « qui est d'une curiosité malséante » : *Les femmes redoutent beaucoup les amants indiscrets* (Fur.).

indiscrètement adv. Sans discernement, avec sottise : [...] *ceux qui font profession de sagesse n'estiment pas comme ils doivent les biens que les Dieux nous ont faits, et en parlent indiscrètement* (Malh., *Bienf.*, II, 29).

Il avait aussi le sens actuel de « d'une manière qui indique l'absence de réserve » : *C'est agir indiscrètement, de manquer de respects à ses supérieurs* (Fur.).

indiscrétion n.f. Manque de jugement : *Car, lâchant le bâton en desserrant les dents, Elle* [la tortue] *tombe, elle crève aux yeux des regardants. Son indiscrétion de sa perte fut cause* (La Font., *F.*, X, 3). ♦Manque de mesure, de retenue : *Et de quelle indiscrétion Ne s'accompagne point ton ardeur déréglée ?* (Corn., *Pl. R.*, 851).

Les sens actuels étaient usuels aussi au XVIIe s.

indispensable adj. Auquel on ne peut échapper, impérieux, inéluctable : *Motif pressant et indispensable de fuir à l'orient quand le fat est à l'occident* (La Br., V, 29). *Je sais les droits d'un père, et connais ceux d'un roi ; Je sais de ses devoirs l'indispensable loi* (Corn., *Sur.*, 188).

Auj. il se dit non d'une nécessité ou d'une obligation, mais de l'objet de cette nécessité ou de cette obligation.

indispensablement adv. D'une manière irrémissible, inévitablement : [M. Arnault] *fut obligé indispensablement de le rompre* [le silence] *par une occasion assez extraordinaire* (Rac., *P.-R.*, II).

indisposer v.t. Préparer mal : *Certaines conversations de politique ou de joli badinage, qui vous dissipent, qui vous indisposent au recueillement et à l'oraison* (Fén., *Lettres spirit.*).

Le XVIIe s. connaissait les sens actuels de « contrarier » ou « causer un malaise ».

indocile adj. Rebelle à un enseignement : *L'homme indocile critique le discours du prédicateur, comme le livre du philosophe, et il ne devient ni chrétien, ni raisonnable* (La Br., XV, 2). ♦**Indocile à,** qui résiste à : *Indocile à ton joug, fatigué de la loi* (Rac., *Ath.*, 1785). *Indocile à la flatterie, il en craignait jusqu'à l'apparence* (Boss., *O. f. Condé*).

Au XVIIe s. on rencontre aussi le sens actuel de « qui ne se laisse pas gouverner, qui obéit mal ».

indolence n.f. Insensibilité, absence de douleur : *L'indolence est le souhait de ceux que la goutte, la gravelle, la pierre ou quelque autre semblable indisposition mettent une fois le mois à la torture : le mien ne s'arrête pas à la privation de la douleur ; il va aux délices* (Malh., *Lettre Balzac*, s. d.). ♦Indifférence, insouciance : *Les grands qui en sont le plus soupçonnés* [d'athéisme] *sont trop paresseux pour décider en leur esprit que Dieu n'est pas ; leur indolence va jusqu'à les rendre froids et indifférents sur cet article si capital* (La Br., XVI, 16).

Auj. « nonchalance dans le comportement, apathie ».

indolent, e adj. Sans inquiétude : *Cet indolent état de confiance extrême Qui le rend en tout temps si content de lui-même* (Mol., *F. sav.*, 255).

Le sens actuel de « qui évite de faire des efforts » est usuel à la fin du XVIIe s. : *Quatre bœufs attelés, d'un pas tranquille et lent, Promenaient dans Paris le monarque indolent* [= le roi fainéant] (Boil., *Lutr.*, II, 132).

indubitable adj. Inévitable, qui ne peut manquer de se produire : *Je n'ai plus à craindre que les pâtés, qui sont presque indubitables avec une encre de cette épaisseur* (Mme de Grignan, *Lettre*, 20 janv. 1675).

Le XVIIe s. connaissait surtout le sens actuel, en parlant des vérités qui ne peuvent être mises en doute ou de faits actuels ou passés dont l'existence ne peut être contestée : *Les articles de la foi sont indubitables* (Fur.).

induire v.t. **Induire à,** amener, pousser à : *Les esprits n'ont pas besoin qu'on les induise* [...] *aux plaintes et aux disputes* (Malh., *Bienf.*, III, 14). *C'est au chemin du Ciel qu'il prétend vous conduire, Et mon fils à l'aimer vous devrait tous induire* (Mol., *Tart.*, 54).

Auj. il ne subsiste guère en ce sens que dans les expressions : *induire en erreur, induire en tentation.*

industrie n.f. Activité ingénieuse, démarche adroite, habileté : *Tu sais que dans le monde il faut vivre d'adresse, et qu'aux personnes comme moi le Ciel n'a donné d'autres rentes que l'intrigue et que l'industrie* (Mol., *Av.*, II, IV). *Le cardinal Mazarin s'établissait* [...] *auprès de la Reine, par sa propre industrie* (Retz, *Mém.*, II, 63). *Les plaisirs que l'esprit peut donner, comme la conversation, les nouvelles, les histoires et plusieurs jeux d'industrie qui renferment quelque instruction* (Fén., *Éduc. des f.*, V). ♦ Ruse, tromperie, feinte : *Et tu ne viens d'ouïr qu'un trait de gentillesse... – Quoi ? la montre, l'épée avec le pistolet... – Industrie* (Corn., *Ment.*, 695).

Auj. « ensemble des opérations qui concourent à la production d'objets manufacturés » ; le sens de « activité » est de la langue littéraire.

inégal adj. Fig. Sujet à des changements soudains ; inconstant, capricieux (auj. encore dans *une humeur inégale*) : *Les soudains retours de son âme inégale* (Mol., *Psyché*, 365). ♦ Qui témoigne d'un esprit capricieux : *Puis-je me plaindre à vous d'un retour inégal Qui tient moins d'un ami qu'il ne fait d'un rival ?* (Corn., *Sert.*, 1251).

Le sens fig. actuel de « dont la qualité n'est pas constamment bonne » était également usuel au XVIIe s. : *Un style inégal* (Fur.).

inégalité n.f. Fig. Inconstance, versatilité, caprice : *Que dites-vous, ma sœur ? Comment ? Courir au change* [= à l'inconstance en amour]. *Cette inégalité me semble trop étrange* (Mol., *Dép. am.*, II, III).

inexplicable adj. Dont on ne peut délier les liens ; inextricable (vieilli au XVIIe s.) : *Les maux de Jérémie sont continuels et inexplicables* (Boss., *H. univ.*, II, 4).

Le sens actuel de « dont on ne peut rendre raison » était usuel au XVIIe s. : *Rabelais* [...] *est incompréhensible : son livre est une énigme, quoi qu'on veuille dire, inexplicable* (La Br., I, 43).

infâme adj. Déshonoré, déconsidéré : *Mais qui peut vivre infâme est indigne du jour* (Corn., *Cid*, 284). *L'autre* [mari], *un peu plus heureux, mais non pas moins infâme, Voit faire tous les jours des présents à sa femme* (Mol., *Éc. des f.*, 27). ♦ Déshonorant, infamant : *Avise ; et si tu crains qu'il te fût trop infâme De remettre l'empire en la main d'une femme* [...] (Corn., *Hér.*, 229).

Auj. sens plus fort : « ignoble, abject, honteux ».

infâmement adv. De façon déshonorante : *Il n'y a point d'exemple que jamais gens de cheval ait* [sic] *plus infâmement abandonné son devoir* (Chap., *Lettres*, I, 435).

infamie n.f. État de déshonneur : *Je ne crains point la mort, mais je hais l'infamie D'en recevoir la loi d'une main ennemie* (Corn., *Oth.*, 285). *Ah ! Rodrigue, il est vrai, quoique ton ennemie, Je ne puis te blâmer d'avoir fui l'infamie* [= d'avoir vengé l'affront fait à ta famille] (Corn., *Cid*, 906).

Il signifiait aussi, comme auj., « action ou parole infâme » : *Un avare fait mille infamies pour gagner du bien. Il lui a chanté pouilles, il lui a dit mille infamies* (Fur.).

infecter v.t. Fig. Empoisonner, souiller, corrompre : *Le premier des mortels, ce mortel infidèle, Dont l'erreur infecta la nature mortelle* (Chap., *Pucelle*, XXIII). *Infectant les esprits d'exécrables maximes* (Boil., *Lutr.*, VI, 53). ♦ Infester : *Tant de brigands infectent la province* (La Font., *Contes*, II, 5).

infélicité n.f. Infortune, malheur, résultat malheureux : *Gémis d'avoir aimé les plaisirs de la table* [...] *D'avoir pris le travail pour infélicité* (Corn., *Imit.*, IV, 906).

infertile adj. Fig. Stérile, inefficace : [...] *Laissant de Galien la science infertile D'ignorant médecin* [il] *devint maçon habile* (Boil., *Épigr.*, IX).

infidèle adj. Inexact, erroné : *Est-ce donc vous, Seigneur ? et les bruits infidèles N'ont-ils semé de vous que de fausses nouvelles ?* (Corn., *Perth.*, 1007). ♦ Perfide, déloyal : *Qui ne voit encore à cette heure Tous les infidèles cerveaux Ne chercher que troubles nouveaux* (Malh., *Ode pour la Reine*, 112).

Les sens actuels étaient également usuels au XVIIe s.

infidélité n.f. Fig. Inexactitude, interprétation erronée : *Donc c'est une horrible infidélité de la qualifier* [une prière] *d'idolâtrie, et d'accuser les chrétiens innocents d'un crime si noir et si exécrable* (Boss., *Réfut. Catéch. Paul Ferry*).

Auj., en ce sens, on précise par un complément : *l'infidélité d'une traduction.*

infinité n.f. Infini : *L'homme n'est produit que pour l'infinité* (Pasc., *Traité du vide*, Préf., *in* L.). ♦ Grandeur, quantité extrême : *On prend là-*

dessus l'infinité d'argent qui se donne à tous les états (Sév., 12 août 1671).

Le XVIIe s. connaissait aussi le sens actuel de « très grand nombre » : *Cet homme est embarrassé, il a une infinité d'affaires sur les bras* (Fur.).

infirme adj. Faible physiquement ou moralement, porté à pécher : *Jésus* [...] *les avertit que l'esprit est prompt et la chair infirme* (Pasc., *Myst. de Jésus*).

Auj. sens plus restreint : « qui n'a pas le libre usage de tous ses membres, de toutes ses facultés ».

infirmité n.f. Faiblesse physique ou morale : *Si quelque chose pouvait élever les hommes au-dessus de leur infirmité naturelle* [...] (Boss., *O. f. H. d'Angl.*). *Ceux qui, durant les persécutions, étaient tombés par infirmité* (Rac., *Des Sts martyrs d'Alexandrie*).

Auj. sens plus restreint : « privation de l'usage d'un membre ou d'une faculté ».

inflammation n.f. Colère, emportement : *Mais qui cause, Seigneur, votre inflammation ?* (Mol., *Dép. am.*, 730).

Au XVIIe s. on rencontrait surtout le sens actuel de « état d'un corps qui reçoit et alimente la flamme » ; le sens médical était usuel également.

influence n.f. Action attribuée aux astres et due à une sorte de fluide qui se serait écoulé d'eux sur la Terre et ses habitants : *Sire, ajoutez du ciel l'occulte providence : Sur deux amants il verse une même influence* (Corn., *Clit.*, 678).

Auj. sens plus étendu : « action exercée entre des personnes ou des choses ».

influer v.i. Pénétrer (vieilli au XVIIe s.) : [Le] *libre arbitre, dont les conséquences influent si avant dans les matières de la justification et de la grâce* (Boss., *Hist. var.*, I, 261).

◆ v. t. Faire pénétrer (surtout en parlant de l'action attribuée aux astres) : *Son allure, ses yeux, sa taille et son aspect Influaient dans le sein l'amour et le respect* (Saint-Amant, *Moïse sauvé*, IX). *Les astres influent diverses qualités sur les corps sublunaires* (Acad. 94). *Car nos membres ne sentent point le bonheur de leur union, de leur admirable intelligence, du soin que la nature a d'y influer les esprits et de les faire croître et durer* (Pasc., *Pensées*).

Auj. toujours v.i., au sens de « exercer une influence sur, modifier l'état ou le comportement de ».

informer v.t. **Informer qqn,** l'interroger, lui demander (auj. il signifie « le renseigner ») : *Eh bien ! elle s'appelle ? – Ne m'informez de rien qui touche à cette belle* (Corn., *Gal. du Pal.*, 238). *Va, ne m'informe point si je suivrais sa fuite* (Corn., *Illus.*, 1061, var.). – Ce tour, vieilli au XVIIe s., est supprimé par Corneille à partir de 1660.

◆ **s'informer à** s'employait là où on dit maintenant *s'informer auprès de* (*qqn*) : *À force de m'informer à beaucoup de gens où je pourrais recouvrer quelque linotte* (Tr. L'Hermite, *le Page disgracié*).

infracteur n.m. Qui commet une infraction : *Je veux le faire saisir où je le trouverai, comme déserteur de la médecine et infracteur de mes ordonnances* (Mol., *Pourc.*, II, I).

infructueux, euse adj. Stérile (sens vieilli à la fin du XVIIe s.) : *Lui qui trouvant l'arbre cultivé et toujours infructueux* (Boss., *Serm. pour le jour de Pâques*, 3e point).

Le sens actuel de « sans profit, sans résultat » était déjà le plus usuel au XVIIe s. : *Travail infructueux* (Acad. 94).

infusion n.f. Action de verser un liquide : *Le baptême par immersion avait été changé en infusion* (Boss., *Hist. var.*, 15, *in* L.).

Auj., comme aussi au XVIIe s., « tisane, eau chaude dans laquelle on a fait séjourner des plantes ».

ingénieux, euse adj. Doué : *Il surpassait de bien loin ceux qui étaient ingénieux, par son esprit* (Boss., *O. f. François Bourgoing*).

Le sens actuel de « qui témoigne de l'adresse (en parlant de personnes ou de choses) » était également usuel au XVIIe s. : *Ce garçon est fort ingénieux. La pendule est une invention fort ingénieuse* (Fur.).

ingénu, e adj. Né de parents libres et nobles (rare au XVIIe s.) : *Les enfants, dont la différence d'avec les esclaves, c'est qu'ils naissent libres et ingénus* (Boss., *Polit.*, VIII, 2, *in* L.). ♦ Naturel, simple, droit dans ses manières : *Elle n'avait pour tout bien qu'une fille, Jeune, ingénue, agréable et gentille* (La Font., *Contes*, II, 15). ♦ Sincère, franc, loyal : *Son récit ingénu redoubla la* *pitié Dans les cœurs prévenus d'une juste amitié* (La Font., *Contes*, II, 3).

Il avait fréquemment, comme auj., une nuance plus ou moins péjorative « d'une sincérité naïve » : *Il est ingénu et sans malice* (Fén., *Dial. des morts*, 6, *in* L.).

ingénuité n.f. Simplicité, franchise : *Cet âge est innocent : son ingénuité N'altère point encor la simple vérité* (Rac., *Ath.*, 629).

Il signifiait aussi, comme auj., « naïveté un peu sotte ou amusante » : *L'ingénuité de cette paysanne est ce qui la rend excusable quand elle découvre elle-même sa faute* (Fur.).

ingénument adv. Franchement, loyalement : *Dès que l'application tombera, je vous en avertirai ingénument, car je sens de la peine à tromper ceux qui se reposent sur moi de quelques soins* (La Br., *Lettre*, 9 févr. 1685). *Comptez qu'il est plus honorable d'avouer ingénument et simplement que l'on a tort, que de s'excuser mal à propos* (Maintenon, *Instr. à la classe jaune*, 18 févr. 1706).

Le sens actuel de « avec une sincérité naïve » était également usuel au XVIIe s. : *Là* [= dans le peuple] *se montrent ingénument la grossièreté et la franchise* (La Br., IX, 25).

ingérer (s') v.pr. **S'ingérer de,** se mêler de qqch sans en être prié (auj. *s'ingérer dans*) : *Et vous êtes un impertinent de vous ingérer des affaires d'autrui* (Mol., *Méd. m. lui*, I, II). *Elle était bien éloignée d'approuver que les évêques s'ingérassent des professions de foi* (Rac., *P.-R.*, II). *Un jeune homme ne doit pas s'ingérer de parler* (Rac., *R. sur O.*, III) ; et absolum., intriguer : *Je n'ai jamais cherché la cour : on m'y a fait aller ; j'y ai demeuré près de dix ans, sans m'ingérer, sans faire un seul pas pour moi* (Fén., *Mém. au Père Le Tellier*).

ingrat, e adj. **Ingrat à qqn, qqch,** qui manque de reconnaissance envers (auj. *ingrat envers*) : *Ces mêmes dignités Ont rendu Bérénice ingrate à vos bontés* (Rac., *Bér.*, 90).

inhabile adj. Qui n'est pas apte à (encore auj. dans la langue du droit) : [La vieillesse] *Inhabile aux plaisirs dont la jeunesse abuse* (Boil., *A. p.*, III, 387).

Il avait aussi le sens actuel de « maladroit, incapable » : *Inhabiles à tout, vides de sens commun* [définition des pédants] (Mol., *F. sav.*, 1380).

inhérent, e adj. Qui tient fermement, durable : *La beauté du visage est un frêle ornement* [...] *Mais celle de l'esprit est inhérente et ferme* (Mol., *F. sav.*, 1063). *Le vice le plus inhérent, si je puis parler de la sorte, et le plus inséparable des choses humaines, c'est leur propre caducité* (Boss., *H. univ.*, III, 5).

Il s'employait aussi, comme auj., avec un complément amené par *à* : *La blancheur est une qualité inhérente à la matière* (Fur.).

inhumain, e adj. Dans la langue de la galanterie, se disait d'une femme insensible aux instances d'un soupirant : *Il l'aime ; mais enfin cette veuve inhumaine N'a payé jusqu'ici son amour que de haine* (Rac., *Andr.*, 109). *Mais voici de retour cette aimable inhumaine* (Corn., *Cinna*, 905).

Auj. en ce sens il ne s'emploie guère qu'avec une nuance plaisante.

initier v.t. Admettre dans une société : *Cela donna lieu* [...] *à la maréchale de Rochefort, amie de Mme la maréchale de Lorge, de proposer à la duchesse du Lude de faire initier Mme de Saint-Simon chez la princesse* (Saint-Simon, 1697). *Il n'est pas encore initié parmi nous* (Acad. 94).

L'emploi actuel, *initier qqn à qqch*, « lui en enseigner les premiers éléments », était usuel au XVIIe s. : [Athalie] *s'empressant aux autels de Baal, Se fait initier à ses honteux mystères* (Rac., *Ath.*, 19).

injure n.f. Injustice : *Très reconnaissante des services, elle* [Madame] *aimait à prévenir les injures par sa bonté* (Boss., *O. f. H. d'Angl.*). *Une extrême justice est souvent une injure* (Rac., *Théb.*, 1036). ♦ Dommage, tort causé : *Il est également difficile d'étouffer dans les commencements le sentiment des injures, et de le conserver après un certain nombre d'années* (La Br., IV, 69). ♦ **À l'injure de,** en insultant : *Jovinien et ses sectateurs, qui, à l'injure du fils de Dieu, niaient la virginité de sa mère* (Boss., *in* L.).

Le XVIIe s. connaissait aussi le sens actuel de « parole intentionnellement offensante » : *Un homme sage est au-dessus de toutes les injures qu'on lui peut dire* (Mol., *Bourg.*, II, III).

injurieux, euse adj. Injuste, abusif : *Qu'elle* [cette âme] *m'était bien dure, et que l'ordre des cieux En me la refusant m'est trop injurieux* (Corn., *Pol.*, 1394). *Mais c'est pousser trop loin ses droits injurieux* (Rac., *Iphig.*, 879). ♦ Qui cause du tort, malfaisant : *Toutefois si quelqu'un de* *mes faibles écrits Des ans injurieux peut éviter l'outrage* (Boil., *Ép.*, I, 181).

Il signifiait aussi, comme auj., « offensant » : *Pour rendre sa puissance et la vôtre odieuses, J'avouerai les rumeurs les plus injurieuses* (Rac., *Brit.*, 852).

injuste adj. Injustifié : *Cette injuste frayeur sans cesse reproduit L'image des malheurs que j'ai vus cette nuit* (Corn., *Pol.*, 584).

Il avait aussi le sens actuel de « qui ne respecte pas l'équité » : *Une guerre injuste est celle qui ne se fait point pour la défense* [...] *d'un droit apparent* (Fur.).

innocence n.f. Qualité de celui qui ne nuit à personne : *La modération et l'innocence des généraux romains faisait l'admiration des peuples vaincus* (Boss., *H. univ.*, III, 6).

On rencontrait aussi au XVIIe s. le sens actuel de « état de celui qui n'a pas commis de faute » : *Je me défendrai mal : l'innocence étonnée Ne peut s'imaginer qu'elle soit soupçonnée* (Corn., *Rodog.*, 1735).

innocent, e adj. Inoffensif, sans malice (encore auj. dans *un passe-temps innocent, une raillerie innocente,* etc.) : *On y remarque une critique sûre, judicieuse et innocente, s'il est permis du moins de dire de ce qui est mauvais qu'il est mauvais* (La Br., *Disc. Acad.*).

Il signifiait aussi, comme auj., « qui n'est pas coupable » : *Grâces au ciel, mes mains ne sont point criminelles. Plût aux Dieux que mon cœur fût innocent comme elles !* (Rac., *Ph.*, 222).

inondation n.f. Fig. Déferlement, invasion : *C'est alors qu'on voit commencer l'inondation des barbares* (Boss., *H. univ.*, I, 10). *Cette prodigieuse inondation de toute sorte de vices* (Retz, *Serm. sur l'hypocrisie*, VI, 153).

Auj. au fig. emploi plus restreint.

inonder v.t. Fig. Envahir : [Ils] *Désertent leur pays pour inonder le nôtre* (Rac., *Mithr.*, 780).

◆ v.i. Se répandre, se déverser abondamment (cet emploi intransitif est vieilli selon Vaug., et condamné par l'Acad.) : *Toi qui fis inonder les torrents de ta grâce Sur ce troupeau choisi qu'il te plut de bénir* (Corn., *Hymn.*, 21).

Auj. seulement transitif. Au sens fig. on dit surtout : *inonder un lieu, une personne,* etc., *de qqch*

inouï, e adj. Qui n'a pas été entendu : *Cette façon de parler est sans doute de quelque province de France, car elle est inouïe à la cour, et même il ne me souvient pas de l'avoir ouï dire dans la ville* (Vaug., *Rem.*, 393). ◆ Ignoré, inconnu : *Quelle difficulté devaient trouver les apôtres pour* [...] *établir une doctrine jusqu'alors inouïe* (Fén., *Lettre Bossuet*, 8 mars 1686). *Après, nous percerons jusqu'au fond d'un mystère Jusques à présent inouï* (Mol., *Amph.*, 1061).

Au XVIIe s. on rencontrait surtout le sens actuel de « extraordinaire, incroyable » : *Ah sentence ! ah rigueur inouïe !* (Rac., *Iphig.*, 1513).

inquiet, ète adj. Remuant, agité : *Au lieu de courtisans vils, inquiets, inutiles* (La Br., II, 11). *Le jeune homme, inquiet, ardent, plein de courage,* [...] *soupira pour ce plaisir* [= la chasse] (La Font., *F.*, VIII, 16).

Au XVIIe s. le mot avait aussi le sens actuel de « qui éprouve de l'appréhension » : *J'ai peur de perdre mon procès, j'en suis chagrin, tout inquiet* (Fur.).

inquiéter v.t. Agiter : *Je fuis Titus : je fuis ce nom qui m'inquiète* (Rac., *Bér.*, 275). *Il fait bien chaud aujourd'hui, ma très chère bonne, et au lieu de m'inquiéter dans mon lit, la fantaisie m'a pris de me lever, quoiqu'il ne soit que 5 heures du matin* (Sév., 24 juill. 1675).

Il avait aussi le sens actuel de « tourmenter » : *Ce marchand n'a point de nouvelle de son vaisseau, cela l'inquiète* (Fur.).

inquiétude n.f. Agitation, besoin d'agitation : [...] *Et l'autre* [le coq], *turbulent et plein d'inquiétude ; il a la voix perçante et rude* (La Font., *F.*, VI, 5). *Tel autre fait la satire de ces gens qui s'engagent par inquiétude ou par curiosité dans de longs voyages* (La Br., XIII, 2).

Au XVIIe s. on trouve surtout le sens actuel de « souci, tourment » : *Il est dans des inquiétudes mortelles sur ce qu'on lui a dit du danger où est son frère* (Fur.).

insecte n.m. On désignait par ce mot aussi bien les serpents, lézards, grenouilles, etc., que, comme auj., des bêtes beaucoup plus petites (coléoptères, mouches, etc.) : *L'insecte* [le serpent coupé], *sautillant, cherche à se réunir* (La Font., *F.*, VI, 13).

insinuant, e adj. Séduisant, aimable : *Certain peuple agréable, insinuant* (La Font., *Psyché*, II). *Un grand royaume, où le villageois est doux* *et insinuant, le bourgeois au contraire et le magistrat grossiers* (La Br., XII, 22).

Le sens, uniquement péjoratif, actuel de « intrigant ; qui manœuvre habilement en vue de se ménager quelque avantage » n'est devenu usuel qu'à la fin du XVIIe s.

insinuation n.f. Séduction du langage ou des manières : *Vous avez de la tête, du jugement, du discernement,* [...] *de l'insinuation* (Sév., 9 juin 1680). *On remarquait dans les deux princesses la même noblesse dans les sentiments, le même agrément et, si vous me permettez de parler ainsi, les mêmes insinuations dans les entretiens* (Boss., *O. f. Anne de Gonzague*).

Auj. « allusion généralement perfide ou peu flatteuse ».

insinuer v.t. Fig. Faire pénétrer adroitement, glisser : *Il a été à propos d'en rendre la représentation agréable, afin que le plaisir pût insinuer plus doucement l'utilité* (Corn., *Abrégé martyre St Pol.*). *Que leurs maximes soient pareilles, et qu'elles tâchent de les insinuer avec les mêmes manières* (Maintenon, *Instr. aux dames de St-Louis*, 1er août 1686). ♦ **Insinuer un personnage dramatique,** en préparer l'arrivée sur la scène : *D. Raymond et ce pêcheur ne suivent point la règle que j'ai voulu établir, de n'introduire aucun acteur qui ne fût insinué dès le premier acte* (Corn., *D. S.*, Exam.).

Auj. au fig. uniquement péjoratif : « glisser une allusion perfide ».

insister v.i. et v.t. Persister : *Le doute où sans raison je vous vois insister Me faisait oublier de vous la présenter* (Rotr., *Sœur*, III, II). ♦ **Insister que,** demander avec insistance que : *J'insistai que l'on n'innovât rien* (Retz, *Mém.*, II, 301).

Les sens actuels du v. (auj. toujours intransitif) étaient également usuels au XVIIe s.

insolence n.f. Audace, violence : *De l'aspect du supplice* [la raison] *effraya l'insolence* (Boil., *A. p.*, IV, 143). *Déjà, de l'insolence heureux persécuteur, Vous aviez des deux mers assuré les rivages* (Rac., *Ph.*, 940).

Le XVIIe s. connaissait surtout le sens actuel de « orgueil offensant, manque de respect » : *Lisez : jugez, après cette insolence, Si nous devons d'un traître embrasser la défense* (Rac., *Baj.*, 1349).

insolent, e adj. Violent, sauvage, hautain : *Tout vainqueur insolent à sa perte travaille* (La Font., *F.*, VII, 13). *Il ne sait s'il est parmi des barbares et des insolents* (Rac., *R. sur O.*, VI). ♦ Téméraire, audacieux : *Ainsi tel* [...] *S'en va, mal à propos, d'une voix insolente, Chanter du peuple hébreu la fuite triomphante* (Boil., *A. p.*, I, 24).

Au XVIIe s. on rencontre le sens actuel de « effronté, irrespectueux » : *Vous avez là, ma fille, une peste avec vous* [...] *; Ses discours insolents m'ont mis l'esprit en feu, Et je vais prendre l'air pour me rasseoir un peu* (Mol., *Tart.*, 583).

inspirer v.t. **Inspirer qqn de,** lui suggérer la pensée de : *Et l'inspirant bientôt de rompre avec Florange, Donnez-moi le moyen de montrer qu'à mon tour Je sais pour un ami contraindre mon amour* (Corn., *Veuve*, 828).

instance n.f. Soin empressé, souci : *Et notre plus grand soin, notre première instance Doit être à le nourrir* [l'esprit] *du suc de la science* (Mol., *F. sav.*, 547). ♦ Prière, sollicitation (encore auj. au pluriel, et dans l'expression *avec instance*) : *C'est cet ami savant qui m'a fait tant d'instance De lui donner l'honneur de votre connaissance* (Mol., *F. sav.*, 929).

instinct n.m. Impulsion, stimulation (vieilli au XVIIe s.) : *Une inspiration, un instinct venu du Saint-Esprit* (Boss., *Avert.*, 802).

Il avait aussi le sens actuel de « tendance innée à des actes déterminés » : *La volonté nous détermine, Non* [...] *l'instinct* (La Font., *F.*, IX, Disc. Sablière, 154).

institut n.m. Institution, décision qui établit : *En prononçant les mots que je vous ai dictés, Suivant mon institut, suivant mes volontés, Vous opérez l'effet de votre ministère* (Corn., *Imit.*, IV, 736). [Jésus parle de l'institution de l'Eucharistie.] ♦ Règle d'un ordre religieux : *Savez-vous, dis-je, à quoi, dans un tel cas, Notre institut condamne une méchante ?* (La Font., *Contes*, IV, 7). *Je vous en parlerai peut-être quelque jour, mes Pères : et on sera surpris de voir combien vous êtes déchus du premier esprit de votre institut* (Pasc., *Prov.*, XIII).

Auj. nom donné à certains corps constitués de savants, etc.

instituteur n.m. Fondateur, celui qui établit : *Vincent de Paul, instituteur et premier supérieur général de la Congrégation de la mission* (Bayle, *Dict. hist.*, Abelly). *L'instituteur de cet ordre, de cette cérémonie* (Acad. 94).

Auj. « maître d'école ».

institution n.f. État dans lequel on est établi : *La grandeur et la dignité de l'homme dans sa première institution* (Boss., *H. univ.*, I, 1). ♦Éducation : *Si la naissance nous donne une partie de ce qui est nécessaire pour ces grandes choses, nous devons recevoir le reste de l'institution* (Pelliss., *in* L.).

Le XVIIe s. connaissait les sens actuels de « action d'instituer, de fonder » et « ce qui est établi » : *C'est François Ier à qui on attribue l'institution des* [...] *Jurandes. Les Pères de l'Oratoire ont fait bâtir à Paris une maison qu'ils nomment l'Institution* (Fur.).

instruire v.t. Donner ses instructions ; organiser une affaire : *Louis en personne, Déjà prêt à passer, instruit, dispose, ordonne* (Boil., *Ép.*, IV, 98). ♦Informer, faire savoir (avec, outre le complément d'objet, une proposition complétive) : [...] *Bérénice est instruite Que vous voulez ici la voir seule et sans suite* (Rac., *Bér.*, 63). *Je puis l'instruire au moins combien sa confidence Entre un sujet et lui doit laisser de distance* (Rac., *Brit.*, 167).

Le sens actuel de « inculquer des connaissances » était usuel au XVIIe s. : *Jupiter cependant voulut le* [son fils] *faire instruire* (La Font., *F.*, XI, 2).

insulte n.f. Assaut, attaque : *Il se précautionna de quelques armes secrètes pour se défendre d'une insulte particulière* (Saint-Réal, *Conjur. des Gracques*). *Vous êtes trop bonne de craindre que les loups, les cochons et les châtaignes ne m'y fassent une insulte* [dans les bois] (Sév., 16 oct. 1675). ♦Le genre reste incertain jusqu'à la fin du siècle ; Acad. 94 le fait encore masculin en signalant que beaucoup le font féminin : *Mais je veux qu'Attila, pressé d'un autre amour, Endure un tel insulte au milieu de sa cour* (Corn., *Att.*, 424).

Le sens actuel de « parole blessante » était usuel au XVIIe s. : *La raillerie, l'injure, l'insulte leur découlent des lèvres comme leur salive* (La Br., V, 27).

insulter v.t. Réprimander : *Cela a donné occasion à votre mère* [...] *de m'insulter sur la paresse que j'avais depuis si longtemps à me faire des remèdes* (Rac., *Lettre J.-B. Racine*, 25 avr. 1698). ♦**Insulter contre,** proférer des insultes contre, dénigrer : *Le second* [médecin], *arrivant ensuite, voulut le flatter, et lui dit qu'il avait encore des forces suffisantes pour arriver en sa maison, et, insulta contre le premier, qui s'opposait à son avis, et forma le dessein de le perdre* (Pasc., *Prov.*, II). ♦**Insulter à,** braver, affronter, défier (auj., avec un nom de chose comme complément, « ne pas témoigner le respect qui est dû ») : *Il insulte en son cœur aux faibles esprits qui ne font que suivre les autres sans rien trouver par eux-mêmes* (Boss., *O. f. Anne de Gonzague*). Vaug. déclare ce mot nouveau (ce qui est inexact), mais excellent : *Moi qui, contre l'amour fièrement révolté, Aux fers de ses captifs ai longtemps insulté* (Rac., *Ph.*, 531).

Le sens actuel « adresser des paroles offensantes à qqn » était usuel au XVIIe s. : *Cet ivrogne a insulté son hôte et lui a chanté mille pouilles* (Fur.).

intelligence n.f. Accord, bonne entente : *Muse, redis-moi donc quelle ardeur de vengeance De ces hommes sacrés rompit l'intelligence* (Boil., *Lutr.* I, 10). [Le duc d'Enghien] *désira* [...] *que lui* [Coligny] *et moi fussions* [...] *témoins de leur intelligence* (La Roch., *Mém.*, II, 37). *Ce même amant, sans être accompagné de personne et sans avoir d'intelligence avec la suivante, entre dans le logis de celui qu'il vient de tuer* (Sentim. Acad. sur « Cid »). *Entre ses ennemis rompre l'intelligence* (Corn., *Att.*, 41). ♦**Être de l'intelligence,** être du complot, de connivence, être au courant : *Amour même, dit-on, fut de l'intelligence* (La Font., *Contes*, IV, 8). [...] *on peut même tuer les faux témoins et le juge, s'il est de leur intelligence* (Pasc., *Prov.*, VI). *Un bruit assez confus, dont le zèle indiscret A de l'abord du Comte éventé le secret, Vous avait mise aussi de cette intelligence* [...] (Mol., *Dép. am.*, 391).

Auj. seulement au pluriel en ces sens (*intelligences avec l'ennemi*), ou dans les expressions : *vivre en bonne, en mauvaise intelligence avec qqn, être d'intelligence avec qqn.* Les sens courants d'auj. étaient également usuels au XVIIe s.

intempérie n.f. Dérèglement, déséquilibre du tempérament (vieilli au XVIIe s.) : *Quelle force, quel transport, quelle intempérie a causé ces agitations et ces violences ?* (Boss., *O. f. H. de Fr.*). *Ce qui marque une intempérie dans le parenchyme splénique, c'est-à-dire la rate* (Mol., *Mal. im.*, II, VI).

Auj. seulement au pluriel, au sens de « mauvais temps ».

interdire v.t. **Interdire qqn de qqch,** l'en exclure : *Les Dieux de ce haut rang te voulaient interdire* (Rac., *Théb.*, 1167).

◆ **s'interdire,** se troubler, perdre contenance : *Achevez de lire : Votre âme pour ce mot ne doit pas s'interdire* (Mol., *D. G.*, 613).

intéresser v.t. Blesser, faire tort à (vieilli au milieu du XVIIe s.) : *Là où ce qui part de la main des hommes* [...] *ne craint point que le temps l'intéresse* (La Mothe Le Vayer, I, 448).

◆ **s'intéresser,** prendre parti, se passionner pour ou contre : *Je me suis intéressée pour vous jusqu'à quereller votre fils* (Mol., *Fourb.*, I, IV). *Il ne put voir tant de gens armés contre un seul homme sans s'intéresser pour lui. Il tira son épée, et, courant se ranger auprès de don Pedre,* [...] (Le Sage, *Diable boit.*, V). *Contre mon propre honneur mon amour s'intéresse* (Corn., *Cid,* 302). ♦ **S'intéresser de, dans,** porter un vif intérêt à : *Il n'y eut celui qui ne s'intéressât de leurs maux* (Vaug., *Q. C.*, V, 5, *in* L.). *Tout le monde s'intéresse dans cette grande affaire* [le procès de Fouquet]. *On ne parle d'autre chose* (Sév., 17 déc. 1664). *Chacun a pris son parti et s'est intéressé dans sa propre cause* (Boss., *Panég. St Benoît*).

Auj. *s'intéresser à* indique un intérêt moins ardent.

intérêt n.m. Ce qui concerne qqn ou qqch ; question relative à, point de vue (auj. encore dans *soutenir les intérêts de qqn*) : *Or çà, intérêt de belle-mère à part, que te semble à toi de cette personne ?* (Mol., *Av.*, IV, III). *Vous savez que de bien il n'a pas l'abondance, Que... – C'est un intérêt qui n'est pas d'importance* (Mol., *F. sav.*, 404). ♦ Parti, cause, défense : *Quelques-uns ont pris l'intérêt de Narcisse* (Rac., *Brit.*, 1re préf.). ♦ **Avoir intérêt en,** trouver un avantage dans : [Le Roi] *a trop d'intérêt lui-même en ma personne, Et ma tête en tombant ferait choir sa couronne* (Corn., *Cid*, 382). ♦ **Prendre intérêt en, dans,** porter intérêt à : [...] *vous daignez en moi prendre quelque intérêt* (Corn., *D. S.*, 792). *Et ce que dans sa perte elle prend d'intérêt* (Corn., *Sur.*, 1095).

Les sens actuels étaient également usuels au XVIIe s.

intérieur n.m. Fig. Concentration en soi, pratique de la méditation, vie intérieure : *Souviens-toi que le cloître où tu t'es enfermé Veut de l'intérieur et de la vigilance* (Corn., *Imit.*, I, 25).

interrogant adj. **Point interrogant,** point d'interrogation : *J'aimerais autant le voir* [le censeur] *occupé de l'orthographe, des points interrogants, et des virgules* (Fén., *Lettre Acad.*, 10).

intestin, e adj. Intérieur : *Damon, je te décris mes travaux intestins* [= mes peines intimes] (Saint-Amant, *Visions*, 3). ♦ Qui affecte l'intérieur du corps social : *Reine, tout est paisible, et la ville calmée* [...] *N'a plus à redouter le divorce intestin Du soldat insolent et du peuple mutin* (Corn., *Pompée*, 1243).

Auj. emploi plus limité en ce sens, dans les expressions : *luttes, querelles, guerres intestines.*

intimider v.t. Remplir de crainte, effaroucher : *Mes soldats presque nus, dans l'ombre intimidés* (Rac., *Mithr.*, 441). *Il l'intimida par un seul mot qu'il lui dit* (Acad. 94).

Le sens atténué actuel de « remplir de gêne » n'apparaît qu'à la fin du XVIIe s.

intitulation n.f. Titre d'un livre ; dédicace : *Je serai bien aise de recevoir les premières feuilles de l'intitulation et préface qu'il y a mises* (Chap., *Lettres*, II, 770). *Il est en peine de l'intitulation qu'il donnera à son livre* (Acad. 94).

intrigue, intrique n.f. Embarras, difficulté, affaire : *Je suis fort aise que vous approuviez le mariage de Grignan ; il est vrai que c'est un très bon et un très honnête garçon, qui a du bien, de la qualité, de l'estime et de la considération dans le monde. Que faut-il davantage ? Je trouve que nous sommes fort bien sortis d'intrigue* (Sév., 7 janv. 1669 [à Bussy]). ♦ Aptitude à mener à bien les affaires délicates ; relations, entregent : *La charge en fut donnée à Léandre, parce qu'il avait beaucoup d'intrigue dans Le Mans où il n'est pas difficile à un honnête homme de faire en peu de temps des connaissances* (Scarr., *Rom. com.*, III, 1).

Le sens actuel de « combinaison habile, menées secrètes, en vue d'obtenir quelque avantage » se développe au cours du XVIIe s. : *Ne descendons jamais dans ces lâches intrigues : N'allons point à l'honneur par de honteuses brigues* (Boil., *A. p.*, IV, 119).

◆ Le genre de ce mot a été longtemps incertain : *Un seul intrique brouille les uns et les autres* (Corn., *Disc. poème dram.*). – Le féminin est général à la fin du XVIIe s.

intriguer, intriquer v.t. Mettre dans l'embarras, causer du souci à (auj. *intriguer qqn*, c'est « susciter chez lui une curiosité mêlée de quelque défiance ») : *J'ai été, depuis quatre* *ou cinq mois, si intrigué de l'affaire de ma pension* [...] *que je n'avais du sens et du temps que ce qu'il m'en fallait pour cette occasion* (Malh., *Lettre Peiresc*, 3 mai 1613). [...] *Et que le plus petit de la race mortelle, À chaque pas qu'il fait, à chaque bagatelle, Doive intriguer l'Olympe et tous ses citoyens* (La Font., *F.*, VIII, 5). ♦ Charger d'intrigue une pièce de théâtre : *Cettui-ci* [ce sujet], *étant assez intrigué de soi, ne recherche presque aucun embellissement* (Scudéry, *Obs. sur « Cid »*).

◆ **s'intriguer,** se démener, se dépenser au profit des autres ou en vue de quelque avantage personnel : *Le parlement est remis à Rennes. M. de Coëtlogon s'est intrigué dans toute cette affaire* (Sév., 14 sept. 1689).

Le sens actuel du v. i. : « recourir à des manœuvres, échafauder des combinaisons », n'apparaît qu'à la fin du XVIIe s.

intrinsèque adj. Intérieur, intime : *À tous coups, avec une stupéfaction et un ravissement intrinsèque, roulaient les yeux en la tête* (Sorel, *Franc.*, IV).

◆ n.m. Intimité : *C'était* [Valincour] *un homme d'infiniment d'esprit et qui savait extraordinairement, d'ailleurs, un répertoire d'anecdotes de cour, où il avait passé sa vie dans l'intrinsèque et parmi la compagnie la plus illustre et la plus choisie* (Saint-Simon, 1699). ♦ Personne qui vit dans la familiarité, l'intimité de : *Madame la Duchesse, Mlle de Lillebonne, Mme d'Espinoy, les intrinsèques de l'entresol de Meudon* [...] *se sont constamment piqués de la voir souvent* (Saint-Simon, 1711).

Auj. seulement adjectif : « qui fait essentiellement partie de, qui est attaché en propre à », emploi et sens également usuels au XVIIe s.

intrique n.f. ; **intriquer** v.t. V. INTRIGUE, INTRIGUER.

invention n.f. Habileté, adresse, moyen ingénieux : *On a trouvé* [...] *l'invention d'écrire les paroles avec les notes mêmes* (Mol., *Mal. im.*, II, v). ♦ **D'invention,** de fantaisie : *Étant au lever du Roi, il lui demanda si on le verrait à cette heure avec des habits d'invention* [...] (Saint-Simon, 1697).

Les sens actuels étaient également usuels au XVIIe s.

invincible adj. Péremptoire, à quoi l'on ne peut rien opposer ; sans remède : *Il avait* [le Roi] *des raisons invincibles pour ne vous pas accorder votre retour* (Sév., 3 avr. 1675). *Et puisque les langueurs d'une plaie invincible Nous montrent que votre âme à ses traits* [ceux de l'amour] *est sensible* (Mol., *Pr. Él.*, 41).

Le sens actuel « dont on ne peut triompher » était usuel au XVIIe s. : *L'armée de Xerxès était si nombreuse qu'elle semblait invincible* (Fur.).

inviolable adj. **Inviolable à,** qui ne peut être violé, corrompu par : *Ceux qui ont gardé leur âme toujours inviolable à l'injustice* (Rac., *R. sur Pind.*, Olymp., II).

Il s'employait aussi, comme auj., sans complément au sens de « à quoi ou à qui on ne doit pas porter atteinte : *L'asile de l'Église doit être inviolable* (Fur.).

inviolablement adv. Invariablement, fatalement : *N'essayer des richesses, de la grandeur, des plaisirs et de la santé, que pour les voir changer inviolablement et par la révolution des temps en leurs contraires* (La Br., XVI, 33).

Il avait aussi le sens actuel « d'une manière inviolable » : *Les princes doivent être jaloux de garder leurs paroles inviolablement* (Fur.).

ire n.f. Colère (vieilli au XVIIe s., admis en poésie et dans le style relevé) : *Ne consulte point ton ire vengeresse Sur le choix de mes châtiments* (Corn., *Ps. pén.*, III).

irréconciliable adj. Intraitable, qui ne capitule pas : *Sévère à lui-même et persécuteur irréconciliable de ses propres passions* (Boss., *O. f. H. de Fr.*). ♦ En parlant d'un sentiment hostile, implacable : *Dès qu'une fois on m'aura choqué tant soit peu, je ne pardonnerai jamais et garderai tout doucement une haine irréconciliable* (Mol., *D. J.*, V, II). ♦ **Irréconciliable à,** qui ne peut se réconcilier avec : *Au désir qu'il avait de rendre* [...] *M. le Prince encore plus irréconciliable à la Cour* (Retz, *Mém.*, IV, 13).

Auj. seulement en parlant de personnes et le plus souvent au pluriel.

irréconciliation n.f. Brouille, absence de réconciliation : *Cette protestation est une irréconciliation jurée avec la Cour* (Retz, *Mém.*, V, 354).

irriter v.t. Exciter (auj. en ce sens seulement dans *irriter une plaie*) : *Enfin épargnez-moi ces* *tristes entretiens, Qui ne font qu'irriter vos tourments et les miens* (Corn., *Pol.*, 544).

Le sens actuel de « mettre en colère » était également usuel au XVIIe s. : *Digne fils du héros qui t'a donné le jour, Délivre l'univers d'un monstre qui t'irrite* (Rac., *Ph.*, 701).

itérer v.t. Répéter, recommencer (vieilli au milieu du XVIIe s.) : *On a beau dire : réjouissez-vous ; eût-on itéré mille fois ce commandement, la joie ne vient pas* (Boss., *in* L.).

Auj. en ce sens on dit *réitérer*.

itinéraire n.m. Plan, guide : *Il assurait qu'il voulait dresser l'itinéraire de Paris, c'est-à-dire la guide des chemins de cette grande ville* (Sorel, *Polyandre*, I, 342).

Auj. « indication du trajet d'un lieu à un autre ».

ivrogner v.i. Se livrer à l'ivrognerie : *Cela est-il beau d'aller ivrogner toute la nuit ?* (Mol., *G. D.*, III, VI).

J

jà adv. Déjà (mot du style badin ou burlesque au XVIIe s., où il est vieilli, d'après Richelet et Acad. 94) : *Diversité, c'est ma devise, Je l'ai jà dit d'autre façon* (La Font., *Contes*, IV, 11). ♦ Certes (renforçant une négation) : *Jà ne plaise à votre Seigneurie De me prendre en cet état-là* (La Font., *F.*, IX, 10).

jacobus n.m. Monnaie d'or anglaise valant 14 livres 10 sols : [Le singe] *Détachait du monceau tantôt quelque doublon, Un jacobus, un ducaton* (La Font., *F.*, XII, 3).

jaçoit que loc. conj. Indiquait la concession (bien que, quoique) [locution vieillie au XVIIe s. et limitée généralement au style burlesque ou juridique] : *Un ministre avait écrit à la Reine mère qu'il n'avait jamais consenti au port des armes, jaçoit qu'il y eût consenti et contribué* (Boss., *Avert.*, V, 10, *in* L.).

jaloux, ouse adj. **Jaloux de,** attaché à, désireux de : *Notre grand roi, plus jaloux de sa parole et du salut de ses alliés que de ses propres intérêts* (Boss., *O. f. H. de Fr.*). [...] *chacun est jaloux De l'honneur d'être votre époux* (La Font., *F.*, IX, 7). *Trois saints, également jaloux de leur salut* [...] (La Font., *F.*, XII, 25).

Emploi restreint auj. à des expressions comme *jaloux de son autorité.*

jambette n.f. Petit couteau : [Je] *l'ouvris* [le citron] *par la moitié avec une jambette* (Sorel, *Franc.*, III). *Il porte toujours une jambette dans sa poche* (Acad. 94).

Janin n.m. Cocu : *Chacun m'appelle un sot et un Janin, et dit que je n'ai point de courage de t'endurer tant de fredaines* (Sorel, *Franc.*, VII). *C'est un franc Janin* (Richelet).

jaque n.m. **Jaque de mailles** (ou **de maille**), cotte de mailles : *Une épée* [...] *qui tranche et perce si bien qu'il n'y a jaque de maille assez fort pour l'arrêter* (Malh., *Ép.*, 76).

jardinage n.m. Ensemble des terres cultivées en jardins : *Il n'y a dans cette ville que les deux tiers de maisons, le reste est en jardinage* (Acad. 94). *Ôtez Pan et sa flûte, adieu les pâturages ; Ôtez Pomone et Flore, adieu les jardinages* (Corn., *Défense des fables dans la poésie,* 50). ♦ Jardin (vieilli au XVIIe s.) : *Il est jour, levons-nous, Philis ; Allons à notre jardinage Voir s'il est, comme ton visage, Semé de roses et de lis* (Th. de Viau, *Ode* le Matin).

Le sens actuel de « culture des jardins » était courant au XVIIe s. : *Il entend bien le jardinage* (Acad. 94).

jeter v.t. Produire, faire pousser : *Cette vigne a bien jeté du bois* (Acad. 94). *Le terroir, qui s'abreuve de cette grande quantité d'eaux vives, a jeté de tout temps un nombre infini d'orangers et de citronniers* (Saint-Réal, *Dom Carlos*). ♦ Laisser couler : *Princes et rois, et la tourbe menue Jetaient maint pleur* (La Font., *Contes*, V, 7). ♦ Laisser apparaître une inflammation, rendre de l'humeur : *Il prit une fantaisie à ma jambe de s'enfler et de jeter des feux et des sérosités* (Sév., 15 avr. 1685) ; et absolument suppurer : *Sa plaie commence à jeter* (Acad. 94).

Les sens actuels étaient également usuels au XVIIe s.

jeu n.m. **À jeu sûr,** à coup sûr, sans risque : *Battre un homme à jeu sûr n'est pas d'une belle âme* (Mol., *Amph.*, 376). ♦ **De jeu fait,** ayant préparé son jeu, calculé son coup : *Et de jeu fait, à dessein de le prendre, Un certain soir la galante lui dit* [...] (La Font., *Contes*, II, 7). ♦ **Un peu plus fort que jeu,** trop vigoureusement, trop loin : *Je crains que le pendard, dans ses vœux téméraires Un peu plus fort que jeu n'ait* *poussé les affaires* (Mol., *Éc. des f.*, 548). ♦**Le jeu m'en déplaît,** cela me déplaît : *Et le jeu m'en déplaît, quand on fait à tous coups Causer un médisant et rêver un jaloux* (Corn., *Pl. R.*, 287). ♦**C'est (ce n'est pas) mon jeu,** c'est (ce n'est pas) dans mes habitudes : *C'est si peu mon jeu que de telles matières, Que j'en perds aussitôt les plus belles lumières* (Corn., *S. du Ment.*, 1137). ♦**C'est le droit du jeu,** c'est l'usage, la « règle du jeu » : *Le moins de gens qu'on peut à l'entour du gâteau, C'est le droit du jeu, c'est l'affaire* (La Font., *F.*, X, 14). ♦**De franc jeu** (Richelet), sans tromperie.

jeudi n.m. **Jeudi absolu,** jeudi saint [ce jour-là, dans la primitive Église, on absolvait les pénitents publics] : *Il en a presque perdu la cène du jeudi absolu* (Chap., *Lettres*, I, 50).

jeunesse n.f. Pouvait être au pluriel, au sens de « acte de jeune homme, action irréfléchie » : *Il a bien fait des jeunesses* (Acad. 94). *Mais qui est-ce qui n'a ses taches et qui n'a eu ses jeunesses ?* (Balz., *Lettre Chapelain*, 16 févr. 1640, *in* L.).

jobelin n.m. Sot, nigaud, cocu : *Je ne sais pas ce que j'aurais fait* [pour gendre] *d'un jobelin qui eût sorti de l'académie* (Sév., 4 juin 1669). ♦Il a désigné les partisans du sonnet de Job (de Bensérade), opposés aux « uranistes », partisans du sonnet d'Uranie (de Voiture).

joie n.f. **Avoir la joie de qqch,** en jouir : *L'un se baissait déjà pour amasser la proie* [l'huître] ; *L'autre le pousse et dit : Il est bon de savoir Qui de nous en aura la joie* (La Font., *F.*, IX, 9). ♦**Avoir joie,** être heureux, se réjouir : *Je fus dupe, je le crus ; j'en eus joie* (Retz, *Mém.*, II, 11).

joignant adv. Près : *Mme de Nevers répondit ; mais ce fut si bas que, encore que je fusse tout joignant,* [...] *je n'en pus rien ouïr* (Malh., *Lettre Peiresc*, 3 nov. 1614).

◆ prép. Auprès de (rare selon Richelet) : *Un pressoir du faubourg de la Barre, qui est tout joignant le parc* (Scarr., *Rom. com.*, III, 10). *Une maison joignant, tout joignant la sienne* (Acad. 94).

joindre v.t. Rejoindre, rattraper : *Aussitôt ton ami, redoutant moins la ville, T'ira joindre à Paris, pour s'enfuir à Bâville* (Boil., *Ép.*, VI, 146). *Tantôt il vous quitte brusquement pour joindre un seigneur ou un premier commis* (La Br., IX, 50). ♦Toucher à, être contre : *Le lit n'avait pas de ruelle et joignait la muraille* (Scarr., *Rom. com.*, I, 6).

◆ **se joindre avec,** s'allier à : *C'est le bonheur de nos jours que l'estime se puisse joindre avec le devoir* (Boss., *O. f. H. d'Angl.*).

Les sens et les emplois actuels étaient également usuels au XVIIe s.

joint que loc. conj. Outre que : *Son propre intérêt l'y oblige, joint que sa conscience y est en quelque sorte engagée* (Régnier-Desmarais, *Gramm.*, p. 680). *Ils s'acquirent d'abord un grand crédit par la pureté de leur doctrine et par l'observance exacte de la loi ; joint que leur conduite était douce* [...] (Boss., *H. univ.*, II, 17).

jointure n.f. Fig. Souplesse, finesse : *M. le Premier Président était tout d'une pièce* [...] *Le Président de Mesme* [...] *avait plus de vue et plus de jointure* (Retz, *Mém.*, II, 166).

joli, e adj. Aimable, gentil : *Tu le disais tantôt, chacun a sa folie : Les uns l'ont importune, et la tienne est jolie* (Corn., *S. du Ment.*, 1254). *N'êtes-vous point trop jolie d'avoir écrit à mon ami Corbinelli ?* (Sév., 6 nov. 1673). ♦Brillant, prestigieux dans son action : *Les Français sont jolis assurément : il faut que tout leur cède pour les actions d'éclat et de témérité* (Sév., 3 juill. 1672). ♦**Joli garçon** se disait de qqn qui a bien profité d'une situation avantageuse, et au fig., par ironie, de celui que son ivresse, ses désordres ou de mauvais traitements ont mis en piteux état : *Vous venez du cabaret, vous voilà joli garçon. Il a dissipé son bien, il s'est fait joli garçon* (Acad. 94).

Se dit actuellement, comme parfois au XVIIe s. déjà, de l'aspect gracieux et non du comportement. Ce mot était en vogue à la fin du XVIIe s. et plusieurs grammairiens ont raillé l'abus qu'on en faisait.

joliveté n.f. Trait d'esprit, action gracieuse : *Mille jolivetés qui dans l'esprit me viennent* (Th. Corn., *Comt. d'Org.*, II, X, *in* L.). *Les pères ne se lassent point de faire admirer aux autres les jolivetés de leurs enfants, leurs gentillesses* (Fur.). ♦Ornement gracieux, babiole : *Mille beaux rubans ajustés Y formaient des jolivetés* (Loret, *Muse hist.*, 9 août 1664). *Il a apporté mille jolivetés d'Italie, d'Allemagne* (Acad. 94). – Mot qui tend à vieillir au XVIIe s. : « Il n'a guère d'usage qu'au pluriel » (Acad. 94).

jouer v.t. **Jouer qqn, qqch,** se moquer de qqn, de qqch : *Cet Oronte me fourbe, il me joue, il me brave* (Th. Corn., *Am. à la mode*, V, II). *Jusques ici, vous avez joué mes accusations* (Mol., *G. D.*, III, VI). – Auj. on dit en ce sens : *se jouer de.* ♦**Jouer à** (suivi d'un infinitif), s'exposer à : *Vous jouez à vous casser le cou, à vous noyer* (Acad. 94). ♦**Jouer d'un tour,** tromper (auj. *jouer un tour*) : *On veut à mon honneur jouer d'un mauvais tour* (Mol., *Éc. des f.*, 1095). ♦**Aller jouer,** disparaître : *Je n'avais plus les atours de Damoiselle, il y avait trop longtemps qu'ils étaient allés jouer* (Sorel, *Franc.*, II). ♦**Jouer de bonheur,** être favorisé par une chance durable (auj. seulement *jouer de malheur, de malchance*) : *Il faut convenir que nous jouons d'un grand bonheur* (La Br., X, 11).

◆ **se jouer,** s'amuser : *J'étais si jeune, que je me jouais encore avec une poupée* (Mol., *Escarb.*, sc. VII). ♦**Se jouer de** (suivi d'un infinitif), se faire un jeu de : *Ne serait-ce point celui qui a fait les cieux, les astres* [...] *qui se joue de les faire mouvoir* [les êtres microscopiques] ? (La Br., XVI, 44). ♦**Se jouer à,** s'attaquer à, s'en prendre à, s'y frotter : *Je voudrais bien le voir vraiment que vous fussiez amoureux de moi ! Jouez-vous-y, je vous en prie, vous trouverez à qui parler* (Mol., *G. D.*, I, VI).

jour n.m. Lumière : *On n'y voit, au jour des éclairs, Que gouffres et que précipices* (Tr. L'Hermite, *la Mer*) ; et au fig. : [...] *je n'en ai point fait* [de tragédie] *où la vertu soit plus mise en jour que dans celle-ci* (Rac., *Ph.*, Préf.). ♦Nouvelle, information : *Il faut bien qu'à ce becque cornu Du trait qu'elle a joué quelque jour soit venu* (Mol., *Éc. des f.*, 1163). ♦Illustration, ce qui rend éclatant : *Et tout ce grand éclat de leur gloire ternie Ne sert plus que de jour à votre ignominie* (Boil., *Sat.*, V, 62). ♦Moyen d'obtenir un résultat : *Je vois fort peu de jour À tourner cette affaire au gré de votre amour* (Mol., *Dép. am.*, 1175). *Si Onuphre ne trouve pas jour à les en frustrer à fond, il leur en ôte du moins une bonne partie* (La Br., XIII, 24). ♦**Bon jour,** v. BON. ♦**Grands jours,** assises extraordinaires tenues en province par des juges que le roi désignait et qui jouissaient de pouvoirs très étendus. ♦**Jour à jour,** jour après jour, d'un jour à l'autre : *M. d'Hacqueville et moi, nous suivons son mal jour à jour* (Sév., 16 mars 1672). ♦**Au jour la journée,** chaque jour pour lui-même (auj. *au jour le jour*) : *Je vis au jour la journée, en attendant et regardant un autre* [jour] *du coin de l'œil, dont Dieu est le maître* (Sév., 27 avr. 1689). ♦**Il est jour, il fait jour,** on est levé : *Mais monsieur, pensez-vous qu'il soit jour chez Lucrèce ?* (Corn., *Ment.*, 1089). ♦**Respirer le jour,** vivre (langue poétique) : [...] *si donc Ignès est morte ou respire le jour* (Mol., *D. G.*, 1779). ♦**Perdre le jour,** mourir : *Son tyran et le nôtre à peine perd le jour Que* [...] (Corn., *Sur la mort de Louis XIII*, 10). ♦**Percer à jour,** transpercer : *Le perçant à jour de deux coups d'estocade* (Corn., *Ment.*, 1141). – L'expression, de nos jours, s'emploie seulement au fig., au sens de : « deviner, découvrir ».

Les sens actuels, de même que la plupart des locutions d'auj., étaient également usuels au XVIIe s.

jourd'hui n.m. **Ce jourd'hui,** le jour où nous sommes, aujourd'hui : *Si dans ce jourd'hui je l'avais écarté, Tu verrais dès demain Éraste à mon côté* (Corn., *Mél.*, 1121, var.).

Cet emploi est rare au XVIIe s. ; Corn. a corrigé les vers où il avait employé le terme.

journalier, ère n. Inégal, variable, hasardeux : *Cet esprit n'est pas égal, il est journalier* (Acad. 94). *La guerre est journalière, et sa vicissitude Laisse tout l'avenir dedans l'incertitude* (Corn., *Soph.*, 187).

Le sens actuel de « quotidien » était usuel au XVIIe s. : *L'exercice journalier d'un chrétien* (Fur.).

journée n.f. Étape : *Un jeune cavalier de Tolède* [...] *s'éloignait à grandes journées du lieu de sa naissance* (Le Sage, *Diable boit.*, XIII). ♦Combat, exploit : *Je* [...] *vois* [...] *Le Portugal se rendre, et ses nobles journées* [celles de Rodrigue] *Porter delà les mers ses hautes destinées* (Corn., *Cid*, 541). ♦Était parfois employé là où nous utilisons *jour : J'étais à la campagne. – Oui, depuis deux journées* (Mol., *Éc. des f.*, 255). ♦**Faire tant par ses journées que,** faire de telles étapes, cheminer si bien que : *Il fit tant par ses journées qu'il arriva à Rome* (Sorel, *Franc.*, X) ; et au fig. faire si bien que : *Je lui représentai plusieurs fois qu'il ferait tant par ses journées qu'il obligerait M. le Prince de venir à Paris* (Retz, *Mém.*, IV, 158).

Les sens actuels étaient également usuels au XVIIe s.

jubé n.m. **Venir à jubé,** se soumettre aux désirs de qqn : [Cupidon] [...] *a féru ma rude poitrine Et m'a fait venir à jubé* (Saint-Amant, *l'Enamouré*). *Il est venu à jubé* (Acad. 94).

judiciaire n.f. Faculté de juger, jugement : *Vous êtes-vous mis dans la tête que Léonard de Pourceaugnac* [...] *n'ait pas là-dedans quelque morceau de judiciaire pour se conduire ?* (Mol., *Pourc.*, II, VI).

jupon n.m. Pourpoint ample à longues basques : *Vous pourriez bien ici sur votre noir jupon, Monsieur l'huissier à verge, attirer le bâton* (Mol., *Tart.*, 1767).

C'est à partir de la fin du XVIIe s. seulement qu'il désigne exclusivement une pièce de l'habillement féminin.

jurer v.t. **Jurer Dieu,** blasphémer : *Je vais, je viens, j'entre en colère, j'en sors, je prie Dieu, je le jure* (Bussy, *Lettre*, 7 nov. 1655).

jusque, jusques prép. Vaug. voulait qu'on écrivît toujours *jusques* ou qu'on fît l'élision. Les écrivains employaient tantôt *jusque*, tantôt *jusques* pour des raisons d'harmonie ou de versification.

◆ **jusque là que,** loc. conj., **jusque là que de,** loc. prép., à tel point que, au point de : *Il vécut toujours dans une pauvreté évangélique, jusque là qu'après sa mort on ne lui trouva pas de quoi faire les frais pour l'enterrer* (Rac., *P.-R.*, I). *Qu'un gueux* [...] *En vienne jusque là que de se méconnaître, De contrarier tout et de faire le maître* (Mol., *Tart.*, 65).

jussion n.f. Ordre adressé par le roi à des magistrats pour les contraindre à exécuter ce qu'ils avaient d'abord refusé : *À quoi ils demeurèrent opiniâtres, nonobstant trois jussions qui leur furent envoyées* (Malh., *Lettre Peiresc*, 17 juill. 1615).

justaucorps n.m. Sorte de longue veste à basques, qui se portait souvent à demi ouverte : *La Flèche, lui montrant* [à Harpagon] *une des poches de son justaucorps* (Mol., *Av.*, I, III).

juste adj. Bien proportionné, qui s'adapte bien : *Croyez-vous que l'habit m'aille bien ? – Belle demande ! Je défie un peintre, avec son pinceau, de vous faire rien de plus juste* (Mol., *Bourg.*, II, V). ♦Approprié, convenable, valable : *Je crains que votre histoire Soit peu juste au théâtre, et la preuve est notoire ; Si le sujet est rare, il est irrégulier* (Corn., *S. du Ment.*, 1902, var.). *Le bruit de son traité* [...] *pouvait fournir un juste prétexte au duc de Bouillon et à C. de Turenne* (La Roch., *Mém.*, IV, p. 143). ♦Exact, fidèle : *Je suis assurée* [...] *qu'ils ne voudront pas m'empêcher d'être juste au rendez-vous que vous m'avez donné* (Sév., 1er juill. 1685).

◆ adv. Selon la justice : *Cléon parle peu obligeamment ou peu juste* [...] *; mais il ajoute qu'il est fait ainsi et qu'il dit ce qu'il pense* (La Br., V, 23). ♦Avec à-propos : *Un soupir poussé juste, en suite d'une excuse, Perce un cœur bien avant quand lui-même il s'accuse* (Corn., *Tois.*, 664).

Les sens actuels étaient également usuels au XVIIe s.

justement adv. Exactement : *Deux millions six cent mille livres, et autant de don gratuit ; c'est justement cinq millions deux cent mille livres* (Sév., 1er janv. 1674).

Les sens actuels « avec justice » et « à propos » (marquant la coïncidence, l'opportunité) étaient usuels au XVIIe s. : *Cet hérétique a été justement condamné* (Fur.). *J'ai reçu votre lettre justement comme j'allais à Vitré* (Sév., 23 oct. 1675).

justice n.f. En langue théologique, état de celui qui est juste, sans péché ; justification que Dieu accorde à l'homme par la grâce : *L'iniquité de plusieurs est cachée dans un seul juste, et la justice d'un seul fait que plusieurs sont justifiés* (Boss., *H. univ.*, II, 19). [Dieu] *a promis d'accorder la justice aux prières* (Pasc., *Pensées*). ♦Jurisprudence : *En quel temps il* [Alcibiade] *a étudié la justice* (Rac., *Ann. Platon*, Alcibiade). ♦**De justice,** juste, équitable : *Je croyais* [...] *de justice Qu'avec la comédie eût fini mon supplice* (Mol., *Fâch.*, 63). ♦**Se faire justice,** se condamner quand on a tort : *Si les hommes* [...] *sont équitables, s'ils se font justice à eux-mêmes, et qu'ils la rendent aux autres, que deviennent les lois* [...] *?* (La Br., XII, 11). – Cette expression se dit actuellement d'un meurtrier qui se donne ensuite la mort.

Les sens actuels de *justice* étaient également usuels au XVIIe s.

justiciable adj. Responsable devant la justice (au XVIIe s. souvent du domaine du droit comme actuellement) : *N'est-il pas juste que le huguenot en demande raison en justice ? Le catholique est-il moins justiciable pour être catholique ?* (Saint Vincent de Paul, *Lettre M. Portail*, 1er mai 1635).

Le sens actuel du mot (toujours employé avec un complément) : « qui relève de certains juges, de leur juridiction », était également usuel au XVIIe s. : *Un vagabond, un coupeur de bourses est justiciable du prévôt des maréchaux* (Fur.). Mais l'emploi fig., au sens de « qui relève (d'un traitement) », n'existait pas encore au XVIIe s.

justifier v.t. Prouver, démontrer l'exactitude de : *Cessez d'être en balance et de vous défier De ce qu'il m'est aisé de vous justifier* (Corn., *Ment.*, 976). *Commandez : laissez-nous, de votre nom suivis, Justifier partout que nous sommes vos fils* (Rac., *Mithr.*, 930).

Le sens actuel de « légitimer » était courant aussi au XVIIe s. : *Montrez à l'univers, en m'attachant à vous* [=en m'épousant], *Que, quand je vous servais, je servais mon époux ;* [...] *Justifiez la foi que je vous ai donnée* (Rac., *Baj.*, 450).

l

là adv. **De là en avant,** dorénavant : *Or pour de là en avant éviter à pareil esclandre* (Chap., *Guzm. Alfar.*, III, 12). ♦ **En venir là que de,** en venir à : *S'il en vient là que de mendier quelque chose, il est à la discrétion de la fortune* (Malh., *Ép.*, 9).

labile adj. Glissant, fuyant, qui n'est pas sûr (ce mot se dit de la mémoire selon Richelet ; vieilli au XVIIe s.) : *Au moins, ô ma chère Sybile ! N'aie la mémoire labile* (Saint-Amant, *le Poète crotté*, 442).

laborieux, euse adj. Pénible, difficile à supporter : *Je me suis résolu de souffrir* [...] *les incommodités et les fatigues d'un exil laborieux* (Retz, *Lettre épisc.*, 24 avr. 1660).

Le XVIIe s. connaissait les sens actuels de « qui travaille beaucoup » et « qui exige un travail pénible » : *Laborieux valet* [...], *Antoine, gouverneur de mon jardin d'Auteuil* [...] (Boil., *Ép.*, XI, 1). *Un dictionnaire parfait est un ouvrage bien laborieux* (Fur.).

lac, lacs généralement au pluriel (prononcé [la]) n.m. Piège fait d'un lacet muni d'un nœud coulant ; collet : *Quelque lac qui me soit tendu Par de si subtils adversaires* [...] (Th. de Viau, *Lettre à son frère*). *Dans les lacs de la chèvre un cerf se trouva pris* (La Font., *F.*, I, 6). ♦ Fig. Ruse, traquenard : *Ne songe qu'à combattre, à vaincre, à te tirer De ces lacs dangereux où ton plaisir t'invite* (Corn., *Imit.*, III, 665).

lâche adj. Mou, sans force : *En arrivant dans l'île, je sentis un air qui rendait les corps lâches et efféminés* (Fén., *Tél.*, 4).

Le XVIIe s. connaissait les sens actuels « qui n'est pas tendu, serré », en parlant d'un lien, d'un tissu, et « qui manque de courage, vil » : *Une étoffe est lâche quand elle n'est pas bien frappée avec le peigne* (Fur.). *Peuple lâche, en effet, et né pour l'esclavage, Hardi contre Dieu seul !* (Rac., *Ath.*, 1107).

lâchement adv. Mollement, sans force : *Qui fuit, croit lâchement, et n'a qu'une foi morte* (Corn., *Pol.*, 669). *Il va si lâchement en besogne* (Acad. 94).

Les sens actuels de « d'une manière qui n'est pas tendue » et « avec lâcheté, honteusement » étaient usuels au XVIIe s. : *Ce passement est cousu trop lâchement* (Fur.). *Vengez-moi d'une ingrate et perfide parente, Qui trahit lâchement une ardeur si constante* (Mol., *Mis.*, 1250).

lâcher v.t. Relâcher : [Il m'ordonne] [...] *le soir de petits pruneaux pour lâcher le ventre* (Mol., *Mal. im.*, III, x).

Les sens et expressions d'auj. étaient également usuels au XVIIe s.

lâcheté n.f. Mollesse, nonchalance, manque d'énergie : *J'appelle lâcheté cette délicatesse* [= susceptibilité] *sur les moindres réprimandes, ce découragement qui s'ensuit, ces ménagements qu'on désire* [...] *je crois, ma chère fille, que voilà une partie de la lâcheté de l'esprit. Venons à celle du corps : cette recherche continuelle des commodités, qui ferait établir des machines qui apportassent toutes les choses dont on a besoin sans étendre le bras pour les aller prendre, etc.* (Maintenon, *Lettre à une maîtresse des classes*, Sur la lâcheté, 1692).

Le XVIIe s. employait couramment le sens actuel de « pleutrerie, défaut de courage qui avilit, action d'un lâche » : *Mes jours avec les siens se vont précipiter, Puisque ta lâcheté n'ose me mériter* (Corn., *Cinna*, 1040). *Ce reste malheureux* [de vie] *serait trop acheté* [= trop cher] *S'il faut le conserver par une lâcheté* (Rac., *Baj.*, 596).

lacs n.m. V. LAC.

laisser v.t. **Ne pas laisser de faire qqch,** le faire néanmoins, malgré qqch (auj. seulement littér.) : *On a beau savoir leurs intrigues et les connaître pour ce qu'ils sont, ils ne laissent pas pour cela d'être en crédit parmi les gens* (Mol.,

D. J., V, II). *Malgré tout ce qu'on lui peut dire, il ne laisse pas de faire ce qu'il s'était proposé* (Acad. 94) ; on a dit aussi en ce sens *ne pas laisser que de* (construction condamnée par Th. Corn.) : *Ces bruits pourtant, quoique si absurdes, ne laissaient pas que d'être écoutés* (Rac., *P.-R.*, I). ♦ **Laisser à qqn à faire qqch,** lui laisser le soin de le faire : *Je laisse à d'Hacqueville à vous parler de la guerre* (Sév., 31 mai 1675). ♦ Le complément d'agent de la locution de sens passif *laisser* (suivi de l'infinitif) était ordinairement introduit par *à* (auj. *par*) : *À quel affreux dessein vous laissez-vous tenter ?* (Rac., *Ph.*, 195). ♦ L'ancien futur *je lairrai*, admis par Oudin, est blâmé par Vaug. ; Corn. corrige tous les vers où il avait employé cette forme : *Je lairrai plutôt toutes choses en arrière, que je ne fasse rendre la liberté à Dame si vertueuse* (Urfé, *Astrée*, I, 395 A). *Mais ta muse du moins s'en lairra suborner* (Corn., *Mél.*, 224, var.).

lait n.m. **Lait virginal,** produit de beauté composé, selon Littré, de baume du Pérou, de storax, d'ambre et de civette : *Je ne vois partout que blancs d'œufs, lait virginal, et mille autres brimborions que je ne connais point* (Mol., *Pr. rid.*, sc. III).

laité, e adj. **Poule laitée,** homme efféminé : *Sont-ce des hommes que de jeunes blondins ?* [...] – *C'est ce que je dis tous les jours : avec leur ton de poule laitée et leurs trois petits brins de barbe relevés en barbe de chat* [...] (Mol., *Av.*, II, V).

lame n.f. Pierre du tombeau (vieilli au XVIIe s.) : *Pour le repos de sa belle âme, Depuis qu'il est sous une lame* (Loret, *Muse hist.*, 15 janv. 1656).

lamentable adj. Plaintif, qui convient aux lamentations : *Vous me montrez qui sont les tons lamentables : Montrez-moi plutôt comme aux adversités je ne lamenterai point* (Malh., *Ép.*, 88).

Le XVIIe s. connaissait le sens actuel « qui porte à la pitié », mais non le sens familier « de peu de valeur » : *La fin lamentable de ce prince excitera la pitié dans tous les cœurs* (Fur.).

lamenter v.t. Déplorer, exprimer par des lamentations : *Son ombre, aux peines condamnée, Lamente en longs gémissements Sa malheureuse destinée* (Saint-Amant, *la Solitude*). *Cette veuve lamente la mort de son mari* (Richelet). ♦ Chanter sur un ton de lamentation : *Quand un des conviés, d'un ton mélancolique, Lamentant tristement une chanson bachique* [...] (Boil., *Sat.*, III, 142).

◆ v.i. Pousser des lamentations (auj. en ce sens *se lamenter*, construction qui existait également au XVIIe s.) : *D'un crêpe noir Hécube embéguinée Lamente, pleure, et grimace toujours* (Rac., *Madrigal*). *Mais quand il* [Énée] *eut bien lamenté Et rendu par un sacrifice L'infernale divinité À ses Mânes propice* [...] (Tr. L'Hermite, *Consolation à son cher ami****).

langage n.m. Discours, paroles : *Et, sans plus de langage, Lui jette pour défi son assiette au visage* (Boil., *Sat.*, III, 213).

Au XVIIe s., le sens le plus courant était déjà « manière de s'exprimer » : *Il avait votre port, vos yeux, votre langage* [...], *Lorsque de notre Crète il traversa les flots* (Rac., *Ph.*, 641).

langouste n.f. Sauterelle : *Ceint d'un cuir de brebis, ton corps pour couverture Prend un rude poil de chameau, La langouste et le miel pour toute nourriture, Et pour tout breuvage un peu d'eau* (Corn., *Hymnes*, 7).

Il désignait aussi, comme auj., un crustacé marin : *Il y a aussi une langouste qui est une espèce d'écrevisse* (Fur.).

languide adj. Languissant : *Comme ces choses que nous voyons flotter sur une rivière* [...] *Les unes par un branlement languide sont jetées à bord* (Malh., *Ép.*, 23). *Si ton âme au contraire impuissante ou languide* [...] (Corn., *Imit.*, IV, 1634).

languissant, e adj. Maladif : [Richelieu] *n'a oublié que les siens* [ses intérêts] : *une vie laborieuse et languissante, souvent exposée, a été le prix d'une si haute vertu* (La Br., *Disc. Acad.*). ♦ En parlant des choses, en mauvais état, qui périclite : *Je suis affligée de votre voyage de Vannes : toutes mes affaires seront languissantes pendant ce temps-là* (Sév., 4 janv. 1687). ♦ Langoureux : *Les amants se jettent des regards tendres et languissants* (Fur.).

Le sens actuel « qui manque d'énergie, d'entrain » était usuel au XVIIe s. : *Tes écrits* [ceux de Scudéry], *il est vrai, sans art et languissants, Semblent être formés en dépit du bon-sens* (Boil., *Sat.*, II, 79).

lansquenet n.m. Sorte de jeu de cartes en usage surtout chez les gens du peuple : *L'on ne reconnaît plus en ceux que le jeu et le gain ont illustrés la moindre trace de leur première condition* [...] *Il est vrai que la fortune* [= le hasard] *du dé ou du lansquenet les remet souvent où elle les a pris* (La Br., VI, 73).

lanterne n.f. Petit cabinet de menuiserie aménagé pour permettre de voir sans être vu : *Qui voit-on dans les lanternes des chambres, au parquet* [...] *?* [...] *On y voit les testamentaires qui plaident en explication d'une clause ou d'un article* (La Br., XIV, 58). *J'étais dans la lanterne avec M. le prince de Conti, M. le Duc et M. de La Rocheguyon assis sur le banc* (Saint-Simon, 1696).

◆ pl. **Des lanternes,** des propos frivoles, des sottises (familier en ce sens) : *Je vous déclare, ma bonne, que je ne vous manderai rien que de vrai ; et quand il ne vient rien à ma connaissance que de ces lanternes-là, je les laisse passer* (Sév., 17 avr. 1671). *Tout ce conte qu'il nous a dit là, ce sont des lanternes* (Acad. 94).

lanternerie n.f. Propos futile (syn. de *lanternes*) : *Vous voyez bien par ces lanterneries qu'il n'y a point aujourd'hui de nouvelles* (Sév., 1er mai 1671). *Tout ce qu'il dit là ne sont que lanterneries* (Acad. 94).

lanternier n.m. Celui qui s'attarde, hésite : *Ne vous amusez point à Mlle d'Or*** : c'est un lanternier que son père* (Sév., 17 juill. 1689). ♦ Diseur de sottises : *Qui est le lanternier qui vous a dit cette nouvelle ?* (Acad. 94).

lantiponage n.m. Tracas, bavardage assommant (mot bas et burlesque, selon Richelet) : *Ah ! vartigué, Monsieur le médecin, que de lantiponages !* (Mol., *Méd. m. lui,* II, II).

lantiponer v.t. et v.i. Tourmenter, harceler, ennuyer ; faire des difficultés (mot de la langue burlesque ou de la comédie) : *Eh ! testigué, ne lantiponez point davantage* (Mol., *Méd. m. lui,* I, V). *Ne lantiponez point, si vous êtes mon père ; Dites-le tout d'un coup* (Montfleury, *Crisp. gentilhomme,* III, II).

lardon n.m. Fig. Raillerie, sarcasme : *Il lui a donné un petit lardon en passant* (Richelet). *Cela outra Rose à un point qu'il n'a jamais depuis approché de M. de Duras, et n'en a parlé qu'en furie, et, quand quelquefois il hasardait devant le Roi quelque lardon sur lui, le Roi se mettait à rire et lui parlait du bourbier* (Saint-Simon, 1701). ♦ Nom donné à de petites gazettes satiriques de Hollande : *Il se fait applaudir dans tous les lardons et les journaux de la Hollande* (Boss., *Lettre quiétisme,* 164, *in* L.).

larigot n.m. Flûte pastorale (mot vieux et burlesque, selon Richelet) : [...] *rencontrer Perrette et daubant du gigot* [= se trémoussant], *Danser le branle double au son du larigot* (Saint-Amant, *Sonnet*).

las interj. Hélas : *Mais, las, contre mon feu mon feu me sollicite* (Corn., *Pompée,* 1329). – Cette interjection ne se trouve plus guère qu'en poésie au XVIIe s. Elle commence à vieillir, selon Acad. 94 ; elle est hors d'usage, selon Richelet.

latin n.m. En parlant de personnes, latiniste : *Je vous crois grand latin et grand docteur juré* (Mol., *Dép. am.,* II, VI). ♦ **Au bout de son latin,** ne sachant plus que dire, que faire ; à bout de ressources : *Pressé de créanciers avides, Mes coffres sont tellement vides Qu'étant au bout de mon latin, Ma robe a gagné la pelade* (Corn., *Mascarade des enfants gâtés,* 15). – On dit encore en un sens analogue : *y perdre son latin.*

latineur n.m. Latiniste : *Il faut avouer qu'il est bon latineur* (Chap., *Lettres,* I, 171). *Un latineur est ridicule chez les grâces et chez l'amour* (Richelet, article *latin*).

layette n.f. Petit coffre de bois, carton : *Quant à la lettre où vous avez traité de l'évaluation des monnaies anciennes, elle est toujours dans mes layettes* (Chap., *Lettres,* II, 278).

Le sens actuel de « lingerie et lainages servant à emmailloter ou habiller les nouveau-nés » apparaît au XVIIe s. : *Quand on met un enfant en nourrice, on lui donne une layette* (Fur.).

le pr. Pouvait annoncer une proposition complétive qui suit, en un emploi aujourd'hui disparu : *Vous le pouvez bien croire, que si ma main voulait écrire, ce serait pour vous assurément* (Sév., 8 mars 1676).

léans adv. Là-dedans. « Il est vieux et n'est plus d'aucun usage, hormis qu'on dit bassement et par raillerie : *On l'a mis léans, il est léans,* pour dire : *On l'a mis en prison* » (Acad.

94). *On nous eût fait mettre léans Ensuite de* [=après] *la bastonnade* (Scarr., *V. tr.*, I, 2246).

légal, e adj. Fidèle, honnête, franc : *M. Naudé était un homme fort sage et fort prudent, fort réglé, qui semblait vivre dans une certaine équité naturelle ; il était fort bon ami, fort égal et fort légal* (*l'Esprit de Guy Patin*, Amsterdam, 1713, p. 284, *in* L.). – Comme au XVIe s., il se confondait ordinairement pour le sens avec *loyal*, qui paraissait vieux à la fin du XVIIe s.

Il avait aussi le sens actuel de « défini, fourni par la loi » : *Il y a des peines légales, qui sont imposées par les lois ; d'autres arbitraires, qui dépendent de l'opinion des juges* (Fur.).

légendaire n.m. Auteur de légendes : *Abdias de Babylone, auteur qui mérite d'être placé parmi les plus hardis légendaires. C'est un imposteur* (Bayle, *Dict. hist.*, Abdias).

Auj. seulement adj. : « qui a le caractère d'une légende ».

léger, ère adj. **De léger,** à la légère : *Ah ! Clymène, j'ai cru vos yeux trop de léger* (La Font., *in* L.). *Il ne faut pas croire de léger* (Acad. 94). – Richelet signale, avec le même sens, *de légère.*

légèrement adj. Fig. Sommairement, sans approfondir : *On voudrait donc l'interroger* [Fouquet] *légèrement, et ne pas aller sur tous les articles* (Sév., 28 nov. 1664). *Traiter légèrement une question* (Richelet).

Le sens fig. actuel : « inconsidérément », était également usuel au XVIIe s. : [...] *il a été trompé ; c'est dommage ; mais il ne faut pas se marier si légèrement* (Sév., 7 déc. 1689).

légitime adj. Conforme aux lois naturelles : *Le cours d'un âge légitime Nous mettait tous dans le cercueil* (Th. de Viau, *Paraphr. d'une ode d'Horace*).

Les sens actuels étaient également usuels au XVIIe s.

lendore adj. Engourdi, languissant : *Il* [le jeune marquis de Grignan] *a été un peu lendore sur son départ de cette garnison* (Sév., 1er févr. 1690).

lequel pr. interr. neutre. Introduisait une interrogation double (quelle chose ?) : *Lequel vous a le plus serré le cœur, ou le contretemps, ou quand votre méchante maman vous renvoya de Notre-Dame ?* (Sév., 25 févr. 1685).

lequel pr. relat. **Un, deux, trois, le premier,** etc., **desquels,** auj. *dont l'un, deux, trois, le premier,* etc. : *Ces filous et pires que tigres, les premiers éclats de la rage desquels furent de hacher notre pilote en mille pièces* [...] (Saint Vincent de Paul, *Lettre Commet*, 24 juill. 1607). *Il vit deux corbeaux combattant l'un contre l'autre, l'un desquels fit choir à ses pieds un gros caillou* (Saint-Réal, *Conjur. des Gracques*). *Ce Jean Letellier a eu cinq héritiers, deux desquels ont vendu leurs parts à un nommé Pierre Costantin* (Corn., *Lettre Goujon*, 1er juill. 1641). ♦**Lequel qui, que,** quel que soit celui qui, que : *Mais de ces deux partis, lequel que je préfère, Sa gloire est un affront pour l'autre, et pour son frère* (Corn., *Att.*, 13).

◆ Malh. condamnait l'emploi de *lequel* comme sujet ; Vaug. l'admet pour éviter une équivoque, ou par emphase. – Il s'employait aussi comme objet : [Le sang des veines] *étouffe le feu lequel il a coutume d'entretenir lorsqu'il n'entre dans le cœur que par mesure* (Desc., *Pass.*, 122).

leste adj. Élégant, en bon état pour se présenter en public : *Point de clinquant, jupe simple et modeste, Ajustement moins superbe que leste* (La Font., *Contes*, II, 5). *Quant à la nouvelle maîtresse, il en fut tellement chéri, qu'elle chercha toutes les inventions imaginables pour le rendre leste et propre* (Fur., *Rom. bourg.*, I). *Tout son équipage était extrêmement leste* (Acad. 94).

Le sens actuel de « vif, agile » n'est pas enregistré dans les dictionnaires du XVIIe s.

lettre n.f. Écriture : *Il* [...] *avait si bien étudié la lettre de dom Fernand sur des vers qu'il avait écrits de sa main* [...] *que dom Fernand même s'y fût trompé* (Scarr., *Rom. com.*, I, 22). *Il écrit d'une méchante petite lettre* (Acad. 94). ♦**Lettre close,** au fig. chose qui reste impénétrable, incompréhensible : *Le fond de cette intrigue est pour moi lettre close* (Mol., *Dép. am.*, 371). *Ces matières pour vous sont encor lettres closes* (Th. Corn., *Bertr. de Cigar.*, I, I).

Les sens actuels étaient également usuels au XVIIe s.

◆ plur. **Les lettres,** l'étude des livres ; les connaissances de toute sorte que procure cette étude : *J'ai été nourri aux lettres dès mon enfance, et, pour ce qu'on me persuadait que par leur moyen on pouvait acquérir une connaissance claire et assurée de tout ce qui est utile à la vie, j'avais un extrême désir de les apprendre* (Desc.,

Méth., I, 6). – Auj. on désigne ainsi la « littérature », par opposition aux « sciences ». ♦ **Belles-lettres,** les sciences exactes (physique, géométrie), ou, comme auj., la littérature. ♦ **Lettres royaux,** actes de chancellerie émanant du souverain en faveur d'un plaideur, d'un débiteur, etc. : *J'obtiens lettres royaux et je m'inscris en faux* (Rac., *Plaid.*, 226). ♦ **Lettres d'État,** ordonnances royales qui suspendaient pendant six mois les procédures judiciaires engagées contre les personnes au service de l'État : *La noblesse dont tout le bien est en décret* [v. ce mot] *ne vit que de lettres d'État* (Fén., *Lettre à L. XIV*).

leur adj. poss. Pouvait ne pas prendre la marque du pluriel en s'assimilant au pronom personnel : *Dans la vue de détacher Monsieur de leur intérêts* [...] (Retz, *Mém.*, II, 245).

◆ Comme pronom personnel il pouvait prendre la marque du pluriel : *Nous leurs écrivîmes* (Retz, *Mém.*, III, 191).

leurre n.m. « Certain morceau de cuir rouge façonné en forme d'oiseau, dont les fauconniers se servent pour rappeler les oiseaux de fauconnerie qui ne reviennent pas tout droit sur le poing » (Acad. 94) : *L'oiseau garda son poste* [...]. *Son maître le rappelle, et crie, et se tourmente, Lui présente le leurre et le poing, mais en vain* (La Font., *F.*, XII, 12). ♦ « Un artifice avec lequel on attire qqn, une chose dont on lui fait envie afin de le tromper » (Acad. 94). – Auj. sens plus général de « duperie » : *Mal prend aux volereaux de faire les voleurs. L'exemple est un dangereux leurre :* [...] *Où la guêpe a passé, le moucheron demeure* (La Font., *F.*, II, 16).

lèvement n.m. Action de lever (vieilli au XVIIe s.) : *J'envoie à Sa Majesté la relation du lèvement du siège de Fontarabie* (Richelieu, *Lettre*, 1638, *in* L.).

lever v.t. Enlever, ôter : *En vain à lever tout les valets sont fort prompts, Et les ruisseaux de vin coulent aux environs* (Boil., *Sat.*, III, 223). ♦ Prélever sur une pièce de tissu : *L'étoffe me sembla si belle que j'en ai voulu lever un habit pour moi* (Mol., *Bourg.*, II, v). *Je fus hier lever pour bien de l'argent d'étoffes chez Gautier, pour me faire belle en Provence* (Sév., 27 mai 1672). *Il faut lever sur la largeur de la toile de quoi faire les poignets des chemises* (Acad. 94).

Les sens actuels étaient également usuels au XVIIe s.

liaison n.m. Alliance : *D'un autre côté la Reine avait fait une nouvelle liaison avec le coadjuteur* (La Roch., *Mém.*, IV, p. 150). ♦ **Prendre liaison** ou **une liaison,** entrer en relations : *Je ne laissai pas de prendre une liaison d'affaire avec Mme de Longueville* (Retz, *Mém.*, II, 124).

Auj., pour les personnes, surtout « commerce amoureux ».

libelle n.m. Ouvrage sans valeur : *Et déjà chez Barbin, ambitieux libelles, Vous brûlez d'étaler vos feuilles criminelles* (Boil., *Ép.*, X, 5).

Le sens actuel de « pamphlet injurieux » était usuel au XVIIe s. : *Ce factum, cette requête, cette critique peuvent passer pour des libelles* (Fur.).

libéral, e adj. Généreux : *Elle était naturellement libérale, même dans son extrême vieillesse, quoique cet âge ordinairement soit souillé des ordures de l'avarice* (Boss., *O. f. Yolande de Monterby*). *Il est libéral de ce qui ne coûte rien* (Perr. Abl., *in* Richelet).

Auj. « favorable aux libertés individuelles, dans le domaine politique ».

libertin, e adj. et n. Qui ne suit que son plaisir ; fantaisiste (sans nuance défavorable) : *Vous savez ma paresse, mon humeur libertine* (Malh., *Lettre Peiresc*, s. d.). *Mais il y faut venir* [au mariage] [...] *Pour libertin qu'on soit, on s'y trouve attrapé : Toi-même, qui fais tant le cheval échappé, Nous te verrons un jour songer au mariage* (Corn., *Mél.*, 107). ♦ Indiscipliné, qui néglige ses devoirs : *C'était un tempérament* [= moyen terme] *que je croyais lors fort raisonnable entre la rigueur des vingt et quatre heures et cette étendue libertine qui n'avait aucunes bornes* (Corn., *Veuve*, Exam.). *Deux petits libertins qui mangeaient des cerises* (La Font., *le Florentin*, sc. VIII). *Vous savez, Messieurs, combien la jeunesse est libertine, et le peu d'autorité que les parents ont sur leurs enfants* (Fur., *Rom. bourg.*, I). ♦ Qui néglige ses devoirs religieux ou qui s'affranchit des croyances ; libre penseur : *Vois-tu ce libertin en public intrépide, Qui prêche contre un Dieu que dans son âme il croit ?* (Boil., *Ép.*, III, 23). *Un libertin d'ailleurs qui, sans âme et sans foi, Se fait de son plaisir une suprême loi Tient que ces vieux propos de démons et de flammes Sont bons pour étonner des enfants et des femmes* (Boil., *Sat.*, IV, 23).

Le sens actuel de « qui vit dans le dérèglement,

la licence des mœurs » apparaît à la fin du XVIIe s.

libertinage n.m. Fantaisie, action de s'abandonner à ses penchants : *J'aime fort la liberté et le libertinage de votre vie et de vos repas* (Sév., 25 juill. 1689). *Elle fut* [...] *désapprouvée par un fort grand nombre de moines* [...] *qui regardaient la bonne chère, l'oisiveté, la mollesse et, en un mot, le libertinage, comme d'anciennes coutumes de l'ordre* (Rac., *P.-R.*, I). ♦ Indépendance, manque de soumission aux lois, aux règles : *Pour le lieu, il a encore plus d'étendue, ou, si vous voulez souffrir ce mot, de libertinage ici que dans Mélite* (Corn., *Clit.*, Exam.). ♦ Irréligion, impiété, incroyance : *La liberté de l'esprit,* [...] *qui est la liberté de Calvin, la liberté de Jeanne de Navarre, la liberté de nos athéistes* [...] *s'appelle plus clairement libertinage* (Garasse, *Doctrine curieuse*, 1624, p. 681).

Le sens actuel de « licence des mœurs » apparaît à la fin du XVIIe s.

libre adj. Pouvait se construire avec la préposition *à* et l'infinitif (auj. il se construit avec *de*) : *Mais tu seras sans moi plus libre à lui parler* (Corn., *Gal. du Pal.*, 52). *Toute âme est libre à nommer son vainqueur* (Mol., *D. G.*, 1287).

librement adv. Volontiers, de bon cœur : *Quelques-uns de leurs voisins arrivèrent qui s'en chargèrent librement* [de leurs troupeaux] (Urfé, *Astrée*, II, 157). ♦ Libéralement, largement : *Quant à l'argent qu'il donne librement,* [...] *il n'est pas incompatible qu'une personne soit ridicule en certaines choses, et honnête homme en d'autres* (Mol., *Crit. Éc. des f.*, sc. VI).

Les sens actuels étaient également usuels au XVIIe s.

licence n.f. Liberté (vieux en ce sens, selon Richelet) : *Là, l'enfant éveillé courant sous* [= à la faveur de] *la licence Que permet à son âge une libre innocence* (Saint-Amant, *Moïse sauvé*, V, 241). ♦ Allure négligée, laisser-aller : *Rien de ce que je dis de mon chef ne sent un auteur qui retouche son travail, et qui châtie la licence de ses premières années* (Bayle, *Dict. hist.*, Préf.). ♦ Autorisation, permission : *Vous pouvez faire et dire tout ce que vous voudrez, je vous en donne la licence* (Mol., *Av.*, IV, I). *Un cœur qui veut aimer et qui sait comme on aime N'en demande jamais licence qu'à soi-même* (Corn., *Ment.*, 191).

Le XVIIe s. connaissait surtout le sens actuel de « dérèglement des mœurs, débauche » : *Ce désordre est toléré par l'abus et la licence du siècle* (Fur.).

licencier v.t. Congédier (auj. spécialisé au sens de « priver de son emploi ») : *La nymphe et Paris licencièrent aussi Silvandre* (Urfé, *Astrée*, II, 114). ♦ Rejeter : *Mais en vain son dépit pour ses fautes commises Lui fait licencier mes soins et mon appui : Je veux, quoi qu'il en soit, le sauver malgré lui* (Mol., *Ét.*, 1681).

◆ **se licencier,** prendre congé : *Le Pape* [...] *lui demanda s'il n'avait rien à lui dire devant que de se licencier* (Retz, *Lettre M. de Lionne*, 6 avr. 1666). ♦ **Se licencier à,** se permettre de, et, absolument prendre des libertés : *À quitter mon parti tout s'est licencié* (Mol., *Psyché*, Prologue, 72). *Ce vermillon nouveau qui colore ta joue M'invite expressément à me licencier* (Corn., *Clit.*, 368, var.).

licencieux, euse adj. Trop libre, trop indépendant : *Cette opinion est un peu licencieuse ; et si l'on faisait aller un acteur en poste, les deux côtés du théâtre pourraient représenter Paris et Rouen* (Corn., *Disc. des trois unités*). *De là vient que le peuple trop licencieux, abusant du pouvoir qu'on lui avait laissé, en a été dépouillé sans contradiction* (Fén., *in* L.).

Le sens actuel de « contraire aux bonnes mœurs, impudique » était le plus courant au XVIIe s. : *Il dit des choses trop hardies, sales ou impies, trop licencieuses. Il mène une vie libertine et licencieuse* (Fur.).

lie adj. **Faire chère lie,** vivre joyeusement en faisant bonne chère : *Là, vivant à discrétion, La galande fit chère lie, Mangea, rongea* (La Font., *F.*, III, 17).

lienterie n.f. Espèce de diarrhée dans laquelle les aliments sont rendus à demi digérés : [...] *je veux qu'avant qu'il soit quatre jours* [...] *vous tombiez* [...] *de l'apepsie dans la lienterie* (Mol., *Mal. im.*, III, V).

liesse n.f. Joie, manifestation d'allégresse (vieilli au début du XVIIe s. pour Malh.) : *Voyez les liesses, les transports, les chants de cette cité triomphante* (Boss., *in* L.). ♦ **En liesse,** en joie (auj. seulement littér.) : *Aux noces d'un tyran tout le peuple en liesse Noyait son souci dans les pots* (La Font., *F.*, VI, 12).

lieu n.m. Endroit, partie du corps ou d'un objet : *Aussitôt que son frère serait guéri, qui n'était pas blessé en lieu dangereux* (Scarr., *Rom. com.*, I, 15). ♦ Place : *Résistez à une critique importune, qui* [...] *ne laisserait à la fin aucun lieu à l'art, et nous ferait retomber dans la barbarie* (Boss., *Disc. réception Acad. fr.*). ♦ Origine, famille : *Elle est belle, elle est sage, elle sort de bon lieu* (Corn., *Ment.*, 683). ♦ Circonstance, occasion : *Il y a des lieux où il faut appeler Paris Paris, et d'autres où il la faut appeler capitale du royaume* (Pasc., *Pensées*). *Ma sœur, auparavant, engagez l'entretien, Et s'il s'en offre lieu, jouez d'un peu d'adresse, Pour votre intérêt, et le mien* (Corn., *Agés.*, 162). ♦ Être animé, personne qui est l'objet d'un sentiment, le terme d'une action : *Quand nous voulons donner, il faut prendre garde que ce soit en lieu qui le mérite* (Malh., *Bienf.*, IX, 1). *Mon cœur* [...] *Sentit bien qu'il aimait en lieu digne d'un roi* (Rotr., *Laure perséc.*, V, x). *Cliton, sans doute il aime en même lieu que moi* (Corn., *S. du Ment.*, 1420). ♦ Motif légitime, raison d'être : *Tant que je pourrai voir quelque lieu d'espérer* (Corn., *S. du Ment.*, 1772). *Vous avez raison, Madame, de les trouver étranges, tous ces raffinements mystérieux. Car enfin, s'ils ont lieu, nous voilà réduits à ne nous plus croire* (Mol., *Crit. Éc. des f.*, sc. VI). – Auj. *Avoir lieu*, c'est « se produire, survenir ». ♦ **Avoir lieu de** (suivi d'un nom), avoir des motifs de : *Nous avons donc bien lieu d'une douleur profonde* (Corn., *Imit.*, IV, 253). – Auj. l'expression s'emploie seulement avec un infinitif complément. ♦ **Avoir lieu à,** se trouver dans, avoir sa place dans : *Ce mot est bas et plébée ; il peut avoir lieu aux satires et aux comédies* (Malh., *Comm. Desportes*). ♦ **Donner lieu,** laisser la possibilité : *Ne feignez qu'un moment, laissez partir Sévère, Et donnez lieu d'agir aux bontés de mon père* (Corn., *Pol.*, 1224). ♦ **Laisser lieu,** permettre, donner le temps : *L'impétuosité du Maréchal* [...] *ne laissa pas lieu de mesurer mes expressions* (Retz, *Mém.*, II, 26). ♦ **Être en lieu de,** être en état de : *Vous êtes en lieu de prendre de bons conseils* (Sév., 9 oct. 1680). ♦ **Au lieu que** (dans une phrase négative), seulement, uniquement : *Elle ne s'occupait au lieu qu'à jouer aux cartes* (Sorel, *Hist. des deux sœurs*).

La plupart des locutions et des sens actuels étaient également usuels au XVIIe s.

lieutenance n.f. Charge, emploi de « lieutenant » : *On donne au fils la lieutenance générale de Picardie* [...] *avec le gouvernement de Calais, et vingt mille francs de pension* (Sév., 9 mars 1672).

lieutenant n.m. Celui qui remplace un chef et commande en son absence : *Je lui prête mon bras et veux, dès maintenant, S'il daigne s'en servir, être son lieutenant* (Corn., *Nic.*, 602). ♦ **Lieutenant général,** officier supérieur commandant en second dans une armée : [Le prince de Condé] *avait pour lieutenants généraux MM. les Maréchaux d'Humières et de Bellefonds* (Sév., 27 avr. 1672). ♦ **Lieutenant général du royaume,** celui qui faisait fonction de roi quand le roi n'était pas en état de gouverner.

Auj. « officier dont le grade est immédiatement au-dessous de celui de capitaine ».

lige adj. Lié par un serment de fidélité à son seigneur (terme de féodalité) ; et au fig. soumis : *Les animaux, et toute espèce lige De son seul appétit* [de celui de l'empereur], *crurent que cette fois Il fallait subir d'autres lois* (La Font., *F.*, IV, 12).

lignage n.m. Descendance ou ascendance ; lignée : *Imprudence, babil et sotte vanité, Et vaine curiosité, Ont ensemble étroit parentage. Ce sont enfants tous d'un lignage* (La Font., *F.*, X, 2).

Lignage n.m. Vin rouge médiocre du terroir d'Orléans : *Un rouge bord D'un Auvernat fumeux, qui, mêlé de Lignage, Se vendait chez Crenet pour vin de l'Ermitage* (Boil., *Sat.*, III, 73).

ligne n.f. Mesure valant la douzième partie du pouce, soit 2,2 558 mm : *La ligne est à peu près de la largeur d'un gros grain d'orge* (Richelet).

limite n. Était encore d'un genre incertain au XVIIe s. : *Ta miséricorde excédant tous limites* (Corn., *Imit.*, III, 1143). *Afin de régler les limites de la poésie et de la prose, aussi bien que ceux de la conversation et des livres* (La Font., *Remerc. à l'Acad.*).

limon n.m. Branche du brancard d'une voiture : *Il se trouve* [...] *devant un limon de charrette* (La Br., XI, 7). *Mettre un cheval au limon* (Richelet).

linceul n.m. Drap de lit (vieilli à la fin du XVIIe s.) : *Et les enfants* [couchés], *craignant d'être tout seuls, Couvrent leurs têtes de linceuls* (Saint-Amant, *la Nuit*). *Les lits sont faits, il n'y a qu'à y mettre les linceuls* (Acad. 94).

Il avait aussi le sens actuel de « drap dans lequel on ensevelit un mort » : *Les plus riches n'emportent au tombeau qu'un linceul* (Fur.).

lippée n.f. Repas, bons morceaux : *Vos pareils* [les loups] *y sont misérables* [...] *et pauvres diables, Dont la condition est de mourir de faim. Car quoi ? rien d'assuré ; point de franche lippée* (La Font., *F.*, I, 5). ♦Aubaine : *Ce fut en cet état, les doigts de sang souillés, Qu'au bruit de ce duel trois sergents éveillés, Tout gonflés de l'espoir d'une bonne lippée, Me découvrirent seul et la main à l'épée* (Corn., *S. du Ment.*, 123).

liqueur n.f. Liquide quelconque : *Dans du lait, dans de l'huile, dans du vif argent, et enfin dans quelque liqueur que ce soit* (Pasc., *Pesant. masse d'air*). *Vois mille autres venins : cette liqueur épaisse Mêle du sang de l'hydre avec celui de Nesse* (Corn., *Méd.*, 985). *L'eau est la plus simple des liqueurs* (Acad. 94).

Le sens actuel de « boisson fortement alcoolisée » apparaît à la fin du XVIIe s.

lit n.m. Syn. de *tour de lit* (garniture de tissu suspendue autour du lit) : *Onuphre n'a pour tout lit qu'une housse de serge grise* (La Br., XIII, 24). ♦**Lit d'ange,** lit sans piliers, dont les rideaux suspendus au plafond se retroussaient au lieu de se tirer sur des tringles : *M. de Coulanges vous parlera de votre lit d'ange* (Sév., 11 juill. 1672). *Votre lit, c'est un lit d'ange, de quelque manière qu'il soit retroussé* (E. de Coulanges, *in* Sév., *ibid.*). ♦**Lit d'honneur,** champ d'honneur : *Je demande sa mort, mais non pas glorieuse* [...] *Non pas au lit d'honneur, mais sur un échafaud* (Corn., *Cid.*, 1364). ♦**Lit de justice,** séance solennelle du Parlement.

Les locutions et les sens usuels auj. l'étaient également au XVIIe s.

litière n.f. Sorte de lit couvert, soutenu par deux brancards et porté soit par des valets, soit par deux chevaux, l'un devant, l'autre derrière : *Mme de La Fayette arriva avant hier de Chantilly en litière : c'est une belle allure ; mais son côté ne peut souffrir le carrosse* (Sév., 8 juill. 1676). ♦**Faire litière d'une chose,** la prodiguer : *C'est un homme qui fait litière de pistoles* (Corn., *Ment.*, 1306). – Auj. on comprend généralement cette expression au sens de « mépriser, fouler aux pieds », comme souvent déjà au XVIIe s. : [...] *ils font litière de quelque chose* [...], *ils l'estiment aussi peu que de la litière* (Fur.).

Désignait aussi, comme auj., la « couche de certains animaux » : *Je ne vous dirai point qu'ils* [vos chevaux] *sont sur la litière ; les pauvres bêtes n'en ont point, et ce serait fort mal parler* (Mol., *Av.*, III, I).

litigieux, euse adj. Qui se plaît aux contestations, procédurier : *Si jamais quelque ardeur bilieuse Allumait dans ton cœur l'humeur litigieuse* (Boil., *Ép.*, II, 38).

Il avait aussi le sens actuel de « sujet à contestation », en parlant de choses : *La Justice, pesant ce droit litigieux, Demande l'huître, l'ouvre et l'avale à leurs yeux* (Boil., *Ép.*, II, 47).

litre n.f. Bande de tissu noir tendue dans une église aux obsèques d'un grand personnage et portant les armoiries du défunt : [...] *on les* [les armes d'une famille noble] *voit sur les litres et sur les vitrages, sur la porte de leur château, sur le pilier de leur haute justice* (La Br., VII, 10).

litron n.m. Mesure de capacité pour les matières sèches, valant la seizième partie d'un boisseau, soit 0,813 l : *Acheter un litron de sel* (Richelet).

Auj., pop., « litre de vin ».

littérature n.f. Culture littéraire, érudition : *Admire-t-on une vaste et profonde littérature, qui aille fouiller dans les archives de l'antiquité pour en retirer des choses ensevelies dans l'oubli* [...] *?* (La Br., *Disc. Acad.*). *Il est homme de grande littérature* (Acad. 94).

Auj. « ensemble des œuvres littéraires ».

livre n.m. Livret d'un ballet ou d'un opéra : *Un livre de ballet Pour lire le sujet Du divertissement qu'on fait* (Mol., *Bourg.*, Ballet des Nations). ♦**Prendre qqn sur le livre,** le surprendre en train de lire : *Je te prends sur le livre. – Eh bien ? qu'en veux-tu dire ? Tant d'excellents esprits qui se mêlent d'écrire Valent bien qu'on leur donne une heure de loisir* (Corn., *Gal. du Pal.*, 141).

Les sens actuels étaient également usuels au XVIIe s.

livre n.f. Mesure de poids valant à Paris 16 onces ou 0,489 kg ; dans l'Ain 18 onces ; à Lyon 12 onces : *Les livres sont fort différentes selon les villes et les pays* (Richelet). ♦ Monnaie valant 20 sols (*livre tournois*) ou 25 sols (*livre parisis*). C'était un synonyme de *franc*. On l'employait surtout quand la somme ne faisait pas un compte rond (langue commerciale et administrative), ainsi que dans l'évaluation des titres de rente. On disait ordinairement : *vingt sols, quarante sols, un écu, quatre francs, cent sols, six francs, sept francs,* etc. : *Argan* [lisant un mémoire] *« Une bonne médecine,* [...] *quatre livres »* [...] *c'est se moquer* [...] *Monsieur Purgon ne vous a pas ordonné de mettre quatre francs. Mettez, mettez trois livres, s'il vous plaît* (Mol., *Mal. im.*, I, I). *Monsieur Purgon est un homme qui a huit mille bonnes livres de rente* (Mol., *Mal. im.*, I, V).

locher v.i. Être branlant, mal fixé (spécialement en parlant d'un fer de cheval) [vieux selon Fur.]. ♦ Fig. **Avoir toujours quelque fer qui loche,** être sujet à des malaises, être dans une situation difficile : *Une fille a toujours quelque fer qui loche* (Regnard, *le Bal*, sc. VII, *in* L.). [...] *il y a toujours en son fait quelque fer qui loche,* [...] *quelque chose qui va mal en son corps, ou en sa fortune* (Fur.).

locution n.f. Élocution, façon de parler : *Il ira, cet ignorant dans l'art de bien dire, avec cette locution rude, avec cette phrase qui sent l'étranger, il ira en cette Grèce polie, la mère des philosophes et des orateurs* (Boss., *Panég. St Paul*, I).

Il s'employait déjà au sens actuel de « tour particulier de la langue » : *Un orateur ne se doit servir que de locutions propres, naturelles, significatives et en usage* (Fur.).

loge n.f. Maisonnette, hutte, petite pièce, échoppe : *Gardiens de quelque loge au milieu des champs* (Malh., *Ép.*, 47). *Il y a quatre cents loges à la Foire de St-Germain-des-Prés* (Fur.).

Les sens actuels de « compartiment dans une salle de spectacle » et « logement d'un portier, d'un concierge » étaient également usuels au XVIIe s. (le second, depuis le milieu du siècle seulement) : *Dans les hôtels, il y a la loge du portier* [...]. *On voit mieux du parterre que des loges* (Fur.). Les autres sens actuels datent du XVIIIe et du XIXe s.

logette n.f. Petite hutte, petite pièce : *Enfin, un matin, je vis entrer dans ma logette un homme que je ne connaissais point* (Cyrano, *États et empires de la Lune*, p. 81).

loi n.f. Ordre, contrainte imposée par un supérieur, autorité (auj. restreint le plus souvent au sens juridique [déjà le plus usuel au XVIIe s.] ou scientifique [qui apparaît à la fin du XVIIe s.]) : [...] *Observe exactement la loi que je t'impose* (Corn., *Cinna*, 1426). *Loin d'être aux lois d'un homme en esclave asservie, Mariez-vous, ma sœur, à la philosophie* (Mol., *F. sav.*, 43). ♦ Conditions imposées par le vainqueur au vaincu : *Cette paix* [...] *fut trouvée à Rome très indigne* [...] *il valait mieux les laisser tous mourir de faim, que de recevoir une loi si odieuse* (Saint-Réal, *Conjur. des Gracques*).

◆ pl. **Les lois,** dans le langage de la galanterie, lois de l'amour, asservissement à la personne aimée : *Je te permets ici de dire que l'amour M'a rangé sous ses lois, et me brave à son tour* (Mol., *Pr. Él.*, 12). ♦ **Prendre la loi, des lois, loi de,** se soumettre à : *Il serait beau vraiment qu'on le vît aujourd'hui Prendre loi de qui doit la recevoir de lui* (Mol., *Éc. des f.*, 1691).

loin adv. Pouvait suivre une indication de distance : *J'admire, ma fille, que de deux cents lieues loin c'est vous qui me gouvernez* (Sév., 2 août 1689). ♦ **De loin,** en s'écartant, en s'éloignant beaucoup (auj., comme aussi au XVIIe s., « d'une grande distance ») : *Si la nourrice était femme à quitter de loin son ménage* (Sév., 8 avr. 1671).

long n.m. **Tirer de long** (ou **de longue**), parcourir un long trajet, se sauver au loin : *La colombe l'entend, part et tire de long* (La Font., *F.*, II, 12) ; traîner en longueur : *Mais je serais d'avis que vous tirassiez toujours de longue* (Chap., *Lettres*, II, 789).

longueur n.f. Lenteur : *Après certains moments que perdent nos longueurs, Elle* [la grâce] *quitte ces traits qui pénètrent les cœurs* (Corn., *Pol.*, 31).

Les sens actuels étaient également usuels au XVIIe s.

lopin n.m. Morceau de nourriture (mot familier) : *« Point de courroux, Messieurs, mon lopin me suffit ; Faites votre profit du reste ». À ces mots, le premier, il* [le chien] *vous happe* *un morceau* (La Font., *F.*, VIII, 7).

L'emploi se restreint auj. à *lopin de terre,* ou simplement *lopin,* « modeste morceau de terre, petit champ ».

lors adv. Alors : *Combien nos déplaisirs parurent lors extrêmes !* (Corn., *Hor.*, 179). *Je suis un peu plus éloigné de vous que je n'étais lors* (Rac., *Lettre Mlle Vitart,* 26 déc. 1661). *Ce fut lors que la sincérité de ce grand ministre parut* (La Roch., *Mém.*, II, 452).

Vaug. ne l'admettait déjà plus que dans les locutions *dès lors* (encore actuelle) et *pour lors* (plus rare auj.), et dans *lors que* (auj. seulement *lorsque* conjonction écrite en un seul mot). Richelet le considère comme vieux.

lôs n.m. Gloire (vieilli et plaisant au XVIIe s.) : *La liberté, les bois, suivre leur appétit, C'était leurs délices suprêmes ; Tous renonçaient au lôs des belles actions* (La Font., *F.*, XII, 1).

louable adj. Se disait en langage médical des humeurs ou des déjections qui ont la qualité requise : *La matière est-elle louable ? – Je ne me connais pas à ces choses* (Mol., *Méd. m. lui,* II, IV).

loueur n.m. Celui qui loue, louangeur : *Il* [Corbinelli] *a fait une épître contre les loueurs excessifs : elle fait revenir le cœur* (Sév., 6 juill. 1676).

louis n.m. Pièce de monnaie valant selon les époques de dix livres (ou une pistole) à douze livres (les premiers louis furent frappés en 1640) : *Si vous vouliez me prêter deux pistoles* [...] (Il lui donne deux louis) (Mol., *Fâch.*, 736). *Vous me prêterez bien, que je crois, cent louis* [...] *De grâce, allons chez vous pour prendre cent pistoles* (Quinault, *Mère coquette,* I, IV). *Une méchante bourse, Qui renfermait cent beaux louis. – Autre ressource ; Ce sont onze cents francs* (Champmeslé, *Parisien,* III, IV).

lourdise, lourderie n.f. Faute grossière, sottise de lourdaud : *Les Walpoles* [...] *manifestèrent toute la duperie et l'enchaînement des lourdises où, à leur profit et à notre grand dommage, ils avaient fait tomber six ans durant notre premier ministre* (Saint-Simon, 1707). *Il y en avait peu qui ne déshonorassent leur lourderie et leur ignorance* (Chap., *Guzm. Alfar.*, III, 115).

loyer n.m. Salaire, rétribution (vieilli et poétique en ce sens au XVIIe s.) : *Toute peine, dit-on, est digne de loyer* (La Font., *F.*, XII, 22). ♦ Récompense, prix : [...] *sans considérer quel sera le loyer D'une action de ce mérite, Il* [le villageois] *l'étend* [le serpent gelé] *le long du foyer, Le réchauffe, le ressuscite* (La Font., *F.*, VI, 13).

Il signifiait aussi, comme auj., « prix du louage ».

lumière n.f. Fig. Sensation de la vue, et poétiquement, vie : *La lumière à ses yeux est ravie ; Il tombe sur son lit sans chaleur et sans vie* (Rac., *Brit.*, 1631). *La Parque à ce mot lui coupe la parole ; Sa lumière s'éteint, et son âme s'envole* (Corn., *Rodog.*, 1648). ♦ Intelligence, pénétration : *Il faut de la prudence, il faut de la lumière* (Corn., *Oth.*, 641).

luminaire n.m. Astre : *Tantôt levé devant le jour,* [...] *Pour voir recommencer le tour Au céleste et grand luminaire* (Saint-Amant, *le Contemplateur,* 304). *Jusqu'ici Dieu avait tout fait en commandant* [...] *qu'il y ait de grands luminaires qui partagent le jour et la nuit* (Boss., *H. univ.*, II, I). ♦ Vue, regard : *Oui, je devais au dos avoir mon luminaire* (Mol., *Ét.*, 280). ♦ Yeux (en langage burlesque) : *Là, les uns à beaux coups de poing S'écachent le nez ou le groin Ou se pochent les luminaires* (Saint-Amant, *Œuvres,* II, 401).

Il désignait aussi, comme auj., les « cierges, lampes éclairant une église, etc. » : *Le crieur demande tant pour avoir fourni le luminaire* (Fur.).

lutter v.t. Combattre (auj. seulement v.i.) : *On lui voit en naissant lutter un lionceau* (Tr. L'Hermite, *Vers héroïques,* la Maison d'Astrée, 298).

◆ **se lutter,** se battre : *Elle entendit du bruit comme de deux personnes qui se luttaient* (Retz, *Mém.*, III, 518).

L'emploi intransitif (seul autorisé auj.) était également usuel au XVIIe s. : *Les anciens s'exerçaient fort à lutter. Jacob lutta contre l'Ange* (Fur.).

luxe n.m. Débauche : *Balthazar* [...] *mêle la profanation avec le luxe* (Boss., *H. univ.*, II, 6).

Le XVIIe s. connaissait surtout le sens actuel de « somptuosité, faste » : *Oh ! trois ou quatre fois béni soit cet édit Par qui des vêtements le luxe est interdit* (Mol., *Éc. des m.*, II, IX).

m

macaron n.m. **Mettre du sucre sur du macaron,** ajouter bien sur bien, donner un raffinement de soins à qqch : *Enfin, je ne pense qu'à ma santé, et c'est ce qui s'appelle présentement mettre du sucre sur du macaron* (Sév., 16 sept. 1676).

mâchelière n. f., **(dent) mâchelière** adj. f. Molaire : *Il y a quelque temps que certaine jeune femme avait un si très grand mal à l'une de ses mâchelières, qu'elle en courait les rues comme une enragée* (Sorel, *Hist. d'une femme voulant se faire arracher une dent*). *On lui a arraché une dent mâchelière qui était pourrie* (Fur.).

machine n.f. En langage de théâtre, moyen mécanique permettant un changement de décor ou une mise en scène spectaculaire : *Vénus descend du ciel dans une grande machine* (Mol., *Psyché,* Prologue). *Il sortit de dessous le théâtre la machine d'un grand arbre chargé de seize faunes* (Mol., *Pr. Él.,* Interm., 6). ♦ Agencement de moyens naturels ou non en vue d'un résultat : *Puis sur tes cornes m'élevant, À l'aide de cette machine* [le bouc debout contre la paroi], *De ce lieu-ci* [du puits] *je sortirai* (La Font., *F.*, III, 5). *Notre renard* [...] *S'accommode en celui* [s'installe dans le seau] *qu'au haut de la machine* [deux seaux se faisant équilibre] *L'autre seau tenait suspendu* (La Font., *F.*, XI, 6). *Cruels humains ! vous tirez de nos ailes De quoi faire voler ces machines cruelles* [des flèches empennées] (La Font., *F.*, II, 6). *Une mouche survient* [...], *et pense à tout moment Qu'elle fait aller la machine* [le coche] (La Font., *F.*, VII, 9). *Marché fait, les oiseaux forgent une machine* [un bâton] *Pour transporter la pèlerine* [la tortue] (La Font., *F.*, X, 3). [...] *je démens mes yeux en toute sa machine* [pour tout ce qui concerne l'agencement et le mouvement du soleil] (La Font., *F.*, VII, 18). ♦ **La machine ronde,** la Terre, le monde : *En est-il un plus pauvre en la machine ronde ? Point de pain quelquefois, et jamais de repos* (La Font., *F.*, I, 16). *Hercule* [...], *aide-moi. Si ton dos A porté la machine ronde, Ton bras peut me tirer d'ici* (La Font., *F.*, VI, 18). ♦ Ensemble des organes d'un corps, organisme : *Il ne faut point laisser prendre possession de nos pauvres machines à des maux si dangereux et si douloureux* (Sév., 19 juin 1695). *Ne les retardez pas dans leur course précipitée, vous démonteriez leur machine* (La Br., VIII, 19). *Je sens en moi certain agent, Tout obéit dans ma machine* [le corps humain] *À ce principe intelligent* (La Font., *F.*, IX, *Disc. Mme de La Sablière,* 157). ♦ Moyen d'action : *Nos paroles arrangées, et nos figures artificielles, sont des machines trop faibles* (Boss., *O. f. François Bourgoing*). ♦ Chose pesante, encombrante ; masse : *Cette homme est grossier et pesant, c'est une machine* (Fur.). *L'on dirait* [...] *que les cieux Posent sur ces audacieux Leur pesante machine* (Rac., *Promenades Port-Royal,* Ode II, 77). ♦ Machination, combinaison : *Il a bien fallu des machines pour cela* (Acad. 94). *Cet homme* [...] *qu'abuse à ses yeux, par sa machine même, Celle qu'il veut tenir dans l'ignorance extrême !* (Mol., *Éc. des f.,* 932). *Ces pères* [...] *remuèrent toute sorte de machines pour faire condamner le livre de la Fréquente Communion* (Rac., *P.-R.,* I). *Ce bloc enfariné ne me dit rien qui vaille* [...] *Je soupçonne dessous encor quelque machine* (La Font., *F.*, III, 18). [Louis XIV] *regarde sans s'étonner l'agitation de l'Europe et les machines qu'elle remue pour le détourner de son entreprise* (La Font., *F.*, À Mgr le Dauphin). ♦ **Par machine,** par artifice : *Je ne mange encore que par machine, comme les chevaux, en me frottant la bouche de vinaigre* (La Fayette, *Lettre,* 14 juill. 1673).

Auj. « objet fabriqué, généralement complexe, destiné à transformer l'énergie et à utiliser cette transformation » (sens que le XVIIe s. connaissait aussi).

machiniste adj. et n. Qui invente des machines ; habile en mécanique : *On me l'a débité pour un grand mathématicien et pour un machiniste d'importance* (Chap., *Lettres*, II, 531). ♦ Qui fait des machines pour le théâtre (auj. « ouvrier qui s'occupe des machines, des changements de décors, etc., au théâtre et au cinéma »). *Le sieur La Croix machiniste florentin est fameux* (Richelet).

Auj. aussi « celui qui fait marcher une machine, conducteur, mécanicien ».

macule n.f. Tache, souillure morale, péché (strictement limité au vocabulaire religieux, selon Acad. 94, ou astronomique, selon Richelet) : *Je saurai conserver d'une âme résolue À l'époux sans macule une épouse impollue* (Corn., *Théod.*, 780). *Lorsque de sa maison Oreste eut vengé la macule* (Scarr., *V. tr.*, IV, 2165).

madame n.f. Titre donné à une femme ou à une fille (même non mariée) de bourgeois : [Trissotin à Henriette] *Peut-être que mes vers importunent Madame* (Mol., *F. sav.*, 823). ♦ Titre de la femme de Monsieur, frère unique du Roi : *En vain Monsieur, en vain le Roi même tenait Madame serrée par de si étroits embrassements* [...] *La princesse leur échappait* (Boss., *O. f. H. d'Angl.*).

Auj., comme aussi au XVIIe s., titre donné à la maîtresse de maison : *Laquais de Monsieur, laquais de Madame* (Fur.) ; titre donné à toute femme qui est ou a été mariée : *Me prenez-vous pour une provinciale, madame ? – Dieu m'en garde, madame* (Mol., *Escarb.*, sc. VII).

mademoiselle n.f. Femme mariée qui n'est pas noble, ou qui est noble mais non titrée : *Mademoiselle de La Rappinière vint la dernière, et fut bien étonnée, aussi bien que les autres, de trouver son mari tout furieux, luttant contre une chèvre* (Scarr., *Rom. com.*, I, 4). ♦ Titre de la fille de Monsieur, frère unique du Roi : [Lauzun] *épouse Mademoiselle, la grande Mademoiselle, fille de feu Monsieur* [...] *; Mademoiselle d'Orléans ; Mademoiselle cousine germaine du Roi* (Sév., 15 déc. 1670).

C'était aussi, comme auj., le titre donné aux jeunes filles et aux femmes célibataires « pourvu qu'elles ne soient pas de la lie du peuple ou filles d'artisans » (Fur.).

magasin n.m. Arrière-boutique, réserve (auj. surtout dans la locution *en magasin*, « en réserve ») : *Les libraires ont aussi des magasins de livres dans des greniers* (Fur.).

Ce mot désignait aussi, comme auj., la boutique elle-même : *J'ai été voir tous les magasins* (Sév., *in* L.).

magister n.m. « Maître d'école de village qui enseigne à lire aux jeunes paysans » (Fur.) : *L'enfant lui crie : « Au secours ! Je péris ». Le magister, se tournant à ses cris,* [...] *s'avise De le tancer* (La Font., *F.*, I, 19). *D'un certain magister le rat tenait ces choses, Et les disait à travers champs* (La Font., *F.*, VIII, 9).

Auj. péjor. : « cuistre, pédant ».

magistrat n.m. Magistrature, fonction publique : *Les honneurs sont vendus aux plus ambitieux, Les magistrats donnés aux plus séditieux* (Corn., *Cinna*, 512, var.). – Ce sens vieillit au milieu du XVIIe s. et, en 1660, Corn. corrige ainsi le second vers : *« L'autorité donnée aux plus séditieux »*. ♦ Ensemble des officiers municipaux ou des hauts fonctionnaires civils : *Dans les séditions populaires, le magistrat n'est plus le maître* (Fur.). *Le magistrat vint présenter les clefs, le dais au Roi* (Acad. 94).

Le sens actuel de « fonctionnaire public ou officier civil investi d'une autorité politique ou autre » était usuel au XVIIe s. : *Le peuple au champ de Mars nomme ses magistrats* (Rac., *Brit.*, 205).

magnifique adj. Qui donne avec largesse, sans lésiner, qui aime le faste : *Il faut qu'une personne comme vous, qui êtes magnifique, et qui avez de l'inclination pour les belles choses, ait un concert de musique chez soi tous les mercredis ou tous les jeudis* (Mol., *Bourg.*, II, I). *Cette belle est magnifique et se plaît à donner ainsi à plusieurs dames* (Sév., 13 nov. 1673). ♦ En parlant de choses, pompeux, solennel ; qui a de l'éclat (et a coûté très cher) : *N'attendez donc pas, Messieurs, de ces magnifiques paroles qui ne servent qu'à faire connaître, sinon un orgueil caché, du moins les efforts d'une âme agitée* (Boss., *O. f. Condé*). *Rien n'a été plus magnifique en matière de bâtiments que les Pyramides d'Égypte* (Fur.).

Auj. sens affaibli : « superbe, très beau ».

maigre n.m. Aliments où il n'entre pas de viande : *Ils* [M. et Mme de Nointel] *m'ont donné un si magnifique repas en maigre* [...] (Sév., 27 mai 1680). – L'expression la plus courante était : *traiter quelqu'un en maigre* (Acad.

94), « lui servir un repas où entrait surtout du poisson ».

maille n.f. Petite monnaie, valant la moitié d'un denier et servant de monnaie de compte. ♦**Ne... maille,** rien : *Vous faites des merveilles, vous êtes aimée de tout le monde, il me semble que je vous vois valoir mieux ; c'est que vous ne valiez maille derrière moi, comme dit M. de La Rochefoucauld* (Sév., 7 juin 1671).

Auj. seulement dans les locutions (déjà usuelles au XVIIe s.) *n'avoir ni sou ni maille,* « être dépourvu d'argent », et *avoir maille à partir avec qqn,* « avoir un différend avec lui » (proprem. : « avoir un demi-denier à partager avec lui »).

maillot n.m. Enfant au maillot : *Voilà où conduisit le deuil d'un maillot de M. du Maine : à porter le deuil d'un enfant que sa propre cour ne porte pas* (Saint-Simon, 1709).

Il avait aussi le sens actuel de « langes » : *Cet enfant est encore au maillot* [...] *On va lui ôter son maillot* (Fur.). – Auj. aussi et surtout « vêtement souple porté à même la peau ».

main n.f. Écriture : *Son cœur, comme sa main, se fait connaître ici* (Mol., *D. G.*, 507). *Du cruel Amurat je reconnais la main* (Rac., *Baj.*, 1184). ♦Griffe (d'un oiseau de proie) : *Un rossignol tomba dans ses mains* [du milan] *par malheur* (La Font., *F.*, IX, 17). ♦**À main forte,** avec violence, par la force : *L'ambition* [...] *Dans le sein du repos vient le prendre à main forte* (Boil., *Sat.*, VIII, 82). – Auj. on dit seulement *prêter main-forte,* « secourir ». ♦**Belle main,** pot-de-vin : *Mon revenu, que ceux qui se mêlaient de mes affaires avaient fort diminué, par les belles mains qu'ils prenaient de mes fermiers* (Bussy, *Lettre,* 23 mai 1667). ♦**À toute(s) main(s),** sans scrupule : [Dom Juan] *C'est un épouseur à toutes mains* (Mol., *D. J.*, I, I). *Je me sens toutes les dispositions à devenir bonne comédienne ; j'ai l'esprit à toute main* (Regnard et Dufresny, Chinois, III, I). ♦**La main haute,** avec une pleine autorité : [...] *La grammaire, qui sait régenter jusqu'aux rois, Et les fait la main haute obéir à ses lois* (Mol., *F. sav.*, 466). ♦**Faire main basse,** porter des coups, tuer : *Phinée, en les joignant, furieux et jaloux, Leur a crié : Main basse ! à lui seul, donnez tous !* (Corn., *Andr.*, 1650). *Le peuple souriquois En pâtit : maint vieux chat* [...] *Les guetta, les prit, fit main basse* (La Font., *F.*, XII, 8). – Auj. l'expression signifie « piller, voler ». ♦**Être en la main, à la main,** être à la portée, à la disposition : *Tandis que le succès est encore en ma main* (Corn., *Veuve,* 1382). *Quelle faveur du ciel voulez-vous que j'espère S'il n'est pas en sa main de m'arrêter au jour ?* (Corn., *Œd.*, 1211). *La promenade est si fort à la main* [...] *que l'on est dix fois dans le jardin, et dix fois l'on en revient* (Sév., 23 juill. 1677). ♦**Donner, prêter la main,** épouser : *Adieu ! donne la main ; que malgré ta jalouse, J'emporte chez Pluton le nom de ton épouse* (Corn., *Méd.*, 1497). *Prêtez-moi votre main, je vous donne l'empire* (Corn., *Pulch.*, 1554). *Vous venez, dites-vous, pour lui donner la main ?* (Mol., *Éc. des f.*, 1) ; consentir (en ce sens plus souvent *donner les mains*) : *L'on convint que Monsieur donnerait les mains à la translation* (Retz, *Mém.*, III, 123). *Sylla donc consentit et donna les mains à l'élection de Lucius Cinna* (Saint-Réal, *Marius et Sylla*) ; accompagner en offrant le bras, par courtoisie : *Donnez-moi seulement la main jusque chez moi* (Mol., *Mis.*, 1128). *Et jusqu'à mon carrosse il m'a prêté la main* (Mol., *Fâch.*, 246). ♦**Lâcher la main,** donner pleine liberté : *Il avait, le premier, lâché la main à cette conduite* (Retz, *Mém.*, II, 462). ♦**Éviter la main,** éviter de céder par déférence la droite, la place d'honneur : *L'électeur palatin se tint au lit, se prétextant malade, apparemment pour éviter la main* (Saint-Simon, 1706). ♦**Faire sa main,** « faire un gain, un profit injuste dans quelque emploi ou commission » (Fur.) : *Nous partirons soudain. Viens nous aider là-haut à faire notre main* (Corn., *Illus.*, 1224). [...] *une ville Où l'on met les deniers à la merci des gens. Échevins, prévôt des marchands, Tout fait sa main* (La Font., *F.*, VIII, 7). ♦**Être aux mains,** être aux prises, être en guerre (auj. seulement *en venir aux mains*) : *Durant ces conquêtes, Rome était aux mains avec les Samnites, ses voisins* (Boss., *H. univ.*, I, 8). ♦**Je vous baise les mains,** v. BAISER.

Les autres locutions et sens actuels étaient également usuels au XVIIe s.

main-forte n.f. Force publique, renfort de gens armés : *Le prévôt de l'Ile fut envoyé avec main-forte pour se saisir de l'abbesse, du confesseur et de la religieuse ancienne qui était de leur cabale* (Rac., *P.-R.*, p. 40).

Auj. seulement dans *prêter main-forte* : « donner assistance pour exécuter qqch de difficile », déjà au XVIIe s.

mainmorte n.f. **Gens de mainmorte,** ceux qui n'avaient pas à rendre les services dus par un fief à l'État (c'étaient en particulier les gens d'Église).

maintenir v.t. Soutenir, protéger : *Le bon Dieu vous maintienne* (Mol., *Dép. am.*, 870). [La grandeur royale] *Enrichit le marchand, gage le magistrat, Maintient le laboureur* (La Font., *F.*, III, 2).

Les sens actuels étaient également usuels au XVIIe s.

mais conj. Marquait parfois la gradation (« bien plus, et même, que dis-je ? ») : *À quels hommes* [...] *m'associez-vous. Mais avec qui daignez-vous* [...] *me recevoir ?* (La Br., *Disc. Acad.*).

◆ adv. **N'en pouvoir mais, ne pouvoir mais,** n'en pouvoir plus, être réduit à l'impuissance (construction fam. selon Vaug., Ménage et Acad. 94, auj. vieillie et littéraire) : *Est-ce que j'en puis mais ?* (Mol., *Éc. des f.*, 1524). *Et puis-je mais, chétif, si le cœur leur en dit ?* (Mol., *Dép. am.*, 1556). ♦**Mais que** (suivi du subjonctif), pourvu que (vieilli au XVIIe s., populaire selon Richelet et Fur.) : *Tu le verras, mais que tu y sois* (Sorel, *Franc.*, I) ; sitôt que, quand (bas selon Vaug.) : *Hélas, ma fille, hélas ! qui me clorra les yeux Mais que mon pâle esprit soit monté dans les cieux ?* (Racan, *Berg.*, III, II).

maison n.f. Fig. Noblesse : [Mille gens] [...] *Qui de mine, de cœur, de biens et de maison Ne feraient avec vous nulle comparaison* (Mol., *Éc. des f.*, 1314). ♦Famille royale ou princière (encore parfois auj.) : *Que ne doit point le royaume à un prince qui a honoré la maison de France, tout le nom français, et* [...] *l'humanité tout entière !* (Boss., *O. f. Condé*). ♦Domesticité : *Il n'a que* [...] *deux valets pour toute sa maison* (Fur.). ♦**Être de maison,** être de naissance noble : *Clarice est de maison, et n'est pas sans beauté* (Corn., *Ment.*, 1044). ♦**Maison du Roi,** prison : *Je vous trouve, Monsieur, dans la Maison du Roi ! Quel charme, quel désordre, ou quelle raillerie Des prisons de Lyon fait votre hôtellerie ?* (Corn., *S. du Ment.*, 2). ♦**Petites Maisons,** hôpital parisien où l'on enfermait les aliénés : *C'était un fou aussi furieux qu'il y en eût aux Petites Maisons* (Sorel, *Franc.*, X, 21). ♦**Par-dessus les maisons,** v. DESSUS.

Les locutions et sens actuels étaient également usuels au XVIIe s.

maître n.m. Celui qui, ayant achevé son apprentissage dans un métier et ayant produit un « chef-d'œuvre », était admis par un jury au nombre des membres qualifiés de la corporation, d'où : personne très habile (dans n'importe quel art) : *Il lui suffit de penser qu'il n'a point fait l'apprentissage d'un certain métier, pour se consoler de n'y être point maître* (La Br., XI, 85). On disait aussi *maître passé* ou *passé maître* (pour les sens fig., voir plus bas) : *Que l'on m'amène un âne* [...] *Je le rendrai maître passé, Et veux qu'il porte la soutane* (La Font., *F.*, VI, 19). *Et moi* [le renard], *maître passé, quand j'attrape un vieux coq Je suis au comble de la joie !* (La Font., *F.*, XI, 3). ♦Titre donné à des artisans et à des personnes de condition modeste (*maître* n'est alors suivi que du prénom du personnage) : *Je vous dis encore un coup, repart le poète, que je vais chez maître Bertrand, le tailleur* (Sorel, *Polyandre*, I, 366). *Il se trompe à l'adresse : un duc et pair reçoit l'une de ces deux lettres, et en l'ouvrant y lit ces mots : Maître Olivier, ne manquez, sitôt la présente reçue, de m'envoyer ma provision de foin... Son fermier reçoit l'autre* [...] (La Br., XI, 7) ; ironiq. (pour des animaux) : *Maître Corbeau, sur un arbre perché* [...] (La Font., *F.*, I, 2). ♦ Fig. Qui possède à un degré éminent une qualité ou un défaut : *Vous seriez un grand maître à faire des romans* (Corn., *Ment.*, 536). *Que veut par là conter ce maître ivrogne ?* (Mol., *Sgan.*, 189). – On disait aussi en ce sens *passé maître* (ou *maître passé*), *maître juré* : *L'autre* [le renard] *était passé maître en fait de tromperie* (La Font., *F.*, III, 5). *Je crois, sans vous flatter, que le vôtre* [votre cerveau] *en tout temps Vous rend fou passé maître, et des plus importants* (Th. Corn., *Bertr. de Cigar.*, V, IX). *Allons, que l'on détale de chez moi, maître juré filou* (Mol., *Av.*, I, III). ♦**Maître ès arts,** celui qui avait obtenu dans une université une licence d'enseignement de lettres ou de philosophie : *La pédanterie n'est pas supportable en un maître ès arts : comment le sera-t-elle en une femme ?* (Balz., *Lettre Mme des Loges*, 20 sept. 1628) ; ironiq. : *Le singe, maître ès arts chez la gent animale* (La Font., *F.*, XI, 5). ♦Titre donné à des avocats, des docteurs, des magistrats, des prêtres (suivi du prénom et du nom de famille) : *Maître Charles Du Moulin, Maître René Choppin, etc.* (Fur.).

◆ adj. Qui est le premier ou le plus considérable de sa profession ou de son espèce (toujours immédiatement antéposé au nom) : *Elle* [...] *Consulte son voisin : c'était un maître rat* (La Font., *F.*, XI, 11). *Le lièvre était gîté dessous un maître chou* (La Font., *F.*, IV, 4).

Les locutions et les sens actuels étaient également usuels au XVIIe s.

maîtresse n.f. Dans la langue de l'amour, femme ou jeune fille qui exerce sur un homme une attirance, ou purement spirituelle, ou totalement charnelle, ou les deux à la fois : *Arnolphe se trouve attrapé* [...] *par la pure innocence de sa maîtresse* (Mol., *Crit. Éc. des f.*, sc. VI). *Son frère* [...] *Fut le premier César que la gent chienne ait eu. On eut soin d'empêcher qu'une indigne maîtresse Ne fît en ses enfants dégénérer son sang* (La Font., *F.*, VIII, 24). [...] *ils* [les sultans] *se sont fait une superbe loi De ne point à l'hymen assujettir leur foi. Parmi tant de beautés qui briguent leur tendresse, Ils daignent quelquefois choisir une maîtresse ;* [...] *Esclave, elle reçoit son maître dans ses bras* (Rac., *Baj.*, 294). ♦ Fiancée : *Je dois à ma maîtresse aussi bien qu'à mon père* (Corn., *Cid*, 322).

Auj. seulement « femme qui s'est donnée à un homme sans être son épouse ».

mal, e adj. Mauvais : *Je suis marri de la male nuit que vous avez eue* (Chap., *Lettres*, I, 94). – Il était vieilli au XVIIe s. en cet emploi, et ne subsistait guère que dans quelques expressions : *male mort, male faim, male heure.*

◆ adv. Devant un adjectif, peu, nullement : *Des effets mal plaisants* (Chap., *Lettres*, I, 433). *Les sables et les bancs cachés dessous les eaux Rendent l'accès mal sûr à de plus grands vaisseaux* (Corn., *Pompée*, 484).

◆ n.m. **Mal de cœur,** nausée (auj. en ce sens seulement au plur. : *des maux de cœur,* et dans la locution *avoir mal au cœur*) : *Ah ! ce oui se peut-il supporter ? Et sans un mal de cœur saurait-on l'écouter ?* (Mol., *F. sav.*, 6). ♦ **Vouloir mal à,** en vouloir à, être fâché contre : *Je suis sotte et veux mal à ma simplicité De conserver encor pour vous quelque bonté* (Mol., *Mis.*, 1411). *Quand il serait venu ici au lieu de moi, je ne lui en aurais pas voulu mal pour cela* (Rac., *Lettre Marie Racine*, 3 janv. 1662). ♦ **Faire mal, mal faire,** faire du mal, causer un dommage (auj. *faire mal,* « causer une douleur, commettre une faute ») : *Penses-tu qu'aucun d'eux songe à nous faire mal ?* (Mol., *Dép. am.*, 1479). *L'autre animal, tout au contraire, Bien éloigné de nous mal faire Servira quelque jour peut-être à nos repas* (La Font., *F.*, VI, 5).

malaisé, e adj. Qui a peu de ressources, qui est dans la gêne : *Malaisé, si jamais il fut des malaisés : Il a mangé son fait* (Th. Corn., *D. César d'Avalos*, II, I, *in* L.). *Des quatre autres parties qui restent, les trois sont fort malaisées, et embarrassées de dettes et de procès* (Vauban, *Dîme*).

Le sens actuel de « difficile » (en parlant de choses) était également usuel au XVIIe s. : *Dans un chemin montant, sablonneux, malaisé,* [...] *Six forts chevaux tiraient un coche* (La Font., *F.* VII, 9).

malavisé, e adj. et n. Mal informé : *Si votre père a été marchand, tant pis pour lui, mais pour le mien, ce sont des malavisés qui disent cela* (Mol., *Bourg.*, III, XII).

Au XVIIe s. on rencontre le sens actuel de « qui agit mal à propos, sans discernement » : *Cette femme est malavisée de se remarier, ayant tant d'enfants* (Fur.).

malcontent, e adj. et n. Mécontent (vieilli au XVIIe s.) : *Vous avez beau dispenser vos faveurs le plus libéralement du monde, vous n'avez pas laissé de faire des malcontents* (Rac., *Lettre Le Vasseur*, 27 mai 1661). *Le galant aussitôt Tire ses grègues, gagne au haut, Malcontent de son stratagème* (La Font., *F.*, II, 15). *Elle* [Mme de la Troche] *est contente et malcontente dix fois par semaine, et cette diversité compose un désagrément incroyable dans la société* (Sév., 15 avr. 1672).

maléficié, e adj. Ensorcelé : *Les magiciens, si Dieu le permet, peuvent empêcher qu'un homme maléficié ou une femme maléficiée ne puisse engendrer son semblable* (Richelet). ♦ Disgracié, affligé de quelque maladie : *Je vis entrer Vassé ; nous crûmes que c'était son esprit : c'était son corps très maléficié* (Sév., 12 juin 1675). *Cet homme mourra bientôt, il est maléficié, asthmatique* (Acad. 94).

male-heure n.f. V. MALHEURE.

malencontre n.m. Événement fâcheux, malheur : *Les œufs cassés et le poisson mort signifient malencontre* (Mol., *Am. magn.*, I, II). *Qui se soucie, malencontre lui vient* (Fur.).

malepeste de interj. Exprimant un sentiment de désespoir, de rage, etc. (auj. en ce sens on dit *maudit soit, malheur à*) : *Malepeste du sot que je suis aujourd'hui* (Mol., *Ét.*, 618).

mal-fait n.m. Homme mal bâti : *Peux-tu me conseiller de commettre un forfait, D'abandonner Lélie, et prendre ce mal-fait ?* (Mol., *Sgan.*, sc. II). *Et pourquoi votre père, au lieu de ce mal-fait, N'a-t-il pas pris pour gendre un homme si parfait ?* (Th. Corn., *Bertr. de Cigar.*, I, II).

malgracieusement adv. Avec impolitesse : *Vous me refusez rudement et malgracieusement* (Sév., 14 juin 1687).

malheur n.m. **Être en malheur,** être dans une période de malchance, avoir la guigne : *Vous soutiendrez la vôtre* [transaction] *contre Aiguebonne, il est en malheur* (Sév., 28 févr. 1685).

malheure, male-heure, mal-heure (à la) n.f. **Va, allez à la malheure,** formule de malédiction : *Allez à la malheure, allez âmes tragiques, Qui fondez votre gloire aux misères publiques* (Malh., *Prédiction de la Meuse*, I). V. HEURE.

malhonnête adj. Qui manque de distinction : *Les femmes dont on ne parle point, c'est qu'elles font leurs affaires plus secrètement, et avec quelque malhonnête homme sans conséquence* (Bussy, *Gaul.*, *in* L.).

Le sens actuel de « qui manque de probité » apparaît à la fin du XVIIe s.

malice n.f. Méchanceté, perversité (vieilli au XVIIe s.) : *Le juge, instruit de leur malice, Leur dit : «* [...] *tous deux vous paierez l'amende* [...] *» On ne saurait manquer* [faire une faute], *condamnant un pervers* (La Font., *F.*, II, 3). *Les Juifs, par leur malice obstinée, attirent la vengeance de Dieu* (Boss., *H. univ.*, II, 20). *Aux malices du sort enfin dérobez-vous* (Rac., *Esth.*, 898). ♦ Action méchante : *Il m'a fait la plus grande malice du monde* (Acad. 94).

Le sens affaibli actuel de « disposition à railler, à taquiner, taquinerie qui exclut toute méchanceté réelle, facétie » apparaît au milieu du XVIIe s. : *Ceux qui ne savaient pas la ruse et la malice* [le déguisement de l'âne en lion] *S'étonnaient* [...] (La Font., *F.*, V, 21).

malicieusement adv. Par méchanceté, avec cruauté (vieilli au milieu du XVIIe s., lorsque le sens atténué actuel devient courant) : *Je demande si malicieusement tu n'irais point faire courir le bruit que j'en ai* [de l'argent caché] (Mol., *Av.*, I, III).

malicieux, euse adj. Méchant, malfaisant, pervers : *Serait-elle bien si malicieuse que de s'être tuée pour me faire pendre* [...] *La méchanceté d'une femme irait-elle bien jusque-là ?* (Mol., *G. D.*, III, IV). [...] *Soit* [...] *que, malicieuse, elle prît du plaisir À rompre les effets de mon nouveau désir* (Corn., *Suiv.*, 19).

Le sens actuel de « taquin, rusé » commence à apparaître au XVIIe s. : *C'est un enfant malicieux, qui prend plaisir à faire niche à ses compagnons* (Fur.).

maligne adj. V. MALIN.

malignement adv. Avec malveillance : *Carrosse, chevaux, livrées, armoiries, rien n'échappe aux yeux, tout est curieusement ou malignement observé ; et, selon le plus ou le moins de l'équipage, ou l'on respecte les personnes, ou on les dédaigne* (La Br., VII, 1). *Interpréter malignement quelque chose* (Acad. 94).

Le sens actuel « d'une manière rusée, mais sans méchanceté » était rare au XVIIe s.

malignité n.f. Méchanceté, disposition à nuire (auj. en ce sens emploi plus restreint) : *Le voile de la modestie couvre le mérite, et le masque de l'hypocrisie cache la malignité* (La Br., XII, 27). ♦ Qualité nuisible, caractère dangereux d'un mal (auj. restreint à la langue médicale) : *Est-ce qu'une vapeur, par sa malignité, Amphitryon, a dans votre âme Du retour d'hier au soir brouillé la vérité ?* (Mol., *Amph.*, 904). *Une cuisse et les jambes enflées : quelle malignité d'humeurs !* (Sév., 16 sept. 1677). *La malignité de l'air* (Acad. 94).

malin, maligne adj. Malveillant, méchant, funeste : *Ce censeur qu'ils ont peint si noir et si terrible,* [...] *Fit, sans être malin, ses plus grandes malices* (Boil., *Ép.*, X, 85). *C'est par là qu'un auteur que presse l'indigence Peut des astres malins corriger l'influence* (Boil., *Sat.*, I, 62). [...] *ce doucet est un chat, Qui,* [...] *Contre toute ta parenté D'un malin vouloir est porté* (La Font., *F.*, VI, 5). *Mais les plaisirs simples sont d'un meilleur usage, ils donnent une joie égale et durable sans aucune suite maligne* (Fén., *Éduc. des f.*, V). ♦ Nuisible (encore auj. dans *tumeur maligne*, etc.) : *Il faut corriger ce que l'antimoine, l'opium a de malin* (Acad. 94). ♦ **Esprit malin,** ou simplement **le malin,** le démon : *Ces visites, ces bals, ces conversations Sont du malin esprit toutes inventions* (Mol., *Tart.*, 152). *Je tiens que le malin N'a revenu plus clair et plus certain*

(*Sauf toutefois l'assistance divine*) [La Font., *Contes*, II, 16]. – Le fém. pouvait être *maline :* [...] *se rencontrant sous la main de l'oiseau* [de proie], *Elle* [l'alouette] *sent son ongle maline* (La Font., *F.*, VI, 15).

Le sens le plus usuel d'auj. : « rusé, fin », apparaît à la fin du XVIIe s. : *D'un trait de ce poème en bons mots si fertile, Le Français, né malin, forma le vaudeville* (Boil., *A. p.*, II, 182).

malingre adj. Mal portant, souffrant (bas selon Acad. 94) : *M. le marquis de Termes qui arriva hier tout malingre de goutte et de colique* (Sév., 4 sept. 1677).

Le sens actuel de « chétif, maigre » apparaît à l'extrême fin du XVIIe s.

malitorne adj. Maladroit, empoté : *Nous avons le fils du gentilhomme de notre village, qui est le plus grand malitorne et le plus sot dadais que j'aie jamais vu* (Mol., *Bourg.*, III, XII).

malle n.f. Panier dans lequel les merciers ambulants portaient leur marchandise : *Se faire réhabiliter suppose qu'un homme devenu riche, originairement est noble* [...] *; qu'à la vérité son père a pu déroger ou par la charrue, ou par la houe, ou par la malle, ou par les livrées ; mais* [...] (La Br., XIV, 3). ♦Sac ou coffre que l'on faisait porter aux chevaux (sens voisin de celui d'auj.) : [Un coursier devenu rosse] *va porter la malle ou tirer la charrue* (Boil., *Sat.*, V, 38). ♦**Trousser en malle,** enlever par surprise : *Il trouva de la vaisselle d'argent dans une chambre, et il la troussa en malle* (Acad. 94).

malotru, e adj. Qui est en mauvaise santé, mal bâti : *Le chevalier de Lorraine est très malotru et très languissant : il aurait assez l'air d'être empoisonné, si Mme de Brinvilliers eût été son héritière* (Sév., 22 juill. 1676). ♦Qui est sans fortune : *Si le financier manque son coup, les courtisans disent de lui : « C'est un bourgeois, un homme de rien, un malotru » ; s'il réussit, ils lui demandent sa fille* (La Br., VI, 7).

Le sens injurieux actuel de « rustre, malappris » est enregistré dans Acad. 94.

malplaisant, e adj. Désagréable, déplaisant (vieilli au XVIIe s.) : *Je ne voulus plus obéir à de si malplaisants maîtres* (Scarr., *Rom. com.*, II, 5). *Aventure malplaisante* (Acad. 94).

malpropre adj. et n. Sans élégance : *La malpropre sur soi, de peu d'attraits chargée, Est mise sous le nom de beauté négligée* (Mol., *Mis.*, 721). ♦Impropre, peu qualifié : *Monsieur, je suis malpropre à décider la chose* (Mol., *Mis.*, 298). *Vous me trouvez malpropre à cette confidence* (Corn., *Rodog.*, 295).

Le sens actuel de « sale » était usuel au XVIIe s. : *Des mains malpropres* (Acad. 94).

malsain, e adj. En mauvaise santé : *La mort d'un enfant de quatre ans, et malsain* [...] (Retz, *Lettre M. de Lionne*, 15 juin 1666).

Le sens actuel de « nuisible à la santé », en parlant de choses, était usuel au XVIIe s. : *Les fruits crus sont malsains aux estomacs débiles* (Fur.).

maltalent n.m. Malveillance, mécontentement (vieilli au XVIIe s.) : *Il n'en put dissimuler son maltalent à notre écolier, auquel il serra la main d'étrange sorte* (Tr. L'Hermite, *le Page disgracié*). *Cet homme a quelque maltalent contre vous* (Acad. 94).

maltôte n.f. Perception de l'impôt : *Les officiers du Roi sont fort rares ici, Et la gent de justice et celle de maltôte A le haut du pavé et va la tête haute En l'absence du Roi* (Scarr., *Sonnet* Le Roi s'en est allé).

maltôtier n.m. Celui qui perçoit les impôts (terme d'injure) : *C'est un misérable, c'est le fils d'un maltôtier, c'est tout dire* (Richelet).

mamie n.f. Mon amie (terme d'affection ou de familiarité adressé à une femme) : [Bélise] *Mon ami* [...] – [Argan] *Elle m'a fait enrager, mamie* (Mol., *Mal. im.*, I, VI). *Vous êtes, mamie, une fille suivante Un peu trop forte en gueule et fort impertinente* (Mol., *Tart.*, 13).

mamour interj. Mon amour (terme d'affection adressé à une femme, une petite fille) : *C'en est assez, mamour, laissons cela* (Mol., *G. D.*, I, IV).

manant n.m. Paysan : *Il arriva qu'au temps que la chanvre se sème, Elle vit un manant en couvrir maint sillon* (La Font., *F.*, I, 8). *Un amateur du jardinage, Demi-bourgeois, demi-manant* [...] (La Font., *F.*, IV, 4). *On assomma la pauvre bête* [le loup], *Un manant lui coupa le pied droit et la tête* (La Font., *F.*, IV, 16). ♦Homme grossier et ignorant : [Un charlatan se vantait] *Qu'il rendrait disert un badaud* [= niais], *Un manant, un rustre, un lourdaud* (La Font., *F.*, VI, 19).

mandement n.m. Ordre émanant d'une autorité établie (auj. seulement « instruction adressée par un évêque aux fidèles de son diocèse », sens également usuel au XVIIe s.) : *On me lit du Sénat les mandements sinistres* (Corn., *Illus.*, 1270). *Et Sosie est porteur de ce commandement* [...] – *Qui de ces mandements chargea cet insensé ?* (Rotr., *Sosies*, IV, III). *Je lis ces sacrés Testaments Où Dieu, d'une encre solennelle, Fait luire ses hauts mandements* (Saint-Amant, *le Contemplateur*, 300).

mander v.t. Faire savoir, annoncer : *Tu tiens ces nouvelles de mon oncle* [...] *à qui mon père les a mandées par une lettre ?* (Mol., *Fourb.*, I, I). *Monsieur de Marseille mande ici qu'il y a de la petite vérole* (Sév., 6 mai 1671). ♦ Faire venir (encore auj., mais seulement littéraire) : *Seigneur, César vous mande, et Maxime avec vous* (Corn., *Cinna*, 280).

mandille n.f. Manteau sans collet que portaient les laquais et qui les distinguait des autres valets : *Mais quand un homme est riche, il vaut toujours son prix, Et l'eût-on vu porter la mandille à Paris* [...] *D'Hozier lui trouvera cent aïeux dans l'histoire* (Boil., *Sat.*, V, 128). *Je l'ai vu laquais, il portait la mandille* (Acad. 94).

manie n.f. Folie, rage : *À chaque occasion de la cérémonie, À l'envi l'un et l'autre* [Polyeucte et Néarque] *étalait sa manie* (Corn., *Pol.*, 830). *Bon, dire des injures. Voilà un diagnostic qui nous manquait pour la confirmation de son mal, et ceci pourrait bien tourner en manie* (Mol., *Pourc.*, I, VIII). *Malheureux mille fois celui dont la manie Veut aux règles de l'art asservir son génie !* (Boil., *Sat.*, II, 85).

Le sens atténué actuel de « habitude bizarre, peu raisonnable, attachement excessif à quelque chose » apparaît au milieu du XVIIe s. : *Cet homme a eu quelque temps la manie des tableaux* (Fur.). *Pour moi, j'ai cette manie de vouloir donner généralement sur tout ce qu'il y a de plus beau* (Mol., *Pr. rid.*, sc. IX).

manier v.t. Traiter un sujet : *Celui-ci passe Juvénal, atteint Horace, semble créer les pensées d'autrui et se rendre propre tout ce qu'il manie* (La Br., *Disc. Acad.*). *Un auteur qui a bien manié son sujet* (Acad. 94).

Les sens actuels étaient également usuels au XVIIe s.

manière n.f. Aspect, façon de se comporter (auj. sens plus vague, équivaut à *sorte*) : *Peignant de tant d'esprits les diverses manières* (Boil., *Sat.*, IV, 30). ♦ **En toute manière,** dans tous les cas : *Son sentiment était qu'elle s'accommodât, en toute manière, avec M. le Prince* (Retz, *Mém.*, III, 398). ♦ **D'une manière... que,** dans une telle situation, à un tel degré que : *Vous êtes d'une manière dans mon cœur, que je craindrais fort que M. Nicole ne trouvât beaucoup à y circoncire* (Sév., 15 janv. 1690).

manifeste adj. En parlant de personnes, convaincu d'une action : *Après que le milan, manifeste voleur, Eut répandu l'alarme en tout le voisinage* [...] (La Font., *F.*, IX, 17). ♦ En parlant de choses, éclatant, qui s'impose avec force : *Son âme* [...] *a vu la lumière* [divine] *toute manifeste* (Boss., *O. f. H. d'Angl.*).

Auj. seulement en parlant de choses : « évident, indiscutable » (*erreur manifeste*).

manoir n.m. Demeure, séjour (vieilli et poétique au XVIIe s.) : *Je vais* [...] *saccager moi seul ces ténébreux manoirs* [les Enfers] (Corn., *Mél.*, 1398). *Peu s'en fallut que le Soleil Ne rebroussât d'horreur vers le manoir liquide* (La Font., *F.*, XI, 3).

Auj. « château ou maison importante à la campagne ».

manque n.m. **Manque de,** faute de : *Il vous est arrivé bien des fois d'être embarrassé manque de cette connaissance ?* (Pasc., *Prov.*, IX). *Il n'a pu faire cela manque d'argent* (Acad. 94).

manquer v.i. et v.t. Échouer, être en défaut : *N'auraient-ils pas dit qu'il ne fallait pas recommencer une entreprise où trois de nos rois avaient manqué ?* (Voit., *Lettre M****, 24 nov. 1636). *Peut-être encor qu'avec toute sa suffisance Votre esprit manquera dans quelque circonstance* (Mol., *Ét.*, 1304). ♦ Commettre une faute : *On ne saurait manquer, condamnant un pervers* (La Font., *F.*, II, 3). ♦ **Manquer de** (suivi d'un infinitif), être en tort en : [...] *on ne saurait manquer de louer largement Les dieux et leurs pareils* (La Font., *F.*, I, 14) ; ne pas arriver à : *Tout ce qui manque de nous réussir est au regard de nous absolument impossible* (Desc., *Lettre*, mars 1638) ; être dépourvu de (sens actuel) : *Cet homme ne manque pas de vanité* (Fur.). – Auj. signifie aussi

« être sur le point de ». ♦**Manquer à** (suivi d'un infinitif), faire une faute, avoir tort en : *Voilà ce que font les croisées coupées jusques en bas. On ne saurait jamais manquer à mettre partout des garde-fous* (Sév., 27 janv. 1672) ; omettre, ne pas être dans le cas de : *S'il fallait* [...] *qu'elle manquât par mégarde à saluer quelqu'un du quartier, on ne manquerait pas aussitôt de dire cent sottises* (Mol., *Bourg.*, III, XII). *Si tu manques à être racheté, il n'en faut accuser que le peu d'amitié d'un père* (Mol., *Fourb.*, II, VII). ♦**Manquer à qqn,** ne pas remplir tous ses devoirs à son égard (auj. littéraire : « se conduire d'une manière irrespectueuse ») : *Il vaut mieux s'exposer à l'ingratitude que de manquer aux misérables* (La Br., IV, 48). ♦**Sans manquer,** sans faute : *Je dois faire aujourd'hui vingt postes sans manquer* (La Font., *F.*, II, 15).

◆ impersonnellement **Il manque à,** il reste à : *Les choses étant ainsi disposées, il ne manquait qu'à choisir le jour pour les exécuter* (Retz, *Conjur. Fiesque*, V, 560).

◆ **se manquer,** se tromper, confondre : *Il y en eut qui dirent assez haut : « Il se trompe, il se manque », ce qui excita le rire à la du Lis et à moi, de quoi la fille s'étant aperçue, me dit : « Ces gens ont raison, car vous avez pris l'une pour l'autre »* (Scarr., *Rom. com.*, III, 13).

Les autres emplois actuels étaient également usuels au XVIIe s.

mante n.f. Voile de deuil en crêpe noir que les femmes portaient à la coiffure, au bras, à la ceinture, et qui formait une longue traîne : *Sa pompe funèbre* [de la Grande Mademoiselle] *se fit en entier, et son corps fut gardé plusieurs jours* [...] *par une duchesse ou une princesse et par deux dames de qualité toutes en mantes* [...] (Saint-Simon, 1693).

maraud, e n. Animal, grossier personnage, scélérat, canaille, etc. (terme injurieux et méprisant) : *Gueux, bélître, fripon, maraud, voleur* (Mol., *Méd. m. lui*, I, I). *Ha la maraude ! Ha la ribaude ! Se mit-il alors à gueuler* (Richer, *Ovide bouff.*, 412).

maraudaille n.f. Réunion de marauds, de canailles : *Ces maraudailles de Paris disent que* [...] (Sév., 26 août 1676).

marc n.m. Unité de poids valant à Paris huit onces, soit environ 0,245 kg, et servant à peser l'or et l'argent. ♦**Marc d'or,** droit prélevé sur chaque « office » à chaque changement de titulaire : *Les chevaliers de l'Ordre ont leurs pensions assignées sur le marc d'or* (Acad. 94).

marchand n.m. Acheteur : *Si jamais cette part tombait dans le commerce, Et qu'il nous vînt marchand pour ce trésor caché* (Corn., *Ment.*, 1075). *Les charges à présent n'ont que trop de marchands* (Corn., *Veuve*, 216). ♦**Marchand mêlé,** celui qui vend plusieurs sortes de marchandises ; et, au fig., homme capable de plusieurs emplois : *Paris est un grand lieu plein de marchands mêlés, L'effet n'y répond pas toujours à l'apparence* (Corn., *Ment.*, 72).

Il avait aussi le sens actuel de « commerçant qui vend à des clients » : [...] *le paisible marchand Va revoir ses billets et compter son argent* (Boil., *Sat.*, VI, 85).

◆ adj. Fig. et péjor. Peu distingué, sans noblesse : *Encore un coup, mon père, il ne se peut rien de plus marchand que ce procédé* (Mol., *Pr. rid.*, sc. IV).

marchander v.t. Traîner en longueur, ménager : *Il n'est pas de ces médecins qui marchandent les maladies : c'est un homme expéditif, qui aime à dépêcher les malades* (Mol., *Pourc.*, I, V).

◆ v.i. Hésiter : [Le Pape] *ne marchande pas à dire qu'il doit la sienne* [son exaltation] *à M. l'Ambassadeur* (Sév., 27 nov. 1689). *Nous ne marchandâmes pas à lui dire qu'il se pouvait bien retirer* (Scarr., *Rom. com.*, III, 10). *Assemblez une bonne bande De nos citoyens éclopés, Et sans marchander décampez* (Scarr., *V. tr.*, II, 1177).

Le sens actuel de « discuter le prix d'une chose en vue d'obtenir un rabais » était usuel au XVIIe s. : *Plusieurs personnes marchandent cette terre* (Fur.).

marchandise n.f. Commerce : *En cette grande ville où je suis* [Amsterdam], *n'y ayant aucun homme, excepté moi, qui n'exerce la marchandise* (Desc., *Lettre*, 15 avr. 1631).

Le XVIIe s. connaissait surtout le sens actuel de « ce que l'on vend » : *J'aime mieux* [...] *voir ma marchandise en un bel étalage* (Corn., *Gal. du Pal.*, 90).

marché n.m. Convention : *Agnès me regardait sans me parler, c'était notre marché* (Sév., 6 févr. 1671). ♦**Sur le marché,** en outre (auj. *par-dessus le marché*) : *J'aurais sur le marché fort bien fourni la paille* (Rac., *Plaid.*, 20). ♦**Faire le marché de qqn,** agir dans l'intérêt de qqn :

Il est force gens comme lui, Qui prétendent n'agir que pour leur propre compte, Et qui font le marché d'autrui (La Font., *F.*, VIII, 13). ♦ **Courir sur le marché de qqn,** enchérir sur lui, tâcher d'obtenir un avantage qu'il recherchait : *Mlle Paulet serait bien marrie que j'eusse couru sur son marché* (Chap., *Lettres*, I, 642). ♦ **Avoir bon marché de qqn,** venir facilement à bout de lui : *Éraste n'aura pas si bon marché de nous* (Mol., *Dép. am.*, 1539). *S'il trouve les ennemis en rase campagne, il en aura bon marché* (Acad. 94). ♦ **Avoir bon marché de qqch,** en tirer profit : *Il prit un jour une épée pour en tuer un* [maître] *qui lui voulait donner le fouet. Il n'en eut pas meilleur marché pour cela, et M. de Bouillon au contraire l'en fit châtier encore plus rigoureusement* (Du Buisson, *Turenne*, 1).

Les sens actuels étaient également usuels au XVIIe s.

marcher n.m. Manière d'avancer, allure, marche : *Il avait le marcher lent et le visage pensif* (Cyrano, *États et empires du Soleil*, p. 169). *Ah ! Monsieur, c'est un spectre : je le reconnais au marcher* (Mol., *D. J.*, V, V).

marguillier n.m. Nom donné à chacun des trois membres, pris dans le conseil de fabrique d'une paroisse, chargés des comptes et de l'administration matérielle de la paroisse : *Et son rare savoir, de simple marguillier, L'éleva par degrés au rang de chevecier* (Boil., *Lutr.*, I, 152).

Le sens actuel de « laïc chargé de la garde et de l'entretien d'une église » était également usuel au XVIIe s.

mariage n.m. Dot : *Vous ne m'abuserez pas là-dessus, non plus que sur les dettes que vous avez assignées sur le mariage de ma fille* (Mol., *Pourc.*, II, VI). *Il a mangé le mariage de sa femme* (Acad. 94).

Les sens actuels étaient également usuels au XVIIe s.

marine n.f. Bord de mer, mer : *L'air de la marine n'est bon pour les yeux qu'au mois de mai* (Retz, *Lettre M. de Lionne*, 6 avr. 1666). *Les nymphes sortant pour le voir Hors de l'eau jusqu'à la poitrine, Lui présentent en ce devoir Les richesses de la marine* (Tr. L'Hermite, *Vers héroïques*, Pour les Sérénissimes Majestés de la Grand'Bretagne, 334). *Comme un goëland qui sur quelque rocher Fait ses petits au bord de la marine* (Saint-Amant, *Sonnet*).

Les sens actuels étaient également usuels au XVIIe s.

marmouset n.m. Figurine grotesque, sorte de marionnette : *En allongeant le cou, comme ces marmousets dont la tête ne tient point au corps et qu'on élève tant que l'on veut avec un petit bâton, il regarda* (Sorel, *Franc.*, I). *Si cet homme* [un géant imaginaire] *avait la vue assez subtile pour vous découvrir quelque part sur la terre avec vos armes offensives et défensives, que croyez-vous qu'il penserait de petits marmousets ainsi équipés* [...] *?* (La Br., XII, 119). ♦ Fig. Jeune homme de peu de valeur : *Quoi donc ! ce marmouset Avec son beau langage et son ton de fausset, Vous plairait pour époux ?* (Montfleury, *Femme juge et partie*, II, V). *Quel petit marmouset est-ce là ?* (Richelet).

maroufle n.m. Grossier personnage, lourdaud (bas selon Acad. 94) : *Vous apprendrez, maroufle, à rire à nos dépens* (Mol., *Sgan.*, 415). *J'ai bien affaire de ce maroufle-là* (Acad. 94).

marquer v.t. Indiquer, désigner, représenter : *L'époux digne et fortuné que les Dieux lui marquent pour vous* (Mol., *Am. magn.*, V, I). [Molière] *disait* [...] *qu'il serait bien fâché d'y avoir jamais marqué* [dans les personnages de ses comédies] *qui que ce soit* (Mol., *Impr.*, sc. IV). *Je lui avais fait présenter* [...] *un mémoire* [...] *dans lequel je lui marquais que* [...] (Rac., *Lettre Mère Agnès*, 5 mars 1696). ♦ Manifester, laisser apparaître : *Vous faites le poète, vous, et vous devez* [...] *marquer cet air pédant* [...]*, ce ton de voix sentencieux* (Mol., *Impr.*, sc. I).

Les sens actuels étaient également tous usuels avant la fin du XVIIe s.

marri, e adj. Contrarié, fâché (auj. seulement dans un style archaïsant) : *Doris, sans dire mot, tenait les yeux en terre, comme ne sachant si elle devait être aise ou marrie* (Urfé, *Astrée*, II, 626). *Il serait bien marri qu'un homme comme lui fût roi d'Ithaque* (Rac., *Rem. sur Odyssée*, I). *Il est marri d'avoir offensé Dieu* (Acad. 94).

martel n.m. Tourment, souci, trouble (vieilli au XVIIe s., sauf dans *se mettre martel en tête*, seul emploi auj.) : *Pour moi qui ne suis que son ami, je l'aime sans martel et sans inquiétude* (Chap., *Lettres*, II, 281). *Qu'il fasse mieux ce jeune jouvencel À qui le Cid donne tant de martel* (Corn., *Rondeau*, 1637). *Hors ce petit martel, depuis quatre ou cinq ans, Nous vivons sans dé-*

bats, ainsi que des enfants (Quinault, *les Rivales*, II, I).

martre n.f. **Prendre** (ou **rendre**) **martre pour renard,** prendre (ou dire) une chose pour une autre : *Rendre conte pour conte et martre pour renard* (Corn., *Ment.*, 932).

mascarade n. Travestissement, et par extens. homme travesti : *Avec une démarche qui ne convenait point à l'habit, je paraissais moins un pauvre qu'un mascarade* (Cyrano, *États et empires du Soleil*, p. 181).

Fur. et Acad. 94 n'enregistrent que le genre féminin. Les sens actuels étaient également usuels au XVIIe s.

masque n.f. Femme laide ou rouée : *La méchante masque que Madame votre tante !* (Baron, *Coquette*, III, II). *Ah ! ah ! petite masque, vous ne me dites pas que vous avez vu un homme dans la chambre de votre sœur ?* (Mol., *Mal. im.*, II, VIII).

masquer v. Employé intransitivement, porter un masque, aller en masque : *Vous les y trouverez tous en bonne santé et prêts à masquer et à monter sur le théâtre* (Chap., *Lettres*, I, 360). *Tout le monde se mêla de masquer cette année-là* (Acad. 94). ♦ Fig. Jouer la comédie, affecter un rôle : *Jouez-vous ? Masquez-vous ? Il faut répondre* (La Br., XII, 104).

Les sens actuels et les emplois transitif et pronominal d'auj. étaient également usuels au XVIIe s.

matassins n.m. pl. Danseurs grotesques portant un corselet, un morion doré, des sonnettes aux jambes, une épée et un bouclier ; et par extens. danseurs bouffons : *Monsieur de Pourceaugnac fuyant ; l'Apothicaire, les deux Musiciens et les Matassins le suivent, tous une seringue à la main* (Mol., *Pourc.*, I, II). ♦ La danse elle-même : *Force garçons comme bouquins, Au son des cornes à bouquins, Dansaient, à l'entour, la pavane, Les matassins et la bocane* (Scarr., *V. tr.*, II, 941).

matin n.m. **Du matin,** de bonne heure : *J'irai t'appeler demain Du matin* (La Font., *Je vous prends sans verd*, sc. VIII). *Du matin, Ménélaüs se lève* (Rac., *R. sur O.*, IV). *Demain, du grand matin, je l'envoierai quérir* (Mol., *Mal. im.*, I, VIII). ♦ **À matin,** ce matin (locution de la langue burlesque, condamnée par Oudin) : *Ce garçon d'à matin, il me semble l'avoir autrefois vu à Rome* (Chap., *Guzm. Alfar.*, III, 190).

matois, e n. et adj. Personne rusée et sans scrupule, filou : *Du temps que j'étais parmi les matois, cagoux, polissons* (Cramail, *Comédie des Proverbes*, II, V). *Non, ne me croyez pas, suivez votre dessein, Prenez cette matoise, et lui donnez la main* (Mol., *Ét.*, 982).

Le sens actuel de « rusé, finaud » de *matois* (auj. presque toujours adj.) était également connu au XVIIe s. : [...] *un vieux hôte des bois, Renard fin, subtil et matois* [...] (La Font., *F.*, XII, 13).

matras n.m. Gros trait lancé par l'arbalète (hors d'usage à la fin du XVIIe s.) : *Que son œil fendu, grand et bleu Décoche des matras de feu Sur Dame* [...] (Scarr., *V. tr.*, IV, 70). *Il fut tué d'un coup de matras à la tête* (Acad. 94).

maturité n.f. Fig. État de ce qui est près de se dénouer, d'éclater : *La chose étant dans sa maturité, nous le tromperions* [...]*, si nous ne lui disions qu'il n'y avait plus de temps à perdre* (Retz, *Mém.*, III, 223). ♦ **Avec maturité,** avec jugement, réflexion ; mûrement : *Après qu'on eut délibéré avec maturité* (Acad. 94).

Le sens fig. en parlant « des personnes ou de la pensée ayant atteint leur plein développement » était usuel au XVIIe s. : *Et je serai la dupe, en ma maturité, D'une jeune innocente et d'un jeune éventé* (Mol., *Éc. des f.*, 1186).

maugré prép. Forme de *malgré*, vieillie au milieu du XVIIe s. et jugée provinciale : *La fille de M. Tobie, notre maître, que l'on voulait marier maugré elle* (La Font., *Contes*, III, 4).

maussade adj. Sale, malpropre : *Et me dites, cher camarade, D'où vous venez ainsi maussade Comme un corps qui pend au gibet, Et tout crotté comme un barbet* (Scarr., *V. tr.*, II, 1143).

Le XVIIe s. connaissait aussi les sens actuels de « grincheux, renfrogné », en parlant de l'humeur : *Ce juge est maussade et rébarbatif envers les parties* (Fur.) ; et, au fig., de « désagréable », en parlant du temps qu'il fait.

mauvais, e adj. Malveillant, défavorable : *Précieuse, à prendre le mot dans sa plus mauvaise signification* (Mol., *Crit. Éc. des f.*, sc. II). ♦ Sans valeur, mal fondé : *Mauvaises opinions d'un savant* (Rac., *Ann. Euripide*, Bacchantes). *Mais parce que la vérité ne suffit pas toujours et qu'il y a des pensées qui sont mauvaises à force d'être vraies* [...] (Bouhours, *Entretiens d'Ariste et d'Eugène*).

Les sens actuels étaient également usuels au XVIIe s.

maxime n.f. Principe, règle de conduite : *Croyez que je ne vous tromperai jamais, et que suivant nos maximes de ne nous point épargner, je vous manderai toujours sincèrement comme je suis* (Sév., 10 juill. 1675). *On a beau prêcher les bonnes maximes, on les suit encore avec plus de peine qu'on ne les écoute* (Fur., *Rom. bourg.*, Avert.). ♦ Règle en matière littéraire : *La ballade, asservie à ses vieilles maximes, Souvent doit tout son lustre au caprice des rimes* (Boil., *A. p.*, II, 141).

Il signifiait aussi, comme auj., « formule lapidaire énonçant une proposition morale » : [...] *l'usage des maximes* [...] *veut qu'à la manière des oracles elles soient courtes et concises* (La Br., *Caractères*, Préf.).

mécanique adj. Qui travaille de ses mains : *Après avoir fait ces inventions, ne les jugeant pas dignes de son occupation, il les remit à des personnes mécaniques pour les exercer* (Malh., *Ép.*, 66). ♦ Péjor. Sans noblesse, vil, mesquin : [...] *vous me peignez un fat, qui met l'esprit en roture, une âme vile et mécanique* (La Br., XII, 20). *Cela est bien mécanique pour un gentilhomme* (Acad. 94). ♦ **Art mécanique,** métier manuel : [Saint Paul] *est pauvre, il est méprisable et réduit à gagner sa vie par l'exercice d'un art mécanique* (Boss., *Panég. de St Paul*).

Les sens actuels étaient également usuels au XVIIe s.

méchanceté n.f. Mauvaise qualité, médiocrité : *On avait beau leur répondre que la méchanceté même des vers marquait qu'ils parlaient d'un dieu qui avait un noble mépris pour les règles, ou pour la beauté du style* (Fonten., *Oracl.*, II, 6, *in* L.).

Le XVIIe s. connaissait surtout le sens actuel de « penchant à faire du mal, mauvaise action » : [...] *nomme quelque contrée Dont tes méchancetés te permettent l'entrée !* (Corn., *Méd.*, 390).

méchant, e adj. Mauvais, de mauvaise qualité, condamnable (parfois encore auj. en ce sens devant le nom : *une méchante petite robe*, etc.) : *Il avait encore reçu d'Alsace de méchantes nouvelles qui l'inquiétaient* (Du Buisson, *Turenne*, 2). *Voilà, dit-il, la pâtisserie la plus méchante que j'aie jamais mangée* (La Font., *Vie d'Ésope*). *Plus de trente archevêques* [...] *foudroyèrent* [...] *la méchante morale des casuistes* (Rac., *P.-R.*, II). *Dieu ne créa que pour les sots Les méchants diseurs de bons mots* (La Font., *F.*, VIII, 8).

Le XVIIe s. connaissait surtout le sens actuel de « porté à nuire » : *Dans un méchant homme il n'y a pas de quoi faire un grand homme* (La Br., XII, 116).

méchef n.m. Malheur, accident fâcheux (vieilli au XVIIe s.) : *Que vous et lui le Ciel punisse Et vous fasse choir sur le chef Bientôt quelque horrible méchef* (Scarr., *V. tr.*, II, 724). *L'instrument de tout ce méchef était couché sur une garde-robe* (Chap., *Guzm. Alfar.*, III, 284).

mécompte n.m. Erreur dans un compte : *Un pâtre, à ses brebis trouvant quelque mécompte* [...] (La Font., *F.*, VI, 1). *Il passait les nuits et les jours À compter, calculer, supputer* [...] *Car il trouvait toujours du mécompte à son fait* (La Font., *F.*, XII, 3). ♦ Événement anormal : *Je vois tous mes desseins succéder à ma honte ; Mais il me faut donner quelque ordre à ce mécompte* (Corn., *Pl. R.*, 1078). *Excusant les fautes, réparant les mécomptes, prévenant les difficultés* (Fén., *Tél.*, 15).

Le XVIIe s. connaissait déjà le sens général de « espérance déçue » : *Leur mécompte pourtant, quel qu'il soit, me console* (Corn., *Suiv.*, 1102).

mécompter (se) v.pr. Commettre une erreur dans un compte : *Je ne sais ce que vous voulez dire quand vous croyez que l'abbé se mécompte à votre profit. Ma bonne, comptez mieux si vous pouvez* (Sév., 7 août 1675). ♦ Faire un mauvais calcul, manquer de jugement : *Quand on compte sans la Providence, ma chère fille, on court risque souvent de se mécompter* (Sév., 20 déc. 1672). *Le Roi, bien mécompté de trouver partout tant d'ordre et d'exactitude* (Fén., *Contes*, Hist. d'Alibée).

méconnaissance n.f. Refus de reconnaître un acte dont on est l'auteur ; désaveu : *Tenez, voyez, lisez. – Ah, Dieux ! quelle imposture ! Jamais un de ces traits ne partit de ma main. – Nous pourrions demeurer ici jusqu'à demain, Que vous persisteriez dans la méconnaissance* (Corn., *Mél.*, 1211). ♦ Ingratitude : *Dans un siècle de méconnaissance auquel sa vertu singulière ne lui a pas moins produit d'ingrats que d'envieux* (Chap., *Lettres*, I, 136). *Une infinité de circonstances* [...] *marquèrent à M. le Prince et la méconnaissance et la méfiance du Cardinal* (Retz, *Mém.*, II, 505).

Auj. « ignorance, le fait de ne pas tenir compte ».

méconnaissant, e adj. Ingrat : *Rends mon style plus fleurissant, Ou fais que je porte sans crime Le titre de méconnaissant* (Tr. L'Hermite, *Vers héroïques*, Stances à M. de Voiture, 24). *Vous verrez par le billet de M*[lle] *de Scudéry que je me suis fidèlement acquitté de l'ordre que vous m'aviez donné, et qu'elle n'est pas plus méconnaissante que moi* (Chap., *Lettres*, II, 27). *Je n'oubliai rien pour la servir en cette occasion ; et M*[me] *de Nemours, sa fille, avoua que je n'étais pas méconnaissant* (Retz, *Mém.*, II, 90).

méconnaître v.t. Ne pas reconnaître : *Je vous ai méconnue en ce déguisement* (Quinault, *Comédie sans comédie*, III, III). *Je viens de trouver une lettre de M*[me] *de Coulanges que je n'avais pas lue ; je la méconnaissais* (Sév., 30 juin 1680). ♦ Mal discerner, ne pas apprécier à sa juste valeur, et, en particulier, surestimer (auj. surtout « sous-estimer ») : *Mais souvent un esprit qui se flatte et qui s'aime Méconnaît son génie et s'ignore soi-même* (Boil., *A. p.*, I, 19). *Ne vous méconnaissez pas vous-même en croyant que votre être a quelque chose de plus élevé que celui des autres* (Pasc., *Disc. sur la condition des Grands*). ♦ Désavouer, renier : *Il méconnaît sa sœur, il méprise sa mère* (Rac., *Théb.*, 516). ♦ Se montrer ingrat envers, ou au sujet de : *Les dieux* [...] *Vous font-ils méconnaître ou haïr leurs présents ?* (Rac., *Iphig.*, 16).

mécontenter (se) v.pr. Être mécontent : *Si j'avais un prétexte à me mécontenter, Tu me verrais bientôt résoudre à le quitter* (Corn., *Gal. du Pal.*, 515). [...] *ces injustices Dont vous avez raison de vous mécontenter* (Corn., *Agés.*, 1035).

mécroire v.t. Refuser de croire (vieilli au XVIIe s.) : *La merveille est si grande où ce malheur le plonge Qu'il en mécroit ses sens, et le tient pour un songe* (Tr. L'Hermite, *l'Orphée*). *Je me suis écarté de mon original. On en pourra gloser, on pourra me mécroire* (La Font., *Contes*, II, 14).

médaille n.f. Portrait, image : *Vrai suppôt de Satan, médaille de damné* (Corn., *Illus.*, 740). *Voilà un vilain homme, une vraie médaille de cocu* (Fur.).

Les sens actuels étaient également usuels au XVIIe s., sauf celui de « distinction honorifique ».

médecine n.f. Remède : *Mes maux dans ces poisons trouvent leur médecine* (Corn., *Méd.*, 974). ♦ « Femme d'un médecin » (Fur.).

Les sens actuels étaient également usuels au XVIIe s.

médiateur, trice adj. Qui sert d'intermédiaire, de conciliateur (auj. seulement comme substantif) : *L'air se réconcilie avec le feu par le moyen d'une exhalaison médiatrice qui les unit* (Cyrano, *États et empires de la Lune*, p. 95). *Il a été médiateur de cette affaire* (Acad. 94).

médiocre adj. Qui est d'un niveau moyen, d'une qualité moyenne : *Il faut* [...] *qu'ils* [les personnages de la tragédie] *aient une bonté médiocre* (Rac., *Andr.*, 1re préf.). ♦ Qui est de condition sociale moyenne : *Que si vous* [...] *ne désapprouvez pas qu'on puisse faire une tragédie entre des personnages médiocres* [...] *permettez-moi de conclure a simili, que nous pouvons faire une comédie entre des personnages illustres* (Corn., *D. S.*, Ép.). *Après les bons partis, les médiocres gens Vinrent se mettre sur les rangs* (La Font., *F.*, VII, 5).

Le XVIIe s. connaissait aussi le sens péjoratif, seul actuel, de « qui est de mauvaise qualité, au-dessous de la moyenne » : *Il n'a fait qu'une fortune bien médiocre,* [...] *fort petite, qui ne doit point être enviée* (Fur.).

médiocrité n.f. Condition moyenne, juste milieu : *Je ne veux être, si je le puis, ni malheureux ni heureux : je me jette et me réfugie dans la médiocrité* (La Br., VI, 47). *Mère du bon esprit, compagne du repos, Ô Médiocrité reviens vite !* (La Font., *F.*, VII, 6).

On rencontre aussi au XVIIe s. le sens péjoratif actuel de « état de ce qui est au-dessous de la moyenne » : *Il y a de certaines choses dont la médiocrité est insupportable : la poésie, la musique, la peinture, le discours public* (La Br., I, 7).

mélancolie n.f. Une des quatre « humeurs » du corps humain, selon l'ancienne médecine, et qui avait son siège dans la rate : *La mélancolie cause la tristesse, le chagrin,* [...] *quelquefois la folie* (Fur.). ♦ Accès de folie : *Il semble à ce discours qu'il ait perdu le sens. Éraste, cher ami, quelle mélancolie Te met dans le cerveau cet excès de folie ?* (Corn., *Mél.*, 1371). ♦ Humeur sombre, farouche ; neurasthénie : *Mais jamais la mélancolie Qui trouble ces mauvais esprits N'a fait paraître en mes écrits Un pareil excès de folie* (Th. de Viau, *Au roi, sur son exil*). *Modère* *ces bouillons de ta mélancolie* (Boil., *Sat.*, VII, 70). *Notre malade* [...] *est malheureusement attaqué, affecté, possédé, travaillé de cette sorte de folie que nous nommons fort bien mélancolie hypocondriaque* (Mol., *Pourc.*, I, VIII).

Le XVIIe s. connaissait aussi le sens actuel de « tristesse vague et douce » : *Des vers plaintifs sont les fruits d'une douce mélancolie* (Fur.).

mélancolique adj. Chez qui la *mélancolie* est l'*humeur* dominante, qui est sujet à des sautes d'humeur, à des accès de frayeur : *Un souffle, une ombre, un rien, tout lui donnait la fièvre. Le mélancolique animal* [le lièvre] *En rêvant à cette matière Entend un léger bruit : ce lui fut un signal Pour s'enfuir devers sa tanière* (La Font., *F.*, II, 14). *Les mœurs ridicules et brutales d'un fou mélancolique* (Pasc., *Prov.*, IX).

Le XVIIe s. connaissait aussi le sens actuel « qui est d'une tristesse douce » : [...] *le ciel est couvert* [...]., *ce temps est bien mélancolique* (Fur.).

mêler v.t. Embarrasser, embrouiller : *S'il m'eût enquis du chemin de Turquie, J'eusse été bien mêlé dans ma géographie* (Rotr., *Sœur*, IV, I). ♦**Mêler dans,** impliquer, faire entrer dans (auj. on dit *mêler à*) : *Je lui dis la joie que vous aviez de n'être plus mêlée dans les sottes querelles de Provence* (Sév., 12 août 1675). ♦**Marchand mêlé,** V. MARCHAND.

◆ **se mêler,** en venir aux mains, engager le combat : *Chez le libraire absent tout entre, tout se mêle* (Boil., *Lutr.*, V, 133). *Les soldats* [...] *ne pouvant demeurer sur la défensive sortirent en gros de leur camp et se mêlèrent avec les ennemis* (Du Buisson, *Turenne*, 3). ♦**Se mêler de,** s'occuper de, faire profession de (auj. péjoratif, il indique une qualification insuffisante, de la présomption, de l'indiscrétion) : *Je me mêle un peu de musique et de danse* (Mol., *Sicil.*, sc. VII). *Il se mêle de débiter les denrées* (Acad. 94).

Les autres sens actuels étaient également usuels au XVIIe s.

mélioration n.f. Amélioration, réparation (vieilli au XVIIe s.) : *Il lui faut rembourser les méliorations qu'il a faites à cette terre* (Richelet).

membru, e adj. Qui a de gros membres : [Le] *puissant Ériphas Aussi membru qu'un Éléphas* (Scarr., *V. tr.*, II, 2013). [Ces petits Hercules] *passeraient pour Jeux et pour Ris, un peu membrus à la vérité* (La Font., *Lettre à sa femme*, 12 sept. 1663).

même adj. Placé devant un nom pouvait indiquer non pas comme auj. l'identité, mais une insistance sur l'individualité (« par excellence », « en personne ») : *Ta Laure, dis-tu, Est la sagesse même, et la même vertu !* (Rotr., *Laure perséc.*, I, X). *Avoir ainsi traité Et la même innocence et la même bonté* (Mol., *Sgan.*, 396). – Auj. en ce sens on dirait *l'innocence même*, etc. ♦Placé après le nom il pouvait inversement exprimer l'identité : *Sans être rivaux, nous aimons en lieu même* [= en même lieu, la même femme] (Corn., *Pl. R.*, 1287). – Pourtant l'usage actuel existait aussi quant à la place de *même*. Pour éviter les confusions, Vaug. proposait d'écrire *mêmes* après un nom singulier et *même* après un nom pluriel, dans l'emploi qu'il appelait adverbial, par opposition à *même* qu'il appelait pronom, marquant l'identité. Cette recommandation fut parfois suivie : *Ici dispensez-moi du récit des blasphèmes Qu'ils ont vomis tous deux contre Jupiter mêmes* (Corn., *Pol.*, 838). *Cette querelle envenimée Où du sang des dieux même on vit le Xanthe teint* (La Font., *F.*, VII, 13). ♦Placé comme adjectif avant le nom, il pouvait s'employer sans article : *Dieu établit ses enfants sur la terre de Chanaan, dont il chasse par même moyen des peuples abominables* (Boss., *H. univ.*, II, 3). *Je devais même peine à des crimes semblables* (Corn., *Pol.*, 897).

◆ **Le même de,** le même que : *Oui, vous me voyez revenu de toutes mes erreurs ; je ne suis plus le même d'hier* (Mol., *D. J.*, V, I). *Il les accablait avec des machines qui lançaient des pierres avec la même impétuosité du canon* (Mlle de Scudéry, *Mathilde*, p. 368). *De là vient* [...] *que le talent le plus excellent ne saurait produire les mêmes effets du talent le plus commun* (La Roch., *Maximes*, 505). ♦**Le même dont,** le même que celui dont : *Je le vois* [Richelieu], *des mêmes yeux dont la postérité le verra* (Voit., *Lettre* ***, 24 nov. 1636). ♦**Le même,** la même chose : *Car c'est quasi le même de converser avec ceux* [les livres] *des autres siècles que de voyager* (Desc., *Méth.*, I). – On dit encore en ce sens : *cela revient au même.*

◆ **De même,** égal, pareil : *À sot compliment il faut une réponse de même* (Mol., *Av.*, III, VII) ; de même que : *Cet endroit est de même celui du Gascon, pour le changement de langage, et le jeu de théâtre* (Mol., *Fourb.*, III, II). ♦**Tout de même,** exactement de la même manière.

◆ **À même de** (suivi d'un nom), en état de jouir, de bénéficier de (auj. seulement suivi d'un infinitif) : *Il s'en vint à moi avec un visage* *riant, m'offrir tout son pouvoir et me mettre à même de tout ce qu'il avait au monde* (Chap., *Guzm. Alfar.*, III, 260-261). *Je veux me faire un gendre et des alliés médecins, afin* [...] *d'être à même des consultations et des ordonnances* (Mol., *Mal. im.*, I, v). ♦**À même,** parmi : *Cherches-tu de la joie à même mes douleurs ?* (Corn., *Pl. R.*, 736). *Que tous les artisans, drapiers,* [...] *etc.* [...]*, leur élargissent* [aux pauvres] *quelque libéralité, à même la chose qu'ils vendent et débitent* (Montchrestien, *Écon. pol.*). ♦**À même que,** en même temps que (blâmé par Vaug., hors d'usage à la fin du XVIIe s.) : *Caliste se ranime à même que je meurs* (Corn., *Clit.*, 292, var. des éditions de 1644-1657).

mêmement adv. Même, surtout (vieilli dès le début du XVIIe s., selon Vaug.) : *Gaston et sa noble famille, Et mêmement sa grande fille, S'en viennent faire au premier jour Dans Orléans quelque séjour* (Loret, *Muse hist.*, 16 août 1653).

mémoire n.f. Souvenir : *Je n'ai point de mémoire de cela* (Acad. 94). *Mais sachez que j'aurai sans cesse la mémoire De l'outrage sanglant qu'on a fait à ma gloire* (Mol., *D. G.*, 1464). ♦Réputation durable auprès de la postérité, renommée : *Je puis choisir, dit-on, ou beaucoup d'ans sans gloire, Ou peu de jours suivis d'une longue mémoire* (Rac., *Iphig.*, 250). ♦Ensemble de souvenirs historiques, chronique : *Mets l'histoire à ses pieds, et toute la mémoire* (Corn., *les Triomphes de Louis*). ♦Monument commémoratif, autel : *Il s'en va à l'église de Dieu, à la mémoire des apôtres saint Pierre et saint Paul, ces deux pauvres illustres, qui ont vu les empereurs prosternés devant leurs tombeaux* (Boss., *Panég. St Franç. d'Assise*).

Les sens actuels étaient également usuels au XVIIe s.

menacer v.t. Pouvait se construire avec une proposition complétive introduite par *que* (auj. seulement suivi d'un infinitif ou d'un complément d'objet) : *Je menace que si ma fille est encore grosse* [...]*, je n'irai point les voir* (Sév., 2 déc. 1671).

ménage n.m. Gestion, manière d'administrer : *Les héritiers que vous aurez possédant le bien pour lequel vous prenez tant de peine maintenant, béniront votre bon ménage* (Sorel, *Franc.*, III). ♦Bonne gestion, économie : *Lui, berger, pour plus de ménage, Aurait deux ou trois mâtineaux, Qui, lui dépensant moins, veilleraient aux troupeaux* (La Font., *F.*, VIII, 18). *Il faudra* [...] *répondre à ce juge inexorable, non seulement de la dépense, mais encore de l'épargne et du ménage* (Boss., *Serm. sur l'Ém. Dignité*, 2e point). *Prendre du vin au cabaret, ce n'est pas ménage* (Acad. 94). ♦Désordre, dégât : *L'escarbot indigné Vole au nid de l'oiseau, fracasse, en son absence, Ses œufs, ses tendres œufs, sa plus douce espérance* [...] *L'aigle étant de retour et voyant ce ménage Remplit le ciel de cris* (La Font., *F.*, II, 8). ♦Biens meubles, animaux d'une ferme, etc. : *Elle lui fit voir son ménage, entr'autres bestiaux, comme chevaux, poulains, brebis, pourceaux, etc.* (Ouville, *Contes*, 1644). *Dans le troisième lot* [de l'héritage], *les fermes, le ménage, Les troupeaux et le pâturage, Valets et bêtes de labeur* (La Font., *F.*, II, 20). ♦**Vivre de ménage,** vivre en économisant et, par jeu de mots, vendre ses meubles pour vivre : *Un traître* [...] *qui me vend pièce à pièce tout ce qui est dans le logis ! – C'est vivre de ménage* (Mol., *Méd. m. lui*, I, I). *L'on m'a assuré qu'ils vivent de ménage, mais c'est qu'ils vendent le leur pièce à pièce* (Sorel, *Berg. extr.*, 370).

◆ pl. Objets d'habillement, de parure : *Nous causions de mouchoirs, de rabats, de dentelles, De ménages de filles* (Corn., *Gal. du Pal.*, 1303).

Les sens actuels étaient également usuels au XVIIe s.

ménager, ère adj. Économe, prudent : *Le sage est ménager du temps et des paroles* (La Font., *F.*, VIII, 26). *Cette manière hardie et peu ménagère d'un homme qu'on connaissait naturellement aussi ferme qu'entreprenant* (Saint-Réal, *Conjur. des Gracques*). *Les Tyriens sont industrieux, patients, laborieux, propres, sobres et ménagers* (Fén., *Tél.*, 3). *Les jeunes gens ne sont guère ménagers* (Acad. 94).

◆ n.m. **Un ménager,** un organisateur, un sage administrateur : *Que me sert de voir les meilleurs ménagers Admirer mes jardins, mes parcs et mes vergers* [...] *?* (Racan, *Berg.*, V, v). *Un roi* [...] *Est meilleur ménager du sang de ses sujets* (Corn., *Cid*, 596). *C'est le meilleur ménager du monde* (Acad. 94).

Auj. s'emploie seulement comme adj., au sens de « qui a rapport au ménage » : *enseignement ménager, ordures ménagères*, etc.

ménager v.t. Administrer, gérer : [Le chevalier] [...] *veut que le marquis* [de Grignan] *ménage lui-même son argent, qu'il écrive, qu'il sup-*

pute (Sév., 10 déc. 1688). *Les trésors immenses que son père avait ménagés avec tant de soin* (Fén., *Tél.*, 2). ♦ Exploiter selon une bonne économie, employer : *Ceux qui ne savent pas jusqu'à quel point on peut ménager la terre prennent pour fable ce qu'on raconte du nombre des villes d'Égypte* (Boss., *H. univ.*, III, 3). *Le Temps* [...] *Emporte avecque lui toutes les belles choses ; C'est pour nous avertir de le bien ménager Et faire des bouquets en la saison des roses* (Tr. L'Hermite, *Consol. à Idalie*). – Auj. « épargner, user modérément de » ou « traiter avec des égards ». ♦ Préparer habilement, organiser : *Il sut ménager des associations et des ligues* (La Font., *Remerc. à l'Acad.*). *Mme de Longueville ménageait* [...] *le mariage du duc de Richelieu* (La Roch., *Mém.*, II, 161). – Auj. en ce sens on exprime le complément de destination ou d'intérêt : *se ménager des appuis*, etc.

◆ **se ménager,** se conduire avec sagesse, circonspection (auj. « avoir soin de sa santé, ne pas se fatiguer ») : *L'âge viril, plus mûr, inspire un air plus sage, Se pousse auprès des grands, s'intrigue, se ménage* (Boil., *A. p.*, III, 380).

ménagerie n.f. Bâtiments dépendant d'un château ou d'une maison de campagne et servant de basse-cour, d'étable, de volière : *Dans une ménagerie De volatiles remplie Vivaient le cygne et l'oison : celui-là destiné pour les regards du maître, Celui-ci, pour son goût* (La Font., *F.*, III, 12). *Ils* [les coqs] *feraient* [à la perdrix] *les honneurs de la ménagerie* (La Font., *F.*, X, 7). *Il nous a fait manger les poulets de sa ménagerie* (Acad. 94).

Le sens actuel de « lieu où sont rassemblés des animaux rares » apparaît à la fin du XVIIe s.

mener v.t. Contraindre à aller, amener : *Mais quelle occasion mène Évandre vers nous ?* (Corn., *Cinna*, 279). *Je suis ici venu... – Sans m'en faire récit, Je sais ce qui vous mène* (Mol., *Éc. des f.*, 1675). *Il mena tout son monde avec lui* (Acad. 94).

Les sens actuels étaient également usuels au XVIIe s.

menin n.m. Jeune homme de grande famille élevé avec les princes : [La maréchale de Rochefort] *fut apaisée par une place nouvelle de menin de Monseigneur donnée au marquis de Rochefort, son fils, sans qu'elle l'eût demandé* (Saint-Simon, 1696).

mensonger, ère adj. En parlant de personnes, menteur, trompeur : *Après m'avoir promis, seriez-vous mensongère ?* (Corn., *Gal. du Pal.*, 1745, var.). – Cet emploi était vieilli au XVIIe s. ; en 1660 Corn. change ce vers et fait disparaître le mot, qui est de ceux dont La Br. (XIV, 76) regrette la désuétude.

Il s'employait aussi, comme on le fait aujourd'hui en parlant de choses (paroles, écrits, etc.) : *Les grandeurs du monde sont des vanités fausses et mensongères* (Fur.).

menterie n.f. Mensonge (le mot existe encore dialectalement, et parfois dans la langue familière) : *On dirait qu'il dit vrai, tant son effronterie Avec naïveté pousse une menterie* (Corn., *Ment.*, 978). *Quelle raison lui donnerai-je ? Cela jette insensiblement dans les menteries* (Sév., 11 déc. 1675). *Se mettre du rouge ou se farder* [chez les femmes] [...], *c'est une espèce de menterie* (La Br., III, 5). *Il soutient effrontément une menterie* (Acad. 94).

mentir v.i. S'employait souvent précédé de *en*, « à ce sujet » : *Et pour n'en point mentir, n'êtes-vous pas méchante ?* (Mol., *Tart.*, 789). *« Je suis donc un sot ? Moi ? Vous en avez menti », Reprend le campagnard* (Boil., *Sat.*, III, 212).

merci n.f. **Merci de moi !, Merci de ma vie !,** exclamations des femmes du peuple, marquant l'indignation, l'impatience : *Merci de moi ! lui dit la mère ; Tu mangeras mon fils !* (La Font., *F.*, IV, 16). *Hé ! merci de ma vie ! il en irait bien mieux Si tout se gouvernait par ses ordres pieux* (Mol., *Tart.*, 67). – Au sens de « miséricorde », *merci* vieillit, selon Acad. 94, dans les phrases comme *crier merci, prendre, recevoir à merci, c'est un homme sans merci, qui ne vous fera aucune merci, dont vous ne devez point attendre de merci, j'implore votre merci.*

mérite n.m. Habileté, talent : *On cherche les rieurs ; et moi je les évite. Cet art veut, sur tout autre, un suprême mérite* (La Font., *F.*, VIII, 8). ♦ Importance (d'une chose) : *La sottise du prince était d'un tel mérite Qu'il fut fait in petto confrère de Vulcan* (La Font., *Contes*, IV, 8). [Ch. de Sévigné] *a vu cet homme que je vous ai dit qui est habile, et qui le traite actuellement selon le mérite de ce mal* (Sév., 6 oct. 1680).

Les sens actuels étaient également usuels au XVIIe s.

merveille n.f. Admiration, surprise, étonnement : *Laissant tous ceux qui l'ouïrent si pleins d'étonnement et de merveille de cette généreuse action qu'à peine pouvaient-ils croire que ce fût vrai* (Urfé, *Astrée*, II, 745). *Beaux objets, vous donnez de la merveille à tous* (Tr. L'Hermite, *Vers héroïques*, sonnet Logement nompareil, 12). *Tout ravi de merveille en un objet si beau* (Durand, *Méditations*, sonnet Celui qui le premier...). *La surprise me flatte, et je me sens saisir De merveille à la fois, d'amour et de plaisir* (Mol., *Dép. am.*, 1760). ♦ Chose extraordinaire, miracle : *De Joas conservé l'étonnante merveille* (Rac., *Ath.*, 1688). *Quelle partie du monde habitable n'a pas ouï les victoires du prince de Condé et les merveilles de sa vie ?* (Boss., *O. f. Condé*, Exorde). ♦ **Faire des merveilles à qqn,** lui faire un excellent accueil : *Madame me fit des merveilles d'abord ; mais quand l'abbé de Chavigny fut entré, mon étoile pâlit visiblement* (Sév., 25 juin 1677).

Le sens actuel de « chose qui provoque l'admiration » se rencontrait aussi au XVIIe s. : *C'est une merveille de voir l'adresse et la promptitude avec laquelle se fait la manœuvre d'un grand vaisseau* (Fur.).

merveilleusement adv. Extrêmement (servait à former des superlatifs) : *M. Vitart m'a merveilleusement oublié* (Rac., *Lettre Le Vasseur*, 21 mars 1662). *Le Cardinal était merveilleusement en peine du siège de Leucate* (Du Buisson, *Turenne*, 2). *Je vous trouve merveilleusement effronté* (Acad. 94).

Le sens actuel de « admirablement » était usuel au XVIIe s. : *Cette femme est merveilleusement sage* (Fur.).

merveilleux, euse adj. Qui surprend, étonnant, sans nuance admirative : *Il n'est pas merveilleux s'il ne peut s'égarer* (Corn., *Imit.*, II, 928) ; mais aussi avec une nuance admirative (comme auj.) : *Ah ! monsieur, ces poulets sont d'un merveilleux goût* (Boil., *Sat.*, III, 120).

mésaise n.m. Malaise, désagrément (vieux mot selon Richelet) : *Je me sens un ennui et un mésaise fréquent dans mes occupations extérieures* (Fén., *Lettres Mme Guyon*, 13).

mésarriver v. impers. **Il mésarrive de qqch,** cela n'a pas de succès (familier selon Acad. 94) : *L'appréhension que j'ai eue qu'il me mésarrivât de la pièce que vous m'avez envoyée* (Chap., *Lettres*, I, 408). *Prenez-y garde, il vous en mésarrivera* (Acad. 94).

messer n.m. Mot italien (*messere*) signifiant « monsieur » employé en style burlesque : *Mais le petit messer Cupidon fut l'entremetteur de cette affaire* (Fur., *Rom. bourg.*, I). *L'âne à messer lion fit office de cor* (La Font., *F.*, II, 19). *Messer loup attendait chape-chute à la porte* (La Font., *F.*, IV, 16).

messire n.m. Mot qui « [...] se dit quelquefois en riant et alors [...] signifie la même chose que *sire* » (Richelet) : *Messire rat promit soudain* (La Font., *F.*, IV, 11). *Messire loup vous servira, S'il vous plaît, de robe de chambre* (La Font., *F.*, VIII, 3).

mesure n.f. Distance convenable pour donner ou parer un coup d'épée et, par extens., un coup quelconque : *Il n'eut pas plutôt lâché le mot que l'hôte, qui était en mesure, lui appliqua un soufflet* (Scarr., *Rom. com.*, I, 12). – Auj. *être en mesure de* (suivi d'un infinitif), c'est « avoir la possibilité de ». ♦ **Avec mesure,** selon une règle déterminée : *Il* [Dieu] *leur dispense avec mesure Et la chaleur des jours et la fraîcheur des nuits* (Rac., *Ath.*, 326). ♦ **De mesure,** mesuré : *Ses gestes concertés, ses regards de mesure* (Corn., *Oth.*, 405). ♦ **Hors de mesure,** déconcerté, empêché d'agir : *Et je vais égayer mon sérieux loisir À mettre Amphitryon hors de toute mesure* (Mol., *Amph.*, 1493).

◆ pl. **Mesures,** ménagements, dispositions prudentes : *Vous savez pour Joad mes égards, mes mesures* (Rac., *Ath.*, 551). ♦ **Perdre ses mesures,** devenir vulnérable, perdre l'avantage, être déconcerté : *Tu vas sortir de garde et perdre tes mesures* (Corn., *Ment.*, 901). ♦ **Rompre les mesures de qqn,** contrarier ses projets : *Ce que vous venez de m'apprendre* [...] *rompt étrangement les mesures que nous avions prises ensemble* (Mol., *Fourb.*, II, I). *Le duc, dont cette extrême diligence avait rompu toutes les mesures* (Rac., *Médaille*, la Prise de Marsal). – Selon Bouhours, en 1671, ces expressions figurées, empruntées au langage des armes, étaient assez nouvelles.

Les sens actuels étaient également usuels au XVIIe s.

métail n.m. Autre forme de *métal*, normale selon Fur. (« les poètes disent quelquefois *métal* »), mais non enregistrée par Acad. 94 : *Quoiqu'ils fussent maîtres des Indes d'où nous vient ce métail* [l'or] *si estimé sur la terre* (Du Buisson, *Turenne*, 3).

méthode n.f. Coutume, usage : *Quand à Paris commença la méthode De ces sifflets qui sont tant à la mode* (Rac., *Sur l'Iphigénie de Le Clerc*). ♦ Habitudes de vie, régime : *La méthode qu'il observe pour sa santé n'est point mauvaise* (Acad. 94).

Les sens actuels étaient également usuels au XVIIe s.

mettre v.t. Admettre : *Chose incroyable ! les juifs ont mieux aimé mettre deux Messies* (Boss., *H. univ.*, II, 24). ♦ Considérer, compter : *Mettez ce qu'il en coûte à plaider aujourd'hui* (La Font., *F.*, IX, 9). ♦ Exposer, sacrifier : *C'est un mortel qui sait mettre sa vie Pour son ami* (La Font., *F.*, XII, 15). *N'envions point* [...] *leurs grandes richesses : ils ont mis leur repos, leur santé, leur honneur et leur conscience pour les avoir ; cela est trop cher* (La Br., VI, 13). ♦ Dépenser : *Et lui-même, ayant* [...] *Mis beaucoup en plaisir, en bâtiments beaucoup, Il devint pauvre tout d'un coup* (La Font., *F.*, VII, 14). ♦ **Mettre à faire pis, à pis faire,** défier de faire plus mal, inciter à continuer : *Au moins, dites-leur bien que je ne les crains guère ; Ils me feront plaisir, je les mets à pis faire* (Rac., *Plaid.*, 372). ♦ **Mettre dessus** (ou simplement **mettre**), se couvrir la tête : *Mettez donc dessus, s'il vous plaît* (Mol., *Mar. forcé*, sc. I). *Mettez, vous dis-je,* [...] *Je ne me couvrirai point si vous ne vous couvrez* (Mol., *Bourg.*, III, IV).

Les sens actuels étaient également usuels au XVIIe s.

meuble n.m. Au sens collectif, mobilier : *Le Coadjuteur y pourrait loger* [dans cette maison], *s'il ne se trouve pas mieux ; mais il lui faudrait du meuble* (Sév., 2 févr. 1674). ♦ Objet d'usage domestique : *Une coupe, qui est le plus beau meuble de son logis* (Rac., *R. sur O.*, IV). ♦ Bien mobilier : *L'argent est un meuble friand* [...] *dont il arrive souvent tout plein de malencontre* (Chap., *Guzm. Alfar.*, III, 195). ♦ **Meuble inutile, meuble importun,** être, chose qui ne mérite aucun intérêt, qui embarrasse : *Et, hors un gros Plutarque à mettre mes rabats, Vous devriez brûler tout ce meuble inutile* (Mol., *F. sav.*, 563). *C'est un meuble inutile Qu'un galant de cinquante ans* (Corn., *Chanson* Vos beaux yeux [...], 8). *La fille ayant atteint l'âge de la raison Est un meuble importun dedans une maison* (Rotr., *Sœur*, II, II). *La vertu sans honneur n'est qu'un meuble inutile* (Boil., *Ép.*, V, 86).

Le sens actuel de « objet mobile, de forme rigide, concourant à l'aménagement de l'habitation » était usuel également au XVIIe s. : *Aux enfants tout paraît grand, les cours, les jardins, les édifices, les meubles, les hommes, les animaux* (La Br., XI, 56). *Ils* [les vieillards] *vantent les modes qui régnaient alors dans les habits, les meubles et les équipages* (La Br., XI, 115).

meubler v.t. Fig. **Être meublé, se meubler,** être fourni, orné ; se fournir : *Pour un homme meublé d'une âme peu commune, J'ai toujours regardé le savant La Rancune* (La Font., *Ragotin*, II, VII). *Meuble-toi d'un autre ami* (Maynard, *Œuvres poétiques*, p. 82).

meurtrir v.t. Tuer (vieilli au XVIIe s. selon Fur. et Acad. 94, qui donnent le sens actuel de « faire une contusion ») : *Allez, sacrés vengeurs de vos princes meurtris* (Rac., *Ath.*, 1793).

mévendre v.t. Vendre à perte : *Chevincourt me mandait* [...] *que je ne courais aucune fortune par le désordre des affaires de Mme Couturier, non pas même quand Villepreux se mévendrait de beaucoup* (Retz, *Lettre M. de la Fons*, 17 juin 1669). *Quand on doit, il faut vendre et mévendre pour s'acquitter* (Acad. 94).

mévenir v. impers. **Il mévient,** cela tourne mal : *Quelle apparence Qu'il en mévienne en effet moi présent ?* (La Font., *Contes*, IV, 15).

mie adv. Vieilli au XVIIe s., il accompagnait la négation : *J'ai bonne envie De ne vous voir mie Dure* (La Font., *Janot et Catin*, 41).

mie n.f. Amie (terme affectueux) : *Là, ma pauvre mie, dis, dis* (Mol., *Am. méd.*, I, II). *Notre amoureux ne songeait près ni loin Dedans l'abord à jouir de sa mie* (La Font., *Contes*, II, 4). ♦ Gouvernante : *Elle avait une vieille mie qui l'avait élevée, qu'elle avait toujours gardée* (Saint-Simon, 1696).

mieux adv. Pouvait s'employer sans article comme superlatif, au sens de *le mieux : Et je tiendrais celui-là mieux épris Qui favoriserait ce que je favorise* (Corn., *D. S.*, 872). ♦ **Des mieux,** le mieux du monde, très bien : *Je m'acquitte des mieux de la charge commise* (Corn., *Pl. R.*, 114). *Il est d'autant plus criminel qu'il écrit des mieux quand il veut s'en mêler* (Sév., 12 juill. 1671). *Ils causent des mieux* (Rac., *Lettre Vitart*, 15 nov. 1661). *Voilà qui va des mieux* (Mol., *F. sav.*, 349). – Cette locution était répandue mais du style bas, selon Vaug. ; « élégance de bas style », dit Chap.

◆ n.m. **Le mieux,** ce qu'on préfère, avantage : *On pardonne aisément à qui trouve son mieux. – Mais en quoi gît ce mieux ? – En esprit, en richesse* (Corn., *Mél.*, 630).

mièvre adj. Malin, déluré, malicieux : *Mièvre est un mot du menu peuple et signifie jeune fripon, hargneux, volontaire, faiseur de niches et de désordre importun* (Chap., *Lettres*, II, 286). *J'ai tout présentement, pour lui donner la fièvre, Rétréci ses habits. Le tour est assez mièvre* (La Font., *Ragotin*, III, II).

Auj. « qui manque de vigueur ; qui est d'une élégance trop maniérée ».

mièvreté n.f. Petite ruse d'un enfant éveillé (mot bas selon Acad. 94) : *Mme Vollichon ne parla plus avec Mlle Laurence que des belles qualités de son fils, de ses mièvretés et postiqueries* (Fur., *Rom. bourg.*, I).

mignard, e adj. Gracieux, délicat (sans la nuance péjorative actuelle) : *Par ce refus mignard, qui porte un sens contraire, Ton feu m'instruit assez de ce que je dois faire* (Corn., *Mél.*, 730, var.). *L'honneur vous apprend-il ces mignardes douceurs Par qui vous débauchez ainsi les jeunes cœurs ?* (Mol., *Mélic.*, 477).

mignardement adv. Avec délicatesse, douceur : *À moi il m'en fallait* [de la nourriture] *beaucoup plus, d'autant que je n'avais pas été élevé si mignardement* (Sorel, *Franc.*, III). *Cet enfant est traité trop mignardement* (Acad. 94).

mignarder v.t. Traiter avec délicatesse (vieilli et familier au XVIIe s.) : *Les enfants qui fuient l'école pour la crainte du fouet s'en vont chez leurs tantes ou chez leurs grand-mères, où l'on les flatte et les mignarde* (Chap., *Guzm. Alfar.*, III, 417). ◆ Rendre délicat : *Tu mignardes ta voix* (Quinault, *les Rivales*, II, I).

mignardise n.f. Grâce, délicatesse (sans la nuance péjorative actuelle) : *Son âge, sa beauté* [...] *Forcent mes sentiments à lui vouloir du bien, Et l'air de son visage a quelque mignardise* (Corn., *Clit.*, 649). *La plupart de ses vers coulent fort doucement : Qu'il a de mignardise à décrire un visage !* (Corn., *Gal. du Pal.*, 105). *La mignardise de ses traits* (Acad. 94).

mignon, onne n. Celui, celle qui est favorisé d'un amour particulier ; amant, maîtresse, favori(te) : *Quoi ! Vous trémoussez dans la rue Pour attraper quelque mignon Ou déniaiser quelque grue ?* (Brébeuf, *Poés. div.*, 153). *Je ne me dois regarder que comme un de ces indignes mignons de la fortune* (Corn., *Disc. Acad.*). *Et vous pourriez avoir vingt mignonnes en ville Qu'on n'en sonnerait pas deux mots en tout un an* (La Font., *Contes*, III, 4). ◆ Péjor. **Mignon de couchette,** jeune élégant : *Ce beau mignon de couchette Dont Achille vengea la mort* (Scarr., *V. tr.*, II, 1111). ◆ **Ma mignonne,** appellation condescendante et méprisante : *Ma mignonne, apprenez que vous êtes déçue* (Corn., *Suiv.*, 1005). *Mais, ma mignonne, dites-moi, Vous campez-vous jamais sur la tête d'un roi ?* (La Font., *F.*, IV, 3).

L'emploi du mot comme adjectif, avec le sens actuel de « gentil, gracieux et menu », était également usuel au XVIIe s. : *Un visage mignon, une bouche mignonne. Une beauté mignonne est opposée à une beauté grande, pleine, majestueuse* (Fur.).

milice n.f. Art de la guerre : *C'est un homme qui entend bien la milice* (Acad. 94). ◆ Armée : *Ils voudraient* [...] *Avoir dompté comme eux l'Espagne et sa milice* (Corn., *Au Roi retour de Flandre*, 7). *De l'anglaise milice on leur commet* [= confie] *les rênes* (Chap., *Pucelle*, XV, p. 68). [Gassion] *s'était élevé par les formes, et avait passé par tous les degrés* [= grades] *de la milice* (Du Buisson, *Turenne*, 3).

Le sens actuel est plus précis : « corps de citoyens armés, ne faisant pas partie des troupes ordinaires et recrutés dans des circonstances particulières ».

milliasse n.f. Dix fois cent milliards (péjoratif selon Acad. 94) ; « grand nombre et incertain » (Fur.) : *J'en reviendrai chargé d'une milliasse de bonnes paroles pour vous* (Chap., *Lettres*, I, 289).

milliers n.m.pl. **À milliers,** en grande quantité, par milliers : *Tu nous aurais* [Grand Roi] *fourni des rimes à milliers* (Boil., *Ép.*, IV, 156). *Il est riche à milliers* (Acad. 94).

mine n.f. Aspect général, apparence, allure : *S'il allait de son fils me demander la mine ?* (Mol., *Ét.*, 1352). ◆ Particulièrement, air qui témoigne d'une condition sociale : *Monsieur est d'une mine à respecter. – Cela est vrai. – Personne de condition* (Mol., *Pourc.*, I, III). ◆ Attitude, comportement : *Que tu discernes mal le cœur d'avec la mine !* (Corn., *Pol.*, 1451). ♦Grimace, expression : *L'ours boucha sa narine : Il se fût bien passé de faire cette mine* (La Font., *F.*, VII, 7). ♦**Être sur sa bonne mine,** avoir belle allure : *Il n'est pas jusqu'à Rocollet Qui ne fût sur sa bonne mine* (La Font., *Lettre Fouquet*, 26 août 1660).

◆ **Avoir, porter la mine de** (suivi d'un infinitif), paraître, avoir l'air de : *Vous vendez des tapisseries, monsieur Guillaume, et vous avez la mine d'avoir quelque tenture qui vous incommode* (Mol., *Am. méd.*, I, I). *Vous me portez bien la mine d'être un espion* (Acad. 94). ♦Paraître disposé à : *De le garder longtemps* [comme « amant »] *elle n'a pas la mine* (Corn., *Pl. R.*, 462). ♦Avoir l'impression de : *J'ai la mine, après tout, d'y trouver mal mon compte* (Corn., *Gal. du Pal.*, 490). *Les réprimandes ne sont rien ; et plût au ciel que j'en fusse quitte à ce prix ! Mais j'ai bien la mine, pour moi, de payer plus cher vos folies* (Mol., *Fourb.*, I, I).

Les sens actuels étaient également usuels au XVIIe s.

minime adj. De couleur grise : *Il* [son pourpoint] *fut jadis d'un drap minime ; Mais qu'est-ce que le temps ne lime ?* (Saint-Amant, *le Poète crotté*, 89). *Drap minime, serge minime* (Acad. 94).

ministre n.m. ou f. Celui, celle qui accomplit une tâche au service de qqn, de qqch ; exécutant (encore auj. dans *ministre du culte*) : *Démons, peuple léger, ministres de l'oracle* (La Font., *Daphné*, IV, II). *Dois-je prendre pour juge une troupe insolente, D'un fier usurpateur ministre violente ?* (Rac., *Théb.*, 460). *Être le ministre des passions d'autrui* (Acad. 94).

Le sens actuel de « celui qui participe au gouvernement d'un État » est devenu usuel au cours du XVIIe s. : *Le premier vizir est le premier ministre de l'Empire ottoman* (Fur.).

minois n.m. Visage, mine (mot bas, du style plaisant, selon Fur. et Acad. 94) : *Les Tartares au fier minois* (Loret, *Muse hist.*, 18 sept. 1664). *Les Démons ont le minois trop hideux* (Mol., *Mar. forcé*, ballet, II). [...] *ce doucet est un chat, Qui, sous son minois hypocrite, Contre toute ta parenté D'un malin vouloir est porté* (La Font., *F.*, VI, 5). *Cet ivrogne a un rouge minois* (Fur.).

Auj. « visage délicat, frimousse ».

minot n.m. Mesure de capacité valant 39,36 litres. ♦**Manger un minot de sel avec qqn,** rester longtemps en sa compagnie : *Quand vous auriez mangé un minot de sel avec lui, vous ne le connaîtriez pas mieux que vous ne faites* (Sorel, *Franc.*, VII).

minuter v.t. Combiner secrètement, machiner : *Tu lis tous les secrets que minute le sort* (Tr. L'Hermite, *le Cabaliste*). *De Luines, pour assurer la frontière dans la guerre qu'il minutait contre les Huguenots* (Du Buisson, *Turenne*, 1). *Ce nom était friand pour des gens qui minutaient de changer leur nom de la Tour en celui d'Auvergne* (Saint-Simon, 1694). *Il minutait de s'en aller* (Acad. 94).

miracle n.m. Merveille ; chose, être admirable (auj. encore dans quelques locutions : *un miracle d'équilibre*, etc.) : *Le miracle de l'Italie, le « Pastor fido »* (Corn., *Avert. au lecteur*, 1660). *Le roi des épagneux, charmante créature, Et vrai miracle de nature* (La Font., *Contes*, III, 13). *Nous verrons* [...] *Qui dans nos soins communs pour ce jeune miracle Aux vœux de son rival portera plus d'obstacle* (Mol., *Ét.*, 3). ♦Dans la langue galante, attraits merveilleux : *Si je louais Philis en miracles féconde* (Boil., *Sat.*, II, 37). ♦**À miracle,** à merveille : *L'abbé Bossuet, cet oracle, Ce savant qui prêche à miracle* (Loret, *Muse hist.*, 3 mai 1664). *Il sait notre langue à miracle* (La Font., *Ép. M. Girin*, 37). *Mme de Grignan la sait à miracle* [la philosophie de Descartes], *et en parle divinement* (Corbinelli, *Lettre*, 15 juill. 1673). *Cela est fait à miracle* (Acad. 94).

Le XVIIe s. connaissait aussi le sens actuel de « acte dû à une cause surnaturelle » : *On ne peut se lasser d'admirer les miracles de Dieu* (Fur.).

miraculeux, euse adj. Merveilleux, admirable : *Miraculeux héros, dont la gloire refuse L'avantageuse erreur d'un peuple qui s'abuse* (Corn., *D. S.*, 1685). *Mon Dieu, que de ce point l'ouvrage est merveilleux ! On travaille aujourd'hui d'un air miraculeux* (Mol., *Tart.*, 920). *Ce poème est miraculeux* (Acad. 94).

Il avait aussi au XVIIe s. le sens actuel de « qui tient du miracle » : *On ne peut attribuer une telle guérison qu'à un effet miraculeux* (Fur.).

miroir n.m. Fig. Modèle, type idéal : *Médée est un miroir de vertu signalée* (Corn., *Méd.*, 385). *C'est un miroir de patience* (Acad. 94).

Le sens fig. « ce qui reproduit, qui figure fidèlement » se rencontrait au XVIIe s. : *Toutes les peintures ridicules qu'on expose sur les théâtres doivent être regardées sans chagrin de tout le monde : ce sont miroirs publics où il ne faut jamais témoigner qu'on se voie* (Mol., *Crit. Éc. des f.*, sc. VII).

mise n.f. Dépense : *Des registres exacts de mise et de recette* (La Font., *F.*, XII, 7). ♦ **Être de mise,** en parlant d'une monnaie, avoir cours : *Les monnaies décriées ne sont plus de mise* (Fur.) ; être valable, acceptable : *Ton excuse n'est pas une excuse de mise* (Mol., *Amph.*, 1183) ; en parlant de personnes, être bien fait physiquement et propre à faire un homme du monde : *Aller en l'autre monde est très grande sottise Tant que dans celui-ci l'on peut être de mise* (Mol., *Sgan.*, 122). – L'expression ne s'emploie auj. qu'en parlant de choses : « être convenable dans telle ou telle circonstance ».

Les autres sens actuels étaient également usuels au XVIIe s.

misérable adj. et n. En parlant de personnes, malheureux, digne de pitié : *Pour vous rendre en hymen heureuse ou misérable* (La Font., *Astrée*, II, II). *Il n'est rien que je ne fisse pour le soulagement d'une personne affligée ; et je crois effectivement que l'on doit tout faire, jusqu'à lui témoigner même beaucoup de compassion de son mal ; car les misérables sont si sots que cela leur fait le plus grand bien du monde* (La Roch., *Portr. par lui-m.*). *Il y a parler bien, parler aisément, parler juste, parler à propos. C'est pécher contre ce dernier genre que* [...] *de parler de son bonheur devant des misérables* (La Br., V, 23). *Et Rodilard passait, chez la gent misérable* [les rats], *Non pour un chat, mais pour un diable* (La Font., *F.*, II, 2). *Il ne se faut jamais moquer des misérables, Car qui peut s'assurer d'être toujours heureux ?* (La Font., *F.*, V, 17). – Auj. il exprime plutôt la réprobation d'actes coupables que l'apitoiement sur un sort malheureux. ♦ En parlant de choses, mauvais, sans valeur, méprisable (sens qui apparaît dans la seconde partie du XVIIe s. ; auj., en ce sens, le mot est généralement placé avant le nom qu'il qualifie) : *Dieu me damne Madame, elle est misérable* [cette pièce] *depuis le commencement jusqu'à la fin* (Mol., *Crit. Éc. des f.*, sc. VI).

misère n.f. Malheur : *Que je te plains, ma fille ! Hélas ! pour ta misère Les destins ennemis t'ont fait naître ce frère* (Corn., *Veuve*, 1087). *Le travail, aux hommes nécessaire, Fait leur félicité plutôt que leur misère* (Boil., *Ép.*, XI, 110).

Le XVIIe s. connaissait aussi le sens actuel de « pauvreté, dénuement » : *Sa misère est sans doute une honnête misère* [...] *Mais mon secours pourra lui donner les moyens De* [...] *rentrer dans ses biens* (Mol., *Tart.*, 486).

miserere n.m. Sorte de colique très violente. ♦ Court laps de temps (le temps de dire le psaume appelé *Miserere*) : *Quand ils* [les moissonneurs] *sont hors d'haleine, ils se jettent à terre au soleil même, dorment un miserere, et se relèvent aussitôt* (Rac., *Lettre Vitart*, 13 juin 1662). *Je reviendrai dans un miserere* (Acad. 94).

miséricorde n.f. **À (leur) miséricorde,** à leur merci : *Ayant fermé la porte sur eux,* [ils] *dirent qu'ils étaient à leur miséricorde, et qu'il ne tenait qu'à eux qu'ils les tuassent* (Sorel, *Franc.*, VII). *S'abandonner à la miséricorde d'autrui* (Acad. 94).

mithridate n.m. Antidote composé de plusieurs drogues : *Depuis, il trafiqua de chapelets de baume, Vendit du mithridate en maître opérateur* (Corn., *Illus.*, 183). *Dans les meilleures villes du royaume où il vendait le mithridate* (Scarr., *Rom. com.*, I, 19). ♦ Fig. **Vendeur de mithridate** (Acad. 94), charlatan, vantard.

mitiger v.t. Rendre moins rigoureux, adoucir : *Cela a besoin d'être mitigé, comme étant d'une pratique trop difficile* (Acad. 94). *Monsieur* [...] *crut qu'il pouvait avec sûreté,* [...] *se mitiger un peu* (Retz, *Mém.*, III, 430).

Auj. « atténuer » ; surtout usité au participe passé *mitigé*, pris au sens de « mêlé ».

miton-mitaine adj. **Onguent miton-mitaine,** remède sans efficacité, chose qui ne fait ni bien ni mal : *Tout ça, comme dit l'autre, n'a été que de l'onguent miton-mitaine* (Mol., *Méd. m. lui*, III, II).

mitonné n.m. Plat cuit longtemps : *Je sentis l'odeur du plus succulent mitonné qui frappa jamais le nez du mauvais riche* (Cyrano, *États et empires de la Lune*, p. 83).

mitonner v.t. Fig. Caresser, flatter, choyer : *Mon cœur aura bâti sur ses attraits naissants, Et cru la mitonner pour moi durant treize ans* (Mol., *Éc. des f.*, 1031).

mitoyen, enne adj. Fig. Intermédiaire : *Car je n'ai pas besoin de parler ici des chevaliers romains, troisième ordre comme mitoyen entre les patriciens et le simple peuple* (Boss., *H. univ.*, III, 6). *L'état mitoyen* [= la classe moyenne], *qui seul tient tout en balance dans les États populaires* (Boss., *H. univ.*, III, 7). *Il a pris un parti mitoyen* (Acad. 94).

mobile n.m. **Premier mobile,** initiateur, celui qui entreprend : [Le] *prince d'Orange, qui en est comme le chef* [de la Ligue] *et le premier mobile* (Rac., *Siège de Namur*). *Un tel est le premier mobile de cette affaire* (Acad. 94). ♦En parlant de choses, ressort principal : *Je ne connais d'autre premier mobile Dans l'univers que l'argent et que l'or* (La Font., *Contes*, V, 7).

mode n.f. Façon, manière (auj. familier en ce sens) : *Vous avez, Dieu me sauve, un esprit à ma mode* (Corn., *Illus.*, 433). *J'approuve cependant que chacun ait ses dieux, Qu'il les serve à sa mode, et sans peur de la peine* (Corn., *Pol.*, 1799). *Chacun a sa méthode. En femme, comme en tout, je veux suivre ma mode* (Mol., *Éc. des f.*, 124).

Les sens actuels étaient également usuels au XVIIe s.

modérateur adj. et n.m. (Celui) qui administre, gouverne (on le rencontrait seulement dans des expressions du style élevé) : *L'Esprit modérateur du monde* (Acad. 94). *La providence du Souverain modérateur de l'univers* (Mass., *Confér. sur la Vocation*, *in* L.).

modération n.f. Manière d'administrer : *Les crimes étaient souvent punis* [chez les Perses], *mais avec cette modération qu'en pardonnant aisément les premières fautes, on réprimait les rechutes par de rigoureux châtiments* (Boss., *H. univ.*, III, 5).

Le sens actuel de « atténuation, retenue » se rencontrait aussi au XVIIe s. : *Mon frère, montrons de la modération* [...], *et ne vengeons point notre honneur avec cet emportement que vous témoignez* (Mol., *D. J.*, III, IV).

modérer v.t. Administrer, disposer (sens vieilli au XVIIe s.) : [Dieu] *modère comme il lui plaît l'ouvrage de notre talent* (Boss., *Serm. sur J.-C.*).

Le sens actuel de « rendre moins violent » était déjà le plus usuel au XVIIe s. : *Jupiter ne tarda guère à modérer son transport* (La Font., *F.*, VIII, 20).

modeste adj. Modéré, qui a de la retenue : *Je ne connais qu'un seul moyen pour rendre votre peuple modeste dans sa dépense* (Fén., *Tél.*, 10). *Le brodeur et le confiseur* [...] *ne feraient qu'une montre inutile, si l'on était modeste et sobre* (La Br., VIII, 12). ♦Qui a de la pudeur : *Il se sert de la parole comme un homme modeste de son habit pour se couvrir* (Fén., *Lettre Acad.*, 4).

Le XVIIe s. connaissait aussi les sens actuels de « qui ne manifeste pas une opinion trop avantageuse de soi-même », et, en parlant de choses, « simple, qui ne témoigne d'aucune prétention » : *Un homme vain trouve son compte à dire du bien ou du mal de soi : un homme modeste ne parle point de soi* (La Br., XI, 66). *Un prélat doit avoir un carrosse, des ameublements modestes, qui ne sentent point le faste et l'orgueil* (Fur.).

modestie n.f. Modération : *Il coûte si peu aux grands à ne donner que des paroles* [...] *que c'est modestie à eux de ne promettre pas encore plus largement* (La Br., IX, 6). ♦Pudeur : *Mettez dans vos discours un peu de modestie, Ou je vais sur-le-champ vous quitter la partie* (Mol., *Tart.*, 869).

Le sens actuel de « retenue dans l'appréciation de soi-même, de ses qualités » est devenu usuel au cours du XVIIe s. : *La fausse modestie est le dernier raffinement de la vanité* (La Br., XI, 66).

mœurs n.f.pl. Caractère, humeur, dispositions morales : *Les traits découvrent la complexion et les mœurs ; mais la mine désigne les biens de fortune* (La Br., VI, 53).

Le sens actuel de « usages, comportement, habitudes de vie » était déjà le plus usuel au XVIIe s. : *Il est merveilleux de voir la contrariété des mœurs et des coutumes des différentes nations* (Fur.).

moins adv. Pouvait s'employer sans article pour former un superlatif (auj. on dit *le moins*) : *Pour montrer que son cœur sait, quand moins on y pense, D'une bonne action verser la récompense* (Mol., *Tart.*, 1940). ♦**Du moins** s'employait là où on dit auj. *au moins : Un homme qui vaudrait du moins le sieur Bedout* (Fur., *Rom. bourg.*, I). *Je vais gager qu'en perruques et rubans, il y a du moins vingt pistoles* (Mol., *Av.*, I, IV). *Ce bénéfice serait fort à sa bienséance* [...] *Mais il serait du moins autant à ma bienséance qu'à la sienne* (Rac., *Lettre*, 13 juin 1662). – Auj. *du moins* correspond généralement à une subordonnée conditionnelle ou concessive exprimée ou implicite. ♦**Au moins,** je vous en avertis, prenez-y garde : *Au moins je vais tou-*

cher une étrange matière : Ne vous scandalisez en aucune manière (Mol., *Tart.*, 1369) ; en tête d'une proposition cette locution pouvait provoquer plus couramment qu'auj. l'inversion du sujet : *Nous opinons à prendre à gauche parce que* [...] *et qu'au moins nous retrouverons-nous* (E. de Coulanges, *Lettre*, 23 août 1675). ♦ **Peu moins que,** presque, peu s'en faut : *Charton, président aux requêtes, peu moins que fou* [...] (Retz, *Mém.*, II, 58). ♦ **Avoir moins de...,** avoir... de moins : *Enfin, grâces aux dieux, j'ai moins d'un ennemi* (Corn., *Rodog.*, 1497).

◆ **À moins que, à moins que de** (suivi d'un nom), sauf en cas de, s'il n'y a pas telle chose, sans : *Moi dont la perte est sûre à moins que sa ruine* (Corn., *Nic.*, 1096). *À moins que d'une tête, un si grand corps* [l'Empire] *chancelle* (Corn., *Oth.*, 858). *À moins que de cela, l'eussé-je soupçonné ?* (Mol., *Ét.*, 365) ; à un moindre degré, pour un moindre prix : *À moins que de leur rang, le mien ne saurait croître* (Corn., *Théod.*, 12) ; suivies d'un infinitif, ces locutions avaient le sens qu'a auj. *à moins de* (locution qui s'employait aussi au XVIIe s.) : *Mais aussi de Florise il ne doit rien prétendre À moins que se résoudre à m'accepter pour gendre* (Corn., *Suiv.*, 694). *On lui dit que la fille* [...] *est de famille honnête ; et qu'à moins que de l'épouser, on ne peut souffrir ses poursuites* (Mol., *Fourb.*, I, II). ♦ **À moins que** (suivi du subj.) s'employait souvent sans la négation dite explétive *ne :* [...] *À moins que vous cessiez, Madame, d'être aimable* (Mol., *F. sav.*, 1518). *Non je n'accepte point la paix qui m'est offerte À moins que Frédéric répare votre perte* (Th. Corn., *Geôlier de soi-même*, V, III). ♦ **L'et tant moins,** la quantité, la somme qui sera en moins sur un total à fournir : *Claudine, je t'en prie, sur l'et tant moins* (Mol., *G. D.*, II, I).

mol, molle adj. Sans vigueur, nonchalant : *Tous mes vœux pour vous seront mols et timides, Quand mes vœux contre lui seront des parricides* (Corn., *Hér.*, 895).

Acad. 94 dit que l'on prononce, au masculin, *mou*, sauf en poésie. – Auj. *mol* est une simple variante de *mou* devant un nom à initiale vocalique.

mollesse n.f. Fig. Vie molle et efféminée, sensualité : *Phidippe, déjà vieux, raffine sur la propreté* [= élégance] *et sur la mollesse ; il passe aux petites délicatesses ; il s'est fait un art du boire, du manger, du repos et de l'exercice* (La Br., XI, 120).

Le sens actuel de « paresse physique et intellectuelle, manque de volonté » était également usuel au XVIIe s. : *Cette indigne mollesse et ces lâches défenses Sont des punitions qu'attirent mes offenses* (Corneille, *Polyeucte*, 701).

mollet, ette adj. Doux ; moelleux : *Elle avance le pied* [...] *Sur le sable mollet, insensible et menu* (Saint-Amant, *Moïse sauvé*). *Alors l'aurore violette Laissa dans sa couche mollette Le vieil Tithon* (Scarr., *V. tr.*, IV, 2534). ♦ Fig. Peu énergique : *Il m'a paru seulement mollet aux endroits où il s'agissait de repousser les insolences du calomniateur* (Chap., *Lettres*, II, 538).

Auj. seulement dans *œuf mollet* et *pain mollet*, expressions également usuelles au XVIIe s.

moment n.m. Précédé d'un adjectif numéral, minute ; petite division du temps : *Car deux moments plus tard je vous manquais encore* (Mol., *Fâch.*, 624). *Quand ce vint, environ minuit, Trente moments après le fruit, Il survint une mascarade* (Loret, *Muse hist.*, 19 janv. 1658). ♦ Occasion : *N'applique tes raisonnements* [...] *Qu'à chercher les plus prompts moments De faire un sacrifice à ma gloire outragée* (Mol., *Psyché*, 166). ♦ **De moment à autre,** de moment en moment : *Je savais, de moment à autre, tout ce qui se passait entre eux* (Retz, *Mém.*, II, 291). ♦ **Du moment que,** dès l'instant où, aussitôt que (auj. sens causal : « puisque ») : *Plus de chant : il perdit la voix Du moment qu'il gagna ce qui cause nos peines* (La Font., *F.*, VIII, 2).

Les autres sens actuels étaient également usuels au XVIIe s.

momerie n.f. Mascarade, jeu de baladins (vieilli au XVIIe s., selon Acad. 94) : *Il s'étonnait fort de voir que l'on fît des momeries en cette saison qui était fort éloignée du carnaval* (Sorel, *Franc.*, XI). ♦ Fig. Comédie, affectation ridicule de sentiments que l'on n'a pas (auj. seulement littér.) : *À regarder les choses en philosophe, je ne vois point de plus plaisante momerie ; je ne vois rien de plus ridicule qu'un homme qui se veut mêler d'en guérir un autre* (Mol., *Mal. im.*, III, III). *Mais, n'étant pas dévot, par quelle effronterie De la dévotion faire une momerie ?* (Th. Corn., *D. J.*, V, II).

momon n.m. Argent joué aux dés pendant le carnaval par des porteurs de masque : *Trufaldin, ouvrez-leur pour jouer un momon* (Mol.,

Ét., 1221). ♦**Porter un momon,** se disait de ces porteurs de masques lorsqu'ils jetaient un défi aux dés : *À quoi ces habits turcs ? Dansez-vous un ballet ? Portez-vous un momon ?* (Rotr., *Sœur*, III, II). *Est-ce un momon que vous allez porter ; et est-il temps d'aller en masque ?* (Mol., *Bourg.*, V, I).

mon adv. **C'est mon,** oui vraiment (vieilli et du style burlesque au XVIIe s.) : *Ardez, vraiment, c'est mon, on vous l'endurera* (Corn., *Gal. du Pal.*, 1392). ♦**Çamon,** v. ce mot.

monde n.m. **Du monde,** renforçant une expression superlative, pouvait se placer avant les adverbes *le plus, le moins*, etc., alors qu'auj. il se place après les superlatifs : *Vous êtes l'homme du monde que j'estime le plus* (Mol., *Bourg.*, III, IV). *Quoique don Fadrique eût l'esprit du monde le plus doux et le plus raisonnable* (Le Sage, *Diabl. boit.*, XIII). ♦**Au monde** pouvait aussi s'employer adverbialement avec une valeur de renforcement : *Je demeure à l'hôtel de Carnavalet, rien au monde que pour me venger de vous* (Corbinelli, *Lettre*, 2 mars 1689). ♦**Savoir son monde, le monde,** connaître les usages de la bonne société, être distingué dans ses manières : *C'est une chose étrange que les petites villes : on n'y sait point du tout son monde* (Mol., *Escarb.*, sc. II). ♦**N'être pas, être peu du monde,** ne pas être familiarisé avec les usages de la bonne société : *Il faudrait n'être pas du monde pour ignorer que votre condition vous relève encore moins par-dessus le reste des hommes que votre esprit* (Corn., *Clit.*, Ép. dédic.). *Vous êtes peu du monde et savez mal la cour* (Corn., *Nic.*, 1113).

Les sens actuels étaient également usuels au XVIIe s.

monnaie Le système des monnaies le plus usuel était :

1 pistole = 11 livres
1 livre = 20 sols
1 sol = 12 deniers
1 denier = 2 oboles
1 obole = 2 pites ou 4 demi-pites.

monseigneur n.m. Titre donné aux princes, ducs, archevêques et évêques, aux présidents à mortier, aux maréchaux. ♦Titre porté par le dauphin de France.

Monsieur n.m. Titre du duc d'Orléans, frère unique du roi. ♦**Monsieur de Meaux, de Marseille,** etc., titre de l'évêque de ces diocèses.

monstre n.m. Être anormal, qui surprend, intrigue ; particulièrement, divinité païenne : *Vous adorez en vain des monstres impuissants* (Corn., *Pol.*, 851). – Il exprime auj. davantage l'horreur, la répulsion causée par la difformité ou la cruauté (cette nuance existait également au XVIIe s.). ♦En parlant de choses, assemblage contre nature, objet horrible : *De là naissent des monstres de crimes* (Boss., *O. f. H. de Fr.*). *Je vous conjure que ma fille ne réponde point à cette lettre, c'est un monstre d'écriture* (Sév., 2 juin 1680). *Pourquoi voulez-vous* [...] *qu'on s'aille former un monstre plein d'effroi De l'affront que nous fait son manquement de foi ?* (Mol., *Éc. des f.*, 1242).

montée n.f. Escalier ou marche d'escalier : *Deux servantes déjà, largement souffletées, Avaient à coups de pied descendu les montées* (Boil., *Sat.*, X, 290). *Prenez garde, il y a là une montée rompue* (Acad. 94).

Les sens actuels de « action de monter » et « pente que l'on gravit » étaient usuels au XVIIe s. : *Le pays est si bossu que c'est une continuelle montée et descente. La montée est toujours plus pénible que la descente* (Fur.).

montre n.f. Action de montrer (auj. seulement dans la locution *faire montre de* : « montrer au grand jour ») : *D'un étrange caillou qu'à ses pieds il rencontre Fait au premier venu la précieuse montre* (Saint-Amant, *Moïse sauvé*, V, 246). *La Reine d'Espagne* [...] *n'avait commandé à son ambassadeur de faire la montre de ce paquet que pour sonder les intentions du Pape* (Retz, *Lettre M. de Lionne*, 1er juin 1666). ♦Spectacle : *Or ce beau spectacle était qu'il avait vu la montre des marionnettes* (Fur., *Rom. bourg.*, I). *Conserve à nos neveux une montre fidèle Des exquises beautés que tu tiens de son zèle* (Mol., *Val. de Gr.*, sc. II). ♦Étalage, échantillon de marchandise : *Le marchand fait des montres pour donner de sa marchandise ce qu'il y a de pire* (La Br., VI, 43). *Voilà une montre de blé* (Acad. 94). ♦Apparence, ostentation : *Il y a quelque montre de courage* (Boss., *Serm. sur l'Honneur*). ♦Revue de troupes (sens vieilli au XVIIe s.) : *Et comme en une montre où les passe-volants Pour se montrer soldats sont les plus insolents* (Régn., *Sat.*, XI, 256). ♦Solde payée à des troupes : *Il* *tâcha de s'assurer des colonels à qui l'on devait plusieurs montres, et qui pour cette raison désiraient qu'il y eût du changement dans le ministère* (Du Buisson, *Turenne*, 4). ♦ **Passer à la montre,** être accepté quoique n'étant pas de très bonne qualité : *Chez les provinciaux on prend ce qu'on rencontre Et là, faute de mieux, un sot passe à la montre* (Corn., *Ment.*, 66).

montrer v.t. Enseigner : *Si on abuse de la rhétorique, il ne faut pas s'en prendre à ceux qui la montrent* (Rac., *Ann. Platon*). ♦ Absolument, donner des leçons : *Votre maître de musique est allé aux champs, et voilà une personne qu'il envoie à sa place pour vous montrer* (Mol., *Mal. im.*, II, III). *On lui fit venir* [à Javotte] *un maître à danser pour la façonner, et on choisit entre tous ceux de la ville celui qui montrait à meilleur marché* (Fur., *Rom. bourg.*, I). *Ce maître montre fort bien* (Acad. 94). ♦ **Montrer de,** témoigner de : *Celui qui se tait montre de consentir à ce qu'il ouït* (Urfé, *Astrée*, I, 224 A). *Jean Louis* [...] *montra plus que personne de prendre part à sa guérison* (Retz, *Conjur. Fiesque*, V, 637).

Les sens actuels étaient également usuels au XVIIe s.

monument n.m. Tombeau (dans la langue poétique) : *C'est une loi, non pas un châtiment, Que la nécessité qui nous est imposée De servir de pâture aux vers du monument* (Maynard, *Ode à Alcippe*, 48). *J'aurais pour vous respect jusques au monument* (Mol., *Fâch.*, 258). ♦ Fig. Chose qui porte un témoignage, qui constitue un avertissement : *À la réserve de quelques restes de tours que Titus laissa pour servir de monument à la postérité, il n'y demeura pas* [à Jérusalem] *pierre sur pierre* (Boss., *H. univ.*, II, 21).

Les sens actuels étaient également usuels au XVIIe s.

moquer (se) v.pr. **Se moquer de,** se garder comme d'une chose ridicule, déraisonnable : *Je me moquerais fort de prendre un tel époux* (Mol., *Tart.*, 579).

Le sens familier « n'avoir nul souci de » était usuel aussi au XVIIe s. : *Un libertin se moque de toutes les remontrances* (Fur.).

moral, e adj. Qui concerne les mœurs, qui renseigne sur les mœurs : *Ces considérations m'ont toujours fait regarder ces sortes d'entreprises* [les conjurations] *comme les endroits de l'histoire les plus moraux et les plus instructifs* (Saint-Réal, *Conjur. c. Venise*).

Les sens actuels étaient également usuels au XVIIe s.

moralité n.f. Réflexions morales, enseignement moral : *Les intervalles des actes n'étant marqués que par des hymnes et par des moralités du chœur, qui ont rapport à ce qui se passe* (Rac., *Ath.*, Préf.). *Tous les ouvrages de cet auteur sont pleins de belles moralités* (Fur.).

Auj. surtout « rapport de qqch et de qqn avec les règles de la morale ».

morfondre (se) v.pr. Prendre froid, être transi de froid, d'humidité : *L'orage Maltraita le pigeon en dépit du feuillage. L'air devenu serein, il part tout morfondu* (La Font., *F.*, IX, 2). *Vous vous morfondez là, Mon père. Petit Jean, remenez votre maître ; Couchez-le dans son lit* (Rac., *Plaid.*, 110).

Il s'employait aussi au sens actuel de « perdre son temps dans une attente vaine » : *Cet homme est à la Cour assidûment, mais il ne fait que s'y morfondre* (Acad. 94).

morgue n.f. Local où l'on procédait à la fouille des prisonniers : *Je demeurai dans la morgue jusqu'au soir* (Cyrano, *États et empires du Soleil*, p. 186). *Mettre un prisonnier à la morgue* (Richelet).

Auj. « lieu où les cadavres non identifiés sont exposés ».

morguer v.t. Dévisager d'un air arrogant, braver : *Ces fous aux humeurs arrogantes Qui sans révérence des Dieux Se plaisent à morguer les cieux* (Saint-Amant, *le Palais de la volupté*, 183). *Vous avez Pommier qui vous donne la main et l'autre vous morgue et gagne votre argent au jeu* (Sév., 22 avr. 1672). *Est-ce pour me morguer ce que vous en faites ?* (Acad. 94).

morigéner v.t. Instruire, élever, soigner l'éducation de : *Si vous aviez, en brave père, bien morigéné votre fils, il ne vous aurait pas joué le tour qu'il vous a fait* (Mol., *Fourb.*, II, I). *Un père est bien condamnable quand il n'a pas soin de bien morigéner ses enfants* (Acad. 94).

Auj. « réprimander ».

mortalité n.f. Condition mortelle : *Un corps qui par sa mortalité est devenu un empêchement et un fardeau à l'esprit* (Boss., *Serm. sur la Profess. Mlle de La Vallière*, I). *Épicure croyait à la mortalité de l'âme* (Acad. 94).

Auj. « proportion de décès dans une période déterminée ».

mortier n.m. Bonnet de velours noir bordé de galon d'or, porté par le chancelier de France et les grands présidents ou *présidents à mortier* (mot encore employé dans la magistrature) : *Il faut aux enfants les verges et la férule ; il faut aux hommes faits une couronne, un sceptre, un mortier, des fourrures* (La Br., XI, 154).

Les sens actuels étaient également usuels au XVIIe s.

mouche n.f. Petit morceau de tissu noir que les dames appliquaient sur leur visage pour rehausser la délicatesse de leur teint : *Vos désirs lui seront complaisants Jusques à lui laisser et mouches et rubans* (Mol., *Éc. des m.*, 222). ♦Espion : *Les mouches de cour sont chassées* (La Font., *F.*, IV, 3).

Les sens actuels de « insecte » et « personne habile (*fine mouche*) » étaient également usuels au XVIIe s.

moucher v.i. Aller çà et là comme une mouche, circuler en tous sens : *Elle beugle en vache enragée Qui mouche et frémit sous un taon* (Saint-Amant, *le Passage de Gibraltar*, 387). *Les lettres anonymes mouchèrent, les délations, les faux rapports* (Saint-Simon, 1696).

mouler v.t. Imprimer : *M'étant trouvé de fortune ès mains quelque vaudeville moulé, à mesure que je lisais, à mesure aussi le chantais-je en voix basse* (Chap., *Guzm. Alfar.*, I, 176-177). *Il faut bien que cela soit vrai puisque cela est moulé* (Acad. 94).

Les sens actuels étaient également usuels au XVIIe s.

mourir v.i. **Mourir de** (suivi d'un inf.), **que** (suivi du subjonctif), mourir d'envie de, désirer vivement : [...] *Un empereur sans foi qui meurt de me trahir* (Corn., *Tite et Bér.*, 1242). ♦**Je meure,** sorte de serment renforçant une déclaration : *Je meure, mon enfant, si tu n'es admirable !* (Corn., *Veuve*, 987). *Je ne saurais manger. – Si fait bien moi, je meure* (Mol., *Sgan.*, 241).

mousquetade n.f. Coup de mousquet : [...] *Quand il aurait un coup d'épée dans le cœur, une balle de plomb dans la cervelle, une mousquetade à travers le corps* [...] (Cyrano, *États et empires de la Lune*, p. 154). *Il essuya quelques mousquetades* (Acad. 94).

mousse adj. Émoussé : *La justice et la vérité sont deux pointes si subtiles que nos instruments sont trop mousses pour y toucher exactement* (Pasc., *Pensées*).

moustache n.f. Mèche de cheveux : *Ils sont bien empêchés en la fabrique des chapeaux. Les uns les veulent d'une façon, les autres veulent qu'ils dansent, en cheminant, sur la perruque, achetée au bout du Pont-Neuf, garnie de sa moustache derrière l'oreille* (Tabarin, *Œuvres*, II, 490, Rencontres). ♦**Enlever qqn, qqch sur la moustache de qqn,** le lui prendre de force alors qu'il le voulait pour lui-même : *Un financier viendra qui sur votre moustache Enlèvera la belle* (La Font., *Contes*, III, 4).

Le sens actuel de « poils garnissant la lèvre supérieure de l'homme » était usuel au XVIIe s. : [...] *un des campagnards, relevant sa moustache,* [...] *Impose à tous silence* (Boil., *Sat.*, III, 173).

mouvant, e adj. Relevant : *La terre de Montmorency mouvante de l'abbaye de Saint-Denis* (Saint-Simon, 1695). *Fief mouvant d'un autre* (Acad. 94).

Les sens actuels étaient également usuels au XVIIe s.

mouvement n.m. Fig. Impulsion, excitation : *Votre chaleur est grande, et cet emportement De la nature en vous marque le mouvement ; C'est le nom de rival qui dans votre âme excite...* (Mol., *F. sav.*, 1384). ♦Émotion : *C'est moins une véritable éloquence que la ferme poitrine du missionnaire qui nous ébranle et qui cause en nous ces mouvements* (La Br., XV, 26). ♦Attachement, zèle : *C'est me montrer, Madame, un tendre mouvement* (Mol., *Mis.*, 1111). *Moi qui sais que vous avez toujours quelque mouvement pour le jour du Seigneur* (Sév., 9 mars 1689).

◆ pl. **Les mouvements,** les troubles, les discordes civiles : [Mars] *nous laisse ces monuments Pour marque de nos mouvements* (La Font., *Lettre à sa femme*, 30 août 1663). *Durant les mouvements de la Ligue* (Acad. 94). ♦Événement : *Les seules épîtres de saint Paul* [...], *si fort du temps, des affaires et des mouvements qui étaient alors* (Boss., *H. univ.*, II, 28).

mouvoir v.t. Fig. Pousser, inciter qqn : *Quelle rage vous meut à me traiter ainsi ?* (Racan, *Œuvres*, I, 66). ♦ Il pouvait s'employer intransitivement au sens de « se mouvoir, être soumis à une impulsion », etc. : *Son pouls qui meut* [= bat] *encor fait voir qu'il reste en vie* (Quinault, *la Comédie sans comédie*, III, VI).

moyenner v.t. Procurer par son entremise, négocier, traiter : *Si Clarice une fois est en notre puissance, Crois que c'est un bon gage à moyenner l'accord* (Corn., *Veuve*, 849). *Le duc voulait gagner du temps, et offrait de moyenner un accommodement plutôt que d'allumer la guerre* (Du Buisson, *Turenne*, 1). *J'ai bien de la joie du traité que M. l'abbé de Saint-Mihiel a moyenné* (Retz, *Lettre M. de la Fons*, 25 mai 1671).

moyeu n.m. Prune ; confiture de prunes : *Je ne comprends rien à mon Berbisey ; il me manda positivement qu'il vous a envoyé des moyeux : je m'en vais lui écrire car j'aime bien les voir gober à M. de Grignan* (Sév., 15 déc. 1675).

muable adj. Sujet au changement, inconstant : *Nous qui* [...] *ne voyons rien que de muable, où avons-nous pu comprendre cette éternité ?* (Boss., *Serm. sur la mort*). *Il n'y a rien de certain en ce monde, tout est muable* (Acad. 94).

muguet n.m. Fig. Jeune élégant efféminé : *Lieutenants qui craignez le choc Plus qu'un muguet ne craint la foule* (Saint-Amant, *Cassation de Soudrilles*, 18). *Il n'est pas besoin de dire qu'il y venait* [à l'église des Carmes] *aussi des muguets et des galants* (Fur., *Rom. bourg.*, I).

muguet, ette adj. Galant : *Et vous verrez ces visites muguettes D'un œil à témoigner de n'en être point soûl ?* (Mol., *Éc. des m.*, 228).

mugueter v.t. Chercher à obtenir par séduction : *Il muguetait sa riche succession, et fut en effet son légataire universel* (Saint-Simon, 1693). *Il y a longtemps qu'il muguète cette terre* (Acad. 94).

muid n.m. Mesure de capacité variable selon les provinces (472 litres en Roussillon, 296 à Cahors, 730 à Montpellier, etc. Le muid de blé est de 1 873 litres, celui d'avoine de 3 746 litres, et celui de sel de 2 498 litres) : *On accorda de laisser passer cent muids de blé par jour pour la Ville* (Retz, *Mém.*, II, 314). – Le *d* ne se prononce pas, selon Acad. 94.

Le sens actuel de « futaille de la capacité d'un muid » était également usuel au XVIIe s.

munir v.t. Fortifier : *Vous pouvez cependant faire munir ces places* (Corn., *Nic.*, 616). ♦ Fig. Garantir, assurer : *Ils se seront munis de tous côtés par des précautions infinies, enfin ils auront tout prévu, excepté leur mort* (Boss., *O. f. H. d'Angl.*).

Le XVIIe s. connaissait aussi le sens actuel de « doter, fournir » : *Si tous les rois d'Afrique en sont toujours pourvus* [de poison], [...] *Comme eux* [...] *j'en dois être munie* (Corn., *Soph.*, 1611).

murmure n.m. Brouhaha, tumulte : *Des mulets en sonnant augmentent le murmure* (Boil., *Sat.*, VI, 56). *Si l'on eût cru leur murmure, Elles auraient, par leurs cris, Soulevé grands et petits* (La Font., *F.*, XI, 10).

Il avait aussi le sens affaibli actuel de « petit bruit confus » : *Il est agréable de rêver au doux murmure d'un ruisseau* (Fur.).

murmurer v.t. et v.i. Gronder, faire du bruit : *Le vent qui murmurait si haut Tient maintenant la bouche close* (Tr. L'Hermite, *Ode*, la Mer). ♦ S'entretenir mystérieusement de : *On murmure de quelque rhume extraordinaire de Quanto* [Mme de Montespan], *comme l'année dernière* (Sév., 13 oct. 1677).

Les sens actuels de « faire entendre un petit bruit confus », « dire à mi-voix » et « faire entendre une protestation sourde » étaient également usuels au XVIIe s.

musicien n.m. Chanteur : *Ainsi que le musicien chante et que le joueur touche son luth* (La Br., V, 75).

Le XVIIe s. connaît le sens actuel de « celui qui joue d'un instrument ou compose de la musique ».

mutabilité n.f. Inconstance, versatilité : [...] *nous ne possédons aucun bien* [...] *que nous ne puissions perdre un moment après, par la mutabilité naturelle de nos désirs* (Boss., *O. f. H. d'Angl.*). *La mutabilité des choses de ce monde* (Acad. 94).

mutin, e adj. Révolté, turbulent, séditieux : *Le triste destin Qui renversa l'orgueil de ce peuple mutin* (Rotr., *Sosies*, II, III). *Il était mutin et* *querelleux, et ne pouvait pas tourner en raillerie les attaques qu'on lui donnait* (Sorel, *Franc.*, VI).

Auj. seulement en ce sens comme substantif ; comme adjectif il a le sens de « espiègle ».

mutiné, e adj. Contraire, ennemi : *Ces vieux châteaux ruinés Contre qui les ans mutinés Ont déployé leur insolence* (Saint-Amant, *la Solitude*).

Le XVIIe s. connaissait le sens actuel de « en révolte », en parlant de troupes : *Éole* [...] *Ouvre aux vents mutinés les prisons d'Éolie* (Boil., *A. p.*, III, 184).

mystère n.m. **Faire mystère de qqch,** en parler comme d'une chose importante, extraordinaire, en faire étalage : *Du nom de philosophe elle fait grand mystère* (Mol., *F. sav.*, 667).

Le sens actuel de « tenir une chose secrète » se rencontrait aussi au XVIIe s. : *Il y a des gens* [...] *qui font mystère de dire une chose connue de tout le monde* (Fur.).

n

nacelle n.f. Petite barque sans mât ni voile : *Vous donc, esprits légers,* [...] *À qui Caron cent ans refuse sa nacelle* [...] (Corn., *Mél.*, 1327). *Il passa l'eau dans une nacelle* (Acad. 94).

Auj. « panier ou coque fixée sous un aérostat ».

nage n.f. **À nage,** en nageant (expression que préfère encore Ménage, mais qui vieillit ; elle est remplacée par *à la nage*, d'après Bouhours) : *François, ce n'est qu'un fleuve, il faut passer à nage* (Corn., *les Victoires du roi*, 254). *Comment diantre voulez-vous qu'on passe cette rivière à nage ?* (Sév., 19 juill. 1690). ♦ **Se jeter à nage** (Acad. 94), se jeter à l'eau pour nager.

naïf, naïve adj. Naturel, primitif (en poésie seulement, d'après Acad. 94) : *De son teint la naïve blancheur* (La Font., *Clymène*, 590). ♦ Qui a la simplicité donnée par la nature : *Une grâce naïve éclate sur son visage* (La Br., XII, 29). ♦ Qui représente bien la vérité, exact : *Des vices dont il* [Théophraste] *a fait une peinture naïve, qui fit honte aux Athéniens* (La Br., *Disc. Théophr.*). ♦ Spontané, sans apprêt : *L'un* [des deux sonnets] *nous fait voir plus d'art, et l'autre un feu plus vif ; L'un est le mieux peigné, l'autre est le plus naïf* (Corn., *Épigramme*). ♦ Vrai, sincère : *Il a des manières naïves et agréables* (Acad. 94). ♦ Conforme aux lois de la nature, normal : [...] *ce qui est si intelligible, si facile, et si naïf qu'il est étrange qu'on ait été chercher l'horreur du vide* (Pasc., *Pesant. masse d'air).*

Il signifiait aussi, comme auj., « d'une crédulité excessive, inexpérimenté » : *Les paysans qui ne sont jamais venus dans les villes sont fort naïfs* (Fur.).

◆ n.m. **Le naïf,** la qualité de simplicité naturelle : *Mais de ce style* [burlesque] *enfin la cour désabusée Dédaigna de ces vers l'extravagance aisée, Distingua le naïf du plat et du bouffon* (Boil., *A. p.*, I, 93).

naissance n.f. Origine : *Il est impossible que sa naissance soit médiocre, car il est trop bien né* (Segrais, *Nouv. franç.*). *Ne savez-vous point avec toute la France D'où ce titre d'honneur a tiré sa naissance ?* (Corn., *Ment.*, 1506). ♦ Noblesse : *Le cardinal Richelieu avait de la naissance. Sa jeunesse jeta des étincelles de son mérite* (Retz, *Mém.*, I, 281). ♦ Dispositions naturelles, innées : *Quoiqu'une heureuse naissance eût apporté de si grands dons à notre prince* (Boss., *O. f. Condé*). *Il est né avec de mauvaises qualités, c'est une malheureuse naissance* (Acad. 94). ♦ **De naissance,** raffiné, spirituel, élégant : *Le premier* [M. de Benserade] *est un homme de naissance dont les chansonnettes, les madrigaux et les vers de ballet, d'un tour fin et délicat, et seulement entendu par les honnêtes gens, ont diverti le plus honnête homme et le plus grand roi du monde* (Bussy, *Lettre Furetière*, 4 mai 1686).

Les sens actuels étaient également usuels au XVIIe s.

naïvement adv. Avec naturel : *J'aime un historien peu exact et peu judicieux qui estropie les noms, mais qui peint naïvement tout le détail comme Froissart* (Fén., *Lettre Acad.*, 8). ♦ Avec franchise, sincérité : *Il décrivit naïvement les misères de sa prison, et la pauvreté où il était étant berger* (Sorel, *Franc.*, X). *J'ai voulu vous dire la chose tout juste et tout naïvement comme elle s'est passée* (Sév., 7 juin 1671). *Ils ont dit naïvement ce qu'ils pensaient du plan, du style et des expressions de mon remerciement à l'Académie* (La Br., *Disc. Acad.*, Préf.).

Le XVIIe s. connaissait le sens actuel de « avec une simplicité qui dénote peu de jugement ou de talent ».

naïveté n.f. Caractère de ce qui est naturel, grâce et simplicité dans l'expression de la vérité : *Un autre* [La Fontaine], *plus égal que Marot et plus poète que Voiture, a le jeu, le tour, et la naïveté de tous les deux* (La Br., *Disc. Acad.*).

♦Vérité : *La même chose souvent est, dans la bouche d'un homme d'esprit, une naïveté ou un bon mot, et dans celle du sot, une sottise* (La Br., XII, 50). ♦Tour naturel, idiotisme : *Un poète de cette ville* [Rome] *qui me corrigeait les fautes que je faisais, car je ne puis pas encore savoir les naïvetés de la langue* (Sorel, *Franc.*, XII).

Le sens actuel de « ingénuité excessive » apparaît à la fin du XVIIe s. : *Les meilleurs contes de D'Ouville sont fondés sur des naïvetés de valets, de paysans* (Fur.).

nargue n.f. **Nargue de,** fi de (terme de mépris) : *Laissons là ce fat d'Apollon* [...] *Nargue du Parnasse et des Muses* (Saint-Amant, *la Débauche*). *Nargue de l'amour* (Acad. 94). *Nargue de ceux qui me faisaient la guerre* (La Font., *Contes*, III, 2). ♦**Faire nargue à,** mépriser : *Impénétrables à leurs traits* [des beautés] *Nous ferons nargue à leurs attraits* (Corn., *À M.D.L.T.*, 78). *Ulysse vient, fait nargue à l'hyménée* (Rac., *Madrigal*).

narquois, e adj. Fourbe, rusé (vieilli au XVIIe s.) : [...] *maint vieux chat, fin, subtil, et narquois* [...] (La Font., *F.*, XII, 8). ♦**Le langage narquois** ou substantiv. **le narquois,** l'argot des gueux : *Auteur du langage narquois* (Scarr., *V. tr.*, VII, 289). *Parler narquois* (Acad. 94).

Le sens actuel de « ironique » n'est apparu qu'au milieu du XIXe s.

narré n.m. Récit, narration : *Je vous ai une particulière obligation du narré ample et exact que vous m'avez voulu faire des prises d'Eperlec et Rumінghem* (Chap., *Lettres*, I, 476). *L'une* [des parties] *est purement historique : un narré succinct des faits* (Bayle, *Dict. hist.*, Préf.). *Faire le narré d'une chose* (Acad. 94).

nasarde n.f. Coup sur le nez (familier) : *Recevez, cependant, cette petite somme De nasardes, soufflets, coups de pieds et de poing* (Scarr., *Jod. duel.*, V, II). ♦ Fig. Vexation, humiliation, rebuffade : *Je continuerai à le mépriser ; s'il reçoit quelque nasarde, ce sera par d'autres que par moi* (Chap., *Lettres*, II, 337).

nation n.f. Race, gens de même profession (péjor.) : *La nation des pédants est une étrange nation* (Acad. 94). *Je savais que la nation des poètes, et surtout des mauvais poètes, est une nation farouche* (Boil., *Disc. satire*). ♦Chaque partie de la faculté des Arts : *Les Arts sont divisés en quatre nations, qui sont la nation de France, de Picardie, de Normandie et d'Allemagne ou des étrangers* (Acad. 94).

Les sens actuels étaient également usuels au XVIIe s.

nativité n.f. Disposition des astres au moment de la naissance, thème astral (terme d'astrologie) : *Les astrologues ont fait sa nativité* (Acad. 94). ♦Naissance (vieilli au XVIIe s.) : *C'est l'astre puissant et bénin qui a éclairé ma nativité* (Boss., *Polit.*, VII, 6, *in* L.). ♦Anniversaire : *Quand* [...] *nous célébrerions leurs nativités* (Malh., *Ép.*, 64).

Auj. seulement dans la langue religieuse.

naturalité n.f. **Lettres de naturalité,** décret de naturalisation : *M. Esprit, de chez M. le Chancelier, à ma prière, a obtenu de lui des lettres de naturalité* (Chap., *Lettres*, I, 559).

naturel, elle adj. Originaire du pays qu'il habite (auj. seulement comme nom) : *Mais ce n'est pas de quoi il est question en cette remarque, puisqu'il n'y a point de Français naturel, même de la lie du peuple, ni des provinces, qui manque à cela* (Vaug., *Rem.*, 183). *Tout ce qu'il y avait à Rome de gens qui n'étaient pas naturels romains* (Saint-Réal, *Conjur. des Gracques*).

◆ n.m. **Le naturel,** caractère spécifique, nature particulière, propre (encore auj. sans compl.). *Jupiter sur un seul modèle N'a pas formé tous les esprits ; Il est des naturels de coqs et de perdrix* (La Font., *F.*, X, 7). ♦Sentiments affectueux, bonnes dispositions morales : *C'est n'avoir guère de naturel que d'abandonner son ami* (Acad. 94). ♦Heureuses dispositions intellectuelles, facilité naturelle, talent : *Un maître renvoyait ses écoliers quand il ne leur trouvait point de naturel* (Rac., *Ann. Cicéron*). *Chacun a choisi le genre de poésie qui convenait à son naturel* (Rac., *Ann. Aristote*, Poétique). [...] *tous deux* [Marot et Rabelais] *avaient assez de génie et de naturel* (La Br., I, 43). ♦Chose créée, nature : *Oh ! le charmant portrait ! l'adorable peinture ! Elle est faite à plaisir. – Après le naturel* (Corn., *S. du Ment.*, 729).

Le sens actuel de « spontanéité sans affectation » était usuel au XVIIe s. : *Combien de siècles se sont écoulés avant que les hommes, dans les sciences et dans les arts, aient pu revenir au goût des anciens et reprendre enfin le simple et le naturel* (La Br., I, 15).

naval, e adj. Le pluriel était parfois *navaux* (auj. *navals*) : *Il n'y a plus de combats navaux ni de batailles qui décident depuis celle d'Actium* (Sév., 7 sept. 1689).

naviger v.i. Forme préférée à *naviguer* par la Cour et les bons écrivains (selon Vaug. et Acad.) : *Ces cabarets et ces tavernes sont des mers où je n'ai guères navigé* (Chap., *Lettres*, I, 483). *Naviger le long des côtes* (Acad. 94).

navire n. Le mot, féminin au XVIIe s., devient masculin (ce genre-ci, signalé par R. Estienne [en 1539], admis par Maupas et Cotgrave concurremment avec le féminin, est seul connu de Nicot, de Richelet et de Fur.) : *Le zéphyre* [...] *fait nager Le lourd fardeau de la navire* (Th. de Viau, *Ode* Contre l'hiver). *Le philosophe qui disait que les navires qui étaient sur terre étaient les plus assurées* (Sorel, *Franc.*, XI). *Les Cyclopes n'ont point de navires peintes* (Rac., *R. sur O.*, IX).

Acad. 94 signale que le féminin subsiste dans l'expression *la navire Argo*.

navrer v.t. Blesser (vieilli au XVIIe s., d'après Richelet et Fur.) : *Ils se navrèrent ainsi À grands coups d'épée ou de lance* (Loret, *Muse hist.*, 3 sept. 1651). *Navrer à mort* (Acad. 94). ♦ Fig. Atteindre profondément : *De l'amour de son Dieu navrée, Elle prit en horreur le monde et ses plaisirs* (Corn., *Hymnes*, 5).

Le sens actuel de « causer de l'abattement, de la peine » apparaît au XVIIe s. : *C'est assez, ce me semble, de déplorer les pertes publiques ; c'est peu pour moi d'en être navrée* (Maintenon, *Lettre Mme de Dangeau*, 4 sept. 1704).

ne adv. S'employait pour *ni* (emploi, admis par Maupas, blâmé par Malh. ; limité au style familier ou burlesque) : *Il n'a mangé ne crème ne fromage* (Chap., *Guzm. Alfar.*, III, 328). ♦ **Ne plus ne moins,** ni plus ni moins : *Ne plus ne moins qu'employait au désert Rustic son diable, Alibech son enfer* (La Font., *Contes*, IV, 9). *Mademoiselle, ne plus ne moins que la statue de Memnon rendait un son harmonieux* [...] (Mol., *Mal. im.*, II, V).

◆ **Ne** (sans *pas* ou *point*) pouvait encore au début du XVIIe s. exprimer la négation (emploi blâmé par Malh. mais qui se rencontre chez lui) : *Et ne m'abandonnez sans guide en ces bas lieux* (Desportes, *Épitaphes*). ♦ **Ne pas [point] que,** seulement : *L'abeille ne prend point du ciel Les doux présents de la rosée Que pour nous en donner le miel* (Th. de Viau, *Ode* À M. le marquis de Boquiguant). *M. d'Ormesson n'a point découvert cela que lorsqu'il n'y a plus eu de remède* (Sév., 11 déc. 1664). ♦ **Ne [...] pas,** dans les comparatives (auj. **ne** seulement) : *Enfin on est plus curieux que je ne croyais pas* (Rac., *Lettre*, 30 mai 1662).

◆ **Ne** pouvait être disjoint de **pas** devant un infinitif : *Et tantôt je le perds pour ne me perdre pas* (Corn., *Pol.*, 1020).

né, e part. adj. **Bien né, mal né,** de noble origine, d'origine roturière : *Si ce berger est bien né, pourquoi ne le croirai-je pas aussi digne de moi que tout autre ?* (Urfé, *Astrée*, I, 24 *b*) ; de bon, de mauvais naturel : *Étant mal nés, nous nous sommes laissés emporter aux mouvements impétueux de notre appétit sensuel* (Chap., *Guzm. Alfar.*, III, 167). *Trop bien née et trop jeune pour pouvoir mentir avec assurance* (La Font., *Psyché*, I). ♦ **Être né,** être noble : *Ce* [bien parler] *qui ne manque presque jamais à ceux qui sont nés, et qui ont été nourris dans le grand monde* (Boss., *Style et lecture*). ♦ **Né pour** ou **à,** fait pour, apte à : *C'est un homme né pour les allées et venues, pour écouter les propositions et les rapports* (La Br., II, 39). *Pour juger qui est le bien d'une chose, il faut regarder à quoi elle est née* (Malh., *Ép.*, 76). *Jamais homme ne fut plus né aux mathématiques ; il les apprit tout seul* (Tall. des Réaux, *Hist.*, M. Viète). ♦ **Né natif,** originaire de (expression vieillie au XVIIe s. : *Ce gibier est charmant, et je le garantis Bourgeois, et né natif en plaine Saint-Denis* (Regnard, *le Bal*, sc. II).

néanmoins adv. **Ce néanmoins,** en dépit de cela (vieilli au XVIIe s.) : *Ce néanmoins, Madame, bon droit a besoin d'aide* (Mol., *Escarb.*, sc. V).

néant n.m. **De néant,** de nulle valeur, de rien : *Il paraissait un homme de néant* (Rac., *R. sur O.*, VI). *Une chose de néant* (Acad. 94). ♦ **Pour néant,** pour rien, sans raison : *Ce n'est pas pour néant qu'on me tient vieux routier* (La Font., *Eunuque*, V, IV).

nécessaire n.m. Laquais (en langage précieux) : *Voilà un laquais* [...] – *Apprenez, sotte, à vous énoncer moins vulgairement. Dites : voilà un nécessaire* (Mol., *Pr. rid.*, sc. VI). ♦ Qui joue à l'homme indispensable : *Ils font partout les* *nécessaires, Et, partout importuns, devraient être chassés* (La Font., *F.*, VII, 9).

nécessairement adv. Absolument, de toute nécessité : *Quand on a un grand équipage, il faut nécessairement avoir beaucoup de valets* (Fur.). *J'en ai nécessairement affaire* (Acad. 94).

Le sens actuel de « infailliblement » était usuel au XVIIe s. : *La conséquence d'un syllogisme se tire nécessairement de ses prémisses* (Fur.).

nécessité n.f. Besoin, disette : *Des armées réduites à la nécessité de toutes choses* (Malh., *Ép.*, 17). ♦ Situation critique : *Le demeurant des rats tint chapitre en un coin Sur la nécessité présente* (La Font., *F.*, II, 2). ♦ **Être en nécessité,** être dans le besoin : *C'est une chose très fâcheuse de vivre en nécessité* (Malh., *Ép.*, 12). ♦ Au sing. ou au plur., ce qui est nécessaire pour vivre ; nourriture, etc. : *Ah ! Seigneur Corbeau, si vous n'aviez demandé, pour toute nécessité, « qu'un poco di pane, un poco di vino », vous n'en seriez pas où vous êtes* (Sév., 19 juill. 1671). *Ceux qui le plaignaient, ceux qui le maudissaient, ceux qui lui donnaient ses nécessités* (Boss., *H. univ.*, II, 21). ♦ **De nécessité,** nécessairement, obligatoirement (auj. on dit *de toute nécessité*) : *Mademoiselle de l'Étoile, ayant de nécessité à faire la comédie* (Scarr., *Rom. com.*, II, 1). *Il faut de nécessité aller voir* (Rac., *R. sur O.*, X).

Les sens actuels étaient également usuels au XVIIe s.

nécessiter v.t. Soumettre à l'obligation de, contraindre à : *Je me trouvai nécessité à ne la pas même observer* [cette inaction] *pleinement et entièrement par les criailleries des partisans de M. le Prince* (Retz, *Mém.*, IV, 220). *Dès que vous l'attaquez vous le nécessitez à se défendre* (Acad. 94).

Auj., avec un nom de chose comme sujet et comme complément, « rendre nécessaire ».

nécromance n.f. Autre forme de *nécromancie* (vieillie au XVIIe s.) : *Il mit sa flotte en un endroit, Que personne ne trouverait, Si ce n'était par nécromance* (Scarr., *V. tr.*, I, 1020). – Acad. 94 signale *négromance, négromancie.*

nef n.f. Navire (sens vieilli selon Fur.) : *Il devait mieux remplir vos vœux et notre attente, Faire voir sur ses nefs la victoire flottante* (Corn., *Pompée*, 94).

Le sens actuel de « partie d'une église comprise entre le portail et le chœur » était usuel au XVIIe s. : *Ils passent de la nef la vaste solitude, Et dans la sacristie entrant* [...] (Boil., *Lutr.*, III, 58).

négative n.f. Proposition qui nie, dénégation : *Vous me demandez les symptômes de cet amour : c'est premièrement une négative vive et prévenante ; c'est un air outré d'indifférence qui prouve le contraire* (Sév., 9 mars 1672). *Pussort faisait des mines d'improbation et de négative, qui scandalisaient les gens de bien* (Sév., 3 déc. 1664). ♦ En grammaire, élément de négation : *De* pas *mis avec* rien *tu fais la récidive, Et c'est, comme on t'a dit, trop d'une négative* (Mol., *Femmes savantes*, 484).

négligé, e adj. Qui n'est pas paré, sans ornement : *Une belle femme est aimable dans son naturel ; elle ne perd rien à être négligée, et sans autre parure que celle qu'elle tire de sa beauté et de sa jeunesse* (La Br., XII, 29). *Quand elle est négligée, elle n'en est que plus belle* (Acad. 94).

Le sens péjor. actuel de « qui montre un manque de soin » était également usuel au XVIIe s. : *Mon style est si négligé qu'il faut avoir un esprit naturel et du monde pour pouvoir s'en accommoder* (Sév., 23 déc. 1671).

négligence n.f. **À la négligence,** avec simplicité, sans ornement : *Parce qu'elle* [Hélène] *vient à la négligence, il la compare à Diane* (Rac., *R. sur Odyssée*, IV). *Une femme coiffée à la négligence* (Acad. 94).

négoce n.m. (aussi n.f. selon Maupas, seulement n.m. selon Oudin et les auteurs, les grammairiens et les lexicographes de la seconde moitié du XVIIe s.). Occupation : *J'étais las de peler, d'éplucher les amandes et le pignon, de faire bouillir l'eau, et d'autres semblables négoces* (Chap., *Guzm. Alfar.*, I, 212). ♦ Entreprise : [...] *une intrigue amoureuse que la Rancune démêlait en faveur du Destin. Comme il se préparait à exécuter ce négoce* [...] (Scarr., *Rom. com.*, III, 6). ♦ Affaire, en général ; relation d'affaires : *As-tu quelque négoce avec le patron du logis ?* (Mol., *Av.*, II, IV). ♦ Commerce (encore auj., mais vieilli) : *Le trafic d'épiceries est un bon négoce* (Fur.).

négociation n.f. Commerce (sens qui sort de l'usage au XVIIe s., tandis que subsiste celui, toujours actuel, de « transmission des effets de commerce ») : *La négociation consiste à vendre et à acheter* (Malh., *Bienf.*, VI, 38).

Le sens le plus courant d'auj. : « série de démarches, etc., en vue de conclure un accord », était également usuel au XVIIe s. : *On doit à ses soins le succès de cette négociation* (Fur.).

négocier v.i. Faire du commerce : *Tous les chrétiens d'Europe* [...] *y ont négocié* [dans le Levant] *sous la bannière de la France* (Rac., *Notes hist.*, XXX).

Les sens actuels de « traiter une affaire » et « discuter un accord » étaient également usuels au XVIIe s. : *C'est lui qui a négocié ce mariage. Le roi envoie* [...] *des ambassadeurs, pour négocier avec les étrangers* (Fur.).

neige n.f. **De neige,** sans valeur, de rien : *Mais, comme c'était une raison de neige, laquelle il n'y avait point d'apparence de recevoir pour légitime excuse, on l'étrilla soudain* (Chap., *Guzm. Alfar.*, III, 505). *Un bel habit de neige* (Acad. 94).

nenni adv. Non (négation renforcée, devenue familière et peu à peu archaïque au XVIIe s. ; à prononcer *nani,* selon Richelet) : [Cléante se met au-devant de Marianne qui veut rendre le diamant] *Nenni, Madame, il est en de trop belles mains. C'est un présent que mon père vous a fait* (Mol., *Av.*, III, VII).

nerveux, euse adj. Musclé, vigoureux (vieilli auj.) : *Crantor d'un bras nerveux lance un dard à la bête* (La Font., *Adonis,* 399). *Hippias, d'un âge plus avancé, paraissait devoir accabler Télémaque, dont la tendre jeunesse était moins nerveuse* (Fén., *Tél.*, 13). ♦ Fig. Convaincant, solide (auj. seulement littéraire) : *Discours nerveux* (Acad. 94).

Auj. surtout « relatif aux nerfs », d'un point de vue physiologique ou psychique.

net, nette adj. Propre, clair : *Des souliers nets* (Acad. 94). *Un valet manque-t-il de rendre un verre net ?* (Rac., *Plaid.*, 613). ♦ Fig. Débarrassé, lavé (suivi d'un nom complément) : *Les esprits nets de leurs ordures, Ayant souffert mille tortures* [...] *Sont admis aux Champs Élysées* (Scarr., *V. tr.*, VI, 2703). *Être pure et nette de péché* (La Font., *Contes,* II, 16).

Les sens actuels étaient également usuels au XVIIe s., sauf celui de « dont on a déduit tout élément étranger » (opposé à *brut*).

nettement adv. Avec propreté : *Il faut se tenir blanchement et nettement* (Acad. 94). *Manger nettement* (Richelet).

Le sens actuel « d'une manière claire, incontestable » était également usuel au XVIIe s. : *Dites-lui nettement que je les veux avoir* (Corn., *Suiv.*, 479). *La loi s'explique nettement contre sa prétention* (Fur.).

nettoyer v.t. Fig. Corriger les défauts de : *J'avais pensé de nettoyer tout à fait cet ouvrage* (Malh., *Lettre,* 1616, s.d.). [...] *à qui j'ai donné commission de l'exhorter à travailler et à se nettoyer, s'il veut que son ouvrage vive* (Chap., *Lettres,* I, 33).

neuf, neuve adj. Fig. Peu expérimenté, novice : [...] *il pèche innocemment, Et s'il savait mieux dire, il dirait autrement. C'est un homme tout neuf* (Corn., *Veuve,* 265). ♦ Franc, naturel : *Ç'a été un grand jeu pour son éminence* [Retz], *qu'un esprit neuf comme celui de notre ami* [Corbinelli] (Sév., 30 juin 1677).

Les sens actuels, pr. et fig., étaient également usuels au XVIIe s.

neveux n.m.pl. Petits-enfants : *Mon époux a des fils, il aura des neveux* (Corn., *Pompée,* 1387). ♦ Postérité : *Hélas ! avant ce jour qui perdit ses neveux* [d'Adam] (Boil., *Ép.*, III, 55). *Votre règne aux neveux doit servir de modèle* (Rac., *Esth.*, 597).

Le seul sens actuel de « fils du frère ou de la sœur » était également usuel au XVIIe s. : [...] *par des lois sévères Il défend* [à Aricie] *de donner des neveux à ses frères* (Rac., *Ph.*, 106).

nez n.m. **Avoir bon nez,** être bien avisé : *Voyez-vous j'ai bon nez et ne me trompe point* (Montfleury, *Éc. des filles,* III, II). ♦ **C'est pour son nez,** ce ne sera pas pour lui : *Vraiment c'est pour son nez, il lui faut des maîtresses ; Je ne suis que servante : et qu'est-il que valet ?* (Corn., *Illust.*, 614). ♦ **Refaire son nez,** faire bonne chère : *S'il y avait dans sa cuisine quelque bon morceau que je gardais pour mes hôtes, le galant en refaisait son nez* (Sorel, *Franc.*, VII). ♦ **Remarquer qqn au nez,** le dévisager : *Comme il en voit sortir ces deux beautés masquées, Sans les avoir au nez de plus près remarquées* (Corn., *Ment.*, 785, var.). ♦ **Donner du nez en terre,** échouer : *Cette conduite l'a empêché jusqu'ici de donner du nez en terre* (Chap., *Lettres,* I, 294).

ni conj. S'employait pour *et, ou,* comme coordination entre deux propositions ou deux mots à l'intérieur de phrases négatives, interrogatives ou comparatives : *L'envie, la malignité, ni la cabale n'avaient de voix parmi eux*

(La Font., *Psyché*, I). *Pâris m'a-t-il ravi mes amours, ni mes liens ?* (La Font., *Achille*, II, I). *Ils lui bâtissent un palais plus beau que le Louvre ni que le sérail* (Fur., *Rom. bourg.*, I, 905). ♦**Ni** pouvait être accompagné de *pas* ou *point* (emploi vieilli au milieu du XVIIe s.) : *Concluez donc, mon Père, que ni les pécheurs, ni même les plus justes, n'ont pas toujours ces connaissances* [...] (Pasc., *Prov.*, IV). *Il n'y a pas une relation ni pas un homme qui ne parle de lui avec éloge* (Sév., 12 août 1675).

niaiser v.i. S'occuper à des futilités : *Il est fâcheux de s'arrêter à des bagatelles ; mais il y a des temps de niaiser* (Pasc., *Esprit géométrique*, I).

nice adj. Simple, ignorant (vieilli au XVIIe s. ; burlesque et comique, selon Richelet et Furetière) : *Tant ne fut nice (encor que nice fût) Madame Alix que le jeu ne lui plût* (La Font., *Contes*, II, 1).

nier v.t. direct et ind. Refuser qqch à qqn (sens vieilli à la fin du XVIIe s.) : *Vous* [...] *Qui, barbare, aux défunts niez la sépulture* (Rotr., *Antig.*, V, v). ♦Avec un infinitif précédé de la préposition *de : La Reine niait d'avoir jamais écouté la proposition de Blaye* (La Roch., *Mém.*, IV, p. 148). ♦La subordonnée dépendant de *nier* contenait parfois la négation *ne* dite explétive : *Je ne lui nierai pas même que je n'aie bien cru* (La Roch., *Mém.*, II, 467).

Le sens actuel de « démentir, déclarer inexistant » était également usuel au XVIIe s. (avec, comme auj., un complément construit directement) : *Nier cette vérité, c'est nier qu'il est jour en plein midi. La défense d'un accusé consiste à savoir bien nier* (Fur.).

nigauder v.i. S'occuper à des sottises : *L'un se refrogne et ne dit mot, L'autre nigaude et fait le sot* (Saint-Amant, *le Poète crotté*, 357). *Il ne fait que nigauder* (Acad. 94).

nippes n.f.pl. Habits ; objets de toilette, ou meubles : *Lors on vit force bonnes nippes Flotter parmi des ais brisés* (Scarr., *V. tr.*, I, 368). *Des valets, qui viennent* [...] *voir si les marchands ont reçu les nippes qu'ils attendaient* (Corn., *Gal. du Pal.*, Exam.). ♦Choses de peu de valeur : *Il tira d'un bissac quelques reliquats de la noce, dont je lui arrachai goulûment de bonnes nippes* (Sorel, *Franc.*, VI).

Le mot, devenu familier, est aujourd'hui péjoratif au sens de « vêtements usagés ».

nivelier adj. Niais, sot : *Mais ne passerai-je point moi-même pour un nivelier, de tant m'arrêter à ce saint Hiérôme ?* (La Font., *Lettre à sa femme*, 12 sept. 1663).

nivellerie n.f. Action sotte, stupide (vieilli au XVIIe s.) : *Je voudrais, pour comble de nivellerie, qu'un autre entreprît de compter les pièces qui la composent* (La Font., *Lettre à sa femme*, 12 sept. 1663).

noble n.m. **Noble à la rose,** « monnaie d'Angleterre [...] [qui] a d'un côté la figure d'un navire, et de l'autre celle d'une rose » (Fur.) : [...] [le singe] *Détachait du monceau, tantôt quelque doublon, Un jacobus, un ducaton, Et puis quelque noble à la rose* (La Font., *F.*, XII, 3).

nœud n.m. Fig. Attachement, lien d'amitié ; en particulier, **saint nœud, nœud indissoluble,** mariage : *Un saint nœud dès demain nous unira tous deux* (Mol., *Éc. des m.*, 1070).

noise n.f. Dispute, querelle (familier ; auj. seulement dans *chercher noise à qqn* : « lui chercher querelle », locution usuelle au XVIIe s. également) : *S'il eût eu cette pensée, il lui eût été très facile de la faire réussir en apostant deux hommes qui eussent commencé la noise* (Retz, *Mém.*, III, 17). *Parmi de certains coqs, incivils, peu galants, Toujours en noise et turbulents, Une perdrix était nourrie* (La Font., *F.*, X, 7). *Ah ! ne réveillons point une noise assoupie* (La Font., *Eunuque*, V, v).

nom n.m. Réputation, renom : *Et ce que j'ai de nom, je le dois à l'amour* (Corn., *Excuse à Ariste*, 64). *L'oisiveté des femmes et l'habitude qu'ont les hommes de les courir partout où elles s'assemblent donnent du nom à de froids orateurs* (La Br., XV, 19). *J'espérai* [...] *qu'au moins, jusqu'à vous porté par mille exploits, Mon nom pourrait parler, au défaut de ma voix* (Rac., *Bér.* 214). ♦Noblesse : *Polyeucte a du nom, et sort du sang des Rois* (Corn., *Pol.*, 420). ♦**Hommes de nom, gens de nom,** nobles : *Toute mon ambition est de rendre service aux gens de nom et de mérite* (Mol., *Sicil.*, sc. X).

Les sens actuels étaient également usuels au XVIIe s.

nombre n.m. Harmonie d'une phrase, d'un vers, résultant du rythme : *Car je ne vous demande pas que vous prononciez sur la pureté* *de la diction, ni sur le nombre et la cadence des vers* [...] (Chap., *Lettre Ferrari,* 23 avr. 1668). ♦ **Ne servir que de nombre,** être vain, inconsistant, inutile : *Depuis, votre Damon ne sert plus que de nombre ; Mes sens de ma douleur s'en vont déjà ravis ; Je ne suis plus vivant, et passerais pour ombre, Sinon que mes soupirs découvrent que je vis* (Th. de Viau, *Désespoirs amoureux*).

Les sens actuels étaient également usuels au XVIIe s.

nombrer v.t. Dénombrer, compter : *Je ne pourrais nombrer les charmes de ces lieux* (La Font., *Psyché,* I). ♦ Calculer : *Par une vilenie la plus sale du monde,* [il] *nombrait la dépense qu'il avait faite à la traiter avec sa compagnie dedans sa maison* (Sorel, *Franc.,* IV).

nombreux, euse adj. Rythmé, harmonieux : *Ce n'est pas que leurs sons agréables, nombreux, Soient toujours à l'oreille également heureux* (Boil., *Ép.,* IX, 50). *La versification, qui est correcte, riche dans ses rimes, nombreuse, harmonieuse* (La Br., I, 54). ♦ Qui contient beaucoup de personnes, important en nombre : [...] *ceux qui daignaient vous défendre Au plus nombreux parti sont forcés de se rendre* (Corn., *Tois.,* 1757). *Que tout leur camp nombreux soit devant les soldats Comme d'enfants une troupe inutile* (Rac., *Esth.,* 1012).

Auj. le mot s'emploie, avec le seul sens de « qui est en grand nombre », avec un nom pluriel ou un collectif.

nompareil, eille adj. Sans égal, extraordinaire : *À leur compte, mes yeux étaient de vrais soleils Qui répandaient partout des rayons nompareils* (Corn., *Mél.,* 1814). *Il a* [...] *une intelligence dont on lui sait un gré nompareil* (Sév., 1er mai 1671).

◆ n.f. **Une nompareille,** un ruban très étroit : *Ce fatras de rubans, chargé de nompareilles* (Montfleury, *Gentilhomme de Beauce,* III, VIII). *Acheter de la nompareille* (Richelet).

nompareillement adv. D'une manière extraordinaire : *J'ouvris cette lettre, où je trouvai que notre bienheureux* [saint François de Sales] *était au ciel. Mon cœur fut saisi nompareillement* (Sœur Chantal, *Lettre,* 20 févr. 1623).

non adv. **Non pas seulement,** non seulement : *Non pas seulement j'opinai sur ce sujet dans le Parlement,* [...] *mais j'obligeai même tous mes amis à opiner comme moi* (Retz, *Mém.,* III, 278). ♦ **Non jamais,** absolument jamais : *Je juge de moi par vous, mon cher Monsieur, souvent j'y suis attrapée avec d'autres, mais non jamais avec vous* (Sév., 26 mai 1683). ♦ **Non plus que,** pas plus que : *Ma sœur, non plus que moi, ne lit dans son âme* (Corn., *S. du Ment.,* 1018). *Il ne lui pardonne, non plus que l'évêque de Langres, cette diminution de son crédit* (Rac., *P.-R.,* I, 50).

nonobstant adv. et prép. Malgré, en dépit de (auj. seulement dans la langue juridique) : *Pour moi, nonobstant mon âge, devant Dieu je ne me sens point excusé de l'obligation que j'ai de travailler au salut de ces pauvres gens* (Saint Vincent de Paul, *Lettre,* 25 oct. 1643). *Il demande nécessairement le singulier du verbe qui le suit, nonobstant tous les pluriels qui le précèdent* (Vaug., *Rem.,* 379).

◆ **Nonobstant que** conj. Indiquait la concession (« bien que ») : *On voit que les têtes, un peu après être coupées, se remuent encore et mordent la terre, nonobstant qu'elles ne soient plus animées* (Desc., *Méth.,* V, 9).

note n.f. **Changer de note,** « Un homme change de note, quand il parle d'une autre manière qu'il n'avait fait, quand il supplie au lieu de menacer » (Fur.) : *Leur ennemi changea de note* [= de tactique], *Sur la robe du dieu fit tomber une crotte* (La Font., *F.,* II, 8).

noter v.t. Déshonorer, marquer d'infamie qqch : *Une manière* [...] *qui ne laissât pas de noter, en quelque façon, sa conduite* (Retz, *Mém.,* III, 425). *Les Juifs eux-mêmes* [...] *n'ont conservé dans leurs anciens livres la mémoire d'aucune action qui notât sa vie* [de Jésus-Christ] (Boss., *H. univ.,* II, 26). ♦ Blâmer, stigmatiser qqn : *Celui qui a composé l'histoire d'Espagne en français l'a notée* [Chimène] *dans son livre de s'être tôt et aisément consolée de la mort de son père* (Corn., *Cid,* Avert.). *On ne peut plus, dit saint Bernard, noter les méchants, tant le nombre en est immense* (Boss., *Panég. St André*). *Cela le noterait d'infamie* (Acad. 94).

Richelet dit qu'en ce sens il est du vocabulaire « du palais ». Les sens actuels étaient également usuels au XVIIe s.

Notre-Dame n.f. Fête de la Vierge, et en particulier l'Assomption (15 août) ou l'Immaculée Conception (8 décembre) : *Je faisais état* *de partir jeudi, mais je remets à samedi, à cause de Notre-Dame* (Retz, *Lettre M. de la Fons,* 4 déc. 1673).

nouement n.m. **Nouement d'aiguillette,** maléfice censé empêcher la consommation du mariage : *Vous aimer fort et ne pouvoir, en six mois, vous écrire est une espèce de nouement d'aiguillette* (Bussy, *Lettre,* 19 déc. 1686).

nourri, e adj. **Bien, mal nourri,** bien, mal élevé : *Pour s'acquérir le bruit de fille bien nourrie* [...] (Corn., *Suiv.*, 794).

nourrir v.t. Fig. Produire : *L'un des plus grands magistrats* [Séguier] *que la France ait nourri depuis ses commencements* (La Br., *Disc. Acad.*). ♦ Instruire, élever : *Les deux enfants,* [...] *Nourris ensemble et compagnons d'école* (La Font., *F.*, X, 11). *M. le Duc, que le Cardinal avait laissé entre les mains de Madame sa mère, au lieu de le faire nourrir auprès du Roi* (Retz, *Mém.*, III, 56). *Les jeunes gens que son père avait fait nourrir avec lui* [...] (Boss., *H. univ.*, III, 3). *Vous, nourri dans les camps du saint roi Josaphat* (Rac., *Ath.*, 78). *Moi, nourri dans la guerre, aux horreurs du carnage* (Rac., *Ath.*, 572).

Les sens actuels étaient également usuels au XVIIe s.

nourrisson n.m. **Nourrisson des muses,** poète : *Muses, dictez sa gloire* [celle de Louis XIV] *à tous vos nourrissons* (Boil., *A. p.*, IV, 193).

nourriture n.f. Fig. Instruction, éducation : *C'est du fils d'un tyran que j'ai fait ce héros ; Tant ce qu'il a reçu d'heureuse nourriture Dompte ce mauvais sang qu'il eut de la nature !* (Corn., *Hér.*, 1435). *Il faut corriger les défauts de cet enfant par une bonne nourriture* (Acad. 94). ♦ Formation : *M. le cardinal Mazarin* [...] *n'a pas eu d'assez bonne heure la nourriture nécessaire à un politique* (Retz, *Remontrances au Roi*, V, 317). ♦ Nourrisson ; fils, enfant que l'on a élevé : *C'est un rare trésor qu'elle devrait garder Et conserver chez soi sa chère nourriture* (Corn., *Nic.*, 571). ♦ Disciple : *Le paquet de Reinesius égaré, comme je le viens d'apprendre d'un gentilhomme allemand, son ami et sa nourriture* (Chap., *Lettres*, II, 491). – Ces deux derniers sens vieillissent au XVIIe s. ♦ **Faire des nourritures,** élever du bétail : *Ce fermier s'est enrichi à faire des nourritures* (Fur.).

nouveau, nouvelle adj. D'un nouveau genre : *Sans oser de longtemps regarder au visage Celui qu'elles croyaient être un géant nouveau* (La Font., *F.*, III, 4). *En ce combat nouveau, Un milan* [...] *l'enlève* [le rat], *et par même moyen La grenouille et le lien* (La Font., *F.*, IV, 11). *Notre ermite nouveau* [le rat] *subsistait là-dedans* [dans le fromage] (La Font., *F.*, VII, 3). ♦ Inconnu : [...] *c'est là ce mal que vous me prêchez tant ? Il ne m'est pas nouveau : je pense le connaître* (La Font., *F.*, VIII, 13).

Les sens actuels étaient également usuels au XVIIe s.

nouveauté n.f. Étrangeté : *Mais, par une nouveauté assez surprenante, on fut étonné que le Cardinal fît continuer sous mon nom ce qui s'était commencé sous celui de mon père* (La Roch., *Mém.*, II, 453).

◆ pl. **Des nouveautés,** des révolutions, des troubles : *Le peuple est amateur de nouveautés* (Acad. 94).

Les sens actuels étaient également usuels au XVIIe s.

nouvellan, nouvellier, nouvelliste n.m. Celui qui est curieux des nouvelles et qui les répand ; correspondant chargé de fournir les nouvelles du jour : *Malgré tous vos nouvellans de Rome, les affaires de M. le Prince sont fort décousues* (Retz, *Lettre abbé Charrier,* 25 nov. 1651). *Quand même M. le duc de Longueville ne m'obligerait pas à être nouvellier pour lui* [...] (Chap., *Lettres*, I, 255). *C'est une plaisante chose que les provinces. Tout le monde y est nouvelliste dès le berceau* (Rac., *Lettre J.-B. Racine,* 9 juin 1695).

Auj. on emploie seulement *nouvelliste,* au sens (déjà connu au XVIIe s.) de « auteur de nouvelles ».

nouvelles n.f.pl. **Point de nouvelles,** rien à faire, absolument pas : *On la voulut confesser* [la Voisin], *point de nouvelles* (Sév., 23 févr. 1680).

nouvellier, nouvelliste n.m. V. NOUVELLAN.

nuage n.m. **Nuage de coups,** volée de coups : *Je vois se former de loin un nuage de coups de bâton qui crèvera sur mes épaules* (Mol., *Fourb.*, I, I).

nudité n.f. Absence de biens, de charges : *Les puissants protecteurs de cet heureux époux* *firent valoir ces fureurs de la mère et de plusieurs de ses proches, trop bien fondés sur la nudité de l'époux* (Saint-Simon, 1706). ♦ Dénuement : *Il se trouva que, sous un jargon de pur amour, d'anéantissement et de parfaite nudité, elles cachaient toutes les illusions et toutes les horreurs que l'Église a condamnées de nos jours dans Molinos* (Rac., *P.-R.*, 43).

Le sens actuel de « état de ce qui est nu » était le plus usuel au XVIIe s. : *Les Américains n'ont point de honte de leur nudité* (Fur.).

nuement adv. Sans déguiser, franchement : *Je vas cependant vous instruire nuement et sans détour des plus petites particularités* (Retz, *Mém.*, I, 80). *Certes, la vérité, hors de ce qui le touche, Sort nuement et sans art de sa profane bouche* (Rotr., *Sosies*, I, III).

nuer v.t. Nuancer, disposer les couleurs selon les nuances : *Un arc-en-ciel nué de cent sortes de soies* (La Font., *F.*, II, 17). *Cela est parfaitement bien nué* (Acad. 94).

nuit n.f. **Toute nuit,** la nuit entière, toute la nuit : [...] *Chez lui paisiblement a dormi toute nuit* (Corn., *Ment.*, 808). ♦ **Se mettre à la nuit,** se laisser surprendre par la nuit : *Il est tard, ne vous mettez pas à la nuit* (Acad. 94).

nuitée n.f. Durée de la nuit, ou simplement, nuit : *Ici la femme et le mari* [...] *Semblent s'étonner et gémir D'avoir passé cette nuitée Sans avoir rien fait que dormir* (Saint-Amant, *le Contemplateur*, 369). *Le pauvret, s'il se fût tenu De sommeiller cette nuitée* (Scarr., *V. tr.*, I, 1604).

Ce mot vieillit au XVIIe s. ; Acad. 94 signale que son emploi se limite au sens de « temps passé à l'auberge », encore usuel auj. dans la langue commerciale.

nul, nulle adj. indéf. S'employait encore avec un nom pluriel malgré les condamnations de Bouhours : *Et nuls empressements, paroles ni soupirs, Ne l'ont instruite encor de vos brûlants désirs ?* (Mol., *Pr. Él.*, 99).

◆ pr. indéf. Pouvait s'employer comme complément (en cet emploi on userait actuellement de *aucun*, car le pronom *nul* ne s'emploie guère que comme sujet) : *Ne détachez vers lui nulle de vos pensées* (Mol., *Val de Gr.*, 216).

numéro n.m. **Savoir le numéro,** avoir la connaissance des choses : *Il n'était lors de Paris jusqu'à Rome Galant qui sût si bien le numéro* (La Font., *Contes*, I, 2).

L'expression vient de ce que les marchands mettaient un *numéro*, marque spéciale sur leurs étoffes, afin de se souvenir de leur prix au moment de la vente.

O

obéir v. S'employait parfois avec un complément d'objet direct ; toutefois la construction indirecte, avec *à*, était déjà la plus courante : *L'Infante* [...] *lui dit que la plus grande beauté d'une femme était d'obéir son mari* (Malh., *Lettre Peiresc*, 5 janv. 1610). *Vous le verrez demain, d'une force nouvelle* [...] *Faire obéir les lois, partager les bienfaits* (Mol., *Fâch.*, Prol.).

Auj. *faire obéir qqn*, c'est « le contraindre à l'obéissance » (*qqn* est alors agent de *obéir*). – Il nous reste, de l'emploi transitif direct, la tournure passive : *chef qui n'a pas été obéi.*

obéissance n.f. Domination, autorité, en particulier celle du gouvernement : *Je n'ai point oublié quelle reconnaissance, Seigneur, m'a dû ranger sous votre obéissance* (Rac., *Mithr.*, 1324). *Le marquis d'Estissac avait remis La Rochelle à l'obéissance du Roi* (La Roch., *Mém.*, II, 313). *Il a réduit, rangé cette province sous son obéissance* (Acad. 94). ♦ **Rendre obéissance,** manifester sa soumission : *Nous vous rendrons, Seigneur, entière obéissance* (Corn., *Hér.*, 687).

◆ pl. **Les obéissances,** les civilités, le dévouement (dans les formules de politesse ; cet emploi est blâmé par Vaug. et par Acad.) : *Notre ami Corbinelli vous assure de ses obéissances* (Sév., 2 janv. 1678).

Le sens actuel de « fait d'obéir, état de celui qui obéit » était également usuel au XVIIe s. : *Les enfants doivent honneur et obéissance à leur père* (Fur.).

objet n.m. Spectacle, image, ce qui frappe les regards ou l'imagination : *Tu fuis à te venger : l'objet de ta maîtresse Fait qu'un tel désir cède à l'amour qui te presse* (Corn., *Clit.*, 705). *Ses murs* [...] *présentant de loin leur objet ennuyeux* (Boil., *Lutr.*, III, 7). ♦ Femme aimée : *Un jeune objet qui loge en ce logis* (Mol., *Éc. des f.*, 317). *Si, comme elle s'en vante, elle est son cher objet* (Corn., *Pompée*, 655). ♦ Plus rarement, homme aimé : *Madame, croyez-moi, vous serez excusable D'avoir moins de chaleur* [= d'emportement] *contre un objet aimable, Contre un amant si cher* (Corn., *Cid*, 838). [Léonor :] *J'aime, et le digne objet qui règne sur mon cœur Par cent et cent devoirs s'en est rendu vainqueur* (Th. Corn., *Feint Astrol.*, III, II).

Les sens actuels étaient également usuels au XVIIe s.

obligation n.f. **Avoir obligation de qqch à qqn,** lui devoir qqch par reconnaissance (l'expression se rencontre parfois dans la langue littéraire actuelle) : *Un Prince à qui l'on peut dire qu'il avait obligation de tout son honneur* (Retz, *Conjur. Fiesque*, V, 506). *Je veux* [pour gendre] *un homme, en un mot, qui m'ait obligation de ma fille* (Mol., *Bourg.*, III, XII).

obligeant, e adj. Courtois, aimable (en parlant de choses, emploi restreint auj. à quelques expressions, comme *paroles obligeantes*) : *Il était civil avec tout le monde, mais avec des distinctions obligeantes selon le mérite et la qualité* (Retz, *Conjur. Fiesque*, V, 552).

Le sens actuel de « prêt à rendre service (en parlant de personnes) » était également usuel au XVIIe s. : *Il fallait de l'argent. On en prit d'un prince obligeant, Qui* [...] *fournit ce qu'on voulut* (La Font., *F.*, IV, 12).

obliger v.t. Lier par un devoir, par un sentiment de reconnaissance : [Chimène] *eût pu confesser à Elvire, et à Rodrigue même, qu'elle avait une violente passion pour lui, mais elle leur devait dire en même temps qu'elle lui était moins obligée qu'à son honneur* (Sentim. Acad. sur « Cid »). ♦ Plaire, exercer un attrait : *Le respect bien souvent n'oblige pas tant que l'amour* (Mol., *Am. magn.*, I, I). *Tout lui plaît et déplaît, tout le choque et l'oblige* (Boil., *Sat.*, VIII, 241). ♦ **Obliger à, de,** porter à, presser de : *À quelques sentiments que son orgueil m'oblige* (Corn.,

Cid, 645). *J'ai dit que la Reine fut obligée à se retirer de son royaume* (Boss., *O. f. H. de Fr.*). *Vous savez qu'une dame de vos amies vous obligea généreusement de le brûler* [le portrait satirique de Mme de Sévigné] (Sév., 26 juill. 1668). ♦ Avec un nom complément, **obliger de,** accorder la faveur de, faire le plaisir de : *De grâce, oblige-moi d'un peu de complaisance* (Corn., *Veuve*, 656). ♦ **S'obliger de, que,** s'engager à, à ce que : *Il s'obligera, si vous voulez, que son père mourra avant qu'il soit huit jours* (Mol., *Av.*, II, II). *Je ne lui demandais pas tant, et* [...] *je serais content de lui, pourvu qu'il s'obligeât de ne me point tuer* (Mol., *Tart.*, 3e placet).

Le sens courant d'auj. : « contraindre », et celui de « faire plaisir » (limité maintenant à quelques locutions comme *Je vous serais très obligé* = « [...] reconnaissant ») étaient usuels au XVIIe s. : *La faim oblige le loup à sortir du bois* [...]. *Celui qui oblige de bonne grâce, oblige au double* (Fur.).

obliquité n.f. Fig. Défaut de droiture : *C'est presque toujours notre propre obliquité qui nous instruit à la défiance* (Mass., *Pet. car.*, *in* L.). *L'obliquité de son procédé fait connaître sa mauvaise intention* (Richelet). – Fur. et Acad. 94 ne connaissent que le sens propre (en mathématiques), toujours usuel.

obole n.f. Monnaie de cuivre valant la moitié d'un denier et symbolisant une très petite quantité : *Quand je t'ai fait du bien, M'as-tu valu, dit-il, seulement une obole ?* (La Font., *F.*, IV, 8). *Petit serpent à tête folle, Plutôt que d'emporter de moi* [une lime] *Seulement le quart d'une obole, Tu te romprais toutes les dents* (La Font., *F.*, V, 16). *Le souper du croquant avec elle* [la colombe] *s'envole ; Point de pigeon pour une obole* (La Font., *F.*, II, 12). *Je n'en donnerais pas une obole* (Acad. 94).

Auj. « modeste offrande, petite contribution en argent ».

obscurcir v.t. Fig. Aveugler intellectuellement : *Il y a* [dans les prophéties et les miracles] *de l'évidence et de l'obscurité, pour éclairer les uns et obscurcir les autres* (Pasc., *Pensées*). *Sa servitude naturelle* [...] *obscurcissait la grande capacité qu'il avait pour son métier* (Retz, *Mém.*, III, 53). ♦ Diminuer l'éclat de, ternir, déprécier : *Pour les obscurcir* [les miracles de J.-C.] *ils* [les Juifs] *ont dit qu'il les avait faits par les enchantements qu'il avait appris en Égypte* (Boss., *H. univ.*, II, 26). *Sa réputation s'est obscurcie peu à peu* (Acad. 94). ♦ Voiler, cacher : *Le déshonneur est sûr, mon malheur m'est visible, Et mon amour en vain voudrait me l'obscurcir* (Mol., *Amph.*, 1053).

Le sens fig. actuel de « rendre peu intelligible » était également usuel au XVIIe s. : *Souvent le commentaire obscurcit le texte* (Fur.).

obséder v.t. Fréquenter assidûment, entourer d'attentions continuelles, accaparer l'attention de (ne se dit plus guère auj. que des choses qui tourmentent sans cesse l'esprit) : *Ces gens* [...] *qui veulent que l'on les récompense d'avoir obsédé le Prince dix ans durant* (Mol., *Impr.*, sc. IV). *Vous avez trop d'amants qu'on voit vous obséder, Et mon cœur de cela ne peut s'accommoder* (Mol., *Mis.*, 459). *Elle* [la Tingry] *l'obsédait si entièrement* [le maréchal de Luxembourg] *qu'il ne connaissait qu'elle, et elle éloignait tout le monde de lui* (Sév., 31 janv. 1680). *Les créatures du ministre obsédaient le Prince* (Acad. 94).

observateur n.m. Critique littéraire : *Lors même que l'observateur du* Cid *l'a conjurée par une lettre publique* [...] *de prononcer sur ses remarques,* [...] [l'Académie] *ne se pouvait seulement résoudre d'en être l'arbitre* (Sentim. Acad. sur « Cid »).

Les sens actuels étaient également usuels au XVIIe s.

observations n.f.pl. Critiques faites sur un auteur, une œuvre littéraire : *Il a fait imprimer un tel auteur avec de belles, de savantes observations* (Acad. 94). *Observations sur « le Cid »* (Scudéry).

Les sens actuels étaient également usuels au XVIIe s.

obstiner v.t. Maintenir, soutenir fermement : *Un amant flatté d'espérance Obstine sa persévérance* (Malh., *Chanson*, XXII, 26, var.). *Pourquoi m'obstinez-vous cela ?* (Acad. 94). ♦ Buter par la contradiction, affronter : *Pourquoi l'avez-vous tant obstiné ?* (Acad. 94). *Ne l'obstinez point ; je connais son esprit : Il le ferait, monsieur, tout comme il vous le dit* (Regnard, *Lég.*, IV, VI). ♦ **Obstiner qqn à qqch,** l'y contraindre, l'y engager : *Dites-moi, quelle espérance Doit obstiner mon maître à la persévérance* (Corn., *Ment.*, 1314).

◆ **s'obstiner à, être obstiné à** (suivi d'un nom), s'en tenir inébranlablement à : *Il s'obstinait pour vous au refus de ma main* (Corn.,

Sert., 1763). *Une vie obstinée à la haine du crime* (Corn., *Imit.*, IV, 2519).

◆ **s'obstiner de** (suivi d'un infinitif), s'entêter à (auj. *s'obstiner à*) : *Si vous vous obstinez de vivre au milieu des périls* (Mass., *Av.*, Concept., *in* L.).

obvier v.t. ind. Faire obstacle à : *D'un mot il peut obvier à ces discours et à ces ombrages* (Retz, *Lettre de M. de la Fons*, 1671).

Auj. emploi réduit à l'expression *obvier à un inconvénient*, déjà signalée par Acad. 94.

occasion n.f. Sujet, cause, raison : *Dorise se feint être un jeune gentilhomme, contraint pour quelque occasion de se retirer de la cour* (Corn., *Clit.*, Argum.). ♦ Combat : *J'aimerais mieux aller à l'occasion : j'affronterais plus aisément la mort dans la chaleur du combat* (Sév., 2 juin 1672). ♦ **Occasions prochaines,** celles qui peuvent porter facilement au péché : *La finesse est l'occasion prochaine de la fourberie* (La Br., VIII, 85). ♦ **Prendre occasion de,** profiter de la circonstance pour : *J'ai pris occasion de faire entrevoir la venue de ce consolateur* (Rac., *Ath.*, Préf.). ♦ **D'occasion,** occasionnel, de hasard : *Le mérite toutefois ne fut que d'occasion* (Retz, *Mém.*, II, 184). ♦ **Dans l'occasion, dans les occasions,** le cas échéant (auj. on dit *à l'occasion*) : *Sachons perdre dans l'occasion* (La Br., IX, 51). *La princesse* [de Tarente] [...] *s'en servira* [de ces remèdes] *dans les occasions* (Sév., 17 juin 1685).

Les sens actuels étaient également usuels au XVIIᵉ s.

occident n.m. Fig. Déclin, catastrophe : *Le chevalier de Guise, de qui on a vu précipiter le bel orient dans l'occident d'un déplorable désastre* (Malh., *Lettre M. de La Garde*, s. d.). *Cet empire était dans son occident* (Acad. 94).

occiseur n.m. Meurtrier (archaïsme de style comique ou burlesque) : *Faisons l'olibrius, l'occiseur d'innocents* (Mol., *Ét.*, 1085).

occision n.f. Grand massacre, tuerie (archaïsme du style burlesque ; vieux selon Acad. 94) : *Que d'Enghien comme un lion Du soldat flamand fasse occision* (Scarr., *Chanson à boire*).

occulte adj. Secret, mystérieux : *Sire, ajoutez du ciel l'occulte providence ; Sur deux amants il verse une même influence* (Corn., *Clit.*, 677). *Les occultes dispositions de la Providence* (Boss., *Panég. St Th. de Cantorbéry*).

Auj. il a ordinairement une nuance défavorable : « qui nuit secrètement », sauf parfois dans l'expression, déjà relevée par Fur., *sciences occultes* (magie, art divinatoire).

occuper v.t. Se rendre maître de ; envahir, posséder (en parlant de sentiments) ; rendre soucieux : *La secrète tristesse dont je suis occupée* (Rac., *Plan d'Iphig. en Tauride*). [Le cardinal de Retz] *est insensible à la haine et à l'amitié, quelques soins qu'il ait pris de paraître occupé de l'une ou de l'autre* (La Roch., *Portrait de Retz*). *J'ai été fort occupée de votre joli enfant, et j'apprends avec beaucoup de joie qu'il se porte bien* (Mme de Sanzei, *Lettre*, 3 juill. 1675). ♦ Prendre, aborder à l'avance, donner un aperçu de : *Je ne suis pas marri du petit sentiment que vous avez des matières et de la doctrine qu'il vous a occupées* (Chap., *Lettres*, I, 334).

Les sens actuels étaient également usuels au XVIIᵉ s.

occurrence n.f. Événement : *Mais en cette occurrence J'ai besoin avec vous d'un peu de conférence* (Corn., *Pulch.*, 253). *Pour les autres occurrences de cette cour, l'on est toujours après l'échange du gouvernement de Picardie à celui de Normandie* (Malh., *Lettre Peiresc*, 26 déc. 1614). ♦ Occasion qui se présente : *Il était brave, vigilant, prompt, ménageant bien ses avantages, profitait bien des occurrences, entendait toutes les ruses de la guerre* (Bayle, *Dict. hist.*, Agesilaüs, II). ♦ **Aux occurrences, dans les occurrences,** à l'occasion : *Et, bien qu'aux occurrences Je puisse condamner certaines tolérances* [...] (Mol., *Éc. des f.*, 51). *Je m'en souviendrai dans les occurrences* (Acad. 94).

Auj. il ne se dit guère que dans la locution *en l'occurrence*, « dans le cas actuel », ou dans la langue liturgique.

octroi n.m. Privilège accordé par le roi : *Le Prince a révoqué cet octroi* (Acad. 94). *Je voudrais bien savoir, dit-elle, quelle loi En a* [du terrier] *pour toujours fait l'octroi À Jean, fils ou neveu de Pierre ou de Guillaume* (La Font., *F.*, VII, 16).

odeur n.f. Fig. Réputation : *Il n'y avait point de maison religieuse qui fût en meilleure odeur que Port-Royal* (Rac., *P.-R.*, I). [...] *sans que par cette publication je vous mette en mauvaise odeur auprès d'un sexe dont vous conservez les bonnes grâces avec tant de soin* (Corn., *Pl. R.*,

Ép.). *Il vous a mis en mauvaise odeur auprès d'un tel* (Acad. 94).

Auj. ce sens se conserve dans l'expression *en odeur de sainteté.*

œil n.m. **Bel œil,** beauté (fréquent en style galant) : *Qu'un bel œil est fort avec un tel secours !* (Corn., *Hor.*, 578). ♦**À l'œil,** à l'œil nu, du premier coup d'œil : *Cela se juge à l'œil, rien ne le satisfait* (Corn., *Veuve*, 1378, var.). *Un chacun fait à l'œil des remarques aisées* (Corn., *Mél.*, 1064, var.). *Cette circonstance* [...] *me fit voir à l'œil le fond de l'abattement du peuple* (Retz, *Mém.*, III, 211). ♦**Faire la guerre à l'œil,** observer tous les détails : *Sur le tout il faut faire la guerre à l'œil, et voir auparavant quelle suite aura cet édit* (Retz, *Lettre M. de la Fons*, 21 oct. 1669). ♦**Mettre aux yeux,** présenter, représenter : *Vous devriez leur mettre un bon exemple aux yeux, Et leur défunte mère en usait beaucoup mieux* (Mol., *Tart.*, 27). [...] *Je lui mettais aux yeux comme, dans notre temps, Cette soif a gâté de fort honnêtes gens* (Mol., *Mis.*, 359). ♦**Par-dessus les yeux,** à satiété, à l'excès (auj. on dit *par-dessus la tête*) : *Vous avez quitté Aix : vous me paraissez en avoir par-dessus les yeux* (Sév., 11 avr. 1689).

œillade n.f. Regard lancé vivement (sens vieilli) : *D'une œillade* [...] *le général perça les coupables jusqu'au cœur* (Balz., *le Romain*, *in* L.). *Et le brave pasteur* [...] *En punit pour jamais l'œillade criminelle* [du crocodile] (Saint-Amant, *Moïse sauvé*, II). *Il lui lança une œillade de colère* (Acad. 94).

Le XVIIe s. connaissait déjà, même dans le style relevé, le sens actuel de « coup d'œil furtif traduisant une intention de galanterie, de coquetterie, ou marquant la connivence » : *Ôtons-lui les moyens de plaire et de régner* [à Cléopâtre] ; *Et ne permettons pas* [que...] *Mon sceptre soit le prix d'une de ses œillades* (Corn., *Pompée*, 662).

œillader v.t. Lancer des œillades à (mot blâmé par Malh. et vieilli selon Fur.) : *J'œillade la suivante ; Comme elle est plus mon fait, elle est plus à mon gré* (Th. Corn., *Charme de la voix*, II, II).

œuvre n. Était d'un genre incertain : *Reçois cet holocauste, et fais de ces louanges, Pour moi, pour tout le peuple, un œuvre de salut* (Corn., *Imit.*, IV, 1309).

◆ Le féminin se généralisera vers la fin du XVIIe s. – Pourtant le masculin subsistera longtemps dans la locution **le grand œuvre,** la recherche, la découverte de la pierre philosophale : *Quoiqu'un homme de guerre, il s'entêta de chimie, dans le dessein à la vérité de parvenir au grand œuvre* (Fonten., *Du Fay*, *in* L.) ; et au fig. entreprise capitale : *Nous réunirons le corps pour ce grand œuvre de la paix générale* (Retz, *Mém.*, II, 343). ♦Biens qui assurent l'entretien d'une paroisse, et par extens. banc réservé dans l'église aux marguilliers (auj. *banc d'œuvre*) : *Un pasteur frais et en parfaite santé, en linge fin et en point de Venise, a sa place dans l'œuvre auprès les pourpres et les fourrures* (La Br., XIV, 24).

◆ **Hors d'œuvre,** loc. adv. ou adj. En dehors des habitudes, des usages ; à un moment inhabituel : *J'écris ceci hors d'œuvre, pour vous divertir* (Sév., 26 juill. 1677). *Sans ce gentilhomme qui est toujours chez vous, à ce qu'on dit, je ne vous rendrais pas une visite aussi hors d'œuvre que celle-ci* (Dancourt, *Folle Enchère*, sc. XVIII) ; accessoire, inopportun : *La liaison des scènes, qui semble* [...] *incorporer Sabine dans cette pièce, au lieu que, dans* le Cid, *toutes celles de l'Infante sont détachées, et paraissent hors d'œuvre* (Corn., *Hor.*, Exam.). *M. de Chevreuse, se voyant assez hors d'œuvre à Paris, prit le parti d'en sortir* (Retz, *Mém.*, IV, 230).

Les sens courants auj. l'étaient également au XVIIe s.

offenser v.t. Blesser : *Ce coup lui a offensé le cerveau* (Acad. 94). *Le coup n'avait fait que glisser au-dessous de la mamelle gauche, et n'offensait aucune des parties nobles* (Le Sage, *Diable boit.*, XV). ♦ Fig. Meurtrir, affecter douloureusement : *Elle s'est trouvée si accablée de la rigueur de la règle, et sa poitrine si offensée de la mauvaise nourriture* [...] (Sév., 25 oct. 1686). ♦Troubler, incommoder : *Habillez-vous pour n'avoir point de froid, et vous contentez d'une maison où le vent et la pluie ne vous puissent offenser* (Malh., *Ép.*, 8). ♦Choquer, contrarier : *L'humilité qui faisait le fonds du christianisme offensait les hommes* (Boss., *H. univ.*, II, 26). ♦Ternir, discréditer, porter atteinte à : *Offensez sa victoire, irritez sa colère* (Corn., *Hor.*, 1247). *Vous avez cruellement offensé l'amitié qui était entre nous* (Sév., 26 juill. 1668). ♦**S'offenser de qqn,** se fâcher contre lui : *Prenez la peine de mieux voir celui dont vous vous offensez* (Mol., *Av.*, V, IV). – Vaug. et Acad. blâment cette construction.

Le sens actuel de « causer une blessure morale à qqn » était également usuel au XVIIe s. : *Ex-*

cusez-moi, je n'ai pas cru vous offenser, je n'ai pas dit cela pour vous offenser (Fur.).

office n.m. Service que l'on rend : *Je serais inconsolable de vous priver des petits offices que je vous pourrais rendre* (Sév., 26 juill. 1675). *Son bois* [les cornes du cerf], [...] *L'arrêtant à chaque moment, Nuit à l'office que lui rendent Ses pieds* (La Font., *F.*, VI, 9). – On disait souvent en ce sens *bon office : Je vous devrai beaucoup pour un si bon office* (Corn., *Hor.*, 1172) ; auj. cette expression ne s'emploie qu'au pluriel et a, comme aussi au XVIIe s., le sens de « médiation ». ♦ **Mauvais office,** action ou parole destinée à desservir qqn : *Pour prévenir les mauvais offices qu'il avait à craindre* (Fén., *Tél.*, 13). ♦ **Faire office,** rendre service, se dépenser : *Le plus qu'il pouvait, c'était de recommander ses serviteurs à son favori, et de faire office pour ceux qu'il aimait* (Balz., *De la cour*, 7e disc., *in* L.). – Auj. *faire office* (ou *l'office*) *de*, c'est « tenir lieu de, jouer le rôle de ». ♦ Devoir : *C'est l'office d'un bon père, d'un bon mari, d'un bon ami* (Acad. 94). [...] *il* [le roi] *m'envoie Faire office vers vous de douleur et de joie* [= pleurer et me réjouir avec vous] (Corn., *Hor.*, 1156). *Surtout que le sang parle et fasse son office* (Rac., *Théb.*, 983). ♦ Métier, emploi, charge : *Vous nous obligerez* [...] *de prendre mon office de cuisinier* (Mol., *Av.*, III, I). [La devineresse] *Gagne de quoi donner un rang à son mari ; Elle achète un office* (La Font., *F.*, VII, 15). ♦ **D'office,** de sa propre initiative, sans en être prié (auj. « automatiquement, par l'application d'un principe ») : *C'est un homme né pour les allées et venues, pour écouter des propositions et les rapporter, pour en faire d'office* (La Br., II, 39).

Les autres sens actuels étaient également usuels au XVIIe s., sauf ceux de « fonction publique conférée à vie », « établissement qui se consacre à une activité particulière » et « service confié à un organisme spécial ».

officier n.m. Celui qui exerce une charge quelconque, un office : *Non, non, retirez-vous, Tisiphone, Alecton, Et tout ce que je vois d'officiers de Pluton* (Corn., *Mél.*, 1394). [Le chantre] *est d'un maître si saint le plus digne officier ; La porte dans le chœur* [de la Sainte-Chapelle] *à sa garde est commise* (Boil., *Lutr.*, IV, 9). ♦ Dans une grande maison, domestique chargé de la table : *Le cuisinier de M. le cardinal de Retz ne le quitte point, ni son officier* (Sév., 26 juin 1675).

Le sens militaire, le plus courant auj., était également usuel au XVIIe s. : *Les officiers subalternes sont les lieutenants, sous-lieutenants* [...] (Fur.).

officieusement adv. Obligeamment : *Il s'est offert à moi fort officieusement* (Acad. 94). ♦ Courtoisement : [Il] *se mit à me blâmer officieusement de ne m'aider pas assez auprès de la Reine* (La Roch., *Apol. prince Marcillac*, II, 453).

Auj. il s'oppose à *officiellement*.

officieux, euse adj. et n. Obligeant, serviable : *Qu'il* [Chapelain] *soit doux, complaisant, officieux, sincère : On le veut, j'y souscris* (Boil., *Sat.*, IX, 215). *Afin de le guérir, le sort officieux Présentait partout à ses yeux Les conseillers muets dont se servent nos dames : Miroirs dans les logis, miroirs chez les marchands* (La Font., *F.*, I, 11). *Vous dites d'un grand ou d'un homme en place qu'il est prévenant, officieux, qu'il aime à faire plaisir* (La Br., IX, 37).

Auj., en parlant de choses, « qui n'a pas un caractère officiel ».

offre n. Pouvait être du masculin (on hésitait encore au milieu du XVIIe s. sur le genre de ce mot, qui ne sera fixé que dans le dictionnaire de Richelet) : *Ses offres acceptés, que rien ne se diffère* (Corn., *Veuve*, 1327). *D'un offre de pardon on emprunte la ruse* (Mol., *D. G.*, 1401).

offrir (s') [de] v.pr. Se proposer pour ou de : *Lorsqu'on s'offre de prendre une fille sans dot, on ne doit point regarder plus avant* (Mol., *Av.*, I, V). *Je m'offre d'y montrer partout cent défauts visibles* (Mol., *Crit. Éc. des f.*, sc. VI).

La construction actuelle la plus usuelle est *s'offrir à*.

offusquer v.t. Cacher, voiler : *Cette tête lourde, offusquée d'une perruque vaste* (Saint-Simon, 1703). *Son cheval se cabrant le reçut* [le coup d'épée] *au-dessus des yeux, qui furent incontinent offusqués de sang* (Sorel, *Franc.*, VI) ; et, au fig. : *Hélas ! nous ne pouvons un moment arrêter les yeux sur la gloire de la princesse sans que la mort s'y mêle aussitôt pour tout offusquer de son ombre* (Boss., *O. f. H. d'Angl.*). *Il a du bon et du louable, qu'il offusque par l'affectation du grand ou du merveilleux* (La Br., XI, 141). ♦ Troubler la vue de l'esprit, obscurcir : *Quelques vapeurs m'offusquent le cerveau ?* (Corn., *Psyché*, 1827). *Les désordres de sa vie n'avaient fait qu'offusquer ses connaissances, sans les éteindre* (Saint-Simon, 1709).

Auj. « choquer, scandaliser ».

oie n.f. **Petite oie,** abattis d'oie ; au fig. ensemble des accessoires (rubans, dentelles) qui aidaient à relever la toilette : *Ne vous vendrai-je rien, Monsieur ? Des bas de soie, Des gants en broderie, ou quelque petite oie ?* (Corn., *Gal. du Pal.*, 1418).

oille n.f. Bouillon d'herbes : *J'avais le pot-au-feu, c'était une oille et un consommé, qui cuisaient séparément* (Sév., 2 nov. 1673).

oiseux, euse adj. Qui ne fait rien par habitude ; paresseux, inactif : *Gens oiseux et fainéants* (Acad. 94). *La flotte ne fut pas oiseuse À profiter du temps serein* (Scarr., *V. tr.*, V, 2965). ♦ Qui favorise l'oisiveté : *Sors de ce lit oiseux qui te tient attaché, Et renonce au repos, ou bien à l'évêché* (Boil., *Lutr.*, I, 79).

Le sens actuel de « inutile, sans intérêt (en parlant de choses) » était également usuel au XVIIe s. : *Des questions oiseuses où l'on ne s'intéressait pas pour le fond de la vérité* (Mass., *Car. sur la Vérité de la religion, in* L.).

oisiveté n.f. Inactivité, loisir : *Une honnête oisiveté* (Acad. 94). *J'ai reçu une lettre de M. de Pomponne du milieu de son oisiveté, dont je me trouve plus honorée que quand il était à Saint-Germain* (Sév., 12 juin 1680).

Le sens péjor. actuel de « désœuvrement » était également usuel au XVIIe s. : *Bajazet dédaigna de tout temps La molle oisiveté des enfants des sultans* (Rac., *Baj.*, 116).

olive n.f. Pouvait désigner l'arbre (*l'olivier*) aussi bien que le fruit : *Le rameau d'olive qui fit connaître que la terre était découverte* (Sév., 27 févr. 1679). *Le jardin des olives* (Acad. 94).

ombrage n.m. Fig. Inquiétude : *Tout vous nuit, tout vous perd, tout vous fait de l'ombrage* (Corn., *Pol.*, 1503). ♦ Soupçon, jalousie (auj. seulement dans les locutions figées *prendre, porter ombrage,* « éprouver, donner de la jalousie ») : *Quand d'un injuste ombrage Votre raison saura me réparer l'outrage* (Mol., *D. G.*, 255).

ombrager v.t. Fig. Voiler, laisser dans l'ombre : *Pour ombrager un peu toutes ces choses et pouvoir dire plus librement ce que j'en jugeais, sans être obligé de suivre ni de réfuter les opinions qui sont reçues entre les doctes, je me résolus de laisser tout ce monde ici à leurs disputes* (Desc., *Méth.*, V, 2). ♦ Porter ombrage, causer un préjudice : *Je le vois, ce dragon tout prêt à m'égorger, Ce pupitre fatal qui me doit ombrager* (Boil., *Lutr.*, IV, 68).

ombre n.f. Fig. Apparence légère (auj. emploi plus restreint, et au sing.) : *Vous devez à ses pleurs quelque ombre de pitié* (Rac., *Ph.*, 568). *Mais aux ombres du crime on prête aisément foi* (Mol., *Mis.*, 907). ♦ **Faire ombre,** inquiéter : *Des prêtres, des enfants lui feraient-ils quelque ombre ?* (Rac., *Ath.*, 1659) ; rendre jaloux celui dont on éclipse le mérite : *Celui-là fait sa fortune innocemment, et il nous rend ses ennemis par ses bons succès : ou sa vertu nous fait ombre, ou sa réputation nous offusque* (Boss., *4e serm. Passion*, I). ♦ **À l'ombre,** à l'abri : *Le soldat est trop lâche qui veut toujours être à l'ombre* (Boss., *1er serm. Quinquag.*). – Auj. en ce sens, on dit encore *à l'ombre de,* loc. prép. ♦ **Sous ombre de, que,** sous prétexte de, que : *Sous ombre d'agir pour ses folles amours* (Corn., *Illus.*, 591). *Sous ombre que vous écrivez comme un petit Cicéron, vous croyez qu'il vous est permis de vous moquer des gens* (Sév., 25 nov. 1655, à Bussy-Rabutin).

on pr. indéf. S'employait souvent au XVIIe s. pour la première personne, ce qui permettait d'éviter le *moi haïssable.* Bouhours constate qu'on dit à la Cour non pas *je vous en serai obligé,* mais *on vous en sera obligé : On est faite d'un air, je pense, à pouvoir dire Qu'on n'a pas pour un cœur* [= qu'on a plus d'un cœur] *soumis à son empire* (Mol., *F. sav.*, 375).

onc, oncques, onques adv. Jamais (archaïsme au XVIIe s.) : *Oncques ne fut plus lugubre journée* (Rac., *Madrigal*). *Je n'appris onc à les manger ainsi* (La Font., *Contes*, I, 11).

once n.f. Unité de poids qui valait huit gros, soit 30,594 g : *Il y a huit onces au marc* (Acad. 94).

oncques adv. V. ONC.

ondée n.f. Fig. **Ondée de coups,** volée de coups : *Nous allons faire pleuvoir sur toi une ondée de coups de bâton* (Mol., *Fourb.*, III, II).

On dit auj. en ce sens *grêle de coups.*

onéreux, euse adj. Qui pèse, qui est à charge ; accablant : *Il est indubitable que plus un état est distingué selon le monde, plus il est onéreux et pénible devant Dieu* (Bourd., *Dim. Sep-*

tuag., *in* L.). *Le voisinage de ces gens-là est fort onéreux* (Acad. 94).

Le sens actuel de « qui cause une dépense » n'apparaît qu'à l'extrême fin du XVIIe s.

ongle n. Gardait parfois encore au XVIIe s. son ancien genre féminin : *Elle sent son ongle maline* [celle de l'autour] (La Font., *F.*, VI, 15).

onques adv. V. ONC.

opéra n.m. Chef-d'œuvre : *Pour son opéra, d'une soupe à bouillon perlé* (Mol., *Bourg.*, IV, I). *En surmontant Charles et Caprara Vous avez fait, Seigneur, un opéra* (La Font., *Ép. Turenne*). ♦ Entreprise difficile : *Quand il me faut écrire des lettres de compliment, de consolation, c'est pour moi un opéra* (Fur.).

Le sens actuel de « ouvrage dramatique mis en musique [...] » était déjà le plus usuel au XVIIe s. : *L'on voit bien que l'opéra est l'ébauche d'un grand spectacle ; il en donne l'idée* (La Br., I, 47).

opérateur n.m. Chirurgien : *Opérateur pour la pierre* (Acad. 94). ♦ Médecin empirique qui vendait des drogues : *Depuis, il trafiqua de chapelets de baume, Vendit du mithridate en maître opérateur* (Corn., *Illus.*, 183). *On l'avait fait voir à tout ce qu'il y avait d'oculistes, de chirurgiens, et même d'opérateurs plus fameux* (Rac., *P.-R.*, I).

Auj. « personne qui exécute des opérations techniques déterminées ».

opinant n.m. Celui qui donne son opinion dans une délibération : *Le premier opinant* (Acad. 94). *Il y a eu tant d'opinants dans cette assemblée* (Richelet).

opiner v.i. et v.t. Exprimer une opinion : [Je] *ne voulus point endurer qu'on opinât, si les choses n'allaient dans l'ordre* (Mol., *Am. méd.*, II, III). ♦ **Opiner à,** se prononcer en faveur de, être d'avis de : *Chacun opine à la vengeance* (La Font., *Contes*, II, 2). *Nous opinons à prendre à gauche* (E. de Coulanges, *Lettre*, 23 août 1675).

Auj. emploi restreint, ordinairement sans complément. On dit bien, familièrement, *opiner du bonnet*, « acquiescer sans rien dire ».

opiniâtre adj. Il pouvait au XVIIe s. être suivi de la préposition *à* et d'un complément, avec le sens de « obstiné à » : *Sa haine opiniâtre à croître mes malheurs* (Corn., *Œd.*, 511).

◆ n. **Un opiniâtre,** une personne têtue, obstinée : *Ce n'est pas d'aujourd'hui que les plus méchants ouvrages ont trouvé de sincères protecteurs, et que des opiniâtres ont entrepris de combattre la raison à force ouverte* (Boil., *Diss. sur Joconde*).

Les sens actuels de « tenace dans ses idées » et, en parlant de choses, « qui ne cède pas » étaient également usuels au XVIIe s.

opiniâtrer v.t. Contredire qqn de manière à le rendre obstiné ; le pousser à : *Cette promesse opiniâtra ce prince dans sa résolution* (Corn., *Dess. d'Andr.*). ♦ Continuer avec obstination : *Elles ne laissent pas d'opiniâtrer leurs pleurs* (La Roch., *Maximes*, 233). ♦ Soutenir obstinément : *Le Premier Président et le président de Mesme opiniâtrèrent le contraire* (Retz, *Mém.*, II, 407). *Le Roi arrivé et Louvois présent, il fut question de la fenêtre que Louvois opiniâtra toujours de largeur égale aux autres* (Saint-Simon, 1709). ♦ Soutenir mal à propos une résolution : *Il a opiniâtré de n'être point saigné* (Sév., 17 janv. 1680). ♦ **Opiniâtrer un combat,** le rendre acharné : *Ceux-ci firent une brave résistance, et opiniâtrèrent tellement le combat* [...] (Du Buisson, *Turenne*, 2). *Le combat fut rude et opiniâtré de part et d'autre* (*id.*).

◆ **s'opiniâtrer de,** s'acharner à : *Il s'était opiniâtré de l'achever contre l'autorité de leurs traditions* (Balz., *Prince*, XXVII, *in* L.). ♦ **S'opiniâtrer contre,** lutter avec obstination contre : *Il faut vous opiniâtrer contre le penchant que vous avez* (Rac., *Lettre J.-B. Racine*, 5 juin 1698).

opiniâtreté n.f. En parlant de choses, persistance : *Triomphant* [...] *des injures de l'air et de l'opiniâtreté, pour ainsi dire, des éléments* (Rac., *Siège de Namur*). *On ne peut point penser comme vous faites, sans être bien armé et bien fortifié contre les cruelles opiniâtretés de la mauvaise fortune* (Sév., 28 août 1680). ♦ En parlant de personnes, attachement obstiné à une opinion (vieilli auj.) : *L'opiniâtreté est le vice des démons, des pécheurs endurcis* (Fur.).

Le sens actuel de « persévérance tenace » était également usuel au XVIIe s. : *Il s'est attaché à ce travail, à cette entreprise avec trop d'opiniâtreté* (Fur.).

opinion n.f. **Mal d'opinion,** mal imaginaire : *Un mal d'opinion ne touche que les sots* (Mol., *Amph.*, 674).

opposant n.m. Adversaire : *Le poste où est son opposant est si considérable que je crains pour lui* (Corn., *Lettre abbé de Pure,* 12 mars 1659).

Le mot est actuellement restreint à la langue juridique ou politique.

opposite adj. Opposé : *Le souffle violent qui tire droit du nord Les emporte à souhait vers l'opposite bord* (Chap., *Pucelle,* XXI, p. 250). *La rive opposite* (Acad. 94). ♦ **À l'opposite,** en face, vis-à-vis : *En quelque lieu qu'allât cette engeance maudite Le miroir se plaçait toujours à l'opposite* (La Font., *Psyché,* II). *Votre poignet à l'opposite de votre hanche* (Mol., *Bourg.*, II, II).

oppresser v.t. Il ne se distinguait pas de *opprimer : Les bons princes n'oppressent point leurs sujets* (Acad. 94). *Ne me préfère pas le tyran qui m'oppresse* (Corn., *Cinna,* 850). *Juda est rempli de force ; les royaumes qui l'ont oppressé sont humiliés* (Boss., *H. univ.*, II, 10). *Mais quoi ! me direz-vous, pourrai-je voir un catholique oppressé par un de la religion* [réformée], *sans m'employer pour lui ? Je réponds que cette oppression ne sera pas sans quelque sujet* [...] (Saint Vincent de Paul, *Lettre M. Portail,* 1er mai 1635). ♦ **Être oppressé** signifiait parfois « être accablé de douleur » : *Il entendra gémir une mère oppressée* (Rac., *Iphig.*, 1069).

Le sens médical actuel de « gêner la respiration » (au pr. ou au fig.) était également usuel au XVIIe s. : *Cet homme a mauvais estomac, pour peu qu'il mange il est oppressé* (Fur.).

opprimer v.t. Écraser militairement : *Celles* [les troupes] *avec lesquelles il opprime M. le Prince* (Retz, *Mém.*, IV, 110). ♦ Abattre, tuer : *Hermione est le prix d'un tyran opprimé* (Rac., *Andr.*, 1191). ♦ Fig. Accabler moralement : *Le crime d'une mère est un pesant fardeau* [...] *Je tremble qu'opprimés de ce poids odieux L'un ni l'autre* [de mes enfants] *jamais ose lever les yeux* (Rac., *Ph.*, 867). *Quiconque ose d'un Dieu sonder la majesté, Dans ce vaste océan de son immensité, Opprimé de sa gloire aisément fait naufrage* (Corn., *Imit.*, IV, 2139).

Le seul sens courant d'auj. : « accabler sous une autorité tyrannique », était également usuel au XVIIe s. : *Il y a déjà quelques siècles que l'Asie et une partie de l'Europe est opprimée par les Turcs, languit sous leur domination* (Fur.).

or n.m. **Or potable,** élixir fait avec une huile volatile versée dans une solution de chlorure d'or : *Il lui mit* [...] *une petite goutte de je ne sais quoi dans la bouche, et, dans le même instant, elle se leva de son lit* [...] – *Il fallait que ce fût quelque goutte d'or potable* (Mol., *Méd. m. lui,* I, IV).

or, ore, ores adv. Maintenant : *Or adieu : j'en suis hors* [du puits] ; *Tâche de t'en tirer* (La Font., *F.*, III, 5). *Ores ce sont suppôts de sainte Église* (La Font., *Contes,* V, 1). ♦ Répété, il a signifié « tantôt..., tantôt » : *Or ensemble, ores dispersés, Ils brillent dans ce crêpe sombre* (Th. de Viau, *la Maison de Sylvie,* Ode III).

◆ **Or est-il que,** or il est certain que : *Il faut que les deux, et le nom et le pronom soient de même nature, et aient une correspondance réciproque, qui fasse que l'un se puisse rapporter à l'autre. Or est-il que cela ne peut arriver entre deux termes dont l'un est toujours défini, qui est le pronom relatif, et l'autre indéfini, qui est le nom sans article, ou sans un article défini* (Vaug., *Rem.*, 388).

◆ **Or sus, or çà** servaient à introduire, à interpeller, à exhorter : *Or sus, c'est tout de bon* (Fur.). *Or çà, sire Grégoire, Que gagnez-vous par an ?* (La Font., *F.*, VIII, 2).

Ces emplois, sauf le dernier, étaient vieillis au XVIIe s. ; Malh. condamnait déjà *or* au sens de « maintenant ».

oraison n.f. Discours (auj. seulement dans *oraison funèbre*) : *Un certain nombre d'oraisons composées avec loisir, récitées de mémoire* (La Br., XV, 26). ♦ Manière d'assembler les mots, style : *Par un barbare amas de vices d'oraison, De mots estropiés* (Mol., *F. sav.*, 518). *Le solécisme est un vice d'oraison* (Acad. 94). ♦ **Parties d'oraison,** les différentes espèces de mots, en grammaire : *Et quant à l'interjection à laquelle les Latins donnent rang parmi les parties d'oraison, les Grecs se contentent de la comprendre sous l'adverbe, sans en faire une partie d'oraison à part* (Régnier-Desmarais, *Gramm.*, p. 132).

Le sens actuel de « prière » était également usuel au XVIIe s. : *Le pasteur était à côté, Et récitait, à l'ordinaire, Maintes dévotes oraisons* (La Font., *F.*, VII, 11).

orange n.f. Oranger : *Des bouquets de jasmin, de grenade et d'orange* (Corn., *Ment.*, 274). *On retourne cueillir des fleurs d'orange* (Sév., 29 juin 1689).

Le sens actuel de « fruit de l'oranger » était également usuel au XVIIe s. : [...] *quelques bassins d'oranges de la Chine, de citrons doux et de confitures* (Mol., *Av.*, III, XII).

orateur n.m. Acteur qui faisait l'annonce à la fin de la représentation et qui, en proposant le programme du prochain spectacle, prenait l'avis de l'assemblée (vieux au XVIIe s.). ♦ Prosateur (vieilli dès le milieu du XVIIe s.) : *La poésie est morte, ou rampe sans vigueur, Le poète n'est plus qu'un orateur timide* (Boil., *A. p.*, III, 191).

Le sens actuel de « auteur de discours, personne éloquente » était le plus usuel au XVIIe s. : *S'il y a peu d'excellents orateurs, y a-t-il bien des gens qui puissent les entendre ?* (La Br., IX, 22).

orbe adj. Privé de, dénué : *Êtes-vous orbe de la faculté intellectuelle ?* (Cyrano, *Pédant joué*, V, x). – Mot hors d'usage à la fin du XVIIe s., sauf dans l'expression *coup orbe*, « coup qui n'entame point la chair, mais provoque une large contusion », selon Acad. 94.

ordinaire n.m. Courrier qui assurait un service régulier : *Je n'écris point à M. l'Ambassadeur par cet ordinaire* (Rac., *Lettre J.-B. Racine*, 27 févr. 1698). ♦ Jour où ce courrier arrivait : *Je n'ai point reçu de vos lettres le dernier ordinaire, j'en suis toute triste* (Sév., 29 sept. 1675). ♦ Gentilhomme d'ordonnance du roi ou d'un prince ; conseiller d'État qui siégeait au conseil toute l'année : *Tous vos confrères les ordinaires du Roi me demandent souvent de vos nouvelles* (Rac., *Lettre J.-B. Racine*, 24 juill. 1698). *M. de la Reynie et M. de Bignon sont devenus ordinaires* (Sév., 3 avr. 1686). ♦ Habitude, ce qui a ordinairement lieu, cas général : *Et quand la renommée a passé l'ordinaire, Si l'on n'en veut déchoir, il faut ne plus rien faire* (Corn., *Hor.*, 1571). ♦ **À l'ordinaire,** suivant l'habitude : *Le plus grand nombre fut, à l'ordinaire, de l'avis du président* (Rac., *P.-R.*, I). *Ma petite femme, ma mie, votre peau vous démange, à votre ordinaire* (Mol., *Méd. m. lui*, I, I).

Le sens courant d'auj. : « ce que l'on mange habituellement aux repas », était également usuel au XVIIe s. : *L'ordinaire bourgeois est le bœuf, veau et mouton* (Fur.). Le mot s'employait aussi, comme auj., dans la langue liturgique.

ordonnance n.f. Ordre donné à un trésorier de payer une somme : *Je sollicite votre ordonnance comme celle de mon fils : c'est le payement qui en est difficile ; c'est un mal commun, et une chose extraordinaire de supprimer cette subsistance quand on part pour la guerre* (Sév., 9 mars 1672).

Les sens courants d'auj. : « disposition selon un ordre » et « prescription, chose ordonnée », étaient également usuels au XVIIe s. : *Qu'en cela du destin l'ordonnance fatale A pris pour nos malheurs une route inégale !* (Corn., *Gal. du Pal.*, 1293). *Mais de ce grand sénat les saintes ordonnances Eussent peu fait, pour nous, seigneur, sans vos finances* (Corn., *Pompée*, 873).

ordonner v.t. Établir, instituer : [Les gentils], *dont il est ordonné l'apôtre* (Boss., *Panég. St Paul*). – Auj. encore ce sens subsiste dans *ordonner un prêtre.* ♦ **Ordonner de,** disposer de, donner des ordres au sujet de : *Attendrons-nous* [...] *que* [...] *Ce traître trop heureux ordonne de vous-même ?* (Corn., *Oth.*, 1634). *Comme ils ont peu de part aux biens dont ils ordonnent, Dans le champ du public largement ils moissonnent* (Corn., *Cinna*, 517). *Nous ne vivons pas pour ordonner de la vie et de la mort* (Rac., *Ann. Plutarque*) ; donner un ordre de payer certaine somme à qqn : *Je ne puis ordonner de vos gages à tous tant que vous êtes que je n'aie vu le cours des affaires* (Sorel, *Franc.*, XI).

Les sens actuels de « disposer dans un certain ordre » et « prescrire par un ordre » étaient également usuels au XVIIe s. : *Cette cérémonie était fort bien ordonnée* [...] *Son maître lui a ordonné de faire tel message* (Fur.).

ordre n.m. Méthode : *Je m'attache, pour l'ordre, au péripatétisme* (Mol., *F. sav.*, 877). ♦ Arrangement, tenue, mise : *Elle lui fit une révérence, un peu surprise de voir un homme inconnu qui lui paraissait mieux en ordre que ceux qu'elle avait accoutumé de voir* (Scarr., *Dern. Œuvres*, I, 165). ♦ Classe sociale dans la société hiérarchisée du XVIIe s. (cette hiérarchie était fondée sur des différences de naissance) : *Les divisions qu'on avait fomentées dans tous les ordres du royaume* (La Roch., *Mém.*, II, 349). ♦ **Donner ordre,** organiser : *Cependant que Félix donne ordre au sacrifice* (Corn., *Pol.*, 965). ♦ **Par ordre,** méthodiquement : *L'un, dès qu'il parut dans les armées, donne une haute idée de sa valeur et fait attendre quelque chose d'extraordinaire, mais toutefois s'avance par ordre, et vient comme par degrés aux prodiges qui ont fini le cours de sa vie* (Boss., *O. f. Condé*).

Les sens courants auj. l'étaient également au XVIIe s.

ordure n.f. Poussière, saleté, petit débris qui enlaidit, qui gêne : *Il lui est entré une ordure dans l'œil* (Acad. 94). *C'est un garde-meuble* [= débarras] [...] *embarrassé de bustes rares, déjà poudreux et couverts d'ordures* (La Br., XIII, 2).

♦ Fig. Infamie, faute : *Chaque instant de ma vie est chargé de souillures ; Elle n'est qu'un amas de crimes et d'ordures* (Mol., *Tart.*, 1078).

Les sens actuels de « immondice » et « propos ou acte répugnant » étaient également usuels au XVIIe s. : *Il faut balayer les ordures* [...] *Il faut bien se garder de dire des ordures devant les femmes* (Fur.).

ore, ores adv. V. OR.

orient n.m. Fig. Aube, éclat : *Le chevalier de Guise, de qui on a vu précipiter le bel orient dans l'occident d'un déplorable désastre* (Malh., *Lettre M. de La Garde*, s. d.).

original, e adj. Il continuait parfois à se confondre avec *originel : La loi salique, cette loi originale du royaume* (Rac., *Factum* Pour le maréchal de Luxembourg). ♦Qui est à l'origine, à la source : *Celui que j'imaginais qui fût original de cette nouvelle me l'a fort désavouée* (Chap., *Lettres*, I, 736). ♦**D'original,** personnellement, de première main : *Il prétend le savoir pourtant d'original* (Th. Corn., *D. César d'Avalos*, V, II). *Les nouvelles que je vous mande sont d'original* (Sév., 20 juin 1672).

Les sens actuels étaient également usuels au XVIIe s.

oripeau n.m. Laiton battu en feuilles pour servir à la décoration : *Le palais du Soleil, qui fait le second* [théâtre], *a ses colonnes toutes d'oripeau* (Corn., *Tois.*, V, VI). ♦Étoffe ou broderie ornée de faux or ou de faux argent : *Vos dames sont bien dépeintes avec leurs habits d'oripeau* (Sév., 20 sept. 1671).

Auj. , toujours au pluriel, au sens péjoratif de « vieux vêtements assez voyants, plus ou moins déchirés et défraîchis ».

orviétan n.m. Médicament célèbre, composé de nombreuses plantes, de corne de cerf, de poudre de vipère, d'antimoine, de miel, etc. : *L'orviétan est un remède dont beaucoup de gens se sont bien trouvés* (Mol., *Am. méd.*, II, VI).

osselets n.m.pl Torture consistant à mettre des os ou des cailloux entre les doigts des condamnés et à serrer ensuite avec des cordes : *Les pauvres comédiennes essayèrent souvent de se déprendre les mains ; mais il tint toujours si ferme qu'elles eussent autant aimé avoir les osselets* (Scarr., *Rom. com.*, I, 17).

Le sens pr. (au sing. et au pl.) était également usuel au XVIIe s. : *Petit os* [...] *dont se servent les enfants pour jouer aux jeux qu'ils nomment des osselets* (Fur.).

ost n.m. « Vieux mot qui signifiait autrefois une armée » (Fur.) : [...] *on vit presque détruit L'ost des Grecs* (La Font., *F.*, XI, 3). *L'ost au peuple bêlant* [= dont les soldats bêlent] *crut voir cinquante loups* (La Font., *F.*, XII, 9).

ostensif, ive adj. **Lettre ostensive,** lettre ouverte : *Je me fâchai, et j'écrivis une lettre ostensive à l'abbé Charrier, sur un ton qui n'était assurément ni du bon sens, ni de la bienséance* (Retz, *Mém.*, IV, 137).

ôter v.t. Arracher, retirer : *Et maudit ce fâcheux, dont le zèle obstiné M'ôtait au rendez-vous qui m'est ici donné* (Mol., *Fâch.*, 106). *Voyant un cavalier auprès de moi qui voulait remonter à cheval, je le lui ôtai et son épée aussi* (La Roch., *Mém.*, II, 127). *Il ôte de chez lui les branches les plus belles* (La Font., *F.*, XII, 20). ♦Délivrer : *Il m'ôte des périls que j'aurais pu courir* (Corn., *Pol.*, 1226). *Tu lèves le masque, et m'ôtes de scrupule* (Corn., *Perth.*, 1271). ♦**Ôté** (variable) s'employait comme préposition au sens de « excepté » : *Ôtés ceux qui sont intéressés par les sentiments de la nature, il n'y a point de chrétien qui ne s'en doive réjouir* (Pasc., *Lettre sur la mort de son père*, *in* L.).

Les sens actuels étaient également usuels au XVIIe s.

ou conj. **Ou si,** pouvait introduire le second terme d'une interrogation directe (auj. surtout dans l'interrogation indirecte) : *Mon cœur court-il au change, ou si vous l'y poussez ?* (Mol., *F. sav.*, 1187).

où pr.relat. S'employait dans le sens de « jusqu'où » : *Je ne sais qui me tient, infâme, Que je ne t'arrache les yeux Et ne t'apprenne où va le courroux d'une femme* (Mol., *Amph.*, II, III) ; dans le sens de « quand » : *Le choix est inutile où les maux sont extrêmes* (Corn., *Théod.*, 771). ♦**Où** s'employait là où nous mettrions le relatif *lequel* précédé d'une préposition, avec un nom de personne comme antécédent : *Voici mon jeune fou, d'où nous vient tout ce trouble* (Mol., *Dép. am.*, III, V) ; avec un nom de chose comme antécédent : *Un mystère où chacun applaudit* (Corn., *Hymnes*, 2). *Des petites fautes où tout le monde est sujet* (Fur., *Rom. bourg.*, Avert.). *Or çà, ma fille, je vais vous dire une nouvelle,* *où peut-être ne vous attendez-vous pas* (Mol., *Mal. im.*, I, V). *La gloire où vous êtes élevé* (Rac., *R. sur Pind.*). ♦**Où** s'employait là où on emploierait *à quoi* (interrogatif ou relatif) : *Il le doit ; mais hélas où me renvoyez-vous ?* (Corn., *Pol.*, 891). *C'est où me réduit l'incommode jaloux* (Mol., *Sicil.*, sc. II). *Du milieu de tout cela, il sortit quelques questions de votre santé, où ne m'étant pas assez pressée de répondre, ceux qui les faisaient sont demeurés dans l'ignorance et dans l'indifférence de ce qui en est* (Sév., 29 nov. 1679). ♦**Où, là où** s'employaient dans un sens où on emploierait *alors que, tandis que* : *Maintenant tout me nuit où tout m'était propice* (Mairet, *Sylvie*, 113). *Celui qui vit a plus besoin de la vie, là où celui qui n'est pas né se passe et de la vie et de toute autre chose* (Malh., *Bienf.*, III, 35). – Cet emploi est condamné par Vaug.. ♦**D'où** s'employait dans le sens de « dont » : *Mon cœur n'a point d'espoir d'où je ne sois séduite* (Corn., *Suiv.*, 1689, var.) ; dans le sens de « pourquoi, pour quelle raison ? » : *D'où crois-tu qu'on voit ici-bas Si peu d'âmes illuminées ?* (Corn., *Imit.*, IV, 1008). ♦**C'est... où** s'employait là où nous dirions *c'est... que* : *Ce fut surtout à Rome où ces Pères se signalèrent* (Rac., *P.-R.*, I).

ouaille n.f. Brebis (vieilli selon Acad. 94, dialectal selon Fur.) : *Si Dieu lui-même ici de son ouaille sainte À ces loups dévorants n'avait caché les os* (Boil., *Épitaphe d'Arnauld*, 16). *Il aimerait mieux paître* [=faire paître] *ses ouailles à Grignan* (Sév., 26 juin 1675).

Auj., comme le plus souvent au XVIIe s., au pluriel, il désigne les chrétiens par rapport à leurs pasteurs (curé, évêque, etc.) : *Où il a prêché, les paroissiens ont déserté, jusqu'aux marguilliers ont disparu ; les pasteurs ont tenu ferme, mais les ouailles se sont dispersées* (La Br., XV, 5).

oubli n.m. **Mettre en oubli, traiter d'oubli,** perdre le souvenir de, oublier : *Nous mettrons notre honneur et son sang en oubli ?* (Rac., *Mithr.*, 297). *Fais qu(e)* [...] *Mon esprit ennobli Regarde avec mépris toutes les créatures, Ou les traite d'oubli* (Corn., *Imit.*, IV, 1980).

oublier v.t. Pouvait être suivi de la préposition *à* et de l'infinitif (auj. on dit *oublier de*) : *Et quand il voit tes pleurs, il oublie à punir* (Corn., *Triomphes de Louis*, 30). *N'oubliez pas à répondre, comme vous savez si bien faire* (Sév., 26 août 1675). *J'oubliais à vous dire que je l'ai vue jouer aux onchets* (Louis XIV, *Lettre Maintenon*, 4 nov. 1696). Dans la même lettre il écrit : *J'oubliais de vous dire qu'elle est plutôt petite que grande pour son âge.* – Vaug. recommande *oublier à*.

◆ **s'oublier,** relâcher son attention, ses efforts (auj., comme aussi au XVIIe s., « manquer aux égards dus à autrui ou à soi-même ») : *Les Francs ne s'oublièrent pas : résolus de faire de nouveaux efforts pour s'ouvrir les Gaules, ils élevèrent à la royauté Pharamond* (Boss., *H. univ.*, I, 11). ♦**S'oublier de,** ne plus songer à : *De mon propre néant jamais ne m'oublier* (Corn., *Imit.*, III, 2420).

oublieux n.m. Garçon pâtissier qui allait le soir par les rues crier des oublies (pâtisseries minces et rondes) : *Mme de Beaumont arrive-t-elle toujours comme l'oublieux* [=tard] ? (Sév., 6 nov. 1673). *La chanson de l'oublieux* (Acad. 94).

oui adv. **Oui bien,** assurément, mais certes : *Le Cid n'est point le chef-d'œuvre du plus grand homme de France, mais oui bien la moins judicieuse pièce de M. Corneille* (Scudéry, *Lettre à l'Acad.*). *Je n'ai point encore vu M. Fagon ;* [...] *oui bien M. Daquin* (Rac., *Lettre Boileau*, 4 août 1687).

ouïr v.t. La conjugaison de ce verbe était irrégulière ; au présent de l'indicatif, *j'oy, tu ois, il oit, nous oyons, vous oyez, ils oyent* : *J'oy du bruit* (Corn., *S. du Ment.*, 1439). *On n'oit que le silence, on ne voit rien que l'ombre* (Th. de Viau, *Pyrame et Thisbé*, IV, I). *Ce que nous voyons touche bien davantage l'âme que ce que nous oyons* (Scudéry, *Obs. sur Cid*). ♦Au futur, *j'orrai, tu orras*, etc. : *Ce que vous orrez n'a été fait que durant le sacrifice* (Urfé, *Astrée*, I, 308 B). ♦À l'impératif, *oy, oyons, oyez* : *Entends ce dieu qui te convie À passer dans son élément ; Oy qu'il soupire bellement Sa liberté déjà ravie* (Th. de Viau, *la Solitude*). ♦Au subjonctif présent, *que j'oye* ; au participe présent, *oyant*. ♦Au passé simple, *j'ouïs* : *Les deux princes ouïrent ensemble ce qui ne sortira jamais de leur cœur* (Boss., *O. f. Condé*, 2e partie). ♦À l'imparfait, *j'oyais*. ♦Au participe passé, *ouï* : *Nous sommes ici seuls et l'on peut, ce me semble, Sans crainte d'être ouïs, y discourir ensemble* (Mol., *Éc. des f.*, 4). *Quelle partie du monde habitable n'a pas ouï les victoires du prince de Condé* [...] ? (Boss., *O. f. Condé*, Exorde).

Auj. il n'est plus usité qu'aux formes *ouïr* et *ouï* (surtout dans la loc. *par ouï-dire*, également usuelle au XVIIe s.).

ourdir v.t. Disposer les fils de la chaîne pour faire un tissu (auj. vieilli) : *L'aragne* [...] *Travaille à demeurer : voilà sa toile ourdie* (La Font., *F.*, III, 8), et, par métaphore : *La Parque à filet* [= avec du fil] *d'or n'ourdira point ma vie* (La Font., *F.*, XI, 4). ♦ Fig. Tramer, conduire comme on fait d'une toile (auj. seulement littéraire) : *Que ne sait point ourdir une langue traîtresse Par sa pernicieuse adresse !* (La Font., *F.*, III, 6). *La ruse la mieux ourdie Peut nuire à son inventeur* (La Font., *F.*, IV, 11).

oût n.m. Graphie de *août*. V. ce mot.

outrage n.m. Injustice, excès de violence : *Rangez-vous du parti des Destins et des Dieux, Et sans les accuser d'injustice ou d'outrage, Puisqu'ils font les heureux, adorez leur ouvrage* (Corn., *Pompée*, 81).

Le sens actuel de « offense, atteinte à l'honneur » était également usuel au XVIIe s. : *Les Juifs firent mille outrages à Jésus-Christ avant que de le faire mourir. C'est faire un cruel outrage à une femme de lui ravir son honneur* (Fur.).

outrageux, euse adj. Qui abuse de son pouvoir pour faire violence : *Un tyran outrageux* (Malh., *Bienf.*, II, 18). ♦ Qui outrage, blesse (auj. en ce sens on emploie plutôt *outrageant*) : *Cesse de me tenir ce discours outrageux* (Corn., *Pol.*, 1562). *Un satirique peut railler, mais il ne doit pas être outrageux* (Fur.).

outrance n.f. **À toute outrance,** jusqu'à l'excès (auj. seulement *à outrance*) : *On le poursuivait à toute outrance* (Boss., *Avert.*). *D'abord le traître a fait l'homme de bien, M'a prêché la vertu, l'honneur à toute outrance* (Quinault, *Mère coquette*, III, II).

outre prép. **Rien outre,** rien de plus que : *Ils n'avaient rien outre la politesse du langage, encore n'y en avait-il pas un qui l'eût parfaitement* (Sorel, *Franc.*, V).

◆ adv. **Plus outre,** au-delà, plus avant : *Je ne passe donc point plus outre* (Rac., *R. sur Pind.*). *Les Pyrrhoniens passent plus outre et condamnent cette opinion* (Retz, *Serm. Cendres*, IX, 154).

outrecuider v.t. Traiter avec mépris, par l'idée de sa propre supériorité (mot considéré comme vieux au début du XVIIe s.) : *L'aveugle outrecuidé Se croirait mal guidé Par l'aveugle Fortune* (Corn., *Veuve*, 1107). *On m'outrecuide, on me fait une insulte nouvelle* (Dancourt, *Prix de l'arquebuse*, sc. XV).

◆ **s'outrecuider, être outrecuidé,** agir avec outrecuidance, être présomptueux : *Sa modestie* [de Boufflers] *ne l'empêchait pas de se faire pesamment sentir à qui s'outrecuidait à son égard* (Saint-Simon, *in* L.).

outrer v.t. Remplir exagérément : *Le soir de ses noces, outré de viande et de vin, s'étant mis au lit, il fut trouvé mort le lendemain* (Urfé, *Astrée*, II, 882). ♦ Surcharger de travail, épuiser : *Il faut travailler, mais il ne se faut point outrer* (Acad. 94). *Ils empêchèrent par deux fois M. le duc d'Orléans, outré et fort blessé, de faire sa retraite en Italie* (Saint-Simon, 1708). ♦ Fig. Accabler, excéder : *Elle se remit au lit, si outrée de douleur qu'on ne le peut imaginer* (Segrais, *Nouv. franç.*, 4e nouv.). *Mon cœur outré d'ennuis n'ose rien espérer* (Corn., *Cid*, 448). *Madame, en la voyant, d'ennuis est trop outrée* (Quinault, *Mère coquette*, III, III). – Ce sens a tendance à vieillir au milieu du siècle ; cependant on dit encore auj., sans autre détermination, *être outré*, « être indigné », comme déjà au XVIIe s. : *Ajax fut* [...] *outré du refus des Grecs* (Fur.).

ouverture n.f. Fig. Aperçu, clartés : [La vivacité] *lui donnait même assez souvent des ouvertures si brillantes qu'elles paraissaient comme des éclairs* (Retz, *Mém.*, II, 183). ♦ **Donner ouverture à, pour,** donner le moyen, l'occasion, la facilité : *Les Hollandais m'ont frayé le chemin, et donné ouverture à y mettre distinction par de différents caractères* (Corn., *Avis au lect.*, 1663). *Ah ! que vous me donnez une belle ouverture Pour accorder la grâce avecque la nature* (Fléch., *Dial. sur le Quiétisme*, 2). *Ce n'est pas qu'on puisse blâmer généralement la dispute* [= discussion] : *on peut dire, au contraire, que pourvu qu'on en use bien, il n'y a rien qui serve davantage à donner diverses ouvertures ou pour trouver la vérité ou pour la persuader aux autres* (Arnauld-Nicole, *Logique de P.-R.*).

Les sens actuels étaient également usuels au XVIIe s.

ouvrage n.m. Édifice quelconque (auj. spécialisé dans *ouvrage d'art, ouvrage militaire*, etc.) : *Un des plus grands empereurs romains* [...] *admirait Notre-Seigneur, et faisait écrire* *dans les ouvrages publics aussi bien que dans son palais quelques sentences de son évangile* (Boss., *H. univ.*, II, 26).

Les sens actuels étaient également usuels au XVIIe s.

ouvrier n.m. Auteur, créateur : *On n'a guère vu d'homme qui fût plus habile ouvrier de ressorts et d'intrigues* (Mol., *Fourb.*, I, II). *Sortez d'auprès de moi, noirs ouvriers du crime* (Corn., *Ps. pén.*, XXIX). ♦ Artiste : [...] *l'ouvrier Eut à peine achevé l'image* [la statue de Jupiter], *Qu'on le vit* [...] *redouter son propre ouvrage* (La Font., *F.*, IX, 6). *Au devant de ce dôme l'artifice de l'ouvrier jette une galerie toute brillante d'or et d'azur* (Corn., *Andr.*, V, décor). *N'y épargnez rien* [dans ce palais], *grande reine ; employez-y l'or et tout l'art des plus excellents ouvriers* (La Br., XV, 78). ♦ **Jour ouvrier,** jour où l'on travaille (auj. on dit *jour ouvrable*) : *Ne voyez-vous point comme je suis belle les dimanches, et comme je suis négligée les jours ouvriers ?* (Sév., 19 juill. 1671). *Je vais à deux messes les jours d'obligation et à une les jours ouvriers* (Maintenon, *Lettre,* 8 janv. 1680).

Le sens, le plus courant auj., de « travailleur manuel » était également usuel au XVIIe s. : *Ce charpentier a toujours trente ouvriers* [...] *qui travaillent dans son chantier* (Fur.).

ouvrir v.t. Montrer, découvrir : *Ne me pourriez-vous point ouvrir quelque moyen ?* (Mol., *Éc. des f.*, 974). ♦ **À portes ouvertes,** au moment où l'on ouvre les portes de la ville. ♦ **À force ouverte,** ouvertement : *Des opiniâtres ont entrepris de combattre la raison à force ouverte* (Boil., *Diss. sur Joconde*).

Les sens actuels étaient également usuels au XVIIe s.

P

pacifier v.t. Mettre la paix dans ; apaiser, calmer : *Il est bon de pacifier et d'adoucir toujours les choses* (Mol., *Sicil.*, sc. XVII). *Les soins de la Cour étaient employés à pacifier les désordres de la Guyenne* (La Roch., *Mém.*, II, 212). *Il faisait l'empressé pour pacifier les choses* (Bayle, *Dict. hist.*, Agricola Jean). *Pacifier les différends* (Acad. 94).

L'emploi actuel de ce mot est plus restreint (les mots qui peuvent en être les compléments sont plus limités) : *pacifier un pays, pacifier les esprits.*

pact n.m. Variante graphique de *pacte*, indiquée par Fur. et Acad. 94, condamnée par Vaug. et par Richelet : *Le pact de notre amant et de l'esprit follet Ce fut que le premier jouirait à souhait De sa charmante inexorable* (La Font., *Contes*, IV, 14).

paction n.f. Traité, pacte : *L'injure d'une paix à la fraude enchaînée, Les dures pactions d'un royal hyménée Tremblent sous les raisons et la facilité Qu'aura de s'en venger un roi si redouté* (Corn., *Victoires du Roi*, 54). *Après la paction qu'il vous fit arrêter* (Rotr., *Laure perséc.*, IV, VIII).

Vaug. préférait *paction* à *pacte* ; Chap. remarquait que *pacte* s'appliquait aux sortilèges, et *paction* aux conventions dans les choses morales.

page n.m. **Être (mettre) hors de page,** avoir cessé (faire cesser) de servir comme page ; et au fig. se trouver affranchi (affranchir) de toutes contraintes : *Il faut se relever de ce honteux partage, Et mettre hautement notre esprit hors de page* (Mol., *F. sav.*, 862). *Louis XI a mis les rois hors de page* [...], *il a porté son autorité plus loin que ses prédécesseurs* (Fur.).

pagnotte, pagnote n. et adj. Soldat poltron ; couard : *Les Français, en cette occasion, n'ont été que des pagnottes en comparaison des Grecs et des Romains* (Fur., *Rom. bourg.*, II). *Un gentilhomme pagnotte est fort méprisable. On ne trouve point étrange qu'une femme soit pagnotte, soit peureuse, qu'elle ait peur des épées, des esprits* (Fur.). ♦ **Mont pagnote,** lieu élevé d'où l'on peut, sans danger, regarder le combat : *J'ai oublié de vous dire que, pendant que j'étais sur le mont pagnote à regarder l'attaque, le R. P. de La Chaise était dans la tranchée* (Rac., *Lettre Boileau*, 3 avr. 1691).

paillard n.m. et adj. **Un fort paillard,** un homme fort et robuste ; ou un fainéant : *Deux forts paillards ont chacun un bâton Qu'ils font tomber par poids et par mesure* (La Font., *Contes*, I, 11). ♦ **Petit paillard,** terme d'affection : *On dit* [...] *en chatouillant un jeune enfant : Vous êtes un petit paillard* (Fur.).

Le sens actuel de « débauché, grivois » était également usuel au XVIIe s. : *Les gens paillards n'entreront point dans le Ciel* [...]. *Jupiter et Hercule ont été des dieux fort paillards* (Fur.).

paille n.f. **Lever, enlever la paille,** l'emporter (vieilli au XVIIe s.) : *Celui-là* [le tour] *du* [conte du] *Berceau Lève la paille à l'égard du Boccace* (La Font., *Contes*, V, 8). *Racine a fait une comédie qui s'appelle Bajazet, et qui enlève la paille* (Sév., 13 janv. 1672). ♦ **Rompre la paille,** se brouiller : *En vain tu me livres bataille, Rigoureux et cher point d'honneur, Le gibet me fait trop de peur, Il faut que nous rompions la paille* (Montfleury, *Femme juge et partie*, V, III). ♦ **Croix de paille,** interjection exprimant la conviction qu'une chose ne se fera pas : *Si j'y vais jamais, croix de paille, si cette fille épouse cet homme, croix de paille* (Acad. 94). ♦ **Homme de paille,** individu peu considéré (auj. « celui qui agit pour le compte d'un autre ») : *Afin que vous ne pensiez point que je sois un homme de paille, sachez que j'ai fait acquisition en ma patrie d'une maison qui vaut deux mille écus* (Sorel, *Franc.*, IV).

pailler n.m. Cour de la ferme où il y a de la paille ; basse-cour : *En mon pailler rien ne m'était resté : Depuis deux jours la bête a tout mangé* (La Font., *Contes*, III, 5). ♦ **Sur son pailler,** dans son domaine, dans son fort, dans son métier : *Je crois qu'il est difficile de contester un homme sur son pailler qui a tous les jours des expériences* (Sév., 27 sept. 1687).

pair n.m. **Aller du pair avec qqn,** l'égaler : *De tous les forçats de la galère, il n'y en avait pas un qui allât du pair avec moi* (Chap., *Guzm. Alfar.*, III, 511). *Il va du pair avec les grands Seigneurs* (Acad. 94). ♦ **Tirer du (de) pair, mettre hors de pair** (auj., seulement *hors de pair*, adj., « sans égal »), élever au-dessus des autres, distinguer : *Cette* [...] *connaissance Que vous aurez* [...] *de tant de raretés Vous mettra hors de pair de toutes les beautés* (Corn., *Mél.*, 180). *J'ai cherché les moyens, voulant prendre une femme, De pouvoir garantir mon front de tous affronts Et le tirer de pair d'avec les autres fronts* (Mol., *Éc. des f.*, 1195). ♦ **Se tirer [hors] du pair,** se tirer d'embarras : *Les hommes se tirèrent du pair, d'autant qu'ils alléguèrent que les hauts-de-chausses étaient assez larges* [...] (Sorel, *Franc.*, VI).

paître v. L'emploi transitif, au sens figuré de « rassasier », était vieilli au XVIIe s. : *Mais la dame voulait paître encore ses yeux Du trésor qu'enfermait la bière* (La Font., *Contes*, V, 6) ; de même l'emploi pronominal : *Celui-là qui se paît d'un fantôme si vain* [...] (Th. de Viau, *A. M. du Fargis*, 24).

palliation n.f. Subtilité destinée à excuser ou cacher une faute : *Ne suffisait-il pas d'avoir permis aux hommes tant de choses défendues par les palliations que vous y avez apportées ? fallait-il encore leur donner l'occasion de commettre les crimes mêmes que vous n'avez pu excuser ?* (Pasc., *Prov.*, X). ♦ Remède qui masque une maladie sans la guérir : *Les médecins se servent de palliations dans les maux dont ils ne peuvent découvrir la cause, ou la détruire* (Fur.).

palot n.m. Homme grossier et rustique : *Cet homme marche en gros palot. Il est venu crotté comme un palot, et a tout sali ma chambre* (Fur.).

pâmer v.i. S'évanouir : *Sire, on pâme de joie ainsi que de tristesse* (Corn., *Cid*, 1350). *On n'en peut plus. – On pâme. – On se meurt de plaisir* (Mol., *F. sav.*, 810).

La construction pronominale actuelle *se pâmer* (auj. seulement ironique) était déjà la plus usuelle au XVIIe s. : *Plusieurs gens se pâment* [...] *quand on les saigne. On dit qu'un homme se pâme de rire* [...], *il rit de telle force que cela lui pourrait faire perdre l'usage des sens* (Fur.).

pâmoison n.f. Évanouissement (auj. seulement dans le langage plaisant) : *Mais voyez qu'elle pâme, et d'un amour parfait Dans cette pâmoison, Sire, admirez l'effet* (Corn., *Cid*, 1343). *L'esprit de vin l'a fait revenir de sa pâmoison* (Acad. 94).

panader (se) v.pr. Faire parade ; se pavaner, marcher avec une gravité fière : *Un paon muait : un geai prit son plumage ; Puis après se l'accommoda ; Puis parmi d'autres paons tout fier se panada* (La Font., *F.*, IV, 9). *Voyez comment il se panade avec cet habit* (Acad. 94).

pancarte n.f. Papier, écrit quelconque, et, en particulier, péjor., ouvrage littéraire méprisable : *J'ai eu la patience de lire les méchants ouvrages de cet auteur, et puis je lui ai rendu toutes ses pancartes* (Fur.).

Le sens actuel de « écriteau (appliqué sur un panneau) donnant un avis au public » était également usuel au XVIIe s.

panégyrique adj. Qui appartient au genre de l'éloge : *La pompe et la majesté du style panégyrique* (Boss., *Panég. St Franç. d'Assise*). *Oraison panégyrique* (Acad. 94).

L'emploi substantif actuel : « discours à la louange de qqn », était le plus usuel au XVIIe s. : *Un éloge ennuyeux, un froid panégyrique, Peut pourrir à son aise au fond d'une boutique* (Boil., *Sat.*, VII, 9).

panser v.t. Traiter par des remèdes, soigner : *Et vous boitez tout bas. – Je veux aller juger. – Comment, mon père ? Allons, permettez qu'on vous panse* (Rac., *Plaid.*, 595). *Goutte bien tracassée Est, dit-on, à demi pansée* (La Font., *F.*, III, 8).

Le sens médical restreint d'auj. : « mettre un pansement à une blessure », était également usuel au XVIIe s. : *Le chirurgien vient le panser deux fois par jour* (Acad. 94). Le verbe signifiait aussi (comme auj.) « soigner (un cheval) en lui donnant des soins de propreté ».

pantalon n.m. Acteur de farces de la comédie italienne, qui portait une sorte de caleçon long collant : *C'était lui qui était descendu* [...] *et puis étant remonté promptement, comme font* *les Pantalons de comédie, faisait croire de n'avoir bougé de sa chambre* (Sorel, *Polyandre*, II, 225). *Il était habillé en pantalon* (Acad. 94).

Le sens actuel apparaît au milieu du XVIIe s.

pantoufle n.f. **Raisonner pantoufle,** dire des riens : *Je vis hier Mme de Souliers avec qui j'ai raisonné pantoufle assez longtemps* (Sév., 19 nov. 1673). – Expression proverbiale signalée par Acad. 94.

papillon n.m. **Voler le papillon,** poursuivre le petit gibier ; et au fig. s'attarder à des bagatelles, au lieu d'aller à l'essentiel : *C'était une étrange folie que voler le papillon aux dépens de l'objet si principal de prendre Turin* (Saint-Simon, 1706). – Expression proverbiale signalée par Acad. 94.

paquet n.m. Groupe de lettres adressées à un destinataire : *Elle écrivit à Lucinde comme si elle n'eût entendu nulle finesse à sa lettre, de peur que son paquet ne fût perdu* (Mlle de Scudéry, *Mathilde*, 194). ♦ Courrier en provenance ou à destination de tel ou tel endroit : *Le paquet d'Angleterre* (Acad. 94). ♦ Fig. Malice faite à qqn, accident, mécompte : *Ah ! le fâcheux paquet que nous venons d'avoir* (Mol., *Ét.* ; 829). *Comme à Lyon le peuple aime fort les laquais Et leur donne souvent de dangereux paquets, Deux coquins, me trouvant tantôt en sentinelle, Ont laissé choir sur moi leur haine naturelle* (Corn., *S. du Ment.*, 1508). *Il m'a voulu railler, mais je lui ai donné son paquet* (Acad. 94).

Les sens actuels étaient également usuels au XVIIe s.

par prép. S'employait là où nous employons les prépositions ou locutions prépositives **1.** À cause de : *Par l'intérêt que je prends à tout ce qui vous touche, je viens vous annoncer la meilleure nouvelle du monde* (Mol., *Bourg.*, IV, III). *J'ai ouï condamner cette comédie à certaines gens, par les mêmes choses que j'ai vu d'autres estimer le plus* (Mol., *Crit. Éc. des f.*, sc. V). **2.** Selon : *Il faudrait, par le principe d'Octavius, tolérer tous leurs crimes et toutes leurs injustices* (Saint-Réal, *Conjur. des Gracques*). *Si un libraire se conduisait par cette règle, il n'imprimerait jamais un ouvrage de plusieurs volumes* (Bayle, *Dict. hist.*, Préf.). **3.** Sur : *Eux venus, le lion par ses ongles compta* (La Font., *F.*, I, 6). **4.** Dans : *Suivez-moi, que j'aille un peu montrer mon habit par la ville* (Mol., *Bourg.*, III, I). *L'ayant un jour rencontré par Paris il m'aborda* (Sorel, *Franc.*, X). ♦ *Par* pouvait être suivi de l'infinitif complément de moyen (auj. en ce sens on emploie le gérondif) ou de cause (auj. on dit *pour* suivi de l'infinitif) : *Avec de méchants cœurs comme ceux de ces gens-là, on perd tout par être généreux* (Sév., 19 janv. 1674). *On ne sent* [...] *qu'on est amoureux que par sentir toutes les peines de l'amour* (La Roch., *Réflex. diverses*, De l'Amour et de la vie). *Il faut la détruire* [la raillerie] *sans la combattre, et par ne s'en plus servir* (Mme de Maintenon, *Lettre*, 20 sept. 1691). *Il a une petite impression de Grignan, par son père et par vous avoir vue* (Sév., 20 sept. 1684) ♦ **Par après,** par la suite : *J'ai peur, si le logis du Roi fait ma demeure* [...] *Que j'aie peine aussi d'en sortir par après* (Mol., *Ét.*, 1141). ♦ **Par où,** comment : *Voit-on dans les horreurs d'une telle pensée, Par où jamais se consoler Du coup dont on est menacée ?* (Mol., *Amph.*, 559).

Les emplois actuels étaient également usuels au XVIIe s.

paraître v.i. Apparaître, se montrer : *Les nôtres, à ces cris, de nos vaisseaux répondent ; Ils paraissent armés, les Mores se confondent* (Corn., *Cid*, 1286). *Les marques de sa cruauté Parurent avec l'aube : on vit un étalage De corps sanglants et de carnage* (La Font., *F.*, XI, 3). *Pendant qu'il* [Constantin] *assiégeait Maxence dans Rome, une croix lumineuse lui parut en l'air devant tout le monde* (Boss., *H. univ.*, I, 11). – Selon Bouhours *apparaître* ne se disait guère que « des esprits ou des spectres ». ♦ Se distinguer, briller (encore auj. dans *avoir le souci, le goût de paraître*) : *Les courtisans se ruinent pour vouloir paraître plus qu'ils ne peuvent* (Fur.). *C'est lui qui parut le plus au carrousel* (Acad. 94). ♦ **Il paraît que,** on voit que : *Il me paraît que vous vous êtes trompé* (Acad. 94). *Mais comme on n'entend point parler de ces actes dans les siècles précédents,* [...] *il paraît qu'ils ont été faits à plaisir* (Boss., *H. univ.*, II, 26). – Auj. cette expression signifie « il semble que » (avec une nuance dubitative). ♦ **Paraître aux yeux,** être du point de vue de qqn, lui apparaître comme : *Et les soins où je vois tant de femmes sensibles Me paraissent aux yeux des pauvretés horribles* (Mol., *F. sav.*, 52). ♦ **Paraître de,** suivi de l'infinitif (auj. construit avec l'infinitif seul) : *Un cavalier ou qui paraît de l'être* (Scarr., *Dern. Œuvres*, II, 309).

◆ **se faire paraître,** se montrer, se distinguer : *Ce brave s'est fait paraître en cette bataille, a signalé sa valeur* (Fur.).

parangon n.m. Modèle (vieilli et burlesque au XVIIe s.) : *Anne, puisqu'ainsi va, passait dans son village Pour la perle et le parangon* (La Font., *Contes*, IV, 4). – L'expression *parangon de vertu* se rencontre encore dans la langue littéraire. ♦ Comparaison : *Faire le parangon d'une chose avec une autre* (Acad. 94).

paravant adv. Auparavant (vieilli ou burlesque au XVIIe s.) : *Quelques semaines paravant* (Loret, *Muse hist.*, 17 juill. 1660). ♦ **Paravant que,** avant que : *Si tu n'y mets remède, Paravant qu'il soit peu, Florange la possède* (Corn., *Veuve*, 736, var. [Corn. en 1660 corrige par avant que]).

parce que conj. Les deux éléments de la conjonction *parce que* pouvaient être séparés par une proposition incise, un adverbe, etc. : *Nos excellents écrivains modernes condamnent cette façon de parler, parce, disent-ils, qu'*embrassé *régit l'accusatif et* donné *régit le datif* (Vaug., *Rem.*, 79). *Terentius Varro* [...] *fut reçu à Rome comme s'il eût été victorieux parce seulement que dans un si grand malheur il n'avait point désespéré des affaires de la République* (Boss., *H. univ.*, III, 6). *Nous opinons à prendre à gauche, parce, disons-nous, qu'en tous cas celui-là* [ce chemin] *nous conduira* [...] (E. de Coulanges, *Lettre*, 23 août 1675).

par-dessus prép. Le long de : *Le carrosse de Mme de Sévigné est dépassé dangereusement par un autre carrosse rempli de quatre jeunes folles :* [...] *elles pâmaient de rire, et par-dessus nous et devant nous* (Sév., 1er octobre 1677).

Les emplois actuels étaient également usuels au XVIIe s.

pardon n.m. Prière dont on avertissait les fidèles par trois coups de cloche sonnés à trois reprises, le matin, à midi et le soir : *Quoi ! le pardon sonnant te retrouve en ces lieux ?* (Boil., *Lutr.*, II, 80). *Le pardon est sonné* (Acad. 94).

Les sens actuels étaient également usuels au XVIIe s.

pardonner v.t. S'est parfois construit avec un nom de personne complément d'objet direct : *Dieu pardonne ceux qui y ont répandu cet esprit* (Maintenon, *Lettres*, III, 172). ♦ **Pardonner à qqch,** l'épargner (auj. seulement absolument : *une maladie qui ne pardonne pas*, etc.) : *Où qu'ils jettent la main, ils font rafles entières ; Ils ne pardonnent pas même au plomb des gouttières* (Corn., *S. du Ment.*, 76). *Il ne pardonna pas aux choses les plus sacrées* (Acad. 94). ♦ **Pardonnez-moi** marquait une insistance polie dans l'affirmation ou la négation : « Je vous assure que si (ou que non), je vous demande pardon » : *L'affaire ne se fera point ? – Pardonnez-moi* (Mol., *Av.*, II, I). *Ah ! rusée, vous savez bien ce que je veux dire. – Pardonnez-moi, mon papa* (Mol., *Mal. im.*, II, VIII).

Les sens actuels étaient également usuels au XVIIe s.

pareille (à la) loc. adv. D'une manière semblable, en retour : *Vous me priez, ma belle, de me promener dans votre cœur* [...] *Je vous dirai donc que je fais quelquefois cette promenade* [...] *mais à la pareille, ma bonne, je vous conjure civilement de venir vous promener chez moi* (Sév., 2 août 1671). *Nous devons nous aimer à la pareille* (Sév., 16 mai 1672). *Il prend donc les menus* [poissons], *puis leur parle à l'oreille, Et puis il feint, à la pareille, D'écouter leur réponse* (La Font., *F.*, VIII, 8). ♦ À charge de revanche : *J'en use sans scrupule ; et ce n'est pas merveille Qu'on se puisse, entre amis, servir à la pareille* (Mol., *Éc. des f.*, 965).

parentage n.m. Ensemble des parents, parenté (vieilli au XVIIe s. ; seulement en vers, selon Acad. 94) : *Il fut conclu par votre parentage Qu'on vous ferait un couvent épouser* (La Font., *Ép. à Mme de Coucy*, 55). *Le parentage était assemblé à la cérémonie de ces noces* (Fur.). ♦ Origine, naissance : *Cet homme est de haut parentage* (Fur.). *Un cousin, abusant d'un fâcheux parentage, Veut qu'encor tout poudreux* [...] *Chez vingt juges pour lui j'aille solliciter* (Boil., *Ép.*, VI, 46).

parentelle n.f. Parenté, ensemble des parents : *Turnus très remarquable était, Et sur ses rivaux l'emportait, Par son illustre parentelle* (Scarr., *V. tr.*, VII, 237). *La parentelle jusqu'au quatrième degré empêche le mariage* (Fur.).

parer v.t. Garantir, protéger : *Vous ne pouvez plus désormais ignorer Que j'ai feint cet hymen, afin de m'en parer* (Corn., *Ment.*, 1040). [Il] *prend, à chaque nouvelle, toutes les mesures qu'il peut pour se parer du malheur qu'il craint* (Mol., *Crit. Éc. des f.*, sc. VI). *De ce coup imprévu songeons à nous parer* (Rac., *Ath.*, 1637). [...] *Le ciel punit ma feinte* [...] *Rien ne m'a pu parer contre ses derniers coups* (Rac., *Baj.*, 667).

Les emplois actuels de *parer un coup*, « le détourner », et *parer à qqch*, « y faire face », étaient également usuels au XVIIe s.

parfait, e adj. Achevé, accompli (pour des personnes et des choses. – Auj. seulement pour des personnes, l'adj. étant toujours avant le nom : *un parfait goujat*, etc.) : *Un homme avait trois filles,* [...] *La troisième, avare parfaite* (La Font., *F.*, II, 20). *Au bout de quelque temps* [...] *messieurs les louvats Se virent loups parfaits et friands de tuerie* (La Font., *F.*, III, 13). *J'aurais trouvé ton testament tout fait, Ton petit-fils pourvu, ton bâtiment parfait* (La Font., *F.*, VIII, 1).

Le sens actuel « sans défaut » était également usuel au XVIIe s. : *Il n'y a rien de parfait sur la terre* (Fur.).

parfin (à la) loc. adv. En fin de compte (vieilli d'après Fur.) : *S'il demeure ici plus longtemps, j'ai peur qu'il n'y veuille être le maître tout à fait, et qu'il ne nous chasse à la parfin* (Sorel, *Franc.*, IX).

parjurer v. A pu, mais rarement, être construit transitivement (Fur. et Acad. 94 ne connaissent que le pronominal ou l'intransitif) : *Je ne veux point en gage une foi parjurée* (Corn., *Mél.*, 1560). *Je ne puis blâmer la nouveauté des feux Dont envers moi Léandre a parjuré ses vœux* (Mol., *Ét.*, 1926).

parlant, e adj. Doué de parole : *C'est qu'un charme ordinaire a trop peu de pouvoir Sur les spectres parlants qu'il faut vous faire voir* (Corn., *Illus.*, 212). [...] *les arbres et les plantes Sont devenus chez moi créatures parlantes* (La Font., *F.*, II, 1).

Le sens actuel de « très expressif » était également usuel au XVIIe s. : *Voilà un portrait parlant, tout vivant* (Fur.).

parler v. Pouvait s'employer transitivement avec le sens de « dire » (construction rare) : *Si un animal parlait par esprit ce qu'il parle par instinct* (Pasc., *Pensées*). ♦ Pouvait être suivi, comme *dire*, d'une proposition subordonnée complétive objet : *Vous avez ouï parler que ce Monsieur Oronte a une fille ?* (Mol., *Pourc.*, II, IV). ♦ **Parler à** pouvait être suivi d'un pronom personnel tonique : *Venez avec moi, je vous ferai parler à elle* (Mol., *G. D.*, II, IV). ♦ **Parler Vaugelas,** etc., parler comme Vaugelas, etc. : *Quoi qu'il en soit,* parler Horace, parler Balzac, *ce sont des expressions élégantes et françaises ; mais il faut prendre garde où on les met, et surtout ne pas s'en servir souvent* (Bouhours, *Remarques nouvelles*).

Les sens et les constructions actuels étaient également usuels au XVIIe s.

parmi prép. Au sens de « au milieu de » pouvait être suivi d'un nom singulier (auj. le complément est un nom collectif ou un pluriel) : *Il a fait entrer sans nécessité et sans utilité, parmi la juste crainte de Chimène, la considération de* [...] (Sentim. Acad. sur « Cid »). *Mais c'est parmi tant de mérite Trop de deux cœurs pour moi, trop peu qu'un cœur pour vous* (Mol., *Psyché*, 452). *Et cherchons un héros, parmi cet univers, Digne de notre encens et digne de nos vers* (Boil., *Sat.*, VII, 23).

paroi n. A pu être du masculin : *Ce n'est qu'une croûte superficielle ; ce n'est que l'enduit d'un paroi* (Retz, *Serm. sur l'Hypocrisie*, IX, 186). – Le féminin est seul indiqué par Fur. et Acad. 94. Mais le mot est hors d'usage selon Richelet.

paroisse n.f. **De deux paroisses,** en parlant de deux pièces de l'habillement, mal assorti, bigarré (expression proverbiale indiquée par Fur. et Acad. 94) : *Quoique ainsi que la pie il faille dans ces lieux* [à la cour] *Porter habit de deux paroisses* (La Font., *F.*, XII, 11). – L'expression se disait au propre de l'habit du bedeau d'une paroisse qui avait été fusionnée avec une autre ; cet habit était aux couleurs de chacune des deux paroisses.

parole n.f. Mot : *Le temps se va perdre en répliques frivoles ; Et pour les éviter j'achève en trois paroles* (Corn., *Oth.*, 278). ♦ **Être en parole,** être en conversation : *Il est avec Anselme en parole pour vous* (Mol., *Ét.*, 37). ♦ **Donner parole, porter parole à qqn,** lui promettre sur son honneur, aller lui donner assurance (auj. en ce sens on dit *donner sa parole*) : *Vous niez hautement la chose, et me donnez parole de n'avoir aucune pensée de m'offenser* (Mol., *G. D.*, II, VIII). *Si mon père à présent porte parole au vôtre, Après son témoignage, en voudrez-vous quelque autre ?* (Corn., *Ment.*, 1777). ♦ **Prendre parole, avoir parole de qqn,** lui faire promettre, avoir sa promesse : *Dom Pedro* [...] *prit parole des uns et des autres que le lendemain ils viendraient tous dîner chez lui* (Scarr., *Rom. com.*, I, 22). *Il a parole de mon père Que vous n'obtiendrez rien à moins qu'il soit content*

(Corn., *Agés.*, 1325). ♦**Se prendre de parole avec qqn,** se disputer avec lui (Acad. 94).

Les locutions et les sens actuels étaient également usuels au XVIIe s.

paroli n.m. **Donner, faire le paroli à qqn,** renchérir sur ce qu'il a dit ou fait : *Pour la belle-sœur, c'est la plus folle femme que je connaisse ; je vous ferais le paroli si je voulais vous conter tout ce que je sais d'elle* (Sév., 27 juin 1678). *J'ai toujours condamné les premiers offenseurs, quoiqu'on leur eût fait quelquefois un paroli d'injures, parce qu'on ne leur aurait rien fait s'ils n'avaient pas commencé* (Bussy, *Lettre Furetière*, 4 mai 1686).

C'est un terme de jeu qui désigne « le double de ce qu'on a joué une première fois à la bassette, au pharaon, etc. ».

parricide n.m. Meurtre ou meurtrier d'un parent proche : *Je vous offre à commettre un double parricide : Versez le sang d'un frère ; et, si c'est peu du sien, Je vous invite encore à répandre le mien* (Rac., *Théb.*, 116) ; et adjectif : *Il poursuit son dessein parricide* (Rac., *Baj.*, 1194). *Qu'il étale à mes yeux sa parricide joie ?* (Rac., *Mithr.*, 1495). ♦Attentat ou auteur d'un attentat sur la personne d'un souverain ; criminel contre sa patrie : *Ceux qui sont instruits des affaires étant obligés d'avouer que le roi* [Charles Ier] *n'avait point donné d'ouverture ni de prétexte aux excès sacrilèges dont nous abhorrons la mémoire, en accusent la fierté indomptable de la nation ; et je confesse que la haine des parricides pourrait jeter les esprits dans ce sentiment* (Boss., *O. f. H. de Fr.*). *C'est l'ennemi commun de l'État et des Dieux,* [...] *Un traître, un scélérat, un lâche, un parricide* (Corn., *Pol.*, 782).

Les sens actuels de « meurtre ou meurtrier d'un père ou d'une mère » étaient également usuels au XVIIe s. : *Oreste commit un parricide en tuant sa mère sans la connaître, Néron fut le parricide de sa mère* (Fur.).

part n.f. S'employait plus largement qu'auj. au sens de « partie, morceau » : *Une part de mes chiens se sépare de l'autre* (Mol., *Fâch.*, 548). *Cependant des humains presque les quatre parts S'exposent hardiment au plus grand des hasards* [= le mariage] (La Font., *F.*, VII, 2). *Vous en avez d'autres* [boulets], [...] *qui vous coupent en deux parts ou qui vous éventrent* (La Br., XII, 119). ♦Côté, direction : *Tirez de cette part ; et vous, tirez de l'autre* (Mol., *Tart.*, 822). ♦**Avoir part,** s'associer, contribuer, participer : *Il n'a point de part aux conseils du Roi* (Acad. 94). *Vous verrez qu'ils ont part sans doute au vol que l'on m'a fait* (Mol., *Av.*, IV, VII). – Auj. cette locution indique moins un rôle actif que l'association à un avantage ou à un sort malheureux. ♦**Faire part à,** donner, partager (auj. seulement « transmettre ») : *L'un amasse du bien, dont sa femme fait part à ceux qui prennent soin de le faire cornard* (Mol., *Éc. des f.*, 25). *Je veux vous faire part de toutes mes richesses* (Rac., *Ath.*, 695). ♦**Prendre part,** prendre intérêt : *La part que vous prenez à sa convalescence* (Mol., *Tart.*, 258). – Cette locution avait aussi les sens actuels de « participer à une entreprise, éprouver les mêmes sentiments que qqn ». ♦**Donner part,** confier (auj. en ce sens on dit *faire part*) : *Donner part de ses desseins* (Acad. 94). ♦**De sa part,** de son côté : *Le follet, de sa part, travaillant sans relâche, Comblait ses hôtes de plaisirs* (La Font., *F.*, VII, 6). *Non loin de là certain vieillard S'ennuyait aussi de sa part* (La Font., *F.*, VIII, 10). *Allez de votre part assembler vos amis* (Corn., *Hér.*, 1114). ♦**De bonne (de mauvaise) part,** de bonne (de mauvaise) source : *Ce que j'avance ici me vient de bonne part* (Mol., *Ét.*, 1021). *On m'assure, mais d'assez mauvaise part, qu'on vend les équipages de M. le Duc de la Feuillade* (Maintenon, *Lettre d'Aubigné*, *in* L. Équipage).

Les sens actuels étaient également usuels au XVIIe s.

partage n.m. Lot attribué à qqn dans une répartition ; domaine : *Une aimable tourterelle Fut le partage du hibou* (La Font., *Je vous prends sans verd*, sc. XI). *Que votre bras tout seul fasse votre partage* (Rac., *Théb.*, 1136).

Ce mot ne s'emploie plus guère en ce sens qu'au figuré, en parlant de ce qui est attribué par le destin. Les sens propres actuels étaient également usuels au XVIIe s.

partager v.t. Donner en partage, accorder : *Nous le verrions encor nous partager ses soins* (Rac., *Andr.*, 1559). ♦Avec un nom de personne complément d'objet, « doter d'une part d'héritage » : *Son père l'a partagé en aîné* (Acad. 94). – Il reste de cet emploi les expressions *être bien, mal partagé.*

Les sens actuels du v.t. et du v. pron. étaient également tous usuels à la fin du XVIIe s.

partant adv. Par conséquent (vieilli au XVIIe s., selon Vaug.) : *Plus d'amour, partant plus de joie* (La Font., *F.*, VII, 1). *Il avait du comp-*

tant, Et partant De quoi choisir (La Font., *F.*, I, 17).

Il est parfois repris aujourd'hui dans la langue soignée.

partement n.m. Départ (vieilli au XVIIe s.) : *Au lieu de m'approcher de la Lune, comme je prétendais, elle me paraissait plus éloignée qu'à mon partement* (Cyrano, *États et empires de la Lune*, p. 40). *Il faut que j'aille dire adieu à mon frère qui est sur son partement pour l'armée* (Fur.).

parterre n.m. Partie du théâtre correspondant à ce que nous appelons l'*orchestre*, et où les spectateurs de la petite bourgeoisie se tenaient debout ; gens qui s'y trouvaient placés : *Ces Messieurs du bel air, qui ne veulent pas que le parterre ait du sens commun* (Mol., *Crit. Éc. des f.*, sc. V). ♦ Billet de théâtre : *Un parterre coûte d'ordinaire quinze sols* (Richelet).

Le sens actuel de « compartiment de fleurs, de gazon, etc., dans un jardin » était également usuel au XVIIe s. : *Les jets d'eaux et les bassins ornent fort un parterre* (Fur.).

parti n.m. Ferme, forfait pour la levée des revenus royaux et des impôts publics, pour la fourniture de certains produits : *Il vous faut du courage comme à la guerre, et un Jacquier qui prenne en parti le pain de munition* (Sév., 2 août 1671). *La Cour des Aides fit défense de mettre les tailles en parti* (Retz, *Mém.*, II, 97). ♦ Emploi, profession : *Il a pris le parti des armes* [...] *Il a eu regret d'avoir refusé le parti qu'on lui offrait* (Fur.). ♦ Moyen terme : *Il y a un parti à prendre, dans les entretiens, entre une certaine paresse qu'on a de parler ou quelquefois un esprit abstrait* (La Br., V, 10). ♦ Détachement de troupes, patrouille : *Corps de garde avancé, vedettes, espions, Embuscades, partis* [...] (La Font., *F.*, IX, Disc. Sablière, 131). *La présidente Barantin* [...] *a été pillée par un parti de Charleroi* (Rac., *Lettre Bouhours*, 15 juin 1692). *S'étant retranché sur le bord de la rivière, il détacha divers partis pour prendre garde aux gués* (Du Buisson, *Turenne*, 2). ♦ **Faire parti,** se mettre en campagne : *Songez à vous tantôt : Léandre fait parti Pour enlever Célie, et j'en suis averti* (Mol., *Ét.*, 1157). ♦ **Jouer un méchant, un mauvais parti à,** jouer un mauvais tour à (auj. *faire un mauvais parti à*) : *Même on lui dit qu'il jouera, s'il est sage, À ces gens-là quelque mauvais parti* [en les tuant] (La Font., *F.*, VIII, 18).

Les sens et la plupart des expressions actuels étaient également usuels au XVIIe s.

partialité n.f. Division, faction : *Sire, Votre Majesté éteindra dans tous ses États les nouvelles partialités* (Boss., *Serm. sur les Dev. des rois*).

Le sens actuel de « préférence injuste » était également usuel au XVIIe s. : *On ne le prendra pas pour arbitre de ce différend, il a témoigné trop de partialité* (Fur.).

particulariser v.t. Détailler ; raconter, décrire avec précision : *De la particulariser en dedans* [la ville], *je vous ennuierais* (La Font., *Lettre à sa femme*, 30 août 1663). *Il est bon dans certaines affaires de particulariser jusqu'à la moindre circonstance* (Acad. 94).

Auj., « distinguer, différencier par des traits particuliers ».

particularité n.f. Détail, circonstance : *Tant de princes sans mérite ont trouvé des gens qui nous ont appris jusqu'aux moindres particularités de leur vie* (La Font., *Vie d'Ésope*). *Il fut instruit de toutes les particularités de la mort de Bajazet* (Rac., *Baj.*, 1re préf.).

Auj., « le caractère original du détail, qui le distingue du cas général ».

particulier, ère adj. Renfermé, sauvage, qui fuit la foule : *On dit que vous êtes trop particulier, trop renfermé, trop borné à un petit nombre de gens qui vous obsèdent* (Fén., *Lettre Duc de Bourgogne*, 24 sept. 1708). *Son désespoir se changea insensiblement en mélancolie. De là vint la vie si particulière qu'il mena depuis, et qui le rendit si odieux au Roi son père* (Saint-Réal, *Dom Carlos*). *C'était un homme de beaucoup d'esprit, qui était galand et particulier, qui choisissait sa compagnie dans le meilleur de la cour* (Saint-Simon, 1698). ♦ Privé : *Et n'a-t-il pas raison de préférer la simplicité d'une vie particulière* [...] *aux soucis et aux chagrins des avares, aux songes inquiets des ambitieux ?* (Boss., *O. f. H. d'Angl.*). ♦ Remarquable, notable (souvent avant le nom ; on dit encore *une particulière attention*) : *L'Observateur fait l'anatomie du poème, pour en montrer les particuliers défauts* (Sent. Acad. sur Cid).

◆ n.m. **Le particulier,** le détail : *Je n'importunerai pas non plus Votre Majesté du particulier de ce qui compose cette machine* (Pasc., *Lettre Reine de Suède*, juin 1652). ♦ **Dans son particulier,** dans son intimité, à part soi : *Néron est ici dans son particulier et dans sa famille* (Rac., *Brit.*, 1re préf.). *Je ris dans mon petit particulier, Madame* (Montfleury, *Mari sans femme*, V, II).

Les sens actuels de l'adj. et du n. étaient également tous usuels au XVIIe s.

partie n.f. Facture, article d'un compte : *Mon oncle le procureur prie aussi de lui faire vérifier une petite partie, qui n'est que de neuf livres* (Corn., *Lettre Goujon*, 1er juill. 1641). ♦Au pluriel, mémoire des sommes d'argent dues ou reçues : *Les marchands tiennent leurs livres à parties doubles, en débit, ou crédit* (Fur.). ♦Adversaire dans un procès : *Devant le singe il fut plaidé, Non point par avocat, mais par chaque partie* (La Font., *F.*, II, 3). *Le sort me donne ici de quoi confondre ma partie* (Mol., *G. D.*, II, VI). ♦Fig. Talents, qualités (surtout avec les adjectifs *bon, excellent*, etc.) : *Les plus ignorants des excellentes parties de notre ami pensent que ce soit une route nouvelle pour parvenir aux prélatures* (Chap., *Lettres*, I, 193). *Où trouvera-t-on un poète qui ait possédé* [...] *tant d'excellentes parties : l'art, la force, le jugement, l'esprit ?* (Rac., *Disc. Acad.*). ♦Entente frauduleuse, complot : *On avait fait une partie pour le perdre* (Acad. 94). ♦Projet : *Et tout aussitôt les amants De l'aller voir firent partie* (La Font., *Contes*, III, 13). *Je vous en déferai* [du lièvre] [...] – *Et quand ?* – *Et dès demain* [...] *La partie ainsi faite, il vient avec ses gens* (La Font., *F.*, IV, 4). ♦**Parties d'oraison,** v. ORAISON. ♦**Coup de partie,** v. COUP.

Tous les sens actuels étaient également usuels au XVIIe s.

partir v.t. et v.t. ind. Partager (vieilli au XVIIe s. : auj. seulement dans l'expression fig., déjà usuelle au XVIIe s., *avoir maille à partir avec* : « être en contestation avec », proprement « avoir la moitié d'un denier à partager avec ») : *Et tout gais et joyeux Sont sur le point de partir leur chevance* (La Font., *Contes*, II, 5). *Partir un nombre en quatre, en cent, en mille* (Fur.). ♦**Partir à quelque chose,** y avoir part (hors d'usage dès le milieu du XVIIe s.) : *C'était à elle la première à partir au gâteau* (Chap., *Guzm. Alfar.*, III, 432). ♦Avec les sens actuels, tous usuels au XVIIe s., on trouve comme auxiliaire *avoir* ou *être* : *Une flèche a parti d'une main inconnue* (Corn., *Sur.*, 1714). *Toutes les fausses doctrines sont parties de la boutique de Satan* (Fur.).

partisan n.m. Financier qui prenait les fermages des revenus royaux : *Laissez-moi carpe devenir. Je serai par vous repêchée ; Quelque gros partisan m'achètera bien cher* (La Font., *F.*, V, 3). *On établit de temps en temps des chambres de Justice pour punir les voleries qu'ont fait les partisans* (Fur.).

Le sens actuel de « allié, adepte, défenseur » était également usuel au XVIIe s. : *Les auteurs ont leurs partisans aussi bien que les capitaines* (Fur.).

pas n.m. Droit de passer le premier, et au fig. préséance : *Autrefois entre elles* [les chèvres] *Il survint de grands débats Pour le pas* (La Font., *F.*, VII, 17). *L'éléphant repartit « Quoi ! vous ne savez pas Que le rhinocéros me dispute le pas ? »* (La Font., *F.*, XII, 21). ♦**Avoir le pas,** marcher le premier : *Le Parlement a le pas sur les autres Compagnies* (Acad. 94). ♦**Le pas devant,** l'avantage, la prééminence : *Aussi veux-je céder le pas devant à l'âge* (Corn., *Agés.*, 60). *Du pas devant sur moi tu prendras l'avantage* (Mol., *Amph.*, 1769). ♦Démarche : *Dans aucun embarras un tel pas ne me jette* (Mol., *F. sav.*, 131). *Quoique vous n'ayez pas eu de mes nouvelles depuis quinze jours, je n'ai pas laissé de faire bien des pas pour vous depuis ce temps-là ; et je puis vous dire que j'ai remué ciel et terre pour vos intérêts* (Rac., *Lettre*, 24 mai 1697). ♦Défilé, passage : *Il y a des pas qu'il faut descendre de carrosse, ou s'exposer à périr* (Sév., 6 oct. 1673). *Ah ! que le Mont Cenis est un pas ridicule !* (Regnard, *Fol. am.*, I, VII). ♦**Tout d'un pas, de ce pas,** tout de suite : *Lors pour sortir elle prend une excuse, Et tout d'un pas s'en va trouver Janot* (La Font., *Contes*, I, 2). *Henriette et Monsieur seront joints de ce pas* (Mol., *F. sav.*, 1675). – Auj. *de ce pas* ne s'emploie qu'avec un verbe de mouvement.

Tous les sens actuels étaient également usuels au XVIIe s.

pas adv. **Pas un,** aucun, personne (en proposition négative) : *Le Roi continua son chemin, sans que pas un de ceux qui étaient auprès de lui osât lui donner de conseil* (La Roch., *Mém.*, IV, p. 151). *Toutes ses nymphes l'assurent qu'il n'a fait aucune offre de service à pas une d'elles* (Corn., *Andr.*, Dessein) ; même un, un seul (sans négation exprimée) : *Si j'en connais pas un, je veux être étranglé* (Rac., *Plaid.*, 458). ♦*Pas* pouvait être employé sans la négation *ne*, surtout dans les propositions interrogatives (emploi que Vaug. trouvait élégant) : *Est-il toujours le petit glorieux ? Croit-il pas toujours être de bien meilleure maison que ses frères ?* (Sév., 16 sept. 1671) ; il en était de même pour *point* : *Dieux ! sentais-je point lors des douleurs trop légères ?* (Corn., *Hor.*, 1219, var.). ♦Dans des constructions où nous l'omettrions, accompagnait une négation dite explétive : *On est plus curieux que je ne croyais pas* (Rac., *Lettre Vitart,* 30 mai 1662) ; faisait double emploi (de même que *point*) avec *aucun, rien,* etc. (construction que Vaug. blâme, mais qu'il utilise néanmoins) : *Il n'y a point eu, à proprement parler, aucun coup de tiré de leur part* (Rac., *Lettre Boileau,* 3 oct. 1692).

pasquin n.m. **pasquinade** n.f. Pamphlet, pièce satirique : *C'est même une espèce de louange que ces pasquinades pour ceux qu'ils attaquent* (Chap., *Lettres,* II, 524). *Faire courir un pasquin* (Acad. 94).

pasquiner v.t. Brocarder, railler : *Nous pasquinerons leurs malices* [des beautés] (Corn., *À M. D. L. T.,* 76).

passade n.f. Séjour momentané, passage : *Il n'a pas séjourné là, il n'y a fait qu'une passade* (Acad. 94). ♦ **Demander la passade,** demander l'aumône : *Les pèlerins de St-Jacques, de St-Michel demandent la passade* (Fur.). ♦ **À la passade** se disait d'un cheval revenant sur ses pas d'une demi-volte ; et au fig. **revenir à la passade,** revenir sur ses pas : *Je reviens à la passade pour vous dire encore une fois* [...] (Sév., 8 juill. 1685).

Les sens actuels de « liaison amoureuse de courte durée » et « attachement, goût passager » apparaissent à la fin du XVIIe s.

passage n.m. « Lieu étroit et difficile qui ferme l'entrée d'un pays » (Fur.) : *Une tête empanachée N'est pas petit embarras. Le trop superbe équipage Peut souvent en un passage Causer du retardement* (La Font., *F.,* IV, 6). *La caravane enfin rencontre en un passage Monseigneur le lion : cela ne leur plut point* (La Font., *F.,* IV, 12). ♦ Roulement de voix en passant d'une note à l'autre : *Un savetier chantait du matin jusqu'au soir* [...] *il faisait des passages Plus content qu'aucun des sept sages* (La Font., *F.,* VIII, 2). *Cet homme-là fait trop de passages en chantant* (Acad. 94).

Les sens actuels étaient également usuels au XVIIe s.

passefin n.m. Qui dépasse les autres en ruse (vieilli et du style burlesque) : *Leurs mœurs et façons de faire sont d'être* [...] *menteurs, trompeurs, passefins et à outrance* (Tabarin, *Œuvres,* II, 258).

passe-port n.m. Fig. **Avoir, porter son passe-port,** avoir les qualités nécessaires pour être reçu partout : *Il n'appartient qu'aux ouvrages vraiment solides* [...] *d'être bien reçus de tous les esprits* [...]., *sans avoir d'autre passe-port que le seul mérite dont ils sont pleins* (La Font., *Contes,* Préf.).

passer v.t. Dépasser, surpasser, excéder : *L'aventure me passe, et j'y perds mon latin* (Mol., *Dép. am.,* 594). *La vérité passe encor mon récit* (Mol., *Éc. des f.,* 158). *Cet art passait leur savoir* (La Font., *F.,* I, 21). *Apaisez le lion : seul il passe en puissance Ce monde d'alliés vivant sur notre bien* (La Font., *F.,* XI, 1). *N*** est moins affaibli par l'âge que par la maladie, car il ne passe point soixante-huit ans* (La Br., XI, 124). ♦ Outrepasser, aller au-delà de : *J'aurais tort de passer les ordres de ma commission* (Mol., *Am. magn.,* I, III). ♦ Concéder, accorder : *J'entends corner sans cesse à mes oreilles : l'homme est un animal raisonnable ; qui vous a passé cette définition ?* (La Br., XII, 119). ♦ **Passer pour,** considérer comme : *Ils passent pour tyran quiconque s'y fait maître ; Qui le sert, pour esclave, et qui l'aime, pour traître* (Corn., *Cinna,* 485). *Il faudra donc que nous passions pour honnêtes les impiétés et les infamies* (Boss., *Lettre P. Caffaro*).

◆ v.i. En venir à : *Elles ont fait dessein De passer dès cette heure à recevoir sa main* (Mol., *Mélic.,* 338). *Il a commencé par dire de soi-même : un homme de ma sorte ; il passe à dire : un homme de ma qualité* (La Br., VI, 21).

◆ impersonnellement **Il passe à,** on se prononce à la majorité pour : *Il passe à la mort, il passe au bannissement* (Acad. 94). *Notre pauvre ami* [Fouquet] *est sauvé. Il a passé de treize à l'avis de M. d'Ormesson, et neuf à celui de Sainte-Hélène* (Sév., 20 déc. 1664).

◆ **se passer à, de,** se contenter de : *Il s'est fallu passer à cette bagatelle* (Corn., *Ment.,* 302). *Il se passe de peu* (Acad. 94). *Ce que je trouve admirable, c'est qu'un homme qui s'est passé, durant sa vie, d'une assez simple demeure, en veuille avoir une si magnifique quand il n'en a plus que faire* (Mol., *D. J.,* III, V). – Auj. *se passer de,* comme déjà au XVIIe s., c'est « supporter la privation de ».

Les sens actuels du v.t., du v.i. et du v.pron. étaient également usuels au XVIIe s.

passe-volant n.m. Faux soldat, homme placé frauduleusement dans un corps de troupes par un officier pour grossir l'effectif et obtenir indûment des crédits : *Le Roi reconnut dans le régiment de Hautefeuille un passe-volant qui était le valet de chambre de M. de Hautefeuille* (Rac., *Notes hist.*, XXV). *Il y a peine de mort contre les passe-volants* (Acad. 94).

passion n.f. Sentiment : *Un petit essai que j'ai fait* [...] *des diverses passions que peut exprimer la musique* (Mol., *Bourg.*, I, II). ♦ Sensation physique : *La faim, la soif, et les autres passions intérieures* (Desc., *Méth.*, V, 9).

Les sens actuels étaient également usuels au XVIIᵉ s.

passionner v.t. et v.t. ind. Désirer passionnément, s'enthousiasmer pour (emploi très mauvais, selon Vaug. et Acad.) : *Ceux qui passionnent de savoir nager* [...] (Cyrano, *États et empires du Soleil*, p. 227). *Pardonnez cette tirade à un homme qui passionne la gloire de votre langue* (Chap., *Lettres*, II, 764). ♦ Animer ce qu'on récite, ce qu'on chante : *Elle passionne les airs qu'elle chante* (Richelet).

◆ **se passionner,** s'emporter ; se laisser aller à sa passion (emploi excellent selon Vaug.) : *Tout doux ! Vous suivez trop votre amoureuse envie, Et vous ne devez pas vous tant passionner* (Mol., *Tart.*, 1543).

Auj. transitivement on ne dit plus que : *passionner qqn* (en parlant d'une chose), « lui inspirer de la passion ou un vif attachement » ; *passionner un débat*, « lui donner un caractère animé ». – À la forme pronominale, on dit seulement : *se passionner pour qqch*, « y prendre un vif intérêt ».

pastille n.f. Pâte odorante qu'on brûlait pour parfumer l'air : *A-t-on brûlé de la pastille ?* (Saint-Amant, *le Melon*). *L'odeur de ces fleurs passerait Le musc de Rome et de Castille Et la terre s'offenserait Qu'on y brûlât de la pastille* (Th. de Viau, *la Maison de Silvie*, Ode VI).

Le sens actuel de « préparation pharmaceutique ou bonbon en forme de disque » apparaît à la fin du XVIIᵉ s. : *Il y a* [...] *des pastilles de bouche qu'on mange pour se rendre l'haleine douce* (Fur.).

pateliner v.t. Circonvenir par la ruse : *Le drôle patelina si bien ses juges qu'à la fin malgré nous il fut notre pasteur* (Cyrano, *États et empires du Soleil*, p. 190).

patenôtres n.f.pl. Grains d'un chapelet ; chapelet : *Ils* [les mulets] *se suivaient en file ainsi que patenôtres* (La Font., *Lettre Fouquet*, 26 août 1660). – Il était bas en ce sens, selon Acad. 94.

Le sens actuel de « prière marmottée » ou « paroles inintelligibles dites à mi-voix » était usuel aussi au XVIIᵉ s. : *Il* [Dandin] *marmotte toujours certaines patenôtres Où je ne comprends rien* (Rac., *Plaid.*, 32).

patibulaire adj. Digne du gibet, malfaisant : *Les Parisiens, mes compatriotes, sont d'ordinaire assez vaillants ; mais ils ont la pente fort patibulaire* (Scarr., *Dern. Œuvres*). ♦ **Fourches patibulaires,** gibet : *Il leur fallait passer tout proche des fourches patibulaires où il y avait alors un grand nombre de pendus* (Scarr., *Rom. com.*, II, 9).

◆ n.m. **Le patibulaire,** le gibet : *Car de mettre au patibulaire Le corps d'un mari tant aimé, Ce n'était pas peut-être une si grande affaire* (La Font., *Contes*, V, 6).

Auj. il est seulement adjectif au sens de « louche, qui n'inspire pas confiance », emploi usuel dès la fin du XVIIᵉ s. : *On dit qu'un homme a une mine patibulaire, quand il a quelque chose de sinistre dans le visage* (Fur.).

patience n.f. **En patience,** en repos, en paix : *Laissez-le mourir en patience* (Acad. 94). *Je le laisserais en patience, s'il n'érigeait point de trophée à la stupidité, en l'appuyant de son exemple* (Cyrano, *Lettres satiriques*, Contre Scarron). ♦ **Se donner patience,** prendre patience : *Mais qu'est-ce ? – Ah ! s'il te plaît, donne-toi patience* (Mol., *Ét.*, 855).

patiner v.t. Manier avec peu de ménagement, tâter : [...] *ce qui se peut expérimenter quand les yeux clos nous patinons quelque chose* (Cyrano, *États et empires de la Lune*, p. 139). *Ces fruits ont perdu toute leur fleur, on les a trop patinés* (Acad. 94).

◆ v.t. et v.i. Caresser les bras, les seins, etc., d'une femme ou d'une jeune fille : *Il n'y a que les paysannes et les servantes qui se laissent patiner ; ce n'est point la mode de patiner parmi le beau monde* (Fur.).

patineur adj. et n. Qui caresse : *Ah ! doucement : je n'aime pas les patineurs. – Eh ! un petit brin d'amitié* (Mol., *G. D.*, II, I). *Les provinciaux sont de grands patineurs* (Fur.).

pâtir v.i. Éprouver de la souffrance : *Ce n'est pas de nos cœurs la pente naturelle De porter une croix, de se plaire à pâtir* (Corn., *Imit.*, II,

1568). *L'armée pâtit beaucoup en cette marche* (Acad. 94).

L'emploi actuel de *pâtir de,* « subir les conséquences fâcheuses de », était également usuel au XVIIe s. : *Les peuples pâtissent des fautes des rois* (Fur.).

patois n.m. Langage inintelligible, charabia : *On entendit à son exemple* [du lion] *Rugir en leur patois messieurs les courtisans* (La Font., *F.*, VIII, 14). *Il parle un franc patois* (Acad. 94).

Auj. « parler local homogène, distinct de la langue centrale d'un pays, mais de même origine que celle-ci ».

patrociner v.i. Parler comme un avocat : *Prêchez, patrocinez jusqu'à la Pentecôte* (Mol., *Éc. des f.*, 120).

patrouiller v.i. et v.t. Patauger, remuer de l'eau sale avec les pieds ou les mains ; manier qqch malproprement : *Ils patrouillèrent dans les crottes, Sans se soucier de leurs bottes* (Scarr., *V. tr.*, IV, 755). *Des enfants qui patrouillent dans les rues* (Acad. 94). *Les gens délicats sont dégoûtés lorsqu'ils voient qu'on a patrouillé la viande, qu'on a patrouillé dans le potage* (Fur.).

patte-pelue, patte-pelu n.m. Sournois, hypocrite : *C'étaient* [le chat et le renard] *deux vrais tartufs* [sic], *deux archipatelins, Deux francs patte-pelus* (La Font., *F.*, IX, 14).

pauvre adj. Même placé avant le nom pouvait signifier « sans ressources » (auj. en ce sens, après le nom) : *Aux pauvres citoyens qui n'avaient point de bien ni d'héritage* (Saint-Réal, *Conjur. des Gracques*). *La Sologne, les Cévennes sont de pauvres pays* (Fur.).

payer v.t. **Payer de raisons, de mensonges,** duper par de belles paroles : *Une jeune souris* [...] *Crut fléchir un vieux chat,* [...] *payant de raisons le Raminagrobis* (La Font., *F.*, XII, 5). *Amusez les rois par des songes, Flattez-les, payez-les d'agréables mensonges* (La Font., *F.*, VIII, 14).

pays n.m. **Plat pays** (Acad. 94), rase campagne. ♦ **Pays latin** (Acad. 94), Quartier latin à Paris. ♦ **Tirer pays,** v. TIRER. ♦ **À vue de pays.** « On dit [...] *marcher à vue de pays, se conduire à vue de pays* pour dire *sans savoir précisément où l'on va,* et fig. *juger à vue de pays* pour dire *juger des choses en gros et sans entrer dans le détail* » (Acad. 94) : *À vue de pays, je connais à peu près le train des choses* (Mol., *D. J.*, I, I).

peccant, e adj. **Humeur peccante,** selon l'ancienne médecine, « humeur qui est la cause d'une maladie parce qu'elle est trop abondante ou pernicieuse » : *Certaines humeurs, qu'entre nous autres savants nous appelons humeurs peccantes* (Mol., *Méd. m. lui*, II, IV). *Toutes les maladies ne sont causées que par des humeurs peccantes qu'il faut évacuer* (Fur.).

pécore n.f. Bête, animal (bas et burlesque) : *J'aimerais mieux cent fois être grosse pécore* (Mol., *Ét.*, 448). *La chétive pécore* [la grenouille] *S'enfla si bien qu'elle creva* (La Font., *F.*, I, 3). ♦ **Aller à la pécore,** à la chasse, aller en quête de la bête : *Mes chiens me quittent tous et vont à ma pécore* (Mol., *Fâch.*, 559). ♦ Personne stupide : *Je mets aussi sur la scène Des trompeurs, des scélérats, Des tyrans et des ingrats, Mainte impudente pécore* (La Font., *F.*, IX, 1). *Ces nez plats, ces puants de Maures Sont de dangereuses pécores* (Scarr., *V. tr.*, II, 2510). ♦ S'employait parfois au masculin : *Mais on ne sait pas bien encore Si cet audacieux pécore* [...] *Parle ou non comme homme sincère* (Loret, *Muse hist.*, 19 févr. 1651).

Il ne désigne plus guère aujourd'hui, en langage familier, qu'une « femme ou jeune fille sotte et prétentieuse ».

pecque n.f. Femme sotte et prétentieuse (bas et populaire, selon Acad. 94 ; burlesque et injurieux, selon Richelet et Fur.) : *A-t-on jamais vu, dites-moi, deux pecques provinciales faire plus les renchéries que celles-là* [...] *?* (Mol., *Pr. rid.*, sc. Ire).

pécunieux, euse adj. Qui dispose d'argent comptant (ce mot a peu d'usage, selon Richelet) : *Des deux partis* [...] *celui qui aura le dernier quart d'écu sera le victorieux, et la France et la Hollande ont la mine d'être les plus pécunieuses* (Chap., *Lettres*, II, 459). *Les grands seigneurs ont de belles terres, et ne sont guère pécunieux* (Fur.).

pédant n.m. Maître d'école, précepteur : *Certain enfant* [...] *Doublement sot et doublement fripon Par le jeune âge et par le privilège Qu'ont les pédants de gâter la raison* (La Font., *F.*, IX, 5). *Un pédant, enivré de sa vaine science, Tout hérissé de grec, tout bouffi d'arrogance* (Boil., *Sat.*, IV, 5).

Le sens péjor. actuel de « qui étale son savoir avec suffisance » (n. et adj.) était également usuel au XVIIe s. : *Les qualités d'un pédant, c'est d'être* [...] *critique opiniâtre et de disputer en galimatias. Il y a aussi des femmes pédantes, qui font les savantes à la manière du Collège* (Fur.).

peigner v.t. Fig. Rendre poli, élégant : *L'un* [des deux sonnets] *est le mieux peigné, l'autre est le plus naïf* (Corn., *Épigrammes*, XXXIX, 5).

peine n.f. **À peine,** avec peine, difficilement (les sens actuels étaient également usuels au XVIIe s.) : *Je n'ai percé qu'à peine une foule inconnue* (Rac., *Iphig.*, 610). *Ah ! mon père, son crime à peine est pardonnable* (Corn., *Pol.*, 1615). ♦ **Sur peine de, à peine de,** exprimait la sanction attachée à une faute (auj. *sous peine de*) : *Vous n'en ouvrirez la bouche à personne du monde, sur peine de la vie* (Mol., *Am. magn.*, II, II). *À peine de la vie, de la hart, de punition exemplaire* (Fur.). – On dit auj. *sous peine de mort* ; la langue juridique conserve l'expression *à peine de nullité*. ♦ **Avoir peine à,** éprouver de l'affliction à (auj. « éprouver de la difficulté à ») : *J'ai peine à contempler son grand cœur dans ces dernières épreuves* (Boss., *O. f. H. d'Angl.*). ♦ **Avoir peine de,** avoir peine à (au sens actuel) : *De quel œil, à votre avis, pensez-vous que je puisse voir cet amas d'actions indignes dont on a peine, aux yeux du monde, d'adoucir le mauvais visage ?* (Mol., *D. J.*, IV, IV). *Une servitude à laquelle ils ont peine de se soumettre* (La Roch., *Maximes*, 14). ♦ **Prendre peine à,** se donner le mal de (auj. en ce sens *prendre la peine de*) : *Tant pis encore, de prendre peine à dire des sottises* (Mol., *Crit. Éc. des f.*, sc. Ire). ♦ **Faire peine, de la peine,** donner du mal (auj. « chagriner, affliger ») : *Ses rides me font peine à le bien reconnaître* (Corn., *Œd.*, 1425). *Cet esclave* [Spartacus] *ne fit pas moins de peine aux préteurs et aux consuls que Mithridate en faisait à Lucullus* (Boss., *H. univ.*, I, 9). ♦ **En peine de,** dans la situation difficile de : *L'État par son choix ne m'eût pas mis en peine De manquer à ma gloire ou d'acquérir ma reine* (Corn., *D. S.*, 757).

peiner (se) v.pr. Se donner du mal : *Il ne s'est guère peiné dans cette affaire* (Acad. 94). *J'aime à vivre aisément, et, dans tout ce qu'on dit, Il faut se trop peiner pour avoir de l'esprit* (Mol., *F. sav.*, 1056).

L'emploi intransitif actuel de *peiner* au sens de « avoir du mal, se fatiguer » était usuel au XVIIe s. : *Les chevaux peinent beaucoup à tirer des bateaux en remontant* (Fur.).

peinture n.f. Portrait (auj. il a les sens plus généraux de « ouvrage de peinture, art de peindre, couleur liquide », qui étaient déjà les plus usuels au XVIIe s.) : *Je n'ai pas reconnu les traits de sa peinture* (Mol., *Sgan.*, sc. VI). *Sa femme, ses enfants, les soldats, les impôts, Le créancier et la corvée Lui font d'un malheureux la peinture achevée* (La Font., *F.*, I, 16). ♦ Apparence : *Il* [Dieu] *donne aux fleurs leur aimable peinture* (Rac., *Ath.*, 323). ♦ **En peinture,** en apparence, et adjectiv., simulé : *Faut-il que je me rende à des pleurs en peinture ?* (Corn., *Pl. R.*, 1018). *Un roi n'est roi qu'en peinture, lorsqu'il ne gouverne pas son État par lui-même* (Fur.).

pelauder v.t. Battre, étriller (mot bas et populaire selon Fur.) : *M. le marquis de Rambouillet a été un peu pelaudé sur son succès* [celui sur le duc de Weimar] *qu'il a peine à croire* (Chap., *Lettres*, I, 347). *Les écoliers sont sujets à se pelauder au sortir de la classe* (Fur.).

pèlerin, e n. Personne qui voyage : *Nos gaillards pèlerins Par monts, par vaux et par chemins, Au gué d'une rivière à la fin arrivèrent* (La Font., *F.*, II, 10). *Marché fait, les oiseaux forgent une machine Pour transporter la pèlerine* [une tortue] (La Font., *F.*, X, 3). ♦ Personnage rusé, gaillard, drôle : *Si tu connaissais le pèlerin, tu trouverais la chose assez facile pour lui* (Mol., *D. J.*, I, I).

Le sens actuel de « personne qui se rend en pèlerinage » était le plus usuel au XVIIe s. : *On a fondé plusieurs hôpitaux pour recevoir des pèlerins* (Fur.).

pelote n.f. Boule de n'importe quelle matière (auj. seulement de matières textiles) : *Il ressembla bientôt à une pelote de neige, qui n'étant rien au haut d'une montagne, se trouve extrêmement grosse avant que d'être en bas* (Du Buisson, *Turenne*, 3). *En Orient, on nourrit les chevaux avec des pelotes de pâte ou de beurre. Les pêcheurs font des pelotes pour servir d'amorce aux poissons* (Fur.).

peloter v.i. **Peloter en attendant partie,** faire qqch de peu important en attendant mieux : *Nous attendons ce petit colonel* [Ch. de Sévigné] *qui vient se préparer pour aller en Piémont ; car cette expédition de Nice n'est que peloter en attendant partie* (Sév., 10 avr. 1691).

peloton n.m. Petit groupe de personnes : *Les autres invités, par petits pelotons, s'entretenaient à part* (Fur., *Rom. bourg.*, I, 1015). ♦ « Petit corps de 40 ou 50 soldats qu'on pose entre des escadrons de cavalerie pour les soutenir [...] » (Fur.).

Les sens actuels étaient également usuels au XVIIe s., sauf ceux de « peloton d'instruction » (militaire), « peloton de chevaux ou de coureurs » (dans une compétition sportive).

pénard n.m. Péjor. **Vieux pénard,** vieillard décrépit : *Vous vieux pénard ; moi fille jeune et drue* (La Font., *Contes*, II, 8). *Elle a épousé un vieux pénard qui la fait enrager quand elle regarde seulement un homme entre les deux yeux* (Richelet).

penchant, e adj. Chancelant : *Une fortune penchante* (Acad. 94). *Ô d'un État penchant l'inespéré secours !* (Corn., *Hor.*, 1142). *Rendez-vous, comme lui, digne de ce dépôt, Que son âge penchant vous remettra bientôt* (Corn., *Pulch.*, 1680).

◆ n. m. **Le penchant,** la pente : *Sur le penchant des précipices* (La Font., *Paraphr. Ps. XVII*, 134). ♦ Fig. Déclin : *Qui ne saurait souffrir qu'une autre ait les plaisirs Dont le penchant de l'âge a sevré leurs désirs* (Mol., *Tart.*, 140). *On a vu* [...] *combien peu ils s'en soucièrent dès qu'ils le virent sur le penchant* (Saint-Simon, 1709).

Le sens actuel du n. : « inclination », était usuel dès le milieu du XVIIe s. : *Ils suivaient sans remords leur penchant amoureux* (Rac., *Ph.*, 1239).

penchement n.m. Inclinaison : *Des coups d'œil languissants, des souris ajustés, Des penchements de tête à demi concertés, Et mille autres douceurs aux seuls amants connues* [...] (Corn., *Veuve*, 72). *Le penchement d'un mur est un témoignage qu'il menace ruine* (Fur.).

pencher v.i. **Pencher à, être penché à,** être porté à, incliner à : *La plupart des juges penchaient à le renvoyer absous* (Acad. 94). *Plus je penche à l'aimer et plus je le dédaigne* (Corn., *Théod.*, 396). [Les extrémités] *auxquelles nous penchons le plus* (Rac., *Ann. Aristote*). *La tentation de trop d'argent touché M'achève de pousser où j'étais trop penché* (Corn., *S. du Ment.*, 46). – Ce sens subsiste dans quelques expressions : *je penche à croire que...*, etc.

pendant que conj. Tout le temps que, aussi longtemps que : *Je ne crus néanmoins avoir rien gagné, pendant que je n'entendis que leurs acclamations* (Fén., *Lettre Acad.*, 4).

Cette conjonction insiste moins auj. sur la continuité de la durée de deux actions coïncidentes.

pendre v.t. Suspendre (vieilli au XVIIe s.) : *Et les glaives qu'il tient pendus Sur les plus fortunés coupables* (Corn., *Pol.*, 1121).

Les sens actuels étaient déjà les plus usuels au XVIIe s.

pénétrer v. Pouvait s'employer transitivement là où nous emploierions plutôt *pénétrer dans, traverser, franchir* : *À ce coup ma prière a pénétré les cieux* (Corn., *Ment.*, 1232). *Portes du grand palais, laissez-vous pénétrer* (Corn., *Off.*, V, 26). *Le prélat pousse un cri qui pénètre la nue* (Boil., *Lutr.*, V, 218). ♦ **Être pénétré de,** être affecté de, être atteint intimement par : *Il y a de belles réflexions sur cette mort, cruelle pour sa famille et ses amis* [...] *Brancas en est pénétré* (Sév., 5 févr. 1672). – Cette construction a moins d'extension auj. qu'au XVIIe s. ; on la trouve dans *être pénétré de regret*, etc.

penser v.t. Faillir : *Un dessein si juste pensa avoir un malheureux succès* (Segrais, *Nouv. franç.*). *Il arriva en même temps une querelle particulière, qui pensa renouveler la générale* (La Roch., *Mém.*, II, 142). *Nous avons aussi mon neveu le chanoine, qui a pensé mourir de la petite vérole* (Mol., *Pourc.*, I, IV). [...] *un singe* [...], *profitant de la ressemblance* [des singes avec les humains], *Lui pensa devoir son salut : Un dauphin le prit pour un homme, Et sur son dos le fit asseoir* (La Font., *F.*, IV, 7). ♦ Au sens actuel, et même sans être négatif, il pouvait être suivi d'une proposition complétive au subjonctif : *Je pense encor Que ce soient autant de grains d'or* (Saint-Amant, *le Melon*). *Vous pensiez que M. de Turenne ne fût pas chez lui : vous étiez mal informé* (Sév., 25 sept. 1677). ♦ **Penser deux fois à,** hésiter à : [...] *S'il était ici peut-être en sa présence Vous penseriez deux fois à lui faire une offense* (Corn., *Nic.*, 228). – On dit auj. familièrement en ce sens *y regarder à deux fois*.

◆ **se penser,** se croire : *Elle se pense belle* (Corn., *Veuve*, 729). *Je ne me pensais pas si fort dans sa mémoire* (Corn., *Veuve*, 1643).

Les sens actuels du v.t. et du v.i. étaient également usuels au XVIIe s.

penser n.m. Pensée : *Fuyez de mon penser, inutiles remords* (Corn., *Mél.*, 1250, var.). *Un baudet chargé de reliques S'imagina qu'on l'adorait : Dans ce penser il se carrait, Recevant comme siens l'encens et les cantiques* (La Font., *F.*, V, 14). *Je tremble au seul penser du coup qui le menace* (Rac., *Andr.*, 1405).

À partir du milieu du XVIIe s. ce mot ne s'emploie plus guère qu'en poésie, et Corn. le supprime même souvent de ses éditions à partir de 1660. Le vers de *Mélite* cité ci-dessus devient : *Fuyez de ma pensée*, etc. La Br. constate (XIV, 73) que l'usage a préféré *pensées à pensers*.

pente n.f. Fig. Inclination, tendance, penchant : *On ne saurait avoir trop d'application à connaître la pente et la portée de ceux à qui l'on parle* (La Roch., *Réflex. diverses*, IV). *Et si j'ai comme vous quelques pentes secrètes* (Corn., *Agés.*, 485). *C'est ce qui m'a obligé à lui donner une pente vers la personne de Lucrèce* (Corn., *Ment.*, Exam.). [...] *parce que* [...] *cela même fait que je vous aime, et que j'ai toujours eu une pente et une inclination pour vous* [...] (Sév., 6 juin 1668). *De tous les animaux, l'homme a le plus de pente à se porter dedans l'excès* (La Font., *F.*, IX, 11). *Je n'ai que trop de pente à punir son audace* (Rac., *Brit.*, 1424). ♦ Bande de tissu fixée au ciel du lit et couvrant la partie supérieure des rideaux : *Les habiles ont changé vos pentes, nous avons pris celles de satin rouge, brodé de couleurs. Ce lit sera fort beau pour Grignan, et fort noble* (Sév., 12 juill. 1675).

Les sens propres actuels étaient usuels au XVIIe s.

percer v.t. Imbiber, traverser, en parlant d'un liquide : *Mes sueurs sont si extrêmes, que je perce jusqu'à mes matelas* (Sév., 1er juin 1676). *La pluie a percé mes habits* (Fur.).

Les sens actuels étaient également usuels au XVIIe s., sauf ceux du v.i. : « se déceler » et « acquérir de la notoriété ».

perche n.f. Mesure de dix-huit ou de vingt pieds : *Il y a cent perches à un arpent* (Acad. 94). ♦ **Se battre sur la perche,** faire de vains efforts : *Mon esprit se bat sur la perche Comme fait un émerillon Qui veut voler le papillon* (Tr. L'Hermite, *Vers héroïques*, Épître burlesque, 6).

Les sens actuels de « pièce de bois longue et mince » et « personne grande et maigre » étaient également usuels au XVIIe s.

perdre v.t. Faire périr : *Tu frappes et guéris ; tu perds et ressuscites* (Rac., *Ath.*, 1123). *Hercule* [...], *tu devrais bien purger la terre* [des puces] [...] *Que fais-tu, Jupiter, que du haut de la nue Tu n'en perdes la race afin de me venger ?* (La Font., *F.*, VIII, 5). ♦ Employer inutilement, gaspiller (emploi restreint auj. à quelques expressions : *perdre son temps, sa peine*, etc.) : *Tirésie a longtemps perdu ses sacrifices* (Corn., *Œd.*, 589). *Mais vous pourriez mourir et perdre votre mort* (Corn., *Œd.*, 964).

Les sens actuels du v.t. et du v.pr. étaient également usuels au XVIIe s.

perdurable adj. Qui dure toujours : *Telle soit-elle* [ta gloire] *encore à jamais perdurable !* (Corn., *Off.*, 40). *Dieu a promis à ses élus une félicité perdurable* (Fur.).

période n. Ce mot est masculin, dit Vaug., quand il signifie « le plus haut point ou la fin de qqch », comme dans *« monté au période de la gloire, jusqu'au dernier période de sa vie » : Puisque les sciences et les arts ne sont jamais à leur période, il m'est permis de croire qu'ils* [les anciens] *n'ont pas tout su* (Corn., *Clit.*, Préf.). *Mlle d'Armentières dans une langueur qui paraît à son dernier période* (Sév., 25 sept. 1687). *Démosthène et Cicéron ont porté l'éloquence à son plus haut période* (Acad. 94). – En ce sens il est un peu vieux, selon Richelet.

Les sens actuels étaient usuels pour le nom employé au fém.

péripétie n.f. Dans une œuvre littéraire, événement qui change soudain la situation ; dénouement : *Ne trouveriez-vous pas qu'il fût aussi beau de dire* [...] *le dénouement, que la péripétie ?* (Mol., *Critique École des femmes*, sc. VI). *La péripétie est bien fondée en cette pièce* (Acad. 94).

Auj. « événement imprévu », en général.

périr v.i. Pouvait s'employer avec l'auxiliaire *être* : *Ce cheval ailé fût péri mille fois* (Corn., *Andr.*, 1016). *Le reste est péri de nécessité* (Acad. 94).

perruque n.f. Chevelure (vieilli au XVIIe s., et souvent burlesque) : *Quand on a la perruque grise, Ajouta-t-il* [Anchise], *on ne doit pas Redouter beaucoup le trépas* (Scarr., *V. tr.*, II, 2663). *La chevelure d'Absalon pesait 200 sicles* [env. 12 kg]. *Les poètes, parlant du soleil, disent sa blonde perruque* (Fur.).

Le sens actuel de « chevelure postiche » était également usuel au XVIIe s. : *Il est bien nécessaire d'employer de l'argent à des perruques, lorsque l'on peut porter des cheveux de son cru, qui ne coûtent rien* (Mol., *Av.*, I, IV).

persécutant, e adj. Importun : *Ceux de la contrée étaient plus persécutants que les autres* (La Font., *Psyché*, II). *C'est l'homme du monde le plus persécutant* (Acad. 94).

persévéramment adv. Avec constance, persévérance : *Si Votre Majesté témoigne persévéramment qu'elle veut la chose* (Boss., *Lettre Louis XIV*, 10 juill. 1675).

persévérer v.i. En parlant de choses, durer, continuer (auj. seulement en parlant de personnes : « continuer de faire, par un acte de volonté renouvelé », emploi également usuel au XVIIe s.) : *Fais, malgré mon erreur, que ton feu persévère !* (Corn., *Veuve*, 1947).

personnage n.m. Rôle de théâtre ; déguisement : *Il fait le premier personnage* (Acad. 94). *Je ne me souviens pas d'un mot de mon personnage. – Je sais bien qu'il me faudra souffler le mien d'un bout à l'autre* (Mol., *Impr.*, sc. Ire). [Le renard] *contrefit le mort, puis le ressuscité. Arlequin n'eût exécuté tant de différents personnages* (La Font., *F.*, XII, 18). *Il forme le dessein De s'en aller le lendemain Au lieu de l'écolier, et, sous ce personnage, Convaincre sa moitié* (La Font., *Contes*, IV, 8). ♦ Attitude adoptée en telle ou telle circonstance, comportement, rôle dans la vie courante : *Jamais je n'ai vu un si aimable ami, car c'était aujourd'hui son personnage* (Sév., 20 nov. 1673). [Mme de Chaulnes] *est en vérité une très aimable amie, et qui s'acquitte divinement de tous les personnages que la Providence lui fait faire* (Sév., 25 mai 1689).

Les sens actuels étaient également usuels au XVIIe s.

personne n. Employé comme nom, pouvait être représenté par un pronom masculin : *Deux personnes s'y arrêtent* [au théâtre] *pour parler, et quelquefois il faut présumer qu'ils marchent* (Corn., *Cid*, Exam.). *Jamais je n'ai vu deux personnes être si contents l'un de l'autre* (Mol., *D. J.*, I, II). *Quelques vers que j'avais faits alors tombèrent par hasard entre les mains de quelques personnes d'esprit. Ils m'excitèrent à faire une tragédie* (Rac., *Théb.*, Préf.). – Acad. n'admettait cet accord que si l'oreille n'était pas choquée par le voisinage d'un adjectif féminin accordé avec *personne*.

◆ pl. **Les personnes,** les gens : *Vous pressez si fort les personnes, que je me suis donné un grand coup de la tête contre la carne d'un volet* (Mol., *Mal. im.*, I, II). – Auj. il individualise davantage.

◆ pr. indéf. Comme pronom il pouvait s'employer dans des phrases dont la négation était seulement implicite : *Non, non, je serais fâché d'incommoder personne* (Mol., *Impr.*, sc. II). – Auj. nous dirions *qqn, qui que ce soit.*

persuader v.t. **Se persuader de faire qqch,** en avoir la prétention, croire qu'on en est capable : *Je suis averti Qu'il a mis ordre à tout et qu'il se persuade D'entrer chez Trufaldin par une mascarade* (Mol., *Ét.*, 1158).

persuasion n.f. **À la persuasion de,** en se laissant persuader par : *À la persuasion de cette femme* [...], *nous allâmes un jour nous promener à Saint-Cloud* (Scarr., *Rom. com.*, I, 18). *Agir à la persuasion d'un autre* (Acad. 94).

pertinacité n.f. Persévérance : *J'admirai* [...] *la pertinacité de son attachement à introduire ces horreurs* [il s'agit du contenu d'un livre] (Saint-Simon, *in* L.).

pertuis n.m. Trou, ouverture (vieilli, selon Acad. 94 ; peu usité, selon Richelet) : *Il darde Contre le roc une hallebarde : Elle y fit un petit pertuis* (Scarr., *V. tr.*, I, 281). *Nos nerfs, dont la matière n'est pas plus serrée* [que la peau], *perdent en chemin beaucoup de ces petits atomes par les menus pertuis de leur contexture* (Cyrano, *États et empires de la Lune*, p. 139).

pesant, e adj. Fig. Onéreux, coûteux : *Je comprends fort bien, ma fille,* [...] *la dépense de votre voyage : je l'avais dit à notre abbé comme une chose pesante pour vous* (Sév., 20 mai 1672). ♦ Lent, paresseux : *L'âne est un animal pesant* [...] *L'âge rend les vieillards pesants et tardifs* (Fur.).

◆ adv. En poids : *Ceux qui le poursuivaient coupèrent sa tête ; et, comme on avait promis à quiconque l'apporterait* [...] *autant pesant d'or* [...] (Saint-Réal, *Conjur. des Gracques*).

Les sens actuels, pr. et fig., de l'adj. étaient également usuels au XVIIe s.

pesanteur n.f. Qualité de ce qui est pesant, poids : *Comment ! des hommes gémir jour et nuit sous la pesanteur de leurs chaînes !* (Sév., 13 mai 1671). *La pesanteur du coup souvent nous étourdit : On le croit repoussé quand il s'approfondit* [...] *Qui ne sent point son mal est d'autant plus malade* (Corn., *Rodog.*, 1121). *La pesanteur d'un fardeau* (Acad. 94). ♦ Fig. Ce qui abat moralement, accable : *Son feu sait dissiper les pesanteurs de l'âme* (Corn., *Imit.*, II, 449). *Mon cher oncle avait quatre-vingts ans ; il était accablé de la pesanteur de cet âge* (Sév., 2 sept. 1687).

Aujourd'hui ce mot est surtout un terme scientifique ; il subsiste cependant dans le langage courant au sens de « lourdeur », dans un nombre réduit d'expressions : *pesanteur d'estomac, pesanteur de la marche, pesanteur d'esprit*, etc.

peste n.f. Fig. Personne perverse, nuisible (auj. en ce sens il est plus familier, avec une valeur atténuée, et ne désigne plus guère qu'une femme) : *Un traître, un scélérat, un lâche, un parricide, Une peste exécrable à tous les gens de bien* (Corn., *Pol.*, 783). *J'ai choisi Burrhus pour opposer un honnête homme à cette peste de cour* (Rac., *Brit.*, 2e préf.). ♦ Il s'employait fréquemment dans la langue comique comme exclamation exprimant la mauvaise humeur, la malédiction ou une surprise admirative : *La peste le benêt !* (Mol., *D. J.*, V, II). *Peste de l'avocat ! – Ah ! Peste de toi-même !* (Rac., *Plaid.*, 703). *Peste soit du gros bœuf !* (Mol., *Éc. des m.*, 374). *Peste soit l'insolent !* (Mol., *D. J.*, III, V). *Peste ! Où prend mon esprit toutes ces gentillesses ?* (Mol., *Amph.*, 226).

pestilence n.f. Peste ; maladie contagieuse (vieilli selon Fur.) : *Je vous assure que dans les autres rues où ils ne passaient pas, il y avait une si grande solitude que je me représentais une ville déserte par la famine ou la pestilence* (Patin, *Lettre M. Spon*, 16 nov. 1645).

Le sens actuel de « odeur infecte » existait aussi au XVIIe s.

pétiller v.t. Fig. Brûler d'impatience de, désirer avec ardeur (auj., au fig., seulement v.i., au sens de « être bouillant de, éclater de », emploi déjà usuel au XVIIe s.) : *Je pétille que je ne fasse Sur quelque belle et large face, Des balafres de ma façon* (Scarr., *V. tr.*, II, 1454).

petit, e adj. **Petites-maisons,** ainsi nommées parce que ce furent de petites maisons bâties sur l'emplacement de la maladrerie de Saint-Germain-des-Prés et où l'on plaçait les aliénés : *On dit* [...] *qu'il faut mettre un homme aux petites-maisons quand il est fou ou qu'il fait une extravagance signalée* (Fur.).

◆ adv. **Un petit,** un peu (cette locution était « populaire » selon Acad. 94) : *Qu'avez-vous ? Vous grondez, ce me semble, un petit* (Mol., *Éc. des f.*, 549). *Ne lui donnez plus rien qu'un petit de panade* (La Font., *Songe de Vaux*, fragm. 4).

pétoffe n.f. Tracasserie, affaire ridicule (mot provençal plusieurs fois employé par Mme de Sévigné) : *Le parlement* [...] *veut désunir l'Angleterre de la France : c'est présentement la grande pétoffe de l'Europe* (Sév., 17 nov. 1673). *Le Charmant sait toutes nos pétoffes ; il entre admirablement dans tous ces tracas* (Sév., 29 déc. 1673).

pétun n.m. Tabac (vieilli au XVIIe s.) : *Mais sa grand'mère Cythérée* [...] *Alla voir son oncle Neptun, Qui pour lors prenait du pétun* (Richer, *Ovide bouff.*, 463).

pétuner v.i. Fumer (vieilli au XVIIe s.) : *Moi-même à la main une pipe, Je boirai, je pétunerai* (Scarr., *Virgile travesti*, V, 237).

peu adv. Peu de temps : *Il y a fort peu que l'on commence à pratiquer cette règle* (Vaug., *Rem.*, 80). *Si bien que, si dans peu leur commerce ne rompt, J'attends en l'attendant un éternel affront* (Rotr., *Laure perséc.*, II, II). *Je conte justement ce qu'on verra dans peu* (Mol., *Tart.*, 467). ♦ **Acheter peu,** acheter bon marché : *Me nourrir de viandes saines, et les acheter peu* (La Br., X, 23).

Les expressions et les sens actuels étaient également usuels au XVIIe s.

peuple n.m. Public : *Capys, qui s'érige en juge du beau style, et qui croit écrire comme Bouhours et Rabutin, résiste à la voix du peuple, et dit tout seul que Damis n'est pas un bon auteur* (La Br., I, 32). ♦ Race : *Quand ce peuple* [les souris] *est pris, il s'enfuit* (La Font., *F.*, XI, 9). *Jupiter et le peuple immortel rit aussi* (La Font., *F.*, XII, 12).

◆ pl. **Les peuples,** les sujets, la population : *Le magistrat décharge le prince d'une partie du soin de juger les peuples* (La Br., IX, 40).

Les sens actuels étaient également usuels au XVIIe s.

peur de loc. prép. De peur de, par crainte de (très usuel, mais insupportable selon Vaug.) : *J'empêche, peur du chat, que mon moineau ne sorte* (Mol., *Éc. des f.*, 207).

phébus n.m. Langage obscur et prétentieux : *Nicodème était grand diseur de beaux mots, de pointes, de phébus et de galimatias* (Fur., *Rom. bourg.*, I). ♦ **Donner sur le phébus,** utiliser un style ampoulé : [Pour bien jouer le rôle d'un amoureux], *Il faut feindre des maux, demander guérison, Donner sur le phébus, promettre des miracles* (Corn., *Mél.*, 65). ♦ **Parler phébus,** tomber dans le galimatias : *Je suis savante, oui. Vous ne le croyez pas ? Je vous veux montrer que j'ai quelquefois lu les bons livres, où j'ai appris à parler phébus* (Sorel, *Franc.*, II).

phénix n.m. Fig. Modèle parfait (auj. le plus souvent ironique et employé sans complément : « personne d'une intelligence ou d'un mérite hors de pair ») : *Il ne fallait pas que Céladon fût le phénix du bonheur comme il l'était de l'amour* (Urfé, *Astrée*, I, I). *C'est le phénix des guerriers, des beaux esprits, des amants* (Fur.).

philosophale adj.f. **Pierre philosophale,** pierre que les alchimistes s'efforçaient de composer et qui devait avoir la propriété de transformer les métaux vils en or ou en argent : *Il s'est ruiné à chercher la pierre philosophale* (Acad. 94).

philosophe adj. Digne d'un sage, d'un philosophe : *Et que peu philosophe est ce qu'il vient de faire !* (Mol., *F. sav.*, 1728).

Auj., employé comme adj., il n'a que le sens, déjà connu au XVIIe s., de « bonhomme ; qui prend tout du bon côté ».

phlébotomiser v.t. Faire une saignée à qqn (emploi plaisant, selon Richelet) : *Je suis d'avis qu'il soit phlébotomisé libéralement, c'est-à-dire que les saignées soient fréquentes et plantureuses* (Mol., *Pourc.*, I, VIII).

phrase n.f. Expression, manière de parler, locution (encore auj. dans *faire des phrases :* « employer des locutions recherchées ou prétentieuses ») : *Phrase figurée* (Acad. 94). *Faire fortune est une si belle phrase, et qui dit une si bonne chose, qu'elle est d'un usage universel* (La Br., VI, 36).

Auj. « énoncé complet d'une idée conçue par un sujet parlant ».

physionome n.m. Personne qui connaît le tempérament des gens par l'observation des traits de leur visage. Syn. de *physionomiste* (qui est enregistré dans Fur. et dans Acad. 94) : *Il faut que j'avoue que je ne vis jamais un si mauvais physionome que le père de Chimène* (Scudéry, *Obs. sur « Cid »*). *Dans toutes les maisons, il y a un physionome, entretenu du public, qui est à peu près ce qu'on appellerait chez vous un médecin* [...] *il ne juge des diverses façons de nous traiter que par la proportion, figure et symétrie de nos membres* (Cyrano, *États et empires de la Lune*, p. 126).

piaffe n.f. Luxe de toilette visant à produire de l'effet ; vanité, morgue (vieilli au XVIIe s., bas et burlesque selon Richelet) : *Comment ! elle est aussi brave* [= bien mise] *que nous ! – Or bien, je sais celui de qui procède Cette piaffe* [...] (La Font., *Contes*, II, 6). *Dans les joutes et tournois, les chevaliers marchaient à l'envi avec piaffe et éclat* (Fur.).

piaffer v.i. Faire étalage de sa toilette, avoir une démarche arrogante (vieilli au XVIIe s.) : *Il piaffait avec ses beaux habits* (Acad. 94).

Le sens actuel de « frapper le sol, alternativement, avec les pieds de devant (en parlant d'un cheval) » apparaît à la fin du XVIIe s.

pian pian adv. Fam. Tout doucement (auj. *piano piano*) : *La nuit s'en vint pian pian, Changea la couleur de nos voiles* (Scarr., *V. tr.*, III, 1690).

picorée n.f. Pillage, maraude : *Ils sont allés à la picorée* (Acad. 94).

picorer v.i. Aller en maraude, faire du butin en pays ennemi : *Picorant jusqu'au bout du monde, Si nos victorieux nochers Trouvent des ennemis sur l'onde, Ce sont les vents et les rochers* (Th. de Viau, *Ode au Prince d'Orange*). ♦ Faire des profits illicites : *Le Receveur picore sur tout l'argent qu'il donne ou qu'il reçoit* (Fur.).

Auj. se dit de la volaille qui « pique du bec les grains ».

picoreur n.m. Pillard, soldat en maraude : *Dans le passage des troupes, on a de la peine à se défendre des picoreurs* (Fur.). ♦ Plagiaire : *Cet écrivain est un grand picoreur, qui s'approprie les pensées et les inventions d'autrui* (Fur.).

pie n.f. Cheval blanc et noir (auj. seulement adj., appliqué à un cheval, une vache, etc.) : *Il était monté sur une pie* (Acad. 94). *J'ai été chez Mignard, il a peint M. de Turenne sur sa pie* (Sév., 4 mai 1676).

pièce n.f. Farce, tour : *Aux pièces qu'on leur fait je ne puis consentir* (Corn., *Mél.*, 1157). – Les éditions antérieures à 1660 ont *fourbes* au lieu de *pièces*). *Ce n'était là qu'un prélude des pièces qu'elle devait faire dans la suite à son mari* (Regnard, *Divorce*, III, VI). *Rochefort, l'une de ses créatures, lui ayant dit confidemment qu'il prît garde à lui et que le Cardinal lui jouerait pièces* (Du Buisson, *Turenne*, 2). – Vaug. critique cet emploi, mais de nombreux écrivains ne suivent pas son avis. ♦ **Bonne pièce,** personne rusée, malicieuse, à qui il ne faut pas se fier : *Voyez la bonne pièce, avec ses révérences* (Corn., *Ment.*, 1650). *Hélas ! que le monde aujourd'hui est rempli de méchanceté, de m'aller soupçonner ainsi, moi qui suis l'innocence même ! – Taisez-vous, bonne pièce. Vous faites la sournoise, mais je vous connais il y a longtemps* (Mol., *G. D.*, I, VI). ♦ **Pour une pièce de pain** (Acad. 94), pour une bouchée de pain.

Les sens actuels étaient tous usuels dès avant la fin du XVIIe s.

pied n.m. Mesure de longueur valant 0,324 m. ♦ Patte (en parlant d'animaux : oiseaux, mammifères, etc.) : *Le rat fut à son pied* [de la grenouille] [...] *attaché* (La Font., *F.*, IV, 11). [...] *de son aile, De ses pieds, de son bec, l'oiseau* [...] *rompt enfin* [le lacet] (La Font., *F.*, IX, 2). ♦ **Haut le pied,** en levant le pied pour s'enfuir plus vite (auj. seulement dans *locomotive haut le pied* : « locomotive non attelée ») : *Le cheval lui desserre Un coup ; et haut le pied* [= et il s'enfuit] (La Font., *F.*, XII, 17). ♦ **Au pied de,** à la mesure de, d'après : *Est-ce au pied du savoir qu'on mesure les hommes ?* (Boil., *Sat.*, VIII, 166). ♦ **Sur le pied de,** sur la base de, au taux de : *Nous sommes sur le point d'en voir une bien cruelle, qui est le rachat de nos rentes sur un pied qui nous envoie droit à l'hôpital* (Sév., 1er déc. 1664) ; en parlant d'une personne, qui adopte les manières de, en simulant : *Nos troubles l'avaient mis sur le pied d'homme sage* (Mol., *Tart.*, 181). *Pour vous, vous faites une de ces femmes* [...] *qui veulent conduire doucement les affaires qu'elles ont sur le pied d'attachement honnête* (Mol., *Impr.*, sc. Ire). – Selon Bouhours, ces expressions sont « assez nouvelles » ; auj. *se mettre sur le pied de* (et l'infinitif), c'est « prendre l'habitude contraignante de ». On dit encore : *sur un pied d'égalité*. ♦ **Être sur le bon pied,** être dans une situation avantageuse (Acad. 94). ♦ **Prendre pied sur,** régler son comportement sur, profiter de : *Notre engeance Prit pied sur cette indulgence* [de Jupiter] (La Font., *F.*, VIII, 20). ♦ **Réduire qqn au petit pied,** le réduire dans un état fort au-dessous de celui où il était (Acad. 94). ♦ **Être à pied,** être sans monture, sans carrosse : [...] *il renvoie Titius dans son faubourg, sans rentes, sans titre, et le met à pied* (La Br., XIV, 59). ♦ **Gagner au pied,** v. GAGNER.

Les expressions et les sens actuels étaient également presque tous usuels au XVIIe s.

pierreux, euse adj. et n. Malade qui souffre de la gravelle : *Si le pierreux peut bien d'une outrageuse sonde Oublier par toi seul* [sommeil] *les sentiments divers, Si le goutteux oublie une rage profonde* [...] (Durand, *Méditations*, Sonnet « Sommeil dont les destins... »).

Les sens actuels de « rocailleux » et « qui ressemble à de la pierre » étaient également usuels au XVIIe s. : *Le bouillant Phlégéthon, parmi ses flots pierreux* (Corn., *Mél.*, 1465). *L'os pierreux* [...] *est à côté des oreilles* (Fur.).

piété n.f. La distinction avec *pitié* ne se faisait pas toujours : *Leur nom n'a pas peu contribué en cette rencontre à exciter ma piété* (Boil., *Lettre Mme Manchon*, 31 juill. 1687).

piller v.t. Mordre, se jeter sur (en parlant des chiens) : *Enfin tout d'un coup, ils* [des chiens] *se pillèrent avec tant d'animosité et de furie que les musiciens craignirent pour leurs jambes et gagnèrent au pied* (Scarr., *Rom. com.*, I, 15). *Et puis, quand le chasseur croit que son chien la pille, Elle* [la perdrix] *lui dit adieu, prend sa volée* (La Font., *F.*, IX, Disc. Sablière, 89). ♦ Injurier ; médire de : *On nous voit tous, pour l'ordinaire, Piller le survenant, nous jeter sur sa peau* (La Font., *F.*, X, 14). *On a extrêmement pillé une personne dans une conversation* (Acad. 94).

Les sens actuels de « mettre à sac, dépouiller, plagier » étaient également usuels au XVIIe s. : *On pille et on saccage les villes rebelles* [...] *Les financiers pillent ce qu'ils* [sic] *y a de meilleur dans les anciens et se l'attribuent* (Fur.).

pillerie n.f. Pillage, vol, mise à sac : *Quoique Votre Majesté sache bien sans doute combien en toutes choses il se commet d'injustices et de pilleries* (Boss., *Lettre Louis XIV*, 10 juill. 1675). *Son nom* [du duc de Lorraine] *était si odieux dans Paris après toutes ses pilleries et tous ses brigandages* (Du Buisson, *Turenne*, 4). *Il s'est enrichi par ses pilleries* (Acad. 94).

pimpesouée n.f. Coquette, femme qui se pare pour plaire : *Voilà une belle mijaurée, une pimpesouée bien bâtie, pour vous donner tant d'amour !* (Mol., *Bourg.*, III, IX). – Ce mot ne figure dans aucun dictionnaire avant 1718.

pimprelocher v.t. Rendre pimpant, parer : *M*[me] *de Nevers y vint coiffée à faire rire* [...] *La Martin l'avait pimprelochée par plaisir, comme un patron de mode excessive* (Sév., 18 mars 1671). – Ce mot ne figure dans aucun dictionnaire du XVIIe s.

pincer v.t. Fig. Critiquer en raillerie (auj. seulement dans la locution *pince-sans-rire* : « personne qui pratique l'ironie à froid ») : *Son style n'est point agréable ; il veut toujours pincer quelqu'un, et comparer Arius* [...] *à M. Arnauld* (Sév., 23 nov. 1689). *Un satirique pince en riant* (Fur.).

Les sens actuels étaient également usuels au XVIIe s.

piper v.t. Tromper : *Ce beau poisson, qui l'aperçoit* [l'appât] *Pipé de l'espoir qu'il conçoit Aussitôt nous suit à la trace* (Saint-Amant, *le Contemplateur*). *Ces choses ridicules Ne servent qu'à piper des âmes trop crédules* (Corn., *Mél.*, 808, var.). *Et son frère, pipé du fard de mon langage,* [...] *croit que je soupire après son mariage* (Corn., *Veuve*, 133).

◆ v.i. Exceller : *Je ne parle point de la politique où ils* [les écrivains espagnols] *pipent, ni de la théologie où ils sont des aigles* (Chap., *Lettres*, II, 205). *En matière de fourbe il est maître, il y pipe* (Corn., *Ment.*, 877).

Le sens actuel du v. t., « truquer (des dés, des cartes) », était également usuel au XVIIe s. : *Les filous font métier de piper les dés* (Fur.).

piperie n.f. Tromperie : *Aurait-on jamais vu tant de supercherie, Que tout l'extérieur ne fût que piperie ?* (Corn., *Mél.*, 896, var.). – En 1660, Corn., remplace dans ce vers piperie par *tromperie*.

pipeur n.m. et adj. Trompeur, fourbe : *Le monde est un pipeur* (Corn., *Imit.*, III, 2184). *Que la foi des amants est un gage pipeur !* (Corn., *Pl. R.*, 323).

piquant, e adj. Fig. Blessant, offensant : *Et ses termes piquants, mal conçus pour lui plaire, Au lieu de son amour, cherchaient votre colère* (Corn., *Pl. R.*, 785). ♦ Douloureux, poignant : *Jamais affliction n'a été si piquante et si vive* (La Fayette, *Clèves*, II). *J'enrage quand je vois sa piquante froideur* (Mol., *Éc. des f.*, 1566).

Le sens fig. actuel de « qui stimule agréablement l'attention, l'intérêt » était également usuel au XVIIe s. : *Cette beauté a quelque chose de piquant, qui la fait aimer de tout le monde* (Fur.).

pique n.f. Mesure de longueur de 5 pieds (environ 1,60 m) : *La seule pensée d'avoir, quoique mort, le visage embarrassé d'un drap, et sur la bouche une pique de terre me donne de la peine à respirer* (Cyrano, *États et empires de la Lune*, p. 144). ♦ **Être (mettre) cent piques au-dessus, au-dessous de,** être (considérer comme) très supérieur ou très inférieur à : *Le P. Le Bossu* [...] *a fait un petit traité de l'art poétique, que Corbinelli met cent piques au-dessus de celui de Despréaux* (Sév., 2 oct. 1676). ♦ **Mettre en pique,** causer une brouille : *D'où lui vient cette humeur ? qui les a mis en pique ?* (Corn., *Pl. R.*, 490).

Les sens actuels du n.f. et du n.m. étaient également usuels au XVIIe s., sauf celui de « parole ou allusion blessante ».

piquer v.t. Irriter : *Ce qui piqua le Roi davantage fut l'inondation des placards les plus hardis et les plus sans mesure contre sa personne, sa conduite et son gouvernement* (Saint-Simon, 1709).

◆ **se piquer, être piqué,** se mettre dans une violente colère, s'irriter : *Entre amis, on ne va pas se piquer pour si peu de chose* (Mol., *Pr. rid.*, sc. XIV). *Grenouilles devraient se taire, Et ne murmurer pas tant ; Car si le soleil se pique, Il le leur fera sentir* (La Font., *F.*, XI, 10). *Je suis piquée, ma bonne, contre M. de Bellièvre : il y a une mauvaise foi dans leur procédé qui m'échauffe* (Sév., 3 juill. 1675). ♦ S'émouvoir, être pris d'un sentiment fort : *Confesse franchement Qu'une fille en ces lieux qui perd un frère unique Jusques au désespoir fort rarement se pique* (Corn., *Mél.*,

1428). ♦ S'éprendre, être épris : *Là, je me piquai d'une jeune veuve [...] belle par excellence* (Chap., *Guzm. Alfar.*, III, 319). *Cet amoureux est piqué et charmé d'une telle dame* (Fur.). ♦ « Se glorifier de quelque chose, en faire vanité, en faire profession, en tirer avantage » (Acad. 94) [parfois encore auj. avec un infinitif] : *Ce peuple, qui se pique D'être le plus subtil des peuples d'aujourd'hui* (La Font., *F.*, II, 20). [...] *la force est un point Dont je ne me pique point* (La Font., *F.*, V, 1).

Les sens actuels du v.t. et du v. pron. étaient également usuels au XVIIe s.

pirouette n.f. Jouet d'enfant (toupie ou toton) : [Elles] *les faisaient tourner comme des pirouettes* (Sorel, *Franc.*, III). *Jouer à la pirouette* (Acad. 94).

Le sens actuel de « tour que l'on fait en pivotant prestement sur soi-même » était également usuel au XVIIe s. : *La demie pirouette est lorsqu'on ne fait qu'un demi-tour* (Fur.).

pistole n.f. Monnaie d'or étrangère, espagnole ou italienne, valant 11 livres en 1690, et du poids d'un louis : *Celui-ci* [le thésauriseur] *ne songeait que ducats et pistoles* (La Font., *F.*, XII, 3). ♦ Dans le langage courant, synonyme de *dix francs : En perruque et rubans, il y a du moins vingt pistoles* (Mol., *Av.*, I, IV).

pitance n.f. Ration de nourriture (« ce mot n'est plus en usage que chez quelques religieux », selon Fur.) : *Tout se mit à brouter les bois du voisinage. La pitance du cerf en déchut de beaucoup* (La Font., *F.*, XII, 6). ♦ Nourriture, en général (mot du style simple et comique selon Richelet, auj. vieilli et péjor.) : *Certain chien, qui portait la pitance au logis, S'était fait un collier du dîné de son maître* (La Font., *F.*, VIII, 7).

pitaut n.m. Paysan, rustre (injurieux, bas et burlesque) : *Notre pitaut, d'épouvante, en culbuta par-dessus la croupe* (Cyrano, *États et empires du Soleil*, p. 175).

pite n.f. Monnaie de cuivre valant 1/2 obole (elle cessa d'avoir cours à la fin du XVIIe s.) : *Alexandre et César donnent des royaumes ; la veuve donne une pite : quelque différents que soient ces présents* (La Roch., *Réflex. diverses*, Du vrai).

piteusement adv. D'une manière digne de compassion (sans la nuance iron. d'auj.) : *Il fuit et le reproche et les yeux du sénat, Dont plus de la moitié piteusement étale Une indigne curée aux vautours de Pharsale* (Corn., *Pompée*, 57). *Il criait piteusement* (Acad. 94).

piteux, euse adj. Digne de pitié, de compassion : *Vit-on jamais une âme en un jour plus atteinte De joie et de douleur, d'espérance et de crainte, Asservie en esclave à plus d'événements Et le piteux objet de plus de changements ?* (Corn., *Hor.*, 1210). *Un loup vit en passant ce spectacle piteux : « Ô Fortune, dit-il, je te promets un temple. Quatre corps étendus ! »* (La Font., *F.*, VIII, 27).

Auj. il est du style familier et exprime une considération plus ou moins méprisante ou ironique.

pitoyable adj. Compatissant, charitable : *Que sur mes vieux ans Le pitoyable ciel me fait de doux présents !* (Corn., *Veuve*, 1970, var.). [En 1660, Corn. remplace *pitoyable* par *favorable*.] *La femme du cocher, pitoyable comme une femme, lui fit dresser un lit et le fit coucher* (Scarr., *Rom. com.*, II, 16). *D'un regard pitoyable ils ont séché mes larmes* (Mol., *F. sav.*, 147). *Être pitoyable aux pauvres* (Acad. 94). ♦ Qui excite la pitié, attristant : *Cette pitoyable nouvelle n'a pas séché mes yeux* (Sév., 29 janv. 1672). *Les deux amants [...] se séparèrent avec tant de regrets et se dirent des choses si pitoyables que sa sœur, sa parente et le bon religieux [...] en pleurèrent* (Scarr., *Rom. com.*, II, 19).

Le sens actuel de « digne de mépris (en parlant de choses) » était également usuel au XVIIe s. : *Cet auteur a fait un livre pitoyable, il n'a pas le sens commun* (Fur.).

pitoyablement adv. De façon à inspirer une pitié émue : *Elle [...] s'afflige pitoyablement* (Rac., *R. sur O.*, IV).

Le sens péjor. actuel (le seul signalé par Acad. 94) : « d'une manière très mauvaise », était également usuel au XVIIe s. : *Cet orateur raisonne et harangue pitoyablement* (Fur.).

placard n.m. Affiche : *Ce qui piqua le Roi davantage fut l'inondation des placards les plus hardis et les plus sans mesure contre sa personne, sa conduite et son gouvernement* (Saint-Simon, 1709).

placet n.m. Supplique, requête : *C'est un placet, Monsieur, que je voudrais vous lire* (Mol., *Fâch.*, 648). *Nous fatiguons le Ciel à force de placets* (La Font., *F.*, VI, 11). ♦ Petit siège sans dossier, tabouret : *J'ai fait mettre un petit placet dans le carrosse, afin que Henry revienne avec vous* (Rac., *Lettre*, 21 mai 1675). *Un lit et deux placets composaient tout son bien* (Boil., *Sat.*, I, 99).

plaider v.t. **Plaider qqn,** soutenir un procès contre lui : *Je m'en souviens seulement parce qu'il m'a plaidé autrefois* (La Font., *Lettre à sa femme*, 19 sept. 1663). *J'ai moi seul autrefois plaidé tout un chapitre* (Boil., *Lutr.*, III, 114). ♦ Contredire, attaquer, chicaner : *Je l'ai averti de votre concurrence sur le même sujet, mais je l'ai aussi assuré que vous ne le plaiderez pas, encore que son sens soit différent du vôtre* (Chap., *Lettres*, II, 407). *Vous trouverez à dire à tout, et M. de Grignan ne songe, à l'heure qu'il est, qu'à me plaider* (Sév., 19 janv. 1674).

L'emploi intrans., et le sens actuel du v.t. : « défendre, soutenir (une cause) », étaient également usuels au XVIIe s.

plaiderie n.f. Procès, chicane : *Je verrai dans cette plaiderie Si les hommes auront assez d'effronterie* (Mol., *Mis.*, 197).

plaids n.m.pl. Audience (langage du palais) : *Il nous le fait garder jour et nuit, et de près, Autrement serviteur, et mon homme est aux plaids* (Rac., *Plaid.*, 42). ♦ **Tenir les plaids,** tenir audience : *Les Rohans, séparément répandus, faisaient des visites dans Versailles, tenaient les plaids chez la Maréchale de la Motte* (Saint-Simon, 1706).

plaindre v.t. Déplorer, être navré de : *Et plaignant les malheurs attachés à l'Empire* (Rac., *Brit.*, 1371). ♦ Regretter : *De votre liberté ne plaignez point la perte* (Mol., *Mélic.*, 232). *Et certainement on ne saurait assez plaindre la perte de ces excellents originaux que* [...] *devaient être autant de chefs-d'œuvre de bon sens, d'érudition et d'éloquence* (Boil., *Sublime*, Préf.). ♦ Ménager, faire des difficultés pour donner : *Vous me plaignez votre aimable présence* (Rac., *Théb.*, 307, var.). *Ayant été d'humeur à ne se plaindre rien, Ses dents avaient duré plus longtemps que son bien* (La Font., *Eunuque*, II, I). – Ce sens subsiste dans diverses expressions : *ne pas plaindre sa peine*, etc.

◆ v.i. Se plaindre, se lamenter : *Mais (ô nouveau sujet de pleurer et de plaindre !)* [...] (Corn., *Méd.*, 1310).

Les sens actuels du v. transitif et du v. pronominal étaient également usuels au XVIIe s.

plaintif, ive adj. Qui se plaint à tout propos, geignard : *Il est arrivé souvent qu'on a dit aux rois que les peuples sont plaintifs naturellement et qu'il n'est pas possible de les contenter, quoi qu'on fasse* (Boss., *Lettre Louis XIV*, 10 juill. 1675). *C'est le plus plaintif de tous les hommes* (Acad. 94).

Le sens actuel de « qui exprime la plainte, la tristesse (en parlant de choses) » était également usuel au XVIIe s. : *Il trace des soupirs, et d'un style plaintif Dans son champ de victoire il se dit mon captif* (Corn., *Pompée*, 399).

plaire v.t. ind. Employé impersonnellement pouvait être directement suivi d'un verbe à l'infinitif (Vaug. recommande d'employer *de* quand *plaire* marque une « volonté absolue », et de l'omettre quand *plaire* est employé par courtoisie) : *Quand vous fîtes périr Maurice et sa famille, Il vous en plut, Seigneur, réserver une fille* (Corn., *Hér.*, 54). *Un des trois sujets qu'il lui a plu me proposer* (Corn., *Œd.*, Exam., var.). *Plût à Dieu l'avoir tout à l'heure, le fouet, devant tout le monde* (Mol., *Bourg.*, III, III). *Ne me parlez plus de monnaie ; plût à Dieu en avoir encore !* (Sév., 4 mars 1689).

◆ **se plaire de,** avoir plaisir à (auj. *se plaire à*) : *Je m'étais plu toujours d'aimer en mille lieux* (Corn., *Suiv.*, 131). *Cette erreur extrême Est un mal que chacun se plaît d'entretenir* (La Font., *F.*, I, 11). *Quoique je me plaise beaucoup de causer avec vous* [...] (Rac., *Lettre Le Vasseur*, 16 mai 1662).

Les emplois et les sens actuels étaient également tous usuels à la fin du XVIIe s.

plaisant, e adj. Agréable, qui plaît (auj. vieilli) : *C'est une chose, hélas ! si plaisante et si douce !* (Mol., *Éc. des f.*, 604). *Tout ce qu'il y a d'honorable et de plaisant dans le monde* (Boss., *Panég. St Franç. d'Assise*). *Savez-vous bien qu'un des plus sûrs moyens pour empêcher un homme d'être plaisant, c'est de lui dire : Je veux que vous le soyez ?* (Boil., *Lettre duc de Vivonne*, 4 juin 1675). ♦ Qui fait rire à ses dépens (auj. seulement littér., et toujours comme épithète antéposée ou comme attribut) : [...]*l'un des deux* [ânes] *disait à son confrère : «* [...] *Les humains* *sont plaisants de prétendre exceller Par-dessus nous !* » (La Font., *F.*, XI, 5).

◆ n.m. **Un plaisant,** un bouffon, qui affecte de faire rire : *De railler d'un plaisant qui ne sait pas nous plaire, C'est ce que tout lecteur eut toujours droit de faire* (Boil., *Sat.*, IX, 171). *Le marquis aujourd'hui est le plaisant de la comédie* (Mol., *Impr.*, sc. *I*re). *C'est le plaisant de son quartier* (Acad. 94). – On dit encore *un mauvais plaisant.* ♦ **Le plaisant,** ce qui plaît, ce qui amuse (encore auj. dans *le plaisant de la chose*) : *Il faut préférer l'utile au plaisant* (Fur.).

planche n.f. **Faire, donner la planche,** montrer, préparer la voie, faciliter les choses : *Dis-lui que si l'amour d'un vieillard l'importune, Elle fait une planche à sa bonne fortune* (Corn., *Suiv.*, 354). *C'était lui qui, consulté sur la légitimation inouïe d'enfants sans nommer la mère, avait donné la planche du chevalier de Longueville, qui fut mise en avant, sur le succès duquel ceux du Roi passèrent* (Saint-Simon, 1693). *C'est lui qui a fait la planche aux autres* (Acad. 94).

plancher n.m. Pouvait désigner le plafond ou le parquet (auj. seulement « parquet ») : *Le galand* [un chat] *fait le mort, et du haut d'un plancher Se pend la tête en bas* (La Font., *F.*, III, 18). *L'enfant vous fait une question : et, avant que vous répondiez, ses yeux s'enlèvent vers le plancher, il compte toutes les figures qui y sont peintes* (Fén., *Éduc. des f.*, V). *Il est tombé sur le plancher* (Fur.).

plat, e adj. **À plate terre,** à même le sol : *Il y a une petite tablette en encoignure, à plate terre, qui me sert de bibliothèque* (Mme de Simiane, *Lettre*, 17 juin 1733). *Il était assis à plate terre* (Fur.).

plat adv. **Tout plat,** de tout son long sur le sol : *Que si ce loup t'atteint, casse-lui la mâchoire : On t'a ferré de neuf ; et, si tu me veux croire, Tu l'étendras tout plat* (La Font., *F.*, VIII, 17) ; et au fig. nettement, sans hésitation : [...] *Et te dis tout net et tout plat : Je ne veux point changer d'état* (La Font., *F.*, XII, 1).

plat n.m. Fig. Personne sans mérite, groupe de personnes d'un même caractère et ne valant pas grand-chose : *C'est un fort méchant plat, que sa sotte personne* (Mol., *Mis.*, 629). *D'animaux malfaisants c'était un très bon plat* (La Font., *F.*, IX, 16).

platine n.f. Grand rond de cuivre, monté sur trépied en fer et servant à sécher et repasser le linge : *C'était la platine où Diane dresse les rabats d'Apollon* (Cyrano, *États et empires de la Lune*, p. 37). *Repasser du linge sur la platine* (Acad. 94).

plâtrer v.t. Fig. Déguiser, masquer : *Ce grand bruit s'accommode, et pour plâtrer l'affaire, La pauvre délaissée épouse votre père* (Corn., *S. du Ment.*, 59). *Jusques ici vous avez joué mes accusations, ébloui vos parents et plâtré vos malversations* (Mol., *G. D.*, III, VI). *Il n'a fait que plâtrer son affaire* (Acad. 94).

plausible adj. Qui mérite l'approbation ; estimable : *Mais peut-être que sa doctrine sera si plausible et si belle* (Boss., *Panég. St Paul*).

Le sens actuel de « valable, acceptable » (*motif, explication plausible*) était également usuel au XVIIe s. : *C'est une opinion plausible* (Fur.).

pleige n.f. Caution, garant (vieilli, d'après Acad. 94) : *Ma tête sur ce point vous servira de pleige* (Corn., *Mél.*, 584). *Quand je vous aurai pour pleige de la bonté de mes petites productions, je suis capable de les estimer* (Chap., *Lettres*, I, 41).

pleiger v.t. Donner caution, garantir, répondre de (vieilli, d'après Acad. 94) : *Faites-moi, s'il vous plaît, l'office* [...] *de me pleiger ma gratitude* (Chap., *Lettres*, II, 149). *Et j'estime si peu ces nouvelles amours Que je te pleige encor son retour dans deux jours* (Corn., *Pl. R.*, 464). ♦ Porter un défi à : *Pour me pleiger il prend sa coupe Où pétille et rit le nectar* (Saint-Amant, *le Passage de Gibraltar*, 159).

plein (à) loc. prép. Ouvertement : *On y voit trop à plein le bon droit maltraité* (Mol., *Mis.*, 1543). *Je vis tout à plein son visage* (Loret, *Muse hist.*, 20 janv. 1664).

Le sens actuel de « pleinement, totalement » était également usuel au XVIIe s. : *Il a traité cette question à plein* (Acad. 94).

pleur n.m. S'employait parfois (dans le style élevé) au singulier avec le sens collectif de « lamentations » (pour Richelet et Fur. il n'avait cependant pas de singulier) : *Là commencera ce pleur éternel, là ce grincement de* *dents qui n'aura jamais de fin* (Boss., *O. f. Anne de Gonzague*).

pleurer v.i. **Pleurer de,** pleurer au sujet de : *Je pleure hélas ! de ce pauvre Holopherne* (Rac., *Sur la Judith de Boyer*, 9). *Qu'as-tu, Toinette, et de quoi pleures-tu ?* (Mol., *Mal. im.*, III, XIII). ♦ **Pleurer à,** supplier avec des pleurs : *Il lui fut inutile* [au cerf] *De pleurer aux veneurs à* [= pour] *sa mort arrivés* (La Font., *F.*, V, 15).

Les constructions et les sens actuels étaient également usuels au XVIIe s.

pleurer n.m. Larmes, pleurs : *Il les fait jouir du pleurer comme si c'était quelque chose de délicieux* (La Font., *Psyché*, I).

pleureux, euse adj. Pleurard : *Le pauvre libraire, avec un ton pleureux (aussi pleurait-il effectivement) lui dit* [...] (Fur., *Rom. bourg.*, I).

pliant, e, ployant, e adj. Fig. Souple, qui s'accommode : *L'on désirerait de ceux qui ont un bon cœur qu'ils fussent toujours pliants, faciles, complaisants* (La Br., XI, 9). *Son âme ployante, attendant l'avenir, Sait faire également sa cour, et la tenir* (Corn., *Oth.*, 611).

ployer v.t. On ne faisait guère de différence entre *plier* et *ployer* (transitif et intransitif). Cependant *ployer* était vieilli à la fin du XVIIe s. : *Tout est perdu, Cliton, il faut ployer bagage* (Corn., *S. du Ment*, 1645).

Acad. 94 déclare que ce verbe n'est plus guère en usage. Cependant, les sens actuels de *ployer* v.t. (« courber ce qui offre une certaine résistance ») et de *ployer* v.i. (« se courber, succomber ») se rencontraient à la fin du XVIIe s. : *On observe de dire plier à l'égard du linge et des étoffes, et* ployer *à l'égard du bois, du fer et autres corps qui ployent avec force et violence. On dit* ployer sous le faix ou fardeau (Fur.).

plumail n.m. Plumet, panache : *Mais les seigneurs sur leur tête Ayant chacun un plumail* [...] (La Font., *F.*, IV, 6).

plume n.f. **Passer la plume par le bec à qqn,** le frustrer du profit qu'on lui avait fait espérer (expression proverbiale notée par Fur. et Acad. 94) : *Nous verrons cette affaire, et je ne prétends pas qu'on me fasse passer la plume par le bec* (Mol., *Fourb.*, III, V).

plumet n.m. Gentilhomme efféminé, jeune élégant : *Quelque muguet vous a cajolée ; vous voulez avoir des plumets, qui, après avoir mangé leur bien, mangeront encore le vôtre* (Fur., *Rom. bourg.*, I). *C'est un jeune plumet* (Acad. 94).

Le sens actuel de « grande plume ou touffe de plumes garnissant une coiffure » était également usuel au XVIIe s. : *La mode a été de ne porter qu'un plumet* (Fur.).

plupart (la) n.f. La plus grande partie (avec un nom singulier ou pluriel ; auj. seulement avec un complément au pluriel, sauf dans la locution *la plupart du temps*) : *Cette disgrâce me met hors d'état de faire encore longtemps subsister ce fils dans le service où il a consumé la plupart de mon peu de bien* (Corn., *Lettre Colbert*, 1678). *La plupart du monde ne considère les personnes que selon qu'elles leur sont utiles* (Scarr., *Rom. com.*, I, 18). *Il a perdu la plupart de son bien* (Acad. 94).

pluralité n.f. Le plus grand nombre, la majorité : *Le jour fixé pour faire confirmer ces édits par la pluralité des voix étant venu* [...] (Saint-Réal, *Conjur. des Gracques*). *La pluralité des suffrages* (Acad. 94).

Le sens actuel de « multiplicité » était également usuel au XVIIe s. : *La plus grande absurdité de la religion païenne était la pluralité des dieux* (Fur.).

plus adv. Mieux : *On aurait plus deviné de le prendre pour un capitaine de cavalerie, que pour un homme d'affaires* (Sév., 8 janv. 1683). *Je viens vous avertir que tout a réussi, Et même beaucoup plus que je n'eusse osé dire* (Mol., *Éc. des f.*, 1376). ♦ De plus, en plus : *Mais qu'ont-ils vu, ces rares génies, qu'ont-ils vu plus que les autres ?* (Boss., *O. f. Anne de Gonzague*). *On les fait vivre, lui et Narcisse, deux ans plus qu'ils n'ont vécu* (Rac., *Brit.*, 1re préf.). ♦ Encore, dorénavant : *Moi ! que je souffre Laure et lui parle jamais !* [...] *Qu'ayant reçu de Laure un traitement si rude, Laure me puisse plus causer d'inquiétude !* (Rotr., *Laure perséc.*, IV, II). *C'est donc perdre mon temps que de plus y prétendre ?* (Corn., *Suiv.*, 737). ♦ Le plus (formant superlatif) : *Le jour est encor long, et ce qui plus m'effraie, La moitié de l'avis se trouve déjà vraie* (Corn., *Pol.*, 597). *Le duel est le triomphe de la mode et l'endroit où elle a exercé sa tyrannie avec plus d'éclat* (La Br., XIII, 3). ♦ **Pour le plus,** tout au plus : *Si cela coûte un écu, c'est pour le plus* (Fur.). ♦ **Plus outre,** plus avant, plus loin : *Encore un peu plus outre, et ton heure est venue* (Corn., *Pol.*, 1129). ♦ **Non**

plus que, pas plus que : *Voilà de mes damoiseaux flouets qui n'ont non plus de vigueur que des poules* (Mol., *Av.*, I, IV). ♦**Ne... plus** pouvait être disjoint, même se rapportant à un infinitif : *Ils ressusciteront pour ne mourir plus* (Boss., *Serm. sur la Mort*). ♦**D'autant plus... d'autant plus..., tant plus... tant plus...,** plus... plus : *Et d'autant plus longuement et soigneusement j'examine ces choses, d'autant plus clairement et distinctement je connais qu'elles sont vraies* (Desc., *Méth.*, III, 12, *in* L.). *Tant plus il t'enrichit, et tant plus tu hasardes* (Corn., *Imit.*, II, 996). – Vaug. déclare ce dernier tour vieilli et recommande le tour moderne *plus... plus...* ♦La corrélation entre les adverbes de comparaison n'était pas toujours observée : *Et je le connais moins tant plus je le contemple* (Corn., *S. du Ment.*. 335). *L'ombre, plus elle devient grande, Se perd d'autant plus tôt dans celle de la nuit* (Corn., *Off.*, 45 et 46).

Les locutions et les sens actuels existaient également au XVIIe s.

plusieurs S'employait plus largement qu'aujourd'hui comme pronom complément : *Il faut servir plusieurs si on veut se servir de plusieurs* (Rac., *Ann. Plutarque*). *S'il* [Gnathon] *fait un voyage avec plusieurs, il les prévient dans les hôtelleries* (La Br., XI, 121). *Un murmure universel qui éclata parmi plusieurs du sénat* (Saint-Réal, *Conjur. des Gracques*).

plutôt adv. Était souvent confondu avec *plus tôt : La mort surprend agréablement et sans s'être fait craindre ; on la sent plutôt qu'on n'a songé à s'y préparer et à s'y résoudre* (La Br., XIV, 68). *Entre Sénèque et vous disputez-vous la gloire À qui m'effacera plutôt de sa mémoire ?* (Rac., *Brit.*, 148).

poêle n.m. Pièce chauffée par un poêle : *Je demeurais tout le jour enfermé seul dans un poêle, où j'avais tout le loisir de m'entretenir de mes pensées* (Desc., *Méth.*, II, 1). *Entrer dans le poêle* (Acad. 94).

Le sens actuel de « appareil de chauffage clos » était également usuel au XVIIe s. : *Les poêles sont de grand usage dans les pays froids* (Fur.).

poil n.m. Chevelure : *Jadis votre nourrice avait ainsi les traits, Le front ainsi ridé, la couleur ainsi blême, Le poil ainsi grison* (Corn., *Mél.*, 1516). ♦Cheveu : *La jeune* [veuve] *saccageait les poils blancs à son tour. Toutes deux firent tant, que notre tête grise Demeura sans cheveux* (La Font., *F.*, I, 17). ♦Barbe : *Votre menton sans poil y dut beaucoup aider* (La Font., *Eunuque*, II, IV). *Comme on lui faisait le poil, il s'en alla, la barbe à demi faite* (Rac., *Trad. « Vie de Diogène le Cynique »*). ♦**Être au poil et à la plume,** être propre à plusieurs choses : *Le nom d'Angélique est au poil et à la plume, passant partout, bon en prose et bon en vers* (Fur., *Rom. bourg.*, I).

poinçon n.m. Sorte d'épingle sertie de pierres précieuses, dont les femmes se servaient pour retenir leurs cheveux et orner leur tête : *Elle lui crève l'œil du poinçon qui lui était demeuré dans les cheveux* (Corn., *Clit.*, 1025, var.). *Voilà un beau poinçon de diamants* (Fur.). ♦ Fig. Piqûre d'amour-propre : *Chamillart, doux et modéré, mais qui n'était pas accoutumé au poinçon, s'aigrit et s'emporta* (Saint-Simon, 1709).

Tous les sens actuels (sens techniques) étaient également usuels au XVIIe s.

poindre v.t. Piquer (vieilli au XVIIe s.) : *Et jamais le trait de l'amour Ne se fût mêlé de poindre* (Th. de Viau, *Odes*, IV). *Quel taon vous point ?* (La Font., *Contes*, II, 7).

L'emploi littér. actuel, comme v.i. au sens de « apparaître », était usuel au XVIIe s. : *Le soleil commençait à poindre, à monter sur l'horizon* (Fur.).

poing n.m. **(Mener une femme) sur le poing,** (la mener) par la main : *Enfin on dîne, et après dîné me revoilà sur le poing de Monsieur de Marseille, à voir la citadelle et la vue* (Sév., 26 janv. 1673).

point n.m. Chose insignifiante, imperceptible : *Fureur d'accumuler, monstre de qui les yeux Regardent comme un point tous les bienfaits des dieux* (La Font., *F.*, VIII, 27). ♦Difficulté, question délicate : *Il est bon d'être charitable : Mais envers qui ? c'est là le point* (La Font., *F.*, VI, 13). *Voilà toujours curée. Le point est de l'avoir ; car le trajet est grand* (La Font., *F.*, VIII, 25). ♦Moment précis, instant : *Lorsqu'on est venu à ce terme, un dernier point détruit tout* (Boss., *Serm. sur la Mort*). *Sur ce point, un jambon d'assez maigre apparence Arrive sous le nom de jambon de Mayence* (Boil., *Sat.*, III, 149). ♦**Au point de,** au moment de (auj. en ce sens on dit : *sur le point de*) : *Au point de se former, mes desseins renversés* (Corn., *Gal. du Pal.*, 264). – Auj., comme aussi au XVIIe s., *au point de* indique non le temps, mais la quantité ou la conséquence. ♦**De tout point,** tout à fait :

Vouloir que de tout point ce sentiment vous quitte, Ce n'est pas chose si petite (La Font., *F.*, XI, 5). ♦**Au point que, sur le point que,** au moment où : *Au point que j'expirais, tu m'as rendu le jour* (Tr. L'Hermite, *l'Extase d'un baiser*). *Et telle fut Vénus, à qui toute autre cède, Au point que dans la mer cette belle naquit* (Malleville, *Stances*, Sur un bain). *Ô ciel ! Sur le point que la vie Par mes propres sujets m'allait être ravie* [...] (Rac., *Esth.*, 569). ♦Élément de supériorité : *Peu de gens* [...] *Ont le don d'agréer* [= plaire] *infus avec la vie* [= inné]. *C'est un point qu'il leur faut laisser* (La Font., *F.*, IV, 5). ♦**À son point,** à son aise, à son gré : *Qui peut, sans s'émouvoir, supporter une offense, Peut mieux prendre à son point le temps de sa vengeance* (Corn., *Méd.*, 290) ; à sa perfection : *Ton malheur aurait mis mon bonheur à son point* (Corn., *Pl. R.*, 672). *La grave tragédie, à son point remontée, Aura les beaux sujets, les nobles sentiments* (La Font., *Ép. à M. de Niert*, 112). ♦**Prendre qqch au point d'honneur,** s'en fâcher : *Ce bourgeois a pris au point d'honneur* [...] *qu'on ne l'avait pas prié des noces de sa parente* (Fur.). ♦**Point-coupé,** dentelle à jour : [...] *on est venu choisir du point-coupé* (Corn., *Gal. du Pal.*, 200). [...] *elle en a deux* [mouchoirs] *à moi d'un nouveau point-coupé. Allez, et dites-lui qu'elle me les renvoie* (Corn., *Suiv.*, 472).

La quasi-totalité des expressions et des sens actuels étaient également usuels au XVIIe s.

point adv. Pour l'emploi dans la négation, v. PAS. ♦*Point* était d'un emploi plus général que maintenant, où il n'apparaît que dans le style littéraire, ou dialectalement. Selon Vaug., il « nie bien plus fortement que *pas* ».

pointe n.f. Trait d'esprit, pensée vive et ingénieuse : *Le style n'est pas plus élevé ici que dans « Mélite » ; mais il est plus net et plus dégagé des « pointes » dont l'autre est semé, qui ne sont, à en bien parler, que de fausses lumières, dont le brillant marque bien quelque vivacité d'esprit, mais sans aucune solidité de raisonnement* (Corn., *Veuve*, Exam.). ♦Blessure d'amour-propre : *La satisfaction de se voir à l'abri du sentiment journalier des pointes de ce mérite* [d'autrui] (Saint-Simon, 1697). ♦**Pousser, suivre sa pointe,** persévérer dans une entreprise, la mener à son terme : *Point d'affaire, il poursuit sa pointe jusqu'au bout Et n'est point satisfait qu'il n'ait découvert tout* (Mol., *Ét.*, 1097). *Le vizir, poursuivant sa pointe, attaque* (Rac., *Notes hist.*, 23). *Quel diable d'étourdi, qui suit toujours sa pointe* (Mol., *Fourb.*, III, X). *Quand on a bien commencé, il faut suivre sa pointe* (Acad. 94).

La plupart des sens actuels étaient également usuels au XVIIe s.

pointiller v.t. Chicaner sur des détails : *C'est aujourd'hui l'acte* [= soutenance de thèse] *du pauvre abbé. Quelle folie ! On s'en va disputer contre lui, le tourmenter, le pointiller : il faut qu'il réponde à tout* (Sév., 30 mars 1672).

L'emploi intr. actuel (seulement littér.) était également usuel au XVIIe s. : *Un critique pointille sur tout* (Fur.).

pois n.m. **Avaler comme des pois gris,** avaler avidement : *Sur les morceaux touchés de sa main délicate Ou mordus par ses dents, vous étendiez la patte* [...] *Et les avaliez tous ainsi que des pois gris* (Mol., *Ét.*, 1526). ♦**Avaleur de pois gris,** goulu (expression notée dans Fur. et dans Acad. 94) : *Ulysse affligé du carnage Que faisait cet anthropophage, Ce maître avaleur de pois gris, Reprend à la fin ses esprits* (Scarr., *V. tr.*, III, 2090).

poli, e adj. Fig. Civilisé : *Athènes, la plus polie et la plus savante de toutes les villes grecques, prenait pour athées ceux qui parlaient des choses intellectuelles* (Boss., *H. univ.*, II, 16). ♦Distingué, élégant, cultivé : *D'autres y couraient* [à l'église des Carmes] *pour entendre un prédicateur poli* (Fur., *Rom. bourg.*, I). *Les Français les plus polis peuvent avoir quelquefois besoin de recourir à ce dictionnaire* (Fén., *Lettre Acad.*, I).

Ce mot s'employait aussi, surtout dans la seconde moitié du XVIIe s., au sens actuel de « bien élevé, qui observe les bienséances » : *La cour est comme un édifice bâti de marbre : je veux dire qu'elle est composée d'hommes fort durs, mais fort polis* (La Br., VIII, 10).

police n.f. Législation, institutions politiques : *L'ignorance de la religion et de la police du pays n'était excusée en aucun état* (Boss., *H. univ.*, III, 3). *Chacun a débité ses maximes frivoles, Réglé les intérêts de chaque potentat, Corrigé la police et réformé l'État* (Boil., *Sat.*, III, 164). *La police est l'âme du commerce* (Acad. 94).

Le sens actuel de « organe assurant le maintien de l'ordre public » n'apparaît qu'à la fin du XVIIe s.

poliment adv. D'une manière achevée, parfaite : *Et qu'un démon jaloux de mon contentement M'inspira le dessein d'écrire poliment* (Boil., *Sat.*, II, 72).

Le sens actuel de « avec courtoisie » apparaît à l'extrême fin du XVIIe s.

politesse n.f. Civilisation : *En envoyant ses colonies par toute la terre, et avec elles la politesse et les lois* [...] (Boss., *H. univ.*, III, 3). ♦ Culture intellectuelle, distinction, élégance : *Quelque peine qu'ait l'Italie d'abandonner tout à fait l'empire, elle est prête à vous céder celui de la politesse et des sciences* (Boss., *Disc. Réception Acad. fr.*). *Elle avait été élevée à la cour de France, elle en avait pris toute la politesse* (La Fayette, *Clèves*, I). *Notre langue deviendrait bientôt abondante, si les personnes qui ont la plus grande réputation de politesse s'appliquaient à introduire les expressions ou simples ou figurées dont nous avons été privés jusqu'ici* (Fén., *Lettre Acad.*, 3).

Ce mot semble prendre dans la seconde moitié du XVIIe s. le sens actuel de « respect des bienséances ».

politique n.f. Méthode, calcul intéressé : *Dans un petit couvent, loin de toute pratique, Je la fis élever selon ma politique* (Mol., *Éc. des f.*, 136). [...] *le chef de cette république, Par caprice ou par politique, Le changea bientôt de logis* (La Font., *F.*, VII, 6).

Les sens actuels étaient également usuels au XVIIe s.

politique adj. et n.m. Qui connaît les institutions ; qui juge avec compétence en matière de gouvernement : *Le philosophe vit mal avec tous ses préceptes, et le politique, rempli de vues et de réflexions, ne sait pas se gouverner* (La Br., XI, 91). *Ceux qui font les politiques en ces sortes d'affaires disent que les particuliers sont plus maniables qu'une communauté* (Rac., *Lettre Vitart*, 13 juin 1662). ♦ Adroit, habile, intéressé : [Les hypocrites] *sont trop politiques pour cela* (Mol., *Tart.*, Préf.). *S'il* [...] *se casse quelque chose, je* [...] *le rabattrai sur vos gages. – Châtiment politique* (Mol., *Av.*, III, I). [Giton] *est enjoué, grand rieur, impatient, présomptueux, colère, libertin, politique, mystérieux sur les affaires du temps* (La Br., VI, 83). [...] *le renard, Vieux routier et bon politique* (La Font., *F.*, XI, 1).

Auj. un *politique* est surtout celui qui joue un rôle effectif dans le gouvernement d'un pays ; on dit d'ailleurs plutôt un *homme politique*.

pollu, e adj. Profané, atteint d'une souillure morale (vieilli au XVIIe s.) : *Il fut résolu Qu'on ferait au tombeau pollu Un sacrifice salutaire* (Scarr., *V. tr.*, III, 234). *Il renonça du siècle aux honneurs périssables Les regarda comme pollus* (Corn., *Hymnes*, 6). *Une église qui a été pollue* (Acad. 94).

polluer v.t. Profaner, souiller moralement (vieilli, selon Acad. 94) : *Puisque les sacrifices les plus saints étaient pollués, par le meurtre de ceux qui y servaient* [...] (Saint-Réal, *Conjur. des Gracques*).

Ce mot s'emploie ordinairement aujourd'hui au sens de « infecter, contaminer (de l'eau, etc.) ».

pompe n.f. Cortège solennel : *Ce Prince marche ordinairement sans pompe* (Acad. 94). *Et qui présentera ma fille à son époux ? Quelle autre ordonnera cette pompe sacrée ?* (Rac., *Iphig.*, 801). ♦ Éclat, célébrité : *Pour mériter l'honneur de plaire à vos beaux yeux, J'ai la pompe de ma naissance* (Corn., *la Fleur d'orange*, 17). *La pompe de ces lieux, Je le vois bien, Arsace, est nouvelle à tes yeux* (Rac., *Bér.*, 1).

Auj. « faste, solennité », avec une nuance péjorative.

pompeux, euse adj. Qui a de la grandeur, de la majesté : *Vous donc qui d'un beau feu pour le théâtre épris, Venez en vers pompeux y disputer le prix* (Boil., *A. p.*, III, 10). *Une cour magnifique, ornée de colonnes de lapis enrichies de figures d'or, qui forment un palais pompeux* (Mol., *Psyché*, 2e interm.). ♦ En parlant de personnes, triomphant, entouré de gloire : *Vous me montrez en vain par tout ce vaste empire Les ennemis de Dieu pompeux et florissants* (Corn., *Pol.*, 1118).

Cet adjectif ne s'applique guère aujourd'hui qu'à des choses et le plus souvent avec une nuance péjorative.

populaire adj. Démocratique : *L'État des belles-lettres est entièrement populaire* (La Font., *Eunuque*, Avert.). *Ce peuple* [athénien] *que son humeur conduisait insensiblement à l'état populaire, diminua le pouvoir des magistrats et réduisit à dix ans l'administration des archontes* (Boss., *H. univ.*, I, 6). ♦ Répandu dans le public ; largement connu : *Qu'a de fâcheux pour toi ce discours populaire ?* (Corn., *Cid*, 1157). ♦ Simple, accueillant, d'un abord facile : *La fausse grandeur est farouche et inaccessible* [...] *La véritable grandeur est libre, douce, familière, populaire ;*

elle se laisse toucher et manier (La Br., II, 42). ♦ Intelligible pour tous ; accessible au peuple : [Le prédicateur] *doit au contraire tirer son discours d'une source commune et où tout le monde puise ; et, s'il s'écarte de ces lieux communs, il n'est plus populaire, il est abstrait ou déclamateur* (La Br., XV, 26).

Les sens actuels de « qui concerne le peuple considéré comme classe sociale » et « qui jouit d'une grande notoriété marquée de sympathie » étaient également usuels au XVIIe s.

populairement adv. À la manière du peuple (auj. seulement après un verbe signifiant « parler, s'exprimer ») : *Vivre populairement* (Acad. 94). ♦ De manière intelligible pour tous : *Répondant populairement à ses énigmes et distinctement à sa confusion, vous lui rendez pour le moins ce bon office que de l'expliquer à elle-même* (Balz., *Lettre Mme des Loges*, 20 sept. 1628).

porte n.f. **Fausse porte,** porte secrète (et non comme aujourd'hui porte simulée) : *Je te puis en tenir la fausse porte ouverte* (Corn., *Veuve*, 760).

portée n.f. Fig. Capacité intellectuelle : *Il n'est dans tous les arts secret plus excellent Que d'y voir sa portée et choisir son talent* (Corn., *Remerciement au roi*, 28). – On dit encore *un travail à la portée de qqn.*

porter v.t. Comporter, contenir, renfermer : *Accepter de l'argent porte en soi quelque honte* (Corn., *S. du Ment.*, 191). *Le suisse, le valet de chambre, l'homme de livrée, s'ils n'ont plus d'esprit que ne porte leur condition* (La Br., IX, 33). *Ces badineries ne sont telles qu'en apparence, car dans le fond elles portent un sens très solide* (La Font., *F.*, Préf.). ♦ Indiquer, rapporter, mentionner : *Combien de fois Isaïe a-t-il été la risée du peuple et des rois, qui à la fin, comme porte la tradition constante des Juifs, l'ont immolé à leur fureur ?* (Boss., *H. univ.*, II, 4). ♦ Supporter, endurer (souvent avec un adverbe de manière) : *Il avait porté cette mort constamment Avant que des bourreaux il éprouvât la rage* (Corn., *Imit.*, II, 943). *Le bœuf* [...] *dit que du labeur des ans Pour nous seuls il portait les soins les plus pesants* (La Font., *F.*, X, 1). ♦ Animer, pousser : *L'ours, porté d'un même dessein, Venait de quitter sa montagne* (La Font., *F.*, VIII, 10). *Trois saints,* [...] *Portés d'un même esprit, tendaient à même but* (La Font., *F.*, XII, 25). ♦ **Porter par terre,** abattre, jeter à terre : *Il* [...] *heurta si rudement Le Destin et Léandre* [...] *qu'il s'en fallut bien peu qu'il ne les portât par terre* (Scarr., *Rom. com.*, II, 7). *Il le porta par terre de deux coups de sa pertuisane* (Rac., *Lettre Boileau*, 15 juin 1692). ♦ **Le fort portant le faible,** en faisant une moyenne, l'un dans l'autre : *Tous les lieux de la terre en général, considérés comme s'ils étaient également chargés d'air, le fort portant le faible* (Pasc., *Pesant. masse d'air*).

Les sens actuels du v.t., du v.t. ind. et du v. pron. étaient également usuels au XVIIe s.

portraire v.t. Faire le portrait de, peindre (vieilli d'après Richelet, Fur. et Acad. 94) : *Souffre-moi toutefois de tâcher à portraire D'un roi tout merveilleux l'incomparable frère* (Corn., *Victoires du Roi*, 185). *Mais je reviens à vous, en qui je vois portraits De ses perfections les plus aimables traits* (Corn., *Veuve*, 1769).

portraiture n.f. Portrait en peinture (vieilli au milieu du XVIIe s., selon Acad. 94) : *De cette propre main j'ai fait ma portraiture* (Th. Corn., *Bertr. de Cigar.*, IV, I). *Dans la portraiture, il n'est pas question si un visage est beau, mais s'il ressemble* (Corn., *Médée*, Ép.). ♦ Art de peindre (des portraits, etc.) : *Ce peintre s'est adonné à la portraiture, il réussit bien à la portraiture. Voilà un livre de portraiture, de l'art de peindre* (Fur.).

poser v.t. Placer [une chose ou une personne] (auj. seulement une chose) : *Madame, à chaque porte on a posé des gardes* (Corn., *Sur.*, 1074). ♦ Déposer : *Les princes ont posé* [...] *les armes* (Fur.). ♦ Admettre, indiquer par convention : *Ayant une fois posé Sabine pour femme d'Horace, il est nécessaire que tous les incidents de ce poème lui donnent les sentiments qu'elle en témoigne avoir* (Corn., *Hor.*, Exam.). ♦ **Posé que,** en supposant que : *Posé que cela soit permis, ce que j'examinerai ailleurs* (Corn., *Mél.*, Exam.). *Posé que cela soit : Clarimond me caresse ; Mais si je vous disais que c'est pour ma maîtresse* (Corn., *Suiv.*, 837).

Les sens actuels du verbe transitif et du verbe intransitif étaient également usuels au XVIIe s., sauf celui de « prendre des attitudes pour se faire remarquer ».

possession n.f. Privilège, droit reconnu : *Henri III* [...] *ôta aux cardinaux la possession où ils étaient de précéder les princes du sang* (Rac., *Notes hist.*, 41). ♦ **Être en possession de** (suivi d'un infinitif), pouvoir légitimement, être à même de : *Le succès* [de Mélite] [...] *fut* *surprenant ; il établit une nouvelle troupe de comédiens à Paris, malgré le mérite de celle qui était en possession de s'y voir l'unique* (Corn., *Mél.*, Exam.). *Le comte de Gramont, qui est en possession de dire toutes choses sans qu'on ose s'en fâcher* (Sév., 6 août 1685). *On aime, par amour-propre, à passer sa vie avec les gens auxquels on est accoutumé, avec lesquels on est libre, et parmi lesquels on est en possession de réussir* (Fén., *Lettre Marquis de Fénelon*, 23 août 1710). – Cette expression s'employait aussi, comme aujourd'hui, avec un nom complément au sens de « jouir de ».

Les autres sens actuels étaient également usuels au XVIIe s.

possible adv. Peut-être (vieilli dès le milieu du XVIIe s.) : *Il arrivera possible que mon travail fera naître à d'autres personnes l'envie de porter la chose plus loin* (La Font., *F.*, Préf.). *Même un refus eût fait, possible, Qu'on eût vu quelque beau matin Un mariage clandestin* (La Font., *F.*, IV, 1). *La présence de deux hommes d'assez bonne mine fut, possible, cause qu'il n'en témoigna rien* (Scarr., *Rom. com.*, II, 1). *Possible que, malgré la cure qu'elle essaie, Mon âme saignera longtemps de cette plaie* (Mol., *Dép. am.*, 1309). *Possible ferez-vous ce qu'on voudra* (Acad. 94). *Possible que la belle attend encor son maître* (Quinault, *les Rivales*, I, I).

poste n.f. Relais tenant des chevaux tout prêts pour le transport du courrier et des voyageurs ; étape parcourue par ces chevaux : *Chaque poste est d'une lieue et demie, ou de deux lieues* (Fur.). [...] *de dire combien il y a de postes de Paris à Besançon, ou à Philisbourg* (La Br., IX, 24). *Je dois faire aujourd'hui vingt postes sans manquer* (La Font., *F.*, II, 15). ♦Voiture qui assurait un service de transport, courrier : *La comtesse du Lude est venue en poste dire adieu à son mari* (Sév., 20 avr. 1672). ♦**Courir, prendre la poste,** aller très vite : *L'un va en tortue, et l'autre court la poste* (Mol., *Am. méd.*, II, V). [...] *il prend la poste à l'autre monde : Un peu moins de deux mois le met dans le cercueil* (Corn., *S. du Ment.*, 49). ♦**À sa poste,** à sa convenance : *Le moyen de trouver sitôt un médecin à ma poste ?* (Mol., *Méd. vol.*, sc. I). *Ils biaisent les paroles de l'Écriture, et font parler le Saint-Esprit à leur poste* (Garasse, *Doctrine curieuse*, p. 486).

Auj. : « administration publique acheminant le courrier, etc. », « chaque bureau de cette administration ».

postiquerie n.f. Petite malice d'un écolier éveillé : *Madame Vollichon ne parla plus avec M*[lle] *Laurence que des belles qualités de son fils, de ses mièvretés et postiqueries* (Fur., *Rom. bourg.*, I).

postposer (à) v.t. Placer après ; faire passer après : *Le plus cruel de ses ennemis* [Richelieu], *postposant la haine à l'estime, lui avait confié* [à mon père] *un si grand intérêt* (La Roch., *Apol. Prince de Marcillac*, II, 462).

Auj. il ne se dit guère qu'en grammaire.

posture n.f. Situation (auj. seulement au fig., dans *en bonne* ou *mauvaise posture*) : *Je m'enquêterai au premier jour de la posture où est l'archevêque de Bordeaux à la cour* (Chap., *Lettres*, I, 207).

Le sens actuel de « attitude particulière du corps » était également usuel au XVIIe s. : *Il y a des postures honnêtes, d'autres lascives et indécentes* (Fur.).

potage n.m. Viande cuite au pot avec des légumes : *Potages : bisque, potage de perdrix aux choux verts, potage de santé, potage de canard aux navets* (Mol., *Av.*, III, I, texte de 1682). *Nous servirons* [...] *Des potages bien faits et bien assaisonnés. – Il en faudra quelqu'un. – Et des mieux mitonnés, De pigeonneaux farcis, de volailles bien faites, Avec des champignons, béatils, andouillettes, Cardes, marrons, pignons et fins palais de bœuf Couronnés de citron, grenade et jaunes d'œuf* (Quinault, *Am. indiscret*, I, III). ♦**Pour tout potage,** en tout et pour tout : *Cet homme n'a que mille écus vaillant pour tout potage* (Fur.). ♦**Pour renfort de potage,** en outre, par surcroît : *Il a pris aujourd'hui, pour renfort de potage, un maître de philosophie* (Mol., *Bourg.*, III, II).

Le sens actuel de « bouillon » était également usuel au XVIIe s. : *On sert les potages à l'entrée du repas* (Fur.).

poudre n.f. Poussière : *Ce grand escogriffe de maître d'armes qui remplit de poudre tout mon ménage* (Mol., *Bourg.*, III, III). *J'ai fait mordre la poudre à ces audacieux* (Rac., *Théb.*, 53). *Quel nouveau coup de foudre Tombe sur mon bonheur, et le réduit en poudre ?* (Corn., *Pol.*, 1368). ♦Sciure de bois que l'on mettait sur l'écriture pour la sécher : *Mettez de la poudre sur votre écriture* (Acad. 94).

Le sens actuel de « substance réduite en particules très fines » était également usuel au

XVIIe s. : *On réduit les corps en poudre, lorsqu'on les calcine, qu'on les bat et qu'on les écrase* (Fur.).

poudreux, euse adj. Couvert de poussière, poussiéreux (encore auj. dans qqes expressions littéraires, comme *route poudreuse*) : *Vous pourrez voir un temps vos écrits estimés Courir de main en main par la ville semés, Puis de là, tout poudreux, ignorés de la terre, Suivre chez l'épicier Neufgermain et La Serre* (Boil., *Sat.*, IX, 71). *Votre habit est tout poudreux* (Acad. 94).

Auj. « qui a la consistance de la poudre ».

poumon n.m. **Perdre son poumon,** prononcer des paroles inutiles : *Madame, voyons donc à quoi nous en sommes ; faut-il vous reconduire ? Ne m'empêchez donc point, et ne perdons pas notre temps et notre poumon* (Sév., 8 avr. 1671).

pour prép. En échange de, à la place de : *Pour les nouvelles du grand monde que vous m'avez fait savoir, en voici de notre village* (Balz., *Lettre Chapelain*, 12 mai 1638). *Enfin, pour cet amour charnel Dont l'impure chaleur souille ce qu'elle enflamme, Seigneur, allume dans mon âme Celui de ton nom éternel* (Corn., *Imit.*, III, 2932, var.). ♦ À cause de (ce sens était plus fréquent qu'auj.) : *Cette publication donna un grand trouble à Néarque, non pour la crainte des supplices dont il était menacé, mais pour l'appréhension qu'il eut que* [...] (Corn., *Abrégé martyre St Pol.*). *J'ai eu une si grande difficulté à écrire pour le grand tremblement de ma main* (Poussin, *Lettre*, 16 nov. 1664). ♦ **Pour chose que,** qqch que (valeur concessive) : *Sans relâcher en rien son allure ordinaire Pour chose que le monde en veuille condamner* (Corn., *Imit.*, III, 3096). ♦ Suivi de l'infinitif même présent, il avait une valeur soit causale (parce que) : *Je ne suis parti que* [...] *pour ne croire pas qu'avec vous davantage je puisse vivre sans péché* (Mol., *D. J.*, I, III) ; soit concessive (bien que) : *Ah ! pour être dévot, je n'en suis pas moins homme* (Mol., *Tart.*, 966). – Auj. il ne peut avoir ces valeurs que dans la langue littér. ♦ Seulement (après une négation) : *On nous fait voir que Jupiter n'a pas aimé pour une fois* (Mol., *Pr. Él.*, II, I). *Nous avons des coquettes, Non pas pour une* (La Font., *Contes*, IV, 8). ♦ **Pour de, pour à,** quant à, pour ce qui est de, mais à : [Covielle] *Pour de l'esprit...* [Cléonte] *Ah ! elle en a* (Mol., *Bourg.*, III, IX). *Pour de M. d'Auxerre, les bibliothèques sont pleines de lui, et il se trouvera bien d'en parler* (Saint-Simon, 1704). *Je n'ai rien à dire à la goutte ; mais pour à mes épaules et à mes bras, j'ai fait l'expérience d'un remède nouveau* (E. de Coulanges, *Lettre*, 31 déc. 1694). ♦ **Pour ce que,** en raison du fait que (auj. en ce sens on dit *parce que*, qui était déjà préféré par Vaug.) : *Si donc le sujet du* Cid *se peut dire mauvais, nous ne croyons pas que ce soit pour ce qu'il n'y a point de nœud, mais pour ce qu'il n'est point vraisemblable* (Sentim. Acad. sur « Cid »). – Cette locution est sortie de l'usage à la fin du XVIIe s.

Les emplois actuels étaient également usuels au XVIIe s.

pourpoint n.m. Vêtement masculin, sorte de veste ou de gilet couvrant le corps du cou à la ceinture : *Elle sera charmée de votre haut de chausses, attaché au pourpoint avec des aiguillettes* (Mol., *Av.*, II, V). ♦ **Mettre qqn en pourpoint,** le déposséder : *On dit* [...] *qu'on met un homme en pourpoint, quand on l'a dépouillé de son bien* (Fur.). ♦ **Se mettre en pourpoint,** en venir aux mains : *Nous tomberons d'accord sans nous mettre en pourpoint* (Corn., *Mél.*, 343).

On ne portait plus guère le pourpoint dans la seconde moitié du XVIIe s. ; il était remplacé par la veste et le justaucorps.

pourpre n.m. Maladie caractérisée par des taches rouges sur la peau : *Le cœur était saisi, le sang gâté ; le pourpre parut* (Saint-Simon, 1711). *J'ai été chez Croisilles, sur la mort de ce premier président de Grenoble, mort en cinq jours d'un petit mal de gorge ; mais il avait le pourpre intérieurement* (Sév., 29 mars 1694).

pourpris n.m. Enclos, domaine (vieilli selon Acad. 94) : *Les gens trouvaient en son charmant pourpris Les meilleurs vins de la machine ronde* (La Font., *Contes*, IV, 6).

poursuite n.f. Empressement auprès d'une femme ; cour que fait un prétendant : *Il lui rend des visites, soupire galamment, fait le passionné. Elle se rend à sa poursuite* (Mol., *Fourb.*, I, IV).

Les sens actuels étaient également usuels au XVIIe s.

poursuivre v.t. Courtiser : *Vous aimez et vous poursuivez une jeune personne* (Mol., *G. D.*, I, V).

Les sens actuels étaient également usuels au XVIIe s.

pourvoir v.t. « Établir par un mariage ou par quelque emploi, par quelque charge »

(Acad. 94) : *Le destin se montra soigneux de la pourvoir* [la jeune fille] : *Il vint des partis d'importance* (La Font., *F.*, VII, 5). *Il me reste à pourvoir un arrière-neveu* (La Font., *F.*, VIII, 1).

Les constructions et les sens actuels étaient également usuels au XVIIe s.

pousser v.t. Bousculer, attaquer vivement : [...] *Pousse les Phrygiens, redouble leurs alarmes* (La Font., *Achille*, II, III). *« Le sort des armes en va donc décider. » En parlant de la sorte, il se mit en devoir de pousser don Fadrique* (Le Sage, *Diable boit.*, XIII). *Quant aux réflexions philosophiques* [de ce dictionnaire] *qu'on a quelquefois poussées, je ne crois pas qu'il soit nécessaire d'en faire excuse* (Bayle, *Dict. hist.*, Préf.). ♦ Fig. Poursuivre, aller de l'avant : *Allons, ferme, poussez, mes bons amis de cour* (Mol., *Mis.*, 651). *Trouveriez-vous bon que je devinsse amoureux d'elle ? – Pousse, Carmelin, ce serait bien fait, dit Lysis* (Sorel, *Berg. extr.*, 415). ♦ Produire, exprimer, manifester (encore auj. dans *pousser un cri*) : *Ces éclairs qui dans le fort des ombres Poussent un jour qui fuit et rend les nuits plus sombres* (Corn., *Hor.*, 744). *On dirait qu'il dit vrai, tant son effronterie Avec naïveté pousse une menterie* (Corn., *Ment.*, 977). *Dans toute la pièce elle* [Chimène] *ni Rodrigue ne poussent et ne peuvent pousser qu'un seul mouvement : on n'y voit aucune diversité, aucune intrigue, aucun nœud* (Scudéry, *Obs. sur « Cid »*).

Les sens actuels du v.t., du v.i. et du v. pron. étaient également usuels au XVIIe s.

pouvoir v.t. **Ne pouvoir que... ne...,** ne pas pouvoir s'empêcher de, ne pas pouvoir faire autrement que de : *Je ne puis, ma bonne, que je ne sois en peine de vous* (Sév., 12 févr. 1672). *Mais ce peu qu'il m'a dit ne peut qu'il ne m'irrite* (Corn., *Tite et Bér.*, 884). *Vous ne pouvez pas que vous n'ayez raison* (Mol., *Av.*, I, V). ♦ Suivi d'un verbe pronominal, il pouvait se conjuguer avec l'auxiliaire *être* : *Je ne vois pas que Monsieur se fût pu conduire plus prestement* (Retz, *Mém.*, III, 32).

pouvoir n.m. **Faire son pouvoir,** faire son possible : *Madame, toutefois elle a fait son pouvoir, Du moins en apparence, à vous bien recevoir* (Corn., *Veuve*, 299).

praticien n.m. Celui qui connaît la procédure, les usages du barreau : *« Il est vrai, dit-on, cette somme lui est due, et ce droit lui est acquis ; mais je l'attends à cette petite formalité : s'il l'oublie, il n'y revient plus et conséquemment il perd sa somme. » Voilà ce que j'appelle une conscience de praticien* (La Br., XIV, 50).

Auj. on désigne plutôt par ce mot « celui qui pratique la médecine ».

pratique n.f. Science des formalités juridiques : *Il faut bien pour parler ainsi que vous ayez étudié la pratique* (Mol., *Pourc.*, II, X). ♦ Papiers, dossiers d'une étude d'homme de loi : *Là, sur des tas poudreux de sacs et de pratique, Hurle tous les matins une sibylle étique ; On l'appelle Chicane* (Boil., *Lutr.*, V, 37). ♦ Menées : *Il* [Richelieu] *a tous les jours avis qu'on y fait des pratiques pour le perdre* (Voit., *Lettre M****, 24 nov. 1636). *Il entretient des pratiques avec le Commandant de la place* (Acad. 94). *Je sais des gens de cour quelle est la politique, J'en connais mieux que lui la plus fine pratique* (Corn., *Pol.*, 1460). – Auj., sans autre détermination, il n'a pas de valeur péjorative. ♦ Relation, fréquentation : *Il montre de vouloir renouer pratique* (Chap., *Lettres*, I, 6). *Vous vous fussiez étonné de ces diverses pratiques que j'avais avec ces Italiens* (Sorel, *Franc.*, XII). ♦ Clientèle : *On ne saurait avoir de la besogne de cet ouvrier, tant il a de pratique* (Fur.). ♦ Recette, gain : *Ainsi tous les acteurs d'une troupe comique, Leur poème récité, partagent leur pratique* (Corn., *Illus.*, 1618). ♦ **Donner de la pratique,** causer du souci, tracasser : *Il est bien vrai que ce divin esprit Plus que pas un donne de la pratique* (La Font., *Contes*, II, 6).

Les sens actuels étaient également usuels au XVIIe s.

pratique adj. Versé, au courant de : *Il était homme délié et pratique dans les affaires* (La Br., I, 3). *Il faut faire faire des paysages à ce peintre, il y est pratique* (Acad. 94).

Auj. surtout aux sens de « qui a le sens des réalités » (en parlant de personnes) et « bien adapté à son but » (en parlant de choses).

pratiquer v.t. Être en relation avec qqn : *Il fut averti, par quelques amis, que j'avais toujours fréquenté dans sa maison et pratiqué fort familièrement sa fille* (Scarr., *Rom. com.*, III, 13). ♦ Avoir des accointances avec, gagner, se ménager : *Il y fut reçu par les gouverneurs des villes qu'il avait pratiqués auparavant* (Du Buisson, *Turenne*, 4). *Lucius Sylla* [...] *pratiqua l'amitié de Bocchus, roi de la haute Numidie* (Saint-Réal, *Marius et Sylla*). ♦ Machiner, tramer (une mauvaise action) : *Son peu de courage Aima mieux pratiquer ce rusé témoignage* (Corn., *Veuve*, 1320). *Pratiquer des cabales* (Acad. 94).

Les sens actuels (avec toujours un objet nom de chose) étaient également usuels au XVIIe s.

précautionner (se) v.pr. Se munir par précaution : *Il se précautionna de quelques armes secrètes pour se défendre d'une insulte particulière* (Saint-Réal, *Conjur. des Gracques*).

prêche n.m. Sermon, et particulièrement prédication huguenote ; lieu de cette prédication : *Si toujours dans leur âme une pudeur rebelle, Près d'embrasser l'Église, au prêche les rappelle ?* (Boil., *Ép.*, III, 6). *On a démoli plusieurs prêches établis au préjudice des Édits* (Fur.).

Auj., fam., « discours moralisateur et ennuyeux ».

prêcher v.t. Louer, vanter, parler avec insistance de : *J'irai chez M. de Clermont y prêcher vos lettres* (Chap., *Lettres*, I, 119). *« Oh ! oh ! c'est là ce mal que vous me prêchez tant ? »* (La Font., *F.*, VIII, 13). *Cet homme prêche toujours la valeur de ses ancêtres* (Acad. 94).

Les sens actuels du v.t. et du v.i. étaient également usuels au XVIIe s.

précieuse n.f. Femme dont le langage et les manières sont distinguées : *Par la même raison que les véritables savants et les vrais braves ne se sont point encore avisés de s'offenser du Docteur de la Comédie et du Capitan,* [...] *aussi les véritables précieuses auraient tort de se piquer lorsqu'on joue les ridicules qui les imitent mal* (Mol., *Pr. rid.*, Préf.). ♦ Péjor. Personne qui fait preuve d'une affectation ridicule dans son langage et ses manières (ce sens s'est rapidement développé et généralisé après 1660 ; il s'employait aussi au masculin) : *Le bel assemblage que ce serait d'une précieuse et d'un turlupin* (Mol., *Crit. Éc. des f.*, sc. II). *Nous nous moquons de nos précieuses, de nos marquis* (La Font., *Sur les dialogues de Platon*). *Qui ne rirait des précieux ?* (La Font., *Rieurs du Beau-Richard*). [Cydias] *est un composé du pédant et du précieux, fait pour être admiré de la bourgeoisie et de la province, en qui néanmoins on n'aperçoit rien de grand que l'opinion qu'il a de lui-même* (La Br., V, 75). ♦ Femme prude, bégueule : *Ce n'est pas le fait de l'Amour qu'une précieuse : elle le ferait enrager* (La Font., *Psyché*, VIII, 201).

précieux, euse adj. et n. D'un raffinement exagéré : *Vous êtes bien délicat et bien précieux, de vous trouver atteint d'une petite attaque de décrépitude parce que vous êtes grand-père* (Sév., 6 janv. 1687). ♦ Prude : *Il était très bien fait de corps, Beau, jeune et frais : ce sont trésors Que ne méprise aucune dame Tant son esprit soit précieux* (La Font., *Contes*, III, 7).

Le sens actuel, « d'une grande valeur » (au pr. et au fig.), était également usuel au XVIIe s. : *L'or est le plus précieux des métaux* [...] *Nous n'avons rien de plus précieux que notre honneur* (Fur.).

préciosité n.f. Réserve excessive, pruderie : *L'honnêteté et la préciosité d'un long veuvage m'avaient laissée dans une profonde ignorance* (Sév., 21 oct. 1671).

Le sens péjor. actuel de « affectation dans le langage et les manières » était également usuel au XVIIe s. : *Sa préciosité changea lors de langage. Son miroir lui disait : « Prenez vite un mari »* (La Font., *F.*, VII, 5).

précipice n.m. Chute très rapide : *Après avoir été longtemps à tomber, à ce que je préjugeai (car la violence du précipice m'empêchait de le remarquer)* [...] (Cyrano, *États et empires de la Lune*, p. 53). ♦ Lieu élevé d'où l'on peut tomber, hauteur à pic : *Précipice élevé d'où tombe mon honneur !* (Corn., *Cid*, 248).

Le sens actuel de « lieu profond et escarpé dans lequel on peut tomber » était également usuel au XVIIe s. : *Les pays de montagnes ont des rochers affreux et d'horribles précipices. On marche sur de petits sentiers sur le bord des précipices* (Fur.).

précipité, e adj. Qui est à pic, en pente très raide : *Il est impossible de concevoir comment ils* [des skieurs] *peuvent se soutenir en descendant les fonds les plus précipités et comment ils peuvent monter les montagnes les plus escarpées* (Regnard, *Voy. en Laponie*).

Les sens actuels de « très rapide dans son allure » et « hâtif » étaient également usuels au XVIIe s.

précipiter v.t. Sans autre indication de lieu, Jeter en bas : [Ésope] *fut ramené à Delphes chargé de fers, mis dans les cachots, puis condamné à être précipité* (La Font., *Vie d'Ésope*). *Et trop courir, c'est te précipiter* (Corn., *Imit.*, III, 1285).

◆ Il pouvait s'employer intransitivement, au sens actuel de « se précipiter, tomber la tête la première » : *Le superbe Craffenet, le vain La*

Biscorne [...] *Précipitent froissés entre les deux vaisseaux* (Chap., *Pucelle,* XXI, p. 255).

Auj., en ce sens, on exprime un complément de lieu, comme le plus souvent au XVIIe s. déjà. Les autres sens actuels du v.t. et ceux du v. pron. étaient également usuels au XVIIe s.

prédicament n.m. Réputation : *Il se voyait perdu auprès de son beau-père, et, pour le monde, dans un prédicament à le noyer* (Saint-Simon, 1696). *Il est en mauvais prédicament dans son pays* (Acad. 94).

préfix, préfis adj. m. Déterminé d'avance : *Je lui donnerais* [à un auteur de tragédies] *en ce cas un conseil que peut-être il trouverait salutaire, c'est de ne marquer aucun temps préfix dans son poème* (Corn., *Disc. de la trag.*). *Là, rêvant à ce jour préfis En qui toute âme saine espère, Jour grand, où l'on verra le fils Naître aussitôt comme le père* (Saint-Amant, *le Contemplateur,* 331).

prégnant, e adj. Pressant : *Un homme qui au milieu de sa frénésie avait des raisons aussi prégnantes que celles des plus profonds philosophes* (Sorel, *Franc.,* V). *Douleurs prégnantes* (Acad. 94).

préjudice n.m. **Au préjudice de,** contrairement à, au mépris de : *L'aliment est distribué dans toutes les parties du corps, au préjudice du cours qu'ont naturellement les choses* (Boss., *Connaiss.,* II, 1, *in* L.). [La Reine] *S'en prenant au Cardinal de Richelieu, à qui elle en voulait d'ailleurs pour avoir au préjudice de ses défenses porté la guerre en Italie* (Du Buisson, *Turenne,* 1).

Le sens actuel de la locution « contre les intérêts de » était également usuel au XVIIe s. : *Au préjudice d'Esaü son frère aîné* (Boss., *H. univ.,* I, 3, *in* L.).

préjugé n.m. Idée ou sentiment non raisonnés : *Si l'on doute encore du pouvoir que ces premiers préjugés de l'enfance ont sur les hommes, on n'a qu'à voir combien le souvenir des choses qu'on a aimées dans l'enfance est encore vif et touchant dans un âge avancé* (Fén., *Éduc. des f.,* 3).

Le sens péjor. actuel de « idée défavorable préconçue » était également usuel au XVIIe s. : *Les coutumes de notre pays nous font faire des préjugés qui traitent les autres peuples de barbares* (Fur.).

premier adv. Auparavant (vieilli au XVIIe s.) : *Pour ne pas faire voile sans premier avoir sondé le gué* [...] (Chap., *Guzm. Alfar.,* III, 190).

◆ loc. conj. ou prép. **Premier que,** avant que, avant : *Lyrian, assisté d'une faveur divine, A le temps de l'atteindre et le bien de la voir Premier qu'il expirât* (Saint-Amant, *la Métamorphose de Lyrian et Sylvie,* 259). *Et là, premier que lui si nous faisons la prise, Il aura fait pour nous les frais de l'entreprise* (Mol., *Ét.,* 1175).

prendre v.t. Adopter : *La dissimulation que la crainte nous fait prendre* (Rac., *Ann. Plutarque*). – On dit encore *prendre un air, une mine, une attitude,* etc. ♦ Partager, s'associer à : *Quand les dieux prendraient ta querelle, Je t'étranglerai, mangerai* (Mol., *Pastorale comique,* sc. III). ♦ Tirer : *C'est de vous qu'elle prend le titre de maîtresse* (Mol., *F. sav.,* 680). *Tout ceci est pris mot à mot d'un petit traité* (Rac., *Ann. Tacite).* ♦ Admettre, accepter : *Je vous dirai pourtant que mes intentions Sont de ne prendre point de vos corrections* (Mol., *Éc. des m.,* 6). ♦ **Être pris de,** être épris de, vivement impressionné par : *Vous n'avez jamais vu un homme si pris de votre mérite* (Sév., 31 mai 1675). ♦ **Ne pas savoir par où en prendre,** ne plus savoir comment s'y prendre, comment se tirer d'affaire : *Il semble tomber des nues par miracle en un temps où les acteurs ne sauraient plus par où en prendre* (Corn., *Disc. Poème dram.*).

◆ v.t. ind. **Prendre à qqn,** s'emparer de lui (en parlant d'un sentiment, d'un mal) : *Si le repentir prend à ces mutins* [...] (Sév., 6 août 1675). *Voyez un peu quel vertigo lui prend* (Mol., *Pourc.,* II, VI). – Auj., en ce sens, seulement transitif direct ou impersonnel : *l'envie l'a pris, il lui prit l'envie de.*

◆ **se prendre à,** s'attaquer à, critiquer (auj. on dit *s'en prendre à*) : *Puis-je sans déshonneur me prendre à des mortels ? J'attaque malgré moi leur orgueilleuse envie* (Th. de Viau, *Apollon champion*). *Grecs qui se veulent prendre à lui de la fureur d'Ajax* (Rac., *Ann. Sophocle*). ♦ S'attacher, se fixer, s'en tenir : *Ce désir, à vrai dire, est un amour naissant Qui ne sait où se prendre et demeure impuissant* (Corn., *Gal. du Pal.,* 268).

◆ **Il en prend à qqn,** impersonnellement, il lui arrive : *Il en prit aux uns comme aux autres : Maint oisillon se vit esclave retenu* (La Font., *F.,* I, 8) [on dit encore : *bien* (ou *mal*) *lui en a pris*] ; pouvait s'employer sans complément, avec *bien* ou *mal,* au sens de « l'affaire a de bonnes (ou de mauvaises) conséquences » : *Ce conseil ne plut pas. Il en prit mal ; et force États* [...] *en pâtirent* (La Font., *F.*, XI, 1) ; sans *en* : *Mal prend aux volereaux de faire les voleurs* (La Font., *F.*, II, 16).

Les autres constructions et sens actuels étaient également usuels au XVIIe s.

préoccupation n.f. Prévention, idée préconçue : *J'ai plaisir à vous en dire du bien car je trouve que sans préoccupation et sans flatterie je le peux faire* (Louis XIV, *Lettre*, 4 nov. 1696). *Je ne doute pas que vous n'en demeuriez d'accord, puisqu'elle est reçue généralement de tous ceux qui envisagent les choses sans préoccupation* (Pasc., *Lettre au P. Noël*). *Quand il y a de la préoccupation, on ne juge pas bien les choses* (Acad. 94).

Le sens actuel de « souci » n'est pas noté dans Fur. ni dans Acad. 94.

préoccuper v.t. Prévenir, disposer défavorablement : *Tout cela* [les terreurs d'un enfant] *n'aboutit qu'à rendre une âme faible et timide et qu'à la préoccuper contre les meilleures choses* (Fén., *Éduc. des f.*, 3). *Mais comme autrefois un Macédonien appela de Philippe préoccupé à Philippe mieux informé, je conjure les honnêtes gens de suspendre un peu leur jugement* (Scudéry, *Obs. sur « Cid »*). *Je crains qu'il ne lui préoccupe l'esprit* (Acad. 94). ♦**Être préoccupé pour,** être disposé favorablement envers : *Quoi ? pour un fils ingrat toujours préoccupée, Vous croiriez...* (Rac., *Mithr.*, 1283).

Auj. « inquiéter ».

près prép. S'employait parfois sans la prép. *de* : *On dit* près du fleuve *et* près le palais royal (Vaug., *Rem.*, 368). ♦**Près de** loc. prép. En regard de : *Près de leurs passions rien ne me fut sacré* (Rac., *Ath.*, 937).

Les sens actuels de la loc. : « à proximité de » et « un peu moins de », étaient également usuels au XVIIe s. : *Pontoise est près de Paris. Il y a près d'une heure que je vous attends* (Fur.).

prescrit, e adj. Qui est déterminé, arrêté d'avance : *Pensez-vous qu'à choisir de deux choses prescrites, Je n'aimasse pas mieux être ce que vous dites ?* (Mol., *Éc. des f.*, 1292).

Le sens actuel de « qui est imposé, fixé » était également usuel au XVIIe s.

présence n.f. Air, manières, façon de se présenter : *Ce port majestueux, cette douce présence* (Rac., *Bér.*, 311).

Les sens actuels de *présence* et la loc. *en présence de* étaient également usuels au XVIIe s.

présent, e adj. Qui agit promptement et efficacement : [...] *vengeur présent de la Majesté violée* (Boss., *O. f. H. de Fr.*). *On appelle un poison présent celui qui est violent et qui tue en peu de temps* (Fur.). ♦Vif, qui réagit rapidement : *La Rancune avait l'esprit fort présent* (Scarr., *Rom. com.*, II, 2). *Comme il a l'esprit présent, il lui fit une répartie vive* (Acad. 94).

Les sens actuels étaient également usuels au XVIIe s.

presques adv. Cette variante de *presque* se trouve encore chez Corn. et reste admise par Oudin : *Une réflexion vers le traître qu'elle aime Presques à tous moments le ramène en lui-même* (Corn., *Méd.*, 588).

presse n.f. Foule, bousculade : *Vous avez fort la presse à ce livre nouveau* [= on se bouscule pour l'acheter]. *C'est pour vous faire riche* (Corn., *Gal. du Pal.*, 75). *De vrai la presse est grande à qui le fera roi* (Corn., *D. S.*, 843). *Du peuple épouvanté j'ai traversé la presse* (Rac., *Andr.*, 1521). *Au moins évitez les lieux publics, et les presses* (Sév., 17 févr. 1672). *Se tirer de la presse* (Acad. 94). ♦**Il y a presse à,** il y a du monde pour : *Il y a toujours eu presse à me prêter d'autant que l'on se fie sur les grandes richesses de mon père* (Sorel, *Franc.*, VII). ♦Insistance : *Écoutez avec quelle presse il* [Dieu] *vous parle par son prophète* (Boss., *Serm. sur l'Impén. fin.*). ♦Angoisse : *Mon cœur est soulagé d'une presse et d'un saisissement qui en vérité ne me donnent aucun repos* (Sév., 21 juin 1671).

Les sens actuels étaient également usuels au XVIIe s., sauf ceux de « impression de textes » et de « ensemble des publications périodiques ».

presser v.t. Serrer, comprimer, tasser : *Ceux qui se font presser à la représentation de mes ouvrages m'obligent infiniment* (Corn., *Sert.*, Au lecteur). [Le peuple] *Vole de toutes parts, se presse, l'environne* (Rac., *Brit.*, 1740). ♦Serrer de près, attaquer vivement (un ennemi, un adversaire) : *Les Portugais s'étaient bien gardés de presser les Espagnols avec toutes leurs forces* (Rac., *Notes hist.*, 38). ♦ Fig. Condenser, rendre ferme, précis : *Que le sens, à la vérité, soit pressé, c'est-à-dire que ce ne soient pas des paroles vagues* (Rac., *Trad. Lucien*). ♦Accabler, angoisser : *Hélas ! quel mal vous presse ? Je vous vois prêt, Monsieur, à tomber en faiblesse* (Mol.,

Sgan., sc. II). *Sa mère se trouvant de pauvreté pressée* [...] (Mol., *Éc. des f.*, 131). *Calmez, Reine, calmez la frayeur qui vous presse* (Rac., *Esth.*, 657). ♦ Contraindre, s'imposer avec force à : *Je suis bien empêché. La vérité me presse ; Le crime est avéré : lui-même il le confesse* (Rac., *Plaid.*, 829).

Les sens actuels étaient également usuels au XVIIe s.

prestige n.m. Illusion attribuée aux sortilèges : *D'un devin suborné les infâmes prestiges* (Corn., *Œd.*, 1613).

◆ pl. **Des prestiges,** des beautés qui tiennent de l'artifice et font illusion sur le fond des choses ; faux brillants : *Plus un déclamateur ferait d'efforts pour m'éblouir par les prestiges de son discours, plus je me révolterais contre les prestiges de sa vanité* (Fén., *Lettre Acad.*, 4).

Auj. « fait de frapper l'imagination, d'imposer le respect, l'admiration ».

prêt, e adj. **Prêt à, prêt de,** près de, sur le point de (indiquant une action proche à laquelle on ne participe pas activement) : *L'oiseau, prêt à mourir, se plaint en son ramage* (La Font., *F.*, III, 12). *À force de le pleurer, Numérien fut prêt à perdre les yeux* (Boss., *H. univ.*, I, 10). *Regrettant un hymen tout prêt à s'achever* (Rac., *Andr.*, 755). *Mme de Vaudémont n'est pas prête de revenir ici* (Sév., 9 mars 1672). *Dans quel péril encore est-il prêt de rentrer ?* (Rac., *Ath.*, 186). ♦ **Prêt de,** prêt à (indiquant une disposition, une intention où l'on est) : *Il tenait un moineau* [...] *Prêt d'étouffer la pauvre bête, Ou de la lâcher aussitôt* (La Font., *F.*, IV, 19). *Elles étaient toutes prêtes de signer* (Rac., *P.-R.*, II). *Et je dois moins encore vous dire Que je suis prêt pour vous d'abandonner l'empire* (Rac., *Bér.*, 1400).

Jusqu'à la fin du XVIIe s., il pouvait se confondre orthographiquement avec *près*.

prétendre v.t. Revendiquer : *Son frère Florin prétendit l'empire par droit de succession* (Boss., *H. univ.*, I, 10). *Le chapeau de cardinal, prétendu par Monsieur son frère* [de M. le Prince] (Retz, *Mém.*, II, 76). *Moi qui prétends pour dot la moitié de l'empire* (Corn., *Att.*, 414). *Mais chacun prétend part à cet illustre emploi* (Boil., *Lutr.*, I, 199). – Auj. en ce sens on dit *prétendre à*. ♦ Rechercher, convoiter : *C'est par où le traître De vos biens qu'il prétend cherche à se rendre maître* (Mol., *Tart.*, 1846). *Je vois ce qu'il* [Sévère] *prétend auprès de l'empereur* (Corn., *Pol.*, 1462). ♦ Courtiser, rechercher en vue du mariage : *Et la preuve* [...] *que je vous en demande, C'est de ne plus souffrir qu'Alceste vous prétende* (Mol., *Mis.*, 1594). *Tous les princes à marier la prétendent* (Corbinelli, 17 avr. 1676). – En ce sens on disait aussi *prétendre à qqn* : *Il ne prétend à vous qu'en tout bien et en tout honneur* (Mol., *Fourb.*, III, I). ♦ Suivi d'un infinitif ou d'une proposition complétive (*que* et le subjonctif), se proposer de, compter : *Je prétends vous traiter comme mon propre fils* (Rac., *Ath.*, 698). *Son cœur offensé Prétendait tôt ou tard rappeler le passé* (Rac., *Brit.*, 1666). *Demain, sans différer, je prétends que l'Aurore Découvre mes vaisseaux déjà loin du Bosphore* (Rac., *Mithr.*, 855). ♦ **Prétendre en qqch,** se flatter d'en jouir : *J'ai les cheveux noirs, naturellement frisés, et avec cela assez épais et assez longs pour pouvoir prétendre en belle tête* (La Roch., *Portrait par lui-même*). ♦ **Prétendre que,** admettre que : *Je ne prétends pas que vous preniez d'autre logis que le mien* (Mol., *Pourc.*, I, IV). – Auj. en cet emploi, comme aussi au XVIIe s. déjà, il indique une certaine présomption, une affirmation tranchante : *Elle* [la jument] *avait fait ceci, puis avait été là. Son fils prétendait pour cela Qu'on le dût mettre dans l'histoire* (La Font., *F.*, VI, 7).

prétendu, e adj. Futur (en parlant d'un parent par alliance) : *Cet époux prétendu doit aujourd'hui régaler sa maîtresse d'une promenade sur mer* (Mol., *D. J.*, I, II). *Mon Dieu, notre beau-père prétendu, ne vous fatiguez point tant* (Mol., *Pourc.*, II, II).

Le sens actuel de « qui passe pour ce qu'il n'est pas » était également usuel au XVIIe s. : [...] *la religion prétendue réformée* (Fur.).

prétexter v.t. Couvrir d'un prétexte : *Sa femme allait toujours chez le prélat Et prétextait ses allées et venues Des soins divers de cet économat* (La Font., *Contes*, IV, 6). *C'est pour prétexter sa sortie avec une épée* (Rac., *Ann. Sophocle*). *De quoi peut-il prétexter une entreprise si étrange ?* (Acad. 94).

Le sens actuel de « alléguer pour prétexte » était également usuel au XVIIe s. : *Il a prétexté un voyage qu'on lui avait ordonné, pour excuser sa fuite* (Fur.).

prévaloir v.i. **Prévaloir à,** l'emporter sur, avoir l'avantage sur : *Les apôtres et leurs disciples, le rebut du monde et le néant même, à les regarder par les yeux humains, ont prévalu à tous les empereurs et à tout l'empire* (Boss., *H. univ.*, II, 25). *La vertu prévaut aux richesses*

(Acad. 94). – Auj. on dit *prévaloir sur*, et seulement en parlant de choses.

prévenir v.t. Devancer (auj. seulement « empêcher par ses précautions », comme déjà au XVIIe s., ou « informer par avance ») : [...] *quoi que je puisse aujourd'hui vous en rapporter* [de la gloire de Condé], *toujours prévenu par vos pensées* [...] (Boss., *O. f. Condé*, Exorde). ♦ Inspirer des préventions à qqn, disposer bien ou mal envers (auj. seulement avec un complément d'objet suivi d'un autre complément amené par *contre* ou *en faveur de*) : *Misérable ! il s'en va lui prévenir l'esprit* (Rac., *Plaid.*, 581). *Marc Aurèle, malheureusement prévenu des calomnies dont on chargeait le christianisme* (Boss., *H. univ.*, I, 10). *Quoi donc ! de sa grandeur déjà trop prévenu, Le nouvel empereur vous a-t-il méconnu ?* (Rac., *Bér.*, 93). ♦ Faire des avances à, se montrer prévenant envers : *Dans les commencements il a fait des fautes, et il met sa gloire à les reconnaître par les offres dont il vous prévient* (Fén., *Tél.*, 9).

◆ **se prévenir,** se laisser influencer, se laisser aller à des idées préconçues : *Si on se prévient, si on se flatte, si on s'aveugle dans les petits intérêts de particuliers, ne doit-on pas encore plus craindre de se flatter et de s'aveugler sur les grands intérêts d'État ?* (Fén., *Tél.*, 17). *C'est l'homme du monde qui se prévient le moins* (Acad. 94).

prévention n.f. Parti pris, idée préconçue, favorable ou défavorable (auj. seulem. défavorable) : *N'allons point détruire les heureuses préventions d'une erreur qui donne du pain à tant de personnes* (Mol., *Am. méd.*, III, I). *La prévention du peuple en faveur des grands est si aveugle* [...] *que, s'ils s'avisaient d'être bons, cela irait à l'idolâtrie* (La Br., IX, 1).

Auj. aussi : « situation d'une personne prévenue d'une infraction » et « ensemble de mesures préventives contre certains risques ».

prévôt n.m. Magistrat chargé d'une juridiction ou préposé à une haute surveillance : *Le lion dans sa tête avait une entreprise, Il tint conseil de guerre, envoya ses prévôts* (La Font., *F.*, V, 19). *La femme du Lion mourut,* [...] *Il fit avertir sa province Que les obsèques se feraient Un tel jour, en tel lieu ; ses prévôts y seraient Pour régler la cérémonie* (La Font., *F.*, VIII, 14). ♦ Chef du chapitre d'une église : *Je suis bien fondé, dit le prévôt, à demander la rétribution sans me trouver à l'office* [...] *Que me servirait d'être à la tête d'un chapitre ?* (La Br., XIV, 26). ♦ **Prévôt royal,** premier juge royal. ♦ Le **Prévôt de l'hôtel,** ou **Grand Prévôt de France,** ou **Grand Prévôt,** jugeait les crimes commis à la Cour ; le **Prévôt de Paris** était le chef de la juridiction du Châtelet ; le **Prévôt de l'île** veillait à la sûreté des rues et des grands chemins de la région parisienne ; le **Prévôt des Maréchaux** avait les mêmes fonctions sur l'étendue d'une généralité ; le **Prévôt des Marchands,** chef de l'Hôtel de Ville, avait autorité sur la bourgeoisie, réglementant le commerce, assurant la perception des taxes communales.

prier v.t. Inviter : *Mme de Coulanges n'est point priée chez la chancelière ; elle me mande qu'elle en est toute étonnée* (Sév., 19 avr. 1694). ♦ **Prier qqn de qqch,** lui demander avec insistance ou prière qqch : *C'est l'unique faveur Dont je te puis encor prier avec honneur* (Corn., *Pompée*, 1680). *Hippolyte, comme un voleur, La priait de son déshonneur* (Scarr., *V. tr.*, II, 267). – Cette construction était condamnée par Malh. Auj., comme souvent au XVIIe s. déjà, *prier qqn de* est suivi d'un infinitif. ♦ **Prier que,** demander avec insistance que : *La Mousse m'a priée qu'il pût lire le Tasse avec moi* (Sév., 21 juin 1671). *Il s'est dit grand chasseur, et nous a prié tous Qu'il pût avoir le bien de courir avec nous* (Mol., *Fâch.*, 505).

Les sens actuels étaient également usuels au XVIIe s.

prime n.f. Jeu de cartes : *On proposa à Dom Marcos de jouer à la prime pour passer le temps* (Scarr., *Nouvelle*, le Châtiment de l'avarice). *Pour avoir fait encore à prime trop de reste, Il ne m'est rien resté* (Corn., *Mascarade des enfants gâtés*, 99). *Il a perdu son argent à petite prime* (Acad. 94).

primer v.t. et v.i. Occuper la première place, avoir l'avantage sur (auj. seulement abstrait, avec un sujet nom de chose) : *Ainsi, de tous côtés primé par un rival, Ses affaires sans moi se porteraient fort mal* (Corn., *Veuve*, 649). *Quand on se querelle, l'avantage est de primer, de donner le premier soufflet* (Fur.).

princesse adj. **Faculté princesse,** celle qui domine les autres, l'âme : *La vapeur noire et maligne cause dépravation aux fonctions de la faculté princesse* (Mol., *Pourc.*, I, VIII).

principal n.m. Capital prêté à un intérêt : *Je vous paierai, lui dit-elle, Avant l'oût, foi d'animal, Intérêt et principal* (La Font., *F.*, I, 1). *Il a abandonné les intérêts pour être payé du principal* (Acad. 94).

◆ adj. **Sort principal,** capital d'une rente : *Et le sort principal, et les gros intérêts* [...] (La Font., *F.*, XII, 7).

Les sens actuels du n. et de l'adj. étaient également usuels au XVIIe s.

prise n.f. Quantité que l'on prend, ration, dose : *Elle a des compositions* [= remèdes] *rares et précieuses, dont elle nous a donné trois prises qui ont fait un effet prodigieux* (Sév., 25 févr. 1685). ♦ **Avoir prise,** se quereller : *Nous eûmes prise ensemble à l'hôtel de Bourgogne* (Corn., *Gal. du Pal.*, 250). *Il eut plusieurs prises avec les plus illustres députés* (Rac., *P.-R.*, I). ♦ **Être en belle prise,** être facile à prendre : *Si l'un te dérobe un baiser par surprise, Qu'à l'autre incontinent il soit en belle prise* (Corn., *Mél.*, 1100, var.).

Les sens actuels étaient également usuels au XVIIe s., sauf les sens techniques : *prise de courant,* etc.

priser v.t. Estimer, évaluer, peser : *Si vous n'êtes pas tel que je l'ose espérer, Pour vous priser encor je le veux ignorer* (Corn., *Pol.*, 1366). *Dindenaut prisait moins ses moutons qu'eux leur ours* (La Font., *F.*, V, 20). *Mieux vaut, tout prisé, Cornes gagner que perdre ses oreilles* (La Font., *Contes*, II, 1). *Combien prisez-vous cette étoffe ?* (Acad. 94).

Auj. emploi restreint, dans la langue soignée, « apprécier, goûter », sens qui était usuel aussi au XVIIe s. : *Les hommes ne prisent les choses que suivant qu'elles sont rares ou nouvelles* (Fur.).

privauté n.f. Liberté, familiarité (auj. seulement au plur., comme déjà le plus souvent à la fin du XVIIe s.) : [...] *j'ai* [...] *pour vous un peu de honte De ce qu'on dit partout du trop de privauté Que déjà vous souffrez à sa témérité* (Corn., *Mél.*, 435).

privé, e adj. Apprivoisé, familier : *Dans le verger courait une perdrix privée* (La Font., *Phil. et Baucis*, 87). *Je ne m'étonne plus de te voir si privée Te mettre sur mon lit aussitôt qu'arrivée* (Corn., *Clit.*, 1632, var.). *C'est être bien privé que d'en user de la sorte* (Acad. 94).

Les sens actuels étaient également usuels au XVIIe s.

privément adv. Avec familiarité, en particulier : *Il accoste un jour privément celle* [des servantes] *qui lui voulait plus de bien, et la conjure en toutes sortes de façons de lui dire le sujet de la rigueur de Naïs* (Sorel, *Franc.*, IX). *Ils ont toujours vécu privément* (Acad. 94).

prix n.m. Valeur, mérite : *La mouche et la fourmi contestaient de leur prix* (La Font., *F.*, IV, 3). *Il est des endroits de vos lettres si aimables et si pleins de tendresse pour moi, que je n'ose entreprendre d'y répondre : je me vante de les bien sentir et d'en connaître le prix infini* (Sév., 26 juin 1675). ♦ Récompense (le sens restreint actuel : « récompense donnée au vainqueur d'une compétition », existait aussi au XVIIe s.) : [...] *pour prix de ses vers, Ils l'avertissent qu'il déloge, Et que cette maison va tomber à l'envers* (La Font., *F.*, I, 14). ♦ **Au prix de,** en comparaison de, auprès de (selon Vaug., *auprès de,* en ce sens, est une faute grossière ; cependant cet emploi est enregistré par Acad. 94 ; le sens actuel « en échange de [tel ou tel sacrifice] » existait aussi au XVIIe s.) : *Le bois le plus funeste et le moins fréquenté Est au prix de Paris un lieu de sûreté* (Boil., *Sat.*, VI, 90). *Que font les autres au prix de nous ?* (Sév., 12 janv. 1674) ; s'employait aussi adverbialement, sans complément : *Et quant aux merveilles Dont votre divin chant vient frapper les oreilles, Philomèle est, au prix, novice dans cet art* (La Font., *F.*, XI, 5).

Les autres locutions et sens actuels étaient également usuels au XVIIe s.

procédé n.m. Procédure : *Une hydre de procès et de procédés entre eux, où l'abbé était toujours compromis, et presque toujours partie* (Saint-Simon, 1710).

◆ Ensemble des usages constituant les préliminaires d'un duel : *L'auteur me permettra de lui dire qu'il n'est pas homme d'éclaircissement ni de procédé. Quand deux grands ont querelle, et que l'un est offensé à l'honneur* [...] (Scudéry, *Obs. sur « Cid »*). *C'est un homme qui aime le procédé* (Acad. 94).

Les sens actuels étaient également usuels au XVIIe s.

procéder v. **Tant est procédé que,** on fait tant et si bien que, en fin de compte, bref : *Tant est procédé que nous opinons à prendre à gauche* (E. de Coulanges, *Lettre*, 23 août 1675). *Il entendit un bas Breton qui parlait à une demoi-*

selle de sa passion ; la belle répondait ; enfin tant fut procédé qu'il entendit que la nymphe impatientée lui dit [...] (Sév., 8 janv. 1676).

prochain, e adj. Proche, peu éloigné, voisin : *De son appartement cette porte est prochaine* (Rac., *Bér.*, 7) . *Mes sœurs, j'entends du bruit dans la chambre prochaine* (Rac., *Esth.*, 824).

Auj. indique seulement un ordre de succession à l'intérieur d'une catégorie et qualifie le premier « objet » qu'on atteindra en partant de celui qui sert de base : *la prochaine station, le mois prochain, la prochaine fois* (« catégories » : *station, mois, fois*), etc.

proche adv. Près, à proximité, auprès : *C'est ce grand borgne d'Horatius Coclès qui chante ici proche* (Boil., *Dialogues des Héros de roman*).

◆ prép. Près de (on disait aussi en ce sens *proche de*) : *On voit* [...] *de la cavalerie proche la porte Saint-Bernard* (La Roch., *Lettre Lenet*, 8 sept. 1652). *Il s'est allé loger proche le Palais* (Acad. 94). *Hégésippe arriva si proche de lui, qu'il ne put s'empêcher de le reconnaître et de l'embrasser* (Fén., *Tél.*, 11). *Il leur fallait passer tout proche des fourches patibulaires où il y avait alors un grand nombre de pendus* (Scarr., *Rom. com.*, II, 9). *Il habite proche de chez moi* (Pasc., *Pensées*).

procurer v.t. Causer, provoquer : *Je me procure un mal pour en éviter mille* (Corn., *Pl. R.*, 250). *Je ne vous procure aucun dommage* (La Font., *Vie d'Ésope*).

Auj. le complément exprime en général un avantage.

procureur n.m. Intermédiaire, représentant : *J'ai une langue pour m'expliquer moi-même, et je n'ai pas besoin d'un procureur comme vous* (Mol., *Av.*, III, VII). ◆ Avoué : *À moins que d'être huissier, sergent ou procureur, On ne voit point sa fille* (Rac., *Plaid.*, 142).

Auj., s'emploie au sens de « mandataire légal ou magistrat représentant le ministère public ».

prodigalement adv. Avec prodigalité : *L'or, semé prodigalement Sur la soie et sur l'écarlate* [...] (Th. de Viau, *Odes*, VII, 3). *Cette disproportion de bien immense et odieuse, que la faveur du prince répandait prodigalement sur quelques-uns* [...] (Saint-Réal, *Conjur. des Gracques*). *Il ne faut pas donner prodigalement* (Acad. 94).

prodige n.m. Monstre, monstruosité : *Quand nous avons produit un enfant vicieux, Il faut de notre sang retrancher ce prodige* (Racan, *Berg.*, IV, V). *Ce Prince fut un prodige de cruauté* (Acad. 94).

Les sens actuels de « phénomène extraordinaire, inexplicable » et « personne douée de qualités surprenantes » étaient également usuels au XVIIe s.

prodigieux, euse adj. Monstrueux, abominable : *Apprenez donc l'effet le plus prodigieux Que jamais la vengeance ait offert à nos yeux* (Corn., *Méd.*, 1299). *Qui sait si, étant revenue de ses erreurs prodigieuses touchant la royauté, elle* [l'Angleterre] *ne poussera pas plus loin ses réflexions ?* (Boss., *O. f. H. de Fr.*). ◆ Qui réalise des prodiges, des miracles : *Adieu, sage vieillard, dont l'art prodigieux* [= la magie] *Fait que la vérité se découvre à mes yeux !* (Racan, *Berg.*, II, IV).

Le sens actuel de « extraordinaire » était également usuel au XVIIe s. : *Le Colosse de Rhodes était d'une prodigieuse hauteur* (Fur.).

produire v.t. Présenter, introduire, montrer : *Voilà l'homme qui meurt du désir de vous voir : En vous le produisant, je ne crains pas le blâme* (Mol., *F. sav.*, 937). *Il* [Victor] *fut produit devant les idoles par l'ordre des juges romains, afin qu'il leur offrît de l'encens* (Boss., *Paneg. St Victor*). *D'aujourd'hui seulement je produis mon visage* (Corn., *Ment.*, 721). *Il faut avoir quelque patron à la Cour qui vous produise* [...] *Il y a des gens de grand mérite qui demeurent dans l'obscurité, parce qu'ils ne se savent pas produire, qu'ils n'ont personne qui les produise* (Fur.).

Les sens actuels étaient également usuels au XVIIe s.

profane adj. Sacrilège, impie : *La main d'une impudique, une profane main* (Rotr., *Sosies*, III, II). *À mes sacrés autels font un profane insulte* (Boil., *Lutr.*, VI, 137). *Ta profane fureur ne se repose pas* (Boil., *Lutr.*, IV, 72). *Prétends-tu, par ta foi, Me leurrer de l'appât d'un profane langage ?* (La Font., *F.*, X, 11).

Des deux sens actuels, celui de « qui n'est pas sacré » était courant au XVIIe s., mais celui de « qui n'est pas initié à un art » n'apparaît qu'à la fin du siècle (Fur.).

profession n.f. Déclaration solennelle : *La haute profession que Votre Majesté a faite, de vouloir changer dans sa vie ce qui déplaisait à Dieu, les a remplis de consolation* (Boss., *Lettre*

Louis XIV, 10 juill. 1675). – Cet emploi s'est restreint à quelques expressions, comme : *profession de foi.* ♦ **Faire profession de,** déclarer (auj. « avoir comme occupation habituelle ») : *Je fais profession d'être votre serviteur* (Acad. 94). *J'ai fait jusques ici profession de l'être* [votre ami] (Mol., *Mis.*, 9) ; se flatter, se targuer de : *Je ne puis souffrir qu'une âme qui fait profession d'un peu de fierté ne trouve pas une honte horrible à de telles faiblesses* (Mol., *Pr. Él.*, II, I).

Le sens actuel de « métier » était également usuel au XVIIe s. : *La profession d'avocat est fort honorable, celle de médecin est fort lucrative* (Fur.).

profiter v.t. Avec un complément d'objet direct, amener un profit : *Seigneur, jusques ici votre sévérité A fait beaucoup de bruit et n'a rien profité* (Corn., *Cinna,* 1200, var.). ♦ Tirer un profit, gagner : *Mais je travaille en vain, son malheur et le mien Font que depuis cinq ans je n'y profite rien* (Racan, *Berg.*, III, IV). *Ces dévots indiscrets* [...] *Perdent ce qu'en commun dans la règle on profite À force de vivre à l'écart* (Corn., *Imit.*, III, 1436).

Auj. on dit seulement *profiter de, profiter à,* ou *profiter* sans complément, emplois déjà usuels XVIIe s., avec les mêmes sens qu'auj.

profond n.m. Profondeur, fond : *Du profond de ces flots, dont je règle le cours* (Racan, *Berg.*, I, I). *Mais à quoi bon ici du profond des enfers* [...] *Rappeler Arius, Valentin et Pélage* (Boil., *Sat.*, XII, 207).

profusions n.f. pl. Dépenses : *Oui, je veux enfin vous empêcher vos profusions ; et, pour rompre le cours à toutes les dépenses* [...] (Mol., *Bourg.*, V, II).

Auj. seulement au singulier au sens de : « grande abondance », emploi déjà usuel au XVIIe s. : *En ce repas, il y avait une grande profusion de viandes, de fleurs et de fruits* (Fur.).

progrès n.m. Cheminement en avant, avance : *Le progrès journalier du soleil* (Acad. 94). *Le Rhin tranquille, et fier du progrès de ses eaux* (Boil., *Ép.*, IV, 40). ♦ Fig. Développement, marche : *Jusques ici du moins tout va le mieux du monde ; Tâchons à ce progrès que le reste réponde* (Mol., *Ét.*, 530).

Les sens actuels étaient également usuels au XVIIe s., sauf celui de « évolution de l'humanité, de la civilisation vers un terme idéal » (en emploi absolu).

proie n.f. **Être en proie,** être déchiré (auj. toujours suivi d'un complément) : *Tout ce que la religion a de plus saint a été en proie* (Boss., *O. f. Anne de Gonzague*).

promenoir n.m. Lieu de promenade naturel ou préparé de main d'homme : *Tous nos arbres sont dépouillés, Nos promenoirs sont tous mouillés* (Th. de Viau, *Ode Contre l'hiver*). *Je ne sais si l'illustre Julie* [Mlle de Rambouillet] *habite encore vos forêts, et si elle occupe aussi bien vos promenoirs que vos pensées* (Chap., *Lettres,* I, 80). *J'ai encore acheté plusieurs terres, à qui j'ai dit, à la manière accoutumée : « Je vous fais parc » ; de sorte que j'ai étendu mes promenoirs sans qu'il m'en ait beaucoup coûté* (Sév., 20 mai 1667).

Auj. « partie d'une salle de spectacle où les spectateurs se tiennent debout ».

promettre v.t. Assurer, garantir, affirmer : *Je vous promets que ce qu'il m'a dit ne m'a point du tout offensée* (Mol., *Av.*, III, VII).

Les sens actuels de « s'engager à faire ou donner (qqch) » et « annoncer, prédire, faire espérer » étaient également usuels au XVIIe s.

prompt, e adj. Qui doit arriver le plus tôt possible : *N'applique tes raisonnements Qu'à chercher les plus prompts moments De faire un sacrifice à ma gloire outragée* (Mol., *Psyché,* 167). ♦ Prêt à (suivi d'un inf. qui avait parfois un sens passif) : *Ce général, voyant ses troupes promptes à bien faire, donna l'assaut* [...] [Ce] *vin est prompt à boire* [...], *il est en état d'être bu* (Fur.).

Le sens actuel de « vif, rapide » était également usuel au XVIIe s. : [...] *prompt comme un éclair* [...], *un esprit prompt et vif* (Fur.).

prôner v.i. et v.t. Faire de longues observations, d'ennuyeux discours : *Je prône toujours sans nécessité, et ennuyeusement* (Chap., *Lettres,* I, 338).

Le sens actuel de « vanter, recommander chaleureusement » était également usuel XVIIe s. : *Qui d'une sainte vie embrasse l'innocence Ne doit point tant prôner son nom et sa naissance* (Mol., *Tart.*, 498).

prônerie n.f. Observation, remontrance : *Il craignait ses emportements et ses prôneries auprès du Roi* (Retz, *Mém.*, I, 7). *Ma pauvre bonne, je vous demande mille excuses des ennuyeuses prôneries où je me suis embarquée* (Sév., 3 juill. 1675).

prononcer v.t. Déclarer hautement (encore auj. dans *prononcer une sentence, un arrêt,* « les formuler ») : *Je voudrais voir un homme sobre, modéré, chaste, équitable, prononcer qu'il n'y a point de Dieu* (La Br., XVI, 11).

◆ v.i. Porter un jugement, donner son avis : *Je suis d'avis que vous prononciez entre ces héros* (La Font., *Comparaison d'Alexandre, de César et de M. le Prince*). *Il me semble qu'il faudrait ou fermer les théâtres ou prononcer moins sévèrement sur l'état des comédiens* (La Br., XIV, 21). ♦ Prendre parti, se prononcer : *Vous commencez, madame, à prononcer pour lui* (Rac., *Alex.*, 1132).

Les sens actuels du v.t. : « articuler (un son) », « faire entendre (un texte) » étaient également usuels au XVIIe s. : *Les gens qui bégayent ne prononcent pas bien leurs mots* [...] *Ce discours a été prononcé devant le roi* (Fur.).

pronostiqueur n.m. Diseur de bonne aventure ; celui qui devine et prédit l'avenir : *Un pronostiqueur d'aventures Fort savant aux choses futures* (Scarr., *V. tr.*, VII, 305). *La plupart des pronostiqueurs sont des charlatans* (Richelet).

propet, ette adj. Propret, soigné, coquet : *Certaine nièce assez propette Et sa chambrière Pâquette Devaient avoir des cotillons* (La Font., *F.*, VII, 11).

propos n.m. Conversation, entretien, sujet : *Le loup donc l'aborde humblement* [le chien], *Entre en propos, et lui fait compliment Sur son embonpoint* (La Font., *F.*, I, 5). *Vous vous armez le cœur Contre tous les appas d'un propos enchanteur* (La Font., *Ép. à Mgr le Procureur général du Parlement*). *Le poète* [...] *se met sur le propos De Castor et Pollux* (La Font., *F.*, I, 14). ♦ Intention, résolution (encore auj. dans *ferme propos* et *de propos délibéré*) : *Propos, conseil, enseignement, Rien ne change un tempérament* (La Font., *F.*, VIII, 16). *Je l'ai vu en propos de faire cette affaire* [...] *J'ai fait propos de me retirer du monde* (Fur.).

Les expressions et les sens actuels étaient également usuels au XVIIe s.

propre adj. Particulier, personnel (auj. en ce sens avant le nom) : *Il n'y avait point d'apparence de s'imaginer sérieusement que Chimène se résolût à faire cette vengeance avec ses mains propres* (Sentim. Acad. sur « Cid »). *Et tu dédaignes la Victoire Que j'ai de ma main propre attachée à tes pas !* (Corn., *Tois.*, 80). ♦ Apte à, qualifié pour, capable de : *Homme propre pour mettre le peuple de son côté* (Rac., *Ann. Pline l'Ancien*). *Un enfant est peu propre à trahir sa pensée* (Rac., *Ath.*, 612). *Si Dieu m'avait fait naître Propre à tirer marrons du feu, Certes marrons verraient beau jeu* (La Font., *F.*, IX, 16). ♦ Convenable, approprié, assorti : *Les lieux communs ne sont pas propres à toutes les causes* (Rac., *Ann. Cicéron*). [Sa femme] *Vient au prétendu mort, approche de sa bière, Lui présente un chaudeau propre pour Lucifer* (La Font., *F.*, III, 7). [...] *un éléphant nain, pygmée, avorton, Propre à mettre au bout d'un bâton* (La Font., *F.*, X, 13). *Il faut à votre fille un mari qui lui soit propre* (Mol., *Bourg.*, III, XII). ♦ Élégant, soigné, raffiné : *Je n'attendais pas de tels sentiments d'un homme de la Cour, et qui a la mine de se piquer d'être propre et magnifique* (Fur., *Rom. bourg.*, I). *Un petit dîner aussi bon, aussi délicat, aussi propre qu'il est possible* (Sév., 7 mars 1685). *Un amateur du jardinage* [...] *Possédait* [...] *Un jardin assez propre, et le clos attenant* (La Font., *F.*, IV, 4).

Les locutions et les sens actuels existaient déjà au XVIIe s., sauf celui de « dont la réputation est sans tache ».

propre n.m. Bien propre, propriété : [Gnathon] *se rend maître du plat et fait son propre de chaque service* (La Br., XI, 121).

Le sens actuel de « qualité distinctive » et la locution *en propre,* « possédé à l'exclusion de tout autre », étaient également usuels au XVIIe s. : *C'est le propre de Dieu d'être bon* [...]. *Un moine* [...] *n'a rien* [...] *qui soit à lui en propre* (Fur.).

proprement adv. Élégamment : [Il] *a la mine de danser proprement* (Mol., *Pr. rid.*, sc. XII).

Les sens actuels étaient également usuels au XVIIe s.

propreté n.f. Élégance, raffinement : *Elle n'est curieuse que d'une propreté fort simple et n'aime point les superbes habits, ni les riches bijoux, ni les meubles somptueux* (Mol., *Av.*, II, V). *Deux cents jeunes académistes Qui, par leurs propretés artistes, Étaient de rubans si couverts* (Loret, *Muse hist.*, 17 juill. 1657).

Le sens actuel de « qualité de ce qui n'est pas sale » devient usuel à la fin du XVIIe s. : *Elles font et lavent les habits de la famille, et tiennent les maisons dans un ordre et une propreté admirables* (Fén., *Tél.*, 7).

prospère adj. Favorable : *Le destin forcé de nous être prospère* (La Font., *Lettre à sa femme,*

12 sept. 1663). *Le Ciel vous soit prospère* (Acad. 94).

Le sens actuel de « heureux, favorisé du sort » était également usuel au XVIIe s. : *Et mes désirs ont eu des succès* [= issues] *si prospères Que l'auteur de vos jours m'a promis à demain Le bonheur sans pareil de vous donner la main* (Corn., *Hor.*, 336).

prosterné, e adj. Allongé à terre : *À ces mots il se couche ; et chacun étonné Admire le grand cœur, le bon sens, l'éloquence Du sauvage ainsi prosterné* (La Font., *F.*, XI, 7). ♦Abattu, jeté à terre : *Le voilà prosterné et abattu, gémissant sous ce poids honteux* [celui des péchés] (Boss., *1er Serm. sur la Passion*).

Le sens actuel de « incliné en avant dans une attitude d'adoration ou de supplication » était le plus usuel au XVIIe s.

protestant n.m. Celui qui courtise, qui fait des protestations d'amour : *Le protestant de madame Clitie N'eut de crédit qu'autant qu'il eut du fonds* (La Font., *Contes*, III, 5).

Le sens actuel de « adepte de la religion réformée » était également usuel au XVIIe s. : *Si les protestants savaient à fond comment s'est formée leur religion* [...] (Boss., *Hist. var.*, Préf.).

protestation n.f. **Faire sa protestation,** déclarer hautement : *Je demande pardon de cette douceur à votre dignité de commissaire, et fais ma protestation qu'elle n'est point en vue de vous corrompre* (Sév., 13 juin 1684).

protester v.t. Déclarer solennellement, promettre avec serment (encore auj., comme v.i., dans qqes expressions : *protester de son innocence, de sa loyauté*, etc.) : *Demain nous protesterons de ne plus rien faire contre le service du Roi* (La Roch., *Lettre Lenet*, 23 oct. 1652). *Il lui protesta de ne l'abandonner jamais* (Acad. 94). *Je jure et je proteste devant Dieu que* [...] *jamais je n'aurais mis en compte, au moins pour cette année, le désir de vous voir* (Sév., 15 janv. 1674). *Je proteste que personne n'admire Cicéron plus que je fais* (Fén., *Lettre Acad.*, 4).

Le sens actuel du v.i. « manifester son désaccord, son mécontentement » devient usuel au milieu du XVIIe s. : *On les* [les oreilles du lièvre] *fera passer pour cornes* [...] *J'aurai beau protester ; mon dire et mes raisons Iront aux Petites-Maisons* (La Font., *F.*, V, 4).

prou adv. Beaucoup, trop (vieilli au XVIIe s. ; auj. seulement dans la locution littéraire *peu ou prou* : « plus ou moins ») : *Prou de pardons il avait rapporté ; De vertu peu : chose assez ordinaire* (La Font., *Contes*, I, 3). *Pour Dieu, ne prenez point de vilaine figure ; J'ai prou de ma frayeur en cette conjoncture* (Mol., *Ét.*, 604).

prouesse n.f. Vaillance, bravoure : *Le lion, terreur des forêts, Chargé d'ans et pleurant son antique prouesse, Fut enfin attaqué par ses propres sujets, Devenus forts par sa faiblesse* (La Font., *F.*, III, 14).

Le sens actuel de « exploit » vieillissait au XVIIe s. et, comme auj., ne s'employait plus qu'avec une nuance plaisante : *L'usage a préféré* [...] *grandes actions à prouesses* (La Br., XIV, 73). *Le mulet d'un prélat se piquait de noblesse Et ne parlait incessamment Que de sa mère la jument, Dont il contait mainte prouesse* (La Font., *F.*, VI, 7).

provende n.f. Provisions, nourriture : [Le loup] *avait vu sortir gibier de toute sorte, Veaux de lait, agneaux et brebis, Régiments de dindons, enfin bonne provende* (La Font., *F.*, IV, 16).

proverbe n.m. Locution usuelle : *Ne dites-vous pas en commun proverbe : « des loups ravissants, des lions furieux, malicieux comme un singe » ?* (La Br., XII, 119).

Le sens actuel de « formule sentencieuse, maxime de bon sens » était le plus usuel au XVIIe s. : *Ne t'attends qu'à toi seul : c'est un commun proverbe* (La Font., *F.*, IV, 22).

province n.f. Pays, nation, royaume : *Thèbes avec raison craint le règne d'un prince Qui de fleuves de sang inonde sa province* (Rac., *Théb.*, 1044). *Ceci montre aux provinces Que* [...] *mieux vaut* [...] *S'abandonner à quelque puissant roi, Que s'appuyer de plusieurs petits princes* (La Font., *F.*, VIII, 18). *Il* [le lion] *fit avertir sa province Que les obsèques* [de sa femme] *se feraient Un tel jour* (La Font., *F.*, VIII, 14).

Les sens actuels de « tout le territoire autre que la capitale » et « région géographique d'un État » étaient également usuels au XVIIe s. : *C'est un homme de province, qui n'a pas l'air du beau monde* [...] *La province de Normandie, de Bretagne, d'Anjou, etc.* (Fur.).

proximité n.f. Parenté : *Le premier président de Provence ne passe pas pour neveu de M. Colbert ; je ne sais où vous avez pris cette proximité* (Sév., 13 nov. 1673). *Le prince de Conti et le duc de Longueville liés au prince de Condé par tant* *de proximité et par tant d'intérêts* (La Roch., *Mém.*, II, 116). *Il y a quelque proximité de sang entre eux* (Acad. 94).

Le sens actuel de « caractère de ce qui est très proche (dans le lieu ou le temps) » était également usuel au XVIIe s. : *Il a acheté cette terre, qui est à sa bienséance, attendu la proximité du lieu* (Fur.).

prude adj. et n. Qui a une grande rigueur morale ; vertueux : *L'un et l'autre, à mon sens, ont le cerveau troublé, Répondra chez Frédoc ce marquis sage et prude* (Boil., *Sat.*, IV, 73). *Enfin ce Nonce prude et sage Fait espérer de lui beaucoup* (Loret, *Muse hist.*, 13 janv. 1657). *Elle fait la sucrée et veut passer pour prude* (Mol., *Ét.*, 971).

Le sens actuel de « qui manifeste une pudeur affectée » était également usuel au XVIIe s. : *Une femme prude paye de maintien et de parole ; une femme sage paye de conduite* (La Br., III, 48).

prudence n.f. Sagesse, vigilance : *S'il part malgré vos pleurs, c'est un trait de prudence* (Corn., *Pol.*, 139). *Et trompant de Colbert la prudence importune* [...] (Boil., *Sat.*, VIII, 181). ♦Discernement, jugement : [Ce monarque] *Qui, séparant le bon d'avec son apparence, Décide sans erreur, et loue avec prudence* (Mol., *Val. de Gr.*, 296).

Le sens actuel de « modération, retenue de celui qui évite les dangers », était également usuel au XVIIe s. : *La prudence nous oblige à bien examiner les choses, à prendre conseil* (Fur.).

prudent, e adj. Sage, avisé : *Le point n'en put être éclairci. « De grâce, à quoi bon tout ceci ? » Dit une abeille fort prudente* (La Font., *F.*, I, 21). *Ce fut là un prudent conseil* (Fur.).

Les sens actuels de « circonspect » (pour des personnes), « inspiré par la circonspection » (pour des choses) étaient également usuels au XVIIe s.

prudhomie n.f. Honnêteté, droiture : *Pour moi, me soupçonner de quelque mauvais tour, Je dirai, n'en déplaise à Monsieur votre amour, Que c'est injustement blesser ma prudhomie* (Mol., *Dép. am.*, 9). *J'ai toujours eu bonne opinion de sa prudhomie* (Acad. 94).

public n.m. Bien commun, état, intérêt public : *Mourir pour le pays est un si digne sort Qu'on briguerait en foule une si belle mort ; Mais vouloir au public immoler ce qu'on aime,* [...] *Une telle vertu n'appartenait qu'à nous* (Corn., *Hor.*, 443). *Il était de ceux-là qui vivent Sur le public, et craignent peu les coups* (La Font., *F.*, III, 7). *Ô vous, dont le public emporte tous les soins, Magistrats, princes et ministres* (La Font., *F.*, XII, 25).

Le sens actuel de « ensemble des gens qui lisent, voient, entendent » était également usuel au XVIIe s. : *Un auteur donne ses ouvrages au public* [...] *Les avocats parlent en public* (Fur.).

publier v.t. Rendre public, faire savoir (encore auj. dans *publier une nouvelle, une information*, etc.) : [Le sénat et le peuple] *Publiaient qu'en mourant Claude avec sa puissance M'avait encor laissé sa simple obéissance* (Rac., *Brit.*, 1243). *La Renommée eut soin de publier l'affaire* (La Font., *F.*, I, 14). *Au nom de Dieu, gardez-vous bien D'aller publier ce mystère* (La Font., *F.*, VIII, 6). ♦Signaler, désigner à tous : *Et que direz-vous de la marquise Araminte qui la publie partout pour épouvantable ?* (Mol., *Crit. Éc., des f.*, sc. V). ♦Vanter hautement : *Est-ce là toute cette science que les hommes publient, et qui vous fait révérer de toute la terre ?* (La Br., XI, 35). *L'autre* [Condé], *élevé par les armes au comble de la gloire comme un David, comme lui meurt dans son lit en publiant les louanges de Dieu* (Boss., *O. f. Condé*).

pudeur n.f. Confusion, gêne, embarras, honte : *Il* [un chien] *regarde le monde indifféremment, sans embarras, sans pudeur* (La Br., II, 38). *Alléguez la beauté, la vertu, la jeunesse : La Mort ravit tout sans pudeur* (La Font., *F.*, VIII, 1). *Vous* [...], *Qui ne pûtes jamais écouter sans pudeur La louange la plus permise* (La Font., *F.*, X, 14). ♦Modestie : *J'espère que dans cette dédicace il aura eu soin de ma pudeur* (Chap., *Lettres*, II, 608).

Les sens actuels de « retenue, discrétion », et particulièrement « horreur de ce qui blesse la décence », étaient également usuels au XVIIe s. : *La pudeur sied bien aux femmes* [...]. *Le Magistrat doit empêcher ce qui est contre la pudeur et l'honnêteté publique* (Fur.).

pudicité n.f. Pudeur, chasteté : *Dans ces refuges où la pudicité est à couvert des tentations du désespoir et de l'indigence* [...] (Fléch., *Panég.*, II, *in* L.). *La pudicité est le principal ornement d'une femme* (Acad. 94).

puir v.t. et v.i. Puer, sentir : *Ah !* sollicitude *à mon oreille est rude : Il put étrangement son ancienneté* (Mol., *F. sav.*, 553). *Ci-gît un courtisan qui d'espoir se reput ; Jadis il sentait bon, et* *maintenant il put* (Bensérade, *Œuvres*, I, 204). – Dans la conjugaison l'usage mêlait les formes de *puir* et *puer* : *Je pus, tu pus, il put, nous puons, vous puez, ils puent* (Richelet). Il était d'un emploi moins trivial qu'aujourd'hui.

puis adv. **Puis après,** plus tard : *Éraste* [...] *devenu puis après jaloux de leur hantise* [= de leurs relations] [...] (Corn., *Mél.*, Argum.).

puisque conj. Les deux éléments de la conjonction pouvaient se dissocier dans la locution *puis donc que* : *Puis donc que tu le veux, puisque tu le commandes* [...] (Corn., *Imit.*, IV, 315). *Puis donc qu'on nous permet de prendre Haleine, et que l'on nous défend de nous étendre* (Rac., *Plaid.*, 791).

puissance n.f. **De puissance absolue,** d'autorité : *Agissez donc, Seigneur, de puissance absolue* (Corn., *Perth.*, 1332).

puissant, e adj. Fig. Fort, important (auj. emploi plus restreint) : *En ce danger pressant Qui jeta dans la ville un effroi si puissant* (Corn., *Cid*, 1244). *Rome à ce nom si noble et si saint autrefois Attacha pour jamais une haine puissante* (Rac., *Bér.*, 383).

pur adv. **À pur et à plein,** extrêmement, sans réserve : *Dans l'affaire qui a exercé cette excellente famille et qu'elle a gagnée à pur et à plein* [...] (Chap., *Lettres*, I, 428). *J'ai demandé à M. de Louvois le régiment de Sanzei à pur et à plein, en cas que le pauvre Sanzei fût mort* (Sév., 26 août 1675).

purement adv. Sans autre vue, simplement (auj. seulement dans la locution *purement et simplement*, déjà très usuelle au XVIIe s.) : *Je me sentirais obligé de rentrer purement dans les exercices de ma profession* (Retz, *Mém.*, III, 299). ♦Avec chasteté (rare auj.) : *Les Pères du désert ont vécu fort purement* (Fur.). ♦Avec une correction élégante : *Un auteur écrit fort purement, quand il se sert de termes choisis, élégants et intelligibles* (Fur.).

Le sens actuel de « intégralement et exclusivement » était également usuel au XVIIe s. : *L'on écrit régulièrement depuis vingt années ;* [...] *l'on a enrichi la langue de nouveaux mots, secoué le joug du latinisme, et réduit le style à la phrase purement française* (La Br., I, 60).

purger v.t. Fig. Purifier, laver (un coupable) : *Homme, si tu pouvais apprendre L'art de te bien anéantir, De bien purger ce cœur* (Corn., *Imit.*, III, 4278). ♦Effacer (une faute) : *Et qu'alléguerais-tu qui purgeât ton offense ?* (Rotr., *Laure perséc.*, I, X). ♦Débarrasser de : *Ah ! qu'il vaudrait bien mieux par de saints exercices Purger nos passions, déraciner nos vices* (Corn., *Imit.*, I, 2291).

◆ **se purger,** se justifier, se disculper : *Peut-être que l'accusé se purgera et confondra ceux qui l'accusent* (Chap., *Lettres*, I, 556). *L'autre, pour se purger de sa magnificence, Dit qu'elle gagne au jeu l'argent qu'elle dépense* (Mol., *Éc. des f.*, 39). *Thaïs se veut purger de tout sujet de plainte* (La Font., *Eunuque*, III, II). *En obligeant ceux qui obtiennent de semblables érections à se purger par serment que leurs terres ne sont sujettes à aucune substitution* (Rac., *Factum Pour le Maréchal de Luxembourg*).

Auj. mot médical, comme aussi au XVIIe s., ou technique ; pourtant on dit encore : *purger une peine.*

q

quadruple n.m. Monnaie valant deux louis ou deux pistoles : *Le double quadruple vaut quatre pistoles* (Fur.). *Un quadruple qui n'est pas de poids* (Acad. 94).

Le sens actuel de « ce qui est égal à quatre fois (la chose désignée) » était également usuel au XVIIe s. : *Messieurs les courtisans,* [...] *Le mal se rend chez vous au quadruple du bien* (La Font., *F.*, VIII, 3).

qualifié, e adj. De condition noble : [Le sang] *Le plus pur, le plus vif, le mieux qualifié* (La Font., *Quinquina*, 144).

Auj. « qui présente les qualités requises pour telle ou telle fonction ».

qualifier (se) v.pr. Se donner un titre, une dignité : *Ne croyez pas que je la prenne pour argent comptant, ni que j'aie jamais la témérité de me qualifier* (Chap., *Lettres*, I, 240).

Auj. seulement en sports.

qualité n.f. À propos de personnes, disposition morale bonne ou mauvaise, trait de caractère (auj. il a seulement un sens favorable) : *On est contraint parfois de souffrir leurs mauvaises qualités à cause des bonnes* (Mol., *Mal. im.*, I, VI). *Avec mille bonnes qualités il en avait une mauvaise : c'était de se laisser trop entraîner au penchant qu'il avait à l'amour* (Le Sage, *Diable boit.*, IV). *Parmi quelques bonnes qualités il en a beaucoup de mauvaises* (Acad. 94). ♦ Noblesse de naissance : *Pensez-vous que pour être de qualité* [...] *pensez-vous* [...] *que vous en soyez plus habile homme ?* (Mol., *D. J.*, I, II). *Il voyait bien par son air, et par tout ce qui était à sa suite, qu'elle devait être d'une grande qualité* (La Fayette, *Clèves*, I). *Un jeune homme de basse extraction, nommé Marius, crut que dépouillé de bien et de qualité comme il était, il risquait peu de se déclarer* [= en se déclarant] *contre les Grands et le sénat* (Saint-Réal, *Marius et Sylla*).

quand conj. **Quand bien,** même au cas où, quand bien même : *Quand bien ce délai devrait tout hasarder, Ma parole est donnée, et je la veux garder* (Corn., *Méd.*, 1111). ♦ **Quand et, quant et,** loc.prép. Avec : *Le valet* [...] *ouvrit le bahut, en tira l'habit et le renferma emportant la clef quand et soi* (Chap., *Guzm. Alfar.*, III, 91). ♦ **Quand et quand,** loc.adv. En même temps (loc. pop. selon Fur. et Acad. 94 ; Vaug. condamnait l'emploi comme préposition, qui appartenait au style burlesque, et déconseillait l'emploi adverbial, vieilli au milieu du siècle) : *Si vous allez acheter des souliers, achetez quand et quand des bas* (Fur.). ♦ **Quand... même,** loc. conj. de concession (auj. en cet emploi on ne sépare pas les deux mots, ou on dit *quand bien même*) : *Et quand j'eusse même échappé les filets,* [...] (Cyrano, *Lettres amoureuses*, XV).

quant, e adj.ind. **Toutes fois et quantes,** aussi souvent qu'on le désire : *Il* [...] *ne garda que le nécessaire, le portatif et des pierreries, pour être en liberté de faire toutes fois et quantes tout ce qu'il voudrait* (Saint-Simon, 1710). *Un officier doit venir toutes fois et quantes qu'un supérieur le mande* (Fur.). *Je vous accompagnerai chez lui toutes fois et quantes qu'il vous plaira* (Acad. 94).

quant-à-moi n.m. Attitude réservée, défensive (seul *quant-à-soi* a subsisté) : *Elle m'a répondu, tenant son quant-à-moi : « Va, va, je fais état de lui comme de toi »* (Mol., *Dép. am.*, 1191). *Il fait si fort du quant-à-moi Qu'il ne voit ni reine ni roi* (Loret, *Muse hist.*, 30 juill. 1651).

quart, e adj. Quatrième (vieilli au XVIIe s.) : *Un quart voleur survient qui les accorde net* (La Font., *F.*, I, 13). ♦ **Fièvre quarte,** fièvre qui revient périodiquement le 1er et le 4e jour, etc., en laissant deux jours de répit au malade : *Présentement nous sommes dans l'espé-*

rance qu'elle aura la fièvre quarte [...]. *Elle nous a voulu montrer la force de son esprit, en se montrant toute résolue à passer son hiver à n'avoir que deux jours de santé et un de maladie* (Ch. de Sévigné, *Lettre,* 8 déc. 1675).

quart n.m. **Quart d'écu,** pièce de 15 sous, retirée de la circulation vers 1640 : *On ne voit plus de pièces à cette heure-ci, dont toutes les lettres ne soient rognées, et je m'en rapporte à nos quarts d'écus de France* (Sorel, *Franc.,* XII). *Quand bien vous l'auriez assommée, Seriez-vous mieux d'un quart d'écu ?* (Scarr., *V. tr.,* II, 2400).

quartaine adj. **Fièvre quartaine,** syn. de *fièvre quarte* (expression employée surtout dans les imprécations ; bas selon Acad. 94) : *Que la fièvre quartaine puisse serrer bien fort le bourreau de tailleur !* (Mol., *Bourg.,* II, IV). *Je lui dis* [...] *que je n'avais jamais vu personne qui fût si éloquent que lui pour persuader aux gens que fièvres quartaines leur étaient bonnes* (Retz, *Mém.,* II, 448).

quartenier n.m. Officier chargé de la surveillance d'un quartier de ville : *M. du Maine* [...] *se servit, quoique couvertement, des Seize qui étaient les quarteniers de la Ville* (Retz, *Mém.,* II, 279).

quarteron n.m. Mesure de poids valant 1/4 de livre : *Un quarteron d'épices, de cerises, de fromage* (Fur.). ♦Approximativement le 1/4 d'un cent (à Paris 26 ; dans quelques villes 32) : *Un quarteron d'abricots* [...] *est composé de 26, savoir de 25 qui est le quart d'un cent, et d'un qu'on donne pour le par-dessus* (Fur.). *Il le faut enterrer plus tôt que plus tard, çà mettons-nous en besogne, nous gagnerons cinq ou six quarterons d'indulgences* (Sorel, *Franc.,* VII).

Auj. péjor. : « petit nombre, poignée (de personnes) ».

quartier n.m. Région, pays : *Vous avez feuilleté le Digeste à Poitiers, Et vu, comme mon fils, les gens de ces quartiers* (Corn., *Ment.,* 1444). *Ces endroits, comme vous savez, sont d'ordinaire le quartier des Flores ; j'y en vis une* (La Font., *Lettre à sa femme,* 12 sept. 1663). ♦Lieu où réside une troupe militaire, cantonnement, et, par extens., corps de troupes : *On le voit en même temps à toutes les attaques, à tous les quartiers* (Boss., *O. f. Condé*). *M. de Luxembourg a assemblé tous ses quartiers* (Pelliss., *Lettre,* s. d.). – On connaît encore l'expression *quartiers d'hiver.* ♦**Quartier de terre,** le quart d'un arpent : *N'ayant pour tout bien qu'un seul quartier de terre* (Mol., *Éc. des f.,* 180). ♦**Quartier (d'étoffe),** le quart d'une aune, soit environ 0,30 m : *Ils* [mes canons] *ont un grand quartier plus que tous ceux qu'on fait* (Mol., *Pr. rid.,* sc. IX). *Plus de coiffures élevées jusqu'aux nues* [...] *Les princesses ont paru de trois quartiers moins hautes qu'à l'ordinaire* (Sév., 15 mai 1691). ♦**Quartier de rente, de pension,** etc., somme payée chaque trimestre : *Et ce visage enfin plus pâle qu'un rentier À l'aspect d'un arrêt qui retranche un quartier* (Boil., *Sat.,* III, 4). ♦**À quartier,** à distance, à l'écart : *En présence de sa mère, qui était un peu à quartier occupée à quelque travail* [...] (Fur., *Rom. bourg.,* I). ♦**Demander, refuser quartier,** demander, refuser la vie sauve (auj. on dit encore *ne pas faire de quartier,* « tuer tous les ennemis ») : *On lui demanda s'il voulait quartier ; il dit que non : cela est bien imprudent ; ils l'ont tué, et rendu sa sœur et son vilain mari les plus riches gens de France* (Sév., 4 sept. 1675). *M. le Prince attaqua Charenton à la pointe du jour ; il l'emporta* [...]. *Clanleu s'y fit tuer, ayant refusé quartier* (Retz, *Mém.,* II, 216).

Les autres sens actuels étaient également usuels au XVIIe s.

quasi adv. Presque (Vaug. le trouve bas, tout en lui reconnaissant « quelque grâce » en certains emplois. Acad. déclare en 1704 qu'il est à peu près sorti de l'usage) : *Notre grande méthode* [...] *dont l'importance est telle dans notre morale, que j'oserais quasi la comparer à la doctrine de la probabilité* (Pasc., *Prov.,* VI). *Je vous dirai que celle-là* [la pensée de Guarini], *quoique fort semblable à celle du Tasse, me plut davantage, sans que je puisse quasi dire pourquoi* (Sév., 12 sept. 1656).

Il est auj. d'un emploi restreint, devant un adjectif ou un adverbe ; devant un subst., il sert à former des noms composés : la *quasi-totalité,* un *quasi-contrat,* etc.

quatre adj. **Se faire tenir à quatre,** se faire prier avec insistance : *Je considère qu'il ne faut pas se faire tenir à quatre, quand les gens reviennent de bonne grâce* (Bussy, *Lettre,* 20 janv. 1678).

que conj. Indiquait la comparaison, sans corrélation dans une principale interrogative ou négative (auj. *autre chose que, sinon, autrement que*) : *Ai-je cherché par là qu'à vous voir mon époux ?* (Corn., *Pulch.,* 903). *Et qui connaît que* *vous les beautés et les grâces ?* (La Font., *F.*, VII, *Ép. à Mme de Montespan*). *Il n'y a pas trop de sûreté de se mettre sur le Rhône qu'à bonnes enseignes* (Rac., *Lettre La Fontaine*, 11 nov. 1661). ♦Il était parfois exprimé dans des formules traduisant un vœu, avec sujet inversé : *Que puissiez-vous avoir toutes choses prospères !* (Mol., *Dép. am.*, 869). ♦**Que non pas** pouvait introduire le second terme d'une comparaison : *Il serait plus aisé de faire que tous les hommes s'accordassent à apprendre la* [langue] *latine ou quelqu'autre de celles qui sont en usage, que non pas celle-ci* (Desc., *Lettre Mersenne*, 20 nov. 1629). ♦**Que si,** or si, si : *Hé ! que si la colère une fois me transporte, Je vous ferai chanter, hélas ! de belle sorte* (Mol., *Sgan.*, sc. Ire). – Auj. cette locution est affectée, emphatique. ♦**Que bien, que mal,** tant bien que mal : *Que bien, que mal, elle arriva Sans autre aventure fâcheuse* (La Font., *F.*, IX, 2). ♦La proposition complétive introduite par *que* pouvait être coordonnée à un nom complément d'objet : *Il mande la mort du jeune d'Hocquincourt, et qu'il envoira un courrier apprendre au roi la suite de cette entreprise* (Sév., 31 juill. 1675).

Les emplois actuels étaient également usuels au XVIIe s.

que pr.rel. S'employait là où nous mettrions : **1.** où, auquel : *Madame, j'ai porté mes pas et mes sanglots Du côté que le vent poussait encor les flots* (Corn., *Pompée*, 1488). *Environ le temps Que tout aime et que tout pullule dans le monde* (La Font., *F.*, IV, 22) ; **2.** dont, avec lequel : *De la façon enfin qu'avec toi j'ai vécu* (Corn., *Cinna*, 1459). *Les Religieuses s'étaient comportées et avaient parlé avec toute la dignité qu'un archevêque pourrait faire* (Rac., *P.-R.*, II). ♦Précédé d'un adjectif, il exprimait la concession ou la cause (auj. il n'a la valeur concessive que si l'adjectif qui le précède est lui-même précédé de *tout : tout indifférent qu'il est*) : *Ton entretien commun me charme davantage ; Il ne peut me lasser, indifférent qu'il est* (Corn., *Clit.*, 871). ♦Il pouvait être complément dans une proposition subordonnée circonstancielle : *Mais il te reste encore à quitter bien des choses, Que si tu ne me peux résigner tout à fait, Tu n'acquerras jamais ce que tu te proposes* (Corn., *Imit.*, III, 3490). ♦L'antécédent *ce* était parfois omis, ainsi dans les locutions **que c'est, que c'est de** (auj. *ce que c'est, ce que c'est que*. – La construction actuelle était déjà la seule usuelle à la fin du siècle, selon Acad. 94) : *Voilà que c'est de ne voir pas Jeannette* (Mol., *Ét.*, 1595). *Vous savez mal que c'est d'un véritable amour* (Th. de Viau, *Élégie* Proche de la saison...) ; **que je crois (pense)** [auj. on dit *à ce que je crois (pense)*] : *Vous n'avez pas été sans doute la première, Et vous ne serez pas, que je crois, la dernière* (Mol., *Dép. am.*, 1078).

◆ pr.interr. ou indéf. En quoi : *Que vous peut offenser sa flamme ou sa retraite ?* (Corn., *D. S.*, 1057). ♦Avant un infinitif, dans une tournure interrogative indirecte, qqch, rien : *Beaucoup d'honnêtes gens en pourraient bien que dire* (Mol., *Éc. des f.*, 832). *Je vois bien que j'ai tort, mais je n'y puis que faire* (Mol., *F. sav.*, 1486).

Les emplois actuels du pronom *que* étaient également usuels au XVIIe s.

quel, quelle adj. Tel : *Quel il m'a vu jadis, et quel il me retrouve !* (Rac., *Ph.*, 994). ♦Il pouvait exprimer telle ou telle qualité, manière d'être, ou l'identité : *Quel était Pélops, votre aïeul ? n'était-il pas Phrygien ?* (Rac., *Ann. Sophocle*). *Quel devins-je au récit du crime de ma mère !* (Rac., *Mithr.*, 67). [Mopse] *s'insinue dans un cercle de personnes respectables et qui ne savent quel il est* (La Br., II, 38). ♦Lequel : *Quelle des deux aurai-je, ou la mort ou Cassandre ?* (Rotr., *Venceslas*, II, II). *Quel de vos diamants me faut-il lui porter ?* (Corn., *S. du Ment.*, 558). – Cet emploi pronominal, condamné dès le milieu du XVIIe s., ne se trouve plus aujourd'hui que dans l'interrogation indirecte. ♦**Quel... que,** quelque... que (cette locution, condamnée par Vaug., était cependant fréquente au XVIIe s.) : *Il faut que je lui parle, à quel prix que ce soit* (Scarr., *Jod. duel.*, V, V).

Les emplois actuels étaient également usuels au XVIIe s.

quelconque adj.indéf. **En façon quelconque,** en aucune façon (locution rare, d'après Richelet) : *M. le Duc* [...] *ajouta qu'il ne souffrirait, en façon quelconque, que l'on usât d'aucune violence* (Retz, *Mém.*, I, 262).

quelque adv. Au sens de « environ », s'accordait assez souvent, en dépit de Vaug. : *Attendez, il y peut avoir quelques huit jours* (Corn., *Clit.*, 399). *Une bataille où il soit demeuré sur la place quelques neuf à dix mille hommes des leurs* (La Br., X, 11). ♦Avec une valeur concessive devant un adjectif, il s'accordait aussi, en dépit de Vaug. : *Ses feux, Quelques ardents qu'ils soient* [...] (Corn., *Pulch.*, 472). *Quelques* *nouveaux nœuds dont ta main soit liée* (Rotr., *Heureuse Constance*, III, III). ♦ **Quelque** (suivi d'adjectif), en phrase exclamative : *Et tu l'as de pied ferme attendu ? – Quelque sot ! J'ai jeté tout par terre et couru Comme quatre* (Mol., *Pr. Él.*, 216). *Prends bien garde comme je vais me percer le cœur.* (Se riant de Tircis.) – *Je suis votre serviteur : quelque niais* (Mol., *Pr. Él.*, 4ᵉ interm., sc. II).

◆ adj. **Quelque... que** pouvait être suivi du conditionnel (auj. le subjonctif est de règle) : *Et quelque permission que j'en aurais eue de vous, je n'aurais pas encor été assez hardi pour m'en servir, si je n'avais une autre aventure* [...] *à vous conter* (Voit., *Lettre*, *in* Brunot). ♦ **Quelque... où,** quelque... que : *Quelque si doux espoir où ma raison s'appuie,* [...] *J'emporte, malheureux, quelque part où je fuie* (Th. de Viau, *Sonnet*). *Quelque trouble où tu sois, montre une âme tranquille* (Corn., *Oth.*, 1342).

Les emplois actuels de l'adj. étaient également usuels au XVIIᵉ s.

quelquefois adv. Par hasard, une fois : *Si vous le saluez quelquefois, c'est le jeter dans l'embarras de savoir s'il doit rendre le salut* (La Br., II, 40). *Ce cas n'arrive pas quelquefois en cent ans ; C'est le* non plus ultra *de la fauconnerie* (La Font., *F.*, XII, 12).

Le sens actuel de « un certain nombre de fois, dans un certain nombre de cas » était également usuel au XVIIᵉ s. : *Il est quelquefois bon, quelquefois mauvais de se hâter* (Fur.).

querelle n.f. Cause, intérêts de qqn : *En vain vous armeriez l'enfer pour ma querelle* (Corn., *Clit.*, 362). *De puissants défenseurs prendront notre querelle* (Rac., *Ph.*, 1365). ♦ **Faire une querelle à,** se plaindre de : *Mais j'ose faire au ciel une injuste querelle* (Corn., *Pl. R.*, 425).

Le sens actuel de « dispute, altercation » était également usuel au XVIIᵉ s. : *Les querelles des princes ne se terminent pas sans effusion de sang* (Fur.).

quereller v.t. Accuser : *J'en connais plus de vingt qui mourraient en ma place, Ou qui sauraient du moins hautement quereller L'injustice de la fortune* (Corn., *Agés.*, 762). *Querellez tous les jours le Ciel qui vous arrête* (Rac., *Iphig.*, 1362). ♦ Réclamer, disputer, contester : *Vous ne lui voulez pas quereller Célidée ?* (Corn., *Gal. du Pal.*, 1697).

L'emploi actuel (forme pron. réciproque) de « avoir une dispute vive » était déjà le plus usuel au XVIIᵉ s.

quérimonie n.f. Plainte, récrimination (vieilli au milieu du XVIIᵉ s.) : *Enfin, après une longue et furieuse quérimonie, elle commence à découvrir le fait* (Saint-Simon, 1708).

question n.f. Torture judiciaire : *La question est une invention merveilleuse et tout à fait sûre pour perdre un innocent qui a la complexion faible et sauver un coupable qui est né robuste* (La Br., XIV, 51). *Il a eu la question si rudement qu'il en est tout disloqué* (Acad. 94). *La question ordinaire et extraordinaire se donnent à Paris avec de l'eau, ou avec des coins et quatre petits ais* (Richelet).

Les sens actuels étaient également usuels au XVIIᵉ s.

quête n.f. Recherche (encore auj. dans la locution *en quête de*, « à la recherche de ») : *Cet homme* [...] *qui avait fait si grand peur au Destin quand il commença la quête de Mademoiselle Angélique* (Scarr., *Rom. com.*, II, 16). *Je m'en vais présentement à Paris, à la quête toujours de ce pauvre M. de Sanzei* (E. de Coulanges, *Lettre*, 23 août 1675). ♦ **Faire sa quête,** en parlant d'animaux, chercher sa pâture : *Quand il vit parmi les tempêtes Les rocs sanglants d'Acrocéron Et mille monstrueuses bêtes Qui font leur quête à l'environ* (Th. de Viau, *Paraphr. d'une ode d'Horace*).

Le sens actuel de « action de demander et de recueillir des aumônes » était également usuel au XVIIᵉ s. : *Les religieux mendiants font la quête par les maisons* (Fur.).

qui pr.relat. Sans antécédent indiquait une éventualité rapportée à un sujet indéfini (« si l'on, si qqn ») : *Bonne chasse, dit-il* [le loup en voyant le cheval], *qui l'aurait à son croc !* (La Font., *F.*, V, 8). *J'en sais qui ne peuvent comprendre que, qui de zéro ôte quatre, reste zéro* (Pasc., *Pensées*). ♦ Introduit par une préposition et avec un nom de chose antécédent, lequel : *Un bien Sans qui les autres ne sont rien* (La Font., *F.*, IV, 13). *Une secrète rage, un excès de colère Malgré qui toutefois un reste d'amitié Montre pour Polyeucte encore quelque pitié* (Corn., *Pol.*, 803). – Auj. dans cette construction *qui* ne représente que des personnes. ♦ Avec une proposition entière ou un infinitif comme antécédent, ce qui : *Car par ce moyen ils font des équivoques et se rendent obscurs, qui est le plus* *grand de tous les défauts du style* (Vaug., *Nouv. Rem.*, p. 440). *Elle* [...] *jure* [...] *par le Styx, qui est* [...] *le plus grand et le plus terrible jurement des dieux* (Rac., *R. sur O.*, V). ♦ Il pouvait, plus couramment qu'aujourd'hui, introduire une proposition relative coordonnée à un adjectif – en ce cas nous mettons ordinairement un participe : *Ce héros dans mes bras est tombé tout sanglant, Faible, et qui s'irritait contre un trépas si lent* (Rac., *Mithr.*, 1606). ♦ **Quoi qui,** v. QUOI.

Les emplois actuels étaient également usuels au XVIIe s.

qui pr.interr. S'employait là où nous mettrions : **1.** quel, lequel : *Entre tant d'animaux, qui sont ceux qu'on estime ?* (Boil., *Sat.*, V, 26). *Et qui est le sage à qui de pareilles choses n'arrivent point ?* (La Font., *F.*, Préf.) ; **2.** qu'est-ce qui, quoi, que (interrogation directe) : *Qui fait l'oiseau ? C'est le plumage* (La Font., *F.*, II, 5). *Qui fait cela en eux et en nous ? Ne serait-ce point la force de la vérité ?* (La Br., XVI, 29) ; **3.** ce qui, ce que (interrogation indirecte) : *Je ne sais qui je dois admirer davantage, Ou de ce grand amour, ou de ce grand courage* (Corn., *Illus.*, 1549).

Les emplois actuels étaient également usuels au XVIIe s.

quiconque pr.relat.indéf. Était parfois repris, malgré Vaug. et Acad., par un pronom personnel dans la proposition principale : *sous l'appui du Très-Haut quiconque se retire* [...] *Sous sa protection jusqu'au bout il respire* (Corn., *Vêpres et compl.*, I). *Quiconque, en pareil cas, se croit haï des Cieux, Qu'il considère Hécube, il rendra grâce aux Dieux* (La Font., *F.*, X, 12).

quidam [kidã] n.m. Individu, certain personnage (vieilli et burlesque selon Richelet) : *L'âne, se prélassant, marche seul devant eux : Un quidam les rencontre* (La Font., *F.*, III, 1). *Il est venu un certain quidam me donner avis* (Fur.).

qu'il pr. S'employait fréquemment pour *qui*, cette confusion était favorisée par la prononciation [ki] devant consonne : *Oyons ce qu'il dira, le voici qu'il arrive* (Racan, *Berg.*, V, IV).

quinaud, e adj. Confus, honteux (mot du style burlesque) : *En ce faisant je leur fermais la bouche, et les rendais quinauds* (Chap., *Alfar.*, III, 383). *Je l'ai rendu bien quinaud, il n'a osé me répliquer* (Fur.).

quinola n.m. Nom du valet de cœur au reversis. ♦ Fig. Homme à gages chargé de conduire une dame (du style burlesque selon Richelet) : *Mais je vaux moins qu'un quinola Si je n'en fais vingt par delà* (Corn., *Bagatelle*, 31). *À dîner elle se mit au haut bout, et nous vîmes je ne sais quel quinola, qui la menait d'ordinaire, servir sur table l'épée au côté et le manteau sur les épaules* (Tall. des Réaux, *Hist.*, IV, 294).

quintaine n.f. Poteau qui servait de but, de cible aux exercices de maniement de la lance ou de tir au javelot. ♦ Fig. But, objet sur lequel se porte l'attention : *Je suis devenu la quintaine de tous les initiés aux mystères des Muses* (Chap., *Lettres*, I, 504).

quinteux, euse adj. et n. Capricieux, fantasque : *Quand je veux dire blanc, la quinteuse* [la rime] *dit noir* (Boil., *Sat.*, II, 16). *Quinteux comme une mule* (Acad. 94).

quitte adj. **Faire quitte à quitte avec qqn,** lui rendre la pareille : *Est-il vrai que la Simiane s'est séparée de son mari, sous prétexte de ses galanteries ? Quelle folie ! Je lui aurais conseillé de faire quitte à quitte avec lui* (Sév., 8 mai 1676).

quitter v.t. Céder, laisser à qqn, lui faire abandon de (avec un complément d'objet secondaire) : *Les Carthaginois lui quittent l'Espagne* [à Scipion] (Boss., *H. univ.*, I, 8). *J'ai quitté ma plume à ma fille avec plaisir. Elle vous a dit elle-même* [...] (Sév., 28 oct. 1685). ♦ **Quitter la place à qqn,** lui céder la place (*au pr.* et *au fig.*) : *Mais depuis que notre jeunesse Quitte la place à la vieillesse, Le temps ne la ramène plus* (Racan, *Ode à Maynard*, 35). *Vous lui quittâtes la place et vous allâtes vous coucher* (Sév., 19 juill. 1671). ♦ Renoncer, laisser de côté : *Aussi ne fut-elle pas inexorable ; elle eut bientôt quitté les invectives* (Le Sage, *Diable boit.*, IV). *Ah ! du moins à sa vue Quittez la vanité qui m'a déjà perdue* (Corn., *Andr.*, 895). *Quittez, seigneur, quittez ce funeste langage* (Rac., *Andr.*, 505). ♦ **Je le quitte,** je renonce, j'abandonne la partie, la discussion : *Je ne saurais deviner votre énigme, je vous le quitte* (Fur.). ♦ **Quitter qqn de qqch,** le dispenser de qqch : *Je vous quitte de la peine de me répondre, quoique j'aime infiniment vos lettres* (Sév., 21 nov. 1664). *Ce n'est pas que je ne vous conseille de quitter Renaudot de ses éloges, pourvu que M. de Turenne et M. le Cardinal soient toujours bien informés de vos actions* (Sév., 14 juill. 1655).

Les sens actuels étaient également usuels au XVIIe s.

quoi pr.relat. Pouvait avoir comme antécédent un nom de chose introduit par une préposition (auj. dans ce cas on emploie *lequel, dont*) : *Ah ! combien ces moments de quoi vous me flattez Alors pour mon supplice auraient d'éternités !* (Corn., *Hér.*, 901). *Il n'y a point d'invectives à quoi ils ne s'emportassent* (Rac., *P.-R.*, II). *Et cent mille autres badinages, Pendant quoi nul dindon n'eût osé sommeiller* (La Font., *F.*, XII, 18). ♦ **De quoi,** le fait que, de ce que : *Je crois que la postérité ne doit point trouver mauvais de quoi je ne l'entretiens que des folies de ma jeunesse* (Racan, *Lettre Malherbe*, 15 janv. 1625). *Cette longue nuit si durement pressée, Je me trouve étonné de quoi je suis vivant* (Th. de Viau, *Sonnets*). ♦ **Comme quoi,** v. COMME. ♦ **Quoi qui** s'employait au sens indéfini : *Quoi qui s'offre à vos yeux, n'en ayez point d'effroi* (Corn., *Illus.*, 215).

Les emplois actuels étaient également usuels au XVIIe s.

quoi pr.interr. **À quoi,** à quoi correspond, que signifie : *À quoi ces habits turcs ? Dansez-vous un ballet ?* (Rotr., *Sœur*, III, II).

quolibet n.m. Plaisanterie insipide, trait d'esprit de mauvais goût : *Malgré ce quolibet qui dit que : « On se pâme de joie ainsi que de tristesse », la cause de la sienne* [honte] *est si visible que* [...] (Scudéry, *Obs. sur « Cid »*). *Il parle à celui qu'il voit une première fois avec la même liberté et la même confiance qu'à ceux qu'il appelle de vieux amis, et il lui fait part bientôt de ses quolibets et de ses historiettes* (La Br., XI, 123). ♦ Sobriquet : *Tout beau, notre ami la Franchise (nous lui avions donné ce quolibet dans notre parti), vous êtes un poltron* (Retz, *Mém.*, III, 500).

Le sens actuel de « raillerie offensante » était déjà le plus usuel au XVIIe s. : *Après maints quolibets coup sur coup renvoyés, L'homme crut avoir tort, et mit son fils en croupe* (La Font., *F.*, III, 1).

quolibetier n.m. Mauvais plaisant, auteur de calembours : *« Le Roi, dit-il, fera la guerre assurément ; car il n'est pas parent du P. Souffren »* [...] *je le regardai avec un froid qui montrait bien la rage où j'étais de voir un si grand quolibetier impuni* (Rac., *Lettre abbé Le Vasseur*, 24 nov. 1661).

r

rabais n.m. Perte de valeur, dévaluation : *On a publié le rabais des monnaies* (Fur.). ♦ Action de baisser le ton : *Monsieur toujours sur le haut ton, et le Roi toujours au rabais* (Saint-Simon, *in* L.).

Le sens actuel de « diminution faite sur le prix d'une marchandise, le montant d'une facture » était également usuel au XVIIe s. : *Les réparations qui se font aux églises* [...] *se doivent donner au rabais* (Fur.).

rabaisser v.t. Fig. Diminuer la force, l'importance de : *Cette douleur nous rabaisse la joie de notre petite victoire* (Sév., 18 mars 1689).

◆ v.i. Perdre de sa valeur : *Nos terres rabaissent* (Sév., 9 juin 1680).

Le sens actuel du v.t. « déprécier, dénigrer » était également usuel au XVIIe s. : *Nous sommes* [...] *enclins à rabaisser le prochain* [...] (Bourd., *Pensées, in* L.).

rabat n.m. Col d'homme ou collerette de femme : [Les] *belles Dont la vertu consiste en de vains ornements ; Qui changent tous les jours de rabats et d'amants* (Corn., *Tuil.*, 228). *Nous causions de mouchoirs, de rabats, de dentelles, De ménage de fille* (Corn., *Gal. du Pal.*, 1302). *Le rabat est la plus difficile et la plus importante des pièces de l'ajustement ; c'est la première marque à laquelle on reconnaît si un homme est bien mis* (Fur., *Rom. bourg.*, I).

Auj. il est seulement porté par des gens d'Église.

rabat-joie n.m. Ce qui vient troubler la joie : *Cette cruelle néphrétique qui accable ce pauvre homme à tout moment : point de jours sûrs, c'est un rabat-joie continuel* (Sév., 4 févr. 1685). *Voici bien, Monsieur, du rabat-joie* (La Font., *Je vous prends sans verd*, sc. XIV).

Le sens actuel de « personne d'humeur chagrine qui trouble la joie d'autrui » était également usuel au XVIIe s. : *Ce critique, ce jaloux est un rabat-joie, ennemi du plaisir des autres* (Fur.).

rabattre v.t. **Rabattre les coups,** les détourner ; apaiser des querelleurs, des excités : *Ainsi font deux soldats* [...] *Quand l'un veut tout tuer, l'autre rabat les coups* (Corn., *S. du Ment.*, 1031).

rabiennement n.m. Raccommodement, réconciliation : *Il faisait tous les matins une brouillerie et* [...] *tous les soirs il travaillait à un rabiennement* (Retz, *Mém.*, III, 361).

raccommoder v.t. Remettre en ordre (auj. restreint au sens de « réparer à l'aiguille [du linge, des vêtements] ») : *Maître de Philosophie, en raccommodant son collet* (Mol., *Bourg.*, II, IV). *Je tâche à raccommoder mes affaires domestiques que le service du Roi avait mises en fort mauvais état* (Bussy, *Lettre*, 10 déc. 1670). ♦ Rectifier, corriger, retoucher : *Je ne puis jamais raccommoder ce qui vient naturellement au bout de ma plume* (Sév., 3 avr. 1682). *Mme de Clèves ordonna au peintre de raccommoder quelque chose à la coiffure de celui* [le portrait] *que l'on venait d'apporter* (La Fayette, *Clèves*, II). ♦ Remettre en bonne santé : *Je suis persuadée que vous me manderez que l'air d'Aix vous a raccommodée, que vous n'êtes plus si maigre qu'à Grignan* (Sév., 11 oct. 1673). ♦ Apaiser : *Et pour deux cœurs unis l'amour a tant d'amorce, Que le plus grand courroux qu'on voie y succéder N'aspire qu'aux douceurs de se raccommoder* (Corn., *Sur.*, 1392). ♦ Réconcilier (auj. seulement très fam.) : *L'amour, seul assez fort pour la persuader, Ne veut point d'autre tiers à les raccommoder* [= pour réconcilier les deux amants] (Corn., *Pl. R.*, 1461). [Il avait] *une grande frayeur que M. le Prince ne se raccommodât à* [= avec] *la cour* (Retz, *Mém.*, III, 477). ♦ **Raccommoder à,** ajuster à : *Si nous étions plus près, je pourrais les raccommoder* [mes lettres] *à votre fantaisie, dont je fais grand cas* (Sév., 3 avr. 1671).

raccourcir v.t. Diminuer l'importance de (auj. seulement « diminuer la longueur de », emploi également usuel au XVIIe s.) : *Je me suis fort bien portée de ma médecine, elle a bien raccourci mes sérosités* (Sév., 7 mars 1685). ♦ **Son bras n'est pas raccourci,** il est toujours aussi puissant : *Le bras du Seigneur n'est pas raccourci* (Bourd., *1er Avent,* Sur le scandale).

raccoutrer v.t. Réparer, remettre en état, au pr. ou au fig. (bas selon Fur.) : *Il faut raccoutrer ce pourpoint, ces bas* [...] *Il faut raccoutrer cette affaire* (Fur.).

raccoutumer (se) v.pr. Reprendre ses habitudes : *Notre sœur commence à se raccoutumer avec nous* (Rac., *Lettre J.-B. Racine,* 14 avr. 1698).

race n.f. Enfant, fils, rejeton : *Tant ils conçoivent mal qu'un si grand roi* [Laïus] *consente À venger son trépas sur sa race innocente* (Corn., *Œd.,* 1618). *Ces petites races-là font un bruit perpétuel* (Acad. 94). ♦ Génération : *L'on donna le sanglant arrêt contre Ottobon, qui porte défenses à sa postérité, jusqu'à la cinquième race, de s'approcher de Gênes* (Retz, *Conjur. Fiesque,* V, 585). ♦ Naissance, origine : *Une profonde nuit enveloppe sa race ?* (Rac., *Ath.,* 1008).

Le sens courant auj. de « groupe d'individus présentant les mêmes caractères biologiques » était également usuel au XVIIe s. : *Les lévriers, les épagneuls sont des races particulières de chiens* (Fur.).

racine n.f. Plante dont la partie souterraine est comestible (rave, betterave, navet, etc.) : *C'est un homme qui ne vit que de racines* (Acad. 94).

Les sens actuels, pr., fig. et techn., étaient également usuels au XVIIe s.

raconter v.t. Décrire : *Ils* [les livres de voyages] *racontent une religion, une police, une manière de se nourrir* [...] *que l'on ignorait* (La Br., *Disc. Théophr.*).

Le sens actuel de « conter en détail (une histoire) » était déjà le plus courant au XVIIe s. : *Il nous a raconté de point en point toutes les aventures de ses voyages* (Fur.).

racquitter (se) v.pr. Regagner ce qu'on a perdu au jeu : *Je me suis racquitté de cette somme que j'avais perdue* (Acad. 94). ♦ Réparer quelque perte : *Peut-être mon esprit, prompt à ressusciter, Du temps qu'il a perdu saurait se racquitter* (Boil., *Ép.,* VIII, 15). *Ces orgueilleux ennemis* [...] *ne désespéraient pas de se racquitter de leurs pertes* (Rac., *Camp. L. XIV*).

radoterie n.f. Histoire décousue (mot du style de la conversation, selon Acad. 94) : *Il faut que je vous conte une radoterie que je ne puis éviter* (Sév., 6 mai 1672).

radoucir v.i. Devenir doux (en ce sens auj. on dit *se radoucir*) ; s'apaiser : *Je radoucis beaucoup* (Retz, *Mém.,* II, 568).

Il s'employait aussi comme auj. au sens transitif de « rendre plus doux ».

radoucissement n.m. Apaisement : *Il assurait que M. Danville devait arriver de la cour* [...] *avec des radoucissements* (Retz, *Mém.,* IV, 54). *Ce remède a causé du radoucissement à sa douleur, à sa colère* (Fur.).

Le sens actuel de « action de redevenir doux » était également usuel au XVIIe s. : *Le radoucissement de ses regards lui a témoigné beaucoup d'amour* (Fur.).

rafle n.f. Même point amené par deux dés, ce qui fait gagner le joueur : *Ayant jeté trois dés sur une table, il arrive rafle de deux ou bien de trois* (Cyrano, *États et empires de la Lune,* 135). ♦ **Faire rafle[s],** enlever tout (auj. en ce sens on dit familièrement *rafler*) : *Où qu'ils jettent la main, ils font rafles entières* (Corn., *S. du Ment.,* 75).

Auj. « action d'emporter promptement, sans rien laisser » et « arrestation massive opérée à l'improviste ».

rafraîchir v.t. Ravitailler, renforcer une troupe : *Le duc de Bouillon était dans les cimetières* [...] *avec ce qu'il avait pu faire sortir de bourgeois pour rafraîchir les postes* (La Roch., *Mém.,* II, 202). ♦ **Rafraîchir le sang,** rendre plus calme : *Il n'y a rien qui rafraîchisse le sang, comme d'avoir su éviter de faire une sottise* (La Br., XI, 60).

◆ **se rafraîchir,** se reposer : *Nous voulant à Lemnos rafraîchir dans la ville, Qu'eussions-nous fait, Pollux, sans l'amour d'Hypsipyle ?* (Corn., *Méd.,* 33).

Les sens actuels du v.t., du v.i. et du v.pron. étaient également usuels au XVIIe s.

rafraîchissement n.m. Repos permettant de réparer les forces fatiguées : *Il travaille trop, il devrait aller à la campagne prendre quelque rafraîchissement* (Acad. 94). ♦ Apaisement, consolation : *M. le Prince me met le couteau à la gorge, et voilà Monsieur qui pour rafraîchissement dit que c'est ma faute* (Retz, *Mém.,* III, 379).

◆Troupes fraîches, renforts : *Collioure, qui étant situé sur le bord de la mer faisait part à Perpignan des rafraîchissements qu'il recevait à toute heure* (Du Buisson, *Turenne*, 2). ◆Collation rafraîchissante (auj. seulement « boisson fraîche prise en dehors des repas ») : *La ville a fait porter à cet ambassadeur un petit rafraîchissement* (Fur.).

Auj. signifie aussi « fait de se rafraîchir » (surtout en parlant de la température).

rage n.f. **Dire rage,** dire du mal, injurier : *Battre sa femme, et dire au peintre rage* (La Font., *Contes*, III, 3). ◆**Faire rage,** se démener, se signaler brillamment (auj. seulement en parlant de choses, « se déchaîner ») : *Ceux qui font rage de la lyre, J'entends les poètes divins* (Scarr., *V. tr.*, VI, 2428). *Le courtier* [...] *dit qu'il a fait rage pour vous* (Mol., *Av.*, II, I). *Dans cette assemblée il fit rage pour ses intérêts* (Acad. 94).

◆ pl. **Des rages,** des mouvements de rage, de fureur (auj. ne s'emploie guère qu'au singulier) : *Je porte, malheureux, après de tels outrages, Des douleurs sur le front, et dans le cœur des rages* (Corn., *Suiv.*, 766). ◆Médisances, calomnies : *Il disait* [...] *des rages de votre Majesté* (Retz, *Mém.*, III, 514). ◆Action d'éclat, prouesse (en bien ou en mal) : *Ce diable* [...] *m'a rossé comme il faut : C'est un drôle qui fait des rages* (Mol., *Amph.*, 806).

ragot, e adj. et n. Court et gros : *Vous n'aurez pas de peine à croire qu'elle était très succulente, comme sont toutes les femmes ragotes* (Scarr., *Rom. com.*, II, 8). *Une petite ragote* (Acad. 94).

ragoût n.m. Sauce, assaisonnement : *La gourmandise a inventé mille ragoûts qui sont nuisibles à la santé* (Fur.). ◆« Mets apprêté pour irriter le goût, pour exciter l'appétit » (Acad. 94). *C'est un mets délicat, et de peu de soutien* [...] *– Enfin c'est un ragoût qui ne vous plaisait pas ?* (Corn., *Illus.*, 1183). ◆ Fig. Ce qui flatte les sens, plaisir : *Je sais* [...] *que les plus beaux esprits* [...] *Sont de méchants ragoûts, quand les corps sont usés* (Corn., *Sur le départ de Mme la marquise*, 50, var.). *Nous disions des oraisons de Saint Augustin* [...] *Enfin, ma bonne, c'était un ragoût qui réveillait notre attention* (Sév., 19 juill. 1690). *Une jeune femme est un ragoût qui renouvelle la vigueur d'un vieillard. Les fruits précoces ont le ragoût de la nouveauté* (Fur.).

Auj. « plat de viande mijotée dans une sauce à la farine, relevée d'épices ».

ragoûtant, e adj. Qui excite l'appétit : *Des morceaux de viandes les plus exquises et tout ce qu'on pourrait s'imaginer de plus ragoûtant et de plus délicieux* (Boil., *Sublime*, 34). ◆Qui plaît : *Elle ouvrirait le chemin à l'infidélité et ne servirait que comme d'un passage pour aller à d'autres plus jeunes et plus ragoûtantes* (Sév., 30 sept. 1676).

Auj. seulement dans l'expression négative *peu, pas ragoûtant.*

ragoûter v.t. Remettre en appétit : *Ils essayent de nouveaux remèdes pour se guérir, et de nouveaux mets pour se ragoûter* (Fén., *Dial. des morts anc.*, 27). ◆ Fig. Réveiller le désir : *Il lui faut quelque chose de nouveau pour le ragoûter* (Acad. 94).

rai n.m. Rayon (ne se disait plus, selon Vaug., que des rayons de la lune) : *L'aube de ses rais* [du soleil] *A déjà reblanchi le haut de ces forêts* (Corn., *Clit.*, 39) ; et au fig. : [Ils] *n'ont jamais un rai de bonne vision* (Th. de Viau, *Élégie à une dame*).

Auj. seulement dans l'expression *rai de lumière,* et, comme terme techn., « rayon d'une roue en bois ».

raide, roide adv. En ligne droite : *Cela va aussi raide qu'un trait d'arbalète* (Acad. 94). ◆**Se tenir roide,** s'en tenir fermement à sa décision : *Quoi qu'on ait pu lui dire, il s'est tenu roide* (Acad. 94).

Les sens actuels de l'adv. *raide* : « violemment, sèchement » et « par un coup soudain » (surtout dans *étendre raide mort*), étaient également usuels au XVIIe s.

raideur, roideur n.f. Rapidité, impétuosité : *De la raideur dont est poussé un boulet de canon* (Acad. 94). *Pousser une balle avec raideur* (Acad. 94). *Le fidèle émoucheur Vous empoigne un pavé, le lance avec roideur* (La Font., *F.*, VIII, 10). *Telle fut la roideur dont les drapeaux volants Vinrent l'un contre l'autre animés et brûlants* (Chap., *Pucelle*, XXIV, 361).

Les sens actuels de « état de ce qui est raide ou raidi » et « caractère de ce qui est rigide moralement » étaient également usuels au XVIIe s.

railler v.i. Plaisanter : *Il faut dire* vif argent [*et non* argent-vif], *nonobstant qu'on ait accoutumé de dire en raillant que* blanc bonnet *et* bonnet blanc *soit tout un* (Vaug., *Nouv. Rem.*, II, 473). *Allez, ne croyez pas à monsieur votre père ! Il raille* (Mol., *Tart.*, 469).

◆ v.t. ind. **Railler de,** se moquer de (auj. il est transitif direct, ou pronominal : *se railler de*) : *Ne raillons point ici de la magistrature* (Rac., *Plaid.*, 607). *Ah ! Madame, faut-il railler d'un misérable ?* (La Font., *Psyché*, II). *Il raille de ses meilleurs amis* (Acad. 94).

raillerie n.f. Plaisanterie, moquerie : *Il a tourné cela en raillerie au lieu de s'en fâcher* (Acad. 94). *Et si Dieu ne me donne assez de science pour éviter les incommodités que l'âge apporte, j'espère qu'il me donnera au moins assez longtemps en cette vie pour me donner loisir de les souffrir. Toutefois, tout dépend de sa providence, à laquelle, raillerie à part, je me soumets d'aussi bon cœur que puisse avoir fait le P. Joseph* (Desc., *Lettre Mersenne*, 9 janv. 1639).

Le sens actuel de « propos ou écrit par lequel on se moque de qqn ou de qqch » était également usuel au XVIIe s. : *Il y a des railleries* [...] *qui choquent, qui sont trop fortes* (Fur.).

raison n.m. **Avoir raison, la raison de qqch,** en obtenir satisfaction : *De force ou d'amitié, j'en aurai la raison* (Corn., *Mél.*, 1010, var.). *Au fils de Jupiter on dit qu'ils se plaignirent, Et n'en eurent point de raison* (La Font., *F.*, IV, 13). ♦ **Faire raison, la raison de qqch,** en donner une justification, en donner réparation (auj. en ce sens on dit *rendre raison*, locution usuelle au XVIIe s. aussi, v. plus bas) : *Il doit savoir qu'un jour il me fera raison D'avoir réduit mon maître au secours du poison* (Corn., *Nic.*, 581) ; tenir tête en buvant à la santé de quelqu'un : *Je bois, dit-il, à la santé des dames ! On fit raison* (La Font., *Contes*, III, 3). *Tous trois burent d'autant : l'ânier et le grison Firent à l'éponge raison* (La Font., *F.*, II, 10). ♦ **Il n'y a point (pas) de raison,** cela est sans mesure : *Elle* [Mme de La Fayette] *est trop malade, il n'y a point de raison* (Sév., 4 janv. 1690). ♦ **C'est la raison que,** il est juste que : *Ce n'est pas la raison qu'il ne leur coûte rien* (Mol., *Mis.*, 820). ♦ **À telle fin que de raison,** à toutes fins utiles : *Nous ne savons pas si nous trouverons à manger où nous allons ; il sera bon de porter quelques provisions à telle fin que de raison* (Acad. 94). *Il s'était donc joint, à telle fin que de raison, à tous ceux qui avaient attaqué Don Juan* (Scarr., *Hist. de Don Juan Urbina*). ♦ **Rendre raison,** justifier, rendre compte (auj. c'est « donner une explication satisfaisante ; indiquer la cause ») : *Je n'ai pas encore rendu raison de la conduite de mon ouvrage* (La Font., *F.*, Préf.). *Achève seulement de me rendre raison De ce qui t'arriva depuis sa pâmoison* (Corn., *Clit.*, 687). ♦ **Se faire raison, tirer sa raison,** tirer vengeance : *Punissez donc, Seigneur, Métrobate et Zénon ; Pour la Reine ou pour moi, faites-vous-en raison* (Corn., *Nic.*, 1258). *Enseigne-moi, de grâce, De mon voleur* [...] *la maison, Que de ce pas je me fasse raison* (La Font., *F.*, VI, 2). *Il fut toujours permis de tirer sa raison D'une infidélité par une trahison* (Corn., *Mél.*, 459).

raisonnable adj. Doué de la raison, propre à l'homme : *Qui pourrait s'imaginer* [...] *qu'on ait besoin de gens* [...] *qui* [...] *fassent* [...] *consentir un homme chrétien et raisonnable* [...] *à ne se point perdre et à faire son salut ?* (La Br., XIV, 27). *L'âme raisonnable* (Acad. 94). ♦ Convenable, suffisant ; au-dessus du médiocre. *J'ai* [...] *le front élevé et d'une raisonnable grandeur* (La Roch., *Portr. par lui-m.*). *Il me faut un cheval de service, et je ne saurais en avoir un qui soit tant soit peu raisonnable à moins de soixante pistoles* (Mol., *Fourb.*, II, VIII). – Il s'emploie auj. encore en ce sens dans diverses expressions : *taille raisonnable*, etc.

◆ n.m. Raisonneur, celui qui discute sans cesse : *Maître Jacques fait bien le raisonnable* (Mol., *Av.*, III, I).

Le sens actuel de l'adj., « qui se conduit sagement », était également usuel au XVIIe s.

raisonnant, e adj. Qui aime à répliquer, à discuter : *Je vous trouve aujourd'hui bien raisonnante* (Mol., *Mal. im.*, II, VI).

rajuster v.t. Remettre en état, arranger : *M. de Cavoye a la bonté de vouloir visiter mon nouvel appartement, pour prier M. Le Fèvre d'y rajuster ce qu'on aura mal fait* (Rac., *Lettre J.-B. Racine*, 26 oct. 1696). ♦ Retoucher, corriger : *Je veux rajuster la dernière journée de l'interrogatoire* [de Fouquet] *sur le crime d'État. Je vous l'avais mandé comme on me l'avait dit ; mais la même personne s'en est mieux souvenue, et me l'a redit ainsi* (Sév., 9 déc. 1664). ♦ Fig. Réconcilier des personnes : *Après le démêlé d'un amoureux caprice, Ils goûtent le plaisir de s'être rajustés* (Mol., *Amph.*, 1554). ♦ Rétablir, raccommoder :

Nous avions le plus souvent dispute ensemble ; mais enfin, la mort rajuste toutes choses (Mol., *Am. méd.*, I, I).

Auj. « réadapter, remettre en bonne place ».

ramas n.m. Amas confus : *D'un ramas d'étrangers l'indiscrète fureur* (Rac., *Ath.*, 1657). *Faire un ramas de livres* (Acad. 94).

ramasser v.t. Réunir, regrouper : *Si Crassus est défait, Rome n'est pas détruite : D'autres ont ramassé les débris de sa fuite* (Corn., *Sur.*, 1222). *M. de La Feuillade est allé ramasser les débris de l'armée du maréchal de Créquy* (Sév., 16 août 1675). *Elle ramasse quelques vaisseaux qu'elle charge d'officiers et de munitions* (Boss., *O. f. H. de Fr.*). ♦ Fig. **Ramasser son attention,** la concentrer : *Il ne faut pas ramasser son attention au lieu où se mesurent les paroles* (Boss., *Serm. sur la Parole de Dieu*).

Les sens actuels étaient également usuels au XVIIe s.

ramée n.f. Branches coupées avec leurs feuilles (mot vieilli au XVIIe s.) : *Un pauvre bûcheron, tout couvert de ramée* (La Font., *F.*, I, 16). *Une voiture de ramée* (Acad. 94).

ramentevoir v.t.dir. et ind. Faire souvenir, rappeler (vieilli au milieu du XVIIe s. ; disparu au temps de La Br.) : *Il se ramentevait la fidèle amitié qu'elle avait auparavant reconnue en ce berger* (Urfé, *Astrée*, I, 13). *Puis, voyant passer devant moi Une colombe à tire-d'aile, Aussitôt je me ramentoi L'astre qui lui fut si fidèle* (Saint-Amant, *le Contemplateur*, 73). *Cette* [sic] *homme a la mémoire si courte qu'il faut toujours que quelqu'un lui fasse ramentevoir de ce qu'il a à faire* (Fur.).

ramollir v.t. Fig. Faire devenir doux, sensible, efféminer (auj. seulement au propre) : *Les Mèdes* [...] *ramollis par leur abondance* (Boss., *H. univ.*, III, 4). *La volupté ramollit le courage* (Acad. 94).

randon n.m. Chute violente de pluie (« vieux mot » selon Fur.) : *Monceaux de neige et gros randons de pluie* (La Font., *Ball. à Fouquet*). ♦ **À grand randon,** à flot : *Le peuple venait à grand randon à cette fête* (Fur.). *La pluie coulait à grand randon* (Acad. 94).

ranger v.t. Mettre en ordre, disposer selon un certain plan : *Cette lettre est mieux rangée, quoique écrite impétueusement* (Sév., 24 janv. 1689). – Cet emploi subsiste, mais plus restreint, ex. : *ranger une pièce,* « y mettre de l'ordre ». ♦ **Être rangé,** en parlant d'une personne, être installé : *Vous êtes toute rangée à Aix : passez-y votre hiver* (Sév., 22 déc. 1675). ♦ Fig. Décider, arrêter : *Quand j'ai rangé de certaines choses, c'est me blesser le cœur que de s'y opposer si vivement* (Sév., 22 avr. 1672). ♦ **Ranger à qqch, ranger à** (suivi d'un infinitif), réduire à, soumettre à : *L'amour... Ah ! ce mot seul me range à la douceur* (Corn., *Gal. du Pal.*, 1212). *Et ne me rangez pas à l'indigne destin De me voir le rival de Monsieur Trissotin* (Mol., *F. sav.*, 1251). – Auj. on dit seulement *se ranger à un avis,* « l'adopter ».

◆ **se ranger,** se réparer, se remettre en état (auj. on dirait *s'arranger*) : *Nous verrons dans quelques jours comme tout se rangera* (Sév., 7 août 1675).

Les sens actuels du v.t. et du v.pron. étaient également usuels au XVIIe s.

rangette n.f. **À la rangette,** en rang, à la file (mot bas, selon Acad. 94) : *À la rangette L'Amour les prend* (La Font., *Je vous prends sans verd*, sc. IX). *On donne le fouet à la rangette* [aux écoliers], *quand ils ont tous failli* (Fur.).

rapaiser v.t. Calmer : *Ne m'importune plus, Philandre, je t'en prie ; Me rapaiser jamais passe ton industrie* (Corn., *Mél.*, 1556). *Je me fâchai, l'on me rapaisa* (Retz, *Mém.*, III, 169). *Il faut un peu rapaiser votre sang, qui a été terriblement ému pendant le voyage* (Sév., 27 sept. 1679).

rapatriage, rapatriement n.m. Réconciliation : *Veux-tu qu'à leur exemple ici Nous fassions entre nous un peu de paix aussi, Quelque petit rapatriage ?* (Mol., *Amph.*, 1431). *C'est lui qui a fait ce rapatriement-là* (Acad. 94).

Auj. *rapatriement* signifie « action de ramener dans sa patrie ».

rapatrier v.t. Réconcilier des personnes brouillées (familier selon Acad. 94) : *Les affaires du duc d'Estrées sont accommodées avec M. de Gesvres ; son nez s'est aussi rapatrié avec le nez des Béthunes* (Sév., 11 avr. 1689). *Ne voulez-vous pas vous rapatrier avec lui ?* (Acad. 94).

Le sens actuel de « ramener dans sa patrie »

existait également au XVIIe s., mais n'était pas d'un emploi courant.

rapidité n.f. Emportement impétueux : *Ce défaut d'attention vient de la rapidité des passions, qui nous entraînent à tout ce que nous faisons* (Saint-Réal, *Us. de l'hist.*). *Il était difficile de résister à la rapidité de l'éloquence de Démosthène* (Fur.).

Le sens actuel de « grande vitesse » était également usuel au XVIIe s. : *La rapidité du vol des aigles* (Fur.).

rappel n.m. Amnistie accordée aux exilés ou aux personnes tombées en disgrâce : *En ce qui touchait le rappel et le rétablissement de quelques-uns de ceux qu'on avait bannis et privés de leurs charges* (La Roch., *Mém.*, II, 444). *Quelle proscription ! Il n'y aurait plus de rappel* (La Br., VI, 56). ♦ **Rappel de ban,** lettres du Roi par lesquelles il rappelle quelqu'un de bannissement : *Obtenir un rappel de ban* (Acad. 94).

Les sens actuels n'étaient pas usuels au XVIIe s.

rappeler v.t. Faire revenir d'exil : *Il avait été disgracié, mais le Roi l'a rappelé* (Acad. 94). ♦ Ranimer, renouveler : *Enfin j'ai ce matin rappelé ma constance* (Rac., *Bér.*, 483). *De rage et de douleur* [il] *frémit, grince des dents, Rappelle sa fureur* (La Font., *Adonis*, 495). *Rappelle cependant tes forces étonnées* (Corn., *Pol.*, 361).

Les sens actuels du v.t. étaient également usuels au XVIIe s.

rapport n.m. Ressemblance entre des personnes, des êtres, comparaison (auj. il indique seulement une analogie entre des choses, des caractères, emploi usuel au XVIIe s. aussi) : *Nous n'approuvons les autres que par les rapports que nous sentons qu'ils ont avec nous-mêmes, et il semble qu'estimer quelqu'un c'est l'égaler à soi* (La Br., XII, 71). *Combien y a-t-il des hommes qui ont du rapport aux chiens* (La Roch., *Réflex. diverses*, XI). *Si, rappelant la mémoire des siècles passés, j'en fais un juste rapport à l'état présent* (Boss., *O. f. H. de Fr.*). ♦ Discours tenus en vue de nuire : *Des humeurs, des colères, des partialités, des rapports* (La Br., IX, 53). ♦ Exposé sommaire d'un procès fait par le juge rapporteur aux autres juges (auj. « compte rendu », sens usuel au XVIIe s. aussi) : *Ce conseiller a fort bien fait le rapport des moyens et des pièces de ce procès* (Fur.). ♦ Vapeur désagréable qui monte de l'estomac à la bouche : *Les raves causent des rapports* (Acad. 94). ♦ **De rapport,** de marqueterie : *Pendant que* [...] *les planchers de rapport sont en proie aux Anglais et aux Allemands qui voyagent* (La Br., XIII, 2). ♦ **Par rapport à,** au sujet de (auj. la loc. signifie « en proportion, par comparaison avec », sens usuel dès la fin du XVIIe s.) : *Recourir à ce dictionnaire par rapport à des termes sur lesquels ils doutent* (Fén., *Lettre Acad.*) ; en considération de : *Octavius* [...] *trouvait tout à fait inouï de vouloir faire déposer un tribun par rapport à la différence de son opinion* (Saint-Réal, *Conjur. des Gracques*).

Les autres sens actuels étaient également usuels au XVIIe s., sauf celui de « relations sociales entre des personnes ».

rapporteur n.m. Celui des juges qui expose l'état d'une affaire qui doit être jugée : *On fait plusieurs brigues pour avoir un rapporteur à sa dévotion* (Fur.). ♦ Délateur (auj. en langue familière, seulement en parlant des enfants) : *Ce rapporteur est d'autant plus dangereux qu'il fait ses rapports avec beaucoup de secret* (Acad. 94).

rapsoder v.t. Raccommoder, remettre en état : *Quand on gâte ses affaires, on passe le reste de sa vie à les rapsoder* (Sév., 21 juin 1671).

rare adj. En parlant de personnes, qui a un mérite extraordinaire (encore parfois auj., toujours avant le nom et en parlant de choses : *une rare énergie*, etc.) : *Le livre que vous m'avez fait l'honneur de m'envoyer de la part du rare M. Cotin* (Saint-Amant, *Lettre abbé de Villeloin*, 1655). *Voulez-vous être rare ? Rendez service à ceux qui dépendent de vous* (La Br., VI, 12). *Descartes a été un homme rare* (Fur.). ♦ En parlant de choses, étrange : *L'autre aventure fut encore plus rare que celle-là* (Retz, *Mém.*, III, 169). *Ce qu'il y a de rare est qu'une femme, qui ne peut danser avec bienséance que cinq ou six ans de sa vie, en emploie dix ou douze à apprendre continuellement ce qu'elle ne doit faire que cinq ou six* (Mlle de Scudéry, Grand Cyrus). ♦ Peu dense : *L'éponge, la pierre ponce sont des corps plus rares que le marbre, qu'une enclume* (Fur.).

Le sens courant d'auj., « qui se rencontre peu souvent », était également usuel au XVIIe s. : *La médaille d'Othon est chère, parce qu'elle est rare, qu'on en trouve peu* (Fur.).

rasseoir v.t. Fig. Calmer, apaiser : *C'est ce qui doit rasseoir votre âme effarouchée* (Mol., *Mis.*, 497).

◆ v.i. Fig. Se calmer, s'apaiser : *Il est trop ému, trop agité, laissez rasseoir son esprit* (Acad. 94).

rassis, e adj. Fig. Calme, mûri par la réflexion : *Voilà mes projets pour la cour. Ceux de mon fils me paraissent tout rassis et tout pleins de raison* (Sév., 12 avr. 1680).

Auj. on l'emploie seulement dans les expressions *esprit rassis, de sens rassis,* déjà usuelles au XVIIe s. : *D'un esprit plus rassis* [...] (Corn., *Cid,* 1713). *Dessillez la paupière, Et d'un sens plus rassis jugez de leur éclat* (Corn., *Mél.,* 1509).

rassurer v.t. Rendre plus ferme, plus durable, raffermir : *Rassurer une vocation branlante* (Acad. 94). ◆ Rendre plus sûr, rendre sans danger (avec un nom de chose) : *Profiter des occasions que la fortune fait toujours naître dans des temps qui ne sont pas encore remis et rassurés* (Retz, *Mém.,* II, 436).

Le sens actuel de « rendre à qqn la confiance, la tranquillité » était également usuel au XVIIe s. : *Cette femme a si peur des esprits qu'il est impossible de la rassurer* (Fur.).

rat n.m. **Prendre un rat,** rater, manquer : *Je voudrais bien savoir si quand il eût été certain que son pistolet eût pris un rat, s'il* [sic] *n'eût point tiré le coup* (Cyrano, *États et empires de la Lune,* p. 116).

ratelée n.f. **Dire sa ratelée,** parler librement (style familier selon Acad. 94) : *Une fois oyant parler à des prêtres de quelques choses hautes, il en avait dit sa ratelée, ce qui avait causé de l'admiration* (Sorel, *Franc.,* IX).

ratiocination n.f. Raisonnement, faculté de raisonner (terme de philosophie) : *Voici une ratiocination étrange* (Malh., *Comm. Desportes*). *La ratiocination n'appartient qu'à l'homme* (Fur.).

Il s'emploie parfois encore auj., avec une valeur péjorative.

ratiociner v.t. Raisonner (terme de philosophie) : *Puisque vous avez la faculté de ratiociner et de parler tout ensemble* [...] (Mol., *Mar. forcé,* sc. IV).

Le mot est devenu auj. péjor., au sens de « ergoter ».

ravalé, e adj. Fig. Bas, humble : *Le fond encore une fois y est le même* [à la Cour] *que dans les conditions les plus ravalées* (La Br., IX, 53).

ravalement n.m. Fig. Abaissement, condition humble : *Il est tombé dans le ravalement* (Acad. 94). *Et les vertus que le ciel aime Par les ravalements trouvent l'art d'y monter* (Corn., *Imit.,* II, 1198). ◆ Dénigrement : *Beaucoup de gens croient établir leur réputation par le ravalement et le mépris de leurs rivaux* (Fur.).

Auj. il n'a conservé couramment que le sens de « remise à neuf d'une façade, d'un ouvrage en pierre ».

ravaler v.t. Remettre plus bas, faire descendre : *Ravalez vos bas* (Acad. 94). ◆ Fig. Avilir, humilier, faire diminuer l'intensité, l'importance de : *Quelle inégalité ravale ta vertu ?* (Corn., *Cid.,* 1515). ◆ Dénigrer, déprécier : *Censure mon projet ; ravale sa beauté* (La Font., *Eunuque,* I, IV). – Auj. au fig. seulement dans quelques expressions telles que : *ravaler le mérite de qqn.* Les sens pr. et technique actuels étaient usuels au XVIIe s.

◆ v.i. Diminuer d'importance, de prix : *La rivière était fort grosse, mais elle ravale tous les jours, elle diminue* [...] *Le blé ravale tous les jours au marché* (Fur.).

ravaudage n.m., **ravauderie** n.f. Fig. Propos inutiles : *Voilà un billet de l'abbé Arnauld* [...] *La première page est un ravaudage de rien pour choisir un jour afin de dîner chez M. d'Harouys* (Sév., 23 mai 1672). *Ce sont des gens qui reviennent de Versailles, et qui recueillent toutes ces ravauderies pour me les mander* (Sév., 24 nov. 1675). *Il m'est venu conter mille ravauderies à quoi je n'ai point prêté l'oreille* (Fur.).

ravauder v.i. Fig. Faire des choses inutiles, et, en particulier, tenir des propos stupides et importuns : *Il n'a fait que ravauder tout aujourd'hui* (Acad. 94). *Il* [Retz] *ne s'amuse point à ravauder et répliquer à Rome* (Sév., 12 juill. 1675).

ravaudeur n.m. Fig. Personne qui rabâche : *Méfiez-vous de* [...] *M. le premier Président, c'est un ravaudeur* (Maintenon, *Lettre cardinal de Noailles,* 15 nov. 1695). *Ne prenez pas garde à ce qu'il vous dit, c'est un ravaudeur* (Acad. 94).

ravilir v.t. Abaisser, mettre au rang du commun (auj. plutôt *avilir*) : *Quelque puissance ennemie de ce nom sacré, qui, ayant entrepris de le ravilir, poussât les hommes à l'employer dans des choses si méprisables* (Boss., *H. univ.,* II, 16). *Ce que Jésus-Christ est venu chercher du* *ciel en la terre, ce qu'il a cru pouvoir, sans se ravilir, acheter de tout son sang, n'est-ce qu'un rien ?* (Boss., *O. f. H. d'Angl.*).

ravine n.f. Torrent impétueux causé par une pluie orageuse : *La ravine était si furieuse qu'elle entraînait des arbres, des rochers* (Acad. 94). *Frimas, triste gelée, effroyable ravine* (Corn., *Off.*, V, 27).

Le sens actuel de « petit ravin, lit encaissé d'un ruisseau, d'un torrent » était également usuel au XVIIe s. : *Nous pensâmes verser mille fois dans des ravines* (Sév., *in* L.).

ravissant, e adj. Rapace : *Voyez* [...] *combien d'animaux ravissants par les griffes desquels il vous faudra passer, sergents, procureurs, avocats, greffiers, substituts* [...] (Mol., *Fourb.*, II, v). *J'oppose quelquefois* [...] *Les agneaux aux loups ravissants* (La Font., *F.*, V, 1). ♦ Fig. Qui porte à un état de bonheur suprême (auj. sens affaibli : « charmant », usuel déjà à la fin du XVIIe s.) : *Et tout ce que Paris a d'objets ravissants N'a jamais ébranlé le moindre de mes sens* (Corn., *Gal. du Pal.*, 655). *L'embonpoint ravissant, la taille avantageuse, Les yeux doux, le teint vif, et les traits délicats* (Corn., *Illus.*, 778).

ravissement n.m. Action d'enlever de force, rapt : *Le ravissement des Sabines* (Acad. 94).

Le sens actuel de « transport de joie, d'admiration » était également usuel au XVIIe s.

rébarbaratif, ive adj. Formation plaisante sur *rébarbatif* : *Ah ! que sa barbe est rébarbarative !* (La Font., *Florentin*, sc. VII).

rebattre v.t. Fig. Redire, répéter de façon lassante (auj. seulement dans *rebattre les oreilles*, et au participe adj. *rebattu*) : *Je te rebats ce mot, car il vaut tout un livre* (La Font., *F.*, VIII, 27). *J'ai rebattu les généalogies que je lui ai déjà enseignées* (La Br., *Lettre Condé*, 9 janv. 1685). *Je vous ennuierais si je rebattais ici les raisons que j'alléguai* (Retz, *Mém.*, II, 433).

rebouché, e adj. Émoussé : *Le trait contre toi décoché Rompra contre toi rebouché* (Motin, *Paraphr. Ps. XC*, 44). *Un jour, il vit rejaillir à ses pieds une des flèches qu'il avait tirées contre Landore, et, en la ramassant, il reconnut que le fer en était rebouché* (Fur., *Rom. bourg.*, I).

reboucher v.i. ou **reboucher (se)** v.pr. S'émousser : *L'épée reboucha contre sa cuirasse* (Acad. 94). *L'acier de Damas ne se rebouche point, il coupe tout* (Fur.).

Les sens actuels du v.t., « fermer de nouveau » et « combler (un trou, etc.) », étaient également usuels au XVIIe s. : *Il faut reboucher la bouteille quand on a versé du vin. Il faut reboucher ce mur* [...], *il vient par là trop de vent* (Fur.).

rebours n.m. Contre-pied, contraire (auj. presque uniquement dans la locution, déjà usuelle au XVIIe s., *à rebours* : « rebrousse-poil, d'une façon contraire à l'usage ou à la raison ») : *Hélas ! C'est le rebours : Ces nonnes m'ont en vain prié d'amours* (La Font., *Contes*, IV, 12). [...] *quoi que vous disiez, je l'entends au rebours* (Corn., *Ment.*, 1612). *Tout ce qu'il fait est le rebours de bien* (Acad. 94).

rebours, e adj. Revêche : *Il n'est point d'humeur si rebourse Qui ne se crève à ta santé* (Saint-Amant, *le Passage de Gibraltar*, 8). *Il est si rebours* (Acad. 94).

rebut n.m. Action de rejeter, de refuser ; refus, rejet : *Et bien loin de trembler de l'exemple des autres, Du rebut de leurs vœux enflez l'espoir des vôtres* (Mol., *Pr. Él.*, 130). ♦ Personne refusée, dédaignée : *Le rebut de Pompée est encor quelque chose* (Corn., *Sert.*, 294). [Ces yeux] *n'ont pas dédaigné le rebut de vos charmes* (Mol., *F. sav.*, 148). [Cet enfant] *De ses parents, dit-on, rebut infortuné* (Rac., *Ath.*, 882).

Les sens actuels de « déchet » et « ce qu'il y a de plus mauvais dans un ensemble » étaient également usuels au XVIIe s. : *En toutes sortes de marchandises il y a toujours du rebut. Cet homme est infâme,* [...] *c'est le rebut du genre humain* (Fur.).

rebuter v.t. Repousser qqn avec dureté : *Il voulait entrer, mais on le rebuta à la porte* (Acad. 94). *Je lui demandai* [...] *; mais il me rebuta rudement, et me dit que ce n'était pas là le point* (Pasc., *Prov.*, I). ♦ Refuser : *Puisqu'ils font une espèce de commerce de leur travail, il est bien raisonnable que celui auquel ils l'exposent ait la liberté de le prendre ou de le rebuter* (Sentim. Acad. sur « Cid »). [Le héron] *vit sur l'eau Des tanches* [...] *Le mets ne lui plut pas* [...]. *La tanche rebutée, il trouva du goujon* (La Font., *F.*, VII, 4). ♦ **Rebuter de** (suivi d'un infinitif), dégoûter de : *Pour M. de Grignan, le voilà rebuté d'écrire pour le reste de sa vie* (Sév., 6 oct.

1675). ♦ **Être rebuté,** être éloigné de : *Il était fort rebuté de la guerre civile* (Retz, *Mém.*, III, 166).

Le sens actuel de « décourager, choquer » (avec un sujet nom de chose) était également usuel au XVIIe s. : *Les difficultés qu'on lui a fait dans cette affaire l'ont rebuté, il n'y pense plus* (Fur.).

récent, e adj. **Être récent d'une lecture** (Acad. 94), se souvenir de ce qu'on a lu depuis peu.

recevoir v.t. Admettre, reconnaître comme vrai : *La distance des lieux nous fait recevoir tout ce que* [...] *les livres de voyages nous apprennent des pays lointains* (La Br., *Disc. Théophr.*). ♦ Accepter : *Je suppliai Monsieur de me pardonner si je ne recevais pas ce parti* (Retz, *Mém.*, III, 505). *L'on reçoit le reproche de la distraction et de la rêverie, comme s'il nous accordait le bel esprit* (La Br., XI, 67). ♦ Autoriser : *Il reçut M. de Parabère à faire les siennes* [conditions] (La Roch., *Mém.*, II, 451). *À l'heure qu'il est, l'on n'est pas reçu à douter que dans quinze jours tout sera éclairci* (Marquise de Villars, *Lettre*, 25 août 1673). *Serait-on reçu à dire qu'on ne peut « se passer » de voler, d'assassiner ?* (La Br., VI, 75). ♦ Avec un nom de chose comme sujet, comporter, admettre : *C'est pour moi une épargne considérable. – Assurément, cela ne reçoit point de contradiction* (Mol., *Av.*, I, V). *L'entreprise* [...] *pourrait recevoir des difficultés* (Retz., *Mém.*, II, 115). *Adieu, mon ange, je vous baise, et vous embrasse avec une tendresse qui ne peut recevoir de comparaison* (Sév., 16 mai 1672). *Tout genre d'écrire reçoit-il le sublime ?* (La Bruyère, I, 55). ♦ Tirer, prendre, éprouver : *La Faculté ne me défendrait pas cet amusement, voyant le plaisir que j'en reçois dans mon oisiveté* (Sévigné, 19 juill. 1677).

Les sens actuels étaient également usuels au XVIIe s.

réchapper (se) v.pr. Se sauver : *Notre chat s'est réchappé depuis peu d'un saut qu'il fit du haut de la maison dans la rue* (Mol., *Am. méd.*, II, I). *Ce cavalier s'est réchappé par deux fois, s'est sauvé des prisons de l'ennemi* (Fur.).

Auj. on dit seulement *réchapper de* : « se soustraire à », et *en réchapper* : « guérir d'une maladie, en sortir vivant » (au XVIIe s., en ce sens, on employait *réchapper* sans *en*).

recharge n.f. Fig. Retour insistant, nouvelle attaque : *Ô Seigneur, que vous me pressez ! Encore une nouvelle recharge* [...] (Boss., *Serm. sur l'Impén. fin.*). *Il est mal aisé de vous dire à quel point il ressentit cette recharge* (Chap., *Lettres*, I, 537).

recherche n.f. Demande en mariage, action de courtiser : *Léonor n'a point d'aversion pour nous ; je sais qu'elle vous estime, et, autant que j'en puis juger, son cœur ne gémira pas de votre recherche* (Le Sage, *Diable boit.*, IV). *Cette recherche tend à bonne fin,* [...] *elle n'a pour but que le mariage* (Fur.).

Les sens actuels étaient également usuels au XVIIe s.

rechercher v.t. Faire enquête sur : *Le magistrat pourrait le rechercher Sur le soupçon d'une mort si soudaine* (La Font., *Contes*, III, 2). *Si on recherche la vie de cet homme, il est perdu* (Fur.). ♦ Pouvait se construire avec la préposition *de* (auj. on dit en ce sens : *chercher à*) : *Je n'aurai d'autre soin qu'à rechercher de pénétrer* (Retz, *Lettre épisc.*, 1654, VI, 70).

◆ **se rechercher,** faire effort : *La vanité, qui ne se réveille et ne se recherche que dans les événements où il y a de quoi faire parler le monde* (La Br., XI, 148).

Les sens actuels étaient également usuels au XVIIe s.

récidive n.f. Répétition (langue précieuse) : *De* pas *avec* rien *tu fais la récidive* (Mol., *F. sav.*, 483).

Le sens médical et le sens juridique actuels étaient également usuels au XVIIe s.

réciproque n.m. Contrepartie, la pareille : *Vous savez combien est rare dans l'amour le moment du réciproque* (Segrais, *Nouv. franç.*, *in* Brunot). *Je vous rendrai le réciproque* (Acad. 94).

◆ **Au réciproque,** en retour, en contrepartie : *Les Phrygiens au réciproque Leur* [aux Thraciens] *faisaient inclination* (Scarr., *V. tr.*, III, 84).

réciproquer v.t. Rendre la pareille à qqn : *En vous réciproquant, vous êtes, je vous jure, De ces heureux transports payée avec usure* (Regnard, *Démocrite*, IV, VII).

réciter v.t. Raconter, faire un récit de, rapporter : *Je sais de ses froideurs tout ce que l'on récite* (Rac., *Ph.*, 405). *Phocas, alarmé du bruit, qui court qu'Héraclius est vivant, récite les particularités de sa mort* (Corn., *Hér.*, Exam.). *Il n'y* *a personne de nous* [...] *qui n'ait encore le cœur attendri de ce qu'il a ouï réciter des bontés de ce grand roi envers lui* (Boss., *Lettre Louis XIV*, 10 juill. 1675). ♦ Déclamer, jouer la comédie ou la tragédie : *Il est vrai qu'il* [Molière] *récite avec beaucoup d'art* (Montfleury, *Impromptu de l'Hôtel de Condé*, sc. IV). *Les douleurs muettes et stupides sont hors d'usage : on pleure, on récite, on répète* (La Br., III, 79).

Le sens actuel de « prononcer, dire ce que l'on sait par cœur » était également usuel au XVIIe s. : *Il y en a peu* [de poètes] *qui soient exempts du vice de réciter leurs vers à tous venants* (Fur.).

réclamer v.t. Invoquer, implorer, supplier : *Mon père, au nom des dieux... – Ne les réclamez pas Ces dieux dont l'intérêt demande son trépas* (Corn., *Pol.*, 915). *Je serais comme un Saint que pas un ne réclame ?* (Mol., *Éc. des f.*, 92). *On réclame dans l'affliction toutes les puissances du ciel et de la terre* (Fur.).

Les sens actuels du v.t., du v.i. et du v. pron. existaient déjà au XVIIe s.

recogner v.t. Enfoncer de nouveau : *On recogne une cheville, un boulon, qui sortent de leur trou* (Fur.). ♦ Repousser : *Les ennemis attaquèrent nos lignes et furent bien recognés* (Acad. 94) ; et au fig. : *Ce docteur avança un*[e] *telle proposition, mais il fut bien recogné, on lui montra qu'elle était hérétique* (Fur.). ♦ Faire se retirer : *Si la fortune ne l'avait recogné en Angoumois* [...] (Chap., *Lettres*, I, 331). ♦ Faire rentrer, accumuler : *Pour cette jambe, voici le fait : il n'y a plus aucune plaie il y a longtemps ; mais l'endroit était demeuré si dur, et tant de sérosités y avaient été recognées par les eaux froides* [...] (Sév., 13 juin 1685). *Cette masse de métal* [un boulet] *est beaucoup de terre recognée en un petit canton* (Cyrano, *États et empires de la Lune*, p. 92).

recommandation n.f. Estime que l'on a pour le mérite ou pour ce qui est méritant : *J'ai l'honneur en recommandation, et j'aimerais mieux me voir morte, que de me voir déshonorée* (Mol., *D. J.*, II, II). *La sainteté de sa vie l'a mis partout en grande recommandation* (Acad. 94).

Les sens actuels de « avis, conseil, exhortation » et « action de signaler à la bienveillance » étaient également usuels au XVIIe s.

recommencer v. Se construisait avec la préposition *de* ou, comme aujourd'hui, avec *à* : *Le cardinal* [de Richelieu] [...] *recommença d'espérer* (La Roch., *Mém.*, II, 14). *On recommence à travailler au Louvre* (Fur.).

récompense n.f. Dédommagement, compensation : *Bruslé me demande la permission de se défaire de sa lieutenance et d'en tirer récompense* (Retz, *Lettre M. de la Fons*, 27 juin 1672). *Le duché d'Albret, qu'on devait retirer de M. le Prince pour faire partie de la récompense de Sedan* (La Roch., *Mém.*, II, 386). ♦ **Faire la récompense de qqn,** le dédommager, lui donner une gratification : *Sévère, à mon défaut, fera ta récompense* (Corn., *Pol.*, 1102). ♦ **En récompense,** en contrepartie, en revanche : *Comme il m'était impossible de l'imiter* [Phèdre] *en cela* [en élégance et en concision], *j'ai cru qu'il fallait en récompense égayer l'ouvrage plus qu'il n'a fait* (La Font., *F.*, Préf.). *L'on mange peu, l'on boit en récompense* (La Font., *Contes*, II, 14). *Je lui promis en récompense que je serais du lendemain* (Rac., *P.-R.*, II).

Le sens actuel de « bien matériel ou moral accordé pour un service rendu, des mérites spéciaux, etc. » était également usuel au XVIIe s. : *Les païens on*[t] *dit que la vertu se sert elle-même de récompense* (Fur.).

récompenser v.t. Compenser, réparer la perte, le dommage : *Vous ne la goûtez point* [la louange] ; *D'autres propos chez vous récompensent ce point* (La Font., *F.*, IX, Disc. Sablière, 12). *Tous vos jardins ne sauraient me récompenser d'un moment de votre présence* (La Font., *Psyché*, I). *Je me promène avec plaisir, et je récompense le temps perdu* (Sév., 28 févr. 1685). *Son bon sens* [...] *joint à sa douceur* [...] *devait récompenser* [...] *le défaut de sa pénétration* (Retz, *Mém.*, II, 181). ♦ Payer le prix : *Ayant demandé de récompenser le gouvernement de Niort qui vaquait* (La Roch., *Mém.*, II, 460).

◆ **se récompenser,** se dédommager : *Je ne suis nullement aise d'avoir perdu les deux mille livres de rente, et je me récompenserai sur la grande prébende* (Retz, *Lettre M. de Paris*, 22 août 1662). *Je ne la puis* [la simplicité] *élever à un si haut point* [que les Anciens]. *Il a donc fallu se récompenser d'ailleurs* [=d'un autre côté] (La Font., *F.*, Préf.).

Le sens actuel du v. t., « gratifier d'une récompense », était également usuel au XVIIe s. : *Je sais dans quels périls mon amitié vous jette ; Et j'espérais un jour vous mieux récompenser* (Rac., *Baj.*, 583).

réconciliable adj. Qui peut être accommodé (avec) : *Quand on a offensé les personnes à l'honneur, les choses ne sont guère réconciliables* (Fur.). *La charge d'Argenson ne le rendait pas réconciliable avec le Parlement* (Saint-Simon, *in* L.).

reconnaissance n.f. Action de reconnaître une erreur ; aveu d'une faute : *Ses fautes dont il faisait une si sincère reconnaissance* (Boss., *O. f. Condé*).

◆ pl. **Des reconnaissances,** des civilités, des politesses : *Je vous en rends toutes les reconnaissances dont je suis capable* (Retz, *Lettre Curés de Paris*, 8 août 1654). *Contentez-vous donc de mes seules reconnaissances, et de la protestation que je vous fais de vous honorer plus que tous les hommes du monde* (Sév., 14 mars 1649).

Les sens usuels auj. l'étaient également au XVIIe s.

reconnaître v.t. Montrer de la gratitude, de la reconnaissance à qqn : *Il y a du plaisir à obliger les honnêtes gens, ils reconnaissent toujours ceux qui leur ont rendu service* [...] *Si vous me faite*[s] *cette affaire, je vous reconnaîtrai d'un* [=par un] *beau présent* (Fur.) ; et absolum. : *Quand peut-on être ingrat, si c'est là reconnaître ?* (Corn., *Agés.*, 1903). ♦ **Reconnaître de** (suivi de l'infinitif), avouer (auj., comme le plus souvent au XVIIe s. déjà, on n'emploie pas la préposition *de*) : *Elle fit écrire à M. du Gué pour lui recommander M. de Coulanges* [...] *reconnaissant de l'avoir ruiné* (Sév., 7 oct. 1676).

◆ **se reconnaître,** se repentir : *M. le maréchal de Schomberg, qui, ayant appris en chemin que les chefs du parti contraire passaient plutôt leur temps en débauche qu'à se précautionner, souhaita qu'ils pussent se reconnaître pour n'avoir pas le déplaisir de les voir périr sur l'échafaud* (Du Buisson, *Turenne*, 2). *Quand les pécheurs se reconnaissent, fût-ce à l'article de la mort, Dieu leur fait miséricorde* (Fur.). ♦ Se remettre, reprendre ses sens : *Il y a des gens à qui la faveur arrive comme un accident : ils en sont les premiers surpris et consternés. Ils se reconnaissent enfin* (La Br., VIII, 84).

Les sens actuels du v.t. étaient également usuels au XVIIe s.

recorder v.t. Répéter quelque chose afin de le savoir par cœur : *Recorder sa leçon* (Acad. 94). ♦ Rafraîchir la mémoire à qqn : *J'avais recordé, jusques à deux heures après minuit, M. de Beaufort chez Mme de Montbazon pour le faire parler au moins un peu juste* (Retz, *Mém.*, III, 216).

recors n.m. Personne qui accompagne un huissier, un sergent pour leur servir éventuellement de témoin ou leur prêter main-forte : *D'abord il a chargé si bien sur les recors, Qui sont gens d'ordinaire à craindre pour leur corps* (Mol., *Ét.*, 1685). *Il a été arrêté par plusieurs sergents et recors* (Fur.).

recourir v.i. Revenir en courant : *Corbinelli a été ici deux jours ; il est recouru pour voir le grand maître* (Sév., 2 sept. 1676).

Les sens et les emplois actuels étaient également usuels au XVIIe s.

recourre v.t. Récupérer : *On a pris ce voleur, mais on n'a pu recourre qu'une partie de son vol* [...] *Il a dissipé tout son bien en jeu, en procès ; tout ce qu'il en a pu recourre, c'est ce petit fond dont il vit fort pauvrement* (Fur.).

recouvrement n.m. Action de retrouver ce qu'on avait perdu (auj. seulement « action de recevoir le paiement d'une somme due », spécialisation déjà usuelle au XVIIe s.) : *Je n'ai pas moins pris de part à la paix de votre famille que M. le surintendant en prendrait au recouvrement de la bonne volonté du Roi* (Rac., *Lettre abbé Le Vasseur*, 21 mars 1662). *Cela a fort contribué au recouvrement de sa santé* (Acad. 94).

recouvrer v.t. Acquérir, se procurer ce que l'on n'a pas : *Vous croyez peut-être que toute la peine qu'il se donne pour recouvrer une tête* [=médaille] *vient du plaisir qu'il se fait* [...] (La Br., XIII, 2). ♦ Retrouver, obtenir de nouveau : *La Reine et les Frondeurs se consolèrent d'avoir perdu une si belle occasion, par l'espérance de la recouvrer bientôt* (La Roch., *Mém.*, II, 264).

◆ Selon Vaug., au participe, la forme la plus usuelle à la Cour était *recouvert*. Cette forme est déclarée vieillie par Acad. 94, sauf dans la locution *pour un perdu, deux recouverts.*

Les sens actuels de « opérer la perception de sommes dues » et « rentrer en possession », surtout au fig. (*recouvrer la santé*, etc.), étaient déjà les plus usuels au XVIIe s.

recru, e adj. Harassé, fatigué (auj. seulement en usage dans la locution figée *recru de fatigue* : « extrêmement fatigué ») : *Il* [le chasseur] *revient de nuit, mouillé et recru, sans avoir tué* (La Br., VII, 10). *Un homme las et recru* (Acad. 94).

recrue n.f. Levée d'hommes pour compléter un régiment, une troupe, pour y remplacer les manquants, et au fig. renouvellement : *Ce capitaine est allé faire sa recrue en son pays. On lui a donné 500 livres pour sa recrue* (Fur.). *Cette recrue continuelle du genre humain, je veux dire les enfants qui naissent* [...] (Boss., *Serm. sur la Mort*).

Auj. « jeune soldat appelé au service militaire » et « personne qui vient s'ajouter à un groupe ».

reçu, e adj. Accrédité (encore auj. dans qqes expressions : *opinion reçue, idée reçue*, etc.) : *Leurs plus célèbres docteurs et les plus reçus* (Boss., *H. univ.*, II, 23).

Les sens actuels étaient également usuels au XVIIe s.

recueillir v.t. Faire la récolte, récolter : *Ils épargnent aux autres hommes la peine de semer, de labourer et de recueillir pour vivre* (La Br., XI, 128). *Le temps venu de recueillir encor, Le manant prend raves belles et bonnes* (La Font., *Contes*, IV, 5). *Du temps de M. de Turenne on pouvait recueillir et compter sur les terres de ce pays-là* (Sév., 21 août 1675). ♦ Résumer : *Pour recueillir ce discours, avant que de passer à une autre matière* [...] (Corn., *Disc. de la trag.*).

Les sens actuels étaient également usuels au XVIIe s.

recuit, e adj. Qui, selon la médecine de l'époque, a subi l'action prolongée de la chaleur naturelle du corps : *Une bile noire et recuite était mêlée dans ses déjections* (La Br., *Théophr.*, 20).

reculement n.m. Retard, remise : *Le reculement de ce procès ne vient que par la chicane des parties adverses* (Fur.).

reculer v.i. Pouvait s'employer au sens de « aller en arrière » avec un complément de distance introduit directement : *Si vous reculez quatre pas, et que vous creusiez, vous trouverez un trésor* (La Font., *Vie d'Ésope*). ♦ **Reculer à qqch,** s'y refuser : *Faites-moi prononcer l'arrêt de mon trépas ; Que j'ouvre mon tombeau, je n'y recule pas* (Rotr., *Diane*, I, IV).

◆ v.t. Éloigner du but poursuivi : *Les autres prétendants prendront patience, s'il leur plaît : ce n'est pas sans chagrin qu'ils verront leurs espérances reculées* (Sév., 29 avr. 1686).

◆ **se reculer,** être retardé : *Le retour du Roi se recule toujours* (Sév., 1er juill. 1676). *Et le désir s'accroît quand l'effet se recule* (Corn., *Pol.*, 42).

Les sens actuels du v.t. et du v.i. étaient également usuels au XVIIe s.

redevable n. Débiteur : *Vous pourrez quelque temps être ma redevable* (Corn., *Soph.*, 584). *Je serai bientôt votre redevable* (La Font., *Lettre Fouquet*, 26 août 1660).

Auj. s'emploie seulement comme adj.

rédimer v.t. Racheter, payer en retour : [Il] *a réduit ce dernier, pour rédimer la dévastation de tout son pays, à lui donner trois mille six cents richedales* [= 10 800 livres, monnaie allemande] (Chap., *Lettres*, I, 568). *J'ai donné telle somme pour me rédimer des poursuites qui m'étaient faites* (Acad. 94).

rediseur n.m. Calomniateur, rapporteur, médisant : *Rediseurs, espions, gens à l'air gracieux, Au cœur tout différent* (La Font., *F.*, XII, 11). *Vous viderez bien des affaires en peu de temps, ou vous ferez taire tous les rediseurs* (Sév., 17 janv. 1689).

redit n.m. Redite : *Vous devez être* [...] *fatiguée de tous ces dits et redits des conversations passées* (Retz, *Mém.*, III, 414). *Je me lasse aisément de tous ces dits et redits* (Sév., 21 oct. 1671).

redoubler v.t. Renouveler en augmentant ; accroître fortement (auj. seulement dans quelques expressions : *redoubler ses efforts, ses cris*) : *Je redouble en leurs cœurs l'ardeur de le punir* (Corn., *Cinna*, 176). *La rigueur des parents, la contrainte cruelle* [...] *Ne font que redoubler une amitié fidèle* (Mol., *Pourc.*, I, II). *Il faut redoubler l'ordinaire, quand il vient des survenants* (Fur.).

◆ **se redoubler,** augmenter : *Son orgueil se redouble étant en liberté* (Corn., *Pl. R.*, 1260).

Les sens actuels du v.t. (sauf celui de « mettre une nouvelle doublure à ») et du v.i. étaient également usuels au XVIIe s.

redresser v.t. Remettre dans le droit chemin : *Je m'étais égaré, j'ai rencontré un paysan qui m'a redressé* (Acad. 94).

Les sens actuels étaient également usuels au XVIIe s.

réduire v.t. Ramener au devoir : *Il faut tout le sérieux de la religion pour le réduire* [l'homme] (La Br., XVI, 32). ♦**Réduire à,** ramener à, pousser à (auj. il indique une contrainte, comme parfois au XVIIe s. déjà) : [Ils] *persistent dans cette hauteur ridicule et contrefaite, jusqu'à ce qu'il survienne un grand, qui la faisant tomber tout d'un coup par sa présence, les réduise à leur naturel* (La Br., VIII, 17). ♦**Réduire de,** contraindre à (auj. en ce sens on dit *réduire à,* construction également usuelle au XVIIe s.) : *La crainte* [...] *me réduit d'applaudir bien souvent à ce que mon âme déteste* (Mol., *D. J.*, I, I). *Voilà que vous me réduisez de souhaiter* [...] (Sév., 11 août 1677). ♦**Réduire dans, en,** pousser à, amener à un certain état (auj. en ce sens on dit *réduire à,* comme on le faisait déjà souvent au XVIIe s.) : *En quelle extrémité, Seigneur, suis-je réduite !* (Rac., *Mithr.*, 1096). *Il a réduit les peuples dans l'impuissance de se révolter* (Fur.) ; résumer : *Quelque autre peut-être aurait pu réduire les mêmes choses en moins de paroles* (Sév., 19 juill. 1655).

◆ **se réduire,** se résumer : *Je me réduis : je confesse que* [...] (Retz, *Lettre M. de la Fons,* 21 juill. 1670). ♦**Se réduire à** (suivi d'un infinitif), se borner à : *Ils se réduisent à leur proposer de signer avec certaines expressions générales* (Rac., *P.-R.*, II). *Si l'on hait tant Léon, du moins réduisez-vous À faire qu'on m'admette à régner sans époux* (Corn., *Pulch.*, 1243).

Les sens actuels du v.t. et du v. pron. étaient également usuels au XVIIe s.

réduit, e adj. Soumis : *Porter jusqu'au trépas un cœur vraiment réduit, C'est se rendre digne d'envie* (Corn., *Imit.*, I, 1163). ♦Qui a rangé sa vie, qui vit dans la retraite : *Cet homme était dans une grande débauche, mais il est bien réduit* (Acad. 94).

réduit n.m. Assemblée, salon, cercle : *J'y en dois faire une seconde lecture, pource que la moitié du réduit y manquait* (Chap., *Lettres,* I, 448). *La maison d'un tel est un réduit très plaisant* (Acad. 94). ♦Petit logement retiré, retraite : *Il a trouvé un réduit au bout de la ville, où il s'est logé* (Fur.).

Auj. « local exigu et misérable, galetas ».

réel, elle adj. Qui ne promet rien qu'il ne tienne ; sûr : *Comptez sur moi, je suis un homme réel* (Le Sage, *Diable boit.*, V).

Le sens courant d'auj. de « qui existe effectivement » était également le plus usuel au XVIIe s. : *L'agrément est arbitraire : la beauté est quelque chose de plus réel et de plus indépendant du goût et de l'opinion* (La Br., III, 11).

refaire v.t. Redonner de la santé, remettre quelqu'un en bon état (auj. il se dit seulement en parlant de choses) : *Damon* [...] *de qui le corps sec et la mine affamée N'en sont pas mieux refaits pour* [=à cause de] *tant de renommée* (Boil., *Sat.*, I, 6). *Il faut laisser reposer quelque temps ces chevaux pour les refaire* (Fur.).

Les sens actuels étaient également usuels au XVIIe s.

réfection n.f. Ce qui est nécessaire pour reprendre des forces : *Le sommeil est nécessaire à l'homme ; et lorsqu'on ne dort pas sa réfection, il arrive* [...] (Mol., *Pr. Él.*, Prol. 1er interm., sc. II). ♦Repas pris en commun : *À l'heure de la réfection* (Acad. 94). *Le physionome arriva pour nous conduire à la réfection et au dortoir* (Cyrano, *États et empires de la Lune,* p. 151).

Le sens actuel de « réparation, remise à neuf » était également usuel au XVIIe s. : *Il coûtera tant pour la réfection de cette église, de ce pont, de cette chaussée* (Fur.).

refermer (se) v.pr. Fig. Se recueillir en soi-même, refuser toute confidence : *Elle* [la Reine] *se referma tout d'un coup, et* [...]*. je n'en pus rien tirer* (Retz, *Mém.*, III, 415). – Auj. on dirait *se renfermer.*

réflexion n.f. **Par réflexion,** indirectement : *Ces sortes de satires tombent directement sur les mœurs, et ne frappent les personnes que par réflexion* (Mol., *Crit. Éc. des f.*, sc. VI). ♦**Faire réflexion à, sur,** méditer longuement sur : *Le Roi le pressa fort bonnement de faire réflexion à ce qu'il lui répondait* (Sév., 27 avr. 1672). *Elle fit réflexion à la violence de l'inclination qui l'entraînait vers M. de Nemours* (La Fayette, *Clèves,* II).

réformation n.f. Réforme des institutions politiques : *Cléomène rétablit la réformation de Lycurgue* (Rac., *Ann. Plutarque*). *La Cour des Aides députa vers la Chambre des Comptes pour lui demander union avec elle pour la réformation de l'État* (Retz, *Mém.*, I, 309). ♦Retranchement, suppression d'abus : *Il ne voyait rien de plus sage que de laisser les choses comme on les trouvait, sans s'entêter de la réformation des abus* (Saint-Réal, *Conjur. des Gracques*). [La noblesse] *demanda la réformation de plusieurs désordres* (La Roch., *Mém.*, II, 246). ♦ Réforme religieuse ou morale : *Esdras, docteur de la loi, et Néhémias* [...] *réformaient les abus et faisaient observer la loi de Moïse qu'ils observaient les premiers. Un des principaux articles de leur réformation fut* [...] (Boss., *H. univ.*, I, 8). ♦ En particulier, la Réforme protestante : *Ceux qui n'ont pas craint de tenter* [...] *la réformation par le schisme* (Boss., *O. f. H. de Fr.*).

réforme n.f. Rigueur morale, mœurs austères : *Il y a chez elles* [les dévotes] *une émulation de vertu et de réforme qui tient quelque chose de la jalousie* (La Br., III, 43). *Il effarouche les jeunes gens, les fait penser mal de la vertu et la leur rend suspecte d'une trop grande réforme et d'une pratique trop ennuyeuse* (La Br., XII, 30).

Les sens actuels étaient également usuels au XVIIe s., sauf le sens militaire de « mise hors service ».

réformé, e adj. Qui affecte la piété, la rigueur morale : *Un air réformé, une modestie outrée, la singularité de l'habit* [...] *n'ajoutent rien à la probité* (La Br., XII, 29).

Le sens actuel de « issu de la Réforme » était usuel au XVIIe s., mais non celui de « reconnu impropre au service militaire ».

réfractaire adj. Indocile, désobéissant : *C'est une opinion mal fondée, de penser que la philosophie rende ceux qui la suivent réfractaires, et contempteurs des rois* (Malh., *Ép.*, 73). *Vous vous autorisez à m'être réfractaire* (Corn., *Suiv.*, 1566, var.).

Auj. *réfractaire à*, suivi d'un complément, signifie « qui résiste à » (emploi déjà usuel au XVIIe s.) ; et comme nom il désigne un « militaire insoumis ».

refraîchir v.t. Variante de *rafraîchir* au sens de « reposer » : *Sains et gaillards ils débarquèrent tous Au port de Joppe, et là se refraîchirent* (La Font., *Contes*, II, 14).

refrogner (se) v.pr. **refrogné, e** adj. Variantes de *se renfrogner, renfrogné, e* : *Il le dit* [...] *au Pape, qui lui répondit avec une mine refrognée* (Retz, *Mém.*, V, 92). *À l'abord de certaines personnes il se refrogne* (Acad. 94).

refroidir v.t. Fig. Atténuer la force, diminuer l'intensité de (auj. l'image est plus sensible, le complément *ardeur, enthousiasme*, etc., indique toujours l'idée de « feu ») : *Vingt ou trente ans de veuvage, C'est dommage, Ont refroidi vos attraits* (La Font., *Daphné*, II, V). ♦ Diminuer l'ardeur de qqn (auj. très familièrement il signifie « abattre l'enthousiasme ») : *Nous donnons dispense aux enfants, et les refroidissons de la reconnaissance qu'ils doivent à leurs pères* (Malh., *Bienf.*, III, 36).

◆ **se refroidir sur, pour,** perdre son ardeur pour : *Comme elle* [l'humeur] *n'est pas toujours fixe, et qu'elle varie en eux selon les occasions, ils se refroidissent bientôt pour les expressions et les termes qu'ils ont le plus aimés* (La Br., I, 17).

refroidissement n.m. Fig. Diminution de la chaleur des sentiments (auj. seulement avec un complément amené par *de*) : *Et ce qu'on voit par là* [visites moins assidues] *de refroidissement Ne fait que trop juger son mécontentement* (Corn., *Mél.*, 1069). *Et je perdrais le mien* [mon honneur], *si quelqu'un pouvait croire Que mon devoir penchât au refroidissement* (Corn., *Clit.*, 1483). *La jouissance cause bien du refroidissement en amour* (Fur.).

refuir v.t. et i. Éviter, reculer devant : *Mais il y faut venir* [au mariage] ; *c'est en vain qu'on recule, C'est en vain qu'on refuit, tôt ou tard on s'y brûle* (Corn., *Mél.*, 106). *Tout ce qu'obstinément ta volonté refuit* (Corn., *Imit.*, III, 5120).

refuites n.f.pl. Excuses, échappatoires : *Mais cessez de chercher ces refuites frivoles* (Corn., *Mél.*, 194).

refus n.m. Ce qui a été rejeté, dédaigné ; rebut : *Je ne veux point du refus d'un autre* (Acad. 94). ♦ **Faire refus,** refuser : *Je viens d'apprendre là-bas* [...] *qu'on a fait refus de prendre le remède que j'avais prescrit* (Mol., *Mal. im.*, III, V).

Le sens actuel de « action de ne pas consentir » était déjà le plus usuel au XVIIe s. : *La plupart des excuses sont d'honnêtes* [= polis] *refus* (Fur.).

refuser v.t. **Refuser qqn,** ne pas lui accorder ce qu'il demande : *Il avait demandé à la Cour d'aller* [...] *mais on l'a refusé* (Acad. 94).

◆ **Être refusé de qqch,** en être écarté : *Quelle plus grande honte y a-t-il, d'être refusé d'un poste que l'on mérite, ou d'y être placé sans le mériter ?* (La Br., VIII, 44).

Auj. le complément d'objet est un nom de chose

(emploi déjà le plus usuel au XVIIe s.), sauf au sens de « ne pas recevoir à un examen ».

régal, régale n.m. Fête, festin, divertissement (l'orthographe *régale,* auj. abandonnée, était considérée comme la meilleure) : *Il m'a demandé si vous aviez témoigné grande joie au magnifique régal que l'on vous a donné* (Mol., *Am. magn.*, II, II). *C'est que je suis obligé, Frosine, de donner à souper au seigneur Anselme ; et je serai bien aise qu'elle soit du régale* (Mol., *Av.*, II, V). *Voici trois semaines que je vous donne des régales, dont je prétends que vous me demeuriez fort obligé* (Chap., *Lettres*, I, 360).

Les sens actuels de « mets délicieux » et « ce qui cause un grand plaisir » étaient également usuels au XVIIe s. : *C'est un grand régal pour un friand qu'un bon melon. Ce n'est pas un grand régal pour un sourd que la musique* (Fur.).

régale n.f. Droit qu'avait le souverain de pourvoir aux bénéfices simples d'un diocèse, et d'en percevoir les revenus, quand le siège était vacant : *Un bénéfice vaque en régale, il y a ouverture à la régale* (Fur.).

régalement n.m. Action d'égaler, de compenser : *On changerait ce qu'on a de trop d'un côté pour en acquérir de l'autre ; ce régalement ferait de trop grandes perfections* (Sév., 8 févr. 1690).

régaler v.t. Dédommager, payer : *Des personnes qui* [...] *sachent* [...] *par de chatouillantes approbations, vous régaler de votre travail* (Mol., *Bourg.*, I, I). ♦ Offrir une fête, une réception à : *Celle que cette nuit sur l'eau j'ai régalée* (Corn., *Ment.*, 762). *Quel lieu voulez-vous donc, madame, que mon amour choisisse pour vous régaler, puisque, pour fuir l'éclat, vous ne voulez ni votre maison, ni la mienne ?* (Mol., *Bourg.*, III, XV). ♦ Faire présent de, récompenser : *Il ne se passait guère de nuit qu'elles ne fussent régalées de quelque musique* (Scarr., *Rom. com.*, II, 19). *Les gens qui la suivaient furent tous régalés De beaux présents* (La Font., *Contes*, II, 14) ; et au fig. : *Je vous recommande surtout de régaler d'un bon visage cette personne-là* (Mol., *Av.*, III, I).

Les sens actuels de « offrir un bon repas » et « flatter le goût de » étaient également usuels au XVIIe s. : *Qui veut bien régaler cet homme-là, il faut lui donner du vin de Champagne, il faut lui faire voir de beaux tableaux* [...] (Fur.).

regard n.m. Souci, préoccupation : *Je trouvai cette amitié, cette douceur* [...] *en ce pauvre malade, et par-dessus tout ce regard continuel à Dieu* (Sév., 19 nov. 1688). ♦ **Pour le regard, au regard de qqn,** en ce qui concerne cette personne, au sentiment de cette personne : *Le jugement de Rome est peu pour mon regard* (Corn., *Hor.*, 1065). *Un arrêt rendu entre deux parties n'a pas de force au regard d'un tiers* (Fur.).

Les locutions et les sens actuels étaient également usuels au XVIIe s.

regardant n. Celui qui regarde, spectateur : *Le bruit de regardants qui crient Et qui pour leurs bons amis prient* (Scarr., *V. tr.*, V, 659). *Elle tombe, elle crève aux pieds des regardants* (La Font., *F.*, X, 2). *Les sornettes dont les regardants me rompaient les oreilles* (Cyrano, *États et empires de la Lune*, p. 102).

regarder v.t. Remarquer, distinguer : *Il a la vue basse, il regarde de près* (Acad. 94). *Ceux-ci allaient toujours, sans regarder qu'ils allaient à la servitude* (Boss., *O. f. H. de Fr.*). *Et parmi ce ramas le cœur en regarde un* (La Font., *Je vous prends sans verd*, sc. VII). ♦ Avoir en considération, tenir compte de, se préoccuper de (sens encore usuel pour le v.t. ind. *regarder à*) : *Il faut laisser faire Dieu, comme dit Monsieur d'Angers, et regarder sans cesse sa volonté et sa providence* (Sév., 1er juill. 1685). *Elle commence à connaître Dieu, n'appelant pas le connaître que de regarder tant soit peu le monde* (Boss., *O. f. H. d'Angl.*). *Un véritable roi n'est ni mari ni père ; Il regarde son trône, et rien de plus. Régnez* (Corn., *Nic.*, 1321).

Les sens actuels étaient également usuels au XVIIe s.

regardure n.f. Aspect extérieur (vieilli au milieu du XVIIe s.) : *Mon magot était de laide regardure* (La Font., *Ragotin*, V, XVI). *Oui, çà, voyons un peu quelle est votre figure, Et si vous n'êtes point de laide regardure* (Th. Corn., *Bertr. de Cigar.*, II, IV).

régent n.m. Professeur : *La première leçon que donna le régent Fut celle-ci* (La Font., *F.*, XI, 5). *Le disciple aussitôt droit au coq s'en alla, Jetant bas sa robe de classe, Oubliant les brebis, les leçons, le régent* (La Font., *F.*, XII, 9). *Les régents et les maîtres d'école* (Rac., *P.-R.*, II). *Le régent de la sixième* (Acad. 94).

Le sens actuel de l'adj. et du n.m., « (celui) qui gouverne pendant la minorité ou l'absence du roi », était également usuel au XVIIe s. : *En Portugal, il y a un prince régent* (Fur.).

régenter v.i. Professer, être professeur : *Il a régenté aux Universités, il n'est pas qu'il n'ait enseigné la Logique qui est la première partie de la philosophie* (Sorel, *Franc.*, XI). *Il doit bien savoir le latin, il a régenté toute sa vie* (Fur.).

Le sens actuel de « gouverner de façon autoritaire » était également usuel au XVIIe s. : *Cet homme est altier et impérieux, il veut régenter* [...] *en toutes les compagnies où il se trouve* (Fur.).

régime n.m. Direction morale : *Des usurpateurs* [...] *s'ingèrent dans le régime des âmes qui ne leur sont point commises* (Retz, *Lettre Mazarin*, 12 déc. 1654). ♦ Règle de vie : *Les petites règles qu'il s'est prescrites* [...], *il les observe avec scrupule, et ne les romprait pas pour une maîtresse, si le régime lui avait permis d'en retenir* (La Br., XI, 120). *On vous fera un régime et une nécessité de ne me jamais voir* (Sév., 16 juin 1677). ♦ **De régime,** méthodiquement, suivant une règle de vie très stricte : *Il* [le héron] *vivait de régime, et mangeait à ses heures* (La Font., *F.*, VII, 4). ♦ **Régime de vivre,** manière de vivre : *M. le Prince guérit avec du vin émétique, et M. de Turenne guérissait avec un bon régime de vivre* (Bussy, *Lettre*, 11 août 1675).

Le sens actuel de « conduite à suivre en matière d'hygiène alimentaire » était usuel au XVIIe s., mais non ceux de « organisation politique » et de « dispositions qui organisent une institution » (*régime fiscal*, etc.).

reginglette n.f. Piège pour attraper les oiseaux : *Quand reginglettes et réseaux Attraperont petits oiseaux* (La Font., *F.*, I, 8).

registre n.m. **Faire registre de,** enregistrer : *L'on opina deux ou trois jours de suite sur cette affaire, et il passa à faire registre de ce que M. d'Orléans avait dit* (Retz, *Mém.*, III, 76).

règle n.f. Régularité, mesure, ordre : *J'ai fait tous ces remèdes avec une règle et une mesure dont j'eusse été incapable sans Mme de Chaulnes* (Sév., 9 oct. 1687). *L'abbé est ravi de vous voir appliquée à vos affaires ; il vous trouve digne de tous ses soins, dès le moment que vous songez à mettre la règle dans votre maison* (Sév., 8 mai 1671).

Les sens actuels étaient également usuels au XVIIe s.

réglé, e adj. Régulier : *Comme ce n'étaient pas des troupes réglées, il était impossible de les retenir plus longtemps* (La Roch., *Mém.*, II, 189).

Les sens actuels étaient également usuels au XVIIe s.

réglément adv. D'une manière réglée, fixée à l'avance ; à date fixe : *Le Parlement s'assemblait réglément tous les matins* (Retz, *Mém.*, II, 204). *Elle boit comme un trou, et s'enivre réglément deux fois le jour* (Sév., 5 févr. 1674). *On vit réglément dans cette maison* (Acad. 94).

régler v.t. Diriger, gouverner qqn (auj. seulement avec un complément nom de chose) : *C'est un esclave fier qui veut régler son maître* (Corn., *Triomphes de Louis*, 13). ♦ Mettre en ordre (auj. surtout *régler une affaire*) : *Elle s'occupa trois ans à régler sa conscience et ses affaires* (Boss., *O. f. Anne de Gonzague*). ♦ Soumettre qqn à un certain ordre : *Les dames du palais sont réglées à servir par semaine* (Sév., 8 janv. 1674). ♦ Réconcilier, régler les différends de : *Pompée, que les deux frères appelèrent pour les régler, les assujettit tous deux* (Boss., *H. univ.*, II, 18). ♦ **Régler à,** conformer à (auj. on dit *régler sur*, construction déjà usuelle au XVIIe s.) : *Il faut régler mes vœux aux lois de mon devoir* (Racan, *Berg.*, II, V). ♦ **Régler de,** prendre le parti, la décision de : *Je crois que vous réglerez de la mettre* [Marie Blanche] *à Sainte Marie* (Sév., 15 avr. 1676).

Les sens actuels étaient tous usuels à la fin du XVIIe s.

regorgement n.m. Débordement par abondance excessive : *Le regorgement de la bile est dangereux* (Fur.).

regorger v.t. Refluer : *Jadis, de toutes parts faisant regorger l'onde, Sous un déluge d'eaux il abîma le monde* (Corn., *Att.*, 1577). *Ils jetèrent* [...] *l'ancre à l'embouchure de la rivière Lyris, où la mer regorgeant forme de grands et vastes marais* (Saint-Réal, *Marius et Sylla*). ♦ Fig. Rejaillir : [On verra] *dans ce palais même* [...] *Le sang de vos sujets regorger jusqu'à vous* (Rac., *Esth.*, 1103).

L'emploi actuel de *regorger de* au sens de « avoir en surabondance » était également usuel au XVIIe s. : *Ses celliers regorgent de vins* (Fur.). *Je découvre sur la terre un homme* [...] *insatiable* [...], *qui veut* [...] *pourvoir à lui seul, grossir sa fortune, et regorger de bien* (La Br., VI, 35).

regret n.m. **Avoir regret à qqch, à qqn, avoir à regret qqch, qqn,** en éprouver du regret : *Qu'il ait regret à moi pour son dernier supplice* (Corn., *Méd.*, 226). *J'ai regret, disait-il, à mon premier seigneur* (La Font., *F.*, VI, 11). *J'ai regret à tous mes jours qui s'en vont* (Sév., 13 nov. 1675). *Quoique tu n'achètes et ne lises ce livre que pour ton plaisir, si néanmoins tu n'y trouvais autre chose, tu devrais avoir regret à ton temps et à ton argent* (Fur., *Rom. bourg.*, Avert.). *Le prince d'Orange, qui avait à regret ses peines, voulait tout hasarder* (Sév., 2 sept. 1676). ♦ **Avoir regret que,** regretter que : *J'ai regret qu'ils aient brûlé tout ce qu'ils m'écrivaient* (Sév., 27 oct. 1677). *J'ai regret que vous n'ayez pas entendu ce sermon* (Acad. 94).

regretter v.t. Donner à regret : *Le renard seul regretta son suffrage* (La Font., *F.*, VI, 6). ♦ **Regretter de ce que,** éprouver du regret de ce que : *L'agréable Inézilla acheva de lire sa nouvelle et fit regretter à tous les auditeurs de ce qu'elle n'était pas plus longue* (Scarr., *Rom. com.*, II, 20).

Les sens et les emplois actuels étaient déjà les plus usuels au XVIIe s.

régularité n.f. Règle d'un art : *Je traiterai Monsieur méthodiquement, et dans toutes les régularités de notre art* (Mol., *Pourc.*, I, VII). ♦ Conformité à des règles littéraires (auj. sens plus général : *la régularité d'une élection*, etc.) : *La régularité de Ménandre et de Térence* (Rac., *Plaid.*, Au lecteur). *Cette tragédie n'est pas dans toute la régularité où elle devrait être* (Acad. 94).

Les sens actuels de « caractère de ce qui est égal, uniforme » et « fait de présenter des proportions régulières » étaient également usuels au XVIIe s.

régulier, ère adj. Conforme aux règles, en parlant d'un ouvrage littéraire, ou qui se conforme aux règles, en parlant d'un auteur : *Quelle prodigieuse distance entre un bel ouvrage et un ouvrage parfait ou régulier !* (La Bruyère, I, 30). *Cette tragédie est-elle régulière ?* (Académie 94).

◆ n.m. **Un régulier,** un partisan de la parfaite conformité aux règles littéraires : *C'est un accommodement de théâtre qu'il faut souffrir pour trouver cette rigoureuse unité de lieu qu'exigent les grands réguliers* (Corn., *Gal. du Pal.*, Exam.).

Les sens actuels, pr. et fig., étaient également usuels au XVIIe s.

rehaussement n.m. Fig. Hausse, élévation en valeur, en prix : *Je n'ai rien gagné au rehaussement des monnaies* (Sév., 5 févr. 1690).

Aujourd'hui, il ne conserve plus que le sens propre : « action de relever (un mur, etc.) ».

rehausser v.t. Relever le prix, la valeur de : *On a rehaussé le prix du blé, on va rehausser les monnaies* (Acad. 94). ♦ Faire remonter dans l'estime de qqn : *Le goût qu'il a pour votre personne le rehausse bien à mon égard* (Sév., 24 nov. 1687). ♦ **Rehausser le bras,** ranimer le courage : *Leur secours, nous rehaussant le bras, Aurait bientôt jeté la tyrannie à bas* (Corn., *Sert.*, 319).

Les sens actuels, pr. et fig., étaient également usuels au XVIIe s.

rejoindre v.t. Réunir de nouveau (des choses ou des personnes) ; réconcilier ce qui avait été séparé : *Le bras de cette statue a été cassé, on l'a rejoint fort proprement* (Fur.). *Quel plaisir de céder à de telles alarmes, Pour se rejoindre à ses amours* (La Font., *Astrée*, III, I). *S'il vous a désunis, sa mort vous va rejoindre* (Corn., *Pol.*, 1307).

Le sens courant auj. de « se joindre de nouveau (à un groupe), aller retrouver (qqn) » était également usuel à la fin du XVIIe s. : *Ce corps détaché a rejoint l'armée. Attendez-moi là un moment, je vous y viendrai rejoindre* (Fur.).

réjouir v.t. Distraire, donner de l'amusement : *Nous nous faisons par avance un grand plaisir de la réjouir* [ma nièce] *avec nos enfants* (Rac., *Lettre Mlle Rivière*, 6 janv. 1689). *Ils* [les hommes] *cherchent moins à être instruits et même réjouis, qu'à être goûtés et applaudis* (La Br., V, 16).

◆ **se réjouir,** s'ébattre, se divertir : *Lorsque Psyché alla à cette fontaine, le monstre se réjouissait au soleil* (La Font., *Psyché*, II). *Il est allé se réjouir à la campagne* (Fur.).

Les sens actuels du v.t. : « rendre joyeux », et du v. pron. : « éprouver de la joie », étaient également usuels au XVIIe s.

réjouissance n.f. Félicitation : *Un petit mot de réjouissance au père ou au fils ne serait-il point de bonne grâce à vous ?* (Sév., 13 sept. 1671).

Les sens actuels de « joie collective » et, au plur., « manifestations de joie » étaient également usuels au XVIIe s. : *Alléluia est un chant de réjouissance dans l'Église. On fait des réjouissances publiques à la naissance d'un Dauphin* (Fur.).

relâche n.m. Repos, arrêt dans la douleur, dans la fatigue, répit (encore auj. dans qqes locutions comme *sans relâche, un moment de relâche*) : *Les passions les plus violentes nous laissent quelquefois du relâche ; mais la vanité nous agite toujours* (La Roch., *Maximes*, 443). *Dites à ce prince qu'il nous donne quelque relâche* (La Font., *Lettre Sillery*, 28 août 1692). *Souffre un peu de relâche à mes esprits troublés* (Corn., *Pol.*, 579).

relâchement n.m. Fig. Détente, plaisir : *Aussi incapable de s'élever aux grandes choses que de s'accommoder même par relâchement des plus petites, il sait à peine jouer avec ses enfants* (La Br., XI, 89).

Le sens péjor. actuel de « laisser-aller, négligence » était également usuel au XVIIe s. : *Les novices ont une dévotion fervente, mais petit à petit on y voit du relâchement* (Fur.).

relâcher v.t. Abandonner, renoncer à : *Puissent-ils relâcher tous vos soins désormais !* (La Font., *Ép. au Roi pour Lulli*). *J'y suis* [dans cette maison] *pour y pouvoir retenir l'héritage Que relâchait ailleurs le jeune Ascagne mort* (Mol., *Dép. am.*, 361) ; et absolum. : *Ainsi n'espérez pas que jamais il relâche* (Corn., *Att.*, 1117). ♦ **Relâcher à,** abaisser à : *Que dis-tu de me voir* [...] *relâcher mon courage Au pardon trop honteux d'un si cruel outrage ?* (Mol., *D. G.*, 769). *L'Empereur et les rois de France* [...] *se relâchent quelquefois à choisir des Italiens* [pour cardinaux] (Retz, *Mémoire sur la promotion*, VII, 345) ; abandonner à : *Quand le souvenir d'avoir le mieux vécu Relâche la ferveur à quelque vaine gloire* (Corn., *Imit.*, I, 2474).

◆ **se relâcher de,** aller jusqu'à : *La Reine se relâcha de faire tenir un lit de justice à Saint-Germain* (Retz, *Mém.*, II, 472) ; abandonner : *Il y a espérance que la paix se fera, chaque prince se relâche d'une partie de ses prétentions* (Fur.).

Les sens actuels du v.t., du v.i. et du v. pron. étaient également usuels au XVIIe s.

relation n.f. **Avoir relation à,** se rapporter à : *Des questions frivoles qui avaient relation au cœur et à ce qu'on appelle passion* (La Br., V, 68). *Cet article a relation au précédent* (Acad. 94).

relayer v.t. Occuper l'un après l'autre, relancer : *M. le Prince et M. de Chavigni, qui le relayèrent tout le soir, ne le purent obliger à se rendre aux instances qu'ils lui firent* (Retz, *Mém.*, III, 480).

◆ v.i. Prendre des chevaux frais : *Vous ne sauriez faire une si grande traite en un jour sans relayer* (Acad. 94).

Le sens actuel de « remplacer (qqn) pour continuer une tâche » était également usuel au XVIIe s. : *Les matelots se relayent de six heures en six heures, et font chacun leur quart* (Fur.).

relent, e adj. Malodorant, empesté, qui sent le moisi (vieilli selon Fur.) : *La nécessité Qui les contraint* [les ombres] *d'errer par les tombes relentes* (Tr. L'Hermitte, *À des cimetières*). *Cette viande est relente* (Acad. 94).

relent n.m. Odeur de moisi ou de pourriture (auj. « mauvaise odeur qui persiste ») : *Ces jambons sentent le relent. Le linge qui est dans un coffre qu'on n'a ouvert de longtemps sent le relent* (Fur.).

relevé, e adj. Haut, élevé, sublime : *Peuples qui m'entendez, prenez des idées relevées pour concevoir les merveilles du grand Saint Charles* (Retz, *Panég. St Charles Borromée*, 4 nov. 1646). *Nous avons ici la lettre de M. de Saint-Cyran,* « De la vocation » [...]. *Elle est fort relevée* (Pasc., *Lettre*, 1er avr. 1648). ♦ Grandiloquent, pompeux : *En termes relevés, il conte leurs exploits* (La Font., *Trad. Horace*, Satires). *Comme Dieu lui fit connaître la vanité de ces discours relevés et de ces fanfares qui délectent bien, mais profitent peu* (Saint Vincent de Paul, *Lettre*, 25 oct. 1643).

Les sens actuels de « ramené vers le haut » et, en parlant d'un mets, « fortement assaisonné » étaient également usuels au XVIIe s.

relevée n.f. L'après-midi (dans la langue du droit) : *Le même jour quatorze du présent mois, une heure de relevée* (Retz, *Ordonnance*, 20 mai 1650).

relever v.t. Fig. Donner une plus belle apparence, faire valoir : *Il se souvient exactement de quels plats on a relevé le premier service* (La Br., XI, 122). ♦ Exalter, louer : *A-t-on capitulé, ces hommes si découragés relèvent l'importance de cette conquête, en prédisent les suites* (La Br., XII, 99). *On voit bien que cela lui relève bien le cœur* (Rac., *Lettre Mlle Vitart*, 15 mai 1662). *Ces bons pères, dont j'ai relevé fortement la bonne vie et le savoir* (Fén., *Lettre Seignelay*, 26 févr. 1686). ♦ Soulager : *Votre arrivée me relève* [...] *d'une grande inquiétude* (Fur.). ♦ Corriger (et non seulement, comme auj., « remarquer, noter ») : *Ils* [les Stoïciens] *ont laissé à l'homme tous les défauts qu'ils lui ont trouvés, et n'ont presque relevé aucun de ses faibles* (La Br., XI, 3). *Il n'eut pas sitôt avancé cette proposition qu'il fut relevé par son antagoniste* (Fur.). ♦ **Être relevée,** relever de couches : *Mandez-moi* [...] *en quel état vous êtes relevée, si vous avez le teint beau* (Sév., 8 mars 1676).

◆ v.i. Se remettre (auj. seulement dans *relever de maladie*) : *S'il donnait loisir à des cœurs si hardis De relever du coup dont ils sont étourdis* (Corn., *Pompée*, 692).

Les sens actuels, pr. et fig., du v.t., du v.i. et du v. pron. étaient également tous usuels à la fin du XVIIe s.

religieux, euse adj. Scrupuleux (sens qui s'est conservé dans l'adv. *religieusement* : « avec une grande exactitude ») : *Les princes doivent être fort religieux observateurs* [...] *de leurs serments. Cet homme est fort religieux, fort exact à payer* (Fur.).

Le sens actuel de « relatif, conforme à la religion » était également usuel au XVIIe s. : *Il porte l'habit religieux* (Fur.).

religion n.f. Désignait la religion protestante (R. P. R., la religion prétendue réformée) : *Elle est de la religion* (La Font., *Lettre à sa femme*, 30 août 1663). [Le dessein] *d'abattre le parti de la religion avait été projeté par M. le cardinal de Retz, mon oncle* (Retz, *Mém.*, I, 227). ♦ Scrupule, conscience : *La raison, à mon égard* [= en ce qui me concerne], *a beaucoup moins de part que le plaisir dans la religion et l'exactitude que j'ai pour la vérité* (Retz, *Mém.*, I, 191). *On a surpris la religion du prince, sa justice, en lui faisant signer telles lettres* (Fur.). ♦ Observance d'un devoir, respect : *Les Crétois sont les peuples du monde qui exercent le plus noblement et avec le plus de religion l'hospitalité* (Fén., *Tél.*, 5). *Il y a eu quelquefois une espèce de religion à le pratiquer* [le duel] (La Br., XIII, 3). ♦ Monastère, couvent : *Je la menai à ma tante de Maignelais, qui la mit dans une religion, où elle mourut, huit ou dix ans après* (Retz, *Mém.*, I, 203). ♦ Vie monacale (encore auj. dans *entrer en religion, sœur *** en religion*) : *Pour votre désir de la religion, Je vous défends, ma fille, toute inquiétude* (Boss., *O. f. H. d'Angl.*).

Le sens actuel de « culte d'un ou plusieurs dieux » était également usuel au XVIIe s. : *Les idolâtres ont cent sortes de religions* (Fur.).

religionnaire n.m. Protestant : *Ils ont* [...] *souvent arrêté les prétentions illégitimes de ces prétendus Religionnaires* (Retz, *Remontrance du clergé*, 30 juill. 1646). *Les religionnaires prirent les armes* (Acad. 94).

relique n.f. Reste, débris (auj. seulement : « fragment du corps d'un saint ou d'un bienheureux », emploi usuel au XVIIe s. également) : *Ils s'arrêtent non loin de ces tombeaux antiques Où des rois ses aïeux sont les froides reliques* (Rac., *Ph.*, 1554). *Les enfants de Pompée firent encore une armée des reliques et du débris du naufrage de leur père* (Fur.).

remander v.t. Rappeler : *Il fut remandé quelques jours après, par un billet de sa main* (Retz, *Mém.*, III, 38).

remarquable adj. Qui peut être remarqué : *J'ai voulu en écrire quelques-uns* [des événements] *pour les rendre plus remarquables aux personnes qui voudront y faire réflexion* (La Roch., *Réflex. diverses*, 17).

Le sens actuel de « digne d'être remarqué » était également usuel au XVIIe s. : *Un homme remarquable, un passage, un incident remarquable* (Fur.).

remarque n.f. **Homme de remarque,** « celui qui est fort distingué des autres par sa naissance, sa qualité, son courage, ou son savoir » (Fur.).

remarquer v.t. Faire observer à qqn : *C'est en vain que l'on nous remarque la délicatesse des traits* (Boss., *Serm. sur la Parole de Dieu*). *Quelques circonstances que je vous remarquerai succinctement* [...] (Retz, *Mém.*, II, 596). ♦ Reconnaître : *On a remarqué ce voleur* [...] *aux signes qu'on en avait donnés en l'indiquant* (Fur.).

Le sens actuel de « apercevoir, observer, distinguer particulièrement » était également usuel au XVIIe s. : *Je le soupçonne encor d'être un peu libertin ; Je ne remarque point qu'il hante les églises* (Mol., *Tart.*, 525).

rembraser v.t. Rallumer, renflammer : *Un grand vent est venu, qui a* [...] *rembrasé cet incendie* (Fur.). *Une heure de froideur, à propos ménagée, Peut rembraser une âme à demi dégagée* (Corn., *Mél.*, 1092).

remède n.m. **Faire des remèdes,** les prendre : *Il fallait me dire si vous vous guérissez des remèdes que vous avez faits* (Sév., 15 sept. 1680). ♦ **Faire des remèdes à qqn,** les lui appliquer : *Un coquin de chirurgien de Paris, après lui avoir fait bien des remèdes, l'assure qu'il est guéri* (Sév., 6 oct. 1680).

remembrance n.f. Souvenir, aspect qui rappelle (hors d'usage, selon Fur.) : *Plus je vous vois, plus je crois voir aussi L'air et le port, les yeux, la remembrance De mon époux* (La Font., *Contes*, II, 5). *Ce fils est la vraie remembrance de son père* (Fur.).

remener v.t. Ramener, reconduire : *Je suis encore amant, demain je serai maître. Remenez la princesse, Octar* [...] – *Fais ce que tu voudras, tyran ; j'aurai mon tour* (Corn., *Att.*, 1075). *Petit Jean, remenez votre maître* (Rac., *Plaid.*, 111). *Il remène en tremblant ses tremblants bataillons* (Chap., *Pucelle*, XIII, p. 2). *Vous m'avez amené, vous me remènerez* (Acad. 94).

remercier v.t. **Remercier qqch** ou **se remercier de qqch,** s'en féliciter, s'en estimer heureux : *Certes il peut remercier l'avantage qu'il a de vous appartenir* (Mol., *G. D.*, I, v). *Monsieur se remercia beaucoup de ce qu'il n'avait pas cru le conseil que je lui avais donné* (Retz, *Mém.*, III, 418).

Les constructions et les sens actuels étaient également usuels au XVIIe s.

remettre v.t. Pardonner (encore auj. dans la langue religieuse : *remettre les péchés*) : *Ce n'est pas un forfait qu'on ne puisse remettre* (Corn., *Mél.*, 1376). *Je lui remets de bon cœur toutes les offenses* (Acad. 94). ♦ **Remettre qqn,** le renvoyer à un autre jour (auj. on dit seulement, en ce sens, *remettre une chose,* « la différer », emploi usuel au XVIIe s. aussi) : *C'est là* [...] *qu'il reçoit ses ouvriers et qu'il remet ses créanciers* (La Br., V, 13) ; le reconduire : *Soldats, remettez-la chez elle* (Corn., *Méd.*, 505). ♦ **Remettre à qqn à faire,** lui confier le soin de : *Remettons aux Dieux à disposer du reste* (Corn., *Œd.*, 2010). ♦ **Remettre qqch de,** apaiser, diminuer : *Le Parlement* [...] *ne remet rien de sa chaleur ; le peuple augmente la sienne* (Retz, *Mémoires*, III, 380).

Les autres sens actuels du v.t., ainsi que ceux du v. pron., étaient également usuels au XVIIe s.

remis, e adj. Calme, tranquille, reposé : *L'âme plus tranquille et l'esprit plus remis* (Corn., *Clit.*, 763) ; et substantivement : *Pour venger un affront tout semble être permis Et les occasions tentent les plus remis* (Corn., *Pol.*, 1040).

Les sens actuels, pr. et fig., de l'adj. étaient également usuels au XVIIe s.

remise n.f. Endroit où s'arrête le gibier une fois qu'il a été levé : *Tuer des perdrix à la remise* (Acad. 94). ♦ Petit taillis : *Il y a quantité de remises dans cette plaine* (Acad. 94). ♦ Fig. Lieu de rencontre : *Je vous attends à la remise, c'est-à-dire à Paris* (Sév., 27 oct. 1691). ♦ Retard : *Une heure de remise en eût fait son épouse* (Corn., *Soph.*, 1554). ♦ **Sans remise,** sans délai : *Il partirait de Rouen, sans remise, le 15 du mois* (Retz, *Mém.*, II, 369). *Son gros valet Pierre ou Lucas S'en vint épouvanté du cas Auprès de Turnus sans remise* (Scarron, *Virgile travesti*, VII, 1681).

Tous les sens actuels étaient usuels au XVIIe s., sauf celui de « renonciation à (une créance) ».

rémissible adj. Qui peut être pardonné (auj. restreint au vocabulaire religieux) : *Sa faute a trop d'excès pour être rémissible* (Corn., *Pl. R.*, 477). *C'est un cas rémissible* (Acad. 94).

rémollient, e adj. Adoucissant : *Il n'y a pas d'inconvénient d'user* [...] *de petits lavements rémollients et détersifs* (Mol., *Am. méd.*, II, v).

remonter v. Au sens intransitif de « monter de nouveau, augmenter », etc., il pouvait se conjuguer avec l'auxiliaire *avoir* (auj. *être*) : *Pilpay jusqu'au Soleil eût enfin remonté* (La Font., *F.*, IX, 7). ♦ Situer plus tôt dans le temps : *Je doute que cette journée toute remontée, qui ôte tout le commerce de manger et de causer les soirs, puisse plaire à Mme de Coulanges* (Sév., 25 juin 1690).

remordre v.t. Fig. Causer du remords : *Songe à souffrir pour moi, si rien ne te remord* (Corn., *Imit.*, III, 4622). *Sa conscience le remord sans cesse* (Acad. 94).

remore n.f. Obstacle, retard : *Je vous plains de vos travaux domestiques lesquels servent de remore à la course ardente qui vous porte à l'immortalité* (Chap., *Lettres*, II, 724). ♦ Poisson qui passait jadis pour arrêter les navires : *Le cardinal de Retz était la véritable remore de ce grand vaisseau* (Retz, *Sur sa conduite*, V, 265).

remparer v.t. Renforcer ; munir d'un élément de fortification : *Une fenêtre qui était remparée d'un treillis de fer* (Sorel, *Franc.*, I). *Se voyant surpris par les ennemis, ils se remparèrent avec des chariots* (Acad. 94). *Il s'est remparé de l'autorité de son nom* (Fur.).

remplacer v.t. Fig. Compenser : *Ce qui remplace ce malheur, et qui comble de joie, c'est la parfaite santé du Roi* (Sév., 15 janv. 1687).

Les sens actuels de « mettre à la place de », « être mis, se mettre à la place de » et « tenir la place de » étaient également usuels au XVIIe s.

remplage n.m. Remplissage : *Et Dieu sait alors si les feux, Les flammes, les soupirs, les vœux, Et tout ce menu badinage Servait de rime et de remplage* (Corn., *À M.D.L.T.*, 60) ; surtout employé comme terme technique (restreint auj. au vocabulaire de la construction) : *Il faudra près d'un muid de vin pour le remplage de toutes ces pièces-là* (Acad. 94).

remplir v.t. Fig. Satisfaire, contenter (auj. il a plutôt le sens de « répondre à » : *remplir l'attente de*) : *L'architecture y montrait partout cette noble simplicité et cette grandeur qui remplit l'esprit* (Boss., *H. univ.*, III, 3). *Rien ne remplit Les vastes appétits d'un faiseur de conquêtes* (La Font., *F.*, VIII, 27). *Je vous aimerai et vous adorerai toute ma vie ; il n'y a que ce mot qui puisse remplir l'idée que j'ai de votre extraordinaire mérite* (Sév., 11 sept. 1684). *Que de dons du ciel ne faut-il pas pour bien régner ! Une naissance auguste, un air d'empire et d'autorité, un visage qui remplisse la curiosité des peuples* (La Br., X, 34). ♦ Être à la hauteur de : *Il n'a eu dans ses premières années qu'à remplir des talents qui étaient naturels* (La Br., II, 32).

◆ **se remplir de,** s'enivrer de : *Que se tiendrait heureux un amour moins sincère* [...] *qui se remplirait de sa félicité !* (Corn., *Sert.*, 1303).

remployer v.t. Replier : [Mon pourpoint] *est-il point remployé par derrière ?* (La Font., *Ragotin*, III, VII).

remuement n.m. Fig. Agitation politique, trouble : *À deux milles d'ici vous avez six mille hommes, Que depuis quelques jours, craignant des remuements, Je faisais tenir prêts à tous événements* (Corn., *Pompée*, 1143). *Ayant fait sa paix, le Roi s'en retourna, mais étant averti que ce duc songeait à de nouveaux remuements, il se remit en campagne pour le châtier* (Du Buisson, *Turenne*, 1). *Il y a eu de grands remuements dans cette province* (Acad. 94). ♦ Changement important de toute nature, bouleversement : *Pour la langue, on verra dans peu nos règlements, Et nous y prétendons faire des remuements* (Mol., *F. sav.*, 900).

remuer v.t. Mettre en mouvement, mettre en branle : *J'admire deux choses, la tranquillité et le flegme de celui qui a tout remué, comme l'embarras et l'action de ceux qui n'ont rien fait* (La Br., I, 48). ♦ Écarter par le changement : *Remuez toutes ces fausses imaginations qui la dévorent* (Sév., 17 juill. 1680). ♦ Bouleverser : *La main toute-puissante qui remue l'Europe d'une telle manière présentement* (Sév., 22 avr. 1689).

◆ v.i. Exciter des troubles dans un État : *C'est un beau prétexte à ceux qui veulent remuer* (Acad. 94).

◆ v.pr. Déménager : *Les meubles de cette femme doivent être bien nets, elle se remue à chaque terme* (Fur.).

Les sens actuels du v.t., du v.i. et du v. pron. étaient également usuels au XVIIe s.

remueuse n.f. Aide de la nourrice d'un prince, chargée de tenir proprement ce dernier : *La Reine d'Angleterre et le Prince de Galles, sa nourrice et une remueuse uniquement, seront ici incessamment* (Sév., 24 déc. 1688).

renasquer v.i. Renâcler, pester (mot bas, selon Fur. et Acad. 94) : *Elle n'a pu s'empêcher de renasquer un peu contre le zèle indiscret qui avait causé ce transport* (Ch. de Sév., 21 janv. 1676). *Tandis que vous amusez ici ce valet, son maître jure et renasque* (Fur.).

rencontre n. Circonstance, occasion (encore masculin surtout dans les locutions *en ce rencontre, en ce seul rencontre*) : [...] *si, juste en toutes autres choses, il ne s'était opposé en ce seul rencontre à la justice de nos rois* (Boss., *O. f. Nicolas Cornet*). *À ne vous rien cacher, je ne suis point fâché de n'être point à Paris en ce rencontre* (Corn., *Lettre abbé de Pure*, 12 nov. 1659). *Ce fut dans la ville d'Athènes Que cette rencontre arriva* (La Font., *F.*, II, 20). *Faibles gens ! dit le père, il faut que je vous montre Ce que ma force peut en semblable rencontre* (La Font., *F.*, IV, 18). *Elle* [la finesse] *flotte entre le vice et la vertu. Il n'y a point de rencontre où elle ne puisse, et peut-être où elle ne doive être suppléée par la prudence* (La Br., VIII, 85). ♦ **Par rencontre,** par hasard : *Deux ou trois conversations que nous eûmes, par rencontre, chez Monsieur* (Retz, *Mém.*, III, 106). ♦Abord, aspect, air : *La rencontre belle et aimable, l'humeur accommodante* (Boss., *Panég. St Bernard*). ♦Bon mot : *Ceux qui trouvent ces belles rencontres, n'ont-ils pas lieu de s'en glorifier* (Mol., *Crit. Éc. des f.*, sc. I).

Les sens actuels étaient également usuels au XVIIe s.

rencontrer v.i. Faire un bon mot, une pointe : *Pour badiner avec grâce et rencontrer heureusement sur les plus petits sujets, il faut trop de manières, trop de politesse, et même trop de fécondité* (La Br., V, 4). ♦Réussir, tomber juste ou mal : *S'il rencontrait bien, l'honneur en serait toujours à son maître* (La Font., *Vie d'Ésope*). *Cet astrologue a bien rencontré dans ses prédictions* (Fur.).

◆ v.t. Trouver en parlant, en écrivant : *L'on a presque retrouvé le nombre* [= l'harmonie] *que Malherbe et Balzac avaient les premiers rencontré, et que tant d'auteurs depuis eux ont laissé perdre* (La Br., I, 60). ♦Trouver par hasard que : *Tournant la vue sur sa bergère,* [il] *rencontra par hasard qu'elle le regardait* (Urfé, *Astrée*, I, 1).

◆ **se rencontrer,** se trouver : *J'espère que ce mandement arrivera assez à temps pour se rencontrer dans la publication du Jubilé* (Retz, *Lettre Du Saussay*, 1656).

Les sens actuels du v.t. et du v. pron. étaient également usuels au XVIIe s.

rendre v.t. Remettre, donner à qui de droit : *M. le Prince de Conti* [...] *rendit au Roi une lettre en son nom* (Retz, *Mém.*, III, 329). *Madame, j'ai prié monsieur votre frère de vous rendre cette lettre* (Mol., *F. sav.*, V, IV). ♦Transporter, amener (ce sens subsiste dans l'emploi pronominal *se rendre à*) : *Léandre Avec trois bons relais en lieu sûr va nous rendre* (La Font., *Ragotin*, I, V). *Je vous rends dans trois mois au pied du Capitole* (Rac., *Mithr.*, 796). ♦Faire revivre, imiter : *Lise, déjà vieille, veut rendre une jeune femme ridicule, et elle-même devient difforme* (La Br., III, 56). ♦Accomplir pour se conformer à un devoir, un usage : *Le Prince de Conti* [...] *lui rendait* [à Mlle de Chevreuse] *mille soins* (La Roch., *Mém.*, II, 253). *En vain pour les trouver je rends tant de combats* (Corn., *Mél.*, 1526). ♦Faire en retour, en réponse à un autre (emploi plus large qu'auj. en ce sens) : *Telle rend des mépris qui veut qu'on l'importune* (Corn., *Ment.*, 1086). *Je vous en rends toutes les reconnaissances dont je suis capable* (Retz, *Lettre aux curés de Paris*, 8 août 1654). ♦**Rendre** (suivi d'un participe passé) équivalait au verbe simple, avec une nuance d'achèvement : *Sa réponse rendra nos débats terminés* (Corn., *Veuve*, 1841). ♦**Rendre un combat,** livrer un combat : *En quoi il n'y a nul combat à rendre, ni nul effort à faire à qui n'abonde pas en son sens* (Vaug., *Rem.*, Préf., III).

◆ v.i. **Rendre à (un lieu),** donner dans : *On fit faire une grande lice proche de la Bastille qui venait du château des Tournelles, qui traversait la rue Saint-Antoine et qui allait rendre aux écuries royales* (La Fayette, *Clèves*, II).

◆ **se rendre,** devenir : *Cette remarque s'est rendue par l'événement assez curieuse* (Retz, *Mém.*, III, 415). *Bon, voyons si son feu se rend opiniâtre* (Mol., *Ét.*, 936). *Je me rends désormais assidue à te voir* (Corn., *Clit.*, 1447). *Il se rendra facile à conclure une paix Qui faisait dès tantôt ses plus ardents souhaits* (Corn., *Sert.*, 1735). ♦**Se rendre en, à,** revenir à, rentrer en : *Pour me rendre plus tôt et plus infailliblement en mon devoir* (Retz, *Lettre M. de Lionne*, 13 déc. 1669). *Cette âme innocente* [...] *se rend tout entière à toute sa vertu* (Corn., *Œd.*, 1896). ♦**Se rendre sur qqch,** se confesser vaincu sur ce point : *Une femme coquette ne se rend point sur la passion de plaire, et sur l'opinion qu'elle a de sa beauté* (La Br., III, 7).

Les sens actuels du v.t. et du v. pron. étaient également usuels au XVIIe s.

rendu n.m. Transfuge, déserteur : *Il vint hier de Bruxelles un rendu* (Rac., *Lettre Boileau*, 21 mai 1692).

renfermer v.t. Tenir caché (auj. on emploie seulement le participe adj. *renfermé* : « peu communicatif ») : *J'aurais su renfermer un souvenir si tendre* (Rac., *Iphig.*, 1210). ♦**Renfermer à,** restreindre, borner à : *Un esprit de détail s'applique avec de l'ordre et de la règle à toutes les particularités des sujets qu'on lui présente : cette application le renferme d'ordinaire à de petites choses* (La Roch., *Réflex. diverses*, 16). *Vous ne vous renfermez pas à la parfaite capacité d'un procès* (Sév., 10 nov. 1688).

Les sens actuels étaient également usuels au XVIIe s.

rengrègement n.m. Augmentation (vieilli au XVIIe s.) : *Les faveurs que vous eussiez reçues de moi eussent été plutôt rengrègement que sou-*

lagement de mal (Urfé, *Astrée*, II, 619). *Rengrègement de mal* (Acad. 94).

rengréger v.t. Augmenter un mal, une douleur : *Ce remède est trop caustique, il rengrège la plaie au lieu de la guérir* (Fur.). *Adam qui craignait que Dieu, irrité par sa présence, ne rengrégeât sa punition* (Cyrano, *États et empires de la Lune*, p. 57). *Chacun rendit par là sa douleur rengrégée* (La Font., *Contes*, V, 6). *Rengréger sa peine* (Acad. 94). *Sa maladie s'étant rengrégée* (Chap., *Lettres*, II, 189). *Telle colère se rengrège, lorsqu'on pense l'adoucir* (Fur.).

reniement n.m. Blasphème : *Il fallait bien se garder de le faire mourir* [un condamné] *dans les reniements ; c'est une damnation trop visible* (Sév., 9 mars 1689).

Le sens actuel de « action de refuser de reconnaître comme tel » était également usuel au XVIIe s. : *Le reniement de saint Pierre très connu dans l'Évangile* (Boss., *Hist. var.*, VII, *in* L.).

renier v.i. Blasphémer : *Je l'entendais qui reniait et blasphémait* (Acad. 94).

Les sens actuels étaient également usuels au XVIIe s.

renieur n.m. Celui qui renie, blasphème : *C'est un renieur de Dieu* (Acad. 94).

renommer v.t. Célébrer, louer (auj. en ce sens, seulement au participe adj. *renommé* : « célèbre ») : *Ce chanteur que tant on renomme* (La Font., *F.*, IV, 7).

◆ **se renommer de,** se recommander de : *Peut-être qu'en vous renommant de moi dans nos premières conférences* [...] (Chap., *Lettres*, II, 486). *Je l'ai bien reçu parce qu'il s'est renommé de vous* (Acad. 94). ♦ **Se faire renommer,** acquérir de la réputation : *Les prédicateurs doivent s'étudier, non à se faire renommer* [...]. (Boss., *Serm. sur la Parole de Dieu*). *Folie des Princes qui aiment mieux se faire renommer par leur puissance que par leur vertu* (Rac., *Ann. Plutarque*).

Le sens actuel du v.t., « nommer, élire une seconde fois », est apparu peu après le milieu du XVIIe s.

renoncer v.t. **Renoncer qqn,** refuser de le reconnaître : *Si vous dites vrai, nous la renoncerons pour notre sang* (Mol., *G. D.*, II, VII). *Après une si grande ingratitude, je le renonce pour ami* (Fur.).

L'emploi tr. ind. de *renoncer à*, avec les sens actuels, existait déjà au XVIIe s.

renouer v.t. Lier, nouer : *Ses cheveux étaient renoués de rubans, de fleurs* (Acad. 94). ♦ Fig. Reprendre, remettre en place (auj. on dit encore *renouer conversation, amitié*) : *Il* [l'esprit de l'auditeur] *n'a point besoin de se faire d'effort pour rappeler et renouer son attention* (Corn., *Disc. des trois unités*).

Le sens actuel du v.t. : « nouer de nouveau », et l'emploi absolu : « reprendre des relations interrompues », étaient également usuels au XVIIe s.

renouveler v.i. Prendre une nouvelle force, une nouvelle vigueur : *On nous assure ici que la petite vérole a renouvelé à Paris avec beaucoup de pourpre* (Maintenon, *Lettre Mme de Caylus*, 15 déc. 1715). *J'en rougis dans mon âme ; et ma confusion, Qui renouvelle et croît à chaque occasion* (Corn., *Nic.*, 426). *Sa douleur renouvelle tous les jours* (Acad. 94).

Les sens actuels du v.t. et du v. pron. étaient également usuels au XVIIe s.

rentrer v. Pouvait se conjuguer intransitivement avec l'auxiliaire *avoir : Si j'ai rentré dans Rome* [...] (Corn., *Tite et Bér.*, 1611). ♦ **Rentrer à,** revenir à (auj. on dit *rentrer dans*, comme souvent au XVIIe s. déjà) : *Pour rentrer au devoir, je change de langage* (Mol., *Mélic.*, 512). ♦ **Rentrer au trône,** remonter sur le trône : *Il ne choisira point de chemin criminel, Quand il voudra rentrer au trône paternel* (Corn., *Œd.*, 1420).

renvi n.m. Terme de jeu, enchère : *Jouant au brelan, elle lui fit un renvi qu'il ne tint pas* (Saint-Simon, 1693). *Il a fait un renvi de cent pistoles* (Furetière).

renvier v.t. et i. **(Le) renvier sur,** renchérir sur : *On avait fait une grande confabulation sur votre mérite et sur votre vertu ; chacun le renviant sur son compagnon* (Chap., *Lettres*, I, 414). *Vous êtes allée à Marseille pour me fuir ; et moi je m'en vais à Vitré pour le renvier sur vous* (Sév., 18 mai 1671). *Mais lui, renviant sur ma colère* [...] (Cyrano, *États et empires de la Lune*, p. 159).

repaître v.i. Manger : *Chacun repaît, le soir étant venu* (La Font., *Contes*, II, 4). *La nécessité de repaître le fit retarder quelques heures* (La Roch., *Mém.*, II, 363). *Après que Saldagne, et ses gens,* *et ses chevaux eurent repu* [...] (Scarr., *Rom. com.*, III, 6). *On ne leur donna pas le loisir de repaître* (Acad. 94).

Les sens actuels, pr. et fig., du v.t. et du v. pron. étaient également usuels au XVIIe s.

répandre v.i. S'épancher, se verser au loin : *Tout le vin répand à terre* (La Font., *Contes*, III, 4).

Les sens actuels du v.t. et du v. pron. étaient également usuels au XVIIe s. Fur. ne signale déjà plus l'emploi intransitif.

répandu, e adj. Isolé, perdu : *Il ne suffit point d'être né dans une ville, mais sous une chaumière répandue dans la campagne* [...] (La Br., XIV, 6).

Les sens actuels étaient également usuels au XVIIe s.

réparation n.f. Fig. Redressement, expiation : *Noé et sa famille réservés pour la réparation du genre humain* [...] (Boss., *H. univ.*, I, 1).

Les sens, pr. et fig., d'auj. étaient également usuels au XVIIe s.

réparer v.t. Remplacer : *Un cœur fait comme est fait le vôtre Se peut facilement réparer par un autre* (Mol., *Dép. am.*, 1370). ♦ Compenser : *Il redouble d'amour pour réparer son peu de valeur* (Rac., *Ann.* Iliade, III). *Son bien répare assez le manque de noblesse* (Th. Corn., *Comt. d'Org.*, IV, VIII). ♦ Redresser, corriger, sauver : *Est-il quelques défauts que les biens ne réparent ?* (Corn., *Mél.*, 1139). *Il répara le genre humain* (Boss., *Polit.*).

Les sens actuels étaient également usuels au XVIIe s.

repart n.m. Réponse, repartie : *Il a le repart brusque, et l'accueil loup-garou* (Mol., *Éc. des m.*, 310).

repartir v.t. Répliquer, répondre sur-le-champ (auj. il est le plus souvent usité au passé simple, à l'infinitif ou aux formes composées) : *Le mari repart sans songer : « Tu ne leur portes point à boire ? »* (La Font., *F.*, III, 7). *Je ne le puis, repart l'usurier* (Le Sage, *Diable boit.*, IX).

repasser v.t. Revenir sur qqch pour l'examiner : *Repasse mes bontés et tes ingratitudes* (Corn., *Tois.*, 1160). *Je repasse les moyens extrêmes, mais nécessaires, dont il use souvent pour une bonne fin* (La Br., X, 33).

◆ v.i. **Repasser sur qqch,** y revenir en paroles : *J'ai repassé sur la manière dont sa haine a paru en cette occasion : j'ai dit que* [...] (Sév., 26 janv. 1673) ; y revenir en pensée : *S'ils* [les vieillards] *repassent alors sur tout le cours de leurs années, ils ne trouvent souvent ni vertus ni actions louables* (La Bruyère, *Caractères*, XI, 47).

Les sens actuels du v.t. (sauf le sens, fam., de « passer [ce qu'on a reçu de qqn d'autre] ») et du v. i. étaient également usuels au XVIIe s.

repentance n.f. Repentir, regret (vieilli, selon Acad. 94) : *Lui-même* [...] *Se confessa prodigue, et, plein de repentance, Offrit sur ses avis* [de sa femme] *de régler sa dépense* (Boil., *Sat.*, X, 281). *Il ne se faut présenter au tribunal de la confession qu'avec une vive repentance de ses péchés* (Fur.).

répéter v.t. Réclamer (restreint à la fin du XVIIe s. à la langue juridique) : *Elle me l'envoyait* [...] *sous prétexte de répéter quelque prisonnier* (Retz, *Mém.*, II, 159). *S'il fait des frais, je les répéterai contre vous* (Acad. 94).

Les sens actuels étaient également usuels au XVIIe s.

repic n.m. Terme de jeu de piquet, avantage de soixante points donné à un joueur qui compte trente points dans sa main avant de jouer ; et, au fig., avantage décisif : *Et je n'aurai point de repic Si ma demande est ennuyeuse* (Scarr., *V. tr.*, IV, 1972).

réplétion n.f. État congestif, abondance de sang : *La sueur dont vous êtes mouillé Vient de réplétion, suivant la médecine* (La Font., *Ragotin*, III, VII). [Gnathon] *ne connaît de maux que les siens, que sa réplétion et sa bile* (La Br., XI, 121). *La réplétion est encore plus dangereuse que l'inanition* (Fur.).

reployer v.t. Variante de *replier* (*ployer, plier* étaient confondus) : *Clymène ayant enfin reployé son ouvrage* (La Font., *Filles de Minée*, 298).

répondre v.t. Satisfaire, payer de retour, avec un complément d'objet direct (auj. en ce sens on dit *répondre à*) : *Tristes embrassements, baisers mal répondus* (Corn., *Clit.*, 258, var.).

◆ **se répondre de,** compter sur : *Je me répondais de l'aimer* (Corn., *Agés.*, 260).

Les constructions et les sens actuels étaient également usuels au XVIIe s.

reporter v.t. Rapporter avec soi : *Il reportait en son pays quatre volumes de chansons* (La Font., *Lettre à sa femme,* 30 août 1663). ♦ Faire un rapport indiscret à qqn : *Les gens qui reportent sont causes de plusieurs querelles* (Fur.).

Auj. « remettre (qqch) à l'endroit initial, ou ailleurs », sens usuel au XVIIe s. également, et « renvoyer à plus tard ».

repos n.m. Césure, coupe dans un vers : *Il est vrai que la cadence, les rimes et les repos de nos vers lassent à la longue* (Bussy, *Lettre Rapin,* 24 août 1672).

◆ **En repos de,** rassuré pour (auj. on emploierait les prépositions *pour, au sujet de*) : *Soyez en repos de votre chère maman* (Sév., 21 août 1689).

Les sens actuels étaient également usuels au XVIIe s.

reposée n.f. Lieu où les bêtes se retirent pour se reposer : *Qu'au reste, les veneurs allant sur leurs brisées, Ne forcent pas le cerf, s'il est aux reposées* (Corn., *Clit.*, 462). *Ils ont trouvé le cerf à la reposée* (Acad. 94).

◆ **À reposées,** tout à l'aise : *J'aperçus plusieurs personnages qui tiraient une grosse corde à reposées* (Sorel, *Franc.*, III).

reposer (se) v.pr. Se calmer, s'apaiser : *Reposez-vous, Madame. – Ah ! que mal à propos Dans un malheur si grand tu parles de repos !* (Corn., *Cid.*, 803).

Les sens actuels du v.t., du v.i. et du v. pron. étaient également usuels au XVIIe s.

reposoir n.m. Lieu où l'on se repose : *Et le nageur poussé du vent, De roc en roc portant la belle* [...], *Avec l'aide du Ciel et de ces reposoirs* (La Font., *Contes,* II, 14). *Il y a dans ce jardin de petits sièges de gazon qui sont des reposoirs agréables. On a dit que des comparaisons qu'on met dans un poème épique sont des reposoirs pour délasser le lecteur* (Fur.).

Le sens actuel de « autel préparé pour une procession » (le seul enregistré par Acad. 94) était également usuel au XVIIe s.

répréhension n.f. Réprimande, blâme : *On souffre aisément des répréhensions, mais on ne souffre point la raillerie* (Mol., *Tart.*, Préf.). *Cela est sujet à répréhension* (Acad. 94).

reprendre v.t. Regagner : *Sa présence reprend le cœur de ses guerriers* (Corn., *les Triomphes de Louis,* 3).

Les sens actuels du v.t. et du v.i. étaient tous usuels à la fin du XVIIe s.

représaille n.f. A pu s'employer au singulier (auj. seulement au pluriel, seul nombre signalé pour ce mot par Fur.) : *Ma représaille a été plus forte que l'offense que vous m'aviez faite* (Bussy, *Lettre,* 29 juill. 1668).

représenter v.t. Rappeler le souvenir de, rendre présent : *Sur ce fond* [d'une livrée], *qui représente un peu Mme de Longueville, elle* [Mme de Lesdiguières] *a mis un large velouté noir* (Sév., 11 mai 1683). *Je lui représente mon défaut pour l'empêcher d'y tomber* (Pasc., *Lettre Mlle de Roannez*). ♦ Remontrer, faire observer (auj. uniquement littér.) : *Le chien représenta Sa maigreur* (La Font., *F.*, IX, 10). [...] *l'autre parti s'en vint tout forcené Représenter un tel outrage* (La Font., *F.*, XII, 8). ♦ Ressembler à : *Toute sa personne velue Représentait un ours, mais un ours mal léché* (La Font., *F.*, XI, 7).

Les sens actuels étaient également usuels au XVIIe s.

reprier v.t. Prier de nouveau, prier à son tour : *Je vous en reprierai quand vous pourrez sortir* (Corn., *S. du Ment.*, 853). ♦ Inviter à son tour (qqn par qui on a été invité) : *Il a été prié à dîner dans tout ce voisinage, mais il n'a reprié personne* (Fur.).

reproche n.m. Motif de blâme (encore auj. dans qqes expressions, comme *Bayard, le chevalier sans peur et sans reproche*) : *Si je ne suis pas né noble, au moins suis-je d'une race où il n'y a point de reproche* (Mol., *G. D.*, II, II). ♦ Le mot pouvait être au début du XVIIe s. du féminin : *Je ne m'expose point à ses vaines reproches* (Corn., *Méd.*, 598, var. [vers corrigé en 1660 pour faire disparaître le féminin : *J'aurais peine à souffrir l'orgueil de ses reproches*]).

Le sens actuel de « blâme, jugement défavorable formulé à l'égard de qqn » était également usuel au XVIIe s. : *Le commencement de rupture entre amis, c'est quand on en vient aux reproches. Le remords est un reproche continuel que nous fait notre conscience* (Fur.).

reprocher v.t. Récuser (seulement de la langue juridique à la fin du XVIIe s., d'après Acad. 94) : *Ce témoignage* [...] *n'ayant point* *été reproché par les hérétiques* (Boss., *Proj. de réunion litt.*, 33). ♦**Reprocher que** ou **de ce que** s'employait là où nous utilisons auj. *reprocher de*, suivi d'un infinitif : *Des personnes m'ont reproché que je faisais ce prince plus grand qu'Alexandre* (Rac., *Alex.*, 2e préf.). *Paul-Émile reprochait à Persée de ce qu'il ne se tuait pas* (Pasc., *Pensées*).

Le sens actuel de « dire (qqch) à qqn pour le blâmer » était également usuel au XVIIe s. : *C'est un homme d'une vie exemplaire, à qui on ne peut rien reprocher* (Fur.).

républicain n.m. Amoureux de la liberté de son pays : *Les Brutes et les Catons ont été de grands républicains* (Fur.). ♦Séditieux, factieux : *C'est un franc républicain* (Acad. 94).

Auj. « partisan de la république », « relatif à la/une république ».

république n.f. État (pris dans le sens le plus large, sans que soit indiquée par là sa forme) : *Les hommes devraient employer les premières années de leur vie à devenir tels par leurs études et par leur travail, que la république elle-même eût besoin de leur industrie et de leurs lumières* (La Br., II, 10). *Du souverain ou de la république* (La Br., X, titre). *Ratopolis était bloquée : On les avait contraints de partir sans argent, Attendu l'état indigent De la république attaquée* (La Font., *F.*, VII, 3).

Le sens actuel de « régime dans lequel le chef de l'État n'est pas héréditaire et ne détient pas seul le pouvoir » était également usuel au XVIIe s. : *Aujourd'hui, il n'y a guère de vraie république, dont le gouvernement soit absolument populaire* (Fur.).

repue n.f. Action de manger, repas : *Si quelque saumon, ou barbue N'en a point fait une repue* [d'Énée] (Scarr., *V. tr.*, I, 2026). ♦**Repue franche,** repas qui ne coûte rien : *Après ils iraient déjeuner à la Grande Étoile d'or* [...] *La Rancune, qui était au nombre de ceux qui aiment les repues franches* [...] (Scarr., *Rom. com.*, III, 2).

répugnance n.f. Opposition, contradiction : *Ne devez-vous pas rougir d'appuyer une passion* [...] *dont tous les désordres ont tant de répugnance avec la gloire de votre sexe ?* (Mol., *Pr. Él.*, II, I). *Il suffit qu'il n'y ait aucune répugnance du côté de l'action au choix que nous en faisons, pour le rendre vraisemblable* (Corn., *Andr.*, Exam.). *La répugnance de ces deux propositions* (Acad. 94).

Le sens actuel de « aversion pour qqn ou qqch » était également usuel au XVIIe s. : *Je n'ai pour Aristie aucune répugnance* (Corn., *Sert.*, 206).

répugnant, e adj. Contraire : *Choses qui sont répugnantes à la raison* (Desc., *Dioptr.*, 4). *Il ne faut point admettre cette proposition, qui est répugnante à la foi ou à la raison* (Fur.).

Le sens actuel de « qui inspire du dégoût » commence à apparaître au XVIIe s.

répugner v.t. ind. **Répugner à,** être contraire à : *Cette proposition répugne à la première* (Acad. 94). *Monsieur, le temps répugne à l'honneur de vous voir* (Mol., *Fâch.*, 617). *Crois-tu que cette qualité répugne à la vertu ?* (La Font., *Eunuque*, IV, I) ; mettre obstacle à : *Il n'y a donc rien qui répugne à leur donner une reine* (Corn., *Sert.*, Au lect.).

◆ v.i. Reculer par dégoût : *La nécessité n'est que pour celui qui répugne ; il n'y en a point pour celui qui consent* (Malh., *Ép.*, 61).

Le sens actuel de *répugner à* : « éprouver du dégoût pour », était également usuel au XVIIe s. : *Vous ferez bien de vous marier. – J'y ai répugné autrefois, mais j'ai maintenant de puissantes raisons pour cela* (Mol., *Mar. forcé*, sc. I). Auj. signifie aussi « faire horreur à ».

réputation n.f. **Avoir en réputation de,** estimer : *Comme on l'avait en réputation d'un des plus forts génies de son siècle* (Cyrano, *États et empires du Soleil*, p. 163). ♦**Être en réputation de,** être tenu pour : *Il est en réputation d'homme sage* (Acad. 94).

réputer v.t. Estimer, juger : *Ils viendront en leur temps* [...] *quand ils se réputeront les derniers de tous* (Boss., *Panég. St André*). *Mais depuis cet amour que mes yeux ont fait naître, Je te répute heureuse après l'avoir perdu* [Lysandre] (Corn., *Gal. du Pal.*, 1287). *Pour moi, bien que vaincu, je me répute heureux* (Corn., *Cid*, 1759). ♦**Réputer pour,** tenir pour, considérer comme : *Je l'avais jusqu'ici réputé pour mon ami* (Fur.).

Auj. on n'emploie plus que le passif *être réputé* (suivi d'un attribut ou d'un inf.) « avoir la réputation de, passer pour », construction déjà usuelle au XVIIe s.

requérir, requerre v.t. Réclamer, demander (qqn) : *Ce médecin s'en est allé trop tôt, il le faut requérir* (Fur.). *Faut-il tant vous requerre ?* (La Font., *Ball. de 1658*, 6). ♦**Requérir qqn d'une**

chose, la lui demander, l'en prier : *Je ne vous requerrai jamais de rien* (Acad. 94).

Auj. il est restreint au vocabulaire du droit et à la langue littéraire archaïsante.

resaisir, ressaisir v.t. **Être resaisi de,** être rentré en possession de : *Et puisque de sa foi vous êtes resaisie Faites cesser l'aigreur de votre jalousie* (Corn., *Perth.*, 1675).

rescision n.f. **Lettres de rescision,** celles qui donnent à un juge le droit de casser un jugement pour vice de forme : *Il n'entend nulle raison. Il parle de lettres de rescision ; c'est une infamie qu'on ne donne qu'aux fous, ou à ceux qui ne sont pas en âge de raison* (Sév., 26 août 1675).

réseau n.m. Filet pour prendre des poissons, des oiseaux, etc. : *Un corbeau* [...] *annonçait malheur à quelque oiseau. Je ne songerai plus que rencontre funeste, Que faucons, que réseaux* (La Font., *F.*, IX, 2). [Le cormoran], *un peu trop vieux pour voir au fond des eaux, N'ayant ni filets ni réseaux, Souffrait une disette extrême* (La Font., *F.*, X, 3).

Aujourd'hui, « entrelacement (de choses) », avec de nombreuses acceptions techniques, et « répartition des éléments d'une organisation en différents points ».

réservé, e adj. **Réservé pour,** destiné à (auj. *réservé pour* signifie « gardé pour » ; *réservé à,* « destiné à ») : *Cet état n'est pas réservé pour les mortels* (Sév., 2 juin 1672). *Vous avez pu, sans être injuste ni cruelle, Nous refuser un cœur réservé pour un Dieu* (Corn., *Psyché,* 1762).

réserver (se) v.pr. Pouvait se construire avec la préposition *à* suivie de l'infinitif (auj. on emploie *pour* ou *de,* comme très souvent au XVIIe s. déjà) : *Je me réservais toujours à vous dire tout ce qui s'était passé* [à la Cour] *sur un sujet* (Bussy, *Lettre,* 19 nov. 1690). *Je me réserve à parler quand j'aurai entendu vos raisons* (Acad. 94).

résidence n.f. Action de résider chez soi, et en particulier de garder la chambre : *Cet état de résidence et de ne pouvoir sortir lui donne* [au chevalier de Grignan] *beaucoup de chagrins et de vapeurs* (Sév., 14 janv. 1689). ♦ **Faire résidence,** séjourner : *Les Muses font en ce lieu résidence* (La Font., *Ball.* Pour le premier terme, 12). *Il fait sa résidence en tel lieu* (Acad. 94).

Le sens actuel de « lieu de séjour habituel » était également usuel au XVIIe s., mais non celui de « lieu construit, d'habitude luxueux, où on habite ».

résigner v.t. **Résigner quelque chose,** y renoncer, s'en démettre (auj. restreint à la langue du droit) : *Possesseur d'un trésor dont je n'étais pas digne, Souffrez avant ma mort que je vous le résigne* (Corn., *Pol.*, 1300).

L'emploi pronominal actuel, au sens de « accepter sans résister, se soumettre », était également usuel au XVIIe s. : *Ce courtisan disgracié s'est enfin résigné à faire tout ce qu'on voudra exiger de lui* (Fur.).

résister v.t. ind. Se refuser, s'opposer : *N'est-ce que le motif que nous venons d'entendre Qui vous fait résister à l'hymen de Clitandre ?* (Mol., *F. sav.*, 1756). *Il pensait faire passer cette proposition, mais tout le monde y résista* (Acad. 94).

Les sens actuels étaient également usuels au XVIIe s.

résolu, e adj. V. RÉSOUDRE.

résolument adv. À tout prix, absolument, décidément : *J'ai quelque impatience de savoir comment se porte et comporte la pauvre petite d'Adhémar. Je m'en vais lui écrire résolument : depuis que je me mets à différer, il n'y a plus de fin* (Sév., 8 déc. 1679).

Auj., il signifie « avec courage, sans hésitation » et marque plutôt la décision dans l'action que la fermeté de l'intention. Cet emploi existait également au XVIIe s. : *Ce docteur a décidé cette question promptement et résolument* (Fur.).

résolutif, ive adj. Prompt à décider : *Les demi-savants doutent toujours, mais ceux qui sont profonds sont résolutifs et décisifs* (Fur.).

Le sens médical actuel de « qui calme une inflammation ou dissipe un engorgement » était également usuel au XVIIe s. : [...] *appliquer un cataplasme anodin et résolutif sur une tumeur livide* (Scarr., *Rom. com.*, II, 4).

résoudre v.t. Décider, arrêter : *La Reine ne pourrait rien résoudre sans leur avis* (La Roch., *Mém.*, II, 52). *Il* [mon père] *met peu de poids aux choses qu'il résout* (Mol., *F. sav.*, 206). ♦ **Résoudre qqn à,** le pousser à : *Résolvez-le vous-même à me désobéir* (Corn., *Sur.*, 1147). ♦ **Être résolu de,** être décidé à (auj. *résolu à,* comme le plus souvent au XVIIe s. déjà) : *S'il se présente* *à eux quelqu'un qui soit tout résolu de rendre des biens mal acquis* (Pasc., *Prov.*, V). *Nous étions avec vous résolus de périr* (Rac., *Ath.*, 742).

◆ v.t. ind. **Résoudre de qqch,** en décider : *Résolvez avec moi des moyens de sa perte* (Corn., *Hér.*, 1063).

◆ **se résoudre,** prendre une résolution, une décision (auj. on l'emploie toujours avec un complément, comme le plus souvent au XVIIe s. déjà) : *Le droit que nous avons de nous résoudre* (Boss., *Serm. sur l'Ambition*). ♦Fondre, se dissoudre : *Les sels se résolvent dans l'eau* (Fur.). – Auj., comme presque toujours au XVIIe s. déjà, on exprime un complément indiquant en quoi se réduit un corps : *nuage qui se résout en bruine.* ♦**Se résoudre de,** se décider à (auj. toujours avec la prép. *à* ; dès le milieu du XVIIe s., Acad. condamnait déjà la construction avec *de*) : *Il se résolut de s'éloigner* (Urfé, *Astrée*, II, 239).

Les sens actuels du v.t. et du v. pron. étaient également usuels au XVIIe s.

respect n.m. Motif, considération : *Et l'intérêt d'un frère est un respect trop fort Pour n'oser voir en vous que l'auteur de sa mort* (Th. Corn., *Illustres Ennemis*, IV, II). ♦**Au respect de,** en considération de, par rapport à : *On n'a fait cette affaire qu'à votre respect* [...] *Qu'est-ce que notre vie au respect de l'humanité ?* (Fur.).

Les locutions et les sens actuels étaient également usuels au XVIIe s.

respirer v.t. Fig. Désirer avec ardeur : *Chacun, plein de mon nom, ne respirait que moi* (Boil., *Lutr.*, VI, 23). *Un tyran ne respire que le sang et le carnage* (Fur.). ♦**Respirer de** (suivi d'un infinitif), attendre avec impatience : *Dès que j'ai reçu une lettre, j'en voudrais tout à l'heure une autre, je ne respire que d'en recevoir* (Sév., 18 févr. 1671). ♦**Respirer après,** désirer ardemment : *Elle respire après le retour de son fils* (Acad. 94).

Auj. dans l'emploi transitif et figuré il signifie « exprimer, marquer » : *visage qui respire la santé.*
Le sens pr. du v.t., les sens pr. et fig. du v.i. en usage auj. l'étaient également au XVIIe s.

responsable adj. Pouvait être accompagné d'un complément introduit par la préposition *à* (auj. *envers, devant*) : *Et qui donne à sa fille un homme qu'elle hait Est responsable au Ciel des fautes qu'elle fait* (Mol., *Tart.*, 516).

ressaisir v.t. V. RESAISIR.

ressembler v.t. Pouvait se construire avec un complément d'objet direct (auj. on dit *ressembler à*) : *C'est un mari tout à fait insensible. Il ne ressemble pas le pauvre Sganarelle* (Bussy, *Lettre*, 9 juin 1668). – Cette construction est déclarée vieillie par Vaug., Th. Corn. et Acad.

ressentiment n.m. Sentiment en retour : *La vengeance est le ressentiment qu'on a des injures qu'on a souffertes* (Fur.). ♦Reconnaissance : *Son hôte qui n'en eût pas demeuré là, tant il avait de ressentiment d'une paire de bottes si généreusement donnée* (Scarr., *Rom. com.*, II, 2). *M. Desmaretz a vu votre bonté extrême pour lui et pour son commis, à quoi il ne répond que par le respect et le silence, n'y ayant point de paroles suffisantes pour exprimer ses ressentiments* (Chap., *Lettres*, I, 265). ♦Le fait de ressentir : *Ils ont un instinct secret qui les porte à chercher le divertissement et l'occupation au-dehors, qui vient du ressentiment de leurs misères continuelles* (Pasc., *Pensées*). *Mademoiselle, n'ayant pas moins d'admiration de votre courage et de votre bon naturel que de ressentiment de votre douleur, je suis si fort touché de l'un et de l'autre* (Voit., *Lettre Mlle de Rambouillet*, 8 oct. 1631). ♦Sentiment de douleur : *De nos parents perdus le vif ressentiment* (Corn., *Cinna*, 1651).

Le sens actuel de « hostilité envers qqn qui nous a causé un mal ; rancune » était également usuel au XVIIe s. : *Un bon chrétien ne doit point garder de ressentiment contre personne* (Fur.).

ressentir v.t. Avoir conscience (en ce sens auj. on emploie *sentir*) : *On ressentait dans ses paroles un regret sincère* (Boss., *O. f. Condé*).

◆ **se ressentir de,** garder un sentiment (de reconnaissance, de rancune, etc.) à cause de : *Un honnête homme se doit ressentir toute sa vie des obligations qu'il a* [...] *à ceux qui l'ont bien instruit* [...] *Un gentilhomme a bien de la peine à ne se ressentir pas d'un soufflet qu'il a reçu* (Fur.). *Je ne suis pas* [...] *incapable de me venger, si l'on m'avait offensé, et qu'il y allât de mon honneur à me ressentir de l'injure* (La Roch., *Portr. par lui-m.*).

Les sens actuels du v.t. et du v. pron. étaient également usuels au XVIIe s.

resserré, e adj. Fig. Réservé, timide : *Je suis fort resserré avec ceux que je ne connais pas, et je ne suis pas même extrêmement ouvert avec la plupart de ceux que je connais* (La Roch., *Portr.*

par lui-m.) ; et substantivement : *Vous avez contrefait la chaste et la resserrée, pour m'attraper* (Sorel, *Franc.*, II).

ressort n.m. Fig. Principe, cause agissante (auj. uniquement littér.) : *Ce clou le blesse ; il pénétra Jusqu'aux ressorts de l'âme* (La Font., *F.*, VIII, 16). ♦ Force vitale instinctive (opposée à la raison) : [...] *en elle* [en la bête] *tout se fait sans choix et par ressorts* (La Font., *F.*, IX, Disc. Mme de La Sablière). ♦ Moyen secret destiné à faire réussir une intrigue, un projet : *Mainte peste de cour fit tant, par maint ressort, Que la candeur du juge, ainsi que son mérite, Furent suspects au prince* (La Font., *F.*, X, 9). *Un politique fait agir bien des ressorts, fait mille intrigues pour gagner ou pour conserver l'alliance des princes voisins* (Fur.).

Auj., au fig., s'emploie surtout dans *avoir du ressort* : « avoir de la force morale, de la résistance ».

ressouvenir (se) v.pr. Se souvenir fortement : *À quoi me résoudrai-je, amante infortunée ? – À vous ressouvenir de qui vous êtes née* (Corn., *Cid*, 1630, var.).

Le sens actuel de « retrouver le souvenir de » était également usuel au XVIIe s. : *Je me ressouviens de vous avoir vu quelque part* (Fur.).

ressouvenir n.m. Souvenir d'un fait ancien : *Ne me refusez pas un oubli du passé ; Et son ressouvenir à jamais effacé,* [...] *recevez un beau-frère Que votre sœur accepte après l'aveu d'un père* (Corn., *Pl. R.*, 1397). *Cet homme a eu autrefois de fâcheuses affaires, dont il gardera éternellement le ressouvenir* (Fur.). *Il y a longtemps que je n'ai ouï parler de cette affaire, il m'en reste seulement quelque léger ressouvenir* (Acad. 94).

restaurer (se) v.pr. Se rétablir physiquement : *Quel spectacle charmant de vous voir appliquée à votre santé, à vous reposer, à vous restaurer !* (Sév., 22 nov. 1679). *Adieu, ma très chère ; portez-vous bien, reprenez des forces, mangez, dormez, restaurez-vous* (Sév., 13 mars 1671).

Auj. « prendre un repas pour se redonner des forces ».

reste n.m. **Devoir du reste,** être redevable, être de reste : *J'ai reçu votre dernière lettre. Eh ! mon Dieu, vous me payez au-delà de ce que je fais pour vous ; je vous dois du reste* (Sév., 17 déc. 1664).

rétablir v.t. Corriger, arranger, faire cesser (qqch de mauvais, d'altéré) : *On condamne un fermier à rétablir les lieux qu'il a dégradés* (Fur.). *La honte de mourir sans avoir combattu Rétablit leur désordre, et leur rend leur vertu* (Corn., *Cid*, 1296, var.).

Les sens actuels du v.t. et du v. pron. étaient également usuels au XVIIe s.

retardement n.m. Délai, retard : *Les moindres retardements irritaient son naturel ardent* (Fén., *Tél.*, 13). *Son amour ne peut souffrir aucun retardement* (Mol., *Bourg.*, IV, III). *Que n'avez-vous donc fini promptement cette affaire dès le lundi ? Savez-vous bien qu'un si grand retardement donne le temps à tout le royaume de parler ?* (Sév., 31 déc. 1670). *Apporter du retardement à quelque chose* (Acad. 94).

Auj. seulement *à retardement* : « dont l'effet est différé ».

retarder v.i. Attendre, tarder, s'attarder : *Lui, de son côté retardant le plus qu'il lui était possible* (La Roch., *Mém.*, II, 9). *La nécessité de repaître* [= manger] *le fit retarder quelques heures* (La Roch., *Mém.*, II, 363). ♦ **Retarder de** (suivi de l'infinitif), tarder à, différer de : *Le Roi dit qu'il y avait cinq ans qu'il retardait de venir à Chantilly* (Sév., 26 avr. 1671).

Les sens actuels du v.t. et le sens pr. (mais non les sens fig.) du v.i. étaient usuels au XVIIe s.

retenir v.t. Garder, conserver : *Les anciens caractères hébreux, que les Samaritains retiennent encore* [...] (Boss., *H. univ.*, II, 27). *Cinna, par vos conseils je retiendrai l'empire* (Corn., *Cinna*, 626). ♦ **Retenir que** (suivi du subjonctif), empêcher que (auj. *retenir de,* suivi de l'infinitif) : *Je ne sais qui me retient que je ne lui aille faire insulte* (Fur.).

Les sens actuels étaient également usuels au XVIIe s.

retirer v.t. Donner refuge, donner l'hospitalité à qqn : *Un certain homme fort riche* [...] *me retira en sa maison* (Sorel, *Franc.*, II). *La veuve qui retira le prophète Élisée en fut bien récompensée* (Fur.). ♦ Délivrer (auj. en ce sens on dit *tirer*) : *Cet avis retira M. le Prince de son incertitude* (La Roch., *Mém.*, II, 254).

Les sens actuels du v.t. et du v. pron. étaient également usuels au XVIIe s.

retomber v.i. Être de nouveau malade, faire une rechute : *Cent fois en moins d'un jour je guéris et retombe* (Corn., *Perth.*, 1763). *S'il retombe il en mourra* (Acad. 94).

Les sens actuels étaient également usuels au XVIIe s.

retour n.m. Revers, insuccès : *La bonne cause d'abord suivie de bons succès, et, depuis, des retours soudains, des changements inouïs* (Boss., *O. f. H. de Fr.*). ♦ Réciprocité : *Il y a un commerce ou un retour de devoirs du souverain à ses sujets, et de ceux-ci au souverain* (La Br., X, 27). ♦ Revirement, vicissitude : *Depuis ce malheureux moment, tout alla visiblement en décadence et les affaires furent sans retour* (Boss., *O. f. H. de Fr.*). *Enfin, par un fatal retour, Son rival autour de la poule S'en revint faire le coquet* (La Font., *F.*, VII, 13). *Ne perdons point de temps en ce retour d'affaires* (Corn., *Att.*, 1781). ♦ Supplément en cas d'échange : *Il lui demanda s'il voulait changer d'habit, et lui promit de lui donner du retour* (Sorel, *Franc.*, X). *Un troc de gentilhomme se fait but à but, et sans demander de retour* (Fur.). ♦ **Mettre à retour,** obliger à payer de retour : *Et quoique mon service oblige votre amour, Vos seuls remerciements me mettent à retour* (Corn., *Veuve*, 1606). ♦ **Au retour de,** en échange de : *Et j'en ai refusé cent pistoles, crois-moi, Au retour d'un cheval amené pour le Roi* (Mol., *Fâch.*, 538).

Les sens actuels et la plupart des locutions courantes auj. étaient également usuels au XVIIe s.

retourner v.i. Le verbe pouvait se conjuguer avec l'auxiliaire *avoir : J'ai retourné depuis à Versailles avec Mme de Verneuil* (Sév., 7 août 1675). ♦ Être répété, revenir à la source : *Voilà bien des folies que je voudrais dire qu'à vous* [...] *je vous prie que cela ne retourne jamais* (Sév., 19 janv. 1674). ♦ **Retourner de,** revenir de (construction vieillie au XVIIe s.) : *Quelqu'un retournant de la Cour* [...] (Loret, *Muse hist.*, 24 oct. 1654). *À peine du palais il a pu retourner* (Corn., *Cinna*, 1104, var.). ♦ **Retourner à,** recommencer à : *C'est ce qui fait que je retourne encore à vous envoyer une de ces lettres* (Sév., 23 avr. 1687). ♦ **Retourner sur,** revenir sur : *On plaide, on retourne sur une affaire depuis le déluge* (Sév., 16 mars 1689).

Les sens actuels du v.i., du v.t. et du v. pron. (sauf celui de « changer de position en se tournant dans un autre sens ») étaient également usuels au XVIIe s.

retracer v.tr. Fig. Rappeler : *Tout me retrace enfin un sang que je déteste* (Rac., *Ath.*, 1772). *Il n'est point besoin de retracer le souvenir des injures, elles sont trop bien empreintes dans la mémoire* (Fur.).

Le sens actuel de « raconter de manière à faire revivre » était également usuel au XVIIe s. : *Retracez-lui d'Esther l'histoire glorieuse* (Rac., *Esth.*, Prologue).

rétracter v.t. Revenir sur une résolution, annuler : *Et nous craignons de plus une amante irritée D'une offre en moins d'un jour reçue et rétractée* (Corn., *Oth.*, 1162). *Guillot, sachant ce don, l'avait fait rétracter* (La Font., *Contes*, IV, 4). *La révolte, mon frère, est bien précipitée, Quand la loi qu'elle rompt peut être rétractée* (Corn., *Rodog.*, 1064).

L'emploi pron. le plus courant auj., au sens de « se dédire », était également usuel au XVIIe s. : *Cet auteur a été obligé de se rétracter dans la seconde édition* (Fur.).

retraite n.f. Asile, refuge : *La mère, la femme et les enfants du duc de La Rochefoucauld étaient sans retraite* (La Roch., *Mém.*, II, 212). ♦ Vie retirée : *Antiope sera mon épouse ; ce qui me touche en elle c'est son silence, sa retraite, son travail assidu* (Fén., *Tél.*, 17). ♦ **Faire (la) retraite,** se retirer : *Je t'attendais, ami, pour faire la retraite* (Corn., *Suiv.*, 274). *Voulez-vous faire retraite de si bonne heure ?* (Acad. 94).

Les locutions et les sens actuels étaient également usuels au XVIIe s., sauf celui de « pension assurée aux personnes admises à la retraite ».

retranchement n.m. Diminution de valeur, suppression d'argent : *Je suis* [...] *fâché du retranchement de vos rentes* (La Roch., *Lettre Esprit*, 24 oct. 1660). [Le maréchal de Bellefonds] *parla fort fièrement à M. de Louvois, qui voulait faire quelque retranchement sur sa charge de général sous M. le Prince* (Sév., 8 avr. 1672). *Le retranchement de sa pension l'incommode fort* (Acad. 94).

Le sens militaire actuel de « position utilisée pour se protéger et résister » était également usuel au XVIIe s. : *L'armée ennemie vint pour faire lever le siège, mais elle ne put forcer les retranchements* (Fur.).

retrancher v.t. Enlever d'un tout (une partie), supprimer (auj. seulement « enlever d'un texte ») : *Il faut retrancher le bois superflu que poussent les arbres* [...] *Un médecin a retranché* *le vin à un fiévreux* (Fur.). ♦**Retrancher à,** réduire à, borner à : *Je retranche mon chagrin aux appréhensions du blâme qu'on pourra me donner* (Mol., *Av.*, I, I). *On a retranché toutes les pensions et gratifications à la moitié* (Sév., 15 déc. 1675).

Les sens actuels du v.t. et du v. pron. étaient également usuels au XVIIe s.

rétribution n.f. Ce que l'on donne en retour, en récompense ; réciprocité : *Quand je publierai ce que je barbouille présentement, si toutefois je le publie, j'userai de rétribution et le soumettrai à sa censure et à la vôtre* (Chap., *Lettres*, I, 79).

Le sens actuel de « ce qui est donné (le plus souvent en argent) en échange d'un service, d'un travail » était également usuel au XVIIe s. : *Il y a plus de rétribution dans les paroisses pour un mariage que pour un baptême, et plus pour un baptême que pour la confession : l'on dirait que ce soit un taux sur les sacrements, qui semblent par là être appréciés* (La Br., XIV, 23).

rets n.m. Filet pour prendre du poisson, des oiseaux, etc. : *Il avint qu'au sortir des forêts Ce lion fut pris dans des rets* (La Font., *F.*, II, 11). *Il tendit un long rets, voilà les poissons pris* [...] *; Servez-vous de vos rets : la puissance fait tout* (La Font., *F.*, X, 10). *Le rets était si chargé de poisson qu'il a pensé rompre* (Acad. 94) ; au fig. : *Ainsi donc un rival pris à mon avantage Ne tombe dans mes rets que pour les déchirer* (Corn., *Clit.*, 347).

réunir v.t. Avec un complément nom de personne, réconcilier (auj. seulement « mettre ensemble, faire communiquer », sens déjà usuel au XVIIe s.) : *Tantôt il réunit quelques-uns qui étaient contraires les uns aux autres, et tantôt il divise quelques autres qui étaient unis* (La Br., X, 11). *Voilà qui le brouillera avec Monsieur votre père, comme cela le réunira avec le P. Annat* (Sévigné, 17 novembre 1664).

réussir v.i. Résulter, sortir : *Il faut savoir ce qui réussira de cette conspiration* (Corn., *1er Disc. poème dram.*). *De tous les corps ensemble, on ne saurait en faire réussir une petite pensée* (Pasc., *Pensées*). *Toute l'utilité donc que je vois qui peut réussir de cette invention, c'est pour l'écriture* (Desc., *Lettre Mersenne*, 20 nov. 1629). ♦Avoir comme conséquence, comme issue ; se révéler (sens qui vieillit au XVIIe s.) : *Quand les affaires réussissent mal* (Boss., *Serm. sur la Conception*). *Tout a réussi contre nos pensées, et le malade s'est empiré parmi nos remèdes* (Boss., *Serm. sur l'Impén. fin.*, 3e point). ♦Se révéler vrai (il était parfois conjugué avec l'auxiliaire *être*, mais cette construction est blâmée par Vaug., Th. Corn., Acad.) : *Aussi ma prophétie Est, à ce que je vois, de tout point réussie ?* (Corn., *Mél.*, 201, var.).

Les sens actuels de « avoir une issue heureuse » et « obtenir un bon résultat » étaient également usuels au XVIIe s. : *Tout ce qu'il entreprend lui réussit* [...] *Cet homme réussit* [...] *en éloquence* (Fur.).

revanche n.f. Reconnaissance, payement de retour : *Si la revanche était indubitable, quelle gloire y aurait-il de faire plaisir ?* (Malh., *Bienf.*, I, I). *Il m'a fait présent d'un tableau, je lui ai donné en revanche une belle bague* (Fur.).

Les sens actuels de « action de rendre le mal, d'infliger une défaite à celui qui vous en a fait subir une » et « partie jouée pour donner au perdant une chance » étaient également usuels au XVIIe s.

revancher (se) v.pr. Payer de retour, s'acquitter en retour : *Je me vois contraint de recevoir ce second présent, sans que je voie encore de quelle sorte je m'en revancherai* (Chap., *Lettres*, II, 553). *Donc, pour nous revancher de la faveur reçue* (Corn., *Mél.*, 1735). ♦Se venger : *Je sais le mal que vous avez dit de moi, je m'en revancherai* (Acad. 94). ♦Se défendre, rendre coup pour coup : *Cet homme a bien du cœur, il s'est revanché contre trois assassins* [...] *Un fils ne s'oserait revancher contre son père* (Fur.). ♦**Se revancher sur,** se rattraper sur : *Cet homme n'a point mangé d'abord, mais il s'est revanché sur le dessert* (Fur.).

revêche n.f. Étoffe à longs poils, fabriquée en Angleterre : *Mon esprit a changé d'habit : Il n'est plus vêtu de revêche. Il se raffine* (Saint-Amant, *l'Enamouré*, 12). *Manteau doublé de revêche* (Acad. 94).

revenant adj. Convenant : *Voyez où je pourrais trouver quelque chose de revenant à Mlle Lucrèce* (Rac., *Lettre abbé Le Vasseur*, 4 juill. 1662). ♦**Revenant bon,** qui apporte un avantage accidentel : *Je profite de l'infidélité et de l'ingratitude avec plaisir, comme d'un temps revenant bon, pour l'employer à en cultiver de sincères* (Chap., *Lettres*, II, 347).

revenir v.i. **Revenir pour,** reprendre du goût pour, oublier son ressentiment à l'égard de : *Je suis bien aise que vous reveniez pour ma fille* (Sév., 6 juill. 1670). ♦ **Revenir (bien) à,** convenir à : *Voici une stance* [...] *qui revient merveilleusement bien à ce qu'on pourrait dire de l'état où se trouve M. le Surintendant* (Sév., fin 1664). *Son humeur revient à la mienne* (Fur.). ♦ **Revenir à,** être dû en plus, être disponible (auj. il a seulement le sens de « être dû, échoir par droit », déjà usuel au XVIIe s.) : *Il nous revient beaucoup de temps et de papier, puisque nous ne parlerons plus de cette pauvre jambe* (Sév., 14 févr. 1685) ; être conforme à : *Après beaucoup de temps et de travail, ou ils ne produisent rien qui revienne à ce qu'ils ont entrepris, ou* [...] (Pasc., *March. arithm.*).

Les sens et les emplois actuels étaient également usuels au XVIIe s., sauf *faire revenir un aliment,* « le faire rissoler ».

revente n.f. **De revente,** d'occasion : *Nous faisons chercher du damas de revente, pour faire des rideaux de votre lit* (Sév., 12 juill. 1675). *Nous faisons chercher un tapis de revente, car s'il le faut acheter chez le marchand, il vous coûtera avec la frange d'or et d'argent plus de quatre cents francs* (Sév., 19 août 1675). *Une tapisserie de revente* (Acad. 94).

rêver v.i. Avoir le délire : *Comment ? rêver sans fièvre ! cela fait peur* (Sév., 6 avr. 1672). *Il s'est fait un transport au cerveau, le voilà qui commence à rêver* (Acad. 94). ♦ Méditer profondément sur, penser à : *L'autre rêve à des vers quand je demande à boire* (Mol., *F. sav.*, 600). *Ainsi raisonnait notre lièvre* [...] *Le mélancolique animal, En rêvant à cette matière, Entend un léger bruit* (La Font., *F.*, II, 14). *Ah ! qu'il y a peu de personnes vraies ! Rêvez un peu sur ce mot, vous l'aimerez* (Sév., 19 juill. 1671). ♦ Être distrait : *Il y a des gens qui rêvent au milieu d'une compagnie, qui ne songent point à ce qu'on dit* (Fur.).

◆ v.t. Songer à : *Allons sur le chevet rêver quelque moyen* (Corn., *Ment.*, 1083). ♦ Voir en rêve (auj. surtout avec un objet de sens indéterminé) : *Et ce cœur tant de fois dans la guerre éprouvé S'alarme d'un péril qu'une femme a rêvé !* (Corn., *Pol.*, 4).

Le sens le plus usuel auj. du v.i. : « penser d'une manière vague », existait déjà au XVIIe s. : *Les amants se plaisent à rêver dans un lieu solitaire* (Fur.).

réverbération n.f. Fig. **Par réverbération,** indirectement : *Je n'étais son amie que par réverbération* [...] *mais nous étions selon son goût* (Sév., 10 août 1677).

réverbérer v.i. Fig. Retomber, se reporter sur : *L'amitié qu'il* [du Coudray] *a pour vous, réverbère sur moi* (Sév., 19 avr. 1694).

révérence n.f. Respect, considération : *Que peuvent des évêques qui ont anéanti eux-mêmes l'autorité de leur chaire et la révérence qu'on doit à la succession ?* (Boss., *O. f. H. de Fr.*). *La révérence qu'on a pour les lieux saints empêche d'en violer les asiles* (Fur.). *Ayez pour la grammaire un peu de révérence* (Regnard, *Distr.*, III, III). *Vous lui devez porter honneur et révérence* (Acad. 94).

Le sens actuel de « salut cérémonieux [...] » était également usuel au XVIIe s. : *Il passe, vient, repasse, et toujours de plus belle Me fait à chaque fois révérence nouvelle* (Mol., *Éc. des f.*, 496).

révérer v.t. Traiter avec respect : *Ils m'ont su révérer si fort jusqu'à ce jour, Qu'ils ne m'ont jamais dit un mot de leur amour* (Mol., *F. sav.*, 381).

Il exprimait déjà le plus souvent, comme aujourd'hui, la vénération portée à ce qui présente un caractère sacré : *Il faut révérer* [...] *les images, les reliques des saints* (Fur.).

rêverie n.f. Délire, folie : *Dans mes rêveries de ma grande maladie, je trouvais, et je croyais, et je disais que j'avais une cuisse bleue* (Sév., 23 oct. 1676). *Il n'a jamais de fièvre qu'il ne tombe en rêverie* (Acad. 94). ♦ Idée vaine et chimérique (auj. vieilli) : *Les auteurs nous ont donné pour des vérités quantité de leurs rêveries* (Fur.). ♦ Invention due à l'imagination, pensée : *Ce qui est la plus grande rêverie dont un nourrisson du Parnasse se pût aviser* (La Font., *Lettre à Fouquet*, mars 1661). *Tantôt, un livre en main, errant dans les prairies, J'occupe ma raison d'utiles rêveries* (Boil., *Ép.*, VI, 26). *Les poètes nous ont fait part de leurs doctes rêveries* (Fur.). ♦ **Faire une rêverie,** méditer, avoir une idée étrange : *J'ai fait depuis peu une rêverie sur un certain sujet ; mais je hais de la dire* (Sév., 14 juill. 1677).

Le sens actuel de « état d'abandon de l'esprit qui se laisse aller aux souvenirs, aux pensées vagues, etc. » existait déjà au XVIIe s., mais ne s'est répandu qu'au XVIIIe s. : *Il faut aimer pour ressentir Le charme de la rêverie* (Quinault, *Phaéton*, I, II).

revers n.m. Coup du plat de l'épée et par extens., au fig., coup, attaque : *Toutefois n'allez pas sur cette sûreté Donner de vos revers au projet que je tente* (Mol., *Ét.*, 461). ♦Vicissitude bonne ou mauvaise (auj. il désigne seulement un événement malheureux, un échec, comme le plus souvent au XVIIe s. déjà) : *C'est là qu'on doit, par un revers prospère, Lui voir prendre un époux de la main de ce frère* (Mol., *D. G.*, 1540).

Les autres sens actuels étaient également usuels au XVIIe s.

rêveur n.m. Celui qui réfléchit, qui médite, savant, ou péjor. extravagant, original : *Il n'y a que les rêveurs* [...] *qui réussissent à l'invention des machines, à la résolution des problèmes* (Fur.). *Et les jansénistes disent, au contraire, que les péchés commis sans grâce actuelle ne laissent pas d'être imputés. Mais ce sont des rêveurs* (Pasc., *Prov.*, IV).

Le sens actuel de « celui qui se laisse aller à la rêverie » existait également au XVIIe s. : *Et Thémis pour voir clair a besoin de tes yeux. Mais pour moi,* [...] *Qui ne lui puis fournir qu'un rêveur inutile, Il me faut du repos, des prés et des forêts* (Boil., *Ép.*, VI, 138).

révolution n.f. Changement : *Pendant ces révolutions, un siècle s'est écoulé, qui a mis toutes ces parures au rang des choses passées et qui ne sont plus* (La Br., XIII, 15). *Du temps, qui change tout, les révolutions Ne changent-elles pas nos résolutions ?* (Corn., *Pl. R.*, 231). *Les choses de ce monde sont sujettes aux révolutions* (Acad. 94).

Les sens actuels de « retour périodique d'un astre » et « bouleversement de l'ordre social » étaient également usuels au XVIIe s. : *Les révolutions célestes sont extrêmement justes* [...] *Il n'y a point d'États qui n'aient été sujets à de grandes révolutions* (Fur.).

révoquer v.t. Rappeler, ramener en arrière : *Le jeune Gronovius* [...] *révoqué en Hollande par la mort de son docte père* (Chap., *Lettres*, II, 772). *Mais, puisque le passé ne peut se révoquer, Trouvez bon qu'avec vous mon cœur s'ose expliquer* (Corn., *Pompée*, 1211).

Les sens actuels de « annuler (un ordre) » et « renvoyer d'un poste, priver d'une dignité » étaient également usuels au XVIIe s.

rez prép. **Rez pied, rez terre,** au niveau du sol, de fond en comble : *On a abattu cette maison, cette place, ces fortifications rez pied, rez terre* (Acad. 94). ♦**Sur le rez de,** à l'approche de : *Sur le rez de la nuit* [...] (La Font., *Contes*, V, 1).

rhabiller v.t. Fig. Réparer le mal fait, raccommoder, refaire : *Combien crois-tu que j'en connaisse qui, par ce stratagème, ont rhabillé adroitement les désordres de leur jeunesse* [...] *?* (Mol., *D. J.*, V, II). *On rhabille une faute, une affaire, quand on répare le mal qu'on avait fait* (Fur.).

rhingrave n.f. Haut-de-chausses ample attaché par le bas avec des rubans : *Est-ce par les appas de sa vaste rhingrave Qu'il a gagné votre âme ?* (Mol., *Mis.*, 485).

rhumatismé, e adj. Perclus de rhumatismes : *Le chevalier* [de Grignan], *rhumatismé depuis deux mois* [...] (Sév., 26 janv. 1683).

rhume n.m. A pu signifier « rhumatisme » : *Ainsi de cette chute ne craignez ni jambe affligée, ni rhume quelconque* (E. de Coulanges, 1er août 1685).

ribler v.i. Vagabonder la nuit (mot vieux et populaire, selon Fur.) : *Ils ne font que courir et ribler toute la nuit* (Acad. 94).

ric adv. **Ric à ric,** avec une exactitude rigoureuse (auj. en ce sens on dit *ric rac*) : *On ne compte guère ric à ric avec la Fortune, et quand elle veut bien réparer ses torts, on les oublie* (Mme de Grignan, 12 févr. 1703).

riche adj. **Riche taille,** belle taille, bien proportionnée : *Quand je vous aurais dit qu'elle était de riche taille, qu'elle avait les yeux bleus et bien fendus* [...] (Fur., *Rom. bourg.*, I).

rideau n.m. En termes militaires, petite élévation de terrain dont on se sert pour dissimuler ses mouvements à la vue de l'ennemi : *Le camp de Luzzara, petit bourg au pied d'un fort long rideau* (Saint-Simon, 1702).

ridicule adj. Qui excite le rire, amusant : *Il semble que l'on ne puisse rire que des choses ridicules : l'on voit néanmoins de certaines gens qui rient également des choses ridicules et de celles qui ne le sont pas* (La Br., XI, 77).

◆ n.m. **Un ridicule,** un homme digne de moquerie : *Et l'on m'en a parlé comme d'un ridicule* (Mol., *Éc. des f.*, 331). *Il s'est fait depuis peu une certaine mascarade* [...] *que je prétends* *faire entrer dans une bourle que je veux faire à notre ridicule* (Mol., *Bourg.*, III, XIII).

Les sens actuels de l'adj., « qui mérite d'exciter la risée », et du n. m., « ce qui excite la risée », étaient également usuels au XVIIe s. Auj., l'adj. signifie aussi « insignifiant » : *une somme ridicule.*

ridiculité n.f. Défaut de ce qui est ridicule : *L'impertinence de son esprit et la ridiculité de ses manières* (Sév., 13 oct. 1675). [La comédie et la satire] *s'arrêtent à corriger les indécences et les ridiculités, s'il est permis d'user de ce mot* (Fur., *Rom. bourg.*, Avert.). ♦Action ou parole ridicule : *Un sot dit sans cesse des ridiculités. Il a fait mille ridiculités en cette compagnie* (Fur.).

rien pr. indéf. Le sens de « quelque chose » subsistait dans les phrases négatives, dubitatives ou interr. (auj. on le rencontre seulement dans quelques phrases littér., ex. : *est-il rien de plus beau ?*) : *J'aurais cru faire un crime à vous rien déguiser* (Th. Corn., *Charme de la voix*, III, I). *Comparons* [...] *les bienfaits et les personnes, de peur qu'il n'y ait rien de défectueux ou de superflu* (Malh., *Bienf.*, II, 15) ; ce sens permet de comprendre l'existence au XVIIe s. de l'emploi de *rien* avec la négation complète *ne... pas* (*point*) [ce tour est condamné par Vaug. et les grammairiens] : *On ne veut pas rien faire ici qui vous déplaise* (Rac., *Plaid.*, 472). *Une tenue d'États, ou les chambres assemblées pour une affaire très capitale, n'offrent point aux yeux rien de si grave et de si sérieux qu'une table de gens qui jouent un grand jeu* (La Br., VI, 72) ; il explique aussi la locution *ne... rien que*, seulement (auj. *ne... que*) : *Comment coquin ? – Monsieur, vous n'avez rien qu'à dire, Je mentirai, si vous voulez* (Mol., *Amph.*, 721). ♦**Non plus que rien,** pas du tout : *Tu ne te souviens point du tout de la manière Dont tu m'as su traiter, étant venu du port ? – Non plus que rien* (Mol., *Amph.*, 1114). ♦**À rien,** pour rien, sans valeur : *Je ne vous compte à rien le nom de mon époux* (Corn., *Pol.*, 1177). ♦**Devenir à rien,** n'aboutir à rien : *Ce grand voyage de M. le Prince* [...] *est devenu à rien* (Sév., 8 janv. 1674). ♦**De rien,** nullement, en rien : *Le doux parler ne nuit de rien* (La Font., *F.*, III, 12).

◆ **Rien** pouvait être suivi d'un adj. ou d'un adv. de quantité directement, sans préposition (auj. on emploie toujours la préposition *de*). – Selon Vaug., *rien tel* est plutôt de la langue parlée, et *rien de tel* de la langue écrite : *Il n'est rien tel que les Jésuites* (Pasc., *Prov.*, IV). *Je ne vois rien si digne de pitié que quand je vois* [...] (Voit., *Lettre*, 1637). *Non, il n'est rien si gracieux, Rien si beau, rien si précieux* (Corn., *Louanges de la Vierge*, 595).

rigueur n.f. **À la rigueur,** avec sévérité, d'une manière rigoureuse (auj. « au pis aller ») : *Et tel qui n'admet point la probité chez lui Souvent à la rigueur l'exige chez autrui* (Boil., *Sat.*, XI, 100). *Observer les lois à la rigueur* (Acad. 94) ; et adjectivement, sévère : *Son zèle est-il mitigé ou à la rigueur ?* (Sév., 25 sept. 1680).

rime n.f. Vers, poésie (souvent au pluriel en ce sens) : *Heureux en son amour, si l'ardeur qui l'anime N'en conçoit les tourments que pour s'en plaindre en rime !* (Corn., *Sur le départ de Mme la Marquise*, 100).

Le sens actuel de « disposition de sons identiques à la fin de deux ou plusieurs unités rythmiques », et la locution *sans rime ni raison*, « d'une manière absurde », étaient également usuels au XVIIe s.

rimer v.i. **Rimer en Dieu,** jurer, blasphémer : *C'est là* [dans un tripot] *que l'on rime richement en Dieu, que l'on épargne fort peu le prochain* (Scarr., *Rom. com.*, I, 3).

riote n.f. Querelle, dispute (bas, selon Acad. 94) : *Il est surprenant de voir qu'ayant de l'agrément l'un pour l'autre, et un bon fond, il arrive de temps en temps des riotes entre nous deux* (Bussy, *Lettre*, 21 avr. 1670).

riposter v.t. Rendre la pareille : *Je lui ripostai sa révérence à peu près en mêmes termes* (Cyrano, *États et empires de la Lune*, p. 88).

Le sens actuel de « répondre avec vigueur » apparaît à la fin du XVIIe s.

rire v.i. **Rire à qqn,** lui faire un accueil flatteur : *On l'accueille, on lui rit, partout il s'insinue* (Mol., *Mis.*, 138) ; lui être favorable (en ce sens on dit plutôt auj. *sourire à qqn*) : *Tout leur rit, tout leur succède* (La Br., XII, 61).

ris n.m. Rire, sourire : *Sans citer les personnes ou les esprits forts qui trouvent du faible dans un ris excessif comme dans les pleurs* (La Br., I, 50). *Ce ris dédaigneux qu'excitent les personnes simples lorsqu'on leur voit croire des choses impossibles* (Boss., *O. f. Anne de Gonzague*). ♦Au fig. et au plur., plaisirs : *Les jeux, les ris, la danse, Ont aussi leur tour à la fin* (La Font., *F.*, VI, 21).

Les grâces, les jeux, les ris et les amours accompagnent toujours cette belle (Fur.). *Elle* [la sagesse] *sait mêler les jeux et les ris avec les occupations graves et sérieuses* (Fén., *Tél.*, 7).

risée n.f. Plaisanterie : *Fais-tu d'une risée un discours d'importance, Et d'un mot dit par jeu tires-tu conséquence ?* (Rotr., *Sosies*, III, II). ♦ **Éclats de risée,** éclats de rire : [L'accident] *de Roquebrune fut accompagné de grands éclats de risée que l'on fit dans les carrosses* (Scarr., *Rom. com.*, I, 20). *À tous les éclats de risée, ils haussent les épaules* (Molière, *Critique de l'École des femmes*, sc. V).

Le sens actuel de « moquerie collective envers qqn, objet de cette moquerie » (restreint à qqes expressions) était également usuel au XVIIe s. : *Cette femme s'est rendue la fable et la risée de toute la ville* (Fur.).

risque n. Le mot était parfois du féminin : *Encore que je coure grande risque de ma vue, je ne laisserai pas de vous suivre* (La Roch., *Lettre Lenet*, 13 oct. 1652).

Acad. 94 le donne comme féminin dans l'expression *à toute risque.* Fur. signale l'existence de ce genre, mais n'en donne aucun exemple.

rive n.f. Bord d'un lit, d'une forêt, etc. (auj. restreint au sens de « bord d'une étendue d'eau », emploi très usuel au XVIIe s. également) : [Il] *Se fait petit, se serre, au bord se va nicher, Et ne tient que moitié de la rive* [du lit] *occupée* (La Font., *Contes*, II, 13). ♦ **Pain de rive,** pain bien cuit et doré de tous côtés (car il se trouvait sur la rive, le bord du four) : *Il ne manquerait pas* [...] *de vous parler d'un pain de rive, à biseau doré* (Mol., *Bourg.*, IV, I).

◆ Au pluriel, dans la langue poétique, pays, contrée : *Amants, heureux amants, voulez-vous voyager ? Que ce soit aux rives prochaines* (La Fontaine, *Fables*, IX, 2).

robe n.f. Se disait parfois pour *robe de chambre* : *Je n'irai pas gâter ma robe pour vous séparer* (Mol., *Bourg.*, II, 3).

rocher n.m. **Âme de rocher,** cœur de pierre, insensible : *Une âme de rocher ne s'en fût pas sauvée* (Corn., *Ment.*, 606). ♦ **Parler au rocher, dire au rocher,** parler à des gens qui n'en sont ni touchés ni émus : *Je le dis aux rochers ; on veut d'autres discours : Ne pas louer son siècle est parler à des sourds* (La Font., *Ép. Huet*, 202).

rôder v. Aller çà et là autour d'un lieu, le long d'un endroit (ce verbe pouvait s'employer transitivement, auj. il est toujours intransitif ; Fur. ne signale déjà que la construction actuelle) : *L'on nous rôde la maison* (Chap., *Guzm. Alfar.*, III, 439). *Depuis le temps qu'ils rôdent vos côtes* (Chap., *Lettres*, I, 285). *Collinet plus que jamais rôda les rues avec un vêtement fort riche* (Sorel, *Franc.*, V).

roide adj., **roideur** n.f. V. RAIDE, RAIDEUR.

rôle n.m. **Faire un rôle,** tenir un rang (auj. on dit *jouer un rôle*) : *Je trouve que les ermites font de grands rôles en Provence* (Sév., 14 juill. 1677).

rollet n.m. Petit rôle, petite liste contenant des ordres, des indications à suivre, etc. ; dès le milieu du XVIIe s. ne se disait plus guère que dans [*être*] *au bout de son rollet,* « n'avoir plus rien à dire, n'avoir plus d'argent » (auj. on dit : *être au bout du son rouleau*) : *Je vais changer d'habit ; je suis votre valet : Bonsoir ; vous me voyez au bout de mon rollet* (Quinault, *Rivales*, V, VI).

romaniste n.m. Romancier : *Voici un méchant romaniste ! Cette histoire n'est pas fort longue ni fort intriguée* (Fur., *Rom. bourg.*, I).

rompement n.m. **Rompement de tête,** fatigue causée par le bruit, les discours importuns, etc. : *Je comprends votre rompement de tête dans l'application dont vous avez eu besoin pour débrouiller cette confusion* (Sév., 3 juin 1693). ♦ **Rompement de visière,** injure, impolitesse : *Il ne s'offensait point des persécutions et des rompements de visière que lui faisait continuellement La Rancune* (Scarr., *Rom. com.*, I, 18).

rompre v.t. Déchirer, briser : *Le traître, l'autre jour, nous rompit de ses mains Un mouchoir qu'il trouva dans une Fleur des Saints* (Mol., *Tart.*, 207). *On a rompu cette cloison, afin de ne faire qu'une chambre de ces deux* (Fur.). – Auj. au sens de « briser », il appartient à la langue littéraire, et subsiste dans qqes expressions, comme *rompre le pain.* ♦ Défoncer (un chemin) : *Les chemins sont fort rompus en hiver* (Acad. 94). ♦ **Rompre un criminel sur la roue** (Acad. 94), lui briser les membres avec une barre de fer. ♦ Faire cesser, mettre fin à un sentiment (joie, colère, etc.) : *Je t'ai voulu sur l'heure apprendre cet amour, Pour te tirer de* *peine, et rompre ta colère* (Corn., *Pl. R.*, 1378). ♦Faire échouer, empêcher la réalisation de (auj. on dit encore : *rompre un mariage*) : *Alexandre était bien jeune pour un dessein si sérieux : il est étonnant que dans ce premier âge les femmes ou le vin n'aient pas plus tôt rompu son entreprise* (La Br., XII, 105). *Ce qui rompit le mauvais dessein de Saldagne* (Scarr., *Rom. com.*, III, 6). *On était prêt d'aller se divertir à Fontainebleau : tout a été rompu* (Sév., 31 juill. 1675). ♦Interrompre un discours, un écrit : *Tu n'es pas supportable De me rompre si tôt* (Corn., *Mél.*, 479). – Auj. encore *rompre un entretien.* ♦Faire cesser une réunion : *L'assemblée de Cologne n'est point rompue* (Sév., 10 nov. 1673). *Cela nous hâta, de peur de pis, de rompre brusquement l'assemblée, où il ne fut encore rien conclu* (Saint-Simon, 1695). ♦Renoncer volontairement à, supprimer : *Je crois qu'il* [Coulanges] *n'en rompra pas le voyage de Grignan* (Sév., 18 sept. 1680). ♦Transgresser une règle : *Mais ce n'est pas la seule qu'on voit enfreinte en cet endroit de ce poème : il en rompt une autre bien plus importante* (Scudéry, *Obs. sur Cid*). ♦Mettre en déroute : *Quelques autres troupes que ce prince avait envoyées après ceux qu'il avait rompus étant arrivées* (Mlle de Scudéry, *Grand Cyrus*, IX, 3). *Dans cette fameuse bataille, pendant qu'il* [Philippe] *rompait les Athéniens* (Boss., *H. univ.*, I, 8). ♦**Repas rompu,** impromptu : *Mme la duchesse de Chartres et Mme la Duchesse,* [...] *se mirent, au voyage suivant, à un repas rompu, après le coucher du Roi, dans la chambre de Mme de Chartres au château* (Saint-Simon, 1695).

◆ v.i. Cesser : *Si dans peu leur commerce ne rompt, J'attends en l'attendant un éternel affront* (Rotr., *Laure perséc.*, II, II).

rond n.m. **Le rond de la terre,** le globe terrestre : *Homme, à qui tes désirs font sans cesse la guerre, Et qui veux posséder tout le rond de la terre* (Tr. L'Hermite, *l'Ambition tancée*). *Le rond de la terre a 8 800 lieues de tour, ou environ. Ce voyageur a vu tout le rond de la terre* (Fur.).

roquet n.m. Manteau sans collet ne tombant que jusqu'au coude : *Un roquet de bourracan rouge, Qui jamais de son dos ne bouge, L'affublait, quoiqu'il fût hiver* (Saint-Amant, *le Poète crotté*, 105).

rôt n.m. Rôti : *Le rôt se sert au milieu du repas* (Fur.). ♦Repas, en général : *Le bruit cesse, on se retire* [...] *Et le citadin de dire : « Achevons tout notre rôt »* (La Font., *F.*, I, 9). *Deux perroquets, l'un père et l'autre fils, Du rôt d'un roi faisaient leur ordinaire* (La Font., *F.*, X, 11).

rotonde n.f. Col empesé de forme évasée, soutenu par du carton (il avait remplacé la fraise tuyautée) : *Que les charmes de votre rotonde sont puissants !* (Sorel, *Franc.*, V). *Qui eût pu dire en me voyant, il y a deux ans, dans la rue Saint-Denis, avec ma rotonde* [...] (Voit., *Lettre Mlle Paulet*, oct. 1633).

roue n.f. Dans l'ancienne justice, supplice qui consistait à laisser mourir sur une roue un condamné dont on avait brisé bras et jambes : *Ce crime mérite la roue* (Acad. 94). *On condamne à la roue les parricides, les assassins, les voleurs de grand chemin* (Fur.).

roué n.m. Qui subit le supplice de la roue : *Voudraient-ils vous faire souffrir tous les ans un plus grand supplice que ne sont ceux des roués ?* (Sév., 2 déc. 1671).

Auj. « personne rusée » (d'abord « débauché digne du supplice de la roue »). La loc. *roué de coups* : « battu, rossé », existait déjà au XVIIe s.

rouer v.t. Soumettre au supplice de la roue : *Un laquais* [...] *a dansé les tricotets sur l'échafaud où il allait être roué* (La Roch., *Lettre Sablé*, 17 août 1663). ♦Écraser, meurtrir sous les roues d'une voiture : *Ils se laissaient rouer l'autre jour par le carrosse de Mme de Chaulnes, sans vouloir se retirer d'un seul pas, quoi qu'on pût leur dire* (Sév., 15 mai 1689). *N'avancez pas, vous vous ferez rouer* (Acad. 94). ♦Rendre courbatu : *Un méchant cheval de poste roue un courrier* (Fur.).

Auj. seulement dans *rouer* (*qqn*) *de coups* : « le battre violemment », locution déjà usuelle au XVIIe s. : *Ce pauvre homme a été roué de cent coups de bâton* (Fur.).

rouillé, e adj. Fig. **Être rouillé,** avoir perdu son esprit, être embarrassé (auj. « avoir perdu son agilité ou son adresse, faute d'entraînement ») : *J'aurais cru, au récit du décontenancement de Vardes, qu'il était rouillé pour* [= à cause de] *quelqu'un* (Sév., 8 mars 1676).

rouler v.i. Subvenir à ses besoins, vivre : *Mon père* [...] *En mourant me laissa, pour rouler et pour vivre, Un revenu léger* (Boil., *Ép.*, V, 109). ♦**Rouler sur,** reposer sur, dépendre de (auj. encore l'expression *tout roule là-dessus*) : *Monsieur le Duc pleura : c'était sur Vatel que roulait* *tout son voyage de Bourgogne* (Sév., 26 avr. 1671). *La sotte vanité jointe avecque l'envie, Deux pivots sur qui roule aujourd'hui notre vie* (La Font., *F.*, V, 1). [...] *une précaution sur qui roulait la vie De celui qu'il aimait* (La Font., *F.*, VIII, 16). ♦ **Faire rouler le carrosse,** avoir un carrosse à soi (Acad. 94).

Les sens courants auj. du v.i., du v.t. et du v. pron. l'étaient également au XVIIe s., sauf celui de « duper (qqn) ».

roupille n.f. Sorte de petit manteau : *Vous eussiez attendu une roupille à l'espagnole, et c'était une veste à la hongroise* (Saint-Évremond, *Lettre duchesse de Mazarin*).

rubis n.m. Bouton rouge qui vient sur le visage, et en particulier sur celui des ivrognes : *Il a des rubis sur le nez* (Acad. 94).

Le sens actuel de « pierre précieuse rouge » et l'expression *payer rubis sur l'ongle* : « payer exactement et immédiatement », étaient également usuels au XVIIe s. Auj. *rubis* désigne aussi une « monture de pivot en pierre dure dans une montre ».

rubrique n.f. Finesse, ruse, moyen inhabituel et détourné : *Et tel parle d'amour sans aucune pratique. – On n'y sait guère alors que la vieille rubrique* (Corn., *Gal. du Pal.*, 150). *Il n'a pas affaire à un sot, et vous savez des rubriques qu'il ne sait pas* (Mol., *Méd. m. lui*, III, VII). *Il s'est servi là d'une bonne rubrique* (Acad. 94).

Le sens actuel de « titre d'une division d'un ouvrage, cette division elle-même » était usuel au XVIIe s., mais non celui, plus courant auj., de « genre, catégorie d'articles (dans un périodique) ».

rude adj. Difficile à supporter, acariâtre : [La Reine] *commençait à craindre l'humeur rude et altière du duc de Beaufort* (La Roch., *Mém.*, II, 64). ♦ **Rude à,** pénible à : *Tout ce qui s'appelle douleur est bien rude à souffrir* (Sév., 5 oct. 1689).

Les sens actuels, pr. et fig., étaient également usuels au XVIIe s., sauf le sens, fam., de « fort, remarquable en son genre » (l'adj. étant toujours placé avant le nom).

rudesse n.f. Fig. Grossièreté, manque de culture, de politesse (auj. restreint au sens de « caractère d'une personne brusque et dure ») : *Quand je considère le peu de bruit qu'elle* [la comédie de Mélite] *fit à Paris, venant d'un homme qui ne pouvait sentir que la rudesse de son pays* (Corn., *Mél.*, Ép.). *C'eût été une grande rudesse de le refuser* [le cadeau] (Sév., 7 août 1675).

◆ pl. **Des rudesses,** des duretés : *Si tes justes rudesses Se plaisent à croître mes maux* (Corn., *Imit.*, III, 1837).

ruelle n.f. Espace entre le lit et le mur : *À son arrivée je me jetai toute en chemise à la ruelle du lit* (Sorel, *Franc.*, II). *Ce lit a des ruelles des deux côtés* (Fur.). ♦ Alcôve où les dames de qualité recevaient leurs invités : *Il y a un cercle d'hommes et de femmes dans sa ruelle, qui l'entretiennent* (La Br., XI, 7). *Le style du P. Maimbourg me déplaît fort : il a ramassé le délicat des mauvaises ruelles* (Sév., 14 sept. 1675).

Le sens actuel de « petite rue étroite » était également usuel au XVIIe s. : *Il y a toujours plusieurs ruelles vers la rivière pour aller commodément à l'eau* (Fur.).

ruer v.t. Lancer, jeter : *Ah ! je devais du moins lui jeter son chapeau, Lui ruer quelque pierre ou crotter son manteau* (Mol., *Sgan.*, 356). *Voyant un jeune garçon qui ruait des pierres à une potence* [...] (Rac., *Trad. Vie de Diogène le Cynique*).

◆ v.i. ou pr. **(Se) ruer en cuisine,** manger gloutonnement : *La grosse Eufrosine, Qui se connaît le mieux à ruer en cuisine* [...] (Saint-Amant, *le Melon*). *Cependant on fricasse, on se rue en cuisine* (La Font., *F.*, IV, 4).

Les emplois actuels, comme v.i., au sens de « jeter les pieds de derrière (en parlant du cheval, de l'âne) », et comme v. pron., au sens de « se lancer impétueusement », étaient également usuels au XVIIe s.

ruine n.f. Destruction, perte : *Le ciel même peut-il réparer les ruines De cet arbre séché jusque dans ses racines ?* (Rac., *Ath.*, 139). *C'est pour déraciner le chêne assurément, Et de nos nourrissons attirer la ruine* (La Font., *F.*, III, 6). ♦ Chute abondante, trombe : *Par des crevasses que des ruines d'eau témoignaient avoir creusées, je dévalais dans la plaine* (Cyrano, *États et empires du Soleil*, p. 202). ♦ **Battre une place, une ville en ruine** (Acad. 94), la détruire : *La ville de Candie a été battue en ruine, entièrement démolie* (Fur.) ; et avec un objet nom de personne, enlever tout crédit à : *Un avocat, un auteur battent leur adversaire en ruine, quand ils apportent de si fortes raisons qu'on ne peut défendre la cause, l'opinion contraire* (Fur.).

Les sens les plus courants d'auj., « écroulement d'un bâtiment, d'une fortune, etc. » et « bâtiment détruit », étaient également usuels au XVIIe s.

ruiner v.t. Détruire, anéantir une troupe : *Les seules garnisons d'Ypres et de Gand sont capables de ruiner leurs armées* (Rac., *Camp. L. XIV*). *L'infanterie était ruinée* (La Roch., *Mém.*, II, 205). ♦ Réduire à l'état de ruines : *Les conquérants ruinent* [...] *les villes qu'ils ne peuvent pas garder* (Fur.).

Les sens actuels de « endommager gravement » et au fig. « causer la perte de la fortune, de la santé, etc. » étaient également usuels au XVIIe s.

ruineux, euse adj. Qui menace ruine : *Comme une colonne, dont la masse solide paraît le plus ferme appui d'un temple ruineux* [...] (Boss., *O. f. H. de Fr.*). *Édifice ruineux* (Acad. 94). ♦ Qui cause un tort grave, en parlant de choses (auj. sens restreint, déjà usuel au XVIIe s., « qui provoque des dépenses excessives ») : *Il n'y a rien de plus ruineux* [...] *que la débauche, tant pour le bien que pour la santé* (Fur.).

rupture n.f. Fig. Annulation : *Bien des gens sont persuadés qu'il n'en arrivera que le retardement, c'est-à-dire la rupture du voyage de Fontainebleau* (Sév., 10 août 1677).

Les sens fig. actuels de « action de faire cesser » et « brouille, désaccord brusque » étaient également usuels : *La rupture de la paix emporte la rupture ouverte entre ce mari et cette femme* (Fur.).

rustaud, e adj. Propre à la campagne, simple, sans recherche : *S'il* [le jeune marquis de Grignan] *est bien fort, l'éducation rustaude est fort bonne* (Sév., 14 juill. 1677).

Le sens péjor. actuel de l'adj. et du n.m. : « (celui) qui a des manières de paysan, qui manque de politesse », était déjà le plus usuel au XVIIe s. : *Ce coquin est un rustaud, dont il ne faut attendre ni civilité, ni honneur* (Fur.).

rustaudement adv. À la manière des gens de la campagne, sans façons : *Comme vous savez, mon pauvre cousin, que je vous aime un peu rustaudement, je voudrais qu'on vous l'accordât* [cette faveur] (Sév., 25 nov. 1655).

rustauderie n.f. Manière d'être des gens de la campagne : *Je ne sais si ma santé ne me rendra point ma rustauderie* (Sév., 20 juin 1676).

ruste adj. Graphie conforme à la prononciation de *rustre : Ce sont tous de francs rustes* (Rac., *Lettre*, 1662).

rustique adj. Grossier, impoli, sauvage : *Je ne suis pas si rustique qu'au moins par quelques paroles je ne vous témoignasse que je ne suis pas insensible aux louanges* (Chap., *Lettres*, II, 560). *Il ne faut pas s'étonner après cela si le reste de leur vie ils ont une humeur rustique et bourrue qui est à charge à leur famille* (Fur., *Rom. bourg.*, I). ♦ En parlant de personnes, qui vit à la campagne : *Que le petit noble rustique Avec son habit à l'antique* [...] (Saint-Amant, *Palais de la volupté*, 212).

◆ n.m. **Un rustique,** un paysan (vieilli au XVIIe s.) : [...] *ayant à représenter un pauvre rustique* [...] *s'étant revêtu de haillons, il jouait son rôle* (Sorel, *Franc.*, XII).

Le sens actuel de l'adj. : « qui concerne la campagne » (en parlant de choses), était également usuel au XVIIe s. : *Accorde une retraite Sous ton chaume rustique à ma fuite secrète !* (Corn., *Clit.*, 603).

rustre n.m. Paysan : *Ô pâtres ! continue Héraclite, ô rustres qui habitez sous le chaume et dans les cabanes !* [...] *Recevez-moi parmi vous à manger votre pain noir et à boire l'eau de vos citernes* (La Br., XII, 118).

Le sens actuel de « homme grossier et brutal » était déjà le plus usuel au XVIIe s. : *Ce rustre, ce pied plat m'est venu marcher sur le pied* (Fur.).

S

sable n.m. Sablier : *On eût dit qu'elle eût eu un sable pour régler tous ses discours* (Fur., *Rom. bourg.*, I). ♦**Jeter en sable,** avaler tout d'un coup et sans prendre haleine : *Je vais jeter en sable à toi ce petit coup* (La Font., *Ragotin*, II, VII). *Un Tigillin qui souffle ou qui jette en sable un verre d'eau-de-vie, et, chose merveilleuse, qui y revient à plusieurs fois en un repas* (La Br., XIII, 6). – Dans la langue des fondeurs, le *sable* désignait un petit moule fait de sable ou d'une poudre d'ardoise, etc., dans lequel on jetait le métal en fusion.

Le sens actuel de « ensemble de petits grains minéraux » était le plus usuel au XVIIe s. : *Les bancs de sable sont dangereux, et font échouer les vaisseaux* (Fur.).

sablon n.m. Amas de sable, et par extens. sable : *Les vents d'Afrique et d'Aquilon* [...] *Mêlent souvent dans les nuées Et les vagues et le sablon* (Th. de Viau, *Paraphr. Ode d'Horace*). *Graville* [...] *Sur l'aride sablon se trouve renversé* (Chap., *Pucelle*, XV, 93). *Ce grain de sablon* (Cyrano, *États et empires de la Lune*, p. 93).

saboulage n.m. Action de tancer sans ménagement : *Il y a un petit homme qui s'est vanté de s'être soustrait à votre saboulage* (Sév., 29 déc. 1675).

sabouler v.t. Houspiller, tancer vertement (populaire, selon Fur.) : *Eussions-nous jamais cru que Figuriborum* [le comte d'Avaux] *eût jamais fait une figure ? Jamais homme n'a été saboulé comme lui* (Sév., 29 déc. 1675).

sac n.m. Désignait spécialement les sacs où l'on rassemblait comme en un dossier toutes pièces relatives à un procès : *De sacs et de procès j'ai fait provision* (Rac., *Plaid.*, 74).

saccade n.f. Action de tirer soudain vivement sur les rênes d'un cheval : *Le cheval ayant levé la tête pour* [= à cause d'] *une furieuse saccade que l'imprudent lui donna* [...] (Scarr., *Rom. com.*, I, 19).

Auj. « mouvement brusque et irrégulier ».

saccagement n.m. Action de saccager, pillage violent : [...] *lui, dont tous les compliments Ne parlent que de morts et de saccagements* (Corn., *Illus.*, 536). *Le passage des gens de guerre coûte mille écus à ce bourg, sans le saccagement qu'ils y ont fait* (Fur.).

sacre n.m. Grand faucon : *Comme un sacre qui part et vole à tire-d'aile* (Chap., *Pucelle*, XIX, p. 206). ♦ Fig. Scélérat avide et sans scrupule : *Monsieur, lui dit-il en lui montrant le jésuite, quel sacre !* (Saint-Simon, 1709). *Je ne veux point avoir à faire avec cet homme-là, c'est un sacre, un Arabe* (Fur.).

sacré, e adj. Consacré : *Que ces lieux sacrés à la nuit* [...] *Plaisent à mon inquiétude* [= agitation d'esprit] (Saint-Amant, *la Solitude*). *Un bois sacré à Apollon* (Rac., *R. sur O.*, IX). ♦Au sens actuel de « revêtu d'un caractère vénérable, religieux », il pouvait se placer aussi bien avant qu'après le nom dont il était épithète (auj. avant le nom il est très fam., avec une valeur intensive souvent péjor. : *sacré menteur !*) : *Phèdre l'a vu* [Hippolyte] *aux sacrés mystères* (Rac., *Ann. Euripide*).

sage adj. Qui a l'usage de son bon sens, raisonnable : *Leur émotion était si grande qu'ils ne se pouvaient presque plus soutenir, et ne faisaient autre chose que joindre les mains, se courber le corps en cent postures, et se heurter l'un contre l'autre, comme s'ils n'eussent pas été bien sages* (Sorel, *Franc.*, I). *Quoi ! se peut-il, monsieur, qu'avec l'air d'homme sage, Et cette large* *barbe au milieu du visage, Vous soyez assez fou pour vouloir...* (Mol., *Tart.*, 473).

Les sens actuels de l'adj. (sauf celui de « classique et un peu froid, sans excès d'aucune sorte », en parlant de choses) et ceux du nom étaient également usuels au XVIIe s.

sagette n.f. Flèche (vieilli et du style burlesque ou badin) : *Un pasteur dans les bois de Crète A transpercé d'une sagette* [...] *Une biche de part en part* (Scarr., *V. tr.*, IV, 350). *Tu piques en trahison D'une sagette envenimée Qui n'a point de contrepoison* (Tr. L'Hermite, *Stances*, la Gouvernante importune).

saignant, e adj. Sanglant : *Ma main, saignante encor du meurtre de Pélie* (Corn., *Méd.*, 481).

Les sens actuels de « qui laisse échapper du sang » et, au fig., « douloureux (en parlant d'une blessure morale récente) » étaient également usuels au XVIIe s.

saillie n.f. Impétuosité : *De grâce, contestons sans fougue et sans saillie* (La Font., *Eunuque*, V, V).

Les sens actuels, littér. et techn., étaient également usuels au XVIIe s.

sain, e adj. Qui est en bonne santé (auj. seulement par opposition à *malade*) : *Mais à quoi sert Bacchus, qu'à causer des querelles, Affaiblir les plus sains, enlaidir les plus belles ?* (La Font.. *Filles de Minée*, 18). *Je m'affaiblis moi-même, continue-t-elle, et je ne suis ni si forte ni si saine que j'ai été* (La Br., XI, 35).

Les sens actuels étaient également usuels au XVIIe s.

saisi, e adj. En possession : *Tantôt de mon portrait je vous ai vu saisi* (Mol., *Sgan.*, 587).

Le sens jurid. actuel de « qui fait l'objet d'une saisie » était également usuel au XVIIe s.

saison n.f. Temps, circonstance favorable, moment propice (encore auj. dans quelques expressions comme *être de saison*, « être opportun », ou *hors de saison*, « déplacé, hors de propos ») : *Il est saison que nous allions au temple* (Corn., *Ment.*, 1434). *Ce n'est pas la saison de demander de l'argent au roi, quand il va commencer la guerre* (Fur.).

Les sens actuels étaient également usuels au XVIIe s.

salle n.f. Salle à manger (on disait aussi, comme auj., *salle à manger*) : *Souviens-toi de m'écrire ces mots* [« Il faut manger pour vivre et non pas vivre pour manger »] : *je les veux faire graver en lettres d'or sur la cheminée de ma salle* (Mol., *Av.*, III, I). ♦ Grande pièce de réception au rez-de-chaussée (salle basse) ou à un étage (salle haute) : *Cet altercas Mit en combustion la salle et la cuisine* [= toute la maisonnée, maîtres et domestiques] (La Font., *F.*, XII, 8). ♦ **Tenir salle,** donner des leçons : *Ce maître à danser tient salle en tel endroit* (Fur.). ♦ **Donner la salle,** fouetter : *Traître Corbinelli, tu m'as vendu ! mais je te ferai donner la salle* (Cyrano, *le Pédant joué*, III, II).

Auj., suivi de compléments, le mot désigne diverses pièces d'un appartement, ou de vastes locaux dans des édifices ouverts au public.

saluade n.f. Salutation : *Ils lui firent de grandes saluades* (Cyrano, *États et empires de la Lune*, 113). *Il me fit une saluade un peu extraordinaire* (Acad. 94).

sans que conj. S'employait là où nous employons **1.** Si ce n'est que : *Il y en a une* [lettre] *qui manque. Sans que je les aime toutes, et que je n'aime point à perdre ce qui me vient de vous, je croirais n'avoir rien perdu ; je trouve qu'on ne peut rien souhaiter qui ne soit dans celles que j'ai reçues* (Sév., 11 févr. 1671). *J'écrirais à son beau-frère, sans qu'il semblerait qu'on espère tout de lui* (Sév., 18 mars 1671). **2.** Sauf que, mais, si ne... (pouvait être suivi de l'indicatif) : *Je sautai les degrés à moitié endormie et me serais cassé le cou sans qu'il me soutenait* (Mlle de Montpensier, *Mém.*, 359). *Ils seraient partis il y a cinq ou six jours, sans que Mme de Monaco a été malade* (Mme de Villars, *Lettre*, 25 août 1673). *Sans que ma chemise était demeurée sur le chapiteau* [...], *elle eût fait le voyage toute seule* (Cyrano, *États et empires du Soleil*, p. 208). *C'était fait de leur nombreuse armée, sans que le comte de Souches plaça des troupes* (Rac., *Camp. L. XIV*).

Les emplois actuels étaient également usuels au XVIIe s.

santé n.f. **Boire une santé,** boire à la santé de : *Votre santé y est toujours bue, et votre absence toujours regrettée* (Sév., 11 mars 1671).

saoul, e adj., **saouler** v.t. V. SOÛL, E, SOÛLER.

sas n.m. Tamis, crible : *Car il est homme, que je pense, À passer la chose au gros sas* (La Font., *Contes*, III, 7). ♦ **Faire tourner le sas,** user d'un certain mode de divination : *Dussé-je aller au devin et faire tourner le sas pour savoir qui m'a dérobé ce trésor* (Chap., *Lettres*, I, 723).

Le sens actuel de « partie d'un canal comprise entre les deux portes d'une écluse » existait également au XVIIe s., mais non celui de « petite pièce étanche qui permet le passage d'un milieu à un milieu différent ».

sasser v.t. Passer au crible, tamiser : *Sasser de la farine. Sasser du plâtre* (Acad. 94). ♦ Fig. Examiner avec soin : *J'eusse voulu laisser ces vers-là à sasser au commentateur dont vous me parlez* (Chap., *Lettres*, II, 97). *On a bien sassé cette affaire-là* (Acad. 94).

satisfaction n.f. Excuse, réparation d'honneur : *Monsieur, Monsieur veut que je vous dise que je suis fâché de ce qui s'est passé. – Ah ! Monsieur, dit Varangeville, est-ce là une satisfaction ?* (Sév., 28 août 1675). *Il ne pourra pas s'empêcher de la voir, ou pour se contenter lui-même, ou pour essayer de lui faire satisfaction de la faute qu'il aura commise contre elle* (Sentim. Acad. sur « Cid »). [...] *sans qu'il lui en coûtât du sang ou peut-être la vie, le frère de Victoria n'étant pas homme à se contenter d'une simple satisfaction dans une affaire d'honneur* (Scarr., *Rom. com.*, I, 22). ♦ Réparation (au sens large), expiation : *Dieu recevra en pitié le sacrifice du cœur contrit, que nous lui offrirons pour la satisfaction de nos crimes* (Boss., *Panég. St Fr. de Paule*).

Le sens actuel de « contentement » était usuel au XVIIe s. (*des enfants fort sages, qui* [...] *donnent beaucoup de satisfaction*, Fur.), mais non celui de « assouvissement » (*la satisfaction des désirs, des besoins*, etc.).

satisfaire v.t. **Satisfaire qqn** ou **à qqn,** réparer l'offense qu'on lui a faite : *L'affront dont leur parti veut être satisfait* [...] (La Font., *Achille*, II, III). *Mais quitte envers l'honneur et quitte envers mon père, C'est maintenant à toi que je viens satisfaire* (Corn., *Cid*, 898).

Auj. *satisfaire qqn*, c'est « le contenter » ; *satisfaire à qqch*, c'est « faire ce qui est demandé (par une exigence, un devoir) » ; *satisfaire un besoin, une envie*, c'est « les combler ». Tous ces emplois étaient également usuels au XVIIe s.

sauvage adj. Fig. Pour des personnes, de mauvaise humeur, grincheux : *Alors, il n'était point de lecteur si sauvage* (Boil., *Ép.*, X, 21).

Le sens plus fort d'auj. : « qui n'est pas sociable », était également usuel au XVIIe s. : *J'aime qu'avec douceur nous nous montrions sages Et ne suis point du tout pour ces prudes sauvages Dont l'honneur est armé de griffes et de dents* (Mol., *Tart.*, 1330).

sauver v.t. Épargner, éviter : [Ma chute] *de vingt coups de bâton m'a sauvé l'aventure* (Mol., *Éc. des f.*, 1385). ♦ Conserver : *Sa révolte* [...] *sauva Naples à l'Empereur* (Retz, *Conjur. Fiesque*, V, 507).

◆ **se sauver,** se tirer d'affaire : *Ce marchand donne ses étoffes à trop bon prix, je ne sais comme il se peut sauver* (Fur.).

Les sens actuels du v. transitif et du v. pronominal étaient également usuels au XVIIe s.

sauveté n.f. Sécurité : *Je le mis en bonne santé Hors de la ville en sauveté* (Scarr., *V. tr.*, VI, 440). *On l'a escorté jusqu'à ce qu'il fût en lieu de sauveté* (Fur.).

savant, e adj. et n. Qui pratique un art avec talent, connaisseur : *Tous les savants, en juges délicats, Donnent la préférence à ses mâles appas* [de la fresque] (Mol., *Val de Gr.*, 273). ♦ En parlant de choses, qui montre de la compétence ; judicieux et approprié : *Tout ce qu'on peut dire de savant sur la tragédie et la comédie* (Mol., *Pr. rid.*, Préf.). ♦ **Savant de,** au courant de, informé de : *Savante à ses dépens de ce qu'il savait faire, Elle le souffrait mal auprès d'un adversaire* (Corn., *Nic.*, 299). ♦ **Savant à,** initié, exercé à : *Pour peu savant qu'on soit aux mouvements de l'âme* [...] (Corn., *Suiv.*, 317).

Auj. on ne le dit guère que de « celui qui a ou de ce qui manifeste des connaissances scientifiques ».

savantas n.m. Péjor. Pédant, faux savant : *Vous me représentez plaisamment votre savantas ; il me fait souvenir du docteur de la comédie* (Sév., 24 janv. 1689).

savon n.m. Blanchissage, lessive : *Ceux-là* [ces collets] *sont assez beaux, mais de mauvais service ; En moins de trois savons on ne les connaît plus* (Corn., *Gal. du Pal.*, 115). *Cette dentelle s'en est allée en deux savons* (Fur.).

Le sens actuel de « produit pour le dégraissage et le lavage » était également usuel au XVIIe s., mais non le sens, fam., de « réprimande » : *recevoir un bon savon, passer un savon à qqn.*

scandale n.m. Affront : *J'offre ces mêmes vœux [...] Pour ceux à qui j'ai fait ou dépit ou scandale* (Corn., *Imit.*, 1131). *Trouves-tu beau, dis-moi, de diffamer ma fille, Et faire un tel scandale à toute une famille ?* (Mol., *Dép. am.*, 899).

Les sens actuels de « éclat qui suscite la réprobation » et, dans la langue religieuse, « acte qui porte le prochain à pécher » étaient également usuels au XVIIe s.

scandaleux, euse adj. Qui offense, fait du scandale, en parlant d'une personne : *Vous êtes trop scandaleux [...] vous avez même tantôt appelé par je ne sais quel nom un conseiller de céans* (Sorel, *Franc.*, IV).

Le sens actuel de « qui provoque un scandale (en parlant de choses) » était également usuel au XVIIe s. : *Que de dons du ciel ne faut-il pas pour bien régner ! [...] punir sévèrement les vices scandaleux ; donner [...] par son exemple du crédit à la piété et à la vertu* (La Br., X, 34).

scandaliser v.t. Diffamer, médire de, compromettre la réputation de : *Cet impudent va scandaliser partout cette femme, il la décrie, il la calomnie, il lui fait des affronts* (Fur.). *Vous ne seriez pas la première à scandaliser votre nièce et à la décrier [...] par des discours qui n'ont point d'autre fondement que le dérèglement de votre imagination* (Regnard, *Retour imprévu*, sc. I).

Les sens actuels du v.t. et du v. pron. étaient également usuels au XVIIe s.

sceller v.t. Sans complément, apposer le sceau à des actes de chancellerie : *Le Roi scellera demain avec dix conseillers d'État et quatre maîtres des requêtes* (Sév., 5 févr. 1672).

Les sens et les emplois actuels étaient également usuels au XVIIe s.

sciences n.f.pl. Connaissances intellectuelles, en général : *Les sciences n'ont rien qui vous puisse enflammer Et vous ne vous piquez que de savoir charmer* (Mol., *F. sav.*, 733).

Auj., au plur., « ensemble de connaissances fondées sur une méthode déterminée et des relations vérifiables ».

scrupule n.m. Mesure de poids valant 24 grains. ♦ Fig. **Faire du scrupule, faire scrupule de,** hésiter à (auj. on dit *se faire scrupule de*) : *M. de Beaufort [...] faisait du scrupule de s'engager par un traité signé avec les ennemis de l'État* (Retz, *Mém.*, II, 325). *Nous faisions scrupule de rire sans vous* (Sév., 15 janv. 1687). *Le roi même ferait scrupule d'y toucher* [aux animaux] (La Font., *F.*, XII, 12).

Les sens actuels de « inquiétude sur un point de morale », « exigence morale très poussée » et « appréhension sur un point précis » étaient également usuels au XVIIe s.

scrupuleux, euse adj. **Scrupuleux à,** soucieux de : *Voyez comme je suis scrupuleuse à vous ôter les fausses nouvelles* (Sév., 6 mars 1680).

L'emploi sans complément, avec les sens actuels, était également usuel au XVIIe s.

séant part. prés. de *seoir*. V. ce mot.

sec, sèche adj. **Mettre à sec,** réduire au silence : *Il* [le roi] *me fournira assurément d'autres matières d'éloges qui me mettront enfin à sec sur ses actions de paix comme sur celles de guerre* (Bussy, *Lettre*, 23 juin 1678).

sécher v.i. Fig. Languir, dépérir : *Les justes de tous les siècles ont séché de frayeur en méditant la sévérité et la profondeur de vos jugements sur la destinée des hommes* (Mass., *Car.*, Élus, 3e partie). *J'ai langui, j'ai séché, dans les feux, dans les larmes* (Rac., *Ph.*, 690). *On languit, on sèche de les voir danser, et de ne danser point* (La Br., XVI, 26).

Auj., comme v.i., au fig. et fam., « être embarrassé pour répondre ».

seconder v.t. Suivre, imiter, égaler : *Et ne supprimez pas, voulant qu'on vous seconde, Quelque petit savant qui veut venir au monde* (Mol., *F. sav.*, 83). *Jusqu'ici les effets secondent sa promesse* (Rac., *Mithr.*, 1152).

Le sens actuel de « aider, prêter son appui à » était également usuel au XVIIe s. : *Le ciel a secondé mes vœux* (Fur.).

secours n.m. Renfort (auj. toujours au plur., ou au sing. avec l'article partitif) : *Le prince Aripithe avançait avec un puissant secours de Sauromates* (Mlle de Scudéry, *Grand Cyrus*, IX, 3).

Les sens actuels étaient également usuels au XVIIe s.

secousse n.f. Attaque, critique : *Les secousses qu'il a données à mon ouvrage ne me troublent pas* (Chap., *Lettres*, II, 13). ♦ Élan : *Sus donc, sus mes sanglots, redoublez vos secousses. Pour un* *tel désespoir vous les avez trop douces* (Corn., *Clit.*, 993). *Un homme prend sa secousse pour courir, pour sauter* (Fur.). ♦**À secousse, par secousse,** par à-coups : *L'édition des « Origines italiennes » ne va qu'à secousse* (Chap., *Lettres*, II, 513). *L'épilepsie ne prend que par secousses, et à diverses reprises, à ceux qui en sont tourmentés* (Fur.).

Les sens pr. et fig. actuels étaient également usuels au XVIIe s.

secret n.m. Discrétion : *Il ne lui fallait parler de rien, parce qu'il était léger et sans secret* (Retz, *Mém.*, I, 165). ♦Retraite, isolement : *Il fuit le grand monde, devenu extraordinairement amoureux du secret et de la solitude* (Boss., *Panég. St Bernard*, I). ♦Moyen ingénieux : *Je n'aurais jamais, quant à moi, Trouvé ce secret* [=ce moyen de sortir du puits], *je l'avoue* (La Font., *F.*, III, 5). *D'un loup écorché vif appliquez-vous la peau Toute chaude et toute fumante ; Le secret sans doute en est beau Pour la nature défaillante* (La Font., *F.*, VIII, 3).

Le sens le plus courant d'auj. : « ce que peu de gens connaissent et qu'ils ne doivent pas divulguer », était également usuel au XVIIe s. : *Rien ne pèse tant qu'un secret : Le porter loin est difficile aux dames* (La Fontaine, *Fables*, VIII, 6).

secret, ète adj. Discret : *Je connaissais Noirmoutiers pour l'homme du monde le moins secret* (Retz, *Mém.*, III, 18). *Sois seulement secrète maintenant et ne discours point qui je suis* (Sorel, *Franc.*, II). ♦Reculé : *Que me sert de chercher les bois les plus secrets Pour les entretenir de mes justes regrets ?* (Racan, *Berg.*, IV, II).

Auj., surtout en parlant des choses, « qui n'est connu que d'une personne ou de très peu de personnes » ; parfois, en parlant de personnes, « renfermé, taciturne ». Ces emplois étaient également usuels au XVIIe s.

secrétaire n.m. Confident : *Tu seras de mon cœur l'unique secrétaire, Et de tous mes secrets le grand dépositaire* (Corn., *Ment.*, 701). ♦Écrivain public : *Dedans Saint-Innocent il se fit secrétaire* (Corn., *Illus.*, 173).

Les locutions et les sens actuels étaient également usuels au XVIIe s., sauf *secrétaire de rédaction (d'un journal)* et le sens de « meuble pour ranger des papiers ».

secte n.f. Emploi non péjoratif : *Je te dirai bien plus, mais avec confidence : La secte des chrétiens n'est pas ce que l'on pense* (Corn., *Pol.*, 1412).

L'emploi péjoratif existait également au XVIIe s. : *On le dit aussi* [le mot] *des hérétiques : la secte* [...] *des anabaptistes* (Fur.).

séculier, ère adj. Profane, mondain, par opposition à *religieux* : [Saint Paul] *est trop passionnément amoureux des glorieuses bassesses du christianisme pour vouloir corrompre par les vanités de l'éloquence séculière la vénérable simplicité de l'Évangile* (Boss., *Panég. St Paul*).

Auj. seulement dans *clergé séculier*, par opposition à *clergé régulier*, emploi usuel au XVIIe s. également.

séducteur, trice n. Celui qui trompe, qui suborne : [Athalie à Joad] *Te voilà, séducteur, De ligues, de complots pernicieux auteur* (Rac., *Ath.*, 1705).

Auj. « personne qui charme irrésistiblement ».

séduire v.t. Tromper, entretenir dans l'illusion (sens restreint auj. : « conduire [une femme] à fauter ») : *Je l'ai vu de mes yeux – Tes yeux t'ont donc séduit* (Corn., *Pl. R.*, 1056). *Cher Pylade, crois-moi, ta pitié te séduit* (Rac., *Andr.*, 783). *Il est naturel que l'amour-propre le séduise* [l'auteur] *un peu* (Fén., *Lettre Acad.*, 10). *Ne nous en moquons point : nous nous laissons séduire Sur aussi peu de fondement* (La Font., *F.*, XI, 6).

Le sens actuel de « exercer un puissant attrait sur » existait déjà au XVIIe s. : *C'est quelque air d'équité qui séduit et qui plaît* (Boil., *Sat.*, XI, 96).

seing n.m. Signature : *Crois-tu que* [...] *Un désaveu démente et tes gens et ton seing ?* (Corn., *Clit.*, 244). *Ce billet démenti pour n'avoir point de seing* (Mol., *D. G.*, 566). *Voyez : lisez vous-même. Vous connaissez, Madame, et la lettre* [=l'écriture] *et le seing* (Rac., *Baj.*, 1183). *Cet écrit, tel qu'il est sans adresse et sans seing* [...] (Quinault, *Comédie sans comédie*, III, II).

Le mot est aujourd'hui restreint à la langue juridique, où il était déjà le plus employé au XVIIe s.

séjour n.m. Délai, action de s'attarder : *N'y perdons point de temps, et sans plus de séjour Allons sacrifier au tout-puissant Amour* (Corn., *Tois.*, 646). ♦Habitation (auj. sens restreint et uniquement littér. : « lieu où l'on réside momentanément ») : *Ne quittez point votre séjour ;*

[...] *je n'ai que faire D'une babillarde à ma cour* (La Font., *F.*, XII, 11). ♦ Pays : *Même les chiens de leur séjour* [de l'Angleterre] *Ont meilleur nez que n'ont les nôtres* (La Font., *F.*, XII, 23).

Les sens actuels de « fait de demeurer un certain temps en un lieu » et « durée de cette action » étaient également usuels au XVIIe s.

semblance n.f. Ressemblance, apparence (vieilli au XVIIe s.) : *Il me semble que vous deviez vous contenter que votre fille fût faite à son image et semblance* [du coadjuteur d'Arles] (Sév., 16 mars 1672). *Le diable a tenté les ermites sous la semblance d'un ange de lumière* (Fur.).

semblant n.m. **Faire semblant que,** faire comme si (auj. seulement *faire semblant de*) : *Elle faisait semblant que c'était lui qui l'y attirait* (Saint-Réal, *Dom Carlos*). *Sans que l'on me voie, Ou faire aucun semblant qu'après eux on m'envoie* (Mol., *Fâch.*, 168).

sembler v.i. **Il me semble de** (suivi d'un infinitif), je crois (auj. on n'emploie pas la préposition *de*) : *Il me semble de voir un vaisseau* (Urfé, *Astrée*, II, 804). ♦ **Que vous semble de... ?**, que pensez-vous de : *Que vous semble d'Adraste ?* (Mol., *Mis.*, 617).

semer v.t. Répandre (auj. seulement dans *semer un bruit*) : *Ce secret au dehors est-il aussi semé ?* (Rac., *Ath.*, 1529).

Les sens actuels étaient également usuels au XVIIe s., sauf celui de « se débarrasser de la compagnie de (qqn) ».

semondre v.t. Prier avec instance, faire souvenir qqn de sa parole, de sa promesse, de son rôle (mot vieilli au XVIIe s., où il ne s'emploie plus qu'à l'infinitif selon Regnier-Desmarais, *Gramm.*, p. 455) : *Il m'a encore prié de vous semondre, comme un des plus chers disciples du feu Père Mambrun, de donner quelques vers latins à sa mémoire* (Chap., *Lettres*, II, 201). *Acestes* [...] *Se mit tout bas à le semondre : Il ne daigna pas lui répondre* (Scarr., *V. tr.*, V, 1598). *Ces chantres si tôt éveillés* [les oiseaux] *Qui dorment toujours habillés, Quand l'Aurore les vient semondre* (Th. de Viau, *la Maison de Silvie*, Ode VII). ♦ Pousser, porter : *De peur que cet objet, qui le rend hypocondre, À faire un vilain coup ne me l'allât semondre* (Mol., *Ét.*, 510). ♦ Inviter : *Semondre à un enterrement, aux noces* (Fur.).

sens n.m. Jugement, goût (encore auj. dans *bon sens*, « jugement sain ») : *Vous avez un sens si net et si fort au-dessus des autres, qu'on laisse le soin de parler de votre personne, pour parler de votre esprit* (Sév., 13 mai 1671). *Nicole a raison et son sens est meilleur que le vôtre* (Mol., *Bourg.*, III, III). *Celui qu'on disait n'avoir ni raison ni sens Cherchait* [...] *Quel siège a la raison* (La Font., *F.*, VIII, 26).

Les sens actuels étaient également usuels au XVIIe s.

sensibilité n.f. Attachement : *La sensibilité qu'il a pour ses amis* (Rac., *Lettre J.-B. Racine*, 18 août 1698). *Il laisse voir en lui quelque peu de sensibilité pour sa fortune* (La Br., X, II). *Ce prince s'était aperçu de la sensibilité qu'elle avait eue pour lui* (La Fayette, *Clèves*, II).

Les sens actuels étaient également usuels au XVIIe s., sauf celui de « propriété d'un objet (balance, pellicule photographique, etc.) qui réagit rapidement ».

sensible adj. Perçu par les sens, objet d'expérience : [...] *pour me servir d'une comparaison qui vous sera plus sensible* (Pasc., *Prov.*, II). *Le grand point est de mettre une personne le plus tôt qu'on peut dans l'application sensible des règles par un fréquent usage* (Fén., *Lettre Acad.*, 2). ♦ Qui est clairement connu, évident : *Le déshonneur est sûr, mon malheur m'est visible* [...] *Mais le détail encor ne m'en est pas sensible, Et mon juste courroux prétend s'en éclaircir* (Mol., *Amph.*, 1054). ♦ Que l'on ressent vivement : *Parler de vous sera mon plus sensible plaisir* (Sév., 30 oct. 1673). *Et ce m'est une honte sensible qu'à mes yeux* [...] *il a recherché une autre que moi* (Mol., *Pr. Él.*, V, II).

Les sens les plus courants d'auj., « qui ressent vivement » (en parlant d'êtres vivants) et « appréciable » (en parlant de choses), étaient également usuels au XVIIe s.

sensiblement adv. D'une manière qui frappe les sens : *Des circonstances si marquées et si sensiblement opposées* (La Br., XVI, 18). ♦ D'une manière qui touche, qui affecte vivement : *Ah ! que ce grand courroux sensiblement m'afflige* (Corn., *Clit.*, 769). *Son père lui a fait comprendre qu'il ne pouvait l'obliger plus sensiblement qu'en m'obligeant en toutes choses* (Sév., 3 févr. 1672).

Auj. « d'une façon appréciable, notablement » et « à peu près ».

sentiment n.m. Sensibilité physique : *Elle me mande* [...] *que* [...] *le sentiment est revenu à ses cuisses et à ses jambes, et qu'il vient à Paris en brancard* (Sév., 22 juin 1689). ♦ Conscience de vivre, par opposition à l'état d'une personne qui a perdu connaissance : *Ils coururent à leur secours : mais les trouvant sans sentiment, aussi bien que Théodora, qui était toujours évanouie* [...] (Le Sage, *Diable boit.*, XV). ♦ Sensibilité affective à : *Il est également difficile d'étouffer dans les commencements le sentiment des injures et de le conserver après un certain nombre d'années* (La Br., IV, 69). *La satisfaction de se voir à l'abri du sentiment journalier des pointes de ce mérite* [d'autrui] (Saint-Simon, 1697). ♦ Bonnes ou mauvaises dispositions, dévouement ou ressentiment : *César est en Égypte et venge hautement Celui pour qui ton zèle a tant de sentiment* (Corn., *Pompée*, 1508). *Sans aucun sentiment résous-toi de le voir* (Corn., *Hor.*, 1766). ♦ Opinion, avis (auj. uniquement littér.) : *Elle a le même sentiment que nous des jolis vers que nous lui avons montrés* (Sév., 4 mai 1686). *J'avais de votre esprit quelque bon sentiment* (Mol., *Dép. am.*, 108). *Phèdre a témoigné qu'il était de ce sentiment* (La Font., *F.*, Préf.). *Le renard seul regretta son suffrage, Sans toutefois montrer son sentiment* (La Font., *F.*, VI, 6). *Sentiments de l'Académie sur le Cid* (titre d'un ouvrage).

L'emploi actuel, seulement affectif, de « ce que l'on ressent, impression produite sur l'âme » existait également au XVIIe s. : *Il a de tendres sentiments pour cette demoiselle* (Fur.).

sentinelle n.f. **Relever de sentinelle,** relever vertement, réprimander : *Il la releva bien de sentinelle sur des sottises qu'elle lui disait* (Sév., 12 févr. 1672). *Le marquis de Charost le releva de sentinelle* [M. de Janson] *d'un très bon ton* (Sév., 17 févr. 1672).

sentir v.i. **Sentir de** (et l'infinitif), regretter, se ressentir de : *Je sens vivement de ne plus causer avec le Chevalier* [de Grignan] (Sév., 23 juin 1691).

◆ **se sentir de,** se ressentir de : *Tout le monde se sent des calamités publiques* (Fur.).

seoir (se) v.pr. S'asseoir (vieilli au XVIIe s.) : *Sieds-toi, je n'ai pas dit encor ce que je veux* (Corn., *Cinna*, 1479). *Ne se voulant pas seoir sur des sièges* [...] (Rac., *R. sur O.*, IV).

séparé, e adj. Qui est à l'écart, à l'abri : *Dans un lieu séparé de profanes témoins, Je mets à les former mon étude et mon soin* (Rac., *Esth.*, 105).

séparer v.t. Diviser en plusieurs parties : *Comme on voit en un bois que cent routes séparent* [...] (Boileau, *Satires*, IV, 41).

Les sens actuels du v. transitif et du v. pronominal étaient également usuels au XVIIe s.

séquestrer v.t. Jeter dans un isolement profond : *Retirée à la campagne, séquestrée du monde* [...] (Boss., *O. f. Anne de Gonzague*).

Auj. « tenir enfermé, isoler du monde par contrainte ».

serein n.m. Humidité, fraîcheur du soir : *Je fus avant-hier toute seule à Livry, me promener délicieusement avec la lune ; j'y fus depuis six heures du soir jusqu'à minuit, il n'y avait aucun serein* (Sév., 6 sept. 1675). *Je reviens quand il fait du serein, de peur de vous déplaire* (Sév., 9 juin 1680).

sergent n.m. Huissier, homme chargé des poursuites judiciaires : *Bientôt, pour subsister, la noblesse sans bien Trouva l'art d'emprunter, et de ne rendre rien ; Et bravant des sergents la timide cohorte, Laissa le créancier se morfondre à sa porte* (Boil., *Sat.*, V, 113). ♦ **Sergent de bataille,** officier chargé par un général de disposer les troupes pour le combat : *Il semble que ce soit Un sergent de bataille, allant en chaque endroit Faire avancer ses gens et hâter la victoire* (La Font., *F.*, VII, 9).

Auj. « sous-officier du grade le plus bas ».

serment n.m. Juron : *Ainsi qu'un possédé que le ciel exorcise, Fêter dans ses serments tous les saints de l'Église* (Boil., *Sat.*, IV, 82).

Le sens actuel de « affirmation, promesse solennelle » était déjà le plus usuel au XVIIe s. : *Il ne faut pas se reposer sur la foi des serments* (Fur.).

serré, e adj. Avare : *Le Seigneur Harpagon est* [...] *le mortel de tous les mortels le plus dur et le plus serré* (Mol., *Av.*, II, IV).

◆ adv. Fortement, rudement : *Cet écolier a eu le fouet bien serré. Il a gelé bien serré cette nuit* (Fur.).

Les sens actuels de l'adj. et de l'adv. étaient également usuels au XVIIe s.

serrément adv. À coups précipités : *Le page* [...] *me frappait bien serrément sur les pieds* (Sorel, *Franc.*, IV). ♦ En rangs étroits : *Ces troupes marchent fort serrément, ne s'étendent pas dans la campagne* (Fur.). ♦ D'une façon parcimonieuse : *Les avares vivent fort serrément, font peu de dépense* (Fur.).

serrer v.t. Étouffer : *Je suis fort avancé. Que la fièvre te serre !* (Mol., *Fâch.*, 148). ♦ Mettre à l'abri, en lieu sûr : *Serrer les blés dans la grange* [...] *Serrer* [...] *son argent* [...] *dans son coffre-fort* (Fur.).

◆ v.i. Augmenter : *Le froid* [...] *serre tous les jours de plus en plus. La pluie serre et se renforcit* (Fur.).

Les sens actuels du v.t. et du v. pron. étaient également usuels au XVIIe s.

servante, serviteur n. **Je suis votre servante (votre serviteur), votre très humble servante (serviteur),** formule de politesse employée pour exprimer sa déférence, notamment à la fin d'une lettre ou pour prendre congé : *Je serai toute ma vie la plus reconnaissante comme la plus ancienne de vos très humbles servantes* (Sév., 23 juin 1656, à Ménage). *Monsieur, vous me voyez en ces lieux de retour, Brûlant des mêmes feux* [...] *Très humble serviteur à votre seigneurie* (Mol., *Sgan.*, 621) ; formule ironique exprimant un refus : *Un petit baiser seulement, en rabattant sur notre mariage. – Je suis votre servante* (Mol., *G. D.*, II, I). *Ah ! très humble servante au bel esprit ; vous savez que ce n'est pas là que je vise* (Mol., *Crit. Éc. des f.*, sc. I). *Croit-elle que toujours j'en veuille user ainsi ? Je suis son humble servante. On m'a faite, Dieu merci, Sa sœur et non sa suivante* (La Font., *F.*, VII, 17). *N'est-on pas glorieux de mourir pour son maître ? – Serviteur à la gloire* (Th. Corn., *D. J.*, II, VI). ♦ **Serviteur !** s'employait aussi comme interjection indiquant une fuite, un départ désinvolte : *Serviteur, disait-il ; votre appât est grossier : On ne m'y tient pas, et pour cause* (La Font., *F.*, VIII, 21). *Ce portier du logis était un chien énorme, Expédiant les loups en forme. Celui-ci s'en douta. « Serviteur au portier », Dit-il ; et de courir* (La Font., *F.*, IX, 10). *Il nous le fait garder jour et nuit, et de près ; Autrement, serviteur, et mon homme est aux plaids* (Rac., *Plaid.*, 41).

service n.m. Culte, hommage rendu à Dieu : *Ne songe à lui rendre service* [au Seigneur] *Que l'hymne dans la bouche et l'allégresse au cœur* (Corn., *Off.*, 3). *Tout le service public n'était qu'une continuelle profanation ou plutôt une dérision du nom de Dieu* (Boss., *H. univ.*, II, 16). ♦ Absolument, il désignait souvent le service du roi, les devoirs que lui rendaient ses sujets, ses officiers ou ses magistrats dans l'exercice de leur charge : *De quels yeux vîtes-vous son auguste fierté Unir tant de tendresse à tant de majesté, Honorer la valeur, estimer le service ?* (Corn., *Victoire du roi*, 273). ♦ **Homme de service,** homme sur le dévouement de qui on peut compter : *Le petit Gille encore eût pu nous assister Sans le triste accident qui vient de nous l'ôter. Monsieur, le grand dommage ! et l'homme de service !* (Mol., *Dép. am.*, 1549). ♦ Hommages empressés rendus par un homme à la femme qu'il courtise : *Leur amour vous presse de vous déclarer, et, de ne plus traîner en longueur la récompense de leurs services* (Mol., *Am. magn.*, III, I). ♦ Il s'employait avec un sens assez vague dans des formules de politesse : *M. de La Rochefoucauld m'a fort priée de vous assurer de son service* (Sév., 14 juin 1675). *Ma fille me prie de vous assurer de ses très humbles services* (Sév., déc. 1694). ♦ Série de plats servis ensemble au cours d'un repas : *J'ai appris ce qu'il faut donner au premier, au second et au troisième service* [...] *Nous prétendons faire un festin à quatre services* (Rac., *Lettre Vitart*, 30 mai 1662).

La plupart des locutions et des sens actuels étaient également usuels au XVIIe s., sauf les sens administratifs.

servir v.t. S'occuper de, soigner : *Le médecin et l'apothicaire qui étaient les mêmes qui nous servaient* (Scarr., *Rom. com.*, III, 13). ♦ Courtiser : *Vous connaîtriez bien* [...] *que je juge de vous plus avantageusement que vous ne pensez si vous me permettiez de vous servir autant que mon inclination m'y porte* (Scarr., *Rom. com.*, II, 19). ♦ Absolument, être ministre du culte : *En reprenant les pontifes qui ont servi sous la loi, on va jusqu'à Aaron et jusqu'à Moïse* (Boss., *H. univ.*, II, 30). ♦ **Servir à,** être esclave de : *Nous sommes des idolâtres, lorsque nous servons à nos convoitises* (Boss., *Panég. St Victor*).

Les sens actuels du v.t., du v.i. et du v. pron. étaient également usuels au XVIIe s.

serviteur n.m. V. SERVANTE.

servitude n.f. Complète soumission (dans la langue de la politesse mondaine) : *Tous nos amis me parlent de vous quand je les rencontre,* *et me prient de vous assurer de leur servitude* (Sév., 15 juin 1675). ♦ Servilité : *Leur prompte servitude* [des Romains] *a fatigué Tibère* (Rac., *Brit.*, 1444).

Les sens actuels de « servage », « état de dépendance totale », et les emplois juridiques étaient également usuels au XVIIe s.

seul, e adj. Sans y rien ajouter, à lui seul (indiquant une qualité suffisante) : *Une salle faite exprès pour les plus grandes fêtes, et qui seule peut passer pour un très superbe spectacle* (Mol., *Psyché*, Livret de 1671). – Auj., dans cet emploi, il signifie « à l'exclusion de tout autre ». ♦ Enclavé entre l'article et le nom, **le seul (courage, etc.),** le (courage, etc.) seul, à l'exclusion du reste : *S'imaginant que c'est dans le seul mariage Qu'il pourra rencontrer de quoi vous faire sage* (Mol., *Ét.*, 40). *Je m'embarrasse peu d'être un mois en chemin : le seul dérangement de vos lettres me donne du chagrin* (Sév., 30 avr. 1689). – Auj., dans cet emploi, il accompagne un nom généralement déterminé par une proposition relative ou un adjectif. Pourtant il subsiste en cet emploi dans quelques expressions telles que *guidé par le seul désir de.* ♦ **Lui seul,** à lui tout seul, par ses seules forces : *Non content de remplir à une table la première place, il* [Gnathon] *occupe lui seul celle de deux autres* (La Br., XI, 121).

Les emplois actuels existaient également au XVIIe s.

seulement adv. Pouvait entraîner l'inversion du sujet : *Mais peut-être que je me trompe ; seulement vous ai-je voulu écrire tout ce que je pouvais conjecturer* (Desc., *Lettre Mersenne*, 20 nov. 1629).

sévère adj. Dur, cruel, impitoyable : *Et la plus prompte mort, dans ce moment sévère, Devient de leur amour la marque la plus chère* (Rac., *Baj.*, 1293). *Les vieillards déploraient ces sévères destins* (La Font., *Phil. et Baucis*, 109).

Les sens actuels de « prompt à punir ou à blâmer » et de « qui impose par la gravité, le sérieux » étaient également usuels au XVIIe s., mais non celui de « très grave, très difficile » (*pertes sévères, lutte sévère*, etc.).

sexe n.m. **Le beau sexe,** ou simplement **le sexe,** les femmes : *Il* [Hippolyte] *a pour tout le sexe une haine fatale* (Rac., *Ph.*, 789).

Auj. l'expression est familière ou ironique.

si conj. Pouvait introduire une subordonnée au mode conditionnel **1.** Dans le cas d'une hypothèse elle-même soumise à une condition : *Si la haine m'envie un supplice trop doux, Ou si d'un sang trop vil ta main serait trempée, Au défaut de ton bras, prête-moi ton épée* (Rac., *Ph.*, 709) **2.** Quand la principale était au subj. plus-que-parfait : *S'ils auraient aimé ces promesses spirituelles* [...] *leur témoignage n'eût pas eu plus de force* (Pasc., *Pensées*). ♦ **Si ce n'est que** (suivi du subjonctif), à moins que : *Il se résout à y demeurer tout l'hiver, si ce n'est qu'il aille en votre voisinage* (La Roch., *Lettre*, 22 sept. 1664).

Auj. on l'emploie seulement avec l'indicatif ; toutefois la langue littéraire emploie encore parfois le subj. plus-que-parfait dans une subordonnée, en concordance avec le même temps dans la principale.
Les emplois actuels existaient également au XVIIe s.

si adv. de quantité. Pouvait s'employer là où nous emploierions *aussi*, dans les propositions comparatives : *Avez-vous jamais ouï parler d'une étoile si brillante que celle du Roi ?* (Sév., 13 oct. 1677). ♦ **Si très,** à un tel degré, tellement : *Mais la finance est si très rare* (Loret, *Muse hist.*, 7 janv. 1652). ♦ **Si... que, si... que de, si... pour** (suivis du subjonctif ou de l'infinitif), assez pour, au point de : *Serais-je si malheureuse, Madame, que vous eussiez de moi cette pensée ?* (Mol., *Crit. Éc. des f.*, sc. III). *Il fut si considéré en son temps que d'avoir la permission de* [...] (Mol., *G. D.*, I, V). *Ma beauté fut encore si puissante pour m'amener force galants* (Sorel, *Franc.*, II). ♦ **Et si,** et pourtant (locution vieillie au XVIIe s.) : *J'ai la tête plus grosse que le poing, et si elle n'est pas enflée* (Mol., *Bourg.*, III, V). *Et ce qui est de plus merveilleux, c'est que je les chante, et si je ne sais pas la musique* (Fur., *Rom. bourg.*, I, 5). ♦ **Si est-ce que,** toujours est-il que, quoi qu'il en soit (cette locution, considérée comme une élégance, vieillit au cours du XVIIe s.) : *Vous ne les comprenez pas, dites-vous, si est-ce néanmoins qu'il faut bien le croire* (Boss., *Serm. sur la Char. fr.*).

sien pr. poss. S'employait pour *de lui-même* (auj. seulement dans *y mettre du sien*) : *Montgobert s'acquitte très bien du reste, et comme je vous ai dit, elle peut même vous soulager de dicter. Je voudrais qu'elle mêlât un mot du sien sur le sujet de votre santé* (Sév., 26 janv. 1680).

siffler v.t. Apprendre à un oiseau à chanter, en sifflant : *Il* [Diphile] *donne pension à un homme qui n'a point d'autre ministère que de siffler des serins au flageolet et de faire couver des canaris* (La Br., XIII, 2). ♦ Endoctriner : *Un juge ne saurait rien tirer d'un criminel quand il a été sifflé, quand il a eu du conseil* (Fur.).

Tous les sens actuels du v.t. et du v.i. étaient également usuels au XVIIe s.

signaler v.t. Rendre célèbre : *Et j'ose me flatter qu'entre les noms fameux Qu'une pareille haine a signalés contre eux, Nul ne leur a plus fait acheter la victoire* (Rac., *Mithr.*, 1658).

Le sens actuel du v.pr. : « se faire remarquer, se distinguer », était usuel au XVIIe s., mais non les sens les plus courants auj. du v.t. : « annoncer (qqch) par un signal » et « faire remarquer ou connaître en attirant l'attention ».

simple adj. Candide (non péjor.) : *Voilà comme, infectant cette simple jeunesse, Vous employez tous deux le calme où je vous laisse* (Rac., *Ath.*, 703).

Tous les sens actuels étaient également usuels au XVIIe s.

simulacre n.m. Statue : [Ajax] *avoue bien dans Philostrate qu'il enleva cette fille* [Cassandre] *dans le temple même de Minerve, et qu'il l'arracha du simulacre de cette déesse qu'elle tenait embrassé* (Bayle, *Dict. hist.*, Ajax fils d'Oïlée). *L'image de Pallas volée, Dont fut bien plus qu'on eût pensé Le saint simulacre offensé* (Scarr., *V. tr.*, II, 752). ♦ Fig. Image : *Cessez de mordre, simulacre de l'envie* (Cyrano, *Lettre satirique*, Contre un médisant, 138).

Le sens actuel de « apparence sensible qui se donne pour une réalité » était également usuel au XVIIe s. : *Rome n'est plus qu'un simulacre de ce qu'elle était autrefois* (Fur.).

singulier, ère adj. Particulier, personnel : *Cette fermeté d'âme à vous si singulière Mérite qu'on lui donne une illustre matière* (Mol., *F. sav.*, 1553). *C'est à bon droit Que, seul entre les tiens, par amour singulière, Je t'ai toujours choyé* (La Font., *F.*, VIII, 22). ♦ Remarquable, admirable : *Va, cruel, va montrer ta beauté singulière* (La Font., *Contes*, I, 1). *Un certain fauconnier, ayant pris* [...] *un milan (ce qui n'arrive guère), En voulut au roi faire un don, Comme de chose singulière* (La Font., *F.*, XII, 12).

Auj. (en dehors de la langue grammaticale, où son sens n'a pas changé depuis le XVIIe s.), le mot comporte généralement une idée de défiance ou de réprobation à l'égard de ce qui n'est pas conforme aux usages reçus.

singulièrement adv. Particulièrement, personnellement, individuellement : *Il y a* [...] *une parenthèse qui comprend l'exception des évêchés et États, singulièrement exceptés dans le traité* (Rac., *Notes hist.*, 8). *Un bon prédicateur se doit appliquer singulièrement à bien faire* [...]. *J'aime singulièrement les figues* (Fur.).

Auj. « à un haut degré » et « de façon assez inattendue ».

sinon que conj. À moins que : *Tu ne veux d'une âme ensevelie Sinon qu'elle s'accuse et qu'elle s'humilie* (Corn., *Imit.*, III, 5500, var.).

siquenille n.f. V. SOUQUENILLE.

sire n.m. Titre donné primitivement à un noble ; employé seul, il s'adressait au roi ; suivi du nom de la personne, il pouvait s'adresser très largement à n'importe quel homme : *Or çà, sire Grégoire* [un savetier], *Que gagnez-vous par an ?* (La Font., *F.*, VIII, 2). ♦ Personnage important ou remarquable : [Le lion] *Prit pour lui la première* [part] *en qualité de sire* (La Font., *F.*, I, 6). *Vous êtes en adresse un redoutable sire* (Th. Corn., *Am. à la mode*, IV, III). ♦ **Bon sire, beau sire,** marquait une certaine ironie : *Adieu, seigneur Éraste. – Il est fou, le bon sire* (Mol., *Dép. am.*, 225). *Le bon sire le souffre* [= supporte qu'on lui saute sur l'épaule], *et se tient toujours coi* (La Font., *F.*, III, 4).

six vingts adj. numéral. Cent vingt, dans un système ancien de numération : *Puisses-tu vivre* [...]. *Plus que l'âge de six vingts ans* (Scarr., *V. tr.*, III, 142). *Par ma foi, je disais cent ans ; mais vous passerez les six vingts* (Mol., *Av.*, II, V).

société n.f. Union étroite, association de personnes ou de choses, fusion : *La génisse, la chèvre, et leur sœur la brebis, Avec un fier lion, seigneur du voisinage, Firent société* (La Font., *F.*, I, 6). *La société de l'âme et du corps fait que le corps nous paraît quelque chose de plus qu'il n'est* (Boss., *Serm. sur la Mort*). *Il mêle ses larmes au sang du martyr, il sanctifie ces larmes par la société de ce sang* (Boss., *Panég. St Th. de Cantorbéry*). ♦ Participation à une même chose, communauté : *Les uns font valoir leurs anciennes liaisons, leur société d'études* (La Br., VIII, 57).

Le sens le plus courant d'auj. de « compagnie, assemblée, personnes vivant sous un même régime » était également usuel au XVIIᵉ s. : *Les hommes* [...] *ont fait des lois sévères contre ceux qui troublent la société* [...] *La société de Jésus* [...] *Une société anonyme* (Fur.).

soi pr. pers. Était d'un emploi plus large que maintenant ; il renvoyait à un sujet de la troisième personne : *Et pour me démentir soi-même il se dément* (Rotr., *Sosies,* III, II). *Gnathon ne vit que pour soi* (La Br., XI, 121). *Un auteur sage et modeste doit se méfier de soi* (Fén., *Lettre Acad.* 10). *Elle garde pour soi tout l'effet du mérite* (Corn., *Att.,* 1133).

Auj. s'emploie seulement pour représenter un indéfini (*chacun, on,* etc.).

soigneusement adv. Exactement, fidèlement : *Je vous conjure* [...] *de m'écrire toujours soigneusement* (Sév., 27 avr. 1672).

Le sens actuel de « avec soin » était également usuel au XVIIᵉ s. : *Il m'a caché* [...] *soigneusement son livre des « Maximes »* (Boss., *in* L.).

soigneux, euse adj. Attentif, zélé : *Sans le secours soigneux d'une muse fidèle* [...] (Boil., *Ép.,* I, 170). *A-t-il eu près de vous un plus soigneux agent ?* (Corn., *Nic.,* 1197). ♦Avec un nom ou un infinitif complément, préoccupé, soucieux de : *Oh ! que le ciel, soigneux de notre poésie* [...] (Boil., *Ép.,* IV, 153). *Contre tous les poisons soigneux de me défendre* (Rac., *Mithr.,* 1575). *Cet homme officieux* [...] *Soigneux de mon repos plus qu'il n'en est besoin, Me va faire dormir, sans doute, à coups de poing* (Rotr., *Sosies,* I, III). *Soigneuse de les expier* [ses péchés] *par la pénitence et par les aumônes, elle était si bien préparée que la mort n'a pu la surprendre* (Boss., *O. f. H. de Fr.*).

Le sens actuel de « qui apporte du soin à ce qu'il fait » était également usuel au XVIIᵉ s., mais non celui de « qui est propre et ordonné, qui ne salit pas ».

soin n.m. Attention, intérêt porté à qqn, à qqch, précaution, sollicitude : *S'il arrive jamais que quelque grand me trouve digne de ses soins* (La Br., XIV, 14). *Déjà, trompant ses soins* [d'Athalie], *j'ai su vous rassembler* (Rac., *Ath.,* 1344). *Prince, l'unique objet du soin des Immortels, Souffrez que mon encens parfume vos autels* (La Font., *F.,* XII, 1). ♦Particulièrement au pluriel, assiduités, marques de dévouement à la personne aimée : *Nous verrons de nous deux qui pourra l'emporter, Qui, dans nos soins communs pour ce jeune miracle, Aux vœux de son rival portera plus d'obstacle* (Mol., *Ét.,* 3). *J'ai montré des assiduités ; j'ai rendu des soins chaque jour* (Mol., *Am. magn.,* I, II). *La jalouse Amarylle Songeait à son Alcippe et croyait de ses soins N'avoir que ses moutons et son chien pour témoins* (La Font., *F.,* II, 1). ♦Zèle : *Monsieur, avec mon soin tout ce que j'ai pu faire, C'est de vous amener ces Messieurs que voici* (Mol., *Amph.,* 1571). ♦Effort : *Je vois, malgré vos soins, vos pleurs prêts à couler* (Rac., *Mithr.,* 582). ♦Tâche, mission : *Je vous commets au soin de nettoyer partout* (Mol., *Av.,* III, I). – Auj. on dit encore *laisser à qqn le soin de qqch.* ♦Souci : *Mon cœur, exempt de soins, libre de passion, Sait donner une borne à son ambition* (Boil., *Sat.,* II, 63). *Nous avons aujourd'hui des soins plus importants* (Rac., *Mithr.,* 342). ♦Soupçon, défiance : *Ah ! mon frère, dit-il, viens m'embrasser : ton soin Me fait injure : tu regardes Comme ennemi ton allié* (La Font., *F.,* VIII, 22). ♦Occupation : *La vertu fait ses soins et son cœur s'y consomme* (Mol., *Éc. des m.,* 447). *Et les soins où je vois tant de femmes sensibles Me paraissent aux yeux des pauvretés horribles* (Mol., *F. sav.,* 51). ♦**Être en soin de,** se préoccuper de : *Changer de lieu, dit-il. – Comment le ferons-nous ? – N'en soyez point en soin : je vous porterai tous* (La Font., *F.,* X, 3).

Le sens plus restreint d'auj. : « attention, minutie apportée à l'exécution ou à la conservation de qqch », était également usuel au XVIIᵉ s. : *Voilà un ouvrage qui* [...] *a été travaillé avec grand soin, corrigé avec grande exactitude* (Fur.).

soit conj. **Soit... ou, soit ou... ou,** marquait une alternative (auj. on dit ordinairement *soit... soit*) : *Nous avons pris chacune une haine mortelle Pour un nombre de mots, soit ou verbes ou noms* (Mol., *F. sav.,* 903). *Et, soit frayeur encore, ou pour me caresser, De ses bras innocents je me sentis presser* (Rac., *Ath.,* 253). ♦**Soit que... ou soit que** (auj. on dit *soit que... soit que...*) : *Soit que vous vouliez vous servir de lui pour expliquer vos sentiments, ou soit que vous en remettiez absolument à sa conduite* [...] (Mol., *Am. magn.,* III, I).

L'emploi de *ou* devant *soit* est blâmé par Vaug., Patru, Th. Corn. et Acad.

sol n.m. V. MONNAIE.

solemnel, elle, solennel, elle adj. Énorme (vieilli au XVIIe s.) : *Efface pour jamais de ce peuple barbare* [...] *les crimes solemnels* (Racan, *Œuvres*, II, 366). – On prononçait [solɛnɛl] d'après Régnier-Desmarais, *Gramm.*, p. 22.

Les sens actuels étaient déjà les plus usuels au XVIIe s.

solemniser, solenniser v.t. Célébrer (auj. « rendre solennel », sens déjà usuel au XVIIe s.). *Cette assemblée fut bien plus grande que de coutume un jour d'une grande fête qu'on y solemnisait* (Fur., *Rom. bourg.*, I). *Vivez, solemnisez vos fêtes sans ombrage* (Rac., *Ath.*, 975). *Quel souvenir que le jour de votre départ ! J'en solemnise souvent la mémoire* (Sév., 27 sept. 1679).

solennel, elle adj. V. SOLEMNEL, ELLE.

solenniser v.t. V. SOLEMNISER.

solide adj. Réel, effectif (s'opposant à *vain, chimérique, frivole*) : *Ce peuple ne peut souffrir le Sauveur du monde, qui l'appelle à des pratiques solides, mais difficiles* (Boss., *H. univ.*, II, 19). *Préférant à la guerre un solide repos* (Rac., *Théb.*, 797). ♦ Plein, riche, de valeur : *Si j'ai fait quelque chose de solide, et qui mérite quelque louange, la plupart des connaisseurs demeurent d'accord que c'est ce même « Britannicus »* (Rac., *Brit.*, 2e préf.).

◆ n.m. **Le solide,** l'argent, la monnaie : *Mais cet encens ne fait pas vivre ; des louanges toutes pures ne mettent point un homme à son aise* [= dans l'aisance] : *il y faut mêler du solide ; et la meilleure façon de louer, c'est de louer avec les mains* (Mol., *Bourg.*, I, I). *Pour moi, ma sœur, dit la cadette, j'aime le solide ; je veux un homme riche et don Bourvalos sera mon fait* (Le Sage, *Diable boit.*, IX).

Les sens courants d'auj. et les sens scientifiques de l'adj. et du n.m. étaient également usuels au XVIIe s.

solliciter v.t. Presser, activer par des démarches, notamment auprès des juges : *J'en importunerai tous mes amis* [de cette affaire] *et irai moi-même la solliciter* (Corn., *Lettre abbé de Pure*, 9 juill. 1658). *Il prend soin de leurs affaires, sollicite leurs procès, et voit leurs juges* (La Br., III, 46). ♦ Prendre soin de (qqn) : *Cette femme a bien sollicité son mari pendant sa maladie* (Fur.). ♦ **Solliciter qqn de qqch,** le presser de l'accomplir, de s'y prêter ; le lui demander instamment : *Il l'avait sollicité de ce mariage trois mois durant* (Retz, *Mém.*, III, 472). *En ce bienheureux jour dont je te sollicite, Tu sauras abaisser vers mon peu de mérite Ton immense grandeur* (Corn., *Imit.*, IV, 1828). *Pour moi, Madame, je vous sollicite de vos suffrages pour obtenir celle que je souhaite* (Mol., *Pr. Él.*, IV, I) ; et avec un infinitif : *Que le ciel vous fut doux, lorsque dans votre effroi Il vous sollicita de courir à mon roi* (Corn., *Triomphes de Louis*, 108).

Les emplois actuels : *solliciter qqch*, « le demander comme une faveur », et *solliciter qqn* (sans complément), « lui présenter une requête », étaient également usuels au XVIIe s. : *Il a fait bien des pas pour solliciter un emploi, une pension* [...] *Les juges veulent être* [...] *sollicités* (Fur.).

solliciteur, euse n. Avocat : *Il* [...] *Revint dans le palais, et fut solliciteur* (Corn., *Illus.*, 184). *Il fait bon avoir de puissants solliciteurs* [...] *quand on plaide* (Fur.).

Le sens actuel de « personne qui demande une faveur, un emploi auprès d'une autorité » était également usuel au XVIIe s. : *Je m'en vais en être la solliciteuse auprès du père de La Chaise* (Maintenon, *Lettre cardinal de Noailles*, 18 mai 1695).

sollicitude n.f. Inquiétude : *Cela lui donne beaucoup de sollicitude, de chagrin* (Fur.).

Le sens actuel de « soin affectueux » n'était guère usuel, selon Acad. 94, que dans les locutions *sollicitude pastorale, sollicitude des Églises*.

sommier n.m. Cheval ou bête de somme : *Il faudra que vous me prêtiez quatre chevaux, tant pour tirer un petit chariot que je ferai faire ici dès demain que pour porter mon bagage qui est trop lourd pour mon sommier* (Sorel, *Franc.*, IX).

Le sens courant d'auj. de « partie d'un lit sur laquelle on pose le matelas », ainsi que divers sens techniques actuels étaient également usuels au XVIIe s.

songe n.m. Chimère, fiction, vision : *Non content de ce songe* [la doctrine épicurienne], *il y joint les atomes* (La Font., *F.*, VIII, 26). *Le doux charme de maint songe Par leur bel art inventé* [l'art des poètes], *Sous les habits du mensonge Nous offre la vérité* (La Font., *F.*, IX, 1). *Chacun tourne en réalités, Autant qu'il peut, ses propres songes* (La Font., *F.*, IX, 6). *Veillé-je ? et n'est-ce point un songe que je vois ?* (La Fontaine, *Fables*, X, 9).

Le sens actuel (uniquement littér.) de « rêve » était également usuel au XVIIe s. : *Il n'y a que les esprits faibles, qui* [...] *s'arrêtent à l'interprétation des songes* (Fur.).

songer v.t. Rêver en son sommeil : *Je n'ose me réjouir autrement de cette nouvelle que comme si je l'avais seulement songée* (Desc., *Lettre Balzac*, 15 mai 1631). *Saint-Aoust avait songé, la veille qu'il a été tué, qu'il avait un démêlé avec M. le Prince d'Orange* [...] *: il conta ce songe* (Sév., 6 sept. 1675) ; avec un nom complément d'objet sans article (emploi uniquement littér. auj.) : *Je ne songerai plus que rencontre funeste, Que faucons, que réseaux* (La Font., *F.*, IX, 2). *Celui-ci* [le thésauriseur] *ne songeait que ducats et pistoles* (La Font., *F.*, XII, 3). ♦Méditer, préparer : *Car le décret du Parlement Se donnait au même moment Que Thyrsis songeait ma ruine* (Th. de Viau, *la Maison de Silvie*, Ode VI). ♦Imaginer, concevoir : *Où avons-nous songé cette infinité ?* (Boss., *Serm. sur la Mort*). *J'avais songé une comédie où il y aurait eu un poète* (Mol., *Impr.*, sc. I). ♦**Songer en qqn** et parfois **songer qqn,** songer, penser à qqn : *La peur qu'elle avait eue de Saldagne l'avait empêchée de songer en moi* (Scarr., *Rom. com.*, I, 18). *S'il faut qu'on l'accuse d'avoir songé toutes les personnes où l'on peut trouver les défauts qu'il peint* (Mol., *Impr.*, sc. IV). ♦L'infinitif complément de ce verbe pouvait être introduit par *de*, ou comme auj. par *à* : *Ils s'étaient promis une foi mutuelle, Avant qu'il eût songé de poursuivre Isabelle* (Mol., *Éc. des m.*, 972). *J'ose soutenir qu'un particulier ne peut songer avec raison de changer lui seul une nécessité qui a pris de si fortes racines* (Retz, *Mém.*, V, 529).

◆ v.i. Réfléchir : *Quand il veut songer, sa conscience le presse de s'opposer à une bagatelle* (Sév., 13 nov. 1673). ♦Laisser errer son esprit (auj. uniquement littér.) : *Chacun songe en veillant ; il n'est rien de plus doux* (La Font., *F.*, VII, 10).

Auj. *songer à qqn, à qqch*, c'est « en faire l'objet de ses pensées » ; *songer que*, c'est « s'aviser de ce que, se représenter que ». Ces emplois et ces sens étaient également usuels au XVIIe s.

sophistiqué, e adj. Affecté, composé, alambiqué (mot qui, repris récemment à l'américain *sophisticated*, connaît une nouvelle mode surtout en parlant de toilette féminine, de maquillage, d'expressions du visage, etc.) : *On dit aussi que le comte de Guiche et Mme de Brissac sont tellement sophistiqués, qu'ils auraient besoin d'un truchement pour s'entendre eux-mêmes* (Sév., 16 mars 1672).

sophistiquer v.t. Altérer frauduleusement (une substance) : *Le vin de Canarie est sophistiqué par les marchands sur les lieux, avant qu'il entre dans les ports* (Fur.).

soporatif, ive adj. et n.m. Soporifique, somnifère : *Les médecins ont plusieurs drogues soporatives, comme l'opium, le laudanum, etc.* (Fur.). *Il est vrai que ce médecin n'est guère plus sain que ses malades, et qu'il aurait besoin d'un soporatif encore plus puissant que celui que vous désirez pour reposer* (Chap., *Lettres*, I, 350). *Les méchantes* [= mauvaises] *harangues sont de puissants soporatifs* (Fur.).

sortable adj. Assorti, convenable : *Mais qu'il est difficile aux maux insupportables De trouver au besoin des paroles sortables* [...] (Rotr., *Laure perséc.*, V, VIII).

Auj. emploi plus restreint et familier : « présentable, décent », toujours sans complément.

sorte n.f. Manière, façon (auj. en ce sens on le rencontre dans quelques expressions seulement, comme *de la sorte, en quelque sorte*) : *Vous savez comme Corbinelli m'est bon, et de quelle sorte il entre dans mes sentiments* (Sév., 5 juin 1675). *Ce bon Père jésuite m'avait promis de m'apprendre de quelle sorte les casuistes accordent les contrariétés* [= contradictions] *qui se rencontrent entre leurs opinions et les décisions des papes, des conciles et de l'Écriture* (Pasc., *Prov.*, VI). ♦Condition sociale : [Périandre] *a commencé par dire : « un homme de ma sorte » ; il passe à dire : « un homme de ma qualité »* (La Br., VI, 21).

Le sens actuel de « espèce, classe, catégorie » était également usuel au XVIIe s. : *Il faut plusieurs sortes d'herbes pour faire une bonne salade* [...] *Il y a toutes sortes d'esprits* (Fur.).

sortir v.i. Pouvait se conjuguer avec l'auxiliaire *avoir* : *Tout le jour elle n'a pas sorti de son lit, sans rien avaler que des bouillons* (Sév., 19 déc. 1670). ♦L'emploi transitif était blâmé par Vaug. : Sortez ce cheval *pour dire* faites sortir ce cheval *ou* tirez ce cheval *est très mal dit, encore que cette façon de parler se soit rendue fort commune à la Cour et par toutes les provinces* (Vaug., *Rem.*, 38).

sot, sotte adj. et n. Vivement épris, fou : *Si bien donc ? – Si bien donc qu'elle est sotte de vous* (Mol., *Ét.*, 233). ♦Dupe : *Va, va rendre réponse à ta bonne maîtresse, Et lui dis bien et beau que, malgré sa souplesse, Nous ne sommes* *plus sots, ni mon maître ni moi* (Mol., *Dép. am.*, 335). ♦Mauvais (en parlant de choses) : *Voilà un ragoût qui n'est pas tant sot* (Fur.). ♦Mari trompé : *Il veut à toute force être au nombre des sots : Il se maintient cocu, du moins de la pensée* (La Font., *Contes*, III, 4).

Le sens actuel de « qui fait preuve de peu d'intelligence, de peu de réflexion » était également usuel au XVIIe s. : *Il n'y a que des sots qui donnent dans le piège* [...] *Il m'a tenu un sot discours* (Fur.).

soubassement n.m. Bande d'étoffe placée au bas du lit, au-dessous de la courtepointe : *Si vous trouvez dans Avignon ou dans Lyon de quoi faire des rideaux, un fond, un dossier, des soubassements* [...] (Sév., 21 août 1675).

Auj. il ne s'emploie plus guère qu'en termes de construction, usage déjà fréquent au XVIIe s.

soudain que loc. conj. Aussitôt que (suivi de l'indicatif ou du subjonctif) : *Soudain qu'elle m'a vu, Ces mots ont éclaté d'un transport imprévu* (Corn., *Veuve*, 1181). *Soudain que Lyrian* [...] *Eût ainsi découvert en cette solitude Celle à qui ses douleurs demandaient du secours,* [...] *il lui tint ce discours* (Saint-Amant, *la Métamorphose de Lyrian*, 121).

soudoyer v.t. Entretenir, payer la solde de : *Notre prince a des dépendants Qui de leur chef sont si puissants Que chacun d'eux pourrait soudoyer une armée* (La Font., *F.*, I, 12).

Auj. « corrompre, payer pour accomplir une action blâmable ».

soudre v.t. Résoudre (usage limité à l'infinitif, selon Régnier-Desmarais, *Gramm.*, p. 456) : *Les rois d'alors s'envoyaient les uns aux autres des problèmes à soudre sur toutes sortes de matières* (La Font., *Vie d'Ésope*).

soudrille n.m. Soldat, soldatesque : *Le pauvre malheureux soudrille Tombe, s'accroche à une grille Et demeure là suspendu* (Scarr., *V. tr.*, II, 1866).

souffler v.t. Employé absolument, dire le moindre mot (ce sens subsiste auj. dans *ne pas souffler mot*) : *Quoi ? parce qu'elle est Demoiselle, il faut qu'elle ait la liberté de me faire ce qui lui plaît, sans que j'ose souffler ?* (Mol., *G. D.*, II, VII). *Turenne n'osa souffler, de peur de dégoûter le Roi de lui* (Rac., *Notes hist.*, 4). ♦Boire d'un trait, siffler : *Il y a un Tigillin qui souffle ou qui jette en sable un verre d'eau-de-vie* (La Br., XIII, 6).

◆ v.i. S'occuper d'alchimie, chercher la pierre philosophale : [Breauté] *se maria médiocrement, et se ruina en plein ; on prétendit que ce fut à souffler* (Saint-Simon, 1708).

Les sens actuels du v.t. et du v.i. étaient également usuels au XVIIe s.

souffleur n.m. Alchimiste ; celui qui recherchait la pierre philosophale : *Celui que vous voyez dans cette cave auprès de ce fourneau embrasé, est un souffleur* [...] *il ne trouvera jamais ce qu'il cherche, parce qu'entre nous la pierre philosophale n'est qu'une belle chimère* (Le Sage, *Diable boit.*, III).

souffrance n.f. Patience, tolérance, complaisance excessive : *Comme sur les maris accusés de souffrance De tout temps votre langue a daubé d'importance* (Mol., *Éc. des f.*, 67). *Remarquez-en l'adresse : elle fait vanité De voir dans ses dédains votre fidélité. Votre extrême souffrance à ces rigueurs l'invite* (Corn., *Gal. du Pal.*, 701 ; en 1660, Corn. modifie ainsi ce vers : *Votre humeur endurante à ces rigueurs l'invite*).

Le sens courant d'auj. de « douleur physique ou morale » était déjà le plus usuel au XVIIe s. : *La mort nous délivrera de toutes nos souffrances, de toutes nos misères* (Fur.).

souffrant, e adj. Tolérant, accommodant : *Des hommes en amour d'une humeur si souffrante Qu'ils vous verraient sans peine entre les bras de trente* (Mol., *Fâch.*, 459). ♦Qui éprouve de la douleur (auj. uniquement littér.) : *Ignorez-vous que le nom de chrétien signifie un homme souffrant ?* (Boss., *Panég. St Franç. d'Assise*).

Auj. « légèrement malade ».

souffrir v.t. Endurer, supporter, tolérer (auj. uniquement littér., ou restreint à la locution *ne pas pouvoir souffrir qqn*) : *Un seul soleil à peine Se peut souffrir ; une demi-douzaine Mettra la mer à sec* (La Font., *F.*, VI, 12). *Je ne les blâme point : je souffre cette humeur* (La Font., *F.*, IX, Disc. Mme de La Sablière, 6). [Le cormoran], *un peu trop vieux* [...], *souffrait une disette extrême* (La Font., *F.*, X, 3). ♦Avec une proposition infinitive, laisser : *Je ne leur rase point* [aux rois] *de château ni de ville : Je les souffre régner* (Corn., *Illus.*, 327). ♦**Souffrir qqch à qqn,** le lui accorder, le lui passer, le lui tolérer : *Mon frère (d'un tel nom souffrez-moi la douceur)* (Mol.,

D. G., 1798). ♦ **Souffrir à qqn de** (suivi de l'infinitif), lui permettre, lui accorder de : *Si votre cœur me considère Assez pour me souffrir de disposer de vous* (Mol., *Psyché*, 471).

L'emploi courant d'auj., comme v.i., au sens de « éprouver une douleur physique ou morale, un dommage », était déjà usuel : *On souffre beaucoup, quand on perd ce qu'on aime tendrement* (Fur.).

souhait n.m. **À souhait,** à volonté, à discrétion (auj. restreint le plus souvent au sens de « opportunément ») : *J'avais à souhait tous les plaisirs de la campagne* (La Roch., *Mém.*, II, 40).

souhaiter v.t. Désirer une amélioration : *Il y a des traits dans votre lettre où l'on ne souhaite rien* (Sév., 18 mars 1671). ♦ Désirer la présence de : *Vous nous souhaitez, il n'en faut pas tant pour nous faire voler vers vous* (Sév., 11 oct. 1671). *Ma princesse, avez-vous daigné me souhaiter ?* (Rac., *Brit.*, 705).

◆ v.i. Former des souhaits, des vœux : *Et pour mettre d'accord ta fortune et ton cœur, Souhaite pour l'amant, et te garde au vainqueur* (Corn., *Oth.*, 1340).

L'emploi actuel comme v.t., au sens de « désirer pour soi ou pour qqn d'autre la présence, la possession, la réalisation de (qqch) », était également usuel au XVIIe s. : *Notre cœur n'est jamais rempli, il souhaite toujours quelque chose* (Fur.).

soûl, e, soû, saoul, e adj. Rassasié : *Laisse-les, je te prie, achever leur repas. Ces animaux sont soûls* (La Font., *F.*, XII, 13). *Il a bien dîné, il est bien saoul* (Acad. 94). ♦ Dégoûté, las : *Un rat, hôte d'un champ,* [...] *Des lares paternels un jour se trouva soûl* (La Font., *F.*, VIII, 9). *Je suis si soû de cet homme-là, de ses façons que je ne puis plus le souffrir* (Acad. 94).

◆ n.m. Ce qu'on a par excès (auj. seulement dans la locution adv. *tout mon, son, leur soûl*, « à satiété », déjà usuelle au XVIIe s.) : *Le peu qu'il en restait* [de rats], *n'osant quitter son trou, Ne trouvait à manger que le quart de son soûl* (La Font., *F.*, II, 2). *Au bout de la semaine, ayant dîné son soûl, Elle entend quelque bruit* (La Font., *F.*, III, 17).

Le sens actuel de l'adj. : « ivre », était également usuel au XVIIe s. : *C'est un ivrogne, qui est toujours saoul* (Fur.).

soulas n.m. Consolation, plaisir (vieilli au XVIIe s. ; ne s'employait plus guère que dans le style burlesque) : *Car ma femme, hélas ! Mon unique joie et soulas* (Scarr., *V. tr.*, II, 2940). *Ils étaient en grand soulas, ils se divertissaient, quand ce malheur arriva* (Fur.).

soûler, saouler v.t. Rassasier, assouvir : *L'effusion du sang d'un million de personnes dont on voulait saouler une vengeance injuste et brutale* (Retz, *Sur la conduite de M. le Prince*, V, 399). *Auguste aura soûlé ses damnables envies* (Corn., *Cinna*, 653, var.). – Ce mot vieillit au XVIIe s. et Corn. corrige ainsi ce vers en 1660 : *Octave aura donc vu ses fureurs assouvies.*

Le sens fam. actuel de « enivrer » était également usuel au XVIIe s. : *La bière saoule aussi bien que le vin* (Fur.).

soulèvement n.m. Haut-le-cœur : *Un soulèvement de cœur* (Fur.). ♦ Mouvement d'indignation : *D'un sang respectueux la puissance inconnue À mes soulèvements mêlait la retenue* (Corn., *Œd.*, 1810).

Le sens fig. actuel de « mouvement de révolte contre un oppresseur » était également usuel au XVIIe s. : *Un soulèvement des peuples, d'une province* (Fur.).

souloir v.t. Avoir l'habitude de (vieilli au début du XVIIe s., et regretté par Vaug., il ne s'employait plus guère qu'à l'imparfait) : *Quoiqu'elle ne portât ce matin les rubans de diverses couleurs qu'elle soulait avoir à la tête en façon de guirlandes* [...] (Urfé, *Astrée*, I, 1). *Le temps a bien changé, il n'est plus comme il soulait être* (Fur.).

soumissions n.f.pl. V. SUBMISSIONS.

soupçon n.m. **Entrer en soupçon,** commencer à soupçonner : *Novion entra en soupçon que je n'eusse moi-même du concert avec la Cour* (Retz, *Mém.*, II, 65). ♦ **Ôter de soupçon,** lever les soupçons de : *Il allait me faire voir une marque qui m'ôterait de soupçon* (La Roch., *Lettre M. de Liancourt*, sept. 1638). ♦ **Tomber en soupçon,** s'exposer à être soupçonné : *J'ai toujours cru que pour belle que fût une pensée, tomber en soupçon de la tenir d'un autre, c'est l'acheter plus qu'elle ne vaut* (Corn., *Clit.*, Préf.).

soupente n.f. Assemblages de courroies soutenant le corps d'un carrosse : *On lui tient compte des doubles soupentes et des ressorts qui le font rouler plus mollement* (La Br., VII, 15).

Le sens actuel de « réduit aménagé pour servir de logement sommaire » était également usuel au XVIIe s. : *Une soupente est commode pour y faire coucher des valets* (Fur.).

souper v.i. Prendre le repas du soir (auj. en ce sens on dit *dîner*) : *Monsieur le Cardinal se lève à six heures ;* [...] *il va à la grand-messe. Il dîne* [= déjeune] *sobrement ; il lit le Nouveau Testament, ou il écrit jusqu'à vêpres ; il se promène, il soupe à sept, se couche à dix* [...] (Sév., 9 août 1675).

soupirer v.t. Déplorer, exprimer par des soupirs (auj. seulement : « dire en soupirant », avec une proposition complément) : *Il soupire en repos l'ennui de sa vieillesse* (Racan, *Stances à Tircis*, 49). *Être veuve à mon âge, et toujours soupirer La perte d'un mari que je puis réparer* (Corn., *Veuve*, 457, var.). [Toi qui] *M'aidais à soupirer les malheurs de Sion* (Rac., *Esth.*, 6). ♦ **Soupirer de,** regretter : *Je crois comme vous que Toulongeon soupirait de la longue vie de sa mère* (Bussy, *Lettre*, 4 juin 1687). ♦ **Soupirer après, pour,** désirer ardemment (aujourd'hui uniquement littéraire) : *Les avares soupirent sans cesse après les richesses,* [...] *les amants pour le cœur de leurs maîtresses* (Fur.).

L'emploi intransitif actuel, au sens de « pousser un soupir, des soupirs », était également usuel au XVIIe s. : *Il pleure, il soupire toujours depuis la mort de ce qu'il aimait* (Fur.).

souplesses n.f.pl. Moyens adroits et subtils : [Des] *jeunes gens* [...] *à qui j'ai enseigné quantité de souplesses et de secrets naturels, qui sans doute les auront fait passer chez le peuple pour de grands magiciens* (Cyrano, *États et empires de la Lune*, 75). ♦ On disait aussi *tours, traits de souplesse :* [...] *une folle jeunesse Qui se laisse affiner à* [= tromper par] *ces traits de souplesse* (Corn., *Mél.*, 792). *Ce charlatan a mille tours de souplesse pour attraper les dupes* (Fur.).

Le sens actuel du sing. : « flexibilité », était également usuel au XVIIe s. : *Une grande souplesse de membres* (Fur.).

souquenille, siquenille n.f. Veste de grosse toile que les valets ou les cochers mettaient sur leurs habits pour éviter de les salir : *Mettez votre souquenille pour aller porter du bois* (Acad. 94). [La Merluche] – *Quitterons-nous nos siquenilles, monsieur ?* [Harpagon] – *Oui, quand vous verrez venir les personnes ; et gardez bien de gâter vos habits* (Mol., *Av.*, III, I). – Fur. n'enregistre plus que la graphie *souquenille.*

sourcilleux, euse adj. Arrogant, méprisant, sévère : *Avec l'humble innocence elle est plus compatible Qu'avec le pouvoir sourcilleux* (Corn., *Imit.*, III, 5795). *Le chantre orgueilleux Montre, assis à ta gauche, un front si sourcilleux* (Boil., *Lutr.*, I, 160). ♦ « Se dit [...] des montagnes et des rochers fort élevés » (Fur.).

Auj. : « pointilleux ».

sourdine n.f. **À la sourdine,** à la dérobée : *Me sauvant à la sourdine* [...] (Scarr., *V. tr.*, VI, 232). *Les ennemis avaient décampé à la sourdine, et ils avaient été si pressés qu'ils avaient laissé leurs baraques sur pied* (Du Buisson, *Turenne*, 3).

sourdre v.i. Fig. S'élever, naître (vieilli au XVIIe s.) : *N'a pas longtemps sourdirent grands débats* (Rac., *Épigrammes*).

Auj. seulement au propre en parlant des eaux, dans la langue littéraire.

souris n.f. Fig. Petit nœud de ruban piqué dans la chevelure : *Votre belle-sœur a une souris qui fait fort bien dans ses cheveux noirs : la plaisante folie !* (Sév., 24 déc. 1689).

souris n.m. Sourire : *Un souris par mégarde à ses yeux dérobé* (Corn., *Jalousie*, 23). *La Reine se mit à sourire, mais d'une sorte de souris ambigu* (Retz, *Mém.*, II, 29).

sous prép. Sous l'autorité, sous la direction de : *La Religieuse parfaite a été recueillie par la sœur Euphémie, sous la Mère Agnès, lorsque celle-ci était maîtresse des novices* (Rac., *P.-R.*, II). ♦ À la faveur de, avec, par (indiquant le moyen, l'intermédiaire auquel on recourt ; encore auj. dans quelques expressions, comme *sous la promesse de*) : *Enfin je l'ai fait fuir ; et sous ce traitement, De beaucoup d'actions il a reçu la peine* (Mol., *Amph.*, 526). [Mazarin] *amusait M. le Prince à Paris, sous l'espérance d'un traité* (La Roch., *Mém.*, II, 393).

Les sens actuels étaient également usuels au XVIIe s., sauf ceux de « avant que soit écoulé [un espace de temps] » (*sous huitaine, sous peu*, etc.) et de « en prenant comme point de vue » (*sous cet angle, sous cet aspect*, etc.).

souscrire v.t. Pouvait être suivi d'un complément d'objet direct au sens de « signer » (encore auj. dans quelques locutions, comme *souscrire un abonnement*) : *Il ordonnait* [...] *à tous doyens, etc., de souscrire dans un mois le Formulaire* (Rac., *P.-R.*, II).

L'emploi du v.t. ind. *souscrire à* était usuel au XVIIe s. au sens de « donner son adhésion à », mais non au sens, courant auj., de « s'engager à fournir une somme pour sa part ».

soutane n.f. Robe portée par les juges, les avocats, les médecins, les professeurs : *Je le rendrai* [cet âne] *maître passé Et veux qu'il porte la soutane* (La Font., *F.*, VI, 19). *Pourquoi cette soutane ?* [...] *Êtes-vous médecin ? Êtes-vous avocat ?* (Scarr., *Don Japhet*, I, V).

Le sens actuel de « pièce principale du vêtement ecclésiastique traditionnel » était également usuel : *D'une longue soutane il* [le chantre de la Sainte-Chapelle] *endosse la moire* (Boil., *Lutr.*, IV, 45).

soutenable adj. Supportable : *Je n'y puis penser* [à vous] *sans pleurer, et j'y pense toujours : de sorte que l'état où je suis n'est pas une chose soutenable* (Sév., 5 oct. 1673). *Ce procédé n'est point du tout soutenable* (Rac., *Lettre abbé Le Vasseur*, 3 juin 1661).

Le sens actuel de « qui peut être soutenu, défendu par des arguments valables » (en parlant d'une théorie) était également usuel au XVIIe s. : *L'opinion de la solidité des cieux n'est plus soutenable* (Fur.).

soutenir v.t. Supporter l'assaut de ; résister à : *Il ne soutiendra point la fureur qui m'anime* (Rac., *Iphig.*, 945). *Les ennemis ne soutinrent point et n'attendirent pas même nos gens* (Rac., *Lettre Boileau*, 15 juin 1692). ♦Supporter, endurer, tolérer : *Ma bonne, je ne soutiens pas cette pensée, j'en frissonne, et m'en suis réveillée avec des sursauts dont je ne suis pas la maîtresse* (Sév., 4 mars 1671). ♦Tenir : *Je reviens à nos lectures, et sans préjudice de « Cléopâtre » que j'ai gagé d'achever : vous savez comme je soutiens mes gageures* (Sév., 12 juill. 1671). ♦Maintenir, conserver, persévérer dans : *Allez, et soutenant l'honneur de vos aïeux, Dans cet embrassement recevez mes adieux* (Rac., *Mithr.*, 957). *Nous ne soutenons pas longtemps cette noble ardeur* (Boss., *Serm. sur la Mort*). ♦Renforcer, illustrer : *La valeur était soutenue de toutes les autres grandes qualités* (La Fayette, *Clèves*, I). *Othon, dont les hauts faits soutiennent le grand nom* (Corn., *Oth.*, 8).

Les sens actuels étaient également usuels au XVIIe s.

souvent adv. **Le peu souvent que,** le petit nombre de fois que : *Le peu souvent que ce bonheur arrive, Piquant notre appétit, rend sa pointe plus vive* (Corn., *Veuve*, 70, var.).

souventesfois adv. Fréquemment (vieilli dès 1660) : *Souventesfois je me suis vu* [...] *recherché par quelques pauvres gens* (Chap., *Guzm. Alfar.*, III, 472).

souverain adj. Suprême : *Un style juste et court, qui chemine et qui plaît au souverain degré* (Sév., 9 mars 1672). ♦**Souverain à** (suivi d'un infinitif), très efficace pour : *Ce beau nom d'héritière a de telles douceurs Qu'il devient souverain à consoler des sœurs* (Corn., *Mél.*, 1430).

Les sens actuels de l'adj. étaient également usuels au XVIIe s.

souveraineté n.f. Étendue du pays où commande un prince souverain : [Que le prince] *fasse de leurs souverainetés* [de ses ennemis] *des provinces de son royaume* (La Br., X, 23).

Le sens actuel de « autorité absolue » était également usuel au XVIIe s. : [...] *l'amour, jaloux de son autorité, Ne reconnaît ni roi ni souveraineté* (Corn., *Sur.*, 1312).

spécieux, euse adj. De belle apparence, distingué, brillant : *Ils connaissent le monde, et encore par ce qu'il a de moins beau et de moins spécieux* (La Br., VII, 21). *La seconde sorte de négligence, c'est de répéter deux fois un même mot spécieux dans une même page* (Vaug., *Rem.*, 414).

Le sens péjor. actuel de « qui n'a que l'apparence de la vérité, de la justice » était également usuel au XVIIe s. : *La guerre s'entreprend toujours sous des prétextes spécieux, qui paraissent justes* (Fur.).

spécifier v.t. Décrire, détailler avec précision : [Le maréchal de Schomberg] *en a obtenu* [des passeports] [...], *qui spécifient non seulement sa personne, ses domestiques, carrosses, chariots, etc., mais encore le temps, qui est de six mois* (La Roch., *Lettre Guitaut*, 2 mai 1653).

Le sens actuel de « indiquer avec précision » était également usuel au XVIIe s. : *Sans rien spécifier, peu* [d'auteurs] *méritent le voir* [le succès] (Corn., *Gal. du Pal.*, 147).

spécifique adj. Précis, déterminé : *Un fait aussi positif et aussi spécifique que celui-là* (Retz, *Mém.*, III, 429).

Le sens actuel de « propre à une espèce, à la nature d'une chose » était également usuel au XVIIe s. : *Le quinquina est un remède spécifique pour la fièvre* (Fur.).

spéculateur n.m. Observateur, celui qui examine : *Revenons à l'histoire De ce spéculateur* [un astronome] *qui fut contraint de boire* (La Font., *F.*, II, 13).

Auj. « celui qui cherche à s'enrichir à la faveur d'une opération financière reposant sur un changement du cours d'une valeur ».

spéculatif, ive adj. Étranger à la pratique (auj. restreint au sens, déjà courant au XVIIe s., de « qui appartient à la théorie ») : [...] *ni que j'imite ces politiques spéculatifs, qui arrangent suivant leurs idées les conseils des rois et composent, sans instruction, les annales de leur siècle* (Boss., *O. f. H. d'Angl.*).

◆ n.m. **Un spéculatif,** un observateur, un critique : *Les spéculatifs ont beaucoup glosé sur* [...] *cette négociation* (Fur.). *Il est facile aux spéculatifs d'être sévères ; mais s'ils voulaient donner dix ou douze poèmes de cette nature au public, ils élargiraient peut-être les règles encore plus que je ne fais* (Corn., *Disc. des trois unités*).

Le sens de « relatif à la spéculation boursière et commerciale » n'est apparu qu'au milieu du XVIIIe s.

spéculation n.f. Théorie, pensée : *La pratique n'est pas tout à fait conforme en vous à la spéculation et au goût* (Fén., *Lettre duc de Chevreuse*, 30 déc. 1699).

Le sens actuel de « recherche abstraite » (dans la langue philosophique) existait également au XVIIe s., mais non le sens financier.

spéculer v.t. « En termes d'astronomie, signifie observer les astres et examiner leurs mouvements » (Fur.).

◆ v.i. Méditer : *Les Anciens s'attachaient davantage à spéculer qu'à expérimenter* (Fur.). ♦ **Spéculer sur,** réfléchir à (auj. « compter sur [qqch] pour réussir ») : *Saint Augustin a beaucoup spéculé sur la matière de la grâce* (Fur.).

Le sens financier du verbe n'est apparu qu'à la fin du XVIIIe s.

spirituel, elle adj. Qui ne s'intéresse qu'aux choses de l'esprit ; qui est détaché des questions matérielles : *Il est tout spirituel à présent, même par le corps et par les habits* (Chap., *Lettres*, I, 99).

◆ n. **Un(e) spirituel(le),** un(e) intellectuel(le) : *Moi, j'irais me charger d'une spirituelle Qui ne parlerait rien que cercle et que ruelle ?* (Mol., *Éc. des f.*, 87).

Les sens actuels de l'adj. étaient également usuels au XVIIe s.

stérilité n.f. Disette : *Il y a eu cette année grande stérilité de blé* (Acad. 94). *C'est en eux* [ces historiens] *une stérilité de faits et de principes qui ne peut être plus grande* (La Br., XIII, 2).

Les sens actuels de « incapacité de procréer », « aridité » et « incapacité de produire un résultat positif » étaient déjà les plus usuels au XVIIe s.

stupide adj. Hébété, abattu par un coup soudain du sort : *La douleur ne m'a pas encore rendu si stupide que je ne sente, comme je dois, l'extrême honneur que vous m'avez fait en m'écrivant* [...] *sur la mort de mon illustre ami* (Boil., *Lettre Maurepas*, 1699). ♦ Froid, engourdi, sans réaction : *J'y porte une tiédeur qui dégénère en glace ; Mes élans les plus doux y font aussitôt place À mon aridité Et me laissent devant ta face Stupide aux saints attraits de ta bénignité* (Corn., *Imit.*, IV, 1777) ; et substantivement : *Je fus toujours le même stupide devant et après le dîner, durant lequel je ne fis rien avec assurance que de regarder incessamment Léonore* (Scarr., *Rom. com.*, I, 13).

Les sens actuels de « qui a l'esprit lourd, inintelligent » et « absurde, inepte (en parlant d'un propos, d'un raisonnement) » étaient également usuels au XVIIe s.

stupidité n.f. Abattement, stupeur : *La Reine, à ce malheur si peu prémédité, Semble le recevoir avec stupidité* (Corn., *Œd.*, 1924). ♦ Stupéfaction (vieilli au milieu du XVIIe s.) : *Il se contentait d'examiner les actions et le discours de ce Duc avec un étonnement qui approchait de la stupidité* (Segrais, *Nouv. franç.*, 5e nouv.).

Les sens actuels de « manque d'intelligence, de jugement » et « absurdité, ineptie (d'une chose) » étaient également usuels au XVIIe s., mais non celui de « action ou parole inepte ».

styler v.t. **Styler à,** modeler sur : *Ce fut moi qui lui conseillai* [...] *de styler son visage et son corps aux postures ordinaires de ceux dont il avait besoin de connaître l'intérieur* (Cyrano, *États et empires de la Lune*, 75).

sublime adj. Élevé, au premier rang : *Le mérite éclatant et la haute éloquence Appellent dans Paris aux sublimes emplois* (Boil., *Ép.*, VI, 131). *Ils ne font point de honte au rang le plus sublime* (Corn., *Hér.*, 101). *La noblesse expose sa vie pour le salut de l'État et pour la gloire du souverain ; le magistrat décharge le prince d'une partie du soin de juger les peuples. Voilà de part et d'autre des fonctions bien sublimes et d'une merveilleuse utilité* (La Br., IX, 40). - Auj. il comporte une nuance admirative pour l'élévation morale.

◆ n.m. **Le sublime,** le caractère sublime, élevé : *Si c'est le grand et le sublime de la religion qui éblouit ou qui confond les esprits forts* [...] (La Br., XVI, 20) ; genre de style qui est propre aux sujets les plus élevés comme l'ode, l'oraison funèbre, etc.

submissions, soumissions n.f.pl. Marques de respect, témoignages de déférence : *Il ne se peut dire avec quelles submissions il m'a parlé* (Chap., *Lettres*, I, 403). *Je voulus protester à Saint-Far que j'étais au désespoir de tirer l'épée contre lui et je répondis qu'avec des soumissions et des paroles respectueuses à toutes les choses outrageantes dont il exerça ma patience* (Scarr., *Rom. com.*, I, 15). – Vaug. déclare en 1647 que *submission*, usuel une vingtaine d'années plus tôt, a fait place à *soumission*.

subordinément adv. En se subordonnant : *Ce qui se peut cependant examiner au-dessous, et subordinément à toutes ces connaissances* (Retz, *Sentiment de Retz sur l'Affaire de Rome*, oct. 1662, VII, 5). ◆En conséquence : *Un défendeur en lettres conclut à ce que sa partie soit déclarée non recevable et, subordinément, mal fondée en ses lettres* (Fur.).

suborner v.t. Feindre : *Quant à nous, cependant, subornons quelques pleurs Qui servent de témoins à nos fausses douleurs* (Corn., *Veuve*, 1165).

Le sens actuel de « porter au mal, corrompre (qqn) » était déjà le plus usuel au XVIIe s. : *Il a suborné cette fille à force de la cajoler. Les filous subornent les valets pour entrer dans la maison de leurs maîtres* (Fur.).

subroger v.t. Mettre à la place (auj. seulement dans la langue juridique, emploi usuel depuis la fin du XVIIe s.) : *Ceux qui le poursuivaient coupèrent sa tête ; et, comme on avait promis à quiconque l'apporterait, ou celle de Fulvius, autant pesant d'or, on lui arracha la cervelle et on y subrogea du plomb, qui la fit peser dix-sept livres* (Saint-Réal, *Conjur. des Gracques*).

subside n.m. Collecte, impôt destinés à subvenir aux charges du souverain : *Être toujours occupé de la pensée de les soulager* [ses sujets], *de rendre les subsides légers, et tels qu'ils se lèvent sur les provinces sans les appauvrir* [...] *; ces admirables vertus me semblent renfermées dans l'idée du souverain* (La Br., X, 34). *Le cardinal de Richelieu, qui craignait que les peuples accablés de subsides ne s'en prissent à lui* [...] (Du Buisson, *Turenne*, 2).

Auj. : « secours en argent ».

subsistance n.f. Action de subsister, de demeurer vivant, maintien (vieilli au milieu du XVIIe s.) : *On avait vu jusqu'alors les persécutions se ralentir de temps en temps, et on attribuait à ce relâchement la subsistance de l'Église* (Boss., *Apocal.*, 218). *Peut-il désirer la subsistance du ministre dont le nom seul est fatal ?* (Retz, *Mém.*, V, 229). ◆Ressources : *Sans un peu de subsistance, tout est dur, tout est amer. Ceux qui se ruinent me font pitié* (Sév., 21 juin 1671).

Le sens courant d'auj. de « entretien d'une personne, satisfaction de ses besoins en nourriture, vêtements, etc. » était également usuel au XVIIe s. : *Ce galant fournit à la subsistance du ménage, de la famille de sa maîtresse* (Fur.).

subtil, e adj. Adroit : *J'ai tiré de son cœur, par surprise, un secret ;* [...] *il a été au désespoir du vol subtil que je lui en ai fait* (Mol., *Am. magn.*, II, II). *Un charlatan, subtil ouvrier* (La Br., XII, 119). ◆Léger, fin, ténu : *Le feu, se faisant de l'air devenu plus subtil* (Rac., *R. sur Pind.*, Olympiques, I).

Les sens actuels de « perspicace » (en parlant de personnes), « qui s'insinue facilement » et « difficile à percevoir ou à définir » (en parlant de choses) étaient également usuels au XVIIe s.

subtiliser v.t. Rendre léger : *Soit par le sang échauffé et subtilisé, soit par la poitrine, vous devez toujours craindre le dessèchement* (Sév., 4 août 1677). ◆ Fig. Affiner : *Ah ! si l'on se donnait la même diligence Pour extirper le vice et planter la vertu Que pour subtiliser sa propre intelligence !* (Corn., *Imit.*, I, 254). *Mais ces amours pour moi sont trop subtilisés : Je suis un peu grossier, comme vous m'accusez* (Mol., *F. sav.*, 1223).

Le sens actuel du v.i. : « raffiner à l'excès la pensée, le style », était également usuel au

XVIIe s., mais non le sens, courant auj., du v.t. : « dérober avec adresse ».

subvertir v.t. Mettre sens dessus dessous, bouleverser : *La miraculeuse vertu Dont ce cadran* [la boussole] *est revêtu Foule ma raison subvertie* (Saint-Amant, *le Contemplateur*, 107). *Les hérétiques ont tâché de subvertir toute la bonne doctrine de l'Église* (Fur.).

succéder v.i. Pénétrer, s'introduire : *Tous les corps contigus résistent à l'effort qu'on fait pour les séparer quand l'air ne peut succéder entre eux* (Pasc., *Pesant. masse d'air*). ♦ Résulter, se produire comme conséquence : *Votre malheur est grand, mais quoi qu'il en succède, La mort qu'on me demande en sera le remède* (Corn., *Hér.*, 1823). ♦ Avoir tel ou tel résultat : *Faut-il* [...] *que notre artifice ait si mal succédé Qu'il me dérobe un bien qu'Alidor m'a cédé ?* (Corn., *Pl. R.*, 631). *Tout lui succédant au contraire de ce qu'il souhaitait* [...] (Du Buisson, *Turenne*, 3). ♦ Réussir heureusement : *Ce qui ne lui a pas succédé dans la politique doit être au moins* [...] *exalté par les gens de bien dans la morale* (Retz, *Mém.*, IV, 208). *Tout lui succédait, quand Tryphon* [...] *le fit périr avec ses enfants* (Boss., *H. univ.*, I, 9).

Le sens actuel de « faire suite à, venir après » était également usuel au XVIIe s. : *On ne sait pas qui doit succéder au pape* (Fur.).

succès n.m. Issue, résultat : *Lui seul* [Dieu] *tient en sa main le succès des combats* (Corn., *Pol.*, 847). *Sa sotte flatterie Eut un mauvais succès* (La Font., *F.*, VII, 7). [La philosophie] *nous console du bonheur d'autrui, des indignes préférences, des mauvais succès, du déclin de nos forces ou de notre beauté* (La Br., XI, 132). *Ce malheureux succès acheva de perdre ce général dans l'esprit de ses troupes* (Du Buisson, *Turenne*, 2). *Il semble que Dieu donne des succès contraires à nos craintes et à nos espérances, exprès pour confondre la prudence humaine* (Bussy, *Lettre*, 19 déc. 1683).

Le sens restreint d'auj. de « résultat heureux, réussite » devient courant au milieu du XVIIe s. : *Crois-moi, dût Auzanet* [un avocat célèbre] *t'assurer du succès, Abbé, n'entreprends point même un juste procès* (Boil., *Ép.*, II, 23).

successif, ive adj. Continu, ininterrompu : *Le temps est une quantité discrète et successive* (Fur.). ♦ Héréditaire : [...] *par un droit successif de famille* [...] (Corn., *Veuve*, 1759). *Le royaume de France est successif* (Fur.).

Auj. « qui fait suite à d'autres ».

suffisance n.f. Capacité (vieilli au milieu du XVIIe s.) : *Les lois ne l'ont pas soumise* [la vie humaine] *à toutes sortes de personnes, mais seulement aux juges dont on a examiné la probité et la suffisance* (Pasc., *Prov.*, XIV). *L'auteur* [...] *a défendu avec autant de suffisance que de solidité les droits de la Couronne* (Rac., *Factum*, Pour le maréchal de Luxembourg).

Les sens actuels de « quantité suffisante » et « présomption, vanité » étaient déjà les plus usuels au XVIIe s.

suffisant, e adj. **Suffisant de,** capable de (auj. en ce sens *suffisant pour*) : *Toutefois, quelque avantage que nous donnions à la Cour, elle n'est plus suffisante toute seule de servir de règle* (Vaug., *Rem.*, Préf.). *Je n'ai pas dit* [...] *– Encor ? Bon Dieu ! que de discours ! Rien n'est-il suffisant d'en arrêter le cours ?* (Mol., *Dép. am.*, 754).

suffoquer v.t. Étouffer, étrangler : *La douleur m'étouffe et me suffoque* (Corn., *Mél.*, 940). *Fauste, convaincue, fut suffoquée dans le bain* (Boss., *H. univ.*, I, 2). *L'apoplexie suffoque en un moment* (Fur.).

◆ **se suffoquer,** fig., se torturer, s'imposer une gêne : *Je vous prie même, ma très chère, de ne vous point suffoquer de faire réponse à mes lettres infinies* (Sév., 29 nov. 1684).

Auj. il se dit d'un gaz, d'une odeur qui saisit vivement les voies respiratoires, empêchant la respiration, ou plus souvent, au fig., il signifie « stupéfier, causer une surprise extraordinaire ».

suffrage n.m. Approbation, appui : *Il m'a demandé mon suffrage pour vous obtenir* (Mol., *Pr. Él.*, IV, III). *Chacun avait sa brigue et de puissants suffrages* (Rac., *Esth.*, 59).

Le sens juridique et électoral actuel était également usuel au XVIIe s. : *C'est le président qui recueille les suffrages de l'assemblée* (Fur.).

Suisse n.m. Gardien, portier : *Je ne veux point de cohue, au moins. Que l'on dise à mon Suisse qu'il ne laisse entrer personne* (Mol., *Escarb.*, sc. IV). *Il m'avait fait venir d'Amiens pour être Suisse* (Rac., *Plaid.*, 4).

Auj. sens restreint de « employé d'église ».

suite n.f. Conséquence, implication : *Je crains de trop entendre, Et que cette chaleur, qui sent vos premiers feux, Ne pousse quelque suite indigne de tous deux* (Corn., *Pol.*, 1334). *Mais les* *suites de cette doctrine et les merveilles de la vie future ne furent pas alors universellement développées* (Boss., *H. univ.*, II, 19). *Et pouvez-vous, ma sœur, Aux suites de ce mot* [« mariage »] *résoudre votre cœur ?* (Mol., *F. sav.*, 14). ♦ Importance : *Ces choses purement extérieures, qui n'ont point de suite, qui dépendent de l'usage, de la mode ou des bienséances* (La Br., XII, 10). ♦ Continuité, enchaînement, développement, évolution : *Elle savait toujours m'arrêter auprès d'elle À tenir des propos d'une suite éternelle* (Corn., *Suiv.*, 22). *J'ai de votre discours assez souffert la suite* (Mol., *D. G.*, 1725). *La religion, et la suite du peuple de Dieu considérée de cette sorte, est le plus grand et le plus utile de tous les objets qu'on puisse proposer aux hommes. Il est beau de se remettre devant les yeux les états différents du peuple de Dieu* (Boss., *H. univ.*, II, 1). ♦ Persévérance, esprit de suite : *Le plus fertile en souterrains et en manèges, que le liant de son esprit entretenait avec un grand art, soutenu par une suite continuelle en tout ce qu'il se proposait* (Saint-Simon, 1702). ♦ Disciples, sectateurs, partisans : *Quel autre art de penser Aristote et sa suite Enseignent-ils par votre foi ?* (La Font., *F.*, XI, 9). *Vigilance, [...] réfuté par saint Jérôme, demeura sans suite* (Boss., *H. univ.*, I, 2). ♦ **De suite,** avec continuité (auj. en ce sens on dit *avec suite*) : *Elle sait se taire et agir de suite et sans empressement* [= sans précipitation] (Fén., *Tél.*, 17). *On ne peut espérer rien de fort bon d'une femme, si l'on ne la réduit à réfléchir de suite, à examiner ses pensées* (Fén., *Éduc. des f.*). – Auj. *De suite* signifie « coup sur coup ». ♦ **En suite de,** v. ENSUITE.

Les locutions et les sens actuels (sauf celui de « composition musicale ») étaient également usuels au XVIIe s.

suivant, suivante n. Domestique, celui (celle) qui escorte, qui assiste qqn : *Je suis Éole, roi des vents. Partez, mes orageux suivants, Faites ce qu'ordonne Neptune* (Corn., *Andr.*, 756). *Peu de suivants se rencontrent ensemble sans se dire tout ce qu'ils savent de leur maître* (Scarr., *Rom. com.*, I, 15). ♦ On pouvait l'employer adjectivement, surtout dans les expressions **fille suivante, demoiselle suivante** désignant soit une simple soubrette, soit une demoiselle de compagnie : *Vous êtes, mamie, une fille suivante Un peu trop forte en gueule et fort impertinente* (Mol., *Tart.*, 13).

suivre v.t. Poursuivre : *Messieurs de cour, adieu : Suivez jusques au bout une ombre qui vous flatte* (La Font., *F.*, VII, 12). *Un philosophe austère, [...] Se proposant de suivre une plus douce vie, Voyagea chez les Grecs* (La Font., *F.*, XII, 20). *Vous suivrez ailleurs de si doux entretiens* (Corn., *Théod.*, 1718). ♦ Accompagner, convenir à : [...] *Et de cette union, de tendresse suivie, Se faire les douceurs d'une innocente vie* (Mol., *F. sav.*, 23). *Ah ! Titus, car enfin l'amour fuit la contrainte De tous les noms que suit le respect et la crainte* (Rac., *Bér.*, 572). [Ésope] *donne à chaque sœur un lot contre son gré ;* [...] *À la coquette, l'attirail Qui suit les personnes buveuses* (La Font., *F.*, II, 20). ♦ Imiter, copier : *Bon. – Et moi, pour vous suivre au dessein de tout rendre, Voilà le diamant que vous m'aviez fait prendre* (Mol., *Dép. am.*, 1341). *Tu ris, tu ne suis pas ces gémissantes voix* (La Font., *F.*, VIII, 14). *On ne suit pas toujours ses aïeux ni son père* (La Font., *F.*, VIII, 24). *Et qui ne sait que la moindre des inventions est d'un ordre supérieur à tout ce qui ne fait que suivre ?* (Boss., *Connaiss.*, V, 7). ♦ Favoriser, se prêter à : *C'est une étrange affaire, lorsque, pour être heureuse, il faut souhaiter ou attendre le trépas de quelqu'un, et la mort ne suit pas tous les projets que nous faisons* (Mol., *Av.*, III, IV).

◆ v.i. Résulter, s'ensuivre : *Ce que je vois suivre Me punit bien du trop que je la laissai vivre* (Corn., *Hér.*, 85).

Les sens actuels étaient également tous usuels à la fin du XVIIe s.

sujet, ette adj. Soumis, obéissant : *Il faudrait que nos cœurs n'eussent plus qu'un désir, Et quitter ces discours de volontés sujettes Qui ne sont point de mise en l'état où vous êtes* (Corn., *Mél.*, 703). *Femme doit être sujette à son mari* (Rac., *Ann. Plutarque*). *L'Arménie et la Cappadoce lui furent sujettes* (Boss., *H. univ.*, III, 3).

Le sens actuel de « exposé à » était également usuel au XVIIe s. : *Les vieillards sont sujets aux fluxions* (Fur.).

sujet n.m. Cause, occasion, raison (en ce sens le mot pouvait être suivi d'un infinitif complément ; auj. il n'admet plus que quelques noms compléments : *dispute, plaintes,* etc.) : *Voilà un beau sujet de discourir* (Sév., 15 déc. 1670). *Il savait le sujet des fatales défenses* (La Font., *F.*, VIII, 16). ♦ Personne considérée du point de vue de ses qualités ou de ses défauts (auj. toujours avec un qualificatif : *bon, mauvais sujet, sujet d'élite*) : *À l'égard des vertus, rarement on les voit Toutes en un sujet éminem-*

ment placées (La Font., *F.*, VIII, 25). [...] *cette universalité de talents que l'on remarque quelquefois dans un même sujet* (La Br., II, 34).

Les sens actuels étaient également usuels au XVIIe s.

superbe adj. Orgueilleux : *Qu'Agamemnon soit fier, superbe, intéressé* (Boil., *A. p.*, III, 110). *Des superbes mortels le plus affreux lien, N'en doutons point, Arnauld, c'est la honte du bien* (Boil., *Ép.*, III, 15). *La superbe Athalie Dans un sombre chagrin paraît ensevelie* (Rac., *Ath.*, 51). ♦ Fig. Qui s'élève au-dessus des autres : *De hauts peupliers qui portaient leurs têtes superbes jusque dans les nues* (Fén., *Tél.*, 1) ; et substantivement : *C'est moi que tyrannise un superbe de frère* (Corn., *Andr.*, 1031). – Auj. : « d'une beauté qui dépasse les autres ».

◆ n.f. **La superbe,** l'orgueil : *L'arrogance de Rome A cru qu'être romain c'était être plus qu'homme. Abattons sa superbe avec sa liberté* (Corn., *Pompée*, 195). *L'un* [un philosophe] [...] *a traité la nature comme saine et sans besoin de réparateur, ce qui le mène au comble de la superbe* (Pasc., *Entretien avec M. de Saci*). *Que leur silence* [...] *ne fût imputé plutôt à superbe qu'à patience et modération* (Retz, *Mém.*, V, 403). – Cet emploi comme substantif est condamné par Vaug., ainsi que par Th. Corn. et Acad., qui l'admettent cependant dans la langue de la dévotion.

support n.m. Secours, appui : *Que craint-on d'un enfant sans support et sans père ?* (Rac., *Ath.*, 428). *Jason* [...] *me laisse au milieu d'une terre étrangère, Sans support, sans amis, sans retraite, sans bien* (Corn., *Méd.*, 299). *Banni de mon pays par la rigueur d'un père, Sans support, sans amis, accablé de misère* (Corn., *Illus.*, 498). *Elle n'a ni parents, ni support, ni richesse* (Mol., *Éc. des f.*, 996).

Le sens actuel de « ce sur quoi une chose repose » était également usuel au XVIIe s. : *Cette pièce de bois est le support qui tient toute cette charpente assemblée* (Fur.).

supporter v.t. Soutenir, favoriser : *La fortune de cet homme est bien appuyée, les ministres le supportent, le protègent* (Fur.). ♦ Absol., supporter des contrariétés (emploi approuvé par Vaug.) : *Comme il faut supporter d'autrui* [...] (Corn., *Imit.*, I).

Les sens actuels étaient également usuels au XVIIe s.

supposer v.t. Mettre comme base : *Notre doctrine étant ainsi supposée, il ne nous sera pas difficile de l'appliquer aux paroles du saint Apôtre* (Boss., *Panég. St Bernard*). ♦ Substituer, mettre à la place (en général frauduleusement) : *Après avoir publié cette quatrième imposture avec tant d'éclat, vous voilà décriés, si on vient à savoir que vous y avez supposé un passage pour un autre* (Pasc., *Prov.*, XIII). *Elle* [l'Iphigénie in Tauris] *n'est fondée que sur cette feinte que Diane enleva Iphigénie du sacrifice dans une nuée, et supposa une biche en sa place* (Corn., *Rodog.*, Avert.). *Les riches* [...] *trouvèrent le secret de se servir de personnes empruntées pour prendre sous leurs noms toutes les terres à rente* [...] *et ainsi leurs personnes supposées étaient toujours préférées à toutes les autres* (Saint-Réal, *Conjur. des Gracques*). ♦ Prétexter : *Le vidame parla d'abord de choses indifférentes et sortit, supposant qu'il avait quelque ordre à donner* (La Fayette, *Clèves*, IV).

Les sens actuels de « poser à titre d'hypothèse », « admettre comme probable » et, avec un sujet nom de chose, « comporter comme condition nécessaire » étaient également usuels au XVIIe s.

supposition n.f. Substitution (auj. restreint à la langue juridique) : *La supposition que fait Léontine d'un de ses fils, pour mourir au lieu d'Héraclius, n'est point vraisemblable, mais elle est historique* (Corn., *Hér.*, Exam.). *L'insolence des riches fut poussée jusqu'au point de ne plus faire de mystère de cette supposition* [...] *Personne n'ignorait plus quels étaient les véritables possesseurs des terres* (Saint-Réal, *Conjur. des Gracques*). ♦ Allégation fausse : *Un plaideur reproche à sa partie que ses écritures sont pleines de suppositions, de faits controuvés* (Fur.).

Le sens actuel de « hypothèse » était également usuel au XVIIe s. : *Comme il* [Montaigne] *a voulu chercher quelle morale la raison devrait dicter sans la lumière de la foi, il a pris ses principes dans cette supposition* (Pasc., *Entretien avec M. de Saci*).

suppôt n.m. Employé subalterne : *Sans craindre archers, prévôt ni suppôt de justice* [...] (Boil., *Sat.*, VIII, 114). ♦ Ce qui sert de fondement, de sujet : *L'humanité est le suppôt de l'homme* [...] *Les actions sont des suppôts* [...], *des individus* (Fur.). ♦ Substance (mot de scolastique) : *Un homme est un suppôt, mais si on l'anatomise, que sera-ce ? la tête, le cœur, l'estomac* [...] *?* (Pasc., *Pensées*).

Le sens actuel (surtout littér.) de « partisan (d'une personne nuisible) » était également usuel au XVIIe s. : *Vrai suppôt de Satan, médaille de damné* (Corn., *Illus.*, 740).

suprême n.m. **Au suprême,** au plus haut point : *La faveur de Mme de Maintenon est toujours au suprême* (Sév., 11 sept. 1680).

sur prép. S'est longtemps prononcé [sy], se confondant ainsi avec *sus* devant consonne. Pouvait s'employer avec le sens de **1.** Au sujet de, à propos de : *Qu'est-ce donc ? qu'avez-vous ? et sur quels déplaisirs, Lorsque vous me voyez, poussez-vous des soupirs ?* (Mol., *Fâch.*, 225). **2.** À cause de, en se fondant sur, d'après : *La comédie n'est qu'un portrait de nos actions et de nos discours. Sur cette maxime, je tâche de ne mettre en la bouche de mes acteurs que* [...] (Corn., *Veuve*, Au lect.). *Si vous ne comprenez pas les choses, au moins les pouvez-vous croire, sur ce que l'on en voit tous les jours* (Mol., *Am. magn.*, III, I). **3.** Au moment de, vers, pendant : *Sur le commencement du printemps* (Rac., *Camp. L. XIV*). **4.** Par-dessus, plus que : *Didyme que sur tous vous semblez dédaigner !* (Corn., *Théod.*, 389). *Il aimait Troie sur toutes les villes du monde* (Rac., *Ann. Homère*, Iliade, IV). *Songez, sur toute chose, à vous rétablir, mon enfant* (Sév., 24 déc. 1673). ♦ **Sur le tout, sur le marché,** en outre (auj. *par-dessus le marché*) : *La Troche et la d'Escars m'ont aidé à tout choisir, et Gautier, sur le tout, qui était en ses bonnes humeurs* (Sév., 27 mai 1672). *Enfin, vaille que vaille, J'aurais, sur le marché, fort bien fourni la paille* (Rac., *Plaid.*, 20). ♦ **Sur peine de,** sous la menace de (auj. *sous peine de*) : *On les a obligés à absoudre leurs pénitents qui ont des opinions probables, sur peine de péché mortel* (Pasc., *Prov.*, V).

Les emplois actuels étaient également usuels au XVIIe s.

sûr, sûre adj. **Sûr à,** assuré, garanti à : *Grand roi, Mastric est pris en treize jours ! Ce miracle était sûr à ta haute conduite* (Corn., *Sonnet sur la prise de Mastric*).

◆ **Il fait sûr,** on est en sûreté, en sécurité : *Il ne fait pas bien sûr, à vous le trancher net, D'épouser une fille en dépit qu'elle en ait* (Mol., *F. sav.*, 1539). *Je plains le dompteur de serpents ; Il ne fait pas bien sûr en sa place* (La Font., *Daphné*, I, V).

sûrement adv. En sécurité (encore auj. dans *qui va lentement va sûrement*) : *Donnez, mon cher cousin, sûrement et sur ma parole* (Malh., *Lettre Bouillon Malherbe*, 1620). *Je vous mettrai dans une petite chambre particulière où vous serez sûrement* (Le Sage, *Diable boit.*, X).

Les sens actuels de « à coup sûr » et (comme adv. de phrase) « certainement » étaient également usuels au XVIIe s.

sûreté n.f. Assurance, garantie : *Saint Louis* [...] *prit des sûretés pour le commerce avec le soudan d'Égypte* (Rac., *Notes hist.*, 30). *On donne des otages pour la sûreté d'une capitulation* (Fur.). ♦ **Faire sa sûreté, les sûretés de qqn,** assurer son salut : *M'étant fait cet effort, j'ai fait ma sûreté* (Corn., *Pol.*, 1689). *Un front encor marqué des fers qu'il a portés... – A droit de me charmer, s'il fait vos sûretés* (Corn., *Oth.*, 1232). ♦ **En sûreté de,** à l'abri de : *Je craindrais l'avarice, qui est ma bête ; mais je suis bien en sûreté de cette vilaine passion* (Sév., 24 juill. 1689).

Les locutions et les sens actuels étaient également usuels au XVIIe s., sauf celui de « service d'information et de surveillance policière ».

surmonter v.t. Fig. Avoir raison de, triompher de, vaincre (auj. seulement dans quelques expressions : *surmonter une difficulté, sa colère*, etc.) : *Les affaires, qui surmontent l'âme dans ses besoins intérieurs, surmonteront aussi la santé du corps* (Fén., *Lettre duc de Chevreuse*, 30 déc. 1699) ; et intransitiv., être victorieux : *Il croit qu'il surmontera dans tous les combats, parce qu'il n'a point d'armes pour se défendre* (Boss., *Panég. St Paul*). ♦ Surpasser : *Flore y met tant de belles fleurs Que l'Aurore ne peut sans pleurs Voir leur éclat qui la surmonte* (Th. de Viau, *la Maison de Silvie*, Ode VI). *On dit* [...] *qu'un auteur s'est surmonté lui-même, lorsqu'après avoir fait plusieurs beaux ouvrages qui surmontaient les autres, il en a fait un encore plus beau que les précédents* (Fur.).

surnom n.m. Nom de famille : *Les femmes de mes deux grands-pères étaient demoiselles et il y avait du* de *à leur surnom* (Scarr., *Rom. com.*, III, 10).

Les sens actuels de « nom ajouté au nom de famille » et « sobriquet » étaient également usuels au XVIIe s.

surprenant, e adj. Qui cause un vif saisissement : *J'ai été chez Croisilles, sur la mort de ce premier président de Grenoble, mort en cinq jours d'un petit mal de gorge ; mais il avait le pourpre intérieurement ; il était jeune ; cette mort est surprenante* (Sév., 29 mars 1694). *Vous ne vous* *rendez pas à la surprenante merveille de cette statue mouvante et parlante ?* (Mol., *D. J.*, V, II).

Les sens actuels étaient également usuels à la fin du XVIIe s.

surprendre v.t. Enlever par surprise, frauduleusement : *Ce que tu m'as donné, Doraste le surprend* (Corn., *Pl. R.*, 636). *Tout le sujet est Ulysse qui vient pour surprendre les flèches d'Hercule* (Rac., *Bér.*, Préf.). ♦ Prendre, saisir à l'improviste : *La Mort ne surprend point le sage ; Il est toujours prêt à partir* (La Font., *F.*, VIII, 1).

Les sens actuels de « causer de la surprise à (qqn) » et « découvrir adroitement (un secret) » étaient également usuels.

surséance n.f. Suspension : *Mazarin s'entremit de cet accommodement ; mais comme ce n'était pas l'ouvrage d'un jour, il s'avisa de proposer une surséance d'armes* (Du Buisson, *Turenne*, 1). ♦ **Faire surséance,** surseoir (terme de droit) : *Et jusques à demain je ferai surséance À l'exécution, Monsieur, de l'ordonnance* (Mol., *Tart.*, 1781).

surseoir v.t. Différer, remettre à plus tard (auj. seulement *surseoir à* : « différer l'exécution de », emploi déjà en usage au XVIIe s.). *Il y a eu un commandement de surseoir la poursuite de ce procès* (Fur.). *Tous les opéras et tous les divertissements du carnaval, qui avaient commencé, sont sursis jusques à nouvel ordre* (E. de Coulanges, *Lettre*, 11 janv. 1691).

survivance n.f. Faculté de succéder à qqn dans sa charge, après le décès de cette personne : *Il vous mande qu'on parle que M. de Verneuil donne son gouvernement à M. de Lauzun, et qu'il prend celui de Berry avec la survivance pour M. de Sully* (Sév., 17 avr. 1671).

Auj. « ce qui subsiste (d'une chose disparue) ».

survivre v. Pouvait être transitif direct (auj. on dit toujours *survivre à*) : *Et j'aurai trop longtemps survécu son amour* (Rotr., *Laure perséc.*, IV, VI). *Ce que je trouve surprenant, c'est que Canaples* [...] *survive ses frères* (Bussy, *Lettre*, 20 févr. 1687).

◆ Toutefois la construction actuelle était usuelle aussi, surtout avec un nom de chose comme complément : *Tout ce que vous me mandez sur son bonheur de n'avoir pas survécu à sa réputation* (Bussy, *Lettre Sév.*, 11 août 1675). – Vaug. admet les deux constructions. Acad. (1704) condamne la construction directe avec un nom de chose comme complément.

sus prép. ou adv., là où nous mettrions *sur, dessus* (Vaug. recommande *sur*, et n'admet *sus* qu'en poésie ; Oudin ne l'admet que dans l'expression *courir sus*). – Auj. on rencontre seulement *en sus*, « en supplément ». ♦ Interjection servant à encourager, à exciter : *Oui ? sus donc, préparez vos jambes à bien faire, Car je vais vous fournir de quoi les exercer* (Mol., *Ét.*, 896).

susceptible adj. Apte à recevoir, à posséder : *Protée était susceptible de toutes sortes de formes* (Fur.). *Il lui en resta toujours un chagrin sur le cœur, qui le rendit susceptible des impressions qu'on lui voulut donner contre le ministre* (Du Buisson, *Turenne*, 2).

En ce sens, ce mot est auj. d'un emploi plus restreint. Il a souvent pour complément un infinitif ; si le complément est un nom, celui-ci n'est généralement pas déterminé par un article défini. Sans complément, l'adj. signifie : « qui se vexe facilement ».

suscitation n.f. Suggestion, instigation, pression : *Les rentiers s'émurent par eux-mêmes et sans aucune suscitation* (Retz, *Mém.*, II, 549).

suspendu, e adj. Fig. En suspens, très attentif (auj. toujours avec un complément : *suspendu à ses lèvres*) : *Chacun était avide et comme suspendu, pour recueillir jusqu'aux moindres paroles qui sortaient de sa bouche* (Fén., *Tél.*, 9).

Les sens fig. actuels de « relevé de ses fonctions » (pour une personne) et « remis à plus tard » (pour un jugement, etc.) étaient également usuels au XVIIe s.

symboliser [à, avec] v.t.ind. S'accorder avec : *Vos inclinations pourront symboliser aux miennes* (Sorel, *Polyandre*, II, 585). *Les contraires ne symbolisent point l'un avec l'autre* (Fur.).

Auj. seulement transitif direct au sens de « représenter comme symbole ».

sympathie n.f. Vertu occulte d'un corps sur un autre : *Je ne sais si c'est la sympathie des petites herbes qui me guérit à mesure qu'elles pourrissent en terre* (Sév., 29 avr. 1685). ♦ **Poudre de sympathie,** remède à la mode au XVIIe s., et qui était censé guérir à distance quand on le mêlait au sang sorti d'une plaie : *Une petite* *plaie que nous croyions fermée a fait mine de se révolter ; mais ce n'était que pour avoir l'honneur d'être guérie par la poudre de sympathie* (Sév., 28 janv. 1685). *Ne t'a-t-on point parlé d'une source de vie Que nomment nos guerriers poudre de sympathie ?* (Corn., *Ment.*, 1182).

Les sens actuels étaient également usuels au XVIIe s.

sympathiser [à] v.t. ind. Être en rapport, être proportionné : *Pour faire sympathiser mon châtiment à quelqu'un de mes crimes* (Cyrano, *États et empires du Soleil*, p. 242).

L'emploi actuel, avec un complément amené par *avec*, au sens de « être en affinité morale avec », était déjà le plus usuel au XVIIe s. : *C'est un homme si bourru qu'il ne peut sympathiser ni compatir avec personne* (Fur.).

symptôme n.m. Tout accident fâcheux intervenant au cours d'une maladie : évanouissement, syncope, etc. : *Et sachant bien que le fantôme Lui causait aisément symptôme* (Scarr., *V. tr.*, V, 2555).

Le sens actuel de « phénomène révélant un trouble fonctionnel ou une lésion » était également usuel au XVIIe s., mais non le sens fig. de « signe révélateur d'une situation matérielle ou d'un état d'esprit ».

t

tabellion n.m. Officier public faisant fonction de notaire : *Les greffiers des petites Justices sont aussi tabellions* (Fur.).

Auj., le mot, dans la langue littér. plaisante, est le synonyme péjor. de *notaire*.

tablature n.f. Conseil, leçon : *Ne m'importunez point de votre tablature : Sans vos instructions je sais bien mon métier* (Corn., *Suiv.*, 358). ♦ **Donner de la tablature à qqn,** lui donner de l'embarras, du souci (auj. uniquement littér.) : *C'était une petite personne dont la garde m'aurait donné bien de la tablature* (Le Sage, *Bachelier de Salam*, VI, 8).

table n.f. **Tenir table,** donner à manger : *On s'étonnait d'une telle bombance : Il tenait table* (La Font., *Contes*, V, 7) ; rester longtemps à table : *Nous lui donnâmes le plus de temps qu'il nous fut possible* [...], *c'est-à-dire en déjeunant bien, et tenant table longtemps* (La Font., *Lettre à sa femme*, 19 sept. 1663).

tabler v.i. Tenir table ; rester à table : *Allez tabler jusqu'à demain* (Mol., *Amph.*, 1741). ♦ Caser ses pions (au jeu de tric-trac) : *Tablez bien* (Fur.).

Le sens actuel de « compter (sur qqch) » apparaît à la fin du XVIIe s. : *Tablez là-dessus* [...], *comptez là-dessus, accommodez vos affaires sur ce plan* (Fur.).

tabouret n.m. Droit qu'avaient certains nobles de s'asseoir sur un tabouret pendant le souper du roi et au cercle de la reine : *M. le Prince s'était engagé* [...] *de faire donner le tabouret à la comtesse de Fleix* (Retz, *Mém.*, II, 540). ♦ Personne jouissant de ce droit : *Princes et princesses du sang, ducs et duchesses et autres tabourets* (Saint-Simon, *in* L.).

Le sens actuel de « siège sans bras ni dossier » était évidemment le plus usuel au XVIIe s. : *Cette garniture de salle est de six fauteuils, six chaises et six tabourets* (Fur.).

tacet n.m. **Tenir, garder le tacet,** ne pas dire un secret, se taire : *Quand je réplique, Sachez que c'est à vous à tenir le tacet* (Th. Corn., *Geôlier de soi-même*, IV, IV).

tâcher v.t. ind. Au sens actuel, le verbe se construisait parfois avec la préposition *à* (le plus souvent, comme auj., avec *de*) : *Quiconque après sa perte aspire à se sauver Est indigne du jour qu'il tâche à conserver* (Corn., *Cinna*, 1340). *Toujours de son devoir je tâche à l'avertir* (Mol., *Ét.*, 301). *C'est un garçon qui tâche* [...] *de devenir savant* (Fur.). ♦ **Tâcher à** signifiait plus particulièrement « faire exprès de » : *Il a blessé cet homme d'un coup de pierre, mais il n'y tâchait pas* [...] *S'il lui a fait quelque préjudice, il n'y tâchait pas* (Fur.).

◆ v.t. Essayer de faire : *Quand j'ai voulu me taire, en vain je l'ai tâché* (Corn., *Rodog.*, 1042).

taillable adj. Qui est de « condition » à être soumis à la taille : *Les gentils hommes en France ne sont point taillables* (Richelet).

taille n.f. Imposition faite sur des roturiers : [Richelieu] *voit qu'il n'y a pas tant de sujets de louange à étendre de cent lieues les bornes d'un royaume qu'à diminuer un sou de taille* (Voit., *Lettre*, 24 nov. 1636). *Les traitants étaient ceux qui avançaient leur argent au Roi, pour lequel on leur abandonnait les tailles* (Rac., *Ann. La Barde*). ♦ **Taille personnelle,** qui se levait par tête. ♦ **Taille réelle,** qui était imposée sur les terres et les propriétés. ♦ Opération en vue d'extraire les calculs de la vessie : *Il se porte bien de sa taille* (Richelet). ♦ Partie intermédiaire entre la basse et la haute-contre (en musique), voix de ténor : *Cette voix est une belle taille* (Fur.). ♦ Formes du corps humain, et spécialement du buste : *Les bossus sont des gens de vilaine taille* (Fur.).

Tous les sens courants d'auj. l'étaient également au XVIIe s., sauf celui de « partie plus ou moins resserrée du tronc entre les côtes et les hanches ».

tailler v.t. Extraire des calculs de la vessie : *J'appris la mort de l'abbé de Machault, qui s'était fait tailler deux jours après la première douleur qu'il eût jamais ressentie de la pierre* (Dangeau, 4 oct. 1684, *in* L.). ♦ Parler (d'une chose) à tort et à travers : *Voilà fort plaisamment tailler cette matière, Et donner à ta langue une libre carrière* (Corn., *Pl. R.*, 81).

Les sens actuels étaient également usuels au XVIIe s., sauf le sens pop. du v. pron. « s'enfuir ».

taillis Pouvait s'employer comme adjectif, alors qu'auj. il est seulement un nom : *Dans un lieu où il y a un bois taillis de fort grande étendue* (Scarr., *Rom. com.*, III, 13).

talent n.m. Aptitude naturelle à faire qqch; capacité, mérite : *Il n'est dans tous les arts secret plus excellent Que d'y voir sa portée et choisir son talent* (Corn., *Remerciement au Roi*, 27). *Lui seul des vers aisés possède le talent* (Mol., *F. sav.*, 766). *Le monarque prudent et sage De ses moindres sujets sait tirer quelque usage, Et connaît les divers talents* (La Font., *F.*, V, 19). *Soyez plutôt maçon, si c'est votre talent* (Boil., *A. p.*, IV, 26). *« Il est propre à tout », disent ses amis, ce qui signifie toujours qu'il n'a pas plus de talent pour une chose que pour une autre, ou en d'autres termes, qu'il n'est propre à rien* (La Br., II, 10).

Auj. il s'emploie surtout dans le domaine artistique et le plus souvent sans complément : *avoir du talent.*

tambourinage n.m. Action d'annoncer, de publier à grand fracas : *Elle* [Mme de Coulanges] *me rend le tambourinage qu'elle reçoit de beaucoup d'autres* (Sév., 4 sept. 1677).

tandis adv. Pendant ce temps : *Tandis, ce soir chez moi, nous souperons ensemble* (Corn., *S. du Ment.*, 1130). – Cet emploi est condamné par Vaug., hors d'usage à la fin du XVIIe s. ♦ **Tandis que,** aussi longtemps que, tout le temps que (valeur simplement temporelle ; auj. la locution conjonctive exprime une nuance plus ou moins marquée d'opposition) : *Tandis que vous vivrez, le sort, qui toujours change, Ne vous a point promis un bonheur sans mélange* (Rac., *Iphig.*, 33). *Tandis que vous n'avez rien à faire, amusez-vous à lire* (Fur.).

tant adv. S'employait au lieu de *si* devant un adjectif ou un adverbe : *Tant honnête soit-elle et tant soit-elle forte* (Rotr., *Sosies*, II, III). *Ce n'est pas tant mal pour un commencement* (Corn., *Gal. du Pal.*, 103). *Elle n'est point tant sotte, ma foi !* (Mol., *Fourb.*, I, III). ♦ S'employait pour *autant* devant un nom : *Hélas ! des trésors et tous les biens du monde me pourraient-ils donner tant de joie que votre amitié ?* (Sév., 9 août 1671). ♦ **À tant,** à ce moment (archaïsme au XVIIe s., où l'on écrit aussi *atant*) : *Atant se tut* [...] (La Font., *Contes*, II, 8). ♦ **Sur et tant moins de,** en déduction de : *Il me dit qu'il avait déjà retenu un ménétrier à qui il avait baillé seize sols d'arrhes sur et tant moins d'un écu, qu'il lui avait promis pour sa journée* (Sorel, *Franc.*, VI). ♦ **Tant plus (moins)... tant plus (moins),** d'autant plus (moins)... d'autant plus (moins) [fréquent au début du XVIIe s., mais blâmé par Vaug.] : *Tant plus il t'enrichit, et tant plus tu hasardes* (Corn., *Imit.*, II, 996). *Tant plus j'y pense, tant plus j'en suis persuadé* (Retz, *Lettre M. de la Fons,* 13 oct. 1665). *Tant plus on le prie, et tant moins il en fait* (Fur.). ♦ **Tant seulement,** seulement : *Il borne son contentement Par la raison tant seulement* (Th. de Viau, *Ode*, Heureux, tandis qu'il est vivant...). ♦ **Tant y a que, tant y a,** quoi qu'il en soit (locution vieillie et familière selon Bouhours : *Tant y a qu'il nous fit partir de si grand matin* (La Font., *Lettre,* 3 sept. 1663). *Je ne sais pas si ce détail est à propos : tant y a, ma bonne, le voilà* (Sév., 5 févr. 1672). ♦ **Tant que, 1.** Suivi du subjonctif, jusqu'à ce que (emploi blâmé par Malh. et Acad.) : *Adieu : je vais traîner une mourante vie Tant que par ta poursuite elle me soit ravie* (Corn., *Cid.*, 994). *Versez, versez toujours tant qu'on vous dise assez* (Mol., *Bourg.*, IV, I, 2e chanson à boire) ; **2.** Suivi de l'indicatif, de sorte que, si bien que : *Il fallut* [...] *marcher quelque temps sans nous voir, tant qu'enfin nous nous retrouvâmes dans cette place* (La Font., *Lettre,* 12 sept. 1663).

Les locutions et les emplois actuels étaient également usuels au XVIIe s., sauf *tant bien que mal,* « médiocrement », et *tant qu'à* (avec l'infinitif), « puisqu'il faut... ».

tantôt adv. Bientôt, prochainement, presque : *Me voici donc tantôt au comble de mes vœux* (Rac., *Théb.*, 973). *Depuis tantôt six mois que la cause est pendante* [...] (La Font., *F.*, I, 21). *Voici tantôt mille ans que l'on ne vous a* *vue* (La Font., *F.*, III, 15). *Vous n'avez tantôt plus que la peau sur les os* (Rac., *Plaid.*, 82). *Avez-vous tantôt fait ?* (Fur.).

Les emplois actuels de « cet après-midi », et *tantôt... tantôt* : « parfois... parfois », étaient également usuels au XVIIe s.

tapabor, tapabord n.m. Bonnet dont on rabattait les bords pour se protéger du vent et du froid : *Il est temps d'avancer ; baissons le tapabord, Moins nous ferons de bruit, moins il faudra d'effort* (Corn., *Veuve*, 1137). *Sa gorge n'avait pas moins de rouge que son visage et l'un et l'autre ensemble auraient été pris pour un tapabor d'écarlate* (Scarr., *Rom. com.*, II, 10).

taponnage n.m. Disposition des cheveux en boucles : *Ce taponnage vous est naturel, il est au bout de vos doigts* (Sév., 15 avr. 1671).

taponner v.t. Disposer les cheveux en boucles : *Taponnez-vous seulement par grosses boucles, comme vous faites quelquefois* (Sév., 4 févr. 1671).

tarare interj. Marquant le refus, l'incrédulité narquoise : *Un peu de patience. – Tarare* (Mol., *Bourg.*, III, x). *Dorante, par mes soins, l'épousera. – Tarare, elle est dans nos filets* (Regnard, *Joueur*, 76).

tarder v.i. Rester tard, s'attarder : *Ces héros* [...] *prirent terre à Lemnos, dont était reine Hypsipyle, et où ils tardèrent deux ans* (Corn., *Tois.*, Exam.).

Le sens actuel de « être lent à venir, à faire qqch» était également usuel au XVIIe s. : *Pour peu que vous tardiez, vous laisserez échapper l'occasion* (Fur.).

◆ v.t. Retarder : *Je ne pense pas que de si faibles considérations dussent tarder une si juste entreprise* (Balz., *Lettre*, *in* L.). ♦**Il me tarde que** était suivi de *ne* explétif : *Holà ! Il me tarde que je ne goûte le plaisir de te voir* (Mol., *Sicil.*, sc. IX). *Il lui tarde beaucoup qu'elle ne soit à Melun* (Rac., *Lettre J.-B. Racine*, 16 juin 1698) ; cette expression pouvait, mais rarement, être suivie de l'indicatif pour exprimer une action non encore accomplie : *Qu'il me tarde déjà que, dans son sang trempées, Elles* [des épées] *ne me font voir à mes pieds étendu Le seul qui sert d'obstacle au bonheur qui m'est dû !* (Corn., *Clit.*, 167). ♦**Tarder de** pouvait s'employer là où nous disons *tarder à* : *Le peuple de Dieu ne tarda pas d'imiter les mœurs des Cananéens* (Mass., *Confér.*, Fuite du monde, *in* L.).

tardif, ive adj. Stupide, paresseux : *Les bœufs et les ânes sont des animaux pesants et tardifs* (Fur.). ♦Qui agit avec lenteur : *Ces mêmes princes* [...] *si tardifs et si paresseux à secourir l'Empire* (Rac., *Camp. L. XIV*). *Callisthène était lent à concevoir et avait l'esprit tardif* (La Br., *Disc. Théophr.*).

Il avait aussi les sens actuels de « qui se manifeste tard », ou, en parlant de fruits, « qui mûrit tard ».

tardiveté n.f. Retard : [...] *afin que vous ne m'imputiez pas la tardiveté de celle-ci* [une lettre] *à ma négligence* (Chap., *Lettres*, II, 832). ♦Lenteur (au pr. et au fig.) : *Saturne se meut avec plus de tardiveté que tous* [sic] *les autres planètes* (Fur.). [...] *à cause de la tardiveté de mon esprit* (Chap., *Lettres*, I, 138).

tâter v.t. ind. Goûter, éprouver la saveur de : *Jupiter, s'il était malade, Reprendrait l'appétit en tâtant d'un tel mets* (La Font., *F.*, XI, 6) ; et au fig. (auj. seulement dans quelques expressions, au sens de « faire l'expérience de » : *tâter de la prison*, locution déjà usuelle au XVIIe s.) : *Je n'avais point encore tâté du dégoût et du chagrin de n'avoir point de vos lettres* (Sév., 10 juill. 1680). ♦**En tâter,** se battre en duel : *Nous sûmes l'un à l'autre en secret protester Qu'à la première vue il en faudrait tâter* (Corn., *Ment.*, 1136). ♦**N'en tâter que d'une dent** (Acad. 94), obtenir peu ou rien de ce qu'on désire.

Le sens actuel du v.t. : « éprouver par le toucher », au pr. et au fig., était également usuel au XVIIe s. : *Les aveugles connaissent plusieurs choses en les tâtant* (Fur.).

tâtonner v.t. Fig. Chercher avec des hésitations (auj. seulement intrans. en ce sens, comme le plus souvent au XVIIe s. déjà) : *L'abbé de Marsillac, qui admirait et tâtonnait ses paroles* (Sév., 10 janv. 1689).

tavelé, e adj. Moucheté : *Le renard de la fable est plus tavelé et plus marqueté au-dedans que le léopard au-dehors* (Retz, *Serm. sur l'hypocrisie*, IX, 182).

Auj. il se dit le plus souvent des fruits tachés.

taxations n.f.pl. Ce qui était dû aux gens de finance, aux trésoriers et aux receveurs sur l'argent qu'ils percevaient.

taxe n.f. Amende dont le roi frappait les traitants dont une enquête avait établi les malversations : *Mais en vain pour un temps une taxe l'exile* (Boil., *Sat.*, I, 73).

Les sens actuels étaient également usuels au XVIIe s.

taxer v.t. Blâmer (vieilli en ce sens, selon Vaug.) : *Ce que j'en dis n'est pas pour taxer votre office* (Mol., *Éc. des m.*, 936). *Ces grands hommes qu'ils voulaient taxer étaient les auteurs de la Réforme* (Boss., *Hist. var.*, II). ♦**Taxer de** (suivi d'un infinitif), accuser de (limité auj. à quelques expressions où l'inf. est remplacé par un nom : *taxer qqn d'exagération*, etc.) : *La lettre du Roi* [...] *qui le taxait* [son frère] *de donner la main à l'entrée des ennemis dans le Royaume* (Retz, *Mém.*, IV, 138). *C'est se taxer hautement d'un défaut que se scandaliser qu'on le reprenne* (Mol., *Crit. Éc. des f.*, sc. VI).

Les sens actuels de « fixer à une somme déterminée » et « soumettre à une imposition » étaient également usuels au XVIIe s.

teindre v.t. Fig. Colorer, voiler : *Nous les teignons* [les idées] *de nos qualités* (Pasc., *Pensées*). ♦**Être teint du sang de qqn,** en être couvert : *Tous les marais des environs furent teints du sang des malheureux Hollandais* (Rac., *Camp. L. XIV*).

teinture n.f. Couleur laissée par un liquide sur un corps quelconque (auj. se dit presque uniquement en parlant de tissus) : *Fais-lui perdre ainsi* [à cette épée] *la teinture du tien* [de ton sang] (Corn., *Cid*, 864). ♦Fig. Trace, marque : *Je vous eusse offensé par mes compliments qui ne pouvaient que retenir la teinture de ma mauvaise humeur* (Balz., *Lettre, in* L.). ♦Apparence (limité auj. à quelques expressions, comme : *avoir une teinture de science*, « en avoir une connaissance superficielle ») : *Il y a* [dans ce livre] *des absurdités et pas la moindre teinture de vraisemblance* (La Font., *Contes*, Préf.).

Les sens actuels de « action de fixer une matière colorante (sur qqch) », « résultat de cette action » et « substance servant à cette opération » étaient également usuels au XVIIe s.

tel, telle adj. Du même genre, analogue : *Au dire de ces gens* [les cartésiens], *la bête est toute telle* [semblable à une montre] (La Font., *F.*, IX, Disc. Mme de La Sablière, 39). ♦**Tel** pouvait s'employer, au sens actuel, sans article : *Ayant assez montré qu'il est incapable de telle sotise* (Pasc., *Pensées*). ♦**Tel que,** quel que : *Telle qu'elle soit, néanmoins je vous demande en grâce* [...] (Chap., *Lettres*, I, 464) ; quelque... que : *À tel prix que ce soit, il faut rompre mes chaînes* (Corn., *Pl. R.*, 222). – Cet emploi est blâmé par Vaug. ♦**Tel quel, tel que tel,** médiocre, de peu de mérite : *Il y a dans cette chambre un lit tel quel* (Acad. 94). *Cet accord tel quel ne dura guère* (Boss., *Hist. var.*, II, 45). *Il me fit un acte de contrition tel que tel* (Scarr., *Rom. com.*, II, 6).

Les emplois actuels étaient également usuels au XVIIe s.

tellement adv. D'une telle manière : *Disons-le tellement que chacun puisse trouver dans sa conscience les vérités que je prêche* (Boss., *Serm. sur l'Ardeur de la pénitence*). *Vous pouvez donc tellement vous conduire Qu'au rendez-vous trouvant votre mari, Il sera pris* (La Font., *Contes*, I, 2). ♦**Tellement que** pouvait introduire une simple proposition de conséquence (« de sorte que ») : *Il s'est passé un ordinaire* [...] *depuis sans avoir reçu de lettre, tellement que nous sommes en une peine* [...] (Pasc., *Lettre*, janv. 1654). ♦**Tellement quellement,** de mauvaise grâce, plutôt mal : *C'est un homme qui m'a fait un plaisir, mais tellement quellement. Cet officier s'acquitte de sa charge tellement quellement* (Fur.).

Les sens et les emplois actuels étaient également usuels au XVIIe s.

téméraire adj. Fait ou dit à la légère ; irréfléchi (encore auj. dans quelques expressions, comme *un jugement téméraire*) : *Je ne m'arrêtai point à ce bruit téméraire* (Rac., *Mithr.*, 487). *Je ne prends point pour juge un peuple téméraire* (Rac., *Ath.*, 468).

Les sens actuels de « hardi à l'excès » (pour des personnes) et « qui dénote une hardiesse imprudente » (pour des choses) étaient également usuels au XVIIe s.

témoigner v.t. Porter témoignage de, prouver (auj., en ce sens, on dit *témoigner de*) : *L'avarice perd tout en voulant tout gagner. Je ne veux, pour le témoigner, Que celui dont la poule* [...] *Pondait tous les jours un œuf d'or* (La Font., *F.*, V, 13). ♦Ce verbe entre dans diverses locutions verbales telles que **témoigner joie, témoigner aversion** (sans article devant le nom) : *Les stances* [...] *contre qui je vois quantité de gens d'esprit et savants au théâtre témoigner aversion* (Corn., *Andr.*, Exam.). ♦ **Témoigner, témoigner de** (suivis de l'infinitif), manifester un sentiment, une intention : *La Reine témoigna être satisfaite des exemples que l'on lui apporta* (Retz, *Mém.*, I, 306). *Je lui témoignai d'être étonné du renversement que cette doctrine apportait dans la morale* (Pasc., *Prov.*, IV).

Les sens actuels du v.t. et du v.i. étaient également usuels au XVIIe s.

témoin n.m. Témoignage, preuve (auj. seulement comme premier mot de la phrase, en ce sens) : *J'ai ta promesse en main ; voilà ta signature ; Je puis, par ce témoin, confondre l'imposture* (Regnard, *Mén.*, V, III). *J'ai du fond de votre âme une trop haute estime, Pour vous croire jamais capable d'un tel crime : Mes yeux ont démenti leurs témoins les plus forts* (Mol., *Mis.*, 1679).

Le sens le plus courant d'auj., « personne qui apporte un témoignage », était également usuel au XVIIe s. : *Un grand homme sec, là, qui me sert de témoin* (Rac. *Plaid.*, 173).

tempérament n.m. Juste mélange qui produit l'équilibre : *La santé du corps consiste dans le tempérament des humeurs* (Bourd., *Pensées*, *in* L.). *Une vie sobre, tranquille et laborieuse, lui avait fait comme un nouveau tempérament* (Fén., *Tél.*, 11) ; et au fig. : *Je ne vois point de créature Se comporter modérément. Il est certain tempérament Que le maître de la nature Veut que l'on garde en tout* (La Font., *F.*, IX, 11). *Plusieurs de ceux qui cherchaient dans toutes les affaires un tempérament et un milieu* (Saint-Réal, *Conjur. des Gracques*). ♦ Adoucissement, ménagement : *Cette décision peut toutefois recevoir quelque distinction et quelque tempérament* (Corn., *Disc. de la trag.*). *C'est cette mauvaise délicatesse qui oblige ceux qui sont dans la nécessité de reprendre les autres de choisir tant de détours et de tempéraments pour éviter de les choquer* (Pasc., *Pensées*). ♦ Accord, arrangement : *Ils épuisent leur esprit à chercher des tempéraments* (Rac., *P.-R.*, II). *Il n'y en a point* [de poésie] [...] *sans fiction ; et Socrate ne savait que dire la vérité. Enfin il avait trouvé un tempérament : c'était de choisir des fables qui continssent quelque chose de véritable* (La Font., *F.*, Préf.). ♦ Composition d'un corps : *La même pompe qui élève l'eau en un endroit à la hauteur de 30 pieds 4 pouces ne l'élève en un autre* [...] *qu'à la hauteur de 26 pieds 1 pouce, en même tempérament d'air* (Pasc., *Pesant. masse d'air*).

Les sens actuels de « complexion » et de « caractère » étaient usuels au XVIIe s., mais non ceux de « constitution quant aux appétits sexuels » et de « crédit » (dans *vente, achat à tempérament*).

tempérer v.t. Modérer par le mélange : *Pandore, que ta boîte en maux était féconde ! Que tu sus tempérer les douceurs de ce monde !* (La Font., *Quinquina*, 285). *L'eau tempère le vin* (Fur.). ♦ Dominer, maîtriser : *Cet homme* [...] *ne se peut tempérer, il ne peut tempérer sa langue* (Fur.).

Le sens actuel de « atténuer, diminuer l'ardeur de » était également usuel au XVIIe s. : *La fraîcheur des nuits* [...] *tempère la chaleur des jours. L'âge tempère les bouillons de la jeunesse* (Fur.).

temple n.m. Église : *Soit. Mais il est saison que nous allions au temple* (Corn., *Ment.*, 1434). – L'emploi de ce mot permettait d'éviter, par respect, d'employer le mot *église* dans les comédies, les romans, ou, selon Fur., donnait au style un caractère élevé [par référence à l'Antiquité] : *Premièrement, il doit voir au temple, ou à la promenade,* [...] *la personne dont il devient amoureux* (Mol., *Pr. rid.*, sc. IV). [Louis le Grand] *assemble dans un temple si célèbre* [Notre-Dame de Paris] *ce que son royaume a de plus auguste* (Boss., *O. f. Condé*, Exorde).

Le sens actuel de « lieu de culte non catholique » était déjà le plus usuel au XVIIe s. : *Les Romains ont consacré des temples à leurs empereurs* (Fur.).

temple n.f. Tempe (Vaug. et Acad. condamnent la forme *tempe*) : *Deux petits fers* [d'une coiffure] *s'enfoncent dans les temples* (Sév., 5 oct. 1689). *L'os des temples est le plus faible des os de la tête* (Fur.).

temps n.m. Moment, période : *Valère* [...] *Montre depuis un temps trop de tranquillité* (Mol., *Dép. am.*, 28). *Elle est dans un temps de mauvaise santé* (Sév., 9 févr. 1683). ♦ Délai : *Fureur d'accumuler* [...], *Quel temps demandes-tu pour suivre mes leçons ?* (La Font., *F.*, VIII, 27). ♦ Conjoncture : *Considérez* [...] *les temps d'où dépendent tous les mouvements* [= révolutions] *de ce vaste empire* (Boss., *H. univ.*, III, 6). ♦ Occasion favorable : *Le temps de chaque chose ordonne et fait le prix* (Corn., *Pompée*, 636). ♦ **Il s'en**

va temps, il est à temps, le moment est venu : *Il s'en va temps que je reprenne un peu de forces et d'haleine* (La Font., *F.*, VI, Épilogue). *Il sera toujours assez à temps de se perdre quand il n'y aura plus rien à espérer* (Scarr., *Rom. com.*, I, 21). ♦**Prendre son temps,** choisir son moment : *Mon galand ne songeait qu'à bien prendre son temps, Afin de happer son malade* (La Font., *F.*, V, 8). *Le moine disait son bréviaire ; Il prenait bien son temps !* (La Font., *F.*, VII, 9). *Le départ de ma fille m'a causé des vapeurs noires : je prendrai mieux mon temps quand je vous écrirai une autre fois* (Sév., 16 févr. 1671). – Auj. l'expression signifie « ne pas se presser ». ♦**Prendre un (le) temps,** saisir l'occasion : *Pourrai-je prendre un temps à mes vœux si propice ?* (Corn., *Pol.*, 366). [Les loups] *prennent le temps que dans la bergerie Messieurs les bergers n'étaient pas, Étranglent la moitié des agneaux les plus gras* (La Font., *F.*, III, 13). ♦**Prendre le temps de,** choisir comme moment de (auj. « se réserver un moment pour ») : [...] *semblable à cette femme qui prenait le temps de demander son masque lorsqu'elle l'avait sur son visage* (La Br., XI, 7). ♦**Prendre son temps sur qqn,** choisir pour l'attaquer le moment où on a l'avantage sur lui : *Deux ennemis secrets* [...] *Qui* [...] *Sur l'ennemi commun sauront prendre leur temps* (Corn., *Hér.*, 1790). ♦**Prendre le temps de qqn,** attendre le moment qui lui convient : *S'il s'agit de vous faire une remontrance,* [...] *vous croyez avoir droit d'exiger qu'on prenne votre temps* (Bourd., *Carême*, Zèle, *in* L.). ♦**Temps** est employé sans article dans diverses locutions verbales : **gagner temps, avoir temps, donner temps, perdre temps :** *Je voulais gagner temps, pour ménager ta vie* (Corn., *Pol.*, 1575). *Nous aurons temps pour tout* (Corn., *D. S.*, 207). ♦**Tout d'un temps,** immédiatement : *Bonsoir, car tout d'un temps je vais me renfermer* (Mol., *Éc. des m.*, 882) ; en même temps, du même coup : *Il lui sera facile D'apaiser tout d'un temps les mânes de Camille* (Corn., *Hor.*, 1776). *Charlatans,* [...] *Quittez les cours* [...] *; Emmenez avec vous les souffleurs* [=alchimistes] *tout d'un temps* (La Font., *F.*, II, 13). ♦**À même temps, au même temps, du même temps,** au même moment, en même temps : *Quand je vois qu'un serpent sous des fleurs se retire, J'abhorre à même temps le serpent et les fleurs* (Tr. L'Hermite, *le Dépit salutaire*). *Si la quantité de ces vapeurs n'est à même temps augmentée par quelque autre cause* (Desc., *Pass.*, 131, *in* L.). *Il voulut essayer de jouir au même temps du plaisir qu'il devait recevoir par cette chère acquisition* (Tr. L'Hermite, *le Page disgracié*). *On dit également bien* en même temps *et* à même temps (Acad. 94). ♦**De vieux temps,** depuis longtemps : *Son père, de vieux temps, est grand ami du mien* (Corn., *Ment.*, 503). ♦**Dans le temps que,** au moment où : *Le spectre s'envole dans le temps que Dom Juan le veut frapper* (Mol., *D. J.*, V, v).

Les locutions actuelles, sauf *tout le temps*, « continuellement » (ainsi que *prendre son temps, prendre le temps de*, v. ci-dessus), et les sens d'auj. du nom, sauf celui de « durée chronométrée » (en sports), étaient également usuels au XVIIe s.

tenace adj. Visqueux et adhérent (auj. « qui tient longtemps », seulement pour des odeurs) : *Des humeurs tenaces et gluantes* (Acad. 94). *La poix, la glu sont des corps tenaces* (Fur.). ♦ Fig. Avare : *Sa fille est riche ; mais l'oncle, qui est tuteur, est tenace* (Dancourt, *Vert-gal.*, sc. III).

Auj., au fig., « obstiné, opiniâtre ».

tenant, e adj. Avare : *Il ne veut rien dépenser, rien donner, il est trop tenant* (Acad. 94). ♦**Tenant à,** proche de : *Ces deux héritages sont tenants l'un à l'autre, rien ne les sépare* (Fur.). ♦**À tenant de,** attenant à : [le lit] *de l'hôte était Contre le mur, à tenant de la porte* (La Font., *Contes*, II, 3).

tendre v.i. Se diriger (auj. seulement avec un sujet nom de chose, au sens fig., déjà usuel au XVIIe s., de « viser à ») : *Où tend Mascarille à cette heure ?* (Mol., *Dép. am.*, 233). ♦Aspirer à : *Ce prédicateur tend à l'épiscopat* (Fur.).

Les sens actuels du v.t. et du v.i. étaient également usuels au XVIIe s.

tendre adj. Jeune : *Tant de nouveaux nés, encore tendres en Jésus-Christ, poussent de faibles cris vers vous* (Fén., *Serm.*, *Épiphanie*, 1685). ♦Attendrissant : *Qui ne serait touché d'un si tendre spectacle ?* (Corn., *Pol.*, 1787). ♦**Tendre de,** plein de douceur affectueuse, d'indulgence pour : *Mais il m'a paru tendre de ce livre par son discours* (Chap., *Lettres*, I, 225). ♦**Tendre à,** qui se laisse facilement aller à : *Vous êtes donc bien tendre à la tentation* (Mol., *Tart.*, 863). *Pour moi qui suis tendre aux larmes, j'en ai beaucoup répandu* (Sév., 1er juill. 1672).

◆ n.m. **Le tendre,** l'affection, la tendresse,

le penchant : *J'ai un furieux tendre pour les hommes d'épée* (Mol., *Pr. rid.*, sc. XI).

Les sens actuels de l'adj. étaient également usuels au XVIIe s.

tendresse n.f. Délicatesse : *Nul ciseau, nul tour, nul pinceau ne peut approcher de la tendresse avec laquelle la nature tourne et arrondit ses sujets* (Boss., *Connaiss.*, IV, 2, *in* L.). ♦ Attendrissement, émotion : *On me fit là des réponses si tendres, que je ne pus les soutenir sans une extrême tendresse* (Sév., 8 déc. 1679). ♦ Inclination, tendance : *Vous lui avez donné de la tendresse pour de plus grands desseins* (Sév., 11 sept. 1680). *Je n'ai que trop de tendresse à rendre de petits services* (Mol., *Av.*, IV, I).

Le sens actuel de « affection, attachement » était également usuel au XVIIe s. : *J'ai de la tendresse pour vous* [...], *j'ai beaucoup d'amour* (Fur.).

ténébreux, euse adj. Qui a lieu dans les ténèbres, la nuit : *Enfin, toute l'horreur d'un combat ténébreux* (Rac., *Mithr.*, 446).

Les sens actuels, surtout littéraires, de « qui se trame dans l'ombre » (*de ténébreux desseins*, etc.) et « obscur pour l'esprit, difficile à comprendre » étaient usuels au XVIIe s., mais non celui de « sombre et mélancolique » (en parlant d'une personne), sauf dans la locution *beau ténébreux* (où l'adj. est employé comme nom).

tenir v.t. Retenir, contenir : *Je ne sais qui me tient... – Ne vous emportez pas* (Mol., *Mis.*, 1475). *Pour vous,* [...] *dont la peau Est plus dure que la mienne, Je ne vois rien qui vous tienne* (La Font., *F.*, V, 2). *L'autre,* [...] *Se couche sur le nez, fait le mort, tient son vent* [= sa respiration] (La Font., *F.*, V, 20). ♦ Mener, accompagner : *Où va-t-elle si vite, et quel homme la tient ?* (Mol., *Fâch.*, 154). ♦ Estimer, croire, considérer (auj. on dit en ce sens *tenir pour*, comme souvent au XVIIe s. déjà) : *Biron qu'on ne tenait pas assez ennemi des huguenots* (Boss., *Hist. France*). *Quoi ? vous ne tenez pas véritable une chose établie par tout le monde ?* (Mol., *Mal. im.*, III, III). *Je vous arrête à cette rime,* [...] *Je ne la tiens pas légitime* (La Font., *F.*, II, 1). *Je tiendrais un roi Bien malheureux, s'il n'osait rire* (La Font., *F.*, XII, 12). *Suivant les sentiments dont vous serez capable, Je vous saurai tenir innocent ou coupable* (Corn., *Pompée*, 938). *Mais je tiens qu'ici-bas, sans faire tant d'apprêts, La vertu se contente et vit à peu de frais* (Boil., *Ép.*, V, 103) ; on a dit aussi en ce sens *tenir comme : Le second* [Senneterre] *le dit, dès le soir même, à mon père, et je me le tins comme dit* (Retz, *Mém.*, I, 114). ♦ **Tenir que,** soutenir que : *Petit poisson deviendra grand* [...] *Mais le lâcher en attendant, Je tiens pour moi que c'est folie* (La Font., *F.*, V, 3). ♦ **Tenir à,** regarder comme : *Tenez à bonheur de n'être pas à son goût* (Chap., *Lettres*, II, 207). *Le magistrat, tenant à mépris et irrévérence cette réponse, le fit mettre en prison* (La Font., *Vie d'Ésope*). [Le lièvre] *cependant méprise une telle victoire, Tient la gageure à peu de gloire* (La Font., *F.*, VI, 10). ♦ **Être tenu à qqn,** lui être reconnaissant : *Que je vous suis tenu de ce qu'il n'en sait rien !* (Corn., *Illus.*, 188).

◆ v.i. **Tenir,** impersonnel sans pronom sujet : *À quoi tenait que je n'exécutais mon dessein* (Vaug., *Q. C.*, *in* L.). ♦ **Tenir en tête,** tenir au cœur : *Il a déjà appris l'affaire, et elle lui tient si fort en tête, que, tout seul, il en parle haut* (Mol., *Fourb.*, I, IV). ♦ **En tenir,** être dupe, être trompé : *Ma foi, Chevalier, tu en tiens, et te voilà, payé de ta raillerie* (Mol., *Crit. Éc. des f.*, sc. IX). *Que dis-tu de l'histoire, et de mon artifice ? Le bon homme en tient-il ?* (Corn., *Ment.*, 687).

◆ **se tenir à,** se contenter de (auj. on dit en ce sens *s'en tenir à*) : *Si vous vous tenez à vos propres biens* (Boss., *Serm. sur l'Ém. dignité*). *Je puis fermer les yeux sur vos flammes secrètes Tant que vous vous tiendrez aux muets interprètes* (Mol., *F. sav.*, 284). ♦ **Se tenir de,** s'empêcher, se retenir : *Je ris incognito d'abord que je le vois. Je ne m'en puis tenir* (Richelet).

Les sens et les emplois actuels du v.t., du v.i. et du v. pron. étaient également usuels au XVIIe s.

tenter v.t. Se construisait parfois avec un infinitif non précédé de *de : Ces géants* [...] *qui tentèrent autrefois chasser de l'Olympe les immortels* (Fén., *Tél.*, 13). ♦ Éprouver : *Mes soldats, dont je veux tenter la complaisance, Dans ce même moment demandent ma présence* (Rac., *Mithr.*, 623). ♦ **Tenter qqn de faire,** l'inciter à faire : *J'y trouvai* [dans *les Guêpes* d'Aristophane] *quantité de plaisanteries qui me tentèrent d'en faire part au public* (Rac., *Plaid.*, Au lect.).

tépidité n.f. En langue mystique, tiédeur : *Si telle est ma faiblesse et ma tépidité* (Corn., *Imit.*, IV, 491).

terme n.m. Délai : *Il a demandé du terme, du répit,* [...] *pour payer* (Fur.). ♦ **Être aux (sur, dans les) termes, en terme(s) de,** être dans l'état de, la position de : *La chose en est aux termes de n'en plus faire de secret* (Mol., *D. J.*, III, III). *Mais parlez à son père, et bientôt son pouvoir Remettra son esprit aux termes du devoir* (Corn., *Illus.*, 596). *Il est sur les termes de faire banqueroute* (Fur.). *Que si cette race ennemie Me laisse, après tant d'infamie, Dans les termes de me venger, N'attendez point que je me venge* (Th. de Viau, *Prière aux poètes de ce temps*). *Comme ma connaissance n'allait pas jusque-là, je me vis en terme de ne lui pouvoir répondre* (Pasc., *Prov.*, I).

Les expressions et les sens courants d'auj. étaient également usuels au XVIIe s.

terminer v.t. Limiter, borner : *Un cercle est une figure qui est terminée par une seule ligne* (Fur.). *Ce bois termine agréablement la vue* (Acad. 94). ♦ Faire cesser : *Pour terminer vos inquiétudes et les nôtres* (Ch. de Sév., *Lettre*, 15 avr. 1685). *Le Parlement ayant terminé ces difficultés, le Roi donna ses lettres* (Rac., *P.-R.*, I, 54). ♦ Exécuter : *Des biais qu'on doit prendre à terminer vos vœux* (Mol., *Ét.*, 1293).

◆ v.i. Finir : *Tous les noms dont les pluriels se terminent en* aux *terminent en* al *ou en* ail *au singulier* (Vaug., *Rem.*, 364).

◆ **se terminer à,** se limiter, se borner à : *Un prince toujours si humble sur le trône voyait bien qu'un trône n'était pas le lieu où se dussent terminer ses espérances* (Boss., *H. univ.*, II, 4). ♦ Aboutir à : *L'amour de sa Flavie en rompt tous les effets, Et l'éclat s'en termine à de nouveaux bienfaits* (Corn., *Théod.*, 78).

Les sens actuels du v.t. et du v. pron. étaient également usuels au XVIIe s.

ternir v.t. S'employait plus largement qu'aujourd'hui au sens fig. de « faire perdre l'éclat, faire pâlir » : *Abus ! l'hymen ternit l'amant le plus aimable* (La Font., *Je vous prends sans verd*, sc. V).

terrasser v.t. Mettre dans l'impossibilité de répondre : [Corbinelli] *me paraît étourdi et terrassé de votre esprit et de votre vivacité* (Sév., 29 janv. 1685). ♦ Soutenir, protéger par une masse de terre (auj. « creuser, remuer la terre de ») : *Les ennemis sont si bien terrassés dans leur camp qu'il est impossible de les forcer* (Fur.).

Le sens actuel de « jeter à terre, rendre incapable de réagir » (avec un sujet nom de personne ou nom de chose) était également usuel au XVIIe s. : *Il terrasse lui seul et Guilbert et Grasset* (Boil., *Lutr.*, V, 175).

terre n.f. **À plate terre,** à même le sol, sur le pavé : *En ce temps, on était ravi d'être à plate terre dans la paroisse du Montagu* (Sév., 26 janv. 1683). ♦ **Sous terre,** secret, caché : *Il y avait des propositions sous terre* (Retz, *Mém.*, III, 392). ♦ **Aller terre à terre,** se disait d'un vaisseau qui navigue sans perdre la côte de vue : *De même que celui dont le vaisseau vogue terre à terre croit demeurer immobile, et que le rivage chemine* [...] (Cyrano, *États et empires de la Lune*, p. 91). – Auj. au fig. *être terre à terre,* c'est « avoir des sentiments peu élevés », locution déjà usuelle au XVIIe s. pour « des auteurs dont le style n'a point d'élévation, ou est rampant » (Fur.).

terrien, enne n. Qui possède beaucoup de terres : *Un grand terrien, sans des habitants qui labourent ses grandes terres, est un pauvre, déguisé sous l'apparence d'un opulent* (Chap., *Lettres*, II, 319). *Cette duchesse est une grande terrienne en Bretagne* (Fur.).

Auj., surtout au plur., « tous ceux qui ne sont pas des gens de mer » et « habitants de la terre (par opposition à ceux des autres planètes) ».

territoire n.m. Sol considéré dans sa nature, terroir : *Je voudrais que cette maison fût environnée de jardins, et que le territoire en fût propre à produire les plus excellents fruits* (Mme de Montpensier, *Lettre*, 14 mai 1660).

Vaug. voulait déjà qu'on ne l'employât qu'au sens actuel de « juridiction, étendue de terrain d'un État, d'une ville ».

terroir n.m. Pays, contrée : *Maxime, je vous fais gouverneur de Sicile : Allez donner mes lois à ce terroir fertile* (Corn., *Cinna*, 634). *La Macédoine, le terroir de Larisse et celui d'Athènes* (Guilleragues, *Lettre*, 9 juin 1684).

Le sens actuel de « terre considérée du point de vue de ses aptitudes agricoles » était déjà le seul admis par Vaug.

test, têt n.m. Tesson, pièce de pot de terre cassé : *Il n'en restera pas un têt* [du vase de terre] *avec lequel on puisse puiser un peu d'eau* (Pasc., *Prov.*, XVIII). ♦ Os qui couvre la tête : *Il y a fracture au test* (Acad. 94).

testigué, testiguienne interj. Jurons de comédie : *Testigué, c'est le plus honnête homme que vous ayez jamais vu* (Mol., *G. D.*, I, III). *Testiguienne ! cela sera drôle* (Mol., *G. D.*, I, II).

teston n.m. Monnaie d'argent valant sous François Ier un peu plus de dix sous et sous Louis XIII dix-neuf sous et demi : [...] *tout cela pour le prix et la somme de deux testons* (Scarr., *Rom. com.*, I, 15). *On dit d'une chose de vil prix qu'elle ne vaut pas un teston, un demi-teston* (Fur.).

testonner v.t. Coiffer, peigner (vieilli au XVIIe s.) : *Toutes ces femmes de Saint-Germain et cette La Mothe se font testonner par la Martin* (Sév., 18 mars 1671). *On me peigna, lava, rasa, On m'ajusta, poudra, frisa, Et ma tête ainsi testonnée D'un chapeau* [v. ce mot] *de fleurs fut ornée* (Scarr., *V. tr.*, II, 615). ♦ Battre, frapper : *Pour avoir fait une médisance, il a été bien testonné* (Fur.).

têt n.m. V. TEST.

tête n.f. **Bonne tête,** grande intelligence : *Faut-il de si grands talents et une si bonne tête à un voyageur pour suivre d'abord le grand chemin ?* (La Br., VI, 38). ♦ **Faire tête,** tenir tête, résister : *Et tandis qu'il fait tête aux princes d'Arménie* (Corn., *Rodog.*, 651). *Il est au désespoir de ce que vous lui faites tête* (Retz, *Mém.*, III, 335). ♦ **En tête,** comme adversaire : *N'y ayant en tête que de pauvres religieuses* (Rac., *P.-R.*, 11, var.). – Auj., au fig. : « dans l'esprit », sens déjà usuel au XVIIe s. ♦ **Tête pour tête,** face à face, inopinément : *Mme de B. que je trouvai l'autre jour tête pour tête* (Sév., 14 mars 1689). ♦ **Perdre la tête,** être décapité (auj. seulement au fig. : « s'affoler ») : *Il fut mis au Conseil de guerre qui le condamna à perdre la tête* (Du Buisson, *Turenne*, 2).

texte n.m. Sujet de discussion : *Je reviens à mon texte, et dis premièrement Qu'on ne saurait manquer de louer* [= faire une faute en louant] *largement Les dieux* (La Font., *F.*, I, 14).

Les sens actuels étaient également usuels au XVIIe s.

thème n.m. Composition scolaire sur un sujet donné ; dissertation : *Que fait-il, Monsieur Bobinet ? – Il compose un thème, Madame, que je viens de lui dicter sur une épître de Cicéron* (Mol., *Escarb.*, sc. VI). ♦ Sujet (auj. sens plus large : « idée que l'on développe dans un discours, un ouvrage didactique, etc. ») : *Un homme qui compose fort souvent son thème en plusieurs façons* [...] (Rac., *Lettre J.-B. Racine*, 14 oct. 1693).

Le sens actuel de « translation d'un texte de la langue maternelle en une langue étrangère » apparaît à la fin du XVIIe s. ; depuis lors, le mot a acquis différentes significations spécialisées, en musique, en astrologie et en linguistique.

théorbe n.m. Instrument de musique à cordes, voisin du luth : *La voix veut le théorbe et non pas la trompette* (La Font., *Ép. M. de Niert*).

thériaque n.f. Remède employé en particulier contre les poisons, les migraines, etc. : *Elle a donné d'une thériaque céleste au bon abbé, qui l'a tiré d'un mal de tête et d'une faiblesse qui me faisait grand'peur* (Sév., 25 févr. 1685).

tierce adj. **Fièvre tierce** ou **tierce** n.f., fièvre intermittente qui revient un jour sur deux : *Des accès de tierce à peine interrompus* (La Font., *Quinquina*, 74). ♦ **Fièvre double tierce,** qui présente deux accès tous les trois jours : *Pour nous, nous nous sommes jugés en même temps attaqués de la fièvre double tierce, et nous sommes assez fâchés de prévoir que nous aurons, par son moyen, deux jours de maladie contre un de santé* (Ch. de Sév., *Lettre*, 8 déc. 1675).

tierce adj. V. TIERS.

tiercet n.m. Groupe, strophe de trois vers dans un sonnet : *Venons-en promptement aux tiercets, je vous en prie* (Mol., *F. sav.*, 802).

Fur. ne donne déjà que la forme moderne : *tercet.*

tiers, tierce. Employé comme adj. au sens de « troisième » : *À condition qu'en lieu tiers ce prince ferait les honneurs des Pays-Bas* (Boss., *O. f. Condé*). ♦ **Fièvre tierce,** v. TIERCE.

timbre n.m. Cerveau : *Cette humeur chaude et prophétique Qui dans mon timbre lunatique Vient tout à coup de s'élever ?* (Saint-Amant, *le Passage de Gibraltar*, 326). *Les vins d'Orléans sont fumeux, ils donnent dans le timbre* [= montent à la tête] (Fur.).

Les sens actuels étaient également usuels au XVIIe s., sauf ceux qui concernent la poste.

timide adj. Lâche, poltron, timoré : *Sais-je pas que sans moi sa timide valeur Succomberait bientôt aux ruses de sa sœur ?* (Rac., *Alex.*, 291).

Quels timides conseils m'osez-vous suggérer ? (Rac., *Ath.*, 1077).

Auj. sens atténué de « qui manque d'assurance, qui perd facilement contenance ».

tiré, e adj. Trop subtil (auj. *tiré par les cheveux*, locution déjà usuelle au XVIIe s.) : *Et toutes vos raisons, Monsieur, sont trop tirées* (Mol., *Tart.*, 1218).

tire-laine n.m. Voleur, bandit : *Attaqués par cinq ou six tire-laine* (Scarr., *Rom. com.*, I, 18).

tirer v.t. Attirer, tirer à soi : *Sa grâce et sa vertu sont de douces amorces, Qui pour tirer les cœurs ont d'incroyables forces* (Mol., *Ét.*, 960). ♦ Laisser passer : *Des souliers tirent l'eau, quand ils sont percés, ou faits de mauvais cuir* (Fur.). ♦ Enlever, retirer, faire partir : *Il lui faudrait du front tirer le diadème* (Corn., *Nic.*, 1663). *Ô que cela est divertissant ! lui dis-je. On ne peut s'en tirer, me répondit-il ; je passe les jours et les nuits à le lire, je ne fais autre chose* (Pasc., *Prov.*, V). *On ne peut tirer les prêtres de Paris ; il n'y a que les dames qui en veuillent partir* (Sév., 13 mai 1671). ♦ Diriger un coup de feu sur quelqu'un (auj. seulement avec un nom de gibier comme complément d'objet direct) : *Il vint au-devant de moi et me tira : mais ce fut avec tant de trouble et de précipitation qu'il me manqua* (Le Sage, *Diable boit.*, XIII). [Le comte d'Hollac] *me tira à bout touchant* (La Roch., *Mém.*, II, 126). ♦ Représenter, peindre : *Ce paysage a été tiré d'après nature* (Fur.). ♦ **Tirer en exemple qqn, qqch** le donner en modèle : *Ces choses* [...] *qu'il ne ferait pas bon tirer en exemple pour conduire une action véritable sur leur plan* (Corn., *Hér.*, Exam.). ♦ **Tirer la laine,** voler : *Une boîte de diamants que vous lui avez volée dans Paris dans le temps que vous tiriez la laine* (Scarr., *Rom. com.*, II, 15). ♦ **Tirer pays,** s'enfuir : *Tous les monstres que la mer porte, L'entendant rugir de la sorte, Ne savent où tirer pays* (Saint-Amant, *le Passage de Gibraltar*, 232). *Il* [...] *paye, remonte à cheval et tire pays* (Saint-Simon, 1702). ♦ **Tirer de long,** v. LONG. ♦ **Tirer ses grègues,** v. GRÈGUES. ♦ **Tirer le pied,** traîner (auj. on dit *traîner, tirer la jambe*) : *Traînant l'aile et tirant le pied* (La Font., *F.*, IX, 2). ♦ **Tirer son vent, son haleine,** « respirer » (Fur.). ♦ **Tirer sa raison,** demander son compte, son dû : *Mourir sans tirer ma raison !* [...] *N'écoutons plus ce penser suborneur* (Corn., *Cid*, 331).

◆ v.i. Partir, aller : *Ils ont tiré tous deux chacun de leur côté* (Th. Corn., *Am. à la mode*, V, II). *Tirez, tirez, Monsieur le bailli* [...] *le défunt n'est pas mort ; le voilà que je vous amène* (Dancourt, *Mari retrouvé*, sc. XXIII). ♦ En parlant du vent, souffler : *Le souffle violent qui tire droit du nord Les emporte à souhait vers l'opposite bord* (Chap., *Pucelle*, XXI, 250). ♦ S'étendre : *En se réservant dans les Gaules les provinces qui tiraient sur les Pyrénées* (Boss., *H. univ.*, I, 11). ♦ **Tirer à,** s'approcher de (auj. on dit *tirer sur*) : *L'air de son visage a quelque mignardise Qui ne tire pas mal à celle de Dorise* (Corn., *Clit.*, 650) ; provoquer, amener : [Le lait d'ânesse] *commençait à m'ôter la santé, en me donnant des dégoûts et des espèces d'émotions tirant à fièvre* (Boil., *Lettre Racine*, 26 mai 1687). – On dit encore en ce sens *tirer à conséquence*.

◆ **se tirer,** s'en aller, se retirer (sans nuance populaire) : *Prenez la peine de vous tirer un peu plus loin* (Mol., *Bourg.*, IV, V). ♦ Se dégager, s'affranchir : *Nos pères avaient bon esprit de nourrir tous les trains* [d'invités]. *C'est une belle mode à présent dont tout le monde s'est tiré* (Sév., 2 août 1671).

Les locutions et les sens actuels étaient également usuels au XVIIe s., sauf, pour le v.t., « passer péniblement [une durée] » (*tirer un an de prison*), et, pour le v.i., « avoir du tirage (en parlant d'un poêle) », ainsi que *tirer au flanc*, « se dérober à une corvée ».

tireur n.m. **Tireur d'armes,** maître d'armes : *Tout beau, monsieur le tireur d'armes, ne parlez de la danse qu'avec respect* (Mol., *Bourg.*, II, II). ♦ **Tireur de laine,** voleur qui dérobait les manteaux de laine, ou toute autre chose : *Ce pillage* [des troupes] *qui était trouvé tout aussi mauvais au Parlement que celui des tireurs de laine sur le Pont-Neuf* (Retz, *Mém.*, IV, 216).

tison n.m. **Tison d'enfer,** personne très méchante qui mérite de brûler en enfer : *Songez, songez, petit tison d'enfer, Comme on pourra raccommoder votre âme* (La Font., *Contes*, IV, 7).

tissu part.pass. de l'ancien français *tistre*, tisser : *Moi seule j'ai tissu le lien malheureux Dont tu viens d'éprouver les détestables nœuds* (Rac., *Baj.*, 1731).

◆ n.m. Fig. Trame, déroulement : *Après lui avoir conté le tissu de la conjuration* (Retz, *Conjur. Fiesque*, V, 643). ♦ Enchaînement (auj. seulement « suite ininterrompue [de choses désagréables ou regrettables] » : *tissu de mensonges, d'injures*) : *Là, dans un long tissu de belles actions, Il verra comme il faut dompter les nations* (Corn., *Cid*, 187).

tissure n.f. Fig. Liaison ; texture : *L'ingénieuse tissure des fictions avec la vérité* (Corn., *Abrégé martyre St Pol.*). *L'infini n'est rien qu'une tissure sans bornes de tout cela* [eau, air, feu] (Cyrano, *États et empires de la Lune*, p. 48).

titre n.m. Inscription : *Une de ces pyramides bâtie de brique avertissait par son titre qu'on se gardât bien de la comparer aux autres* (Boss., *H. univ.*, III, 3). *Pilate mit pour titre sur la Croix du Sauveur : Jésus Nazaréen Roi des Juifs* (Fur.). ♦**À titre de, en titre de,** en vertu de, en montrant telle ou telle qualité (auj. « avec la qualité officielle de », comme au XVIIe s. déjà) : *On s'introduit bien mieux à titre de vaillant* (Corn., *Ment.*, 332).

Les sens actuels du n.m. étaient également usuels au XVIIe s.

toilette n.f. Pièce de tissu placée sur une table pour recevoir les vêtements et les objets utilisés la nuit (peignoirs, bonnets, peignes, etc.) : *Toilette à dentelle d'Angleterre* (Acad. 94). ♦**Plier la toilette à qqn,** lui voler ses vêtements : *Mon fils à qui l'on vient de plier la toilette* (La Font., *Ragotin*, III, XI).

Des sens actuels, seul celui de « action de s'apprêter pour paraître en public » commençait à s'employer à la fin du XVIIe s.

tolérance n.f. Action d'admettre ; acceptation : *L'étonnement que nous donna la tolérance de cette proposition* [de mariage] *par Mlle d'Alerac* (Sév., 15 août 1685).

Le sens le plus courant d'auj. de « disposition à admettre chez les autres des manières de penser différentes des siennes » apparaît à la fin du XVIIe s. : *Il s'y déclarait ouvertement pour la tolérance universelle, décidant nettement qu'on avait eu tort de brûler Servet* (Bayle, *Lettre*, 24 févr. 1689).

tombant, e adj. Affaibli, chancelant : *Et César, qui lisait sa peur sur son visage, Le flattait par pitié pour lui donner courage. Lui* [Ptolémée], *d'une voix tombante offrant ce don fatal* [...] (Corn., *Pompée*, 755). *Je choisis un époux* [...], *et j'espérai qu'en lui Votre trône tombant trouverait un appui* (Corn., *Rodog.*, 542).

Auj. « qui tombe » (dans *à la nuit tombante*) et « qui s'étend de haut en bas » (*épaules, moustaches tombantes*, etc.).

tomber v.i. Décliner, perdre de sa réputation, de son crédit : *S'il* [le favori] *m'écoute plus volontiers et s'il me reconduit un peu plus loin, je penserai qu'il commence à tomber* (La Br., VIII, 94). ♦**Tomber dans,** fig., être l'objet de, être concerné par : *Une science vaine, aride, dénuée d'agrément et d'utilité, qui ne tombe point dans la conversation* (La Br., I, 62) ; s'appliquer à, en venir à : *Pour tomber dans l'exemple, il y avait l'autre jour des femmes à cette comédie* (Mol., *Crit. Éc. des f.*, sc. III). *Il est tombé dans mon sens, je l'ai amené à mon avis* (Fur.).

La plupart des sens et des emplois actuels étaient également usuels au XVIIe s.

ton n.m. Façon de se comporter, allure : [M. de Lavardin] *a des qualités bien solides, et un désintéressement qui lui donne des tons biens propres à commander* (Sév., 24 sept. 1675). ♦Son de la voix : *Il* [le loup] *contrefait son ton Et d'une voix papelarde Il demande qu'on ouvre* (La Font., *F.*, IV, 15).

Les sens actuels étaient également usuels au XVIIe s., où cependant on ne connaissait pas l'expression *le bon ton*, « les manières reçues (dans un certain milieu) ».

tondre v.t. **Être tondu,** ne pas être suivi dans ses avis : [Jurieu] *a produit diverses causes de récusation contre M. Piélat et même des dépositions de témoins ; mais il a été tondu : le consistoire les a déclarées nulles* (Bayle, *Lettre*, 24 août 1691).

tôpe interj. Graphie archaïque de *tope*. ♦**Dire tôpe à,** consentir à : *Nous rîmes fort de tout cela, et avec mon fils même, car il est de bonne compagnie, et dit tôpe à tout* (Sév., 22 avr. 1671). *À la santé de Monsieur l'Ambassadeur ; à la santé de Mme la duchesse de Chaulnes. – Tôpe à notre cher gouverneur ; tôpe à la grande gouvernante* (Sév., 15 mai 1691).

tôper v.t.ind. Graphie archaïque de *toper*. ♦Consentir : *M. d'Elbeuf, qui ne cherchait que de l'argent, tôpait à tout ce qui lui en montrait* (Retz, *Mém.*, II, 325).

topinambou n.m. Sauvage du Brésil : *Les Grecs, qui pour nous Sont pires que Topinambous* (Scarr., *V. tr.*, V, 182). ♦Personne grossière :

J'ai traité de topinamboux Tous ces beaux censeurs (Boil., *Épigr.*, 24).

tordre v.t. Fig. Détourner de sa signification naturelle : *L'Écriture se laissait tordre et violenter à qui le voulait* (Boss., *Hist. var.*, V, 22). ♦ Le participe passé de ce verbe a été *tord (tors) : Ce rhume* [= rhumatisme] *lui a rendu le col tors* [...] *Il a eu naturellement une jambe torte* (Fur.).

Les sens actuels du v.t. étaient également usuels au XVIIe s.

torticolis adj. et n. Qui a le cou de travers : *Les fluxions nous rendent quelquefois torticolis* (Fur.). *Et parmi les torticolis Je passe pour des plus jolis* (Scarr., *Œuv. burl.*, VII, 97).

Le sens actuel du nom « douleur qui oblige à tenir le cou de travers » était également usuel au XVIIe s. : *Je me porte mieux, ma très chère : ce torticolis était un très bon petit rhumatisme* (Sév., *in* L.).

tortu, e adj. S'est employé comme adverbe au sens de « de travers » : *Veut-on que j'aille droit quand on y va tortu ?* (La Font., *F.*, XII, 10).

tôt adv. Promptement : *Faites tôt, et hâtez nos plaisirs* (Mol., *F. sav.*, 718). *Suivez-moi dans le temple, et tôt, et sans excuse* (Corn., *Théod.*, 556). ♦ **Plus tôt que plus tard,** au plus vite : *Je crois qu'en bonne politique M. de Grignan prendra le parti de venir à la cour plus tôt que plus tard* (Sév., 10 oct. 1673).

Le sens actuel de *tôt* : « avant le moment habituel ou normal », était également usuel au XVIIe s. : *Il faut mourir tôt ou tard. On est toujours marié trop tôt* (Fur.).

touchant, e adj. Qui provoque une émotion, même douloureuse (auj. sens atténué : « qui attendrit d'une manière douce et agréable ») : *Cet arrêt* [...] *Qui décide du sort de mon amour extrême, Doit m'être assez touchant* (Mol., *Éc. des m.*, 729). ♦ Qui atteint le but qu'il se propose : *Ils doutent encore si des calomnies aussi touchantes que celles dont ils m'attaquent, ne feront point d'impression sur un cœur fidèle* (Retz, *Lettre épisc.*, 9 avr. 1657).

touche n.f. Coup, humiliation : *Il* [Voiture] *se souviendra longtemps de la touche* (Chap., *Lettres*, I, 605). *Voici pour votre adresse une assez rude touche* (Corn., *Ment.*, 1558). ♦ Action de solliciter : *Il restait ce secret regard d'une Providence mystérieuse qui la voulait rappeler des extrémités de la terre ; et voici quelle fut la première touche* (Boss., *O. f. Anne de Gonzague*).

Les sens actuels étaient également usuels au XVIIe s., sauf les sens sportifs et le sens galant (*faire une touche*, etc.).

toucher v.t. Frapper, exciter un attelage avec le fouet : *Touchant ses chevaux ailés, elle me promena par tout le monde* (Perr. Abl., *Trad. Lucien*). ♦ **Toucher un instrument,** en jouer : *Ceux que vous faites chanter ou toucher un instrument* (La Br., V, 33). ♦ Être perceptible à : *Pour toi l'astre du jour prend des soins superflus ; Tu regrettes des biens qui ne te touchent plus* (La Font., *F.*, VIII, 1). ♦ Émouvoir (même douloureusement), peiner : *Le rat s'étonnait que les gens Fussent touchés de voir cette pesante masse* [l'éléphant] (La Font., *F.*, VIII, 15). *L'un, touché des soucis, des longueurs, des traverses Qu'* [...] *on voit aux procès attachés, S'offrit de les juger sans récompense aucune* (La Font., *F.*, XII, 25). *Quelquefois il avait envie d'aller se jeter à son cou, et de lui témoigner combien il était touché de sa faute* (Fén., *Tél.*, 7). *Je n'aime point que votre pauvre Grignan fonde et diminue* [...] *; je suis touchée de cet état* (Sév., 1er août 1685). ♦ Atteindre, blesser : *Tu sais comme un soufflet touche un homme de cœur* (Corn., *Cid*, 875). ♦ Inspirer de l'amour : *Acanthe est fort touché de certaine Clymène* (La Font., *Clymène*, 12). ♦ Occuper entièrement, dominer : *Touchée d'un si digne objet, sa grande âme se déclara toute entière* (Boss., *O. f. Condé*). ♦ Peindre, décrire, exprimer : *Ce peintre touche bien un paysage* (Fur.). *Je me réduisis à ne toucher qu'un petit nombre d'importuns* (Mol., *Fâch.*, Avert.). *Un poète a bien touché une passion, un tel caractère,* [...] *il en a fait des expressions vives et naturelles* (Fur.). ♦ **Toucher à,** atteindre : *Ces grands efforts d'esprit où l'âme touche quelquefois sont chose où elle ne se tient pas* (Pasc., *Pensées*) ; se rattacher, en parlant des liens de parenté : [Ils] *sont de ma connaissance Et même à la plupart je touche de naissance* (Corn., *S. du Ment.*, 640). ♦ **Toucher à qqn** signifiait aussi « le concerner » : *Si vous, maître et fermier, à qui touche le fait, Dormez sans avoir soin* [...] (La Font., *F.*, XI, 3). ♦ **Toucher à qqn dans la main,** lui donner la main en signe d'accord : *Allons, touchez-lui dans la main et rendez grâces au ciel de votre bonheur* (Mol., *Bourg.*, V, v).

Les sens et les emplois actuels étaient également usuels au XVIIe s.

tour n.m. Façon élégante de présenter sa pensée : *Vous avez le tour libre et le beau choix* *des mots* (Mol., *F. sav.*, 971). *Ne voulez-vous point de mal à vos lettres ? Il y a du tour et de l'esprit partout* (Sév., 2 mars 1689). ♦ Détour : *Après bien des tours, je lui nommai M. de Chateauneuf* (Retz, *Mém.*, III, 308). ♦ Ruse : *Ces tours ingénieux qui ne font entrevoir aux malades le danger où ils sont qu'au travers* [...] *de vaines espérances de guérison* (Fléch., *O. f. Le Tellier*). ♦ Manière de se conduire, en particulier, forfait, crime : *Chaque instant de sa vie, après ce lâche tour, Met d'autant plus ma honte avec la sienne au jour* (Corn., *Hor.*, 1029). – Auj. on dit familièrement *un bon, un mauvais tour*, « une action par laquelle on attrape, on dupe quelqu'un », expressions et sens déjà usuels au XVIIe s. ♦ État des relations avec qqn : *M. le duc d'Orléans m'avoua qu'ils n'étaient pas ensemble sur le tour de tendresse* (Saint-Simon, *in* L.). ♦ **Tour de main,** coup : *Je ne connais qu'un d'eux, et c'est là le retour De quelques tours de main qu'il reçut l'autre jour* (Corn., *Gal. du Pal.*, 248). ♦ **Tour de reins** ou simplement **tour,** au fig., point faible : *Il m'a voulu faire voir dans les œuvres mêmes de Cicéron cette débilité et ce tour de reins* [...] (Balz., *le Barbon*, *in* L.). *Sa réputation n'a jamais eu ni tour ni atteinte* (Sév., 26 juill. 1675). ♦ **Par tour,** à tour de rôle : *Elles iront à la messe par tour* (Boss., *in* L.).

Les locutions et les sens actuels étaient également usuels au XVIIe s.

tourbe n.f. Péjor. Troupe (Fur. et Acad. 94 ne signalent plus de ce mot qu'un emploi juridique) : *Au milieu de la tourbe insolente, enragée, Elle va vers la mort de ses chaînes chargée* (Chap., *Pucelle*, XXIII, 306).

tourbillonner v.t. Agiter vivement : *Délivrée de l'esclavage de nos passions, dont nous sommes tourbillonnés* (Sév., 1er mai 1680).

Auj. il ne s'emploie plus qu'intransitivement.

tourment n.m. Violente douleur physique, torture : *Le superbe animal, agité de tourments, Exhale sa douleur en longs mugissements* (Boil., *Lutr.*, I, 87). *Dans les tourments ils laissèrent la vie* (Rac., *Esth.*, 534).

L'emploi fig. actuel de « souffrance morale » était également usuel au XVIIe s. : *Les procès donnent bien du tourment* [...] *Les amoureux se plaignent sans cesse qu'ils souffrent mille tourments* (Fur.).

tourmenter v.t. Torturer (auj. seulement au fig., comme très souvent au XVIIe s. déjà) : *Depuis tant de temps que nous les tourmentons* [les chrétiens] (Corn., *Pol.*, 1438). *Ce criminel a été bien tourmenté à la question* (Fur.).

◆ **se tourmenter,** s'agiter, se remuer en vain (auj. seulement « se faire du souci », sens également usuel au XVIIe s.) : *Le vent perdit son temps : Plus il se tourmentait, plus l'autre tenait ferme* (La Font., *F.*, VI, 3). *Il aperçoit de loin l'imprudente gazelle Prise au piège et se tourmentant* (La Font., *F.*, XII, 15). *Ce prédicateur se tourmente trop dans sa chaire* [...], *il fait trop de gestes* (Fur.).

tournebroche n.m. Chien qu'on a dressé à faire tourner une roue dont le mouvement entraîne la broche (ou jeune marmiton qui tourne la broche) : *À peine eut-il parlé qu'il entendit un petit tournebroche d'un fermier voisin, qui glapissait dans les buissons* (Fén., *Fables*, le Lièvre qui fait le brave).

Le sens actuel de « mécanisme servant à faire tourner une broche » était également usuel au XVIIe s.

tournement n.m. **Tournement de tête,** vertige : *J'ai été attaqué depuis près de quatre mois d'un tournement de tête qui ne m'a pas permis de m'appliquer à rien* (Boil., *Lettre Brossette*, 24 nov. 1707).

tourner v.t. Traduire (sens vieilli au milieu du XVIIe s.) : *Luther ne put souffrir qu'un autre que lui se mêlât de tourner la Bible* (Boss., *Hist. var.*, I, 303). *Leurs Écritures* [des Juifs] *furent tournées en grec, et on vit paraître cette célèbre version appelée la « Version des Septante »* (Boss., *H. univ.*, I, 8). ♦ Parcourir : *J'ai tourné tout Paris pour trouver une telle étoffe* (Fur.). ♦ **Tourner l'esprit de,** endoctriner : *Les précepteurs tournent l'esprit de leurs écoliers comme il leur plaît* (Fur.). ♦ **Tourner qqchà,** l'interpréter comme : *Je ne me pouvais figurer que l'on fût capable de me le tourner à crime* (Retz, *Mém.*, II, 34).

◆ v.i. Se diriger, aller : *De quelque part qu'on tourne, on ne voit que des fous* (Mol., *Fâch.*, 346). *Tes soucis doivent tourner ailleurs* (Corn., *Pl. R.*, 1456). ♦ Circuler, être répandu : *Qu'elle ne sache point que je vous envoie ses lettres ; elle vous en écrirait autant, mais on n'aime point que cela tourne* (Sév., 7 juill. 1680). ♦ Hésiter, tergiverser : [Des] *gens se présentèrent, Firent des offres, écoutèrent : Ce ne fut pas sans bien tourner ; L'un alléguait* [...] (La Font., *F.*, VI, 4). ♦ **Tourner à,** être cause de, source de : *Nous n'avons pas même de voisins qui nous puissent tourner à importunité* (E. de Coulanges, *Lettre*, 29 oct. 1694). *Tout cela me sera compté et me tournera à profit, si je reviens jamais à la cour* (Bussy, *Lettre*, 10 sept. 1674).

◆ **se tourner à,** diriger sa tête, son corps vers (auj. on dit *se tourner vers*, comme très souvent au XVIIᵉ s. déjà) : *Je me tournai à M. de Brissac, en répondant* [...] (Retz, *Mém.*, III, 502) ; et, au fig., prendre parti pour : *Les Romains méprisèrent ce gouvernement, et se tournèrent à Charlemagne* (Boss., *H. univ.*, I, 11). ♦ S'orienter vers : *Tout se tourne à la paix* (Sév., 27 juin 1672). ♦ Absol., se convertir : *Il y a eu bien des hérétiques qui se sont tournés, qui ont abjuré leur erreur* (Fur.).

Les emplois actuels du v.t. (sauf *tourner un film*, « le faire »), du v.i. et du v. pron. étaient également usuels au XVIIᵉ s.

tournioler v.i. Prendre des détours : *Je vous rends mille grâces de votre aimable lettre* [...] *je n'y trouve rien à souhaiter que de n'écrire point toujours en tourniolant comme vous faites* (Sév., 3 juin 1693).

tout, e adj. et **tout** adv. La distinction orthographique actuelle entre les emplois adjectifs et les emplois adverbiaux de *tout* n'était pas nettement établie au XVIIᵉ s. Même dans les emplois adverbiaux l'usage ordinaire était d'accorder *tout*, malgré Vaug., qui préconisait la règle actuelle. **1. Tout** au sens de « tout à fait », variable devant un adjectif : *Deux bergers amoureux, tous remplis de langueur* (Mol., *Sicil.*, sc. II). *Des régiments tous entiers* (Rac., *Camp. L. XIV*). *Il y en a dix* [stances] *toutes entières que vous n'avez pas vues* (Rac., *Lettre Le Vasseur*, 5 sept. 1660). **2. Tout** au sens de « quoique » variable, devant un adjectif : *Tout dédaigné, je l'aime* (Corn., *Suiv.*, 743). ♦ **Tout... que,** marquant la concession devant un nom : *Tout notre gendre que vous soyez, il y a grande différence de vous à nous* (Mol., *G. D.*, I, IV). **3. Tout** renforçant un nom avec lequel il peut s'accorder ; il marque alors la plénitude : *C'est un de ces braves de profession, de ces gens qui sont tous coups d'épée* (Mol., *Fourb.*, II, V). *J'ai toute la mine de ne point écrire ce jour-là* (Retz, *Lettre M. de la Fons*, 27 juin 1672). **4. Tout** adj. devant un nom sans article, au sens de « entier » ou « chaque » : *J'ai, dit-il, toute nuit souffert son entretien* (Corn., *Ment.*, III, III). *Que toutes nations apprennent* [...] (Corn., *Off.*, 9). **5. Tout** renforçant un adverbe, une locution adverbiale ou une préposition : *Il m'est dans la pensée Venu tout maintenant une affaire pressée* (Mol., *Éc. des f.*, 961). *Conservez votre joie et votre santé tout le plus longtemps que vous pourrez* (Sév., 29 juin 1686). *Une ardeur céleste paraissait tout visiblement dans la véhémence de leur action* (Boss., *Panég. St Bernard*). [Je] *vais tout devant vous lui proposer l'affaire* (Corn., *Suiv.*, 370).

◆ **Du tout,** entièrement : *Il est certain que l'espérance étant du tout ôtée le désir cesse* (Desc., *Lettre*, avr. 1637). – En proposition négative, *du tout* peut signifier « tout à fait », et non comme auj. « nullement » : *Je ferai réponse aux hommes quand je ne serai du tout si dévote* (Sév., 24 mars 1671). ♦ **Tout de ce pas,** immédiatement : *Allons tout de ce pas réclamer tous son aide* (Corn., *Œd.*, 398). ♦ **Tout à l'heure,** tout de suite (auj. il signifie « prochainement ») : *La raison du plus fort est toujours la meilleure ; Nous l'allons montrer tout à l'heure* (La Font., *F.*, I, 10). ♦ **Sur le tout,** par-dessus tout : *Sur le tout, j'admire votre désintéressement* (Retz, *Mém.*, II, 345).

Les emplois actuels de *tout*, adj., adv. et n., étaient également usuels au XVIIᵉ s., ainsi que la quasi-totalité des locutions composées avec ce terme.

toutefois adv. **Toutefois que, toutefois et quantes que,** toutes les fois que : *Le cardinal de Richelieu* [...] *allait au bien, ou par inclination ou par bon sens, toutefois que son intérêt ne le portait point au mal* (Retz, *Mém.*, I, 282). *Toutefois et quantes qu'on médit, on pèche grièvement* (Fur.).

tracas n.m. Bruit, agitation de gens qui vont et viennent : *Tout ce tracas qui suit les gens que vous hantez* (Mol., *Tart.*, 87). ♦ Désordre : *Tous les meubles de cette maison sont dérangés, hors de leur place, c'est un tracas épouvantable* (Acad. 94). ♦ Métier, fonction (bas en ce sens) : *Ce petit tracas de dame d'honneur, dont elle* [Mᵐᵉ de Richelieu] *s'acquittait si bien, est tout dérangé* (Sév., 6 avr. 1680).

Le sens actuel de « souci, dérangement causé par des préoccupations harcelantes » était également usuel au XVIIᵉ s. : *Il a abandonné cette succession, parce qu'il voit qu'il y a trop de tracas à la débrouiller* (Fur.).

tracasser v.i. Se donner du mouvement, aller et venir, s'agiter (mot familier) : *Il sort* *rarement de chez soi ; il aime la chambre,* [...] *où il tracasse* (La Br., XIV, 64). *Quelque temps après, je retourne à mes ouvriers : la journée se passe ainsi à tracasser* (Bussy, *Lettre Mme de Scudéry*, 10 déc. 1670). ♦ Être irrésolu : *Vous ne conclurez rien avec cet homme-là, c'est* [...] *un esprit faible, qui ne fait que tracasser* (Fur.).

Les sens actuels du v.t. : « inquiéter », et du v. pron. : « se faire du souci », étaient également usuels au XVIIe s.

tracer v.t. Décrire, exprimer (encore auj. dans quelques expressions, comme : *tracer un tableau*, « le dépeindre, le décrire ») : *La nature, fertile en esprits excellents, Sait entre les auteurs partager les talents : L'un peut tracer en vers une amoureuse flamme ; L'autre d'un trait plaisant aiguiser l'épigramme* (Boil., *A. p.*, I, 15).

Les sens actuels étaient également usuels au XVIIe s.

traduire v.t. **Se traduire,** se montrer, se présenter (auj., avec un sujet nom de chose, « se manifester [par] ») : *J'enrage de voir de ces gens qui se traduisent en ridicules, malgré leur qualité* (Mol., *Crit. Éc. des f.*, sc. V).

trafic n.m. Commerce : *Un marchand grec en certaine contrée Faisant trafic* (La Font., *F.*, VIII, 18) ; péjor. : *Te voilà donc ici, peste du bien public, Qui réduis les amours en un sale trafic !* (Corn., *Veuve*, 1038). ♦ Fig. Domaine où s'exerce une activité (sans la nuance péjorative actuelle) : [La fidélité] *est de tous les trafics de l'amour-propre* [...] *celui où il fait le moins d'avances, et de plus grands profits* (La Roch., *Réflex. diverses*, XVII, var.).

Auj., en plus du sens péjor. de « commerce honteux », le mot a celui de « circulation importante de véhicules ».

trafiquant n.m. Commerçant : *Pierre Valdo, marchand de Lyon, dans une assemblée où il était selon la coutume avec les autres trafiquants* (Boss., *Hist. var.*, XI, 78).

Auj. péjorativement : « celui qui se livre à un commerce malhonnête ».

trafiquer v.i. Faire un commerce lointain (sans nuance péjorative) : *Quelque marchand qui ne sait que trafiquer sur mer* (Rac., *R. sur O.*, VIII). ♦ Entretenir des relations : *Elle sait que je trafique en plusieurs endroits, et que je pouvais avoir été instruite par des gens qui m'auraient dit le contraire* (Sév., 27 oct. 1675). ♦ **Trafiquer de,** tirer un profit (le plus souvent malhonnête) de : *Il trafiqua de chapelets de baume, Vendit du mithridate* (Corn., *Illus.*, 182). *Un vil amour du gain* [...] *Trafiqua du discours et vendit les paroles* (Boil., *A. p.*, IV, 172).

Auj., comme v.t., « acheter et vendre malhonnêtement » et « frelater » (*trafiquer un vin*, etc.).

tragi-comédie n.f. Pièce de théâtre « dont les principaux personnages sont des princes et les accidents graves et funestes, mais dont la fin est heureuse, encore qu'il n'y ait rien de comique qui y soit mêlé » (Desmarets, *Scipion*, Préf.) : *« Le Cid », tragi-comédie* (titre de l'édition originale de la pièce de Corn., Paris, Augustin Courbé, 1637 [achevé d'imprimer le 24 mars]).

Auj., dans la langue courante, « événement, situation où le comique se mêle au tragique ».

trahir v.t. Sacrifier : *J'ai trahi la justice à l'amour paternel* (Corn., *Pol.*, 899). *Tremblante pour un fils que je n'osais trahir, Je te venais prier de ne le point haïr* (Rac., *Ph.*, 695). ♦ **Trahir qqch à qqn,** le lui dévoiler par trahison : [Laonice] *eût pu trahir son secret* [celui de Cléopâtre] *aux princes, ou à Rodogune, si elle l'eût su plus tôt* (Corn., *Rodog.*, Exam.). ♦ Payer d'ingratitude : *Tu trahis mes bienfaits, je les veux redoubler* (Corn., *Cinna*, 1707). ♦ Ne pas répondre à l'attente de, rendre vain : *Vous n'auriez pas survécu à un accident qui eût trahi là-dessus vos précautions et vos artifices* (Mass., *Av. sur le Jugement universel*).

Les sens actuels étaient également usuels au XVIIe s.

trahison n.f. **Prendre en trahison,** prendre en traître, par surprise : *Je le prends quelquefois en trahison, et je lui explique d'où cela vient* (Sév., 22 déc. 1688).

train n.m. Manière de se comporter, de vivre : *Mon Dieu, nous savons le train des enfants dont les pères se remarient* (Mol., *Av.*, III, I). *En vain de son train ordinaire On le* [le naturel] *veut désaccoutumer :* [...] *On ne saurait le réformer* (La Font., *F.*, II, 18). *Voilà le train du monde et de ses sectateurs : On s'y sert du bienfait contre les bienfaiteurs* (La Font., *F.*, XII, 16). ♦ Allure : *Ce train toujours égal dont marche l'univers* (La Font., *F.*, II, 13). ♦ Équipage, suite : *Mademoiselle* [de Montpensier] [...] *est partie avec fort peu de train et d'équipage* (La Roch., *Lettre Lenet*, 27 oct. 1652). *Les grands en leur amour* *n'ont jamais de secret ; Ce grand train qu'à leurs pas leur grandeur propre attache N'est qu'un grand corps tout d'yeux à qui rien ne se cache* (Corn., *Illus.*, 1505). *Vous traînez en tous lieux dix mille âmes à vous : Le nombre est peu commun pour un train domestique* (Corn., *Sur.*, 897). ♦ Cours des événements, suite des choses : *Je m'en vais reprendre le train de mes promenades* (Sév., 7 mars 1685). *Je suis fâchée que vous ayez perdu un de mes paquets : comme ils sont tout pleins de nouvelles, cela* [...] *vous ôte du train de tout ce qui se passe* (Sév., 3 juill. 1672). ♦ **En bon train,** en bon état, en bonne voie : *Elles* [les eaux] *auront mis votre poitrine en bon train* (Rac., *Lettre Boileau,* 13 août 1687). ♦ **Se mettre en train de,** se disposer à, entreprendre de : [...] *Que je vais m'en donner, et me mettre en beau train De raconter vos vaillantises* (Mol., *Amph.*, 1743). ♦ **Prendre (être dans) le train de,** s'habituer à : *Mes entrailles n'ont point encore pris le train des tendresses d'une grand-mère* (Sév., 11 mars 1671). *Enfin me revoilà dans le train d'espérer de vous y voir* [à Paris] (Sév., 17 juin 1685). ♦ **Tout d'un train,** tout de suite : *Je suis au désespoir qu'au lieu de vous écrire comme je fis, je ne vous envoyai point tout d'un train une lettre de remerciement* (Sév., 22 oct. 1661).

Les locutions et les sens actuels, sauf ceux de « grande agitation » et de « convoi ferroviaire », étaient également usuels au XVIIe s.

traînant, e adj. Fig. Sans force, languissant : *Mon âme traînante, abattue, N'a qu'un moment à vivre* (Corn., *Andr.*, 811). *Que leur dévotion est traînante et débile* (Corn., *Imit.*, IV, 1249).

Les sens actuels de « qui pend (jusqu'à terre) » et « qui a des intonations qui durent trop longtemps (en parlant de la voix) » étaient également usuels au XVIIe s.

traîne-malheur n.m. Celui qui vit dans la misère : *À ce traîne-malheur Montrer de quoi finir notre misère* (La Font., *Contes*, IV, 10).

traîner v.t. Passer péniblement et lentement une circonstance : [Jésus] *traînant lentement les derniers soupirs par une respiration languissante* (Boss., *1er Serm. sur la Passion*, 3e point). ♦ Entraîner, amener avec soi : *En tous lieux après vous il* [votre mérite] *traîne la victoire* (Corn., *Pol.*, 510). *Dom Juan, l'endurcissement au péché traîne une mort funeste* (Mol., *D. J.*, V, VI). ♦ Attirer : *Cotin, à ses sermons traînant toute la terre* (Boil., *Sat.*, IX, 291).

Les sens actuels du v.t. et du v.i., sauf « rester en arrière d'un groupe qui avance », étaient également usuels.

traîneur, euse adj. et n. Qui demeure en arrière (auj. on dit *traînard,* terme usuel depuis le début du XVIIe s.) : *C'est aujourd'hui que, selon toutes les apparences, vous avez été reçu par le chapitre avec quelques autres traîneurs* (Sév., 2 févr. 1689).

◆ n.m. **Traîneur d'épée,** filou, individu peu recommandable : *Chacun croit votre gloire à faux titre usurpée, Et vous ne passez plus que pour traîneur d'épée* (Corn., *Illus.*, 710).

trait n.m. Écriture : *De son auguste seing reconnaissez les traits* (Rac., *Baj.*, 1683). ♦ Traînée : *Le chat, de grand matin, Sort pour aller chercher sa proie. Les derniers traits de l'ombre empêchent qu'il ne voie Le filet* (La Font., *F.*, VIII, 22). ♦ Élan : *Entre amis, il ne faut jamais qu'on s'abandonne Aux traits d'un courroux sérieux* (La Font., *F.*, XII, 2). *Votre prince vous dit un jour Qu'il aimait mieux un trait d'amour Que quatre pages de louanges* (La Font., *F.*, XII, 23). ♦ **Donner le premier trait,** engager une affaire : *Je m'en vais là dedans donner le premier trait* (Mol., *Ét.*, 1350). ♦ Ce qui touche, qui émeut : *Mon cœur n'est point à l'épreuve des traits Ni de tant de vertus, ni de tant de bienfaits* (Corn., *Pompée,* 1291). ♦ Ce mot est très fréquent dans le langage galant du XVIIe s. pour désigner une blessure d'amour : *Madame, il vous souvient que mon cœur en ces lieux Reçut le premier trait qui partit de vos yeux* (Rac., *Bér.*, 190). ♦ Raillerie piquante : *Ils* [les fous] *donnent toujours Quelque trait aux fripons, aux sots, aux ridicules* (La Font., *F.*, IX, 8). ♦ Ce qu'il y a de brillant, de frappant dans une œuvre littéraire : *L'assemblée, Par l'apologue réveillée, Se donne entière à l'orateur : Un trait de fable en eut l'honneur* (La Font., *F.*, VIII, 4). ♦ Traction : *Le frottement des parties qui se fait dans les machines demande une augmentation de force pour le trait* (Fur.). ♦ **Prendre trait,** durer longtemps : *Voilà une maladie qui a la mine de prendre trait, dont on ne peut mourir, ni guérir de longtemps* (Fur.).

Les sens actuels étaient également usuels au XVIIe s.

traitable adj. **Traitable à qqn,** aimable envers lui (auj., sans complément, « accommodant », emploi déjà usuel au XVIIe s.). [Les femmes] *Que le son d'un écu rend traitables à tous* (Corn., *Ment.*, 40). ♦ En parlant de choses, agréable : *Cette forêt* [de Livry] *si belle, si trai-*

table, où nous nous promenons si familièrement (Sév., 14 juill. 1680).

traitant n.m. Celui qui a signé un accord avec le roi pour lever en son nom certains impôts : *La veuve et les cousins, chacun y fait pour soi Comme fait un traitant pour les deniers du Roi* (Corn., *S. du Ment.*, 74).

traiter v.t. **Traiter de qqch** traiter avec tel ou tel sentiment, de telle ou telle manière : *Et, de quelque rigueur que le destin me traite* (Corn., *Rodog.*, 1535). ♦ **Traiter en chair,** donner à manger de la viande (on dit encore parfois auj. *traiter qqn* [avec souvent un adv. de manière], « lui donner un repas ») : *Je veux bien, et même je serai bien aise que l'on traite en chair M. le baron de Gondi* (Retz, *Lettre M. de la Fons*, 3 déc. 1668).

◆ v.i. **Traiter avec qqn,** se comporter avec lui : *Ne vous offensez pas, objet rare et charmant, Si ma haine avec lui traite un peu rudement* (Corn., *Théod.*, 466).

Les sens actuels du v.t. (sauf celui de « soumettre [une matière] à un agent chimique ou physique ») et du v.i. étaient également usuels au XVIIe s.

trajet n.m. **En trajet de,** en traversant : *Le roi d'Angleterre est allé en Irlande* [...] *Si vous voulez lui rendre visite, il faut que vous passiez en trajet de mer* (Sév., 16 mars 1689).

trajeter v.t. Transporter par mer (sens vieilli au XVIIe s.) : *Faites en sorte que les vivres de Bigottau et ceux du dit Hébert soient heureusement et promptement trajetés* (Richelieu, *Lettre P. Guron*, 7 nov. 1627). ♦ Traverser : *Ce bras de mer est facile à trajeter* (Fur.).

trame n.f. Fig. Cours de la vie, destinée : *Il a coupé ma trame dès le commencement de mes jours* (Boss., *in* L.). ♦ Machination : *Je sais les tours rusés et les subtiles trames Dont, pour nous en planter, savent user les femmes* (Mol., *Éc. des f.*, 75). *Il avait fait une trame, à la faveur de laquelle il était prêt de mettre cette ville entre les mains de D. Pedre* (Saint-Réal, *Conjur. c. Venise*).

Auj., au fig., « ce qui constitue le fond et la liaison d'une chose organisée ».

trancher v.t. Abréger, interrompre : *Il allait au Conseil, dont l'heure qui pressait A tranché ce discours qu'à peine il commençait* (Corn., *Cid*, 40). ♦ Intransitiv., rompre l'entretien : *Car, tranchant avec moi par ces termes exprès : « Retirez-vous, mon âme aux visites renonce »* (Mol., *Éc. des f.*, 911). ♦ **Trancher le mot,** en oser l'emploi, s'exprimer franchement : *Mais enfin il fallut trancher le mot, et permettre au Landgrave, en termes formels, cette bigamie tant désirée* (Boss., *Hist. var.*, I, 295). ♦ **Le trancher net,** s'expliquer sans ambages : *Pour le trancher net, L'ami du genre humain n'est point du tout mon fait* (Mol., *Mis.*, 63). ♦ Absol., donner des coliques, des tranchées : *On met de l'anis dans les médecines comme le correctif du séné, pour empêcher qu'il ne tranche* (Fur.).

◆ v.i. **Trancher de,** se donner des airs de : *Il y aurait plaisir d'abaisser son orgueil, et de soumettre un peu ce cœur qui tranche tant du brave* (Mol., *Pr. Él.*, II, IV). *Tranchant du généreux, il* [Sévère] *croit m'épouvanter* (Corn., *Pol.*, 1457). *Notre homme Tranche du roi des airs, pleut, vente, et fait en somme Un climat pour lui seul* (La Font., *F.*, VI, 4).

Les sens actuels du v.t. et du v.i. étaient également tous usuels à la fin du XVIIe s.

transir v.t. Pénétrer, saisir (en parlant d'un sentiment fort) : *J'ai le cœur transi De crainte que quelqu'un ne te découvre ici* (Corn., *Pl. R.*, 843). *Cette triste nouvelle l'a transi de douleur. La vue de ce monstre l'a transi d'horreur* (Fur.). ♦ Glacer [au pr. et au fig.] (auj. seulement au part. passé, aux sens de « engourdi par le froid », « pénétré d'un sentiment qui paralyse ») : *Il vient un vent coulis de cette porte, qui transit les gens* [...] *Les froides pensées de cette comédie transissent les auditeurs* (Fur.).

◆ v.i. Être saisi de froid : *Je sentis tout mon corps et transir et brûler* (Rac., *Ph.*, 276). ♦ Être effrayé : *J'ai transi de vous voir passer de nuit cette montagne que l'on ne passe jamais qu'entre deux soleils, et en litière* (Sév., 25 févr. 1671).

transissement n.m. Émotion violente : *On paraît fort touché dans Paris, et dans plusieurs maisons, de cette grande mort* [celle de Turenne]. *Nous attendons avec transissement le courrier d'Allemagne* (Sév., 2 août 1675).

transmettre v.t. Faire accéder : *C'est la persévérance qui nous transmet à la gloire* (Boss., *O. f. H. d'Angl.*). *Pour moi, qu'un sang moins noble a transmis à la vie, Je n'ose m'éblouir d'un peu de nom fameux* (Corn., *Sert.*, 546).

Les sens actuels étaient également usuels au XVIIe s.

transpirer v. Pouvait quelquefois s'employer transitivement : *Ils ont mieux aimé* [...] *me faire transpirer toutes ces sérosités* (Sév., 17 juin 1685).

Auj. il ne s'emploie plus qu'intransitivement.

transport n.m. Fig. Manifestation d'une passion, en particulier de l'amour (auj. on dit seulement *transport de colère, de joie*) : *La gloire fit toujours nos transports les plus doux* (Rac., *Alex.*, 880). *Il se jette aussitôt à ses pieds. La Princesse, un peu surprise de son grand transport, voulut s'éloigner* (Segrais, *Nouv. franç.*, V). *Jupiter ne tarda guère À modérer son transport* (La Font., *F.*, VIII, 20). [Je serai] *Son maître à surmonter les vices, À dompter les transports, monstres empoisonneurs* (La Font., *F.*, XI, 2).

transporter v.t. Fig. Émouvoir fortement, rendre fou (restreint auj. à quelques locutions, comme *transporter de joie, d'enthousiasme, de colère*) : *Sa douleur le transportait si fort qu'il ne pouvait s'empêcher de parler seul* (Segrais, *Nouv. franç.*, V). *De l'amour du pays noblement transporté* (Rac., *Théb.*, 714). *Les grandes prospérités nous aveuglent, nous transportent, nous égarent, nous font oublier Dieu* (Boss., *O. f. H. de Fr.*). *Un poète dit* [...] *qu'une sainte fureur le transporte* (Fur.).

◆ **se transporter,** être pris d'un mouvement soudain de passion ; être mis hors de soi : *Mme la Dauphine* [...] *s'est transportée d'une telle colère* [...] (Sév., 3 avr. 1686).

travail n.m. Fatigue : *Le travail du chemin, le veiller, l'exercice du bal et de la promenade m'avaient extrêmement appesanti* (Voit., *Lettre cardinal de La Vallette*, 1630). *J'espère que dans trois ou quatre jours j'éprouverai si je saurai aussi bien résister au travail de la mer qu'aux autres* (Voit., *Lettre Mlle Paulet*, oct. 1633). *Ce sensible outrage Se mêlant aux travaux d'un assez long voyage* (Mol., *Sgan.*, sc. X). ♦ Fatigue résultant d'une entreprise périlleuse ; exploit (encore auj. dans *les travaux d'Hercule*) : *Télémaque, nous vous apprendrons ce qui est arrivé à votre père. Mais l'histoire en est longue ; il est temps de vous délasser de tous vos travaux* (Fén., *Tél.*, 1). *Au moins, que les travaux, Les dangers, les soins du voyage, Changent un peu votre courage !* (La Font., *F.*, IX, 2). *Condé, prince dont les travaux* [...] *Serviraient de matière à former cent héros* (La Font., *Quinquina*, 228). ♦ Peine, difficulté, tourment : *Les princes périrent tous. La racaille, dans les trous Trouvant sa retraite prête, Se sauva sans grand travail* (La Font., *F.*, IV, 6). *À cause du grand mystère de notre Rédemption que Notre Seigneur y a opéré et des grands travaux qu'il a soufferts* (Boss., *Catéch. des fêtes*, 41). – Ces sens vieillissent au milieu du XVIIe s.

La quasi-totalité des sens actuels étaient usuels au XVIIe s.

travailler v.t. Causer une douleur physique ou morale : *Sans cesse elle est travaillée de peines insupportables* (Boss., *O. f. Anne de Gonzague*). *La goutte travaille ce malade depuis longtemps* (Fur.). *De quel démon est donc leur âme travaillée ?* (Mol., *Dép. am.*, I, V). *Un oracle m'assure* [= me rassure], *un songe me travaille* (Corn., *Hor.*, 1211). ♦ Fatiguer : *Je viens délasser ma vue travaillée dans cet admirable vert* (Balz., *Lettre*, 7 mars 1634).

◆ v.i. Peiner : *Les grands hommes ne sont embarrassés que de petites choses, et ils travaillent plus à donner à boire et à filer qu'à faire des sièges et à défaire des monstres* (Pelliss., *Relat. du voyage de la Reine en Flandre*). *Sa poitrine travaille à respirer* (Fur.).

◆ **se travailler,** se tourmenter, se préoccuper : *Pourquoi te travailles-tu vainement ?* (Boss., *Serm. sur l'Ambition*). *Faut-il tant se travailler* [...] *pour les biens passagers de ce monde ?* (Fur.). ♦ Se fatiguer, faire des efforts : *Plus l'esprit s'y travaille, et plus il s'y confond* (Corn., *Imit.*, IV, 2227). [La grenouille] *s'étend, et s'enfle, et se travaille, Pour égaler l'animal* [le bœuf] *en grosseur* (La Font., *F.*, I, 3).

La quasi-totalité des sens actuels du v.t. et du v.i. étaient également usuels au XVIIe s.

travers n.m. Distance, intervalle, dimension : *Célidée et Hippolyte sont deux voisines dont les demeures ne sont séparées que par le travers d'une rue* (Corn., *Gal. du Pal.*, Exam.). *Le travers de la France est de 300 lieues : c'est sa plus grande largeur* (Fur.). ♦ « **Au travers** et **à travers** sont bons, mais **au travers** est meilleur », dit Vaug. : *Le grison se rue Au travers de l'herbe menue* (La Font., *F.*, VI, 8). *Au travers des périls un grand cœur se fait jour* (Rac., *Andr.*, 787). *À travers les rochers la peur les précipite* (Rac., *Ph.*, 1541).

Le sens actuel du n.m., « défaut, vice », ainsi que les locutions prépositives et adverbiales d'auj. étaient également usuels au XVIIe s.

traverse n.f. Malheur, accident, obstacle : *Elle n'a point encore d'expérience des maux du monde ni des traverses qui nous arrivent* (Boss., *Panég. St Bernard*). *On n'a tous deux qu'un cœur qui sent mêmes traverses* (Corn., *Pol.*, 145). *Lui, que j'ai vu toujours, constant dans mes traverses* (Rac., *Bér.*, 143). ♦ **À la traverse,** d'une manière gênante, de façon à faire obstacle : *Les rivaux qui se jettent à la traverse d'une inclination établie* (Mol., *Pr. rid.*, sc. IV). ; incidemment : *S'il vous vient un petit conte à la traverse, ne vous en contraignez pas* (Sév., 9 oct. 1675). ♦ **De traverse,** indirectement : *Nous n'avons point de ses nouvelles que de traverse* (Sév., 19 août 1675).

Le sens actuel du n.f., « barre disposée en travers », et la locution *chemin de traverse* : « chemin qui coupe », étaient également usuels au XVIIe s.

traverser v.t. Contrarier, gêner ; susciter des obstacles pour empêcher d'agir : *Il espérait que l'on pourrait traverser le retour de M. le Cardinal par d'autres moyens* (Retz, *Mém.*, IV, 79). *Rome, Vespasien traversaient vos soupirs* (Rac., *Bér.*, 246). *L'envie se plaît à traverser les desseins d'autrui* (Fur.). ♦Troubler, déranger, inquiéter : *Oui, je tiens que jamais de tous ces vains propos On ne doit d'un mari traverser le repos* (Mol., *Tart.*, 1068). *Et toujours Xipharès revient vous traverser* (Rac., *Mithr.*, 397). [...] *tant de tourments horribles dans les enfers, après avoir été si agité, si envié, si traversé dans une vie si courte* (Fén., *Tél.*, 14). ♦Être en travers de, barrer : *Des forêts abattues qui traversent des chemins affreux* (Boss., *O. f. Condé*).

Les sens actuels étaient également usuels au XVIIe s.

traversin n.m. Fléau (d'une balance) : *L'homme est comme le traversin d'une balance qui branle toujours* (Retz, *Serm. Cendres*, IX, 146).

Les sens actuels de « long coussin de chevet » et de « traverse » (dans la langue des marins) étaient également usuels au XVIIe s.

trébuchant, e adj. **Monnaie trébuchante,** qui dépasse légèrement le poids légal, en prévision de l'usure, donc monnaie neuve (auj. on dit plaisamment *espèces sonnantes et trébuchantes,* pour de l'« argent liquide ») : *En bons louis d'or et pistoles bien trébuchantes* (Mol., *Av.*, V, I).

trébuchement n.m. Chute : *Le trébuchement de Phaéton* (Acad. 94). *La moelle dont je m'étais enduit pour les* [=à cause des] *meurtrissures de mon trébuchement* (Cyrano, *États et empires de la Lune,* p. 52).

trébucher v.i. Tomber (employé parfois avec l'auxiliaire *être*) : *Ce n'est plus qu'en sanglots qu'il dit ce qu'il croit dire ; Il frissonne, il chancelle, il trébuche, il expire* (Corn., *Att.*, 1766). *Le pied lui a manqué sur l'escalier, il est trébuché à bas des degrés* (Fur.). *Cette personne enfin sur l'herbe tendre Est trébuchée* (La Font., *Contes*, II, 6). ♦Fig. Subir un revers : *Il avait mis toutes ses espérances dans le feu Roi de Suède, lequel ayant trébuché à la bataille de Lutzen, il en était mort de regret* (Du Buisson, *Turenne*, 2). ♦En parlant de la balance, « pencher d'un côté » ; et en parlant d'un objet qu'on pèse, « faire pencher la balance » : *Il faut que l'or et l'argent trébuchent pour être de poids et de mise. Il ne faut qu'un demi-grain pour faire trébucher cette balance, tant elle est juste* (Fur.)

Le sens actuel de « faire un faux pas » était également usuel au XVIIe s. : *Un ais sur deux pavés forme un étroit passage ;* [...] *J'y passe en trébuchant* (Boil., *Sat.*, VI, 81).

trébuchet n.m. Fig. Piège : *Faisons un trébuchet au pauvre petit homme* (La Font., *Ragotin*, V, VIII). *On a attiré ce débiteur dans la prison, et il s'est trouvé pris au trébuchet* (Fur.).

Les sens propres actuels de « petite balance à plateaux pour peser les pièces d'or ou d'argent » et « piège pour prendre les petits oiseaux » étaient également usuels au XVIIe s.

tredame interj. Par Notre-Dame (juron) : *Tredame, Monsieur, est-ce que Madame Jourdain est décrépite* [...] *?* (Mol., *Bourg.*, III, V).

tremblant, e adj. Fig. Craintif, qui marque la timidité (auj. seulement pour des personnes, au sens de « qui a peur », emploi également usuel au XVIIe s.) : *Sa politique* [de Clément VII], *tantôt trop tremblante, et tantôt trop précipitée* (Boss., *Hist. var.*, VII, 50).

tremblement n.m. Fig. Crainte (auj. uniquement littéraire, au sens de « état d'angoisse intense ») : *Un saint tremblement de ses jugements* [de Dieu] (Sév., *in* L.).

trembler v.i. **Trembler à,** craindre vivement de : *Toute ingrate qu'elle est, je tremble à lui déplaire* (Corn., *Perth.*, 744). *Je tremble à vous nommer l'ennemi qui m'opprime* (Rac., *Mithr.*, 139).

tremble-terre n.m. Tremblement de terre : *Ce n'est point un coup de foudre qui les tue, un tremble-terre qui les engloutit* (Retz, *Serm. Centres*, IX, 147).

trémeur n.f. Frayeur : *Votre mandement pour les prières dans la trémeur où est la France* (Chap., *Lettres*, II, 412). *On attend des nouvelles d'Allemagne avec trémeur ; il doit y avoir eu un grand combat* (Sév., 7 août 1676).

trépassement n.m. Mort (vieilli et burlesque selon Fur., sauf dans *le trépassement de la Vierge* – le mot normal était, comme auj., *trépas*) : *M. de Thou désirait que je lui fisse un trépassement du Christ, et me le paierait très bien* (Poussin, *Lettre*, 14 mai 1644).

très adv. Il s'employait plus largement que maintenant, en particulier avec des verbes (au participe passé) : *Ils m'ont très assuré que la vendange de cette année m'aurait empirée* (Sév., 30 sept. 1676) ; devant des noms employés en fonction adjective : *Il n'a jamais été guerrier quoiqu'il fût très soldat* (Retz, *Mém.*, II, 181). *Oui, vous êtes sergent, Monsieur, et très sergent* (Rac., *Plaid.*, 434).

treuver v.t. Forme ancienne de *trouver*, aussi bonne que cette dernière, selon Vaug. : *Tout change enfin, Messieurs, et, pour dernière épreuve, Hier vous n'étiez pas là, ce jour on vous y treuve* (Quinault, *Rivales*, V, VII). *Je viens de la treuver tout à fait adorable* (Mol., *Ét.*, 952).

triage n.m. Société choisie : *La comtesse d'Ayen et Mme de Caylus* [...] *excellèrent à la jouer* [la tragédie] *devant le roi et le triage le plus étroit et le plus privilégié* (Saint-Simon, 1699).

Le sens actuel de « choix et répartition faits dans un ensemble » était déjà le plus usuel au XVII e s. : *On a fait le triage des livres de cette bibliothèque, on n'a laissé que le rebut* (Fur.).

tribouiller v.i. Être agité (vieilli au XVII e s.) : *Je me sens tout tribouiller le cœur quand je te regarde* (Mol., *G. D.*, II, I).

tribulation n.f. Tourment, préoccupation : *Le mal de votre frère, en me faisant une petite tribulation, m'ôte cette crainte que me donne toujours une joie sans nuage* (Sév., 9 oct. 1680) ; spécialement employé dans la langue religieuse : *Les justes vivent en repos au milieu des tribulations et des adversités* (Fur.).

Auj., mot familier, au sens de « mésaventures » (toujours au plur.).

tribut n.m. Rétribution : *Je sais qu'un noble esprit peut sans honte et sans crime Tirer de son travail un tribut légitime* (Boil., *A. p.*, IV, 128). ♦ En langage de galanterie, hommage amoureux : *Ce tribut qu'on rend aux traits d'un beau visage* (Mol., *Pr. Él.*, 21).

Le sens actuel de « contribution payée à un vainqueur ou à un supérieur » était également usuel au XVII e s. : *Les Romains faisaient payer tribut à tous les peuples qu'ils subjuguaient* (Fur.).

tricotets n.m.pl. Sorte de danse d'un mouvement rapide : [M. Esprit] *me parle* [...] *d'un laquais qui a dansé les tricotets sur l'échafaud où il allait être roué* (La Roch., *Lettre Mme de Sablé*, 1663). *Aucuns dansent des tricotets* (Scarr., *V. tr.*, VI, 2457).

trigaud adj. et n. Qui n'agit pas franchement : *On ne peut sortir d'affaires avec les trigauds que par les procès* (Fur.). *Un esprit bas, sordide, trigaud, etc., veut dire la même chose qu'une âme basse, sordide, etc.* (Boil., *Lettre Brossette*, 2 août 1703).

trigauder v.i. Ne pas agir franchement : chercher de mauvais détours : *Il ne fait que trigauder* (Acad. 94).

trigauderie n.f. Action de trigauder : *Les honnêtes gens sont ennemis des trigauderies, veulent rompre ou conclure bientôt une affaire* (Fur.).

triompher v.t. ind. Se prévaloir, tirer avantage : *Sa charmante moitié Triomphait d'être inconsolable* (La Font., *Contes*, I, 1). *Quand cet avocat a la parole, il triomphe de bien dire* (Fur). ♦ Être ravi : *Après vous avoir vu triompher des victoires de nos ennemis, je suis bien aise de vous mander que nous avons pris Corbie* (Voit., *Lettre*, *in* L.).

Les sens actuels du v.t. ind. et du v.i. étaient également usuels au XVII e s.

tripot n.m. Jeu de paume : *Là l'on bâtit une taverne, Et là l'on bâtit un tripot* (Scarr., *V. tr.*, I, 1390). *Tripot couvert, découvert, Balle de tripot* (Acad. 94). ♦ Fig. **Dans son tripot,** sur son terrain : *Nous nous trompions dans la pensée qu'il* [Bourdaloue] *ne jouerait bien que dans son tripot* (Sév., 3 déc. 1670).

Auj., le n.m. est péjor., et signifie « maison de jeu ».

tripotage n.m. Mélange (généralement péjor.) : *J'ai pris ce matin du tripotage de café avec du lait* (Sév., 26 févr. 1690).

Auj. « opération malhonnête ».

triquetrac n.m. Bruit de ce qui se heurte : *Un triquetrac de pieds insupportable* (Mol., *Ét.*, 1528).

triste adj. Sombre, farouche : *Les Orestes et les Œdipes, tristes fantômes qu'a évoqués le poète magicien* [...] (La Font., *Psyché*, I). ♦ Sévère, rigoureux, morose : *Je lis sur son visage Des fiers Domitius l'humeur triste et sauvage* (Rac., *Brit.*, 36). *Il fit cet édit triste et terrible par lequel il interdisait tous les magistrats de la ville* (Saint-Réal, *Conjur. des Gracques*, 158).

Les sens actuels, péjor. ou non (pour des personnes ou des choses), étaient également usuels au XVIIe s.

tristesse n.f. Gravité, austérité : *Cette tristesse évangélique qui en est l'âme* [du sermon] *ne s'y remarque plus* (La Br., XV, 1). *Ce n'est point une nécessité qu'il y ait du sang et des morts dans une tragédie : il suffit que l'action en soit grande, que les acteurs en soient héroïques, que les passions y soient excitées, et que tout s'y ressente de cette tristesse majestueuse qui fait tout le plaisir de la tragédie* (Rac., *Bér.*, Préf.).

Les sens actuels étaient également usuels au XVIIe s.

trivelinade n.f. Farce (de *Trivelin*, le bouffon) : *J'ai huit ou dix trivelinades Que je sais sur mon doigt* (La Font., *Florentin*, 32).

trivial, e, aux adj. Usé, rebattu, commun : *Nous sommes tous mortels, et l'heure et le moment sont fort incertains. Je finis par cette moralité un peu triviale* (E. de Coulanges, *Lettre*, 10 févr. 1672). ♦ Familier, qu'on peut voir partout : *L'homme de lettres* [...] *est trivial comme une borne au coin des places ; il est vu de tous et à toute heure* (La Br., VI, 12).

Auj. « d'une basse vulgarité ».

trompeter v.t. Sommer de comparaître par une assignation : *On le cite devant le tribunal laïque du Châtelet, on le fait trompeter comme un scélérat devant la porte même de son église* (Retz, *Lettre épisc.*, 1660, VI, 337). ♦ Faire annoncer par un crieur public ce qu'on recherche : *Les gens qu'avait envoyés Vénus pour se saisir d'elle* [Psyché], *ayant rendu à leur reine un fort mauvais compte de leur recherche, cette déesse ne trouva point d'autre expédient que de faire trompeter sa rivale* (La Font., *Psyché*, II).

trop adv. Employé pour *très* (cet emploi est rayé par Malh. dans Desportes) : *Vous vivrez trop contente avec un tel mari* (Mol., *Tart.*, 648). [Condé] *traverse trop promptement tout un grand pays, et, d'une première vue, il découvre un passage assuré pour le secours* (Boss., *O. f. Condé*). ♦ **Trop plus,** beaucoup plus : *Tant d'autres te sauront en sa place ravir, Avec trop plus d'attraits que cette écervelée* (Corn., *Mél.*, 959, var.). ♦ **Trop d'un,** un de trop : *Trop d'un Héraclius en mes mains est remis* (Corn., *Hér.*, 1373).

Les emplois actuels étaient également usuels au XVIIe s.

trotterie n.f. Petit voyage : *Je vous demande* [...] *comme vous vous portez de votre voyage de Marseille* [...] *Je ne saurais approuver cette trotterie inutile* (Sév., 15 mars 1680).

trouble n. S'employait parfois au féminin : *J'ai fait les troubles, parce que je les ai prédites* (Retz, *Mém.*, III, 120).

troubler v.i. Avoir la tête troublée ; devenir fou : *De passion pour moi deux sultanes troublèrent, Deux autres pour me voir du sérail s'échappèrent* (Corn., *Illus.*, 269).

Les emplois (transitifs et pronominaux) et les sens actuels étaient déjà les plus usuels au XVIIe s.

troupe n.f. Foule, multitude (vieilli auj. en ce sens, et toujours suivi d'un complément déterminatif) : *Les génies extraordinaires se démêlent toujours de la troupe* (Boss., *Serm. sur l'Ambition*). *Il a déjà prêché son Évangile ; déjà les troupes se pressent pour écouter sa parole* (Boss., *Panég. St André*).

Les sens actuels de « groupe régulier et organisé de soldats » et « groupe de comédiens qui jouent ensemble » étaient également usuels au XVIIe s.

trousse n.f. Haut-de-chausses relevé (souvent au plur.) : *Les trousses font partie de l'habit de cérémonie des Chevaliers de l'Ordre* (Fur.). ♦ Paquet, bagage : *Une trousse de fourrage est ce qu'en peut apporter un cavalier sur la croupe de son cheval* [...] Trousse *se dit aussi de la croupe du cheval sur laquelle on porte les trousses, le bagage d'un cavalier* (Fur.). ♦ Carquois : *Plus une trousse d'amazone, Ses flèches et son baudrier* (Scarr., *V. tr.*, V, *in* L.). ♦ **En trousse,** en croupe : *Que dit-il quand il voit, avec la mort en trousse, Courir chez un malade un assassin en housse ?* (Boil., *Sat.*, VIII, 291). ♦ **Quitter les trousses** se disait d'un jeune homme qui avait fini son service de page : *Un gentilhomme qui avait été nourri son page, et qui n'avait quitté les trousses que depuis peu de jours* (Du Buisson, *Turenne*, 1).

Le sens actuel du n.f., « étui à compartiments », et la locution *aux trousses* étaient également usuels au XVIIe s.

trousser v.t. Enlever, faire disparaître : *Ma tante et lui ont été troussés en moins de trois semaines, et j'hérite de tout cela* (Dancourt, *Moulin de Jav.*, sc. XXXII). *Des goinfres ont bientôt troussé une bouteille de vin* (Fur.). ♦ **Trousser bagage,** partir : *Qu'est devenu Doris ? – Il a troussé bagage* (La Font., *Eunuque*, IV, III). ♦ **Bien troussé,** bien tourné, bien fait : *Considérez un peu le bel adolescent ! N'est-il pas bien troussé pour faire des conquêtes ?* (Quinault, *Rivales*, II, IV).

Les sens actuels du v. étaient également usuels au XVIIe s.

trouver v.t. **Le premier trouvé,** le premier venu : *Je te changerai pour le premier trouvé* (Corn., *Mél.*, 1590).

◆ **se trouver,** se découvrir (auj. on dit : *se trouver être*) : *Mais heureusement le général* [...] *se trouva un homme très sage et très équitable* (Rac., *P.-R.*, p. 39).

Les sens actuels du v.t. et du v. pron. étaient également usuels au XVIIe s.

truchement n.m. Interprète : *Et je vous servirais de meilleur truchement, Si vous vous expliquiez un peu plus clairement* (Corn., *Sert.*, 1187). *Où est le truchement, pour lui dire qui vous êtes ?* (Mol., *Bourg.*, V, IV). *Cette vaste étendue de mers qui nous séparent ne nous empêche pas* [...] *d'avoir ensemble de l'intelligence par l'entremise des truchements* (Retz, *Serm. sur l'hypocrisie*). ♦ Fig. Ce qui traduit la pensée : *Adorables regards,* [...] *Doux truchements du cœur* (Corn., *Mél.*, 1617).

Auj. on ne dit guère que *par le truchement de* : « par l'intermédiaire, les bons offices de ».

tumultuaire adj. Désordonné ; fait avec tumulte : *Les louanges que vous méritez qui ne sont pas la matière d'une lettre aussi tumultuaire que celle-là* [...] (Chap., *Lettres*, I, 730). *Il y avait beaucoup de contestation tumultuaire dans la Compagnie* (Retz, *Mém.*, II, 253). *On n'a pu rien résoudre en ce Conseil, tant il était tumultuaire et plein de chaleur* (Fur.).

tumultuairement adv. En désordre : *Il n'en va pas de la comédie comme d'un songe qui saisit notre imagination tumultuairement* (Corn., *Clit.*, Préf.). *Que s'ils lapidèrent saint Étienne, ce fut tumultuairement, et par un effet de ces emportements séditieux* [...] (Boss., *H. univ.*, II, 23). *Elles* [les Enquêtes] *prirent leur place tumultuairement dans la Grande Chambre* (Retz, *Mém.*, III, 81). ♦ Avec précipitation : *Je vous écrivis mercredi dernier, tumultuairement, à mon ordinaire* (Chap., *Lettres*, I, 160).

turlupin n.m. Bouffon, puis fainéant, poltron, vaurien : *Si j'en étais juge, je sais bien à quoi je condamnerais tous ces messieurs les turlupins* (Mol., *Crit. Éc. des f.*, sc. Ire).

turlupinade n.f. Plaisanterie, jeu d'esprit (le plus souvent de mauvais goût) : *Ne craignons jamais de nous permettre les turlupinades qui viennent au bout de nos plumes* (Sév., 18 août 1680).

tympaniser v.t. Railler, décrier publiquement ; signaler bruyamment : *Gare qu'aux carrefours on ne vous tympanise !* (Mol., *Éc. des f.*, 72). *On va me tympaniser par la ville, et je vais donner la comédie à tout Paris. – Ah ! vraiment, nous y voilà ! On va vous tympaniser* (Regnard, *Divorce*, III, II).

u

un article indéfini. Pouvait s'employer là où nous employons **1.** l'article défini : *C'est une chose la plus aisée du monde* (Mol., *Av.*, III, I). *Plus de soixante mille hommes* [...] *étaient arrivés à une même heure devant cette grande ville* (Rac., *Camp. L. XIV*). **2.** l'adjectif possessif : *Travaillez à vous rendre un* [= son] *père favorable* (Mol., *Dép. am.*, 178). **3.** les indéfinis « quelque, un certain » : *J'ai pu connaître, depuis un temps, la passion que vous voulez tenir secrète* (Mol., *Am. magn.*, I, I). **4.** Il s'employait parfois là où nous ne mettons plus d'article : *Puisque, par un bonheur, personne n'est encor averti de la chose* (Mol., *Mal. im.*, III, XII). **5.** Comme pronom, il pouvait être du neutre et avoir le sens de « une chose » : *Je me contenterai d'en dire* [de la comédie] *deux choses* [...] *: l'un, que je soumets tout ce que j'ai fait* [...] *à la censure des puissances* [...] *; l'autre que* [...] (Corn., *Att.*, Au lect.). ♦**Ne... pas pour un,** non un seul, plusieurs : *On n'a pas pour un cœur soumis à son empire* (Mol., *F. sav.*, 376). *On nous fait voir que Jupiter n'a pas aimé pour une fois* (Mol., *Pr. Él.*, II, I). ♦**Un qui,** qqn qui : *Un qui n'avait jamais sorti de Corinthe commençait ainsi son histoire* (Rac., *Trad. Lucien*).

uni, e adj. Simple, sans incident : *Un bonheur tout uni devient ennuyeux* (Mol., *Fourb.*, III, I). *C'est un triste voyage tout uni* (Sév., 15 nov. 1684). ♦Sans ornement : *Venir en visite amoureuse avec une jambe toute unie* [= sans dentelles ni canons], *un chapeau désarmé de plumes* [...] *! mon Dieu, quels amants sont-ce là !* (Mol., *Pr. rid.*, sc. IV). ♦**À l'uni,** au même niveau : *Il faudrait relever cette allée à l'uni du parterre* (Acad. 94) ; et au fig. : *Nous ferons mieux l'année qui vient ; mais le préalable de tout mieux est de se mettre à l'uni* (Retz, *Lettre M. de la Fons*, 30 mars 1671).

Les sens actuels étaient également usuels au XVIIe s.

uni, e part. Pouvait se construire avec *à* suivi de l'infinitif (auj. toujours : *pour*) : *De deux princes unis à soupirer pour vous* (Corn., *Rodog.*, 1189).

uniforme adj. Unanime : *Le consentement uniforme de tous les Allemands* [...] (Retz, *Mém.*, V, 320). *Tous les suffrages furent uniformes* (Fur.).

Le sens actuel de « qui présente des éléments tous semblables ou analogues » était également usuel au XVIIe s. : *Il serait à souhaiter que toutes les coutumes du royaume fussent uniformes* (Fur.). *Sans cesse en écrivant variez vos discours. Un style trop égal et toujours uniforme* [...], *il faut qu'il nous endorme* (Boil., *A. p.*, I, 71).

uniment adv. D'une manière égale : *Il marche uniment, d'un pas égal* [...] *Il faut étendre cela uniment, sans pli* (Fur.). *Cette toile est travaillée uniment* (Acad. 94). ♦Sans façon (auj. seulement dans *tout uniment* : « avec simplicité », déjà usuel au XVIIe s.) : *Un homme qui* [...] *explique au peuple la parole divine uniment et familièrement* (La Br., XV, 3).

unique adj. Au sens de « excellent » pouvait être au superlatif : *Je verrai mon amant, mon plus unique bien* [...] (Corn., *Hor.*, 141).

uniquement adv. Par-dessus tout : [...] *moi, qui t'ai toujours chérie uniquement* [...] (Corn., *Gal. du Pal.*, 1272). *Je m'accoutume à imputer à Dieu tous les événements, je l'admire uniquement en toutes choses* (Corbinelli, *Lettre*, 2 mars 1689).

Le sens actuel de « exclusivement » était également usuel au XVIIe s. : *Dans les grandes actions il faut uniquement songer à bien faire, et laisser venir la gloire après la vertu* (Boss., *O. f. Condé*, 1re partie).

usage n.m. Utilité qu'on tire de qqch : *Et ces gens* [les devins] *sont en effet de quelque usage : ils prédisent aux hommes qu'ils feront fortune* (La Br., XIV, 69). ♦**Mettre en usage,** employer : *Il met tout en usage, et prière et menace* (Corn.,

Pol., 61). ♦ **Être d'usage,** être utilisé, pratiqué (auj. seulement impersonnellement : *il est d'usage,* « c'est la coutume », emploi fréquent au XVIIe s. aussi) : *Le talent d'insinuer est plus d'usage que celui de persuader* (Retz, *Mém.*, III, 109).

Les sens actuels du n. m. étaient également tous usuels au XVIIe s.

user v.t. Consommer : *Ce malade ne peut plus user que des bouillons* (Fur.). *Il vit encore, quoique assez avancé en âge, et il use le reste de ses jours à travailler pour s'enrichir* (La Br., VI, 27). ♦ **User de qqn,** se conduire avec lui, le traiter de telle ou telle façon : *Voilà* [...] *Comme elle aime la paix, comme elle fait un roi, Et comme elle use enfin de ses fils et de moi* (Corn., *Rodog.*, 762). ♦ **En user,** se conduire : *Le grand Auguste* [...] *En usait avec lui* [Virgile] *comme tu fais vers moi* (Corn., *À Mazarin, Remerciement,* 32). *Les bourgeois en ont fort bien usé en cette rencontre* (La Roch., *Lettre Lenet,* 25 sept. 1652). *Croit-elle que toujours j'en veuille user ainsi ? Je suis son humble servante* [= je refuse] (La Font., *F.*, VII, 17). *C'est un ingrat, qui en a fort mal usé avec moi* (Fur.).

Les sens actuels du v. t. (direct et indirect) et du v. pron. étaient également usuels au XVIIe s.

user n.m. Matière supportant un long usage : *C'est un si bon user qu'on n'en voit point la fin* (Fur.). ♦ **À l'user,** après usage : *Il y a des draps qui sont plus beaux à l'user, qui s'embellissent quand on les a portés quelque temps* (Fur.) ; et au fig., dans les rapports habituels : *Seulement à l'user chacun la croyait bonne* (La Font., *Contes,* II, 13). [M. de Pommereuil] *est fort de mes amis ; mais je doute qu'il soit aussi bon à l'user que votre intendant, que vous avez si bien apprivoisé* (Sév., 11 déc. 1675).

usité, e adj. Qui est en usage (en général) : *Et, suivant le vieil ordre en Syrie usité,* [...] *Ils viennent prendre ici la coupe nuptiale* (Corn., *Rodog.*, 1542).

Le sens restreint d'auj., « qui est en usage dans la langue », existait également au XVIIe s. : *Le mot* jaçoit *est vieux, et n'est plus guères usité en notre langue* (Fur.).

ustensile n.m. Tout ce qui est nécessaire dans une maison (meubles, outils, etc.) : *Mais demain, du matin, il vous faut être habile À vider de céans jusqu'au moindre ustensile* (Mol., *Tart.*, 1790). ♦ Objet de toute nature (le mot pouvait être parfois du féminin) : *Des cheveux, des lettres, un portrait et autres pareilles ustensiles d'amour* [...] (Chap., *Lettres,* I, 503). ♦ Droit pour les troupes de passage de prendre chez l'habitant le lit, la nourriture, etc. : *L'ustensile se fournit quelquefois en argent, quelquefois en espèce* (Fur.).

Le sens actuel de « objet simple, destiné à un travail défini, et généralement d'usage domestique » était également usuel au XVIIe s.

usure n.f. **Avec usure,** avec intérêts (auj. seulement au fig., au sens de « au-delà de ce qu'on a reçu », emploi déjà usuel au XVIIe s.) : *Le champ qui les reçut les rend avec usure* (Rac., *Ath.*, 327). *Dieu rend avec usure* (Acad. 94)

V

vacarme n.m. Criaillerie, querelle : *Ce sont souvent les maris qui, avec leurs vacarmes, se font eux-mêmes ce qu'ils sont* (Mol., *G. D.*, II, I). *Ainsi donc sans sujet J'ai fait ce grand vacarme à ce charmant objet ?* (Corn., *Ment.*, 800).

Auj. « grand bruit, en général ».

vacation n.f. Métier, profession : *Les rôtisseurs qui mangent moins que les personnes d'une autre vacation* (Cyrano, *États et empires de la Lune*, p. 85). *Il est d'une honnête vacation, comme la marchandise, la pratique, la médecine* (Fur.).

Tous les sens actuels étaient également usuels au XVIIe s.

vade n.f. Enjeu, d'où, au fig., intérêt dans une affaire : *Je vous le dis, afin que si ces personnes en remercient l'auteur pour leur vade, il sache que son commissionnaire ne m'a pas donné lieu de l'en remercier comme eux* (Chap., *Lettres*, II, 459). *Ce vaisseau a fait naufrage, chacun y est pour* [= y a perdu] *sa vade* (Fur.). *Elle m'aime un peu pour ma vade* (Sév., 6 déc. 1679).

vagabond, e adj. et n. Mobile : *Quand elle* [Vénus] *eut consulté sur leur éclat nouveau Les miroirs vagabonds de son flottant berceau* (Corn., *Andr.*, 137). ♦ Nomade : *Ces peuples vagabonds qui erraient de çà et de là sur des chariots, sans avoir de demeure fixe* (Boss., *H. univ.*, II, 20). *Dans la solitude de Sainte-Fare* [...] *où les vestiges* [= traces de pas] *des hommes du monde, des curieux et des vagabonds ne paraissaient pas* (Boss., *O. f. Anne de Gonzague*). ♦ Inconstant (encore auj. pour des choses : *humeur, imagination vagabonde*) : *Si vous m'eussiez crue, vous ne seriez pas vagabonde comme vous êtes* (La Font., *Psyché*, II).

Le sens actuel du n., « personne sans domicile fixe ni ressources régulières », était également usuel au XVIIe s. : *L'Ordonnance veut que les prévôts se saisissent des fainéants, vagabonds* [...], *qui n'ont ni feu ni lieu, et qu'ils les envoient aux galères* (Fur.).

vaillant n.m. Capital, argent comptant : *Car vous savez que c'est tout mon vaillant* (La Font., *Contes*, IV, 10). *Un joueur qui va de son reste dit : Voilà tout mon vaillant* (Fur.).

vaillantise n.f. Courage, acte de courage (vieilli au XVIIe s. et du style burlesque) : *Que je vais m'en donner, et me mettre en beau train De raconter vos vaillantises !* (Mol., *Amph.*, 1743).

vain, e adj. et n. Qui s'estime trop et s'attache à des futilités : *Les princes, loués sans fin et sans relâche des grands ou des courtisans, en seraient plus vains, s'ils estimaient davantage ceux qui les louent* (La Br., IX, 18). ♦ Dépourvu de valeur, de mérite : *L'air spirituel est dans les hommes ce que la régularité des traits est dans les femmes : c'est le genre de beauté où les plus vains puissent aspirer* (La Br., XII, 32). ♦ Vide, sans force : *Il faut éviter le style vain et puéril* (La Br., I, 66). *Les plaisirs de ce monde sont vains et trompeurs* (Fur.). ♦ **Vain tombeau,** monument funéraire commémoratif ne contenant pas le corps du défunt : *L'âme encor dans les airs, faute de sépulture* [...], *Attend qu'un vain tombeau la vienne soulager* (La Font., *Astrée*, II, V).

Le sens courant d'auj., « sans efficacité, qui reste sans effet », était également usuel au XVIIe s. : *Daignent les justes dieux rendre vain ce présage !* (Corn., *Rodog.*, 1127).

vaisseau n.m. Vase, récipient : *Je veux remplir moi seul ce que je veux remplir, Et ne verse mes dons que dans des vaisseaux vides* (Corn., *Imit.*, IV, 1906). *Si un vaisseau plein d'eau a deux ouvertures, à chacune desquelles soit soudé un tuyau* [...] (Pasc., *Équil. des liqueurs*). *Ainsi il détruisit le temple de Jérusalem, il en donna le trésor au pillage ; et tant de riches vaisseaux* *furent abandonnés à un roi impie* (Boss., *H. univ.*, II, 5).

Tous les sens actuels étaient également usuels au XVIIe s.

valet n.m. **Je suis votre (ton) valet,** formule d'adieu ou de refus, de dénégation : *C'est toi qu'il joue dans la Critique. – Moi ? Je suis ton valet : c'est toi-même en propre personne* (Mol., *Impr.*, sc. III).

valeter v.i. Servir comme valet, d'où, au fig., flatter bassement : *C'est une âme basse, il n'a fait que valeter toute sa vie* (Acad. 94).

valoir v.i. En parlant d'une personne, mériter : *Je vaux bien que de moi l'on fasse plus de cas* (Mol., *F. sav.*, 1725). ♦ **Faire valoir,** faire respecter, assurer l'application de (encore auj. dans *faire valoir ses droits*) : *L'autorité où ils sont établis de faire valoir ces mêmes lois* (La Br., XII, 11). ♦ **Valoir trop,** être trop rusé : *Tu vaux trop. C'est ainsi qu'il faut, quand on se moque, Que le moqué toujours sorte fort satisfait* (Corn., *Veuve*, 1004). ♦ **Autant vaut,** en quelque sorte : *Adieu. Je tiens le coup, autant vaut, dans ma main* (Corn., *Veuve*, 778). *Pour Thaïs, tu peux dire, autant vaut, qu'elle est morte* (La Font., *Eunuque*, V, V). ♦ **Il vaut mieux de,** il est préférable de : *Il me vaudrait bien mieux d'être au diable que d'être à lui* (Mol., *D. J.*, I, I).

Les locutions et les sens actuels étaient également usuels au XVIIe s.

vanité n.f. Chose sans valeur et sans intérêt : *Il ne revient de ce grand fracas que pour bredouiller des vanités et des sottises* (La Br., V, 12). ♦ **Faire vanité,** se vanter : *La solide vertu dont je fais vanité* (Corn., *Hor.*, 485). *Elle a fait vanité de son obéissance* (Mol., *F. sav.*, 1122).

Le sens actuel du n.f., « fatuité », était également usuel au XVIIe s. : *Une once de vanité gâte un quintal de mérite* (Fur.).

vanteur n.m. Qui se vante : [...] *et qui, en ce cas, me feraient passer pour une cervelle légère ou pour un vanteur impertinent* (Chap., *Lettres*, II, 299). *Les grands vanteurs sont d'ordinaire de grands menteurs* (Fur.).

Auj. en ce sens on dit *vantard*, mot qui s'employait aussi au XVIIe s.

vapeurs n.f. plur. Selon l'ancienne physiologie, humeur subtile qui s'élève des parties basses des animaux et qui occupe et blesse leur cerveau ; migraine : [...] *il tousse, il a une mauvaise poitrine, il a des vapeurs, il a eu la fièvre* (La Br., XIII, 24). *Je vous vois tout changé de visage. – Ce sont quelques vapeurs qui me viennent de monter à la tête* (Mol., *Mar. forcé*, sc. II). *Vous ne voulez donc pas qu'on dise* vapeurs ; *mais que ferons-nous si vous nous ôtez ce mot ? Car on le met à tout* [...] *Tâchez donc de vous guérir de ces maux, de ces étourdissements qui rendent incapable de tout* (Sév., 22 avr. 1689).

vaquer v.t. ind. **Vaquer à qqn, qqch** s'occuper de lui (auj. seulement avec un complément nom de chose et dans quelques locutions comme *vaquer à ses occupations, à ses affaires*) : *J'ai vaqué au bien Bon, et me voilà* (Sév., 13 août 1684). *Et bien vous prend, ma sœur, que son noble génie N'ait pas vaqué toujours à la philosophie* (Mol., *F. sav.*, 80).

◆ v.i. Être vide : *Il y a un appartement qui vaque dans cette maison* (Fur.).

Les sens actuels du v.i., « être vacant, sans titulaire » et « être en vacances », existaient déjà au XVIIe s.

vaste adj. Démesuré, très grand (auj. emploi moins étendu) : *Ma voix met tout en fuite, et, dans ce vaste effroi, La peur saisit si bien les ombres et leur Roi* [...] (Corn., *Mél.*, 1461). *Quittez le long espoir et les vastes pensées* (La Font., *F.*, XI, 8).

vau-de-route (en, à) loc. adv. En déroute : *Ces pauvres dieux, sans nul doute, S'en allaient mis en vau-de-route* (Scarr., *Typh.*, V, 12). *Les ennemis* [...] *s'en sont fuis à vau-de-route, abandonnant leurs tentes et leur bagage, qui a été pillé* (Rac., *Lettre Boileau*, 3 oct. 1692).

vaudeville n.m. « Chanson qui court la ville, dont l'air est facile à chanter, et dont les paroles sont faites ordinairement sur quelque aventure, sur quelque intrigue du temps » (Acad. 94) : *Il y a des gens qui ressemblent aux vaudevilles, qu'on ne chante qu'un certain temps* (La Roch., *Maximes*, 211).

Auj. « comédie légère ».

vautrait n.m. Équipage du roi pour la chasse au sanglier : *Elle était Hennequin, fille d'Esgvilly qui avait le vautrait* (Saint-Simon, 1708).

veau n.m. **Veau de rivière,** veau élevé en Normandie, dans le voisinage de la Seine :

Une longe de veau de rivière, longue comme cela (Mol., *Bourg.*, IV, I).

vedette n.f. Cavalier en sentinelle dans un lieu avancé : *Corps de garde avancé, vedettes, espions, Embuscades, partis et mille inventions* (La Font., *F.*, IX, Disc. Mme de La Sablière, 130). ♦ **Être en vedette,** monter la garde dans un lieu avancé.

Aucun des sens actuels (maritimes et artistiques) n'existait au XVIIe s.

veillant, e adj. Vigilant : *Si du veillant Argus la figure effrayante* [...] (Boil., *Lutr.*, III, 89).

veillaque n.m. Personnage lâche, sans honneur : *Je vais t'assassiner d'un seul de mes regards, Veillaque* (Corn., *Illus.*, 245). *Penses-tu donc, veillaque, qu'un gentilhomme de qualité* [...] (Cyrano, *Pédant joué*, V, VII).

veiller v.t. ind. **Veiller à,** prendre soin de, chercher à soulager (auj. « surveiller, observer pour conserver en bon état », sens courant au XVIIe s. aussi) : *Votre Majesté, se donnant à Dieu, se rendra plus que jamais attentive à l'obligation très étroite qu'il vous impose de veiller à leur misère* (Boss., *Lettre Louis XIV*, 10 juill. 1675).

Les sens actuels du v.t. (direct et indirect) et du v.i. étaient également usuels au XVIIe s.

veine n.f. Fig. Inspiration (encore auj. dans la locution *être en veine,* « être inspiré ») : [...] *et de ne pas laisser tarir une veine qui coule si doucement* (Chap., *Lettres*, I, 673). *Ô pauvre comédie, objet de tant de veines* (Corn., *Gal. du Pal.*, 173). *Saint-Amant n'eut du ciel que sa veine en partage* (Boil., *Sat.*, I, 97).

Auj., au fig., le mot a pris dans la langue familière le sens de « chance ».

vendiquer v.t. Réclamer (terme de la langue juridique) : *Un promoteur intervient pour le siège Épiscopal, et vendique le cas* (La Font., *Contes*, IV, 11). ♦ Revendiquer : *Il y a plusieurs auteurs à qui on attribue cet ouvrage ; mais Untel le vendique à meilleur titre que les autres* (Fur.).

◆ **se vendiquer** v.pr. S'attribuer : *Les tribuns du peuple tâchaient de se vendiquer toute l'autorité de la République* (Fur.).

venelle n.f. **Enfiler la venelle,** s'enfuir (vulgaire selon Oudin, burlesque selon Richelet, pop. selon Fur.) : [Le cheval] [...] *Assez peu curieux de semblables amis, Fut presque sur le point d'enfiler la venelle* (La Font., *F.*, XII, 17).

veneur n.m. Chasseur « de certaines bêtes, comme de cerfs, chevreuils et autres » (Richelet) : *Qu'au reste, les veneurs allant sur leurs brisées, Ne forcent pas le cerf, s'il est aux reposées* (Corn., *Clit.*, 461). *Les veneurs* [...] *croyaient leurs chiens en faute ; Ils les rappellent donc. Le cerf, hors de danger* [...] (La Font., *F.*, V, 15). ♦ Se disait « aussi de tous les chasseurs, et de ceux qui suivent la chasse » (Fur.) : *On a vu passer les veneurs par cet endroit-là* (Fur.). ♦ **Grand veneur,** « officier considérable, qui commande à tous les officiers de la vénerie » (Fur.).

vengeance n.f. **Prendre (faire une) vengeance de,** se venger de (auj. on dit *tirer vengeance de,* comme très souvent au XVIIe s. déjà) : *Mais mon honneur me dit que d'une telle offense Il faut absolument que je prenne vengeance* (Mol., *Sgan.*, sc. XVII). *Et je prétends faire de lui une vengeance exemplaire* (Mol., *Fourb.*, III, VII).

venin n.m. Poison : *Vois mille autres venins : cette liqueur épaisse Mêle du sang de l'hydre avec celui de Nesse* (Corn., *Méd.*, 985). *J'ai su, par une longue et pénible industrie Des plus nobles venins prévenir la furie* (Rac., *Mithr.*, 1416).

Les sens actuels de « poison sécrété par certains animaux qui mordent ou piquent » et, au fig., « haine, discours dangereux » étaient également usuels au XVIIe s.

venir v.i. **Venir bien,** convenir : *Un peu de son esprit Nous viendrait bien pour polir chaque écrit* (La Font., *Ép.*, 2). *Cette garniture vient bien sur cette étoffe. Cet habit vous vient à merveilles* (Fur.) ; être le bienvenu : *Voilà un jeune gentilhomme qui vient bien dans le monde* (Mol., *Escarb.*, sc. VII). *Voyant ses amis bien riches et bien venus dans la Cour* (Rac., *Ann. Plutarque*). ♦ **Venir à faire qqch** le faire finalement (auj. on dit en ce sens *en venir à,* comme aussi au XVIIe s. déjà) : *Il fallut venir malgré moi à agir* (Retz, *Mém.*, II, 548). ♦ **S'en venir,** venir : *Tu t'en viens me traiter de bête carnassière* (La Font., *F.*, XII, 1).

vent n.m. Respiration : *L'autre* [compagnon], *plus froid que n'est un marbre, Se couche sur le nez, fait le mort, tient son vent* (La Font., *F.*, V, 20). *On lui donna un coup dans l'estomac qui lui fit perdre le vent* (Acad. 94). ♦ Vanité, orgueil :

Cet homme a bien du vent dans la tête (Fur.). ♦ **Envoyer au vent,** renoncer à : *Envoyer et la dame et les amours au vent* (Corn., *S. du Ment.*, 669). ♦ **Être au-dessus du vent,** dépasser ses concurrents, être à l'abri de toute infortune financière.

Les locutions et les sens actuels étaient également usuels au XVIIᵉ s.

ventre n.m. **Petit ventre,** bas-ventre : *Meillaincour* [...] *avait été blessé dans le petit ventre* (Retz, *Mém.*, I, 101).

vénus n.f. Charme, agrément (avec une majuscule le plus souvent) : *De tout cela il résultait une Vénus que je ne saurais vous dépeindre* (La Font., *Psyché*, II). *Il y a une certaine vénus répandue en tous ses ouvrages, qui plaît à tout le monde* (Fur.).

vêpre n.m. ou f. **Donner le bon vêpre,** donner le bonsoir (vieilli, selon Fur.) : *Je donne le bon vêpre à toute l'honorable compagnie* (Mol., *Escarb.*, sc. VI).

verbaliser v.i. Bavarder, s'étendre longuement en paroles, discourir (bas, en ce sens, selon Richelet) : *Mais de croire que si vous répondez je puisse jamais me taire, vous auriez tort ; car ce m'est une chose impossible. Je verbaliserai toujours : au lieu d'écrire en deux mots, comme je vous l'avais promis, j'écrirai en deux mille* (Sév., 26 juill. 1668). *Le Pape s'attendait que* [...] *je verbaliserais sur la distinction des ordres du Roi et de ceux de M. le Cardinal d'Est* (Retz, *Mém.*, V, 75).

Le sens actuel de « dresser un procès-verbal » était également usuel à la fin du XVIIᵉ s. : *Les procureurs ne se lassent jamais de verbaliser* (Fur.).

vergogne n.f. Honte (vieilli et burlesque selon Fur. ; ne se dit plus auj. que dans la locution *sans vergogne,* « sans pudeur, sans scrupule ») : *Il aimait mieux découvrir sa propre vergogne que de manquer à me rendre ses mauvais offices* (La Roch., *Mém.*, II, 467). *Madeleine aimait mieux Demeurer femme, et jurait ses grands dieux De ne souffrir une telle vergogne* (La Font., *Contes*, III, 1). *C'est une grande vergogne de souffrir ce scandale public* (Fur.).

véritable adj. En parlant de personnes, véridique, franc, sincère : *Varicarville* [...] *a été, à mon sens, le gentilhomme de son siècle le plus véritable* (Retz, *Mém.*, II, 149). *Vous serez* [...] *ami sincère, véritable* (Pasc., *Pensées*). ♦ En parlant de choses, qui mérite l'assentiment, exact : *Il y a peu d'histoires, de relations tout à fait véritables* (Fur.).

Les sens et les emplois actuels étaient également usuels au XVIIᵉ s.

véritablement adv. Avec vérité et exactitude, sincèrement : *Mais à parler des choses véritablement, nous savons que la distinction de ces deux villes n'est qu'une fiction agréable* (Boss., *Serm. sur l'Ém. Dignité*). *Il n'y a de véritables histoires que celles qui ont été écrites par les hommes qui ont été assez sincères pour parler véritablement d'eux-mêmes* (Retz, *Mém.*, I, 191).

Les sens actuels de « réellement, effectivement, en fait » étaient également usuels au XVIIᵉ s.

vérité n.f. Véracité d'une personne : *Puységur, dont il avait goûté la vérité et la capacité* [...] (Saint-Simon, 1709). ♦ **De vérité,** il est vrai : *Ils ont, de vérité, je ne sais quoi de plat* (Corn., *Mél.*, 1510). ♦ **Dans la vérité,** vraiment (auj. on dit en ce sens *en vérité,* comme très souvent au XVIIᵉ s. déjà) : *Dans la vérité, cela est ainsi* (Sév., 9 août 1671). *Je l'eusse fait, dans la vérité, avec beaucoup de joie* (Retz, *Mém.*, II, 391). ♦ **Dire vérité,** parler franchement : *Je disais vérité. – Quand un menteur la dit, En passant par sa bouche elle perd son crédit* (Corn., *Ment.*, 1079).

Les locutions et les sens actuels étaient également usuels au XVIIᵉ s.

vers prép. S'employait **1.** là où nous employons *envers, à l'égard de* : *J'ai tardé trop longtemps À m'acquitter vers toi d'une telle promesse* (Mol., *Dép. am.*, 169). *Ce compliment n'est bon que vers une maîtresse* (Corn., *Veuve*, 370, var.). *En serez-vous vers moi moins coupable en effet ?* (Mol., *Mis.*, 1343). *Me voilà hors d'état de m'acquitter jamais du quart de mes dettes vers vous* (Fén., *Lettre maréchal de Noailles*, sept. 1690) ; **2.** là où nous employons *auprès de* : *Vous avez du crédit vers lui* (La Roch., *Lettre marquise de Sablé*, 1662).

Les sens et les emplois actuels étaient également usuels au XVIIᵉ s.

verser v.t. Labourer : *Un de ces beaux messieurs Vit un manant* [...] *Verser un champ dans l'île dessus dite* (La Font., *Contes*, IV, 5). ♦ Fig. **Verser sur,** accorder à : *Vous avez cent personnes dans votre Cour, sur qui vous pourriez mieux verser l'honneur d'un tel emploi* (Mol., *Am. magn.*, I, II).

◆ v.i. Au sens actuel de « tomber sur le côté », on trouve parfois l'auxiliaire *être* (on emploie auj. uniquement *avoir*) : *Je suis versée il y a trois jours dans mon carrosse* (Mme de Coulanges, *Lettres*, 23 déc. 1695).

Les sens actuels du v.t. (sauf « apporter [de l'argent] en paiement » et « affecter [qqn] à une arme, à un corps ») et du v.i. étaient également usuels au XVIIe s.

version n.f. Traduction : *Qu'on ne s'attende pas pourtant de trouver ici une version timide et scrupuleuse des paroles de Longin* (Boil., *Sublime*, Préf.).

Les sens actuels de « exercice scolaire consistant à traduire un texte étranger en sa langue maternelle » et de « manière de rapporter des faits » existaient également au XVIIe s., mais non celui de « chacun des états d'un texte qui a subi des modifications ».

vert, e adj. Rude, hardi, ferme (encore dans quelques expressions, comme *une verte réprimande*) : *Quand ce conseiller opine, il montre bien qu'il est vert, qu'il sait bien soutenir son opinion, y demeurer ferme* (Fur.).

◆ n.m. **Le vert,** la verdure : *Je l'ai découvert Dans ce panier rempli de vert : C'est un melon* (Saint-Amant, *le Melon*). ♦ **Prendre qqn sans vert,** le prendre au dépourvu : *Il me prit sans vert, et mal préparé pour le payer de bourdes* (Chap., *Guzm. Alfar.*, III, 82). ♦ **Vert galant,** coureur, galant jeune et ardent : *Nous n'avions alors que vingt-huit ans Et nous étions, ma foi, tous deux de verts galants* (Mol., *F. sav.*, 346).

Les sens actuels de l'adj. et du n.m. étaient également usuels au XVIIe s.

vertige n.m. **Esprit de vertige** (locution biblique), égarement : *Le Seigneur a répandu l'esprit de vertige dans ses conseils* [= décisions] (Boss., *H. univ.*, III, 7).

vertigo n.m. Grain de folie : *Voyez un peu quel vertigo lui prend !* (Mol., *Pourc.*, II, VI).

vertu n.f. Vigueur physique ou morale : *L'on peut faire ce reproche à l'héroïque vertu des grands hommes qu'elle a corrompu l'éloquence* (La Br., XV, 13). *Hé ! que puis-je au milieu de ce peuple abattu ? Benjamin est sans force, et Juda sans vertu* (Rac., *Ath.*, 94). ♦ Force : *Notre âme supérieure au monde et à toutes les vertus qui le composent* [...] (Boss., *Serm. sur la Mort*). *Je trouve dans la terre les vertus qui la font mouvoir* (Cyrano, *États et empires de la Lune*, p. 45). *Ce malade n'a pas la vertu de se traîner* (Fur.). ♦ Courage : *Pour éprouver sa vertu, la guerre va épuiser toutes ses inventions* (Boss., *O. f. Condé*). *De la peau du lion l'âne s'étant vêtu,* [...] *bien qu'animal sans vertu,* [...] *faisait trembler tout le monde* (La Font., *F.*, V, 21). ♦ Puissance, efficacité : *J'adorerais un dieu sans force et sans vertu* (Rac., *Esth.*, 764). *Le théâtre a une grande vertu pour la correction* (Mol., *Tart.*, Préf.). ♦ **Faire vertu,** avoir de l'efficacité : *Attendant que Sabine survienne, Et que sur son esprit vos dons fassent vertu* (Corn., *Ment.*, 1119).

◆ pl. **Les vertus,** les qualités, les avantages : *Vit-on jamais en deux hommes* [Condé et Turenne] *les mêmes vertus ?* (Boss., *O. f. Condé*). *Depuis vingt ans je règne, et j'en sais les vertus* (Corn., *Cinna*, 1248).

Le sens le plus courant d'auj., « disposition à faire le bien et à éviter le mal, ou telle qualité morale particulière », était également usuel au XVIIe s. : *Socrate a été un exemple, un miroir de vertu* (Fur.).

vertugade n.f. Gros et large bourrelet que les dames avaient accoutumé de porter au début du XVIIe s. au-dessous de leur corps de robe : *Cela était bon du temps qu'on portait des vertugades* (Acad. 94).

vertugadin n.m. Diminutif de vertugade. ♦ Fig. Chose surannée : *Tes bons mots, autrefois délices des ruelles* [...] *Hors de mode aujourd'hui chez nos plus froids badins Sont des collets montés et des vertugadins* (Boil., *Sat.*, XII, 40).

veste n.f. Camisole de soie allant jusqu'à mi-cuisses avec des boutons le long du devant et une poche de chaque côté ; elle se portait ordinairement sous le justaucorps : *En France on porte des vestes légères sous les justaucorps* (Fur.).

Auj. « vêtement court (à la taille ou aux hanches) avec manches, ouvert sur le devant, et porté par-dessus la chemise ».

vexer v.t. Tourmenter injustement (selon Richelet, ne se dit guère qu'en matière de procès) : *Un seigneur qui vexe ses sujets* (Acad. 94).

Auj. sens plus faible de « blesser dans son amour-propre ».

viande n.f. Aliments, nourriture : *Vous avez demeuré là dedans quatre jours ? – Quatre jours. – Et vécu ? – De nectar, d'ambroisie. – Je crois que cette viande aisément rassasie ?* (Corn., *Illus.*, 1170). *L'ambroisie n'était pas une viande dont les hommes pussent manger* (Rac., *R. sur O.*, 5). ♦**Viande creuse,** v. CREUX.

Le sens actuel de « chair des animaux dont on se nourrit » était également usuel au XVIIe s. : *La grosse viande est la viande de boucherie, bœuf, mouton et veau* (Fur.).

vice n.m. Défaut essentiel de qqch(encore auj. dans quelques expressions comme *vice de fabrication, vice de forme*) : *Non que l'un ni l'autre style ait des vices, mais c'est que* [...] (Boss., *Style et lecture*).

Le sens le plus courant d'auj., « défaut moral d'une personne », ainsi que tous les autres sens actuels, étaient également usuels au XVIIe s. : *Cet homme est un débauché, il est plongé dans toutes sortes de vices* (Fur.).

vicissitude n.f. Succession, changement, instabilité : *La vicissitude des saisons. La chute des favoris arrive par la vicissitude ordinaire de la fortune. Les affaires du monde sont en une continuelle vicissitude* (Fur.). *La guerre est journalière, et sa vicissitude Laisse tout l'avenir dedans l'incertitude* (Corn., *Soph.*, 187).

Auj. seulement au plur. au sens de « événements heureux et malheureux qui se succèdent dans une vie ».

vider v.t. Quitter : *Il y a eu un ordre qui l'a obligé de vider le royaume* (Fur.). – Auj. ce sens est figé dans la locution *vider les lieux.* ♦Terminer, décider (qqch) : *Ce juge est fort expéditif, il vide bien des procès en peu de temps* (Fur.). *Elle va me chasser, l'affaire en est vidée* (Corn., *Ment.*, 1646). *Ce lieu n'est pas tout à fait propre à vider cette affaire, et nous allons l'examiner ailleurs* (Mol., *Fourb.*, I, II). *Si ce dénouement est selon l'art ou non, c'est une autre question qui se videra en son lieu* (Sentim. Acad. sur « Cid »).

◆ v.i. Partir : *Vidons, vidons sur l'heure* (Mol., *Ét.*, 1585). *Une autre loi plus dure et plus fâcheuse, par laquelle tous ceux qui se trouvaient dans les termes des défenses seraient contraints à vider en très peu de jours* (Saint-Réal, *Conjur. des Gracques*). ♦**Vider d'affaire,** sortir d'affaire : *Sans aller plus avant, je vais vider d'affaire* (Mol., *Tart.*, 1053).

Auj. le v. est toujours transitif. Les sens actuels étaient également usuels au XVIIe s.

vie n.f. Nourriture : *Un pré* [...], *Où maint mouton cherchait sa vie* (La Font., *F.*, IV, 12). *Dans la saison* [...] *que les animaux quittent tous la maison Pour s'en aller chercher leur vie* [...] (La Font., *F.*, V, 8). *Les pauvres et invalides demandent leur vie* (Fur.). ♦Bonne chère : *Sur un tapis de Turquie Le couvert se trouva mis. Je laisse à penser la vie Que firent ces deux amis* (La Font., *F.*, I, 9). ♦**Tout en vie,** plein de vie, d'entrain : *Un abbé de La Mothe* [...] *est mort tout en vie en deux jours, lorsqu'il se vantait de sa santé* (Sév., 21 mars 1689).

Les sens actuels étaient également usuels au XVIIe s.

vieil adj.m. Le XVIIe s. observait ordinairement la règle actuelle selon laquelle l'adj. *vieux* prend la forme *vieil* devant un nom commençant par une voyelle ou un *h* muet. Toutefois on peut trouver *vieil* : **1.** devant la conjonction *et*, même si *vieil* se trouve après le nom : *Le gouverneur vieil et barbu* (Rac., *Notes hist.*, 13). *Il lui racle à l'oreille un air vieil et bizarre* (La Font., *Florentin*, sc. Ire) ; **2.** parfois devant un nom commençant par une consonne : *On prétend que le vieil Wit avant que de mourir* [...] (Rac., *Notes hist.*, 327).

En revanche, on trouve aussi *vieux* devant un nom commençant par une voyelle ou un *h* muet : [...] *souffrir cent brocards d'un vieux hôte irrité* (Saint-Amant, *les Goinfres*, 12). *Un vieux avocat, ou avocat consultant* (Fur.).

vif, vive adj. Vivant, en vie : *Si même ce cher fils tombait vif en servage* (Chap., *Pucelle*, XIV, 44). *Marie-Thérèse aussitôt emportée que frappée par la maladie se trouve toute vive et toute entière entre les bras de la mort* (Boss., *O. f. Marie-Thérèse*). ♦ Fig. Présent, sensible : *Si toute religion est une crainte respectueuse de la Divinité, que penser de ceux qui osent la blesser dans sa plus vive image, qui est le Prince ?* (La Br., XVI, 28). ♦Expansif, communicatif : *Il est vif et grand parleur, pour faire parler les autres* (La Br., X, 11). ♦**Vif sur, vif pour,** actif, zélé pour : *Je n'ai jamais vu un si bon homme, ni plus vif sur tout ce qui vous regarde* (Sév., 29 janv. 1672). *Je suis plus vive pour vous que je ne vous le dis encore* (Mme de Coulanges, *Lettre*, 20 mars 1673).

Les sens actuels étaient également usuels au XVIIe s.

vil, e adj. De basse condition : *Les naissances viles et vulgaires* (Boss., *O. f. Gournay*). ♦ Sans valeur : *Dans le vulgaire obscur si le sort l'a placé, Qu'importe qu'au hasard un sang vil soit versé ?* (Rac., *Ath.*, 566).

Le sens actuel de « digne de mépris, sans dignité » était également usuel au XVIIe s. : *C'est une âme vile et basse* (Fur.).

vilain, e adj. Avare : *Voilà mon ladre, mon vilain, dans de furieuses angoisses ; et la tendresse qu'il a pour son fils fait un combat étrange avec son avarice* (Mol., *Fourb.*, III, III). ♦ Grossier, rustre, vulgaire : *Ne pourrais-je pas seulement lui demander comment elle le trouve* [le diamant] ? _ *Comment ? Gardez-vous-en bien. Cela serait vilain à vous* (Mol., *Bourg.*, III, XVI).

Le sens actuel de « laid, déplaisant » était également usuel au XVIIe s. : *Une vilaine maison, un vilain habit, un vilain chemin, un vilain temps, un vilain pays* (Fur.).

vilanie, vilenie n.f. Avarice sordide : *Le vôtre* [votre père] *animerait contre sa vilanie le plus posé homme du monde* (Mol., *Av.*, II, I).

Le sens actuel de *vilenie,* « action ou parole basse, caractère vil », était également usuel au XVIIe s. : *Ces deux femmes* [...] *se sont dit mille vilenies* [...] *Cet homme n'oserait comparaître en justice, il y a de la vilenie en son fait* (Fur.).

vileté n.f. Bas prix : *La vileté du prix fait casser les contrats de vente* (Fur.).

ville n.f. Paris, et, par extens., la bourgeoisie : *Damon, ce grand auteur dont la muse fertile Amusa si longtemps et la Cour et la Ville* (Boil., *Sat.*, I, 2).

Les sens actuels étaient également usuels au XVIIe s.

vin n.m. Pourboire : *Il y aura tant pour le vin des garçons* (Acad. 94).

Les sens actuels étaient également usuels au XVIIe s.

violement n.m. Violation : *Un violement si insupportable de la sainteté de l'Épiscopat* (Retz, *Lettre épisc.*, 1654, VI, 26). ♦ Viol : *Le violement de Lucrèce fit perdre aux Tarquins la domination de Rome* (Fur.).

violent, e adj. Qui agit avec force ; qui émeut (sans idée d'excès comme auj. et souvent aussi au XVIIe s.) : *Il faut quelque chose de plus violent pour le persuader* (Boss., *Panég. St Paul*). ♦ Qui épuise : *Cet état est violent et ne peut pas durer* (Boss., *Serm. sur la Provid.*).

violenter v.t. Pousser à l'extrême : *Sans rien forcer et sans qu'on violente Un incident qui ne s'attendait pas* (La Font., *Contes*, V, 8). ♦ **Violenter qqn à, pour** (suivi d'un infinitif), le contraindre à : *Me violenter à fuir ton entretien* (Corn., *Pl. R.*, 23) ; lui faire violence : *On l'a violenté pour quitter l'échafaud* (Corn., *Pol.*, 1000).

Auj. « violer (une femme) », « aller à l'encontre de (un sentiment) », « dénaturer (un texte) ».

virginal, e adj. **Lait virginal,** v. LAIT.

visage n.m. Aspect, apparence (auj. uniquement littér.) : *Un moment donne au sort des visages divers* (Corn., *Cid*, 55). *Ce que les uns regardent comme un outrage* [est] *vu par d'autres yeux sous un autre visage* (Mol., *D. G.*, 156).

Le sens courant d'auj. : « face de l'homme », était également le plus usuel au XVIIe s. : *Toutes les passions* [...] *se peignent sur le visage* (Fur.).

visée n.f. **Prendre visée,** viser à : *Elle est sage, elle m'aime, et votre amour l'outrage : Prenez visée ailleurs, et troussez-moi bagage* (Mol., *Éc. des m.*, 552). ♦ **Mettre sa visée à qqn,** porter son dévolu sur lui : *Votre visée au moins n'est pas mise à Clitandre ?* (Mol., *F. sav.*, 88).

visière n.f. Vue, regard : *Il peste contre vous d'une belle manière Quand vos déportements lui blessent la visière* (Mol., *Ét.*, 36). *Par je ne sais quelle lumière, Que vous avez dans la visière* (Scarr., *V. tr.*, I, 1073). ♦ Pièce mobile du casque, qui couvrait le visage : *En ce combat, il reçut un coup dans la visière, dont il mourut* (Fur.). ♦ **Donner dans la visière à qqn,** l'éblouir, lui taper dans l'œil : *Ce jeune homme est devenu amoureux de cette fille, elle lui a donné dans la visière* (Fur.). ♦ **Rompre en visière à qqn,** le contredire, l'offenser : *Elle pensa hier rompre en visière à un neveu de Mme Le Challeux* (Rac., *Lettre J.-B. Racine,* 25 avr. 1698).

Auj. *visière* signifie « partie d'une casquette, d'un képi, etc., qui abrite les yeux ».

vision n.f. Idée chimérique, cocasserie : *Je trouve fort plaisante la vision de comparer le bruit de votre bise à celui de vos dames d'Aix* (Sév., 1er juin 1689).

Les sens actuels de « perception par la vue » et « représentation imaginaire ou conçue comme d'origine surnaturelle » étaient également usuels au XVIIe s.

visionnaire adj. et n. Péjor. Qui a l'imagination déréglée : *Elles* [les femmes] *se rendent l'esprit visionnaire, en s'accoutumant au langage magnifique des héros de romans* (Fén., *Éduc. des f.*, 2). *Cet homme est bien visionnaire, il a des desseins bien extravagants* (Fur.).

L'emploi actuel, comme nom, au sens de « illuminé », existait également au XVIIe s.

visiter v.t. Examiner un blessé ; sonder une plaie : *On le visita et on lui fit accroire qu'il était fort blessé mais qu'on ne pouvait le panser* (Scarr., *Rom. com.*, III, 12). ♦**Visiter qqn,** lui rendre visite : *Maurice, à quelque espoir se laissant lors flatter, S'en ouvrit à Félix qui vint le visiter* (Corn., *Hér.*, 642).

Auj. on ne l'emploie guère avec un nom de personne complément qu'en parlant de démarches professionnelles ou sociales : *visiter un malade.* Cet emploi était déjà usuel au XVIIe s., de même que les emplois actuels avec un nom de lieu comme complément.

vite. S'employait comme adjectif, comme parfois auj. dans la langue littéraire ou sportive : *Ma langue* [...] *Suit plus rapidement l'effort de mon esprit, Que ne court une plume en la main la plus vite* (Corn., *Off.*, 7). *Ni les chevaux ne sont vites, ni les hommes ne sont adroits que pour fuir devant le vainqueur* (Boss., *O. f. Anne de Gonzague*). *J'ai vu que l'on ne commet pas ordinairement, ni la course aux plus vites, ni les affaires aux plus sages* (Boss., *Serm. sur la Provid.*, 1er point).

L'emploi de *vite* comme adv., avec les sens actuels, était également usuel au XVIIe s.

vitement adv. Vite, rapidement : *Il fallait* [...] *Lever vitement des gens frais* (Scarr., *V. tr.*, II, 775). *Monsieur le Chevalier lui manda de redescendre vitement* (Sév., 2 mars 1689).

vitupère n.m. Blâme, honte (mot bas selon Vaugelas, vieilli selon Furetière) : *Et sans songer si la colère Est chose de grand vitupère* (Scarr., *V. tr.*, V, 728). *Un homme exécuté dans une famille est un vitupère qui dure longtemps* (Fur.).

vivandier, ère n. Homme, femme qui accompagnait l'armée et vendait des vivres aux soldats (auj. subsiste seulement au fém., comme terme historique) : *Il avait donné ordre à un de ses gens de donner quelque argent à un soldat qui avait coutume de se prendre de vin, et lui avait dit de remarquer chez quel vivandier il irait* (Du Buisson, *Turenne*, 3). *Il est défendu, sur grosses peines, de faire aucun dommage aux vivandiers* (Fur.).

vivre n.m. Manière de vivre, vie : *Leur vivre, leurs costumes et leurs constitutions* (Rac., *Trad.*, Des esséniens). *Son train de vivre* (La Fontaine, *Contes*, IV, 15). ♦Nourriture : *Cet aumônier n'a que son vivre et son logement chez son maître* (Furetière).

L'emploi actuel, toujours au plur., au sens de « tout ce qui sert à l'alimentation de l'homme », était également usuel au XVIIe s. : *On a mené un convoi de vivres au camp* (Fur.).

vœux n.m.pl. Désirs amoureux : *Un heureux hymen, joignant nos destinées, Peut payer en un jour les vœux de cinq années* (Rac., *Bér.*, 444). ♦Prière : *Tremblez, humains ! faites des vœux : Voilà le maître de la terre* (La Font., *F.*, IX, 6). ♦**À pleins vœux,** de tous leurs vœux : *Que les peuples les plus puissants Dans nos souhaits à pleins vœux nous secondent* (Corn., *Andr.*, 1367).

Les sens actuels étaient également usuels au XVIIe s.

voie n.f. Moyen : *Ses ennemis n'oubliaient rien pour lui ôter toutes les voies de se remettre bien avec son père* (Saint-Réal, *Dom Carlos*). ♦**Se mettre en voie,** entreprendre, se mettre en campagne : *Nos galants se mettent en voie* (La Font., *Contes*, I, 1).

Les locutions et les sens actuels (sauf le sens spécialisé de *voie ferrée*) étaient également usuels au XVIIe s.

voilà adv. **Le (la) voilà** pouvait être antécédent d'un pronom relatif complément : *La voilà que son père amène vers la rue* (Corn., *Gal. du Pal.*, 22). ♦**Voilà** ne présentait pas toujours de différence avec **voici :** *Voilà votre chemin, sortons en sûreté* (Rac., *Andr.*, 1956).

Auj. *voilà* s'emploie en principe pour désigner ce qui précède ou ce qui est le plus éloigné. Toutefois il arrive souvent que la langue familière l'emploie au lieu de *voici.*

voile n.f. Dans la langue de la marine, pouvait être du masculin (mais Vaug. condamnait ce genre, qui n'est même plus signalé par Fur.) : *Il venait à plein voile,* [...] *Avait le vent* *en poupe ainsi que sa fortune* (Corn., *Pompée*, 746).

voir v.t. Fréquenter, aller voir : *Se dérober à la cour un seul moment, c'est y renoncer : le courtisan qui l'a vue le matin la voit le soir* (La Br., VIII, 4). ♦Connaître charnellement : *Encore qu'un homme n'ait pas vu sa femme depuis un an, on ne laisse pas de lui adjuger l'enfant dont elle est accouchée* [...] *Cette femme n'a jamais vu que son mari* (Fur.). ♦Regarder : *C'est le propre d'un efféminé* [...] *de se voir au miroir* (La Br., I, 52). ♦Le futur pouvait être *je voirai : Vous voirez que désormais il n'écrira plus* (Sév., 6 nov. 1675). ♦À l'indicatif, la forme est *je voi* [sans *s*] : *Caliste, lorsque je vous voi, Dirais-je que je vous admire ? C'est vous dire bien peu pour moi* (Corn., *Stances à Caliste*, 1).

Les sens actuels du v.i., du v.t. (direct et ind.) et du v. pron. étaient également usuels au XVIIᵉ s.

voire adv. Même (vieilli et bas selon Acad. 94, repris auj. avec une certaine affectation d'élégance) : *Pensez-vous que ce que vous me mandez de trois actes ne me rende pas curieux, voire impatient, de savoir des nouvelles des trois qui restent* (Corn., *Lettre abbé de Pure*, 3 nov. 1661). *Ils ont en extrême abondance, Des gens si lestes, si parés, Clinquantés, bridés et dorés, Voire jusques au moindre page* (Loret, *Muse hist.*, 21 juill. 1657). ♦Vraiment (pour marquer le doute) : *Il me répond d'un* oui *et d'un* voire (Fur.).

voirement adv. D'une manière vraie, véritablement (vieilli et bas au XVIIᵉ s.) : *C'est un fat voirement et Pascal en est deux* (Scarr., *Don Japhet*, IV, III). ♦**Mais voirement,** « mais à propos, mais quand j'y pense » (Fur.).

voiture n.f. Transport de marchandises : *On a tant payé pour la voiture de ces marchandises* (Acad. 94). ♦Charge transportée : *Du baudet, en cette aventure, On lui fit porter la voiture* (La Font., *F.*, VI, 16). ♦Moyen de transport : *Le bateau est une voiture fort commode* (Acad. 94). *Comme elle* [cette flotte] *n'était préparée que pour servir de voiture aux hommes qu'elle portait et non pas pour rendre un grand combat, elle fut fort incommodée par l'artillerie des barbares* (Saint-Réal, *Conjur. c. Venise*). ♦**Carrosse de voiture,** voiture publique : *M. le Cardinal de Hesse dit publiquement qu'il est venu en carrosse de voiture* (Retz, *Lettre M. de Lionne*, 11 mai 1666).

Le sens, encore actuel, de « véhicule sur roues, tiré ou poussé par un animal ou un homme » était également usuel au XVIIᵉ s. : *Le phaéton d'une voiture à foin Vit son char embourbé* (La Font., *F.*, VI, 18). – Auj., sans complément déterminatif, le mot désigne ordinairement une automobile non utilitaire.

voix n.f. Son d'une voyelle : *J'ai à vous dire que les lettres sont divisées en voyelles, ainsi dites voyelles parce qu'elles expriment les voix* [...] *La voix A se forme en ouvrant fort la bouche : A* (Mol., *Bourg.*, II, VI). ♦Parole : *Il y a des voix articulées, comme la parole des hommes ; d'autres non articulées, comme les rugissements des lions* (Fur.). *Il était comme un homme qui, dans un songe, est oppressé jusqu'à perdre la respiration, et qui par l'agitation pénible de ses lèvres, ne peut former aucune voix* (Fén., *Tél.*, 18). ♦« Se dit des sept tons différents qui sont marqués par les sept notes de musique : *ut, ré, mi, fa, sol, la, si* » (Fur.). ♦**Donner sa voix à,** donner son consentement à (le sens électoral actuel existait aussi au XVIIᵉ s., de même que pour *avoir la voix de*) : *Je ne saurais nier, aux preuves qu'on m'expose, Que tu ne sois Sosie, et j'y donne ma voix* (Mol., *Amph.*, 510). ♦**Avoir la voix,** avoir le consentement : *Il a la voix et l'approbation du peuple* (E. de Coulanges, *Lettre*, 19 mars 1696).

Les locutions et les sens actuels (sauf le sens grammatical : *voix active, voix passive*, etc.) étaient également usuels au XVIIᵉ s.

vol n.m. Fig. Élévation ou complication de pensée : *J'en lus hier la moitié* [du livre] ; *mais son vol est si haut, Que presque à tous moments je me trouve en défaut* (Corn., *Gal. du Pal.*, 187). *Cet auteur, en commençant cet ouvrage, a pris un vol trop haut, je ne sais s'il le pourra soutenir* (Fur.). ♦Train de vie : *Ce seigneur a pris un grand vol, il fait dépense en chevaux, en valets, en habits ; il faut bien du revenu pour soutenir un tel vol* (Fur.).

volage adj. Passager : *Tu ne prendras jamais le mal qu'on dit de toi Que pour un son volage et que le vent emporte* (Corn., *Imit.*, I, 3090).

Le sens actuel de « inconstant, léger » était déjà le plus usuel au XVIIᵉ s. : [Thésée], *Volage adorateur de mille objets divers* (Rac., *Ph.*, 636). *C'est un esprit volage, qui ne s'applique à rien sérieusement* (Fur.).

volatile n.f. Oiseau, au sens individuel ou collectif : [Il] *tua plus d'à moitié La volatile malheureuse* (La Font., *F.*, IX, 2). ♦ Oiseaux bons à manger : *Il ne leur donna à dîner que de la volatile* (Acad. 94).

Auj., le mot désigne ordinairement, au masculin, « une volaille ».

volée n.f. Fig. Mérite, talent : *Les éloquents de sa volée sont ceux qui mènent les autres et non pas qui se laissent mener* (Chap., *Lettres*, I, 230). *Cette façon de procéder* [...] *fait bien souvent qu'on s'émancipe au-dessus de sa volée et de bonne grâce* (Méré, *Lettre duchesse de Lesdiguières*, avant 1656). *Pour contrefaire les esprits de la grande volée, ils applaudirent comme les autres* (Cyrano, *États et empires de la Lune*, p. 164). ♦ Condition sociale (encore auj. dans la locution *de haute volée,* « de haut rang, de grande envergure ») : *Ces deux messieurs sont de la même volée* (Fur.). ♦ **À la volée,** à la légère : *Il faut procéder avec circonspection, et ne rien faire, comme on dit, à la volée* (Mol., *Am. méd.*, II, v). ♦ **D'une volée,** unanimement, sans délibérer (en parlant d'un vote) : *Cinquante ou soixante voix le désavouèrent d'une volée* (Retz, *Mém.*, IV, 190).

Les sens, *pr.* et *fig.*, d'auj. étaient également usuels au XVIIe s.

voler v.t. En langage de chasse, poursuivre en volant : *Comme fait un émerillon Qui veut voler le papillon* (Tr. L'Hermite, *Vers héroïques*, Épître burlesque, 87). *Le faucon, le héron, le lanier, l'autour volent le lièvre, la perdrix, etc.* (Acad. 94). ♦ Chasser au moyen d'oiseaux de proie : *Ce seigneur se plaît à voler la corneille, à voler le héron* (Acad. 94).

volerie n.f. Larcin, vol : *La Rappinière, ayant appris que l'on avait fait plusieurs voleries et pillé quelques maisons champêtres il se mit en devoir de chercher les malfaiteurs* (Scarr., *Rom. com.*, III, 5). *Cet hôtelier a fait payer cent sols pour un gîte : franche volerie !* (Fur.).

volontiers adv. Environ : *Voilà une femme à qui je donne volontiers cinquante ans* (Fur.). ♦ Souvent, habituellement, d'ordinaire (auj. uniquement littér.) : *Les Grands* [...], *pour n'avoir rien de commun avec leurs inférieurs, renoncent volontiers à toutes les rubriques d'honneurs et de distinctions* (La Br., XIV, 8). *Une tortue* [...] *voulut voir le pays* [= du pays]. *Volontiers on fait cas d'une terre étrangère ; Volontiers gens boiteux haïssent le logis* (La Font., *F.*, X, 2).

Le sens courant d'auj., « de bon gré », était également usuel au XVIIe s. : *Je le priai de me l'expliquer* [le terme de *grâce actuelle*]. – *Très volontiers, me dit-il ; car j'aime les gens curieux* (Pasc., *Prov.*, IV).

vôtre adj. S'employait plus couramment qu'auj. comme adj. possessif attribut, au sens de « dévoué à votre personne » : *Tenez, je suis tout vôtre, et le ferai paraître* (Mol., *Ét.*, 557).

vouloir v.t. Admettre, consentir (auj. en ce sens on dirait *vouloir bien,* locution déjà usuelle au XVIIe s.) : *Je veux que Célidée ait charmé son courage* (Corn., *Gal. du Pal.*, 13). ♦ **Vouloir mal à qqn,** avoir du ressentiment contre lui (auj. en ce sens on dirait *lui en vouloir,* locution déjà usuelle au XVIIe s.) : *Je me veux mal des maux que je lui fais souffrir* (Corn., *Tite et Bér.*, 158). ♦ **Être bien (mal) voulu,** être bien (mal) vu : *Tu es Espagnol et notre orgueil nous rend haïs et mal voulus en tous lieux* (Chap., *Guzm. Alfar.*, II, 25). *Un amant mal voulu* (Corn., *Hor.*, Exam.). ♦ **Que veut dire que,** comment est-il possible que (auj. « que signifie que », sens déjà usuel au XVIIe s.) : *D'où me vient ce désordre, Aufide, et que veut dire Que mon cœur sur mes vœux garde si peu d'empire ?* (Corn., *Sert.*, 1).

Les sens, les emplois et les locutions d'auj. étaient également usuels au XVIIe s.

vouloir n.m. Volonté (auj. restreint à la langue philosophique, au sens de « faculté de vouloir ») : *Le vouloir du roi est une loi, un ordre* (Fur.). *Votre vouloir du mien absolument dispose* (Corn., *Veuve*, 177). ♦ Disposition à l'égard de qqn (auj. restreint aux locutions : *bon, mauvais vouloir,* « bonnes, mauvaises intentions ») : [Ce chat] *Contre toute ta parenté D'un malin vouloir est porté* (La Font., *F.*, VI, 5).

voyageux n.m. Autre forme de *voyageur* (non relevée par Fur.) : *Les dieux prennent quelquefois la figure des voyageux* (Rac., *R. sur O.*, VII).

vrai, e adj. Sincère, franc, en parlant d'une personne : *Il nous contait combien il* [Turenne] *était vrai* (Sév., 28 août 1675).

◆ n.m. **Le vrai,** la vérité : *Ma sœur, dites le vrai, n'étiez-vous point trop prompte ?* (Corn., *Tois.*, 801). ♦ **Au vrai,** selon la vérité, exactement : *Je puis apprendre au vrai le secret qui vous touche* (Mol., *Ét.*, 152). *Attendez que je sache au vrai ce que je suis* (Corn., *D. S.*, 1484). ♦ **De vrai,** à la vérité, assurément : *De vrai, ce que tu dis a beaucoup d'apparence* (Corn., *Mél.*, 1540).

Les sens actuels de l'adj. et du n.m., ainsi que les locutions d'auj., étaient également usuels au XVIIe s.

vue n.f. Regard : *Ce serait présumer que d'une seule vue J'aurais vu de ton cœur la plus vaste étendue* (Corn., *Vers à Fouquet*, 53). ♦ Rencontre, entrevue : *Nous parlerons de cela à notre première* [= prochaine] *vue* (Fur.). ♦ Intention, dessein : *Sa première vue pour ces filles était qu'elles fussent extrêmement pauvres* (Rac., *P.-R.*, I). *Tel est ouvertement injuste, violent, perfide, calomniateur, qui cache son amour ou son ambition, sans autre vue que de la cacher* (La Br., IV, 74). *Vous m'avez si bien persuadée que vous m'aimez, qu'il me semble que dans la vue de me plaire vous ne vous hasarderez point* (Sév., 12 févr. 1671). ♦ Idées, pensées : *Tout l'esprit qui est au monde est inutile à celui qui n'en a point : il n'a nulles vues, et il est incapable de profiter de celles d'autrui* (La Br., XI, 87). ♦ **Dans la vue,** à la vue : *Il oublie sa dignité dans la vue de celle des pauvres* (Boss., *Serm. sur l'Ém. Dignité*, 2). ♦ **Donner dans la vue,** plaire : *Je donnai dans la vue aux deux filles du Roi* (Corn., *Illus.*, 444). *Ce monsieur le comte qui va chez elle lui donne peut-être dans la vue ; et son esprit, je le vois bien, se laisse éblouir à la qualité* (Mol., *Bourg.*, III, IX).

Les locutions et les sens actuels étaient tous usuels à la fin du XVIIe s.

vulgaire adj. Commun, banal (sans idée de grossièreté) : *Mais ces monstres, hélas ! ne t'épouvantent guères : La race de Laïus les a rendus vulgaires* (Rac., *Théb.*, 28).

◆ n. m. Le commun des hommes, la foule (auj. seulement pour des choses, au sens de « ce qui manque d'élévation ») : *Je sais rendre aux sultans de fidèles services ; Mais je laisse au vulgaire adorer leurs caprices* (Rac., *Baj.*, 198). *Que j'ai toujours haï les pensers du vulgaire !* (La Font., *F.*, VIII, 26).

Le sens *péjor.* actuel de l'adj. était également usuel au XVIIe s. : *Et de vous marier vous osez faire fête ? Ce vulgaire dessein vous peut monter en tête ?* (Mol., *F. sav.*, 4).

yz

y pr.pers. Pouvait remplacer, malgré Vaug., un nom de personne : *M. le Prince n'aurait pas conservé pour elle la tendresse qu'il y conserva toujours* (Retz, *Mém.*, II, 119). *Il n'y a homme au monde qui soit à vous si véritablement que j'y suis* (La Roch., *Lettre Lenet*, 16 oct. 1661). *Je doute que les larmes d'Andromaque eussent fait sur l'esprit de mes spectateurs l'impression qu'elles y ont faite, si* [...] (Rac., *Andr.*, 2e préf.). ♦ Pouvait remplacer un complément indirect précédé d'une autre préposition que *à* : *De ce qu'il me demande il m'y ferait un crime* (Corn., *Pol.*, 1463). *Je puis beaucoup sur lui ; j'y pourrai davantage* (Corn., *Perth.*, 790).

◆ Comme adverbe de lieu il précédait parfois la forme verbale [*s'*]*en aller* : *Son mari est en Provence, c'est-à-dire il s'y en va dans trois jours* (Sévigné, 16 avr. 1670).

zèle n.m. Ferveur religieuse : *Le zèle dont elle brûlait pour le rétablissement de cette foi* (Boss., *O. f. H. d'Angl.*). *Pour quelques sacrements reçus sans aucun zèle* (Boil., *Ép.*, XII, 48). ♦ Amour : *Aux zèles indiscrets tout paraît légitime* (Corn., *Tite et Bér.*, 1695). *Faisons en soupirant éclater notre zèle* (Rac., *Alex.*, 1546). *Certes, Monsieur, je sais bien, lui dit-elle, Que vous avez pour moi beaucoup de zèle* (La Font., *Contes*, II, 4). ♦ **Zèle de** (suivi d'un nom de chose), ardeur, passion pour : *Le zèle de ta foi ne sert qu'à te séduire* (Corn., *Pol.*, 1551). *Tout prince préfère Le zèle de l'État à* [...l'] *Amour-propre* (La Font., *F.*, XI, 5). *Je doute qu'il doive continuer d'écrire, s'il préfère du moins sa propre satisfaction à l'utilité de plusieurs et au zèle de la vérité* (La Br., *Caractères*, Préf.) ; suivi d'un nom de personne. Dévouement pour : *Au milieu de tant d'importantes occupations, où le zèle de votre prince et le bien public vous tiennent continuellement attaché* (Rac., *Bér.*, Épître dédicatoire).

Le sens actuel de « dévouement, empressement » (sans complément) était également usuel au XVIIe s. : *S'il vous est venu quelque querelle, J'ai mon épée, allons* [...] *Je vous rends grâce de ce zèle* (La Font., *F.*, VIII, 11).

zélé, e adj. **Zélé pour,** épris de, passionné pour : *Quelques personnes zélées plus particulièrement pour la gloire* (Rac., *Camp. L. XIV*) ; sans complément : *D'adorateurs zélés à peine un petit nombre Ose des premiers temps nous retracer quelque ombre* (Rac., *Ath.*, 15).

Le sens actuel de « dévoué, empressé » (sans complément) était également usuel au XVIIe s. : *La peur des supplices Arme contre le chef ses plus zélés complices* (Corneille, *Oth.*, 1566).

zéphyr n.m. (proprement nom du dieu d'un vent d'ouest avec une majuscule). Vent doux et tiède, brise agréable (auj. archaïque et seulement littéraire) ; [...] *un pré Tout bordé de ruisseaux* [...] *Séjour du frais, véritable patrie Des zéphyrs* (La Font., *F.*, IV, 12). *Ce sont les zéphyrs qui font éclore les roses* [...] *Son âme est sortie du corps comme un doux zéphyr* (Fur.). ♦ Printemps (souvent au plur.) : *Encor, si la saison s'avançait davantage ! Attendez les zéphyrs : qui vous presse ?* (La Font., *F.*, IX, 2).

Maquette :

Alain Joly

Correction :

Marie-Pierre Gachet

Composition :

Michel Vizet

Fabrication :

Martine Toudert

Couverture :

Gérard Fritsch

Photocomposition Sogitec
Imprimeries Maury – 12100 Millau
Dépôt légal : mars 1992 – N° de série éditeur : 16880
Imprimé en France (Printed in France) 340328 mars 1992